Karl Riesenhuber

System und Prinzipien des Europäischen Vertragsrechts

Karl Riesenhuber

# System und Prinzipien des Europäischen Vertragsrechts

De Gruyter Recht · Berlin 2003

Dr. *Karl Riesenhuber*, Privatdozent an der Friedrich-Alexander-Universität Erlangen-Nürnberg

Als Habilitationsschrift auf Empfehlung der Juristischen Fakultät
der Friedrich-Alexander-Universität Erlangen-Nürnberg gedruckt mit Unterstützung
der Deutschen Forschungsgemeinschaft (DFG)

∞ Gedruckt auf säurefreiem Papier,
das die US-ANSI-Norm über Haltbarkeit erfüllt.

ISBN 3-89949-047-9

*Bibliografische Information Der Deutschen Bibliothek*

Die Deutsche Bibliothek verzeichnet diese Publikation in der Deutschen Nationalbibliografie;
detaillierte bibliografische Daten sind im Internet über http://dnb.ddb.de abrufbar.





Printed in Germany

Datenkonvertierung/Satz: WERKSATZ Schmidt & Schulz GmbH, 06773 Gräfenhainichen
Druck und Bindung: Hubert & Co., Göttingen

Meinen Geschwistern

Heribert
Barbara
Maximilian
Theresia
Thomas
Silvia
Katharina

# Vorwort

Europäisches Vertragsrecht wurde lange Zeit nicht als einheitliche Rechtsmaterie wahrgenommen. Als es in den Blick rückte, beklagte man vor allem seine Inkonsistenzen. Heute ist das Europäische Vertragsrecht in aller Munde. Seit der Mitteilung der Kommission zum Europäischen Vertragsrecht vom 11. Juli 2001 ist die Diskussion über das wünschenswerte Harmonisierungskonzept neu entbrannt. Und mit seinem Aktionsplan „Ein kohärentes Europäisches Vertragsrecht" vom 12. Februar 2003 hat die Kommission jetzt auch die systematische Ausgestaltung des von der Gemeinschaft gesetzten Vertragsrechts in Angriff genommen. Zu beiden Themenkreisen – der Frage nach dem Harmonisierungskonzept und der Frage nach der folgerichtigen Ausgestaltung des Vertragsrechts – soll die vorliegende Arbeit einen Beitrag leisten. Die Arbeit lag der Juristischen Fakultät der Friedrich-Alexander-Universität Erlangen-Nürnberg im Sommersemester 2002 als Habilitationsschrift vor. Sie ist auf dem Stand vom März 2002, ausgewählte später erschienene Beiträge konnte ich noch bis Januar 2003 in den Fußnoten berücksichtigen.

Danken möchte ich von Herzen meinem verehrten Lehrer Professor Dr. Dr. Stefan Grundmann, LL.M. Er hat das Thema angeregt und die Bearbeitung betreut und in jeder Hinsicht gefördert. Die Auseinandersetzung mit seinen grundlegenden Arbeiten zum Europäischen Schuldvertragsrecht sowie zur Systembildung im Europäischen Privatrecht hat mein Verständnis für das neue Rechtsgebiet wesentlich geprägt. Danken möchte ich auch Herrn Professor Dr. Winfried Veelken für das zügig erstellte und gedankenreiche Zweitgutachten zur Habilitationsschrift.

Die Arbeit hätte in dieser Form nicht ohne vielfältige weitere Unterstützung entstehen können. Sie habe ich von meinem Doktorvater Professor Dr. Detlev W. Belling, M.C.L. ebenso erfahren wir von Rechtsanwalt Dr. Gerold Bezzenberger, in dessen Bibliothek erste Skizzen zu dieser Arbeit entstanden sind. Die Alexander von Humboldt-Stiftung hat mir einen Forschungsaufenthalt an der University of Cambridge ermöglicht, während dessen ich große Teile der Arbeit zusammenhängend niederschreiben konnte. Die dortige Rechtsfakultät hat mich im Anschluß an das Forschungsjahr für ein weiteres Jahr als Assistant Lecturer in ihrer Mitte aufgenommen. Ihren Mitgliedern bin ich zu Dank verpflichtet, besonders Professor Dr. Dr. h.c. Kurt Lipstein, Q.C., LL.D., der mich zuerst eingeladen hatte und an der Entstehung der Arbeit regen Anteil nahm, und Herrn Tony Weir, dem ich für die herzliche Aufnahme ebenso verbunden bin wie für Rat, Hilfe und Ermutigungen. Für Gastfreundschaft und manche Hilfe in Cambridge sowie weiterführende Gespräche danke ich David Fisher, Barrister of Lincoln's Inn, und Frau Dr. Friederike Fisher. Nach meiner Rückkehr aus England ermöglichte die

Förderung durch die Deutsche Forschungsgemeinschaft die Fertigstellung der Arbeit. Von Herzen danke ich meinen ständigen Gesprächspartnern, Herren Rechtsanwälten Dr. Robert von Steinau-Steinrück und Dr. Justus Schmidt-Ott, die mich mit ihrem Rat vor manchem Fehler bewahrt und mich durch ihre Freundschaft gestärkt haben.

Schließlich möchte ich meinen Dank an Herrn Polizeiobermeister Ronald Joachim erneuern, der mir mit Geistesgegenwart und Tatkraft das Leben rettete.

Berlin, im April 2003 *Karl Riesenhuber*

# Inhaltsübersicht

# Inhaltsverzeichnis

# Abkürzungen der wichtigsten Rechtsakte und Vorschläge für Rechtsakte

| Abkürzung | Kurzbezeichnung | Amtlicher Titel | Fundstelle |
|---|---|---|---|
| 1.–3.LVersRL | 1.–3. Versicherungsrichtlinie (Leben) | (1) Erste Richtlinie 79/267/EWG des Rates vom 5.3.1979 zur Koordinierung der Rechts- und Verwaltungsvorschriften über die Aufnahme und Ausübung der Direktversicherung (Lebensversicherung) | (1) ABl. 1979 L 63/1 |
| | | (2) Zweite Richtlinie 90/619/EWG des Rates vom 8.11.1990 zur Koordinierung der Rechts- und Verwaltungsvorschriften für die Direktversicherung (Lebensversicherung) und zur Erleichterung der tatsächlichen Ausübung des freien Dienstleistungsverkehrs sowie zur Änderung der Richtlinie 79/267/EWG | (2) ABl. 1990 L 330/50 |
| | | (3) Richtlinie 92/96/EWG des Rates vom 10.11.1992 zur Koordinierung der Rechts- und Verwaltungsvorschriften für die Direktversicherung (Lebensversicherung) sowie zur Änderung der Richtlinien 79/267/EWG und 90/619/EWG (Dritte Richtlinie Lebensversicherung) Hinweis: Alle drei Richtlinien wurden aufgehoben durch und sind aufgegangen in die LVersRL; s. dort. | (3) ABl. 1992 L 360/1 |
| 1.–3.SVersRL | 1.–3. Versicherungsrichtlinie (Schaden) | (1) Erste Richtlinie 73/239/EWG des Rates vom 24.7.1973 zur Koordinierung der Rechts- und Verwaltungsvorschriften betreffend die Aufnahme und Ausübung der Tätigkeit der Direktversicherung (mit Ausnahme der Lebensversicherung) | (1) ABl. 1973 L 228/3 |
| | | (2) Zweite Richtlinie 88/357/EWG des Rates vom 22.6.1988 zur Koordinierung der Rechts- und Verwaltungsvorschriften | (2) ABl. 1988 L 172/1 |

| Abkürzung | Kurz-bezeichnung | Amtlicher Titel | Fundstelle |
|---|---|---|---|
| | | für die Direktversicherung (mit Ausnahme der Lebensversicherung) und zur Erleichterung der tatsächlichen Ausübung des freien Dienstleistungsverkehrs sowie zur Änderung der Richtlinie 73/239/EWG<br>(3) Richtlinie 92/49/EWG des Rates vom 18.6.1992 zur Koordinierung der Rechts- und Verwaltungsvorschriften für die Direktversicherung (mit Ausnahme der Lebensversicherung) sowie zur Änderung der Richtlinien 73/239/EWG und 88/357/EWG (Dritte Richtlinie Schadenversicherung) | (3) ABl. 1992 L 228/1 |
| AGBRL | AGB-Richtlinie, Klauselrichtlinie | Richtlinie 93/13/EWG des Rates vom 5. April 1993 über mißbräuchliche Klauseln in Verbraucherverträgen | ABl. 1993 L 95/29 |
| V1-AGBRL | 1. Vorschlag AGB-Richtlinie | Vorschlag für eine Richtlinie des Rates über mißbräuchliche Klauseln in Verbraucherverträgen | ABl. 1990 C 243/2 KOM(90) 322 endg. |
| V2-AGBRL | 2. Vorschlag AGB-Richtlinie | Geänderter Vorschlag für eine Richtlinie des Rates über mißbräuchliche Klauseln in Verbraucherverträgen | ABl. 1992 C73/7 KOM(92) 66 endg. |
| BÜRL | Betriebsübergangsrichtlinie | Richtlinie 2001/23/EG des Rates vom 12. März 2001 zur Angleichung der Rechtsvorschriften der Mitgliedstaaten über die Wahrung von Ansprüchen der Arbeitnehmer beim Übergang von Unternehmen, Betrieben oder Unternehmens- oder Betriebsteilen | ABl. 2001 L 82/16 |
| EComRL | E-Commerce Richtlinie oder Richtlinie über den elektronischen Geschäftsverkehr | Richtlinie 2000/31/EG des Europäischen Parlaments und des Rates vom 8. Juni 2000 über bestimmte rechtliche Aspekte der Dienste der Informationsgesellschaft, insbesondere des elektronischen Geschäftsverkehrs im Binnenmarkt („Richtlinie über den elektronischen Geschäftsverkehr“) | ABl. 2000 L 178/1 |
| EEA | Einheitliche Europäische Akte | Einheitliche Europäische Akte | ABl. 1987 L 169/1 |

| **Abkürzung** | **Kurz-bezeichnung** | **Amtlicher Titel** | **Fundstelle** |
|---|---|---|---|
| EuGVÜ | Europäisches Gerichts-stands- und Vollstreckungs-überein-kommen | Übereinkommen von Brüssel von 1968 über die gerichtliche Zuständigkeit und die Vollstreckung gerichtlicher Entscheidungen in Zivil- und Handelssachen | ABl. 1972 L 299/32 (konsolidierte Fassung) |
| EuGVO | Europäische Gerichts-stands- und Vollstreckungs-verordnung | Verordnung (EG) 44/2001 des Rates vom 22.12.2000 über die gerichtliche Zuständigkeit und die Anerkennung und Vollstreckung von Entscheidungen in Zivil- und Handelssachen | ABl. 2001 L 12/1 |
| EVÜ | Europäisches Vertragsrecht-überein-kommen | Übereinkommen von Rom über das auf Schuldverhältnisse anzuwendende Recht von 1980 | ABl. 1980 L 266/1, konsolidierte Fassung ABl. 1998 C 27/34 |
| 1. Protokoll zum EVÜ | | 89/128/EWG: Erstes Protokoll betreffend die Auslegung des am 19. Juni 1980 in Rom zur Unterzeichnung aufgelegten Übereinkommens über das auf vertragliche Schuldverhältnisse anzuwendende Recht durch den Gerichtshof der Europäischen Gemeinschaften | ABl. 1989 L 48/1, konsolidierte Fassung ABl. 1998 C 27/47 |
| 2. Protokoll zum EVÜ | | 89/129/EWG: Zweites Protokoll zur Übertragung bestimmter Zuständigkeiten für die Auslegung des am 19. Juni 1980 in Rom zur Unterzeichnung aufgelegten Übereinkommens über das auf vertragliche Schuldverhältnisse anzuwendende Recht auf den Gerichtshof der Europäischen Gemeinschaften | ABl.EG 1989 L 48/17, konsolidierte Fassung ABl. 1998 C 27/52 |
| FARL | Fernabsatz-richtlinie | Richtlinie 97/7/EG des Europäischen Parlaments und des Rates vom 20. Mai 1997 über den Verbraucherschutz bei Vertragsabschlüssen im Fernabsatz | ABl. 1997 L 144/19 |
| V1-FARL | 1. Vorschlag Fernabsatz-richtlinie | Vorschlag für eine Richtlinie des Rates über den Verbraucherschutz bei Vertragsabschlüssen im Fernabsatz | ABl. 1992 C 156/14 KOM(92) 11 endg. |

| **Abkürzung** | **Kurz-bezeichnung** | **Amtlicher Titel** | **Fundstelle** |
|---|---|---|---|
| V2-FARL | 2. Vorschlag Fernabsatz richtlinie | Geänderter Vorschlag für eine Richtlinie des Rates über den Verbraucherschutz bei Vertragsabschlüssen im Fernabsatz | ABl. 1993 C 308/18 KOM(93) 396 endg. |
| GS-FARL | Gemeinsamer Standpunkt | Gemeinsamer Standpunkt (EG) Nr. 19/95 vom Rat festgelegt am 29. Juni 1995 im Hinblick auf den Erlass der Richtlinie 95/.../EG des Europäischen Parlaments und des Rates vom ... über den Verbraucherschutz bei Vertragsabschlüssen im Fernabsatz | ABl. 1995 C 288/1 |
| FFRL | Finanz-fernabsatz-richtlinie | Richtlinie 2002/65/EG des Europäischen Parlaments und des Rates vom 23.9.2002 über den Fernabsatz von Finanzdienstleistungen an Verbraucher und zur Änderung der Richtlinie 90/619/EWG des Rates und der Richtlinien 97/7/EG und 98/27/EG | ABl. 2002 L 271/16 |
| V1-FFRL | 1. Vorschlag Finanz-fernabsatz-richtlinie | Vorschlag für eine Richtlinie des Europäischen Parlaments und des Rates über den Fernabsatz von Finanzdienstleistungen an Verbraucher und zur Änderung der Richtlinie 90/619/EWG des Rates und der Richtlinien 97/7/EG und 98/27/EG | KOM(98) 468 endg. |
| V2-FFRL | 2. Vorschlag Finanz-fernabsatz-richtlinie | Geänderter Vorschlag für eine Richtlinie des Europäischen Parlaments und des Rates über den Fernabsatz von Finanzdienstleistungen an Verbraucher und zur Änderung der Richtlinien 97/7/EG und 98/27/EG | KOM(99) 385 endg. |
| GbAbRL | Gleich-behandlungs richtlinie Arbeits-bedingungen | Richtlinie 76/207/EWG des Rates vom 9.2.1976 zur Verwirklichung des Grundsatzes der Gleichbehandlung von Männern und Frauen hinsichtlich des Zugangs zur Beschäftigung, zur Berufsbildung und zum beruflichen Aufstieg sowie in bezug auf die Arbeitsbedingungen | ABl. 1976 L 39/40 |

| Abkürzung | Kurz-bezeichnung | Amtlicher Titel | Fundstelle |
|---|---|---|---|
| GbEgRL | Gleichbehand-lungsrichtlinie Entgelt | Richtlinie des Rates vom 10. 2. 1975 zur Angleichung der Rechtsvorschriften der Mitgliedstaaten über die Anwendung des Grundsatzes des gleichen Entgelts für Männer und Frauen (75/117/EWG) | ABl. 1975 L 45/19 |
| GRCh | Grundrechts-charta | Charta der Grundrechte der Europäischen Union | ABl. 2000 C 364/1 |
| HWiRL | Hautür-geschäfte-widerrufs-richtlinie | Richtlinie 85/577/EWG des Rates vom 20. Dezember 1985 betreffend den Verbraucherschutz im Falle von außerhalb von Geschäftsräumen geschlossenen Verträgen | ABl. 1985 L 372/31 |
| HVertrRL | Handels-vertreter-richtlinie | Richtlinie 86/653/EWG des Rates vom 18. Dezember 1986 zur Koordinierung der Rechtsvorschriften der Mitgliedstaaten betreffend die selbständigen Handelsvertreter | ABl. 1986 L 382/17 |
| InsARL | Insolvenz-ausfall-richtlinie | Richtlinie 80/987/EWG des Rates vom 20. 10. 1980 zur Angleichung der Rechtsvorschriften der Mitgliedstaaten über den Schutz der Arbeitnehmer bei Zahlungsunfähigkeit des Arbeitgebers | ABl. 1980 L 283/23 |
| InvFRL | Investment-fondsrichtlinie | Richtlinie 85/611/EWG des Rates v. 20. 12. 1985 zur Koordinierung der Rechts- und Verwaltungsvorschriften betreffend bestimmte Organismen für gemeinsame Anlagen in Wertpapieren (OGAW) | ABl. 1985 L 375/3 |
| KapRL | Kapital-richtlinie | Zweite Richtlinie 77/91/EWG des Rates v. 13. 12. 1976 zur Koordinierung der Schutzbestimmungen, die in den Mitgliedstaaten den Gesellschaften im Sinne des Artikels 58 Absatz 2 des Vertrages im Interesse der Gesellschafter sowie Dritter für die Gründung der Aktiengesellschaft sowie für die Erhaltung und Änderung ihres Kapitals vorgeschrieben sind, um diese Bestimmungen gleichwertig zu gestalten | ABl. 1977 L 26/1 |

| Abkürzung | Kurzbezeichnung | Amtlicher Titel | Fundstelle |
|---|---|---|---|
| KGRL | Kaufgewährrichtlinie | Richtlinie 1999/44/EG des Europäischen Parlaments und des Rates vom 25.5.1999 zu bestimmten Aspekten des Verbrauchsgüterkaufs und der Garantien für Verbrauchsgüter | ABl. 1999 L 171/12 |
| V-KGRL | Vorschlag Kaufgewährrichtlinie | Vorschlag für eine Richtlinie des Europäischen Parlaments und des Rates über den Verbrauchsgüterkauf und -garantien | KOM(95) 520 endg. = ZIP 1996, 1845 |
| GS-KGRL | Gemeinsamer Standpunkt Kaufgewährrichtlinie | Vorschlag für eine Richtlinie des Europäischen Parlaments und des Rates über den Verbrauchsgüterkauf und -garantien in der Fassung der politischen Einigung über den Gemeinsamen Standpunkt von Kommission und Ministerrat vom 23.4.1998 | ZIP 1998, 889 |
| KosmetikRL | Kosmetikrichtlinie | Richtlinie 76/768/EWG des Rates vom 27.7.1976 zur Angleichung der Rechtsvorschriften der Mitgliedstaaten über kosmetische Mittel | ABl. 1976 L 262/159 |
| LbmKRL | Lebensmittelkennzeichnungsrichtlinie | Richtlinie 79/112/EWG | |
| LVersRL | Lebensversicherungsrichtlinie | Richtlinie 2002/83/EG des Europäischen Parlaments und des Rates v. 5.11.2002 über Lebensversicherungen | ABl. 2002 L 345/1 |
| MERL | Massenentlassungsrichtlinie | Richtlinie 98/59/EG des Rates vom 10. Juli 1998 zur Angleichung der Rechtsvorschriften der Mitgliedstaaten über Massenentlassungen | ABl. 1998 L 225/16 |
| MarkenVO | Gemeinschaftsmarkenverordnung | Verordnung (EG) Nr. 40/94 des Rates vom 20. Dezember 1993 über die Gemeinschaftsmarke | ABl. 1994 L 11/1 |
| NwRL | Nachweisrichtlinie | Richtlinie 91/533/EWG des Rates vom 14. Oktober 1991 über die Pflicht des Arbeitgebers zur Unterrichtung des Arbeitnehmers über die für seinen Arbeitsvertrag oder sein Arbeitsverhältnis geltenden Bedingungen | ABl. 1991 L 288/32 |

| Abkürzung | Kurz-bezeichnung | Amtlicher Titel | Fundstelle |
|---|---|---|---|
| PHRL | Produkt-haftungs-richtlinie | Richtlinie 85/374/EWG des Rates vom 25. Juli 1985 zur Angleichung der Rechts- und Verwaltungsvorschriften der Mitgliedstaaten über die Haftung für fehlerhafte Produkte | ABl. 1985 L 210/29 |
| PRRL | Pauschalreise-richtlinie | Richtlinie 90/314/EWG des Rates vom 13. Juni 1990 über Pauschalreisen | ABl. 1990 L 158/59 |
| SE-Statut | SE-Statut | Verordnung 2157/2001 des Rates vom 8. 10. 2001 über das Statut der Europäische Aktiengesellschaft (SE) | ABl. 2001 L 294/1 |
| PublRL | Publizitäts-richtlinie | Erste Richtlinie 68/151/EWG des Rates v. 5. 3. 1968 zur Koordinierung der Schutzbestimmungen, die in den Mitgliedstaaten den Gesellschaften im Sinne des Artikels 58 Absatz 2 des Vertrags im Interesse der Gesellschafter sowie Dritter vorgeschrieben sind, um diese Bestimmungen gleichwertig zu gestalten | ABl. 1968 L 65/8 |
| SignRL | Signatur-richtlinie | Richtlinie 1999/93/EG des Europäischen Parlaments und des Rates vom 13. Dezember 1999 über gemeinschaftliche Rahmenbedingungen für elektronische Signaturen | ABl. 2000 L 13/12 |
| V-StruktRL | Vorschlag für eine Struktur-richtlinie | Dritter geänderter Vorschlag einer fünften Richtlinie v. 20. 11. 1991 | ABl. 1991 C 321/9 |
| TSRL | Timesharing-richtlinie | Richtlinie 94/47/EG des Europäischen Parlaments und des Rates vom 26. Oktober 1994 zum Schutz der Erwerber im Hinblick auf bestimmte Aspekte von Verträgen über den Erwerb von Teilzeitnutzungsrechten an Immobilien | ABl. 1994 L 280/83 |
| | Tabakwerbe-richtlinie | Richtlinie 98/43/EG des Europäischen Parlaments und des Rates vom 6. 7. 1998 zur Angleichung der Rechts- und Verwaltungsvorschriften der Mitgliedstaaten über Werbung und Sponsoring zu Gunsten von Tabakerzeugnissen | ABl. 1998 L 213/9 |

| Abkürzung | Kurz-bezeichnung | Amtlicher Titel | Fundstelle |
|---|---|---|---|
| V-DHRL | Vorschlag einer Dienst-leistungs-haftungs-richtlinie | Vorschlag für eine Richtlinie des Rates über die Haftung bei Dienstleistungen | ABl. 1991 C 12/8 KOM(90) 482 endg. |
| VerbrKrRL | Verbraucher-kreditrichtlinie | Richtlinie 87/102/EWG des Rates vom 22.12.1986 zur Angleichung der Rechts- und Verwaltungsvorschriften der Mitgliedstaaten über den Verbraucherkredit | ABl. 1987 L 42/48 |
| V-Verbr-KrÄRL | Vorschlag Verbraucher-kredit-Änderungs-richtlinie | Vorschlag für eine Richtlinie des Europäischen Parlaments und des Rates zur Harmonisierung der Rechts- und Verwaltungsvorschriften der Mitgliedstaaten über den Verbraucherkredit | KOM(2002) 443 endg. |
| VersVermE | Versicherungs-vermittler-Empfehlung | Empfehlung 92/48/EWG der Kommission vom 18.12.1991 über Versicherungs-vermittler | ABl. 1991 L 19/32 |
| VersVermRL | Versicherungs-vermittler-richtlinie | Richtlinie 2002/92/EG des Europäischen Parlaments und des Rates v. 9.12.2002 über Versicherungsvermittlung | ABl. 2003 L 9/3 |
| V-Vers-VermRL | Vorschlag Versicherungs-vermittler-richtlinie | Vorschlag für eine Richtlinie des Europäischen Parlaments und des Rates über Versicherungsvermittlung | KOM(2000) 511 endg. |
| VergLRL | Vergabe-richtlinie Lieferaufträge | Richtlinie 93/36/EWG über die Koordinierung der Verfahren zur Vergabe öffentlicher Lieferaufträge | ABl. 1993 L 199/1 |
| VergBRL | Vergabe-richtlinie Bauaufträge | Richtlinie 93/37/EWG zur Koordinierung der Verfahren zur Vergabe öffentlicher Bauaufträge | ABl. 1993 L 199/54 |
| VergSRL | Vergabe-richtlinie Sektoren | Richtlinie 93/38/EWG zur Koordinierung der Auftragsvergabe durch Auftraggeber im Bereich der Wasser-, Energie- und Verkehrsversorgung sowie im Telekommunikationssektor | ABl. 1993 L 199/84 |
| VergDRL | Vergabe-richtlinie Dienst-leistungen | Richtlinie 92/50/EWG zur Koordinierung der Verfahren zur Vergabe öffentlicher Dienstleistungsaufträge | ABl. 1992 L 209/1 |

| **Abkürzung** | **Kurz-bezeichnung** | **Amtlicher Titel** | **Fundstelle** |
|---|---|---|---|
| V1-VersVRL | Vorschlag für eine Versicherungsvertragsrichtlinie | Vorschlag für eine Richtlinie des Rates zur Koordinierung der Rechts- und Verwaltungsvorschriften über Versicherungsverträge | ABl. 1979 C |
| V2-VersVRL | Änderung des Vorschlags einer Versicherungsvertragsrichtlinie | Änderung des Vorschlags für eine Richtlinie des Rates zur Koordinierung der Rechts- und Verwaltungsvorschriften über Versicherungsverträge | ABl. 1980 C 355/30 KOM(80) 854 endg. |
| WerbRL | Werbungsrichtlinie | Richtlinie 84/450/EWG des Rates vom 10. September 1984 zur Angleichung der Rechts- und Verwaltungsvorschriften der Mitgliedstaaten über irreführende Werbung | ABl. 1984 L 250/17 |
| WpDRL | Wertpapierdienstleistungsrichtlinie | Richtlinie 93/22/EWG des Rates vom 10. Mai 1993 über Wertpapierdienstleistungen | ABl. 1993 L 141/27 |
| ZVerzRL | Zahlungsverzugsrichtlinie | Richtlinie 2000/35/EG des Europäischen Parlaments und des Rates vom 29.6.2000 zur Bekämpfung des Zahlungsverzugs im Geschäftsverkehr | ABl. 2000 L 200/35 |
| V-ZVerzRL | Vorschlag Zahlungsverzugsrichtlinie | Vorschlag für eine Richtlinie zur Bekämpfung des Zahlungsverzugs im Handelsverkehr | ABl. C 168/13 = ZIP 1998, 1614 |
| ZVerzEmpf | Zahlungsverzug-Empfehlung | Empfehlung der Kommission vom 12.5.1995 über die Zahlungsfristen im Handelsverkehr | ABl. L 127/19 |

# Abkürzungsverzeichnis

Die Abkürzungen für Sekundärrechtsakte und Regelungsvorschläge der Gemeinschaft sind oben, S. XXIII bis XXXI, gesondert in tabellarischer Form dargestellt.

| | |
|---|---|
| a.A. | anderer Ansicht |
| A.C. | Appeal Cases |
| a.E. | am Ende |
| a.M. | anderer Meinung |
| aaO | am angegebenen Ort |
| abl. | ablehnend |
| AbzG | Abzahlungsgesetz |
| AE-EuVGB | Entwurf eines Europäischen Vertragsgesetzbuchs der Akademie Europäischer Privatrechtswissenschaftler („Akademieentwurf") |
| AGBG | Gesetz zur Regelung der Allgemeinen Geschäftsbedingungen |
| Am.J.Comp.L. | The American Journal of Comparative Law (Jahrgang [Jahr] Seite) |
| AöR | Archiv für öffentliches Recht (Jahrgang [Jahr] Seite) |
| ArbuR | Arbeit und Recht – Zeitschrift für Arbeitsrechtspraxis (Jahr, Seite) |
| AStV | Ausschuß der Ständigen Vertreter (s. Art. 207 Abs. 1 EG), s.a. CoRePer |
| B.U.L.Rev. | Boston University Law Review |
| BE | Begründungserwägung; die Gründe, mit denen gem. Art. 253 EGV Verordnungen, Richtlinien und Entscheidungen zu versehen sind |
| BGB | Bürgerliches Gesetzbuch |
| BKR | Bank- und Kapitalmarktrecht (Jahr, Seite) |
| BLRev | Business Law Review (Jahr, Seite) |
| bzgl. | bezüglich |
| Cambr.L.J. | Cambridge Law Journal (Jahrgang [Jahr] Seite) |
| ch. | chapter |
| CMLR | Common Market Law Review (Jahr, Seite) |
| CMR | Convention relative au contrat de transport international de marchandises par route |
| Code civil | Französischer Code civil von 1804 |
| Col.J.Eur.L. | Columbia Journal of European Law (Jahrgang [Jahr] Seite) |
| CoRePer | Comité des Représentants Permanents, s.a. AstV |
| CR | Computer und Recht (Jahr, Seite) |
| Curr.Leg.Prob. | Current Legal Problems (Jahrgang [Jahr] Seite) |
| E.L.Rev. | European Law Review (Jahrgang [Jahr] Seite) |
| ebd. | ebenda |
| EEA | Einheitliche Europäische Akte |
| EG | 1. Europäische Gemeinschaft; 2. Nach Bezeichnung eines Artikels: EG- |

| | |
|---|---|
| | Vertrag, Vertrag zur Gründung der Europäischen Gemeinschaft, Konsolidierte Fassung mit den Änderungen durch den Vertrag von Amsterdam vom 2.10.1997 |
| EGV | EG-Vertrag, Vertrag zur Gründung der Europäischen Gemeinschaft in der Fassung des Vertrags über die Europäische Union vom 7.2.1992 (Maastrichter Fassung) |
| EP | Principles of European Contract Law (zitiert nach der Numerierung der revidierten Fassung der Teile I und II von 2000) |
| ERPL | European Review of Private Law – Revue européenne de droit privé – Europäische Zeitschrift für Privatrecht (Jahr und Seite) |
| EU | 1. Europäische Union; 2. Nach Bezeichnung eines Artikels: EU-Vertrag, Vertrag über die Europäische Union, Konsolidierte Fassung mit den Änderungen durch den Vertrag von Amsterdam vom 2.10.1997 |
| EuLF (UK) | The European Legal Forum – englische Ausgabe (Jahr, Seite) |
| EuLF | The European Legal Forum – deutsche Ausgabe (Jahr, Seite) |
| EUV | EU-Vertrag, Vertrag über die Europäische Union vom 7.2.1992 (Maastricht-Vertrag) |
| EuZW | Europäische Zeitschrift für Wirtschaftsrecht (Jahr, Seite) |
| EWS | Europäisches Wirtschafts- und Steuerrecht (Jahr, Seite) |
| GRUR Int. | Gewerblicher Rechtsschutz und Urheberrecht Internationaler Teil (Jahr, Seite) |
| GRUR | Gewerblicher Rechtsschutz und Urheberrecht (Jahr, Seite) |
| Harv.Int.L.J. | Harvard International Law Journal (Jahrgang [Jahr] Seite) |
| HWiG | Gesetz über den Widerruf von Haustürgeschäften und ähnlichen Geschäften |
| i.e. | im einzelnen |
| i.E. | im Ergebnis |
| i.O. | im Original |
| ICLQ | International and Comparative Law Quaterly (Jahrgang [Jahr] Seite) |
| idF | in der Fassung |
| idR | in der Regel |
| ieS | im engeren Sinne |
| ILJ | The Industrial Law Journal (Jahr, Seite) |
| Int.Enc.Comp.L. | International Encyclopedia of Comparative Law |
| IPR | Internationales Privatrecht |
| IPRspr. | Die deutsche Rechtsprechung auf dem Gebiete des Internationalen Privatrechts (Entscheidungssammlung; Jahr, lfd. Nr.) |
| iSv | im Sinne von |
| Ius Commune | Ius Commune – Zeitschrift für Europäische Rechtsgeschichte, Veröffentlichungen des Max-Planck-Instituts für Europäische Rechtsgeschichte, Frankfurt a.M. (Band [Jahr] Seite) |
| iVm | in Verbindung mit |
| iwS | im weiteren Sinne |
| J.Contract L. | Journal of Contract Law (Jahrgang [Jahr] Seite) |
| J.Crim.L. | The Journal of Criminal Law (Jahrgang [Jahr, Seite) |
| JbJZ | Jahrbuch Junger Zivilrechtswissenschaftler (Tagungsjahr, Seite) |
| JBL | The Journal of Business Law (Jahr, Seite) |

| | |
|---|---|
| JIBL | Journal of International Business Law (Jahrgang [Jahr] Seite) |
| JRP | Journal für Rechtspolitik (Jahr, Seite) |
| JuS | Juristische Schulung (Jahr, Seite) |
| JZ | Juristenzeitung (Jahr, Seite) |
| krit. | kritisch |
| l.Sp. | linke Spalte (s.a. r.Sp.) |
| Leg.Stud. | Legal Studies, The Journal of the Society of Public Teachers of Law (Jahrgang [Jahr] Seite) |
| LQR | Law Quaterly Review (Jahrgang [Jahr], Seite) |
| LS | Leitsatz |
| m.N. | mit Nachweisen |
| maW | mit anderen Worten |
| Mich.L.R. | Michigan Law Review |
| MJ | Maastricht Journal of European and Comparative Law (Jahrgang [Jahr] Seite) |
| MLR | Modern Law Review (Jahrgang [Jahr] Seite) |
| mwN | mit weiteren Nachweisen |
| NBW | Nieuw Burgerlijk Wetboek |
| NJW | Neue Juristische Wochenschrift (Jahr, Seite) |
| Northw.J.In.L.Bus. | Northwestern Journal of International Law and Business |
| ORDO | Jahrbuch für die Ordnung von Wirtschaft und Gesellschaft (Jahr, Seite) |
| Oxf.J.Leg.Stud. | Oxford Journal of Legal Studies (Jahrgang [Jahr] Seite) |
| Oxf.Rev.Econ.Pol. | Oxford Review of Economic Policy (Jahrgang [Jahr] Seite) |
| Pa.L.Rev. | University of Pennsylvania Law Review (Jahrgang [Jahr] Seite) |
| pr.ALR | Allgemeines Landrecht für die Preußischen Staaten von 1794 |
| Proc.Brit.Acad. | Proceedings of the British Academy (Jahrgang [Jahr], Seite) |
| ProdHG | Gesetz über die Haftung für fehlerhafte Produkte |
| r.Sp. | rechte Spalte (s.a. l.Sp.) |
| RabelsZ | Rabels Zeitschrift für ausländisches und internationals Privatrecht (Jahrgang [Jahr] Seite) |
| Rev.trim.dr.civ. | Revue trimestrielle de droit civil (Jahrgang [Jahr] Seite) |
| RIW | Recht der Internationalen Wirtschaft – Betriebs-Berater International (Jahr, Seite) |
| Rn. | Randnummer; im Zusammenhang mit Entscheidungen des EuGH regelmäßig (außer bei älteren Entscheidungen) zur Verweisung auf die Absätze der Entscheidungsgründe verwandt (s.a. Tz.) |
| Rs. | Rechtssache (Aktenzeichen des EuGH) |
| S./s. | Siehe/siehe |
| s.a. | siehe auch |
| s.o. | siehe oben |
| SchlA | Schlußanträge |
| Stud.Gen. | Studium Generale (Jahr, Seite) |
| Tz. | Textziffer; im Zusammenhang mit Entscheidungen des EuGH regelmäßig zur Verweisung auf Ausführungen in den Schlußanträgen des Generalanwaltes verwandt (s.a. Rn.) |
| u.a. | unter anderem |
| uam | und andere(s) mehr |

| | |
|---|---|
| UP | Unidroit Principles of International Commercial Contracts |
| verb.Rs. | verbundene Rechtssachen (s.a. Rs.) |
| VerbrKrG | Verbraucherkreditgesetz |
| vgl. | vergleiche |
| VuR | Verbraucher und Recht (Jahr, Seite) |
| WiB | Wirtschaftsrechtliche Beratung (Jahr, Seite) |
| WRP | Wettbewerb in Recht und Praxis (Jahr, Seite) |
| WuW | Wirtschaft und Wettbewerb (Jahr, Seite) |
| z.B. | zum Beispiel |
| z.T. | zum Teil |
| ZaöRV | Zeitschrift für ausländisches öffentliches Recht und Völkerrecht (Jahrgang [Jahr] Seite) |
| ZfRV | Zeitschrift für Rechtsvergleichung (Jahr, Seite) |
| ZGR | Zeitschrift für Unternehmens- und Gesellschaftsrecht (Jahr, Seite) |
| zust. | zustimmend |
| zutr. | zutreffend |
| ZVglRWiss | Zeitschrift für vergleichende Rechtswissenschaft (Jahrgang [Jahr] Seite) |

„Die Aufdeckung der Sinnzusammenhänge, in denen die einzelnen Rechtsnormen und Regelungen miteinander und mit den leitenden Prinzipien der Rechtsordnung stehen, und ihre Darstellung in einer die Übersicht ermöglichenden geordneten Weise, d.h. in der Form eines Systems, ist eine der wichtigsten Aufgaben der wissenschaftlichen Jurisprudenz."
*Karl Larenz*, Methodenlehre, S. 437

# § 1 Einleitung

## I. Einführung in das Thema

Gegenstand der vorliegenden Untersuchung ist die Frage, inwieweit sich die Gesamtheit der Rechtsakte der Europäischen Gemeinschaft auf dem Gebiet des Vertragsrechts („Europäisches Vertragsrecht")[1] zu einem geordneten Ganzen, also einem System zusammenfügt.

Die Europäische Gemeinschaft hat, beginnend mit der Haustürgeschäfterichtlinie und der Verbraucherkreditrichtlinie, auch die Vertragsrechtsordnungen der Mitgliedstaaten in einzelnen Hinsichten angeglichen. Vorläufige Höhepunkte der Entwicklung sind die Richtlinie über mißbräuchliche Klauseln in Verbraucherverträgen und die Verbrauchsgüterkaufrichtlinie. Wie schon die Beispiele zeigen, hat sich die Gemeinschaft dabei nicht an den Sachfragen des Vertragsrechts orientiert, sondern an tatsächlichen Problemzusammenhängen. Die Angleichung erfolgte punktuell – oder, wie kritisch gesagt wurde, pointillistisch[2] – und nicht systematisch. Dadurch unterscheidet sich das Europäische Vertragsrecht auch wesentlich von anderen Teilen des Europäischen Privatrechts, wie etwa dem Europäischen Gesellschaftsrecht, dem Europäischen Arbeitsrecht oder dem Europäischen Urheberrecht, in denen sich die Rechtsangleichung ungleich stärker an den jeweiligen Sachfragen orientiert hat. Die Rechtswissenschaft hat die Angleichung auf dem Gebiet des Vertragsrechts bereits frühzeitig begleitet. Der Entwicklung entsprechend stand dabei freilich anfangs die Erörterung einzelner Rechtsakte im Vordergrund. Doch mußte mit einem zunehmenden Bestand an Angleichungsrechtsakten auch die Frage nach Einheit und Ordnung aufkommen. Die Antwort darauf fiel freilich ernüchternd aus. „An dem Teppich des Gemeinschaftsprivatrechts weben viele der Brüsseler Generaldirektionen, ohne ein Muster vor Augen zu haben."[3] „Das Ge-

---

[1] Zum Begriff des Europäischen Privatrechts unten, § 3 (S. 31), zur Abgrenzung des Europäischen Vertragsrechts in der vorliegenden Untersuchung unten, § 10 A I 2 (S. 213–215).

[2] *Kötz* FS Zweigert S. 483 und öfter sowie *ders.* RabelsZ 50 (1986) 1, 5.

[3] *Basedow/Blaurock/Flessner/Schulze/Zimmermann* ZEuP 1993, 1, 2. Ähnlich *Leible* EWS 2001, 471, 473.

meinschaftsrecht besteht ... aus einer Vielzahl von Fragmenten, von Inseln, die sich nur mit Mühe in die Rechtsordnung integrieren lassen und die selbst auch kein innerer Zusammenhang verbindet."[4] „Ein System, gar ein ‚Masterplan', ist nicht immer erkennbar."[5] Zumeist vermochte man schon nicht erkennen, nach welchen Grundsätzen die Gemeinschaft einzelne Rechtsfragen oder Realitätsausschnitte für die Angleichung aufgreift. Darüber hinaus aber hatten auch wohlwollende Beobachtern zunehmend den Eindruck, daß bei den Regelungen selbst – über Informationspflichten, über Widerrufsrechte, über den Inhalt von Verträgen oder Leistungsstörungsrechte usf. – eins nicht zum anderen paßt.[6]

Daher nimmt es nicht wunder, daß der Ruf nach einer Ordnung des Bestandes lauter wurde. Eine „Gesamtkonzeption [tut] not, an der es zur Zeit aber noch fehlt."[7] „Thus it becomes more and more necessary to think about a more coherent, systematic and possibly codification-oriented approach."[8] „Bevor sich das Schrifttum der wuchernden Privatrechtsetzung der EG, bis hin zu gewerblichen Schutzrechten, Arbeitsrecht usw. in ausuferndem Umfang widmet, sollte es sich ihrer Prämissen und Grundlagen vergewissern."[9] Tatsächlich liegen mittlerweile auch neben Monographien zur Auswirkung des Gemeinschaftsrechts und der Rechtsangleichung auf die mitgliedstaatlichen Rechtsordnungen,[10] über Formen und Methodik der Privatrechtsangleichung sowie Methode des Europäischen Privatrechts[11] nicht nur Textsammlungen vor, sondern auch erste Gesamtdarstellungen[12] sowie Untersuchungen zu den Wertungsgrundlagen des Europäischen Vertragsrechts[13] und – als Tagungsband – eine Untersuchung zur Systembildung in Kerngebieten des Europäischen Privatrechts[14]. Allerdings beschränken sich

---

4 *Rittner* JZ 1995, 849, 851; *ders.* DB 1996, 25, 26. Ähnlich A. *Junker* NJW 1994, 2527–2528; *Kötz* RabelsZ 50 (1986) 1, 12; *Leible* Wege, § 2 A; *Müller-Graff* NJW 1993, 13, 19; *Zimmermann* Savignys Vermächtnis (1998) S. 21 f. Für den Bereich der irreführenden Werbung *Funke* WM 1997, 1472, 1473. Immerhin spricht man für das Europäische Verbraucherschutzrecht von einem „zusammenwachsende Atoll"; *Schäfer/Pfeiffer* ZIP 1999, 1829; *Basedow* AcP 200 (2000) 445, 453.

5 *Leible* EWS 2000, 471, 473.

6 Z.B. *Weatherill* in: Party Autonomy, S. 181 f.; *Betlem/Hondius* ERPL 2001, 3, 9; *Lando* FS Siehr, S. 393.

7 *Blaurock* JZ 1994, 270, 271.

8 *Müller-Graff* in: The common law of Europe and the future of legal education, S. 249; *Leible* Wege, § 12 A I 1 a.

9 *Steindorff* JZ 1994, 95, 98.

10 *Hommelhoff* AcP 192 (1992) 71–107; *Steindorff* EG-Vertrag und Privatrecht (1996).

11 *Franzen* Privatrechtsangleichung durch die Europäische Gemeinschaft (1999); vornehmlich rechtspolitisch *Möllers* Die Rolle des Rechts im Rahmen der europäischen Integration (1999).

12 Für das Vertragsrecht grundlegend *Grundmann* Europäisches Schuldvertragsrecht (1999). In englischer Sprache vorher schon *Quigley* European Community Contract Law (1997). In den Spezialgebieten des Gesellschaftsrechts und des Arbeitsrechts hat sich eine ähnliche Entwicklung schon früher abgezeichnet; s. nur *Lutter* Europäisches Unternehmensrecht (4. Auflage 1996, 1. Aufl. als „Europäisches Gesellschaftsrecht" 1979); *Blanpain/Schmidt/Schweibert* Europäisches Arbeitsrecht (2. Aufl. 1996).

13 *Basedow* Leg.Stud. 18 (1998) 121–145; *Lurger* Vertragliche Solidarität (1998); *Micklitz* ZEuP 1998, 253–276.

14 *Grundmann* (Hrsg.) Systembildung und Systemlücken in Kerngebieten des Europäischen Privatrechts (2000).

diese Untersuchungen zumeist auf Teilbereiche oder können sie – aufgrund des gesetzten Rahmens – die Thematik nicht umfassend erörtern. Mit der vorliegenden Untersuchung wird für den Bereich des Vertragsrechts der Versuch unternommen, eine geschlossene Darstellung von System und Prinzipien des Europäischen Vertragsrechts zu geben.

## II. Gang der Darstellung

Die zu erörternden Fragen und der Gang der Darstellung ergeben sich aus der soeben zitierte Kritik. In ihr kommt zum einen zum Ausdruck, daß die Gemeinschaft nicht erkennen lasse, nach welchen Grundsätzen sie bei der Auswahl von Regelungsbereichen für die Rechtsangleichung vorgehe; das ist die Frage nach dem Harmonisierungskonzept. Zum anderen wird beklagt, daß die Regelungen der einzelnen Rechtsakte auf dem Gebiet des Vertragsrechts nicht immer zusammenpassen; das ist die Frage nach dem System des materiellen Rechts.

Das Harmonisierungskonzept ist Gegenstand der Untersuchung im Zweiten Teil der Arbeit. Für sein Verständnis sind zunächst einige Grundlagen zu erörtern. Dazu gehört die Wirkung der Grundfreiheiten und des Kollisionsrechts auf dem Gebiet des Vertragsrechts, denn daraus ergibt sich der Angleichungsbedarf.[15] Dazu gehören weiterhin die Rechtsetzungskompetenzen der Gemeinschaft, denn sie begrenzen den Handlungsspielraum.[16] Und dazu gehört drittens die Frage, welche rechtlichen Auswirkungen die Rechtsangleichung hat, nämlich ob sie eine „Sperrwirkung" für strengeres nationales Recht entfaltet, denn sie ist entscheidend für den Angleichungserfolg.[17] Der so gespannte Rahmen ist vom Gesetzgeber unter Abwägung rechtspolitischer Erwägungen auszufüllen, daher ist außerdem zur Diskussion der Gründe für und wider eine Angleichung des Vertragsrechts Stellung zu nehmen.[18] Aufgrund dieser Vorüberlegungen kann schließlich erörtert werden, welches Harmonisierungskonzept sich aus dem Bestand des Europäischen Vertragsrechts ergibt.[19]

Das System des materiellen Europäischen Vertragsrechts, seine folgerichtige Ausgestaltung und seine Rückführbarkeit auf wenige tragende Prinzipien, wird im Dritten Teil der Arbeit untersucht. Diese Untersuchung wird dadurch erschwert, daß die Rechtsangleichung, wie bereits erwähnt, nur punktuell erfolgt ist, und die Angleichungsrechtsakte nicht nach Sachfragen des Vertragsrechts geordnet sind, sondern einzelne Realitätsausschnitte betreffen. Nicht zuletzt darin liegt ein wesentlicher Grund dafür, daß die einzelnen Regelungen über einzelne Sachfragen als nicht hinreichend geordnet erschei-

---

[15] Unten, §§ 5 (S. 84), 6 (S. 120).

[16] Unten, § 7 (S. 132).

[17] Unten, § 8 (S. 146).

[18] Unten, § 9 (S. 171).

[19] Unten, § 10 (S. 211).

nen – und es teilweise auch nicht sind. Für die Untersuchung im Dritten Teil werden daher nicht die verschiedenen Regelungsakte (v.a. Richtlinien) als solche, sondern die darin enthaltenen Einzelregelungen erörtert, geordnet nach den Sachfragen des Vertragsrechts. Nach allgemeinen und übergreifenden Fragen[20] untersuchen wir vorvertragliche Pflichten,[21] Vertragsschluß,[22] Vertragsinhalt,[23] Inhaltskontrolle[24] und Leistungsstörungen.[25] Eine Erörterung der Prinzipien des Vertragsrechts, die seine Einheit ausweisen und die tragenden Wertungen offenlegen, schließt die Untersuchung ab.[26]

Zunächst sind aber im Ersten Teil die methodischen und begrifflichen Grundlagen für die Arbeit zu legen; in diesem Teil beschränkt sich die Untersuchung nicht auf das Vertragsrecht, sondern betrifft sie das Europäische Privatrecht allgemein. An erster Stelle ist zu klären, was hier unter einem System des Rechts verstanden wird.[27] Anschließend wird der Bereich des Europäischen Privatrechts abgegrenzt.[28] Schließlich sind einige Besonderheiten des Europäischen Privatrechts Anlaß zu prüfen, ob das Europäische Privatrecht sinnvoll als System untersucht werden kann.[29]

---

[20] Unten, § 12 (S. 250).
[21] Unten, § 13 (S. 288).
[22] Unten, § 14 (S. 312).
[23] Unten, § 15 (S. 356).
[24] Unten, § 16 (S. 426).
[25] Unten, § 17 (S. 468).
[26] Unten, § 18 (S. 553).
[27] Nachfolgend, § 2 (S. 5).
[28] Unten, § 3 (S. 31).
[29] Unten, § 4 (S. 52).

# 1. Teil
# Grundlagen

## § 2 Zum Systemdenken im Privatrecht

## I. System als geordnetes Ganzes

### 1. Einheit und Ordnung als Merkmale des Systembegriffs

Der Begriff des Rechtssystems wird in ganz unterschiedlicher Bedeutung verwandt.[1] In dieser Untersuchung verstehen wir unter einem Rechtssystem ein geordnetes Ganzes von Rechtssätzen, ein Rechtssystem ist m.a.W. durch die Merkmale der Ordnung und Einheit gekennzeichnet.[2]

Der „Rechtsstoff" hat zumeist schon eine äußere *Ordnung* durch seine Einteilung in Rechtsakte (verschiedener Hierarchieebenen) und deren Einteilung in Bücher, Teile, Abschnitte, Paragraphen usf. Insofern spricht man von einem äußeren System.[3] Eine innere Ordnung von Rechtssätzen als Sollensaussagen ist gegeben, wenn die darin zum Ausdruck kommenden Wertungen auf einander abgestimmt und folgerichtig durchgeführt sind.[4] Weniger scharf umrissen ist das Merkmal der *Einheit.* Zum einen bezeichnet auch

---

[1] Übersichten bei *Büllesbach* in: Einführung in Rechtsphilosophie und Rechtstheorie der Gegenwart, S. 371–373; *Canaris* Systemdenken, S. 19–40; *Peine* System, S. 32–38. Ferner etwa *Bengoetxea* Legal Reasoning, S. 42–52, 240–251; *Eckhoff/Sundby* Rechtssysteme, S. 18, 173f., 176; *Hruschka* JZ 1985, 1–10. Zur historischen Entwicklung *Coing* Geschichte und Bedeutung des Systemgedankens (1956); *Stein* Proc.Brit.Acad. 90 (1996) 147–164; auch *ders.* B.U.L.Rev. 59 (1979) 433, 442–450; J. *Schröder* Ius Commune XXIV (1997) 25–39; auch *Ewald* Pa.L.Rev. 143 (1995) 1889, 2012–2043. Eingehend jetzt *Schroeder* Das Gemeinschaftsrechtssystem (2002).

Zur Systemtheorie *Luhmanns* die wir hier nicht weiter verfolgen, nur *Büllesbach* aaO, S. 371–403; *Vesting* Jura 2001, 299–305; *ders.* www.jura.uni-augsburg.de/Fakultaet/vesting/index.html.

[2] *Canaris* Systemdenken, S. 12f. *et passim* mwN; *Heck* Begriffsbildung und Interessenjurisprudenz, S. 142; *Stein* Proc.Brit.Acad., 90 (1996) 147. Ferner *Bydlinski* System, S. 1–5 *et passim*; *Dias* Jurisprudence, S. 60f.; *Lutter* ZGR 1998, 397–403; E. *Meyer* Wertungsjurisprudenz, S. 115; *Schmidt-Aßmann* Ordnungsidee, Rn. 1/1; *ders.* JZ 1989, 205, 206; *Pawlowski* Methodenlehre, Rn. 167; *Zimmermann* ERPL 1997, 95, 110; ferner auch *Basedow* in: Rechtsgeschichte und Privatrechtsdogmatik, S. 84f.; *van Schilfgaarde* ERPL 1997, 1, 4.

[3] Zur Unterscheidung von äußerem und innerem System *Heck* Begriffsbildung, S. 142f.; dazu und zu Leben und Werk *Hecks* eingehend *Schoppmeyer* Juristische Methode als Lebensaufgabe (2001). Zur Bedeutung des äußeren Systems näher unten, II 3 c) (S. 24–26).

[4] *Canaris* Systemdenken, S. 12. S.a. *Dias* Jurisprudence, S. 62; *Flume* Rechtsgeschäft, § 16, 1 c (S. 295); *Weinberger* Norm und Institution, S. 96, 102; *Zimmermann* EPRL 1997, 95, 110.

der Grundsatz der Einheit der Rechtsordnung ein Element der Ordnung, nämlich, daß die Rechtssätze einander nicht widersprechen dürfen;[5] das ist schon eine Minimalforderung der Folgerichtigkeit. Desweiteren bedeutet der Grundsatz der Einheit die mannigfachen Zusammenhänge zwischen den Rechtssätzen, die z.B. darin bestehen, daß ein Rechtssatz den anderen erläutert oder ergänzt oder für einen Spezialfall ausformt.[6] Endlich wird mit dem Merkmal der Einheit der Gegensatz zu einer zusammenhanglosen Vielheit bedeutet; in diesem Sinne stellen Rechtssätze eine Einheit dar, wenn sie sich auf wenige tragende Grundwertungen zurückführen lassen.[7]

## 2. Zur Begründung der Systemforderungen

Wer das Recht als System betrachtet („Systemdenken"), geht dabei meist unausgesprochen von der Annahme aus, daß dem Rechtsstoff objektiv, d.h. als etwas der Untersuchung Vorgegebenem, eine Ordnung innewohnt und sich seine Teile zu einem Ganzen zusammenfügen.[8] (Wissenschaftliche) Systembildung ist dann die Formulierung einer Theorie über das Recht oder, mit anderen Worten, die Ausbildung eines „wissenschaftlichen Systems" als Abbild des „objektiven Systems"[9].[10] Systemdenken findet seine Rechtfertigung so bereits darin, daß es eine dem Recht gemäße Methodik ist, die es erlaubt, den Rechtsstoff in einer seiner Eigenart entsprechenden Art und Weise darzustellen und zu untersuchen. Soweit die Grundhypothese trägt, daß das Recht schon ein objektives System darstellt, verspricht die Untersuchung des Ganzen darüber hinaus, das Verständnis der Bestandteile zu fördern.

Für das Recht sind die Systemforderungen nach Ordnung und Einheit indes nicht nur aus solchen Erwägungen der Sachgerechtigkeit begründet. Sie ergeben sich aus dem (rechtsethischen) Gleichheitssatz, dem Prinzip der Rechtssicherheit und dem Grundsatz

---

[5] Grundlegend *Engisch* Die Einheit der Rechtsordnung (1935). Ferner *ders.* Einführung, S. 160–170; *Canaris* Systemdenken, S. 16f.; *Raisch* Auslegungskanones, S. 35–37; *Sodan* JZ 1999, 864–873; sowie die Beiträge in K. Schmidt (Hrsg.) Vielfalt des Rechts – Einheit der Rechtsordnung (1994).

[6] *Engisch* Einführung, S. 68.

[7] *Canaris* Systemdenken, S. 12f., 17; *Engisch* Einführung, S. 65, 90; *Coing* JZ 1951, 481; s. aber auch *dens.* FS Dölle, S. 25, 40; *Flume* Rechtsgeschäft, § 16, 1c (S. 293). Zu einer formalen Einheit führen auch positivistische Lehren, die das Recht auf eine *Grundnorm* zurückführen; *Kelsen* Reine Rechtslehre, S. 196 f., 209–212; entsprechend auch der „institutionelle Positivismus" *Weinbergers* Norm und Institution, S. 131f.

[8] *Coing* Geschichte und Bedeutung des Systemgedankens, S. 41; *Raisch* Auslegungskanones, S. 35; *Boodman* Am.J.Comp.L. 39 (1991) 699, 703; *Raz* The Concept of a Legal System, S. 3, 140–147, 187–202. S.a. *v. Mettenheim* Recht und Rationalität, S. 105–111.

[9] Zur Unterscheidung von objektivem und wissenschaftlichem System *Canaris* Systemdenken, S. 13.

[10] Wenn hier von einem Abbild die Rede ist, so soll damit freilich keine Gebundenheit der Dogmatik angenommen werden, die das wissenschaftliche System auf ein bloßes Nacherzählen in eigenen Worten beschränken würde; dagegen zutreffend *Herberger* in: Gesetzgebung und Dogmatik, S. 69f.

der Einheit der Rechtsordnung als Bestandteilen der Rechtsidee.[11] Die Systemforderungen nach Einheit und Ordnung des Rechts sind in besonderem Maße geeignet, die Rechtswerte der Gleichheit und der Rechtssicherheit zu sichern. So folgt das Postulat der Ordnung i.S. der folgerichtigen Durchführung einmal getroffener Wertungen aus dem rechtsethischen Gleichheitssatz, nach dem Gleiches gleich und Ungleiches nach dem Maße seiner Verschiedenheit verschieden zu behandeln ist[12]: „Der Gesetzgeber wie der Richter sind gehalten, einmal getroffene Wertungen ‚konsequent' wieder aufzunehmen, sie bis in alle Einzelheiten ‚zu Ende zu denken' und sie nur sinnvoll, d.h. aus sachlichem Anlaß zu durchbrechen, – mit anderen Worten: folgerichtig zu verfahren."[13] Die Einheit der Rechtsordnung i.S. der Widerspruchsfreiheit ist ebenfalls Ausdruck des Gleichbehandlungsgebots, sie wird darüber hinaus aber auch mit dem Gebot der Rechtssicherheit und – positiv-rechtlich – dem Rechtsstaatsprinzip begründet.[14] Dem Wert der Rechtssicherheit genügt das Recht als geordnetes Ganzes deswegen in besonderem Maße, weil die konsequente Durchführung von Wertungen das Recht übersichtlich und die Rechtsfindung vorhersehbar – weil wertungsmäßig verstehbar – macht.[15] Als gesetzgeberische und richterliche Methode dient das Systemdenken der Kontinuität und der Stabilität der Rechtsordnung.

Gegen die Begründung der Systemforderungen aus dem Gleichheitssatz hat allerdings *Peine* eingewandt, daß sich aus dem allgemeinen Gleichheitssatz des Art. 3 Abs. 1 GG kein Gebot ableiten lasse, getroffene Wertungen folgerichtig durchzuführen. Der verfassungsrechtliche Gleichheitssatz verbiete nur willkürliches Handeln, er begründe aber nicht positiv ein Gleichbehandlungsgebot i.S. folgerichtigen Handelns („verfassungsrechtlicher Einwand").[16] Und schon gegen die Begründung des Systemdenkens als eine dem Rechtsstoff gemäße Methodik liegt der Einwand nahe, die unterstellte Einheit und Ordnung sei empirisch nicht gegeben: Der Rechtsstoff ist eine Gesamtheit von Sollensanforderungen, die vom Gesetzgeber und ggf. den Gerichten aufgestellt wurden und die

---

[11] *Canaris* Systemdenken, S. 16–18. Ähnlich (bei unterschiedlicher Betonung der verschiedenen Aspekte) *Birks* in: Scots Law, S. 167, 189 *et passim; ders.* SavZ/RA 1991, 708, 711; *Coing* Geschichte und Bedeutung des Systemgedankens, S. 29; *Neuner* Rechtsfindung, S. 105f., 122; *Rüthers* Rechtstheorie, Rn. 744; vgl. auch *Coing* JZ 1951, 481, 485 r.Sp.; *Lord Simon* in: *National Carriers* v. *Panalpina (Northern) Ltd.* 1981 AC 675, 701 (H.L. 1980); *Seiler* in: Rechtsdogmatik und Rechtspolitik, S. 111f. Ferner *Habermas* Faktizität und Geltung, S. 48, 207.

[12] *Henkel* Rechtsphilosophie, S. 395f., 400f.; *Ryffel* Rechtsphilosophie, S. 221.

[13] *Canaris* Systemdenken, S. 16; ebenso *Alexy* Argumentation, S. 331f.; *Birks* SavZ RA 1991, 708, 711; weitergehend anscheinend *Basedow* in: Rechtsgeschichte und Privatrechtsdogmatik, S. 89.

[14] Den Grundsatz der Widerspruchsfreiheit der Rechtsordnung leitet das BVerfG aus dem Rechtsstaatsprinzip ab; BVerfGE 98, 83, 97; BVerfGE 98, 106, 118 f.; BVerfGE 98, 265, 301. S.a. BVerfGE 19, 206, 220; 49, 24, 56. Zur – lebhaften – Diskussion der jüngeren Entscheidungen nur *Jarass* AöR 126 (2001) 588–607; *Sodan* JZ 1999, 864–873.

[15] *Zimmermann* Cambr.L.J. 56 (1997), 315, 319; s.a. *Jarass* AöR 126 (2001) 588, 597 (zum Gebot der Klarheit des Rechts).

[16] *Peine* System, S. 22f. Gegen eine Begründung des Einheitsgrundsatzes aus dem Verfassungsrecht eingehend *Felix* Einheit der Rechtsordnung (1998).

zumindest in zahlreichen Einzelheiten eben nicht abgestimmt sind.[17] Nur ein herkulischer Gesetzgeber wäre überhaupt dazu in der Lage, das Recht als ein geordnetes Ganzes zu konzipieren, und nur ein herkulischer Richter wäre in der Lage, diese Ordnung auch im Rahmen der täglichen Anwendung zu erhalten. Tatsächlich aber bleibt das Recht stets unvollkommen und die Annahme eines objektiven Systems eine unerreichbare Idealvorstellung („empirischer Einwand").[18]

Was zunächst den verfassungsrechtlichen Einwand angeht, so beruht dieser auf einer Vermischung methodologischer und methoden*rechtlicher* Anforderungen.[19] Als Methodenrecht kann man die methodischen Anforderungen bezeichnen, die schon rechtlich, insbesondere verfassungsrechtlich begründet sind.[20] In diesem Sinne sind etwa methodenrechtliche Regeln für die Rangfolge der Auslegungskanones aufgestellt worden.[21] Und auch der *verfassungsrechtliche* Gleichheitssatz des Art. 3 Abs. 1 GG wurde kürzlich als Methoden*norm* fruchtbar gemacht.[22] Die Methodenlehre ist indes nur negativ an Methodennormen gebunden insofern, als solche methodischen Vorgehensweisen, die gegen (methoden-)rechtliche Anforderungen verstoßen, rechtmäßige Ergebnisse nicht zu begründen vermögen und daher sinnlos sind. Methodennormen wie der verfassungsrechtliche Gleichheitssatz bedeuten indes selbstverständlich nicht, daß die Methodenlehre keine strengere Anforderungen stellen dürfte. Versteht man die Methodenlehre als eine Lehre von der „richtigen" und überzeugenden Rechtsfindung,[23] so ist es schon deshalb gerechtfertigt, das Systemdenken auf den rechtsethischen Gleichheitssatz zu gründen. Vor allem aber ist die Begründung der Systemforderung der Folgerichtigkeit auch demokratietheoretisch begründet, „weil der Wille des Gesetzgebers im Zweifel alle normativ vergleichbaren Konstellationen mitumfaßt" und deshalb eine Vermutung dafür spricht, daß er das Recht folgerichtig ausbilden wollte.[24] Verlangt also auch der verfassungsrechtliche Gleichheitssatz nur, daß die staatliche Gewalt willkürfrei handele,[25] so darf sich doch die Methodenlehre als Lehre von der richtigen und überzeugen-

---

[17] So etwa *Bengoetxea* Legal Reasoning, S. 42–58.

[18] *Rüthers* Rechtstheorie, Rn. 145–148, 278 sowie 744–749, 774f.

[19] Entgegen der Annahme *Peines* System, S. 23, gründet *Canaris* Systemdenken, S. 16, das Erfordernis der Folgerichtigkeit nicht auf den allgemeinen Gleichheitssatz des Art. 3 Abs. 1 GG, sondern auf das „anerkannte Gerechtigkeitspostulat". S.a. *Raisch* Vom Nutzen der überkommenen Auslegungskanones, S. 36. A.M. und zu weitgehend *Bleckmann* ZGR 1992, 365, 369 f.

[20] S. insbes. J. *Vogel* Methodik, S. 3–6 *et passim*; *Rüthers* Rechtstheorie, Rn. 704–716; Überblick bei *Bydlinski* Methodenlehre, S. 78–82; ferner *Bleckmann* JZ 1995, 685–689.

[21] *Neuner* Rechtsfindung, S. 111–131.

[22] *Michael* Gleichheitssatz als Methodennorm, S. 39–49, 223–294 *et passim*.

[23] Zum Gerechtigkeitsanspruch der Methodenlehre vgl. die Hinweise bei *Michael* Gleichheitssatz als Methodennorm, S. 34–39, 40f.; *Luig* NJW 1992, 2536–2539.

[24] *Neuner* Privatrecht und Sozialstaat, S. 22; *Lutter* ZGR 1998, 397f.; *Rüthers* Rechtstheorie, Rn. 775; *Schroeder* Gemeinschaftsrechtssystem, S. 61f.; s.a. *Herberger* in: Gesetzgebung und Dogmatik, S. 75f. Darauf weisen ja auch die verfahrensmäßigen Absicherungen von Einheit und Ordnung hin; dazu nur *Hergenröder* Zivilprozessuale Grundlagen richterlicher Rechtsfortbildung (1995); K. *Schmidt* in: Vielfalt des Rechts – Einheit der Rechtsordnung, S. 17f.

[25] Vgl. z.B. BVerfGE 25, 236, 251f. Zum Verhältnis von Systemwidrigkeit und Gleichheitswidrigkeit aus

den Rechtsfindung an dem strengeren rechtsethischen Gleichheitssatz orientieren und darüber hinaus eine Folgerichtigkeit fordern.

Aus demselben Grund ist es – gegen den empirischen Einwand – auch gerechtfertigt, die Idealvorstellung des Systems an das real unvollkommene Gesetz heranzutragen und davon auch bei der Rechtsfindung auszugehen. Allerdings ist ein feststellbarer Wille des Gesetzgebers, *nicht* folgerichtig zu verfahren, zu respektieren[26] (wenn er nicht schon höherrangiges Recht, z.B. das Willkürverbot, verletzt und deswegen aus rechtlichen Gründen unbeachtlich ist). Ohne weiteres ist indes davon auszugehen, daß der Gesetzgeber gleichgelagerte Fälle auch gleich behandeln und einmal gesetzte Wertungen folgerichtig durchführen wollte, daß er sich also von dem rechtsethischen Gleichheitssatz leiten läßt.[27] Ist Recht daher auch empirisch kein geordnetes Ganzes, so fordert doch die Regelungsabsicht des Gesetzgebers regelmäßig, Einheit und Ordnung als Aufgabe zu begreifen.[28]

Die Unterscheidung von Methodenrecht und Methodenlehre macht aber zugleich die Grenzen des Systemdenkens deutlich. Eine erste Begrenzung folgt daraus, daß „der konkreten Regelungsabsicht des Gesetzgebers uneingeschränkt Vorrang vor der systemtheoretischen Forderung nach Einheit und Folgerichtigkeit des Rechts (gebührt)".[29] Wollte der Gesetzgeber erkennbar nicht folgerichtig verfahren, so kann das System (nur noch) einen Maßstab für die Kritik bedeuten.[30] Die systematische Perspektive erlaubt es, nicht nur alle jenseits der Willkür *möglichen* Lösungen zu erkennen, sondern weist darüber hinaus auf den engeren Kreis der Lösungen hin, die sich folgerichtig aus den Wertungen des Gesetzes ergeben.[31] Eine zweite Grenze liegt darin, daß die Systembildung nur den Versuch bedeutet, eine dem Recht innewohnende Ordnung aufzudecken. Die Merkmale, die Ordnung und Einheit stiften, werden nicht von außen

---

der früheren Rechtsprechung BVerfGE 7, 129, 153; 9, 20, 28; 12, 264, 273; 18, 315, 334; 25, 236, 251f.; 34, 103, 115 mwN ([allenfalls] Indizwirkung); aus der jüngeren Rechtsprechung BVerfGE 59, 36, 49; BVerfGE 61, 138, 149; BVerfGE 75, 382, 395f.; BVerfGE 76, 130, 140; ferner BVerfG, NJW 2000, 2187f.; LG Düsseldorf, WRP 1993, 138; wohl weitergehend jetzt BVerfGE 98, 83, 97; BVerfGE 98, 106, 118f.; BVerfGE 98, 265, 301. *Canaris* Systemdenken, S. 112–132; *Jarass* AöR 126 (2001) 588, 595f.; auch *Neuner* Rechtsfindung, S. 126f. sowie S. 105f.; *ders.* Privatrecht und Sozialstaat, S. 22. Gegen eine Indizwirkung *Kischel* AöR 124 (1999) 174, 193–203. Kritisch gegenüber der jüngeren Rechtsprechung des BVerfG *Jarass* aaO, *passim; Sodan* JZ 1999, 864, 865. Zum europarechtlichen Gleichheitssatz unten, § 4 I 1 (S. 52f.).

26 *Neuner* Rechtsfindung, S. 123. Ebenso schon *Canaris* Systemdenken, S. 125–129; s.a. *Preis* Prinzipien des Kündigungsschutzes, S. 42f.; F. *v. Hippel* Systembildung, S. 3.

27 S. soeben, Fn. 24.

28 K. *Schmidt* in: Vielfalt des Rechts – Einheit der Rechtsordnung, S. 28.

29 *Neuner* Rechtsfindung, S. 123; w.N. soeben, Fn. 26. Freilich ist nicht zu übersehen, daß die Bindung an den Gesetzgeberwillen nicht zuletzt dadurch beschränkt ist, daß sich dieser nicht immer sicher feststellen läßt. Dann kann die Rangfolge der „klassischen" Auslegungskriterien anhand anderer Maßstäbe zu bestimmen sein. Dazu am Beispiel der Entscheidung BGHZ 135, 86 *Canaris* FS Fikentscher, S. 11–42 sowie *ders.* FS Medicus, S. 25–61.

30 Zu dieser Funktion der Dogmatik *Rüthers* Rechtstheorie, Rn. 326.

31 *Henckel* in: Gesetzgebung und Dogmatik, S. 96, 102 und *passim.*

an den Untersuchungsgegenstand herangetragen, sondern dem Gegenstand selbst entnommen: Die grundlegenden Wertungen, die Ordnung und Einheit ausweisen, können nur solche sein, die in den Rechtsregeln bereits zumindest im Ansatz enthalten sind.[32] Es geht nicht darum, dem Recht Neues hinzuzufügen. Die Ordnung des Rechtsstoffs liegt danach nur in seiner *Folgerichtigkeit*, nicht hingegen in einer materialen Richtigkeit.[33]

Die Systemforderungen nach Ordnung und Einheit beruhen, wie gezeigt, für das Rechtssystem nicht nur auf Zweckmäßigkeitserwägungen, sondern haben sich als rechtsethisch begründete Anforderungen erwiesen. Damit ist indes ganz selbstverständlich kein Absolutheitsanspruch verbunden. Ungeachtet seiner grundlegenden Bedeutung ist das Gleichheitsgebot doch nicht der einzige Bestandteil der Rechtsidee. Seit alters steht das Gebot der formalen Gleichbehandlung im Widerstreit mit dem tendenziell gegenläufigen Gebot der Einzelfallgerechtigkeit. Denn bei der Anwendung des Gleichbehandlungsgrundsatzes kann man naturgemäß nur wenige einzelne Sachverhaltselemente berücksichtigen und insofern formal verfahren. Der Gleichbehandlungsgrundsatz entspricht so der generalisierenden Tendenz der Gerechtigkeit und bedarf der Ergänzung und des Ausgleichs durch die individualisierende Tendenz der Einzelfallgerechtigkeit.[34]

## II. Untersuchung und Darstellung des Systems

Ein System ist ein geordnetes Ganzes. Das Recht ist ein System, wenn seine Regeln folgerichtig ausgebildet sind (Ordnung) und sich auf wenige tragende Grundsätze zurückführen lassen (Einheit). Wie erweist sich nun, ob eine Gesamtheit von Regeln den Systemforderungen nach Ordnung und Einheit genügt, und wie läßt sich das System darstellen?

### 1. Ausgangspunkt: Der Systembegriff von Canaris

Für die Beantwortung dieser Frage ist es hilfreich, zunächst von dem „Systembegriff" auszugehen, den *Canaris* in seiner grundlegenden Untersuchung aus dem Jahr 1969 ent-

---

[32] Davon unabhängig ist die Frage, ob auch überpositive Grundsätze *Bestandteile* des Rechtssystems sind; vgl. noch den Hinweis unten, II 2 c) (S. 18f.).

[33] *Canaris* Systemdenken, S. 45f., 134; *Michael* Gleichheitssatz als Methodennorm, S. 276f.; *Schroeder* Gemeinschaftsrechtssystem, S. 54f. Das bedeutet freilich keinen Aufruf zur Blindheit gegenüber materialen Gerechtigkeitskriterien; im Gegenteil dürfte gerade die Aufdeckung des inneren Systems, besonders der Prinzipienschicht des Rechts, dazu geeignet sein, ein Abgleiten und erst recht eine Perversion des Rechts frühzeitig aufzuzeigen, da sie eine teleologische Überprüfung der Rechtsfindung ermöglicht; vgl. *Luig* NJW 1992, 2536, 2538.

[34] *Canaris* Systemdenken, S. 147–154. Ferner etwa *Regelsberger* FG Jhering, S. 55; *van Schilfgaarde* ERPL 1997, 1, 8; *Wieacker* Präzisierung des § 242 BGB, S. 10; s.a. *Pringsheim* Cambridge L.J. 5 (1935) 347, 356 f.; *Stein* B.U.L.Rev. 59 (1979) 433, 442–450.

wickelt hat. Danach ist das System „eine axiologische oder teleologische Ordnung allgemeiner Rechtsprinzipien".[35] Diese Begriffsbestimmung verlangt verschiedene Erläuterungen.

Zuerst muß man die Definition im Rahmen der Gesamtdarstellung sehen. Darin macht *Canaris* deutlich, daß für ihn, ebenso wie hier, die Merkmale der Einheit und Ordnung die Merkmale des Systembegriffs sind. Die Definition des Systems als teleologische Ordnung von Rechtsprinzipien soll demgegenüber nichts anderes bedeuten, sondern den Systembegriff lediglich spezifizieren.[36] Dieser spezifischere Systembegriff dient nur dazu, „die innere Folgerichtigkeit und Einheit der Rechtsordnung zu erfassen".[37] In der Sache geht es daher auch ihm nicht um einen weiteren Systembegriff, sondern um die hier untersuchte Frage, wie man die Einheit und Folgerichtigkeit des Rechts in zweckmäßiger Weise untersuchen und darstellen kann.

Der Erläuterung bedarf zweitens, welche Rolle in dieser Systemdefinition – die wir als ein Mittel zur Untersuchung und Darstellung des Systems verstehen – die Prinzipien spielen. Da es auch *Canaris* (zumindest: auch) um die Erörterung von Einheit und Folgerichtigkeit der *Regeln* geht,[38] muß man davon ausgehen, daß er die Ordnung auf der Regelebene mit Hilfe der oder vermittelt über die Ordnung auf der Prinzipienebene bestimmt. Sind die allgemeinen Rechtsprinzipien in einer teleologischen Ordnung, so sind es auch die Regeln. Die Systemdefinition ließe sich daher dahin umformulieren: Eine Rechtsordnung erweist sich dann als ein System, wenn die Regeln auf einheitlichen Prinzipien beruhen und diese Prinzipien zu einander in einem Verhältnis wertungsmäßiger Ordnung stehen.

Die Systemdefinition von *Canaris* weist damit auf ein Schichtenmodell des Rechts hin, nach dem der Regelebene eine Prinzipienschicht zugrundeliegt. Dieses Schichtenmodell ist zunächst vorzustellen (2), bevor erörtert wird, wie sich Einheit und Folgerichtigkeit des Rechts zweckmäßiger Weise darstellen lassen (3).

---

[35] *Canaris* Systemdenken, (1. Auflage 1969; hier zitiert nach der 2. Auflage 1983), S. 40–60, 47.

[36] In der Tat ist der spezifische Systembegriff von *Canaris* Systemdenken, S. 47, mit dem allgemeinen Begriff („geordnetes Ganzes") ja auch zumindest teilweise identisch. So erläutert *Canaris* aaO, daß „in dem Merkmal der teleologischen Ordnung mehr das Element der wertungsmäßigen Folgerichtigkeit, in dem Merkmal der allgemeinen Prinzipien mehr das der inneren Einheit ausgesprochen ist". Gegenüber dem allgemeinen Systembegriff ist der spezifische demnach allein um Qualifizierung der Ordnung als „teleologisch" (also: wertungsmäßig) angereichert, die sich schon daraus ergibt, daß das Recht aus Sollensanordnungen besteht.

[37] *Canaris* Systemdenken, S. 41.

[38] Davon scheint auch *Canaris* auszugehen, stellt doch seine Arbeit über Systemdenken die methodologische Grundlage für die Untersuchung der Vertrauenshaftung dar; vgl. *Canaris* Vertrauenshaftung, S. VII f. Anders versteht ihn *Bydlinski* System, S. 50, der das System zwar zur Ordnung eines als außerordentlich komplex definierten Rechtsstoffs (S. 5–9) verwenden will, indes aber der Definition von *Canaris* folgt, wonach „die Prinzipien selbst als der systematisch darzustellende Stoff des inneren Systems angesehen werden" (S. 50).

## 2. Grundlage: Das „Schichtenmodell" des Rechts

Das Recht ist nach einer bekannten Formulierung des Bundesverfassungsgerichts „nicht mit der Gesamtheit der geschriebenen Gesetze identisch". „Gegenüber den positiven Satzungen der Staatsgewalt kann unter Umständen ein Mehr an Recht bestehen, das seine Quelle in der verfassungsmäßigen Rechtsordnung als einem Sinnganzen besitzt ...; es zu finden und in Entscheidungen zu verwirklichen ist Aufgabe der Rechtsprechung", welche die „Wertvorstellungen, die der verfassungsmäßigen Rechtsordnung immanent, aber in den Texten der geschriebenen Gesetze nicht oder nur unvollkommen zum Ausdruck gelangt sind, ... ans Licht zu bringen und in Entscheidungen zu realisieren" hat.[39] Die damit angesprochene tiefere Schicht des Rechts wird heute weithin in einer Prinzipienschicht gefunden, die dem Recht zugrundeliegt.[40] Auf die zentrale Bedeutung von Prinzipien für die Rechtsfindung im kontinentaleuropäischen wie im anglo-amerikanischen Recht hat vor allem *Esser*[41] hingewiesen. In jüngerer Zeit hat *Dworkins* „Angriff auf den Positivismus", zu dem er sich der Unterscheidung von *rules* und *principles* bedient,[42] zu einer eingehenden Untersuchung von Rechtsprinzipien Anlaß gegeben.[43] Die Unterscheidung von Regeln und Prinzipien spiegelt offenbar eine nicht national gebundene praktische Erfahrung wieder und ist auch daher von hoher Überzeugungskraft.

Nachfolgend sind zunächst Prinzipien und ihre Funktionsweise im Recht zu skizzieren (a). Anschließend ist auf das Verhältnis von Regel und Prinzip einzugehen (b). In einem Exkurs untersuchen wir abschließend die Frage, wie Prinzipien aufgedeckt werden können (c).

### *a) Prinzipien und ihre Funktionsweise im Rechtssystem*

#### aa) Prinzipien

Ebenso wie Regeln sind Prinzipien nicht nur beschreibende, sondern normative Aussagen.[44] Von Regeln unterscheiden sie sich durch ihren besonderen Aussagegehalt und ihre Funktion im Rechtssystem. Prinzipien sind die den Regeln zugrundeliegenden

---

[39] BVerfGE 34, 269, 287.

[40] S. nur *Röhl* Allgemeine Rechtslehre, § 32 I (S. 251: Tiefenstrukturen); J. *Vogel* Methodik, S. 77f.; und jetzt für das Gemeinschaftsrecht *Schröder* Gemeinschaftsrechtssystem, S. 262–293.

[41] *Esser* Grundsatz und Norm (1. Auflage 1956).

[42] *Dworkin* Taking Rights Seriously, S. 22–28; in dieselbe Richtung auch schon *Esser* Grundsatz und Norm, S. 3f.; *Wieacker* Gesetz und Richterkunst, S. 9–15. Zu *Dworkins* allgemeiner Theorie des Rechts *Bittner* Recht als interpretative Praxis (1988).

[43] Vgl. nur *Alexy* Recht, Vernunft, Diskurs, S. 177–212 sowie S. 213–231; *Bittner* Recht als interpretative Praxis, S. 118–138; *Bydlinski* Fundamentale Rechtsgrundsätze, S. 121–124; *Ewald* U.Pa.L.Rev. 143 (1995) 1889, 2129–2139; *Michael* Gleichheitssatz als Methodennorm, S. 95–106; *Penski* JZ 1989, 105–114, bes. 114; *Koch/Rüßmann* Begründungslehre, S. 97–103. Weitere Kategorisierung mahnt *Weinberger* Norm und Institution, S. 96, an. Im deutschen Schrifttum neben *Esser* Grundsatz und Norm, schon früher *Canaris* Systemdenken[1] (1969), S. 52–58.

[44] *Penski* JZ 1989, 105, 106; *Alexy* Recht, Vernunft, Diskurs, S. 216; *ders.* Theorie der Grundrechte, S. 75–77; *Michael* Gleichheitssatz als Methodennorm, S. 104f. Differenzierend *Larenz* Methodenlehre, S. 474f. A.M. *Esser* Grundsatz, S. 51f., 73f.

„leitenden Gedanken“[45] oder „richtunggebende(n) Maßstäbe rechtlicher Normierung, die vermöge ihrer eigenen Überzeugungskraft rechtliche Entscheidungen zu rechtfertigen vermögen“[46]. Sie sind „Grund, Kriterium und Rechtfertigung der Weisung“.[47] Von Werten (z.B. Gerechtigkeit, Freiheit) unterscheiden sich die Prinzipien vor allem durch ihre im Ansatz tatbestandsmäßige Ausbildung (z.B. als Gleichheitssatz und als Prinzip der Privatautonomie) und die damit einhergehende Konkretisierung.[48] Darin liegt zugleich ihre Eigenschaft als „*richtung*gebende Maßstäbe“ oder als „*leitende* Gedanken“ begründet. Durch die tatbestandsmäßige Ausgestaltung enthalten sie schon einen Hinweis darauf, wie die ihnen zugrundeliegenden Werte in einem konkreten Rechtssystem verwirklicht werden, sie enthalten bereits „die Konturen der Lösung“.[49]

Ungeachtet der Tatsache, daß sich Prinzipien schon ansatzweise rechtsatzförmig formulieren lassen und einzelne Prinzipien sogar selbst unmittelbar angewendet werden können,[50] enthalten Prinzipien aber anders als Regeln noch keine „definitiven Gebote“, sie werden daher auch als Optimierungsgebote bezeichnet.[51] Als Optimierungsgebote gebieten Prinzipien nur, „daß etwas in einem relativ auf die rechtlichen und tatsächlichen Möglichkeiten möglichst hohen Maße realisiert wird“.[52] Anders als bei einem Verständnis der Grundrechte oder auch „fundamentaler Rechtsgrundsätze“ als Optimierungsgeboten,[53] kann es allerdings bei den Prinzipien des Privatrechts grundsätzlich nicht um eine *Bindung des Gesetzgebers*[54] an einen nach den rechtlichen und tatsächlichen Möglichkeiten *optimalen* Ausgleich der gleich- oder gegenläufigen Prinzipien gehen.[55] Der Privatrechtsgesetzgeber ist durch die einmal getroffene Auswahl von Prinzipien nicht rechtlich gebunden, diese forthin in möglichst hohem Maße zu realisieren, sondern bleibt

---

45 *Larenz* Richtiges Recht, S. 23; *ders.* Methodenlehre, S. 475; *Weinberger* Norm und Institution, S. 96 (Leitsätze, Maximen, Gesetzgebungsmaximen).

46 *Larenz* Methodenlehre, S. 421, 474. Ähnlich *Dworkin* Taking Rights Seriously, S. 26.

47 *Esser* Grundsatz, S. 51f. Ähnlich *Llompart* Rechtsprinzipien, 4 f.

48 Zum Begriff des Wertes etwa *Alexy* Recht, Vernunft, Diskurs, S. 218f.; *ders.* Grundrechte, S. 125–134; *Canaris* Systemdenken, S. 51f.; *ders.* Lücken, S. 123f.; *Fernandez Esteba* MJ 2 (1995) 129, 131; *Peine* System, S. 77; *Röhl* Allgemeine Rechtslehre, § 32 II (S. 253f.). System als Ordnung von Werten *Coing* FS Dölle, S. 26; *E. Meyer* Wertungsjurisprudenz, S. 37, 115.

49 *Esser* Grundsatz, S. 80.

50 *Larenz* Methodenlehre, S. 479; J. *Vogel* Methodik, S. 78f.

51 *Alexy* Recht, Vernunft, Diskurs, S. 216; *ders.* Grundrechte, S. 75f.

52 *Alexy* Grundrechte, S. 75; *ders.* Recht, Vernunft, Diskurs, S. 216; *Bydlinski* Fundamentale Rechtsgrundsätze, S. 122, 125. Kritisch *Penski* JZ 1989, 105, 109f.

53 Die Grundrechte sind, wie sich aus den gewählten Illustrationen ergibt, zumindest die zentralen Anwendungsfälle der Prinzipientheorie *Alexys* Grundrechte, S. 71–157; Fundamentale Rechtsgrundsätze erörtert *Bydlinski* in der gleichnamigen Schrift.

54 Anderes ergibt sich auch dann nicht, wenn man die Prinzipien als an die Privatrechtssubjekte gerichtete Gebote ansieht, denn gegenüber den Privatrechtssubjekten wirken Prinzipien nicht unmittelbar, sondern nur vermittelt durch die Regeln, in denen der Gesetzgeber sie berücksichtigt – und gegen andere Prinzipien ausgeglichen hat.

55 Vgl. auch *Canaris* Iustitia distributiva, S. 61, der das Prinzip der Selbstbestimmung „im Gegensatz zu manchem anderen Prinzip“ als Optimierungsgebot ansieht. In der Tat ist ja auch das Prinzip der Privatautonomie im deutschen Recht (und auch im EG Recht) grundrechtlich begründet.

(in den Grenzen von Willkür und Verhältnismäßigkeit) darin frei, einen angemessenen Ausgleich der Prinzipien zu bestimmen.[56] So kann er dem Prinzip des Verkehrsschutzes in einem Bereich größere Bedeutung beimessen als dem Prinzip der Privatautonomie, auch wenn sich eine andere Lösung als „optimal" darstellt (wenn sie also z.B. bei nur geringeren Einschnitten in die Privatautonomie dem Vertrauensschutz in wesentlich höherem Maße dient). Bei der Untersuchung des Systems geht es mit anderen Worten nicht darum, ob der Gesetzgeber „den optimalen" Ausgleich der Prinzipien des Privatrechtssystems und damit auf der Grundlage der gewählten Prinzipien „das beste Privatrecht" gefunden hat, sondern nur darum, ob er den in bestimmten Regeln zum Ausdruck gekommenen Ausgleich von Prinzipien im gesamten (Privat-) Rechtssystem folgerichtig durchgeführt hat.[57] Eine stärkere Bindung des Gesetzgeber können Prinzipien des Privatrechts nur aufgrund höherrangigen Rechts bewirken.

bb) Konfliktverhalten von Prinzipien

Ein Charakteristikum von Prinzipien wird zu Recht in ihrem „Konfliktverhalten" gesehen.[58] Anders als Regeln, die entweder gelten oder nicht gelten („Alles-oder-Nichts Charakter") können Prinzipien mehr oder weniger weitgehend durchgesetzt werden. Ihnen kommt daher eine *„dimension of weight"* zu.[59] Daß ein Prinzip durch ein anderes zurückgedrängt wird oder auch verstärkt, ist kein „Un-Fall", sondern der Regelfall: „Prinzipien entfalten ihren eigentlichen Sinngehalt erst in einem Zusammenspiel wechselseitiger Ergänzung und Beschränkung",[60] sie sind „abwägungsfähig und abwägungsbedürftig".[61] Selbst wenn ein Prinzip, das Bestandteil der Rechtsordnung ist,[62] stets nur als von anderen Prinzipien beschränkt oder im Einzelfall sogar völlig zurückgedrängt erscheint, beeinträchtigt das seine Gültigkeit nicht.[63]

Wenn beispielsweise, wie im deutschen Wohnungsmietrecht § 5 WiStG, eine vertragsrechtliche Regelung die Inhaltskontrolle individuell ausgehandelter Hauptpflichten begründet, so wird in ihrem Anwendungsbereich das Prinzip der Vertragsfreiheit (Inhalts-

---

[56] S. schon oben, I 2 (S. 9f.). Ferner *Medicus* AcP 192 (1992) 35, 54–62.

[57] So läßt sich z.B. aus systematischen Erwägungen nicht kritisieren, daß der österreichische Gesetzgeber Privatautonomie und Vertrauensschutz im Recht der Willenserklärungen anders ausgeglichen (§ 871 ABGB) hat als der deutsche (§ 119 BGB).

[58] *Dworkin* Taking Rights Seriously, S. 26 f.; *Alexy* Recht, Vernunft, Diskurs, S. 217, einschränkend aber S. 192–201; *Canaris* FS Fikentscher, S. 11, 30f.; *ders.* FS Medicus, S. 25, 59; *Koch/Rüßmann* Begründungslehre, S. 244–246; *Fernandez Esteban* MJ 2 (1995) 129, 131.

[59] *Dworkin* Taking Rights Seriously, S. 26f.; *Alexy* Recht, Vernunft, Diskurs, S. 218; *Weinberger* Norm und Institution, S. 96f., 198. Zur Gewichtsdimension auch schon *Bingham* Mich.L.R. (1912) 1, 22. Kritisch zum Unterscheidungskriterium des Alles-oder-Nichts-Charakters *Alexy* Recht, Vernunft, Diskurs, S. 188–192.

[60] *Canaris* Systemdenken, S. 53, 55f. sowie S. 113–116; *Larenz* Richtiges Recht, S. 27f. Verschiedene Kollisionsfälle analysiert *Penski* JZ 1989, 105, 109f.

[61] *Alexy* Recht, Vernunft, Diskurs, S. 216: „Die Abwägung ist die für Prinzipien kennzeichnende Form der Rechtsanwendung."

[62] Zur Vorfrage, ob ein Prinzip zur Rechtsordnung gehört, *Alexy* Recht, Vernunft, Diskurs, S. 197f.

[63] *Dworkin* Taking Rights Seriously, S. 26; *Alexy* Grundrechte, S. 79.

freiheit) zurückgedrängt, indes ohne daß dies bedeuten würde, daß es nicht mehr Bestandteil der Rechtsordnung wäre.[64] Anderes folgt auch nicht daraus, daß die Kollisionslösung, die eine Rechtsordnung vorsieht, nicht nur einen punktuellen Verstoß gegen das zurückgedrängte Prinzip bedeutet, sondern eine Mißachtung im Grundsätzlichen.[65] Ein solches Verhältnis der Rechtsprinzipien bestimmt nur ihre relative Bedeutung im System. Würde also die Vertragsfreiheit durch eine neue Klauselrichtlinie dadurch grundsätzlich zurückgedrängt, daß auch alle Individualvereinbarungen mit Verbrauchern inhaltlich überprüft werden dürfen, so wäre das vom Standpunkt des Privatrechtssystems aus nicht zu beanstanden.[66] Eine solche Regeländerung würde nur zur Veränderung des Systems führen; darin zeigt sich seine Offenheit.[67] Ob eine solche Veränderung des Privatrechtssystems mit den Vorgaben des Primärrechts (und etwa des nationalen Verfassungsrechts) vereinbar wäre,[68] ist eine Frage, die sich mit systematischen Erwägungen nur beantworten läßt, wenn man das Privatrechtssystem als Teil der größeren Einheit des Gesamtrechtssystems betrachtet.

### *b) Das Verhältnis von Prinzip und Regel*

Als hinter den Regeln stehende Leitgedanken wirken Prinzipien nicht unmittelbar. Sie stellen gleichsam die in den Regeln wirkenden Kräfte dar. Jede Regel läßt sich daher als ein Ausgleich der ihr zugrundeliegenden Prinzipien verstehen. Die Regel ist das Ergebnis der Gewichtung der Prinzipien, in ihr kommt zum Ausdruck, auf welche Weise die Prinzipien zu einander ins Verhältnis gesetzt und in eine Ordnung gebracht sind (wechselseitige Verstärkung, Beschränkung, Ergänzung). Dieses Gewichtungsverhältnis der Prinzipien zu einander ist regelmäßig ein „starres" Verhältnis.[69] Ausnahmsweise anders ist das nur dann, wenn die Regel nicht an einen festen Tatbestand eine Rechtsfolge knüpft, sondern im Tatbestandsbereich (ausdrücklich oder implizit durch die relative Unbestimmtheit des Tatbestands) eine Mehrzahl von Elementen für maßgeblich

---

[64] Auf das so zurückgedrängte Prinzip „an sich" hat dieser Ausgleich keinen Einfluß, wohl aber auf das Verständnis des Prinzips in der Rechtsordnung.

[65] Eine solche grundsätzliche Mißachtung hat insbesondere *Canaris* FS Lerche, S. 873, 891, in der Inhaltskontrolle von Individualvereinbarungen gesehen, wie sie der erste Vorschlag einer Klauselrichtlinie (KOM [90] 322 endg., ABl. EG 1990, C 243/2) vorsah.

[66] Zu Funktion und Bedeutung des Systemdenkens sowie seinen Grenzen als methodisches Werkzeug schon oben, I 2 (S. 9f.), und näher unten, III (S. 26–30).

[67] Zur Offenheit des Systems *Canaris* Systemdenken, S. 61–73; *Coing* Rechtsphilosophie, S. 294; *Neuner* Privatrecht und Sozialstaat, S. 34 (zur Offenheit des Verfassungssystems).

[68] *Das* verneint *Canaris* FS Lerche, S. 873, 891, bei einer allgemeinen Kontrolle auch individueller Abreden in Verbraucherverträgen mit guten Gründen – nämlich wegen der grundsätzlichen Mißachtung der Vertragsfreiheit. Zur primärrechtskonformen Auslegung unten, § 4 II 1 b (S. 63); zur Privatautonomie als Grundrecht des EG-Primärrechts unten, § 11 II 1 b (S. 240–242).

[69] Starr ist das Verhältnis freilich auch nur bei einer Momentaufnahme. Aufgrund der Offenheit kann sich das innere System verändern, z.B. dadurch, daß neue Prinzipien darin aufgenommen oder die vorhandenen anders gewichtet werden. Das kann sich auch auf das Verständnis von Einzelregeln auswirken, die davon formal unberührt bleiben, deren Bedeutungsgehalt aber im Lichte der Systemveränderung anders erscheint.

erklärt, die je nach Zahl und Gewicht ihrer Verwirklichung eine Rechtsfolge fordern (bewegliches [Sub-] System).[70]

Da die Prinzipien aber nur eine „Richtung weisen" und den Lösungsansatz enthalten, kann die Regel aus ihnen nicht im Wege strenger Deduktion anhand von notwendigen und hinreichenden Bedingungen abgeleitet werden.[71] Eine Ableitung kommt nur im Wege einer „rahmenhaften Deduktion"[72] in Betracht dergestalt, daß die sich wechselseitig verstärkenden, beschränkenden oder ergänzenden Prinzipien die Vielzahl möglicher Lösungen auf einen verhältnismäßig kleineren Bereich reduzieren. Aber auch wenn man weiß, welche von mehreren Ableitungen eines gegebenen Rahmens der Gesetzgeber wählt, kommt man von den Prinzipien noch nicht zur Regel. Denn die Regeln sind außer durch Prinzipien auch noch durch weitere Konkretisierungselemente bestimmt. Sie bedürfen regelmäßig der Ergänzung durch „zusätzliche Einzelwertungen mit eigenem Sachgehalt".[73] Diese ergänzenden Wertungen erscheinen im Gesetz zumeist in Form von Konstruktionen[74] oder „Strukturen"[75]. Erst die Auffüllung des Prinzipienausgleichs durch ergänzende Wertungen führt zu einer subsumtionsfähigen Regel. Zum Beispiel kann man die Gefährdungshaftung im deutschen Privatrecht nehmen, der neben dem Prinzip des *neminem laedere* auch das Risikoprinzip zugrundeliegt. Nicht mehr auf der Prinzipienebene liegen indes fast alle Einzelheiten, die die allgemeinen Lehren der Gefährdungshaftung ausmachen, wie etwa die Haftungsbeschränkung auf das spezifische Risiko, der Haftungsausschluß wegen höherer Gewalt, der grundsätzliche Ausschluß des Ersatzes für reine Vermögensschäden sowie immaterielle Schäden usf.[76] Oder, in einem anderen Beispiel:[77] Die Gefahrtragungsregel des § 447 BGB beruht auf dem objektiven Äquivalenzprinzip; von diesem gelangt man zu der Regel indes erst, wenn man es um das Postulat der Zusammengehörigkeit von Vorteil und korrespondierendem Risiko sowie den Sphärengedanken ergänzt.

Die Bedeutung der die Prinzipien ergänzenden Wertungen für die Systemforderung der Ordnung wird deutlich, wenn man sich die Technik richterlicher Rechtsfortbildung aus dem inneren System in Erinnerung ruft. Der Grundfall der Rechtsfortbildung aus

---

[70] Vgl. z.B. für den Tatbestand der vorvertraglichen Informationspflichten *Breidenbach* Informationspflichten beim Vertragsschluß, S. 61–94. Zum beweglichen System grundlegend *Wilburg* Die Elemente des Schadensrechts, bes. S. 26–29; *ders.* Entwicklung eines beweglichen Systems im bürgerlichen Recht (1950); *ders.* AcP 163 (1964) 346–379. Ferner v.a. *Canaris* Systemdenken, S. 74–85; die Beiträge in: Bydlinski/Krejci/Schilcher/Steininger (Hrsg.), Das Bewegliche System im geltenden und künftigen Recht (1986); *Bydlinski* Methodenlehre, 529–543; *Göpfert* JuS 1993, 655–659; *Michael* Der allgemeine Gleichheitssatz als Methodennorm (1997).

[71] *Larenz* Methodenlehre, S. 475.

[72] *Bydlinski* System, S. 37–42; *Weinberger* Norm und Institution, S. 96.

[73] *Canaris* Systemdenken, S. 57f. (Bsp.: Haftung nach dem Selbstverantwortungsprinzip: Ausfüllung durch das Verschuldensprinzip, Verschuldensformen, deren Konkretisierung usf.); *ders.* Iustitia distributiva, S. 54 f. S.a. *Birks* Curr.Leg.Prob. 24 (1971) 110, 126.

[74] Zum Wertungsgehalt gesetzlicher Konstruktionen *Canaris* Systemdenken, S. 100–104.

[75] Vgl. *Langenbucher* Richterrecht, S. 41–45, 50, 60f.

[76] Dazu *Larenz/Canaris* Schuldrecht II/2, § 84 I (S. 600–613); s.a. *Canaris* Systemdenken, S. 57f., 92f.

[77] Vgl. *Canaris* Iustitia distributiva, S. 54 f.

dem inneren System ist der Analogieschluß. Seine Überzeugungskraft beruht aber gerade darauf, daß man nicht unmittelbar auf die dem Rechtssystem zugrundeliegenden Wertungen zurückgreift, sondern eine bestehende Regelung auf einen wertungsmäßig gleich gelagerten Fall anwendet. Denn auf diese Weise werden mit der Regelung nicht nur die ihr zugrundeliegenden Prinzipien übertragen, sondern auch die sie ergänzenden Strukturen.

Ein engeres Verhältnis zwischen Prinzip und Regel als das einer nur rahmenhaften Ableitung, die zur vollständigen Determinierung ergänzender Wertungen bedarf, nimmt *Alexy* an, wenn er die „bedingte Vorrangrelation" von Prinzipien in einem „Kollisionsgesetz" zusammenfaßt: „Die Bedingungen, unter denen das eine Prinzip dem anderen vorgeht, bilden den Tatbestand einer Regel, die die Rechtsfolge des vorgehenden Prinzips ausspricht."[78] *Alexy* illustriert dieses Kollisionsgesetz am Beispiel des Verhandlungsunfähigkeitsbeschlusses des BVerfG (BVerfGE 51, 324), in dem zu entscheiden war, ob eine strafrechtliche Hauptverhandlung auch dann durchzuführen ist, wenn sie die Gefahr birgt, daß der Beschuldigte aufgrund der damit verbundenen Belastungen einen Schlaganfall oder Herzinfarkt erleidet. In diesem Fall waren die – von *Alexy* als Prinzipien verstandenen – verfassungsrechtlichen Positionen der Pflicht des Staates zur Gewährleistung einer funktionstüchtigen Strafrechtspflege einerseits und des Grundrechts des Beschuldigten auf körperliche Unversehrtheit (Art. 2 Abs. 2 S. 1 GG) andererseits auszugleichen. Zieht man als mögliche Kollisionslösungen nur die – verhältnismäßig plumpen – Alternativen des vollständigen Vorrangs des einen oder des anderen Prinzips (im konkreten Fall) in Betracht, so ist es in der Tat möglich, die Vorrangbedingungen als Tatbestand der sich aus der Prinzipienkollision ergebenden Regel zu formulieren. Um solche „einfachen" Lösungen geht es indes im Zivilrecht zumeist nicht.[79] Ein verhältnismäßiger Ausgleich wird meist nicht zu einem unbedingten Vorrang eines Prinzips führen, und meist steht ein Prinzip nicht wie in dem Beispiel schon zwangsläufig für eine Regel. So läßt sich z.B. nicht sagen, daß der vom Gesetzgeber gesuchte Ausgleich von rechtsgeschäftlicher Selbstbestimmung und Vertrauensschutz notwendig zu der Regelung des § 122 BGB führen müßte.

Jedenfalls für das Zivilrecht bedarf daher das Kollisionsgesetz der Einschränkung oder Ergänzung. Im Regelfall kann man von dem Ausgleich der zugrundeliegenden Prinzipien nicht unmittelbar auf die Regel schließen, sondern ergibt sich daraus nur ein Rahmen für mögliche Lösungen. „Die Prinzipien bedürfen … zu ihrer Verwirklichung

---

[78] *Alexy* Grundrechte, S. 83f. Neben der im Text zitierten „weniger technischen Formulierung" faßt *Alexy* das Kollisionsgesetz auch so: „Wenn das Prinzip $P_1$ dem Prinzip $P_2$ unter den Umständen C vorgeht: $(P_1 \mathrm{P} P_2)$ C, und wenn sich aus $P_1$ unter den Umständen C die Rechtsfolge R ergibt, dann gilt eine Regel, die C als Tatbestand und R als Rechtsfolge enthält: $C \rightarrow R$." Zust. *Koch/Rüßmann* Begründungslehre, S. 97–103, 244–246.

[79] *Canaris* Grundrechte und Privatrecht, S. 71–90; *ders.* JuS 1989, 161, 163–172; *Medicus* AcP 192 (1992) 35, 54–62. Auch *Alexy* Grundrechte, S. 101 Fn. 86, verkennt nicht, daß schon aufgrund des Verhältnismäßigkeitsgrundsatzes die verfassungsrechtlich gebotenen Regeln oftmals nicht in einem undifferenzierten Entweder-Oder bestehen.

der Konkretisierung durch Unterprinzipien und Einzelwertungen mit selbständigem Sachgehalt.“[80]

### c) *Exkurs: Zur Aufdeckung von Prinzipien*

Mit den Überlegungen zum Verhältnis zwischen Regel und Prinzip hängt die weitere Frage zusammen, auf welche Weise Prinzipien aufgedeckt werden können. Wegen dieses Zusammenhangs wird diese Frage in dem nachfolgenden Exkurs erörtert. Anschließend (3) greifen wir den eigentlichen Faden der Untersuchung wieder auf, auf welche Weise sich unter Zugrundelegung des hier behandelten Schichtenmodells Einheit und Ordnung des Rechts darstellen lassen.

Die Prinzipien einer Rechtsordnung müssen primär dem gesetzten Recht entnommen werden. Mitunter weist schon eine Regel unmittelbar auf die in ihr ausgeglichenen Prinzipien hin, so z.B. wenn § 251 Abs. 2 S. 2 BGB die Herstellungspflicht des Ersatzpflichtigen bei *Unverhältnismäßigkeit* begrenzt. Im Regelfall sind Prinzipien indessen nicht ohne weiteres dem positiven Recht zu entnehmen, sie liegen ihm nur als *ratio iuris* zugrunde.[81] Dann erfordert die Aufdeckung der Prinzipien ein „‚Zurück-Gehen‘ von einer Regelung auf den ihr zugrundeliegenden Regelungsgedanken, von dem aus gesehen die Regelung sinnvoll und, wenn es sich um ein Prinzip richtigen Rechts handelt, als gerechtfertigt erscheint“.[82] Methodisch handelt es sich nicht um eine „Verallgemeinerung“ oder „Abstrahierung“ von den Normen,[83] sondern um einen Induktionsschluß vom Besonderen auf das Allgemeine.[84] Dem steht nicht entgegen, daß umgekehrt kein vollständiges Ableitungsverhältnis zwischen Prinzip und Norm besteht, sondern die Prinzipien als richtunggebende Maßstäbe nur eine „rahmenhafte Ableitung“[85] erlauben. Doch ergibt sich daraus, daß die Induktion ebenfalls kein einfaches (Rück-) Schlußverfahren ist, sondern regelmäßig ein schrittweises Vorgehen, in dem eine Arbeitshypothese daraufhin überprüft wird, ob sie geeignet ist, die Normen als sinnvolles Ganzes zu erklären.[86] Anhaltspunkte für die tragenden Prinzipien einer Norm oder Normengruppe können – nicht von ungefähr ebenso wie bei der Auslegung –[87] vor allem ihr Wortlaut und die Gesetzesmaterialien sein.[88] Prinzipien können sich indes nicht ausschließlich aus dem positiven Recht ergeben. Darüber hinaus kommt auch ihre Begründung aus der

---

[80] *Canaris* Systemdenken, S. 57.
[81] *Canaris* Systemdenken, S. 46.
[82] *Larenz* Richtiges Recht, S. 26.
[83] Zu den im Wege der Abstraktion gewonnenen „allgemeinen Lehren“ unten, 3 b) bb) (S. 22f.).
[84] *Canaris* Lücken, S. 97–100.
[85] S.o., b) (S. 15–18).
[86] Anschaulich *Larenz* Richtiges Recht, S. 26. In diese Richtung auch *Basedow* in: Rechtsgeschichte und Privatrechtsdogmatik, S. 90f.
[87] Zu der damit bei der systematischen Auslegung verbundenen – hermeneutischen und daher nicht vitiosen – Zirkularität des Vorgehens (System wird dem Gesetz entnommen, Gesetz wird mit Rücksicht auf das System ausgelegt) *Canaris* FS Steindorff, S. 571.
[88] Beispielhaft *Canaris* FS Steindorff, S. 570f.

Rechtsidee und aus der Natur der Sache in Betracht.[89] Doch sind diese Begründungswege insofern nachrangig,[90] als die Rechtsordnung – ungeachtet einer im heutigen Privatrecht regelmäßig ohne Zweifel beachteten Bindung an fundamentale Gerechtigkeitsgründe – frei ist, Prinzipien zu mißachten, die sich aus der Rechtsidee oder der Natur der Sache ergeben würden.[91]

Abgesehen von dem Ausnahmefall, daß Prinzipien im positiven Recht selbst festgeschrieben sind, kann ihre Geltung demnach nicht zwingend nachgewiesen werden.[92] Die Aufdeckung der Prinzipien ist daher stets nur eine Theorie über das Recht.

## 3. Mittel zur Darstellung und Untersuchung des inneren Systems

Nach diesen Vorüberlegungen zum Schichtenmodell des Rechts und der Unterscheidung zwischen Regeln und Prinzipien kommen wir auf die eingangs gestellte Frage zurück, inwieweit sich Einheit und Ordnung des Rechts, wie von *Canaris* vorgeschlagen, mit Hilfe von Prinzipien darstellen lassen.

### *a) Möglichkeiten und Grenzen der Untersuchung und Darstellung des Systems mit Hilfe von Prinzipien*

Als „richtunggebende Maßstäbe“ enthalten Prinzipien den Ansatzpunkt für die Untersuchung von Einheit und Folgerichtigkeit der Rechtsordnung. Das wird in der Beschreibung der Funktionen der Prinzipien bei *Larenz* deutlich: „Die positive Funktion besteht in ihrem die Richtung gebenden Einfluß auf die nachfolgenden Entscheidungen und damit auf den Inhalt der durch sie geschaffenen Regelungen; ihre negative Funktion darin, daß sie ihnen widersprechende Wertungen und die auf ihnen beruhenden Setzungen ausschließen.“[93] So ermöglicht die Untersuchung von Prinzipien in idealer Weise beides: die Darstellung von Einheit und Ordnung des Rechts. Denn wenn sich nachweisen läßt, daß die Vielzahl der Regeln auf einer begrenzten Anzahl von tragenden Prinzipien beruht, so stellen die Regeln eine Einheit dar. Und soweit diese Prinzipien schon die Richtung für die Ausgestaltung der Regeln weisen, passen auch die Regeln selbst zusammen. Wenn darüber hinaus die Prinzipien so verknüpft sind, daß sie gleich-

---

[89] *Canaris* Lücken, S. 106–118 und S. 118–123; *Dworkin* Taking Rights Seriously, S. 22–45; *Esser* Grundsatz, S. 53; *Neuner* Rechtsfindung, S. 77–81 und 107f. Beispielhaft auch insoweit *Canaris* FS Steindorff, S. 570f. Vgl. auch *Dias* Jurisprudence, S. 61. Grundsätzlich anderer (positivistischer) Meinung *Hoerster* JuS 1987, 181, 186; *Weinberger* Norm und Institution, S. 96 f. und S. 198. Kritisch auch *Rüthers* Rechtstheorie, Rn. 913–929.

[90] *Neuner* Rechtsfindung, S. 77–81 („subsidiäre Rechtsquelle“); ebenso wohl auch *Esser* Grundsatz, S. 53; ähnlich auch S. 101–106.

[91] *Canaris* Lücken, S. 106–128. Ferner *Esser* Grundsatz, S. 379.

[92] *Canaris* FS Steindorff, S. 519, 569 f.

[93] *Larenz* Richtiges Recht, S. 24.

sam wie ein Netz hinter den Regeln aufgespannt sind,[94] ermöglicht ihre Hervorhebung immer, die tragenden Wertungen aufzuzeigen.

Indes hat die Erörterung von Regeln und Prinzipien auch die *Grenzen* aufgezeigt, die der Untersuchung zumal der Folgerichtigkeit mit Hilfe der Prinzipienschicht gesetzt sind. Betrachtet man zunächst die – von den Regeln einerseits und ihrem Zusammenspiel mit anderen Prinzipien andererseits – *isolierten* Prinzipien, so ermöglicht das zwar, die Einheit der Regeln zu erkennen. Eine Prinzipienliste läßt die Folgerichtigkeit des Rechts indes nur ganz schemenhaft erkennen, da sich die Regeln nur rahmenhaft von den Prinzipien ableiten lassen und Prinzipien nicht isoliert, sondern kombiniert in den Regeln wirken. Das verdeutlicht beispielhaft die von *Bydlinski* vorgelegte Liste von drei Prinzipien des gesamten Privatrechts und 139 Prinzipien von Teilgebieten,[95] wenn man sie – zweckwidrig – unabhängig von dem erläuternden Text der Untersuchung betrachtet: Dann ist sie kaum mehr als ein Stichwortregister (!) – und das ist offenbar auch die Hauptfunktion dieser Liste in *Bydlinskis* Buch. Wenn man z.B. weiß, daß die Privatautonomie geltendes Prinzip einer bestimmten Privatrechtsordnung ist, so ergibt sich doch daraus nur sehr wenig darüber, wie etwa deren Regeln über den Vertrag zugunsten Dritter ausgestaltet sind: Grundsätzliche Zulässigkeit wie im BGB, beschränkte Zulässigkeit wie nach dem französischen Code Civil oder grundsätzliche Unzulässigkeit wie nach dem englischen Recht bis zum Inkrafttreten des Contracts (Rights of Third Parties) Act 1999. Das ist kein Zufall, sondern liegt „in der Natur" der Prinzipien, die ihren eigentlichen Bedeutungsgehalt erst durch das Zusammenwirken entfalten und in unterschiedlichen Regelungssituationen unterschiedlich gewichtet sein können. Wie wenig aussagekräftig so eine Prinzipienliste ist, wird deutlich, wenn man bedenkt, daß ein Prinzip auch dann zur Rechtsordnung gehört und daher in eine solche Prinzipienliste aufzunehmen wäre, wenn es in ihren Regeln aufs Äußerste zurückgedrängt wird. Deswegen kann man z.B. mit Recht sagen, daß das Prinzip der Privatautonomie auch in einer sozialistischen Vertragsrechtsordnung gilt;[96] die Tatsache, daß ihm dort wenig Raum gegeben wird, ändert daran nichts.

Die von *Larenz* sogenannte „positive Funktion" der Prinzipien, ihre „Steuerungskraft", kann man auch nur begrenzt durch die Formulierung einer *Ordnung* der Prinzipien selbst verstärken: Weil die Prinzipien in unterschiedlichen Regelungszusammenhängen zumeist ganz unterschiedlich gewichtet werden und weil sich das Maß ihrer Verwirklichung oder ihr relatives Gewicht (zumindest praktisch) wenn überhaupt so doch nur sehr grob bestimmen läßt, ist zwischen ihnen bestenfalls eine ganz lose Ordnung zu erkennen.[97] So kann man z.B. feststellen, daß die Prinzipien von Selbstbestim-

---

[94] Vgl. (von einer Prinzipientheorie, nicht einer Systemtheorie herkommend) *Ewald* U.Pa.L.Rev. 143 (1995) 1889, 2135; *Teubner* MLR 61 (1998) 11, 32.

[95] *Bydlinski* System, S. 773–777.

[96] *Flume* Rechtsgeschäft, § 1, 1 (S. 1).

[97] Ähnlich *Alexy* Recht, Vernunft, Diskurs, S. 206 f. („Topoikatalog"!). Etwas weitergehend *Preis* Prinzipien des Kündigungsrechts, S. 44 („gewisse Hierarchie", sowie Spezialitäts- und Rangverhältnisse von Prinzipien).

mung und Vertrauensschutz Bestandteil einer Vertragsrechtsordnung sind. Doch läßt sich ohne einen Rekurs auf die Regeln und den Ausgleich, den die Prinzipien in ihnen finden, keine Aussage über deren relatives Gewicht und Verhältnis zu einander machen. Es läßt sich wegen der Schwierigkeit, ein Maß anzugeben, zu dem ein Prinzip verwirklicht ist, nicht einmal gut sagen, daß z.B. der Selbstbestimmung größere Bedeutung zukommt als dem Vertrauensschutz. Das gilt schon, wenn man nur ein Teilsystem betrachtet, z.B. Vertragsrecht, gilt aber erst recht, wenn man größere Zusammenhänge untersucht, z.B. das Privatrecht als Ganzes: Wenn auch die Prinzipien von Selbstbestimmung und Verkehrsschutz etwa auch sowohl im Vertrags- als auch im Sachenrecht wirken, so werden sie doch in beiden Teilgebieten ganz unterschiedlich, ja geradezu gegensätzlich ausgeglichen. Die isoliert betrachteten Prinzipien stehen daher höchstens in einer ganz losen Ordnung, die für die Folgerichtigkeit der Regeln nur wenig aussagekräftig ist.

Vor allem aber ist eine Zusammenstellung der isolierten Prinzipien deswegen nur eingeschränkt zur Ermittlung der Folgerichtigkeit des Rechts tauglich, weil Prinzipien ihren „eigentlichen Sinngehalt" erst durch wechselseitige Verstärkung, Beschränkung und Ergänzung entfalten[98] und in den Regeln zumeist nicht „in Reinform" wirken.[99] Ist das so, dann kann sich die Folgerichtigkeit der Regelebene erst daraus ergeben, daß ein vom Gesetzgeber gewählter und in einer Regel ausgedrückter *Prinzipienausgleich* im übrigen Rechtssystem auf seine konsequente Fortsetzung in anderen Regeln hin überprüft wird. Nicht die Prinzipien selbst, sondern erst die *Prinzipienkombinationen* – verstanden als der Ausgleich mehrerer Prinzipien in einer Regel – können auf ihre wertungsmäßig konsequente Durchführung im Gesamtrechtssystem hin überprüft werden.

Endlich determinieren aber auch die Prinzipienkombinationen die Regeln zumeist nicht allein vollständig, sondern bedürfen der Ergänzung durch weitere Wertungen mit eigenständigem Sachgehalt (im Beispiel von § 447 BGB [oben, 2 b), S. 16] z.B. durch den Sphärengedanken). Dann bestimmt sich die Folgerichtigkeit der gesetzlichen Regelung aber gerade auch danach, inwieweit diese Einzelwertungen konsequent durchgeführt werden, z.B. im Recht der Kaufgewährleistung, der Werkvertragsgewährleistung und der Mietvertragsgewährleistung. Daher kann man für die Untersuchung des Systems nicht auf der Prinzipienebene stehen bleiben, sondern muß die Regelebene mit in den Blick nehmen. Für die Erörterung der Folgerichtigkeit kommt es auch auf die die Prinzipien ergänzenden Einzelwertungen an, die sich in den gesetzlichen Konstruktionen und Strukturen zeigen.[100] Will man dabei nicht darauf zurückfallen, die Regeln selbst darzustellen, so muß man ergänzend eine „mittlere Ebene" wählen, die die Grenzen der bloßen Prinzipienzusammenschau überwindet und doch über die Darstellung der Einzelvorschriften hinausgeht.

---

[98] *Canaris* Systemdenken, S. 55; *Alexy* Rechtstheorie Beiheft 1 (1979) 59, 83.

[99] S.a. *Alexy* Rechtstheorie Beiheft 1 (1979) 59, 83.

[100] Dazu soeben, 2 b) (S. 15–18).

### *b) Darstellung des Systems anhand von Prinzipienkombinationen und „Allgemeinen Lehren"*

#### aa) Paradigmatische Problemlösungen als „weiteres Element des Systems"?

Auf die mögliche Unzulänglichkeit einer Darstellung von Einheit und Folgerichtigkeit ausschließlich anhand der Prinzipien hat denn auch *Canaris* selbst kürzlich hingewiesen.[101] Da die Prinzipien ihren „eigentlichen Sinngehalt" erst „in einem Zusammenspiel wechselseitiger Ergänzung und Beschränkung" entfalten, „(müßte) folgerichtig auch dieses Zusammenspiel selbst in die Darstellung des Systems aufgenommen werden; denn natürlich wird das System einer Rechtsordnung nicht durch die – isoliert gesehenen – Prinzipien, sondern zugleich durch die Art und Weise ihres Zusammenwirkens bestimmt". Er zieht daraus den Schluß, die für die Systembildung paradigmatischen Problemlösungen, die das Zusammenspiel der Prinzipien wiedergeben, seien neben den Prinzipien „als zweites fundamentales und integrierendes Element des Systems anzusehen".[102]

Von seinem Standpunkt aus, wonach die Prinzipien die *Elemente* des Systems sind, ist es nur folgerichtig, nun auch die Prinzipienkombinationen als weitere Elemente des Systems anzusehen. Und auch die Reduzierung der Komplexität von Prinzipienkombinationen auf paradigmatische Problemlösungen überzeugt gerade auch für die Zwecke der übersichtlichen Darstellung des Rechtssystems. Indes ist diese Ergänzung aber insofern ganz unbefriedigend, als damit zwei Gegenstände verschiedener Ebenen – Prinzipien und paradigmatische Problemlösungen – als gleichberechtigte Elemente eines Systems angesehen werden. Und auch wenn man die paradigmatischen Problemlösungen wieder auflöst in die Prinzipienkombinationen, für die sie stehen, ist der Mangel nicht behoben, da auch diese sich von dem „Rohstoff" so wesentlich unterscheiden, daß sie nicht mit diesem in *eine* Ordnung gebracht werden können.[103]

Betrachtet man, wie vorliegend, Prinzipien nicht als Elemente des Systems, sondern als Mittel zu seiner Untersuchung und Darstellung, so stellen sich diese Schwierigkeiten nicht erst. Als Mittel zur Untersuchung und Darstellung von Einheit und Ordnung des Rechts kann die Herausarbeitung paradigmatischer Problemlösungen und – wie hier zunächst zu erörtern ist – Allgemeiner Lehren die Hervorhebung der einzelnen Prinzipien sinnvoll ergänzen.

#### bb) Darstellung mit Hilfe „Allgemeiner Regeln"

Auf der Regelebene darf man nun freilich nicht darauf zurückfallen, einzelne Regeln isoliert zu betrachten. Die für die Darstellung des Systems gesuchte mittlere Ebene kann

[101] FS Kitagawa, S. 74.

[102] *Canaris* FS Kitagawa, S. 74; ähnlich *Bydlinski* System, S. 48.

[103] (Nur) Weil die paradigmatischen Problemlösungen *für* die Prinzipienkombination stehen, vermeidet *Canaris* die Vermengung von äußeren und inneren Merkmalen, die er selbst (Systemdenken, S. 47 Fn. 133) für unzulässig hält.

man zum einen in „Allgemeinen Lehren“ finden.[104] Als gesetzliche Gestaltungstechnik ist die Verwendung eines Allgemeinen Teils ein Charakteristikum des deutschen Rechts.[105] Die Zweckmäßigkeit der damit verbundenen Abstraktion, neuerdings auch die Frage, ob sie sich für ein vereinheitlichtes Privat- oder Vertragsrecht empfiehlt, ist umstritten.[106] In anderen Ländern hat die Regelungstechnik des „vor die Klammer Ziehens“ wenig Anhänger gefunden.[107] Indes ist die Herausbildung Allgemeiner Lehren auch in anderen Ländern nicht unbekannt. So versteht man z.B. im *Common Law* unter *Contract Law* nur die Allgemeinen Lehren des Vertragsrechts.[108]

In einem Allgemeinen Teil werden Regeln, die für eine Mehrzahl besonderer Anwendungsfälle *grundsätzlich* gelten, zusammengefaßt. Dabei handelt es sich nicht um Regeln, die ausnahmslos oder uneingeschränkt in allen besonderen Fällen anzuwenden sind. Allgemeine Regeln finden indes Anwendung, soweit nicht aus sachlichen Gründen Besonderes bestimmt ist. Bereits wenn man Regeln für grundsätzlich anwendbar erklärt, macht man eine ganz zentrale Aussage über das System des Rechts. Denn damit werden ja verschiedene Einzelregelungen als Anwendungsfälle gemeinsamer Grundgedanken gekennzeichnet. Auf diese Weise wird die Einheit der Regelvielfalt ausgewiesen.[109] Soweit die Allgemeinen Lehren auf wesentlich gleiche Sachverhalte unverändert angewendet und auf besondere Fälle aus sachlichen Gründen (nach dem Maß der Besonderheit) ergänzt oder durch Sonderregeln ersetzt werden, erweist sich darüber hinaus die innere Ordnung des Rechts, nämlich seine Folgerichtigkeit. Daher wird zu Recht gesagt, der Aufbau eines AT gehöre „zu den unverzichtbaren Aufgaben einer Rechtswissenschaft, wenn sie sich einmal als eine systematische versteht“.[110]

#### cc) Darstellung des Systems mit Hilfe von paradigmatischen Problemlösungen

Endlich kann man auch paradigmatische Problemlösungen für die Darstellung des Systems verwenden. Auch hier bietet sich an, diese Vorgehensweise zunächst als legislatorische Technik zu betrachten. In der Tat ist ja die „Verweisungstechnik“ ein Äquivalent zur Technik des Allgemeinen Teils. Hier werden nicht Allgemeine Regeln für alle

---

[104] Beispielhaft *Basedow* Der Transportvertrag (1987); *Canaris* Die Vertrauenshaftung im deutschen Privatrecht (1971).

[105] *Wieacker* Privatrechtsgeschichte, S. 487. S. ferner *Raisch* Vom Nutzen der überkommenen Auslegungskanones, S. 35f.; K. *Schmidt* ZGR 1990, 580, 585f.; *Schmidt-Aßmann* Ordnungsidee, Rn. 1/9; *Schwarze* Befugnis zur Abstraktion, S. 1–16 und *passim*. Musterbeispiel für ein begrifflich-äußeres System und seine Verbindung zum inneren System ist im deutschen Recht das ZVG von 1897; dazu *Grunsky* Grundzüge des Zwangsvollstreckungs- und Insolvenzrechts, Rn. 115.

[106] *Koschacker* Europa und das römische Recht, S. 279–281; *Wieacker* Privatrechtsgeschichte, S. 486–488; *Zweigert/Kötz* Rechtsvergleichung, § 11 II (S. 142–147); exemplarisch für das Pandektenrecht *Regelsberger* Pandekten I (1893); zur Rechtsvereinheitlichung *Drobnig* ERPL 1993, 171, 177–179; *ders.* ERPL 1997, 489, 494.

[107] *Zweigert/Kötz* Rechtsvergleichung, § 11 II (S. 147).

[108] *Kötz* Europäisches Vertragsrecht, S. VIII f.; *Max-Planck-Institut* in: Gutachten und Vorschläge, S. 59 f.

[109] *Canaris* Vertrauenshaftung, S. 411.

[110] *Wieacker* Privatrechtsgeschichte, S. 488 (aber kritisch zur Gesetzgebungstechnik des Allgemeinen Teils).

Fälle ausgebildet und abstrakt vorangestellt. Statt dessen arbeitet der Gesetzgeber zunächst heraus, welcher Fall als Normalfall anzusehen ist, und regelt diesen. Für weitere, in wesentlichen Punkten ähnlich, teils aber auch besondere Fälle, regelt er dann nur die Besonderheiten und verweist im übrigen auf die Regelungen für den Normalfall.[111] Auch wenn der Gesetzgeber sich dieser Technik bedient, hat er daher immer die innere Einheit und Ordnung des Rechts im Auge. Die Einheit zeigt sich in der grundsätzlichen Geltung der Normalfallregelung, die Ordnung in ihrer sachgemäßen Ergänzung durch Spezialregelungen.

Nichts anderes ist es, wenn für die wissenschaftliche Untersuchung des Systems paradigmatische Lösungen erörtert werden. Denn auch hier werden ja die wesentlichen Wertungen an einem Beispiel exemplifiziert und durch die Begründung als paradigmatisch als „allgemein" ausgewiesen. Hier liegt der treffende Kern des Vorschlags von *Canaris,* Einheit und Ordnung des Rechts anhand von paradigmatischen Problemlösungen auszuweisen.[112]

dd) Verhältnis dieser Darstellungstechniken zur Prinzipienschicht

Wie sich diese beiden Darstellungstechniken zur Prinzipienschicht verhalten, ergibt sich aus dem eingangs (aa) S. 22) Gesagten. Allgemeine Lehren wie paradigmatische Problemlösungen stehen stellvertretend für den Ausgleich von Prinzipien in einer Regelung und ihre Komplementierung durch ergänzende Wertungen. Durch die Ausbildung Allgemeiner Lehren und die Hervorhebung paradigmatischer Problemlösung können wir so die Komplexität der Prinzipienkombinationen auf einfache Weise reduzieren. Auf diese Weise kann man außerdem das Problem bewältigen, daß sich ein Maß für die Verwirklichung einzelner Prinzipien nicht finden läßt. Denn aus den Allgemeinen Lehren oder paradigmatischen Problemlösungen läßt sich das Verhältnis der Prinzipien doch immerhin als mehr oder weniger stark beschreiben und kann man die Abweichungen davon in Spezialregelungen oder anderen Fällen vergleichsweise untersuchen.

### *c) Die Bedeutung des äußeren Systems für die Darstellung von Einheit und Ordnung*

Schließlich ist auch das äußere System für die Untersuchung und Darstellung des inneren Systems von Bedeutung. Für eine am Systemgedanken orientierte Darstellung ist die äußere Ordnung allerdings nur fruchtbar, wenn sie die Einheit und Folgerichtigkeit des Rechts zumindest abbildet.[113] Das ist indessen ganz regelmäßig der Fall. So käme wohl kein Gesetzgeber heute auf den Gedanken, den Rechtsstoff in einer so losen Ordnung

---

111 Eingehend K. *Schmidt* ZGR 1990, 580, 584–586; auch *Hommelhoff/Riesenhuber* in: Systembildung, S. 261–263. Ein gutes Beispiel für diese Technik ist aus jüngerer Zeit das deutsche Umwandlungsgesetz.

112 FS Kitagawa, S. 66–74; s.o. aa (S. 22).

113 Vgl. *Canaris* Systemdenken, S. 19 und – zum äußeren System des Gesetzes – 90 f.; *Bydlinski* Prinzipiell-systematische Rechtsfindung, S. 30. S.a. *Birks* in: Scots Law, S. 175–181.

darzustellen, wie sie die Digesten enthalten.[114] Systematisch geordnet sind in bestimmter Weise schon die Rechtsregeln selbst[115] sowie Textsammlungen[116] und Lehrbücher,[117] soweit sie sich als „systematische" Sammlung bzw. Darstellung verstehen. Und auch „problemorientierte" Darstellungen[118] nehmen einen bestimmten Lebenssachverhalt („der Verbraucher", „der Autofahrer") regelmäßig nur als Ausgangspunkt für eine Darstellung auch der inneren Zusammenhänge der maßgeblichen Rechtsnormen.

Eine (primär) äußere Ordnung enthält daher zumeist schon einen Vorgriff auf das innere System.[119] Die typologische Unterscheidung von äußerem und innerem System wird dann nicht in Reinform durchgeführt.[120] Das gilt vor allem dann, wenn man – entsprechend den von *Bydlinski* aufgestellten Kriterien für die äußere Stoffanordnung – neben der guten Abgrenzbarkeit des betrachteten Teilgebiets seine „normative Spezifität" fordert. Normative Spezifität soll einem Ausschnitt des Rechts zukommen, wenn dieser bei einer „groben Überprüfung" auf spezifischen Prinzipien oder Prinzipienkombinationen beruht. Äußeres und inneres System stehen bei dieser Vorgehensweise in einem Wechselbezug. Jedenfalls den lange etablierten Teilgebieten des Zivilrechts kommt, wie *Bydlinski* nachweist, solche normative Spezifität zu.[121]

Die Ordnung des Rechts in einem äußeren System, das nach dem Kriterium der „normativen Spezifität" im Vorgriff auf das innere System bestimmt wird, erfüllt im übrigen nicht nur einen Darstellungszweck, sondern ist zugleich *Voraussetzung* für die Herausstellung des inneren Systems.[122] Denn weil und soweit einzelne Rechtsbereiche durch spezifische Prinzipien oder einen spezifischen Prinzipienausgleich gekennzeichnet sind, ist eine Untersuchung des inneren Systems erst durch eine (auch) äußere Stoffeinteilung sinnvoll möglich.

---

114 Den Digesten sind, worauf *Birks* in: Scots Law, S. 179, hinweist, freilich die Institutionen gleichsam als Landkarte vorangestellt. Auch *ders.* SavZ/RA 1991, 708f. Zur inneren Ordnung des Corpus Iuris Civilis *Seiler* in: Rechtsdogmatik und Rechtspolitik, S. 114.

115 Oben, I 1 (S. 5).

116 Z.B. *Basedow* Europäisches Privatrecht II (2000); *Zimmermann/Schulze* Basistexte zum Europäischen Privatrecht (2000, 2. Aufl. 2002). Anders die englische Tradition (Ordnung nach Jahr der Gesetzgebung); s. nur die Textsammlung von *Hedley* Butterworths Student Statutes: Contract, Tort and Restitution (1999).

117 Z.B. *Grundmann* Europäisches Schuldvertragsrecht (1999); *Quigley* European Community Contract Law I und II (1997). Zum Inhaltsbezug der äußeren Ordnung, vgl. nur die Kritik *Basedows* ZEuP 2000, 741, 742, zur Einordnung des Handelsvertreterrechts bei *Grundmann*.

118 Siehe etwa *Reich* Europäisches Verbraucherrecht – Eine probelmorientierte Darstellung (1996).

119 *Bydlinski* Prinzipiell-systematische Rechtsfindung, S. 30–36; *ders.* System, S. 23–25; *Meyer* Systemorientierte Wertungsjurisprudenz, S. 96–98.

120 Darin liegt auch keine unzulässige Vermengung von äußerem und innerem System. Eine solche rügt *Canaris* Systemdenken, S. 47 Fn. 133, wenn Elemente des inneren Systems (Prinzipien) solchen des äußeren Systems (also etwa Begriffen) gleichgestellt werden.

121 *Bydlinski* System, S. 17–24 und 2. und 3. Hauptteil.

122 *Bydlinski* System, S. 18 f. mit Fn. 22 und S. 49–51.

## 4. Zwischenergebnis

Ein System ist durch die Merkmale der Ordnung und der Einheit gekennzeichnet. Schwierigkeiten bereitet die Darstellung des Rechts als System. Eine zentrale Rolle kann dabei der Hervorhebung der den Regeln zugrundeliegenden Prinzipienschicht spielen, da sie die Einheit des Rechts widerspiegelt und ansatzweise seine Ordnung (Folgerichtigkeit) erkennen läßt.

Die folgerichtige Ausbildung des Rechst läßt sich indes mit Hilfe von Prinzipien nur ansatzweise darstellen, vor allem aus zwei Gründen. Erstens ergeben sich aus den Prinzipien nur rahmenhafte Vorgaben für die Gestaltung der Regelebene; erst durch Hinzufügung ergänzender Wertungen mit eigenständigem Sachgehalt lassen sich daraus Regeln formulieren. Zweitens entfalten Prinzipien ihren eigentlichen Sinngehalt erst durch die wechselseitige Ergänzung, Beschränkung und Verstärkung, das Gewicht einzelner Prinzipien ist aber nicht absolut bestimmt, sondern je nach Sachzusammenhängen; deswegen stehen die Prinzipien nur in einer losen Ordnung. Eine Untersuchung der Prinzipienschicht läßt daher die Folgerichtigkeit der Regelebene nur schemenhaft erkennen.

Für die Untersuchung der inneren Folgerichtigkeit muß man sich daher zusätzlich anderer Hilfsmittel bedienen. Sie können vor allem darin liegen, daß man die für eine Regelungsgruppe paradigmatischen Vorschriften hervorhebt oder Allgemeine Lehren formuliert: In beiden Fällen erkennt man Einzelregelungen als wertungsmäßig zusammengehörig und abgestimmt. Endlich erfordert eine Erörterung der inneren Einheit und Ordnung, daß man den Rechtsstoff zuerst (aufgrund einer Arbeitshypothese über seine Zusammenhänge) in einer äußerlichen Ordnung darstellt. Für die Hervorhebung des inneren Systems ist die äußere Systembildung dann sinnvoll, wenn sie im Vorgriff auf das innere System erfolgt, wenn sie also wertungsmäßig zusammengehörige Teilgebiete darstellt.

# III. Systemdenken und Methodenlehre

Systemdenken und Systembildung können nur den Zwecken dienen, für die sie gedacht sind. Entsprechend den Systemforderungen, anhand derer der hier entwickelte Systembegriff gebildet wurde, kann das Systemdenken daher (nur) dazu dienen, Einheit und Ordnung des Rechts darzustellen und ein Instrument für die folgerichtige Auslegung und Fortbildung des Rechts bereitzustellen.

## 1. Darstellung

Systemdenken dient zunächst einer geordneten Darstellung des Rechts.[123] Eine systematische Darstellung, die sich am Gedanken der inneren Folgerichtigkeit orientiert, ist da-

---

[123] *Coing* Rechtsphilosophie, S. 292 f. (Gaius' Institutionen als erstes Lehrsystem).

bei, wie *Pawlowski* hervorhebt, zugleich auch die „Darstellung der Verwirklichung des Gleichbehandlungsgrundsatzes", da das System die „gegenseitige Vereinbarkeit [von Normen oder von allgemeinen Rechtsgrundsätzen] ausweisen soll".[124]

## 2. Auslegung

Bei der Auslegung sind zwei Formen des Systemdenkens zu unterscheiden, die „systematische Auslegung" und die hier mit *Bydlinski* sogenannte „prinzipiell-systematische Auslegung"[125].

Die systematische Auslegung ist eine Auslegung mit Hilfe des äußeren Systems des Gesetzes. So wie die Wortlautinterpretation auf der begründeten Annahme beruht (und beruhen muß!), daß der Gesetzgeber mit den gewählten Wortzeichen das Intendierte ausgedrückt hat, so beruht die systematische Interpretation auf der Annahme, daß der Gesetzgeber bei der äußerlichen Anordnung der Regeln jeder Vorschrift den ihrem Sachgehalt am besten entsprechenden Platz gegeben hat.[126] Weil und soweit diese Annahme trägt, läßt sich daher auch aus dem Platz der Regel im äußeren System ein Rückschluß auf seine inhaltliche Aussage ziehen.

Die prinzipiell-systematische Auslegung ist demgegenüber eine Auslegung mit Hilfe des inneren Systems. Da es sich dabei um einen Bezug auf die der Norm zugrundeliegenden Wertungen handelt, kann man auch insoweit von einer Form der (objektiv-) „teleologischen" Auslegung sprechen.[127] Beruht das innere System wesentlich auf den Gedanken der Einheit und Folgerichtigkeit, so ist auch die Verwendung des inneren Systems zu Zwecken der Auslegung ein „Arbeiten mit Hilfe des Gleichheitssatzes".[128] Je nachdem, welchen Aspekt des Systems man hervorhebt, kann die systematische Auslegung ganz unterschiedliche Formen annehmen. So kann zur Lösung von Zweifelsfragen bereits die Aufdeckung und Formulierung der einer Regelung zugrundeliegenden Prinzipien beitragen, beispielsweise, wenn man den Präventionsgrundsatz im Gegensatz zum Strafgrundsatz als eines der § 817 BGB zugrundeliegenden Prinzipien ansieht.[129] Wenn man eine Einzelregelung als Bestandteil der Gesamtrechtsordnung betrachtet,

---

[124] *Pawlowski* Methodenlehre, Rn. 156–159 und 160–174, *Michael* Gleichheitssatz, S. 223–294; siehe bereits oben, I 2 (S. 6–10).

[125] *Bydlinski* Über prinzipiell-systematische Auslegung (1995). Ferner *Raisch* Vom Nutzen der überkommenen Auslegungskanones, S. 35–37; *Pawlowski* Methodenlehre, Rn. 362–364, behandelt nur die Auslegung aus dem – hier sogenannten – inneren System als systematische Auslegung, die er als Prozeß der Systematisierung versteht, bei dem man die einschlägigen Normen (Pawlowski spricht von Vorentscheidungen) „in einem Teilsystem zusammenzufassen (hat), das nicht nur abstrakt beschreibende Normen enthält …, sondern daneben auch Gründe, die erkennen lassen, warum dieses oder jenes gleich oder ungleich zu behandeln ist (systematische Auslegung)" (aaO Rn. 362).

[126] Daher ist die systematische Auslegung gewissermaßen die Fortsetzung der Wortlautauslegung; *Canaris* Systemdenken, S. 91.

[127] *Canaris* Systemdenken, S. 88, 91; *ders.* FS Medicus, S. 42; *Larenz* Methodenlehre, S. 333–339.

[128] *Canaris* Systemdenken, S. 134.

[129] *Canaris* FS Steindorff, S. 523–525.

kann man ihren „wertungsmäßig zutreffenden" Platz und Rang bestimmen. Dabei kann man verschiedene Aspekte unterscheiden. So kommt es zum Beispiel in Betracht, einer von mehreren möglichen Auslegungen deswegen den Vorzug zu geben, weil sie sich mit den grundlegenden Prinzipien der Rechtsordnung oder den speziellen Prinzipien des Rechtsgebiets besser verträgt als die anderen.[130] Zweitens kann die Einordnung eines Tatbestands in eine Gruppe entsprechender Tatbestände für die Auslegung fruchtbar gemacht werden; so z.B. wenn die Tierhalterhaftung des § 833 BGB als Tatbestand der Gefährdungshaftung eingeordnet wird.[131] Und schließlich kann man eine Regel auf ihre wertungsmäßige Verträglichkeit mit anderen Vorschriften hin untersuchen.[132] Anwendungsfälle dieser Variante prinzipiell-systematischer Auslegung sind insbesondere auch die verfassungskonforme und die primärrechtskonforme Auslegung, da es auch dabei darum geht, die wertungsmäßige *Einheit* der („Gesamt-") Rechtsordnung zu wahren.[133]

Das Systemdenken kann endlich auch für die Konkretisierung von Generalklauseln fruchtbar gemacht werden. Zwar können Generalklauseln gerade auch Raum für die Berücksichtigung des Einzelfalls bieten und damit für den Einfluß der individualisierenden Tendenz der Gerechtigkeit.[134] So gesehen sperren sie sich geradezu gegen eine systematische Erschließung im Wege der Ausrichtung am „formalen" Gleichbehandlungsgrundsatz. Indes läßt sich auch hier die generalisierende Tendenz der Gerechtigkeit, die eine Gleichbehandlung wesentlich gleicher Fälle gebietet, nicht völlig zurückdrängen.[135] Die Generalklausel stellt es dem Rechtsanwender keineswegs frei, nach „freiem Belieben" oder Willkür zu entscheiden, sondern bindet ihn, die Umstände des Einzelfalls *im Rahmen des Rechtssystems*[136] zu berücksichtigen. Um diesen Rahmen abzustecken, ist es aber unerläßlich, auf die tragenden Prinzipien des betreffenden Rechtsgebiets zurückzugehen.[137] Daß man auf diese Weise nicht selten statt zu festen (Unter-) Tatbeständen zu einem beweglichen System kommen wird, bedeutet demgegenüber keine Einschränkung, sondern bestätigt den Grundsatz, da auch dessen Elemente mit dem inneren System des betreffenden Rechtsgebiets oder der Gesamtrechtsordnung abgestimmt sein müssen.

---

130 Ein Beispiel ist die Herausarbeitung der maßgeblichen Wertungen für die Leistungskondiktion durch *Canaris* 1. FS Larenz, S. 799–865; zust. *Medicus* Bürgerliches Recht, Rn. 667f.

131 Z.B. für die Bestimmung des Tierhalters *Larenz/Canaris* Schuldrecht II/2, § 84 II 1 b (S. 614 f.).

132 S. z.B. die Berücksichtigung der Wertungen der §§ 350f. beim Bereicherungsausgleich bei gegenseitigen Verträgen; s. nur *Larenz/Canaris* Schuldrecht II/2, § 73 III (S. 321–338); *Medicus* Bürgerliches Recht, Rn. 228–232.

133 *Neuner* Privatrecht und Sozialstaat, S. 170f., 193f.; *Raisch* Auslegungskanones, S. 36f.

134 *Canaris* Lücken, S. 26–29; *ders.* Systemdenken, S. 150f.

135 S. nur *Kramer* Methodenlehre, S. 200; *Larenz* Methodenlehre, S. 223f. Aufschlußreich ist in diesem Zusammenhang das Beispiel der *equity* Rechtsprechung des *Chancellor* im englischen Recht; s. nur *Zweigert/Kötz* Rechtsvergleichung, § 14 III (S. 185); vgl. auch *Wieacker* Präzisierung des § 242 BGB, S. 26f.

136 Siehe nur für § 138 BGB *Larenz* Allgemeiner Teil, § 22 III (S. 437 f.); *ders.* Richtiges Recht, S. 55 *et passim*; und jetzt *Larenz/Wolf* Allgemeiner Teil, § 41 Rn. 12 f.; ferner *Kramer* Methodenlehre, S. 200.

137 *Canaris* Systemdenken, S. 152f.; Palandt-*Heinrichs* § 242 Rn. 2; *van Schilfgaarde* ERPL 1997, 1, 8; *Wieacker* Präzisierung des § 242 BGB, S. 22–26.

## 3. Rechtsfortbildung

Im Rahmen der gesetzgeberischen und der richterlichen Rechtsfortbildung eröffnet das Systemdenken den Blick auf die bereits getroffenen gesetzgeberischen Wertungen, die konsequent zu Ende durchzuführen Gesetzgeber und Gerichte bei der Fortbildung des Rechts gehalten sind. Die Prinzipien und ihr Ausgleich im geltenden Recht geben die „Richtung" an, in welcher das Recht folgerichtig fortgebildet werden kann.[138] Allerdings ermöglicht die systematische Rechtsfortbildung nur, „(wenigstens ansatzweise) schon vorhandene Wertungen ‚zu Ende denken', niemals aber gänzlich neue Wertungen schaffen".[139] Systemdenken kann daher keine Aussage über die materiale Richtigkeit des Rechts geben.[140] Das heißt freilich nicht, daß Systemdenken in dieser Hinsicht nutzlos wäre: Denn soweit man es dazu verwendet, die dem Recht zugrundeliegenden Prinzipien aufzudecken, m.a.W.: die *prinzipielle* Bedeutung auch einzelner Rechtssätze aufzuzeigen, kann man mit seiner Hilfe frühzeitig auch Fehlentwicklungen aufzeigen.[141]

Für die *gesetzgeberische Rechtsfortbildung* ist darüber hinaus zu wiederholen, daß das Rechtssystem – im Rahmen der verfassungsrechtlichen Grenzen – zur Disposition des Gesetzgebers steht. So ist der Gesetzgeber nur in den relativ weiteren Grenzen des Willkürverbots daran gehindert, bei neuer Gesetzgebung das etablierte System zu mißachten.[142] Und nur die Grenzen, die sich aus den materiellen Grundentscheidungen der Verfassung – beispielsweise dem „Grundsatz einer offenen Marktwirtschaft mit freiem Wettbewerb" (Art. 4 Abs. 1 EG) – ergeben, hindern den Gesetzgeber daran, neue Prinzipien in das (offene) System des (Privat)Rechts einzuführen. Auch wenn sich der Gesetzgeber (bewußt) über das bestehende System hinwegsetzen möchte, ist aber eine vorherige Bestandsaufnahme über dieses System unentbehrlich.[143] Denn erst die Sicht auf das System macht deutlich, inwieweit sich eine Neuregelung darin einfügen könnte oder davon abweicht. Da die Systemkonformität im Hinblick auf den Gleichheitssatz und den Grundsatz der Rechtssicherheit von eigenem Wert ist, wird der Gesetzgeber diesen Wert in die Abwägung gegenüber den Vorteilen einer Systemveränderung einstellen. Jedenfalls wenn die Neuregelung droht, mit dem bestehenden System zu brechen, ist der Gesetzgeber im übrigen auf Grund des verfassungsrechtlichen Gleichheitssatzes dazu veranlaßt, das Ausmaß des Systembruchs zu überprüfen, da der Systembruch ein – wenn auch nur schwaches – Anzeichen für eine verfassungswidrige Willkür sein kann.[144]

---

[138] *Canaris* Systemdenken, S. 97–100; *van Schilfgaarde* ERPL 1997, 1, 4f., 8; *Weinberger* Norm und Institution, S. 96.

[139] *Canaris* Systemdenken, S. 134.

[140] S. schon oben, I 2 (S. 9f.) mit Fn. 33.

[141] S. z.B. die Kritik am Entwurf der AGB-Richtlinie, die die Inhaltskontrolle von Individualvereinbarungen wegen ihrer *prinzipiellen* Unvereinbarkeit mit dem nationalen Vertragsrecht gerügt hat; v.a. *Brandner/Ulmer* BB 1991, 701, 703 f.; *Canaris* FS Lerche, S. 873, 887–891.

[142] S. oben, I 2 (S. 6–10).

[143] *Canaris* FS Kitagawa, S. 75; K. *Schmidt* in: Rechtsdogmatik und Rechtspolitik, S. 9–32; *Herberger* in: Gesetzgebung und Dogmatik, S. 67–79; *Henckel* ebd., S. 93–105.

[144] S. oben, I 2 (S. 8f.), m.Nw. in Fn. 25.

Die (begrenzte) Bindung, die das Systemdenken für die gesetzgeberische Rechtsfortbildung bedeutet, kann das Beispiel der umstrittenen Kontrolle von Individualvereinbarungen nach dem AGB-Richtlinienentwurf illustrieren.[145] Die systematische Sichtweise konnte hier für den Gesetzgeber nur aufzeigen, inwieweit sich die in dem Entwurf vorgesehene Kontrolle von Individualvereinbarungen mit den Prinzipien des bestehenden Europäischen Privatrechts verträgt.[146] Hätte sich der Europäische Gesetzgeber zur Einführung einer solchen Regelung entschlossen und wäre diese auch nach dem EG-Vertrag nicht zu beanstanden gewesen,[147] so wäre sie künftig vom Standpunkt des Systems aus als (neues) Datum anzusehen gewesen. Die Ordnung des Systems wäre dann unter Berücksichtigung des in einer solchen Regelung zum Ausdruck kommenden Prinzips der materiellen Vertragsgerechtigkeit neu herzustellen gewesen. Die Bewertung der Inhaltskontrolle als rechtspolitisch wünschenswert – z.B. als Effizienz von Markttransaktionen fördernd oder hemmend – kann (und will) das Systemdenken nicht leisten.

Bedeutung hat das Systemdenken schließlich für die *richterliche Rechtsfortbildung praeter legem,* die über den Normtext hinausgeht, aber noch vom Willen des Gesetzgebers gedeckt ist.[148] Zu Recht hat *Neuner* hervorgehoben, daß die systematische Methode der Rechtsfortbildung (und Auslegung) nicht nur aus der Rechtsidee und dem Gleichheitssatz[149] begründet ist, „sondern gleichermaßen ein methodologisch-demokratietheoretisches Postulat" darstellt, „weil der Wille des Gesetzgebers im Zweifel alle normativ vergleichbaren Konstellationen mitumfaßt".[150] Aus dem inneren System ergeben sich die Wertungen, die die Richtung für die folgerichtige Rechtsfortbildung angeben.[151] Die allgemeinen Regeln und die die Prinzipien konkretisierenden ergänzenden Wertungen ergeben nähere Anhaltspunkte dafür, wie die zu schaffende Regel auszugestalten ist.[152]

---

145 S.o., Fn. 141.

146 Zum Europäischen Privatrecht werden hier auch die privatrechtsrelevanten Regelungen des EG-Vertrags gerechnet, wie sie z.B. in Art. 3, 4 Abs. 2 und 81–89 EGV enthalten sind. Dazu näher unten, § 3 (S. 31).

147 Zweifelnd *Canaris* FS Lerche, S. 889f.

148 Siehe schon *Esser* Grundsatz, S. 22–24. Kritisch zur Eingrenzung der richterlichen Rechtsfortbildung durch das System *Wank* Grenzen, S. 44–46.

149 Dazu nachdrücklich *Pawlowski* Methodenlehre, Rn. 453; und die Nachweise oben, I 2 (S. 6f.) mit Fn. 11. Die herablassende und nicht näher begründete Kritik von *Zweigert/Kötz* Rechtsvergleichung, § 2 III (S. 16 f.) und auch § 3 I (S. 32) und § 3 II (S. 34), ist angesichts dieser rechtsethischen Legitimation ganz unverständlich.

150 *Neuner* Privatrecht und Sozialstaat, S. 22; s. schon oben, I 2 (S. 8). *Neuner* Rechtsfindung, S. 105f., sieht Analogie und Restriktion indes als „Auslegung im weiteren Sinne" an; anders wohl *ders.* Privatrecht und Sozialstaat, S. 22 f. und 39.

151 *Canaris* Systemdenken, S. 98 f.

152 Eingehend *Langenbucher* Richterrecht, S. 40–56.

# § 3 Europäisches Privatrecht

Ist damit eine Einführung in das Systemdenken im Privatrecht gegeben, so ist nun in einem zweiten Schritt zu bestimmen, was wir unter Europäischem Privatrecht verstehen, und sind die Rechtsquellen das Europäischen Privatrecht zu erörtern (I). Ebenfalls bereits an dieser Stelle ist die Frage zu klären, ob und wie man Privatrecht und öffentliches Recht auf der Ebene des Gemeinschaftsrechts unterscheiden kann (II). Das Europäische Privatrecht wird hier durch seinen institutionellen Bezug auf die Europäische Gemeinschaft definiert; abschließend ist darzulegen, in welchem Verhältnis dazu das sogenannte gemeineuropäische Privatrecht steht (III).

## I. Europäisches Privatrecht als Privatrecht der Europäischen Union

### 1. Begriffsbestimmung

Als „Europäisches Privatrecht" werden hier – im Grundsatz –[1] das im EG-Vertrag enthaltene und auf seiner Grundlage gesetzte Privatrecht verstanden.[2] Diese Beschränkungen auf das positive Recht, das entweder schon im Verfassungsdokument[3] der Gemeinschaft enthalten ist oder darauf beruht, folgt aus dem Zweck der Untersuchung. Denn nur dort, wo immerhin ein äußerer Zusammenhang, wie ihn hier der EG-Vertrag herstellt, Einheit und Ordnung als vorgegeben (objektives System) vermuten läßt, ist eine systematische Untersuchung sinnvoll.

Der so bestimmte Begriff des Europäischen Privatrechts überschneidet sich teilweise mit dem von *Müller-Graff* bereits 1987 geprägten Begriff des *Gemeinschaftsprivatrechts*.[4]

---

[1] Eine Ausnahme bildet nur das Europäische Vertragsrechtsübereinkommen; dazu unten, 2 c) bb) (S. 39–41).

[2] In der Sache ähnlich *Basedow* Europäisches Privatrecht – Quellen (2000); *Grundmann* Schuldvertragsrecht, 1. Teil Rn. 8 f.; *Kirchner* in: Europäisches Vertragsrecht, S. 103, 106–108; *Paschke* in: Studienbuch EG-Privatrecht, S. 2. Weitergehend *Leible* Wege, § 2 B II; *Kilian* in: Systembildung, S. 428; *ders.* Europäisches Wirtschaftsrecht, S. 11; *Schulze/Zimmermann* Basistexte zum Europäischen Privatrecht (2000, 2. Auflage 2002). Definitionsmöglichkeit und -notwendigkeit leugnet *Gebauer* Europäisierung des Privatrechts, S. 59 f.

[3] Zur Bezeichnung des EG-Vertrags als Verfassung nur EuGH v. 14.12.1991 – Gutachten 1/91 *EWR-Abkommen* Slg. 1991, I-6079 Rn. 21; EuGH v. 23.3.1993 – Rs. 314/91, Slg. 1993, I-1093 Rn. 8; EuGH v. 28.3.1996 – Gutachten 2/94 *EMRK* Slg. 1996, I-1759 Rn. 35; EuGH v. 23.4.1986 – Rs. 294/83 *Les Verts* Slg. 1986, 1339 Rn. 23; BVerfGE 22, 293, 296; *Pernice* JZ 2000, 866, 869–871.

[4] *Müller-Graff* Privatrecht und Europäisches Gemeinschaftsrecht – Gemeinschaftsprivatrecht (1991; zuerst in Festschrift für Börner [1987], S. 17–52); zuvor hatte bereits *Kropholler* Einheitsrecht (1975), S. 36, von Gemeinschaftsprivatrecht gesprochen.

*Müller-Graff* versteht darunter „die kraft Gemeinschaftsrechts gemeinschaftsweit inhaltsidentisch verbindlichen Privatrechtssätze (nicht notwendig mit ausgereiften Anspruchsgrundlagen)".[5] Dabei geht es ihm um das Verhältnis von Privatrecht und Gemeinschaftsrecht, um „die Frage nach dem Zusammenwirken und Verbindenden beider Rechtsgebiete, das sich vielleicht vorsichtig ... als Gemeinschaftsprivatrecht benennen ließe".[6] Neben dem terminologischen Unterschied[7] besteht demnach auch ein sachlicher Unterschied. Denn wir verstehen das Europäische Privatrecht als privatrechtliche Regeln der Gemeinschaft und nicht als Beziehung zwischen diesen und den nationalen Vorschriften. Diese Beschränkung auf die Gemeinschaftsebene des Privatrechts soll freilich nicht bedeuten, daß Gesetzgebung, Rechtsprechung und Wissenschaft nicht gehalten wären, die gesamte Privatrechtsordnung mit all ihren gemeinschaftlichen und mitgliedstaatlichen Bezügen als geordnetes Ganzes zu begreifen.[8] Insofern bleibt die vorliegende Untersuchung nur ein Teilbeitrag, – ein Teilbeitrag, der freilich aufgrund der Normenhierarchie von besonderer Bedeutung ist.

## 2. Rechtsquellen des Europäischen Privatrechts

Rechtsquellen sind nach der herkömmlichen Lehre Gesetz und Gewohnheitsrecht.[9] Während das Gewohnheitsrecht im Europäischen Privatrecht bislang nur eine geringe Rolle spielt,[10] kommen verschiedene gesetzliche Rechtsquellen in Betracht. Sie sind hier nur in einer Übersicht sowie in einigen für die weitere Untersuchung nützlichen Ausschnitten zu erörtern.

---

5 *Müller-Graff* Gemeinschaftsprivatrecht, S. 27; ähnlich *ders.* in NJW 1993, 13 („kraft Gemeinschaftsrechts in allen Mitgliedstaaten verbindlichen Privatrechtsregeln"); *ders.* Gemeinsames Privatrecht, S. 26. Im folgt *Klauer* Europäisierung, S. 21.

6 *Müller-Graff* Gemeinschaftsprivatrecht, S. 24.

7 Dazu *Grundmann* Schuldvertragsrecht, 1. Teil Rn. 8 f.

8 Dazu etwa, unter dem Gesichtspunkt der Einheit der Rechtsordnung, *Hilf* in: Vielfalt des Rechts – Einheit der Rechtsordnung, S. 219–236.

9 *Bydlinski* Methodenlehre, S. 213–218; *Canaris* Europäische Vertragsrechtsvereinheitlichung, S. 8–13; *Larenz/Canaris* Methodenlehre, S. 252–261; *Ossenbühl* in: Handbuch des Staatsrechts III, § 61 (S. 281–314), bes. Rn. 32–47 sowie 48f. Zur umstrittenen Rechtsquellenqualität von Richterrecht (überwiegend zum deutschen und österreichischen Recht) *Bydlinski* JZ 1985, 149, 151–153 („subsidiäre Rechtsquelle"); *Larenz/Wolf* Allgemeiner Teil, Rn. 34–36 (Rechtserkenntnisquelle); *Ohly* AcP 201 (2001) 1–47; *Ossenbühl* aaO Rn. 35–41; *Pawlowski* Allgemeiner Teil, Rn. 59–62; *ders.* Methodenlehre Rn. 10 („juristisches Hilfsmittel"); *Raisch* ZHR 150 (1986) 117–140; *Schlüchter* Präjudizien, S. 111–116; BAG AP Nr. 65 zu Art. 9 GG Arbeitskampf Bl. 6 f.

10 Zu denken ist vor allem an die privatrechtsrelevanten Allgemeinen Rechtsgrundsätze (sogleich a) bb), S. 33–35. Zum Gewohnheitsrecht der EG nur *Bleckmann* EuR 1981, 101–123; *Oppermann* Europarecht, Rn. 480, und *Ostertun* Gewohnheitsrecht in der EU (1996).

### a) *Primärrecht*

#### aa) Privatrechtliche Regeln und Prinzipien im EG-Vertrag

Privatrecht enthält zunächst schon der EG-Vertrag selbst, nämlich in den Wettbewerbsregeln der Art. 81–86 EG und dem Diskriminierungsverbot des Art. 141 EG[11].[12] Daß der EG-Vertrag als Verfassung der Gemeinschaft bereits Privatrechtsnormen enthält, ist dabei keineswegs nur ein Zufall mit der Folge, daß das Privatrecht nur als „formales" Verfassungsrecht anzusehen wäre.[13] Vielmehr zeigt sich darin ein Wesenszug der Gemeinschaft, die schon anfänglich nicht nur als Rechts-, sondern vor allem auch als Wirtschaftsgemeinschaft konzipiert war, und es nach wie vor ist.[14] In diesen Vorschriften kommt daher die zentrale Bedeutung zum Ausdruck, die das Privatrecht im Gemeinschaftsrecht hat.

Über die genannten Privatrechtssätze hinaus lassen sich dem EG-Vertrag bereits einzelne Prinzipien des Privatrechts entnehmen. So umfaßt nach Art. 3 Abs. 1 lit. g) EG die Tätigkeit der Gemeinschaft „ein System, das den Wettbewerb innerhalb der Gemeinschaft vor Verfälschungen schützt", und nach Art. 4 Abs. 1 ist die von der Gemeinschaft einzuführende Wirtschaftspolitik (u.a.) „dem Grundsatz einer offenen Marktwirtschaft verpflichtet".[15]

#### bb) Zu den primärrechtlichen Allgemeinen Rechtsgrundsätzen

Zu dem für das Privatrecht relevanten Primärrecht gehören auch verschiedene Allgemeine Rechtsgrundsätze.[16] Auf „allgemeine Rechtsgrundsätze, die den Rechtsordnungen der Mitgliedstaaten gemeinsam sind", verweisen Art. 288 Abs. 2 EG und Art. 188 Abs. 2 EAGV für die außervertragliche Amtshaftung der Gemeinschaften. In ähnlicher Weise bestimmt Art. 6 Abs. 2 EUV, daß die Union die Grundrechte achtet, wie sie sich aus der EMRK und „aus den gemeinsamen Verfassungsüberlieferungen der Mitgliedstaaten als allgemeine Grundsätze des Gemeinschaftsrechts ergeben".[17] Auf der Grundlage der

---

[11] Zur Drittwirkung von Art. 141 EG unten, § 5 III 3 b (S. 106–108).

[12] S.a. *Leible* Wege, § 3.

[13] A.A. für das Kartellverbot *Fernandez Esteban* MJ 2 (1995) 129, 132.

[14] In jüngerer Zeit ist die Entwicklung vor allem durch die Grundrechtscharta der Gemeinschaft (ABl. 2000 C 364/1), in Fluß geraten; zu ihr *Schmitz* JZ 2001, 833–843; die möglichen Entwicklungsstränge erörtert *v. Bogdandy* JZ 2001, 157–171.

[15] Näher unten, § 11 II 1 (S. 239–244).

[16] *Grundmann* FS Buxbaum, S. 213–234; *Lecheler* Allgemeine Rechtsgrundsätze, S. 53–177 *et passim*; *Tridimas* The General Principles of EC Law (1999); *Usher* General Principles of EC Law (1998); *ders.* ERPL 1993, 109–136. Zum normhierarchischen Rang der Allgemeinen Rechtsgrundsätze *Kutscher* Verhältnismäßigkeit, S. 92 f.; *Oppermann* Europarecht, Rn. 488; *Tridimas* General Principles, S. 32–38. Siehe noch unten, § 15 D I (S. 398–401).

[17] Übersicht über die so begründeten Grundrechte bei Schwarze-*Stumpf* Art. 6 EUV Rn. 20–51. Zur Problematik des Rechtsnormcharakters im Falle solcher dynamischer Verweisungen Staudinger-*Merten* Art. 2 EGBGB Rn. 106.

Gemeinschaftsverträge und mit Rücksicht auf die Rechtslage der Mitgliedstaaten[18] hat der EuGH darüber hinaus auch in anderen Bereichen Allgemeine Rechtsgrundsätze herausgebildet. So hat er insbesondere einzelne Grundrechte[19] (z.B. Eigentumsgarantie;[20] Berufs- und Gewerbefreiheit;[21] Koalitionsfreiheit[22]) sowie rechtsstaatliche und ver-

[18] Die Allgemeinen Rechtsgrundsätze werden zumeist im Wege der „wertenden Rechtsvergleichung" begründet; s. z.B. EuGH v. 12.7.1957 – verb.Rs. 7/56 und 3–7/57 *Algera* Slg. 1957, 85, 118f.; GA *Lagrange* EuGH v. 12.7.1962 – Rs. 14/61 *Hoogovens ./. Hohe Behörde* Slg. 1962, 511, 570f.; GA *Roemer* EuGH v. 2.12.1971 – Rs. 5/71 *Schöppenstedt* Slg. 1971, 975, 990 f. (zu Art. 215 EWGV [288 EG]); *Grundmann* Schuldvertragsrecht, Rn. 184–186; *ders.* FS Buxbaum, S. 218–220; *Hoffmann-Becking* Normaufbau und Methode, S. 349–360; *Schwarze* Europäisches Verwaltungsrecht I, S. 69–73; *Oppermann* Europarecht, Rn. 483; *Ukrow* Richterliche Rechtsfortbildung, S. 46–53; *Usher* General Principles, S. 12; *Zweigert* FS Dölle, S. 417f.; *ders.* RabelsZ 28 (1964) 601, 610f.; zur Kompetenz des EuGH *Bleckmann* GS Constantinesco, S. 79 f.; kritisch zur Vorgehensweise des EuGH *Constantinesco* Recht der Europäischen Gemeinschaften I, S. 815–858; zur Begründung aus römischem Recht und *ius commune Knütel* JuS 1996, 768–778. Rechtsquellentheoretisch erscheint die – wohl durchweg mögliche – Begründung der Allgemeinen Rechtsgrundsätze aus dem EG-Vertrag (und, nachrangig, aus der Rechtsidee) vorzugswürdig; so etwa *Kutscher* in: Der Grundsatz der Verhältnismäßigkeit, S. 91 (für den Verhältnismäßigkeitsgrundsatz und den allgemeinen Gleichheitssatz); *Lecheler* Allgemeine Rechtsgrundsätze, S. 185–187. Der Rechtsvergleichung kommt dann die Funktion einer Rechtserkenntnisquelle zu; *Bydlinskis* Methodenlehre, S. 386f.; ähnlich auch *Canaris* in: Vertragsrechtsvereinheitlichung, S. 16f. Überwiegend dürften die Allgemeinen Rechtsgrundsätze heute freilich schon gewohnheitsrechtlich begründet sein. Ein gewisser positiver Anhaltspunkt für die Begründung übergesetzlicher Allgemeiner Rechtsgrundsätze wird in der Formulierung Art. 220 EG („Wahrung des *Rechts*") und des Art. 230 Abs. 2 EG („Verletzung diese Vertrags *oder einer bei seiner Durchführung anzuwendende Rechtsnorm*") gesehen, die damit der Sache nach als eine Variante der „Gesetz und Recht"-Formel des Art. 20 Abs. 3 GG verstanden wird; *Hartley* EC Law, S. 131; *Horspool* EU Law, Tz. 6.2; Schwarze-*Schwarze* Art. 220 EGV Rn. 14; *Zuleeg* JZ 1994, 1, 6.

[19] EuGH v. 17.12.1970 – Rs. 11/70 *Internationale Handelsgesellschaft ./. Einfuhr- und Vorratsstelle* Slg. 1970, 1125 Rn. 3 f.; EuGH v. 14.5.1974 – Rs. 4/73 *Nold ./. Kommission* Slg. 1974, 491 Rn. 13 f.; EuGH v. 13.12.1979 – Rs. 44/79 *Hauer ./. Rheinland-Pfalz* Slg. 1979, 3727 Rn. 13–16. Umfassend *Rengeling* Grundrechtsschutz in der Europäischen Gemeinschaft (1993); Schwarze-*Stumpf* Art. 6 EUV Rn. 16–41; *Tridimas* General Principles, S. 202–243. Zur Grundrechtscharta (ABl. 2000 C 364/1) *v. Bogdandy* JZ 2001, 157–171.

[20] EuGH v. 13.12.1979 – Rs. 44/79 *Hauer ./. Rheinland-Pfalz* Slg. 1979, 3727 Rn. 16, 17–30; EuGH v. 19.6.1980 – verb.Rs. 41, 121 und 769/79 *Testa ./. Bundesanstalt für Arbeit* Slg. 1980, 1979 Rn. 18–22; EuGH v. 6.12.1984 – Rs. 59/83 *Biovilac ./. EWG*, Slg. 1984, 4057 Rn. 21f. (offengelassen); EuGH v. 11.7.1989 – Rs. 265/87 *Schräder ./. HZA Gronau* Slg. 1989, 2237 Rn. 15; EuGH v. 5.10.1994 – Rs. C-280/93 *Deutschland ./. Rat* Slg. 1994, I-4973 Rn. 78. *Usher* ERPL 1993, 109, 123–127.

[21] EuGH v. 14.5.1974 – Rs. 4/73 *Nold ./. Kommission* Slg. 1974, 491, Rn. 13 f.; EuGH v. 27.9.1979 – Rs. 230/78 *Eridania* Slg. 1979, 2749 Rn. 20–22, 31; EuGH v. 13.12.1979 – Rs. 44/79 *Hauer ./. Land Rheinland-Pfalz* Slg. 1979, 3727 Rn. 16, 32; EuGH v. 6.12.1984 – Rs. 59/83 *Biovilac ./. EWG*, Slg. 1984, 4057 Rn. 22 f.; EuGH v. 11.7.1989 – Rs. 265/87 *Schräder ./. HZA Gronau* Slg. 1989, 2237, 2238f., Rn. 14 f.; EuGH v. 8.10.1986 – Rs. 234/85 *Staatsanwalt ./. Keller* Slg. 1986, 2897 Rn. 8; EuGH – verb.Rs. C-132, 138 und 139/91 *Katsikas* Slg. 1992, I-6577 Rn. 30–32; EuGH v. 5.10.1994 – Rs. C-280/93 *Deutschland ./. Rat* Slg. 1994, I-4973 Rn. 78. Vgl. auch die (unverbindlichen) Erläuterungen des Grundrechtskonvents zu Art. 16 der Charta.

[22] Zu Art. 24a Beamtenstatut: EuGH v. 8.10.1974 – Rs. 175/73 *Gewerkschaftsbund ./. Rat* Slg. 1974, 917 Rn. 14f. (Klagerecht der Gewerkschaft); EuGH v. 8.10.1974 – Rs. 18/74 *Allgemeine Gewerkschaft ./. Kommission* Slg. 1974, 933, Rn. 10f. (Klagerecht der Gewerkschaft); EuGH v. 18.10.1990 – verb.Rs. C-193 und 194/87 *Maurissen* Slg. 1990, I-95 Rn. 11–15.

waltungsrechtliche Prinzipien (z.B. Verhältnismäßigkeit;[23] Rechtssicherheit[24] und Schutz berechtigter Erwartungen[25], Grundsatz der Ermessensbindung;[26] Rechtsmißbrauchsverbot;[27] Rückwirkungsverbot[28]) als Allgemeine Rechtsgrundsätze begründet.[29] Vereinzelt erwähnt der EuGH auch den Grundsatz der Vertragsfreiheit, er setzt ihn indes als (wohl: gemeinschaftsrechtlich) anerkannt voraus und begründet ihn nicht als Allgemeinen Rechtsgrundsatz.[30]

Auf der Grundlage der „Rechtswahrungsaufgabe" des EuGH (Art. 220 EG) können die Allgemeinen Rechtsgrundsätze des Primärrechts Eingriffsverbote und Schutzgebote für die Gesetzgebung auf dem Gebiet des Privatrechts begründen[31] und bei der Auslegung des Europäischen Privatrechts zu berücksichtigen sein (primärrechtskonformen Auslegung).[32] Ein Beispiel ist die Entscheidung im Fall *Katsikas,* in der der EuGH ein Widerspruchsrecht des Arbeitnehmers gegen den Übergang des Arbeitsverhältnisses auf den Betriebserwerber wesentlich auf das – von ihm in dieser Entscheidung freilich nicht näher begründete – Grundrecht der Berufsfreiheit gestützt hat.[33]

---

[23] EuGH v. 12.7.1962 – Rs. 14/61 *Hoogovens ./. Hohe Behörde* Slg. 1962, 511, 551f.; EuGH v. 20.2.1979 – Rs. 122/78 *Buitoni ./. Forma* Slg. 1979, 677 Rn. 3/4, 11, 16/18; EuGH v. 9.8.1984 – Rs. C-359/92 *Deutschland ./. Rat* Slg. 1994, I-3681 Rn. 44; EuGH v. 15.4.1997 – Rs. C-22/94 *Irish Farmers* Slg. 1997, I-1809 Rn. 31. Dazu *Emiliou* The Principle of Proportionality in European Law (1996); *Kutscher/Ress/Teitgen/Ermacora/Ubertazzi* (Hrsg.) Verhältnismäßigkeit (1985).

[24] EuGH v. 20.3.1997 – Rs. C-24/95 *Alcan Deutschland* Slg. 1997, 1591 Rn. 29–37; EuGH v. 15.2.1996 – Rs. C-63/93 *Fintan Duff* Slg. 1996, I-569 Rn. 20.

[25] EuGH v. 3.12.1998 – Rs. C-381/97 *Belgcodex* Slg. 1998, I-8153 Rn. 26; EuGH v. 12.5.1998 – Rs. C-366/95 *Steff-Houlberg* Slg. 1998, I-2661 *passim;* EuGH v. 15.4.1997 – Rs. C-22/94 *Irish Farmers* Slg. 1997 I-1809 Rn. 19; EuGH v. 20.3.1997 – Rs. C-24/95 *Alcan Deutschland* Slg. 1997, I-1591 Rn. 40–42 und 45–52; EuGH v. 15.2.1996 – Rs. C-63/93 *Fintan Duff* Slg. 1996, I-569 Rn. 20; EuGH v. 1.4.1993 – Rs. C-31-44/91 *Lageder* Slg. 1993, I-1761 Rn. 33–35; EuGH v. 26.4.1988 – Rs. 316/88 *HZA Hamburg-Jonas ./. Krücken* Slg. 1988, 2213 Rn. 22 f.; EuGH v. 31.1.1979 – Rs. 127/78 *Spitta* Slg. 1979, 171 Rn. 8f.; EuGH v. 3.5.1978 – Rs. 112/77 *Töpfer* Slg. 1978, 1019 Rn. 18–20. Übersicht bei *Usher* ERPL 1993, 109, 118–121.

[26] EuGH v. 21.12.1954 – Rs. 1/54 *Frankreich ./. Hohe Behörde*, Slg 1954, 7 Rn. 34.

[27] Zum Grundsatz von Treu und Glauben nur *Lecheler* Allgemeine Rechtsgrundsätze, S. 99–104, und noch unten, § 15 D (S. 398–414).

[28] EuGH v. 15.7.1964 – Rs. 100/63 *van der Veen*, Slg. 1964, 1213, 1233f.

[29] Übersicht bei *Rengeling* EuR 1984, 331–360; *Schwarze* Europäisches Verwaltungsrecht I, S. 62–73; *Tridimas* General Principles of EC Law; *Usher* General Principles.

[30] EuGH v. 16.1.1979 – Rs. 151/78 *Sukkerfabriken Nykoebing* Slg. 1979, 1 Rn. 20; auch EuG 18.9.1992 – Rs. T-24/90 *Automec ./. Kommission* Slg. 1992, II-2223 Rn. 51; *Rengeling* Grundrechtsschutz, S. 21, 135 f.; dazu noch unten, § 11 II 1 b (S. 240–242).

[31] Näher unten, § 5 (S. 84–119). Z.B. *Canaris* FS Lerche, S. 889–891.

[32] Vgl. *Grundmann* FS Buxbaum, S. 228f. Zur primärrechtskonformen Auslegung unten, § 4 II 1 b (S. 63). Diesen methodischen Weg hat wohl auch *Schulze* ZEuP 1993, 442, 456 f., vor Augen.

[33] EuGH v. 16.12.1992 – verb.Rs. C-132, 138 und 139/91 *Katsikas* Slg. 1992, I-6577 Rn. 30–32; kritisch *Birk* EuZW 1993, 156, 159 (Grundrecht vom Gericht nicht spezifiziert). Zur Berufsfreiheit oben, Fn. 21.

### b) *Sekundärrecht*

Sekundärrechtliche Rechtsquellen („europäische Gesetze“)[34] sind vor allem Verordnung und Richtlinie.[35] „Die Verordnung hat allgemeine Geltung. Sie ist in allen ihren Teilen verbindlich und gilt unmittelbar in jedem Mitgliedstaat.“ (Art. 249 Abs. 2 EG).[36] Im Privatrecht bedient sich der Europäische Gesetzgeber[37] indes seltener der Verordnung;[38] Beispiele sind das SE-Statut, die EWIV-VO, die Verordnung über die Gemeinschaftsmarke und die Verordnung über das Gemeinschaftsgeschmacksmuster.[39] Der praktisch wohl wichtigste Anwendungsfall der Verordnungsform sind die Gruppenfreistellungen vom Kartellverbot, die für die freigestellten (Kartell-) Verträge meist ins einzelne gehende Regelungen über die zulässigen und erforderlichen Abreden enthalten.[40]

Ganz überwiegend sind die Vorschriften mit privatrechtlichen Inhalten in Richtlinien enthalten, die, an die Mitgliedstaaten gerichtet, nur das zu erreichende Ziel (Ergebnis)[41] verbindlich vorgeben und „den innerstaatlichen Stellen die Wahl der Form und der Mittel“ überlassen (Art. 249 Abs. 3 EG). Das Merkmal der bloßen „Zielverbindlichkeit“ wird freilich in der Praxis der Gemeinschaftsrechtsetzung großzügig gehandhabt. Auch ins einzelne gehende Regelungsvorgaben, die praktisch sogar eine „Verweisungsumsetzung“ erlauben („Es gilt die Richtlinienregelung als nationales Gesetz.“),[42] werden heute nahezu allgemein als zulässig angesehen.[43]

Während Verordnungen mit privatrechtlichem Inhalt aufgrund ihrer unmittelbaren Wirkung ohne weiteres als Privatrecht anzusehen sind,[44] ist das für Richtlinien aus drei

---

[34] So die Bezeichnung von *Oppermann* Europarecht, Rn. 511; s.a. EuGH – Rs. 8/55 *Fédération Charbonnière ./. Hohe Behörde* Slg. 1955/56, 197, 227 („fast Gesetzgebungsakte“).

[35] Noch lesenswert, wenn auch teils überholt *Zweigert* FS Dölle II, S. 410–414.

[36] EuGH v. 10.10.1973 – Rs. 34/73 *Variola* Slg. 1973, 981 Rn. 8.

[37] Dem EuGH folgend wird hier ungeachtet der Besonderheiten der Rechtsetzung in der EG schlicht vom „Europäischen Gesetzgeber“ gesprochen; s. nur EuGH v. 5.10.2000 – Rs. C-376/98 *Deutschland ./. Parlament und Rat* Slg. 2000, I-8419 Rn. 107 (Tabakwerbung).

[38] Übersicht bei *Basedow* FS Siehr, S. 17–31.

[39] Auch für die Europäische Privatgesellschaft wird die Verordnungsform vorgeschlagen *Bouchourechliev/Hommelhoff* Vorschläge für eine Europäische Privatgesellschaft, S. 57–62, 65–68; *Helms* Europäische Privatgesellschaft, S. 33–35.

[40] Zu den Gruppenfreistellungsverordnungen (GVO) als Vertragsrecht nur *Armbrüster* RabelsZ 60 (1996) 72, 85; *Grundmann* Schuldvertragsrecht, § 8 Rn. 13–26; *Lurger* Vertragliche Solidarität, S. 96–99. Zur Wirkungsweise der GVO EuGH v. 18.12.1986 – Rs. 10/86 *VAG France* Slg. 1986, 4071 Rn. 12–14.

[41] *Ipsen* FS Ophüls, S. 67–84.

[42] S. z.B. für die Überweisungsrichtlinie das Panorama der Umsetzungswege bei *Schmidt-Ränsch* in: Bankrecht 1998, S. 141–144. Ob freilich die Verweisungslösung den EG-vertraglichen Vorgaben entspricht, ist umstritten, bedeutet sie doch gerade *keine* Einpassung in das nationale Recht; kritisch unter dem Gesichtspunkt der Rechtsunsicherheit z.B. *Beatson* ZEuP 1998, 957, 960f.

[43] *Ipsen* FS Ophüls, S. 67, 71–75; *ders.* Europäisches Gemeinschaftsrecht, S. 696; ferner *Franzen* Privatrechtsangleichung, S. 245; *Oppermann* Europarecht, Rn. 551; Schwarze-*Biervert* Art. 249 EGV Rn. 26; zu den resultierenden Abgrenzungsschwierigkeiten *Hartley* EC Law, S. 100f.; kritisch etwa *Bruha* ZaöRV 46 (1986) 1, 15; *Canaris* EuZW 1994, 417; *Claßen* Nichtumsetzung von Gemeinschaftsrichtlinien, S. 50–53; *Hauschka* JZ 1990, 521, 524–529.

[44] Soergel-*Hartmann* Art. 2 EGBGB Rn. 8; Staudinger-*Merten* Art. 2 EGBGB Rn. 74.

Gründen problematisch. Erstens sind Richtlinien nicht an Private, sondern an die Mitgliedstaaten gerichtet. Die in den Richtlinien enthaltenen Regeln entfalten grundsätzlich auch dann keine unmittelbare Wirkung zwischen Privaten, wenn sie verspätet umgesetzt werden.[45] Allein im Falle unzureichender Umsetzung kommt im Wege der richtlinienkonformen Auslegung eine Art unmittelbarer Wirkung zwischen Privaten in Betracht.[46] Zweitens sind Richtlinien als Rechtsetzungsaufträge der Gemeinschaft an die Mitgliedstaaten der Form nach dem öffentlichen Recht zuzuordnen. Und drittens geben Richtlinien – dem Modell nach – nur ein Ziel vor, und überlassen die Wahl von Form und Mittel für dessen Erreichung den Mitgliedstaaten; die in den Richtlinien enthaltenen Regeln sind daher nicht notwendig schon vollständig determiniert.

Aus diesen Gründen erscheint es als exakter, nicht die Richtlinien selbst als Teil des Europäischen Privatrechts (Gemeinschaftsprivatrechts) anzusehen, sondern „die kraft Gemeinschaftsrechts inhaltsidentisch verbindlichen Privatrechtssätze" des nationalen Rechts.[47] Zwei Einwände sprechen indes dagegen. Erstens ist dieser Umweg nicht nur mühevoll, sondern vor allem unnötig. Denn die nationalen Umsetzungsregelungen sind von Rechts wegen nur insoweit identisch, wie sie von der Richtlinie bestimmt sind, also hinsichtlich der Ziele, nicht aber hinsichtlich „Form und Mittel" zur Erreichung dieser Ziele. (Von Rechts wegen: Nur) Der „inhaltsidentisch verbindliche" *Kern* der nationalen Rechte entspricht daher der Richtlinienregelung. Zweitens sind die nationalen Gesetze jedenfalls dann nicht inhaltsidentisch, wenn ein Mitgliedstaat die Richtlinienregelung bewußt unvollständig umsetzt, z.B. weil er sie für teilweise primärrechtswidrig hält. Denn in diesem Fall kommt – nach freilich umstrittener Auffassung – eine Korrektur des nationalen Rechts im Wege der richtlinienkonformen Auslegung nicht in Betracht[48] mit der Folge, daß ungeachtet der Richtlinienvorgaben im Bereich des Umsetzungsdefizits keine inhaltsidentischen Regelungen vorliegen. Setzen die Richtlinien auch nur „mittel-

---

[45] EuGH v. 7.3.1996 – Rs. C-192/94 *El Corte Inglés* Slg. 1996, I-1281; EuGH v. 14.7.1994 – Rs. C-91/92 *Faccini Dori* Slg. 1994, I-3325; EuGH 26.2.1986 – Rs. 152/84 *Marshall*, Slg. 1986, 723 Rn. 46–48; *Classen* EuZW 1993, 83, 84; *Claßen* Nichtumsetzung von Gemeinschaftsrichtlinien, S. 88–93; *Grundmann* Schuldvertragsrecht, 1. Teil Rn. 150; *Lenz/Sif Tynes/Young* E.L.Rev. 25 (2000) 509–522. Nur soweit Richtlinien unmittelbare Wirkung entfalten, können sie als Gesetz iSv Art. 2 EGBGB angesehen werden; Staudinger-*Merten* Art. 2 EGBGB Rn. 74.

[46] EuGH v. 26.9.2000 – Rs. C-443/98 *Unilever ./. Central Food* Slg. 2000, I-7535; EuGH v. 26.9.1996 – Rs. C-168/95 *Arcaro* Slg. 1997, I-4705 Rn. 41 f.; EuGH v. 12.12.1996 – verb.Rs. C-74 und 129/95 *Strafverfahren gegen X* Slg. 1996, I-6609 Rn. 24 f.; EuGH v. 14.7.1994 – Rs. C-91/92 *Faccini Dori* Slg. 1994, I-3325 Rn. 26; EuGH v. 16.12.1993 Rs. C-334/92 *Miret* Slg. 1993, I-6911 Rn. 20; EuGH v. 13.11.1990 – Rs. C-106/89 *Marleasing* Slg. 1990, I-4135 Rn. 8; EuGH 26.2.1986 – Rs. 152/84 *Marshall*, Slg. 1986, 723 Rn. 46f.; EuGH 20.5.1976 – Rs. 111/75 *Mazzalai*, Slg. 1976, 657, 711 sowie GA *Reischl* ebd. S. 670. *Classen* EuZW 1993, 83, 86 f.; *Claßen* Nichtumsetzung von Gemeinschaftsrichtlinien, S. 59–61; *Grundmann* Schuldvertragsrecht, 1. Teil Rn. 153–163; *Gundel* EuZW 2001, 143–149; *Steindorff* FS Everling, S. 1460–1465. S.a. *Ipsen* FS Ophüls, S. 67, 75–78.

[47] Mit der zitierten Formulierung wollte *Müller-Graff* Gemeinschaftsprivatrecht, S. 27, wohl gerade die Richtlinien umsetzenden nationalen Gesetze bezeichnen.

[48] S. nur *Grundmann* Schuldvertragsrecht, Rn. 160–163, mwN. A.M. *Steindorff* FS Everling, S. 1462f. (auch gegen eindeutigen Willen des mitgliedstaatlichen Gesetzgebers, außer bei vollständiger Nichtumsetzung).

bar" Privatrecht, so sprechen daher doch die besseren Gründe dafür, die Richtlinien selbst und nicht die Umsetzungsgesetze als das Europäische Privatrecht anzusehen. Allerdings bleiben die Richtlinien der *Form* nach öffentliches Recht. Da die Richtlinie indes eine Art kooperativer Rechtsetzung von Gemeinschaft und Mitgliedstaaten ist, deren eigentliches Rechtsetzungsziel in der Umsetzungsregelung liegt, kann man mit Rücksicht auf den *Inhalt* der jeweiligen Rechtsetzungsbefehle durchaus sinnvoll von Richtlinien auf dem Gebiet des Privatrechts sprechen.

### *c) Europäisches Konventionsprivatrecht*

Zum Europäischen Privatrecht ist darüber hinaus auch das Konventionsprivatrecht des EuGVÜ und des EVÜ zu rechnen.

#### aa) Das frühere Europäische Gerichtsstands- und Vollstreckungsübereinkommen

Das EuGVÜ ist jetzt durch die EuGVO abgelöst, die am 1. 3. 2002 als in den Mitgliedstaaten unmittelbar geltendes Recht in Kraft tritt.[49] Diese Verordnung ist schon der Form nach unzweifelhaft Gemeinschaftsrecht. Weil für die vorliegende Untersuchung auch frühere Entscheidungen des EuGH zum EuGVÜ berücksichtigt werden, ist es ungeachtet dieser Entwicklung von Bedeutung, noch auf das EuGVÜ und sein Verhältnis zum Gemeinschaftsrecht einzugehen. Auch dieses Übereinkommen ist zum Gemeinschaftsrecht zu rechnen.

Das EuGVÜ ist ein völkerrechtliches Übereinkommen, das von Vertretern der (ursprünglichen sechs) Mitgliedstaaten auf Aufforderung der Kommission hin[50] in Erfüllung des Rechtsetzungsauftrags des Art. 293 Sps. 4 EG erarbeitet[51] und von den Mitgliedstaaten, handelnd als die „Hohen Vertragsparteien des Vertrages zur Gründung der Europäischen Wirtschaftsgemeinschaft", am 27. 9. 1968 unterzeichnet wurde. Die später hinzugekommenen Mitgliedstaaten mußten dem Übereinkommen beitreten.[52] Bereits aufgrund seiner Entstehungsgeschichte gehört daher das EuGVÜ zum Europäischen Recht, da es in Umsetzung des Rechtsetzungsauftrags in Art. 293 Sps. 4 EG – und daher auf der Grundlage des EG-Vertrags (oben, 1, S. 31 f.) – entstanden ist.[53] Inhaltlich ist diese

---

[49] Übersicht zur EuGVO bei *Micklitz/Rott* EuZW 2001, 325–334; dort S. 325 f. zur Reichweite der Ersetzung und zur Fortgeltung des EuGVÜ im Verhältnis zu Dänemark; zum Hintergrund *Besse* ZEuP 1999, 107, 120f. Zu Entwicklung und Perspektiven des Europäischen Internationalen Verfahrensrechts *Hohloch* FS Stoll, S. 535–545.

[50] Vgl. *Jenard* ABl. 1979 C 59/1, 3.

[51] Präambel EuGVÜ. A.M. Schwarze-Hatje, Art. 293 EG Rn. 8: Zu Art. 293 EG noch unten, § 7 I 2 (S. 133). Die Ausarbeitung erfolgte ebenfalls „gemeinschaftsnah" unter dem Dache des Ausschusses der Ständigen Vertreter der Mitgliedstaaten (AStV bzw. CoRePer, vgl. jetzt Art. 207 Abs. 1 EG); *Hartley* Civil Jurisdiction, S. 2.

[52] Vgl. Art. 63 EuGVÜ; dazu *Hartley* Civil Jurisdiction, S. 3; *Heß* NJW 2000, 23, 24; *Schlosser* EuGVÜ, Einl. Rn. 8–12.

[53] *Horspool* EU Law, S. 75 („Conventions under Article 293 therefore probably form part of the Community legal system."). *Hay/Lando/Rotunda* Conflict of Laws, S. 165 f., 195 f., vergleichen Art. 293 Sps. 4 EG mit der „Full Faith and Credit-clause" des Art. IV Abs. 1 der US-amerikanischen Verfassung.

Zuordnung deshalb begründet, weil das EuGVÜ seiner Zwecksetzung nach als Teil der Gemeinschaftsrechtsordnung gedacht und daher auch so auszulegen ist.[54]

Enthält das EuGVÜ auch ganz überwiegend prozessuale Regelungen, so ist sein Inhalt doch auch für das Privatrecht nicht ohne Bedeutung. Insbesondere die Regelung des Art. 17 EuGVÜ (jetzt Art. 23 EuGVO) über Gerichtsstandsvereinbarungen und die dazu ergangene Rechtsprechung werden nachfolgend wiederholt zu berücksichtigen sein. *Soweit* das EuGVÜ privatrechtliche Regelungen enthält oder solche, die mit privatrechtlichen Regeln wertungsmäßig zusammengehören, kann man es auch dem Europäischen Privatrecht zuordnen.

bb) Das Europäische Vertragsrechtsübereinkommen

Zum Europäischen Privatrecht ist – in Ausnahme zu der obigen Grundsatzdefinition (oben 1, S. 31 f.) – auch das Europäische Vertragsrechtsübereinkommen (EVÜ) zu rechnen.[55] Eine Ausnahme von dieser Definition stellt das EVÜ deswegen dar, weil es trotz seiner engen Verbindungen zur Gemeinschaft – sowohl in der Ausarbeitung der Konvention als auch in seinem Inhalt – nicht auf der Grundlage von Art. 293 EG,[56] sondern als selbständiges völkerrechtliches Übereinkommen[57] zustande gekommen ist.[58]

Das EVÜ geht zurück auf eine Initiative der Benelux-Staaten. Belgien, die Niederlande und Luxemburg hatten es unternommen, das internationale Privatrecht ihrer Länder zu vereinheitlichen, und informierten 1967 die Kommission von diesem Vorhaben, verbunden mit der Aufforderung, an dieser Vereinheitlichung mitzuwirken. Die

---

[54] EuGH v. 6.10.1976 – Rs. 12/76 *Tessili ./. Dunlop* Slg. 1976, 1473 Rn. 9; EuGH v. 10.2.1994 – Rs. C-389/92 *Mund & Fester ./. Hatrex* Slg. 1994, I-1717 Rn. 11 f.; s.a. EuGH v. 17.11.1998 – Rs. C-391/95 *Van Uden Maritime ./. Deco Line* Slg. 1998, I-7091 Rn. 45; *Schlosser* EuGVÜ, Einl. Rn. 20; *Heß* NJW 2000, 23, 24.

[55] Ebenso *Grundmann* Schuldvertragsrecht, 1. Teil Rn. 19; Soergel-*von Hoffmann,* Art. 36 Rn. 5–7; *Junker* RabelsZ 55 (1991) 674, 682 f. (wenn auch kein „‚waschechtes' Gemeinschaftsrecht"); *Plender* European Contracts Convention, Rn. 1.03–1.07; vorsichtig auch *Horspool* EU Law, S. 75 f.; *Reich* Verbraucherrecht, Tz. 154; implizit *Fischer* FS Großfeld, S. 277–292.

[56] Art. 293 EG enthält keine Grundlage für die Vereinheitlichung des IPR; eine Verbindung zu dieser Vorschrift sahen die Regierungssachverständigen in ihrer Sitzung vom 20–22.10.1969 gleichwohl, sie waren der Auffassung, daß die zu verfolgende Vorgehensweise jener entsprechen solle, die für die gem. Art. 293 EG erarbeiteten bzw. derzeit zu erarbeitenden Übereinkommen angewandt worden war *Giuliano/Lagarde* ABl.EG 1980 C 282/1, 5. Auch im Schlußstadium der Vorbereitung war das Verhältnis des Übereinkommens zum Gemeinschaftsrecht unklar: „Die einzigen Probleme, die auf der Ebene der Gruppe noch offenblieben, betrafen den Platz, den das Übereinkommen innerhalb des Rechtssystems der Gemeinschaft einnimmt." *Giuliano/Lagarde* ABl.EG 1980 C 282/1, 7. Anders *Martiny* ZEuP 2001, 309.

[57] Zwar sind auch Übereinkommen, die von den Mitgliedstaaten gemäß Art. 293 EG vereinbart wurden, selbständige völkerrechtliche Übereinkommen; Schwarze-*Hatje* Art. 293 EGV Rn. 133. Übereinkommen gemäß Art. 293 EG sind indes ihrer förmlichen Anbindung und ihrem Regelungszweck nach ohne weiteres als Teil der Gemeinschaftsrechtsordnung anzusehen.

[58] Zur Entstehungsgeschichte *Giuliano/Lagarde* ABl. 1980 C 282/1, 4–8; *Dicey & Morris* Conflict of Laws II, Rn. 32-008-12. Zur Frage der „Vergemeinschaftung" des EVÜ auf der Grundlage von Art. 65 EG *Basedow* EuZW 1997, 609; *Leible* in: Rechtsangleichung und nationale Privatrechte, S. 387–389; s.a. *Hohloch* FS Stoll, S. 545–550.

Kommission befürwortete das Vorhaben und übernahm gleichsam die organisatorische Leitung für die weiteren Arbeiten, überließ indes die sachliche Arbeit vor allem einer von ihr angeregten Gruppe von Regierungssachverständigen.[59] Die Regierungssachverständigen erstellten 1979 einen Entwurf des Übereinkommens,[60] auf dessen Grundlage eine vom Rat eingesetzte Ad hoc-Gruppe „Internationales Privatrecht" die endgültige Fassung des Übereinkommens ausarbeitete. Das Übereinkommen wurde auf der Tagung des Rates der Europäischen Gemeinschaft am 19.6.1980 in Rom von den „Hohen Vertragsparteien des Vertrages zur Gründung der Europäischen Wirtschaftsgemeinschaft" verabschiedet „in dem Bestreben, die innerhalb der Gemeinschaft ... bereits begonnene Rechtsvereinheitlichung auf dem Gebiet des internationalen Vertragsrechts fortzusetzen".[61] Am selben Tag unterzeichneten die Vertreter Belgiens, Deutschlands, Frankreichs, Irlands, Italiens, Luxemburgs und der Niederlande das EVÜ.[62] Mittlerweile sind alle Mitgliedstaaten der Konvention beigetreten.[63]

Ungeachtet seiner formalen Selbständigkeit ist das Übereinkommen aber nicht nur „genetisch", sondern auch inhaltlich auf das Engste mit der Europäischen Gemeinschaft verknüpft. So ist in Art. 28 EVÜ nur der Beitritt von Mitgliedstaaten der EG zu dem Übereinkommen vorgesehen. Nach der Gemeinsamen Erklärung vom 19.6.1980 sind die seinerzeitigen Mitgliedstaaten der Ansicht, daß es im Hinblick auf die Bedeutung des EVÜ für die Vereinheitlichung des Internationalen Vertragsrechts in der Gemeinschaft geboten ist, daß neu hinzutretende Mitgliedstaaten auch dem EVÜ beitreten.[64] Entsprechend dem Ziel einer einheitlichen Entwicklung des Internationalen Vertragsrechts (Art. 18 EVÜ) haben die Zeichnerstaaten dem EuGH in zwei – freilich bislang nicht in Kraft getretenen – Protokollen zum EVÜ die Zuständigkeit zur Entscheidung über Auslegungszweifel gegeben.[65] Für die Zuordnung zum Europäischen Privatrecht und die Abstimmung mit diesem entscheidend sind zwei weitere Erwägungen. Erstens begründet Art. 20 EVÜ einen Anwendungsvorrang für bestehende und künftige kollisionsrecht-

---

[59] Näher *Giuliano/Lagarde* ABl.EG 1980 C 282/1, 5–8; auch Soergel-*von Hoffmann* Vor Art. 27 EGBGB Rn. 1–7.

[60] Dazu die Stellungnahme der Kommission v. 17.3.1980, ABl. 1980 C 94/11.
Der Vorentwurf aus dem Jahr 1972 (abgedruckt in RabelsZ 38 (1974) 211–219; dazu *Lando* und *Overbeck/Volken* ebd. S. 6–55 und 56–78), enthielt auch noch Regeln über das auf außervertragliche Schuldverhältnisse anzuwendende Recht. Zur Vereinheitlichung des Kollisionsrechts der außervertraglichen Schuldverhältnisse („Rom II"), vgl. den Aktionsplan des Rats v. 3.12.1998, ABl. 1999 C 19/1 Tz. 40b, (auszugsweise abgedr. in IPRax 1999, 288–290); Boele-Woelki, FS Siehr, S. 72 f., und den Entwurf der European Group for Private International Law, ERPL 1999, 45–68 (mit Einführung *Fallon* S. 45 f.) und IPRax 1999, 286–288 (mit Einführung *Jayme* S. 298).

[61] ABl. 1980 L 266/1; konsolidierte Fassung ABl. 1998 C 27/34–53.

[62] *Giuliano/Lagarde* ABl. 1980 C 282/1, 7 f.

[63] Vgl. MünchKomm-*Martiny* Vor Art. 27 Rn. 10; *Martiny* ZEuP 2001, 308.

[64] Ziff. III Gemeinsame Erklärung vom 19.6.1980, ABl. 1980 L 266/14 = ABl. 1998 C 27/45.

[65] Erstes Protokoll 89/128/EWG, ABl. 1988 L 48/1 = ABl. 1998 C 27/47; Zweites Protokoll 89/129/EWG, ABl. 1989 L 48/17 = ABl. 1998 C 27/52. Dazu *Dicey & Morris* Conflict of Laws II, Rn. 32-013-19; *Tizzano* ABl. 1990 C 219/1–19.

liche Regelungen in Rechtsakten der Gemeinschaft.[66] Und umgekehrt haben die Mitgliedstaaten in einer Gemeinsamen Erklärung den Wunsch ausgedrückt, „daß sich die Organe der Europäischen Gemeinschaften in Ausübung der ihnen aufgrund der Verträge zur Gründung der Europäischen Gemeinschaften gegebenen Zuständigkeiten bemühen, gegebenenfalls Kollisionsnormen anzunehmen, die soweit wie möglich mit denen des Übereinkommens in Einklang stehen".[67] Die Regelung läßt damit erkennen, daß das Übereinkommen als Bestandteil des Gemeinschaftsrechts gedacht war, und bestimmt selbst seine Abstimmung mit diesem. Zweitens folgt auch aus dem Zweck des Übereinkommens, wie er aus der Präambel ersichtlich ist, daß das EVÜ als Teil der Europäischen Rechtsvereinheitlichung anzusehen und auszulegen ist.[68] Zutreffend wird daher angenommen, daß das EVÜ als Teil der Gemeinschaftsrechtsordnung ebenso wie das EuGVÜ mit Rücksicht auf die Prinzipien und Ziele des EG-Vertrags auszulegen ist.[69] Auch der EuGH[70] und verschiedene Generalanwälte[71] verstehen das EVÜ als Teil des Europäischen Privatrechts und beziehen sich etwa im Zusammenhang mit der Auslegung des EuGVÜ auf dieses Übereinkommen.[72] Und schließlich geht auch der Europäische Gesetzgeber bei seinen vertragsrechtlichen Regelungen stets vom EVÜ aus.[73]

cc) Ausgrenzung sonstigen Konventionsprivatrechts

Die Gründe, EuGVÜ und EVÜ zum Europäischen Privatrecht zu rechnen, erhellen umgekehrt, warum anderes Konventionsprivatrecht[74] hier nicht dem Europäischen Privatrecht zugeordnet wird.[75] Für das UN-Kaufrecht (*Convention on Contracts for the International Sale of Goods,* CISG) ist dies schon deshalb nicht gerechtfertigt, weil es nicht einmal in allen Mitgliedstaaten gilt – vom Vereinigten Königreich ist es nach wie vor nicht ratifiziert –[76] und darüber hinaus auch sonst keinen spezifischen Gemeinschaftsbezug hat. Der Gemeinschaftsgesetzgeber ist deshalb allerdings nicht gehindert, das

---

[66] *Plender* European Contracts Convention, Rn. 1.06 f.

[67] Ziff I Gemeinsame Erklärung vom 19.6.1980, ABl. 1980 L 266/14 = ABl. 1998 C 27/45.

[68] *Kaye* Private International Law, S. 78 (sub b) und 79. Vgl. für die Auslegung des EVÜ auch s. 3 Contracts (Applicable Law) Act 1990 v. 26.7.1990 (und dazu *Jayme/Kohler* IPRax 1990, 353, 358 f.).

[69] *Plender* European Contracts Convention, Rn. 1.03.

[70] EuGH v. 26.5.1982 – Rs. 133/81 *Ivenel ./. Schwab* Slg. 1982, 1891 Rn. 13–15; EuGH v. 15.2.1989 – Rs. 32/88 *Six Constructions ./. Humbert* Slg. 1989, 341 Rn. 12.

[71] GA *Capotorti* EuGH v. 13.11.1979 – Rs. 25/79 *Sanicentral ./. Collin* Slg. 1979, 3423, 3434; GA *Slynn* EuGH v. 24.6.1981 – Rs. 150/80 *Elefanten Schuh ./. Jacqmain* Slg. 1981, 1671, 1698; GA *Mancini* EuGH v. 22.3.1983 – Rs. 34/82 *Peters ./. ZNAV* Slg. 1983, 987, 1011; GA *Slynn* EuGH v. 26.11.1985 – Rs. 318/81 *Kommission ./. CODEMI* Slg. 1985, 3693, 3697f. S.a. GA *Reischl* EuGH v. 26.5.1982 – Rs. 133/81 *Ivenel ./. Schwab* Slg. 1982, 1891, 1904.

[72] Ebenso *Junker* RabelsZ 55 (1991) 674, 683–686.

[73] Vgl. *Schwartz* ZEuP 1994, 559, 562.

[74] Übersicht bei *Müller-Graff* in: Gemeinsames Privatrecht, S. 24–26.

[75] Anders *Kommission* Mitteilung zum Europäischen Privatrecht, KOM(2001) 398 endg. Rn. 18–20 und Anhang II (die allerdings das Konventionsprivatrecht nicht zum *acquis communautaire* rechnet); *Leible* EWS 2001, 471, 472 f.; *ders.* Wege, § 6 B.

[76] Zur Diskussion im Vereinigten Königreich etwa *Hobhouse* LQR 106 (1990) 530–535.

UN-Kaufrecht bei seiner Rechtsetzung als weithin anerkannte Regelung zu berücksichtigen, und er hat das bei Erlaß der Kaufegewährrichtlinie ausdrücklich auch getan.[77] Eine Bindung an die Systemforderungen von Einheit und Ordnung besteht indes nicht oder doch höchstens in geringerem Maße.

Das Übereinkommen über den Beförderungsvertrag im internationalen Straßengüterverkehr (*Convention relative au contrat de transport international de marchandises par route*, CMR) ist demgegenüber immerhin in allen Mitgliedstaaten – aber auch in anderen Staaten – anwendbares Recht.[78] Manche rechnen es daher zum Gemeinschaftsprivatrecht.[79] Daß insoweit eine gemeinschaftliche Auslegungskompetenz fehlt, teilt das CMR allerdings mit dem EVÜ. Anders als jenes ist das CMR aber nicht einmal genetisch mit der Gemeinschaft verbunden,[80] sein Bezug zur Gemeinschaft ist allein über die Mitgliedstaaten gegeben und insofern nur koinzidentiell. Weder verstehen die Mitgliedstaaten des CMR dieses als Bestandteil der Gemeinschaftsrechtsordnung noch ist darin seine Abstimmung mit dem Gemeinschafts(privat)recht geregelt. Vor allem fehlt sowohl auf seiten der Gemeinschaft als auch auf seiten der Konventionsstaaten selbst in Form eines *soft law* Mechanismus oder auch nur Wille, das CMR mit dem Gemeinschaftsrecht abzustimmen.

## II. Zur Abgrenzung von Privatrecht und öffentlichem Recht im Europäischen Recht

Wie ist nun das Europäische *Privatrecht* vom Europäischen *öffentlichen Recht* zu unterscheiden? In den Mitgliedstaaten wird die Grenze verschieden gezogen,[81] so daß man sich dafür nicht auf eine gemeineuropäische Tradition berufen kann.[82] Der EG-Vertrag setzt die Unterscheidung von öffentlichem Recht und Privatrecht voraus, wenn er in Art. 238 EG auf „öffentlich-rechtliche und privatrechtliche Verträge" Bezug nimmt. Die Vorschrift bezieht sich indes auf die mitgliedstaatliche Einteilung des Rechts, dem die Verträge unterliegen, und die Einbeziehung beider Arten von Verträgen soll die Anwendung der Vorschrift gerade von der Unterscheidung zwischen Privatrecht und öffentlichem Recht unabhängig machen.[83] In Art. 65 EG ist von (justitieller Zusammenarbeit

---

[77] Unten, § 17 A II 1 (S. 478f.).
[78] Vgl. *Koller* Transportrecht, Art. 1 CMR Rn. 6.
[79] *Basedow* Leg.Stud. 18 (1998) 121, 129; MünchKommHGB-*Basedow* Einl. CMR Rn. 17; *Leible* EWS 2001, 471, 473.
[80] Vgl. MünchKommHGB-*Basedow* Einl. CMR Rn. 13 f.; *Koller* Transportrecht, vor Art. 1 CMR Rn. 1.
[81] *Hallstein* RabelsZ 28 (1964) 211, 213f.; *Kropholler* Einheitsrecht, S. 5f. Für das *Common Law Weir* Int.Enc.Comp.L. Band II Kap. 2 (1974) Tz. 115–134 (S. 94–103) und *Ferid/Sonnenberger* Französisches Zivilrecht 1/1, Rn. 1 A 1–19.
[82] Die Unterscheidung geht freilich auf das römische Recht zurück, ist aber erst in der Neuzeit als systematische Einteilung ausgebildet worden; *Kaser* Römisches Privatrecht, § 3 II (S. 27f.).
[83] Grabitz/Hilf-*Karpenstein* Art. 238 Rn. 16.

in) Zivilsachen die Rede, die Vorschrift gibt aber keinen Anhaltspunkt für die Abgrenzung von „öffentlich-rechtlichen Sachen“ und auch die Literatur setzt die Unterscheidung regelmäßig schlicht voraus. Auch im Sekundärrecht findet man keinen Anhaltspunkt für die Unterscheidung. Verordnungen sagen über die Abgrenzung nichts. Richtlinien enthalten zwar teils eindeutig dem einen oder anderen Bereich zuzuordnende Rechtsetzungsbefehle, doch läßt sich ihnen eine Grenzziehung gerade deswegen nicht entnehmen, weil sie den Mitgliedstaaten die Wahl von Form und Mittel der Umsetzung zumal in den Grenzbereichen freistellen und also etwa eine verwaltungsrechtliche wie eine privatrechtliche Umsetzung zulassen. Spricht man gleichwohl von einem Europäischen Privatrecht, so muß man Abgrenzungskriterien bestimmen.

Nach der im deutschen Recht vorherrschenden modifizierten Subjektstheorie gehören die Regelungen dem öffentlichen Recht an, die einseitig Hoheitsträger – als solche – berechtigen und/oder verpflichten.[84] Dieser Maßstab, den auch der EuGH in seiner Rechtsprechung zum Recht des öffentlichen Dienstes[85] und zum EuGVÜ[86] herangezogen hat, erlaubt auch im Europäischen Recht zumeist eine befriedigende Abgrenzung,[87] freilich für Richtlinien nur unter der obigen (I 2 b), S. 36–38) Qualifizierung, daß nicht auf deren Form als Umsetzungsbefehl an die Mitgliedstaaten, sondern auf deren Inhalt als Regelung von Verhältnissen zwischen Privaten abzustellen ist.

Problematisch ist diese Zuordnung allerdings, wenn, wie im Bereich des Richtlinienrechts nicht selten, die Europäische Regelung nicht vorgibt, wer Berechtigter oder Verpflichteter ist, und so den Mitgliedstaaten die Freiheit läßt, ihrer Rechtstradition folgend eine öffentlich-rechtlich oder eine privatrechtliche Umsetzung zu wählen.[88] Beispielhaft zeigt sich das an den Wohlverhaltensregeln der Wertpapierdienstleistungsrichtlinie (WpDRL)[89] und an den Arbeitssicherheitsbestimmungen. Ob die Mitgliedstaaten die

---

[84] *Bydlinski* AcP 194 (1994) 319, 333 (aber in Grenzfällen Abgrenzung nach typologischer Zuordnung); *Larenz/Wolf* Allgemeiner Teil, § 1 Rn. 1 und 18–32; *Wolff* AöR 76 (1950/51) 205–217; *Wolff/Bachof/Stober* Verwaltungsrecht I, § 22 Rn. 25–27.

[85] EuGH v. 16.12.1969 – Rs. 44/59 *Fiddelaar*, Slg. 1960, 1115, 1133f., wonach ein von einer Behörde zwecks Wahrnehmung ihrer öffentlichen Aufgaben geschlossener Vertrag (hier: mit einem Übersetzer) dem Verwaltungsrecht zuzuordnen ist.

[86] EuGH v. 14.10.1976 – Rs. 29/76 *LTU ./. Eurocontrol* Slg. 1976, 1541 Rn. 4: Abgrenzung von Privat- und Handelsrecht iSv Art. 1 EuGVÜ vom öffentlichen Recht. Auch das Verhältnis von öffentlichen Behörden zu Privaten kann grundsätzlich privatrechtlich sein, nicht aber dann, wenn die öffentliche Behörde in Ausübung ihrer Hoheitsrechte handelt.

[87] So auch *Klauer* Europäisierung, S. 17 Fn. 1.

[88] Wegen der unterschiedlichen mitgliedstaatlichen Grenzziehungen (s. soeben, Fn. 81) hilft hier eine „traditionelle Zuordnung“, wie sie *Medicus* Allgemeiner Teil, Rn. 10, für das deutsche Recht vorschlägt, nicht weiter. Auch der von *Bydlinski* System, S. 83 und AcP 194 (1994) 319, 335f., vorgeschlagene Typenvergleich hilft in den angesprochenen Fällen der Unvollständigkeit des Rechtssatzes allenfalls begrenzt. Zur effektiven Umsetzung von Pflichten mit unbestimmten Sanktionsvorschriften noch unten, § 12 B, S. 267–275.

[89] *Grundmann* Schuldvertragsrecht, 4.20 Rn. 16–27. Zur Qualifizierung im deutschen Recht *Bliesener* Verhaltenspflichten beim Wertpapierhandel, S. 102–115.; Assmann/Schneider-*Koller* Vor § 31 Rn. 16–21; Schäfer-*Schäfer* Vor § 31 WpHG Rn. 8–13.

Wohlverhaltensregeln oder die Arbeitssicherheitsvorschriften (auch) zu vertraglichen Pflichten machen oder (ausschließlich) zu öffentlich-rechtlichen, von einer Aufsichtsbehörde zu überwachenden Pflichten, ist von den Richtlinie nicht spezifisch vorgegeben.[90] In solchen Fällen kann man die modifizierte Subjektstheorie um andere Kriterien ergänzen. Dafür kann man insbesondere an die Interessentheorie denken, die im Gemeinschaftsrecht auch zur Bestimmung des Staatsbegriffs im Vergaberecht herangezogen wird.[91] Dem öffentlichen Recht zuzuordnen sind danach die Rechtsnormen, die vornehmlich dem Allgemeininteresse dienen. Doch begegnet man dann den bekannten Schwierigkeiten, das Allgemeininteresse vom Individualinteresse abzugrenzen.[92]

Für die Zwecke der vorliegenden Arbeit wird eine pragmatischere Lösung gewählt und eine Regelung immer schon dann dem Privatrecht zugeordnet, wenn eine privatrechtliche Umsetzung zumindest in Betracht kommt. Dann fordert der Gedanke der Einheit der Rechtsordnung auch, die Regelung im Rahmen der Untersuchung des inneren Systems des Privatrechts zu berücksichtigen. In den angesprochenen Beispielsfällen der Wohlverhaltenspflichten und der Arbeitssicherheitsvorschriften kommt eine Umsetzung als vertragsrechtliche (Nebenleistungs-) Pflichten in Betracht, sie sind daher dem Privatrecht zuzurechnen.[93]

## III. Exkurs: Zum sog. gemeineuropäischen Privatrecht

### 1. Zum Begriff des gemeineuropäischen Privatrechts

Ist damit der Untersuchungsgegenstand auf das „positive" Europäische Privatrecht beschränkt, so kann man doch das daneben als „wissenschaftliches Recht" entstehende gemeineuropäische Privatrecht in der Untersuchung nicht außer Betracht lassen. Als gemeineuropäisches Privatrecht[94] wird – mit Unterschieden im einzelnen – die Summe der Regeln verstanden, die den europäischen Staaten[95] aus rechsthistorischer Perspek-

---

[90] Zur Konkretisierung von Richtlinienregeln durch das Gebot der effektiven Umsetzung noch unten, § 12 B (S. 267–275) (im Hinblick auf die Rechtsfolgen der Pflichtverletzung).

[91] S. nur Dauses-*Seidel* H.IV Rn. 6–9.

[92] *Wolff/Bachof/Stober* Verwaltungsrecht I, § 22 Rn. 19.

[93] I.E. ebenso *Grundmann* Schuldvertragsrecht, 1. Teil Rn. 18–23, aufgrund einer „funktionalen" Begriffsbestimmung (Rn. 20: „Wichtig ist vielmehr, ob ein Rechtsgebiet als rechtlicher Rahmen für Schuldverträge fungiert."), die freilich aufgrund ihres hohen Abstraktionsgrades weiterer Eingrenzung bedarf (Rn. 21–23); krit. zur funktionalen Begriffsbestimmung *Basedow* ZEuP 2000, 741 f. Dazu noch unten, § 10 A I (S. 211–213).

[94] Diesen Begriff wählen z.B.; *v. Bar* Gemeineuropäisches Deliktsrecht; *Gebauer* Europäisierung des Privatrechts, S. 62f.; *Kötz* FS Zweigert, S. 490–492 *et passim;* s.a. *Häberle* EuGRZ 1991, 261–274 (gemeineuropäisches Verfassungsrecht); BVerfGE 75, 223, 243 f.

[95] Welche Staaten unter diesen Begriff fallen, wird freilich nicht einheitlich beurteilt. *v. Bar* Deliktsrecht, VII f., zählt dazu die Staaten der EU. Einen Bezug zur EU betont auch *Kötz* Vertragsrecht, S. V f., der aber im Text etwa auch das schweizerische und das jugoslawische Recht berücksichtigt.

tive[96] und/oder der Sicht der Rechtsvergleichung[97] gemein sind.[98] Daß einzelne Rechtssätze den Mitgliedstaaten gemein seien, läßt sich freilich – zumal in der mittlerweile stark erweiterten Gemeinschaft,[99] die nicht weniger als vier distinktive Rechtskreise[100] umfaßt – nur in einer allgemeinen Form und meist nicht ohne Hinzunahme „wertender" Erwägungen („wertende Rechtsvergleichung")[101] sagen.

Rechtsatzförmig gefaßt liegen Vorschläge für ein gemeineuropäisches Recht jetzt für Teile des Vertragsrechts in Form der *Principles of European Contract Law* der *Lando* Kommission (European Principles, EP)[102] sowie in Form des Vorentwurfs für ein Europäisches Vertragsgesetzbuch der Akademie Europäischer Privatrechtswissenschaftler (Akademieentwurf, AE-EuVGB)[103] vor.[104] Eine den European Principles verwandte Sammlung hat *Unidroit* für internationale Handelsverträge vorgelegt, die *Principles of International Commercial Contracts* (Unidroit Principles, UP).[105] Die Unidroit Principles beruhen freilich auf über die Grenzen Europas hinausgehenden rechtsvergleichenden Untersuchungen und verfolgen auch keine spezifisch „Europäischen" Zwecke.[106] Während die *European Principles* grundsätzlich (soweit nicht anderes bestimmt ist) für

---

96 *Coing* RabelsZ 32 (1968) 1; *Zimmermann* JZ 1990, 825–848; *ders.* JZ 1992, 8–20; *ders.* Savigny's Vermächtnis (1998); s.a. *Knütel* JuS 1996, 768–778; sowie (zur historischen Rechtsvergleichung als Hilfsmittel der Dogmatik) *Hübner* FS Kegel, S. 235–252.

97 *Kötz* Europäisches Vertragsrecht I (1996).

98 Die rechtshistorische und rechtsvergleichende Betrachtung verbindet *Zimmermann* Law of Obligations; *ders.* Savignys Vermächtnis (1998). Zum Verhältnis von Rechtsvergleichung und Rechtsgeschichte etwa *Kötz* JZ 1992, 20–22; *Junker* JZ 1994, 921, 923.

99 Weitergehend konnte die EWG als „Sechsergemeinschaft" mit den Mitgliedstaaten Belgien, Deutschland, Frankreich, Italien, Luxemburg und Niederlande noch davon ausgehen, daß eine Privatrechtsvereinheitlichung wegen der gemeinsamen römischrechtlichen Tradition weitgehend entbehrlich sei; vgl. *Kilian* in: Systembildung, S. 429 f.

100 *Zweigert/Kötz* Rechtsvergleichung, § 5 (S. 62–73); s.a. *Kötz* ZEuP 1998, 493–505; sechs Rechtskreise unterscheidet *Remien* JbJZ 1991, 11, 12 f.

101 Dazu *Zweigert/Kötz* Rechtsvergleichung, § 3 VII (S. 46 f.); *Zweigert* RabelsZ 28 (1964) 601, 610 f. (für Allgemeine Rechtsgrundsätze); zum Problem der Wertung Ansätze bei *Zweigert* FS Schmitthoff, S. 403–420.

102 *Lando/Beale* (Hrsg.) Principles of European Contract Law Parts I and II (2000); deutsch jetzt *von Bar/ Zimmermann,* Grundregeln des Europäischen Vertragsrechts Teile I und II (2002). Einschließlich des 2002 erschienenen Teils III sind die EP zugänglich gemacht auf der Homepage der Commission on European Contract Law (http://www.cbs.dk/departments/law/staff/ol/commission_on_ecl/). Die EP sollen auf „the common core of the contract law of all the Member States of the Community" beruhen; für die Ermittlung der EP wurde indes auch das Recht anderer Staaten berücksichtigt (vgl. *Lando/Beale* European Principles, S. xx).

103 *Gandolfi* (Hrsg.) Code Européen des Contrats – Avant-projet – Livre premier (2001). Dazu *Gandolfi,* ZEuP 2002, 1–4; *Sonnenberger* RIW 2001, 409–416; *Sturm* JZ 2001, 1097–1102.

104 Bereits früh haben solche *Restatements* gefordert *David* Int.Enc.Comp.L. II Ch. 5, Tz. 180; *Lando* in: New Perspectives, S. 286 f. Überblick über weitere Projekte bei *Zimmermann* ZEuP 2000, 391–393.

105 UNIDROIT (Hrsg.) Principles of International Commercial Contracts (1994). Zu Übereinstimmungen und Unterschieden zwischen EP und UP etwa *Hartkamp* ERPL 1994, 341–357.

106 Zu den EP und UP sowie zu ihrem Verhältnis zum deutschen Recht, s. die Beiträge in *Basedow* (Hrsg.) Europäische Vertragsrechtsvereinheitlichung; *Zimmermann* JZ 1995, 477–491; *Lando* in: The Common Law of Europe and the Future of Legal Education, S. 223–237.

alle Arten von Verträgen gelten sollen,[107] behandeln die *Unidroit Principles* lediglich Verträge im internationalen Geschäftsverkehr. Beide Sammlungen stellen eine Art *Restatement* dar, wie sie in den Vereinigten Staaten das *American Law Institute* herausgibt.[108] Von den Restatements unterscheiden sich die Sammlungen indes insofern *grundlegend,* als sie sich nicht darauf beschränken wollen – oder nach dem gegenwärtigen Stand überhaupt *könnten* –, ein bestehendes Gemeinrecht nur wiederzugeben:[109] Da bereits die europäischen Vertragsrechte höchst disparat sind, kommt eine rechtsatzförmige Zusammenfassung gemeinsamer Grundregeln nur in Betracht, wenn man aus dem Lösungsreservoir der nationalen Privatrechte nach wertenden Kriterien auswählt.[110] Hier liegt daher auch eine wesentliche Schwäche der *European Principles* (wie der *Unidroit Principles*). Die Verfasser, die zwangsläufig eine wertende Auswahl treffen mußten,[111] waren dafür zwar durchaus fachlich, nicht aber demokratisch legitimiert.[112] Zumal bei der *Commission on European Contract Law* stellt sich schon die Frage, nach welchen Kriterien deren Mitarbeiter ausgewählt – und ausgewechselt! – wurden.[113]

Der Hauptunterschied zwischen dem Europäischen Privatrecht und dem „gemeineuropäischen" Privatrecht liegt darin, daß letzteres nicht „gilt",[114] – im Gegensatz zu

---

[107] Zweifelnd an der Eignung „als wirklich allgemeines – also für alle Vertragstypen – geltendes – Vertragsrecht" *Medicus* Vertragsrechtsvereinheitlichung, S. 191f., da die Regeln (über die Vertragsstörung) nach deutscher Vorstellung eher für den Handelskauf paßten.

[108] Dazu *Zweigert/Kötz* Rechtsvergleichung, § 17 III (S. 246 f.); *Kronstein* FS Hallstein, S. 284–286; ferner *Reimann* in: Amerikanische Rechtskultur und europäisches Privatrecht, S. 142f.; *Schmid* JZ 2001, 674, 680 f.

[109] *Lando/Beale* European Principles, S. xx f.; *Drobnig* FS Steindorff, S. 1141, 1148; *Michaels* RabelsZ 62 (1998) 580, 584–588; *Zimmermann* JZ 1995, 477, 478 f. Die Unidroit Principles werden daher auch als „prestatements" bezeichnet; vgl. *Kronke* JZ 2001, 1149, 1153.

[110] *Huber* FS Everling, S. 506 f.; *Michaels* RabelsZ 62 (1998) 580, 588 („einer kreativen Mischung aller bestehenden Vertragsrechte"). Die Schwierigkeiten, den Bewertungsmaßstab zu finden, zeigen sich bei nahezu jeder Erörterung der wertenden Rechtsvergleichung; beispielhaft: *Bleckmann* ZGR 1992, 364, 367 („fortschrittlichste Lösung ... was auch immer darunter zu verstehen ist"); *Daig* FS Zweigert, S. 409 Fn. 12; *Möllers* Die Rolle des Rechts im Rahmen der europäischen Integration, 1999, S. 58 (der – offenbar befürwortend – sogar von einem „‚Rosinenpicken' im Sinne einer wertenden Rechtsvergleichung" spricht). S.a. *Gebauer* Europäisierung des Privatrechts, S. 62–73. Nur deskriptiv ist dagegen dem Anspruch nach das „Common Core" Projekt von Trento; *Bussani/Mattei* Col.J.Eur.L. 3 (1997/98) 339, 342, 347–349.

[111] Vgl. *Lando/Beale* European Principles, S. xvi („The Principles are also intended to be progressive.") und S. xx („Some of the provisions in the Principles reflect suggestions and ideas which have not yet materialised in the law of any State.").

[112] Darin wird ein wesentlicher (innerer) Grund gesehen, die Lando Principles und die Unidroit Principles nicht als Rechtsquelle anzuerkennen; vgl. *Canaris* in: Vertragsrechtsvereinheitlichung, S. 13; *Mertens* RabelsZ 56 (1992) 219, 238–240; *Michaels* RabelsZ 62 (1998) 580, 621f., 625. S.a. – im Zusammenhang mit der Ermittlung Allgemeiner Rechtsgrundsätze – *Emiliou* Proportionality, S. 128 f. („It is respectfully submitted that it is no part of the Court's function to anticipate the developments which may never be completed."). Dagegen *Grundmann* FS Rolland, S. 145–158; *Leible* ZVglRWiss 97 (1998) 286–319.

[113] Zur Besetzung der Kommission *Lando/Beale* Principles, S. xi–xiii. Zur Auswahl finden sich dort keine Angaben.

[114] *Canaris* in: Vertragsrechtsvereinheitlichung, S. 5–31; *Drobnig* FS Steindorff, S. 1141, 1151f.; *Kötz* Ver-

dem früheren *ius commune* nicht einmal subsidiär. Das gemeineuropäische Privatrecht ist so wenig Rechtsquelle wie die Rechtsvergleichung[115], auf der es beruht. Das heißt indes nicht, daß das gemeineuropäische Privatrecht für das Europäische Privatrecht ohne Bedeutung wäre.[116] Zumal in Form der *European Principles* kann das gemeineuropäische Privatrecht der Gesetzgebung als Referenzmodell und als Anhaltspunkt für den Bestand des gemeineuropäischen Rechts und für mögliche Vereinheitlichungslösungen dienen. Für den Rechtsanwender kann das gemeineuropäische Privatrecht ein *Hilfsmittel* bei der Auslegung darstellen. Und schließlich können die EP auch für wissenschaftliche Zwecke als Referenzmodell herangezogen werden.

## 2. Funktionen von Rechtsvergleichung und gemeineuropäischem Privatrecht für das Europäische Privatrecht

### *a) Hilfsmittel für die Europäische Privatrechtsgesetzgebung*

Für die Europäische Gesetzgebung sind rechtsvergleichende Vorarbeiten ebenso unverzichtbar wie für die nationale.[117] Zunächst ergibt sich nur aus einer zutreffenden rechtsvergleichenden Bestandsaufnahme, ob eine bestimmte Sachfrage – nicht zuletzt im Hinblick auf den Subsidiaritätsgrundsatz – überhaupt der Europäischen Regelung bedarf. Die von den Mitgliedstaaten – ggf. auch von Drittstaaten – gewählten Regelungen muß die Gemeinschaft berücksichtigen, wenn sie auf der Grundlage der Art. 95, 153 EG auf dem Gebiete des Verbraucherschutzes tätig wird; denn nach diesen Vorschriften wird ein „hohes Verbraucherschutzniveau" angestrebt,[118] und was das ist, kann sich nur durch Vergleichung der bestehenden nationalen Regelungen zeigen. Und auch die Vorschrift gegenseitiger Anerkennung divergierender mitgliedstaatlicher Vorschriften als gleichwertig – wie sie früher Art. 100b EGV vorsah und wie sie auch jetzt noch im Rahmen der Rechtsangleichung möglich ist –[119] setzt eine vorherige rechtsvergleichende Bestandsaufnahme voraus, die die Bewertung als gleichwertig ermöglicht.[120]

---

tragsrecht, S. VI; *Michaels* RabelsZ 62 (1998) 580, 591–610 (zur Frage der kollisionsrechtlichen Anwendbarkeit) und 610–622 (zur rechtstheoretischen Geltung); *Schulze* ZEuP 1993, 442, 464. Zur umstrittenen kollisionsrechtlichen Wählbarkeit der EP unter dem EVÜ näher unten, § 6 I (S. 122).

[115] Zur Bedeutung der Rechtsvergleichung für die Rechtsfindung nur *Bydlinski* Methodenlehre, S. 385–387, 461–463; *Grundmann/Riesenhuber* JuS 2001, 529, 533 f.

[116] Zu den Funktionen der *Principles* eingehend und besonders klar *Michaels* RabelsZ 62 (1998) 580–626.

[117] Dazu vornehmlich empirisch *Drobnig/Dopffel* RabelsZ 46 (1982) 253–307. Anwendungsbeispiel bei *Kronke* FS Drobnig, S. 579–591.

[118] Zur Reichweite dieser Bindung EuGH v. 13.5.1997 – Rs. C-233/94 *Deutschland ./. Parlament und Rat* Slg. 1997, I-2405 Rn. 48. Art. 95 Abs. 3 EG betrifft freilich die Vorschläge der Kommission, Art. 153 Abs. 1 EG hingegen den „Beitrag" der Gemeinschaft.

[119] Im einzelnen unten, § 7 III 3 (S. 142–145).

[120] *Jayme* IPR für Europa, S.19.

Zweitens kann die Rechtsvergleichung dem Gesetzgeber mögliche Vorbildregelungen herausstellen. Dafür bieten sich neben den nationalen Rechten jetzt vor allem die European Principles[121] und der Akademieentwurf an – eingeschränkt auch die Unidroit Principles und die Regeln der Internationalen Einheitsrechte, vor allem des Wiener UN-Kaufrechts. Denn diese „Einheitsregelungen" sind regelmäßig bereits von nationalen Besonderheiten „befreit" und können daher in höherem Maße die Akzeptanz der Mitgliedstaaten gewährleisten.[122] Sie enthalten im übrigen regelmäßig „moderne" Regelungen und können deshalb besonders anregend sein. In der Tat hat sich die Kommission etwa zur Begründung der Regelung der kaufvertraglichen Vertragsmäßigkeit in Art. 2 Abs. 1 E-KGRL auf die Regelungen des *Nieuw Burgerlijk Wetboek* und des CISG bezogen.[123] Sofern Regelungen nationalen Rechts, des internationalen Einheitsrechts oder der „Restatements" als Vorbild für eine Europäische Regelung herangezogen werden, ist freilich stets zu prüfen, ob diese Regelungen auch für die Zwecke der Rechtsangleichung geeignet sind.[124] Zu Recht hat etwa auch *Unidroit* die Regelungen des CISG nicht unbesehen übernommen: „Naturally, to the extent that the UNIDROIT Principles address issues covered by CISG, they follow the solutions found in that Convention, *with such adaptations as were considered appropriate to reflect the particular nature and scope of the Principles.*"[125] Erst recht ist für das Europäische Privatrecht stets genau zu prüfen, ob die Regelungen nationaler Rechtsordnungen, des CISG oder des gemeineuropäischen Privatrechts für die besonderen Zwecke der Rechtsangleichung passen.

Drittens können die EP, der Akademieentwurf und – eingeschränkt – auch die UP dem Europäischen Gesetzgeber als „Referenzmodell" dienen, soweit sie vollständige Regelungssysteme enthalten.[126] Ein solches Referenzmodell ermöglicht dem Europäischen Gesetzgeber, die von ihm erwogene Regelung eines Sachproblems, die zumeist nur eine Reihe von Einzelfragen betrifft (Sicherung einer informierten Vertragsentscheidung,

---

[121] *Lando* RabelsZ 56 (1992) 261, 265 („The primary objective of the Principles of European Contract Law is to serve as a basis for a European Code of Contracts."); s.a. *Heiss* ZfRV 1995, 54, 56–58.

[122] Vgl. z.B. *Lutter* Europäisches Unternehmensrecht, S. 240 (zum Entwurf einer Konzernrechtsrichtlinie von 1985); *The Law Commission* Law of Contract, Report on the Proposed E.E.C. Directive on the Law Relating to Commercial Agents (Law Com. No. 84 Cmnd.6948, 1977), Nr. 53.

[123] Begründung zu Art. 2 V-KGRL, KOM(95) 520 endg., ABl. 1996 C 307/8.

[124] So für die Allgemeinen Rechtsgrundsätze *Zweigert* RabelsZ 28 (1964) 601, 610 f.; *Grundmann* Schuldvertragsrecht, 1. Teil Rn. 184 mwN.

[125] *Unidroit* UP, S. viii (Hervorhebung nur hier).

[126] Grundlegend *Kötz* FS Zweigert, S. 481–500, der auf das Erfordernis eines „Grundbestands an allgemeinen Regeln und Begriffen" (486) und der „Schaffung eines gemeinsamen Vorverständnisses und gemeinsamer Denktradition" (491) hinweist. Ferner *Lando/Beale*, Principles, S. xv, xvi, xvii („Infrastruktur"); *Schulze* ZEuP 1993, 442, 458. *Müller-Graff* in: Systembildung, S. 719 (Diskussionsbeitrag), weist darauf hin, daß der erste Entwurf eines SE-Statuts eine entsprechende Funktion im Bereich des Europäischen Gesellschaftsrechts ausgeübt habe. Ferner Abs. 6 Preamble UP und Comment 7 dazu. Auch *Kieninger/Leible* EuZW 1999, 37, 40 wollen den von ihnen vorgeschlagenen „Europäischen wissenschaftlichen Ausschuß für Privatrecht", der den EG-Gesetzgeber beraten soll, für das zugrundezulegende „Konzept" auf diese Arbeiten verweisen; dazu auch *Leible* Wege, § 12 A II 2, 3; ähnlich *Schmid* ZfRV 1999, 213, 220–222; *ders.* JZ 2001, 674, 679–682.

Widerrufsrecht, Formerfordernis, Kaufgewährleistung, Verzug etc.), in einem „Regelungsganzen" zu verorten. Folgt der Gesetzgeber dieser Methode, so bietet schon das eine gewisse Gewähr für eine in sich stimmige, systematische Ausbildung des Europäischen Privatrechts. Soweit sich der Europäische Gesetzgeber auf die EP und die UP stützt, muß er indes stets beachten, daß diese Regelwerke nicht einfach mit den Rechten der Mitgliedstaaten gleichgesetzt werden können und erkennbar jeglicher demokratischen Legitimation mangeln. Das ist vor allem deshalb von Bedeutung, weil ein gemeineuropäisches Privatrecht nur im Wege der *wertenden* Rechtsvergleichung gefunden werden kann;[127] solche Wertungen zu treffen, ist aber grundsätzlich Sache des Gesetzgebers. Zudem darf man nicht verkennen, daß das gemeineuropäische Recht in einer Einheitlichkeit erscheint, die die mitgliedstaatlichen Privatrechtsordnungen tatsächlich nicht aufweisen. Aus Rücksicht auf die Besonderheiten der unterschiedlichen nationalen Rechtssysteme[128] muß der Europäische Gesetzgeber daher stets zumindest neben der künstlichen oder virtuellen Einheit der Referenzmodelle des gemeineuropäischen Rechts auch die Vielfalt der tatsächlich bestehenden nationalen Regelungen berücksichtigen. Läßt der Europäische Gesetzgeber diese Vielfalt der nationalen Rechtsordnungen außer Betracht, so läuft er Gefahr, eine Regelung zu beschließen, die sich mit den individuellen nationalen Rechtssystemen nicht verträgt und es kommt zu den von den Mitgliedstaaten immer wieder gerügten Systembrüchen im nationalen Recht.[129]

### *b) Hilfsmittel für die Auslegung des Europäischen Privatrechts (Rechtserkenntnisquelle)*

Als Auslegungshilfe kann das gemeineuropäische Recht ohne weiteres dienen, wenn das Europäische Privatrecht auf ihm beruht. So könnten etwa die EP als Auslegungshilfe herangezogen werden, wenn der Europäische Gesetzgeber ihre Regelungen oder Terminologie zum Vorbild genommen oder übernommen oder seine Regelungen auf ihrer Grundlage erstellt hat.[130] Bislang ist das freilich, soweit ersichtlich, noch nicht praktisch.

Im übrigen kann das gemeineuropäische Recht in derselben Weise wie die Rechtsvergleichung[131] ein Hilfsmittel der Auslegung des europäischen Privatrechts darstel-

---

[127] S.o., III 1 (S. 46).

[128] Zu solcher Rücksicht ist die Gemeinschaft nach dem Grundsatz der Gemeinschaftstreue verpflichtet; zum Grundsatz Schwarze-*Hatje* Art. 10 EGV Rn. 51–53; *Oppermann* Europarecht, Rn. 486. S. noch unten, § 9 II 2 d (S. 197–199).

[129] Zur rechtspolitischen Diskussion über die Rechtsangleichung noch i.e. unten, § 9 II 2 d (S. 197–199).

[130] Weitergehend *Lando* RabelsZ 56 (1992) 261, 265.

[131] Zur umstrittenen Bedeutung der Rechtsvergleichung für die Auslegung des nationalen Rechts *Aubin* RabelsZ 34 (1970) 458–480; *Canaris* JZ 1987, 543, 549–551; *Drobnig* RabelsZ 50 (1986) 610; *Großfeld* AcP 184 (1984) 289, 295; *ders:* WM 1992, 2121, 2123; *Häberle* JZ 1989, 913, 916–918; *Hassold* 2. FS Larenz, S. 235; *Hübner* FS Kegel, S. 235–252; *Kötz* JZ 2002, 257, 258f.; *Michael* Gleichheitssatz als Methodennorm, S. 209–213; *Michaels* RabelsZ 62 (1998) 580, 605–609; *Meier-Hayoz* Der Richter als Gesetzgeber, S. 197–199; *Reinhart* FS Uni Heidelberg, S. 599, 614f.; *Zweigert* RabelsZ 15 (1949/50) 5, 17 et passim.

len.[132] Ihr kommt vor allem eine Inspirations- und Kontrollfunktion zu: Sie kann dem Rechtsanwender im Rahmen der Wortlautinterpretation die möglichen Auslegungsvarianten vor Augen führen und kann von ihm herangezogen werden, um sein Auslegungsergebnis abschließend einer Plausibilitätskontrolle zu unterziehen. Im Rahmen der teleologischen Auslegung kann außerdem der Angleichungszweck berücksichtigt werden, der freilich als „formaler" Zweck dem inhaltlichen Angleichungsstandard nachgeordnet ist.[133] Hier wie allgemein bei der Berücksichtigung der Rechtsvergleichung im Rahmen der Auslegung ist aber zu beachten, daß der Europäische Gesetzgeber – ebenso wie jeder nationale Gesetzgeber – im Zweifel „autonomes" Recht schaffen wollte.[134] Auch soweit sich der Europäische Gesetzgeber auf die Vorbilder nationalen oder gemeineuropäischen Rechts (EP) stützt, kann im Zweifel nicht angenommen werden, daß er diese Vorbilder damit schlichtweg übernehmen wollte (dynamische oder statische Verweisung).[135] Zweitens muß man bei einer vergleichenden Erwägung anderer Rechtsordnungen stets berücksichtigen, daß Einzelvorschriften nie isoliert stehen, sondern stets Teil eines Regelungsganzen sind. Diese Systembindung von Einzelnormen kann aber selbst bei identischen Wortlauten ganz unterschiedliche Auslegungsergebnisse rechtfertigen,[136] zumal dann, wenn den verschiedenen Systemen unterschiedliche Wertungen zugrunde liegen.[137] Der sich aus dem Europäischen Privatrecht ergebenden Systembindung muß daher stets uneingeschränkt Vorrang vor Erwägungen einer „rechtsvergleichenden Auslegung" zukommen.[138]

---

[132] *Grundmann/Riesenhuber* JuS 2001, 529, 533 f. Weitergehend *Berger* ZEuP 2001, 4, 12–17; *Leible* Wege, § 7 II 1 c; *Odersky* ZEuP 1994, 1–4.

[133] *Grundmann/Riesenhuber* JuS 2001, 529, 531.

[134] *Basedow* in: Rechtsgeschichte und Privatrechtsdogmatik, S. 85; *Grundmann/Riesenhuber* JuS 2001, 529; zur Autonomie der Gemeinschaftsrechtsordnung auch EuGH v. 14.12.1991 – Gutachten 1/91 *EWR-Abkommen* Slg. 1991, I-6079 Rn. 30–46 und 47–53; zum EuGVÜ offen auch für die Annahme einer Verweisung EuGH v. 6.10.1976 – Rs. 12/76 *Tessili ./. Dunlop* Slg. 1976, 1473 Rn. 10 f.; ferner die Übersicht bei *Lecheler* Allgemeine Rechtsgrundsätze, S. 148–158. Ebenso für das UN-Kaufrecht Staudinger-*Magnus* CISG, Art. 7 Rn. 40; *Schlechtriem-Ferrari* Art. 7 CISG Rn. 40; a.A. *Mansel* JZ 1991, 529, 531; dem Ansatz des Art. 7 Abs. 2 CISG folgen auch die EP (Art. 1: 106 Abs. 2).

[135] *Grundmann/Riesenhuber* JuS 2001, 529, 530; s.a. EuGH v. 14.12.1991 – Gutachten 1/91 *EWR-Abkommen* Slg. 1991, I-6079 Rn. 14f. (auch Rn. 24–26 zu den einer Verweisung inhärenten Schwierigkeiten). Zurückhaltend auch *Bleckmann* ZGR 1992, 364, 367; *Lutter* JZ 1992, 593, 603f. Weitergehend *Daig* FS Zweigert, S. 409f.

[136] S. z.B. EuGH v. 14.12.1991 – Gutachten 1/91 *EWR-Abkommen* Slg. 1991, I-6079 Rn. 13–22 und 50 f.; EuGH v. 9.2.1982 – Rs. 270/80 *Polydor* Slg. 1982, 329 Rn. 8, 14–20; EuGH v. 26.10.1982 – Rs. 104/81 – *Kupferberg* Slg. 1982, 3641 Rn. 30; EuGH v. 1.7.1993 – Rs. C-312/91 *Metalsa* Slg. 1993, I-3751 Rn. 9–12; EuGH v. 12.12.1995 – Rs. C-469/93 *Chiquita* Slg. 1995, 4533 Rn. 52; ferner EuGH v. 6.10.1976 – Rs. 12/76 *Tessili ./. Dunlop* Slg. 1976, 1473 Rn. 9 a.E. Dazu auch *Epiney/Felder* ZVglRWiss 100 (2001) 425–447 (im Grundsatz von einer Systembindung ausgehend, diese aber anders als der EuGH im EWR-Gutachten weitgehend für irrelevant haltend, bes. S. 437); A. *Ott* EuZW 2000, 293, 294f., 297f.

[137] Deswegen kritisch zum Nutzen der *Principles* für die Auslegung des Europäischen Vertragsrechts *Michaels* RabelsZ 62 (1998) 580, 607.

[138] A.M. *Flessner* JZ 2002, 14–21, der die Systembindung völlig aufgeben möchte und im Ergebnis zu einer weithin freischwebenden Abwägung von rechtsvergleichend ermittelten Prinzipien kommt; das ist nichts anderes als eine neue Variante der Topik.

### c) *Referenzmodell für die Wissenschaft*

Liegt ein Zweck der *European Principles* darin, dem Gesetzgeber eine Modellrechtsordnung zur Verfügung zu stellen (soeben a)), so können sie auch für die Untersuchung des (schon vor ihrer Veröffentlichung) bestehenden Europäischen Privatrechts als Rahmen und Maßstab herangezogen werden.[139] Umgekehrt kommt den *European Principles* als Hilfsmittel für Gesetzgebung und Auslegung ein größeres Gewicht zu, soweit sich nachweisen läßt, daß es auf denselben Grundsätzen beruht, wie das Europäische Privatrecht.[140] Daher hat es eine ganz praktische Bedeutung, wenn die *European Principles* – punktuell auch der Akademieentwurf, die *Unidroit Principles* und das CISG – in der vorliegenden Untersuchung als Referenzmodell für die Erörterung des Europäischen Privatrechts herangezogen werden.

---

139 *Hondius* in: Europäische Rechtsangleichung, S. 393; jetzt auch *Leible* EWS 2001, 471, 477f. (EP durch Empfehlung nach Art. 249 Abs. 5 EG als Referenzmodell für die Gemeinschaftsorgane bereitstellen).

140 Vgl. *Basedow* Leg.Stud. 18 (1998) 121, 139f.

## §4 Die Anwendung des Systemgedankens auf das Europäische Privatrecht

Bislang haben wir das Systemdenken und das Europäische Privatrecht weitgehend isoliert erörtert. Nun gilt es, die Fäden zusammenzuführen und zu prüfen, inwieweit es sinnvoll ist, das Europäische Privatrecht als System zu untersuchen (I). Sodann sind ausgewählte Fragen der Methodenlehre zu erörtern, die sich für das Europäische Privatrecht in diesem Zusammenhang stellen und die für die weitere Untersuchung von Bedeutung sind (II).

### I. Systemdenken und Europäisches Privatrecht

#### 1. Tragfähigkeit der Begründung aus dem Gleichheitssatz und dem Rechtsstaatsprinzip

Taugt das Systemdenken als Methodik des Europäischen Privatrechts? Die hier (oben, § 2 I 2, S. 6–10) gegebene Begründung für die Systemforderungen nach Einheit und Ordnung des Rechts trägt für das Europäische Privatrecht ohne weiteres ebenso wie für das nationale Privatrecht. Die Systemforderungen nach Einheit und Folgerichtigkeit des Rechts haben wir einerseits als dem Recht als Untersuchungsgegenstand gemäße Anforderungen begründet, andererseits haben wir sie aus dem rechtsethischen Gleichheitssatz und dem Prinzip der Rechtssicherheit hergeleitet. Auch hier verfängt zunächst der empirische Einwand nicht, daß das Europäische Privatrecht real unvollkommen ist.[1] Solange der Gesetzgeber die Systemforderungen nicht erkennbar verletzen wollte, ist es gerechtfertigt, wenn nicht geboten, von der Einheit und Ordnung des Rechts auszugehen. Und in der Tat ist das Bemühen des Europäischen Gesetzgebers, Grundwertungen folgerichtig durchzuführen, mit zunehmendem Regelungsbestand zunehmend erkennbar.[2]

In gewissem Umfang lassen sich die Systemforderungen darüber hinaus schon aus dem positiven Gemeinschaftsrecht begründen.[3] So verbietet der primärrechtliche Gleichbehandlungsgrundsatz[4] der Gemeinschaft willkürliches Handeln[5] und damit insbeson-

---

[1] Ihn erhebt wohl *Flessner* JZ 2002, 14, 16. Dagegen allgemein bereits oben, § 2 I 2 (S. 9).

[2] Eingehend z.B. für das Vertragsrecht Mitteilung der Kommission vom 11.7.2001 an den Rat und das Europäische Parlament zum Europäischen Vertragsrecht, KOM(2001) 398 endg., bes. Rn. 34, und jetzt Mitteilung der Kommission an das Europäische Parlament und den Rat: Ein kohärentes Europäisches Vertragsrecht – Ein Aktionsplan v. 12.2.2003, KOM(2003) 68 endg. S.a. die Erklärung des Rates und des Parlaments zu Art. 6 Abs. 1 FARL, abgedruckt bei *Schulze/Zimmermann* Basistexte zum Europäischen Privatrecht, I.25 a.E. (S. 123); BE 11 EComRL.

[3] Im Hinblick auf das Primärrecht zum Einheitsgrundsatz *Bleckmann* GS Constantinesco, S. 70f. Vorwiegend im Hinblick auf das Zusammenspiel von Gemeinschaftsrecht und mitgliedstaatlichem Recht erörtert den Einheitsgrundsatz *Hilf* in: Vielfalt des Rechts – Einheit der Rechtsordnung, S. 219–236.

[4] Den allgemeinen Gleichheitsgrundsatz leitet der EuGH induktiv aus der Gesamtheit einzelner Dis-

dere die Setzung widersprüchlicher Gebote. In der schwachen Form des Gebots der Widerspruchsfreiheit ist daher der Einheitsgrundsatz bereits gemeinschaftsrechtlich verbürgt.[6] Die Anforderung der Folgerichtigkeit läßt sich darüber hinaus aus dem Prinzip der Rechtssicherheit als Unterprinzip des Rechtsstaatsprinzips ableiten. Das Rechtsstaatsprinzip hat der Gerichtshof der Sache nach schon früher anerkannt („Rechtsgemeinschaft"),[7] es ist jetzt in Art. 6 Abs. 1 EU vorgeschrieben. In ähnlicher Weise wie im nationalen Recht folgt auch im Europäischen Recht aus dem Gebot der Rechtssicherheit das Gebot der Vorhersehbarkeit des Rechts;[8] die Vorhersehbarkeit wird aber wesentlich durch die systematische Ausbildung des Rechts gefördert.[9]

Die wesentliche Begründung für die Systemforderung der Folgerichtigkeit haben wir im rechtsethischen Gleichheitssatz im Verein mit der Vermutung gefunden, daß der Gesetzgeber folgerichtig verfahren will.[10] Diese Begründung trägt im Europäischen Recht ebenso wie im nationalen.[11]

---

kriminierungsverbote her; EuGH v. 15.7.1982 – Rs. 245/81 *Edeka* Slg. 1982, 2745 Rn. 11; EuGH v. 5.3.1980 – Rs. 265/78 *Ferwerda* Slg. 1980, 617 Rn. 7; EuGH v. 25.10.1978 – Rs. 125/77 *Koninklijke Scholten-Honig* Slg. 1978, 1991 Rn. 25/27 („Isoglukose"); EuGH v. 25.10.1978 – verb.Rs. 103 und 145/77 *Royal Scholten-Honig* Slg. 1978, 2037 Rn. 25/27 („Isoglukose"); EuGH v. 19.10.1977 – verb.Rs. 117 und 16/77 *Ruckdeschel* Slg. 1977, 1753 Rn. 7; EuGH v. 19.10.1977 – verb.Rs. 124/76 und 20/77 *Moulins et Huileries de Pont-à-Mousson* Slg. 1977, 1795 Rn. 14/17. Übersicht zur Rechtsprechung bei *Rengeling* Grundrechtsschutz, S. 137–142.

[5] EuGH v. 13.6.1978 – Rs. 139/77 *Denkavit* Slg. 1978, 1317 Rn. 15; EuGH v. 7.7.1993 – Rs. C-217/91 *Spanien ./. Kommission* Slg. 1993, I-3923 Rn. 37f.

[6] Vgl. auch *Zuleeg* JZ 1994, 1, 6 (EuGH habe „die Einheit des Gemeinschaftsrechts zu wahren, indem er für eine gleichförmige und wirksame Anwendung des Gemeinschaftsrechts Sorge trägt"); *Berger* ZEuP 2001, 4, 24–27 (der, weitergehend, ein „europäisches Präjudiziensystem" auch außerhalb des positiven Europäischen Privatrechts begründen möchte). Vgl. auch die Aufgabe des Gerichtshofs nach Art. 234 EG, die Einheit des Rechts zu wahren; Schwarze-*Schwarze* Art. 234 EG Rn. 1f.

[7] EuGH v. 23.4.1986 – Rs. 294/83 *Les Verts* Slg. 1986, 1339 Rn. 23; grundlegend *Hallstein* Die Europäische Gemeinschaft, S. 51–77; Schwarze-*Stumpf* Art. 6 EUV Rn. 14f.; *Rittner* JZ 1995, 849f.; *Zuleeg* NJW 1994, 545–549.

[8] Ebenso EuGH, Bericht an die Reflexionsgruppe zur Vorbereitung Regierungskonferenz 1996/97, zitiert nach *Fennelly* MJ 5 (1998) 185. S. ferner die Rechtsprechung zum Gebot der klaren und bestimmten Umsetzung von (v.a. individualbegünstigenden) Richtlinien, EuGH v. 11.8.1995 – Rs. C-433/93 *Kommission ./. Deutschland* Slg. 1995, I-2303 Rn. 18; EuGH v. 25.7.1991 – Rs. C-208/90, *Emmott* Slg. 1991, I-4269 Rn. 18f.; EuGH v. 15.3.1990 – Rs. C-339/87 *Kommission ./. Niederlande* Slg. 1990, I-851 Rn. 6; EuGH v. 3.3.1988 – Rs. 116/86 *Kommission ./. Italien* Slg. 1988, 1323 Rn. 21; EuGH v. 9.4.1987 – Rs. 363/85 *Kommission ./. Italien* Slg. 1987, 1733 Rn. 7; EuGH v. 23.5.1985 – Rs. 29/84 *Kommission ./. Deutschland* Slg. 1985, 1661 Rn. 23; EuGH v. 8.4.1976 – Rs. 43/75 *Defrenne II* Slg. 1976, 455 Rn. 69/70 und 71/73.

[9] EuGH, Bericht an die Reflexionsgruppe zur Vorbereitung Regierungskonferenz 1996/97, zitiert nach *Fennelly* MJ 1998, 185. *Bleckmann* ZGR 1992, 364, 370 (sehr weitgehend: Das „auch im Europäischen Gemeinschaftsrecht bekannte Rechtsstaatsprinzip [verbietet] logische und Wertungswidersprüche grundsätzlich"); *Zuleeg* JZ 1994, 1, 3.

[10] Oben, § 2 I 2 (S. 6–10).

[11] Ähnlich, aber auf der Grundlage des Gleichheitssatzes als Bestandteil des positiven Europäischen Rechts, *Bleckmann* ZGR 1992, 365, 369. Zum Gebot der Folgerichtigkeit im Europäischen Recht *van Gerven* ERPL 1997, 465f.

## 2. Rücksicht auf Besonderheiten des Europäischen Privatrechts

Ungeachtet dessen vertreten manche die Auffassung, Besonderheiten des Europäischen Privatrechts stünden der Systembildung entgegen. Zumal bei den Richtlinien sei die Systembildung allein Aufgabe der nationalen Gesetzgeber in den Mitgliedstaaten (a).[12] Das Europäische Privatrecht regele jedenfalls nur Einzelfragen und stelle in diesem Sinne kein „Ganzes"[13] bzw. kein „vollständiges System"[14] dar (b). Schließlich liegt der Einwand nahe, die „deutsche" oder „kontinentaleuropäische Methode" des Systemdenkens passe nicht für eine Rechtsgemeinschaft, der auch das Vereinigte Königreich mit seiner *Common law* Tradition angehört (c).

### *a) Richtlinienrecht als „Zielvorgabe"*

Richtlinien zeichnet gegenüber nationalen Gesetzen aus, daß sie nach dem Modell des Art. 249 Abs. 3 EG nicht schon selbst die Regelungen enthalten, sondern lediglich Ziele vorgeben, und diese Ziele der Umsetzung in das nationale Recht bedürfen. Gründe, warum dann die Systemforderungen nach Ordnung und Einheit nicht anwendbar sein sollten, ergeben sich daraus indes nicht. Was zunächst die bloße Zielverbindlichkeit angeht, so kann man schon einwenden, daß sich der Europäische Gesetzgeber bei Verwendung der Richtlinienform zumeist nicht darauf beschränkt, nur einen Rahmen zu setzen, sondern diesen regelmäßig schon selbst auch in Einzelheiten ausfüllt.[15] Im übrigen aber sind auch „Ziele" i.S.v. Art. 249 Abs. 3 EG oder rahmenhafte Vorgaben Sollensanforderungen, die man darauf hin überprüfen kann, ob sie in einem inneren Zusammenhang stehen und ob sie Grundprinzipien folgerichtig durchführen.[16] Soweit Richtlinie nur rahmenhafte Vorgaben machen, kann die Überprüfung der Folgerichtigkeit freilich nur ausweisen, ob die in dem Umsetzungsspektrum liegenden Regelungen dem Gebot der Folgerichtigkeit entsprechen; darin liegt indes kein grundsätzlicher Einwand gegen das Systemdenken als Methode des Europäischen Privatrechts.

---

[12] *Rittner* JZ 1995, 849, 851; in diese Richtung auch *Reich* in: Systembildung, S. 504–506.

[13] So im Ansatz *Reich* in: Systembildung, S. 569 (Diskussionsbeitrag); *Schulze* ZfRV 1997, 183, 188 (der freilich im folgenden [189, 190] ganz selbstverständlich von der systematischen Auslegung handelt); *Schulte-Nölke* in: Auslegung europäischen Privatrechts, S. 158 („die europäische Rechtsetzung [erhebt] nur einen sehr beschränkten Vollständigkeits- und Systemanspruch"); zust. *Leible* Wege, § 5 E II 3. Aus kulturellen Erwägungen ähnlich *Smits* MJ 7 (2000) 221, 222f.

[14] *Kilian* in: Systembildung, S. 436; ähnlich *Weatherill* in: Party Autonomy, S. 186; s.a. *Hummer/Obwexer* EuZW 1997, 295 („Sekundärrechtsetzung … [war] – vor allem aufgrund des ‚Prinzips der begrenzten Ermächtigung' – nicht immer in der Lage, ein lückenloses, geschlossenes und kohärentes Regelungssystem auszugestalten"). S.a. *Schmid* ZfRV 1999, 213, 214 f.

[15] S.o., § 3 I 2 b (S. 36).

[16] Ebenso *Schön* RabelsZ 64 (2000) 1, 8 f. Seine weitere Folgerung, das nationale Recht stelle nur mehr das äußere System dar, das innere System werde vom Europäischen Recht vorgegeben (S. 9), geht freilich zu weit, verkennt sie doch nicht zuletzt die Möglichkeit des nationalen Gesetzgebers, die Gemeinschaftsvorgaben wertungsmäßig zu isolieren.

Zweitens steht auch das Umsetzungserfordernis der Systembildung auf der Ebene des Gemeinschaftsrechts nicht entgegen. Allerdings ist es Sache der Mitgliedstaaten, Richtlinienvorgaben in das nationale Recht einzupassen – eben deshalb überläßt die Richtlinienform (dem Modell nach) den Mitgliedstaaten die Wahl von Form und Mittel der Umsetzung. Und allerdings steht es den Mitgliedstaaten auch in gewissem Umfang frei zu entscheiden, inwieweit sie ihr gesamtes Recht dem System von Richtlinienvorgaben entsprechend umgestalten.[17] Insoweit bleibt Systembildung stets Aufgabe der mitgliedstaatlichen Rechte. Indes bedeutet das keinen Dispens des Europäischen Gesetzgebers.[18] Auch der Richtliniengeber ist gehalten, Wertungswidersprüche zu vermeiden und einmal gesetzte Wertungen folgerichtig durchzuführen. Gerade weil die Gemeinschaftsgesetzgebung die divergierenden nationalen Rechtsordnungen ganz wesentlich beeinflußt – und empfindlich stören kann –, ist es ein Gebot der Gemeinschaftstreue, bei der Setzung von Regelungsvorgaben nach Möglichkeit konsequent zu verfahren und die Störungen des mitgliedstaatlichen Rechts so gering wie möglich zu halten.[19] Nicht zuletzt aus diesem Grunde ist daher auch der Europäische Gesetzgeber als Richtliniengeber gehalten, Einheit und Ordnung des Rechts zu wahren.

### *b) Der „pointillistische Charakter" des Europäisches Privatrechts*

Steht der systematischen Erörterung aber nicht entgegen, daß das Europäische Privatrecht kein „vollständiges System" darstellt, sondern nur Einzelfragen regelt?

#### aa) Das Europäische Privatrecht als „Teilrechtsordnung"

Das Europäische Privatrecht erfaßt offenkundig nur Teile der herkömmlichen privatrechtlichen Regelungsbereiche. Das Vertragsrecht enthält keine umfassenden Regeln über Abschluß, Inhalt und Abwicklung von Verträgen, sondern nur einzelne Vorschriften z.B. über das Recht zum Widerruf von „Haustürgeschäften" oder Fernabsatzgeschäften, die Kaufgewährleistung usf. Das Europäische Arbeitsrecht regelt den Inhalt von Arbeitsverträgen nur in Einzelbereichen, so z.B. durch die Vorschrift von Nachweispflichten und von Arbeitssicherheitsstandards, und läßt so zentrale Fragen wie den Schutz des Arbeitnehmers vor der Außenhaftung unberührt. Im Europäischen Gesellschaftsrecht läßt sich noch am ehesten das S.E. Statut als eine umfassende Regelung verstehen.[20] Im übrigen regeln auch die gesellschaftsrechtlichen Richtlinien und Ver-

---

[17] S. z.B. die Entscheidung des deutschen Gesetzgebers, nicht das gesamte Produkthaftungsrecht zu einer Gefährdungshaftung umzugestalten. *Canaris* Systemdenken, S. 127.

[18] So aber *Rittner* JZ 1995, 849, 851 unter Hinweis darauf, daß die Europäische Rechtsetzung in Ausführung „irgendeiner der ‚Politiken' des EGV" erfolge, nicht aber zur Regelung (z.B.) des Bürgerlichen Rechts als Sachgebiet.

[19] Oben, § 3 III 2 a (S. 49) und noch nachfolgend, § 9 II 2 d (S. 197–199).

[20] Auch das gilt freilich weit eher für den ursprünglichen Vorschlag v. 30.6.1970 (ABl. 1970 C 124/1) als für die verabschiedete Fassung, VO 2157/2001 des Rates vom 8.10.2001 über das Statut der Europäischen Gesellschaft (SE), ABl. 2001 L 294/1.

ordnungen nur Teilbereiche (wie z.B. die Verschmelzung) und auch diese nur in einzelnen Hinsichten (z.B. bei der Verschmelzung ohne nähere Regelung der Rechtsfolgenseite). Das Europäische Privatrecht ist daher nur eine „Teilrechtsordnung“[21], die auf das Zusammenwirken mit nationalen Rechtsordnungen angewiesen und ohne diese gar nicht „lebensfähig“ ist. Es verweist insbesondere auch nicht für die ungeregelten Bereiche darauf, daß es „kein Recht gebe“,[22] wie es der Lehre vom „allgemeinen negativen Grundsatz“ entspricht.[23] Auf die grundsätzlichen Bedenken, die der Lehre vom „allgemeinen negativen Grundsatz“ entgegenstehen, ist hier nicht einzugehen.[24] Daß das Europäische Privatrecht nicht in diesem Sinne eine abschließende Teilrechtsordnung ist, ergibt sich schon aus der Natur ihrer wichtigsten Rechtsetzungsform, der Richtlinie, die ja davon ausgeht, daß eine nationale Rechtsordnung vorhanden ist.[25] Es ergibt sich im übrigen nicht selten auch daraus, daß das Europäische Privatrecht ausdrücklich nur Mindeststandards setzt und damit weitergehende Regelungen der Mitgliedstaaten zumindest zuläßt.[26] In seiner derzeitigen Form kann das Europäische Privatrecht aber vor allem deswegen keine abschließende Regelung sein, weil es die *grundlegenden Funktionsvoraussetzungen* einer Privatrechtsordnung, wie insbesondere Vertrag und Eigentum, ohne die die Ausübung der Privatautonomie gar nicht möglich ist,[27] nicht regelt, sondern in Form von nationalen Regelungen voraussetzt.[28]

#### bb) Vollständigkeit des Europäischen Privatrechts nach dem Maßstab des „Harmonisierungskonzepts“

Am Maßstab eines nationalen Privatrechtssystems gemessen erscheint das Europäische Privatrecht daher als höchst lückenhaft. Der Gesetzgeber hat sich den Regelungsbereichen nicht in einem herkömmlichen Sinne systematisch – vom Allgemeinen zum Besonderen fortschreitend – genähert, sondern gleichsam „von den Rändern her“.[29] Deshalb ist der Eindruck verständlich, die Gemeinschaft regele das Privatrecht nur punktuell

---

[21] So die – freilich von der nationalen Perspektive geprägte – Formulierung von *Franzen* Privatrechtsangleichung, S. 605, die ich hier übernehme.

[22] So charakterisiert *Fikentscher* Methoden II, S. 64–69, das englische Recht.

[23] *Kelsen* Reine Rechtslehre, S. 16, 251–255; *Zitelmann* Lücken im Recht, S. 17–20. Im Ergebnis nicht unähnlich auch *Hillgruber* JZ 1996, 118–125, und *ders.* JRP 2001, 281–293, der die Rechtsfortbildungsbefugnis der Gerichte sehr weitgehend zurückdrängt (s. z.B. JZ 1996, 118, 122 r.Sp.), freilich mit dem Hauptanliegen, die *verfassungsmäßigen Zuständigkeiten und Verfahren* zu wahren. Zutreffend weist diese Lehre freilich auf die Probleme der Gewaltenteilung und der richterlichen Willkür hin, die indes anders zu lösen sind. Siehe zum Vergleich auch die Lehre vom „fallrechtsfreien Raum“, *Fikentscher* Methoden II, S. 64–69.

[24] Dazu etwa *Bydlinski* Methodenlehre, S. 236–247; 472f.; *Canaris* Lücken, S. 49f.; *Kramer* Methodenlehre, S. 135f.; *Neuner* Rechtsfindung, 50–52. Auch *Bengoetxea* Legal Reasoning, S. 44.

[25] Vgl. auch *Neuner* Privatrecht und Sozialstaat, S. 194.

[26] Zur Problematik der „Sperrwirkung“ der Rechtsangleichung eingehend unten, § 8 (S. 146).

[27] *Flume* Rechtsgeschäft, § 1, 2 (S. 1f.); s.a. *Canaris* AcP 184 (1984) 201, 218f.

[28] Für die Eigentumsordnung, s. schon Art. 295 EG.

[29] *Kirchner* in: Europäisches Vertragsrecht, S. 106; weiterführend *Grundmann* ZHR 163 (1999) 635, 675f.

(„pointillistisch")[30], die Regelung gleiche einer zusammenhanglosen Streuung, einer Vielzahl von Inseln im Meer des Privatrechts[31] (nachfolgend „Pointillismus-Kritik"). In diesem Sinne handelt es sich beim Europäischen Privatrecht also nur um eine „Vielheit" von Regelungen, und der Zusammenhang, der die Einheit oder „Ganzheit" begründet, fehlt.

Allerdings ist damit die Einheit des Rechts in einem anderen Sinne angesprochen als oben (§ 2 I 1, S. 5f.) erörtert. Denn wenn man die innere Einheit einer Vielzahl von Regelungen darin sieht, daß sie sich auf wenige tragende Prinzipien zurückführen lassen, so spricht nichts dagegen, solche Einheit auch in einer Teilrechtsordnung wie der des Europäischen Privatrechts zu finden. Einen Einwand gegen die Systemqualität des Europäischen Privatrechts bedeutet die Pointillismus-Kritik daher nur in einem anderen, für das nationale Rechtssystem zumeist nicht erörterten Sinne. Für das nationale Privatrecht gehen wir unausgesprochen stets davon aus, daß alle regelungsbedürftigen Fragen geregelt sind. Nur in Randbereichen wird die Problematik der Auswahl der Regelungsbereiche durch den Gesetzgeber überhaupt angesprochen: Etwa bei der Abgrenzung der rechtlichen von der sozialen Sphäre (Einladung zum Abendessen, Mitnahme eines Anhalters) und bei der Feststellung von Lücken. Diese Randbereiche werden zumeist nicht unter dem Gesichtspunkt des „Systems" erörtert. Indes geht es auch dort um einen Aspekt von Einheit und Ordnung des Rechts. Denn auch hier ist die Systemforderung begründet, daß der Gesetzgeber sich bei der Auswahl der Regelungsbereiche von Prinzipien leiten läßt und diese folgerichtig umsetzt. Das wird vor allem dann deutlich, wenn man sich vor Augen führt, daß schon die Feststellung von Lücken im äußeren System ein wertendes, vor allem am Gleichheitssatz orientiertes Vorgehen ist.[32] So wie bei der Lückenfeststellung ist auch im Europäischen Privatrecht für die Feststellung der „Ganzheit" die Aufdeckung des „Plans" des Gesetzgebers erforderlich. Anders als im nationalen Privatrecht geht es im Europäischen Privatrecht indes nicht um die negative Seite – die Feststellung einer Lücke. Da das Europäische Privatrecht von vornherein nur eine Teilregelung darstellen soll, ist vielmehr der „positive" Plan aufzudecken, welche Teile des Privatrechts auf Gemeinschaftsebene geregelt werden sollten. Dieser Plan des Europäischen Gesetzgebers bei der Rechtsangleichung wird hier – einer Sprachweise der Kommission folgend – als *Harmonisierungskonzept*[33] bezeichnet.

Daß das Europäische Privatrecht nur Teilrechtsordnung ist, steht daher seiner systematischen Untersuchung nicht entgegen, sondern bedeutet dafür nur die *zusätzliche Aufgabe,* das Harmonisierungskonzept aufzudecken. Daß der Gesetzgeber das Harmonisierungskonzept zumeist selbst nicht ausformuliert und einem aus der Rechtsanglei-

---

[30] Diesen vielfach wiederholten Vorwurf hat, soweit ersichtlich, zuerst *Kötz* FS Zweigert, 481, 483 erhoben; s.a. *ders.* RabelsZ 50 (1986) 1, 5.

[31] *Rittner* JZ 1995, 849, 851.

[32] Grundlegend *Canaris* Die Feststellung von Lücken im Gesetz (1964).

[33] *Kommission* Vollendung des Binnenmarkts – Weißbuch der Kommission an den Europäischen Rat (1985), KOM(85), 310 Rn. 61. Ferner *Schwartz* FS Hallstein, S. 474; *Müller-Graff* Gemeinsames Privatrecht, S. 287–289; *Grundmann* Schuldvertragsrecht, 1. Teil Rn. 24–51.

chung erkennbaren Konzept etwa nicht in allen Einzelfällen folge,[34] ist demgegenüber kein tauglicher Einwand. Solange der Gesetzgeber nicht den Willen zu erkennen gibt, konzeptlos (und damit wohl willkürlich) zu verfahren, ist es gerechtfertigt, der „fruchtbaren Fiktion" zu folgen, der Gesetzgeber handele nach einem einheitlichen Plan.[35]

cc) Einheit und Ordnung einer Teilrechtsordnung

Auch eine Teilrechtsordnung kann daher ein „Ganzes" darstellen, wenn man sie am Maßstab eines Harmonisierungskonzepts mißt. Daß das Europäische Privatrecht nur eine Teilrechtsordnung ist, steht aber auch der Untersuchung ihrer Einheit und Folgerichtigkeit nicht entgegen. Denn auch eine Regelung, die von der Gesamtheit der Regelungsfragen eines Lebensbereichs nur einen Ausschnitt erfaßt, läßt sich darauf hin untersuchen, ob sie folgerichtig nach Prinzipien geordnet ist.[36] Allerdings muß man bei der Untersuchung der dem Europäischen Privatrecht zugrunde liegenden Wertungen und Prinzipien berücksichtigen, daß es sich nur um eine Teilregelung handelt und welche Teile angeglichen wurden. Auch insoweit kann daher das Harmonisierungskonzept von Bedeutung sein. So kann sich z.B. aus dem Harmonisierungskonzept ergeben, ob eine Regelung den Grundsatz oder einen Ausnahmefall betrifft, ob es sich um eine Mindestregelung oder um eine Höchstregelung handelt usf. Will man beispielsweise die Bedeutung der Vertragsbindung im Europäischen Privatrecht zutreffend beurteilen, so ist es etwa auch erforderlich festzustellen, ob die verschiedenen Widerrufsrechte einen allgemeinen Grundsatz darstellen oder eine auf besondere Situationen zugeschnittene, sachlich begründete Sonderregelung.

### *c) Systemdenken als Bestandteil einer Europäischen Methodenlehre – „Und England?"*[37]

Ein dritter Einwand gegen die Verwendung des Systemdenkens als eine Methode des Europäischen Privatrechts kann schließlich lauten, daß es sich dabei um eine spezifisch deutsche oder doch kontinentaleuropäische Methode handele,[38] die jedenfalls aus englischer Sicht inakzeptabel sei.

In der Tat werden die Unterschiede zwischen kontinentaleuropäischem und englischem Recht und Rechtsdenken teils vehement betont.[39] „There is no *Wissenschaft* at

---

[34] Dahin *Roth* in: Europäisches Kaufgewährleistungsrecht, S. 116 Fn. 23.

[35] *Raisch* Vom Nutzen der überkommenen Auslegungskanones, S. 35; *v. Metthenheim* Recht und Rationalität, S. 110.

[36] *Basedow* in: Rechtsgeschichte und Privatrechtsdogmatik, S. 85f. (allerdings unter Hinweis auf die Offenheit des Systems).

[37] Die rhetorische Frage „Und England" stellt *Zimmermann* Savigny's Vermächtnis, S. 34, im Hinblick auf die gemeinsamen Rechtstradition der europäischen Staaten.

[38] Vgl. die rechtsvergleichenden Hinweise von *Basedow* in: Rechtsgeschichte und Privatrechtsdogmatik, S. 84.

[39] *Legrand* MLR 60 (1997) 44–63; *Teubner* MLR 61 (1998) 11, 19 *et passim*. S.a. *Schwartz* FS von der Groeben, S. 344. S. noch unten, § 9 II 1 c (S. 180–182).

common law!"[40] „The common law is a historical development rather than a logical whole, and the fact that a particular doctrine does not logically accord with another or others is no ground for its rejection."[41] „Arguments based on logical consistency are apt to mislead for the common law is a practical code adapted to deal with the manifold diversities of human life ..."[42] „The Englishman is naturally pragmatic, more concerned with result than method, function than shape, effectiveness than style; he has little talent for producing intellectual order and little interest in the finer points of taxonomy."[43] „By and large English lawyers and writers have tended to think of it as almost a virtue to be illogical, and have ascribed that virtue freely to their law; ‚being logical' is an eccentric continental practice which common-sensical Englishmen indulge at their peril."[44] Ist auch im Gesetzesrecht eine Systembildung erkennbar, nicht zuletzt aufgrund der Arbeit der *Law Commission,*[45] so bildeten doch *Common law* und *statutory law* kein einheitliches Ganzes,[46] sondern werden als wie Öl und Wasser geschiedene separate Ströme beschrieben.[47]

Indes gibt es auch gegenläufige Tendenzen.[48] So wird – wohl nicht von ungefähr besonders von Romanisten – die Notwendigkeit von Einheit und Ordnung des Rechts hervorgehoben.[49] Und in der Tat gibt es auch außerhalb des Gesetzesrechts nicht nur

---

40 *Legrand* 60 (1997) MLR 44, 54. Zu den Eigenheiten englischer Methodik eingehend *Fikentscher* Methoden II, S. 1–150; dazu gehört nicht zuletzt auch die „Dürre der englischen Methodentheorie" (S. 149 f.).

41 *Lord Porter* in der Entscheidung *Best* v. *Samuel Fox & Co. Ltd* (1952) AC 716, 727 (H.L.) (das Zitat ist auch abgedruckt in ZEuP 1998, 968).

42 *Lord Macmillan* in: *Reads* v. *Lyons & Co.* [1947] A.C. 156, 175 (HL). Beispielhaft aus dem Bereich des Deliktsrechts auch *Weir* Tort, S. 483.

43 *Weir* Int.Enc.Comp.L. Band II Kap. 2 (1974) Tz. 82 (S. 77). S.a. *Weir* Tul.L.Rev. 66 (1992) 1615, 1646 f. *et passim*.

44 *MacCormick* Legal Reasoning and Legal Theory, S. 40. Ironisch spricht *Spencer* Camb.L.J. 42 (1983) 65, 70 von einem „manly disregard for vulgar logic which makes the common law so much superior to other systems".

45 Zur ihr nur *Zweigert/Kötz* Rechtsvergleichung, § 15 II 6 (S. 207 f.); deren Auftrag ist u.a., „to take and keep under review all the law ... with a view to its systematic development and reform".

46 *Max-Planck-Institut* Gutachten und Vorschläge I, S. 59.

47 Dazu *Beatson* Cambr.L.J. 56 (1997) 291, 307–312 und, zu seiner eigenen Position, S. 313 f.

48 Historische Gemeinsamkeiten heben hervor *Zimmermann* ZEuP 1993, 4–51; *ders.* Savigny's Vermächtnis, S. 34–41; *ders.* in: Amerikanische Rechtskultur und Europäisches Privatrecht, S. 1–10 sowie 87–131; *Gordley* ZEuP 1993, 498–518; *Großfeld/Bilda* ZfRV 33 (1992) 421, 428 f.; *Zeno-Zencovich* ERPL 1998, 349, 356 f. Eine graduelle Konvergenz stellt fest *Markesinis* in: The Gradual Convergence, S. 1–32; ähnlich *Koopmans,* in: The Common Law of Europe and the Future of Legal Education, S. 43–51; *van Gerven* ERPL 2001, 485–503; dagegen *Legrand*, ICLQ 45 (1996) 52–81.

49 *Birks* SavZ/RA 1991, 708–715; *ders.* in: Scots Law, 167–190; *Stein* B.U.L.Rev. 59 (1979) 433–451; *ders.* Proc.Brit.Acad. 90 (1996) 147–164; *Lord Simon* in: *National Carriers* v. *Panalpina (Northern) Ltd.* 1981 AC 675, 701 (H.L. 1980) („The law should if possible be founded on comprehensive principles: compartmentalism, particularly if producing anomaly, leads to injustice of different results in fundamentally analogous circumstances."); *Beatson* Cambr.L.J. 56 (1997) 291, 313; s.a. *Zimmermann* ERPL 1995, 95, 111; *ders.* Cambr.L.J. 56 (1997) 315–328.

vereinzelte Anzeichen für eine Systembildung.[50] So kann man darauf hinweisen, daß schon die Methode des *Common law* der Rechtsbildung im Fallvergleich notwendig am Gleichheitssatz orientiert ist und insofern dem Systemdenken nahe steht.[51] Tatsächlich läßt sich ein Durchdringen der generalisierenden Tendenz der Gerechtigkeit, basierend auf der Anwendung des Gleichheitssatzes, sogar in der *equity* Rechtsprechung feststellen, die sich zwar nach wie vor durch ihre Rücksicht auf die Umstände des Einzelfalls auszeichnet, die indes eine relativ feste Ordnung von Regeln entwickelt hat.[52] Ein anschauliches Beispiel der Systembildung ist das *law of restitution,* das im Anschluß an die grundlegenden Arbeiten von *Goff* und *Jones* sowie *Birks*[53] zunehmend auch von den Gerichten als ein geordnetes Ganzes wahrgenommen und ausgebildet wird.[54] Und mehr noch als in der äußerlich-systematischen Ordnung (auch) der englischen Rechtsliteratur[55] kann man eine Nähe zum Systemdenken in deren Bemühen finden, nicht Einzelregeln, sondern tragende Prinzipien hervorzuheben.[56] Im Gesetzesrecht sorgt, wie gesagt, schon der Gesetzgeber für eine gewisse systematische Ordnung; und die schrittweise Abkehr von einer formal-buchstabentreuen Auslegung, die zudem durch die *mischief rule*[57] eingeengt war, hin zur *purposive construction* hat den Weg frei gemacht für ein Systemdenken im Sinne eines teleologischen Normverständnisses.

Welchen Platz Systemdenken und Dogmatik kontinentaler Prägung in der englischen Rechtswissenschaft haben, bleibt ungeachtet dieser Tendenzen umstritten – und hier soll nicht der Versuch unternommen werden, dazu Stellung zu nehmen. Denn jedenfalls wird man davon ausgehen müssen, daß ungeachtet mancher Anerkennung eines System-

---

[50] *Pringsheim* Cambr.L.J. 5 (1935) 347, 351 („... it is only in recent times that, by the increase of scientific study, the unsystematic and purely evolutionary character of English law is slowly being converted into the shape of a system"); *Basedow* in: Rechtsgeschichte und Privatrechtsdogmatik, S. 84 f.; *Esser* Grundsatz und Norm, S. 284; *Kötz* in: Rechtsdogmatik und Rechtspolitik, S. 78–82. S. z.B. *Lord Denning* in: *Lloyd's Bank* v. *Bundy* [1975] Q.B. 326, 339 (C.A.). Beispielhaft für eine Argumentation aus dem inneren System *Weir* Subrogation and Indemnity (Privatdruck). Nicht selten erscheint uns das englische Recht als einem begrifflich-formalen Systemdenken verhaftet, das auf „zuviel Logik und nicht zuwenig Logik zurückzuführen ist"; *Schmitthoff* JZ 1967, 1, 4 f.; s. z.B. *Pharmaceutical Society* v. Boots [1953] 1 QB 401. Gegen ein begrifflich-formales Rechtsdenken *Lord Esher* in: *Yarmouth* v. *France* (1887) 19 Q.B.D. 647, 653.

[51] *Canaris* FS Kitagawa, S. 61. S.a. *Radbruch* Der Geist des englischen Rechts, S. 31 f. Die Präjudizienbindung beschreibt *Schmitthoff* JZ 1967, 1, 2 f. als verfahrensrechtliche Seite des Systemdenkens.

[52] S. nur *Zweigert/Kötz* Rechtsvergleichung, § 14 III (S. 184–188).

[53] *Goff/Jones* The Law of Restitution (5. Auflage 1998); *Birks* An Introduction to the Law of Restitution (1989).

[54] Zur Geschichte des Bereicherungsrechts in England *Ibbetson* A Historical Introduction to the Law of Obligations, S. 264–293; *Martinek* RabelsZ 47 (1983) 284–335; *Zimmermann* Law of Obligations, S. 891–895; auch *ders.* Oxf.J.Leg.Stud. 15 (1995) 403, 414–416; Staudinger-*Lorenz* § 812 Rn. 16–21; *Schlechtriem* Restitution und Bereicherungsausgleich I, S. 63–67; *Zweigert/Kötz* Rechtsvergleichung, § 38 IV (S. 553–563). S.a. *Atiyah* Law of Contract, S. 45. Beispielhaft für die *negotiorum gestio Birks* Curr.Leg.Prob. 24 (1971) 110–132.

[55] (U.a.) Darauf verweist *Zeno-Zencovich* ERPL 1998, 349, 356f.

[56] Siehe z.B. *Virgo* The Principles of the Law of Restitution (1999).

[57] Zu ihr *Cross/Bell/Engle* Statutory Interpretation, S. 11 f. S.a. *Zimmermann* Cambr.L.J. 56 (1997) 315–328.

denkens dieses sicher nicht allgemein oder auch nur überwiegend anerkannt ist. Gleichwohl erscheint es aus zwei Gründen gerechtfertigt, Systemdenken als Bestandteil einer Europäischen Methodenlehre[58] vorzuschlagen. *Erstens* ist in der Vielfalt der unterschiedlichen Prägungen des Rechtsdenkens und der Juristen der Mitgliedstaaten hier wie sonst nicht in erster Linie ein Manko, sondern ein großer Schatz zu sehen. Sich in dem Bemühen zu verklemmen, einen (vermutlich doch nur kleinsten) gemeinsamen Nenner mitgliedstaatlicher Methoden zu finden und den nationalen Mantel am Eingang zum Europäischen Recht abzustreifen, würde bedeuten, diesen Schatz preiszugeben. Welche Methoden sich auf einem Europäischen „Forum der Ideen" durchsetzen werden, wird sich letztlich diskursiv und damit idealiter nach der argumentativen Überzeugungskraft entscheiden.[59] Das heißt freilich nicht, daß die angewandten Methoden für die Besonderheiten des Gemeinschaftsrechts blind sein dürften. Im Gegenteil: Trifft es zu, daß jede Rechtsordnung in gewissem Maße eigene Methoden hat, so muß auch das Europäische Privatrecht seine eigenen Methoden entwickeln.[60] Dann aber ist das Systemdenken – *zweitens* – gut begründet und von einiger Überzeugungskraft, beruht es doch auf dem fundamentalen rechtsethischen Gleichheitssatz und läßt es sich zumindest ansatzweise auch aus gemeinschaftsrechtlichen Vorgaben begründen.[61] Daß aber gerade auch das Europäische Privatrecht sinnvoll als geordnetes Ganzes verstanden und untersucht werden kann, daß Systemdenken m.a.W. eine dem Europäischen Privatrecht gemäße Methode ist, wurde bereits eingangs (oben, 1, S. 52f.) dargelegt.

## II. Einzelfragen der Methodenlehre

### 1. Systematische Auslegung des Europäischen Privatrechts

#### *a) Systematische und prinzipiell-systematische Auslegung*

Sowohl die am äußeren System orientierte systematische Auslegung als auch die am inneren System ausgerichtete prinzipiell-systematische Auslegung[62] gehören zum selbst-

---

[58] Beiträge zu einer Europäischen Methodenlehre entstehen erst allmählich. S. z.B. *Bengoetxea* The Legal Reasoning of the European Court of Justice (1993); *Neuner* Privatrecht und Sozialstaat, S. 174–195; *Berger* ZEuP 2001, 4–29; *Flessner* JZ 2002, 14–23; *Leible* Wege, § 9 E III; *Wolff* Konkretisierungskompetenz für Generalklauseln (2002); vornehmlich rechtspolitisch ausgerichtet *Möllers* Die Rolle des Rechts im Rahmen der europäischen Integration – Zur Notwendigkeit einer europäischen Gesetzgebungs- und Methodenlehre (1999). Vgl. auch *Michael* Gleichheitssatz als Methodennorm, S. 211.

[59] Vgl. *Steindorff* in: Deutsches und Europäisches Bank- und Börsenrecht – Bankrechtstag 1993, S. 146.

[60] M. *Schmidt* RabelsZ 59 (1995) 569, 572f.; s.a. *Michael* Gleichheitssatz als Methodennorm, S. 211.

[61] S.a. *Everling* JZ 2000, 217, 219; *Zeno-Zencovich* ERPL 1998, 349, 358.

[62] S.o., § 2 III 2 (S. 27f.).

verständlichen Handwerkszeug auch des Europäischen Privatrechts.[63] Der EuGH hat dazu ausgeführt, daß „jede Vorschrift des Gemeinschaftsrechts in ihrem Zusammenhang zu sehen und im Lichte des gesamten Gemeinschaftsrechts, seiner Ziele und seines Entwicklungsstands zur Zeit der Anwendung der betreffenden Vorschrift auszulegen (ist)".[64] Auch der Gerichtshof sieht demnach das Gemeinschaftsrecht als ein geordnetes Ganzes an mit der Folge, daß Einzelvorschriften nicht nur als Bestandteil eines Rechtsakts,[65] sondern auch als Bestandteil des gesamten Gemeinschaftsrechts zu verstehen sind. Mit dem Hinweis auf die „Ziele" des Gemeinschaftsrechts macht das Gericht deutlich, daß für die Auslegung nicht nur die äußeren, sondern vor allem die inneren Zusammenhänge von Bedeutung sind. Die Bedeutung der Prinzipien, die der Gemeinschaftsrechtsordnung zugrunde liegen, für die Auslegung hat der EuGH besonders in seinem EWR-Gutachten hervorgehoben. Darin hat er u.a. ausgeführt, daß Bestimmungen in einem völkerrechtlichen Abkommen, die mit solchen des EG-Vertrags wörtlich übereinstimmen, nicht notwendig gleich ausgelegt werden müssen, sondern aufgrund der unterschiedlichen Zwecke unterschiedlich verstanden werden könnten.[66]

Mehr als das nationale Recht ist das Europäische ein „Recht im Werden". Deswegen weist der EuGH zu Recht darauf hin, daß bei der systematischen Auslegung auch der „Entwicklungsstand" des Gemeinschaftsrechts mitzuberücksichtigen ist. Auch wenn der Gesetzgeber bei der Einführung einer Neuregelung den Wortlaut bestehender Vorschriften unverändert gelassen hat, kann die Neuregelung die früheren Vorschriften in einem neuen Licht erscheinen lassen und deshalb eine andere Auslegung rechtfertigen.[67] Der systematischen Methode steht das nicht entgegen, da sie das Rechtssystem als „offen", d.h. dynamisch und wandlungsfähig versteht, nicht als geschlossen.[68]

---

[63] Für das Europäische Privatrecht *Grundmann/Riesenhuber* JuS 2001, 529, 531f. Allgemein für das Europäische Recht etwa *Bengoetxea* Legal Reasoning, S. 240–251; *Buck* Auslegungsmethoden, S. 177–201; Dauses-*Bleckmann/Pieper* B.I Rn. 28–39; *Habersack* WM 2000, 981, 984; M. *Schmidt* RabelsZ 59 (1995) 569, 577; *Zuleeg* EuR 1969, 97, 102f.

[64] EuGH v. 6.10.1982 – Rs. 283/81 *CILFIT* Slg. 1982, 3415 Rn. 20. Ferner EuGH, 4.12.1997 – Rs. C-97/96 *Daihatsu*, Slg. 1997, I-6843 Rn. 18-21; EuGH v. 15.6.1978 – Rs. 149/77 *Defrenne III* Slg. 1978, 1375 Rn. 15; EuGH v. 4.4.1974 – Rs. 167/73 *Kommission ./. Frankreich* Slg. 1974, 359 Rn. 17/23-29/33; EuGH v. 31.3.1971 – Rs. 22/70 *Kommission ./. Rat* Slg. 1971, 263 Rn. 15/19 (AETR); EuGH v. 22.4.1999 – Rs. C-423/97 *Travel Vac ./. Sanchis* Slg. 1999, I-2216 Rn. 22f. Übersicht bei *Bengoetxea* Legal Reasoning, S. 240–251.

[65] So z.B. EuGH v. 11.11.1997 – Rs. C-251/95 *Sabel ./. Puma* Slg. 1997, I-6191 Rn. 20–24.

[66] EuGH v. 14.12.1991 – Gutachten 1/91 *EWR-Abkommen* Slg. 1991, I-6079 Rn. 13–22 und 50 f. Ferner EuGH v. 9.2.1982 – Rs. 270/80 *Polydor* Slg. 1982, 329 Rn. 8, 14–20; EuGH v. 26.10.1982 – Rs. 104/81 *Kupferberg* Slg. 1982, 3641 Rn. 30; EuGH v. 1.7.1993 – Rs. C-312/91 *Metalsa* Slg. 1993, I-3751 Rn. 9–12; EuGH v. 12.12.995 – Rs. C-469/93 *Chiquita* Slg. 1995, 4533 Rn. 52; EuGH v. 6.10.1976 – Rs. 12/76 *Tessili ./. Dunlop* Slg. 1976, 1473 Rn. 9 a.E. Dazu *Epiney/Felder* ZVglRWiss 100 (2001) 425–447 (Systembindung im *Grundsatz* anerkennend, aber anders als der EuGH im EWR-Gutachten weitgehend für irrelevant haltend).

[67] S. bereits *Grundmann/Riesenhuber* JuS 2001, 529, 531 f. Methodisch ging es um diese Frage im Fall des EuGH v. 7.3.1996 – Rs. C-192/94 *El Corte Inglés* Slg. 1996, I-1281; der Gerichtshof verneint die Frage, ob nicht aufgrund der Einführung von Art. 129 EGV (jetzt Art. 153 EG) verbraucherschützenden Richtlinien entgegen früherer Rechtsprechung unmittelbare Privatrechtswirkung beizulegen sei.

[68] Vgl. den Hinweis oben, § 2 II 2 a bb (S. 14f.).

### b) *Primärrechtskonforme Auslegung*

Ein Anwendungsfall der systematischen Auslegung ist die primärrechtskonforme Auslegung,[69] geht es dabei doch darum, das Europäische Sekundärrecht (also etwa das in Richtlinien enthaltene Privatrecht) als Bestandteil der größeren Einheit des Europäischen Rechts zu verstehen.[70] Die primärrechtskonforme Auslegung bedeutet freilich nicht nur – wie die „einfache" prinzipiell-systematische Auslegung –, daß eine Regelungseinheit inhaltlich abzustimmen ist und auftretende Kollision mehrerer Normen aufzulösen sind; sie gibt gleichzeitig ein formales Kriterium für die Lösung der Kollision vor: der primärrechtlichen Wertung gebührt entsprechend ihrer normhierarchischen Ordnung der Vorrang. Die Vorrangregelung hat allerdings nur begrenzte Reichweite, sie determiniert die Lösung nur dann vollständig, wenn lediglich eine Auslegung primärrechtskonform ist; kommen mehrere primärrechtskonforme Auslegungen in Betracht, so verengt sie nur das Spektrum möglicher Lösungen.[71]

Eine primärrechtskonforme Auslegung kommt allerdings dann nicht in Betracht, wenn der Gesetzgeber schon deutlich gemacht hat, daß er nur die Regelung wollte, die sich jetzt als primärrechtswidrig erweist. Die primärrechtskonforme Auslegung erlaubt nur die Korrektur eines insoweit offenen Gesetzes – das „mehr als eine Auslegung gestattet"[72] –, nicht aber die „Korrektur des Gesetzgeberwillens". Eine primärrechtswidrige Regelung ist nichtig. Die Nichtigkeit ist vom EuGH festzustellen, entweder im Rahmen einer Nichtigkeitsklage nach Art. 230 Abs. 1 EG oder im Rahmen eines Vorabentscheidungsverfahrens nach Art. 234 Abs. 1 lit. b EG.[73] Es ist in diesem Fall nicht Sache der nationalen Gerichte oder des EuGH, die Regelung in primärrechtmäßiger Weise zu reduzieren, sondern dem Europäischen Gesetzgeber vorbehalten, die nichtige Regelung durch eine primärrechtmäßige zu ersetzen.[74]

---

[69] Dazu z.B. EuGH v. 21.3.1991 – Rs. 314/89 *Rauh* Slg. 1991, I-1647 Rn. 17; EuGH v. 25.11.1996 – verb.Rs. 201 und 202/85 *Klensch* Slg. 1986, 3477 Rn. 21; EuGH v. 13.12.1983 – Rs. 218/82 *Kommission ./. Rat* Slg. 1983, 4063 Rn. 15.

[70] *Neuner* Privatrecht und Sozialstaat, S. 194; *Schön* RabelsZ 64 (2000) 1, 9; *Tridimas* General Principles, S. 15f.; *Bydlinski* Methodenlehre, S. 455f.

[71] S. schon *Grundmann/Riesenhuber* JuS 2001, 529, 532.

[72] EuGH v. 4.12.1986 – Rs. 205/84 *Kommission ./. Deutschland* Slg. 1986, 3755 Rn. 62 (Versicherung); EuGH v. 13.12.1983 – Rs. 218/82 *Kommission ./. Rat* Slg. 1983, 4063 Rn. 15. Inhaltlich nichts anderes ist gemeint, wenn das Gericht sagt, Sekundärrecht solle „möglichst" primärrechtskonform ausgelegt werden; etwa EuGH v. 27.1.1994 – Rs. C-98/91 *Herbrink* Slg. 1994, I-223 Rn. 9; EuGH v. 21.3.1991 – Rs. C-314/89 *Rauh* Slg. 1991, 1647 Rn. 17.

[73] EuGH v. 22.10.1987 – Rs. 314/85 *Foto-Frost* Slg. 1987, 4199 Rn. 11–20; sowie z.B. EuGH v. 5.10.2000 – Rs. C-376/98 *Deutschland ./. Parlament und Rat* Slg. 2000, I-8419 Rn. 107 (Tabakwerbung). Zum Verwerfungsmonopol auch *Zuleeg* JZ 1994, 1, 2–5.

[74] EuGH v. 5.10.2000 – Rs. C-376/98 *Deutschland ./. Parlament und Rat* Slg. 2000, I-8419 Rn. 117 (Tabakwerberichtlinie). *Neuner* Privatrecht und Sozialstaat, S. 194; vgl. auch *dens.* Rechtsfindung S. 128–131, und *Larenz* Methodenlehre, S. 339, zur verfassungskonformen Auslegung.

### c) *Systematische Auslegung unter Berücksichtigung von Regelungsvorschlägen und -entwürfen?*

Die *Rabobank*-Entscheidung des EuGH[75] hat die Frage aufgeworfen, ob auch Regelungsentwürfe im Rahmen der systematischen Auslegung berücksichtigt werden können.[76] In dieser Entscheidung hat der EuGH angenommen, Art. 9 Abs. 1 Publizitätsrichtlinie (PublRL) lasse nationale Vorschriften über die Begrenzung der Vertretungsmacht wegen Interessenkonflikts unberührt.[77] Diese Auslegung findet das Gericht in Art. 10 Abs. 1 und 4 des Entwurfs für eine Strukturrichtlinie (E-StruktRL) bestätigt. Denn nach diesen Vorschriften bedarf ein Vertrag der Gesellschaft, der die Interessen des Leitungs- oder Aufsichtsorgans berührt, zumindest der Genehmigung des Aufsichtsorgans (Art. 10 Abs. 1 E-StruktRL); der Mangel der Genehmigung kann Dritten entgegengehalten werden, die davon Kenntnis hatten oder haben mußten.[78] Daß der Entwurf der Strukturrichtlinie für diesen Fall eine Regelung enthält, nimmt der Gerichtshof als ein Anzeichen dafür, daß die Kommission den Fall noch nicht als von der Publizitätsrichtlinie abgedeckt ansah, sondern ebenfalls davon ausging, die Regelung falle bislang in den Kompetenzbereich der Mitgliedstaaten.

Um eine systematische Auslegung kann es sich bei dieser Begründung schon deswegen nicht handeln, weil ein Entwurf nicht Gesetz und damit nicht Bestandteil des Systems ist.[79] Diese Einschränkung ist keineswegs nur formal gerechtfertigt, sondern auch in der Sache, weil dem Kommissions(!)-Entwurf nicht die demokratische Legitimation des verabschiedeten Gesetzes (Richtlinie, Verordnung) zukommt. Wegen dieses Mangels demokratischer Legitimation läßt sich aus einem Regelungsentwurf in keinem Fall eine Veränderung des bestehenden Systems begründen.[80] Richtlinienvorschläge können indes in einer schwächeren Weise zum Verständnis des gesetzten Rechts beitragen, und zwar gerade in der Form, wie sie der EuGH in der *Rabobank*-Entscheidung verwendet hat, nämlich als ergänzendes Argument zur Bestätigung eines Auslegungsergebnisses.[81] Soweit der Regelungsentwurf nur von der Kommission kommt, hat er indes nicht das Gewicht einer authentischen Auslegung – die ja nur *der Gesetzgeber* selbst vornehmen könnte –, sondern nur die Bedeutung einer Stellungnahme der Kommission.

---

[75] EuGH v. 15.12.1997 – Rs. C-104/96 *Rabobank ./. Minderhoud* Slg. 1997, I-7211.

[76] Eingehend zur Vorwirkung von Gesetzen im Privatrecht *Neuner* in: Kontinuität im Wandel, S. 83–112 (der den hier erörterten Fall allerdings nicht der Vorwirkungsproblematik zuordnet, da erst ein Entwurf vorlag; aaO S. 87 f.).

[77] EuGH v. 15.12.1997 – Rs. C-104/96 *Rabobank ./. Minderhoud* Slg. 1997, I-7211 Rn. 21–24.

[78] EuGH v. 15.12.1997 – Rs. C-104/96 *Rabobank ./. Minderhoud* Slg. 1997, I-7211 Rn. 25–27.

[79] Ebenso EuGH v. 12.3.1996 – Rs. C-441/93 *Pafitis* Slg. 1996, 1347 Rn. 43.

[80] Zu weitgehend daher *Schön* RabelsZ 64 (2000) 1, 7f., der, unter der Voraussetzung, daß die Verabschiedung nicht schon durch „grundsätzliche Sachdifferenzen" behindert wird, (wohl) auch Entwürfen „grundlegende Wertungen des Europäischen Gesellschaftsrechts … entnehmen" möchte; so weit geht auch die *Rabobank*-Entscheidung nicht. S.a. das Beispiel aus der US-amerikanischen Rechtsprechung bei *Munday* J.Crim.L. 65 (2001) 336, 342.

[81] Ähnlich wohl EuGH v. 12.3.1996 – Rs. C-441/93 *Pafitis* Slg. 1996, 1347 Rn. 43 (im konkreten Fall das Gewicht des Arguments aus dem Vorschlag als gering veranschlagend); *Hommelhoff* in: Auslegung europäischen Privatrechts, S. 35.

## 2. Richterliche Rechtsfortbildung im Europäischen Privatrecht

### a) *Verfassungsrechtliche Begründung der Unterscheidung von Auslegung und Rechtsfortbildung*

Die Unterscheidung von Auslegung und Rechtsfortbildung wurde oben (§ 2 III, S. 27–30) ohne weiteres zugrunde gelegt. Sie ist im nationalen Recht vor allem aus verfassungsrechtlichen Gründen der Gewaltenteilung, des Demokratieprinzips und der Rechtssicherheit begründet.[82] Entsprechende Gründe gebieten auch im Europäischen Recht die Unterscheidung von Auslegung und Rechtsfortbildung. Das Korrelat zur Gewaltenteilung ist im Gemeinschaftsrecht das „institutionelle Gleichgewicht" der Organe.[83] Damit bezeichnet der EuGH das in den Verträgen vorgesehene „System der Zuständigkeiten zwischen den verschiedenen Organen der Gemeinschaft, das jedem Organ seinen eigenen Auftrag innerhalb des institutionellen Gefüges der Gemeinschaft und bei der Erfüllung der dieser übertragenen Aufgaben zuweist."[84] Das institutionelle Gleichgewicht ist zwar nicht gleichbedeutend mit dem staatlichen Prinzip der Gewaltenteilung, da vor allem die Grenzlinie zwischen Legislative und Exekutive auf Gemeinschaftsebene nicht gleichermaßen scharf gezogen ist.[85] Die Stellung des Gerichtshofs weist jedoch „recht deutliche staatstypische Parallelen" auf,[86] gerade auch darin, daß ihm die Aufgabe der „Wahrung des Rechts bei der Auslegung und Anwendung" des EG-Vertrags zukommt, aber grundsätzlich keine Rechtsetzungskompetenz.[87] Dementsprechend ist auch die Kompetenz des EuGH zur Rechtsfortbildung grundsätzlich beschränkt.[88]

Diese Zuständigkeitsverteilung ist auch vom Demokratieprinzip geboten, da nur die Rechtsetzungsorgane eine (wenn auch auf Gemeinschaftsebene insgesamt vergleichsweise schwache) demokratische Legitimation haben, der Gerichtshof hingegen nicht.[89]

---

[82] S. z.B. BVerfGE 49, 304, 318; BVerfGE 96, 375, 394. Für eine strikte Bindung der Gerichte *Hillgruber* JZ 1996, 118–125; *ders.* JRP 2001, 281–293; gegen eine zu starke verfassungsrechtliche Einengung des Rechtsfortbildungsspielraums *Frowein* FS 600 Jahre Uni Heidelberg, S. 558 f.

[83] Dazu etwa EuGH v. 5.7.1995 – Rs. C-21/84 *Parlament ./. Rat* Slg. 1995, I-1827 Rn. 17; EuGH v. 22.5.1990 – Rs. C-70/88 *Parlament ./. Rat* Slg. 1990, I-2041 Rn. 20–27; EuGH v. 29.10.1980 – Rs. 138/79 *Roquette* Slg. 1980, 3333 Rn. 33; EuGH v. 5.5.1981 – Rs. 804/75 *Kommission ./. Vereinigtes Königreich* Slg. 1981, 1045 Rn. 23; EuGH v. 13.6.1958 – Rs. 9/56 *Meroni I* Slg. 1958, 9, 44; EuGH v. 13.6.1958 – Rs. 10/56 *Meroni II* Slg. 1985, 51, 82. Calliess/Ruffert-*Calliess* Art. 7 EGV Rn. 7–15 *Schweitzer/Hummer* Europarecht, Rn. 907–941. S. jetzt Ziff. 2 des Protokolls zum Amsterdamer Vertrag über die Anwendung der Grundsätze der Subsidiarität und der Verhältnismäßigkeit.

[84] EuGH v. 22.5.1990 – Rs. C-70/88 *Parlament ./. Rat* Slg. 1990, I-2041 Rn. 21.

[85] Siehe nur *Ipsen* Europäisches Gemeinschaftsrecht, S. 317–321.

[86] Calliess/Ruffert-*Calliess* Art. 7 EGV Rn. 7.

[87] A.M. *Borchardt* GS Grabitz, S. 39, der von einer „konkurrierenden Zuständigkeit" von EuGH und Legislative zur Rechtsetzung spricht, die Kompetenz des Gerichtshofs dann aber – allerdings wohl nur unter dem Gesichtspunkt der Selbstbeschränkung – auf Fälle beschränkt, in denen der Gesetzgeber „aus sachlich nicht gerechtfertigten Gründen" keine Regelung vorgesehen hat.

[88] *Bleckmann* GS Constantinesco, S. 73–75, 79; *Buck* Auslegungsmethoden, S. 51; *Dänzer-Vanotti* FS Everling, S. 206f.

[89] *Dänzer-Vanotti* BB 1991, 1015, 1017f.; *ders.* RIW 1992, 733, 734f.

Sie entspricht zudem einer funktionsgerechten Aufgabenverteilung,[90] weil der Gerichtshof nicht über die für die Rechtsetzung erforderliche Infrastruktur verfügt und die von der Streitentscheidungsaufgabe vorgegebene Arbeitsweise die für die Rechtsetzung gebotene Rechtssicherheit nicht gewährleisten kann.

Zu dieser „horizontalen Kompetenzverteilung" zwischen den Gemeinschaftsorganen kommt aber in der Gemeinschaft noch die „vertikale Kompetenzverteilung" zwischen Gemeinschaft und Mitgliedstaaten hinzu:[91] Denn soweit das Gemeinschaftsrecht eine Regelung nicht schon enthält, kann das ja auch bedeuten, daß diese Regelung den mitgliedstaatlichen Rechtssystemen vorbehalten sein soll: Entweder, weil die Gemeinschaft keine Regelungskompetenz hat („Prinzip der begrenzten Einzelermächtigung")[92] oder weil sie von ihrer konkurrierenden Kompetenz (vgl. Art. 5 Abs. 2 EG)[93] noch keinen Gebrauch gemacht hat[94] oder weil sie nur einen Regelungsrahmen gesetzt und dessen Ausfüllung den Mitgliedstaaten überlassen hat (z.B. um eine bruchlose Einpassung in die nationalen Rechtssysteme zu ermöglichen).

Nach den Prinzipien des Gemeinschaftsverfassungsrechts – institutionelles Gleichgewicht, Demokratie, Rechtssicherheit, begrenzte Einzelermächtigung – ist daher zwischen der grundsätzlich dem Gerichtshof übertragenen Auslegung und der ihm grundsätzlich nicht zustehenden Rechtsetzung zu unterscheiden. Die Grenze zwischen beiden Bereichen ist hier wie im nationalen Recht[95] im („möglichen") Wortsinn des Gesetzes zu finden, da nur damit ein formales und daher hinreichend klares Abgrenzungskriterium gegeben ist. Die Wortlautgrenze ist für die Grenzziehung zudem deswegen besonders geeignet, weil sie aus dem veröffentlichen Text (Art. 254 Abs. 1 S. 1 EG) auch ohne spezielle Hilfsmittel für jedermann (für den Rechtssetzer und den Rechtsunterworfenen) erkennbar ist. Die Sprachenvielfalt des Europäischen Rechts erweitert

---

[90] *Dänzer-Vanotti* RIW 1992, 733, 735f.; *ders.* FS Everling, S. 213.

[91] *Barents* CMLR 1993, 85f.; *Bleckmann* ZGR 1992, 365, 368f.; *Dänzer-Vanotti* FS Everling, S. 212f.; *Roth* FS Drobnig, S. 141f. S. z.B. EuGH v. 11.5.1989 – Rs. 25/88 *Wurmser* Slg. 1989, 1105 Rn. 12 („Somit gilt für diese Frage beim gegenwärtigen Stand des Gemeinschaftsrechts ... nach wie vor das nationale Recht").

[92] Dazu näher unten, § 7 I 1 (S. 132f.).

[93] Im Bereich des Privatrechts bestehen ausnahmsweise ausschließliche Kompetenzen im Kartellrecht (Art. 81 Abs. 3 EG) und im Transportrecht (Art. 71 Abs. 1 lit. a EG); *Grundmann* Schuldvertragsrecht, 1. Teil Rn. 126; Calliess/Ruffert-*Calliess* Art. 5 EGV Rn. 18–27 (der allerdings Art. 81 f. EG als „primärrechtliche und damit originäre Kontrollkompetenz" von der ausschließlichen Gesetzgebungskompetenz abgrenzt); Schwarze-*Lienbacher* Art. 5 EGV Rn. 13f. Zu den privatrechtsrelevanten Gesetzgebungskompetenzen näher unten, § 7 I 2 (S. 133f.).

[94] Vgl. EuGH v. 13.5.1997 – Rs. C-233/94 *Deutschland ./. Parlament und Rat* Slg. 1997, I-2405 Rn. 16 (Einlagensicherungssystem); EuGH v. 4.12.1986 – Rs. 205/84 *Kommission ./. Deutschland* Slg. 1986, 3755 Rn. 41 und öfter (Versicherung). S.a. *Stein* FS 600 Jahre Uni Heidelberg, S. 619, 635f.

[95] Dazu nur *Larenz* Methodenlehre, S. 322; *Meier-Hayoz* Der Richter als Gesetzgeber, S. 42; *Neuner* Rechtsfindung, S. 90–103; kritisch *Wank* Begriffsbildung, S. 24–31; *ders.* Auslegung von Gesetzen, S. 50–52, 95f. („Gesetzessinntheorie").

zwar den Bereich möglicher Wortbedeutungen, spricht aber nicht grundsätzlich gegen die Wortlautgrenze.[96]

### *b) Grundsätzliche Anerkennung der Rechtsfortbildungskompetenz des EuGH*

Ungeachtet dieser grundsätzlich gebotenen Scheidung von Auslegung und Rechtsfortbildung ist die Befugnis des EuGH, sowohl im Primärrecht als auch im Sekundärrecht auch rechtsfortbildend tätig zu werden, allgemein anerkannt.[97] Sie ist nicht schon durch die Möglichkeit legislativer Ergänzung lückenhafter Gemeinschaftsrechtsakte ausgeschlossen. Vielmehr ist davon auszugehen, daß schon die Gründungsmitglieder von dieser Kompetenz des Gerichts ausgegangen sind, da sie einer – wenn auch differenzierten,[98] so doch im Kern – gemeinsamen Rechtstradition der Mitgliedstaaten entsprach.[99] Daß die Rechtsfortbildungsbefugnis des EuGH zum unangefochtenen Bestand des Gemeinschaftsrechts gehört, zeigt sich nicht zuletzt darin, daß auch das („anerkannte") Richterrecht heute zu dem für Beitrittskandidaten verbindlichen *acquis communautaire* gerechnet wird.[100]

Positive Grundlage für die Rechtsfortbildung durch den EuGH ist die Vorschrift des Art. 220 EG, nach der das Gericht zur „Wahrung des *Rechts* bei der Auslegung und Anwendung dieses Vertrags" berufen ist; in dieser Formulierung kann man eine Entsprechung zu der „Gesetz und Recht"-Formel des Art. 20 Abs. 3 GG sehen,[101] aus der im deutschen Recht die Rechtsfortbildungskompetenz der Gerichte begründet wird.[102] In

---

[96] Ebenso *Franzen* Privatrechtsangleichung, S. 575–577; *Grundmann/Riesenhuber* JuS 2001, 529, 535. Kritisch *Hoffmann-Becking* Normaufbau und Methode, S. 297–304; *Wank* FS Stahlhacke, S. 634 f.

[97] *Bleckmann* GS Constantinesco, S. 61–81; *Borchardt* GS Grabitz, S. 29–31; *Constantinesco* Recht der Europäischen Gemeinschaften I, S. 807–809; *Dänzer-Vanotti* BB 1991, 1015, 1016; *Franzen* Privatrechtsangleichung, S. 577 mwN; *Zuleeg* JZ 1994, 1, 6; s.a. *Schwarze* Befugnis zur Abstraktion, S. 105–240 (zum Primärrecht). BVerfGE 75, 223, 243 f.; daß der Gerichtshof nicht Kompetenznormen im Wege der Rechtsfortbildung begründen kann, hatte vor Maastricht (BVerfGE 89, 155, 209) schon BVerfGE 75, 223, 242, betont; ebenso nachdrücklich *Hillgruber* in: Europäische Staatlichkeit, S. 31–46; zur grundsätzlichen Fortbildungskompetenz steht das nicht in Widerspruch. Zum Selbstverständnis des EuGH von seiner Aufgabe EuGH v. 14. 12. 1991 – Gutachten 1/91 *EWR-Abkommen* Slg. 1991, I-6079 Rn. 50 („Dagegen hat der Gerichtshof die Wahrung einer besonderen Rechtsordnung zu sichern und zu ihrer Fortentwicklung … beizutragen").

[98] Vgl. *Ott* EuZW 2000, 293, 294 f.

[99] BVerfGE 75, 223, 243 f.; *Buck* Auslegungsmethoden, S. 90–130; *Everling* JZ 2000, 217, 218–220, zweifelnd *Hillgruber* in: Europäische Staatlichkeit, S. 41; s.a. *Frowein* FS Uni Heidelberg, S. 555–565.

[100] Dazu *Ott* EuZW 2000, 293–298.

[101] *Dänzer-Vanotti* FS Everling, S. 206; *Everling* JZ 2000, 217, 221; *Franzen* Privatrechtsangleichung, S. 577; *Hummer/Obwexer* EuZW 1997, 295, 296 f.; M. *Schmidt* RabelsZ 60 (1996) 616–647 (zur vorpositiven Bedeutung des Begriffs Recht in Art. 220 EG); *Ukrow* Richterliche Rechtsfortbildung, S. 90–103; *Zuleeg* JZ 1994, 1, 6; der Sache nach auch *Bleckmann* GS Constantinesco, S. 63. Einen besonderen Fall, der die allgemeine Rechtsfortbildungskompetenz übersteigt und auch besondere Anweisungen für die Methode der Lückenfüllung macht, enthält demgegenüber Art. 288 EG über die Staatshaftung.

[102] BVerfGE 34, 269, 286–293 (Soraya); BVerfGE 49, 304, 318 f.; BVerfGE 65, 182, 190 f.; BVerfGE 69, 315, 371 f.; BVerfGE 96, 375, 394 f. Kritisch *Hillgruber* JRP 2001, 281, 290 f.

der Sache ist die Rechtfortbildungskompetenz ebenso wie die teleologische Auslegung auf ein „materielles" Verständnis des Gesetzesgehorsams gegründet, das der Gerichtshof mit dem Grundsatz der Effektivität des Gemeinschaftsrechts (*effet utile*) beschreibt.[103] Dieser Begründung entspricht weitgehend auch jene aus dem Rechtsverweigerungsverbot.[104] Zwar ist auch eine negative Entscheidung durch das Gericht eine Entscheidung (z.B. „Die Klage wird abgewiesen"; – weil es keine Anspruchsgrundlage gibt).[105] Doch auch wenn keine *Entscheidungs*verweigerung vorliegt, kann es sich in einem materiellen Sinne um eine *Rechts*verweigerung handeln, nämlich dann, wenn die negative Entscheidung dem Plan der Rechtsordnung nicht entspricht.

### c) *Das Vorliegen einer Regelungslücke als Voraussetzung der Rechtsfortbildung*

Anerkennt man sowohl die Zulässigkeit der gerichtlichen Rechtsfortbildung (soeben, b)) als auch die Notwendigkeit ihrer Begrenzung (oben, a)), so kommt der Grenzziehung wesentliche Bedeutung zu. Im nationalen Recht bestimmen wir den Bereich zulässiger Rechtsfortbildung mit Hilfe des Lückenbegriffs. „Eine Lücke liegt vor, wenn das Gesetz innerhalb der Grenzen seines möglichen Wortsinns und das Gewohnheitsrecht eine Regelung nicht enthalten, obwohl die Rechtsordnung in ihrer Gesamtheit eine solche fordert."[106] Diese Begriffsbestimmung kann man auch für das Europäische Privatrecht heranziehen.[107]

Wenn man davon spricht, daß „die Rechtsordnung in ihrer Gesamtheit eine Regelung fordert", dann ist damit vor allem gemeint, daß eine Regelung nach dem inneren System geboten erscheint. Der praktisch wichtigste Fall ist, daß ein Sachverhalt, der dem zu entscheidenden wesentlich gleich ist, geregelt ist, und Gründe fehlen, den vorliegenden Fall von jenem wertungsmäßig zu unterscheiden. Für das Europäische Privatrecht muß man diese Erwägungen ebenfalls anstellen, darüber hinaus aber auch das Harmonisierungskonzept und den Stand seiner Umsetzung berücksichtigen. Hier ist wiederum zu beachten, daß das Europäische Privatrecht nur eine Teilrechtsordnung ist, und ein Regelungsmangel ungeachtet seiner wertungsmäßigen Unstimmigkeit daher plangemäß sein kann. Nähme man z.B. an, daß das Europäische Privatrecht bei Vertragsabschlüssen, die Verbraucher typischerweise nicht hinreichend bedenken, ein Widerrufsrecht zugäbe,[108] und

---

[103] *Franzen* Privatrechtsangleichung, S. 579; ähnlich *Wank* FS Stahlhacke, S. 638f.

[104] So z.B. EuGH v. 12.7.1957 – verb.Rs. 7/56 und 3–7/57 *Algera* Slg. 1957, 85, 118; *Rüthers* Rechtstheorie, Rn. 823f. (dessen Hinweis auf Art. 4 Code civil freilich irreführend ist, wenn man den teils gegenläufigen Art. 5 Code civil nicht mitberücksichtigt).

[105] *Insoweit* zutreffend *Wank* Auslegung von Gesetzen, S. 95. Zur Lehre vom allgemeinen negativen Grundsatz bereits oben, I 2 b) aa) (S. 56), mit Fn. 23, 24.

[106] *Canaris* Lücken, S. 39.

[107] Ebenso *Dänzer-Vanotti* FS Everling, S. 219f.; *Franzen* Privatrechtsangleichung, S. 604f.; *Wank* FS Stahlhacke, S. 641; s.a. *Grundmann/Riesenhuber* JuS 2001, 529, 535. Wohl kritisch *Schroeder* Gemeinschaftsrechtssystem, S. 63–69 (der sich aber wohl nur auf das Primärrecht bezieht).

[108] Das Beispiel dient nur der Illustration; zu den Widerrufsrechten und ihrer ratio näher unten, § 14 II (S. 325–350).

nähme man weiterhin an, daß Fernunterrichtsverträge typischerweise unbedacht abgeschlossen werden, so könnte man das Fehlen eines Widerrufsrechts wertungsmäßig als eine Lücke ansehen. Da aber der Europäische Gesetzgeber eine Regelung bewußt nicht getroffen hat, ist der Regelungsmangel auf Europäischer Ebene plangemäß; daher liegt hier keine Lücke vor. In einem solchen Fall kann man – im Anschluß an eine für das UN-Kaufrecht verwandte Terminologie –[109] von einer „externen Lücke" sprechen; nur „interne Lücken", die wertungsmäßig *und* nach dem Harmonisierungskonzept festzustellen sind, sind auf der Europäischen Ebene zu schließen.[110]

Bei der Lückenfeststellung geht es daher um zwei Schritte: (1) die Untersuchung, ob der festgestellte Regelungsmangel auch nach dem inneren System des Europäischen Privatrechts zu beanstanden ist, und (2) die Untersuchung, ob nach dem vom Europäischen Gesetzgeber verwirklichten Harmonisierungskonzept die Regelung auf Europäischer Ebene getroffen oder den mitgliedstaatlichen Rechtsordnungen vorbehalten bleiben sollte. Für beide Schritte kommt es wesentlich auf die Auslegung der jeweils betoffenen Regelungen des Europäischen Privatrechts an; einige allgemeine Hinweise kann man indes geben.

Im Hinblick auf den ersten Schritt – das wertungsmäßige Fehlen einer Regelung nach dem inneren System – ist auch im Europäischen Recht die Lücke von der negativen Regelung zu unterscheiden, also dem Fall des „beredten Schweigens".[111] Diese Frage ist allerdings nicht identisch mit der, ob es sich um eine Mindest- oder Höchstregelung handelt, denn auch wenn eine Höchstregelung vorliegt, so bedeutet das ja nur, daß der Gemeinschaftsgesetzgeber in diesem Bereich divergierende mitgliedstaatliche Regelungen verhindern wollte, nicht aber, daß er eine Ausfüllung von auftretenden Regelungsmängeln durch den EuGH verhindern wollte.

Bei der Erörterung des zweiten Schritts – der Frage, ob der Europäische Gesetzgeber die Regelung selbst treffen oder den Mitgliedstaaten überlassen wollte – geht man zweckmäßiger Weise von den Gemeinschaftskompetenzen aus. Wenn der Regelungsmangel in einem Bereich liegt, für dessen Regelung die Gemeinschaft schon keine Kompetenz hat, so kommt eine richterliche Rechtsfortbildung sowieso nicht in Betracht. Vermutlich wollte der Gesetzgeber in diesem Bereich keine Kompetenz in Anspruch nehmen, so daß auf Gemeinschaftsebene schon keine planwidrige Lücke des Gemeinschaftsrechts vorliegt, sondern eine Verweisung auf mitgliedstaatliches Recht. Wenn aber der Gemeinschaftsgesetzgeber hier in Verkennung der Kompetenzgrenzen doch eine Regelung treffen wollte, so kommt eine Rechtsfortbildung ebenfalls nicht in Betracht, weil der

---

109 Schlechtriem-*Ferrari* Art. 7 CISG Rn. 43; *Magnus* RabelsZ 59 (1995) 469, 475; *Schmid* AG 1998, 127, 131; für das Europäische Privatrecht *Franzen* Privatrechtsangleichung, S. 606.

110 Kehrseite der „internen Lücken" ist, daß auch insoweit die Mitgliedstaaten einer „Veränderungssperre" unterliegen; *Kötz* RabelsZ 50 (1986) 1, 10 f.; *ders.* in: Gemeinsames Privatrecht, S. 150 f.

111 S.a. *Stein* FS 600 Jahre Uni Heidelberg, S. 619, 630. Für das deutsche Recht *Hillgruber* JZ 1996, 118, 120 (der Schweigen sehr weitgehend für beredt hält).

EuGH denselben Kompetenzschranken unterworfen ist, wie der Gesetzgeber.[112] Daß die Gemeinschaft eine Rechtsetzungskompetenz hat, bedeutet freilich umgekehrt nicht, daß eine festgestellte Lücke automatisch auf Gemeinschaftsebene zu schließen wäre. Denn weil die Rechtsetzungskompetenzen der Gemeinschaft im Privatrecht meist nur konkurrierend und nicht ausschließlich sind,[113] kann der Regelungsmangel eben auch bedeuten, daß es bei der mitgliedstaatlichen Rechtsetzungshoheit bleiben sollte.

Ein Indiz für die Lückenhaftigkeit der Gemeinschaftsregelung wird von manchen in der verwandten Rechtsform – Verordnung oder Richtlinie – gesehen. Ein Regelungsmangel in der Verordnung deute auf eine interne Lücke hin, ein Regelungsmangel in der Richtlinie hingegen auf eine externe Lücke, da der Richtlinie die Ergänzungsbedürftigkeit wesenseigen sei.[114] Mehr als ein schwaches Indiz kann man in der gewählten Rechtsform indes nicht sehen. Denn wie wir bereits gesehen haben,[115] setzt der Gemeinschaftsgesetzgeber nicht selten in Richtlinien auch ins einzelne gehenden Regelungen. Angesichts dieser – nahezu allgemein akzeptierten – Gemeinschaftspraxis kann man der blutleeren Unterscheidung der Rechtsformen in Art. 249 EG nur einen geringen Indizwert beimessen. Auch soweit ein Regelungsmangel in einer Richtlinie in Rede steht, muß man daher positiv feststellen, ob der Gesetzgeber die Ausfüllung den Mitgliedstaaten überlassen wollte oder nicht.

Läßt sich das Europäische Privatrecht mit Hilfe eines Harmonisierungskonzepts als ein Ganzes bestimmen, so ist dieses Harmonisierungskonzept der Plan des Gesetzgebers, aus dem sich auch seine Lückenhaftigkeit ergibt. Allerdings ist hier wie sonst zu beachten, daß das Gemeinschaftsrecht ein „Recht im Werden“ ist. Selbst wenn nach dem Harmonisierungskonzept eine Lücke vorliegt, läßt sich diese doch dann noch nicht im Wege der richterlichen Rechtsfortbildung schließen, wenn der Gesetzgeber seinen Plan insoweit noch nicht umgesetzt, sondern späterer Rechtsangleichung vorbehalten hat. Dann liegt nur eine Lücke *de lege ferenda*[116] vor und bleibt es bei der vertikalen Kompetenzverteilung, nach der die Lückenfüllung vorerst den Mitgliedstaaten obliegt.[117]

### *d) Die Lückenfüllung aus dem System der Gesamtrechtsordnung*

Hat man eine interne Lücke des Gemeinschaftsrechts begründet, so ist diese nach denselben Grundsätzen zu schließen, die auch im nationalen Recht gelten. Das heißt, daß

---

112 Vgl. *Ukrow* Richterliche Rechtsfortbildung, S. 217–221. Problematisch ist freilich, welche Folge eine Kompetenzüberschreitung durch den EuGH hat; die Selbstkontrolle und Kassation durch den EuGH, dürfte wenig effizient sein; *Hummer/Obwexer* EuZW 1997, 295, 300.

113 S.o. 2 a) (S. 66).

114 *Gebauer* Europäisierung des Privatrechts, S. 228f.; *Neuner* Privatrecht und Sozialstaat, S. 194; *Roth* FS Drobnig, S. 140f.; s.a. *Franzen* Privatrechtsangleichung, S. 608f.

115 Oben, § 3 I 2 b (S. 36).

116 *Kramer* Methodenlehre, S. 139f.

117 Zu möglichen Vorwirkungen einer Richtlinie vor Ablauf der Umsetzungsfrist aber EuGH v. 18.12. 1997 – Rs. C-129/96 *Inter-Environnement Wallonie ASBL*, Slg. I-7411; näher *Neuner* in: Kontinuität im Wandel, S. 83–112; *Leible* Wege, § 9 E III 2 c cc.

die sonst aus der Gesamtrechtsordnung der Gemeinschaft zu entnehmenden Regeln und Prinzipien auf den ungeregelten Bereich zu übertragen sind.[118] Damit geht es um die zentrale Aufgabe des Systemdenkens, die bestehenden Anweisungen auf den ungeregelten Bereich folgerichtig zu Ende zu denken sind.

Auch im Rahmen der Lückenfüllung kommt der Rechtsvergleichung oder „gemeineuropäischen" Rechtsgrundsätzen keine Rechtsquellenqualität zu[119] und kommt es daher nicht in Betracht, die Lücken nach den den mitgliedstaatlichen Rechtsordnungen gemeinsamen Grundsätzen auszufüllen.[120] Nur soweit der Gerichtshof im positiven Gemeinschaftsrecht überhaupt keine Wertungen vorfindet, die er zur Lückenfüllung heranziehen könnte – ein Fall, der auch im verhältnismäßig jungen Europäischen Privatrecht bei Berücksichtigung des Harmonisierungskonzepts kaum praktisch werden dürfte – ist er darauf verwiesen, die Rechtsfortbildung subsidiär auf die Natur der Sache oder die Rechtsidee zu gründen; insofern kann die Rechtsvergleichung als Rechtsgewinnungsquelle dienen.[121]

Bei der Lückenfüllung sind auch noch einmal die Gemeinschaftskompetenzen zu berücksichtigen. Auch wenn eine Lücke des Gemeinschaftsrechts nach den obigen Grundsätzen festgestellt wurde, darf deren Füllung nicht zu einer Regelung führen, die der Gemeinschaftsgesetzgeber selbst im Rahmen der ihm zustehenden Kompetenzen nicht anordnen könnte.[122] Selbst wenn also eine interne Lücke vorliegt und z.B. die Regelung eines rechtlich wesentlich gleichen Falles deren Schließung im Wege der Analogie wertungsmäßig und nach dem Harmonisierungskonzept geböte, kommt diese Analogie nicht in Betracht, wenn die so gewonnene Regel vom Gesetzgeber aus Kompetenzgründen nicht erlassen werden dürfte.

### *e) Zum Legitimationserfordernis der Rechtsfortbildung*

Auslegung und Rechtsfortbildung können – zumal wenn man sich dazu der systematischen Methode bedient – strukturelle Ähnlichkeiten aufweisen.[123] Entgegen der – von

---

[118] *Dänzer-Vanotti* FS Everling, S. 206 und 220f. Vgl. die klassische Formulierung in § 46 Einl. pr.ALR.

[119] S. oben, § 3 III (S. 46f.).

[120] Zutreffend *Grundmann* Schuldvertragsrecht, 1. Teil Rn. 187–189; *ders.* FS Buxbaum, S. 221–227. A.M. *Basedow* FS Mestmäcker, 357f.; *ders.,* FS Stoll, S. 412f.; *Buck* Auslegungsmethoden, S. 52; *Hommelhoff* AcP 192 (1992) 71, 98f.; *Klauer* Europäisierung, S. 111f. (wenn auch wohl subsidiär); *Wank* FS Stahlhacke, S. 641f. (wohl nur für Staatshaftung nach Art. 288 Abs. 2 EG).

[121] Für eine subsidiäre Heranziehung Allgemeiner Rechtsgrundsätze – in Fällen wo „certain questions cannot be answered with reference only to EC law" – auch *Grundmann* FS Buxbaum, S. 224; auch schon *ders.* Schuldvertragsrecht, 1. Teil Rn. 190f.

[122] *Franzen* Privatrechtsangleichung, S. 593 (der zutreffend darauf hinweist, daß der EuGH bei der Rechtsfortbildung rechtspolitische Entscheidungsspielräume nicht in Anspruch nehmen kann); *Hummer/Obwexer* EuZW 1997, 295, 299f.

[123] *Canaris* Lücken, S. 23 („die Scheidung innerlich verwandter Bereiche"); *Diag* FS Zweigert, S. 401f.; *Hoffmann-Becking* Normaufbau und Methode, S. 150–158; *Larenz/Canaris* Methodenlehre, S. 187.

der französischen Rechtstradition beeinflußten –[124] Praxis des EuGH[125] ist es indes geboten, beide Bereiche streng zu trennen.[126] Denn während die Auslegung zum selbstverständlichen Aufgabenbereich der Rechtsprechung gehört, bedarf die richterliche Rechtsfortbildung einer besonderen Legitimation.[127] Zum einen hat das Gericht zu begründen, warum ihm überhaupt ausnahmsweise eine Rechtsfortbildungskompetenz zusteht; das ist nur dann der Fall, wenn eine Lücke im positiven Recht vorliegt. Zum zweiten hat es zu begründen, warum es die Lücke auf die gewählte Weise schließt; hier hat das Gericht die von ihm zugrunde gelegten Wertungen und ihre Herleitung (primär aus dem positiven Recht, subsidiär aus der Natur der Sache und der Rechtsidee) zu begründen. Ist vom EuGH – wie auch von nationalen Gerichten – schon ganz allgemein ein diskursiver bzw. argumentativer Urteilsstil zu fordern, „weil nur er darauf angelegt ist, durch Überzeugung Konsens zu stiften",[128] so gilt das erst recht im Bereich der richterlichen Rechtsfortbildung.[129]

## 3. Berücksichtigung des Systems des Europäischen Privatrechts bei der Rechtsfortbildung im nationalen Recht

Soweit eine (für das Europäische Privatrecht) externe Lücke vorliegt, ist es Sache der mitgliedstaatlichen Gesetzgeber und Gerichte zu prüfen, inwieweit es geboten ist, diese Lücken zu schließen. Da es im Falle solcher externer Lücken definitionsgemäß um einen Bereich geht, in dem eine europarechtliche Regelung fehlt und auch nicht vom EuGH im Wege der Rechtsfortbildung nachzuliefern ist, trifft die Mitgliedstaaten insoweit keine Umsetzungsverpflichtung:[130] europarechtlich sind sie frei.

Ob und wie solche externen Lücken nach nationalem Recht gefüllt werden, werden die Mitgliedstaaten vor allem nach Maßgabe der Systembindungen des nationalen Rechts entscheiden. Sofern sich die gemeinschaftsrechtlich vorgegebene Regelung nicht bruchlos in das nationale Rechtssystem einfügt, wird der nationale Gesetzgeber prüfen, ob das Anlaß ist, das nationale System umzubauen oder die europarechtliche Lösung

---

[124] Dazu *Buck* Auslegungsmethoden, S. 101 f.; *Fikentscher* Methoden I, S. 543–548; *Constantinesco* Recht der Europäischen Gemeinschaften I, S. 807; *Schweitzer/Hummer* Europarecht, Rn. 451.

[125] Dem EuGH ist, worauf *Wank* FS Stahlhacke, S. 635 mit Fn. 19 hinweist, die Kompetenzabgrenzung freilich in der Sache keineswegs fremd.

[126] Das ist auch das Kernanliegen der Kritik des Richterrechts von *Rüthers* JZ 2002, 365–371. S.a. *Hillgruber* in: Europäische Staatlichkeit, S. 39, 45 f. A.M. *Borchardt* GS Grabitz, S. 37.

[127] S.a. *Dänzer-Vanotti* RIW 1992, 733, 737 f.; *Everling* JZ 2000, 217, 221 f.

[128] So zu Recht *Canaris* FS Medicus 1999, S. 30. S.a. GA *Lagrange* in: EuGH v. 27.3.1963 – verb.Rs. 28-30/62 *Da Costa* Slg. 1963, 63, 91. Gegen den französischen Urteilsstil, dem die Entscheidungen des EuGH oftmals nahe stehen, werden auch im französischen Schrifttum Bedenken erhoben; *Touffait/Tunc* Rev.trim.dr.civ. 72 (1974) 487–508; ferner nur *Zweigert/Kötz* Rechtsvergleichung, § 9 I (S. 121 f.).

[129] *Ukrow* Richterliche Rechtsfortbildung, S. 175–177. Das bedeutet freilich nicht, daß die Akzeptanz eine Rechtsfortbildungs*kompetenz* schaffen würde; zutreffend *Dänzer-Vanotti* FS Everling, S. 209 f.

[130] Zur Bedeutung der Systematik von EG-Richtlinien für die Umsetzungsverpflichtung *Grundmann* JZ 1996, 274, 282–284.

(formal und) wertungsmäßig zu isolieren. Nach deutschem Verfassungsrecht kommt dem Gesetzgeber dabei ein weiter Spielraum zu, da der Zweck der Systemerhaltung in aller Regel als sachlicher Grund für einen punktuellen Systembruch anzusehen sein wird und daher der Willkürvorwurf nicht begründet ist.[131] Allerdings steigt mit zunehmendem Bestand europarechtlicher Vorgaben der Begründungsbedarf des nationalen Gesetzgebers. Daher ist der Rat *Drexls* zu beherzigen: „Die nationalen Gerichte sollten trotz der gemeinschaftsrechtlichen Vorgaben nicht ihre Aufgabe vergessen, das nationale Privatrechtssystem widerspruchsfrei zu gestalten. Dies gelingt am besten, indem man nicht nach Möglichkeit versucht, die gemeinschaftsrechtlichen Einflüsse durch eine restriktive Auslegung der Umsetzungsgesetze zu begrenzen, sondern indem man die Schutzzwecke der gemeinschaftsrechtlichen Richtlinien aufgreift und sie in das nationale Rechtssystem – auch einmal durch Überschreiten des Mindestschutzniveaus der Richtlinien – integriert."[132] – Voraussetzung dafür ist freilich, daß die Umsetzungsanforderungen, die die Gemeinschaft stellt, in sich stimmig sind, so daß die Mitgliedstaaten darauf vertrauen können, daß die überobligationsmäßige Umsetzung ins nationale Recht auch honoriert und nicht schon morgen durch andere Umsetzungsanforderungen zunichte gemacht wird.[133]

## 4. Gesetzgeberische Fortbildung des Europäischen Privatrechts

Der Europäische Gesetzgeber unterliegt, wie wir bereits oben (§ 2 I 2, S. 9 und § 4 I 1, S. 52f.) gesehen haben, nur einer ganz schwachen Systembindung, die vor allem auf dem Willkürverbot gründet. Er ist nur „gehalten" folgerichtig zu verfahren, da dies dem rechtsethischen Gleichheitssatz, dem Prinzip der Rechtssicherheit und dem Prinzip der Einheit der Rechtsordnung dient. Will der Gesetzgeber aus diesen Gründen systematisch vorgehen, so wird er schon äußere Systemlücken zum Anlaß für Ergänzungen nehmen. Zu deren Feststellung wird der Gesetzgeber in zwei Schritten vorgehen. Er wird sich zuerst Rechenschaft über das Harmonisierungskonzept und damit über den Bereich verschaffen, der eine Rechtsangleichung fordert. Zweitens wird er untersuchen, welche Wertungen sich schon aus dem Bestand des positiven Rechts für die Ausfüllung eines nach dem Harmonisierungskonzepts festgestellten Lückenbereichs ergeben.

Da der Gesetzgeber hier keiner strengen Bindung unterliegt, kann er sich bei einer Neuregelung auch dafür entscheiden, das Harmonisierungskonzept zu ergänzen oder zu modifizieren oder neue Wertungen in das Rechtssystem einzufügen. Die Erörterung des

---

131 *Canaris* Systemdenken, S. 121–129, bes. 127; zurückhaltend *Bleckmann* ZGR 1992, 364, 371 (der auf die Folgen für die Auslegung von § 48 VwVfG hinweist, die sich ergeben aus EuGH v. 2.2.1989 – Rs. 94/87 *Alcan* Slg. 1989, 175 Rn. 12; EuGH v. 20.9.1990 – Rs. C-5-89 *Kommission ./. Deutschland* Slg. 1990, I-3437 Rn. 9–19 [BUG Alutechnik]); aus Gründen der Gleichbehandlung überträgt die EG-rechtliche Bewertung von Werbung (EuGH v. 7.3.1990 – Rs. C-362/88 *GB-INNO* Slg. 1990, I-667) auch auf Inlandssachverhalte LG Düsseldorf, WRP 1994, 138.

132 *Drexl* JZ 1998, 1046, 1058. Entsprechendes läßt sich für die mitgliedstaatlichen Gesetzgeber sagen.

133 In diesem Sinne auch *Roth* FS BGH, S. 881.

inneren Systems führt dann die Implikationen vor Augen, die sich für das übrige Europäische Privatrecht aus solcher Systemveränderung ergeben.[134]

## 5. Zur Konkretisierung von Generalklauseln

### *a) Einleitung*

Im Zusammenhang mit der richterlichen Rechtsfortbildung kann man auch die Problematik der Konkretisierung von Generalklauseln sehen.[135] In der Tat lassen sich ja auch Generalklauseln als eine Art – freilich plangemäßer – Regelungsmangel und in diesem (untechnischen) Sinne als Lücke ansehen.[136] Und ebenso wie im Falle von Lücken (im technischen Sinne) erfordern auch Generalklauseln nicht nur den Vollzug eines weitgehend Vorgegebenen, sondern die Ausfüllung eines (hier freilich bewußt gesetzten und ggf. enger eingegrenzten) Rahmens.[137] Bereits oben (§ 2 III 2, S. 28) haben wir gesehen, daß die Konkretisierung von Generalklauseln selbst ein Prozeß der Systembildung ist und daß dabei nicht lediglich „alle" Umstände des Einzelfalls, sondern gerade auch die der Rechtsordnung immanenten Prinzipien zu berücksichtigen sind.[138]

Generalklauseln kommen im Europäischen Privatrecht öfters vor (z.B. „Treu und Glauben", Art. 3 Abs. 1 AGB-RL, Art. 3, 4 HVertrRL). Wurden sie anfangs zumeist ganz unbefangen wie Generalklauseln im nationalen Recht behandelt,[139] so hat sich, seit die potentielle Hebelwirkung von gemeinschaftsautonomen Generalklauseln aufgezeigt wurde,[140] ein Streit über deren Bedeutung entzündet, bei dem es – nicht von ungefähr – in entsprechender Weise wie bei der Diskussion um die richterliche Rechtsfortbildung darum geht, wem die Kompetenz zur Konkretisierung zusteht, dem EuGH oder den Mitgliedstaaten (Gesetzgeber und Gerichte). Auch hier geht es in diesem Sinne um die Frage, ob die in den Generalklauseln vorliegenden „Lücken" „externe" oder „interne Lücken" sind.

Die Folgen einer gemeinschaftsautonomen Konkretisierung von Generalklauseln kann man am Beispiel der Handelsvertreterrichtlinie sehen, denn hier ist der Grundsatz von Treu und Glauben als allgemeines Verhaltensgebot der Parteien formuliert und kann so potentiell sehr weitreichende Wirkung haben. Treu und Glauben kann hier sowohl in

---

[134] Zur Bedeutung des Systems (dort: der Dogmatik) für die Rechtsfortbildung, nochmals *Henckel* in: Gesetzgebung und Dogmatik, S. 93–105.

[135] Zum Begriff der Generalklauseln *Franzen* Privatrechtsangleichung, S. 536 f.; s.a. *Remien* RabelsZ 66 (2002) 503, 511 f.

[136] *Kramer* Methodenlehre, S. 140 f.; *Rüthers* Rechtstheorie, Rn. 836 f.

[137] Sehr weitgehend allerdings *Kramer* Methodenlehre, S. 199–201, der keinen methodischen Unterschied zwischen Lückenfüllung und Konkretisierung von Generalklauseln sieht.

[138] So für das Europäischen Privatrecht wohl zuerst *Nassall* JZ 1995, 689–694 (zur AGBRL); dazu näher unten, § 16 I 3 b bb (4) (S. 445–452).

[139] S. z.B. *Dänzer-Vanotti* RIW 1992, 733, 737; *Nassall* JZ 1995, 689–694.

[140] *Canaris* EuZW 1994, 417; s.a. *Gebauer* Europäisierung des Privatrechts, S. 228 f.

seiner Schrankenfunktion als auch in seiner Ergänzungsfunktion Bedeutung erlangen.[141] So kann der Grundsatz von Treu und Glauben die Rechtsausübung der Parteien etwa dann beschränken, wenn sie mißbräuchlich ist oder mit früherem eigenen Verhalten in Widerspruch steht. In seiner Ergänzungsfunktion kann der Grundsatz z.B. ein vertragliches Wettbewerbsverbot als Nebenpflicht des Handelsvertreters begründen.[142] Handelt es sich bei der Generalklausel von – im Beispiel – Treu und Glauben um eine bloße Ziel- oder Rahmenvorgabe, so ist die Konkretisierung Sache der Mitgliedstaaten mit der Folge, daß der EuGH nur die Wahrung äußerster Grenzen überprüfen kann, die Mitgliedstaaten innerhalb dieses Rahmens aber auch im einzelnen unterschiedliche Konkretisierungen vornehmen können. Handelt es sich um ein gemeinschaftsautonomes Konzept, so ist die Konkretisierung letztlich Sache des EuGH. Seine Ausfüllung der Generalklauseln ist dann für alle Mitgliedstaaten verbindlich und kann, vermittelt über die Systembindung des nationalen Rechts, auch über den Bereich der Rechtsangleichung (z.B. des Handelsvertreterrechts) weit hinaus ausstrahlende Wirkung haben.

Vor dem Hintergrund dieser möglicherweise weitreichenden Folgen stellt sich der Streit um die Frage des Verhältnisses von gemeinschaftlicher und mitgliedstaatlicher Kompetenz[143] oftmals als eine Fortsetzung der rechtspolitischen Diskussion um das wünschenswerte Harmonisierungskonzept dar. So wird die gemeinschaftsautonome Auslegung von Generalklauseln von den Verfechtern einer weitgehenden Rechtsvereinheitlichung als Hebel angesehen, mit dem das Europäische Privatrecht mit der Hilfe eines progressiven Gerichtshofs weit ausgedehnt werden könnte.[144] Die potentielle Hebelwirkung ist auf der anderen Seite Anlaß für Versuche, die gemeinschaftsrechtlich-autonome (und vom EuGH zu überwachende) Konkretisierung zugunsten der mitgliedstaatlichen Rechtssysteme und ihrer Bewahrung einzuschränken.[145] Leitgedanke für die Bestimmung der Reichweite von Generalklauseln im Europäischen Privatrecht dürfen freilich nicht diese Erwägungen des rechtspolitischen Wollens sein, vielmehr ist zu untersuchen, welche Vorgaben der Europäische Gesetzgeber mit ihrer Statuierung machen wollte.

Interessanterweise hat die Diskussion über gemeinschaftsautonome Generalklauseln – soweit ersichtlich – ihren Ausgangspunkt in Deutschland genommen und wird sie auch bislang vor allem hier geführt. Ein Grund dafür mag in der starken Stellung des Systemdenkens im deutschen Privatrecht liegen. Ist auch die Freiheit des Gesetzgebers anerkannt, das Recht bis zur Grenze der Willkür systemwidrig auszubilden, und kann das

---

141 Zu den Funktionen des Grundsatzes von Treu und Glauben im deutschen Zivilrecht Jauernig-*Vollkommer* § 242 Rn. 5–9; ähnlich im niederländischen Zivilrecht, vgl. *Hartkamp* AcP 191 (1991) 396, 405.

142 Str.; dafür *Steindorff* in: Deutsches und Europäisches Bank- und Börsenrecht – Bankrechtstag 1993, S. 141 f.; differenzierend (nur für das „Ob", nicht für das „Wie") *Canaris* Handelsrecht, § 17 Rn. 46 f.; ablehnend *Franzen* Privatrechtsangleichung, S. 547–549.

143 Die Frage wurde, soweit ersichtlich, zuerst aufgeworfen von *Canaris* EuZW 1994, 417.

144 In diese Richtung etwa *Joerges* ZEuP 1995, 181, 200 f.

145 In diese Richtung etwa *Roth* FS Drobnig, S. 141 f.

Systemdenken solche Brüche auch isolieren,[146] so ist doch die Tendenz mächtig, Änderungen des positiven Rechts als Wandlungen in das System zu integrieren.[147] Traditionell anders ist demgegenüber die Haltung des englischen Rechts, das gesetzliche Eingriffe in das überkommene *Common law*-System zu isolieren weiß – interpretativ früher vor allem durch die *mischief rule*[148] und den Grundsatz der engen Auslegung von Gesetzen[149] – und *common law* und *statutory law* weitgehend getrennt gehalten hat.[150] Ungeachtet der für alle mitgliedstaatlichen Rechtssysteme aufgrund der Pflicht zur effektiven Umsetzung bestehenden Fernwirkungen punktueller Angleichungen hat daher jede Rechtsangleichung für das deutsche, dem Systemdenken stark verbundene Recht potentiell weit erheblichere Auswirkungen. So ist es nicht unverständlich, daß die Sorge vor einer Usurpation von tragenden Generalklauseln wie Treu und Glauben durch das Europäische Recht gerade in Deutschland früh keimen mußte.

### *b) Zulässigkeit von gemeinschaftsautonomen Generalklauseln*

Bestritten wird schon die Befugnis des Europäischen Gesetzgebers, Generalklauseln zu verwenden, die jenen des nationalen Rechts ähneln, wie insbesondere Treu und Glauben. Darin liege eine Kompetenzüberschreitung, weil so „die Rechtsordnungen der Mitgliedstaaten schleichend aufgelöst werden, ohne daß das durch eine Kompetenzgrundlage im EGV und eine Kompetenzübertragung in den nationalen Zustimmungsgesetzen gedeckt ist".[151] Diese auf die Handelsvertreterrichtlinie bezogene Aussage stellt freilich die Kompetenz der Gemeinschaft zur auch ins einzelne gehenden Regelung des Handelsvertreterrechts nicht in Frage,[152] sondern nur die Verwendung von Generalklauseln „deren Geltung ohnehin selbstverständlich ist und zur traditionellen Rechtskultur der Mitgliedstaaten gehört".[153] Ist aber eine Kompetenz des Europäischen Gesetzgebers zur Regelung des Handelsvertreterrechts grundsätzlich gegeben und steht es ihm frei, Einzelheiten zu regeln, so ist auch nicht zu beanstanden, wenn er zu diesem Zwecke eine Generalklausel verwendet; damit bedient sich der Europäische Gesetzgeber einer Regelungstechnik, deren überlegene Eignung – zum Beispiel – für die Regelung von Nebenpflichten von den Rechtsordnungen der kontinentalen Mitgliedstaaten überwiegend

---

[146] S.o., § 2 I 2 (S. 9f.).

[147] Eine Tendenz, die man als „Zentripetaltendenz" des deutschen Rechtsdenkens bezeichnen kann, zeigt beispielhaft *Zöllner* WM 2000, 1, 3f., auf. S.a. K. *Schmidt* in: Rechtsdogmatik und Rechtspolitik, S. 20–24 (Institutionenbildung).

[148] S. oben, I 2 c) (S. 60), mit Fn. 57.

[149] *Zimmermann* Cambr.L.J. 56 (1997) 315–328.

[150] Dazu *Beatson* Cambr.L.J. 56 (1997) 291, 307–312. S. schon oben, I 2 c).

[151] *Canaris* Handelsrecht, § 17 Rn. 22.

[152] Zur Regelung von Einzelheiten in Richtlinien bereits oben, § 3 I 2 b (S. 36).

[153] *Canaris* Handelsrecht, § 17 Rn. 22. Ob die (gemeinschaftseinheitliche) Geltung der Generalklausel (hier: Treu und Glauben beim Handelsvertretervertrag) selbstverständlich ist, ist freilich gerade die Frage. Gerade der Grundsatz von Treu und Glauben wird im übrigen in den Mitgliedstaaten unterschiedlich verstanden, so daß die Feststellung der schon ohne Rechtsangleichung bestehende Ähnlichkeit (entgegen *Franzen* Privatrechtsangleichung, S. 546f.) für sich keinen Argumentationswert hat.

anerkannt wird. Ebensowenig kann es aber dem Gesetzgeber verwehrt sein, eine gemeinschaftsautonome Generalklausel zu installieren und die Konkretisierung nicht den Mitgliedstaaten zu überlassen, wenn allein das seinem Regelungsanliegen entspricht.[154] Allerdings ist zu überprüfen, ob eine so weitgehende Regelung von den Kompetenzen der Gemeinschaft gedeckt ist. Bei dieser Prüfung sind indes nur die unmittelbaren Folgen zu berücksichtigen, nicht die dem nationalen Recht zuzurechnenden Ausstrahlungswirkungen auf die Rechtsordnung im übrigen.

Anderes ergibt sich auch nicht aus dem Subsidiaritätsgrundsatz. Der Subsidiaritätsgrundsatz gebietet, nur die Maßnahmen auf Gemeinschaftsebene anzusiedeln, die von den Mitgliedstaaten nicht ausreichend und daher auf Gemeinschaftsebene besser erreicht werden können.[155] Bei der Wahl der Regelungsebene kommt der Gemeinschaft indes ein gerichtlich nur eingeschränkt überprüfbarer Beurteilungsspielraum zu.[156] Eine pauschale Ablehnung gemeinschaftsautonomer Generalklauseln läßt sich daraus nicht ableiten.[157]

### c) *Maßgabe der Auslegung*

Ist demnach an der grundsätzlichen Kompetenz des Europäischen Gesetzgebers nicht zu zweifeln, gemeinschaftsautonome Generalklauseln zu setzen, so ist nur im Einzelfall zu untersuchen, ob er das gewollt hat oder nicht. Auch hier lassen sich nur einige allgemeine Anhaltspunkte benennen.[158]

So wie für die Rechtsfortbildung[159] wird auch für die Konkretisierung von Generalklauseln vorgeschlagen, die verwandte Rechtsform als Indiz für die Beantwortung der Kompetenzfrage heranzuziehen: Die Verwendung der Verordnungsform spreche für gemeinschaftsautonome, vom EuGH zu konkretisierende Generalklauseln,[160] die Verwendung der Richtlinienform hingegen spreche – generell[161] oder mangels ausdrücklicher anderer Hinweise[162] – für die Delegierung der Konkretisierungskompetenz an die

---

154 Ebenso *Leible* Wege, § 5 E III 2 c ee aaa; *Wolff* Konkretisierungskompetenz für Generalklauseln, S. 32–40 und 60–62. S.a. *Klauer* ERPL 2000, 187, 195 f.

155 Art. 5 EG. S. noch unten, § 7 I 3 (S. 134f.).

156 Näher unten, § 7 I 3 (S. 134f.).

157 So wohl auch *Roth* FS Drobnig, S. 143f., der den Subsidiaritätsgrundsatz als ergänzende und (wohl) die Auslegung nur mitbestimmende Erwägung (für seine Ablehnung gemeinschaftsautonomer Generalklauseln) heranzieht.

158 Ebenso jetzt *Wolff* Die Verteilung der Konkretisierungskompetenz für Generalklauseln in privatrechtsgestaltenden Richtlinien (2002) (die im 2. Teil ihrer Arbeit (S. 67–200) eingehend einzelne Auslegungskriterien und Indizien erörtert) und *Remien* RabelsZ 66 (2002) 503, 520–523.

159 Oben, 2 (S. 65–72).

160 *Roth* FS Drobnig, S. 140 f.

161 So *Roth* FS Drobnig, S. 140–143; *ders.* in: Zivilrechtswissenschaft und Schuldrechtsreform, S. 235f. Ebenso für den unbestimmten Rechtsbegriff der „Darbietung des Produkts" (§ 6 Abs. 1 lit. a PHRL) *Taschner* FS Steffen, S. 484f.; *Taschner*/Frietsch, Art. 6 PHRL Rn. 13f. gibt freilich auch für das Tatbestandsmerkmal der Darbietung des Produkts inhaltliche Vorgaben an. S.a. *Canaris* EuZW 1994, 417, r.Sp.

162 So *Franzen* Privatrechtsangleichung, S. 541, der die Konkretisierungskompetenz der Mitgliedstaaten

Mitgliedstaaten. Daß indes die Richtlinie *dem Modell nach* nur „zielverbindlich" sind (Art. 249 Abs. 3 EG), spricht angesichts der anerkannten Gemeinschaftspraxis, darin auch Detailregelungen zu treffen,[163] so wenig gegen die Konkretisierungskompetenz des EuGH, wie dieser Umstand gegen seine Rechtsfortbildungskompetenz spricht.[164] So wenig wie ein detaillierter Nebenpflichtenkatalog im Stil der anglo-amerikanischen Rechtstradition kann eine generalklauselförmige Bestimmung von Nebenpflichten als Rechtsformmißbrauch beanstandet werden. Die Richtlinienform kann daher nur ein ganz schwaches Indiz für die Konkretisierungskompetenz der Mitgliedstaaten sein.

Die Tatsache, daß die Gemeinschaft in privatrechtlichen Richtlinien (oder Verordnungen) überhaupt Generalklauseln aufnimmt, spricht hingegen grundsätzlich für die Annahme, daß damit eine gemeinschaftsautonome Regelung gesetzt werden sollte.[165] Denn schon die Feststellung, daß eine Gemeinschaftsregelung vorliegt, wenn auch „nur" in Form einer Generalklausel, bedeutet, daß die Gemeinschaft die Kompetenz beansprucht. So kann die Tatsache, daß die Handelsvertreterrichtlinie Unternehmer und Handelsvertreter auf die Wahrung von Treu und Glauben verpflichtet, offenbar nur bedeuten, daß (zumindest ansatzweise) eine gemeinschaftsautonome Vorgabe geschaffen werden sollte; sonst hätte der Gesetzgeber die Regelung unterlassen oder sich darauf beschränken können, die Mitgliedstaaten zu „einer Regelung" oder „einer interessengerechten Regelung" zu verpflichten. Sieht das Gemeinschaftsrecht eine Generalklausel vor, so ist daher regelmäßig davon auszugehen, daß jedenfalls die Grenzen dieser Generalklausel gemeinschaftsautonom bestimmt und vom EuGH zu konkretisieren sind.

Für eine gemeinschaftsautonome Auslegung der Generalklauseln spricht zumeist auch der Wortlaut der Vorschriften. Wenn der Gesetzgeber keine verbindlichen Vorgaben setzen möchte, so formuliert er das regelmäßig hinreichend klar, z.B. dahin, daß die Mitgliedstaaten eine bestimmte Regelung vorsehen können (z.B. Art. 7 Abs. 1 FARL). Formuliert der Gemeinschaftsgesetzgeber hingegen selbst Rechte und Pflichten, so deutet das darauf hin, daß er die mitgliedstaatlichen Rechtsordnungen insoweit auch binden will. Wenn z.B. nach Art. 3 Abs. 1, 4 Abs. 1 HVertrRL Unternehmer und Handelsvertreter gebunden sind, sich nach Treu und Glauben zu verhalten, deutet das

---

aufgrund der Rechtsnatur der Richtlinien vermutet und anderes (Begründungslast der Gemeinschaft) nur dann annehmen möchte, wenn das „ausdrücklich angeordnet" wurde (in der Zusammenfassung, S. 542, läßt er weitergehend auch zu, daß Abweichendes „durch Auslegung ermittelbar normiert wurde"); im folgenden zieht *Franzen* u.a. folgende Indizien für die Ermittlung der Konkretisierungskompetenz heran: (a) Für Gemeinschaftskompetenz: Konkretisierungsmöglichkeit auf Gemeinschaftsebene (S. 540, 544, 552f.); (b) gegen Gemeinschaftskompetenz: Konkretisierung durch die Richtlinienregelung selbst (S. 544), nur geringe Angleichungswirkung, da die bereits bestehenden mitgliedstaatlichen Regelungen einander ähneln (S. 546–548 – für Treu und Glauben!); Befugnis der Mitgliedstaaten, aufgrund der Generalklausel weitere Pflichten zu normieren (S. 549f.); die ohnehin geringe Angleichungswirkung der Regelung (S. 551).

[163] Oben, § 3 I 2 b (S. 36).

[164] Oben, 2 c) (S. 68–70).

[165] Ebenso *Klauer* ERPL 2000, 187, 195.

darauf hin, daß diese Begriffe gemeinschaftsautonom auszulegen sind, denn sonst hätte der Gesetzgeber etwa auch formulieren können: „Die Mitgliedstaaten sehen vor, daß sich der Handelsvertreter/Unternehmer gemäß dem nationalen Recht angemessen gegenüber dem Vertragspartner verhalten soll.“[166]

Entscheidend muß aber der Zweck der Angleichungsmaßnahme sein. Soll das Recht in dem fraglichen Punkt einheitlich sein, so muß die Generalklausel auch gemeinschaftsautonom einheitlich ausgelegt werden. Eine gemeinschaftsautonome Auslegung ist daher insbesondere geboten, soweit die Regelung dazu dient, einem bestimmten Personenkreis gemeinschaftsweit denselben Handlungsrahmen zur Verfügung zu stellen.

#### *d) Grenzen der gemeinschaftsautonomen Konkretisierung aus der Funktion des EuGH?*

Endlich bedeuten auch die Kompetenzschranken, denen der EuGH im Vorlageverfahren (als der für das Privatrecht wichtigsten Verfahrensart) unterliegt, kein grundsätzliches Hindernis, das der Konkretisierung von gemeinschaftsautonomen Generalklauseln entgegenstünde.[167] Allerdings trifft es zu, daß das Gericht im Vorlageverfahren nur das Gemeinschaftsrecht auszulegen hat und seine Anwendung auf den Fall Sache der nationalen Gerichte ist.[168] Doch hat der EuGH ungeachtet dessen die Möglichkeit gefunden, auch Generalklauseln und unbestimmte Rechtsbegriffe (wie z.B. „irreführend“, „Verwechslungsgefahr“, „Maßnahmen gleicher Wirkung“) selbst zu konkretisieren, sofern ihm dazu hinreichende Sachverhaltsangaben vorlagen und die Entscheidung in der Sache zwingend oder geboten erschien.[169] Zu Recht hat sich daher der EuGH nicht auf eine „formalistische“ Auslegung seiner Kompetenzen berufen, sondern im Interesse einer effektiven Zusammenarbeit mit den nationalen Gerichten nach Möglichkeit auch zu Fragen der Anwendung des Gemeinschaftsrechts auf den konkreten Fall Stellung genommen.[170] Beispielsweise hat das Gericht in der *Kefalas*-Entscheidung, in der es freilich um die Konkretisierung eines nationalen Rechtsmißbrauchsverbots ging, keine

---

[166] Die offenkundige Sinnlosigkeit einer solche Formulierung bestätigt, daß die Statuierung einer in eine Generalklausel gekleideten Pflicht regelmäßig auch eine Bindung der Mitgliedstaaten bezweckt.

[167] *Franzen* Privatrechtsangleichung, S. 538 f., der freilich (S. 540) einräumt, daß der EuGH auch unbestimmte Rechtsbegriffe wie „Maßnahmen gleicher Wirkung“ (Art. 28 EG) und „Eignung zur Beeinträchtigung des zwischenstaatlichen Handels“ (Art. 81 EG) durchaus selbst konkretisiert hat.

[168] Schwarze-*Schwarze* Art. 249 EGV Rn. 17; Lenz-*Borchardt* Art. 234 Rn. 11. EuGH v. 27.3.1963 – verb.Rs. 28-30/62 *Da Costa* Slg. 1963, 63, 81.

[169] EuGH v. 12.9.2000 – Rs. C-366/98 *Yannick Geffroy* Slg. 2000, I-6579 Rn. 18 f.; EuGH v. 16.7.1998 – Rs. C-210/96 *Gut Springenheide* Slg. 1998, I-4657 Rn. 30 mwN; EuGH v. 18.12.1986 – Rs. 10/86 *VAG France* Slg. 1986, 4071 Rn. 7 f.; s.a. EuGH v. 11.11.1997 – Rs. C-251/95 *Sabel ./. Puma* Slg. 1997, I-6191.

[170] GA *Jacobs* in: EuGH v. 20.11.1997 – Rs. C-338/95 *Wiener* Slg. 1997, I-6495, SchlA Tz. 12–16: „Der Gerichtshof nimmt diese Unterscheidung (zwischen Auslegung und Anwendung) jedoch nach praktischen Gesichtspunkten, ohne übertriebenen Formalismus vor.“ (freilich mit dem kritischen Hinweis, daß jede „Anwendung“ „Auslegungsfragen“ aufwerfen kann; Tz. 15); zust. Lenz-*Borchardt* Art. 234 Rn. 11; wohl abl. Schwarze-*Schwarze* Art. 234 EG Rn. 17; s.a. *Steindorff* in: Deutsches und Europäisches Bank- und Börsenrecht – Bankrechtstag 1993, S. 149 f.

Schwierigkeiten gefunden, eine bestimmte Auslegung als europarechtswidrig zu verwerfen und damit die Generalklausel zu konkretisieren.[171]

Ungeachtet dieser Möglichkeiten, auch einzelne Sachverhaltskonstellationen zu berücksichtigen, ist die Rolle des EuGH bei der Konkretisierung von Generalklauseln auf die Formulierung von abstrakten Rechtssätzen beschränkt. Der EuGH kann eine Konkretisierung von Generalklauseln nur durch die Formulierung von Unterprinzipien leisten, nicht aber auf ihrer Grundlage zur Einzelfallgerechtigkeit beitragen.[172] Zweitens ist auch für den EuGH eine Selbstbeschränkung geboten, wie sie aus dem deutschen Revisionsrecht und der Rechtsprechung des BVerfG bekannt ist. Grundlage für solche Beschränkung sind nicht so sehr praktische Erwägungen[173] als der Zweck des Vorabentscheidungsverfahrens, die Rechtseinheit zu wahren,[174] denn die Rechtseinheit wird regelmäßig nicht von Abweichungen in Einzelfragen betroffen.[175]

### *e) Ergebnis*

Soweit eine Generalklausel im Europäischen Privatrecht gemeinschaftsautonom zu konkretisieren ist, ist grundsätzlich auch der EuGH zur Letztentscheidung berufen. Aufgrund der Zweckbestimmung des Vorabentscheidungsverfahrens (Wahrung der Rechtseinheit) und seiner Beschränkung auf die Auslegung im Gegensatz zur Anwendung des Rechts sind der Konkretisierung durch das Gemeinschaftsgericht indes Grenzen gesetzt, es kann regelmäßig nur darum gehen, Unterprinzipien zu bilden, die als relativ abstrakte Sätze Leitlinien für die Konkretisierung geben. Gerade für diese Zwecke ist die systematische Methode besonders geeignet, nach der Generalklauseln gemäß den Geboten der Einheit und Ordnung mit Hilfe von Prinzipien zu konkretisieren sind, die dem Rechtssystem selbst immanent sind.

Damit kann den Generalklauseln durchaus die von manchen begrüßte, von anderen besorgte Hebelwirkung zukommen (eingangs a), S. 74–76). Die Normierung von gemeinschaftsautonomen Generalklauseln im Europäischen Privatrecht hat so potentiell sehr weitreichende Wirkungen für die mitgliedstaatlichen Rechtsordnungen, zumal wenn diese dem Systemgedanken verbunden sind. Die Konkretisierung von Generalklauseln des Europäischen Privatrechts kann mit anderen Gewichtungen verbunden sein als dies aus dem nationalen Recht bekannt ist. Indes können die so begründeten Einflüsse für die mitgliedstaatlichen Rechtsordnungen nicht geradezu umstürzend sein, wenn, wie hier vertreten, die gemeinschaftsautonomen Generalklauseln anhand der dem Europäischen Privatrecht immanenten Prinzipien konkretisiert werden. Denn das Europäische Privatrecht ist – als Verordnung – unmittelbar oder – als Richtlinie – mittelbar selbst Bestandteil des nationalen Rechts und prägt so dessen inneres System mit. Bedenkt man bei der

---

[171] EuGH v. 12.5.1998 – Rs. C-367/96 *Kefalas* Slg. 1998, I-2843 Rn. 22f.

[172] *Franzen* Privatrechtsangleichung, S. 539, der die Möglichkeiten des EuGH noch weitergehend auf die abstrakte Umschreibung der Generalklauseln beschränkt sieht.

[173] Auf sie weist freilich zu Recht hin *Roth* FS Drobnig, S. 143.

[174] Zu diesem Zweck Schwarze-*Schwarze* Art. 234 EG Rn. 1f.; Calliess/Ruffert-*Wegener* Art. 234 EG Rn. 1.

[175] *Canaris* EuZW 1994, 417.

Konkretisierung von Generalklauseln auf Europäischer Ebene – wie dies geboten ist – zugleich den fragmentarischen Charakter des Europäischen Privatrechts und seine Ergänzungsbedürftigkeit durch das nationale Recht mit, so können sich dabei keine von nationalen Rechtsordnungen grundlegend verschiedenen Wertungen ergeben. Die „Billigkeit", verstanden als das von der Rechtsprechung (gerade auch) auf der Grundlage von Generalklauseln herzustellende Element der individualisierenden Einzelfallgerechtigkeit, ist nach hier vertretener Auffassung ohnehin Sache der nationalen Gerichte.

## III. Der Gang der folgenden Untersuchung

Aus den Überlegungen zum Systemdenken im Europäischen Privatrecht in den §§ 2 bis 4 ergibt sich der Plan für das weitere Vorgehen. In Teil 3 der Arbeit soll untersucht werden, ob sich das Europäische Vertragsrecht als ein geordnetes Ganzes erweist. Dazu ist in zwei Schritten vorzugehen. Im ersten Schritt wird die Vielzahl der Regelungen, nach Sachfragen des Vertragsrechts äußerlich geordnet, auf ihre innere Stimmigkeit hin untersucht (§§ 11 bis 17). Der Schwerpunkt der Untersuchung liegt insoweit auf der Systemforderung der Folgerichtigkeit. In einem zweiten Schritt wird versucht, die zentralen Prinzipien des Europäischen Vertragsrechts zu erörtern (§ 18). Der Schwerpunkt der Untersuchung liegt dann auf dem Gesichtspunkt der Einheit. Bevor wir uns aber dem System des materiellen Vertragsrechts zuwenden, ist zunächst in Teil 2 der Arbeit die oben (I 2 b) bb), S. 56–58) identifizierte Aufgabe zu erfüllen, die das Europäische Vertragsrecht an eine systematische Untersuchung zusätzlich stellt: In dem jetzt folgenden Teil 2 der Arbeit ist zu untersuchen, ob sich der Auswahl der Regelungsbereiche durch den Europäischen Gesetzgeber ein Harmonisierungskonzept entnehmen läßt.

# 2. Teil
# Harmonisierungskonzept im Europäischen Vertragsrecht

Auf der Grundlage der vorangegangenen Überlegungen zur Methode und zur Abgrenzung des Themenbereichs ist nun das System des Europäischen Vertragsrechts – Harmonisierungskonzept und inneres System – zu untersuchen. Anders als im Ersten Teil, der sich auf das Europäische Privatrecht bezogen hat, geht es dabei im folgenden nur noch um den engeren Bereich des Europäischen *Vertragsrechts*. Den Vorüberlegungen folgend[1] wird in diesem 2. Teil erörtert, ob sich die zahlreichen Regelungen im Bereich des Vertragsrechts als Ausdruck eines Harmonisierungskonzepts verstehen lassen. Um diese Frage zu erörtern, ist es sinnvoll, in drei Schritten vorzugehen. Zunächst sind die Rahmendaten zu erörtern, die mutmaßlich auch der Gesetzgeber beachten wird (§§ 5–8). Zweitens sind die rechtspolitischen Argumente für und wider die Rechtsangleichung zu erwägen (§ 9). Damit ist der Grund gelegt für – drittens – die Analyse des bestehenden Vertragsrechts (§ 10).

Zu den im ersten Schritt zu erörternden rechtlichen Rahmenvorgaben gehört zuerst die Rechtslage, die ohne Rechtsangleichung besteht. Sie ist gekennzeichnet durch die Angleichungswirkung der Grundfreiheiten (§ 5) und die Herrschaft des Kollisionsrechts (§ 6). Zu den Rahmenvorgaben gehören sodann die Rechtsetzungskompetenzen, die den Spielraum der Gemeinschaft begrenzen (§ 7). Und schließlich ist hier auch das Verhältnis von nationalem Recht und Rechtsangleichung zu erörtern, denn davon hängt der Angleichungserfolg ab (§ 8). Dabei kann es in der vorliegenden Untersuchung, deren Ziel die Erörterung des Harmonisierungskonzepts im Vertragsrechts ist, in den vier folgenden Grundlagenkapiteln (§§ 5–8) naturgemäß nicht darum gehen, die angesprochenen Themenkreise umfassend zu behandeln. Vielmehr kann hier nur eine Skizze der für das Harmonisierungskonzept zentralen Aspekte unternommen werden.

---

[1] S.o., § 4 I 2 b bb (S. 56–58) und III (S. 81).

# § 5 Grundfreiheiten und Privatrecht

Zu einer Art Rechtsangleichung können auch die Grundfreiheiten führen, indem sie nationale Regelungen, die den grenzüberschreitenden Verkehr beschränken, unanwendbar machen, soweit sie nicht ausnahmsweise gerechtfertigt sind. Nach einer kurzen Erörterung der Grundlagen (I) ist zu untersuchen, inwieweit das Vertragsrecht eine Beschränkung der Grundfreiheiten darstellen kann (II). Die Frage, welche Wirkung die Grundfreiheiten im Verhältnis zwischen Privaten entfalten (III), ist auch für die weitere Untersuchung des Systems des Europäischen Vertragsrechts von Bedeutung.

## I. Grundlagen: Beschränkung der Grundfreiheiten und Maßnahmen gleicher Wirkung

### 1. Grundsätze

„Der Binnenmarkt umfaßt einen Raum ohne Binnengrenzen, in dem der freie Verkehr von Waren, Personen, Dienstleistungen und Kapital gemäß den Bestimmungen dieses Vertrags gewährleistet ist" (Art. 14 Abs. 2 EG). Die Grundfreiheiten sind spezielle Freiheitsgewährleistungen für den Binnenmarkt. Sie sichern nicht die Handlungsfreiheit oder Handelsfreiheit allgemein, sondern die Freiheit im grenzüberschreitenden Verkehr.

Der EG-Vertrag sieht nicht eine allgemeine Grundfreiheit vor, sondern unterscheidet die vier in Art. 14 Abs. 2 genannten Freiheiten sowie die Zahlungsverkehrsfreiheit. Für das allgemeine Vertragsrecht (ohne Arbeits- und Gesellschaftsrecht) haben vor allem die Produktfreiheiten – freier Waren- und Dienstleistungsverkehr – und die Kapitalverkehrsfreiheit Bedeutung.[2] Fallen die grenzüberschreitende Warenkäufe einschließlich der Werklieferungsverträge in den Schutzbereich des freien Warenverkehrs (Art. 28–31 EG),[3] so umfaßt die als Auffangtatbestand ausgestaltete, weit gefaßte Dienstleistungsfreiheit (Art. 49–55 EG)[4] alle anderen Formen i.d.R. entgeltlicher Tätigkeit (Art. 50 EG) und damit alle anderen Vertragstypen, bei denen eine (selbständige) Leistung gegen Vergütung erbracht wird.[5] Der Zahlungsverkehr ist, soweit es um die Gegenleistung geht,

---

[2] *Armbrüster* RabelsZ 60 (1996) 72, 74–79; *Grundmann* Schuldvertragsrecht, 1. Teil Rn. 56.

[3] EuGH v. 16.5.1989 – Rs. 382/87 *Buet* Slg. 1989, 1235 (Art. 28 EG); EuGH v. 24.1.1991 – Rs. C-339/89 *Alsthom Atlantique* Slg. 1991, I-107 (Art. 29 EG).

[4] EuGH v. 24.10.1978 – Rs. 15/78 *Koestler* Slg. 1978, 1971; EuGH v. 10.5.1995 – Rs. C-384/93 *Alpine Investments* Slg. 1995, I-1141 Rn. 15 (Art. 49 EG).

[5] EuGH v. 31.1.1984 – verb.Rs. 286/82 und 26/83 *Luisi und Carbone* Slg. 1984, 377 Rn. 9 f.; GA *Lenz* in: EuGH v. 2.2.1989 – Rs. 186/87 *Cowan* Slg. 1989, 195 SchlA Rn. 13. Zum Erfordernis einer entgeltlichen – wirtschaftlichen – Tätigkeit EuGH v. 11.4.2000 – verb.Rs. C-51/96 und 191/97 *Deliège* Slg. 2000, I-2549, Rn. 45–59 (Amateursport).

schon durch die betreffende Produktfreiheit erfaßt,[6] darüber hinaus aber auch eigens durch Art. 56 Abs. 2. Bankgeschäfte (Finanzdienstleistungen) werden weithin von der Dienstleistungsfreiheit geschützt, die damit verbundenen Transaktionen oder sonstige Übertragungen von Sach- und Geldkapital können zudem aber auch den Schutz der Kapitalverkehrsfreiheit beanspruchen.[7]

Abgesehen von den unterschiedlichen sachlichen Schutzbereichen unterscheiden sich die Grundfreiheiten auch sonst in ihren Tatbeständen und den im Vertrag vorgesehenen Ausnahmen (Vorbehaltsbereichen). Der EuGH hat sie denn auch in seiner Rechtsprechung lange Zeit weitgehend isoliert betrachtet und unterschiedlich ausgebildet. Doch zeichnet sich zumal bei den Produktfreiheiten Warenverkehr und Dienstleistung in jüngerer Zeit eine strukturelle Konvergenz ab.[8,9] Für die Zwecke des nachfolgenden Überblicks werden daher die Produktfreiheiten zusammen behandelt. Die Zahlungsverkehrsfreiheit betrifft, soweit für das Vertragsrecht relevant, nur die „Gegenleistung" und hat insofern eine „dienende" Funktion; ihre Reichweite entspricht daher jener der jeweils „herrschenden" Produktfreiheit.

Adressat der Grundfreiheiten sind – vorbehaltlich der unten, III (S. 101), zu erörternden Drittwirkungsproblematik – die Mitgliedstaaten[10] und die Gemeinschaft selbst[11].

---

[6] EuGH v. 23.11.1978 – Rs. 7/78 *Thompson* Slg. 1978, 2247 Rn. 22 f.; EuGH v. 11.11.1981 – Rs. 203/80 *Casati* Slg. 1981, 2595 Rn. 20, sowie GA *Capotorti* ebd., SchlA Rn. 7; EuGH v. 31.1.1984 – Rs. 286/82 und 26/83 *Luisi und Carbone* Slg. 1984, 377 Rn. 16, 21–26; *Börner* FS Ophüls, S. 19, 22 sowie 24–27.

[7] Zur Definition und Abgrenzung der Kapitalverkehrsfreiheit EuGH v. 31.1.1984 – verb.Rs. 286/82 und 26/83 *Luisi und Carbone* Slg. 1984, 377 Rn. 21; Hinweischarakter der Richtlinie 88/361/EWG des Rates vom 24.6.1988 zur Durchführung von Artikel 67 des Vertrages (ABl. 1988 L 178/5): EuGH v. 16.3.1999 – Rs. C-222/97 *Trummer und Mayer* Slg. 1999, I-1661 Rn. 21; ferner nur *Streinz* Europarecht, Rn. 763–768.

[8] EuGH v. 10.5.1995 – Rs. C-384/93 *Alpine Investments* Slg. 1995, I-1141 Rn. 35–38 und EuGH v. 15.12.1995 – Rs. C-415/93 *Bosman* Slg. 1995, I-4921 Tz. 103; EuGH v. 30.11.1995 – Rs. C-55/95 *Gebhard* Slg. 1995, 4165 Rn. 37; EuGH v. 25.7.1991 – Rs. C-76/89 *Saeger ./. Dennemeyer* Slg. 1991, I-4221 Rn. 12, 15. Eine systematische Begründung (Vermeidung von Wertungswidersprüchen) gibt GA *Lenz* in: EuGH v. 15.12.1995 – Rs. C-415/93 *Bosman* Slg. 1995, I-4921, 5005.

[9] *Basedow* RabelsZ 59 (1995) 1, 10 f.; *Behrens* EuR 1992, 145–162; *Classen* EWS 1995, 97–106; *Drasch* Herkunftslandprinzip, S. 199–204; *Eberhartinger* EWS 1997, 43–52; *Franzen* Privatrechtsangleichung, S. 131; *Grundmann* Schuldvertragsrecht, 1. Teil Rn. 56–58; *Koenig/Haratsch* Europarecht, Rn. 485–488; *Leible* Wege, § 4 B; *Streinz* Europarecht, Rn. 660–710; tendenziell auch *Armbrüster* RabelsZ 60 (1996) 72, 74–79; mit Vorbehalten *Roth* ZEuP 1994, 5, 7–9; *Weatherill* CMLR 1996, 885, 906. Kritisch *Steindorff* JZ 1994, 95, 96, sowie *ders.* EG-Vertrag und Privatrecht, S. 85 ff. S.a. *Roth* FS Großfeld, 929–957.

[10] Vgl. nur für Art. 30 Grabitz/Hilf-*Leible* Art. 28 Rn. 44.

[11] Art. 249 EG: Organe handeln „nach Maßgabe dieses Vertrags"; EuGH v. 25.6.1997 – Rs. C-114/96 *Kieffer,* Slg. 1997, I-3629 Rn. 27; EuGH v. 9.8.1994 – Rs. C-51/93 *Meyhui ./. Schott Zwiesel* Slg. 1994, I-3879 Rn. 11; EuGH v. 14.12.1993 – Rs. C-110/91 *Moroni ./. Collo* Slg. 1993, I-6591 Rn. 24; EuGH v. 17.5.1984 – Rs. 15/83 *Denkavit Nederland* Slg. 1984, 2171 Rn. 15; st.Rspr. Eingehend *Schwemer* Die Bindung des Gemeinschaftsgesetzgebers an die Grundfreiheiten (1995); *Steindorff* EG-Vertrag und Privatrecht, S. 423–427; Übersicht bei *Leible* Wege, § 4 C I 1; Grabitz/Hilf-*Leible* Art. 28 Rn. 44; *Müller-Graff* in: Party Autonomy, S. 139; Callies/Ruffert-*Epiney* Art. 28 EG Rn. 45. Allerdings bedeutet das nicht auch im Ergebnis einen vollständigen Gleichlauf; wenn z.B. die beschränkende Wir-

Allerdings findet sich im EG-Vertrag keine dem Art. 1 Abs. 3 GG entsprechende Vorschrift, wonach die Grundrechte alle staatliche Gewalt als unmittelbar geltendes Recht binden, und deshalb könnte zweifelhaft sein, welche mitgliedstaatlichen Organe an die Grundfreiheiten gebunden sind. Doch nimmt der EuGH in ständiger Rechtsprechung an, daß die Grundfreiheiten alle mitgliedstaatliche öffentliche Gewalt binden, Gesetzgebung, Verwaltung und Justiz.[12] Das folgt nicht zuletzt aus der teleologischen Erwägung, daß es auf die Handlungsform des Staates nicht ankommen kann.[13] Aus demselben Grund geht der EuGH auch sonst von einem funktionalen Staatsbegriff aus, da andernfalls ein Mitgliedstaat die Bindung an die Grundfreiheiten dadurch vermeiden könnte, daß er hoheitliche Aufgaben einem privatrechtlichen Träger überträgt.[14]

Die Grundfreiheiten haben zuerst die Funktion von Eingriffsverboten, die Mitgliedstaaten dürfen sie nicht „positiv" verletzen. Schon der Wortlaut verschiedener Grundfreiheiten weist indes darauf hin, daß sich die Grundfreiheiten nicht auf Eingriffsverbote beschränken, sondern die Mitgliedstaaten sie auch zu „gewährleisten" haben. Dementsprechend hat der EuGH den Grundfreiheiten i.V.m. mit der allgemeinen Integrationspflicht des Art. 10 EG auch eine Schutzpflicht der Mitgliedstaaten anerkannt: Die Mitgliedstaaten dürfen tatsächlichen Grundfreiheitenbeschränkungen nicht tatenlos zusehen, sondern haben die Pflicht, alle erforderlichen Maßnahmen zu ergreifen, um die effektive Ausübung der Grundfreiheiten zu schützen.[15] Der Gerichtshof hat die Schutzpflicht zuerst für den Fall entwickelt, daß die Ausübung der Grundfreiheiten aufgrund von Störungen durch Private – Boykottaufrufe gegen Agrarimporte, tätliche Angriffe gegen Lastwagen, die ausländisches Obst einfuhren u.dgl. – bedroht war. Die vorwerfbare Unterlassung lag hier im Bereich der Verwaltung (Einschreiten der Polizei) und der Justiz (Strafverfolgung), die Schutzpflicht kann aber auch den Gesetzgeber treffen. Das ist der Fall, wenn ein Regelungsmangel – z.B. die fehlende Anerkennung von

---

kung aus der Divergenz nationaler Rechte folgt, kann die Gemeinschaft durchaus ohne Verletzung der Grundfreiheiten einen der nationalen Maßstäbe gemeinschaftsweit verbindlich machen; z.B. EuGH v. 15.12.1976 – Rs. 35/76 *Simmenthal* Slg. 1976, 1871; *Weatherill/Beaumont* EU Law, S. 555 f.

12 EuGH v. 8.4.1976 – Rs. 43/75 *Defrenne II* Slg. 1976, 455 Rn. 35–37; EuGH v. 22.6.1989 – Rs. 103/88 *Costanzo* Slg. 1839 Rn. 28–33; Schwarze-*Becker* Art. 28 EG Rn. 83–87. S.a. zur Richtlinienumsetzung EuGH v. 10.4.1984 – Rs. 14/83 *von Colson und Kamann* Slg. 1984, 1891 Rn. 26; EuGH v. 10.4.1984 – Rs. 79/83 *Harz* Slg. 1984, 1921 Rn. 26; EuGH v. 7.11.1989 – Rs. 125/88 *Nijman* Slg. 1989, 3533 Rn. 6; EuGH v. 8.10.1987 – Rs. 80/86 *Nijmegen* Slg. 1987, 3969 Rn. 12; EuGH v. 13.11.1990 – Rs. C-106/89 *Marleasing* Slg. 1990, 4135 Rn. 8.

13 Ebenso für das deutsche Recht *Canaris* Grundrechte und Privatrecht, S. 11–27.

14 Calliess/Ruffert-*Epiney* Art. 28 EG Rn. 44; Schwarze-*Becker* Art. 28 Rn. 83–87; z.B. EuGH v. 24.11.1982 – Rs. 249/81 *Kommission ./. Irland* Slg. 1982, 4005 (Buy Irish).

15 EuGH v. 9.12.1997 – Rs. C-265/95 *Kommission ./. Frankreich* Slg. 1997, I-6959 Rn. 30–32, 42; ansatzweise auch schon EuGH v. 20.5.1976 – Rs. 104/75 *De Peijper* Slg. 1976, 613 Rn. 24/25–29. *Burgi* EWS 1999, 327, 330 f.; Calliess/Ruffert-*Epiney* Art. 28 Rn. 47–50; Schwarze-*Becker* Art. 28 EGV Rn. 12–14. Siehe dazu jetzt Verordnung 2679/98 des Rates vom 7. Dezember 1998 über das Funktionieren des Binnenmarktes im Zusammenhang mit dem freien Warenverkehr zwischen den Mitgliedstaaten ABl. 1998 L 337/8, bei der es (was die deutsche Fassung nicht deutlich macht) gerade um den Schutz der Grundfreiheiten vor *privaten* Behinderungen geht (Art. 1 Abs. 2: dt.: Personen, engl.: *private individuals,* frz.: *personnes privées*).

Sicherungsinstrumenten –[16] die Grundfreiheiten beeinträchtigt. Allerdings haben die Mitgliedstaaten aufgrund der beschränkten Kompetenzen der Gemeinschaft bei der Erfüllung dieser Schutzpflicht ein Ermessen:[17] Sie sind verpflichtet, den von den Grundfreiheiten gebotenen Mindestschutz *im Ergebnis* herbeizuführen, in der Wahl der Mittel aber weitgehend frei. Daher kann der EuGH lediglich die Verletzung der Schutzpflicht feststellen, normalerweise aber nicht bestimmen, welche einzelnen Schutzmaßnahmen der Mitgliedstaat zu treffen hat. Welche staatliche Gewalt (Gesetzgebung, Verwaltung, Justiz) mit welchen einzelnen Mitteln tätig wird, hat der schutzverpflichtete Staat zu entscheiden.[18] Soweit das zum Schutz der Grundfreiheiten erforderlich ist, kann der Gerichtshof indes nähere Vorgaben machen. Der Mitgliedstaat hat dann „die Maßnahmen zu ergreifen, die sich aus dem Urteil des Gerichtshofes ergeben", und die Kommission überwacht deren Durchsetzung (Art. 228 EG).[19]

Waren die Grundfreiheiten ursprünglich nur Ziele, so stellen sie seit Ablauf der Übergangszeit[20] unmittelbar geltende Rechte der einzelnen Bürger der Mitgliedstaaten dar.[21] Die außerordentliche Reichweite der Grundrechte als einklagbare Individualrechte und ihr dadurch gegebener potentiell disruptiver Einfluß auf die mitgliedstaatlichen Rechtsordnungen wird durch Ausnahmen begrenzt, die der EG-Vertrag vorsieht (Art. 30, 46, 55 EG) und die Rechtsprechung entwickelt hat. Diese Ausnahmen behalten den Mitgliedstaaten die Regelungsbefugnis in primär nicht-wirtschaftlichen Bereichen vor, die wichtige Allgemeininteressen betreffen; sie werden hier als *Vorbehaltsbereiche* bezeichnet.[22] Mit der Anerkennung von Vorbehaltsbereichen stellt der EG-Vertrag aber keine Kompe-

---

[16] Vgl. *Kieninger* Mobiliarsicherheiten im Europäischen Binnenmarkt (1996); und den Hinweis von *Mülbert* ZHR 159 (1995) 2, 8 mit Fn. 30.

[17] EuGH v. 9. 12. 1997 – Rs. C-265/95 *Kommission ./. Frankreich* Slg. 1997, I-6959 Rn. 33 f.; Calliess/Ruffert-*Epiney* Art. 28 Rn. 50; Schwarze-*Becker* Art. 28 Rn. 13; *Schwarze* EuR 1998, 57 f.; *Leible* Wege, § 4 C I 3 b bb. Für das deutsche Verfassungsrecht *Canaris* JuS 1989, 161, 163 f.; *Hillgruber* AcP 191 (1991) 69, 76; s.a. schon *Dürig* FS Nawiasky, S. 180, 181 („Die Verfassung ist *Modalitäten* gegenüber, in denen ihr das Zivilrecht genügt, indifferent." Hervorhebung i.O.).

[18] Zu beachten ist freilich, daß eine solche Schutzpflicht der Gerichte keineswegs in allen Mitgliedstaaten für selbstverständlich gehalten wird; s. z.B. für das englische Recht *Whittaker* LQR 117 (2001) 215, 218–220 (zur AGB-Kontrolle von Amts wegen).

[19] Vgl. EuGH v. 9. 12. 1997 – Rs. C-265/95 *Kommission ./. Frankreich* Slg. 1997, I-6959 Rn. 37–65, wo der EuGH eingehend die von Frankreich ergriffenen Maßnahmen erörtert und für unzureichend befindet – mit der Folge, daß sich aus dem Urteil sehr weitgehende Vorgaben für die zu ergreifenden Schutzmaßnahmen ergeben.

[20] Art. 7 iVm Art. 247 Abs. 2 EGV und der Gemeinsamen Bekanntmachung vom 27. 12. 1957 (BGBl. 1958 II, S. 1): 1. 1. 1970.

[21] Grundlegend EuGH v. 5. 2. 1963 – Rs. 26/62 *van Gend & Loos* Slg. 1963, 1, 24–27. Ferner etwa EuGH v. 8. 11. 1979 – Rs. 251/78 *Denkavit* Slg. 1979, 3369 Rn. 3; EuGH v. 4. 3. 1996 – Rs. C-46/93 und C-48/93 *Brasserie du Pêcheur* Slg. 1996, 1029 Rn. 54.

[22] Umstritten, im Ergebnis, insbesondere für die Darlegungs- und Beweislast aber ohne Bedeutung ist die Frage, ob die Vorbehaltsbereiche „immanente Schranken" der Grundfreiheiten oder Rechtfertigungstatbestände für Beschränkungen und Maßnahmen gleicher Wirkung darstellen. Als Rechtfertigungstatbestände für Maßnahmen gleicher Wirkung behandelt die Vorbehaltsbereiche etwa EuGH v. 6. 7. 1995 – Rs. C-470/93 *Mars* Slg. 1995, I-1923 Rn. 15 (unter Bezug auf *Cassis*); von „immanenten Schranke" geht z.B. *Oppermann* Europarecht, Rn. 1298, aus.

tenzgrenzen der Gemeinschaft auf,[23] sondern definiert die Herstellung des Binnenmarktes als Integrationsaufgabe, die zu ihrer Erfüllung der Rechtsangleichung bedarf. Die Vorbehaltsbereiche werden in dem Maße zurückgeschnitten, in dem die Rechtsangleichung voranschreitet, und sind so darauf angelegt, sich schrittweise zu erledigen.[24] Freilich decken sich die Vorbehaltsbereiche nicht mit den Angleichungskompetenzen der Gemeinschaft. Solange also, wie z.B. im Bereich des Gesundheitsschutzes (Art. 152 Abs. 4 lit. c EG), eine Gemeinschaftskompetenz fehlt, bleibt es mangels autonomer Angleichung durch die Mitgliedstaaten bei national divergierenden und die Grundfreiheiten ggf. auch beschränkenden Regelungen.[25]

Beschränkungen der Grundfreiheiten können nach Maßgabe der anwendbaren geschriebenen – eng auszulegenden –[26] Vorbehaltsbereiche gerechtfertigt sein. Zur Rechtfertigung von Maßnahmen gleicher Wirkung können sich die Mitgliedstaaten zudem auf die von der Rechtsprechung entwickelten ungeschriebenen Vorbehaltsbereiche berufen.[27] In jedem Fall müssen Beschränkungen oder beschränkend wirkende Maßnahmen dem Verhältnismäßigkeitsgrundsatz genügen.[28] Auch in den Vorbehaltsbereichen dürfen Eingriffe nicht übermäßig weit gehen (Übermaßverbot), der geschuldete Schutz der Grundfreiheiten darf ein Untermaß nicht unterschreiten (Untermaßverbot).[29]

---

[23] EuGH v. 12.7.1979 – Rs. 153/78 *Kommission ./. Deutschland* Slg. 1979, 2555 Rn. 5; Schwarze-*Becker* Art. 30 Rn. 2, 86; Grabitz/Hilf-*Leible* Art. 30 EG Rn. 6.

[24] EuGH v. 5.10.1977 – Rs. 5/77 *Tedeschi ./. Denkavit* Slg. 1977, 1555 Rn. 34 f.; EuGH v. 13.5.1997 – Rs. C-233/84 *Deutschland ./. Parlament und Rat* Slg. 1997, I-2405 Rn. 16. Deutlich hat das der EuGH insbesondere in seiner Rechtsprechung zu den Maßnahmen gleicher Wirkung von Anfang an zum Ausdruck gebracht, wenn er einzelstaatliche Regelung für zulässig gehalten hat „solange es noch an einer Gemeinschaftsregelung fehlt"; EuGH v. 11.7.1974 – Rs. 8/74 *Dassonville* Slg. 1974, 837 Rn. 6 f.; EuGH v. 20.2.1979 – Rs. 120/78 *Rewe ./. Bundesmonopolverwaltung* Slg 1979, 649 Rn. 8; EuGH v. 11.5.1989 – Rs. 25/88 *Wurmser* Slg. 1989, 1105 Rn. 12; EuGH v. 10.5.1995 – Rs. C-384/94 *Alpine Investment* Slg. 1995, I-1141 Rn. 14 (WpDRL zeitlich, HWiRL sachlich nicht anwendbar); EuGH v. 6.7.1995 – Rs. C-470/93 *Mars* Slg. 1995, I-1923 Rn. 12. *Weatherill/Beaumont* EU Law, S. 550 f. Zum Verhältnis von Grundfreiheiten und Rechtsangleichung näher unten, § 8 (S. 146).

[25] S.a. B. *Wägenbaur* EuZW 2000, 549 f.

[26] EuGH v. 17.6.1981 – Rs. 113/80 *Kommission ./. Irland* Slg. 1981, 1625 Rn. 7 f.; EuGH v. 25.1.1977 – Rs. 46/76 *Bauhuis* Slg. 1977, 5 Rn. 12.

[27] Siehe noch näher sogleich, 2 (S. 89–92). Zu der Tendenz, die ungeschriebenen Vorbehaltsbereiche der zwingenden Gründe des Allgemeininteresses auch auf diskriminierende Maßnahmen anzuwenden, wie sie einzelnen Urteilen entnommen werden kann, nur *Leible* Wege, § 4 B II 3 d.

[28] Den Verhältnismäßigkeitsgrundsatz leitet der EuGH als ungeschriebenes Tatbestandsmerkmal aus Art. 30 S. 2 EG ab; für das Eingriffsverbot EuGH v. 20.5.1976 – Rs. 104/75 *De Peijper* Slg. 1976, 613 Rn. 16–18; EuGH v. 12.6.1986 – Rs. 50/85 *Schoh* Slg. 1986, 1855 Rn. 13; EuGH v. 11.6.1987 – Rs. 406/85 *Gofette* Slg 1987, 2525 Rn. 10; für das Schutzgebot EuGH v. 9.12.1997 – Rs. C-265/95 *Kommission ./. Frankreich* Slg. 1997, I-6959 Rn. 32. *Oppermann* Europarecht, Rn. 1308; *Weatherill/Beaumont* EU Law, S. 527.

[29] Zur Unterscheidung von Übermaß- und Untermaßverbot im deutschen Recht *Canaris* AcP 184 (1984) 201, 228; *ders.* JuS 1989, 161, 163; *ders.* Grundrechte und Privatrecht, S. 39. Dem folgend *Isensee* in: Handbuch des Staatsrechts V, § 111 Rn. 165, und anschließend BVerfGE 88, 203, 254.

## 2. Das Verbot von Beschränkungen und Maßnahmen gleicher Wirkung insbesondere

Praktisch wichtiger als das Verbot „direkter" Grundfreiheitenbeschränkungen[30] ist das Verbot „indirekter Beschränkungen" in Form von Maßnahmen gleicher Wirkung. Ausdrücklich verboten sind nur Maßnahmen gleicher Wirkung wie mengenmäßige Einfuhrbeschränkungen (Art. 28 EG), das Verbot von Maßnahmen gleicher Wirkung gilt aber auch für die übrigen Grundfreiheiten.[31] Eine beschränkungsgleiche Wirkung hat nach der *Dassonville* Definition „[j]ede Maßnahme, die geeignet ist, den innergemeinschaftlichen Handel unmittelbar oder mittelbar, tatsächlich oder potentiell zu behindern",[32] und zwar – nach *Cassis de Dijon* – auch dann, wenn sie inländische und ausländische Angebote gleichermaßen betrifft, letztere aber faktisch schwerer belastet.[33] Die Frage, ob solche „Maßnahmen" zu einer „spürbaren Beeinträchtigung des innergemeinschaftlichen Handels" führen, hat der EuGH weithin für irrelevant gehalten.[34]

Diese außerordentlich weite Fassung des Tatbestands der Maßnahmen gleicher Wirkung, die dazu geführt hatte, daß einzelne in reinen Inlandfällen die Grundfreiheiten

---

[30] „Direkte" mengenmäßige Beschränkungen iSv Art. 28 EG sind „Eingriffe der Mitgliedstaaten in den innergemeinschaftlichen Handel durch Maßnahmen, die je nach Lage des Falles vollständige oder teilweise Einfuhr-, Ausfuhr- oder Durchfuhrverbote darstellen"; EuGH v. 10.12.1968 – Rs. 7/68 *Kommission ./. Italien* Slg. 1968, 633, 644. Sie kommen im Vertragsrecht nur höchst selten vor; *Mülbert* ZHR 159 (1995) 2, 13 (im wesentlichen nur § 138 BGB, z.B. Verbot des Handels mit menschlichen Organen).

[31] EuGH v. 25.7.1991 – Rs. C-76/89 *Saeger ./. Dennemeyer* Slg. 1991, I-4221 Rn. 12, 15; EuGH v. 31.3.1993 – Rs. C-19/92 *Kraus* Slg. 1993, 1663 Rn. 32; EuGH v. 24.3.1994 – Rs. C-275/92 *Schindler* Slg. 1994, I-1039 Rn. 58 sowie Rn. 12–14 (Lotterie); EuGH v. 9.8.1994 – Rs. C-43/93 *Vander Elst ./. OMI* Slg. 1994, I-3803 Rn. 14–17; EuGH v. 10.5.1995 – Rs. C-384/93 *Alpine Investments* Slg. 1995, I-1141 Rn. 35–38; EuGH v. 30.11.1995 – Rs. C-55/95 *Gebhard* Slg. 1995, 4165 Rn. 37. S.a. die Mitversicherungsentscheidungen EuGH v. 4.12.1986 – Rs. 220/83 *Kommission ./. Frankreich*, Slg. 1986, 3663 Rn. 16 f.; EuGH v. 4.12.1986 – Rs. 252/83 *Kommission ./. Dänemark*, Slg. 1986, 3713 Rn. 16 f.; EuGH v. 4.12.1986 – Rs. 205/84 *Kommission ./. Deutschland*, Slg. 1986, 3755 Rn. 26f.; EuGH v. 4.12.1986 – Rs. 206/84 *Kommission ./. Irland*, Slg. 1986, 3817 Rn. 16 f. *Grundmann* Schuldvertragsrecht, 1. Teil Rn. 60; *Roth* ZEuP 1994, 5, 8.

[32] EuGH v. 11.7.1974 – Rs. 8/74 – *Procureur du Roi ./. Dassonville* Slg. 1974, 837 Rn. 5. Ferner etwa EuGH v. 14.7.1983 – Rs. 174/82 *Sandoz* Slg. 1983, 2445 Rn. 7; EuGH v. 13.10.1993 – Rs. C-93/92 *CMC Motorradcenter* Slg. 1993, I-5009 Rn. 9.

[33] Vgl. EuGH v. 20.2.1972 – Rs. 120/78 *Rewe ./. Bundesmonopolverwaltung* Slg. 1979, 649 Rn. 14. Überblick über die Rechtsprechung vor *Keck* bei *Roth* FS Großfeld, 931–935 (und Interpretation als „Ausdruck praktizierter Verhältnismäßigkeit", S. 935).

[34] EuGH v. 13.3.1984 – Rs. 16/83 *Prantl* Slg. 1984, 1299 Rn. 20 (Bocksbeutel); EuGH v. 28.2.1991 – Rs. C-312/89 *Conforama* Slg. 1991, I-997 Rn. 8 (Sonntagsverkaufsverbot); EuGH v. 28.2.1991 – Rs. C-332/89 *Marchandise* Slg. 1991, I-1027 Rn. 9 (Sonntagsverkaufsverbot). Anders aber EuGH v. 7.3.1990 – Rs. C-69/88 *Krantz* Slg. 1990, I-583 Rn. 11 und EuGH v. 13.10.1993 – Rs. C-93/92 *CMC-Motorradcenter* Slg. 1993, I-5009 Rn. 12: Auswirkungen zu unsicher und indirekt. A.M. *Langner* RabelsZ 65 (2001) 222, 234–237.

zur Aushebelung nationaler Regelungen instrumentalisiert haben,[35] hat der EuGH in der *Keck*-Entscheidung eingeschränkt.[36] Danach bleibt die *Dassonville/Cassis*-Formel grundsätzlich anwendbar, soweit es um Produktvorschriften über Bezeichnung, Form, Abmessung, Gewicht, Zusammensetzung, Aufmachung, Etikettierung oder Verpackung einer Ware geht. Hingegen ist „die Anwendung nationaler Bestimmungen, die bestimmte Verkaufsmodalitäten beschränken oder verbieten, auf Erzeugnisse aus anderen Mitgliedstaaten nicht geeignet, den Handel zwischen den Mitgliedstaaten im Sinn des Urteils Dassonville zu behindern, sofern diese Bestimmungen für alle Wirtschaftsteilnehmer gelten, die ihre Tätigkeit im Inland ausüben, und sofern sie den Absatz der inländischen Erzeugnisse und der Erzeugnisse aus anderen Mitgliedstaaten rechtlich wie tatsächlich in der gleichen Weise berühren."[37]

Der Grundgedanke der Unterscheidung ist zumal vor dem Hintergrund der der Entscheidung vorangegangenen Kontrollhypertrophie hinreichend klar, wenngleich das Gericht ihn nicht ausdrücklich offenlegt. Nationale Vorschriften, die das Produkt selbst betreffen, unterliegen der normalen Grundfreiheitenkontrolle, weil sie dadurch, daß sie „Doppelstandards" (*dual standards*) setzen, ausländischen Anbietern zum einen den Marktzugang erheblich erschweren können und ihnen zum anderen die Vorteile von Großserien (sog. *economies of scale*) nehmen. Produktvorschriften sind daher grundsätzlich dazu geeignet, nicht nur die allgemeine Handelsfreiheit einzuschränken, sondern spezifisch Hindernisse für den innergemeinschaftlichen Verkehr aufzubauen. Bei „bestimmten Verkaufsmodalitäten", beispielsweise nationalen Beschränkungen der Verkaufszeiten oder -orte oder der Werbung, ist das grundsätzlich anders. Zwar sind sie als Beschränkungen der allgemeinen Handelsfreiheit grundsätzlich geeignet, auch den innergemeinschaftlichen Handel zu beschränken. Indes beschränken sie, sofern sie nicht diskriminierend ausgestaltet sind, nicht spezifisch den innergemeinschaftlichen Handel. Die Grundfreiheiten beanspruchen hier nach ihrem Sinn und Zweck keine Geltung. *Keck* ist daher eine teleologische Auslegung der Grundfreiheiten:[38] entsprechend ihrem Zweck verbieten die Grundfreiheiten nicht jede Beschränkung der allgemeinen Handelsfreiheit, sondern nur Beschränkungen der spezifischen Freiheiten des innergemeinschaftlichen zwischenstaatlichen Handels.[39]

---

[35] *Roth* FS Großfeld, S. 941–944. Zur *Keck*-Vorgeschichte Grabitz/Hilf-*Leible* Art. 28 Rn. 27; *Steindorff* ZHR 158 (1994) 149, 153–157.

[36] EuGH v. 24.11.1993 – Rs. C-267 und 268/91 *Keck und Mithouard* Slg. 1993, I-6097; zu dieser Entscheidungsmotivation Rn. 14.

[37] EuGH v. 24.11.1993 – Rs. C-267 und 268/91 *Keck und Mithouard* Slg. 1993, I-6097 Rn. 16. Zur Unterscheidung von Produkteigenschaften und Vertriebsumständen bei unterschiedslos anwendbaren Regeln grundlegend *White* CMLR 1989, 235, 245–247 et passim; siehe auch schon die Stellungnahme der von *White* vertretenen Kommission in EuGH v. 23.11.1989 – Rs. C-145/88 *Torfaen* Slg. 1989, 3851, Sitzungsbericht S. 3862. I.E. ebenso unterscheidet *Roth* ZEuP 1994, 5, 26–29. Zur Analyse des *Keck* Urteils sowie der nachfolgenden Rechtsprechung und zu seiner Bedeutung für die Grundfreiheiten eingehend *Roth* FS Großfeld, S. 929–957.

[38] *Steindorff* EG-Vertrag und Privatrecht, S. 104.

[39] So schon EuGH v. 24.11.1993 – Rs. C-267 und 268/91 *Keck und Mithouard* Slg. 1993, I-6097 Rn. 14; EuGH v. 2.6.1994 – verb. Rs. C-401 und 402/92 *Tankstation t'Heukske* Slg. 1994, I-2199 Rn. 14. Mit

Allerdings ist die Einteilung des Rechts in Produkt- und Vertriebsmodalitäten problematisch[40] und führt der formelhaften Ausschluß von Vertriebsmodalitäten nicht in allen Fällen zu einer wertungsmäßig überzeugenden Abgrenzung.[41] Der Gerichtshof hat indes schon in *Keck* angedeutet, daß er die Formel nicht starr, sondern nach den zugrundeliegenden Wertungsgesichtspunkten verstanden wissen will, und nur *bestimmte* Vertriebsmodalitäten dem Zugriff der Grundfreiheiten entzogen. Daß eine Regelung nur den Vertrieb betrifft, nicht das Produkt, ist daher nur ein *widerlegbares Indiz* dafür, daß sie der Grundfreiheitenkontrolle nicht unterliege. Die so indizierte Entscheidung bedarf noch der wertungsmäßigen Absicherung. Zu Recht hat der EuGH auch in *Keck*-Folgeentscheidungen nicht gezögert, auch Vertriebsmodalitäten am Maßstab der Grundfreiheiten zu messen, wenn sie den grenzüberschreitenden Verkehr zu beeinträchtigen drohten.[42] Nicht nur in Fällen von Werbungsregeln (Vertriebsmodalitäten i.S. der *Keck*-Dichotomie) die eine Rückwirkung auf die Produktmodalitäten haben,[43] sondern generell können daher Vertriebsregeln der Grundfreiheitenkontrolle unterliegen, wenn sie diskriminierend wirken oder spezifisch den grenzüberschreitenden Verkehr, insbeson-

---

im einzelnen unterschiedlichen Schwerpunkten: GA *Jacobs* in: EuGH v. 9.2.1995 – Rs. 412/83 *Leclerc-Siplec ./. TF1* Slg. 1995, I-179, SchlA Tz. 38–48 und 42, 44; *Classen* EWS 1995, 97, 99–101; *Franzen* Privatrechtsangleichung, S. 126–128; *Grundmann* Schuldvertragsrecht, 1. Teil Rn. 60; *Kieninger* Mobiliarsicherheiten, S. 148 f.; *Leible* Wege, § 4 B II 2 a; *Steiner* CMLR 1992, 749, 767–772; *Roth* FS Großfeld, S. 941 f., 944–953; *Weatherill* CMLR 1996, 885, 897; *Weatherill/Beaumont* EC Law, S. 612–619; *Steindorff* ZHR 158 (1994) 149–169; *Petschke* EuZW 1994, 107, 111. Denselben Zweck verfolgte auch schon *White* CMLR 1989, 235, 238 f.

[40] Für das Privatrecht kritisch *Klauer* Europäisierung, S. 81–83; *Langner* RabelsZ 65 (2001) 222, 232–234. *Keck* schlankweg ablehnend *von Wilmowsky* JZ 1996, 590, 594.

[41] Kritisch gegenüber dem „Formalismus" *Leible* Wege, § 4 B II 2 a; GTE-*Müller-Graff* Art. 30 Rn. 244–250; *Roth* FS Großfeld, S. 947 *et passim; Steindorff* EG-Vertrag und Privatrecht, S. 92–107 (S. 99 und öfter: Begriffsjurisprudenz); *Weatherill* CMLR 1996, 885, 887 und passim. Der EuGH hat sich freilich in späteren Entscheidungen gleichwohl darum bemüht, an der formalen Unterscheidung festzuhalten, und die Kontrolle von Vertriebsregeln unter *Keck* mit ihrem Produktbezug gerechtfertigt; EuGH v. 6.7.1995 – Rs. C-470/93 *Mars* Slg. 1995, I-1923 Rn. 13; EuGH v. 26.6.1997 – Rs. C-368/95 *Familiapress ./. Heinrich Bauer Verlag* Slg. 1997, I-3689, Rn. 11 f. Im Grundsatz zustimmend *Mülbert* ZHR 159 (1995) 2, 21–23: Eine Beschränkung liege vor, wenn der ausländische Anbieter aufgrund von inländischen Rechtsvorschriften nur zu höheren Kosten als im Heimatstaat anbieten könne; die für die weitere Eingrenzung erforderliche Wertung (!) möchte er der *Keck* Unterscheidung zwischen Produkt- und (Vertriebs- und) anderen Modalitäten entnehmen; indes erscheint diese formale Unterscheidung gerade deswegen als dezisionistisch, weil sie die tragenden Wertungen nicht erkennen läßt; auch die von *Mülbert* für Zweifelsfälle in Aussicht genommene „Sonderbehandlung" (S. 23) hängt damit in der Luft. Schon die Begründung seines Ansatzes aus der (unterstellten) Verwirklichung des Binnenmarktes (S. 19 f.) erscheint unbefriedigend, ist doch der Binnenmarkt in Art. 14 Abs. 2 EG selbst (u.a.) als Gewährleistung der Grundfreiheiten definiert.

[42] EuGH v. 15.12.1993 – Rs. C-292/92 *Hünermund ./. Landesapothekerkammer* Slg. 1993, I-6787 Rn. 21, 23; EuGH v. 10.5.1995 – Rs. C-384/94 *Alpine Investment* Slg. 1995, I-1141 Rn. 37 f. Unbefriedigend schematische Zuordnung aber EuGH v. 29.6.1995 – Rs. C-391/92 *Kommission ./. Griechenland* Slg. 1995, I-1621 Rn. 15 (Säuglingsmilchabgabe in Apotheken); anders zu Recht GA *Lenz* ebd., SchlA Tz. 19. Kritisch auch *Roth* FS Großfeld, S. 954 f.

[43] EuGH v. 2.2.1994 – Rs. C-315/92 *Clinique* Slg. 1994, I-317 (zu dem Kostenargument Rn. 19); EuGH v. 6.7.1995 – Rs. C-470/93 *Mars* Slg. 1995, I-1923 Rn. 13.

dere den freien Marktzugang beschränken.[44] Solche Marktzugangsbeschränkungen können insbesondere auch darin liegen, daß die nationale Regelung dem Anbieter die Ausnutzung von Großserien oder die Entwicklung und Nutzung eines europaweit einheitlichen Vermarktungskonzepts („Euro-Marketing“) erschweren.[45]

Auch Maßnahmen gleicher Wirkung sind nicht ausnahmslos verboten. Zunächst können sich die Mitgliedstaaten auch für solche Maßnahmen – ebenso wie für Beschränkungen i.e.S. – auf die Rechtfertigungstatbestände der Vorbehaltsklauseln berufen.[46] Darüber hinaus hat der EuGH bereits in seiner *Dassonville* Entscheidung den Grund gelegt für einen speziellen, weiteren Rechtfertigungstatbestand für Maßnahmen gleicher Wirkungen, den er in seiner *Cassis* Entscheidung konkretisiert hat. „In Ermangelung einer gemeinschaftlichen Regelung ... ist es Sache der Mitgliedstaaten, alle ... betreffenden Vorschriften für ihr Hoheitsgebiet zu erlassen. Hemmnisse für den Binnenhandel der Gemeinschaft, die sich aus den Unterschieden der nationalen Regelungen über die Vermarktung dieser Erzeugnisse ergeben, müssen hingenommen werden, soweit diese Bestimmungen notwendig sind, um zwingenden Erfordernissen gerecht zu werden, insbesondere den Erfordernissen einer wirksamen steuerlichen Kontrolle des Schutzes der öffentlichen Gesundheit, der Lauterkeit des Handelsverkehrs und des Verbraucherschutzes.“[47]

Ebenso wie bei den Rechtfertigungstatbeständen des EG-Vertrags (Art. 30, Art. 55 i.V.m. Art. 45–48 EG) geht es auch bei dem Rechtfertigungstatbestand für Maßnahmen gleicher Wirkung um die Erhaltung eines Vorbehaltsbereich zugunsten der Mitgliedstaaten, in dem diese selbst über die Gründe des Allgemeinwohls befinden können. Sowohl nach den geschriebenen als auch nach den von der Rechtsprechung für Maßnahmen gleicher Wirkung entwickelten Vorbehaltsbereichen darf aber die Berufung auf das Allgemeininteresse nicht zu „willkürlichen Diskriminierungen“ oder „verschleierten Beschränkungen“ (vgl. Art. 30 EG) führen. Und auch beschränkungsgleiche mitgliedstaatlichen Maßnahmen müssen in einem angemessenen Verhältnis (Eignung und Erforderlichkeit) zur Erreichung eines nach dem Vertrag zulässigen Zwecks stehen.[48]

---

[44] S. z.B. EuGH v. 10.5.1995 – Rs. C-384/93 – *Alpine Investments* Slg. 1995, I-1141 Rn. 37; EuGH v. 15.12.1995 – Rs. C-415/93 *Bosman* Slg. 1995, I-4921 Rn. 103; Schwarze-*Becker* Art. 28 EG Rn. 49; Grabitz/Hilf-*Leible* Art. 28 EG Rn. 28; teils a.M. Calliess/Ruffert-*Epiney* Art. 28 Rn. 41 f.

[45] Grabitz/Hilf-*Leible* Art. 28 Rn. 28.

[46] *Oppermann* Europarecht, Rn. 1298.

[47] EuGH v. 20.2.1979 – Rs. 120/78 *Rewe ./. Bundesmonopolverwaltung* Slg. 1979, 649 Rn. 8; s.a. Rn. 14.

[48] Soeben, 1 a.E. (S. 88) mit Fn. 28.

## II. Privatrecht als Beschränkung der Grundfreiheiten oder Maßnahme gleicher Wirkung

### 1. Grundsatz

Die Grundfreiheiten binden Mitgliedstaaten (mit allen ihren Organen) nicht nur, soweit sie sich öffentlich-rechtlicher Mittel bedienen, sondern grundsätzlich auch dann, wenn sie eine privatrechtliche Gestaltung wählen. Ihrer Kontrolle unterliegt daher sowohl die Privatrechtsgesetzgebung als auch die Auslegung und Fortbildung[49] des Privatrechts durch die Gerichte.[50] Das wird meist unter Hinweis auf die handgreifliche Erwägung begründet, daß in einem Mitgliedstaat öffentlich-rechtlich geregelt sein kann, was in einem anderen Mitgliedstaat in privatrechtliche Form gegossen ist.[51] Dem kann man hinzufügen, daß bereits zweifelhaft ist, ob alle Mitgliedstaaten die Dichotomie von Privatrecht und öffentlichem Recht kennen. Entscheidend ist auch hier die teleologische Erwägung der Äquivalenz öffentlich-rechtlicher und privatrechtlicher Belastungen:[52] ein Verbot von Haustürgeschäften kann beschränkend wirken, gleichviel ob es strafbewehrt[53] oder nur (etwa durch Unwirksamkeit des verpönten Vertrags) zivilrechtlich sanktioniert ist.

Selbstverständlich hat der EuGH daher auch zivilrechtliche Vorschriften auf ihre Vereinbarkeit mit den Grundfreiheiten hin überprüft und teilweise auch als Maßnahmen gleicher Wirkung erkannt.[54] Das französische Verbot des Haustürvertriebs von Unterrichtsmaterial – das zwar im konkreten Fall strafbewehrt war, aber ebensogut hätte zivilrechtlich sanktioniert sein können (§ 134 BGB) – sah der Gerichtshof im Fall *Buet* als eine von Art. 29 EG grundsätzlich verbotene Maßnahme gleicher Wirkung an, die

---

[49] Um die Kontrolle von Richterrecht auf dem Gebiet des Privatrechts ging es z.B. in EuGH v. 24.1.1991 – Rs. C-339/89 *Alsthom Atlantique* Slg. 1991, I-107; EuGH v. 13.10.1993 – Rs. C-93/92 *CMC-Motorradcenter* Slg. 1993, I-5009.

[50] Aus der Rechtsprechung nur EuGH v. 13.10.1993 – Rs. C-93/92 *CMC-Motorradcenter* Slg. 1993, I-5009. *Drasch* Herkunftslandprinzip, S. 209–211; *Fezer* JZ 1994, 623, 624 f.; *Grundmann* Schuldvertragsrecht 1. Teil Rn. 64–66; *ders.* Bankaufsichtsrecht, S. 36–46; *v. Hoffmann* ZfRV 1995, 45, 46; *Kieninger* Mobiliarsicherheiten, S. 124 f.; *Klauer* Europäisierung, S. 73 f.; *Leible* Wege, § 4 D; *Mülbert* ZHR 159 (1995) 2, 9, 11 f.; *Remien* JZ 1992, 277, 280; *ders.* JZ 1994, 349, 352; *Steindorff* EG-Vertrag und Privatrecht, S. 78–83 und öfter. Zweifelnd *Remien* JbJZ 1991, 11, 35–37; dagegen zutreffend *Mülbert* aaO., 11 f.

[51] *Kieninger* Mobiliarsicherheiten, S. 124.

[52] Für das deutsche Recht *Canaris* Grundrechte und Privatrecht, S. 12–14.

[53] So im Fall EuGH v. 16.5.1989 – Rs. 382/87 *Buet* Slg. 1989, 1235.

[54] Siehe nur EuGH v. 24.10.1978 – Rs. 15/78 *Koestler* Slg. 1978, 1971 Rn. 3–5 (Spieleinwand bei Differenzgeschäften, §§ 764, 762 BGB; Art. 49 f. EG nur als Diskriminierungsverbot geprüft); EuGH v. 13.10.1993 – Rs. C-93/92 *CMC Motorradcenter* Slg. 1993, I-5009 Rn. 8–12 (vorvertragliche Aufklärungspflicht bei Grauimporten); EuGH v. 24.1.1991 – Rs. C-339/89 *Alsthom Atlantique* Slg. 1991, I-107 (Sachmängelhaftung nach französischem Code civil); EuGH v. 30.5.1989 – Rs. 33/88 *Allué I* Slg. 1989, 1591; EuGH v. 2.8.1993 – Rs. C-259, 331 und 332/91 *Allué II* Slg. 1993, I-4309; EuGH v. 20.10.1993 – Rs. C-272/92 *Spotti ./. Bayern* Slg. 1993, I-5185 (je Befristung von Arbeitsverträgen). Übersicht bei Grabitz/Hilf-*Leible* Art. 28 Rn. 43.

er aber aus Gründen des Verbraucherschutzes für gerechtfertigt hielt.[55] In der Entscheidung *Oosthoek* erkannte der EuGH das niederländische Zugabeverbot deswegen als Maßnahme gleicher Wirkung, weil nicht auszuschließen sei, daß die davon betroffenen Unternehmen durch die Regelung vor die Alternative gestellt würde, entweder für verschiedene Mitgliedstaaten verschiedene Vermarktungspläne zu entwickeln oder eine für effektiv gehaltene Vermarktungsform aufzugeben (Behinderung des Euro-Marketing); er sah das Zugabeverbot aber als aus Gründen des Verbraucherschutzes und der Lauterkeit des Geschäftsverkehrs gerechtfertigt an.[56] In *CMC Motorradcenter* erörterte das Gericht, ob eine vorvertragliche Pflicht zur Information über die faktische Behinderung von Parallelimporten durch Vertragshändler mit der Warenverkehrsfreiheit vereinbar ist. Das hielt es grundsätzlich für möglich, nur war im vorliegenden Fall die Wirkung zu unsicher und mittelbar, als daß sie als Beschränkung hätte angesehen werden können.[57]

## 2. Vertragsrecht als Maßnahme mit beschränkungsgleicher Wirkung

### a) *Keine pauschale Zuordnung zu Produkt- oder Vertriebsmodalitäten*

Auch das Vertragsrecht kann daher der Grundfreiheitenkontrolle unterliegen. Infolge der *Keck*-Entscheidung stellt sich aber die Frage, ob und inwieweit das Vertragsrecht als nicht-diskriminierende Vertriebsmodalität anzusehen und daher von der Grundfreiheitenkontrolle ausgeschlossen ist.

*Steindorff* hat die Auffassung vertreten, das Vertragsrecht sei als Produktmodalität zu verstehen, soweit es (wie ganz überwiegend) das Leistungsprogramm der Parteien mitbestimmt. Soweit das Vertragsrecht Vertragspflichten – Haupt- oder Nebenpflichten, Primär- oder Sekundärpflichten – auferlegt, bestimme es das Produkt mit.[58] Diese Auffassung ist mit beachtlichen Erwägungen für das Kaufgewährleistungsrecht konkretisiert worden. Das Kaufgewährleistungsrecht sei deswegen als Produktmodalität anzusehen, weil die Gewährleistung mit der Warenqualität eng verbunden sei und weil die Gewährleistung letztlich einer Versicherung – als einem Rechts*produkt* –[59] gleich-

---

[55] Vgl. den Fall EuGH v. 16.5.1989 – Rs. 382/87 *Buet* Slg. 1989, 1235.

[56] EuGH v. 15.12.1982 – Rs. 286/81 *Oosthoek* Slg. 1982, 4575 Rn. 15; EuGH v. 16.5.1989 – Rs. 382/87 *Buet* Slg. 1989, 1235 Rn. 7; EuGH v. 7.3.1990 – Rs. C-362/88 *GB-INNO* Slg. 1990, I-667 Rn. 7; EuGH v. 30.4.1991 – Rs. 239/90 *Boscher* Slg. 1991, I-2023 Rn. 14; EuGH v. 18.3.1993 – Rs. C-126/91 *Yves Rocher* Slg. 1993, I-2361 Rn. 10. Gegenüber der Entscheidung – nicht der Analyse der Behinderungswirkung im Grundsatz – zu Recht kritisch, weil sie einen reinen Inlandssachverhalt betraf *Roth* FS Großfeld, S. 942 f.

[57] EuGH v. 13.10.1993 – Rs. C-93/92 *CMC Motorradcenter* Slg. 1993, I-5009 Rn. 8–12. *Obiter* kann man bemerken, daß diese faktische Behinderung durchaus eine Schutzpflicht des Mitgliedstaats auslösen kann.

[58] *Steindorff* EG-Vertrag und Privatrecht, S. 99, 107. Dagegen *Franzen* Privatrechtsangleichung, S. 135 f.

[59] Zur Versicherung als Rechts*produkt* sogleich im Text.

stehe.[60] Die Meinung *Steindorffs,* die gerade wegen ihrer Formalität einleuchtet, überzeugt indes nicht, da sie auf einem anderen Produktbegriff beruht, als ihn der EuGH verwendet. In *Keck* ging es dem EuGH offensichtlich um die Ware (den körperlichen Gegenstand) als Produkt.[61] Produktvorschriften sind daher nach der Aufzählung des Gerichts solche über Bezeichnung, Form, Abmessung, Gewicht, Zusammensetzung, Aufmachung, Etikettierung oder Verpackung. Davon sind sonstige Determinanten des Angebots zu unterscheiden. Gerade weil sich das Angebot von einer Vielzahl von Faktoren mitbestimmt wird, hat der EuGH mit den Produktmodalitäten eine Grenze gezogen, und diese Grenzziehung ist, wie wir gesehen haben,[62] auch teleologisch begründet. Daher kann man auch das Gewährleistungsrecht nicht als Produktvorschrift ansehen.[63] Allerdings ist nicht zu leugnen, daß das Gewährleistungsrecht die Produktgestaltung mitbestimmt, doch ist dieser Einfluß zu indirekt und ungewiß (kommt der Gewährleistungsanspruch beim Hersteller an und wie reagiert er darauf?), um beispielsweise einer technischen Sicherheitsvorschrift über die Produktgestaltung wertungsmäßig gleichgestellt zu werden. Anderes läßt sich auch nicht damit begründen, daß man die Gewährleistung als Versicherung ansieht. Denn diese isolierte Betrachtung der Gewährleistung führt zu einer künstlichen Aufspaltung eines einheitlichen Gegenstandes: Es geht um einen Warenkauf und die Frage, ob *dessen Ausgestaltung* die Grundfreiheiten beeinträchtigt. Produktvorschriften sind daher von sonstigen Determinanten des Angebots zu unterscheiden. Daher kann man das Vertragsrecht, auch soweit es das Pflichtenprogramm der Parteien bestimmt, nicht schon pauschal den Produktmodalitäten zuschlagen.

Indes ist das Vertragsrecht auch nicht samt und sonders den Vertriebsmodalitäten zuzuordnen.[64] Vertragsrecht kann durchaus als Produktvorschrift wirken, und zwar für Rechtsprodukte[65] wie z.B. die Versicherung.[66] Daß die *Keck*-Dichotomie auch auf Rechtsprodukte, also Dienstleistungen Anwendung findet, hat der EuGH in der Entscheidung *Alpine Investments* bestätigt, in der er das Verbot des *cold calling*[67] für Bank-

---

[60] *Langner* RabelsZ 65 (2001) 222, 232 und – zur Versicherungsäquivalenz – Fn. 35.

[61] EuGH v. 24.11.1993 – Rs. C-267 und 268/91, *Keck* und *Mithouard* Slg. 1993, I-6097 Rn. 15; zum Produktbegriff näher Grabitz/Hilf-*Leible* Art. 28 Rn. 28.

[62] Oben, I 2 (S. 89–92).

[63] Zu weiteren Erwägungen, die sich gegen die Grundfreiheitenkontrolle des Gewährleistungsrechts ergeben, soweit es *dispositiv* ist, nachfolgend b) (S. 96).

[64] So aber – wenn auch teils kritisch zur Anwendung der *Keck*-Dichotomie auf das Privatrecht – *Klauer* Europäisierung, S. 83; *Remien* JZ 1994, 349, 353; wohl auch *Roth* ZEuP 1994, 5, 28 f., und *Armbrüster* RabelsZ 60 (1996) 72, 77.

[65] Zum Begriff *Dreher* Versicherung als Rechtsprodukt, S. 2 f.

[66] Vgl. *Grundmann* Schuldvertragsrecht, 1. Teil Rn. 70, der (wohl nur für den Bereich der Dienstleistungsfreiheit) Vertragsabschlußregeln als Vertriebsmodalitäten ansehen möchte, Inhaltsregeln hingegen als Produktmodalitäten; darin sieht *Grundmann* aaO. Rn. 135, die Begründung dafür, daß die AGBRL keine Abschlußregeln enthält.

[67] Als *cold calling* bezeichnet man die telefonische Kontaktaufnahme mit potentiellen Kunden, die dazu nicht im vorhinein schriftlich ihr Einverständnis erklärt haben; EuGH v. 10.5.1995 – Rs. C-384/94 *Alpine Investment* Slg. 1995, I-1141 Rn. 2.

dienstleistungen als Vertriebsmodalität angesehen und nur wegen ihrer faktisch benachteiligenden Wirkung gleichwohl am Maßstab von Art. 49 EG gemessen hat.[68] Eine Bestimmung über den Inhalt von Rechtsprodukten – z.B. eine zwingende Bestimmung des Versicherungsvertragsrechts – ist dann als Produktmodalität anzusehen, die der vollen Grundfreiheitenkontrolle unterliegen kann.

Die Entscheidung im Fall *Alpine Investment* zeigt zugleich, daß das Vertragsrecht der Grundfreiheitenkontrolle auch dann unterliegen kann, wenn es als Vertriebsmodalität anzusehen ist. Weitere Beispiele sind die – freilich vor *Keck* entschiedenen – Fälle *Buet* und *Oosthoek*. In *Buet* ging es um das französische Verbot des Haustürverkaufs von Unterrichtsmaterial, also um eine Vertriebsmodalität. Mit dem Haustürvertrieb erzielte die Firma des Beklagten, die in England und Belgien erstellte Unterrichtsmaterialien vertrieb, 90 % ihrer Umsätze. Das französische Vertriebsverbot wirkte daher für diesen Anbieter wie eine Zugangsschranke (Einschränkung des Euro-Marketing) und wäre daher auch nach *Keck* noch auf seine Verhältnismäßigkeit hin zu überprüfen.[69] Aus entsprechenden Erwägungen ist auch das Zugabeverbot von *Oosthoek*[70] nicht von vornherein der Grundfreiheitenkontrolle zu entziehen. Zwar handelt es sich dabei um eine Vertriebsmodalität.[71] Die Zumutung, eine erfolgreiche Marketingstrategie aufzugeben oder disparate Vertriebsmethoden zu wählen, bedeutet faktisch eine Marktzugangsbeschränkung[72] und widerspricht einem Kernanliegen des Binnenmarktes, nämlich, Vorteil aus dem größeren Markt zu ziehen (Einschränkung des Großserienvorteils).[73]

Das Vertragsrecht läßt sich daher nicht schon pauschal als Produktmodalität der Grundfreiheitenkontrolle unterwerfen oder ihr als Vertriebsmodalität entziehen. Indes ist zu erörtern, ob das Vertragsrecht nicht doch zumindest teilweise der Grundfreiheitenkontrolle entzogen ist, nämlich soweit seine Vorschriften oder das anwendbare Recht der Disposition der Parteien unterliegen.

### *b) Keine Kontrolle des dispositiven Vertragsrechts*

Ob das dispositive Vertragsrecht der Grundfreiheitenkontrolle unterliegt, ist umstritten. Eine Behinderung kann es für den grenzüberschreitenden Verkehr darstellen, wenn die dispositiven Vorschriften verschiedener Mitgliedstaaten unterschiedlich sind. Zu denken ist daran, daß die Kosten für Messen und Wägen des Kaufgegenstands, die nach § 448

---

[68] EuGH v. 10.5.1995 – Rs. C-384/94 *Alpine Investment* Slg. 1995, I-1141 Rn. 36–38. Das Gericht sagt zwar einleitend, das umstrittene Verbot sei Vertriebsvorschriften nicht wesentlich gleich, fährt dann aber fort, es an den Maßstäben der *Keck*-Entscheidung für Vertriebsvorschriften zu messen.

[69] *Roth* FS Großfeld, S. 951 f. I.E. wohl ebenso *Franzen* Privatrechtsangleichung, S. 160 f. Eine wertungsmäßige Abgrenzung schlägt vor *Steindorff* EG-Vertrag und Privatrecht, S. 100 f.

[70] A.M. *Franzen* Privatrechtsangleichung, S. 158–161; *Mülbert* ZHR 159 (1995) 2, 25–27, die *Keck* als Aufgabe der Oosthoek Rechtsprechung ansehen. Kritisch *Klauer* Europäisierung, S. 79 f.

[71] *Roth* FS Großfeld, S. 949 f.; a.M. *White* CMLR 1989, 235, 252 f.

[72] *Leible* WRP 1997, 517, 521; a.M. *Franzen* Privatrechtsangleichung, S. 160 mwN.

[73] *Weatherill/Beaumont* EC Law, S. 616 f.

Abs. 1 Fall 1 BGB[74] vom Verkäufer zu tragen sind, nach dem dispositiven Vertragsrecht des Mitgliedstaats M vom Käufer zu tragen seien. Den Gewährleistungsausschluß wegen Mangelkenntnis nach § 442 Abs. 1 S. 1 BGB sehe das Kaufrecht von M nicht vor. Die Vergütung, die nach § 614 S. 1 BGB *postnumerando* fällig ist, sei nach dem dispositiven Recht des Mitgliedstaats M vor Dienstleistung zu erbringen. Allgemeiner wird man als beispielhaft all die Fälle heranziehen können, in denen die Auslegung von Verträgen in unterschiedlichen Mitgliedstaaten zu unterschiedlichen Ergebnissen führt, denn auch hier kann man ja durch vertragliche Abrede von dem Standard abweichen. Sind solche dispositiven Vertragsrechtsnormen Beschränkungen der Grundfreiheiten? Um herauszufinden, ob dispositives Vertragsrecht *als solches* der Grundfreiheitenkontrolle entzogen ist, müssen wir diese Frage unabhängig von der *Keck*-Dichotomie erörtern.[75]

Manche nehmen an, das dispositive Vertragsrecht müsse der Grundfreiheitenkontrolle ebenso unterliegen wie es der Grundrechtskontrolle im deutschen Recht unterliegt.[76] In der Tat ist ja eine dispositive Norm, wenn sie mangels Parteiabrede zum Zuge kommt,[77] eine heteronome Bestimmung der Vertragsrechte und daher ein Eingriff in die Vertragsfreiheit als Grundrecht.[78] Indes trägt die Analogie zur Grundrechtsdogmatik nicht, denn die Grundfreiheiten sind keine allgemeinen Freiheitsgewährleistungen, deren Tatbestand jede heteronom begründete Pflicht verböte. Sie greifen nur dann ein, wenn spezifisch der grenzüberschreitende Verkehr beschränkt wird. Ungeachtet sonst bestehender *struktureller* Parallelen der Dogmatik der Grundrechte und der Grundfreiheiten trägt gerade hier, wo es um die Abgrenzung des Schutzbereichs geht, die Analogie nicht.

Deswegen ist zu untersuchen, inwieweit dispositive Vorschriften Hindernisse für den grenzüberschreitenden Verkehr begründen. Notwendige Voraussetzung für die Annahme, eine dispositive Norm beschränke die Grundfreiheiten, ist, daß sie, als zwingende Norm gedacht, ihrem Inhalt nach eine beschränkend wirkende Produktregelung darstellen würde. Ist das nicht der Fall, so kann die Vorschrift auch in dispositiver Ausgestaltung, die den Parteien mehr Freiraum läßt, nicht beschränkend wirken. Umstritten ist, ob diese Voraussetzung auch schon hinreichend ist für die Verhältnismäßigkeitskontrolle nach den Grundfreiheiten. Tatsächlich soll nach einer Meinung die Disposi-

---

[74] Die Kosten des Messens und Wägens sind in der Neufassung nicht mehr ausdrücklich erwähnt, von ihr aber ebenso erfaßt wie von der Vorgängervorschrift; vgl. Begründung des Entwurfs, BT-Drs. 14/6040, Erläuterungen zu § 447 Abs. 1 (S. 241).

[75] Die gewählten Beispiele dürften freilich durchweg bloße Vertriebsmodalitäten darstellen; in der Tat ist es schwierig, plastische Beispiele für dispositives Vertragsrecht zu finden, das als Produktmodalität zu qualifizieren wäre.

[76] *v. Wilmowsky* JZ 1996, 590, 596; auch *Langner* RabelsZ 65 (2001) 222, 227 mit Fn. 15.

[77] Nicht *mangels,* sondern *gemäß* der Parteiabrede kommt die dispositive Norm allerdings dann zum Zuge, wenn die Parteien das vereinbart haben, sei es, weil sie die Regelung angemessen finden oder auch weil sich ein Teil mit seinem Änderungswunsch nicht durchsetzen konnte. Deshalb kann – entgegen *Langner* RabelsZ 65 (2001) 222, 227 – die Grundfreiheitenkontrolle für diesen Fall nicht einmal mit der Fremdbestimmung begründet werden.

[78] Dazu für das deutsche Recht *Canaris* AcP 184 (1984) 201, 213–215; *Medicus* AcP 192 (1992) 35, 47; *Neuner* Privatrecht und Sozialstaat, S. 227 f.

tionsmöglichkeit völlig irrelevant sein, da es „dem Gesetzgeber nicht erlaubt sein (sollte), Verträge durch dispositives Vertragsrecht zu ergänzen, welches möglicherweise gemeinschaftsrechtlichen Anforderungen widerspricht".[79] Indes ist diese Begründung zirkulär, da ja gerade die Frage ist, ob dispositives Recht als solches die Grundfreiheiten beschränkt. Deswegen muß man die Beschränkung weiter präzisieren. Sie kann nicht schon in dem Regelungsgehalt allein liegen, sondern nur in der Dispositionslast.[80] Diese liegt für den verpflichteten Teil darin, eine andere Regelung treffen zu müssen (Abänderungslast). Sie kann zudem darin liegen, daß der Verpflichtete aufgrund der dispositiven Regelung eine nachteilige Verhandlungsposition hat (Verhandlungslast);[81] das ist freilich nur dann der Fall, wenn die dispositive Norm nicht nur das bestimmt, was man auch dem Schweigen der Parteien im Wege der Vertragsauslegung entnehmen würde.[82] Ganz allgemein kann eine Behinderung darin liegen, daß sich beide Teile darüber informieren müssen, was gilt, wenn sie keine ausdrückliche Regelung getroffen haben (Informationslast). Keine Behinderung kann man freilich darin sehen, daß die dispositive Regelung zum Zuge kommt, weil sich der Verpflichtete mit seinem Änderungswunsch nicht durchsetzen konnte,[83] denn dann entspricht die Regelung der *Vereinbarung* der Parteien.

Sind nun diese Belastungen der Parteien nach den Grundfreiheiten zu beanstanden? Die Informationslast zunächst begründet keine beachtliche Beschränkung der Grundfreiheiten. Daß die mitgliedstaatlichen Rechtssysteme divergieren ist eine Grundannahme des Vertragsgebers gewesen, und er hat in dieser Divergenz *an sich* kein Hindernis für den grenzüberschreitenden Verkehr gesehen.[84] Die Informationslast gehört daher zu den vorausgesetzten und hinzunehmenden Hindernissen des grenzüberschreitenden Verkehrs.[85] Dasselbe muß aber folglich auch für die Abänderungslast und die Verhandlungslast gelten, die sich aus unterschiedlichen nationalen Rechten ergeben. Auch diese Erschwernisse des grenzüberschreitenden Verkehrs hat der Vertragsgeber als hinzunehmend vorausgesetzt. Die *Verantwortung* zur Gestaltung (Dispositionslast), ist ein notwendiges Korrelat der Freiheit des grenzüberschreitenden Verkehrs und keine beanstandenswerte Grundfreiheitenbeschränkung.

Auch wertungsmäßig entsprechen die Hindernisse, die sich aus (unterschiedlichen) dispositiven Vorschriften ergeben, nicht den Produktmodalitäten oder solchen Vertriebsmodalitäten, die diesen wegen ihrer diskriminierenden oder zugangsbeschränken-

---

[79] *Langner* RabelsZ 65 (2001) 222, 227; das Argument hat *Medicus* AcP 192 (1992) 35, 47 in die parallele Diskussion zum Verhältnis von Grundrechten und Privatrecht eingebracht: der Gesetzgeber solle nicht befugt sein, Verträge „wertwidrig zu ergänzen".

[80] Darin sehen eine Beschränkung der Grundfreiheiten *Langner* RabelsZ 65 (2001) 222, 227 f.; *Steindorff* EG-Vertrag und Privatrecht, S. 79. S.a. *Basedow* FS Mestmäcker, S. 354 f.

[81] *Basedow* FS Mestmäcker, S. 354 f.

[82] Vgl. die Auslegungsregel des Art. 5:101 Abs. 3 EP.

[83] So aber *Langner* RabelsZ 65 (2001) 222, 226. Wie hier *Grundmann* ZHR 163 (1999) 635, 657.

[84] EuGH v. 28.6.1978 – Rs. 1/78 *Kenny ./. Insurance Officer* Slg. 1978, 1489 Rn. 18; EuGH v. 27.9.1988 – Rs. 313/86 *Lenoir ./. Caisse d'allocations familiales des Alpes-Maritimes* Slg 1988, 5391 Rn. 15; EuGH v. 1.2.1996 – Rs. C-177/94 *Perfili* Slg. 1996, I-161 Rn. 17. S.a. – rechtspolitisch – *Zweigert* FS Dölle II, S. 401 und 403.

[85] Ebenso *Remien* ZfRV 1995, 116, 129.

den Wirkung gleichgestellt sind. Das gilt auch, soweit man dispositive Normen als Produktmodalitäten für Rechtsprodukte ansieht. Denn sie zwingen den Anbieter nicht, unterschiedliche Produkte anzubieten. Weil dispositive Normen abdingbar sind, begründen sie keine Vervielfachung der Produktstandards (*dual standards*). Eine in einem Mitgliedstaat erforderliche Disposition mag nach dem Recht eines anderen Mitgliedstaats unnötig und daher nur deklaratorisch sein, schadet dort aber nicht. Wenn aber ein anderes Land die Disposition verbietet, dann resultiert die Beschränkung nicht aus der dispositiven Norm des einen Landes. Das dispositive Vertragsrecht unterliegt daher – schon unabhängig von seiner Einordnung in die *Keck*-Dichotomie – der Grundfreiheitenkontrolle nicht.[86]

### *c) Keine Kontrolle des international dispositiven Vertragsrechts*

Einen Schritt weitergehend könnte auch das international dispositive Vertragsrecht wegen der Dispositionsmöglichkeit der Grundfreiheitenkontrolle entzogen sein. Das hat in der Tat der EuGH in seiner Entscheidung *Alsthom Atlantique* angedeutet. In dem zugrunde liegenden Fall hatte Sulzer von Alsthom Dieselmotoren gekauft, die defekt waren. Die Käuferin nahm nun die Verkäuferin auf Ersatz der aufgewandten Reparaturkosten in Anspruch. Nach dem anwendbaren französischen Kaufrecht war der Anspruch begründet und die Verkäuferin konnte sich auch nicht auf einen Haftungsausschluß berufen. Die Verkäuferin sah in der strengen französischen Verkäuferhaftung eine Ausfuhrbeschränkung i.S.v. Art. 29 EG.[87]

Auf der Grundlage seiner etablierten Rechtsprechung, nach der Ausfuhrbeschränkungen einer weniger strengen Kontrolle unterliegen als Einfuhrbeschränkungen,[88] stellte der EuGH keinen Verstoß gegen Art. 29 EG fest, da die strenge Verkäuferhaftung unterschiedslos für alle dem französischen Recht unterliegenden Verträge gilt und daher keine Maßnahme darstelle, die eine spezifische Beschränkung der Ausfuhrströme bezwecke oder bewirke. Ergänzend („im übrigen") stützt das Gericht seine Entscheidung auf die Erwägung, daß die Parteien eines internationalen Kaufvertrags das anwendbare Recht wählen und somit die französische Verkäuferhaftung vermeiden können.[89]

---

[86] Ebenso *Basedow* FS Mestmäcker, S. 354; *Grundmann* JZ 1996, 274, 278 f.; *Leible* Wege, § 4 D I; *Roth* VersR 1993, 129, 133; differenzierend *ders.* ZEuP 1994, 5, 28; *Remien* ZfRV 1995, 116, 129 f.

[87] Zu dem – komplizierteren – Hintergrund des Falls GA *van Gerven* in: EuGH v. 24.1.1991 – Rs. C-339/89 *Alsthom Atlantique* Slg. 1991, I-107, I-114 f.

[88] Grundlegend EuGH v. 8.11.1979 – Rs. 15/79 *Groenveld* Slg. 1979, 3409. Dazu etwa Schwarze-*Becker* Art. 34 EG Rn. 9 f.; Grabitz/Hilf-*Leible* Art. 29 Rn. 3. Ein Grund für die im Vergleich mit der Kontrolle von Einfuhrbeschränkungen geringeren Kontrolldichte liegt darin, daß Ausfuhrbeschränkungen nicht zu einer Vervielfachung der Produktstandards führen; zur Wirkungsweise näher *Roth* ZEuP 1994, 5, 29. Ob die Unterscheidung von Ein- und Ausfuhrbeschränkungen noch Bestand hat, bezweifelt mit Rücksicht auf EuGH v. 10.5.1995 – Rs. C-384/94 *Alpine Investment* Slg. 1995, I-1141, *Grundmann* ZHR 163 (1999) 635, 657 Fn. 68.

[89] EuGH v. 24.1.1991 – Rs. C-339/89 *Alsthom Atlantique* Slg. 1991, I-107 Rn. 14 f. Kritisch *Klauer* Europäisierung, S. 85–88.

Die zweite Begründung deutete darauf hin, daß das Gericht das international dispositive Vertragsrecht *als solches* nicht als Beschränkung der Grundfreiheiten ansehen könnte. Allerdings hat der EuGH die Abwählbarkeit französischen Rechts nur als ein zusätzliches Argument für seine Entscheidung herangezogen. Indes hielt der Gerichtshof die Abwahlmöglichkeit doch für so gewichtig, daß er sie angeführt hat, *obwohl* Generalanwalt *van Gerven* sie erwogen, jedoch als unerheblich bezeichnet hatte.[90] Und gegen die Autorität der Entscheidung für die Freistellung des international dispositiven Rechts läßt sich auch nicht einwenden, daß sie sich nur auf die Kontrolle von Ausfuhrbeschränkungen auf ihre Diskriminierungsfreiheit beziehe. Wenn sogar diskriminierend wirkende Vorschriften im Falle ihrer kollisionsrechtlichen Abwählbarkeit vor den Grundfreiheiten Bestand haben, dann muß das erst recht für subtilere Formen der Beschränkungen gelten.[91]

Die Kontrollfreiheit international dispositiver Normen ist aber auch sachlich begründet. Die Möglichkeit der Rechtswahl gibt den Parteien einerseits größeren Dispositionsspielraum als die Abbedingung einer einzelnen Norm, andererseits geringeren. Die Rechtswahl ermöglicht den Parteien, auch zwingende Vorschriften, wie die strengere französische Verkäuferhaftung, zu vermeiden. Andererseits können sie nur eine Rechtsordnung als Ganzes wählen. Diese Einschränkung wiegt freilich nicht so schwer, wenn man bedenkt, daß die Parteien erstens immerhin für abspaltbare Teile unterschiedliche Wahlen treffen[92] und zweitens die Dispositionsmöglichkeiten der gewählten Rechtsordnung nutzen können.

Die Erwägungen, die für und wider die Ausnahme von der Grundfreiheitenkontrolle ins Feld geführt werden, sind im wesentlichen dieselben, die wir schon in Hinblick auf das dispositive Vertragsrecht erörtert haben (soeben b)). Die Dispositionslast wiegt hier zwar schwerer, weil es um die Auswahl zwischen ganzen Rechtsordnungen geht.[93] Doch gehört sie zu den als selbstverständlich vorausgesetzten Lasten des grenzüberschreitenden Verkehrs.[94] Entscheidend ist, daß die Parteien die Dispositionsmöglichkeit haben.[95] Daß die Disposition von der Zustimmung des anderen Teils abhängt, ist kein tauglicher Einwand, sondern ein Wesenselement des Vertrags. Daß die Dispositionsmöglichkeit auch wahrgenommen werden muß, ist auch hier ein notwendiges Korrelat der Freiheit. Endlich überzeugt es auch wertungsmäßig, international dispositive Normen von der Grundfreiheitenkontrolle auszunehmen. Denn weil die Rechtswahl für den grenzüberschreitenden Verkehr eine zusätzliche Wahlmöglichkeit eröffnet, kann man in den auf diese Weise vermeidbaren Normen keine spezifische Behinderung des

---

90 GA *van Gerven* EuGH v. 24.1.1991 – Rs. C-339/89 *Alsthom Atlantique* Slg. 1991, I-107, I-118 Rn. 8 mit Fn. 15.

91 So mit Recht *Grundmann* ZHR 163 (1999) 635, 657 Fn. 68.

92 Dazu unten, § 6 I (S. 120f.).

93 *Langner* RabelsZ 65 (2001) 222, 229 f.; *v. Wilmowsky* JZ 1996, 590, 595.

94 A.M. *Langner* RabelsZ 65 (2001) 222, 229 f.

95 *Remien* ZfRV 1995, 129, 131. Im Anschluß an *Alsthom Atlantique* und ohne weitere Begründung auch *Armbrüster* RabelsZ 60 (1996) 72, 75f.; *Grundmann* Schuldvertragsrecht, 1. Teil Rn. 68; *Roth* VersR 1993, 129, 133; *ders.* ZEuP 1994, 5, 31; U.H. *Schneider* NJW 1991, 1985, 1992 f.

grenzüberschreitenden Verkehrs sehen. Entscheidend ist auch hier die wertungsmäßige Bestätigung, daß zwingende Vertragsvorschriften, die Produktmodalitäten betreffen, soweit sie international dispositiv sind, nicht zu einer Doppelregelung führen.[96] Der innere Grund für die Grundfreiheitenkontrolle fehlt daher. Auch das international dispositive Vertragsrecht ist daher von der Grundfreiheitenkontrolle auszunehmen.[97]

## III. Die über mitgliedstaatliche Schutzpflichten vermittelte Drittwirkung der Grundfreiheiten auf das Verhalten Privater

### 1. Private als Adressaten der Grundfreiheiten?

Ist demnach die Bindung der Mitgliedstaaten – auch als Privatrechtsgesetzgeber und Zivilgerichte – an die Grundfreiheiten zu bejahen,[98] so stellt sich weiterhin die Frage, welche Wirkung die Grundfreiheiten für Privatpersonen haben. Das Verhältnis von verfassungsrechtlichen Grundrechten und (nationalem) Privatrecht ist eine nicht nur dem deutschen Juristen vertraute, sondern geradezu „internationale" Frage,[99] und so nimmt es nicht wunder, daß sie sich in ganz entsprechender Weise auch im Europäischen Recht stellt.[100] In ähnlicher Weise wie im nationalen Recht werden auch für das Gemeinschaftsrecht zwei Lösungen erörtert. Nach einer Auffassung stellen die Grundfreiheiten

---

[96] *Franzen* Privatrechtsangleichung, S. 146 f.

[97] Eingehend *Grundmann* ZHR 163 (1999) 531, 656–659; *ders.* ERPL 2000, 508, 513–516; *ders.* Schuldvertragsrecht, 1. Teil Rn. 68. Ebenso *Armbrüster* RabelsZ 60 (1996) 72, 75–77; *Basedow* in: Unification, S. 44 f.; auch *ders.* RabelsZ 59 (1995) 1, 27 f.; *Drexl* in: Greenpaper EU Contract Law (www-Fassung), S. 7 (sub II 2); *Roth* FS Everling, S. 1231. A.M. *Mülbert* ZHR 159 (1995) 2, 10; *Steindorff* EG-Vertrag und Privatrecht, S. 78 f.

[98] Soeben, II 1 (S. 93f.).

[99] Auf die „Internationalität der Problematik" weist *Canaris* Grundrechte und Privatrecht, S. 10 f. hin. Aus vergleichender Sicht *v. Bar* Gemeineuropäisches Deliktsrecht I, § 6 I; *Markesinis* German Law of Obligations II, S. 27–31 („The Constitutionalization of Private Law"). Aus der englischen Diskussion, die von der Einführung des Human Rights Act ausgelöst wurde, etwa *Wade* in: Constitutional Reform in the United Kingdom, S. 63 f.; *ders.* LQR 116 (2000) 217–224; *Bamforth* Cambr.L.J. 58 (1999) 159–170; *Markesinis* LQR 115 (1999) 47–88; *ders.* FS Stoll, S. 279–297; *Phillipson* MLR 62 (1999) 824–849.

[100] Zwei Unterschiede, die aber für die nachfolgenden Erörterungen keine Rolle spielen, sind jedoch hervorzuheben. (1) Für das Europäische Recht geht es bislang nur um die „Drittwirkung" der *Grundfreiheiten* nicht um eine Drittwirkung der *Grundrechte.* Die Grundrechtsproblematik scheint auf Europäischer Ebene in der Tat bislang weniger ausgeprägt zu sein, wohl vor allem weil ein ausdrücklicher Grundrechtskatalog noch fehlt und die Grundrechte nur als „Allgemeine Rechtsgrundsätze" anerkannt und jetzt in Form der Grundrechtscharta festgeschrieben sind. (2) Die Grundfreiheiten gewährleisten nur einen eng begrenzten Teil der Privatautonomie, nämlich deren Ausübung im binnengrenzüberschreitenden Verkehr. Aus diesen Gründen lassen sich die Erwägungen, die zur Begründung der „Drittwirkungslehren" im nationalen Recht vorgebracht werden, nicht stets ohne weiteres auf die gemeinschaftsrechtliche Problematik übertragen. Zu den Unterschieden auch *Kluth* AöR 122 (1997) 557, 558, 571f.

zugleich auch Privatrechtssätze dar, die nicht nur Mitgliedstaaten und Gemeinschaft, sondern auch Privatleute binden („unmittelbare Drittwirkung").[101] Nach einer anderen Auffassung betreffen die Grundfreiheiten Private nur mittelbar.[102] Daß die Grundfreiheiten für Private völlig irrelevant wären, wird, soweit ersichtlich, nicht vertreten.

Die Lehre von der unmittelbaren Drittwirkung versteht die Grundfreiheiten nicht nur als an die Mitgliedstaaten gerichteten Verbote, sondern auch als Verbote für Privatpersonen. Im deutschen Recht würden die Grundfreiheiten also etwa als Verbotsgesetze i.S.v. § 134 BGB oder Schutzgesetze i.S.v. § 823 Abs. 2 BGB anzusehen sein. Privatrechtsakte – Verträge, einseitige Rechtsgeschäfte oder auch kollektive Rechtsakte wie Vereinsbeschlüsse –, die Grundfreiheiten ohne Rechtfertigung beeinträchtigen, wären demnach unwirksam. Der Geschützte könnte, wenn auch die übrigen Tatbestandsvoraussetzungen vorliegen, einen aus der Verletzung der Grundfreiheiten resultierenden Schaden ersetzt verlangen.

Nach der Lehre von der mittelbaren Drittwirkung binden die Grundfreiheiten hingegen nur die Mitgliedstaaten (und die Gemeinschaft), nicht aber unmittelbar Private. Das heißt indes nicht, daß die Grundfreiheiten für das Verhalten Privater ohne Relevanz wäre. Zum einen wirken die Grundfreiheiten schon als an die Mitgliedstaaten gerichtete Eingriffsverbote auch im Privatrechtsverkehr, soweit danach Privatrechtsätze – z.B. ein Verbot unlauteren Wettbewerbs oder ein gesetzliches Verbot – im grenzüberschreitenden Verkehr unwirksam sind, weil sie die Grundfreiheiten ohne Rechtfertigung beeinträchtigen. Auch wenn sich ein Privater auf die beschränkend wirkende Norm stützt, ist es doch die Norm – und damit ein staatliches Verhalten –, die die Grundfreiheit beeinträchtigt.[103] Zum anderen wirken die Grundfreiheiten mittelbar im Privatrecht, soweit sie die Mitgliedstaaten zu Schutzmaßnahmen zur Gewährleistung der Grundfreiheiten verpflichten. Auch hier sind allerdings die Mitgliedstaaten die Adressaten der Grundfreiheiten. Als solche können sie dann etwa gehalten sein, ein beschränkend wirkendes Verhalten Privater (auch) mit den Mitteln des Zivilrechts zu unterbinden. Das kann auch im Wege der Auslegung oder Fortbildung des Zivilrechts oder der Konkretisierung zivilrechtlicher Generalklauseln im Lichte der Grundfreiheiten geschehen. Beispielsweise kann so ein privates Verhalten (z.B. Boykottaufruf) im Lichte der Grundfreiheiten als unlauter i.S.v. § 1 UWG anzusehen sein.

---

[101] Etwa *Ganten* Unmittelbare Drittwirkung (2000); auch *Schindler* Kollision von Grundfreiheiten und Gemeinschaftsgrundrechten (2000), der die Lehre von der unmittelbaren Drittwirkung mit der Lehre von den Schutzpflichten verbindet.

[102] Etwa *Burgi* EWS 1999, 327–332; *Jaensch* Unmittelbare Drittwirkung (1997); *Kluth* AöR 122 (1997) 557–582; *Leible* Wege, § 4 C I 3; GTE-*Müller-Graff* Art. 30 Rn. 301–309; *Streinz/Leible* EuZW 2000, 459–467.

[103] *Leible* Wege, § 4 C I 3 b aa spricht von „normkausalen Beschränkungen".

## 2. Keine unmittelbare Drittwirkung

Gegen die unmittelbare Drittwirkung der Grundfreiheiten sprechen sowohl der Wortlaut als auch systematische Erwägungen.[104] Zwar verbieten die Grundfreiheiten teilweise nur „Maßnahmen“ oder Beschränkungen (Art. 28, 43, 49, 56 EG) oder gewährleisten eine Freiheit (Art. 39 EG) ohne einen Verbotsadressaten zu benennen. Doch ergibt sich aus dem Regelungszusammenhang, daß Beschränkungen durch die Mitgliedstaaten gemeint sind. Schon tatbestandlich wendet sich Art. 28 EG in erster Linie gegen staatliche Hindernisse wie Kontingente.[105] Und auch die Vorbehaltsbereiche des Art. 30 S. 1 EG sind auf Mitgliedstaaten als Adressaten zugeschnitten, denn Beschränkungen zum Schutze „öffentlicher Sittlichkeit, Ordnung und Sicherheit“ können praktisch nur mitgliedstaatliche „Maßnahmen“ sein, während privates Handeln typischerweise wirtschaftliche Zwecke betrifft, die von den Vorbehaltsbereichen gerade nicht erfaßt werden.[106] Auch in Art. 31 EG sind die Mitgliedstaaten ausdrücklich angesprochen. Ein Anzeichen, daß Private nicht Verbotsadressaten sind, ergibt sich ferner aus Art. 86 Abs. 2 EG, da dort die Gleichstellung von Unternehmen mit Mitgliedstaaten ausdrücklich bestimmt ist, der Vertragsgeber die Problematik also gesehen hat und sie auch regelungstechnisch zu bewältigen wußte.[107] Systematisch spricht das Kartell- und Wettbewerbsrecht der Art. 81–85 EG gegen die Annahme einer unmittelbaren Drittwirkung, da das Kartellrecht zumindest für die wichtigsten Fälle der Beeinträchtigung der Grundfreiheiten durch Private eine Sonderregelung enthält, diese aber Beeinträchtigungen nur unter engeren Voraussetzungen verbietet.[108] Eine unmittelbare Drittwirkung wäre damit unvereinbar, soweit dadurch dieses differenzierte Regelungssystem nivelliert würde.[109]

Entscheidend sprechen endlich teleologische Erwägungen gegen die Anwendbarkeit der Grundfreiheiten auf das Verhalten Privater. Die Grundfreiheiten sind spezielle Gewährleistungen der Privatautonomie. Sie dienen dazu, die Privatautonomie über die innergemeinschaftlichen Grenzen hinaus zu erstrecken.[110] Die Gemeinschaft hat sich damit für eine Integration „von unten“ entschieden, bei der sie sich vor allem das privatautonome Handeln der einzelnen zunutze macht.[111] Genau das Gegenteil, nämlich eine

---

[104] Eingehend *Jaensch* Unmittelbare Drittwirkung, S. 81–93; *Kluth* AöR 122 (1997) 557, 572–578; ferner etwa *Burgi* EWS 1999, 327, 329 (und kompetenzrechtlich 330); Schwarze-*Becker* Art. 28 Rn. 89. Zweifelnd *Forsthoff* EWS 2000, 389, 392 (der aber i.E. nur eine mittelbare Grundfreiheitenwirkung annimmt; S. 396 f.). A.M. *Ganten* Drittwirkung der Grundfreiheiten, S. 56–119.

[105] Calliess/Ruffert-*Epiney* Art. 28 EG Rn. 46.

[106] *Roth* FS Everling, S. 1241 f.; a.M. *Steindorff* FS Lerche, S. 584 f.

[107] GTE-*Müller-Graff* Art. 30 Rn. 303; Dauses-*Roth* E I Rn. 17; *ders.* FS Everling, S. 1243–1245; *Streinz/Leible* EuZW 2000, 459, 464. A.M. *Steindorff* EG-Vertrag und Privatrecht, S. 291–295; vgl. auch *ders.* in: Deutsches und Europäisches Bank- und Börsenrecht – Bankrechtstag 1993, S. 152–155.

[108] Vgl. EuGH v. 27.9.1988 – Rs. 65/86 *Bayer ./. Süllhöfer* Slg. 1988, 5249 Rn. 11–13; EuGH v. 1.10.1987 – Rs. 311/85 *Vlaaamse Reisbureaus* Slg. 1987, 3801 Rn. 30 sowie 9–11. Ebenso etwa *Roth* FS Steindorff, S. 1236 f., 1242 f.; *Ullrich* RIW 1990, Beil. 23, 3, 4, 7.

[109] *Kluth* AöR 122 (1997) 557, 572 f.

[110] S. die Nachweise unten, § 11 II 1 b (S. 240–242).

[111] Eingehend *Kluth* AöR 122 (1997) 557, 578–581.

Einschränkung der Privatautonomie, würde es aber bedeuten, wenn man die Grundfreiheiten (in ihrer Abwehrfunktion) als Verbotsgesetze i.S.v. § 134 BGB oder Schutzgesetze i.S.v. Art. 823 Abs. 2 BGB[112] ansehen wollte.[113] Denn die Freiheit, ohne jede Begründung eine Auswahlentscheidung zu treffen, die die Grundfreiheiten den Mitgliedstaaten zu Recht nehmen, ist Kern der Privatautonomie.[114] Eine unmittelbare Anwendbarkeit der Grundfreiheiten müßte daher, wollte man nicht schwerwiegende Eingriffe in die Privatautonomie hinnehmen, dazu führen, daß in jedem Einzelfall die Privatautonomie gegen die Grundfreiheiten anderer Privater abzuwägen wäre. So wie die unmittelbare Drittwirkung der Grundrechte auf nationaler Ebene zu einer Konstitutionalisierung des Privatrechts führen würde,[115] würde die unmittelbare Drittwirkung der Grundfreiheiten im Europäischen Recht zu einer solchen Konstitutionalisierung führen.[116]

---

[112] *Ganten* Drittwirkung der Grundfreiheiten, S. 199–210; *Steindorff* FS Lerche, S. 589f. Zur entsprechenden Lehre von der unmittelbaren Drittwirkung von Grundrechen des GG *Canaris* AcP 184 (1984) 201, 202 f.

[113] *Kluth* AöR 122 (1997) 561, 569–571; *Baquero Cruz* E.L.Rev. 24 (1999) 603, 617. Für das deutsche Recht hat auf die Bedrohung der Privatautonomie durch eine „unmittelbare Drittwirkung" v.a. *Dürig* FS Nawiasky, S. 158, 167–173, 183f., hingewiesen. Ohne nähere Begründung nimmt aber *Reichold* ZEuP 1998, 434, 449 f., an, einer unmittelbaren Drittwirkung stünden keine kollidierenden Grundfreiheiten des anderen Teils entgegen. *Steindorff* FS Lerche S. 584f. möchte den Schwierigkeiten entgehen, indem er (wohl) den Schutzbereich der Grundfreiheiten für die Anwendung im Verhältnis zwischen Privaten anders bestimmt als sonst. Überzeugend zum Ganzen jetzt *Neuner* JZ 2003, 57–66, der insbesondere darauf hinweist, daß Diskriminierungsverbote in gewissem Umfang schon aus der material verstandenen Privatautonomie abgeleitet werden können und nicht schon an sich zum „Tod der Privatautonomie" führen.

[114] Daß die Lehre von der unmittelbaren Drittwirkung der Grundfreiheiten im Privatrecht geeignet ist, die Privatautonomie in ihrem Kern anzugreifen, zeigt sich beispielhaft bei *Ganten* Drittwirkung der Grundfreiheiten, S. 223: „Wegen dieser politischen Dimension des Privatrechts sind die Verhältnisse unter Privaten nicht mehr ein Tummelplatz der Autonomie. Vielmehr gewinnen Aspekte des Allgemeininteresses auf diesem Gebiet ständig an Gewicht. Dabei darf allerdings nicht aus den Augen verloren werden, daß die Kernelemente der Vertragsfreiheit Grundvoraussetzung für jeden funktionierenden Markt darstellen. Die Bindung Privater an die Grundfreiheiten trägt diesem Gedanken Rechnung, indem nur die Inhaltsfreiheit beschränkt wird, um Beschränkungen der Abschlußfreiheit unter Privaten zu vermeiden. Trotzdem gilt es, sich vor Augen zu halten, daß die Autonomie Privater bei europarechtlichen Belangen nicht nur dann begrenzt wird, wenn die Ergebnisse untragbar werden. Auch politische Zielvorstellungen und Allgemeininteressen sind legitime Begrenzungsgründe."

[115] Dazu *Canaris* Grundrechte und Privatrecht, S. 34 f.

[116] Siehe z.B. *Ganten* Drittwirkung der Grundfreiheiten, S. 174–194. Einen gewisse Freistellung des Privatrechts erreicht man, wenn man die Grundfreiheiten primär als institutionelle Garantien versteht; so *Schindler* Kollision von Grundfreiheiten und Gemeinschaftsgrundrechten, S. 177 f.

## 3. Vermittlung der Wirkung von Grundfreiheiten über Schutzpflichten

### a) *Grundlagen*

Hier wie im nationalen Recht bedeutet die Ablehnung der unmittelbaren Wirkung freilich nicht, daß die Grundfreiheiten (Grundrechte) keinerlei Wirkung für das Privatrecht hätten. Das Gegenteil folgt daraus, daß die Gemeinschaftsorgane sowie die Mitgliedstaaten unmittelbar an die Grundfreiheiten gebunden sind. Denn die Bindung der Mitgliedstaaten, bedeutet, wie wir gesehen haben, nicht nur ein Eingriffsverbot, sondern auch ein Schutzgebot (oben, I 1, S. 86f.). Und diese Schutzpflicht kann sich selbstverständlich nicht nur auf das Verwaltungs- oder Strafrecht auswirken,[117] sondern auch auf die Gestaltung des Privatrechts (oben II, S. 93). Adressat der Schutzpflicht ist im übrigen nicht nur der mitgliedstaatliche Gesetzgeber, sondern auch die nationale Verwaltung und Rechtsprechung, so daß sich die Schutzpflichten auch auf die Auslegung und Fortbildung des nationalen Privatrechts auswirken können (oben I 1, S. 85f.).[118] Ganz konkret können die Zivilgerichte in Erfüllung dieser Schutzpflicht gebunden sein, das nationale Zivilrecht im Lichte der Grundfreiheiten auszulegen, zu konkretisieren (Generalklauseln wie § 138 BGB und § 1 UWG) oder auch fortzubilden.

Auf diese Weise ist, vermittelt über die Schutzpflichten der Mitgliedstaaten, eine „mittelbare Drittwirkung" der Grundfreiheiten im Privatrecht begründet. Die Mitgliedstaaten sind dazu verpflichtet, (auch) das Privatrecht so zu gestalten, daß die effektive Verwirklichung der Grundfreiheiten gewährleistet ist. Allerdings ist diese Wirkung auf das Privatrecht ungleich schwächer als eine unmittelbare Drittwirkung. Während jene ohne weiteres dazu führen würde, die Grundfreiheiten als Verbotsgesetze für Verträge oder Schutzgesetze im Jedermannsverkehr anzusehen, bedeutet die mittelbare Wirkung nur, daß die Mitgliedstaaten den ein Mindestmaß nicht unterschreitenden Schutz zu gewährleisten haben (Untermaßverbot).[119] Außerdem kommt den Mitgliedstaaten bei der Erfüllung der Schutzgebote ein Ermessen zu,[120] sich dazu der Mittel des Privat- oder des öffentlichen Rechts zu bedienen oder den Schutz auf der Ebene des materiellen Rechts oder des Prozeßrechts (Zwangsvollstreckung, Insolvenz) anzusiedeln. Im Hinblick auf das „Rechtsformermessen" (Auswahl zwischen Privat- und öffentlichem Recht)

---

117 Darum ging es im Fall EuGH v. 9. 12. 1997 – Rs. C-265/95 *Kommission ./. Frankreich* Slg. 1997, I-6959, wo Frankreich keine hinreichenden Maßnahmen zum Schutz von Agrarimporten vor gewalttätigen Ausschreitungen u.dgl. getroffen hatte.

118 In diese Richtung auch *Müller-Graff* in: Party Autonomy, S. 140. Anders offenbar *Streinz/Leible* EuZW 2000, 459, 466. Für das deutsche Recht beispielhaft *Hillgruber* AcP 191 (1991) 69–86, bes. 73 f.; *ders.* ZRP 1995, 6–9; *Kluth* AöR 122 (1997) 557, 580 f., weist allerdings darauf hin, daß die Verwirklichung der Schutzpflicht nach dem Demokratieprinzip primär Aufgabe des Gesetzgebers ist. Abl. (Schutzpflicht nicht exklusiv) *Röthel* EuR 2001, 908, 913 f.; *dies.*, ZEuP 2002, 58, 72 f.; *Vieweg/Röthel* ZHR 166 (2002) 6, 19 f.

119 Siehe bereits oben, I 1 a.E. (S. 88) mit Fn. 29.

120 Siehe bereits oben, I 1 (S. 87) mit Fn. 17.

muß man freilich einschränkend bemerken, daß die weitgehend privatrechtliche Gestaltung der Wirtschaftsordnungen der Gemeinschaft und der Mitgliedstaaten in vielen Fällen zu einer Ermessensreduzierung führen kann, weil und insoweit wegen dieser privatrechtlichen Verfassung ein effektiver Schutz nur mit privatrechtlichen Mitteln zu erreichen ist.[121]

Die Rechtsprechung hat sich freilich zur Dogmatik der Drittwirkung nicht klar geäußert. Doch finden sich in verschiedenen Urteilen Anhaltspunkte für ein Verständnis als einer über die Schutzpflichten vermittelten mittelbaren Wirkung. Das gilt zunächst für die Anerkennung der Schutzpflicht im allgemeinen.[122] Der EuGH hat aber auch schon in den Leitentscheidungen zur Privatrechtswirkung von Grundfreiheiten erkennbar auf die Schutzfunktion hingewiesen, deren Adressat die Mitgliedstaaten sind. So hat er beispielsweise in Urteilen zu berufsregelnden (Sport-) Vereinsvorschriften (*Walrave, Donà*) zwar zunächst davon gesprochen, daß die Grundfreiheiten auf solche „kollektiven Regelungen der Berufsausübung" anwendbar seien, schließlich aber darauf hingewiesen, daß die Grundfreiheiten *vom nationalen Gericht zu berücksichtigen* seien.[123] Im Lichte einer zwischen Eingriffsverbot und Schutzgebot differenzierenden Dogmatik der Grundfreiheiten gewinnt auch die wiederkehrende Berufung des Gerichts auf das Effektivitätsgebot neue Bedeutung, daß Private die von der Gemeinschaft und den Mitgliedstaaten hergestellten Grundfreiheiten nicht gefährden dürften:[124] Aufgabe der Gemeinschaft und der Mitgliedstaaten ist es, vor dieser Gefahr zu schützen.

### *b) Exkurs 1: Das Verbot der Entgeltdiskriminierung, Art. 141 EG*

Einer nur mittelbaren Wirkung der Grundfreiheiten könnte indes die Rechtsprechung des EuGH zum Verbot der Entgeltdiskriminierung des Art. 141 EG entgegenstehen, denn nach ganz herrschender Deutung hat das Gericht diese Bestimmung im *Defrenne II*-Urteil für auch unter Privaten unmittelbar anwendbar erklärt.[125] Handelt es sich bei diesem Diskriminierungsverbot auch nicht um einen Grundfreiheit, so haben sich doch in der obigen Begründung keine Erwägungen ergeben, die eine unterschiedliche recht-

---

[121] Der dahinterstehende Gedanke gilt freilich ganz allgemein; dazu *Canaris* Iustitia distributiva, S. 85–91, 119 f., 127; *ders.* Grundrechte und Privatrecht, S. 60; siehe auch unten, § 11 II 1 b (S. 242), unter dem Gesichtspunkt des Sozialpflichtigkeit der Privatautonomie.

[122] EuGH v. 9.12.1997 – Rs. C-265/95 *Kommission ./. Frankreich* Slg. 1997, I-6959 Rn. 31; s.o. I 1 (S. 86). Soweit GA *Trabucchi* in: EuGH v. 14.7.1976 – Rs. 13/76 *Donà* Slg. 1976, 1333, 1345 f. eine Verantwortlichkeit des Mitgliedstaats generell ablehnt, dürfte dies auf der (hier abgelehnten) Annahme einer unmittelbaren Drittwirkung einerseits und der (mit dieser Prämisse vereinbaren, doch keineswegs zwingenden) Folgerung beruhen, daß daneben eine „Mithaftung" des Mitgliedsstaats nicht in Betracht komme.

[123] EuGH v. 12.12.1974 – Rs. 36/74 *Walrave* Slg. 1974, 1405 Rn. 25; EuGH v. 14.7.1976 – Rs. 13/76 *Donà* Slg. 1976, 1333 Rn. 18.

[124] EuGH v. 6.6.2000 – Rs. C-281/98 *Angonese* Slg. 2000, I-4139 Rn. 32; EuGH v. 11.4.2000 – verb.Rs. C-51/96 und C-191/97 *Deliège* Slg. 2000, I-2549 Rn. 47; EuGH v. 15.12.1995 – Rs. C-415/93 *Bosman* Slg. 1995, I-4921 Rn. 83.

[125] *Geiger* Art. 141 EGV Rn. 3; Calliess/Ruffert-*Krebber* Art. 141 EG Rn. 5 f.; Schwarze-*Rebhahn* Art. 141 Rn. 8.

liche Beurteilung rechtfertigen könnten. Die vorstehende Begründung müßte daher, sollte sie überzeugen, auch die Wirkung des Art. 141 EG auf das Privatrecht erklären (oder als unrichtig ausweisen) können. Das ist in der Tat unschwer möglich.

Zunächst ist es hilfreich, die Begründung des EuGH in *Defrenne II* noch einmal zu lesen. Dort begründet der EuGH nämlich keineswegs ohne weiteres eine unmittelbare Drittwirkung. Allerdings führt er zunächst aus, daß Art. 141 EG jedenfalls in Fällen direkter Diskriminierung Individualrechte begründen könne, die von den Gerichten zu schützen sind. Dabei geht es dem Gerichtshof aber darum zu begründen, daß die Vorschrift hinreichend bestimmt ist, um ohne weitere Umsetzungsrechtsakte anwendbar zu sein.[126] Der EuGH sagt denn auch nicht, daß die Geschützten Rechte gegen Arbeitgeber hätten, sondern nur Rechte, die von den Gerichten zu schützen sind. Im anschließenden Abschnitt untersucht der EuGH, ob sich aus dem Wortlaut des Art. 141 EG Gründe ergeben, die gegen diese Auslegung sprechen.[127] Hier erörtert er zunächst den Adressaten der Vorschrift und stellt fest, daß mit den „Mitgliedstaaten" nicht nur die nationalen Gesetzgeber gemeint sind, sondern alle „staatlichen Funktionen", die sinnvoll zur Umsetzung des Gebots gleichen Entgelts beitragen können.[128] Der Bezug auf die Mitgliedstaaten könne daher ein Eingreifen der Gerichte in direkter Anwendung von Art. 141 EG nicht ausschließen. Das Gericht folgert zwar aus dem „zwingenden Charakter" der Vorschrift, daß diese sich auch auf Verträge zwischen einzelnen auswirken könne. Doch kommt es dann zu dem Schluß, daß einzelne sich vor den nationalen Gerichten auf den Grundsatz gleichen Entgelts berufen können und daß diese Gerichte eine Pflicht haben, den Schutz dieses Rechts sicherzustellen.[129] Finden sich in dem Urteil demnach auch Äußerungen, die eine „unmittelbare Drittwirkung" des Art. 141 EG im Privatrecht andeuten, so enthält das Urteil doch mindestens ebenso viele Hinweise auf die unmittelbare Bindung nur der Mitgliedstaaten, einschließlich der nationalen Gerichte, und die diesen obliegende Schutzpflicht. In der Tat legt ja schon der Wortlaut von Art. 119 EGV/Art. 141 EG diese mittelbare Drittwirkung nahe, da sich die Vorschrift ganz unzweideutig an die Mitgliedstaaten wendet und die Verpflichtung, den Grundsatz der Entgeltgleichheit zu *gewährleisten,* bereits auf eine Schutzpflicht hinweist.

Wie verträgt sich nun die Entscheidung mit der Lehre von der mittelbaren Drittwirkung. Auch nach der hier vertretenen Auffassung ist im Fall des Verbots der Geschlechtsdiskriminierung in Bezug auf das Arbeitsentgelt *im Ergebnis* der unmittelbaren Anwendung der Vorschrift, gleichsam als nationale Privatrechtsnorm, zuzustimmen.[130]

---

[126] EuGH v. 8.4.1976 – Rs. 43/75 *Defrenne II* Slg. 1976, 455 Rn. 16–26; auch ohne systematische Gliederung wird aus den Ausführungen klar, daß dieser Abschnitt einen einheitlichen Gedankengang – hinreichende Spezifität der Vorschrift, um unmittelbar anwendbar zu sein – enthält.

[127] AaO Rn. 27–40.

[128] AaO Rn. 35 f.

[129] AaO Rn. 40.

[130] Das Ergebnis ist aus der Sicht des nationalen deutschen Rechts übrigens keineswegs überraschend, da auch hier die Lehre von der über die staatliche Schutzpflicht vermittelten Grundrechtswirkung im Privatrecht *im Ergebnis* zu einer unmittelbaren Wirkung der Diskriminierungsverbote des Art. 3 Abs. 2 und 3 GG führen kann; so etwa *Canaris* AcP 184 (1984) 201, 235–237.

Anders als nach der Lehre von der unmittelbaren Drittwirkung ist dieses Ergebnis aber wiederum aus der Schutzpflicht zu begründen, die selbstverständlich auch im Fall des Diskriminierungsverbots des Art. 141 EG eingreift. Haben die mitgliedstaatlichen Gesetzgeber Art. 141 EG nicht rechtzeitig in nationales Recht umgesetzt, so ist es zweifellos auch Aufgabe der nationalen Gerichte, im Rahmen ihrer Kompetenzen für eine Umsetzung zu sorgen. Bei dieser Umsetzung von Art. 141 EG verbleibt aber in der Tat kein Spielraum, der den Mitgliedstaaten andere Möglichkeiten als die Umsetzung als Privatrechtssatz ließe. Dafür muß man zunächst beachten, daß der EuGH erstens Art. 141 EG stets als fundamentalen Grundsatz des Gemeinschaftsrechts angesehen hat. Dieser Grundsatz ist zweitens auch in Tatbestand und Rechtsfolgen hinreichend bestimmt, um unmittelbar angewandt zu werden.[131] Insbesondere ist die sonst bei Gleichheitssätzen erforderliche Abwägung mit dem gegenläufigen Prinzip der Privatautonomie im Fall von Art. 141 EG bereits abstrakt auf der Ebene des Vertrags getroffen: Entgeltgleichheit geht vor. Und drittens hat der EuGH entschieden, daß die Vorschrift den einzelnen Arbeitnehmer berechtigt. Diese Erwägungen allein ließen freilich auch noch eine andere Umsetzung zu, z.B. im Wege der Staatshaftung oder einer strafrechtlichen Sanktionierung zu. Für die Reduzierung des Umsetzungsspielraums auf die Anerkennung eines Privatrechtssatzes der Entgeltgleichheit sind zwei weitere Erwägungen entscheidend. Zum einen hängt in einer privatrechtlich verfaßten Wirtschaft die effektive Durchsetzung des Grundsatzes der Entgeltgleichheit ganz entscheidend vom Verhalten privater Arbeitgeber ab.[132] Zum zweiten folgt aus der mit der privatrechtlichen Verfassung einhergehenden dezentralen Organisation des Arbeitsmarktes, daß nur individuelle Klagerechte der Arbeitnehmer eine effektive Sanktion darstellen. Deshalb können die nationalen Gerichte ihrer Schutzpflicht zugunsten der Arbeitnehmer nur dadurch genügen, daß sie einen Individualanspruch des verletzten Arbeitnehmers gegen den verletzenden Arbeitgeber anerkennen.

Die Lehre von der mittelbaren Drittwirkung ist daher durchaus geeignet, die im Ergebnis unmittelbare *Wirkung* des Verbots der Entgeltdiskriminierung im Privatrecht zu erklären. Allerdings erscheint die Begründung dieses Ergebnisses auf den ersten Blick etwas verschlungen, da vom Ausgangspunkt der nur mittelbaren Drittwirkung über die Schutzpflicht unter Berufung auf Besonderheiten des Verbots eine unmittelbare Drittwirkung begründet wird. Bei näherer Betrachtung ist das indes durchaus keine *unnötige* Verkomplizierung, sondern eine dogmatisch saubere Begründung, die – von der oben ausgewiesenen Leistungsfähigkeit der Lehre von der mittelbaren Drittwirkung im Bereich der Grundfreiheiten abgesehen – zudem den Vorteil hat, die Sachgründe, die ausnahmsweise eine unmittelbare Drittwirkung rechtfertigen, direkt anzusprechen.

---

[131] AaO Rn. 16–26.

[132] Dazu grundlegend *Canaris* Iustitia distributiva, S. 85–91, der auf der Grundlage der privatrechtlichen Wirtschaftsverfassung die Belastung einzelner Arbeitgeber mit den wirtschaftlichen Risiken z.B. von Schwangerschaft oder Krankheit der Arbeitnehmer als aus der Natur der Sache begründet ansieht.

### c) *Exkurs 2: Das allgemeine Diskriminierungsverbot des Art. 12 EG*

Kommt man so *im Ergebnis* zu einer unmittelbaren Drittwirkung des Diskriminierungsverbots des Art. 141 EG, so stellt sich die Frage, ob dasselbe Ergebnis nicht auch für das allgemeine Verbot der Nationalitätendiskriminierung nach Art. 12 EG zu bejahen ist.[133] Wäre aber das der Fall, so könnte für die Grundfreiheiten, die Diskriminierungsverbote mit umfassen, nichts anderes gelten. Damit wäre aber die Lehre von der über die Schutzpflichten vermittelten Privatrechtswirkung insgesamt in Frage gestellt, denn wenn sie (auch nur im Ergebnis) praktisch immer zu einer Drittwirkung führt, so mag die Begründung *doch* als unnötig kompliziert erscheinen.

In der Tat spricht der grundlegende Charakter des allgemeinen Diskriminierungsverbots für seine unmittelbare Anwendung im Privatrechtsverhältnis. Diskriminierung als eine sachlich nicht gerechtfertigte oder nach einem verpönten Kriterium vorgenommene Differenzierung kann als ein besonders niedriger Beweggrund erscheinen, der zudem die Würde des Opfers und sein Selbstwertgefühl empfindlich treffen kann. Ein Ausländer dem aufgrund seiner Nationalität ein Miet-, Arbeits- oder Bankvertrag verweigert oder erschwert wird (z.B. durch das Erfordernis zusätzlicher Sicherheiten) empfindet das als besondere Ungerechtigkeit und findet sich leicht hilflos. Vor allem in einer positiven Ablehnung bestimmter Nationalitäten („Ich vermiete nicht an Engländer.") liegt eine Verletzung des Achtungsanspruchs, der unabhängig von der Nationalität besteht.

Indes steht dem Diskriminierungsverbot als Verbot einer sachlich nicht gerechtfertigten Auswahl das ebenso fundamentale Prinzip der Privatautonomie gegenüber, das die grundsätzliche Freiheit einer sachlich nicht zu rechtfertigenden Auswahl einschließt. Der Fundamentalcharakter der Privatautonomie kommt im EG-Vertrag dadurch zum Ausdruck, daß sich die Gemeinschaft dort zum Prinzip der offenen Marktwirtschaft und des Wettbewerbs bekennt und mit Hilfe der Grundfreiheiten die Privatautonomie über die nationalen Grenzen hinaus auf das Gemeinschaftsgebiet erstreckt und eine Integration durch den Markt bezweckt.[134] Die Ausübung der Grundfreiheiten bedeutet aber gerade auch die Freiheit zur Auswahl nach nationalen Präferenzen:[135] „Ich bevorzuge französi-

---

[133] Dafür etwa *Bleckmann* Europarecht, Rn. 1769 f.; Grabitz/Hilf (Maastricht)-*von Bogdandy* Art. 6 EGV Rn. 29–31; *Geiger* Art. 12 Rn. 4; auch Art. 43 Rn. 9; *Hintersteininger* Binnenmarkt und Diskriminierungsverbot (1999); *Neuner* JZ 2003, 57, 60; *Oppermann* Europarecht, Rn. 1523 f.; *Roth* FS Everling, S. 1240 f.; *ders.* FS BGH, S. 867. A.M. Schwarze-*Holoubek* Art. 12 EGV Rn. 27.

[134] Näher unten, § 11 II 1 b (S. 240–242).

[135] Deswegen läßt sich ein Diskriminierungsverbot auch nicht mit Hilfe eines negativ formulierten kategorischen Imperativ als Privatrechtssatz begründen; so aber *Bezzenberger* AcP 196 (1996) 395, 410 f. („Niemand darf so handeln, daß die Maxime seines Willens, wenn sie Prinzip einer allgemeinen Gesetzgebung wäre, Recht und Gesellschaft so deformieren würde, daß die Menschen und auch der Handelnde ihres Daseins nicht mehr froh wären."). *Bezzenberger* möchte so für das deutsche Recht ganz grundsätzlich die Sittenwidrigkeit (§§ 138, 826 BGB) von Diskriminierungen nach ethnischer Abstammung und – wegen der direkten Beziehung zur Abstammung – nach Staatsangehörigkeit begründen und nimmt nur Geschäfte persönlicher Lebensführung, Testamente und Fälle besonderer sachlicher Begründung als Randzonen (S. 415–421) von diesem Grundsatz aus. Die weiche Formulie-

schen Wein, deutsches Brot, griechisches Olivenöl, italienischen Essig und englisches Fleisch."

Anders als im Fall des Verbots der Entgeltdiskriminierung bei Arbeitnehmern (Art. 141 EG) herrscht hier auf der Ebene des Primärrechts ein Spannungsverhältnis, das nicht schon abstrakt zugunsten des einen oder des anderen Prinzips aufgelöst ist[136] und das auch nicht ohne Hinzunahme weiterer Prinzipien (v.a. Menschenwürde, Achtungsanspruch) aufgelöst werden kann.[137] Das allgemeine Diskriminierungsverbot würde als (neben den Grundfreiheiten) unmittelbar anwendbarer Privatrechtssatz in zahllosen Fällen des täglichen Lebens (Kauf von griechischem Olivenöl) zu einer Konstitutionalisierung des Privatrechts führen, die entweder mit einem Nachrang des Diskriminierungsverbots aufgelöst werden oder – was bei einer so massenhaften Erscheinung höchst unbefriedigend wäre – an den praktischen Erfordernissen des zivilprozessualen Beweisrechts scheitern müßten.[138] Die auch in Hinblick auf Art. 12 EG anzuerkennende Schutzpflicht bedeutet daher nicht, daß das Diskriminierungsverbot von den Mitgliedstaaten oder der Gemeinschaft als Privatrechtssatz anerkannt werden müßte. Erst wenn auf der ersten Ebene der Schutzpflichtbegründung ein Vorrang des Diskriminierungsverbots dargelegt werden kann, ist weiter zu untersuchen, ob die Mitgliedstaaten auch eine Schutzgewährung durch Zivilrecht trifft (Ermessensreduzierung). Nur wenn das der Fall ist, begründet das allgemeine Diskriminierungsverbot (einschließlich möglicher Rechtfertigungsgründe) einen Privatrechtssatz.[139]

---

rung des negativen Imperativ („deformieren", „Daseins nicht mehr froh") läßt freilich weite Bereiche unbestimmt, wenn nicht unbestimmbar. Die grundsätzliche Annahme der Sittenwidrigkeit von Geschäften des täglichen Lebens („Selters", „Champagner") trifft schon ganz praktisch nicht. Und bei der Beurteilung von Rechtsgeschäften nach dem kategorischen Imperativ müßte wohl auch der fundamentale ethische Gehalt der Freiheit berücksichtigt werden.

[136] A.M. Grabitz/Hilf (Maastricht)-*Bogdandy* Art. 6 EGV Rn. 31; *Forsthoff* EWS 2000, 389, 392 f. (der indes zu Unrecht annimmt, die Ungleichbehandlung durch eine Privatperson stelle eine Freiheitsbetätigung dar, „die die entsprechende Freiheit einer (?) anderen Person negiert" und könne daher nicht geduldet werden; anders wohl dann S. 395, wo er die Freiheit des einzelnen anerkennt, seine Motive willkürlich zu bestimmen).

[137] In der heutigen Diskussion ist der Begriff der Diskriminierung so verpönt, daß damit regelmäßig ein Element der Herabsetzung verbunden wird. Daß das keineswegs immer so ist, zeigt das Beispiel der Vorliebe für englisches Rindfleisch, ein klarer Fall direkter Nationalitätsdiskriminierung. Indes ist es hilfreich, das Moment der Unterscheidung von jenem der Herabsetzung zu unterscheiden; so auch *Neuner* JZ 2003, 57, 59. Dann aber muß man andere Kriterien zur Lösung der Kollision von Gleichbehandlung und Privatautonomie heranziehen. Entsprechend verfährt die deutsche Lehre und Rechtsprechung zur Drittwirkung des Gleichbehandlungsgrundsatzes des Art. 3 GG; s. nur *Canaris* AcP 184 (1984) 201, 235–237 und zum Kontrahierungszwang etwa Staudinger-*Bork* vor § 145 Rn. 12–28.

[138] So im Ansatz auch Schwarze-*Becker* Art. 12 EGV Rn. 27.

[139] Im Ergebnis wohl ähnlich *Kapteyn/VerLoren van Themaat/Gormley* European Communities, S. 172 –174.

### *d) Folgerungen*

Der Unterschied zwischen einer unmittelbaren Anwendung der Grundfreiheiten als Eingriffsverbote für Private und ihrer mittelbaren Anwendung als Schutzgebote für Gemeinschaft und Mitgliedstaaten hat im Gemeinschaftsrecht ganz ähnliche Konsequenzen wie im nationalen Recht. Dabei ist zunächst von Bedeutung, daß im Rahmen der Schutzfunktion nicht das *Handeln* der Privaten (oder von Gemeinschaft oder Mitgliedstaaten) zu prüfen ist, sondern das *Unterlassen* von Gemeinschaft und Mitgliedstaaten. Das potentiell unendliche Unterlassen begründet aber nicht schon ohne weiteres eine Verletzung von Grundfreiheiten, sondern nur dann, wenn eine Handlungspflicht besteht. Eine Handlungspflicht besteht aber nur, *soweit* das Einschreiten des Staates *zum Schutz der Grundfreiheiten erforderlich* ist, so daß eine Vielzahl von irgendwie grundfreiheitenrelevanten Verhaltensweisen Privater von vornherein kein Auslöser für staatliche Schutzmaßnahmen darstellen können.[140] Erfaßt die Lehre von der „unmittelbaren Drittwirkung" grundsätzlich jede vertragliche Diskriminierung bis hin zum Vereinsbeschluß, nur lokales Bier einzukaufen, so macht die Lehre von der über die Schutzpflichten vermittelten Wirkung der Grundfreiheiten in diesen Fällen deutlich, daß hier noch gar kein privates Verhalten von gemeinschaftsrechtlicher Bedeutung vorliegt; die Prüfung endet bei der Vorfrage. Ordnet man die Wirkung der Grundfreiheiten als über die Schutzpflichten vermittelt ein, so folgt daraus weiterhin, daß es hier nicht um eine Übermaßkontrolle gehen kann, die ja nur für den Fall eines Eingriffs eine Rolle spielen könnte. Das Verhältnismäßigkeitsprinzip ist für den Bereich der Schutzpflichtverletzung als Untermaßverbot zu konkretisieren, wonach zu untersuchen ist, ob der von den mitgliedstaatlichen Organen (beispielsweise dem Gericht) geleistete Schutz hinter dem von den Grundfreiheiten erforderlichen Maß zurückbleibt. Beide Elemente – die Begrenzung rechtlich relevanter Unterlassung auf Fälle der „Garantenpflichten" und die Begründung einer Aufgriffsschwelle durch das Untermaßverbot – führen zu einer gegenüber der unmittelbaren Wirkung der Grundfreiheiten als Eingriffsverbote geringeren Reichweite der Grundfreiheiten für das Verhalten Privater. Das ist freilich keineswegs zu beanstanden, sondern zu begrüßen, da diese Kriterien nur zu einer sachlich begründeten Begrenzung führen, den Schutz der Privatautonomie gewährleisten und im übrigen dadurch, daß sie die Sachfragen ganz unmittelbar ansprechen, nicht nur wünschenswert offen sind, sondern auch mit der nötigen Flexibilität gehandhabt werden können.

„Garantenpflicht" und Untermaßverbot führen schließlich auch deutlich vor Augen, wo der berechtigte Kern der eher instinktiven Sorge des EuGH vor „kollektiven Regelungen"[141] und der Kommentatoren vor den „intermediären Gewalten" liegt. Eine

---

[140] Zur Konkretisierung der Schutzpflichten Ansätze bei *Canaris* JuS 1989, 161, 163 (Ranghöhe und Art des bedrohten Rechtsguts, Intensität der Bedrohung, Fähigkeit des Bedrohten zum Selbstschutz, Erhaltung der faktischen Funktionsfähigkeit des Grundrechts, Kernbereichsschutz), dessen Ausführungen zum deutschen Verfassungsrecht auch für das Gemeinschaftsrecht fruchtbar gemacht werden können.

[141] EuGH v. 13.4.2000 – Rs. C-176/96 *Lethonen* Slg. 2000, I-2681 Rn. 35; EuGH v. 11.4.2000 – verb.Rs. C-51/96 und C-191/97 *Deliège* Slg. 2000, I-2549 Rn. 47; EuGH v. 15.12.1995 – Rs. C-415/93 *Bosman*

kollektive Regelung oder kollektives Verhalten ist freilich nicht schon an sich geeignet, die Schutzpflicht der Mitgliedstaaten auszulösen.[142] Anders als einzelvertragliche Regeln, die regelmäßig nur zwischen zwei Personen gelten, haben kollektivrechtliche Regeln – die auf korporativer (Vereinssatzung) oder kollektivrechtlicher Grundlage (Tarif) beruhen – potentiell sehr weitreichende Wirkung. Zumal wenn sie nicht nur die Ausübung von Beruf oder Gewerbe (einer „entgeltlichen Tätigkeit“) für ein bestimmtes Gebiet betreffen, sondern den Zugang dazu, können sie die Grundfreiheiten effektiv beschränken.[143] Erkennt man dieses Kernproblem, so ist klar, daß nicht kollektive Regelungen an sich problematisch sind, sondern nur solche, die eine gewisse soziale oder wirtschaftliche Bedeutung haben, insbesondere von Monopolverbänden stammen – ein Gesichtspunkt, den der Bundesgerichtshof in seiner Rechtsprechung zur Kontrolle von Vereinssatzungen in ständiger Rechtsprechung heranzieht[144] und der, wie Art. 81 f. EG ausweisen, in gewisser Form auch bereits primärrechtlich begründet ist.

### *e) Beispielsfälle*

Zur Verdeutlichung der Unterscheidung zwischen mittelbarer und unmittelbarer Drittwirkung ist es hilfreich, Beispiele zu erörtern. Sie erweisen die konzeptionellen und praktischen Schwierigkeiten einer Lehre von der unmittelbaren Drittwirkung.

Zu denken ist – in Anlehnung an die Fälle der des Boykotts ausländischer Agrarprodukte durch französische Bauern –[145] an einen (gegenüber dem Originalfall harmloseren) Aufruf eines privaten Umweltschutzvereins gegen den Import, Vertrieb und Konsum spanischer Erdbeeren, weil diese nicht artgerecht und ökologisch angebaut würden und allgemein der Grundsatz befolgt werden solle „Global denken, regional einkaufen“. Dieser Aufruf sei weithin befolgt worden und habe für einen auf Export nach Deutschland spezialisierten spanischen Bauern zu nachweisbaren Einbußen geführt. Sieht man die Grundfreiheiten mit der Lehre von der unmittelbaren Drittwirkung als unmittelbar anwendbare Privatrechtssätze an, so wäre in dem Boykottaufruf (wohl) eine Schutzgesetzverletzung (Art. 28 EG als Schutzgesetz) zu sehen. Die Haftung des Bauernverbandes wäre nur dann zu verneinen, wenn dieser sich auf die Rechtfertigungsgründe

---

Slg. 1995, I-4921 Rn. 83; EuGH v. 14. 7. 1976 – Rs. 13/76 *Donà* Slg. 1976, 1333 Rn. 17; EuGH v. 12. 12. 1974 – Rs. 36/74 *Walrave* Slg. 1974, 1405 Rn. 17.

[142] Zutr. *Burgi* EWS 1999, 327, 331.

[143] In diese Richtung auch *Roth* FS Everling, S. 1246 f.; *Baquero Cruz* E.L.Rev. 24 (1999) 603, 617–619. Zum Hintergrund des *Bosman* Urteils GA *Lenz* in: EuGH v. 20. 9. 1995 – Rs. C-415/93 *Bosman* Slg. 1995, I-4930 SchlA Rn. 47; *Reichold* ZEuP 1998, 434, 441 f. (der freilich von einer unmittelbaren Drittwirkung ausgeht). Vgl. auch *Canaris* JuS 1989, 161, 163 zur Begründung einer staatlichen Schutzpflicht wegen Gefährdung der faktischen Funktionsfähigkeit des Grundrechts.

[144] Siehe nur Staudinger-*Weick* § 25 Rn. 20; *Reichert/van Look* Handbuch des Vereinsrechts, Rn. 300. Zur Drittwirkung der Grundfreiheiten weisen – auf der Grundlage einer unmittelbaren Drittwirkung – auch in diese Richtung *Röthel* EuR 2001, 908, 912; *dies.* ZEuP 2002, 58, 73; *Vieweg/Röthel* ZHR 166 (2002) 6, 22.

[145] EuGH v. 9. 12. 1997 – Rs. C-265/95 *Kommission ./. Frankreich* Slg. 1997, I-6959.

des Art. 30 EG oder zwingende Gründe des Allgemeinwohls berufen könnte.[146] Jedenfalls ohne eine Verbiegung dieser Rechtfertigungstatbestände kommt man hier nicht aus, und inwieweit die – von der Gemeinschaft als Demokratie und als freiheitliche Privatrechts- und Wirtschaftsordnung vorausgesetzte – Meinungsfreiheit eine Rechtfertigung darstellt, wäre jedenfalls (von den Vertretern der unmittelbaren Grundfreiheitenwirkung) näher zu begründen.[147] Für die Lehre von der über mitgliedstaatliche Schutzpflichten vermittelten Drittwirkung im Privatrecht stellt sich der Fall ganz anders dar. Denn hier ist auf der ersten Stufe zu untersuchen, ob der Mitgliedstaat (Deutschland) seine Schutzpflicht verletzt, soweit er gegen einen solchen Boykottaufruf keinen (privat- oder öffentlich-) rechtlichen Schutz zur Verfügung stellt.[148] Nach der Schutzpflichtdogmatik des EuGH ist dann zu fragen, ob die Bundesrepublik durch die Versagung eines Schadensersatzanspruchs versäumt hat, die Maßnahmen zu treffen, die zur Verhinderung oder Beseitigung von tatsächlichen Hindernissen des freien Warenverkehrs erforderlich sind.[149] Das aber ist ohne weiteres zu verneinen, da ein einzelner (gewaltfreier) Boykottaufruf auch dann, wenn ihm die angesprochenen Verkehrskreise folgen, in einer Marktwirtschaft kein beanstandenswertes Hindernis für den freien Warenverkehr ist, weil der Markt eben auch bedeutet, daß sich Produkte gegen eine vielleicht irrationale Abwehrhaltung durchsetzen müssen, und weil ein privater Boykottaufruf einen zulässigen Beitrag zur Meinungsbildung darstellt. Es stellt sich nicht einmal die nachgeordnete Frage, ob die Bundesrepublik bei der Wahl der Mittel den ihr zustehenden Ermessensspielraum überschritten hat.

Ein weiterer Beispielsfall läßt sich in Anlehnung an die Entscheidung *Gravier*[150] dahin bilden, daß eine Privatschule für die Dienstleistungen an ausländische Schüler eine höhere Vergütung verlangt.[151] Nach der Lehre von der unmittelbaren Drittwirkung ist

---

[146] Eine weitere Frage ist freilich, ob die Haftung nur entfallen kann, wenn schon die Beschränkung der Warenverkehrsfreiheit als von einem Vorbehaltsbereich gedeckt verneint wird, oder ob auch bei Vorliegen einer Beschränkung (= Erfüllung des Tatbestands der Schutzgesetzverletzung) noch eine Rechtfertigung nach nationalem (Verfassungs-) Recht in Frage kommt.

[147] Ähnlich die Kritik von *Baquero Cruz* E.L.Rev. 24 (1999) 603, 611 f. Ansätze für die Heranziehung der gemeinschaftsrechtlichen Grund*rechte* als immanente, nach den Grundsätzen der Verhältnismäßigkeit auszugleichende Schranken der Grund*freiheiten* bei *Ganten* Drittwirkung der Grundfreiheiten, S. 174–194; *Schindler* Kollision von Grundfreiheiten und Gemeinschaftsgrundrechten, S. 159–207; *Röthel,* EuR 2001, 908, 914–920 (Verbandsautonomie als Schranke); *Vieweg/Röthel* ZHR 166 (2002) 6, 24–28, sowie 28–33 zur Schrankensystematik.

[148] Nach deutschem Recht unterliegt der Boykottaufruf der Kontrolle nach Kartellrecht (§ 21 GWB), Wettbewerbsrecht (§ 1 UWG) und Deliktsrecht; vgl. nur die Übersicht bei Staudinger-*Hager* (1999), § 823 Rn. D35–43. Um die Handelsfreiheit des Boykottierten („Gesperrten"), insbesondere auch seine Grundrechte, geht es dabei indes nur mittelbar: Das Boykottverbot ist zugleich auch der staatliche Schutz der Grundrechte des Boykottierten. Der Staat ist dabei gebunden, ein Untermaß des Schutzes nicht zu unterschreiten, muß aber zugleich die gegenläufigen Grundrechte des Initiators („Verrufers") (v.a. Meinungsfreiheit) beachten.

[149] EuGH v. 9. 12. 1997 – Rs. C-265/95 *Kommission ./. Frankreich* Slg. 1997, I-6959 Rn. 31 f.

[150] EuGH v. 13. 2. 1985 – Rs. 293/83 *Gravier* Slg. 1985, 593.

[151] Zum Schulunterricht als Dienstleistung EuGH v. 27. 9. 1988 – Rs. 263/86 *Humbel* Slg. 1988, 5365 Rn. 14–19. Vgl. auch *Kapteyn/VerLoren van Themaat/Gormley* European Communities, S. 173.

dieser Fall nicht anders zu beurteilen als *Gravier*, in dem der EuGH eine staatliche Studiengebühr, die für ausländische Studenten höher war als für inländische, als mit Art. 12 EG unvereinbar angesehen hat. Nach hier vertretener Auffassung ist zunächst festzustellen, daß das Verhalten der Privatschule, gedacht als solches eines Mitgliedstaats, das Diskriminierungsverbot des Art. 12 EG verletzt. Daher ist zweitens zu prüfen, ob den Mitgliedstaat eine Schutzpflicht zugunsten von EG-Ausländern trifft. Schon auf dieser Stufe aber endet die Prüfung, denn eine Schutzpflicht des Staates ist hier abzulehnen. Für ihre Annahme spricht zwar der diskriminierende Charakter der Regelung. Doch ist mit der Ungleichbehandlung keine Herabsetzung einer Nationalität verbunden und haben die Interessenten (davon wollen wir hier ausgehen) zahlreiche Ausweichmöglichkeiten auf andere Schulen.

In beiden Fällen kann die Erfüllung der Schutzpflicht in einem Vertragsverletzungsverfahren oder auch in einem Vorlageverfahren überprüft werden. Für die hier erörterte Wirkung der Grundfreiheiten im Privatrecht stellt sich die Vorlagefrage, wenn der nachteilige Betroffene einzelne – der spanische Bauer oder der ausländische Schüler – zivilrechtlich gegen den „Störer" vorgeht, also etwa im Wege einer Schadensersatzklage oder eines Anspruchs auf Abschluß eines Schulvertrags. Gibt es einen entsprechenden Anspruch nicht schon ohne EG-rechtliche Bindung aus dem entsprechenden nationalen Recht (was freilich stets möglich ist), so lautet die Vorlagefrage, ob der Mitgliedstaat seine Pflichten zum Schutz der Grundfreiheiten verletzt, wenn er dem Kläger – unter Beachtung etwaiger sonstiger Schutzmechanismen des nationalen Rechts – keinen Individualanspruch (auf Schadensersatz/Vertragsabschluß) zugibt. Bejaht man das, so können die Grundfreiheiten entsprechend den methodischen Vorgaben des nationalen Rechts auf unterschiedliche Weise zur Geltung gebracht werden. In den Beispielsfällen dürfte vor allem an eine Konkretisierung des Sittenwidrigkeitstatbestands in § 826 BGB mit Rücksicht auf die Grundfreiheiten zu denken sein.

## 4. Keine Schutzlücken

Gegen die Lehre von der über die mitgliedstaatlichen Schutzpflichten begründeten Drittwirkung könnte aber eingewandt werden, daß sie zu Schutzlücken führe. Demgegenüber würde der Hinweis, daß die Lehre der Konzeption der Grundfreiheiten als an den Staat gerichtete Ver- und Gebote entspricht, dann nicht verfangen, wenn die Schutzlücke dem Sinn und Zweck der Grundfreiheiten zuwiderliefe. Eine Durchsicht der einschlägigen Entscheidungen des EuGH läßt indes Schutzlücken nicht erkennen.[152]

Das gilt zunächst für die Fälle der Berufszugangs- oder -ausübungsregeln durch regelmäßig auf nationaler und europäischer Ebene organisierte, faktisch monopolistische Sportverbände. Die Monopolstellung solcher Verbände führt dazu, daß einzelne Sport-

[152] Nachfolgend im Text können nur einige als wichtig anzusehende Fälle erörtert werden, eine vollständige Sichtung des Fallmaterials kommt hier nicht in Betracht.

ler für ihre Berufsausübung auf diese Verbände angewiesen sind, die nationalen Abgrenzungen dazu, daß die Verbandsregeln einen ganz unmittelbaren Bezug zu den Grundfreiheiten haben.[153] Daher sind hier besonders weitreichende Schutzpflichten der Mitgliedstaaten begründet, die im äußersten Fall freilich dazu führt, daß die Grundfreiheiten *im Ergebnis* ebenso wirken, als wären sie unmittelbar als Privatrechtssätze anwendbar. Aus diesem Grunde war die bis ins Detail gehende Prüfung des EuGH – die den Verbänden freilich für bestimmte Bereiche einen Beurteilungsspielraum beließ – im Ergebnis durchaus richtig.

Erstaunlich und in der Begründung abzulehnen ist indes die Entscheidung des EuGH im Fall *Haug-Adrion*. In diesem Fall hielt der Kläger, der als deutscher Gemeinschaftsangestellter in Brüssel lebte, eine Bestimmung in den Allgemeinen Versicherungsbedingungen der Frankfurter Versicherung für gemeinschaftsrechtswidrig, nach der Versicherungsnehmer für Autos mit Zollkennzeichen den sonst gewährten Schadensfreiheitsrabatt nicht erhalten, da diese Bestimmung EG-Ausländer mittelbar diskriminiere.[154] Der EuGH hat die – vom vorlegenden Amtsgericht Aachen einmal geänderte – Vorlagefrage dahin verstanden, daß das Amtsgericht feststellen wolle, ob das Diskriminierungsverbot des Art. 12 EG und die Dienstleistungsfreiheit einer Vertragsvereinbarung, wie der genannten, entgegenstehe.[155] Die – vom Amtsgericht Aachen zunächst in der Vorlage hervorgehobene –[156] Tatsache, daß die AVB staatlich genehmigt waren, spielte demnach keine Rolle. Geht man von dieser Grundlage aus, so ist die Entscheidung zu kritisieren, da das Gericht im folgenden in eine inhaltliche Prüfung einsteigt, ob die fragliche Bestimmung der AVB EG-Ausländer mittelbar diskriminiere. Daß der EuGH dies im Ergebnis verneint, darf nicht darüber hinwegtäuschen, daß die Begründung bedeutet, daß letztlich jede Vertragsvereinbarung – der Vereinsbeschluß, lokales Bier zu kaufen – demnach der Prüfung unterläge und der Rechtfertigung bedürfte, und zwar selbst dann, wenn derjenige, der sich auf die Grundfreiheiten beruft, zahlreiche Ausweichmöglichkeiten hat, z.B. anderswo Versicherungsschutz zu suchen oder Bier zu verkaufen. In solchen Fällen besteht aber von vornherein keine Gefahr für die Grundfreiheiten, die vom Mitgliedstaat zu schützen wären, nur begründet umgekehrt die „unmittelbare Drittwirkung" eine Gefahr für die Privatautonomie. Eine Schutzpflicht der Mitgliedstaaten kam daher richtigerweise von vornherein nicht in Betracht. Denn angesichts der dem Kläger offenstehenden Ausweichmöglichkeiten – konkurrierende

---

153 EuGH v. 15.12.1995 – Rs. C-415/93 *Bosman* Slg. 1995, I-4921 Rn. 3–5; GA *Trabucchi* in: EuGH v. 14.7.1976 – Rs. 13/76 *Donà* Slg. 1976, 1333, 1343; GA Warner, in: EuGH v. 12.12.1974 – Rs. 36/74 *Walrave* Slg. 1974, 1405, 1423 f. (Organisation der Weltmeisterschaften).

154 Der Ausschluß des Schadensfreiheitsrabatts war nicht gesetzlich vorgeschrieben und beruhte, soweit aus den Ausführungen von GA *Lenz* erkennbar, auch nicht auf einer allgemeinen Übung der Versicherer; GA *Lenz* in: EuGH v. 13.12.1984 – Rs. 251/83 *Haug-Adrion* Slg. 1984, 4277, 4293. Für den Kläger ergab sich durch infolge der Unanwendbarkeit des Schadensfreiheitsrabatts für die einmonatige Laufzeit der Versicherung ein finanzieller Nachteil von 103,33 DM.

155 EuGH v. 13.12.1984 – Rs. 251/83 *Haug-Adrion* Slg. 1984, 4277 Rn. 12 (Auslegung der Vorlagefrage).

156 EuGH v. 13.12.1984 – Rs. 251/83 *Haug-Adrion* Slg. 1984, 4277 Rn. 6; diese Qualifizierung fehlt in der zweiten Fassung der Vorlagefrage, aaO Rn. 7.

Versicherungen, Bahntransport des Autos nach Belgien –[157] war das Verhalten der Versicherung gar nicht geeignet, den grenzüberschreitenden Verkehr in einer Weise zu behindern, die eine Schutzpflicht hätte auslösen können. Die Frankfurter Versicherung hat, wie GA *Lenz* zu Recht bemerkt hat, Herrn Haug-Adrion ein Angebot gemacht, daß er annehmen oder ablehnen konnte.[158]

Anders könnte nach hier vertretener Auffassung dann zu entscheiden sein, wenn das nationale Recht den Schadensfreiheitsrabatt in der umstrittenen Situation ausschlösse; denn dann könnte es sich um einen staatlichen *Eingriff* in die Grundfreiheiten handeln. Doch war das gerade nicht der Fall, da das nationale Recht die Rabattgewährung auch für diese Fälle zuließ.[159] Und anders könnte auch dann zu entscheiden sein, wenn es sich um einheitliche Bedingungen (zumindest im wesentlichen) aller nationalen Versicherer handeln würden; denn dann könnte aufgrund der Monopolwirkung eine Schutzpflicht des Mitgliedstaats – des Gesetzgebers, der Genehmigungsbehörde und der Gerichte – begründet sein.

Von vornherein nicht um einen Fall der (unmittelbaren) Drittwirkung ging es in der Entscheidung *Dansk Supermarked ./. Imerco.* Der dänische Kläger (Imerco) hatte mit einem englischen Hersteller einen Vertrag über die Lieferung von Porzellan-Services vereinbart, das er seinen Kunden anläßlich des Firmenjubiläums anbieten wollte. Der englische Lieferant durfte nach dem Vertrag Ware zweiter Wahl selbst in England vertreiben, sie aber unter keinen Umständen nach Dänemark exportieren. Der Beklagten (Dansk Supermarked) war es gleichwohl gelungen, eine Anzahl der Services von englischen Händlern zu erwerben, und sie verkaufte diese in Dänemark billiger als Imerco. Die erstinstanzlichen Gerichte hatten die von Imerco beantragte Unterlassungsverfügung auf der Grundlage des dänischen Wettbewerbsrechts erlassen. Der EuGH hält einen solchen Unterlassungsanspruch für mit der Warenverkehrsfreiheit unvereinbar. Der Entscheidung ist zuzustimmen. Doch ging es dabei nicht um eine (unmittelbare) Drittwirkung, sondern kamen die Grundfreiheiten als Eingriffsverbote für den Staat zur Anwendung, dessen Wettbewerbsrecht eine Maßnahme gleicher Wirkung darstellen konnte.[160] Allerdings hat der EuGH hier in mißverständlicher Weise ausgeführt, daß „Vereinbarungen zwischen Privaten in keinem Fall von den zwingenden Bestimmungen des Vertrages über den freien Warenverkehr abweichen dürfen".[161] Daraus folge, „daß

[157] Auf sie hatten die Bundesrepublik und die Kommission hingewiesen; vgl. die Darstellung des Sachverhalts unter III 3 a in: EuGH v. 13.12.1984 – Rs. 251/83 *Haug-Adrion* Slg. 1984, 4277, 4283 (die Kommission geht freilich offenbar von einer unmittelbaren Drittwirkung aus, was sie unter Hinweis auf die Rechtsprechung zu den „kollektiven Regelungen" begründet).

[158] GA *Lenz* in: EuGH v. 13.12.1984 – Rs. 251/83 *Haug-Adrion* Slg. 1984, 4277, 4293 f. sub B 6.

[159] Unter diesem Gesichtspunkt erörtert die Frage GA *Lenz* in: EuGH v. 13.12.1984 – Rs. 251/83 *Haug-Adrion* Slg. 1984, 4277, 4292–4294 sub A 4 und B.

[160] Das verkennt *Steindorff* EG-Vertrag und Privatrecht, S. 282, dessen isoliertes Zitat der nachfolgend im Text wiedergegebenen Urteilspassagen geradezu irreführend ist. Wie hier *Jaensch* Unmittelbare Drittwirkung, S. 58–60; *Leible* Wege, § 3 C I 3 a; *Roth* FS Steindorff, S. 1235 f.

[161] EuGH v. 22.1.1981 – Rs. 58/80 *Dansk Supermarked ./. Imerco* Slg. 1980, 181 Rn. 18; ähnlich EuGH v. 23.3.1982 – Rs. 102/81 *Nordsee ./. Reederei Mond* Slg. 1982, 1095 Rn. 14.

eine Vereinbarung, mit der die Einfuhr einer Ware in einen Mitgliedstaat verboten wird, die in einem anderen Mitgliedstaat rechtmäßig in den Verkehr gebracht worden ist, nicht geltend gemacht oder berücksichtigt werden kann, um den Absatz dieser Ware als eine unzulässige oder unlautere Handelspraxis zu qualifizieren".[162] Indes dürfte der unglückliche erste Satz richtig dahin zu verstehen sein, daß – selbstverständlich – Vereinbarungen Privater die Grundfreiheiten nicht derogieren oder deren Anwendungsbereich nicht ändern können. Das machen schon die Einschränkungen deutlich, die aus dem zweiten, die Folgerungen betreffenden Satz ersichtlich sind, ergibt sich aber auch aus folgenden Überlegungen. Würden die Grundfreiheiten privatrechtliche Verbotsgesetze darstellen, so müßte der erste Satz folglich bedeuten, daß die Vereinbarung zwischen den Parteien nichtig ist (vorbehaltlich vielleicht einer Rechtfertigung aus dem gemeinschaftsrechtlichen Allgemeinen Rechtsgrundsatz der Privatautonomie).[163] Das ist aber offenbar nicht gemeint, und daher wäre nicht ausgeschlossen, daß Imerco den Hersteller wegen Vertragsverletzung in Anspruch nimmt (vorausgesetzt die – ggf. auch subjektiven – Voraussetzungen des anwendbaren Rechts sind nachweisbar). Eine Schutzpflicht scheidet hier von vornherein aus, so daß das Primärrecht einer solchen Klage nicht entgegenstehen würde. Weitergehend noch könnte (wenn das nationale Recht das vorsähe) ein Unterlassungsanspruch gegen Dansk Supermarked in dem – vom EuGH nicht beurteilten – Fall gegeben sein, daß Dansk Supermarked den Hersteller in unlauterer Weise zum Vertragsbruch verleitet hat. Auch in diesem Fall kämen die Grundfreiheiten freilich schlicht als gegen die Mitgliedstaaten gerichtete Eingriffsverbote (Maßnahme gleicher Wirkung gem. Art. 28 EG) zum Zuge. Eine Verletzung wäre aber im Ergebnis zu verneinen, entweder, weil nach *Keck* nur eine Vertriebsmodalität betroffen ist, oder jedenfalls deswegen, weil der wettbewerbsrechtliche Unterlassungsanspruch vom Vorbehaltsbereich des Lauterkeitsrechts gedeckt ist.

Ganz unbefriedigend ist schließlich die Begründung der Entscheidung *Angonese*.[164] In diesem Fall hatte ein privater Arbeitgeber in der Provinz Bozen den Besitz einer bestimmten, dort allgemein verlangten Zweisprachigkeitsbescheinigung zur Teilnahmevoraussetzung für Bewerbungsverfahren gemacht und den Kläger mangels Vorlage einer solche Bescheinigung vom Bewerbungsverfahren ausgeschlossen. Die fragliche Bescheinigung wird von einer Behörde nach einer Prüfung erteilt. Die Teilnahme an dieser Prüfung ist für Ortsfremde, die nicht in der Provinz Bozen leben, organisatorisch schwierig. Ortsansässige hingegen erwerben die Bescheinigung üblicherweise schon vorsorglich. Der EuGH stützt seine Entscheidung auf die unmittelbare Drittwirkung von

---

162 EuGH v. 22.1.1981 – Rs. 58/80 *Dansk Supermarked ./. Imerco* Slg. 1980, 181 Rn. 18.

163 Zur kartellrechtlichen Beurteilung, vgl. die Stellungnahme der Kommission, referiert in: EuGH v. 22.1.1981 – Rs. 58/80 *Dansk Supermarked ./. Imerco* Slg. 1980, 181, 188 f.

164 EuGH v. 6.6.2000 – Rs. C-281/98 *Angonese* Slg. 2000, I-4139. Kritisch auch *Streinz/Leible* EuZW 2000, 459–467 (die den Fall indes nur unter dem Gesichtspunkt der Drittwirkung erörtern und zum Ergebnis nicht Stellung nehmen – wohl ablehnend, da sie offenbar nur den Gesetzgeber für schutzverpflichtet halten); *Lane/Shuibhne* CMLR 2000, 1237, 1243–1247; zustimmend aber *Lengauer* ZfRV 2001, 57, 64 unter Berufung auf die „grundrechtliche Komponente" der Arbeitnehmerfreizügigkeit.

Art. 39 EG, die er mit den bekannten Argumenten – Wortlaut, effektive Durchsetzung, Irrelevanz der privat- oder öffentlichrechtlichen Form – begründet. Die einzige Beschränkung der unmittelbaren Wirkung findet sich in dem Hinweis auf „kollektiv regelnde Tarifverträge". In diesem Fall ist indes zunächst Zurückhaltung geboten, da im Grundsatz nicht einzusehen ist, warum sich ein privater Arbeitgeber *nicht* auf eine bestimmte Bescheinigung als Voraussetzung für die Bewerbung kaprizieren soll, egal ob diese nun mit der Tätigkeit zu tun hat oder nicht. Grundsätzlich ist das so wenig zu beanstanden wie das Kriterium roter Haare für die Auswahl von Lastwagenfahrerinnen. Indes weisen verschiedene Besonderheiten des Sachverhalts darauf hin, daß in dem vorliegenden Fall tatsächlich eine Schutzpflicht des Mitgliedstaates gegeben sein könnte. Diese sind allerdings, entgegen der Andeutung des Gerichts, nicht schon darin zu sehen, daß die Bewerbungserfordernisse auf einem Tarifvertrag beruhten. Allerdings ist eine in einem Tarifvertrag enthaltene Regelung aufgrund ihrer breiten, möglicherweise branchenweiten Wirkung viel eher als eine Vereinbarung zwischen zwei Einzelpersonen dazu geeignet, eine mitgliedstaatliche Schutzpflicht zu begründen. Im vorliegenden Fall überließ indes der Tarif den Betrieben, die Einstellungskriterien festzulegen, und schrieb die Zweisprachigkeitsbescheinigung nicht vor. Eine Schutzpflicht könnte aber aus folgenden Umständen begründet sein: Der Sachverhaltsdarstellung des Gerichts zufolge ist es „bei den in der Provinz Bozen wohnenden Bürgern ... üblich, sich die Bescheinigung für jeden denkbaren Fall im Hinblick auf die Arbeitsuche zu beschaffen. Der Erwerb dieser Bescheinigung wird als ein praktisch zwangsläufiger Schritt in einer normalen Ausbildung angesehen".[165] Das deutet darauf hin, daß Arbeitgeber den bestimmten, von einer Behörde ausgestellten Zweisprachigkeitsnachweis in der Provinz Bozen ganz allgemein zur Bewerbungsvoraussetzung machen. Diese allgemeine Praxis bedeutet aber in der Sache, daß allen Ortsfremden der Zugang zu allen Berufen, die Sprachkompetenzen erfordern, außerordentlich erschwert ist. Dieser empirische, auf allgemeiner Übung beruhende Befund, rechtfertigt die Annahme einer Schutzpflicht. In der Tat kommt es einem positiven Handeln ja geradezu gleich, wenn der Staat einer solchen diskriminierend wirkenden allgemeinen Übung tatenlos zusieht. Welche Schutzmaßnahmen der Mitgliedstaat zu treffen hat, liegt freilich auch hier in seinem pflichtgemäßen Ermessen.

Endlich ist der Vollständigkeit halber zu erwähnen, daß die Lehre von der mittelbaren Drittwirkung den kartellrechtlichen Schutz der Grundfreiheiten, den der EG-Vertrag vorsieht, natürlich weder in Frage stellt noch überflüssig macht. Entsprechend der ursprünglichen Konzeption des Vertragsgebers ist im Gegenteil auf die grundlegende Bedeutung hinzuweisen, die dem Kartellrechtsschutz in der – nun schon wiederholt zur Erklärung des Schutzmodells herangezogenen – privatrechtlich verfaßten Wirtschaftsordnung zukommt. Bereits an dieser Stelle erweist sich das Zusammenspiel von Privatautonomie (Grundfreiheiten), Kartellrecht und staatlichem Schutz als für das System des Europäischen Vertragsrechts grundlegendes Modell.

---

[165] EuGH v. 6.6.2000 – Rs. C-281/98 *Angonese* Slg. 2000, I-4139 Rn. 6.

## IV. Zwischenergebnis: Grenzen der „negativen" Rechtsangleichung

Die „negative" Rechtsangleichung durch die Rechtsprechung mit Hilfe der Grundfreiheiten ist demnach auf fünf Weisen beschränkt. *Erstens* wirkt diese „negative" Rechtsangleichung ihrem Zweck und der Funktion der Rechtsprechung wegen nur kassatorisch. Sie ist daher unzureichend, soweit eine andere als die Angleichung durch Deregulierung notwendig oder rechtspolitisch erwünscht ist. Zu unbefriedigenden Ergebnissen kann die negative Rechtsangleichung auch dann führen, wenn ein Regelungsmangel beschränkend wirkt, da die Entscheidung des EuGH dessen Behebung nicht im einzelnen vorschreiben kann, sondern dem Mitgliedstaat ein Ermessensspielraum bei der Ausfüllung seiner Schutzpflicht verbleibt (I 1, S. 86f.). *Zweitens* kann die Grundfreiheitenkontrolle naturgemäß auch nur dazu dienen, die Grundfreiheiten durchzusetzen, nicht aber dazu, andere Ziele, die mit dem Vertragsrecht verfolgt werden können, zu erreichen. *Drittens* läßt die Grundfreiheitenkontrolle das dispositive und das international dispositive Recht unberührt (II 2 b) und c), S. 96–101). *Viertens* hält ihr das international zwingende Vertragsrecht dann stand, wenn es zur Erreichung legitimer Ziele erforderlich ist (I 1, S. 87f.). Endlich ist, *fünftens,* auch eine unmittelbare Drittwirkung der Grundfreiheiten im Privatrecht abzulehnen; nur soweit Schutzpflichten das zwingend erfordern, können die Grundfreiheiten als Privatrechtssätze verstanden werden (III, S. 101–118).

# § 6 Europäisches Internationales Vertragsrecht: Das Europäische Vertragsrechtsübereinkommen

Ein zweites Datum für die Harmonisierung des Vertragsrechts bildet das Europäische Vertragsrechtsübereinkommen.[1] Das Übereinkommen trat zwar erst 1991 in Kraft, da es aber bereits seit 1980 vorlag,[2] konnte es auch schon vorher für die Gemeinschaftsgesetzgebung berücksichtigt werden. Soweit das Recht nicht vereinheitlicht ist, kommt der Bestimmung des anwendbaren Rechts durch das Kollisionsrecht entscheidende Bedeutung zu. Gerade für das Vertragsrecht ergibt sich aus dem Kollisionsrecht, inwieweit die Parteien das anwendbare Recht wählen und damit potentiell behindernd wirkende Normen des nationalen Rechts vermeiden können.[3] Auf diese Weise kommt dem Kollisionsrecht wesentliche Bedeutung für die Ermittlung des Angleichungsbedarfs im Bereich des Vertragsrechts zu.

Von den Regelungen des Übereinkommens sind hier nur einige zentrale Vorschriften zu skizzieren, die für die Europäische Rechtsangleichung von Bedeutung sind, der Grundsatz der Rechtswahlfreiheit und seine wichtigsten Einschränkungen.[4]

## I. Der Grundsatz der freien Rechtswahl

Der überragende Grundsatz des Europäischen Vertragsrechtsübereinkommens ist der Grundsatz der Parteiautonomie bzw. der freien Rechtswahl.[5] Für eine Rechtsordnung, zu deren tragenden Grundsätzen das Prinzip der Privatautonomie gehört, ist es folgerichtig, diesem Grundsatz auch im Kollisionsrecht eine wesentliche Bedeutung einzuräu-

---

[1] Seine Zugehörigkeit zum Europäischen Privatrecht haben wir bereits oben, § 3 I 2 c bb (S. 39–41), begründet. Dort auch zur Entstehungsgeschichte des EVÜ. Da es hier um das EVÜ als *Datum* für die Rechtsangleichung geht, ist nachfolgend das Verhältnis von EVÜ und sekundärrechtlichen Kollisionsnormen (die insbes. die Parteiautonomie einschränken) nicht zu erörtern; dazu nur *Jayme* in: Europäischer Binnenmarkt, Internationales Privatrecht und Rechtsangleichung, S. 35–49; *Fallon/Franq* FS Siehr, S. 155–178; *Knöfel* ICLQ 47 (1998) 439–445; *Martiny* ZEuP 1999, 246, 249–251; *ders.* ZEuP 2001, 308, 311–314.

[2] Oben, § 3 I 2 c bb (S. 40).

[3] Oben, § 5 II 2 b (S. 99–101).

[4] Rechtsprechungsübersicht bei *Martiny* ZEuP 1999, 246–270; *ders.* ZEuP 2001, 308–336.

[5] *Morse* YbEL 2 (1982) 107, 116 („cardinal principle"); *Junker* IPrax 1993, 1–10; E. *Lorenz* RIW 1987, 569–584. Zur Entwicklung *Püls* Parteiautonomie, 1995; *Dicey & Morris* Conflict of Laws, Rn. 32-003-7 und 32-060-62; s.a. *Jayme* in: 2. Deutsch-Lusitanische Rechtstage, 17–26 (zur Entwicklung des italienischen Handelskollisionsrechts); *Giuliano/Lagarde* ABl. 1980, C 282/1, 15; EuGH v. 9.11.2000 – Rs. C-381/98 *Ingmar ./. Leonard* Slg. 2000, I-9305 Rn. 15 (unabhängig vom EVÜ: „ein Grundsatz des internationalen Privatrechts"); EuGH v. 26.11.1985 – Rs. 318/81 *Kommission ./. CO.DE.MI.* Slg. 1985, 3693 Tz. 20 f.; sowie GA *Slynn* Schlußanträge, ebd. S. 3697 f. (unter Verweis auf den Bericht von *Giuliano/Lagarde*). Für eine Ausweitung der Parteiautonomie im Zuge der Globalisierung plädiert *Basedow* FS Stoll, S. 413.

men.[6] Hat der Grundsatz der Parteiautonomie auch einen gegenüber der materiellrechtlichen Privatautonomie eigenen Gehalt, der sich praktisch vor allem in der Möglichkeit zeigt, mit der Wahl einer Rechtsordnung grundsätzlich auch die zwingenden Vorschriften des anwendbaren Rechts ausschließen zu können, so beruhen doch beide Grundsätze auf dem Gedanken der Autonomie und Freiheit des einzelnen.[7] Sein hervorragender Stellenwert wird zudem deutlich, wenn die Parteiautonomie auch im Kollisionsrecht der außervertraglichen Haftung Anwendung findet.[8] In seinem „klassischen Anwendungsbereich", dem internationalen Vertragsrecht, ist der Grundsatz der Parteiautonomie geradezu „weltweit anerkannt",[9] nicht von ungefähr steht er daher auch an der Spitze des Internationalen Vertragsrechts des EVÜ.[10] Das starke Gewicht der Parteiautonomie im EVÜ kommt auch darin zum Ausdruck, daß der Grundsatz dort, wo gegenläufige Prinzipien zum Tragen kommen, nicht vollständig zurückgedrängt, sondern nur verhältnismäßig leicht eingeschränkt wird.

Die primäre Anknüpfung für Schuldverträge ist daher der erklärte oder dem Vertrag mit hinreichender Sicherheit zu entnehmende Parteiwille, Art. 3 Abs. 1 S. 1 EVÜ. Die Rechtswahl kann sich auf den ganzen Vertrag oder Teile erstrecken (*dépeçage*),[11] sie kann nachträglich getroffen[12] oder geändert werden[13]. Die Parteien können grundsätzlich auch eine sonst unbeteiligte Rechtsordnung wählen, doch setzen sich die zwingenden Bestimmungen des Staates gegen die Rechtswahl durch, zu dem der Sachverhalt allein

---

[6] *Kropholler* IPR, § 40 III 2 (S. 289 f.) und § 5 II 1 (S. 33). Die Fortführung materiellrechtlicher Wertungen im IPR entspricht dem systematischen Gebot, einmal gesetzte Wertungen folgerichtig durchzuführen; dazu oben, § 2 I (S. 5–10). Das hindert nicht, den eigenständigen Gehalt der Parteiautonomie zu erkennen; dazu *Junker* IPrax 1993, 1, 2 f. Zum Verhältnis von Kollisions- und Sachrecht vgl. *Siehr* RabelsZ 37 (1973) 466–484.

[7] Zur Begründung der Parteiautonomie nur *Leible* JbJZ 1995, 246–252; a.M. *Morse* YbEL 2 (1982) 107, 116 („commercial convenience").

[8] Vgl. Art. 8 des Entwurfs eines EU-Übereinkommens über das auf außervertragliche Schuldverhältnisse anwendbare Recht der Europäischen Gruppe für Internationales Privatrecht (abgedr. in ERPL 1999, 45–68 und IPRax 1999, 286–288). Für das neue deutsche internationale Deliktsrecht etwa *Freitag/Leible* ZVglRWiss 99 (2000) 101–142, die, ausgehend von der Einzelfrage des Bestimmungsrechts nach Art. 40 Abs. 1 EGBGB, die systematischen Zusammenhänge des internationalen Deliktsrechts sowie seine Stellung im IPR des EGBGB erörtern; zum Autonomiegedanken als tragenden Grundsatz auch des internationalen Deliktsrechts aaO S. 103 f. Ferner *v. Hein* RabelsZ 64 (2000) 595–613.

[9] *Kropholler* IPR, § 52 I (S. 433 f.), sowie § 40 II (S. 287 f.) und § 52 II (S. 439–445); *Junker* IPRax 1993, 1–10; *Lando* Int.Enc.Comp.L. III, Kap. 24, Tz. 3 („common core of the legal systems"). S.a. EuGH v. 9.11.2000 – Rs. C-381/98 *Ingmar ./. Leonard* Slg. 2000, I-9305 Rn. 15; EuGH v. 26.11.1985 – Rs. 318/81 *Kommission ./. CO.DE.MI.* Slg. 1985, 3693 Tz. 20 f., sowie GA *Slynn* SchlA v. 11.7.1985, ebd. S. 3693, 3697 f.

[10] Art. 3 EVÜ, Art. 27 EGBGB. *Giuliano/Lagarde* ABl. 1980, C 282/1, 15 f.; *v. Hoffmann* IPRax 1989, 261, 262; E. *Lorenz* RIW 1987, 569 f.; *Plender* European Contracts Convention, Rn. 5.01–5.05. Ferner *Jayme* FS Lorenz, S. 435–439 (zur Unvereinbarkeit einer Inhaltskontrolle mit dem Prinzip der Parteiautonomie und seiner Stellung im System des EVÜ); *Grundmann* IPRax 1992, 1 f.

[11] Art. 3 Abs. 1 S. 1 EVÜ; *v. Hoffmann* IPRax 1989, 261, 262; *Morse* YbEL 2 (1982) 107, 117–119. Praktisch selten; z.B. LG Aurich, AWD 1974, 282 = IPRspr. 1973 Nr. 10; OLG Hamm, IPRspr. 1995, Nr. 36.

[12] BGH, IPRspr. 1996, Nr. 33

[13] Art. 3 Abs. 2; Ausnahme Formgültigkeit; *Morse* YbEL 2 (1982) 107, 119–122.

verbunden ist.[14] Heftig umstritten ist die Wählbarkeit privat erarbeiteter Regelwerke wie der Principles of European Contract Law und der Unidroit-Principles.[15] Von der herrschenden Meinung wird sie abgelehnt, da diese Regelwerke schon nicht „Recht" (Art. 3 Abs. 1 EVÜ) i.S. einer staatlichen Rechtsordnung darstellen und deswegen auch nicht die erforderliche Legitimation besitzen.[16] Nach anderer Ansicht sollen sie ebenso wie staatliches Recht wählbar sein; das entspreche dem Grundsatz der Parteiautonomie, sei aber auch sachlich gerechtfertigt, da die Regelwerke eine ausgewogene, im Fall der Unidroit-Principles zudem besonders auf den internationalen Handelsverkehr zugeschnittene Regelung enthielten und die kollisionsrechtlichen Schranken der Rechtswahl für den erforderlichen Schutz sorgten.[17] Speziell für den grenzüberschreitenden Verkehr in der Gemeinschaft wird zudem darauf hingewiesen, daß der Ausschluß der Wählbarkeit jedenfalls dann eine nicht-gerechtfertigte beschränkungsgleich wirkende Maßnahme darstelle, wenn es darum geht, daß beruflich Tätige Klauselwerken wählen, die von den beteiligten Verkehrskreisen ausgearbeitet wurden oder international üblich sind.[18]

Mangels Rechtswahl wird das anwendbare Recht nach dem objektiven Merkmal der engsten Verbindung bestimmt (Art. 4 EVÜ, Art. 28 EGBGB). Nach der Grundregel des Art. 4 Abs. 2 wird die engste Verbindung zu dem Staat der Partei vermutet wird, die die charakteristische Leistung erbringt.[19]

---

[14] Art. 3 Abs. 3 EVÜ. Dazu etwa *Junker* IPRax 1989, 69, 70f.; *Morse* YbEL 2 (1982) 107, 122–124. *Michaels/Kamann* JZ 1997, 601, 603f. wollen den Staatsbegriff hier extensiv dahin auslegen (oder analog anwenden), daß auch der „EG-Rechtsraum" darunter subsumiert werden kann; vom klaren Wortlaut ist das nicht gedeckt, und auch aus Art. 19 EVÜ ergibt sich nichts anderes.

[15] Dafür etwa *Grundmann* FS Rolland, S. 145–158; *ders.* ZHR 163 (1999) 635, 660–663; *Lando* FS Siehr, S. 402–404; *Leible* ZVglRWiss 97 (1998) 286, 307–318; *Wichard* RabelsZ 60 (1996) 269, 282–290; s.a. *Basedow* FS Stoll, S. 413; ablehnend etwa *Bonell* ERPL 1997, 505, 516 f.; *Canaris* in: Vertragsrechtsvereinheitlichung, S. 17–27; Soergel-*v. Hoffmann* Art. 27 Rn. 14–22; *Kropholler* IPR, § 52 II 3 e (S. 444); Münchener Kommentar-*Martiny* Art. 27 EGBGB Rn. 30; *Michaels* RabelsZ 62 (1998) 580, 591–610.

[16] So etwa *Canaris* in: Vertragsrechtsvereinheitlichung, S. 17–27; *Kropholler* IPR, § 52 II 3 e (S. 444); *Michaels* RabelsZ 62 (1998) 580, 597.

[17] Etwa *Leible* ZVglRWiss 97 (1998) 286, 307–318; *ders.* Wege, § 7 B II 2; *Wichard* RabelsZ 60 (1996) 269, 282–290. Aus der völkerrechtlichen Rechtsquellenlehre begründet *Grundmann* JbJZ 1991, 43–70 den partiellen Rechtscharakter der von unparteiischen Stellen formulierten, international praktizierten Klauselwerke – wie der Einheitlichen Richtlinien und Gebräuche für Dokumentenakkreditive – und damit ihre Wählbarkeit nach Art. 3 EVÜ; auf diese Weise läßt sich zwanglos die international einheitliche Auslegung, aber auch die Sonderanknüpfung international zwingender Normen begründen.

[18] *Grundmann* FS Rolland, S. 150–153; *ders.* ZHR 163 (1999) 635, 660–663. Abl. *Canaris* in: Vertragsrechtsvereinheitlichung, S. 24–26.

[19] Zur inneren Rechtfertigung dieser Regel *Kropholler* IPR, § 52 III 2 a (S. 447); *Lipstein* Northw.J.In. L.Bus. 3 (1981) 402–414; kritisch *Jessurun d'Oliveira* Am.J.Comp.L 25 (1977) 303–331. Kritisch zum Vereinheitlichungserfolg *Blaurock* FS Stoll, S. 463–480 (*de lege lata* für eine Konkretisierung der Vermutungstatbestände der Abs. 2–4 im Wege der Typisierung, *de lege ferenda* für starre Anknüpfungsregeln).

## II. Grenzen der Parteiautonomie

Ist die Parteiautonomie der Grundsatz, so bedeutet das doch auch im Kollisionsrecht nicht, daß nicht gegenläufige Prinzipien zum Tragen kommen könnten. Ebenso wie im materiellen Privatrecht lassen sich auch hier „Materialisierungstendenzen" erkennen.[20] Die für unsere Untersuchung wichtigsten Beschränkungen sind die Bestimmungen über international zwingende Normen in den Art. 5–7 EVÜ.[21]

### 1. Im Inland angebahnte Verbraucherverträge, Art. 5 EVÜ

Für bestimmte Verbraucherverträge sieht Art. 5 EVÜ (Art. 29 EGBGB) zum einen eine Einschränkung der Parteiautonomie vor, zum anderen eine von Art. 4 EVÜ abweichende objektive Anknüpfung.[22] Die Sonderregelungen gelten unter den drei kumulativen Voraussetzungen, daß (1) bestimmte Warenkauf- oder Dienstleistungsverträge sowie dazugehörige Finanzierungsverträge[23] (2) von einem Verbraucher (3) auf eine von drei beschriebenen Weisen im Staat[24] des gewöhnlichen Aufenthalts des Verbrauchers angebahnt wurde („Inlandsbezug").

Verbraucher ist eine Personen, wenn sie zu einem Zweck handelt, der nicht ihrer beruflichen oder gewerblichen Tätigkeit zugerechnet werden kann.[25] Sachlich erfaßt sind als Lieferung beweglicher Sachen Warenkäufe. Der Dienstleistungsbegriff ist hier wie in der EuGVO und im Gemeinschaftsrecht allgemein weit zu verstehen als jede Tätigkeit, die „professionell" (beruflich, gewerblich)[26] und regelmäßig gegen Entgelt erbracht

---

[20] *Kohte* EuZW 1990, 150, 152 (der – weitergehend – davon spricht, die „Materialisierung des Privatrechts und die stärkere Akzentuierung der Grenzen der Privatautonomie *prägt* auch das heutige IPR" [Hervorhebung hinzugefügt]); *Reich* NJW 1994, 2128 (der vorschlägt, die vom BVerfG über die Grundrechtswirkung herbeigeführte Materialisierung des Privatrechts auf das IPR zu erstrecken); *Wojewoda* MJ 7 (2000) 183, 208. Zum Funktionswandel des Kollisionsrecht im Gefolge des Funktionswandels der Privatrechtsordnung *Rehbinder* JZ 1973, 151–158 (der dem durch Systemergänzung statt Systemwandel Rechnung zu tragen vorschlägt); *Basedow* RabelsZ 52 (1988) 8, 13–20.

[21] Zu den verschiedenen Formen zwingender Bestimmungen (*mandatory rules*) *Wojewoda* MJ 7 (2000) 183–213.

[22] Zum System des kollisionsrechtlichen Verbraucherschutzes im deutschen IPR, das auf dem EVÜ beruht, *Leible* JbJZ 1995, 245–269; *ders.* in: Rechtsangleichung und nationales Privatrecht, S. 353–392.

[23] Ausgenommen sind bestimmte Vertragstypen gem. Art. 5 Abs. 4 und 5 EVÜ.

[24] Zum Schutz von Verbrauchern schlagen *Michaels/Kamann* JZ 1997, 601, 603 f. vor, den Staatsbegriff in Art. 3 Abs. 3, 5 Abs. 2 EVÜ erweiternd dahin auszulegen, daß er alternativ auch den „EG-Rechtsraum" bezeichnen könne; dazu bereits oben, Fn. 14.

[25] Kritisch zum Verbraucherbegriff des Art. 5 EVÜ und allgemein gegenüber einem kollisionsrechtlichen Schutz (formal) des *Verbrauchers Kroeger* Schutz der „marktschwächeren" Partei, S. 53 f., 67–75, die statt dessen auf den Schutz der „marktschwächeren" Partei abstellen möchte; das läßt sich auch für Art. 5 EVÜ fruchtbar machen.

[26] E. *Lorenz* RIW 1987, 569, 576.

wird.[27] Neben Werk- und Dienstverträgen sind damit alle Geschäftsbesorgungsverträge erfaßt; zu denken ist z.B. an Anwaltstätigkeit, Beförderung, Beherbergung, Bankdienstleistungen,[28] Vermögensverwaltung. Regelmäßig nicht als Dienstleistung zu qualifizieren ist hingegen der schuldrechtlich ausgestaltete[29] Timesharingvertrag, weil und soweit die Dienstleistungen nur nebensächlich sind.[30] Nach der Rechtsprechung des EuGH zur Haustürgeschäfterichtlinie können auch Darlehensverträge Dienstleistungen darstellen.[31] *E contrario* Art. 5 Abs. 1 a.E. EVÜ erfaßt das Übereinkommen jedoch nur unselbständige Darlehensverträge „zur Finanzierung eines solchen Geschäfts".[32] Ausgenommen sind auch „ausländische Dienstleistungen", die ausschließlich in einem anderen als dem Aufenthaltsland des Verbrauchers erbracht werden, wie Beherbergung (Hotel) oder Unterricht (Skikurs) usf.[33] Die für den Verbraucher erkennbare enge Beziehung zum Ausland reduziert hier auch im Falle der Vertragsanbahnung im Inland sein Schutzbedürfnis; könnte er sein Heimatrecht „im Reisegepäck mit sich führen"[34], so würde er im übrigen gegenüber den ausländischen Verbrauchern ungerechtfertigt bevorzugt und die ausländischen Dienstleistungsanbieter wären einer Vielfalt von anwendbaren Vertragsrechten ausgesetzt, ohne das wegen eines Auslandsbezugs erkennen zu können.[35]

Mit dem Kriterium des Inlandsbezugs wird der kollisionsrechtliche Schutz begrenzt auf den „passiven Verbraucher", der in seiner vertrauten Umgebung Verträge schließt; nicht geschützt ist der „aktive Verbraucher", der eigeninitiativ den Kontakt zum ausländischen Anbieter herstellt, da ihm aufgrund seiner Eigeninitiative der Umgang mit dem fremden Recht zugemutet werden kann, und umgekehrt dem Unternehmer der Auslandsbezug des Vertrags nicht zuzurechnen ist. Ein Inlandsbezug i.S.d. Übereinkommens ist gegeben, wenn Angebot oder Werbung[36] sowie die Vertragsabschlußhandlungen

---

[27] BGHZ 123, 380, 384 f.; BGHZ 135, 124, 130 (Isle of Man); *Fischer* JZ 1994, 367, 368 (wie in Art. 50 EGV); *Mankowski* RIW 1995, 364, 367; *Schlosser* FS Steindorff, S. 1379, 1383. Vgl. auch *Giuliano/Lagarde* ABl. 1980 C 282/1, 23.

[28] Z.B. Börsentermingeschäfte OLG Düsseldorf, RIW 1994, 420, 421 m.Anm.v. *Mankowski*; OLG Düsseldorf, RIW 1995, 769, 770.

[29] Zu sachen- oder gesellschaftsrechtlich ausgestalteten Timesharingverträgen etwa *Mankowski*; RIW 1995, 364, 365 f. Ferner OLG Frankfurt a.M., RIW 1995, 1033 f. m. Anm.v. *Mankowski* (sachenrechtliche Ausgestaltung).

[30] BGHZ 135, 124, 130 f. (Isle of Man). S.a. zur Ferienwohnungsmiete (keine Dienstleistung) BGHZ 109, 29, 36, und (offen gelassen) BGHZ 119, 152, 157 f. *Mankowski* RIW 1995, 364–370; *Mäsch* EuZW 1995, 8, 13.

[31] EuGH v. 17.3.1998 – Rs. C-45/96 *Bayerische Hypotheken und Wechselbank ./. Dietzinger* Slg. 1998, I-1199 Rn. 18.

[32] Wohl a.M. *Reich* Verbraucherrecht, Tz. 155. Zu den Versuchen, den Verbraucherschutz für selbständige Kredite und andere Fälle über Art. 7 EVÜ (Art. 34 EGBGB) zu bewerkstelligen unten, 3 b) (S. 128–131).

[33] Art. 5 Abs. 4 lit. b EVÜ. *Gulianol/Lagarde* ABl. 1980 C 282/1, 25; Münchener Kommentar-*Martiny* Art. 29 Rn. 16–17; krit. *Fischer* FS Großfeld, S. 288 f.

[34] Als Frage formuliert von *Taupitz* BB 1990, 742.

[35] Soergel-*v. Hoffmann* Art. 29 Rn. 25; ähnlich Münchener Kommentar-*Martiny* Art. 29 Rn. 16 a.E.

[36] Kritisch bzgl. überindividueller Werbung *Drasch* Herkunftslandprinzip, S. 290–292 (Verstoß gegen Grundfreiheiten); a.M. *Roth* RabelsZ 55 (1991) 623, 652, 655 f., 658.

des Verbrauchers in diesem Staat vorgenommen wurden (Ziff. 1),[37] wenn der andere Teil die Bestellung des Verbrauchers in diesem Staat entgegengenommen hat (Ziff. 2)[38] oder – im Fall von Warenkäufen – wenn der Vertragsschluß auf einer vom Verkäufer mit diesem Ziel herbeigeführten Reise ins Ausland erfolgte (Ziff. 3). Mit diesen drei Sachverhaltsgruppen sind die Fälle, in denen sich günstigere heimatliche Verbraucherschutzregeln gegenüber einer Rechtswahl durchsetzen, abschließend aufgezählt.[39] Eine analoge Anwendung von Art. 5[40] scheitert zwar nicht an einer – tatsächlich nicht anzuerkennenden – „Analogiefeindlichkeit von Ausnahmevorschriften",[41] wohl aber daran, daß die Regelung nach Wortlaut und erkennbarer Absicht der Konventionsgeber abschließend ist.[42] Darüber im nationalen Recht hinwegzugehen, würde auch die von Art. 18 EVÜ gebotene einheitliche Auslegung stören.[43]

Unter diesen gegenständlichen (Vertragstyp) persönlichen (Verbraucher) und sachlichen (Inlandsbezug) Voraussetzungen ist zum einen abweichend von Art. 4 EVÜ das mangels Rechtswahl anwendbare Recht jenes des Aufenthaltsstaats des Verbrauchers.[44] Zum anderen wird unter den genannten Voraussetzungen die Rechtswahlfreiheit durch das Günstigkeitsprinzip eingeschränkt. Ungeachtet einer weiterhin zulässigen Rechtswahl finden danach die Vorschriften des Aufenthaltsstaats des Verbrauchers, die ihn als „schwächeren Vertragspartner"[45] schützen sollen, Anwendung, wenn sie günstiger sind als das gewählte Vertragsstatut.[46] Zu diesen Schutzvorschriften gehören in Deutschland

---

[37] Vgl. BGHZ 123, 380, 390 f. = JZ 1994, 363, 365; OLG Frankfurt, NJW-RR 1989, 1018 = RIW 1989, 646, 647; zust. *Kohte* EuZW 1990, 150, 152.

[38] BGHZ 123, 380, 390 = JZ 1994, 363, 366.

[39] Ebenso OLG Hamm, NJW-RR 1989, 496 = IPRax 1989, 242 m. Bespr.v. *Jayme* S. 220; wohl auch BGHZ 135, 124, 131–133; Palandt-*Heldrich* Art. 27 EGBGB Rn. 3; *Junker* IPrax 1993, 1, 8 f. (wenn auch kritisch); *ders.* RabelsZ 55 (1991) 674, 684–686; *Leible* JbJZ 1995, 259 f.; *Mankowski* RIW 1993, 453, 459 f.; *Taupitz* BB 1990, 642, 648 f.; s.a. *Coester-Waltjen* FS Lorenz, S. 297, 312.

[40] Dafür etwa OLG Stuttgart, NJW-RR 1990, 1081, 1083; *Kohte* EuZW 1990, 150, 156 (der diese Analogie in methodisch zweifelhafter Weise als – offenbar beliebige – Alternative zu der [ebenfalls abzulehnenden] Durchsetzung von Verbraucherschutzvorschriften über Art. 7 EVÜ anbietet); *Mäsch* Rechtswahlfreiheit und Verbraucherschutz, S. 166–171.

[41] Zu Möglichkeiten und Grenzen einer analogen Anwendung von Ausnahmevorschriften nur *Kramer* Methodenlehre, S. 155–158; *Larenz/Canaris* Methodenlehre, S. 249 f.; *Regelsberger* FG Jhering, S. 45–59.

[42] BGHZ 123, 380, 390 f.; *Junker* RabelsZ 55 (1991) 674, 685f.; *Mankowski* RIW 1998, 287, 289; Münchener Kommentar-*Martiny* Art. 29 EGBGB Rn. 13a; *Taupitz* BB 1990, 642, 648.

[43] *Fischer* FS Großfeld, S. 284; *Reich* Verbraucherrecht, Tz. 155b a.E., die aber gleichwohl über Art. 7 EVÜ helfen möchte; dagegen unten, 3 b) (S. 128–131).

[44] Art. 5 Abs. 3 EVÜ. Krit. *Kroeger* Schutz der „marktschwächeren" Partei, S. 176f., die (S. 179–185) eine allseitige objektive Anknüpfung an den Markt vorschlägt.

[45] Palandt-*Heldrich* Art. 29 Rn. 1; *Kroeger* Schutz der „marktschwächeren" Partei, S. 81–101; Münchener Kommentar-*Martiny* Art. 29 Rn. 35; Reithmann-*Martiny* Rn. 740; *Grundmann* Schuldvertragsrecht, 1. Teil Rn. 76.

[46] *Kropholler* IPR, § 52 V 3 (S. 462 f.); E. *Lorenz* RIW 1987, 569, 576 f.; *Mäsch* Rechtswahlfreiheit und Verbraucherschutz, S. 32–72. Kritisch zum Günstigkeitsprinzip *Leible* JbJZ 1995, 257–259; *Mäsch* aaO S. 59–72; *Morse* YbEL 2 (1982) 107, 137; in der Tat würde eine echte *Wahl* dieses – unter Berücksichtigung des Günstigkeitsprinzips – anwendbaren Rechts sehr weitgehende Rechtskenntnisse erfordern, führt die Zusammenstellung von Regeln verschiedener Gesetzgeber zu einer neuen, gleich-

insbesondere die des Reiserechts, des Verbraucherkreditgesetzes und des Gesetzes über den Widerruf von Haustürgeschäften.[47]

## 2. Arbeitsverträge, Art. 6 EVÜ

Durch dieselben Mechanismen – punktuelle Einschränkung der Parteiautonomie und besondere zwingende Anknüpfung – bewirkt Art. 6 EVÜ (Art. 30 EGBGB) einen kollisionsrechtlichen Schutz von Arbeitnehmern.[48] Voraussetzung für diesen kollisionsrechtlichen Schutz ist indes nur, daß es sich um einen Arbeitsvertrag handelt.

Die objektive Anknüpfung führt hier zur Geltung des Rechts des gewöhnlichen Tätigkeitsortes[49] und, in Ermangelung eines gewöhnlichen Tätigkeitsortes, zur Anwendung des Rechts des Ortes der Einstellungsniederlassung. Hat der Arbeitsvertrag nach der Gesamtheit der Umstände eine engere Verbindung zu einem anderen Staat, so ist dessen Recht anzuwenden (Art. 6 Abs. 2 EVÜ). Die – auch hier weiterhin zulässige – Rechtswahl darf nicht dazu führen, daß dem Arbeitnehmer der Schutz entzogen wird, der ihm nach dem nach der objektiven Anknüpfung maßgeblichen Recht zwingend zustünde. Es gilt wiederum das Günstigkeitsprinzip.[50] Ungeachtet einer Rechtswahl objektiv angeknüpft werden daher nicht abdingbare, dem Arbeitnehmer günstigere Vorschriften, die spezifisch dem Arbeitnehmerschutz dienen.[51] Zu den zwingenden Arbeitnehmerschutzbestimmungen des deutschen Rechts rechnen beispielsweise das Schwerbehindertengesetz und das Mutterschutzgesetz.[52]

## 3. Eingriffsnormen, Art. 7 EVÜ

### *a) Grundsätze*

Eine dritte wichtige Grenze der Parteiautonomie ist neben der Sonderanknüpfung von Verbraucher- und Arbeitnehmerschutzrecht die Sonderanknüpfung „zwingender Vorschriften" eines Staates nach Art. 7 EVÜ.[53] Allerdings können die Mitgliedstaaten

---

sam virtuellen Rechtsordnung, die kein einzelner Gesetzgeber so geschaffen hat, und kann man fragen ob die daraus u.U. resultierende Schutzverdoppelung angemessen ist.

47 Palandt-*Heldrich* Art. 29 Rn. 6; Soergel-*v. Hoffmann* Art. 29 EGBGB Rn. 29; Münchener Kommentar-*Martiny* Art. 29 EGBGB Rn. 36.

48 Entwicklungsgeschichtlich waren die arbeitsrechtlichen Kollisionsregeln freilich vorbildlich für die verbraucherschutzrechtlichen; E. *Lorenz* RIW 1987, 569, 577.

49 Vgl. zu dem entsprechenden Begriff in Art. 5 Abs. 1 Nr. 1 EuGVÜ EuGH v. 9.1.1997 – Rs. C-383/95 *Rutten ./. Cross Medical* Slg. 1997, I-57.

50 *Junker* IPRax 1989, 69, 71 f.; E. *Lorenz* RIW 1987, 569, 577; BAGE 63, 17, 24 f.; BAG, IPRax 1994, 123, 126.

51 *Junker* IPRax 1989, 69, 72.

52 Soergel-*v. Hoffmann* Art. 30 EGBGB Rn. 23 f.; Münchener Kommentar-*Martiny* Art. 30 EGBGB Rn. 19–22.

53 Die Regelung wirft zahlreiche Zweifelsfragen auf; zur Revision *Junker* IPRax 2000, 65–73.

im Hinblick auf zwingendes Recht von Drittstaaten (Art. 7 Abs. 1) einen Vorbehalt erklären.[54] Nach der tatbestandlich sehr offen gefaßten Bestimmung des Art. 7 Abs. 1 EVÜ „kann den zwingenden Bestimmungen des Rechts eines anderen Staates, mit dem der Sachverhalt eine enge Verbindung aufweist, Wirkung verliehen werden, soweit diese Bestimmungen nach dem Recht des letztgenannten Staates ohne Rücksicht darauf anzuwenden sind, welchem Recht der Vertrag unterliegt".[55] Nach Absatz 2 der Vorschrift bleibt die Möglichkeit der Anwendung zwingender Vorschriften des Forumstaates unberührt.

Die hier angesprochenen zwingenden Bestimmungen sind solche, die nach dem erklärten oder dem Zweck der Vorschrift zu entnehmenden Willen des Gesetzgebers „mit einem kollisionsrechtlichen Eingriffsbefehl ausgestattet" sind (Eingriffsnormen[56]).[57] Damit ist freilich nur die Frage anders beschrieben. Die Bestimmung der nach Art. 7 EVÜ zwingenden Normen ist weithin unklar.[58] Als Indizien – indes nicht notwendige Voraussetzungen – für den unbedingten Geltungswillen einer Vorschrift werden so vage Anhaltspunkte wie ihre öffentlich-rechtliche Natur[59] und ihre Strafbewehrung[60] genannt. Für den Eingriffsnormcharakter spricht die ordnungspolitische Zielsetzung zur Steuerung des Wirtschafts- und Soziallebens, dagegen der bloße Zweck, Privatinteressen auszugleichen;[61] dafür spricht ihre Funktion zum Institutionenschutz, nicht bloß zum

---

[54] Art. 22 Abs. 1 lit. a) EVÜ; davon haben die Bundesrepublik, Irland, Luxemburg und das Vereinigte Königreich Gebrauch gemacht; dazu *Martiny* IPRax 1987, 277–280; *Dicey & Morris* Conflict of Laws II, Rn. 32–140.

[55] Zu dem Hintergrund der Vorschrift, insbesondere der *ALNATI* Entscheidung des Hoge Raad *Giuliano/Lagarde* ABl. 1980, C-282/1, 26 f.; Münchener Kommentar-*Martiny* Art. 34 EGBGB Rn. 4 f.; *Plender* European Contracts Convention, Rn. 9.03.

[56] Zum Begriff *Siehr* RabelsZ 52 (1988) 41–44. An dem Begriff sollte man sich nicht stören, da er eingebürgert ist und sinnvoll als Hinweis verstanden werden kann, daß die Sachnorm in die Rechtswahl (nicht das System des Internationalen Vetragsrechts) eingreift; kritisch wegen der Systemzugehörigkeit der Eingriffsnormen *Basedow* RabelsZ 52 (1988) 8, 17 f.; *Jayme* IPRax 2001, 190, 191.

[57] *Junker* IPRax 1989, 69, 73 („universaler Geltungswille", Sicherung des *ordre public international*); *Gamillscheg* ZfA 1983, 307, 343 f. (Diese Normen „tragen den Anwendungsbefehl unabhängig vom Vertragsstatut in sich, er ist aus dem Zweck der Vorschrift abzuleiten".); *Kropholler* IPR, § 52 IX 1 (S. 475–477); E. *Lorenz* RIW 1987, 569, 578 f.; Münchener Kommentar-*Martiny* Art. 34 EGBGB Rn. 10–13.

[58] *Kropholler* IPR, § 52 X (S. 481); Reithmann/Martiny-*Limmer* Rn. 389; *Mäsch* Rechtswahlfreiheit und Verbraucherschutz, S. 131–165. Zur Präzisierung jetzt der Vorschlag von *Junker* IPRax 2000, 65, 70. Methodisch unternimmt *Kothe* EuZW 1990, 150, 153 f., die Regelung als Anwendungsfall des beweglichen Systems näher zu konturieren (*Kothe* sieht allerdings die Intensität des Inlandsbezugs im Einzelfall als Element des beweglichen Systems an; *dagegen* zu Recht *Kropholler* IPR, § 52 IX 1 Fn. 168); der Sache nach z.B. auch *Hentzen* RIW 1988, 508, 509–511; vorsichtig zustimmend Reithmann/Martiny-*Limmer* Rn. 394.

[59] Vgl. E. *Lorenz* RIW 1987, 569, 579; Münchener Kommentar-*Martiny* Art. 34 EGBGB Rn. 12.

[60] *Kropholler* IPR, § 3 II 3 (S. 22); *Leible* ZVglRWiss 97 (1998) 286, 295 f.; Münchener Kommentar-*Martiny* Art. 34 EGBGB Rn. 14.

[61] *Junker* IPRax 2000, 65, 70 f. (mit rechtsvergleichendem Überblick zum Meinungsstand S. 68 f.); *Kropholler* IPR, § 52 IX 1 (S. 476); Münchener Kommentar-*Martiny* Art. 34 Rn. 12; *Rehbinder* JZ 1973, 151, 156 f.; auch *Mankowski* RIW 1995, 364, 368; BAGE 63, 17, 30–32; BAG, IPRax 1994, 123, 128 (§ 613a BGB keine Eingriffsnorm); abl. *Fischer* FS Großfeld, S. 284 f.; *Jayme* IPRax 2001, 190, 191.

Gruppen- oder Individualschutz.[62] Ungeachtet zahlreicher Zweifelsfragen ist ein Kernbereich von zwingenden Normen wenig umstritten. Dazu rechnen u.a. ordnungspolitische Vorschriften wie z.B. Ausfuhrverbote,[63] Devisenvorschriften[64] und Vorschriften zum Schutz von Marktordnung und Wettbewerb[65].[66]

### *b) Verbraucherschutzvorschriften als Eingriffsnormen?*

Manche unternehmen es, den als unzureichend empfundenen kollisionsrechtlichen Verbraucherschutz des Art. 5 EVÜ über Art. 7 EVÜ aufzubessern. Kann z.B. für den selbständigen Kreditvertrag oder (früher von Bedeutung:)[67] für den Timesharingvertrag über Art. 7 EVÜ die Anwendung zwingenden nationalen Schutzrechts begründet werden? Ein kollisionsrechtlicher Verbraucherschutz über Art. 5 EVÜ wird sowohl im Wege der Auslegung von Art. 7 EVÜ als auch im Wege der Rechtsfortbildung vorgeschlagen. Zum einen werden Verbraucherschutzvorschriften auf dem Gebiet des Vertragsrechts – z.B. der Schutz vor „Haustürgeschäften" – schon als Eingriffsnormen angesehen, weil sie nicht nur den einzelnen Verbraucher schützten, sondern auch das Anbieterverhalten steuern sollten und daher nicht nur dem Individual-, sondern auch dem Institutionenschutz dienten.[68] Zum anderen wird angenommen, der kollisionsrechtliche Verbraucherschutz des EVÜ sei lückenhaft. Die Lückenhaftigkeit wird teils aus der Entstehungsgeschichte begründet,[69] teils damit, daß das EVÜ nicht den von den deutschen Grundrechten geforderten Schutz gewährleiste,[70] und schließlich damit, daß die nachfolgende Gemeinschaftsgesetzgebung auf dem Gebiet des verbraucherschützenden Kollisionsrechts zu Norm- oder Wertungswidersprüchen mit dem EVÜ führe.[71] Die so begründete Lücke sei mit einer Gesamtanalogie der Kollisionsnormen, die Ausschnitte des Sonderprivatrechts (nach dem Günstigkeitsprinzip) international zwingend ausgestalten,[72] oder analog Art. 7 EVÜ[73] zu füllen.

---

[62] *Basedow* RabelsZ 52 (1988) 8, 27–31; a.M. *Roth* in: Internationales Verbraucherschutzrecht, S. 43–45.

[63] Soergel-*v. Hoffmann* Art. 34 Rn. 18–32; Münchener Kommentar-*Martiny* Art. 34 EGBGB Rn. 63–73.

[64] Zur Beseitigung von Devisenbeschränkungen durch die Harmonisierung der Kapitalverkehrsfreiheit *Grundmann* EWS 1990, 214, 216, 219 f.

[65] Soergel-*v. Hoffmann* Art. 34 Rn. 33–40; Münchener Kommentar-*Martiny* Art. 34 EGBGB Rn. 75–77.

[66] *Gamillscheg* ZfA 1983, 307, 343; *Kropholler* IPR, § 52 XI 2 (S. 477f.); Reithmann/Martiny-*Limmer* Rn. 405–448; Münchener Kommentar-*Martiny* Art. 34 Rn. 63–88.

[67] S. jetzt Art. 9 TSRL.

[68] *Kothe* EuZW 1990, 150, 154 f. (für das HtWG nach der Methode des beweglichen Systems unter der weiteren Voraussetzung eines engen Inlandsbezugs); Palandt-*Heinrichs* Art. 34 EGBGB Rn. 3; *Bülow* EuZW 1993, 435, 436; für Binnenmarktsachverhalte auch *Jayme* IPRax 1990, 220, 222.

[69] *Roth* in: Internationales Verbraucherschutzrecht, S. 40–42.

[70] *Reich* NJW 1994, 2128–2131.

[71] *Fischer* FS Großfeld, S. 281–283.

[72] Soergel-*v. Hoffmann* Art. 34 EGBGB Rn. 61; *ders.* IPRax 1989, 261, 265f., 268.

[73] *Fischer* FS Großfeld, S. 284–291.

Diese – von einem anerkennenswerten Schutzinteresse motivierte –[74] Auffassung ist im Grundsatz abzulehnen. Allerdings findet sich im Bericht von *Guliano/Lagarde* ein Anhaltspunkt für diese Auffassung.[75] Sie überzeugt aber schon nach der Systematik des EVÜ nicht, da die umfassende Anknüpfung von Verbraucherverträgen als Eingriffsnormen Art. 5 EVÜ leerlaufen lassen würden.[76] Darüber hinaus droht diese Auffassung, das Erfordernis der Eingriffsnormen auszuhöhlen, denn einen Marktbezug (Institutionenschutz) hat jede Verbraucherschutzregelung, ist doch der Verbraucher durch seine Rolle am Markt gekennzeichnet.[77] Die vorgeschlagene Gesamtanalogie scheitert schon daran, daß schon Art. 5 EVÜ unzweideutig auf einem Enumerationsprinzip beruht und die Art. 5 und 6 EVÜ gerade nicht das gesamte Sonderprivatrecht erfassen.[78] Eine Lücke im System des Europäischen Verbraucherrechts läßt sich aber auch nicht damit begründen, daß die dem Übereinkommen nachfolgende EG-Gesetzgebung auf dem Gebiet des Kollisionsrechts zu Unstimmigkeiten mit dem EVÜ führe. Allerdings wird damit – wie auch hier – das EVÜ als Bestandteil des Europäischen Privatrechts angesehen und ist daher eine innere Abstimmung der Regelungen nach der Systemforderung der Folgerichtigkeit in der Tat geboten. Indes löst schon Art. 20 EVÜ die auftretenden Kollisionen formal auf. Soweit der Europäische Gesetzgeber von Art. 5 EVÜ abweichende Anknüpfungspunkte angegeben hat, muß man daher davon ausgehen, daß er bewußt eine systemwidrige Regelung gewählt hat,[79] die man nun nicht im Wege der Rechtsfortbildung korrigieren kann. Die – unmittelbare oder analoge – Anwendung von Art. 7 EVÜ auf Verbraucherverträge ist im übrigen, soweit sie sich auch auf nationale Kollisionsvorschriften oder Schutzerwägungen stützt, mit der Methoden*norm* der einheitlichen Auslegung (Art. 18 EVÜ) unvereinbar.[80] Endlich gebietet hier auch die Schutzfunktion der deutschen Grundrechte nichts anderes, denn bei der Ausgleichung der widerstreitenden Grundrechte und verfassungsrechtlichen Rechtspositionen ist hier – anders als im rein nationalen Fall – auch zu berücksichtigen, daß der vom EVÜ gefundene Interessenausgleich auf einer internationalen Einigung beruht, die ihrerseits gerade auch dem Ver-

---

[74] Hintergrund sind Fälle wie der des in Spanien, zu einer Zeit, als dort die HtWRL noch nicht umgesetzt war (zur der durch die föderale Struktur komplizierten Rechtslage *Jayme* IPRax 1990, 220 f.), gekauften „Eskimo-Mantels". Die Lösung für diesen Fall dürfte indes in der Staatshaftung Spaniens liegen, die hier unschwer durchzusetzen ist (Erstattung des überhöhten Preisanteils oder Befreiung vom Vertrag); in diese Richtung auch *Michaels/Kamann* JZ 1997, 601, 607 f. (aber kritisch gegenüber dem so gewährten Schutzstandard).

[75] ABl. 1980 C 282/1, 28.

[76] *Kropholler* IPR, § 52 IX 3 (S. 478 f.); *Grundmann* IPRax 1992, 1, 2. Dagegen möchte *Roth* in: Internationales Verbraucherschutzrecht, S. 41 f., 48 f., Art. 5 EVÜ dadurch respektieren, daß er auf Art. 7 Abs. 2 EVÜ nur für von Art. 5 nicht erfaßte Vertragstypen zurückgreift.

[77] Kritisch auch *Junker* IPRax 2000, 65, 71.

[78] BGHZ 123, 380, 390f.; BGHZ 135, 124, 133; *Junker* IPRax 2000, 65, 70; *Schlosser* FS Steindorff, S. 1379, 1387 f.

[79] Davon geht auch *Fischer* FS Großfeld, S. 281 aus.

[80] BGHZ 135, 124, 134 sowie *Mankowski* RIW 1998, 287, 288. A.M. *Fischer* FS Großfeld, S. 284.

braucher zugute kommt.[81] Für die Grundrechtskontrolle bleibt im übrigen noch Raum unter Art. 16 EVÜ (*ordre public*).[82]

Ausnahmsweise anderes gilt freilich dann, wenn die fragliche (Verbraucherschutz-) Regelung gemeinschaftsrechtlich begründet ist. Enthält schon das Gemeinschaftsrecht einen Eingriffsbefehl oder schreibt sie vor, daß die Mitgliedstaaten die internationale Anwendbarkeit von Schutzregeln ungeachtet parteiautonomer Rechtswahl durchsetzen müssen, so müssen die Mitgliedstaaten eine entsprechende Regelung in ihrem nationalen Recht vorsehen. Fehlt eine gesetzliche Regelung, so sind die Gerichte, sofern nicht der nationale Gesetzgeber bewußt richtlinienwidrig gehandelt hat, gehalten, die internationale Anwendbarkeit so weit wie möglich im Wege der Auslegung herzustellen. Dafür wird sich – ungeachtet verbleibender systematischer Bedenken –[83] als eine Lösung regelmäßig der Weg über Art. 7 EVÜ anbieten (ggf. nur behindert durch einen Vorbehalt gegenüber Art. 7 Abs. 1).[84] Die oben gegen einen solchen Einbruch in Art. 7 EVÜ ins Feld geführten teleologisch-systematischen Überlegungen stehen *in diesem Fall* nicht entgegen, da Art. 20 EVÜ einen Vorrang des Gemeinschaftsrechts bestimmt.

Sehr weitgehend hat allerdings jetzt der EuGH auch den Ausgleichsanspruch des Handelsvertreters nach Art. 17, 18 HVertrRL, der in Art. 19 der Richtlinie ausdrücklich nur für „national zwingend" erklärt wird, als international zwingend angesehen.[85] Die Entscheidung betrifft freilich nicht unmittelbar das EVÜ, erstens weil der EuGH insoweit keine Auslegungszuständigkeit hat[86] und zweitens weil das EVÜ intertemporal nicht anwendbar war, da der Handelsvertretervertrag vor dem vom Übereinkommen bestimmten Stichtag geschlossen wurde.[87] Generalanwalt *Léger* hat das Übereinkommen

---

[81] Die analoge Anwendung von Art. 7 EVÜ auf Verbraucherschutzrecht ablehnend auch Münchener Kommentar-*Martiny* Art. 34 EGBGB Rn. 80; *Grundmann* Schuldvertragsrecht, 1. Teil Rn. 77; *ders.* IPRax 1992, 1, 2; *Kropholler* IPR, § 52 IX 1 a) a.E. (S. 431 f.). Gegen die Ausdehnung auf selbständige Verbraucherkredite spricht auch die enge (autonome) Auslegung, die der EuGH Art. 13 EuGVÜ (Art. 15 EuGV-VO) gegeben hat; EuGH v. 21.6.1978 – Rs. 150/77 *Bertrand ./. Ott* Slg. 1978, 1431 Tz. 18–22. Zum Meinungsstand *Mankowski* RIW 1998, 287, 289–291 mwN.

[82] *Kropholler* IPR, § 36 IV (S. 245–248).

[83] Nochmal *Junker* IPRax 2000, 65, 71; diese Bedenken müssen hier hinter dem Gebot der richtlinienkonformen Auslegung zurücktreten.

[84] *Jayme* IPRax 1990, 220, 222; *ders.* Internationales Privatrecht für Europa, S. 31 f., 36; *Reich* Verbraucherrecht, Tz. 155b; wohl auch *Knöfel* ICLQ 47 (1998) 439, 441, 443; *Jessurun d'Oliveira* in: The common law of Europe and the future of legal education, S. 275 f.; abl. *Leible* JbJZ 1995, S. 265; *Freitag/Leible* RIW 2001, 287, 293 f.

[85] EuGH v. 9.11.2000 – Rs. C-381/98 *Ingmar ./. Leonard* Slg. 2000, I-9305. Zust. *Jayme* IPRax 2001, 190 f.; *Kindler* BB 2001, 11, 12; *Reich* EuZW 2001, 51 f.; krit. *Freitag* EWiR 2000, 1061, 1062; *Freitag/Leible* RIW 2001, 287–295. S.a. *Fallon/Franq* FS Siehr, S. 155–178 (die die Kollisionsregeln privatrechtsangleichender Richtlinien mit dem Model der Eingriffsnormen erklären); *Knöfel* ICLQ 47 (1998) 439–445; und EuGH v. 30.4.1996 – Rs. C-214/94 *Boukhalfa* Slg. 1996, I-2253 Rn. 15 (Bestimmung der internationalen Anwendbarkeit von Art. 48 EG mit Hilfe eines „enge-Verbindung-Tests", nicht unähnlich Art. 7 EVÜ).

[86] Oben, § 3 I 2 c bb (S. 40).

[87] Art. 22 Abs. 1 S. 3, 4 HVertrRL; GA *Léger* in: EuGH v. 9.11.2000 – Rs. C-318/98 *Ingmar ./. Leonard* Slg. 2000, I-9305 SchlA Tz. 63; *Martiny* ZEuP 2001, 308, 310.

jedoch bei seinen Schlußanträgen mitberücksichtigt.[88] Außerdem betrifft die Entscheidung die für das Kollisionsrecht vorgreifliche Frage, ob das materielle Recht mit einem internationalen Anwendungsbefehl ausgestattet ist.[89] Der Gerichtshof bejaht diese Frage mit den sehr allgemeinen Erwägungen, daß der Ausgleichsanspruch zum Schutz des Handelsvertreters zwingend ausgestaltet sei und die Rechtsangleichung die Niederlassungsfreiheit sichern und vor Wettbewerbsverzerrungen schützen solle. Deswegen dürfe es nicht möglich sein, den Schutzbestimmungen durch eine einfache Rechtswahl zu entkommen.[90] Dem herkömmlichen Verständnis der Eingriffsnormen des Art. 7 EVÜ entspricht diese Entscheidung nicht.[91] Ob der Gerichtshof die weitreichenden Folgen seiner Entscheidung[92] bedacht hat, ist zweifelhaft. Führt man die Entscheidung des EuGH gestützt auf die beiden Begründungsstränge – Schutz des von der Richtlinie Begünstigten und Vermeidung von Wettbewerbsverzerrungen – konsequent durch, so kann sich daraus entgegen der oben vertretenen Ansicht eine weitereichende Sonderanknüpfung von Verbraucherschutzvorschriften als Eingriffsnormen ergeben.[93]

---

[88] GA *Léger* SchlA v. 11.5.2000 – Rs. C-318/98 *Ingmar ./. Leonard* Slg. 2000, I-9305, Tz. 64 („purely for guidance").

[89] So hat auch GA *Léger* die Frage ausdrücklich eingeordnet; SchlA v. 11.5.2000 – Rs. C-318/98 *Ingmar ./. Leonard* Slg. 2000, I-9305, Tz. 88f. Anders *Nemeth/Rudisch* ZfRV 2001, 179, 181f. (vorrangiges Gemeinschaftsrecht iSv Art. 20 EVÜ).

[90] EuGH v. 9.11.2000 – Rs. C-318/98 *Ingmar ./. Leonard* Slg. 2000, I-9305 Rn. 20–26. Eingehender GA *Léger* SchlA v. 11.5.2000 – Rs. C-318/98 *Ingmar ./. Leonard* Slg. 2000, I-9305 Tz. 65–91. Gegen beide Erwägungen zutreffend *Freitag/Leible* RIW 2001, 287, 291–293.

[91] Soergel-*v. Hoffmann* Art. 34 EGBGB Rn. 65 und 55; Münchener Kommentar-*Martiny* Art. 28 Rn. 158f. Auch eine „arbeitnehmerähnliche Stellung" der Handelsvertreter begründet nach herkömmlicher Meinung nicht, daß Schutznormen zu ihren Gunsten Eingriffsnorm wären. Denn erstens ist schon Arbeitnehmerschutzrecht nicht generell „zwingendes Recht" iSv Art. 6 EVÜ; s.o., II 2 (S. 126). Und zweitens sind Handelsvertreter selbständige Unternehmer und daher gerade nicht arbeitnehmerähnlich; *Grundmann* Schuldvertragsrecht, 3.80 Rn. 3, 4–7.

[92] *Freitag/Leible* RIW 2001, 287, 292–295.

[93] Vgl. *Reich* EuZW 2001, 51, 52.

# § 7 Die Kompetenz der Gemeinschaft zur Angleichung des Vertragsrechts

Die Grenzen für die Angleichungsmöglichkeiten der Gemeinschaft ergeben sich aus der Rechtsetzungskompetenz. Die Kompetenzen der Gemeinschaft, die für eine Angleichung des Vertragsrechts in Betracht kommen, sind hier im Überblick vorzustellen. Dabei sind zunächst einige Grundlagen aufzuzeigen (I), bevor die Vorschrift des Art. 95 EG als für das Vertragsrecht wichtigste Kompetenznorm näher untersucht wird (II). Zusammen mit den Einzelfragen ist dabei stets auch die für die Kompetenzgrenzen essentielle Frage zu erörtern, inwieweit die Ausfüllung der Zuständigkeitstatbestände der Gerichtskontrolle unterliegt. Abschließend ist das Spektrum der Angleichungsformen aufzuzeigen, das neben dem Standardfall der Harmonisierung auch die Vereinheitlichung und die gegenseitige Anerkennung divergierender nationaler Rechte als gleichwertig umfassen kann (III).

## I. Grundlagen

### 1. Das Prinzip der Einzelzuständigkeiten

Die Kompetenzen der Gemeinschaft sind durch die ihr nach „Maßgabe der Verträge" zugewiesenen Aufgaben begrenzt (vgl. Art. 3, 5, 7, 202, 211, 249 EG). Es handelt sich nicht um umfassende Kompetenzen, sondern um begrenzte, enumerativ aufgezählte Einzelzuständigkeiten.[1] Begrenzt ist die Gemeinschaftsgesetzgebung zudem durch das Subsidiaritätsprinzip und den Verhältnismäßigkeitsgrundsatz.

Von den zur Verfügung stehenden Rechtsgrundlagen muß der Gesetzgeber die richtige nach objektiven, gerichtlich überprüfbaren Kriterien mit Blick auf Ziel und Inhalt des Rechtsakts auswählen.[2] Die Auswahl der Rechtsgrundlage und die Wahrung der Kompetenzgrenzen unterliegt demnach voller gerichtlicher Kontrolle. Indessen erfordern die Tatbestände der Kompetenznormen durchgehend eine wirtschaftspolitische

---

[1] Zum Prinzip der begrenzten Einzelzuständigkeiten statt vieler EuGH v. 5.10.2000 – Rs. C-376/98 *Deutschland ./. Parlament und Rat* Slg. 2000, I-8419 Rn. 83 (Tabakwerberichtlinie); *Franzen* Privatrechtsangleichung, S. 591–594; *Oppermann* Europarecht, Rn. 513, 516 f.; BVerfGE 89, 155, 192–199 und 209–212. (Maastricht). Zu den Grenzen dieses Prinzips *Barents* CMLR 1993, 85–109 („… clear signs that the system of specific powers is in decline"; S. 108).

[2] EuGH v. 13.5.1997 – Rs. C-233/94 *Deutschland ./. Parlament und Rat* Slg. 1997, I-2405 Rn. 12 (Einlagensicherungssysteme); EuGH v. 3.12.1996 – Rs. C-268/94 *Portugal ./. Rat* Slg. 1996, I-6177 Rn. 22; EuGH v. 12.11.1996 – Rs. C-84/94 *Vereinigtes Königreich ./. Rat*, Slg. 1996 I-5755, Rn. 25 sowie GA *Léger* ebd. SchlA Tz. 165–167; EuGH v. 17.3.1993 – Rs. C-155/91 *Kommission ./. Rat* Slg. 1993, I-939 Rn. 7 (Abfallrichtlinie 91/156); EuGH v. 11.6.1991 – Rs. C-300/89 *Kommission ./. Rat* Slg. 1991, 2867 Rn. 10 (Titandioxid). Zur „Garantiefunktion" dieser Spezifizierung des Zitiergebots *Barents* CMLR 1987, 85, 92, 100–102.

Bewertung durch die Rechtsetzungsorgane der Gemeinschaft, die einer rechtlichen Nachprüfung nur eingeschränkt zugänglich ist. Dem Gemeinschaftsgesetzgeber kommt insoweit eine gerichtlich nur beschränkt überprüfbare Einschätzungsprärogative zu.[3]

## 2. Überblick über Einzelermächtigungen zur Angleichung (auch) privatrechtlicher Regeln

Eine Zuständigkeit zur Angleichung des Privatrechts kann sich aus Art. 44 Abs. 2 lit. g), 94, 95, 153 Abs. 4 und 308 EG ergeben.[4] Keine Kompetenzvorschrift, sondern eine „Auftragsnorm“ enthält Art. 293 EG.[5] Diese Vorschrift betrifft den Bereich des Vertragsrechts darüber hinaus nur am Rande. Nur die Abstimmung der disparaten Zivilrechte durch Kollisions- und Verfahrensrecht, nicht auch die Harmonisierung des materiellen Zivilrechts betrifft Art. 65 EG über die „justitielle Zusammenarbeit in Zivilsachen“.[6] Von den privatrechtsrelevanten Kompetenzgrundlagen kommt Art. 44 Abs. 2 lit. g) EG als Sondervorschrift für den Bereich des Gesellschaftsrechts für das Vertragsrecht i.e.S. nicht in Betracht. Zu erörtern sind daher die Zuständigkeiten, die sich aus Art. 94, 95, 153 Abs. 4 und 308 EG ergeben.

*Art. 94 EG* ermächtigt den Rat dazu, im Anhörungsverfahren (auf Vorschlag der Kommission und nach Anhörung des Europäischen Parlaments) einstimmig Richtlinien für die Angleichung der Rechtsvorschriften zu erlassen, die sich auf die Errichtung oder das Funktionieren des Gemeinsamen Marktes „auswirken“. Ohne Beschränkung auf bestimmte Rechtsformen, aber im Wege des Mitentscheidungsverfahrens (Art. 251 EG) erläßt der Rat nach *Art. 95 EG* „Maßnahmen“ zur Angleichung der Rechtsvorschriften, die die Errichtung und das Funktionieren des Binnenmarktes „zum Gegenstand

---

[3] *Franzen* Privatrechtsangleichung, S. 76–78 (zu Art. 94 EG), S. 86 f. (zu Art. 44 Abs. 2 lit. g EG), S. 94, 97 (zu Art. 95 EG); *Barents* CMLR 1993, 85, 106–108 (zu Art. 95 EG und der Definition des Binnenmarktes); *Zweigert* FS Dölle II, S. 406 f. Ferner EuGH v. 12.11.1996 – Rs. C-84/94 *Vereinigtes Königreich ./. Rat*, Slg. 1996, I-5755 Rn. 38–45; s.a. *Craig/de Búrca* EU Law, S. 506–510. Zum gesetzgeberischen Ermessen im Hinblick auf den Zeitpunkt der Rechtsangleichung EuGH v. 20.6.1991 – Rs. C-39/90 *Denkavit ./. Baden-Württemberg* Slg. 1991, I-3069 Rn. 26.

[4] Zu den Rechtsgrundlagen für die Privatrechtsangleichung eingehend *Franzen* Privatrechtsangleichung, S. 70–117; *Leible* Wege, § 10 B; *Deckert/Lilienthal*, EWS 1999, 121, 123–133.

[5] EuGH v. 12.5.1998 – Rs. C-336/96 *Gilly* Slg. 1998, 2793 Rn. 15 f.; EuGH v. 11.7.1985 – Rs. 137/84 *Mutsch* Slg. 1985, 2681 Rn. 11; EuGH v. 6.10.1976 – Rs. 12/76 *Tessili ./. Dunlop* Slg. 1976, 1473 Rn. 9; EuGH v. 10.2.1994 – Rs. C-398/92 *Hatrex* Slg. 1994, I-474 Rn. 11; Calliess/Ruffert-*Bröhmer* Art. 293 EG Rn. 1–3; GTE-*Schwartz* Art. 220 Rn. 10–14; Schwarze-*Hatje* Art. 293 EG Rn. 1.

[6] *Leible/Staudinger* EuLF (D) 2000, 225, 228; enger noch *Israël* MJ 7 (2000) 81–99 (nur IPR mit Bezug zum freien Personenverkehr); *Betlem/Hondius* ERPL 2001, 3–20; weitergehend *Basedow* AcP 200 (2000) 445, 476f. (u.U. auch Kompetenz für umfangreichere Privatrechtsangleichung). Zur Umsetzung, s. den Aktionsplan ABl. 1999 C 19/1–15 (zur justitiellen Zusammenarbeit in Zivilsachen S. 10) = IPRax 1999, 288–290. Zu Art. 65 noch *Basedow* EuZW 1997, 609; *Besse* ZEuP 1999, 107–122; *Boele-Woelki* FS Siehr, S. 61–77; *Heß* NJW 2000, 23–32; *Leible* in: Rechtsangleichung und nationale Privatrechte, S. 353, 387–389; *Pechstein* in: Europäisches Zivilgesetzbuch, S. 32.

haben".[7] Beschränkt auf den Zweck des Verbraucherschutzes enthält *Art. 153* Abs. 4 i.V.m. Abs. 3 lit. b) EG die Ermächtigung, im Mitentscheidungsverfahren (Art. 251 EG) „Maßnahmen zur Unterstützung, Ergänzung und Überwachung der Politik der Mitgliedstaaten" zu leisten („Beitragskompetenz");[8] ein Binnenmarktbezug der Maßnahme ist nach dieser Kompetenznorm nicht erforderlich.[9] Eine *„Abrundungsklausel"* zu diesen Kompetenznormen enthält Art. 308 EG für den Fall, daß ein Tätigwerden der Gemeinschaft „erforderlich (erscheint), um im Rahmen des Gemeinsamen Marktes eines ihrer Ziele zu verwirklichen", die erforderlichen Befugnisse aber den Einzelermächtigungen nicht entnommen werden können.[10]

## 3. Subsidiarität und Verhältnismäßigkeit

In den Bereichen, die – wie ganz überwiegend das Vertragsrecht –[11] nicht in ihre ausschließliche Zuständigkeit fallen, wird die Gemeinschaft nach dem Subsidiaritätsprinzip nur tätig, sofern und soweit die Ziele der in Betracht gezogenen Maßnahmen auf Ebene der Mitgliedstaaten nicht ausreichend erreicht werden können und daher wegen ihres Umfangs oder ihrer Wirkung besser auf Gemeinschaftsebene erreicht werden können, Art. 5 Abs. 2 EG.[12] Rechtsangleichungsakte müssen außerdem nach dem Verhältnismäßigkeitsprinzip zur Erreichung der Vertragsziele geeignet sein und dürfen über das zu

[7] Nicht mehr ernstlich streitig ist die Frage, ob Art. 95 EG als Grundlage für die Angleichung privatrechtlicher Rechtsvorschriften herangezogen werden kann; dazu *Grundmann* Schuldvertragsrecht, 1. Teil Rn. 127–129 mwN; *Israël* MJ 7 (2000) 81, 90 f.

[8] Zu Art. 153 Abs. 4 i.V.m. Abs. 3 lit. b EG als Kompetenznorm vgl. EuGH v. 7.3.1996 – Rs. C-192/94 *El Corte Inglés* Slg. 1996, I-1281 Rn. 19, zu Art. 129a EGV; auf der Vorgängervorschrift in Art. 129a Abs. 2 EGV beruht die Richtlinie 98/6/EG des Europäischen Parlaments und des Rates vom 16. Februar 1998 über den Schutz der Verbraucher bei der Angabe der Preise der ihnen angebotenen Erzeugnisse (ABl. 1998 L 80/27). S. ferner Schwarze-*Berg* Art. 153 Rn. 17; *Franzen* Privatrechtsangleichung, S. 101; Schwarze-*Herrnfeld* Art. 95 Rn. 12; *Oppermann* Europarecht, Rn. 2041; *Staudenmayer* RIW 1999, 733, 735; *Streinz* Europarecht, Rn. 135; *Weatherill* in: Party Autonomy, S. 189 f.; Calliess/Ruffert-*Wichard* Art. 153 EG Rn. 17. Keine Kompetenznorm enthält lit. a der Vorschrift; EuGH aaO; Schwarze-*Berg* Art. 153 Rn. 14; a.M. *Micklitz/Reich* EuZW 1992, 593, 596 (zu Art. 129a EGV).

[9] Schwarze-*Berg* Art. 153 Rn. 17.

[10] Zu Art. 308 EG nur *Leible* Wege, § 10 A II 2 b; *Oppermann* Europarecht, Rn. 523-526; und die Kommentierung bei Schwarze-*Schreiber* Art. 308. Überblick über die auf Art. 308 EG gestützten Verordnungen bei *Basedow* FS Siehr, S. 27; prominentes Beispiel ist die EWIV-Verordnung.

[11] *Armbrüster* RabelsZ 60 (1996) 72, 83; *Grundmann* Schuldvertragsrecht, 1. Teil Rn. 126 f. Anderes gilt vor allem für die kartellrechtlichen Gruppenfreistellungsverordnungen; *Grundmann* aaO. Übersicht über die verschiedenen Formen der Kompetenzen im EG-Vertrag bei *Leible* Wege, § 10 A I; *Streinz* Europarecht, Rn. 128–137.

[12] Dazu nur Schwarze-*Lienbacher* Art. 5 EG Rn. 12–33. Zur Bedeutung für die Rechtsetzung etwa *Deckert/Lilienthal* EWS 1999, 121 f. Das Subsidiaritätsprinzip, beruhend auf dem Weltrundschreiben Papst Pius' XI. „Quadragesimo anno" v. 15.5.1931, wurde freilich lang vor seiner Entdeckung durch die Gemeinschaft „als Grundlage der vertikalen Gewaltenteilung" erörtert; s. nur *Süsterhenn* FS Nawiasky, S. 141–155, der, S. 155, auch schon (1956) auf die Bedeutung des Subsidiaritätsprinzips für die Montan-Union und den „Plan einer Europäischen Politischen Gemeinschaft" hinweist.

ihrer Erreichung Erforderliche nicht hinausgehen, Art. 5 Abs. 2 EG.[13] Bei der Bestimmung der besseren Regelungsebene und der Erforderlichkeit steht dem Gesetzgeber ein gewisser Beurteilungsspielraum zu, soweit diese von Bewertungen und Prognosen abhängt.[14] Auch insoweit darf der Gerichtshof nicht seine eigene Einschätzung an die Stelle jener des Gesetzgebers setzen, sondern kann einen Verstoß – „allenfalls" – dann feststellen, wenn die gesetzgeberische Auswahl offenkundig unrichtig oder das Ergebnis der Regelung völlig unverhältnismäßig ist.

## II. Der Tatbestand des Art. 95 EG

Von den oben genannten Kompetenzen zur Angleichung des Privatrechts kommt vor allem der Vorschrift des Art. 95 EG Bedeutung für die Angleichung des Vertragsrechts zu. Die Kompetenz des Art. 235 EG spielt im Vertragsrecht bislang keine Rolle, Art. 94 wurde für das Vertragsrecht im wesentlichen nur vor der Einführung des heutigen Art. 95 EG durch die Einheitliche Europäische Akte genutzt (für die Werbungsrichtlinie, die Haustürgeschäfterichtlinie und die Verbraucherkreditrichtlinie), und Art. 153 EG spielt als (alleinige) Kompetenzgrundlage für das Vertragsrecht bislang ebenfalls keine Rolle.[15] Nur Art. 95 EG käme auch als Grundlage für eine weiterreichende Vereinheitlichung des Vertragsrechts in Betracht, sie wird daher nachfolgend näher erörtert.

### 1. „Binnenmarkt" als entscheidendes materielles Tatbestandsmerkmal

Art. 95 EG gibt der Gemeinschaft die Kompetenz, die Maßnahmen zu erlassen, welche die Errichtung und das Funktionieren des Binnenmarktes zum Gegenstand haben.[16] Da die Gemeinschaft nach dem Enumerationsprinzip (Art. 5 EG) nur beschränkte Kompetenzen hat kann man Art. 95 EG nicht als eine allgemeine Kompetenz zur Regelung des

---

[13] EuGH v. 13.5.1997 – Rs. C-233/94 *Deutschland ./. Parlament und Rat* Slg. 1997, 2405 Rn. 54; EuGH v. 12.11.1996 – Rs. C-84/94 *Vereinigtes Königreich ./. Rat* Slg. 1996, I-5755 Rn. 57; EuGH v. 9.8.1994 – Rs. C-359/92 *Deutschland ./. Rat* Slg. 1994, I-3681 Rn. 44 (Produktsicherheitsrichtlinie).

[14] Vgl. EuGH v. 13.5.1997 – Rs. C-233/94 *Deutschland ./. Parlament und Rat* Slg. 1997, I-2405 Rn. 56 (zum Verhältnismäßigkeitsgrundsatz); EuGH v. 12.11.1996 – Rs. C-84/94 *Vereinigtes Königreich ./. Rat* Slg. 1996, I-5755 Rn. 58 (zum Verhältnismäßigkeitsgrundsatz) m. krit. Anm. *Callies* EuZW 1996, 757, 758; Grabitz/Hilf (Maastricht)-*v. Bogdandy/Nettesheim* Art. 3b EGV Rn. 41; *Leible* Wege, § 10 A III 2; Schwarze-*Lienbacher* Art. 5 EG Rn. 25–29; s.a. *Bruha* ZaöRV 46 (1986) 1, 15. Das ist freilich nicht unproblematisch, kann es doch zu einer Kompetenzanmaßung führen; vgl. bereits *Süsterhenn* FS Nawiasky, S. 148 f. (verfahrensmäßige Sicherung durch Beweislast der höheren Instanz).

[15] Vgl. *Staudenmayer* RIW 1999, 733–735.

[16] Zu dem – durch die nachfolgend erörterten Entscheidungen des EuGH weithin erledigten – Streit um die Definition des „Binnenmarktes" statt aller *Barents* CMLR 1993, 85, 102–105; *Franzen* Privatrechtsangleichung, S. 94–99; *Grabitz* FS Steindorff, S. 1229–1245; sowie GA *Tesauro* in EuGH v. 11.6. 1991 – Rs. C-300/89 *Kommission ./. Rat* Slg. 1991, 2867 SchlA Tz. 10, je mwN.

Binnenmarktes verstehen.[17] Das Erfordernis des Binnenmarktbezugs ist daher näher zu konturieren und eng auszulegen.

Der Binnenmarkt „umfaßt" nach Art. 14 Abs. 2 EG (und Art. 3 Abs. 1 lit. c) zum einen „einen Raum ..., in dem der freie Verkehr von Waren, Personen, Dienstleistungen und Kapital gemäß den Bestimmungen dieses Vertrags gewährleistet ist".[18] Zum anderen umfaßt der Binnenmarkt „einen Raum ohne Binnengrenzen", das heißt, wie der EuGH der systematischen Auslegung im Hinblick auf die Aufgaben- und Tätigkeitsbeschreibung in Art. 2 und 3 EG entnimmt, einen Raum, in dem unverfälschte Wettbewerbsbedingungen herrschen.[19] Der Binnenmarkt ist demnach als ein „Raum" gekennzeichnet, in dem die Grundfreiheiten gewährleistet sind (näher a)) und unverfälschter Wettbewerb herrscht (näher b)).[20] Nur gegenwärtige oder künftige[21] Störungen der Grundfreiheiten oder des unverfälschten Wettbewerbs begründen daher die Kompetenz. Andere Ziele wie z.B. Gesundheitsschutz können daneben verfolgt werden, wenn die Kompetenz einmal begründet ist.[22] Darüber hinaus kann der Gesetzgeber auch ergänzende, dem Binnenmarkt nicht unmittelbar dienende Vorschriften erlassen, soweit dies etwa zur Verhinderung von Umgehungen erforderlich ist.[23] Indes darf sich der Gesetzgeber nicht auf Art. 95 EG stützen, wenn der zu erlassende Rechtsakt die Markt-

---

[17] EuGH v. 5.10.2000 – Rs. C-376/98 *Deutschland ./. Parlament und Rat* Slg. 2000, I-8419 Rn. 83 (Tabakwerberichtlinie); *Hilf/Frahm* RIW 2001, 128, 131; *Obergfell* EuLF (UK) 2000, 153, 156 f.

[18] Daß Art. 14 Abs. 2 EG nur notwendige, nicht aber hinreichende Bedingungen für einen Binnenmarkt nennt, ergibt sich auch aus Art. 95 Abs. 6 S. 1 EG, der das Funktionieren des Binnenmarktes als eigenes Prüfungskriterium neben der Beschränkung des grenzüberschreitenden Handels nennt.

[19] EuGH v. 5.10.2000 – Rs. C-376/98 *Deutschland ./. Parlament und Rat* Slg. 2000, I-8419 Rn. 82 (Tabakwerberichtlinie); EuGH v. 11.6.1991 – Rs. C-300/89 *Kommission ./. Rat* Slg. 1991, 2867 Rn. 14 a.E. (Titandioxid); GA *Tesauro* ebd., SchlA Tz. 10. Ebenso schon zu Art. 30 EGV EuGH v. 19.3.1991 – Rs. C-202/88 *Frankreich ./. Kommission* Slg. 1991, 1223 Rn. 41 und zur Definition des Gemeinsamen Marktes, wie sie sich aus Art. 2, 3 EG ergibt, EuGH v. 5.5.1982 – Rs. 15/81 *Schul* Slg. 1982, 1409 Rn. 33; die Formulierung aus der Entscheidung *Schul* wiederholt EuGH v. 17.5.1994 – Rs. C-41/93 *Frankreich ./. Kommission* Slg. 1994, 1829 Rn. 19 zur Auslegung von Art. 100a EGV. Zur systematischen Auslegung der Kompetenznormen auch EuGH v. 4.12.1997 – Rs. C-97/96 *Daihatsu*, Slg. 1997, I-6843 Rn. 18–21 (zu Art. 44 Abs. 2 lit. g) EG). Im Ansatz ebenso, im Ergebnis aber weitergehend *Basedow* in: Unification, S. 50 f. Vgl. auch z.B. BE 3 HVertrRL.

[20] I.E. ebenso *Basedow* FS Mestmäcker, S. 352 f.; *Barents* CMLR 1993, 85, 102–105, 106–109; *Ehlermann* CMLR 1987, 361, 383; *Franzen* Privatrechtsangleichung, S. 96 f. *van Gerven* ERPL 1997, 456, 467; Schwarze-*Herrnfeld* Art. 95 EG Rn. 6; *Müller-Graff* EuR 1989, 107, 123. S.a. *Schwartz* ZEuP 1994, 559, 568 f. Weitergehend wohl *Grabitz* FS Steindorff, S. 1229–1245; *Grabitz/v. Bogdandy* JuS 1990, 170, 174 f.; enger *Pechstein* in: Europäisches Zivilgesetzbuch, S. 27 (Beschränkung des Anwendungsbereichs von Art. 95 als „im wesentlichen auf die Warenverkehrsfreiheit bezogen"); zu weitgehend – Herstellung gleicher Wettbewerbsbedingungen – Grabitz/Hilf-*Langeheine* Art. 100a Rn. 20; *Deckert/Lilienthal* EWS 1999, 121, 127.

[21] EuGH v. 5.10.2000 – Rs. C-376/98 *Deutschland ./. Parlament und Rat* Slg. 2000, I-8419 Rn. 86; EuGH v. 13.7.1995 – Rs. C-350/92 *Spanien ./. Rat* Slg. 1995, I-1985 Rn. 35.

[22] EuGH v. 5.10.2000 – Rs. C-376/98 *Deutschland ./. Parlament und Rat* Slg. 2000, I-8419 Rn. 88.

[23] EuGH v. 5.10.2000 – Rs. C-376/98 *Deutschland ./. Parlament und Rat* Slg. 2000, I-8419 Rn. 100.

bedingungen in der Gemeinschaft nur „nebenbei" harmonisiert, eigentlich aber andere Zwecke verfolgt.[24]

### a) *Rechtsangleichung zur Gewährleistung der Grundfreiheiten*

Die Grundfreiheitenkontrolle führt nicht zur Beseitigung von Beschränkungen oder Maßnahmen gleicher Wirkung, soweit sich der Mitgliedstaat zur Rechtfertigung darauf berufen kann, daß die beschränkend wirkenden Regeln nur dem erforderlichen Schutz zwingender Allgemeininteressen dient. Wirkt ein Regelungsmangel beschränkend, so trifft die Mitgliedstaaten nur eine Schutzpflicht, den Mangel nach Ermessen zu beseitigen. Bestimmte „leichtere Beschränkungen" bleiben infolge der Rechtsprechung in den Entscheidungen *Keck* und *Alsthom Atlantique* unberücksichtigt.[25] In diesen Bereichen, in denen sich die Grundfreiheiten ungeachtet bestehender Beschränkungen nicht durchsetzen können, liegt der primäre Anwendungsbereich der Rechtsangleichung zur Gewährleistung der Grundfreiheiten, man kann von „reaktiver" im Gegensatz zur „aktiven" Rechtsangleichung"[26] sprechen oder von „liberalisierender" im Gegensatz von „gestaltender".[27] Für das Vertragsrecht ist vor allem an das Verbraucherschutzrecht zu denken, das als zwingendes Vertragsrecht beschränkend wirken kann, aber im Rahmen des Erforderlichen mit den Grundfreiheiten vereinbar ist.

Die Angleichungskompetenz zur Gewährleistung der Grundfreiheiten ist indessen nicht auf diesen engeren Bereich beschränkt, in dem der Gesetzgeber die nach der Grundfreiheitenrechtsprechung nicht zu beanstandenden, aber doch spürbaren Beschränkungen beseitigt. Das folgt schon aus dem Wortlaut der Kompetenznorm, ergibt sich aber auch aus der unterschiedlichen Aufgabenstellung von Gesetzgebung und Rechtsprechung. Nach dem Wortlaut der Art. 95 Abs. 1 S. 2, 14 Abs. 2 EG erläßt der Europäische Gesetzgeber die Rechtsakte, die für die Errichtung und das Funktionieren (u.a.) eines Raumes zum Gegenstand haben, in dem die Grundfreiheiten „gewährleistet" sind. Diese Gewährleistung der Grundfreiheiten geht aber darüber hinaus, nur Beschränkungen abzubauen. Zur Gewährleistung der Grundfreiheiten kann der Gesetzgeber auch gestaltend tätig werden. Das entspricht auch der Funktion des – demokratisch legitimierten – Gesetzgebers. Denn während die Aufgabe des EuGH eine „negativ-kontrollierende" ist, kommt dem Gesetzgeber eine „positiv-gestaltende" Auf-

---

[24] EuGH v. 4.10.1991 – Rs. C-70/88 *Parlament ./. Rat* Slg. 1991, I-4529 Rn. 17; EuGH v. 17.3.1993 – Rs. C-155/91 *Kommission ./. Rat* Slg. 1993, I-939 Rn. 19; EuGH v. 28.6.1994 – Rs. C-187/93 *Parlament ./. Rat* Slg. 1994, I-2857 Rn. 25; s.a. EuGH v. 12.11.1996 Rs. C-84/94 *Vereinigtes Königreich ./. Rat* Slg. 1996, I-5755 Rn. 45 („Hauptzweck"); Schwarze-*Herrnfeld* Art. 95 EG Rn. 8.

[25] Näher oben, § 5 I (S. 89–92) und II (S. 99–101).

[26] *Bruha* ZaöRV 46 (1986) 1, 15; *Steindorff* in: Weiterentwicklung der Europäischen Gemeinschaft und der Marktwirtschaft, S. 23–26; *Franzen* Privatrechtsangleichung, S. 108–110 *et passim*.

[27] So die „Neue Strategie", vgl. *Kommission* Vollendung des Binnenmarktes – Weißbuch der Kommission an den Europäischen Rat, KOM(85) 310 endg.; dazu noch unten, III 3 (S. 142–145), sowie *Craig/de Búrca* EU Law, S. 1128 f.

gabe zu.[28] Dieser Aufgabe entsprechend hat der Gesetzgeber – anders als der auf die Vollzugsaufgabe beschränkte Gerichtshof – einen Gestaltungsspielraum. Daher kann der Gesetzgeber zur „Gewährleistung der Grundfreiheiten" auch tätig werden, um die Ausübung der Grundfreiheiten („nur") zu erleichtern oder (positiv) zu fördern.[29] So kann der Europäische Gesetzgeber die Rechte der Mitgliedstaaten etwa auch mit dem Ziel angleichen, die Rechtssicherheit im grenzüberschreitenden Verkehr zu fördern[30] oder das Vertrauen der Verkehrsteilnehmer dadurch zu stärken, daß er die mitgliedstaatlichen Rechte vereinheitlicht und die Rechtsstellung der Verkehrsteilnehmer verbessert.[31] Bei der Beurteilung, welche Erleichterung oder Förderung geboten ist, ist dem Gesetzgeber ein Beurteilungsspielraum zuzugeben.

### *b) Rechtsangleichung zur Vermeidung von Wettbewerbsverfälschungen*

Wettbewerbsverfälschungen zu vermeiden, die auf unterschiedlichen Schutzstandards beruhen, ist, wie das Beispiel des Art. 141 EG zeigt,[32] eines der Grundanliegen der Gemeinschaft. Die Schwierigkeit dieses Tatbestands besteht darin zu definieren, was *relevante* Wettbewerbsverfälschungen sind. In einem allgemeinen Sinn kann man sagen, daß Wettbewerbsverzerrungen vorliegen, wenn die Anbieter verschiedener Mitgliedstaaten, die miteinander konkurrieren, infolge der Unterschiedlichkeit der mitgliedstaatlichen Rechtsordnungen – die auch darin bestehen kann, daß ein Mitgliedstaat für einen Sachverhalt keine Regelung aufgestellt hat – einseitig Vor- oder Nachteile haben.[33] Das

---

[28] Vgl. auch *von der Groeben* NJW 1970, 359, 360: „Zu der [sc. die Grundfreiheiten] absichernden tritt damit eine gestaltende Funktion der Rechtsangleichung." (wenn auch auf Art. 47 Abs. 2 EG beschränkt); *Schwartz* FS von der Groeben, S. 337.

[29] Die Kehrseite dieser Begründung und damit dasselbe Argument hat der EuGH in ständiger Rechtsprechung zur Rechtfertigung der unmittelbaren, nicht von vorgehender Rechtsanwendung abhängiger Anwendung der Grundfreiheiten verwandt; siehe nur EuGH v. 9.12.1981 – Rs. 193/80 *Kommission ./. Italien* Slg. 1981, 3019 Rn. 17 (Weinessig).

[30] So z.B. BE 2 HVertrRL; BE 2 ÜwRL. Kritisch zur Tragweite dieser Begründung aber *Grundmann* Schuldvertragsrecht, 3.60 Rn. 15: Das Interesse an Rechtssicherheit allein könne die Angleichungsbefugnis nicht begründen, „andernfalls bestünde für jeden ordentlich gefaßten Rechtsetzungsakt aufgrund seiner klärenden Wirkung eine Kompetenz".

[31] So z.B. BE 5 AGBRL; BE 5 KGRL.

[32] Dazu nur Schwarze-*Rebhahn* Art. 141 EG Rn. 1.

[33] Schwarze-*Herrnfeld* Art. 95 EG Rn. 6; vgl. auch *Schwartz* FS Hallstein, S. 490–492; *Zweigert* FS Dölle, S. 407–410 (zu Art. 96 EG). Wohl zu weitgehend ist die Annahme, jeder Rechtsunterschied begründe Wettbewerbsverzerrungen; so *Blaurock* JZ 1994, 270, 271; beispielhaft für eine – i.E. ebenfalls weitgehende, aber – detaillierte Analyse *Basedow* FS Mestmäcker, S. 354–356.
Ein Verbot der Wettbewerbsverfälschung ergibt sich in schwächerer Form auch für die Mitgliedstaaten aus Art. 81 f. EG. Diese Vorschriften betreffen zwar primär das Verhalten privater Unternehmen. Doch folgt aus ihnen auch das an die Mitgliedstaaten gerichtete Gebot, keine Rechtsakte in Kraft zu setzen oder zu halten, die die Art. 81 f. EG ihrer Wirksamkeit berauben würden. Rechtsakte der Mitgliedstaaten dürfen daher insbesondere wettbewerbsbeschränkende Abreden nicht unterstützen oder in ihrer Wirkung be- oder verstärken. Siehe nur EuGH v. 24.1.1991 – Rs. C-339/89 *Alsthom Atlantique* Slg. 1991, I-107 Rn. 11; EuGH v. 1.10.1987 – Rs. 311/85 *VRR ./. Sociale Dienst* Slg. 1987, 3801 Rn. 10.

kann den Wettbewerb insoweit verfälschen, als eines der Angebote infolge solcher Nachteile weniger günstig ist (z. B. höherer Preis wegen strengerer Kaufgewährleistungsregeln) oder weniger günstig erscheint (z. B. vermeintlich höherer Kreditzins wegen strengerer Regeln über die Berechnung für Zwecke der Kundenwerbung).[34]

Da aber der Vertragsgeber ersichtlich davon ausgeht, daß die Rechtsordnungen der Mitgliedstaaten in zahlreichen Hinsichten verschieden sind und es auch bleiben sollen (vertikale Gewaltenteilung nach dem Subsidiaritätsprinzip!), kann zweifellos nicht jeder Regelungsunterschied eine die Kompetenz des Art. 95 EG eröffnende, relevante Wettbewerbsverfälschung darstellen. Hier ist die Gefahr besonders groß, daß die Gesetzgebungskompetenz grenzenlos ausgeweitet wird und im Ergebnis doch zu einer vom Vertragsgeber nicht gewollten Kompetenz zur Regelung des Binnenmarktes führt. Sicher ist die Kompetenz des Art. 95 EG nicht zur Herstellung *gleicher* Wettbewerbsbedingungen eröffnet.[35] Im übrigen ist die Eingrenzung der relevanten Wettbewerbsbeschränkungen problematisch. Eine – freilich nur weiche – Begrenzung nimmt der EuGH vor, wenn er für die Kompetenz des Art. 95 EG eine *spürbare* Wettbewerbsverzerrung verlangt.[36] Für eine nähere Bestimmung wäre freilich eine am Regelungszweck orientierte Ausfüllung des Begriffs vorzugswürdig, die nicht auf graduelle („spürbar"), sondern qualitative Unterschiede Bezug nimmt. Daß z.B. die liberalere Werbungsregelung eines Mitgliedstaats sich für die dortigen Anbietern in Größenvorteilen auswirkt, bedeutet eine nur ganz entfernte und mittelbare Auswirkung auf den Wettbewerb und rechtfertigt daher die Rechtsangleichung nicht.[37] Ebenso dürfte die aus einer vertragsrechtlichen dispositiven Regelung (z.B. über die Kaufgewährleistung) folgende Verhandlungslast einer Seite (z.B. des französischen Verkäufers) keine spürbare Wettbewerbsverzerrung darstellen, die eine Angleichung nach Art. 95 EG rechtfertigt.[38] Weithin anerkannt ist daher, daß eine weiterreichende oder gar umfassende Kodifikation (auch nur) des Vertragsrechts nicht unter Berufung auf Wettbewerbsverfälschungen durch disparate nationale Regelungen auf Art. 95 EG gestützt werden kann.[39]

---

[34] Ferner BE 2 ÜwRL. S.a. *Craig/de Búrca* EU Law, S. 1127 („Standards can have a market-creating effect ...").

[35] Schwarze-*Herrnfeld* Art. 95 EG Rn. 6 a.E.; s.a. *Seidel* in: Mindestharmonisierung, S. 48.

[36] EuGH v. 5.10.2000 – Rs. C-376/98 *Deutschland ./. Parlament und Rat* Slg. 2000, I-8419 Rn. 106 f. (Tabakwerberichtlinie); EuGH v. 11.6.1991 – Rs. C-300/89 *Kommission ./. Rat* Slg. 1991, 2867 Rn. 23 (Titandioxid).

[37] EuGH v. 5.10.2000 – Rs. C-376/98 *Deutschland ./. Parlament und Rat* Slg. 2000, I-8419 Rn. 109 f. (Tabakwerberichtlinie).

[38] A.M. *Basedow* FS Mestmäcker, S. 356 ff.; und jetzt *Leible* Wege, § 10 B II 1 c aa.

[39] *Leible* EWS 2001, 471, 479; *ders.* Wege, § 10 B II 1 e; *Schmid* JZ 2001, 674, 676 f.; *Canaris* in: Umsetzung von zivilrechtlichen Richtlinien, S. 136 f.; *Drexl* in: Greenpaper EU Contract Law (www-Fassung), S. 10–12, 17; *van Gerven* in: Greenpaper EU Contract Law (www-Fassung) Tz. 7, 11; *ders.* ERPL 2001, 485, 495; *Reich* in: Greenpaper EU Contract Law (www-Fassung), S. 2 f.; a.A. *Basedow* AcP 200 (2000) 445, 474 f.; *ders.* ERPL 2001, 35, 43–47; *ders.* Greenpaper EU Contract Law (www-Fassung), S. 10–12 (sub 4); *Schulte-Nölke* JZ 2001, 917, 920.

(U.a.) Mit dem Ziel der Vermeidung von Wettbewerbsverzerrungen hat der Europäische Gesetzgeber z.B. die Fernabsatzrichtlinie,[40] die AGB-Richtlinie,[41] die Pauschalreiserichtlinie,[42] die Timesharingrichtlinie,[43] die Verbraucherkreditrichtlinie[44] und die Handelsvertreterrichtlinie[45] begründet. Ob diese Begründung überzeugt, soll an dieser Stelle nicht erörtert werden.

### 2. Gerichtliche Kontrolle

Um das System der begrenzten Einzelzuständigkeiten zu sichern, prüft der EuGH eingehend, ob die Tatbestandsvoraussetzungen des Art. 95 EG erfüllt sind. „Ein auf der Grundlage von [Art. 95 EG] erlassener Rechtsakt muß … *tatsächlich den Zweck haben* die Voraussetzungen für die Errichtung und das Funktionieren des Binnenmarktes zu verbessern. Genügten bereits die bloße Feststellung von Unterschieden zwischen den nationalen Vorschriften und die abstrakte Gefahr von Beeinträchtigungen der Grundfreiheiten oder daraus möglicherweise entstehender Wettbewerbsverzerrungen, um die Wahl von [Art. 95] als Rechtsgrundlage zu rechtfertigen, so könnte der gerichtlichen Kontrolle der Wahl der Rechtsgrundlage jede Wirksamkeit genommen werden."[46] Der gerichtlichen Kontrolle unterliegt daher auch, ob die angegebenen Gründe nicht nur vorgeschoben sind. Bereits zur Verhältnismäßigkeitsprüfung (oben I 3, S. 134f.) kann man die Frage rechnen, ob die gewählte Regelung zur Erreichung des Binnenmarktziels geeignet ist.[47]

## III. Angleichung i.e.S., Vereinheitlichung und Anerkennung als gleichwertig als mögliche Formen der Rechtsangleichung

Die Kompetenznormen eröffnen dem Gesetzgeber regelmäßig ein Spektrum verschiedener Angleichungsformen. Idealtypisch kann man die Rechtsangleichung i.e.S. von der Rechtsvereinheitlichung und der gegenseitigen Anerkennung unterscheiden. Während die Angleichung i.e.S. (1) und die Rechtsvereinheitlichung (2) hinreichend vertraut

---

[40] BE 4 FARL.
[41] BE 2 AGBRL.
[42] BE 2 PRRL.
[43] BE 1 TSRL.
[44] BE 2 VerbrKrRL.
[45] BE 2 HVertrRL. Dazu eingehend *Fock* Handelsvertreter-Richtlinie, S. 31–42.
[46] EuGH v. 5.10.2000 – Rs. C-376/98 *Deutschland ./. Parlament und Rat* Slg. 2000, I-8419 Rn. 84 (Tabakwerberichtlinie); Hervorhebung hinzugefügt.
[47] EuGH v. 5.10.2000 – Rs. C-376/98 *Deutschland ./. Parlament und Rat* Slg. 2000, I-8419 Rn. 85; EuGH v. 13.5.1997 – Rs. C-233/94 *Deutschland ./. Parlament und Rat* Slg. 1997, I-2405 Rn. 10–21 (Einlagensicherungssysteme); EuGH v. 13.7.1995 – Rs. C-350/92 *Spanien ./. Rat* Slg. 1995, I-1985 Rn. 32–39.

sind, verdient die Angleichung in Form der Anerkennung als gegenseitig nähere Erörterung (3).

## 1. Rechtsangleichung i.e.S.

Die „Rechtsangleichung" kann in unterschiedlicher Form erfolgen. In ihrer Standardform begegnet sie als eine Angleichung i.e.S., vermittels der die Rechte der Mitgliedstaaten einander inhaltlich angenähert werden, ohne daß sie vereinheitlicht würden. Das typische Mittel für solche Angleichung i.e.S. ist die Richtlinie, die gerade kein Einheitsrecht setzt, sondern den Mitgliedstaaten nur inhaltliche Vorgaben für die Ausgestaltung ihres Rechts macht. Die Angleichung i.e.S. läßt die äußere Vielfalt der mitgliedstaatlichen Rechtsordnungen bestehen, führt aber, so weit sie reicht, dazu, daß die verschiedenen Rechte inhaltlich gleich ausgestaltet sind oder zumindest zu demselben Ergebnis führen.

## 2. Rechtsvereinheitlichung

Über die Angleichung i.e.S. hinaus geht die Rechtsvereinheitlichung; sie hatte schon vor Gründung der Europäischen Gemeinschaft lange Tradition.[48] Ob Art. 95 EG nur zur Angleichung i.e.S. oder auch zur Rechtsvereinheitlichung berechtigt, ist umstritten. Wenig aussagekräftig erscheint der Hinweis auf den Wortlaut der Vorschrift, der von „Angleichung" spricht, denn diesen Begriff kann man sowohl als Fachterminus in dem soeben (1) vorgestellten engeren Sinne[49] als auch als Oberbegriff für verschiedene Formen der Rechtsangleichung verstehen. Da Art. 95 EG die Rechtsangleichung nicht nur in Form von Richtlinien zuläßt, sondern dem Gesetzgeber auch „Angleichung" im Wege der Verordnung zuläßt, die Verordnung aber dem Modell nach zu Einheitsrecht führt, muß man davon ausgehen, daß auch die Möglichkeit einer Rechtsvereinheitlichung eröffnet sein sollte.[50] Nach Nr. 6 des Protokolls zum EG-Vertrag über die Anwendung der Grundsätze der Subsidiarität und der Verhältnismäßigkeit ist aber „unter sonst gleichen Gegebenheiten eine Richtlinie einer Verordnung und eine Rahmenrichtlinie einer detaillierten Maßnahme vorzuziehen". Eine Rechtsvereinheitlichung bedarf daher besonderer Begründung.

---

[48] Vgl. *Taschner* in: Gemeinsames Privatrecht, S. 225 f.; *Kropholler* Einheitsrecht, S. 35 f.

[49] So *Taschner* in: Gemeinsames Privatrecht, S. 225–227.

[50] Ebenso *Ehlermann* CMLR 1987, 361, 385, *van Gerven* ERPL 1997, 465, 468. S.a. *Schwartz* FS von der Groeben, S. 365 (fragend); EuGH v. 9.8.1994 – Rs. C-359/92 *Deutschland ./. Rat* Slg. 1994, I-3681 Rn. 37. Einschränkend Schwarze-*Herrnfeld* Art. 95 EG Rn. 23.

## 3. Anerkennung als gleichwertig

Zwischen der „negativen" Rechtsangleichung durch die Grundfreiheiten und der „positiven" Rechtsangleichung durch Formulierung gemeinsamer Standards (Angleichung oder Vereinheitlichung) liegt die Anerkennung divergierender nationaler Rechtsnormen als gleichwertig. Entwickelt hat sie der Europäische Gerichtshof, die Kommission hat die gegenseitige Anerkennung als Bestandteil ihres Harmonisierungsmodells aufgegriffen, und sie ist schließlich durch die Einheitliche Europäische Akte in den EG-Vertrag ausdrücklich aufgenommen worden.[51]

Das Prinzip der gegenseitigen Anerkennung hat der EuGH mit seiner *Cassis* Rechtsprechung entwickelt. Nach der *Cassis* Entscheidung aus dem Jahr 1979[52] durfte die Bundesrepublik aus Frankreich importierten, dort rechtmäßig auf den Markt gebrachten Likör nicht zusätzlich den deutschen Vermarktungsvoraussetzungen unterwerfen. Die deutschen Vermarktungsvoraussetzungen waren damit nicht unwirksam, erstmals in Deutschland auf den Markt gebrachte Produkte unterlagen ihnen weiterhin. Doch konnten die deutschen Vorschriften Anbietern aus anderen Mitgliedstaaten nicht mehr entgegengehalten werden, wenn sie ihre Produkte in einem anderen Mitgliedstaat rechtmäßig auf den Markt gebracht hatten. Im Ergebnis bedeutet das, daß die Regeln des Ursprungs-Mitgliedstaats als gleichwertig zu jenen des Import-Mitgliedstaats anerkannt werden (müssen). Die zugrunde liegende ratio wird deutlich, wenn der EuGH vom Prinzip gegenseitigen Vertrauens spricht:[53] Die Mitgliedstaaten haben von Gemeinschaftsrechts wegen darauf zu vertrauen, daß die Schutzvorschriften des Ursprungslandes ebenso wirkungsvoll sind wie die eigenen. Das ist deswegen zumutbar, weil das Vertrauen erst verlangt wird, wenn sich die nationalen Vorschriften nicht mehr als erforderliche Regeln zum Schutz wichtiger Allgemeininteressen verstehen lassen. Die Anerkennung ausländischer Vorschriften als gleichwertig ist einerseits eine „sanftere" Form der Rechtsangleichung, da ein unmittelbarer Eingriff in das nationale Rechtssystem nicht erfolgt. Andererseits kann auch die gegenseitige Anerkennung sehr einschneidende Wirkungen haben. Denn die Anerkennung ausländischer Regelungen als gleichwertig bedeutet, daß Inländer bei ausländischen Angeboten nur den Schutz der Rechtsvorschriften des Herkunftslandes genießen und sich auf den etwa weitergehenden Schutz nationaler Rechtsvorschriften demgegenüber nicht berufen können. Zudem kann die Anerkennung ausländischer Rechtsvorschriften zu einem erheblichen Deregulierungsdruck für die inländische Rechtsordnung führen, da die an die nationalen Regelungen gebundenen inländischen Anbieter im Wettbewerb mit Konkurrenten aus anderen Mitgliedstaaten benachteiligt werden.[54]

---

[51] Übersicht bei *Streinz* Europarecht, Rn. 973–982.

[52] EuGH v. 20.2.1979 – Rs. 120/78 *Rewe ./. Bundesmonopolverwaltung für Branntwein* Slg. 1979, 649.

[53] EuGH v. 11.5.1989 – Rs. 25/88 *Wurmser* Slg. 1989, 1105 Rn. 18. Ferner etwa *Bruha* ZaöRV 46 (1986) 1, 11 f.; *Oppermann* Europarecht, Rn. 1291–1301, bes. 1299.

[54] Vgl. *Grundmann* Schuldvertragsrecht, Rn. 26, 109.

Die Kommission hat das Modell der Anerkennung als gleichwertig schon bald aufgegriffen und nach einer Ankündigung im Jahr 1980[55] zu einem wesentlichen Bestandteil ihrer im Weißbuch von 1985 verkündeten „Neuen Strategie" gemacht[56] und mißt ihr nach wie vor zentrale Bedeutung für das Funktionieren des Binnenmarktes bei.[57] Nach der Neuen Strategie soll nur noch das für unabdingbar erachtete Minimum harmonisiert werden, während die Mitgliedstaaten in dem verbleibenden Bereich ihre nationalen Regelungen gegenseitig anerkennen.[58] Von dort fand das Prinzip der gegenseitigen Anerkennung 1986 durch die Einheitliche Europäische Akte Eingang in den EG-Vertrag, Art. 100b.[59] Die Regelung des Art. 100b EGV, die praktisch keine erhebliche Bedeutung erlangt hat[60] und schon 1997 durch den Vertrag von Amsterdam wieder aufgehoben wurde, ist hier kurz vorzustellen, da sie, wie gezeigt, als gemeinschaftsrechtliches Grundkonzept von einiger Bedeutung ist und die darin vorgesehene gegenseitige Anerkennung auch als „zweitbeste Rechtsangleichung"[61] – von manchen sogar als vorzugswürdige Form der Rechtsangleichung –[62] bezeichnet wird.

War das Ziel des Weißbuchs von 1985 und des Vertrags von Maastricht, den Binnenmarkt bis Ende 1992 zu vollenden, so bedeutete das schon aus praktischen Gründen, daß die Gemeinschaft auf eine weitgehende Rechtsangleichung verzichten mußte. Soweit die Rechtsvorschriften nicht angeglichen werden konnten oder sollten, sollten sie nach der Neuen Strategie der Kommission als gleichwertig anerkannt werden. Für die legislative Vorschrift der Anerkennung als gleichwertig enthielt der durch die Einheitliche Europäische Akte eingeführte Art. 100b EGV eine spezielle Rechtsgrundlage. Neben programmatischen Aufgabenbeschreibungen für die Kommission begründete Art. 100b EGV auch die Kompetenz des Rats, im Mitwirkungsverfahren zu beschließen, daß die in

---

55 Zur Reaktion der Kommission auf die *Cassis*-Entscheidung *Kommission* Mitteilung v. 3.10.1980, ABl. 1980 C 256/2–3. Zur Interaktion zwischen Gericht und Kommission *Craig/de Búrca* EU Law, S. 582 f. und 637–643.

56 Kommission der EG, Vollendung des Binnenmarktes – Weißbuch der Kommission an den Europäischen Rat, KOM(85) 310 endg., S. 18f. (Rn. 61–66) und 22 (Rn. 77–79) (Warenverkehr), S. 27–29 (Rn. 101–107) (Dienstleistungsverkehr); zur Kombination von Angleichung und Anerkennung bes. S. 18 (Rn. 64). Zur Entwicklung *Bruha* ZaöRV 46 (1986) 1, 2, 6–8; *Schwartz* FS von der Groeben, S. 351–356. Zur Entwicklung von der Neuen Strategie zur Einheitlichen Europäischen Akte *Hayder* RabelsZ 53 (1989) 622, 632–635.

57 Bulletin EU 6-1999 sub 1.2.14: „Die Kommission unterstreicht, daß die gegenseitige Anerkennung (jeder Mitgliedstaat akzeptiert die in anderen Mitgliedstaaten rechtmäßig hergestellten oder in den Verkehr gebrachten Erzeugnisse und rechtmäßig erbrachten Dienstleistungen) eine wesentliche Grundvoraussetzung für das reibungslose Funktionieren des Binnenmarktes in nicht (oder teilweise) harmonisierten Wirtschaftsbereichen ist."

58 *Craig/de Búrca* EU Law, S. 1125 f.

59 Art. 19 EEA, ABl. 1987 L 169/1. Zur Entstehungsgeschichte *Matthies* FS Steindorff, S. 1288–1290; *Happe* FS Bleckmann, 1993, 119.

60 *Oppermann* Europarecht, Rn. 1216 („in der Gemeinschaftspraxis gescheitert"); *Weatherill/Beaumont* EC Law, S. 551 f.

61 *Oppermann* Europarecht, Rn. 1216; *Bruha* ZaöRV 46 (1986) 1, 21 („Minimalform der Angleichung").

62 So zumindest für einzelne Bereich *Grundmann/Kerber* in: Greenpaper EU Contract Law (www-Fassung).

einem Mitgliedstaat geltenden Vorschriften als den Vorschriften eines anderen Mitgliedstaats gleichwertig anerkannt werden müssen. Die Regelung entsprach hinsichtlich der formellen und materiellen Voraussetzungen jener des Art. 100a EGV. Der Anerkennungsbeschluß konnte sich daher nach Art. 100b EGV nur auf Rechts- und Verwaltungsvorschriften beziehen, die die Errichtung und das Funktionieren des Binnenmarktes zum Gegenstand haben. Einzelne Mitgliedstaaten konnten unter den Voraussetzungen des Art. 100a Abs. 4 EGV[63] von der Anerkennung ausscheren. Über die Form des Anerkennungsbeschlusses sagte Art. 100b EGV nichts, in Betracht kamen Richtlinien[64] sowie Verordnungen (Art. 249 Abs. 2 und 3 EG). Diese hätten sich regelmäßig nicht auf die pure Anerkennungsvorschrift beschränken können, sondern auch etwa erforderliche Feinabstimmungen und Schutzvorschriften, ggf. auch Elemente der Angleichung, mit enthalten müssen.[65]

Der Regelungsbereich des Art. 100b EGV war freilich keineswegs offensichtlich. Denn die „Rechtsangleichung durch gegenseitige Anerkennung" war schon vor Einführung der Vorschrift auf der Grundlage anderer Angleichungskompetenzen (z.B. Art. 100 EGV) zulässig.[66] Und weil mit der Einheitlichen Europäischen Akte von 1986 die Grundfreiheiten nicht geändert werden sollten, bedeutete Art. 100b EGV auch keine Einschränkung der vom EuGH auf der Grundlage der Grundfreiheiten entwickelten gegenseitigen Anerkennung.[67] Soweit daher die gegenseitige Anerkennung schon infolge der Grundfreiheiten gegeben war – die Mitgliedstaaten sich also nicht auf zwingende Allgemeininteressen zur Rechtfertigung der fraglichen Regelungen berufen konnten –, konnte ein Beschluß nach Art. 100b EGV nur deklaratorisch wirken.[68] Solche deklaratorische Wiederholung der Verpflichtung zur gegenseitigen Anerkennung konnte (und kann) freilich deshalb einen guten Sinn haben, weil die von Fall zu Fall – und damit zufällig – voranschreitende Rechtsprechung die wünschenswerte und gebotene Rechtssicherheit nicht herzustellen vermag.[69] Konstitutiv konnte ein Anerkennungsbeschluß nach Art. 100b EGV daher nur außerhalb der Anerkennungswirkung der Grundfreiheiten sein. Auf der Grundlage der *Keck* Rechtsprechung mag man etwa an die gegenseitige Anerkennung von Vorschriften über „bestimmte Vertriebsmodalitäten" denken, wie das Verbot, unter Einstandspreis zu verkaufen. Ebenfalls nicht schon primärrechtlich ge-

---

[63] Dessen Nachfolgevorschrift in Art. 95 Abs. 4–9 EG wird unten, § 8 I 1 (S. 147–159), näher erörtert.

[64] *Hayder* RabelsZ 53 (1989) 622, 689.

[65] GTE[4]-*Pipkorn* Art. 100b Rn. 17.

[66] *Bruha* ZaöRV 46 (1986) 1, 20 f.; *Glaesner* EuR 1986, 119, 133; Grabitz/Hilf (Maastricht)-*Langeheine* Art. 100b Rn. 8; GTE[4]-*Pipkorn* Art. 100b Rn. 4; Schwarze-*Herrnfeld* Art. 95 Rn. 41. Einschränkend GTE[4]-*Taschner* Art. 100a Rn. 12, der die gegenseitige Anerkennung aufgrund von Art. 95 EG nur dann zulassen will, wenn sie mit einer Angleichungsmaßnahme verbunden wird.

[67] *Forwood/Clough* ELR 1986, 383, 402; *Hayder* RabelsZ 53 (1989) 622, 689; GTE[4]-*Pipkorn* Art. 100b Rn. 4.

[68] Zu eng Art. 100b EGV auf solche deklaratorischen Beschlüsse beschränkend aber *Hayder* RabelsZ 53 (1989) 622, 689; Grabitz/Hilf (Maastricht)-*Langeheine* Art. 100b Rn. 9; ebenso (wohl) auch *Matthies* FS Steindorff, S. 1299 f.

[69] *Bruha* ZaöRV 46 (1986) 1, 22 f.; *Matthies* FS Steindorff, S. 1299 f.; s.a. GTE[4]-*Pipkorn* Art. 100b Rn. 17.

geben wäre z.B. eine Anerkennung der verschiedenen nationalen Vorschriften zum Verbraucherschutz bei Fernunterrichtsverträgen, da diese im Rahmen des Erforderlichen vom Vorbehaltsbereich des Verbraucherschutzes gedeckt sind.[70]

Durch den Vertrag von Amsterdam ist die besondere Anerkennungskompetenz des Art. 100b EGV wieder entfallen. Praktische Bedeutung hatte die Kompetenznorm, wie gesagt, ohnehin nicht erlangt. Die darin enthaltenen programmatischen Aufgabenbeschreibungen (Erfassung der Vorschriften im Laufe des Jahres 1992) war obsolet. Der Wegfall von Art. 100b EGV bedeutet indes nicht, daß dem Europäischen Gesetzgeber die Kompetenz entzogen worden wäre, die gegenseitige Anerkennung (konstitutiv oder deklaratorisch) zu beschließen. Bestand die Anerkennungskompetenz schon vor Einführung von Art. 100b EGV und daher auch neben dieser Vorschrift,[71] so kann man aus dem Wegfall des Art. 100b EGV nicht auf die Entziehung der Befugnis schließen, als Angleichungsmaßnahme auch die gegenseitige Anerkennung zu beschließen. Auch auf der Grundlage von Art. (94 und) 95 EG kann die Gemeinschaft daher die gegenseitige Anerkennung als „Maßnahme zur Angleichung der Rechts- und Verwaltungsvorschriften, welche die Errichtung und das Funktionieren des Binnenmarktes zum Gegenstand" hat, beschließen. Ein jüngeres Beispiel dafür ist der Vorschlag der Kommission für eine Verordnung über Verkaufsförderung im Binnenmarkt.[72] Neben der Aufhebung bestimmter Beschränkungen (Art. 3 Abs. 1) und der Bestimmung von Informations- und Schutzvorschriften (Art. 4f.; v.a. Jugendschutz) soll danach ausdrücklich auch die gegenseitige Anerkennung vorgeschrieben werden (Art. 3 Abs. 2).

---

[70] EuGH v. 16.5.1989 – Rs. 382/87 *Buet ./. Ministère Public* Slg. 1989, 1235.

[71] Nachweise in Fn. 66.

[72] Vorschlag für eine Verordnung des Europäischen Parlaments und des Rates über Verkaufsförderung im Binnenmarkt, ABl. 2002 C 75/11, und dazu Mitteilung der Kommission „Verkaufsförderung im Binnenmarkt" v. 15.1.2002, KOM(2001) 546 endg./2.

# § 8 Das Verhältnis von nationalem Recht und Rechtsangleichung – Zur Sperrwirkung der Rechtsangleichung

Ein letzter Punkt, dem der Europäische Gesetzgeber bei seinen Erwägungen zum Harmonisierungskonzept zentrale Bedeutung beimessen wird, ist die Frage, welchen Angleichungserfolg er erwarten kann. Das hängt vor allem davon ab, inwieweit den Mitgliedstaaten Raum bleibt, vom Angleichungsrechtsakt abweichendes, laxeres oder strengeres nationales Recht vorzusehen. In zwei Punkten ist die Rechtslage relativ klar. Hinter der Rechtsangleichung zurückbleiben können die Mitgliedstaaten grundsätzlich nicht,[1] nur unter den engen Voraussetzungen des Art. 15 EG kann der Gesetzgeber anderes bestimmen.[2] Auf der anderen Seite ist strengeres nationales Recht, das nur auf den internen Sachverhalt des Mitgliedstaats Anwendung findet, nicht auch auf den grenzüberschreitenden Sachverhalt, grundsätzlich zulässig, wenn sich nicht aus dem Angleichungsrechtsakt etwas anderes ergibt. Insbesondere ist die damit verbundene Inländerdiskriminierung gemeinschaftsrechtlich, insbesondere nach den Grundfreiheiten, nicht zu beanstanden.[3]

Im folgenden geht es daher allein um die weitere Frage, ob ein Angleichungsrechtsakt auch für den *grenzüberschreitenden Sachverhalt* strengeres nationales Recht zuläßt oder insoweit eine *Sperrwirkung*[4] entfaltet. Die Zulässigkeit solcher strengerer mitgliedstaatlicher Bestimmungen ist nicht in das Belieben des Gesetzgebers gestellt, sondern zumindest rahmenhaft, teilweise schon vollständig durch das Primärrecht bestimmt, nämlich durch die Kompetenznormen einerseits (I) und die Grundfreiheiten andererseits (II). In gewissem Umfang kann sich auch aus dem Pflicht zur effektiven Umsetzung von Gemeinschaftsrecht eine Sperrwirkung ergeben (III).

---

[1] *Grundmann* RabelsZ 64 (2000) 457, 466–468.

[2] Dazu nur die Hinweise bei *Langeheine* GS Grabitz, S. 370f., 374. Ein praktischer Anwendungsfall waren Ausnahmevorschriften zugunsten von Deutschland aus Rücksicht auf die Wiedervereinigung; dazu *Carl* EuZW 1990, 561–564.

[3] Zur grundsätzlichen Zulässigkeit von Inländerdiskriminierung EuGH v. 13.3.1979 – Rs. 86/78 *Peureux* Slg. 1979, 897 Rn. 32–37 (zu Art. 31, 90 EG); EuGH v. 27.10.1982 – verb.Rs. 35 und 36/82 *Morson und Jhanjan* Slg. 1982, 3723 Rn. 15–17; EuGH v. 15.1.1986 – Rs. 44/84 *Hurd ./. Jones* Slg. 1986, 29 Rn. 53 f.; EuGH v. 19.3.1992 – Rs. C-60/91 *Batista Morais* Slg. 1992, I-2085 Rn. 7; EuGH v. 16.2.1995 – verb.Rs. 29–35/94 *Aubertin* Slg. 1995, I-301 Rn. 9–11. Eingehend und differenzierend *Epiney* Umgekehrte Diskriminierungen (1995); ferner Schwarze-*Becker* Art. 28 Rn. 21 f.; *Bleckmann* ZGR 1992, 364, 373; *Drasch* Herkunftslandprinzip, S. 195–198; *Leible* Wege, § 4 B III. Ansätze für ein Verständnis der Grundfreiheiten als Verbot auch von Inländerdiskriminierung entnimmt der *Keck*-Entscheidung und der Folgerechtsprechung *Eberhartinger* EWS 1997, 43, 50 f.

[4] Der Begriff der Sperrwirkung wird nachfolgend ausschließlich in dem beschriebenen Sinne verstanden, nämlich in Bezug auf strengere mitgliedstaatliche Vorschriften für den grenzüberschreitenden Verkehr im harmonisierten Bereich. Ebenso bezeichnen wir nachfolgend nur solche mitgliedstaatlichen Vorschriften als *strengere Regeln,* die sich auf den grenzüberschreitenden Verkehr beziehen.

# I. Sperrwirkung und Kompetenznormen

In der Diskussion um die Sperrwirkung wird die Frage, welche primärrechtlichen Vorgaben sich aus den Kompetenznormen ergeben können, teils gar nicht, teils nur ganz knapp erörtert.[5] Das ist indes ganz erstaunlich, wenn man bedenkt, daß erstens die Rechtsangleichungskompetenzen teils funktional auf den Binnenmarkt ausgerichtet sind und schon deswegen eine gewisse Sperrwirkung nahelegen, und daß zweitens diese Frage in einzelnen Kompetenznormen ausdrücklich angesprochen, wenn nicht sogar geregelt wird. Soweit die Rechtsetzung der Gemeinschaft ein Binnenmarktziel verfolgt, also vor allem auf der Grundlage von Art. 94 und 95 EG, ist das auch keineswegs verwunderlich, bedeutet doch die Zulassung strengerer nationaler Standards gerade das Gegenteil von Rechtsangleichung. Das Binnenmarktziel impliziert daher eine gewisse Affinität zur Voll- oder Teilharmonisierung, zumindest in der Form der sogenannten optionellen Harmonisierung,[6] die strengere Vorschriften zwar für den internen Sachverhalt zuläßt, nicht aber für den grenzüberschreitenden Verkehr. Umgekehrt ist es verständlich, daß das Primärrecht, die Setzung bloßer Mindeststandards ausdrücklich vorsieht, wenn dies wegen des mit der Angleichung erstrebten materiellen Schutzziels (so beim Verbraucherschutz, Art. 153 EG) oder aus Respekt der mitgliedstaatlichen Rechtsordnungen (so beim Sozialschutz, Art. 137 EG) geboten ist.

Nachfolgend erörtern wir die Frage, ob sich aus den Kompetenznormen des EG-Vertrags bereits eine Sperrwirkung der Rechtsangleichung – gegen strengeres mitgliedstaatliches Recht mit Wirkung für den grenzüberschreitenden Verkehr – ergibt zunächst für Art. 95 EG, anschließend werden einige andere Kompetenznormen kurz angesprochen (Art. 94, 137, 153; dazu nachfolgend 2).

## 1. Sperrwirkung und Art. 95 EG

Am Beginn der Erörterung muß die Kompetenznorm des Art. 95 EG stehen, nicht nur, weil sie die für das Vertragsrecht praktisch wichtigste Zuständigkeitsregelung enthält, sondern vor allem deshalb, weil der Vertragsgeber dort die Zulassung strengerer nationaler Standards durch die Gemeinschaft in den Absätzen 4 bis 10 in materieller und verfahrensrechtlicher Hinsicht eingehend geregelt hat (a). Inwieweit für den Gesetzgeber daneben Raum bleibt, strengere nationale Standards zuzulassen, ist umstritten (b).

---

[5] Weiterführende Ansätze bei *Grundmann* Schuldvertragsrecht, 1. Teil Rn. 114; Grabitz/Hilf (Maastricht)-*Langeheine* Art. 100a Rn. 48; *Streinz* in: Mindestharmonisierung, S. 29f. Nur kurz erwähnt werden die Kompetenznormen bei *Roth* in: Europäisches Kaufgewährleistungsrecht, S. 124 f.; *Leible* in: Rechtsangleichung und nationale Privatrechte, S. 374; und jetzt *ders.* Wege, § 5 III 2 f bb; *Hoffmann* FS Reich, S. 302.

[6] Zur Terminologie *Streinz* in: Mindestharmonisierung, S. 18 f.; Grabitz/Hilf (Maastricht)-*Langeheine* Art. 100 Rn. 57–62.

### a) *Die Zulassung strengerer nationaler Vorschriften im harmonisierten Bereich nach Art. 95 Abs. 4–10 EG*

#### aa) Einführung: Grundsätzliche Unvereinbarkeit strengeren nationalen Rechts mit der Rechtsangleichung

Zweck einer Rechtsangleichung nach Art. 95 EG ist, Hindernisse für den grenzüberschreitenden Verkehr sowie Wettbewerbsverzerrungen abzubauen, die aus disparaten mitgliedstaatlichen Rechten resultieren. Damit ist es im Grundsatz unvereinbar, wenn die Mitgliedstaaten im Bereich der Rechtsangleichung strengere nationale Regeln vorsehen, denn das würde das – von der Kompetenznorm vorgegebene –[7] Regelungsziel zunichte machen. Eine Rechtsangleichung, „welche die Errichtung und das Funktionieren des Binnenmarktes zum Gegenstand hat", impliziert daher, daß die Mitgliedstaaten zumindest im Grundsatz keine strengeren nationalen Regeln vorsehen können, das kann höchstens ausnahmsweise in Betracht kommen.

Ein Grundsatz, daß die Rechtsangleichung Sperrwirkung für strengeres nationales Recht vorsieht, ist freilich gerade dann problematisch, wenn, wie nach Art. 95 EG der Fall, die Rechtsangleichung keines einstimmigen Beschlusses des Rats bedarf, sondern auf einer Mehrheitsentscheidung beruht. Ist der Rat das Rechtsetzungsorgan, in dem die Mitgliedstaaten auch ihre nationalen Regelungsanliegen geltend machen können, so bedeutete die Einführung des Mehrheitsprinzips durch Art. 100a EGV, daß der Einfluß der einzelnen Mitgliedstaaten auf die Rechtsetzung empfindlich zurückgeschnitten wurde. Zumal wenn die Rechtsangleichung ein bereits erreichtes Schutzniveau des nationalen Rechts unterschreiten würde, könnte es für den betroffenen Mitgliedstaat völlig inakzeptabel sein, die Regelung aufgrund einer Mehrheitsentscheidung hinzunehmen, ohne die Möglichkeit zu haben, zumindest in begründeten Ausnahmefällen doch strengeres Recht auch für den grenzüberschreitenden Verkehr vorzusehen. Dem trägt die Regelung des Art. 95 EG in einem fein abgestimmten System zur Sicherung von Schutzstandards einerseits und der Ermöglichung des „Ausscherens" von der Rechtsangleichung in Einzelfällen andererseits Rechnung.[8]

Zuerst berücksichtigt die Regelung das Anliegen, den von einem Mitgliedstaat erreichten hohen Schutzstandard zu erhalten, indem sie die Kommission verpflichtet, bei ihren Vorschlägen von einem hohen Schutzniveau auszugehen (Art. 95 Abs. 3 EG). Setzt sich der Vorschlag mit diesem Inhalt durch, so wird für die Mitgliedstaaten im Regelfall kein Bedürfnis bestehen, strengere Regeln vorsehen. Ausnahmsweise kann das indes in drei Fällen anders sein. Zunächst ist schon die Kommission nicht verpflichtet, vom

---

[7] EuGH v. 5.10.2000 – Rs. C-376/98 *Deutschland ./. Parlament und Rat* Slg. 2000, I-8419 Rn. 101–105.

[8] Zum Hintergrund der Vorschrift, die (auch) auf das in der *Cassis* Entscheidung entwickelte Prinzip der gegenseitigen Anerkennung und die darauf aufbauende Neue Strategie der Kommission zurückzuführen ist, bereits oben, § 7 III 3 (S. 142–145); ferner *Craig/de Búrca* EU Law, S. 1126; *Gundel* JuS 1999, 1171–1177; *Hayder* RabelsZ 53 (1989) 622, 677–679; *Langeheine* GS Grabitz, S. 369–375 (der S. 372 f. zur Erläuterung treffend auf den Zusammenhang von *exit* und *voice* hinweist); ferner *Slot* E.L.Rev. 21 (1996) 378, 389–391.

höchsten Schutzniveau auszugehen, sondern nur von einem hohen,[9] und kann ein Regelungsvorschlag auf hohem Niveau im Laufe des Gesetzgebungsverfahrens zugunsten anderer Interessen „verwässert" werden.[10] Weiters ist denkbar, daß die besonderen Verhältnisse eines Mitgliedstaats noch strengere Regeln – auch mit Wirkung für grenzüberschreitende Sachverhalte – erforderlich machen. Und schließlich können sich nachträglich wesentliche Umstände so ändern, daß das anfangs hohe Schutzniveau nicht mehr als ausreichend erscheint. Für diese Fälle sieht Art. 95 EG ein differenziertes System vor, nach dem Mitgliedstaaten strengere nationale Regeln beibehalten oder einführen können.[11] Freilich hat der Vertragsgeber durchaus erkannt, daß auch die ausnahmsweise Zulassung von strengeren nationalen Regeln mit dem Regelungsanliegen der Rechtsangleichung prinzipiell unvereinbar und daher systemfremd ist.[12] Daher unterliegt die Zulässigkeit von strengeren nationalen Regeln grundsätzlich der anfänglichen Billigung durch die Kommission und der Kontrolle durch den EuGH. Zudem ist die Kommission verpflichtet zu prüfen, ob das von einem Mitgliedstaat aufgezeigte Bedürfnis nach strengeren Regeln nicht Anlaß ist, den Angleichungsakt zu ergänzen.

Art. 95 Abs. 4–10 EG enthält ein vollständiges System möglicher Vorbehalte. Danach ist zuerst zwischen Vorbehalten zu unterscheiden, die sich schon während des Gesetzgebungsverfahrens zeigen (Abs. 10) und solchen, die erst nach Erlaß des Rechtsakts erkannt werden (Abs. 4 und 5). Letztere können die Beibehaltung (Abs. 4) und die Neueinführung (Abs. 5) von strengeren nationalen Regeln erforderlich machen.

bb) Schutzklauseln gem. Art. 95 Abs. 10 EG wegen anfänglicher Vorbehalte

Zeigen sich schon im Gesetzgebungsverfahren mögliche Vorbehalte der Mitgliedstaaten (auf die die Vertreter im Rat nach den Grundsätzen der Gemeinschaftstreue hinzuweisen haben), so „sind" (!), soweit das nach dem Gegenstand der Regelung möglich ist („in geeigneten Fällen"), schon in der Richtlinie Schutzklauseln vorzusehen, die die Mitgliedstaaten ermächtigen, vorläufige Maßnahmen zu treffen (Abs. 10).[13] Schutzklauseln

---

[9] EuGH v. 13.5.1997 – Rs. 233/94 *Deutschland ./. Parlament und Rat* Slg. 1997, I-2405 Rn. 48 (Einlagensicherung): Verbraucherschutz ist zwar „eines der Ziele der Gemeinschaft, offenkundig aber nicht ihr einziges Ziel".

[10] *Beale/Howell* J. Contract L. 12 (1997) 21 f. Fn. 5 („There is a familiar pattern [!] whereby the protective element of EC consumer protection directives becomes watered down during their preparation."). *Staudenmayer* RIW 1999, 733, 734 f. weist allerdings darauf hin, daß die „Querschnittsklausel" des Art. 153 Abs. 2 EG auch Parlament und Rat bindet, „den Erfordernissen des Verbraucherschutzes ... Rechnung (zu) tragen"; damit wird einer „Verwässerung" des hohen Verbraucherschutzniveaus im Gesetzgebungsverfahren vorgebeugt.

[11] *Dougan* CMLR 2000, 853, 878–884; *Glaesner* EuR 1986, 119, 132–135; *Müller-Graff* EuR 1989, 107, 143.

[12] Der EuGH hat deshalb angedeutet, die Ausnahmevorschriften eng auszulegen, EuGH v. 17.5.1994 – Rs. C-41/93 *Frankreich ./. Kommission* Slg. 1994, I-1829 Rn. 23 f. (PCP); ebenso etwa *Matthies* FS Steindorff, S. 1296 f. Zum Grundsatz der engen Auslegung von *systemfremden* Normen *Canaris* Systemdenken, S. 132; *Kramer* Methodenlehre, S. 157 f.

[13] Nach der ursprünglichen Fassung von Art. 100a EG war umstritten, ob Voraussetzung des Billigungsantrags ist, daß der Mitgliedstaat der Rechtsangleichung nicht zugestimmt hat oder sie zumindest

ermächtigen die Mitgliedstaaten, „aus einem oder mehreren der in Artikel 30 genannten nichtwirtschaftlichen Gründe vorläufige Maßnahmen zu treffen, die einem gemeinschaftlichen Kontrollverfahren unterliegen". Solche Schutzklauseln waren schon früher in Richtlinien nicht unüblich.[14] Die zuerst durch die Einheitliche Europäische Akte eingeführte Vorschrift des Art. 100a Abs. 5 EGV (Art. 95 Abs. 10) bestätigt diese Praxis.[15] Ein jüngeres Beispiel ist die Regelung des Art. 3 Abs. 4–6 EComRL.

cc) Billigung der Beibehaltung oder Einführung einzelstaatlicher Bestimmungen gem. Art. 95 Abs. 4–6 EG wegen nachträglicher Vorbehalte

Zeigen sich erst nach Erlaß des Angleichungsrechtsakts mögliche Vorbehalte, so greift das (nachträgliche) Prüfungsverfahren der Abs. 4–6 Platz.[16] Der Mitgliedstaat, der ungeachtet der bereits (tendenziell auf hohem Schutzniveau, Abs. 3) erfolgten Rechtsangleichung strengere nationale Regelungen beibehalten oder neu einführen möchte, muß dafür die (konstitutive;[17] zu begründende, Art. 253 EG[18]) Einwilligung der Kommission einholen. Die Einwilligung zur Beibehaltung strengerer Vorschriften erteilt die Kommission, wenn die Regelung zum Schutz bestimmter, in Art. 95 Abs. 4 EG abschließend aufgezählter[19] „wichtiger Erfordernisse" (i.S.v. Art. 30 EG sowie Arbeitsumwelt oder Umwelt) erforderlich ist (Verhältnismäßigkeit) und keine willkürliche Diskriminierung, verschleierte Handelsbeschränkung oder Behinderung des Binnenmarktes (Wettbewerbsverfälschung)[20] darstellt. Soll eine strengere nationale Regelung nicht nur beibehalten, sondern neu eingeführt werden, so kann sich der Mitgliedstaat nur auf den

---

nicht einstimmig erlassen wurde; *Matthies* FS Steindorff, S. 1297; *Müller-Graff* EuR 1989, 107, 145 f. (nur bei erklärtem Vorbehalt); enger *Hayder* RabelsZ 53 (1989) 622, 679; *Taschner* in: Mindestharmonisierung, S. 164. Nach der Neufassung dürfte das abzulehnen sein; *Gundel* JuS 1999, 1171, 1174; Schwarze-*Herrnfeld* Art. 95 EG Rn. 54 (und, für Abs. 5, Rn. 62).

14 Z.B. Art. 5 Abs. 2 Richtlinie 74/63/EWG (ABl. 1974 L 38) und dazu EuGH v. 5.10.1977 – Rs. 5/77 *Tedeschi ./. Denkavit* Slg. 1977, 1555 Rn. 8–10, 33–39. Ferner GA *Jacobs* in: EuGH v. 9.8.1994 – Rs. C-359/92 *Deutschland ./. Rat* Slg. 1994, I-3681 SchlA Tz. 24 mit Fn. 9; Art. 12 KosmetikRL und dazu *Taschner* in: Mindestharmonisierung, S. 167.

15 *Glaesner* EuR 1986, 119, 134; *Hayder* RabelsZ 53 (1989) 622, 686.

16 Zum Verfahren noch die Erörterung von *Langeheine* GS Grabitz, S. 375–391 (zu Art. 100a EGV).

17 EuGH v. 1.6.1999 – Rs. C-319/97 *Ermittlungsverfahren gegen Kortas* Slg. 1999, 3143 Rn. 28, 35–37 (auch bei pflichtwidriger Verzögerung durch die Kommission; aber jetzt Art. 95 Abs. 6 UAbs. 2, 3 EG); EuGH v. 17.5.1994 – Rs. C-41/93 *Frankreich ./. Kommission* Slg. 1994, I-1829 Rn. 28–30 (PCP). Art. 95 Abs. 6 EG spricht im Gegensatz zu Art. 100a Abs. 4 EGV auch nicht mehr nur von der Bestätigung durch die Kommission, sondern von der Möglichkeit, die einzelstaatlichen Bestimmungen zu billigen oder abzulehnen. Zu dem durch diese Entscheidung und den Vertrag von Amsterdam erledigten Streit noch *Franzen* Privatrechtsangleichung, S. 52 m.N.

18 EuGH v. 17.5.1994 – Rs. C-41/93 *Frankreich ./. Kommission* Slg. 1994, I-1829 Rn. 34–37 (PCP).

19 *Craig/de Búrca* EU Law, S. 1123. Die früher z.B. von *Hayder* RabelsZ 53 (1989) 622, 680 f. vertretene Gegenmeinung dürfte durch die in Kenntnis des Auslegungsstreits beschlossene Neufassung durch den Amsterdamer Vertrag widerlegt sein.

20 Da Art. 95 Abs. 6 S. 1 EG schon zuvor die Grundfreiheitenkontrolle anspricht („verschleierte Beschränkung des Handels"), ist der Hinweis auf das „Funktionieren des Binnenmarktes" dahin zu verstehen, daß die Kommission auch prüft, ob die strengere nationale Regelung zu einer Wettbewerbsverfälschung führt. Zur Definition des Binnenmarktes in Art. 95 EG oben, § 7 II (S. 135–140).

Schutz von Umwelt und Arbeitsumwelt stützten, und zwar nur dann, wenn die Regelung aufgrund neuer, nach Erlaß des Angleichungsrechtsakts erlangter wissenschaftlicher Erkenntnisse und aufgrund eines für diesen Mitgliedstaat spezifischen Problems erforderlich ist (Abs. 5).

Da der Angleichungserfolg durch nachträglich gebilligte strengere nationale Regelungen unvorhergesehen gefährdet wird, sieht Art. 95 EG ergänzend einen Mechanismus vor, um den Angleichungserfolg nach Möglichkeit trotzdem sicherzustellen. Die Kommission ist in diesem Fällen verpflichtet, unverzüglich (!) zu prüfen, ob der Angleichungsrechtsakt entsprechend zu ergänzen ist (Abs. 7). Noch im Vorfeld einer etwaigen Billigung setzt Absatz 8 an. Nach dieser Vorschrift besteht eine Hinweispflicht – ein besonderer Ausdruck der Gemeinschaftstreue –, wenn ein Mitgliedstaat im harmonisierten Bereich nachträglich ein „spezielles Gesundheitsproblem aufwirft". Diese Hinweispflicht entsteht, sobald ein Mitgliedstaat ein solches Problem sowie seine Regelungsbedürftigkeit ungeachtet des Angleichungsrechtsakts erkennt, und nicht erst, wenn der Mitgliedstaat eine nationale Regelung einführen möchte.[21]

Das Vertragsverletzungsverfahren (Art. 226 f. EG) kann in allen genannten Fällen vereinfacht durchgeführt werden (Abs. 9), da die möglichen Rechtfertigungen strengerer nationaler Vorschriften schon im Gesetzgebungsverfahren (Abs. 10) bzw. im Prüfungsverfahren (Abs. 4–6) erörtert werden.[22] Mitgliedstaaten steht neben dem Vertragsverletzungsverfahren nach den allgemeinen Vorschriften auch die Möglichkeit offen, die Billigungs- oder Ablehnungsentscheidung der Kommission (Abs. 6) gerichtlich überprüfen zu lassen (Art. 230 EG).[23]

dd) Fazit: Grundsätzliche Sperrwirkung der Harmonisierung nach Art. 95 EG

Nach Art. 95 Abs. 4–10 EG können die Mitgliedstaaten auch im harmonisierten Bereich strengere nationale Regeln beibehalten oder neu einführen. Das ist jedoch nur unter vergleichsweise strengen Voraussetzungen möglich.[24] Insbesondere müssen die einzelstaatlichen Regeln nicht nur materiell mit den Erfordernissen der Absätze 4–6 vereinbar sein, sondern entweder im Harmonisierungsrechtsakt von einer Schutzklausel zugelassen oder durch die Kommission gebilligt werden. Strengere nationale Regelungen, die nicht von einer Vorbehaltsklausel gedeckt oder von der Kommission gebilligt sind, können ausländischen Anbietern nicht entgegengehalten werden. Aber auch materiell stellt Art. 95 Abs. 4–10 strenge Anforderungen an die Zulässigkeit von strengeren nationalen Regeln im harmonisierten Bereich. Zur Rechtfertigung strengerer nationaler Vorschriften können sich die Mitgliedstaaten nur auf einen engen Kreis von Schutzgütern berufen. Und die strengeren Regeln dürfen nicht nur keine Diskriminierung oder ver-

---

[21] Entsprechende Hinweise sind freilich auch außerhalb von Art. 95 Abs. 8 EG nicht unüblich; vgl. EuGH v. 17.5.1994 – Rs. C-41/93 *Frankreich ./. Kommission* Slg. 1994, 1850 Rn. 3.

[22] Zur Intensität der Gerichtskontrolle EuGH v. 17.5.1994 – Rs. C-41/93 *Frankreich ./. Kommission* Slg. 1994, I-1829 Rn. 22–24 (PCP).

[23] EuGH v. 17.5.1994 – Rs. C-41/93 *Frankreich ./. Kommission* Slg. 1994, I-1829 Rn. 22–24 (PCP).

[24] EuGH v. 17.5.1994 – Rs. C-41/93 *Frankreich ./. Kommission* Slg. 1994, I-1829 Rn. 27 (PCP).

schleierte Handelsbeschränkung darstellen, sondern sie müssen zudem mit dem Funktionieren des Binnenmarktes vereinbar sein. Vom Binnenmarktziel der Rechtsangleichung und damit unter teleologischen Erwägungen ist dieses System sehr schlüssig. Denn soweit mit der Harmonisierung die Sperrwirkung greift, begründet die Rechtsangleichung einen gemeinschaftsweit einheitlichen Handlungsrahmen. Wenn eine Sperrwirkung im Einzelfall nicht zugelassen wird, sei es im Angleichungsrechtsakt selbst (Abs. 10) oder nachträglich durch Billigung der Kommission (Abs. 4–6), ist das für die Betroffenen gut erkennbar, so daß sie sich darauf einstellen können.

#### *b) Zulässigkeit strengerer nationaler Regelungen außerhalb der Tatbestände des Art. 95 Abs. 4–10 EG?*

Für Harmonisierungsmaßnahmen, die auf diese Kompetenznorm gestützt werden, sieht somit Art. 95 EG ein verfahrensmäßig und inhaltlich differenziertes System vor, nach dem strengere nationale Vorschriften zugelassen werden können. Kann der Gesetzgeber auf der Grundlage von Art. 95 EG Angleichungsrechtsakte erlassen mit der Maßgabe, daß die Mitgliedstaaten auch dann strengere nationale Regeln mit Wirkung auch für grenzüberschreitende Sachverhalte vorsehen dürfen, wenn die Richtlinie keine Schutzklausel i.S.v. Art. 95 Abs. 10 EG enthält und wenn die Mitgliedstaaten nicht die verfahrensmäßigen und materiellen Voraussetzungen der Absätze 4 bis 9 einhalten? Oder ist die Regelung über das Ausscheren aus der Harmonisierung in Art. 95 Abs. 4–10 EG abschließend?

Die wohl überwiegende Meinung hält die Regelung in Art. 95 Abs. 4–10 EG nicht für abschließend und stellt es dem Gesetzgeber frei, strengere nationale Regelung im Angleichungsbereich zuzulassen. Die besseren Gründe sprechen dagegen (aa). Dann aber kann eine auf Art. 95 EG gestützte Harmonisierungsmaßnahme den Mitgliedstaaten nur ganz eingeschränkt die Möglichkeit belassen, strengere nationale Vorschriften vorzusehen (bb).

##### aa) Grundsätzliche Sperrwirkung: Keine Mindestharmonisierung auf der Grundlage von Art. 95 EG

Überwiegend nimmt man an, Art. 95 EG könne auch als Grundlage für eine Mindestharmonisierung dienen, die strengere nationale Regeln auch unabhängig von den Kautelen der Absätze 4 bis 10 für den grenzüberschreitenden Verkehr zuläßt. Zur Begründung wird allerdings erstaunlicherweise nur darauf verwiesen, Wortlaut und Entstehungsgeschichte sprächen *nicht gegen* die Möglichkeit, in Harmonisierungsrechtsakte Mindeststandardklauseln aufzunehmen.[25] Die Entstehungsgeschichte der ursprüng-

---

[25] Grabitz/Hilf (Maastricht)-*Langeheine* Art. 100a Rn. 48. Ihm folgend *Streinz* in: Mindestharmonisierung, S. 30 (mit dem ergänzenden Hinweis, auch Sinn und Zweck stünden „nicht grundsätzlich" entgegen), und Schwarze-*Herrnfeld* Art. 95 EG Rn. 40.

lichen Vorschrift des Art. 100a EGV ist aber ausgesprochen dunkel,[26] so daß der Mangel eines entgegenstehenden Hinweises darin – ohnehin nur ein schwaches Indiz – kaum Aussagekraft hat.[27] Und auch der Wortlaut – verstanden als dem bloßen Wortlaut ohne Rücksicht auf die Vorschrift als Ganzes und als Bestandteil des Vertrags – läßt eben nicht mehr erkennen, als daß der Vertragsgeber eine Mindestharmonisierung nicht positiv ausgeschlossen hat, – aber auch nicht positiv zugelassen.

Die Systematik der Vorschrift, die in Absätzen 4 bis 10 eine eingehende, differenzierte und mit besonderen Kautelen zum Schutz des Binnenmarktziels ausgestattete Regelung von Ausschermöglichkeiten vorsieht, spricht indes entscheidend dagegen, dem Gesetzgeber freizustellen, auch in anderen Fällen (nach anderen materiellen und verfahrensrechtlichen Vorschriften) strengere Regeln zuzulassen. Die differenzierte Regelung in Art. 95 Abs. 4 bis 10 würde auf diese Weise umgangen.[28] Allerdings nehmen manche – freilich ohne weitere Begründung – an, Absätze 4 bis 10 griffen von vornherein nur ein, wenn nicht der Angleichungsrechtsakt schon eine Mindeststandardklausel enthält.[29] Dann wäre der Umgehungsvorwurf in der Tat unbegründet. Damit wird indes nur das zu Begründende behauptet, wenn man nicht zumindest angibt, *warum* dann die Regelung überhaupt besteht und welchem Zweck sie nach dieser Lesart noch dient. Allerdings könnte man annehmen, die Ausschertatbestände der Absätze 4 bis 10 seien nur „Minderheitenrechte", die, als Ergänzung des Mehrheitsprinzips, von der Minderheit naturgemäß nur „notfalls" in Anspruch zu nehmen sind.[30] Kommt im Wege der Mehrheitsentscheidung schon eine Regelung zustande, die – durch Zulassung strengerer Standards auch für den grenzüberschreitenden Verkehr – dem Minderheitsinteresse genügt, so bedürfe es der Berufung auf die „Minderheitenrechte" nicht. Indes ist gerade die Regelung in Art. 95 Abs. 10, die anfängliche, während des Gesetzgebungsverfahrens auftretende Vorbehalte betrifft, nicht zur Disposition des Gesetzgebers gestellt, die Harmonisierungsmaßnahmen „sind" danach in geeigneten Fällen mit einer Schutzklausel „verbunden".

---

[26] Die Vorschrift beruht nicht auf einem Vorschlag der Kommission, sondern wurde erst während des Treffens der Staats- und Regierungschefs im Dezember 1985 in Luxemburg ausgearbeitet. Grabitz/Hilf (Maastricht)-*Langeheine* Art. 100a Rn. 56 sowie Rn. 1–6.

[27] Zu Recht mißt ja auch Grabitz/Hilf (Maastricht)-*Langeheine* Art. 100a Rn. 7 der historischen Auslegung für die Erschließung von Art. 100a EGV nur höchst geringe Bedeutung bei und sagt: „Die Auslegung der Artikel 100a und 100b EGV wird sich daher noch stärker als sonst an ihrer systematischen Stellung sowie an ihrem Sinn und Zweck zu orientieren haben."

[28] *Grundmann* RabelsZ 64 (2000) 457, 472 f.; GTE-*Bardenhewer/Pipkorn* Art. 100a Rn. 90 f. Im Ansatz auch Grabitz/Hilf (Maastricht)-*Langeheine* Art. 100a Rn. 48; *Streinz* in: Mindestharmonisierung, S. 29. Vom abschließenden Charakter der Ausnahmevorschriften geht wohl auch aus, wer annimmt, die Mindeststandardklausel des Art. 153 Abs. 5 EG könne für Rechtsakte, die auf anderen Kompetenznormen beruhen, nicht herangezogen werden; z.B. Schwarze-*Berg* Art. 153 EG Rn. 19.

[29] In diese Richtung z.B. *Roth* in: Europäisches Kaufgewährleistungsrecht, S. 125; Schwarz-*Herrnfeld* Art. 95 Rn. 49; *Streinz* in: Mindestharmonisierung, S. 30; *Leible* Wege, § 5 E III 2 f bb. Vgl. auch *Micklitz/Reich* EuZW 1992, 593, 598.

[30] Ein ähnlicher Gedanke lag der Ansicht zugrunde, ein Mitgliedstaat könne sich auf Art. 100a Abs. 4 EGV nur berufen, wenn er der Regelung nicht zugestimmt hat; dazu bereits oben, Fn. 13.

Auch mit dem Zweck der Rechtsangleichung nach Art. 95 EG ist die Auslegung besser vereinbar, Art. 95 EG enthalte eine abschließende Regelung über die Zulassung strengerer nationaler Standards für den grenzüberschreitenden Verkehr im Angleichungsrechtsakt. Mag man auch nicht ausschließen, daß auch eine Mindestharmonisierung im Einzelfall dem Binnenmarktziel noch irgendwie dienen kann, so hat dieses Ziel doch eine Affinität (zumindest:) zur optionellen Harmonisierung. Wenn der Gesetzgeber mit Binnenmarktziel die mitgliedstaatlichen Rechte angleicht, zugleich aber die Beibehaltung oder Einführung von strengerem nationalen Recht generell zuläßt, bedarf es näherer Begründung, warum denn die Rechtsangleichung überhaupt erforderlich gewesen sein sollte.[31] Das ist eine der Kernaussagen des EuGH-Urteils zur Tabakwerberichtlinie. Der Gerichtshof stellte fest, daß die Richtlinie weithin nicht mit dem Zweck gerechtfertigt werden könne, Hemmnisse für den freien Warenverkehr zu beseitigen. Da sie strengere nationale Vorschriften ausdrücklich zuließ (Mindeststandardklausel in Art. 5 Tabakwerberichtlinie), konnte die Richtlinie auch nicht damit gerechtfertigt werden, daß sie den freien Verkehr von Produkten sicherstelle, die ihren Bestimmungen entsprechen.[32] Für die Auslegung von Art. 95 EG im Hinblick auf unsere Frage – ist die Regelung in Absätzen 4 bis 10 abschließend? – bedeutet das, daß der Binnenmarktzweck der Vorschrift die Mindestharmonisierung zwar nicht zwingend ausschließt, daß aber ein solcher Ausschluß der Zwecksetzung doch besser entspricht.

Schließlich ist auch der Wortlaut der Regelung nicht völlig ohne Aussagekraft, wenn man nicht isoliert nur Art. 95 EG betrachtet, sondern diese Vorschrift im Vergleich der Angleichungskompetenzen des Vertrags sieht. Wie nämlich Art. 137 Abs. 2 und 5 und Art. 153 Abs. 5 zeigen, hat der Vertragsgeber die Fragestellung: läßt die Gemeinschaftsgesetzgebung Raum für strengere mitgliedstaatliche Regelungen, durchaus erkannt und auch zu regeln gewußt. Angesichts dessen erscheint das Schweigen in Art. 95 EG als beredt.

Rechtspolitisch wird gegen den abschließenden Charakter der Ausschertatbestände der Absätze 4–10 aber eingewandt, diese seien unzureichend, sei danach doch insbeson-

---

[31] *Grundmann* RabelsZ 64 (2000) 457, 475f.; *Streinz* in: Mindestharmonisierung, S. 30; *Behrens* ebd., S. 35. Ferner GTE-*Bardenhewer/Pipkorn* Art. 100a Rn. 81 (Art. 100a Abs. 4, 5 EGV stellten „eine Durchbrechung des Prinzips dar, daß die Inanspruchnahme von Art. 36 grundsätzlich ausgeschlossen ist, sobald die Gemeinschaft nach Artikel 100a rechtsangleichend tätig wird".); *Drexl* in: Greenpaper EU Contract Law (www-Fassung), S. 10–12 (sub II 4).

[32] EuGH v. 5.10.2000 – Rs. C-376/98 *Deutschland ./. Parlament und Rat* Slg. 2000, I-8419 Rn. 101–105 (Tabakwerberichtlinie). S.a. EuGH v. 17.5.1994 – Rs. C-41/93 *Frankreich ./. Kommission* Slg. 1994, I-1829 Rn. 29 (PCP); EuGH v. 1.6.1999 – Rs. C-319/97 *Ermittlungsverfahren gegen Kortas* Slg. 1999, 3143 Rn. 28. Allerdings ist das Gericht im Tabakwerbungsurteil nicht so weit gegangen, Mindestharmonisierung für mit dem Binnenmarktzweck unvereinbar zu erklären: War aufgrund der Mindestschutzklausel auch ausgeschlossen, die Richtlinie als zur Beseitigung von Hemmnissen der Grundfreiheiten erforderlich zu begründen, so schloß das Gericht doch nicht aus, daß auch eine bloße Mindestregelung zur Beseitigung von Wettbewerbsverzerrungen erforderlich sein könne; in eine ähnliche Richtung wies schon Grabitz/Hilf (Maastricht)-*Langeheine* Art. 100a Rn. 48 mit dem Vorschlag, zwischen produktbezogenen und sonstigen Normen zu unterscheiden.

dere die Anwendung strengerer Verbraucherschutzregeln nicht möglich.[33] In der Tat erwähnt zwar Absatz 3 den Verbraucherschutz im Zusammenhang mit der Bindung an ein hohes Schutzniveau, wird aber dieser Zweck in Absätzen 4, 5 und 10 nicht als Grund für ein Ausscheren aufgegriffen. Neben einzelnen anderen Ausschergründen wird in Absätzen 4 und 10 nur auf die Gründe des Artikel 30 EG bezug genommen. Da dieser Verweis indes keinen Raum für Zweifel läßt und insbesondere auch schon in Art. 100a Abs. 4 EGV enthalten war, kann man nicht annehmen, es handele sich um ein bloßes Redaktionsversehen, eigentlich habe der Vertragsgeber auch die von der Rechtsprechung zu den Maßnahmen gleicher Wirkung entwickelten Vorbehaltsbereiche zur Rechtfertigung eines Ausscherens anerkennen wollen. Man kann diese Beschränkung der Ausschergründe rechtspolitisch bedauern, indes handelt es sich nach der Entstehungsgeschichte der Vorschrift eindeutig nicht um eine versehentliche Auslassung, die man im Wege der Analogie korrigieren dürfte. Von der Wertung her bleibt die Regelung im übrigen durchaus gerade in der Amsterdamer Fassung des Vertrags schlüssig, da die Querschnittsklausel des Art. 153 Abs. 1 EG nun alle Gesetzgebungsorgane bindet, ein hohes Verbraucherschutzniveau anzustreben, im übrigen aber Art. 153 Abs. 3 lit. b, Abs. 5 EG der Gemeinschaft durchaus die Möglichkeit eröffnet, im Bedarfsfall eine Regelung ohne Sperrwirkung zu schaffen. Lücken im Verbraucherschutz sind deshalb nicht zu besorgen.

Demnach können Angleichungsrechtsakte auf der Grundlage von Art. 95 EG grundsätzlich nur in den prozeduralen und materiellen Grenzen des Absatz 10 strengere Regeln zulassen, die nachträgliche Zulassung ist sonst nur in den Grenzen der Absätze 4 bis 9 möglich. Als Kompetenz für eine Mindestharmonisierung kann Art. 95 EG daher nicht dienen. Weitgehend dieselben Erwägungen wie für Art. 95 EG müssen aber auch für seine Vorgängervorschrift in Art. 100a EGV gelten. Die Neuerungen, die durch den Amsterdamer Vertrag eingeführt wurden, bestehen vor allem darin, daß das System der Vorbehalte gegenüber Art. 100a Abs. 4 EGV verfeinert und in differenzierter Weise um Rechtfertigungsgründe ergänzt wurde. Im Grundsatz beschränkte aber auch schon Art. 100a EGV durch seine Bindung an das Binnenmarktziel sowie durch das differenzierte System der Zulassung strengerer nationaler Regeln die Möglichkeit des Gesetzgebers, im Angleichungsrechtsakt strengere nationale Regeln zuzulassen.

#### bb) Ausnahmen

Gilt somit im Grundsatz, daß Art. 95 EG keine Mindestharmonisierung ermöglicht und strengeres nationales Rechts nur in den Grenzen der Absätze 4 bis 10 zuläßt, so bleibt für Ausnahmen nur wenig Raum. Zulässig ist strengeres nationales Recht zuerst außerhalb des harmonisierten Bereichs (1). Darüber hinaus läßt Art. 95 EG Raum für spezifische Mindeststandardklauseln (2). Allgemeine Mindeststandardklauseln, die strengeres

[33] Grabitz/Hilf (Maastricht)-*Langeheine* Art. 100a Rn. 48. Ob diese Sorge begründet war, kann man angesichts der Verpflichtung der Kommission in ihren Vorschlägen ein hohes Schutzniveau anzustreben, trefflich bezweifeln. Die unterschiedliche Bewertung von Verbraucherschutz und Umweltschutz ist keineswegs ohne jede Rechtfertigung und sicher nicht willkürlich.

nationales Recht auch für den grenzüberschreitenden Sachverhalt zulassen, kommen indes nicht in Betracht (3).

(1) Strengere nationale Regeln außerhalb des harmonisierten Bereichs

Unproblematisch ist zunächst der erste Fall, daß die „strengere Regelung" außerhalb des harmonisierten Bereichs liegt.[34] Streng genommen handelt es sich dann schon nicht um eine „strengere Regelung". Wie weit der Rechtsakt eine Harmonisierung erreichen wollte, ist freilich nicht immer ohne weiteres erkennbar und durch Auslegung zu ermitteln. Nationale Regeln außerhalb des harmonisierten Bereichs sind ohne weiteres zulässig, allerdings selbstverständlich nur im Rahmen der allgemeinen Grenzen. Auch außerhalb des harmonisierten Bereichs müssen nationale Regeln, die die Grundfreiheiten beschränken, von den Vorbehaltsbereichen der Grundfreiheiten gedeckt sein, sonst binden sie ausländische Anbietern nicht.[35]

(2) Spezifische Mindeststandardklauseln

Als spezifische Mindeststandardklauseln kann man solche bezeichnen, die in besonders gekennzeichneten Bereichen strengere Regeln zulassen. Zu denken ist beispielsweise an die Vorschrift von Art. 6 Abs. 1 UAbs. 1 FARL, wonach der Verbraucher den Vertragsabschluß im Fernabsatz innerhalb einer Frist von *mindestens* sieben Werktagen widerrufen kann. Die Fernabsatzrichtlinie läßt damit den Mitgliedstaaten die Freiheit, auch eine längere Frist als sieben Tage vorzusehen. Eine solche spezifische Mindeststandardklausel wäre auch unter Art. 95 EG[36] nicht zu beanstanden, da sie die Freiverkehrswirkung der Rechtsangleichung nur punktuell und außerdem in einer den Rechtsunterworfenen gut erkennbaren Weise einschränkt und nicht grundsätzlich aufhebt. Für solche „Kleinigkeiten" beanspruchen auch die Ausscherregeln in Abs. 4 bis 10 keine ausschließliche Geltung.

Auch in diesem Fall können die Mitgliedstaaten allerdings nicht uneingeschränkt strengere Regeln vorsehen. Sofern strengere Regeln die Grundfreiheiten beeinträchtigen sind sie nur zulässig, soweit das – vereinfacht gesprochen – aus zwingenden Gründen des Allgemeinwohls erforderlich ist (näher unten, II S. 161). Ungeachtet der Schwierigkeit, bei Fristenregelungen wie der des Art. 6 Abs. 1 UAbs. 1 FARL das Maß des Erforderlichen zu bestimmen, wird man sagen können, daß eine Widerrufsfrist von vier Wochen über das Erforderliche hinausgeht.

(3) Unzulässigkeit allgemeiner Mindeststandardklauseln

Zumal im Bereich des verbraucherschützenden Vertragsrechts bedient sich der Gesetzgeber nicht selten allgemeiner Mindeststandardklauseln, wonach die Mitgliedstaaten „in dem unter diese Richtlinie fallenden Bereich mit dem Vertrag in Einklang stehende stren-

---

[34] *Behrens* in: Mindestharmonisierung, S. 33.

[35] Dazu noch unten, II (S. 161–168).

[36] Die FARL beruht auf Art. 100a EGV.

gere nationale Bestimmungen erlassen oder aufrechterhalten" können.[37] Inwieweit solche Klauseln die Sperrwirkung der Rechtsangleichung aufheben, die sich grundsätzlich mangels Zulassung gem. Art. 95 Abs. 4–10 EG ergibt, ist umstritten. Wohl überwiegend wird angenommen, eine allgemeine Mindeststandardklausel bedeute einen Freibrief für jede Art strengerer nationaler Regelung auch im harmonisierten Bereich.[38] Nach unseren Vorüberlegungen wäre eine solche allgemeine Mindeststandardklausel indes mit der Kompetenznorm unvereinbar, da sie das System der Zulassung strengerer Regeln in Art. 95 Abs. 4–10 EG in unzulässiger Weise umgehen und so sinnentleeren und außerdem dem Binnenmarktziel der Rechtsangleichung widersprechen würde.

Aus diesen Überlegungen kann man zwei Folgerungen ziehen. Zum einen könnte man, wie das aus ähnlichen Erwägungen der EuGH für die Tabakwerberichtlinie angenommen hat, Harmonisierungsrechtsakte mit generellen Mindeststandardklauseln schlichtweg für kompetenzwidrig und daher nichtig halten, wenn sie nicht ausnahmsweise trotzdem dem Binnenmarktziel dienen. Das wäre in der Tat geboten, wenn sich erweisen ließe, daß der Gesetzgeber einen Harmonisierungsrechtsakt ohne Angleichungswirkung und damit Binnenmarktrelevanz gewollt hat. Davon kann man indes im Normalfall nicht ausgehen, da eine solche Bestimmung im Hinblick auf die Kompetenzgrundlage des Art. 95 EG zumindest bedenklich wäre (primärrechtskonforme Auslegung). Auch der in Mindeststandardklauseln jetzt öfter enthaltene Hinweis, strengere Regeln seien zulässig, wenn sie „mit dem Vertrag in Einklang stehen", zwingt nicht zu der Annahme, der Gesetzgeber habe strengere Standards auch für den grenzüberschreitenden Sachverhalt zulassen wollen,[39] sondern kann sich nach seiner allgemeinen Fassung auf alle aus dem Vertrag fließenden Schranken beziehen und damit auch die des Art. 95 EG.

Die besseren Gründe sprechen daher für eine andere Auslegung von allgemeinen Mindeststandardklauseln, nämlich daß damit – deklaratorisch – strengere nationale Vorschriften nur für den nationalen Sachverhalt, nicht aber für den grenzüberschreitenden Verkehr für zulässig erklärt werden sollten.[40] Dafür spricht ja in der Tat schon, daß die Rechtsangleichung nach Art. 95 EG auf hohem Schutzniveau erfolgt, so daß aus diesem Grund nur wenig Raum bleiben kann für strengere nationale Regeln, die aus zwingenden Gründen des Allgemeinwohls erforderlich sind.[41] Zudem fügt sich dieses Verständnis auch in das Harmonisierungskonzept ein, daß die Kommission im Weiß-

---

[37] So z.B. Art. 8 Abs. 2 KGRL.

[38] Eingehend v.a. *Roth* in: Europäisches Kaufgewährleistungsrecht, S. 123–126. Ferner etwa *Leible* in: Rechtsangleichung und nationale Privatrechte, S. 374; *ders.* Wege, § 5 E III 2 e bb; Grabitz/Hilf II-*Pfeiffer* A 5 (AGBRL) Art. 8 Rn. 1, 20–23; Grabitz/Hilf II-*Martinek* A 13 (TSRL) Art. 11 Rn. 247.

[39] So die Auslegung von *Roth* in: Europäisches Kaufgewährleistungsrecht, S. 126.

[40] *Grundmann* JZ 1996, 274, 277–280; *ders.* Schuldvertragsrecht, 1. Teil Rn. 110–115; *ders.* RabelsZ 64 (2000) 457, 471–476; auch *ders.* ZGR 2001, 783, 798. Für eine generelle Sperrwirkung für den Bereich des Gesellschaftsrechts, begründet aus Art. 43 EG, wohl auch *Steindorff* EuZW 1990, 251, 252 f.

[41] *Leible* in: Rechtsangleichung und nationale Privatrechte, S. 374 („schwer zu widerlegende Indizwirkung"); *Leible/Sosnitza* K&R 1998, 283, 289.

buch zur „Vollendung des Binnenmarkts" von 1985 vorgelegt hatte,[42] das seinerseits der Einführung von Art. 100a EG vorausgegangen war.[43] Ziel der Rechtsangleichung sollte es danach künftig sein, die mitgliedstaatlichen Rechte auf einem Mindeststandard anzugleichen und im übrigen als gleichwertig anzuerkennen.

Die Rechtsprechung hat die hier erörterten Fragen bislang, soweit ersichtlich, nicht unmittelbar angesprochen. Entgegen anderer Auffassung[44] steht auch die Entscheidung *Buet,*[45] in der manche einen Beleg für die Zulässigkeit strengerer nationaler Vorschriften im harmonisierten Bereich sehen, der hier vertretenen Ansicht nicht entgegen[46]. Allerdings hat der EuGH im Fall *Buet* ein nationales Verbot des Haustürvertriebs von Unterrichtsmaterial für zulässig erachtet und damit einen weitergehenden Schutz zugelassen, als ihn die Haustürgeschäfterichtlinie vorschreibt. Indes hat er dies mit der Erwägung begründet, daß der Vertrieb von *Unterrichtsmaterial*[47] eine besondere Regelung rechtfertige. Der Gerichtshof ist m.a.W. davon ausgegangen, daß die Haustürgeschäfterichtlinie den Haustürvertrieb für den speziellen Verkaufsgegenstand nicht schon abschließend regele. Das nationale Verbot lag demnach gar nicht im harmonisierten Bereich. Das ist in der Tat sowohl aus gemeinschaftsrechtlicher als auch aus mitgliedstaatlicher Sicht richtig. Denn sowohl die Gemeinschaft[48] als auch einzelne Mitgliedstaaten[49] sehen den Vertrieb von Unterrichtsmaterial, zumal Fernunterricht, als einen

---

[42] Kommission der EG, Vollendung des Binnenmarktes – Weißbuch der Kommission an den Europäischen Rat, KOM(85) 310 endg., S. 18 f., 27 f.

[43] *Grundmann* RabelsZ 64 (2000) 457, 472 f. S.a. *Troberg* WM 1991, 1745, 1747 f.; *Slot* E.L.Rev. 21 (1996) 378, 389.

[44] *Roth* in: Europäisches Kaufgewährleistungsrecht, S. 123–125. Die weiteren Urteile, auf die *Roth* aaO Fn. 64, verweist, lassen sich, wie der Autor nicht verkennt, nicht als Beleg gegen die hier vertretene Auffassung anführen; *Roth* zieht sie lediglich als Autorität für die Annahme heran, der Gesetzgeber entscheide im Bereich der Produktfreiheiten ausdrücklich über die Zulässigkeit von strengeren Regeln mit Wirkung für den grenzüberschreitenden Sachverhalt. Es geht um die Tabakettikettierungsfälle EuGH v. 22.6.1993 – Rs. C-222/91 *Ministero delle Finanze ./. Philip Morris Belgium* Slg. 1993, I-3469; EuGH v. 22.6.1993 – Rs. C-11/92 *Gallaher* Slg. 1993, I-3445; sowie um EuGH v. 14.7.1998 – Rs. C-389/96 *Aher-Waggon* Slg. 1998, I-4473 (Richtlinie auf der Grundlage von Art. 84 Abs. 2 EGV [Art. 80 Abs. 2 EG]).

[45] EuGH v. 16.5.1989 – Rs. 382/87 *Buet* Slg. 1989, 1235.

[46] I.E. wie hier *Grundmann* RabelsZ 64 (2000) 457, 473, aber mit der – seit *Keck* ebenfalls treffenden – Begründung, daß es in *Buet* um eine Vertriebsregelung ging.

[47] Das französische Verbotsgesetz, um dessen Vereinbarkeit mit den Grundfreiheiten es in *Buet* ging, betraf gerade Fernunterrichtsverträge sowie Umgehungsgeschäfte über den Verkauf von Unterrichtsmaterial; vgl. GA *Tesauro* in: EuGH v. 16.5.1989 – Rs. 382/87 *Buet* Slg. 1989, 1235, 1240 SchlA Tz. 2.

[48] Vorschlag einer Richtlinie betreffend den Schutz der Teilnehmer am Fernunterricht vom 8.8.1977, ABl. 1977 C 208/12; 1980 zurückgezogen. Dieser Vorschlag sah neben einer Art Aufsichtssystem (Art. 2–4 V-FernURL), einem Schriftformerfordernis (Art. 8 V-FernURL), einem Widerrufsrecht (Art. 10 V-FernURL), einem außerordentlichen Kündigungsrecht (Art. 11 V-FernURL) und anderen Schutzvorschriften auch ein Verbot unangekündigter Besuche zu Zwecken von Werbung oder Beratung über Fernunterrichtsverträge oder deren Abschluß vor (Art. 5 V-FernURL).

[49] Zum Schutzbedürfnis (und seiner unzureichenden Befriedigung durch das FernUSG), *Medicus* Schuldrecht I, Rn. 573.

Gegenstand an, der besonderer Regelung bedarf; deswegen bestehen in einzelnen Mitgliedstaaten besondere Regelungen über Fernunterrichtsverträge und hatte auch die Gemeinschaft einmal eine Regelung in Angriff genommen.

cc) Exkurs: Welche Vorgaben über die Sperrwirkung ergeben sich für die Gegenansicht aus Art. 95 EG?

Die hier vertretene Ansicht, nach der die Ausschlusstatbestände in Art. 95 Abs. 4 bis 10 abschließend sind und die Kompetenznorm daher nicht als Grundlage für eine Mindestharmonisierung dienen kann, entspricht nicht der herrschenden Meinung. Auch für die Gegenmeinung ergeben sich aber, wie zumal die Entscheidung zur Tabakwerberichtlinie deutlich macht, aus Art. 95 EG enge Grenzen für die Zulassung strengerer nationaler Regeln im Angleichungsrechtsakt, und zwar aus dem Binnenmarktzweck der Regelung. Enthält ein Angleichungsrechtsakt eine Mindeststandardklausel, so bewirkt die Rechtsangleichung im Bereich dieser Klausel keinen Freiverkehr mit der Folge, daß sie, soweit die Mindeststandardklausel reicht, auch nicht damit begründet werden kann, Hemmnisse für die Grundfreiheiten zu beseitigen.[50] Für den anderen möglichen Regelungszweck, die Vermeidung von Wettbewerbsverzerrungen, hat der EuGH dasselbe nicht mit entsprechender Konsequenz ausgesprochen.[51] Doch spricht auch hier der Binnenmarktzweck grundsätzlich gegen die Mindestharmonisierung, wenn die zu beseitigenden Wettbewerbsverzerrungen gerade auf der Regelungsdisparität beruhen. Ob im Einzelfall ungeachtet dieser Bedenken eine Mindestharmonisierung gleichwohl auf Art. 95 EG gestützt werden kann und ob andernfalls die Mindeststandardklausel noch primärrechtskonform interpretiert werden kann, ist dann je gesondert zu prüfen.

## 2. Andere Kompetenznormen

### *a) Art. 94 EG*

Schwieriger ist die Beurteilung von Rechtsangleichung auf der Grundlage von Art. 94 EG. Von den beiden Gründen, die dagegen sprechen, Art. 95 EG als Kompetenz für Mindestharmonisierung anzusehen – System der Ausscherklauseln und Binnenmarktziel – trifft hier nur einer zu: Auch Art. 94 EG läßt die Rechtsetzung nur zum Zweck der Angleichung von Vorschriften mit Binnenmarktbezug zu. Auch das Binnenmarktziel der Rechtsangleichung aufgrund von Art. 94 EG ist freilich eine – verhältnismäßig enge – Grenze für die Verwendung der Vorschrift als Mindestharmonisierungskompetenz. Zudem kommt die Zulassung von strengeren nationalen Vorschriften durch den Gesetzgeber auch aufgrund von Angleichungsrechtsakten, die auf Art. 94 EG gestützt werden, nur in den von den Grundfreiheiten aufgestellten Schranken in Betracht. Über diese

[50] EuGH v. 5.10.2000 – Rs. C-376/98 *Deutschland ./. Parlament und Rat* Slg. 2000, I-8419 Rn. 101–105 (Tabakwerberichtlinie); *Drexl* in: Greenpaper EU Contract Law (www-Fassung), S. 10–12 (sub II 4).
[51] S. bereits oben, Fn. 32.

Grenzen hinaus kann man Art. 94 EG indes nicht als Beschränkung der Mindestharmonisierung ansehen. Dagegen spricht vor allem das Einstimmigkeitserfordernis, denn man kann nicht davon ausgehen, daß der Vertragsgeber verkannt hätte, daß die Beschränkung auf Mindeststandards und die Zulassung strengerer nationaler Standards auch für den grenzüberschreitenden Verkehr oftmals der Preis für die Einstimmigkeit sein wird.

Daher sprechen hier die besseren Gründe für die Annahme, daß der Gesetzgeber Angleichungsrechtsakte auf der Grundlage von Art. 94 EG auch auf eine Minimumharmonisierung beschränken kann.

### *b) Art. 137, 153 EG*

Klar ist die Rechtslage unter Art. 137 Abs. 2, 5 EG und unter Art. 153 Abs. 3–5 EG. Diese Vorschriften erlauben ausdrücklich die Setzung bloßer Mindeststandards, welche die Mitgliedstaaten nicht daran hindern, strengere Schutzmaßnahmen beizubehalten oder zu ergreifen. Mit den obigen Erwägungen zur Sperrwirkung der auf Art. 95 EG gestützten Rechtsangleichung paßt das nahtlos zusammen, da bei diesen Kompetenznormen von vornherein nicht das Binnenmarktziel im Vordergrund steht, sondern ein bestimmtes Schutzziel (Arbeitsbedingungen/Arbeitsumwelt, Verbraucherschutz). Dann widerspricht es dem Zweck der Gemeinschaftsrechtsetzung auch nicht, wenn die Mitgliedstaaten strengere Schutzmaßnahmen beibehalten oder neu einführen. Ein Minimalschutz des Binnenmarktes ist dadurch gewährleistet, daß strengeres nationales Recht auch in diesen Fällen mit dem Vertrag vereinbar sein muß, d.h. insbesondere zur Erreichung des verfolgten Zwecks erforderlich.

Selbstverständlich ist, daß diese Kompetenznormen eine Mindestharmonisierung nur rechtfertigen können, soweit sie herangezogen werden.[52] Wenn der Gesetzgeber, wie beispielsweise im Fall der Kaufgewährrichtlinie, einen Rechtsakt auf Art. 95 EG stützt und nur in den Begründungserwägungen auf Art. 153 EG verweist, so fließt aus Art. 153 Abs. 5 EG nichts für die Frage, ob strengeres nationales Recht zulässig ist.[53]

## 3. Fazit

Insgesamt ergibt sich so ein sehr schlüssiges Bild über das primärrechtliche Verhältnis von Rechtsangleichung und Sperrwirkung. Nach den Kompetenznormen muß der Gesetzgeber Angleichungsrechtsakte grundsätzliche mit Sperrwirkung ausstatten, wenn

---

[52] Schwarze-*Berg* Art. 153 EG Rn. 19. A.M. *Stauder* FS Reich, S. 597; wohl auch *Micklitz/Reich* EuZW 1992, 593, 598.

[53] Anderes will wohl auch *Roth* in: Europäisches Kaufgewährleistungsrecht, S. 126 nicht begründen; sein Verweis auf Art. 153 Abs. 5 EG dient offenbar nur der Auslegung wörtlich entsprechender Bestimmungen im Sekundärrecht; eine „verfassungsrechtliche Bestätigung" seiner Ansicht zur Mindestharmonisierung aufgrund von Art. 95 EG kann man dann Art. 153 Abs. 5 EG freilich nicht entnehmen.

sie, auf Art. 95 EG gestützt, dem Binnenmarktzweck dienen. Daß die Kompetenznorm von Art. 94 EG entsprechendes nicht (oder doch nur eingeschränkt) fordert, ist allerdings nicht so sehr wertungsmäßig als historisch zu erklären. Soweit hingegen die Kompetenznormen der Rechtsetzung zu spezifischen materiellen Schutzzwecken dienen, ist eine Sperrwirkung ausdrücklich nicht gefordert, entweder, weil die Bindung an den Gemeinschaftsstandard zweckwidrig wäre, da die Gemeinschaft selbst ein hohes Schutzniveau anstrebt (Verbraucherschutz), oder, weil gemeinschaftsweit nur ein Mindeststandard vorgeschrieben ist, die Gemeinschaft aber zugleich die mitgliedstaatliche Autonomie in dem Regelungsbereich respektiert (Sozialschutz).

## II. Sperrwirkung der Grundfreiheiten

Auch soweit der Europäische Gesetzgeber nicht schon aus Kompetenzgründen gebunden ist, seine Rechtsangleichung mit einer Sperrwirkung auszustatten,[54] kann sich diese doch aus den Grundfreiheiten ergeben, soweit die Rechtsangleichung die Vorbehaltsbereiche erschöpft (1). Für die damit entscheidende Frage, wann ein Angleichungsrechtsakt einen Vorbehaltsbereich erschöpft, lassen sich einige allgemeine Anhaltspunkte schon aus rechtlichen Vorgaben entwickeln (2).

### 1. Der Grund einer Sperrwirkung der Grundfreiheiten

Der Europäische Gesetzgeber ist an die primärrechtlichen Vorgaben einschließlich der Grundfreiheiten gebunden.[55] Auch das Sekundärrecht, das der Rechtsangleichung dient, muß daher mit den Grundfreiheiten vereinbar sein (Vorrang des Primärrechts).[56] Ist das Sekundärrecht an die Vorgaben und Schranken des Primärrechts gebunden, so kann die Rechtsangleichung durch das Sekundärrecht auch das nationale Recht nicht von den primärrechtlichen Vorgaben, insbesondere den Grundfreiheiten freistellen. Daher sind zwar mitgliedstaatliche Bestimmungen ihrerseits mit dem Primärrecht vereinbar, wenn sie den Vorgaben eines primärrechtmäßigen Angleichungsrechtsakts entsprechen. Soweit sie hingegen über die Vorgaben des Angleichungsrechtsakts hinausgehen, sind die

---

[54] So nach der oben, I 1 (S. 147–159), begründeten Auffassung für Rechtsakte auf der Grundlage von Art. 95 EG.

[55] Oben, § 5 I 1 (S. 85f.).

[56] Siehe noch EuGH v. 20.6.1991 – Rs. C-39/90 *Denkavit ./. Land Baden-Württemberg* Slg. 1991, I-3069 Rn. 26f. (aber: Beurteilungsspielraum hinsichtlich der Vorgehensweise der Rechtsangleichung); EuGH v. 17.5.1984 – Rs. 15/83 *Denkavit Nederland* Slg. 1984, 2171 Rn. 15; EuGH v. 9.8.1994 – Rs. C-51/93 *Meyhui ./. Schott Zwiesel* Slg. 1994, 662 Rn. 11. Über die Vereinbarkeit der Tabakwerberichtlinie mit den Grundfreiheiten, die die Bundesrepublik bezweifelt hatte, hatte EuGH v. 5.10.2000 – Rs. C-376/98 *Deutschland ./. Parlament und Rat* Slg. 2000, I-8419 nicht mehr zu entscheiden, da das Gericht schon die Gesetzgebungskompetenz verneinte.

mitgliedstaatlichen Regelungen nach den allgemeinen Grundsätzen zu behandeln und also insbesondere auf ihre Vereinbarkeit mit den Grundfreiheiten zu überprüfen.

Strengere nationale Vorschriften, die die Grundfreiheiten beschränken, bedürfen daher der Rechtfertigung, sonst können sie ausländischen Anbietern nicht entgegengehalten werden. Eine Rechtfertigung kann sich nur aus den im EG-Vertrag (z.B. in Art. 30) vorgesehenen oder von der Rechtsprechung (für Maßnahmen gleicher Wirkung) entwickelten (primärrechtlichen) Vorbehaltsbereichen ergeben, vereinfacht gesagt also nur dann, wenn die beschränkenden (beschränkend wirkenden) nationalen Maßnahmen zum Schutz wichtiger Allgemeininteressen zwingend geboten sind.[57] Indessen handelt es sich bei den Vorbehaltsbereichen nicht um Regelungsbereiche, die der Regelungsbefugnis der Gemeinschaft entzogen wären. Da (verhältnismäßige) Beschränkungen der Grundfreiheiten in den Vorbehaltsbereichen gemeinschaftsrechtlich nicht beanstandet werden können, kann man die Vorbehaltsbereiche geradezu als einen Regelungsauftrag an den Gemeinschaftsgesetzgeber ansehen (soweit die Gemeinschaft auch die erforderliche Rechtsetzungskompetenz hat).[58] Umgekehrt heißt das: *Soweit* eine gemeinschaftsrechtliche Regelung die Vorbehaltsbereiche bereits ausschöpft, können strengere einzelstaatliche Regelungen, die gegen die Grundfreiheiten verstoßen, nicht mehr unter Berufung auf die Vorbehaltsbereiche gerechtfertigt werden.[59] Für den grenzüberschreitenden Verkehr bestimmt sich daher der Schutz der in den Vorbehaltsklauseln genannten Allgemeininteressen in diesen Fällen ausschließlich nach den formellen und materiellen Anforderungen des Angleichungsrechtsakts.[60] Nur soweit der Angleichungsrechtsakt den Vorbehaltsbereich noch nicht erschöpft hat, können sich daher Mitgliedstaaten zur Rechtfertigung strengerer nationaler Vorschriften auf die primärrechtlichen Vorbehaltsbereiche berufen.[61]

---

57 S.o., § 5 I 1 (S. 87f.).

58 S.o., § 5 I 1 (S. 87f.).

59 EuGH v. 5.10.1977 – Rs. 5/77 *Tedeschi ./. Denkavit* Slg. 1977, 1555 Rn. 33–35; EuGH v. 3.10.1985 – Rs. 28/84 *Kommission ./. Deutschland* Slg. 1985, 3097 Rn. 25 (Mischfuttermittel); EuGH v. 4.12.1986 – Rs. 220/83 *Kommission ./. Frankreich* Slg. 1986, 3663 Rn. 23–25 (Mitversicherung); EuGH v. 20.9. 1988 – Rs. 190/87 *Moormann* Slg. 1988, 4689 Rn. 10; EuGH v. 11.5.1989 – Rs. 25/88 *Wurmser* Slg. 1989, 1105 Rn. 12; EuGH v. 23.11.1989 – Rs. C-150/88 *Parfümerie Fabrik 4711 ./. Provide* Slg. 1989, 3891 Rn. 28; EuGH v. 20.6.1991 – Rs. C-39/90 *Denkavit Futtermittel ./. Land Baden-Württemberg* Slg. 1991, I-3069 Rn. 19; EuGH v. 5.10.1994 – Rs. C-323/93 *Centre d'Insémination de la Crespelle ./. Coopérative de la Mayenne* Slg. 1994, 5077 Rn. 31. Schwarze-*Becker* Art. 30 EG Rn. 85 f.; *Forwood/Clough* ELR 1986, 383, 393; *Grundmann* Schuldvertragsrecht, 1. Teil Rn. 110–115; Grabitz/Hilf-*Leible* Art. 30 Rn. 10 f. S.a. EuGH v. 23.1.1975 – Rs. 31/74 *Galli* Slg. 1975, 47 (Gemeinsame Organisation der Agrarmärkte).

60 EuGH v. 5.4.1979 – Rs. 148/78 *Ratti* Slg. 1979, 1629 Rn. 36; EuGH v. 3.10.1985 – Rs. 28/84 *Kommission ./. Deutschland* Slg. 1985, 3097 Rn. 25 (Mischfuttermittel); EuGH v. 20.9.1988 – Rs. 190/87 *Moormann* Slg. 1988, 4689 Rn. 11 f.

61 Z.B. EuGH v. 20.6.1991 – Rs. C-39/90 *Denkavit ./. Land Baden-Württemberg* Slg. 1991, 3069 Rn. 20–24.

## 2. Feststellung der Erschöpfung der Vorbehaltsbereiche

Inwieweit ein Gemeinschaftsrechtsakt einen Vorbehaltsbereich bereits ausschöpft (und somit als Rechtfertigungsgrund für strengere mitgliedstaatliche Regelungen ausschließt), ist für die verschiedenen Formen der Rechtsangleichung – Anerkennung als gleichwertig einerseits und Angleichung i.e.S. und Vereinheitlichung andererseits – unterschiedlich zu beantworten. Die Unterscheidung ist freilich nur idealtypisch, und man darf nicht übersehen, daß beide Formen der Angleichung vom Gesetzgeber kombiniert werden können.

### *a) Sekundärrechtliche Anerkennung als gleichwertig als Begrenzung der Vorbehaltsbereiche*

Einfacher liegen die Dinge bei einer sekundärrechtlichen Anerkennung als gleichwertig. Dem Europäische Gesetzgeber steht, wie oben dargestellt,[62] neben der Angleichung i.e.S. auch die Möglichkeit zu Gebote, divergierende nationale Rechtsvorschriften für gleichwertig zu erklären. Die Anerkennung beschränkend wirkender Vorschriften als gleichwertig ist dabei, wie ebenfalls bereits dargelegt,[63] außerhalb der Vorbehaltsbereiche nur deklaratorisch, sie folgt dort schon aus den Grundfreiheiten selbst. Soweit sie sich aber auf nationale Vorschriften bezieht, die in die Vorbehaltsbereiche fallen, ist sie konstitutiv, denn insoweit führen nicht schon die Grundfreiheiten zu einer Anerkennung der divergierenden nationalen Normen als gleichwertig.

Es ist der Regelungsgehalt der Anerkennung als gleichwertig und bedarf daher keiner näheren Begründung, daß die Mitgliedstaaten ihre strengeren nationalen Rechte nicht mehr ausländischen Anbietern entgegenhalten dürfen, die ihr Angebot nach den (als gleichwertig anerkannten) Standards des Heimatlandes gestalten: Soweit der Gemeinschaftsrechtsakt die Anerkennung der divergierenden nationalen Regeln als gleichwertig bestimmt, schöpft er *dadurch* den Vorbehaltsbereich aus. Soweit die Anerkennung als gleichwertig reicht, können sich die Mitgliedstaaten daher nicht mehr auf wichtige Allgemeininteressen (Vorbehaltsbereiche) berufen, um die Anwendbarkeit ihrer strengeren nationalen Regeln gegenüber Anbietern anderer Mitgliedstaaten zu begründen.[64]

Teilweise wird allerdings darauf hingewiesen, daß die Vorbehaltsbereiche primärrechtlich bestimmt sind und daher nicht zur Disposition des Gesetzgeber stünden.[65] Das ist, wie sogleich (b)) näher zu erörtern ist, im Grundsatz richtig, hat aber mit der hier

---

[62] Oben, § 7 III 3 (S. 142–145). Die obige Darstellung bezieht sich primär auf Art. 95 EG, doch haben wir auch die Möglichkeit zur legislatorischen Anerkennung als gleichwertig aufgrund von Art. 94 EG angesprochen. Nach der oben, I (S. 147–159), begründeten Auffassung entfaltet jede Rechtsangleichung auf der Grundlage von Art. 95 EG eine Sperrwirkung, es sei denn, nach Art. 95 Abs. 4–10 EG wäre eine strengere nationale Regelung für den grenzüberschreitenden Verkehr im Harmonisierungsbereich zulässig. Das bedeutet maW, daß mit der Angleichung stets eine gegenseitige Anerkennung „im übrigen" verbunden ist. Der Typologischen Unterscheidung steht das nicht entgegen.

[63] Oben, § 7 III 3 (S. 144f.).

[64] *Hayder* RabelsZ 53 (1989) 622, 689.

[65] *Lurger* Regulierung und Deregulierung, S. 120.

erörterten Frage nichts zu tun. Denn wenn der Gesetzgeber konstitutiv mitgliedstaatliche Regelungen einer Sachfrage als gleichwertig anerkennt, so bedeutet das nicht, daß er damit die Grenzen des primärrechtlich vorgegebenen Vorbehaltsbereich bestimmen würde. Der Regelungsgehalt einer „Anerkennungsvorschrift" ist vielmehr: Der Vorbehaltsbereich der Grundfreiheiten mag so sein oder anders, in jedem Fall haben die Mitgliedstaaten ihre nationalen Rechte als gleichwertig anzuerkennen, soweit die konstitutive gesetzgeberische Anerkennung als gleichwertig reicht. Sind auch die Vorbehaltsbereiche primärrechtlich bestimmt und stehen sie daher nicht zur Disposition des Gesetzgebers, so kann der Gesetzgeber doch dekretieren, daß sie (auch unabhängig davon, wie weit sie reichen) erschöpft sein sollen.[66] Allerdings wird eine Anerkennung als gleichwertig regelmäßig voraussetzen, daß der erforderliche Schutz von Gesundheit, Verbrauchern, Umwelt etc. gewährleistet ist. Daher wird der Europäische Gesetzgeber in der Regel nicht isoliert die gegenseitige Anerkennung vorschreiben können, sondern diese mit einer Regelung der erforderlichen Schutzstandards verbinden müssen.[67]

Die (konstitutive) sekundärrechtliche Anerkennung divergierender mitgliedstaatlicher Rechte als gleichwertig schneidet daher die Vorbehaltsbereiche zurück oder erschöpft sie sogar. Wieweit der Gesetzgeber die Anerkennung als gleichwertig gewollt hat, ist dem Anerkennungsrechtsakt durch Auslegung zu entnehmen. Dabei ist zu beachten, daß der Gesetzgeber die gegenseitige Anerkennung auch konkludent vorschreiben kann.[68] An die Konkludenz sind indes keine geringen Anforderungen zu stellen.[69] Denn auch die Anerkennung ausländischer Vorschriften kann, wie gezeigt,[70] einschneidende Auswirkungen auf das nationale Recht haben.

### b) *Rechtsangleichung i.e.S. als Begrenzung der Vorbehaltsbereiche*

Umstritten ist, welche Auswirkungen die Angleichung i.e.S. und die Vereinheitlichung auf die Vorbehaltsbereiche haben. Die *Reichweite der Vorbehaltsbereiche* ist primärrechtlich bestimmt und steht nicht zur Disposition der Mitgliedstaaten oder der Gemeinschaftsorgane; sie ist vom EuGH festzustellen.[71] Insofern unterscheidet sich die

---

66 Für Art. 95 EG, s.o. § 7 III 3 (S. 142–145).

67 Für Art. 100a: GTE⁴-*Pipkorn* Art. 100a Rn. 17; s.o., § 7 III 3 (S. 144). Nach der hier (oben, I 1 (S. 147–159)) begründeten Auffassung bedarf es einer eigenen Bestimmung der gegenseitigen Anerkennung bei Angleichungsrechtsakten auf der Grundlage von Art. 95 EG/Art. 100a EGV freilich nicht erst.

68 Z.B. EuGH v. 15.12.1976 – Rs. 35/76 *Simmenthal* Slg. 1976, 1871 Rn. 19; *Grundmann* Schuldvertragsrecht, 1. Teil Rn. 119.

69 Tendenziell weiter *Grundmann* JZ 1996, 274, 280. Für Rechtsakte, die eine Angleichung i.e.S. auf der Grundlage von Art. 95 EG bestimmen, sind schon die oben, I 1 (S. 147–159), entfalteten Grundsätze zu beachten.

70 Oben, § 7 III 3 (S. 142).

71 So implizit EuGH v. 16.5.1989 – Rs. 382/87 *Buet* Slg. 1989, 1235 Rn. 12 (Widerrufsrecht reicht normalerweise zum Verbraucherschutz vor Haustürgeschäften aus); *Grundmann* RabelsZ 64 (2000) 457, 460 f. A.M. offenbar *Hohlfeld* VersR 1993, 144, 149 (Bestimmung des Allgemeininteresses sei Sache der Mitgliedstaaten). Sowenig wie das Rechtssystem selbst sind freilich die Vorbehaltsbereiche geschlossen und unveränderlich. Ihre Grenzen können sich durch Wandlungen des Systems sowie durch Veränderung der tatsächlichen Verhältnisse (z.B. Auftreten neuer Gesundheitsgefahren) ändern.

durch die Rechtsangleichung begründete Sperrwirkung *in ihrer Wirkung* ganz grundlegend von jener aufgrund einer gegenseitigen Anerkennung als gleichwertig. Die *Vorschrift der Anerkennung als gleichwertig* ist ein dem Gemeinschaftsgesetzgeber freistehender Rechtsetzungsakt, ob solche Vorschrift gewollt ist, ist daher durch Auslegung des einzelnen Sekundärrechtsakts zu ermitteln (soeben, a)). Ob ein *Angleichungsrechtsakt* ohne solche Vorschrift der Gleichwertigkeit den Vorbehaltsbereich erschöpft, ist eine primärrechtliche Frage, die durch Auslegung des EG-Vertrags zu ermitteln ist.[72]

Ein Angleichungsrechtsakt erschöpft einen Vorbehaltsbereich, wenn er den für dessen Sicherung erforderlichen Schutz selbst bereitstellt. Schwierigkeiten kann die Feststellung der Erschöpfung eines Vorbehaltsbereichs im Einzelfall bereiten. Dafür können das Primärrecht sowie das Verhalten der Gemeinschaft und der Mitgliedstaaten rechtlich begründete Anhaltspunkte bieten. Ein erstes Indiz für die Erschöpfung eines Vorbehaltsbereichs kann man schon dem *Primärrecht* entnehmen. Denn bei der Sekundärrechtsetzung geht die Gemeinschaft ganz allgemein von einem hohen Schutzniveau aus. Für Einzelbereiche heben das Art. 95 Abs. 3, Art. 136, Art. 153[73] und Art. 174 EG hervor, doch wird in diesen Bestimmungen nur der Ausdruck eines allgemeinen Grundsatzes gesehen, der sich schon aus der allgemeinen Bindung der Gemeinschaft ergibt, für eine stetige Besserung der Lebens- und Beschäftigungsbedingungen zu sorgen (Präambel; Art. 2 EG).[74] Wenn aber die Gemeinschaft bei ihrer Rechtsetzung bereits die Erfordernisse – z.B. – des Verbraucherschutzes berücksichtigt oder sogar von einem hohen Schutzniveau ausgegangen ist, so ergibt sich daraus eine kaum zu widerlegende Vermutung, daß bereits der Gemeinschaftsstandard den erforderlichen Schutz bereitstellt und den betreffenden Vorbehaltsbereich somit bereits erschöpft.[75]

Neben primärrechtlichen Vorschriften kann auch der *Angleichungsrechtsakt* selbst Hinweise enthalten, ob – nach der Einschätzung des Europäischen Gesetzgebers, die für das Gericht freilich unverbindlich ist – im harmonisierten Bereich strengeres nationales Recht in Betracht kommt. Für die Zulässigkeit strengeren nationalen Rechts, können die sogenannten Mindeststandardklauseln sprechen, die strengere nationale Vorschriften zulassen.[76] Allerdings muß man hier beachten, daß solche Mindeststandardklauseln, wenn sie in auf Art. 95 EG beruhenden Harmonisierungsmaßnahmen enthalten sind, grundsätzlich nur für den internen Sachverhalt Bedeutung haben, nicht auch für den grenzüberschreitenden (s.o., I 1 b) bb) (3), S. 156–159).

---

[72] Insofern ist es unscharf, wenn *Leible* in: Rechtsangleichung und nationale Privatrechte, S. 374 für „die Annahme einer Konkretisierung des Allgemeininteresses" auf den Willen des Gesetzgebers abstellt: Die „zwingenden Gründe des Allgemeininteresses" sind primärrechtliche Daten, die nicht zur Disposition des Gemeinschaftsgesetzgebers stehen, er kann nur vorschreiben, daß auch über eine Rechtsangleichung hinaus die Mitgliedstaaten einander zwingende Gründe des Allgemeininteresses nicht mehr entgegenhalten dürfen, sondern die nationalen Regelungen als gleichwertig anzuerkennen haben.

[73] *Staudenmayer* RIW 1999, 733, 734 f.

[74] GTE-*Bardenhewer/Pipkorn* Art. 100a Rn. 70; wohl a.M. Schwarze-*Herrnfeld* Art. 95 EG Rn. 32.

[75] *Leible* in: Rechtsangleichung und nationale Privatrechte, S. 374 („schwierig zu widerlegende Indizwirkung"); *Leible/Sosnitza* K&R 1998, 283, 289; a.A. *Günther* CR 1999, 171, 179.

[76] *Roth* ZEuP 1994, 5, 32 f.; *ders.* in: Europäisches Kaufgewährleistungsrecht, S. 125 f.

Ein weiteres Indiz kann schließlich das *Verhalten der Mitgliedstaaten* selbst sein, nämlich die Tatsache, daß ein Mitgliedstaat eine strengere nationale Regelung für erforderlich hält. Bei der Ermittlung, ob die Vorbehaltsbereiche erschöpft sind, hat der EuGH den Zweck der Vorbehaltsklausel zu berücksichtigen, den Mitgliedstaaten ungeachtet der Grundfreiheiten eine Regelungskompetenz zu belassen. Zu dieser Regelungskompetenz gehört auch die Autonomie der Mitgliedstaaten, die in den Vorbehaltsbereichen verwandten unbestimmten Rechtsbegriffe (öffentliche Sittlichkeit, Ordnung und Sicherheit; Verbraucherschutz; ...) mit Rücksicht auf nationale Traditionen und Besonderheiten auszufüllen, also nationale Regelungsziele und die zu deren Erreichung zu verwendenden Mittel selbst zu bestimmen.[77] Gibt der EG-Vertrag hier auch durch die Eingrenzung der Vorbehaltsbereiche und die Beschränkung der Mitgliedstaaten auf die Verwendung verhältnismäßiger Mittel den Rahmen vor, so genießen die Mitgliedstaaten doch einen Beurteilungsspielraum.[78] Auch die Einschätzung des Mitgliedstaats ist für das Primärrecht freilich nicht verbindlich, und der EuGH braucht ihr nicht zu folgen. Wenn aber die Vorbehaltsbereiche ihrem Zweck nach den Mitgliedstaaten einen gewissen Beurteilungsspielraum einräumen, zu bestimmen, was aus Gründen wichtiger Allgemeininteressen zwingend erforderlich ist, dann ist schon die Tatsache, daß ein Mitgliedstaat eine strengere Regelung gewählt hat, aus rechtlichen Gründen von Bedeutung. Dabei ist auch zu beachten, daß die mitgliedstaatlichen Gesetzgeber näher am täglichen Leben sind als der Europäische. Sie werden daher nicht selten tatsächliche und rechtliche Veränderungen, die sich auf die Bestimmung des Allgemeininteresses oder das Maß des zu seinem Schutz Erforderlichen auswirken,[79] eher wahrnehmen. Auch deshalb kann schon der Tatsache, daß ein Mitgliedstaat eine strengere Regelung gewählt hat, ein – freilich nur schwaches und widerlegeliches – Indiz für deren Rechtfertigung sein.

Diese Indizien dürfen indes nicht überbewertet werden oder den Blick darauf verstellen, daß die Abgrenzung der Vorbehaltsbereiche eine *Rechtsfrage* ist, bei deren Beantwortung zwar ein mitgliedstaatlicher Autonomiebereich zu achten ist, die aber nicht zur Disposition der Mitgliedstaaten oder der ebenfalls primärrechtlich gebundenen Gemeinschaftsorgane steht.

---

[77] EuGH v. 14.12.1979 – Rs. 34/79 *Henn und Darby* Slg. 1979, 3795 Rn. 15; EuGH v. 11.3.1986 – Rs. 121/85 *Conegate* Slg. 1986, 1007 Rn. 15; EuGH v. 4.12.1974 – Rs. 41/74 *van Duyn* Slg. 1974, 1337 Rn. 18/19; Schwarze-*Becker* Art. 30 EG Rn. 9; Schwarze-*Schlag* Art. 46 EG Rn. 7; Schwarze-*Schneider/Wunderlich* Art. 39 EG Rn. 123; Grabitz/Hilf-*Leible* Art. 30 Rn. 12.

[78] Deshalb kann es für die Bestimmung sowohl des (nationalen) Allgemeininteresses als auch der Verhältnismäßigkeit auch die Feststellung keine Rolle spielen, daß ein anderer Mitgliedstaat in demselben Bereich eine weniger einschneidende Maßnahme gewählt hat; so implizit auch EuGH v. 16.5.1989 – Rs. 382/87 *Buet* Slg. 1989, 1235 Rn. 10–16.

[79] Die Veränderlichkeit des zum Schutz wichtiger Allgemeininteressen Erforderlichen liegt in der Natur der Sache; verfassungsrechtlich anerkannt ist sie jetzt, wenn auch eingeschränkt, in Art. 95 Abs. 5 EG.

### c) *Rechtsprechung des EuGH*

Der Rechtsprechung des EuGH zu strengeren nationalen Regelungen sind diese Erwägungen nicht unmittelbar zu entnehmen.[80] In seinen apodiktischen Aussagen gibt das Gericht meist nur das Ergebnis seiner Erwägungen wieder, nicht aber den Begründungsweg. Der Gerichtshof begnügt sich oftmals mit der Feststellung, daß der Gemeinschaftsrechtsakt strengere nationale Maßnahmen – sei es in einer Mindeststandardklausel oder in Form eines Umsetzungsspielraums –[81] zugelassen hat, und prüft strengere nationale Regelungen, die eine Beschränkung von Grundfreiheiten enthalten, ggf. auf ihre Rechtfertigung durch die Vorbehaltsbereiche.[82] Sachnäher ist es, wenn der Gerichtshof zunächst feststellt, um welches der von den Vorbehaltsbereichen anerkannten Schutzgüter es geht, um sodann zu erörtern, inwieweit die Gemeinschaftsregelung seinem Schutz dient. Dafür untersucht das Gericht die Reichweite der Regelung (vollständiges System oder Teilregelung)[83], aus der sich ergibt, ob der Vorbehaltsbereich schon voll ausgeschöpft ist.[84] Zutreffend wird bei dieser Analyse die Richtlinienregelung nicht als normative Aussage über die Ausschöpfung des Vorbehaltsbereichs genommen, sondern als Anhalt für die Beantwortung dieser Frage.

Schwierig einzuordnen ist allerdings die Entscheidung *GB-INNO*, in der der EuGH zunächst feststellt, daß Informationsvorschriften ein zentrales Verbraucherschutzinstru-

---

[80] Dazu neben dem folgenden noch *Weatherill/Beaumont* EU Law, S. 544–546.

[81] Vgl. EuGH v. 22.6.1993 – Rs. C-222/91 *Ministero delle Finanze ./. Philip Morris Belgium* Slg. 1993, I-3469; EuGH v. 22.6.1993 – Rs. C-11/92 *Gallaher* Slg. 1993, I-3445.

[82] EuGH v. 5.10.1977 – Rs. 5/77 *Tedeschi ./. Denkavit* Slg. 1977, 1555 Rn. 36–46; EuGH v. 5.4.1979 – Rs. 148/78 *Ratti* Slg. 1979, 1629 Rn. 34–38 (Vorbehaltsbereich ausgeschöpft, Zulässigkeit strengerer nationaler Regeln nur nach der Richtlinie zu überprüfen); EuGH v. 12.6.1980 – Rs. 88/79 *Grunert* Slg. 1980, 1827 Rn. 8 (Richtlinie enthält nur Teilharmonisierung); EuGH v. 10.3.1983 – Rs. 172/82 *Fabricants raffineurs d'huile de graissage ./. Inter-Huiles* Slg. 1983, 555 Rn. 9–12; EuGH v. 30.11.1983 – Rs. 227/82 *van Bennekom* Slg. 1983, 3883 Rn. 35 (ohne nähere Erörterung keine Erschöpfung des Vorbehaltsbereichs annehmend); EuGH v. 16.5.1989 – Rs. 382/87 *Buet* Slg. 1989, 1235 Rn. 16; EuGH v. 13.12.1990 – Rs. C-237/89 *Pall ./. Dallhausen* Slg. 1990, I-4827 Rn. 22 (®-Zeichen; nur Minimumharmonisierung, Grundfreiheitenkontrolle im übrigen); EuGH v. 12.10.1995 – Rs. C-85/84 *Piageme II* Slg. 1995, I-2955 Rn. 14–20 (implizite Annahme, der Vorbehaltsbereich sei durch die Richtlinie erschöpft); EuGH v. 14.7.1998 – Rs. C-389/96 *Aher-Waggon ./. Bundesrepublik Deutschland* Slg. 1998, I-4473 (Art. 3 Abs. 1 Richtlinie 80/51 zur Verringerung der Schallimmissionen von Unterschallflugzeugen).

[83] EuGH v. 13.1.2000 – Rs. C-220/98 *Estée Lauder ./. Lancaster* Slg. 2000, I-117 Rn. 23; EuGH v. 2.2.1994 – Rs. C-315/92 *Clinique* Slg. 1994, I-317 Rn. 11; EuGH v. 23.11.1989 – Rs. C-150/88 *Parfümerie-Fabrik 4711* Slg. 1989, 3891 Rn. 28 (Richtlinie 76/768 hat eine abschließende Harmonisierung der nationalen Bestimmungen über die Verpackung und Etikettierung kosmetischer Mittel herbeigeführt); s.a. die Beispiele bei *Weatherill/Beaumont* EU Law, S. 544–546.

[84] EuGH v. 5.10.1994 – Rs. C-323/93 *Centre d'insémination de la Crespelle ./. Département de la Mayenne* Slg. 1994, I-5077 Rn. 32–39. Auch die Versicherungsurteile, die *Grundmann* JZ 1996, 274, 280 und *ders.* Schuldvertragsrecht, 1. Teil Rn. 112 als Beleg für seine weitergehende Ansicht heranzieht, lassen sich mit der hier vertretenen Auffassung erklären; sie können sogar als Beleg dafür dienen, denn nach der Auffassung *Grundmanns* müßte sich doch die Erklärung (als selbstverständlich) erübrigen, die Minimumharmonisierung genüge den Allgemeininteressen.

ment der Gemeinschaft darstellen, und daraus schließt, eine mitgliedstaatliche Regelung, die dem Verbraucher den Zugang zu Informationen (Werbung unter Angabe des Vorpreises) versperre, könne nicht als aus zwingenden Gründen des Allgemeininteresses gerechtfertigt angesehen werden.[85] Das scheint darauf hinzudeuten, daß doch die vom EG-Vertrag konstituierte Gemeinschaft selbst die Vorbehaltsbereiche definiere und diese nicht schon primärrechtlich vorgegeben seien. Indes erweist sich der Verweis auf die Verbraucherschutzaktivitäten als irreführend. Angesichts der bereits bestehenden gemeinschaftsrechtlichen Regelung über irreführende Werbung war zunächst zu prüfen, ob diese den umstrittenen Sachverhalt von ihrem Anwendungsbereich her erfaßt. Ist dies – wie hier anzunehmen – der Fall, so ist zweitens zu prüfen, ob die Werbungsrichtlinie den Vorbehaltsbereich „Verbraucherschutz" bereits erschöpft. Dafür sprechen im Regelungsbereich der Richtlinie ungeachtet der Mindeststandardklausel[86] gute Gründe, so daß die Prüfung an dieser Stellen enden würde: Strengere nationale Vorschriften könnten dann ausländischen Anbietern nicht entgegengehalten werde, da sie die Grundfreiheiten beeinträchtigen und nicht gerechtfertigt sind. Nimmt man an, der Vorbehaltsbereich sei noch nicht erschöpft, so wäre weiter zu prüfen (und i.E. zu verneinen) gewesen, ob die mitgliedstaatliche Regelung zum Schutz wichtiger Allgemeininteressen erforderlich ist (Verhältnismäßigkeit). Für diese Fragen gibt die Feststellung, daß die Gemeinschaft weitgehend auf Information setzt, nichts her. Wie das gemeinschaftsrechtliche Verbot irreführender Werbung zeigt, folgt aus der Tatsache, daß die Gemeinschaft Information als ein wesentliches Mittel des Verbraucherschutzes betrachtet, eben nicht, daß Informationszugangsbeschränkungen (wie Werbeverbote) nicht unter Berufung auf zwingende Allgemeininteressen begründet werden können. Die pauschale Aussage zu den Aktivitäten der Gemeinschaft verschleiert nur die Fragestellung. Wollte man die mitgliedstaatlichen Gesetzgeber binden, in den Vorbehaltsbereichen der Rechtspolitik der Gemeinschaft positiv zu folgen, so würde das die Vorbehaltsbereiche geradezu sinnlos machen. Eine andere Frage ist, ob die Mitgliedstaaten nicht aus anderen Gründen die Pflicht haben, die Rechtspolitik der Gemeinschaft nicht zu konterkarieren.[87] Ein solches „Frustrationsverbot" ist in der Tat aus dem Grundsatz der effektiven Umsetzung von Gemeinschaftsrechtsakten abzuleiten; das ist sogleich (III) näher zu begründen. Die auf dem Gebot der effektiven Umsetzung beruhende Bindung der Mitgliedstaaten ist indes doppelt begrenzt, zum einen dadurch, daß sie nur gleichsam negativ darauf gerichtet ist, sich der Gemeinschaft nicht entgegenzustellen, und zum anderen, weil die Gemeinschaftstreue die Mitgliedstaaten nicht verpflichtet, eigene gleichrangige Interessen hintanzustellen.

---

[85] EuGH v. 7.3.1990 – Rs. C-362/88 *GB-INNO-BM* Slg. 1990, I-667 Rn. 18.

[86] Eine Mindeststandardklausel enthielt bereits die ursprüngliche Richtlinie 84/450/EWG des Rates vom 10.9.1984 zur Angleichung der Rechts- und Verwaltungsvorschriften der Mitgliedstaaten über irreführende Werbung, ABl. 1984 L 250/17.

[87] In diese Richtung EuGH v. 12.6.1980 – Rs. 88/79 *Grunert* Slg. 1980, 1827 Rn. 10; EuGH v. 18.12.1997 – Rs. C-129/96 *Inter-Environnement Wallonie ASBL* Slg. 1997, I-7411 Rn. 44 f. Zum Frustrationsverbot unter dem Gesichtspunkt der Vorwirkung, um die es in der Entscheidung eigentlich ging, eingehend *Neuner* in: Kontinuität im Wandel, S. 83–112.

## III. Sperrwirkung des Gebots zur effektiven Umsetzung des Gemeinschaftsrechts

Das so entwickelte Verhältnis von Rechtsangleichung und strengerem nationalen Recht beruht zum einen auf Kompetenznormen des EG-Vertrags und zum anderen auf der Grundfreiheitendogmatik. Die Rechtsangleichung sperrt strengeres nationales Recht für den grenzüberschreitenden Verkehr grundsätzlich, wenn sie auf Art. 95 EG gestützt wird oder soweit sie die Vorbehaltsbereiche der Grundfreiheiten erschöpft. Das heißt aber, daß eine solche Sperrwirkung nicht schon von Primärrechts wegen mit jeder Rechtsangleichung einhergeht. Keine Sperrwirkung besteht, wenn der Angleichungsrechtsakt auf einer anderen Kompetenznorm als Art. 95 EG beruht und entweder schon keine Grundfreiheitenrelevanz hat oder doch den Vorbehaltsbereich nicht schon erschöpft. Zu denken ist an Bestimmungen des international dispositiven Vertragsrechts,[88] wie z.B. zahlreiche Regeln der Handelsvertreterrichtlinie[89]. Unter dem Gesichtspunkt der Grundfreiheiten ebenfalls nicht zu beanstanden sind, wie bereits eingangs angesprochen, nationale Vorschriften, die nur den inländischen, nicht aber ausländischen Anbietern strengere Regelungen aufbürden (oben, vor I, S. 146).

Grenzen für strengere nationale Vorschriften können sich in solchen Fällen aus dem Angleichungsrechtsakt i.V.m. dem primärrechtlichen Gebot der effektiven Umsetzung ergeben (Art. 10, 249 EG)[90]. Mit dem Gebot der effektiven Umsetzung sind gegenüber ausländischen Anbietern anwendbare strengere nationale Regeln dann nicht vereinbar, wenn der Angleichungsrechtsakt einen Sachverhalt erschöpfend regeln soll oder – z.B. um Wettbewerbsverfälschungen zu vermeiden – nicht nur einen Mindest-, sondern einen Höchststandard einführen will.[91] Das ist unproblematisch dann der Fall, wenn der Rechtsakt es selbst ausdrücklich bestimmt. Auch ohne solche ausdrückliche Bestimmung kann der Rechtsangleichung aber im Wege der Auslegung zu entnehmen sein, daß strengere Regeln unzulässig sind, z.B. weil das zwar nicht dem Wortlaut, aber dem Zweck der Regelung zuwider laufen würde. Die Handelsvertreterrichtlinie bildet ein Beispiel für eine solche Beschränkung der Zulässigkeit von strengeren nationalen Regeln. In Art. 13 Abs. 2 eröffnet diese Richtlinie den Mitgliedstaaten die Möglichkeit, die Schriftform als Wirksamkeitsvoraussetzung für den Handelsvertretervertrag zu bestimmen.[92] Der EuGH sieht darin zugleich eine Sperre für strengere Förmlichkeitsvorschriften des nationalen Rechts, insbesondere die Registereintragung.[93] Ein weiteres

---

[88] Dazu oben, § 5 II 2 c (S. 99–101).

[89] Zum international zwingenden Charakter des Ausgleichsanspruchs aber oben, § 6 II 3 b a.E. (S. 130f.). Rechtsgrundlage für die Richtlinie waren Art. 57 Abs. 2, 100 EGV (Art. 47 Abs. 2, 94 EG).

[90] Dazu noch unten, § 12 B (S. 267–275).

[91] Zur Ermittlung, ob Gemeinschaftsrechtsakte strengeres nationales Recht zulassen noch *Bleckmann* ZGR 1992, 364, 372 f.; *Merkt* RabelsZ 61 (1997) 647–684 (Subsidiaritätsprinzip als normatives Auslegungskriterium).

[92] I.E. unten, § 14 I 2 a bb (S. 322f.).

[93] EuGH v. 30.4.1998 – Rs. C-215/97 *Bellone* Slg. 1998, I-2191 Rn. 14 f.; EuGH v. 13.7.2000 – Rs. C-456/98 *Centrosteel* Slg. 2000, I-6007 Rn. 14.

Beispiel bildet der Tabaketikettierungsfall *Gallaher*:[94] Da das englische Recht strengere nationale Vorschriften nur für inländische Produkte vorsah, nicht hingegen für importierte, lag darin keine Einfuhrbeschränkung oder Maßnahme gleicher Wirkung, sie führte lediglich zu gewissen Wettbewerbsverfälschungen zum Nachteil inländischer Produkte. Unter Art. 28 EG war das nicht zu beanstanden, und auch die Pflicht zur effektiven Umsetzung der Tabaketikettierungsrichtlinie stand strengeren Regeln für nationale Sachverhalte nicht entgegen.[95]

Die *Reichweite* einer möglichen Sperrwirkung für strengeres nationales Recht ist in diesem Fall dem Angleichungsrechtsakt zu entnehmen. Während die Grundfreiheiten nur dazu führen, daß strengere nationale Vorschriften *ausländischen* Anbietern nicht entgegengehalten werden können, kann sich eine auf dem Gebot der effektiven Umsetzung des Gemeinschaftsrechts beruhende Sperre auch auf nationale Sachverhalte erstrecken. So ist es in dem genannten Beispielsfall des Erfordernisses einer Registereintragung für Handelsvertreter. Wie *Gallaher* zeigt, ist das indes nicht notwendig der Fall, auch aus dem Gebot der effektiven Umsetzung kann sich ergeben, daß strengere nationale Regeln zwar für den Auslandssachverhalt, nicht aber für nationale Sachverhalte unzulässig sind.[96]

An die Annahme einer Sperrwirkung des Gebots der effektiven Umsetzung i.V.m. einem Angleichungsrechtsakt sind indes keine geringen Anforderungen zu stellen. Denn in diesem Fall muß sich aus dem Angleichungsrechtsakt nicht lediglich ergeben, daß der Vorbehaltsbereich erschöpft ist und deswegen die Grundfreiheiten eine Sperrwirkung für die Anwendung strengerer nationaler Regeln gegenüber ausländischen Anbietern entfalten. Da in dieser Fallgruppe die Grundfreiheiten gar nicht berührt sind, muß schon die Sperrwirkung selbst dem Angleichungsrechtsakt entnommen werden. Anders als im grundfreiheitenrelevanten Bereich folgt die Sperrwirkung hier nicht aus einem rechtlichen Automatismus, sondern ist positiv zu begründen.

---

94 EuGH v. 22.6.1993 – Rs. C-11/92 *Gallaher* Slg. 1993, I-3545.

95 So die Analyse von *Franzen* Privatrechtsangleichung, S. 48.

96 Die Tabakettikettierungsrichtlinie hatte das erkennbar zugelassen; vgl. jetzt Art. 5, 13 Richtlinie 2001/37/EG des Europäischen Parlaments und des Rates vom 5. Juni 2001 zur Angleichung der Rechts- und Verwaltungsvorschriften der Mitgliedstaaten über die Herstellung, die Aufmachung und den Verkauf von Tabakerzeugnissen, ABl. 2001 L 194/26.

# § 9 Rechtspolitischer Überblick

Sind damit die wesentlichen rechtlichen Vorgaben für die Rechtsangleichung geklärt, so ist vor der Erörterung des Harmonisierungskonzepts im geltenden Recht (in § 10) endlich noch die rechtspolitische Diskussion zu skizzieren. Denn die rechtlichen Vorgaben ergeben nur einen Rahmen, den der Europäische Gesetzgeber aufgrund von rechtspolitischen Erwägungen ausfüllen kann. In der Diskussion unterschiedlicher Harmonisierungsmodelle ist zu beobachten, daß von den zahlreichen Sachargumenten, die ins Feld geführt werden, oftmals nur einzelne herausgegriffen werden, die das jeweils favorisierte Modell tragen. Deshalb sollen hier die Harmonisierungsmodelle (I) und die Sachgründe, die für oder gegen eine mehr oder weniger weitgehende Harmonisierung sprechen (Harmonisierungsgründe; II) getrennt erörtert werden. Einige Folgerungen aus dieser Untersuchung sind abschließend (III) zu ziehen.

## I. Modelle der Vertragsrechtsangleichung in der rechtspolitischen Diskussion

### 1. Gegenseitige Anerkennung

Den geringsten Aufwand für den Europäischen Gesetzgeber und den geringsten Eingriff in die nationalen Privatrechtsordnungen bedeutet es, die Vertragsrechte der Mitgliedstaaten schlichtweg gegenseitig anzuerkennen und auf eine Harmonisierung vollständig zu verzichten. Vor allem für die ursprüngliche Sechser-Gemeinschaft, bestehend aus Belgien, der Bundesrepublik Deutschland, Frankreich, Italien, Luxemburg und den Niederlanden, lag ein solcher Verzicht auf Rechtsangleichung nicht fern, konnten sich diese Staaten doch im Bereich des *allgemeinen* Vertragsrechts – soweit es nicht um vertragsrechtliche Normen mit regulierender Funktion geht – ungeachtet der zahlreichen Unterschiede in Einzelheiten auf eine gemeinsame Wurzel ihrer Vertragsrechte im römischen Recht verlassen und auf die Gleichwertigkeit ihrer Vertragsrechte vertrauen.[1] In der Tat findet sich in den Römischen Verträgen, sieht man von der Bestimmung des Art. 54 Abs. 3 lit. g) EWGV (heute Art. 44 Abs. 2 lit. g) EG) ab, keine spezifische Grundlage für eine Angleichung des Privatrechts. Eine Vereinheitlichung des Vertragsrechts

---

[1] *Kilian* in: Systembildung, S. 429 f.; *Schmidt-Leithoff* FS Rittner, S. 606; *Tilmann* FS Oppenhoff, S. 499 f. („intaktes Erbe“). Auf der Annahme einer gemeinsamen Rechtstradition beruht das „Common Core“-Projekt; dazu *Bussani/Mattei* Col.J.Eu.L 3 (1997/98) 339–356; sowie zum Beispiel der erste Band der Serie: Zimmermann/Whittaker (Hrsg.) Good Faith in European Contract Law – The Common Core of European Private Law (2000). Anderes galt freilich schon zu Zeiten der Sechsergemeinschaft für das *regulierende* Privatrecht, etwa das Arbeits- oder Mietrecht.

stand denn auch über lange Zeit nicht auf dem Programm der Gemeinschaften.[2] Infolge der *Cassis de Dijon* Entscheidung,[3] in der der EuGH die Kompetenz der Mitgliedstaaten gestärkt hat, im nicht-harmonisierten Bereich selbst aufgrund „zwingender Erfordernisse“ die erforderlichen Schutzvorschriften aufzustellen („‚Vertrauensprinzip‘ zwischen den Mitgliedstaaten“), hat das Modell der gegenseitigen Anerkennung wieder größeren Zuspruch erfahren. Nicht zuletzt war diese Entscheidung Anlaß für die Kommission, eine „Neue Strategie“ auszuarbeiten, nach der nur noch das für unabdingbar erachtete Minimum harmonisiert werden sollte, während die Mitgliedstaaten in dem verbleibenden Bereich ihre nationalen Regelungen gegenseitig anerkennen.[4]

## 2. Kollisionsrechtsvereinheitlichung

Nur unwesentlich über das minimalistische Konzept der gegenseitigen Anerkennung hinaus geht die Beschränkung der Rechtsvereinheitlichung auf das Internationale Vertragsrecht. Der gegenseitigen Anerkennung ist die Kollisionsrechtsvereinheitlichung durchaus insoweit vergleichbar, als sie eine grundsätzlichen Achtung der anderen Vertragsrechte als gleichwertig bedeutet, da derselbe Anknüpfungspunkt je nach Sachverhalt zur Anwendung inländischen oder fremden Rechts führen kann.[5] Soweit freilich ein vereinheitlichtes Kollisionsrecht – wie das EVÜ z.B. in Art. 5–7 – zwingende Statute zuläßt, setzt sich indes das nationale Recht durch und wird daher das ausländische Recht nicht als gleichwertig anerkannt.[6]

Durch die Vereinheitlichung des Internationalen Privatrechts wird sichergestellt, daß das anwendbare Recht in allen Mitgliedstaaten gleich bestimmt wird. Für das Vertragsrecht würde die Beschränkung auf eine Kollisionsrechtsvereinheitlichung im wesentlichen bedeuten, daß alles bleibt wie es ist, liegt doch mit dem Europäischen Vertragsrechtsübereinkommen seit 1991 ein Europäisches Internationales Vertragsrecht vor.[7] Die Vollendung der Rechtsangleichung bestünde dann lediglich darin, das System des EVÜ zu verbessern und die in einzelnen Rechtsakten versprengten speziellen Kollisionsnormen zu integrieren.

---

[2] Vgl. *Hallstein* RabelsZ 28 (1964) 211–231, der die Angleichung des Privatrechts noch eigens rechtfertigt und in seiner Darstellung im übrigen nicht das Vertragsrecht, sondern vor allem Gesellschaftsrecht, Wettbewerbs- und Kartellrecht und den gewerblichen Rechtsschutz anspricht.

[3] EuGH v. 20.2.1979 – Rs. 120/78 *Rewe ./. Bundesmonopolverwaltung für Branntwein* Slg. 1979, 649.

[4] Dazu schon oben, § 7 III 3 (S. 142f.) und noch nachfolgend, § 10 A II 1 a (S. 216f.).

[5] *Taupitz* JZ 1993, 533, 538 f.; ferner – Grenzen aufzeigend – *Leible* JbJZ 1995, 251. S.a. den Hinweis von *Rehbinder* JZ 1973, 151, 153. Ferner *Basedow* RabelsZ 52 (1988) 8, 9 *et passim* (Auflösung der gegenseitigen Anerkennung durch Eingriffsnormen).

[6] Zu den Unterschieden zwischen der kollisionsrechtlichen Wirkung der Grundfreiheiten (gegenseitige Anerkennung) und dem Kollisionsrecht *Grundmann* RabelsZ 64 (2000) 457, 460 f.

[7] Siehe oben, § 3 I 2 c bb (S. 39–41) und § 6 (S. 120–131).

## 3. Sachrechtsharmonisierung oder -vereinheitlichung

### a) *Reichweite der Harmonisierung*

Drittens kommt schließlich die Sachrechtsvereinheitlichung in Betracht. Auf der Grundlage der zwei Koordinaten der Auswahl der Regelungsbereiche und der Intensität der Regelung kann man eine Vielzahl von Harmonisierungsmodellen entwickeln, die hier als Regelungstypen vorgestellt werden, die freilich teilweise auch kombiniert werden können.[8]

Für die *Auswahl der Regelungsbereiche* kommen zahlreiche Kriterien in Betracht. So kann der persönliche Anwendungsbereich auf bestimmte Personengruppen (Verbraucher, Unternehmen), der sachliche Anwendungsbereich auf bestimmte Vertragstypen (Kaufvertrag, Dienstvertrag), bestimmte Branchen (Kfz-Handel), bestimmte Vermarktungsformen (Direktvertrieb) oder bestimmte Transaktionen (grenzüberschreitende Geschäfte) beschränkt sein. Die Regelung kann bestimmte Einzelaspekte (z.B. den Vertragsschluß) oder den gesamten Regelungsbereich (z.B. das Handelsvertragsrecht, das gesamte Vertragsrecht) erfassen.

Innerhalb der ausgewählten Regelungsbereiche können sich je nach *Intensität der Regelung* zahlreiche Varianten der Rechtsangleichung ergeben. Hier kann man sowohl hinsichtlich der Rechtsform als auch hinsichtlich des Inhalts der Regelung verschiedene Stufen unterscheiden.[9] Hinsichtlich der Rechtsform bedeutet das unverbindliche Modellgesetz, das auch in Form einer Empfehlung (Art. 249 Abs. 5 EG) vorgestellt werden kann, die geringste Regelungsintensität.[10] Bei der Wahl der Richtlinie hängt die Regelungsintensität davon ab, wie detailliert die Vorschriften ausgestaltet sind, und

---

[8] Ein „System Europäischer Vertragsrechte", verstanden als ein organisiertes Zusammenspiel zentralisierten Vertragsrechts der Gemeinschaft und dezentralisierter Vertragsrechte der Mitgliedstaaten, beruhend auf der Unterscheidung zwischen dispositivem Recht, zwingenden Informationsvorschriften und zwingenden Inhaltsvorschriften, stellen jetzt vor *Grundmann/Kerber* in: Greenpaper EU Contract Law (www-Fassung); *Grundmann* NJW 2002, 393–396. Ein schrittweises Vorgehen skizziert *von Bar* in: Greepaper EU Contract Law (www-Fassung).

[9] Im Anschluß an *Streinz* Mindestharmonisierung, S. 18 f. und Grabitz-Hilf (Maastricht)-*Langeheine* Art. 100 Rn. 57–62 kann man zwischen folgenden Typen unterscheiden:

| | | | | | |
|---|---|---|---|---|---|
| 1. Ebene | Absolute Harmonisierung | Harmonisierungstypen mit Öffnungsklauseln | | | |
| 2. Ebene | | Vollharmonisierung | Teilharmonisierung | | |
| 3. Ebene | | | optionelle Harmonisierung | fakultative Harmonisierung | Mindestharmonisierung |

S. ferner die schöne Kategorisierung von *Slot* E.L.Rev. 21 (1996) 378, 382–388.

[10] Für die Verwendung von Modellgesetzen etwa *Kronstein* FS Hallstein, S. 275–303; s.a. *Zweigert* FS Dölle II, S. 411 f. Eine Empfehlung hatte der Europäische Gesetzgeber z.B. zunächst zur Regelung des Rechts der grenzüberschreitenden Überweisung gewählt; Empfehlung 90/109/EWG der Europäischen Kommission vom 14.2.1990, ABl. L 67/39.

davon, ob sie Mindeststandards oder Höchststandards setzt.[11] Die intensivste Regelungsform ist die Verordnung, da sie innerstaatlich verbindliches Recht setzt, doch kommen auch hier graduelle Unterschiede je nach den Regelungsspielräumen in Betracht, die die Verordnung offen läßt.[12] Hinsichtlich des Regelungsinhalts kommen im Vertragsrecht zwingende und dispositive Vorschriften in Betracht, die zwingenden Vorschriften können sich auf formale Vorgaben beschränken oder den Vertragsinhalt selbst betreffen. Schließlich kann die Regelungsintensität dadurch variieren, daß der Europäische Gesetzgeber und/oder die Mitgliedstaaten von den Ausscherklauseln des Art. 15 und des Art. 95 Abs. 4–6 und 10 EG Gebrauch machen.[13]

### *b) Einige vorgeschlagene Regelungsmodelle*

Auf der niedrigsten Stufe der Regelungsintensität steht der Verzicht auf jegliche Harmonisierung; die mitgliedstaatlichen Rechte können sich dann nach den Präferenzen der Regelungsadressaten unterschiedlich entwickeln oder ggf. auch autonom angleichen.[14] Nur unwesentlich darüber hinaus geht der Vorschlag, vorzugsweise das Kollisionsrecht anzugleichen, nur nachrangig das Sachrecht.[15] Für die eigentlich schwierige Grenzziehung gibt indes der Grundsatz, „soviel Kollisionsrechtsvereinheitlichung wie möglich und nur soviel Sachrechtsvereinheitlichung wie nötig",[16] nicht mehr als eine Tendenz an. Spezifischer ist demgegenüber die Beschränkung der Sachrechtsvereinheitlichung auf das international zwingende Recht.[17]

Zwischen diesem Modell und dem sehr viel weitergehenden Modell einer Vereinheitlichung des Vertragsrechts klafft eine gewisse Kluft. Sie wird dadurch verringert, daß viele Verfechter eines Europäisches Zivilgesetzbuchs (EuZGB) oder Europäischen Vertragsgesetzbuchs (EuVGB) dessen Anwendungsbereich (zunächst) beschränken wollen, so als EuZGB/EuVGB für den grenzüberschreitenden Verkehr oder als Wahlrechtsordnung („16. Modell"[18]),[19] als Europäisches Handelsgesetzbuch (für das Recht der

---

[11] Kritisch zum Angleichungserfolg von Richtlinien *Niglia* ERPL 2001, 575–599. Ferner etwa die Beiträge in *Canaris/Zaccaria* Die Umsetzung von zivilrechtlichen Richtlinien der Europäischen Gemeinschaft in Italien und Deutschland (2002).

[12] Siehe z.B. die EWIV-VO, nach der nachrangig das anwendbare nationale Recht zum Zuge kommt (Art. 2).

[13] Siehe oben, § 8 (S. 146–170).

[14] R. *Van den Bergh* in: Greenpaper EU Contract Law (www-Fassung).

[15] *Koch* ERPL 1995, 329–342.

[16] *Taupitz* JZ 1993, 533, 539.

[17] So – freilich nicht in erster Linie als rechtspolitischer Entwurf, sondern als Erklärung des Harmonisierungskonzepts im positiven Recht – *Grundmann* Schuldvertragsrecht, 1. Teil Rn. 25–30 (dazu noch nachfolgend, § 10 A) (S. 211–232); *Kirchner* in: Europäisches Vertragsrecht, S. 103, 115.

[18] Zur Bezeichnung *Remien* ZfRV 1995, 116, 122.

[19] *Drobnig* FS Steindorff, 1141, 1147; *ders.* ERPL 1997, 489, 492; *ders.* Private Law in the European Union, S. 21f.; *Grundmann/Kerber* in: Greenpaper EU Contract Law (www-Fassung); *Kirchner* in: Greenpaper EU Contract Law (www-Fassung); *Leible* EWS 2001, 471, 478f.; *Müller-Graff* Privatrecht und Europäisches Gemeinschaftsrecht, 35; *Schulte-Nölke* JZ 2001, 917, 919 (zunächst opt-in

zweiseitigen Handelsgeschäfte),[20] als Europäisches Verbrauchergesetzbuch[21] oder als EuZGB/EuVGB mit nationaler Abänderungbefugnis.[22] Nicht nur vereinzelt wird aber auch ein vollständig vereinheitlichtes Europäisches Vertragsgesetzbuch gefordert.[23]

Einen interessanten Weg weist *Kirchner* auf. Er sieht ein Kernproblem der Rechtsangleichung darin, daß durch sie die institutionellen Rahmenbedingungen für einen andauernden Lernprozeß verlorengehen. Soweit das Privatrecht vereinheitlicht wird, schlägt er daher vor, dabei im materiellen Recht der Privatautonomie und im Rahmen der Rechtsfindung der Rechtsvergleichung größeren Raum zu geben, um den Verlust des Lernprozesses auszugleichen.[24] Unabhängig von der gewählten Breite und Intensität der Rechtsangleichung stellt *Kirchner* so einen inhaltlichen Standard für die Gestaltung auf.

## 4. Ergänzung: Ius commune, Restatements und Rechtsangleichung „von unten"

Ergänzt werden diese Harmonisierungsmodelle durch verschiedene andere Vorschläge, die teilweise auch unter der Bezeichnung einer „Rechtsangleichung von unten" erörtert werden.[25] Gemeint ist damit die (Wieder-)Begründung einer gemeinsamen Rechtskultur der Mitgliedstaaten dadurch, daß die gemeinsamen historischen Grundlagen der euro-

---

Lösung); *Tilmann* ZEuP 1995, 534, 537 f.; auch *Medicus* in: Vertragsrechtsvereinheitlichung, S. 192 f. (als geringeres Übel). Kritisch gegenüber einem „Zweiklassenprivatrecht mit unterschiedlichen Inhalten für inländische und für grenzüberschreitende Sachverhalte" *Steindorff* JZ 1994, 95, 97.

[20] *Lando* in: New Perspectives, S. 284 f.; *Magnus* FS Drobnig, S. 53–80 (zum gegenwärtigen Stand aaO S. 70, 78–80); *Stein* in: Systembildung, S. 689 (jedenfalls „zunächst"); auch *Huber* FS Everling. S. 493–509 (schrittweises Vorgehen, ausgehend vom CISG).

[21] Dafür tendenziell wohl *Staudenmayer* RIW 1999, 733, 737.

[22] *Remien* JZ 1992, 277, 282; *ders.* ZfRV 1995, 116, 122; *ders.* in: Auf dem Wege zu einem Europäischen Zivilgesetzbuch, S. 125–139.

[23] Früh schon *Tilmann* FS Oppenhoff, S. 503–505; verschiedene Stufen erwägt *ders.* ZEuP 1995, 534, 536–538; für das Vertragsrecht *Basedow* FS Mestmäcker, 347, 363; *ders.* in: Unification, S. 41–58; *ders.* ERPL 2001, 35–49; *Lando* ERPL 2000, 59–69; *Europäisches Parlament* Entschließung vom 26.5. 1989, ABl. C 158/400 f. (vordringlich für das Vertragsrecht) sowie Entschließung v. 6.5.1994, ABl. C 205/518f. (Ziff. 2: „eine kurzfristig vorzunehmende teilweise Angleichung und eine langfristige allgemeinere Angleichung"); Entschließung vom 16.3.2000, ABl. C 377/323–326 (Ziff. 28: Das Europäische Parlament „ist der Ansicht, daß eine verstärkte Harmonisierung im Bereich des bürgerlichen Rechts im Binnenmarkt unerläßlich geworden ist, und fordert die Kommission auf, eine diesbezügliche Studie auszuarbeiten"; konfrontiert mit einem konkreteren Regelungsvorschlag sieht das Parlament freilich durchaus die Grenzen der Rechtsangleichung, so erkennbar z.B. aus der Entschließung zum Grünbuch, ebenfalls vom 6.5.1994, ABl. 1994, C 205/562f.); Entschließung v. 15.11.2001 A5-0384/2001 (EuVGB bis 2010; Ziff. 14 lit. j).

[24] *Kirchner* in: Europäisches Schuldvertragsrecht, S. 103, 118 f.; zur Erweiterung der Legitimation rechtsvergleichender Rechtsfindung aaO S. 114; ferner *ders.* in: Europäisches Kaufgewährleistungsrecht, S. 107–111; *ders.* in: Greenpaper EU Contract Law (www-Fassung).

[25] *Kötz* RabelsZ 56 (1992) 215–218; auch *ders.* JZ 2002, 257, 260 f.; *Mertens* RabelsZ 56 (1992) 219–242; *Großfeld/Bilda* ZfRV 1992, 421, 424–428 („v. Savignys Erbe"). Zu diesen Ansätzen, v.a. der Lehrbuchliteratur, *Schmid* ZfRV 1999, 213–222.

päischen Privatrechtsordnungen[26] sowie ihre aktuellen Übereinstimmungen und Unterschiede (Rechtsvergleichung)[27] von Wissenschaft[28] und Rechtsprechung[29] hervorgehoben und auch bereits in der Juristenausbildung behandelt werden,[30] und sich letztlich in der Auslegung und Fortbildung des nationalen Rechts niederschlagen.[31] Als Beiträge zur „Angleichung von unten" kann man die entstehende europäische Ausbildungsliteratur und die europäischen Rechtszeitschriften ebenso ansehen wie die „Restatements" des europäischen Privatrechts, wie sie die *Principles of European Contract Law*[32] darstellen.

Die Förderung des gegenseitigen Verständnisses der Juristen der verschiedenen Mitgliedstaaten und auch die Erneuerung eines gemeineuropäischen Vertragsrechts ist kein eigenständiges Harmonisierungsmodell, das neben die oben (1–3) treten würde. Vielmehr kann diese Rechtangleichung von unten die vorgestellten Harmonisierungsmodellen vorbereiten[33] oder ergänzen.[34]

---

[26] *Coing* FS Hallstein, 116–126; *ders.* NJW 1990, 937–941; *ders.* Europäisches Privatrecht Band 1 (1985), Band 2 (1989); G. G. *Van den Bergh* in: The Common Law of Europe and the Future of Legal Education, S. 593–607; *Schulze* in: Gemeinsames Privatrecht, S. 127–148; *Zimmermann* The Law of Obligations (1990); *ders.* Col.J.Eur.L. 1 (1994/95) 63–105; *ders.* Savignys Vermächtnis (1998); *ders.* in: Gemeinsames Privatrecht, S. 103–125; *ders.* JZ 1992, 8, 9; s.a. *Birks* SavZ/RA 1991, 711 f.; *Hondius* FS Reich, S. 311–337. Schon früh hat *Koschaker* Europa und das römische Recht (1947), die gemeinsame Tradition hervorgehoben. Der Ansatz ist freilich keineswegs unumstritten, kritisch und Grenzen aufzeigend etwa *Giaro* Ius Commune XXI (1994) 1–43.

[27] *Kötz* in: Gemeinsames Privatrecht, S. 149–162.

[28] Exemplarisch *Habersack* JZ 1998, 857–865 (Prinzip der Akzessorietät); *Koopmanns* und *Müller-Graff* in: The Common Law of Europe and the Future of Legal Education, S. 43–51 und 243–254.

[29] *van Gerven* ERPL 1995, 367–375; *v. Bar* ZfRV 1994, 221, 230 f.

[30] Dazu etwa *Blaurock* JZ 1994, 270, 276; *Flessner* RabelsZ 56 (1992) 243–260; *van Gerven* ERPL 1995, 367, 375–378 (zur Ius Commune Casebook-Serie); *Harmathy* FS Drobnig, S. 44; *Leible* Wege, § 12 B; *Kötz* FS Zweigert, S. 498 f.; *ders.* in: The common law of Europe and the future of legal education, S. 31–41; *ders.* ZEuP 1993, 268–278; *Lipstein* in: The common law of Europe and the future of legal education, S. 255–263 (mit aus Lehrerfahrung informierter Nüchternheit); *Ranieri* Ius Commune XVII (1990) 5, 15–19 *et passim; Rittner* DB 1996, 25, 27; *Schmidlin* Vers un droit privé européen commun?, S. 51–56. Aufgrund des US-amerikanischen Beispiels zurückhaltend *Reimann* MJ 3 (1996) 217, 222–225, 229–232. Ferner *Friedman/Teubner* in: Integration through Law I/3, S. 345–380 (kritisch gegenüber (a) der Übertragbarkeit des US-amerikanischen Beispiels S. 365–370 und (b) einer „europäischen Rechtsausbildung" auf hergebrachter Grundlage S. 370–374, und für eine interdisziplinär-sozialwissenschaftliche europäische Rechtsausbildung S. 374–380). Umgekehrte Ziele hat *Basedow* in: Greenpaper EU Contract Law (www-Fassung), S. 8 f. (sub 3 a), vor Augen, wenn er durch ein EuVGB empfundene Mängel der Juristenausbildung heilen will.

[31] Zur Berücksichtigung der Rechtsangleichung bei der Auslegung und Fortbildung des nationalen Rechts *Odersky* ZEuP 1994, 1–4; s.a. oben, § 3 III 2 b (S. 49 f.). Zur Angleichungswirkung durch richtlinien- und gemeinschaftsrechtskonforme Auslegung *Ehricke* RabelsZ 59 (1995) 598, 602, 642 f.

[32] Dazu bereits oben, § 3 III (S. 44–51).

[33] *Lando* RabelsZ 56 (1992) 261–273.

[34] *van Gerven* Greenpaper EU Contract Law (www-Fassung), Tz. 13 f.; *Taupitz* JZ 1993, 533, 535 f. (von Restatements zu Modellrechtsordnung). *Lando/Beale* Principles, S. xxiii–xxv; *Kötz* Europäisches Vertragsrecht I, S. VI f.; s.a. *Junker* JZ 1994, 921–928.

## II. Harmonisierungsgründe und ihre Tragfähigkeit

Kriterien für die Auswahl eines Harmonisierungskonzepts müssen die Sachgründe liefern, die für und gegen eine Harmonisierung sprechen. Das Für und Wider der Vertragsrechtsvereinheitlichung (Privatrechtsvereinheitlichung) wird seit Beginn der neunziger Jahre eingehend diskutiert, die Zahl der Beiträge ist Legion, die Argumente sind eingehend und meist wiederholt vorgebracht worden. Nachfolgend können wir nur die wichtigsten Erwägungen erörtern.[35] Sie lassen sich in drei Gruppen unterteilen. Zunächst werden die Fragen der kulturellen Identität, der Einigungsfähigkeit und der demokratischen Legitimation angesprochen (1). Anschließend sind die Folgen der Vereinheitlichung für die Entwicklungschancen der Rechtsordnung (2) und die Interessen des Rechtsverkehrs (3) zu untersuchen.

### 1. Demokratische Legitimation, Einigungsfähigkeit, kulturelle Identität und Akzeptanz

#### a) *Kulturelle Identität*

Recht ist (heute) eine (nationale) Kulturerscheinung und eine Kernmaterie des Rechts ist das Vertragsrecht.[36] Wird das Vertragsrecht vereinheitlicht, so geht damit auch ein Stück „kulturelle Identität" der Nation verloren.[37] Dieses Bedenken läßt sich nicht schon durch den Einwand ausräumen, das Vertragsrecht sei kein wesentlicher Teil der Rechtskultur, weil es in allen Mitgliedstaaten dem Prinzip der Privatautonomie folge und demgemäß weithin abdingbar sei;[38] das Gegenteil beweist die zentrale Rolle, die das Vertragsrecht – mit seinen nationalen Besonderheiten – als Grundbaustein des gesamten Rechtssystems und dementsprechend auch in der Juristenausbildung spielt.[39] Ebenfalls nicht überzeugend ist der Einwand, die Vertragsrechte der Mitgliedstaaten seien ohnehin im wesentlichen gleich – und daher nicht für eine nationale Kultur identitätsstiftend –, da sie auf demselben Wertesystem beruhten und sich unter ähnlichen geographischen

---

[35] Die in dem nachfolgenden Überblick dargestellten Erwägungen werden vor allem im Hinblick auf das besonders weitreichende Harmonisierungsvorhaben eines EuZGB vorgebracht, sie haben aber darüber hinaus auch für weniger weitreichende Modelle Bedeutung.

[36] S. nur *Collins* ERPL 1995, 353, 359–362.

[37] Eindringlich und einfühlsam *Jayme* IPR für Europa, S. 8–14 und 19 f.; ferner *Collins* Oxf.J.Leg.Stud. 14 (1994) 229; *Hay/Lando/Rotunda* Integration through Law I/2, S. 256; *Legrand* in: Unification, S. 245–255; *Sandrock* EWS 1994, 1, 5–7; *Steindorff* JZ 1994, 95; *Weir* ZEuP 1995, 368–374. S.a. *Flume* ZIP 2000, 1427, 1429 (BGB als „Kulturdenkmal"); *Großfeld/Bilda* ZfRV 33 (1992) 421, 430 f.; *Ranieri* Ius Commune XVII (1990) 9, 20; Grundsätzlich kritisch *Basedow* Leg.Stud. 18 (1998) 121, 127 („strange ideology … that law is deeply rooted in the culture of each nation").

[38] *Drobnig* FS Steindorff, S. 1141, 1148.

[39] S.a. *Collins* Oxf.J.Leg.Stud. 14 (1994) 229.

und ökonomischen Bedingungen entwickelt hätten.[40] Denn erhebliche Unterschiede bestehen nicht nur zwischen den europäischen Rechtskreisen (Rechtsfamilien), sondern auch innerhalb so nahe verwandter Rechtsordnungen wie der österreichischen und der deutschen.[41] Nicht von ungefähr werden in der Rechtsvergleichung neben anderen Merkmalen regelmäßig auch die charakteristischen Institutionen von Rechtssystemen herangezogen, um die verschiedenen Rechtsordnungen in Rechtskreise einzuteilen:[42] Die prägende Wirkung etwa der *cause*, der *consideration doctrine*, der *privity of contract*,[43] der „Geschäftsgrundlage", der Schutzwirkung für Dritte und der culpa in contrahendo auf die Denkungsweise der Juristen eines Landes läßt sich schwerlich leugnen.[44] Mag man solche Unterschiede auch für die Zwecke der Rechtsvergleichung im Wege der funktionalen Betrachtung hinwegdenken, so dürfte es sich doch nicht empfehlen, sie im Wege der Rechtsangleichung ohne weiteres einzuebnen. Denn die Regelungsdisparitäten können durchaus auch im Vertragsrecht Ausdruck unterschiedlicher nationaler (oder regionaler) Präferenzen oder Gepflogenheiten sein, man denke nur an die Unterschiede bei den vorvertraglichen Aufklärungspflichten zwischen dem deutschen und dem englischen Recht.[45] Ein vereinheitlichtes Privatrecht könnte solchen unterschiedlichen Präferenzen nicht hinreichend Rechnung tragen.[46] Gesetze, die die Gepflogenheiten mißachten, pflegen sich nicht durchzusetzen.[47] Zumal für ein Europäisches Vertragsgesetzbuch muß daher die Akzeptanz des Publikums sorgfältig erwogen werden.[48]

Indessen ist das Recht durch diese kulturelle Prägung nicht unveränderlich räumlich gebunden. Das Gegenteil bezeugt etwa die Entwicklung von den Partikularrechten zu einem Zivilgesetzbuch – zum Beispiel – in Frankreich und in Deutschland. Die Rechtskultur ändert sich andauernd, und der Gesetzgeber kann diese Änderung in sinnvoller Weise begleiten und mitprägen. Es geht demnach um die Frage, ob die Staaten der Europäischen Gemeinschaft zu einer europäischen „kulturellen Identität" finden wollen.[49]

---

[40] In diese Richtung *Lando* FS Siehr, S. 394 f. („Contract law and commercial law are not folklore."); *ders.* ERPL 2000, 59, 61 („Contract law is not folklore."); *ders.* ERPL 1997, 525, 529 f.; *ders.* in: New Perspectives, S. 285 („Commercial law is not folklore.").

[41] Als Beispiel sei nur die Produkthaftung genannt, die ungeachtet ähnlicher Ausgangslage (Anerkennung einer vertraglichen Schutzwirkung für Dritte) unterschiedlich begründet wurde; dazu und zu weiteren Beispielen nur *Kramer* AcP 200 (2000) 365–400.

[42] *Zweigert/Kötz* Rechtsvergleichung, § 5 III 3 (S. 71).

[43] Ungeachtet der Annäherung durch den Contracts (Rights of Third Parties) Act 1999.

[44] Vgl. *Collins* Oxf.J.Leg.Stud. 14 (1994) 229, 234, der für den Fall der Vereinheitlichung des Privatrechts feststellt: „The medicinal properties of the carbolic smoke ball seem destined to become as legally irrelevant as the errant snail in the ginger beer bottle."

[45] S. nur *Kötz* Vertragsrecht, § 11 II (S. 302–312).

[46] R. *Van den Bergh* MJ 5 (1998) 129, 132 f. (Beispiel der unterschiedlichen Haftung für Straßenverkehrsunfälle); *ders.* in: Greenpaper EU Contract Law (www-Fassung), S. 5 (sub 1.1), 15 f. (sub 3.5).

[47] Vgl. das Beispiel des Mündlichkeitsprinzips der ZPO bei *Henckel* in: Gesetzgebung und Dogmatik, S. 97 f.

[48] *Schmid* JZ 2001, 674, 677 f. Für eine breit angelegte öffentliche Diskussion über die Vertragsrechtsangleichung *Collins* Greenpaper EU Contract Law (www-Fassung), S. 10.

[49] *Drobnig* FS Steindorff, 1141, 1148; *ders.* Private Law in the European Union, S. 15; auch *Collins* ERPL 1995, 353, 359 und 365.

Und dafür gibt es schon jetzt viele Anzeichen in der – auch kritischen – Auseinandersetzung mit ausländischen Rechten und dem Europäischen Privatrecht. Die Vielfalt der Kulturen, die die Gemeinschaft nach Art. 151 EG nicht opfern *darf,* muß, wie wiederum die Beispiele Deutschlands und Frankreichs zeigen, unter einer Vertrags- oder auch Privatrechtsvereinheitlichung nicht leiden, denn daß Privatrecht eine nationale Kulturerscheinung ist, bedeutet nicht, daß die Kultur davon abhinge.[50]

Sollte demnach die kulturelle Identität nicht als Hindernis der Vertragsrechtsvereinheitlichung angesehen werden, so doch als Hemmnis. Die Rechtskultur ist zwar nicht von Einflüssen des Gesetzgebers unabhängig, in gewissem Grade aber doch autonom. Es empfiehlt sich nicht, die Katze gegen den Strich zu streicheln. Rechtskultur braucht Zeit, um sich zu entwickeln. Gerade im Vertragsrecht, das die Rechtsbeziehungen aller Menschen täglich betrifft, ist unter diesem Gesichtspunkt eine Entwicklung, in der das Recht den Gepflogenheiten folgt und diese nur sanft steuert, für die Rechtsangleichung oder -vereinheitlichung geboten.

### *b) Sprache*

Eng mit der Kultur hängt die Sprache zusammen,[51] ihre Grenzen – und die Grenzen, die sie der Rechtsangleichung setzt – sind deutlich. „Niemand spricht europäisch",[52] charakteristisch für Europa sind eher die Werbeschilder der Gaststätten „Man spricht deutsch" oder „English spoken" (hinter denen sich zumeist nur dürftige Fremdsprachenkenntnisse finden). Während die Sprachkenntnisse aber zumeist ausreichen, um in England *beef* zu bestellen, ist es ungleich schwieriger, in einer fremden Sprache über das eigene Recht zu sprechen. Rechtsbegriffe sind oft schier unübersetzbar, und Umschreibungen drücken das Gemeinte meist nicht vollständig aus.[53] Die Schwierigkeiten, die sich aus der Sprachenvielfalt für die Rechtsangleichung ergeben, sind unübersehbar, vor allem *Tony Weir* hat die Frage aufgeworfen, ob sie nicht ein echtes Hindernis darstellt.[54]

---

[50] Sehr leichtherzig aber *Alpa* ERPL 2000, 321, 330.

[51] *Weir* ZEuP 1995, 368, 370 (Sprache ist immer „Ausdruck des Menschen in der Gesellschaft, ja der Ausdruck der Gesellschaft selbst, nämlich der gemeinschaftliche Ausdruck, mit dem eine Gruppe sich nach innen und nach außen identifiziert und konstituiert".); s.a. *Oppermann* NJW 2001, 2663, 2664 (der – zumal für die künftig erweiterte Gemeinschaft – auf die Notwendigkeit von Kompromissen auch bei den Sprachregelungen hinweist).

[52] *Weir* ZEuP 1995, 368.

[53] *Hattenhauer* JZ 2000, 545, 549f. Beispielhaft für die Schwierigkeiten der Rechtssprache auf übernationaler Ebene ist der Begriff der „Vertragsaufhebung" in der deutschen Fassung des Haager Einheitlichen Kaufrechts (EKG); s. nur *Schlechtriem* in: Vertragsrechtsvereinheitlichung, S. 160, der auf die mit den Begriffen verbundenen dogmatischen Vorverständnisse hinweist.

[54] *Weir* ZEuP 1995, 368–374, der – warnend – einräumt, daß man mit Macht freilich auch Völker verschiedener Sprachen im Wege der Rechtsangleichung zu gleichartigem Verhalten bewegen kann (S. 370); s.a. *Herber* in: Rechtsdogmatik und Rechtspolitik, S. 274 f. *Weir* geht es freilich nicht ausschließlich um das Sprachenproblem, sondern hintergründig auch um die Bewahrung der kulturellen Identität. Optimistischer *Martiny* ZEuP 1998, 227–252, bes. 243 zur Privatrechtsvereinheitlichung. Wirklich nur ganz einfach ist die Antwort auf das Sprachenproblem, Juristen sollten möglichst viele Sprachen bis zur Lesefähigkeit hin lernen; so *Flessner* JZ 2002, 14, 22; damit wird die Schwierigkeit erheblich unterschätzt.

Daß die Sprachenvielfalt den Europäischen Gesetzgeber nicht hindert, Recht zu setzen, ist offenkundig, wenn auch der Angleichungserfolg, soweit ersichtlich, im Hinblick auf das Sprachenproblem nicht untersucht ist. Erkennbar ist aber auch der Preis der mehrsprachigen Rechtsetzung. Eine Ursache für die zahlreichen Definitionsvorschriften und die trotzdem immer wieder auftretenden Begriffsverwirrungen ist die Sprachenvielfalt. Liest man Gemeinschaftsrechtstexte, so hat man gelegentlich das Gefühl, auf eine frühere Stufe der Rechtssprachentwicklung abgerutscht zu sein. Vergleichsweise scheint die Rechtssprache der Gemeinschaft eher auf dem Entwicklungsstand des preußischen Allgemeinen Landrechts zu sein als auf dem des BGB.[55]

Kann man in der Sprachenvielfalt auch angesichts erfolgreicher Vereinheitlichungsmodelle wie dem UN-Kaufrecht kein dauerndes Hindernis für die Rechtsangleichung sehen, so mahnen diese Beobachtungen doch vor einem übereilten Vorgehen. Dem Europäischen Recht fehlen noch gut fünfzig Jahre Begriffsarbeit, wie sie in Deutschland vor der Kodifikation von der Pandektenwissenschaft geleistet wurde.

### c) *Einigungsfähigkeit*

Mit den nationalen Unterschieden und der kulturellen Bedingtheit der Vertragsrechtsordnungen hängt ein dritter Einwand gegen eine weitreichende Sachrechtsharmonisierung – vor allem gegen ein EuZGB – zusammen: Ein solches Vorhaben sei zumindest kurzfristig nicht realisierbar.[56] Die Rechtskulturen der Mitgliedstaaten seien zu verschieden,[57] ihre Privatrechte unterschieden sich nicht nur inhaltlich, sondern auch hinsichtlich der Methoden der Gesetzgebung[58] und der Rechtsanwendung (Auslegung, Rechtsfortbildung).[59] Die Erstellung eines EuZGB begegne zudem den außerordent-

---

[55] Ähnlich *Martiny* ZEuP 1998, 227, 243. Zum Vergleich mit dem prALR nur die einführenden Bemerkungen von *Hattenhauer* in: ders. (Hrsg.), Allgemeines Landrecht für die Preußischen Staaten, S. 20 f.

[56] Schon *Vogelaar* wiedergegeben bei *Giuliano/Lagarde* ABl. 1980 C 272/1, 4; *Ficker* FS Dölle, S. 46–50 (mit der Folgerung „man fängt große Fische in weitmaschigen Netzen besser als in engmaschigen"); *Steindorff* JZ 1994, 95; ferner *Canaris* EuZW 1994, 417.

[57] *Legrand* MLR 60 (1997) 44, 44–51; *ders.* Int.Comp.L.Q. 45 (1996) 46, 56–60; zust. *Smits* MJ 1998, 328, 333 f.; wohlwollend, aber kritisch, *Teubner* MLR 61 (1998) 11, 14 f.; gegen Legrand *Zeno-Zencovich* ERPL 1998, 349, 356 f. Der „kontextualistische" Einwand *Legrands* (aaO), Recht könne nicht mit Regeln gleichgesetzt werden, sondern sei immer Bestandteil der Kultur, stellt freilich die Rechtsangleichung noch grundlegender in Frage. Daraus folgt u.a. die Frage, ob die Regelharmonisierung zu einer Angleichung des *law in action* führt; vgl. beispielhaft *Weir* ZEuP 1998, 564–585, der darauf hinweist, daß einheitliche Gesetze in England und Schottland teils unterschiedlich ausgelegt werden; s.a. für das US-amerikanische Bundesrecht *Reimann* MJ 3 (1996) 217, 227.

[58] Vgl. z.B. die Beschreibung des Mißbräuchlichkeitsmaßstabs des Art. 3 AGBRL bei *Collins* Oxf.J.Leg.-Stud. 14 (1994) 229, 246 („As one would expect, the English confident appeal to reason and common sense is rejected in favour of a more metaphysical civilian formula."); zur englischen Gesetzgebung *Munday* Rechtstheorie 14 (1983) 191, 197, 201. Zu unterschiedlichen Urteilsstilen etwa *Markesinis* Cambr.L.J. 59 (2000) 294–309.

[59] *Collins* ERPL 1995, 353, 356; *Hondius* in: Rechtsangleichung und nationale Privatrechte, S. 394–403; *Ranieri* Ius Commune XVII (1990) 9, 15–19; *Rittner* DB 1996, 25, 26; *Teubner* MLR 61 (1998) 11, 19; *Ulmer* JZ 1992, 1, 6. Zu den national unterschiedlichen Methoden der Gesetzesauslegung, vgl. die

lichen Schwierigkeiten, die es bereitet, eine kohärente, auf das übrige Privatrecht abgestimmte Regelung zu schaffen: Gerade die Regelung der Zentralbereiche des Zivilrechts – Vertrag, Delikt, Eigentum – werfe vielfältige Abstimmungsfragen auf, die in den Mitgliedsstaaten unterschiedlich beantwortet würden und daher gemeinschaftsweit nur schwer zu regeln seien; beispielhaft wird der Zusammenhang zwischen Delikts- und Sozialversicherungsrecht genannt.[60] Bedenken ergäben sich vor allem deshalb, weil ein einheitliches Sachrecht das kontinentale Zivilrecht und das *Common Law* integrieren müsse.[61] Wie das Beispiel des CISG und anderer Angleichungsrechtsakte zeige,[62] sei eine Einigung jedenfalls nicht auf höchstem Niveau zu erreichen.[63] Mangels dringender Notwendigkeit eines einheitlichen Vertragsrechts sei die Vereinheitlichung aber nur dann erstrebenswert, wenn sie zu dem „besten" Vertragsrecht führte.[64] Aus ökonomischer Sicht wird auf die Kosten der Einführung neuer Vertragsregeln hingewiesen,[65] die auch darin liegen, daß dadurch das „öffentliche Gut Rechtsprechung" – also der Geldwert eines über lange Jahre von der Rechtsprechung ausgelegten und fortgebildeten und daher eingespielten Vertragsrechts – abgewertet wird.[66] Positiv gewendet werden diese Schwierigkeiten als Vorteile der Vereinheitlichung des Kollisionsrechts angeführt, das

---

Beiträge in MacCormick/Summers (Hrsg.), Interpreting Statutes (1991); *Buck* Auslegungsmethoden, S. 90–130; zur Gesetzesauslegung in England *Munday* Rechtstheorie 14 (1983) 191–203; s.a. *The Law Commission* and *The Scottish Law Commission* Law Commission Reports (Law Com.) No. 21, The Interpretation of Statutes (1969).

60 *Markesinis* ERPL 1997, 519, 519–522; die Abhängigkeit auch von Einzelkonzepten – hier: Treu und Glauben – vom gesamten Rechtssystem (und Wirtschafts- und Sozialsystem) zeigt *Teubner* MLR 61 (1998) 11, 23, 24–27 und öfter. Die Systembindung verkennt *Möllers* Die Rolle des Rechts, S. 49, wenn er annimmt, durch die „vollständige Harmonisierung eines Rechtsgebiets" könnten Brüche im nationalen Recht vermieden werden. Ansätze zu einer Abstimmung zeigt etwa auf *von Bar* in: Greenpaper EU Contract Law (www-Fassung), S. 4–6.

61 *van Gerven* ERPL 1997, 465, 468; *Legrand* MLR 60 (1997) 44–63. S.a. *Reimann* Tulane L.Rev. 73 (1999) 1337, 1341–1345.

62 *Bonell* ERPL 1997, 505, 506–509.

63 *Bonell* ERPL 1997, 505, 512–515; s.a. *Hobhouse* LQR 106 (1990) 530, 533.

64 *Sandrock* JZ 1996, 1, 7 („nur die ‚Filetstücke' aus den nationalen Angeboten"); *Bonell* ERPL 1997, 505, 514; s.a. *Medicus* in: Vertragsrechtsvereinheitlichung, S. 192 f. Angesichts der unterschiedlichen nationalen Vorstellung von dem „besten" Vertragsrecht ist dieser Vorschlag freilich geradezu utopisch; das „beste" Recht ist wohl schon undefinierbar, im übrigen in einer pluralistisch verfaßten Rechtsordnung nicht dekretierbar, sondern nur prozedural zu bestimmen. Ein vereinheitlichtes Recht ist daher unvermeidbar von Kompromissen geprägt; siehe z.B. – für die AGBRL – *Tenreiro/Karsten* in: Rechtsangleichung und nationale Privatrechte, S. 227; ferner *Herber* in: Rechtsdogmatik und Rechtspolitik, S. 274.

65 Die Einführung des niederländischen NBW hat nach einer – freilich umstrittenen – Schätzung von 1990 Kosten in Höhe von 6,5 Milliarden DM verursacht; vgl. den Nachweis bei *Hondius* AcP 191 (1991) 378, 384.

66 R. *Van den Bergh* in: Greenpaper EU Contract Law (www-Fassung), S. 7 f. (sub 2); *Kirchner* in: Europäisches Vertragsrecht, S. 118–121 (er folgert daraus indes nur, daß ein Europäisches Vertragsrecht erst nach lang bemessenen Übergangszeiten eingeführt werden solle); *Basedow* FS Mestmäcker, S. 358. Zu denselben Erwägungen im Hinblick auf die Einführung des NBW nochmal *Hondius* AcP 191 (1991) 378, 385.

aufgrund seiner Abstraktion von den Sachfragen wesentlich leichter zu vereinheitlichen sei als das materielle Vertragsrecht.[67]

Diese Einwände sind nur zu berechtigt, zeigen doch schon die relativ wenigen Sachrechtsangleichungen, wie schwierig die Einigung hier ist. Im Gegenteil dürfte es geradezu optimistisch sein, nur die relativ offenkundigen Unterschiede des *Common Law* und des kontinentalen Zivilrechts als Hürde für die Rechtsangleichung hervorzuheben und die – vielleicht subtileren – Unterschiede innerhalb der kontinentalen Zivilrechtsordnungen zu vernachlässigen.[68] Daß indes die Vereinheitlichung des Sachrechts nicht möglich wäre – jedenfalls wenn ein drängendes Bedürfnis dafür begründet werden kann – läßt sich angesichts der nunmehr vorliegenden Modelle der *European Principles* (EP), der *Unidroit Principles* (UP) und des Akademieentwurfs für ein Europäisches Vertragsgesetzbuch (AE-EuVGB) kaum begründen,[69] wenn auch diese insbesondere die zahlreichen Abstimmungsfragen und Folgewirkungen bislang nicht miterörtern. Der Einwand der Undurchführbarkeit ist daher nicht „absolut", vielmehr zeigt er nur die zu überwindenden Hindernisse auf und macht deutlich, daß zumal das Projekt eines EuZGB ein langfristiges Unternehmen ist. Mit den vorgelegten Modellen (EP, UP, AE-EuVGB u.a.m.) ist erst ein erster, kleiner Schritt getan, zumal diese von wenigen Fachleuten ausgearbeiteten Prinzipien erst noch erweisen müssen, ob sie auch dem kritischen Blick der nationalen Juristen standhalten.[70] Darüber hinaus weist der Einwand der Undurchführbarkeit aber ebenfalls darauf hin, daß der Weg zur Rechtsangleichung von der Rechtswissenschaft geebnet werden muß. Wenn auch der Vergleich mit der deutschen Entwicklung zum BGB in mehrfacher Hinsicht hinkt, so zeigt diese Erfahrung doch, von welchem Wert es ist, wenn der Gesetzgeber auf das von Wissenschaft (und Praxis) bereits Erreichte zurückgreifen kann.[71] Weil die Mitgliedstaaten nicht auf eine so starke gemeinsame Rechtstradition aufbauen können und durch unterschiedliche Sprachen geprägt sind, ist die wissenschaftliche Wegbereitung hier um so wichtiger.

### *d) Demokratische Legitimation*

Ein Hauptmangel der Rechtsangleichung, der zumal einem Europäischen Kodifikationsvorhaben entgegenstehe, wird in der geringeren demokratischen Legitimation des

[67] *Hay/Lando/Rotunda* Integration through Law I/2, S. 168–170; *Taupitz* JZ 1993, 533, 538 f.

[68] Ein Beispiel findet sich bei *Schmidlin* in: Rechtsgeschichte und Privatrechtsdogmatik, S. 187–206, der die unterschiedlichen Vertragsmodelle des ABGB und des Code Civil einerseits (naturrechtliches Modell der Versprechensübertragung) und des BGB und des OR andererseits (pandektistisches Modell der vereinigten Willenserklärungen) analysiert und im Hinblick auf die europäische Rechtsangleichung warnt: „Die Mühlen der Rechtsentwicklung mahlen langsam." (S. 203).

[69] Sehr grundsätzliche Einwände andeutend aber *Smits* MJ 7 (2000) 221, 222 f.

[70] Zurückhaltend daher auch *Basedow* in: Rechtsgeschichte und Privatrechtsdogmatik, S. 81; *Kötz* JZ 2002, 257, 261. Aus der deutschsprachigen Rechtswissenschaft zu den Einheitsregeln die Beiträge in Basedow (Hrsg.), Europäische Vertragsrechtsvereinheitlichung und deutsches Recht (2000).

[71] Beispielhaft *Regelsberger* JherJb 41 (1900) 251, 281–288.

Europäischen Gesetzgebers gesehen.[72] Tatsächlich ist die Legitimation des Rates nur vermittelt durch die mitgliedstaatliche Legitimation seiner Mitglieder.[73] Und das Parlament ist zwar durch Wahlen unmittelbar legitimiert, es hat aber weder ein Initiativrecht noch das Recht zur abschließenden Beschlußfassung über Rechtsakte;[74] seine Mitwirkungsrechte sind je nach Kompetenzgrundlage verschieden, aber immer beschränkt.[75] Auch im Mitentscheidungsverfahren des Art. 251 EG, das für Vorhaben auf dem Gebiet des Europäischen Privatrechts zumeist anwendbar ist (Art. 44, 47, 95 EG), kann das Parlament nur mit absoluter Mehrheit einen Rechtsetzungsakt inhaltlich ändern (Art. 251 Abs. 2 UAbs. 3 lit. b und c EG).[76]

Für eine Bewertung des Einwands unzureichender Legitimation kann man von den Hinweisen des Bundesverfassungsgerichts im Maastrichturteil ausgehen, auch wenn diese (primär) auf das Demokratieprinzip des Grundgesetzes bezogen sind und zudem die umgekehrte Fragestellung betreffen. Danach bedarf ein Staat nach dem Demokratieprinzip, „hinreichend bedeutsamer eigener Aufgabenfelder, auf denen sich das jeweilige Staatsvolk in einem von ihm legitimierten und gesteuerten Prozeß politischer Willensbildung entfalten und artikulieren kann, um so dem, was es – relativ homogen – geistig und sozial verbindet, rechtlichen Ausdruck zu geben".[77] Die Übertragung von staatlichen Hoheitsbefugnissen auf die Gemeinschaft dürfe nicht so weit gehen, daß dem Deutschen Bundestag keine „Aufgaben und Befugnisse von substantiellem Gewicht verbleiben".[78]

Nach diesem Urteil stellt sich zunächst die Frage, ob die Bundesrepublik unter dem derzeitigen Verfassungsgefüge von Grundgesetz und EG-Vertrag die Rechtsetzungs-

---

[72] *Pechstein* in: Europäisches Zivilgesetzbuch, S. 28 f., 30; *Schmid* JZ 2001, 674–683; *Taupitz* JZ 1993, 533, 536. *Schwintowski* RabelsZ 65 (2001) 300, 301 f. schlägt sogar eine Volksabstimmung (Völkerabstimmung?) vor; – ein sicherer Weg zur Abtreibung des Vorhabens. Keine ernstliche Antwort auf diese Bedenken liegt freilich darin, daß – worauf *Zeno-Zencovich* ERPL 1998, 349, 354 hinweist – ein EuZGB von (demokratisch noch weniger legitimierten) internationalen Experten ausgearbeitet würde. Liegt in der ausschließlich fachlichen Legitimation auch eine gewisse Stärke, so werden doch gerade wegen der mangelnden demokratischen Legitimation der Urheber Vorbehalte insbesondere gegenüber den *European Principles* erhoben; s.a. R. *Van den Bergh* MJ 5 (1998) 129, 149 f. U.a. wegen dieses Legitimationsmangels wird den *European Principles* die Eignung als Rechtsgeltungsquelle (*Canaris* in: Vertragsrechtsvereinheitlichung, S. 13; oben, § 6 I [S. 122]) und als Referenzmodell für die Mißbräuchlichkeitskontrolle von (nicht-ausgehandelten) Vertragsklauseln abgesprochen (*Mertens* RabelsZ 56 (1992) 219, 238–240; unten, § 16 I 3 b bb (5) [S. 450 f.]).

[73] BVerfGE 89, 155, 185 f. (Maastricht): „Im Staatenverbund der Europäischen Union erfolgt mithin demokratische Legitimation notwendig durch Rückkoppelung des Handelns europäischer Organe an die Parlamente der Mitgliedstaaten".

[74] *Oppermann* Europarecht, Rn. 264–270 sowie 242 („zweifelhaft, ob das anders sein kann, solange die EU kein Bundesstaat ist").

[75] Daher gegen ein EuZGB auf der Grundlage von Art. 308 EG (nur Anhörung des EP!) *Leible* EWS 2001, 471, 479.

[76] Allerdings reicht für die Verhinderung einer Regelung nach dem Vermittlungsverfahren aus, wenn nicht die absolute Mehrheit des Parlaments den Rechtsakt *„erläßt"*; Art. 251 Abs. 5 EG.

[77] BVerfGE 89, 155, 186 (Maastricht).

[78] BVerfGE 89, 155, 186 (Maastricht). S.a. *Remien* JbJZ 1991, 11, 24 f.

kompetenz für das Vertragsrecht überhaupt abgeben könnte. Denn weil selbst ein auf die allgemeinen Lehren beschränktes Europäisches Vertragsgesetzbuch die grundlegenden Wertungen für weite Teile des Privat- und Verfahrensrechts enthalten würde, wären dem nationalen (deutschen) Gesetzgeber durch einen solchen Rechtsakt weithin die Hände gebunden oder doch in ihrer Bewegungsfreiheit außerordentlich eingeengt.[79] Die Rechtsprechung des EuGH zeigt, wie weitreichend selbst die bisherige beschränkte Gemeinschaftsgesetzgebung die nationalen Privatrechte auch im übrigen betrifft.[80]

Auch für die hier eigentlich angesprochene Frage läßt sich der vom Bundesverfassungsgericht hergestellten Verbindung von Legitimation und Kompetenzen ein Anhaltspunkt entnehmen. Soweit sich die Rechtsangleichung – wie bisher ganz überwiegend – auf die Angleichung i.e.S. (im Unterschied zur Vereinheitlichung) von ausgewählten, grundfreiheitenrelevanten Einzelfragen beschränkt, werden Kompetenz und demokratische Legitimation zu Recht nicht ernstlich in Frage gestellt.[81] Jedenfalls für ein einschneidendes Rechtsetzungsvorhaben, wie es ein Vertragsgesetzbuch z.B. vom Zuschnitt der *Principles of European Contract Law* wäre, ist aber eine volle demokratische Legitimation erforderlich – die der Gemeinschaftsgesetzgeber bislang nicht hat. Und in der Tat kann man nach der Entscheidung zur Tabakwerberichtlinie[82] ja auch nicht mehr davon ausgehen, ein solches Rechtsetzungsvorhaben könnte auf Art. 95 EG gestützt werden.[83]

Aus den Grenzen der demokratischen Legitimation ergibt sich daher auch eine Grenze für die Rechtsangleichung. Ein dauerhaftes Hindernis für eine Europäische Privatrechtskodifikation braucht darin freilich nicht zu liegen. Vielmehr bedeutet das Legitimationsdefizit, daß vor Erlaß eines Gemeinschaftszivilgesetzbuch eine gut legitimierte Kompetenz zu schaffen ist.[84]

## 2. Entwicklungschancen der Rechtsordnung

Zu berücksichtigen sind zweitens die Beeinträchtigungen, die eine Harmonisierung für die Entwicklung des Vertragsrechts mit sich bringt. Eingewandt wird vor allem, die Rechtsangleichung berge die Gefahr einer Petrifizierung des (Vertrags-) Rechts (a)), sie ersticke einen Wettbewerb der nationalen Gesetzgeber (b)) und gebe den Erfahrungs-

[79] Nicht zu folgen ist freilich der umgekehrten Folgerung von *Kischel* AöR 124 (1999) 174, 203–206, der in der Systembindung eine Verkrustungsgefahr und eine Einschränkung des Demokratieprinzips sieht und sie deswegen ablehnt.

[80] Siehe nur EuGH v. 12.3.1996 – Rs. C-441/93 *Pafitis* Slg. 1996, I-1347 Rn. 41f., 57: Auswirkungen der Kapitalrichtlinie auch auf das Insolvenzrecht; kritisch *Hommelhoff* in: Auslegung europäischen Privatrechts, S. 29, 36.

[81] Vgl. die Einzelnachweise für – nahezu – sämtliche Europäischen Rechtsakte auf dem Gebiet des Vertragsrechts in der Kommentierung von *Grundmann* Europäisches Schuldvertragsrecht (1999).

[82] EuGH v. 5.10.2000 – Rs. C-376/98 *Deutschland ./. Parlament und Rat* Slg. 2000, I-8419.

[83] S.o., § 7 II 1 b (S. 138f.).

[84] *Leible* EWS 2001, 471, 479; *van Gerven* in: Greenpaper EU Contract Law (www-Fassung) Tz. 11f.; *ders.* ERPL 2001, 485, 495–497; *Zeno-Zencovich* ERPL 1998, 349, 355.

schatz preis, der in der Vielfalt nationaler Regelungsmodelle liege (c)); die Rechtsangleichung störe die systematische Einheit der nationalen Regelungen (d)); jedenfalls dürfe sich die Gemeinschaft mit einer Rechtsangleichung oder -vereinheitlichung nicht nach außen hin abschotten (e)).

### *a) Versteinerungsgefahr*

Oft im Zusammenhang mit dem Wettbewerb der Rechtsordnungen wird die Versteinerungsgefahr genannt. Sie ist davon aber zumindest für Teilfragen zu unterscheiden.

Von einer Versteinerungsgefahr ist in unterschiedlicher Hinsicht die Rede. *Erstens* wird damit die Sorge bezeichnet, daß der Gemeinschaftsgesetzgeber, der für einen harmonisierten Rechtsbereich künftig allein zuständig ist (auch hier spricht man von „Sperrwirkung"),[85] nicht hinreichend handlungsfähig sei, um die über Zeit erforderlichen Anpassungen vorzunehmen.[86] Hat der Gemeinschaftsgesetzgeber einen Regelungsbereich einmal durch Regelungsvorgaben „besetzt", so verfügen die Mitgliedstaaten nur noch innerhalb des durch diese Gemeinschaftsregelung gesetzten Rahmens über eigene Gestaltungsmöglichkeiten.[87] Ergibt sich mit der Zeit ein Anpassungsbedarf, der diesen Rahmen überschreitet, so können die Mitgliedstaaten nicht mehr selbst tätig werden, sondern müssen (zunächst) den Gemeinschaftsgesetzgeber zu einer Änderung der europarechtlichen Vorgaben veranlassen („Veränderungssperre");[88] das sei besonders in „politisch sensiblen" Gebieten des Zivilrechts wie u.a. dem Verbraucherschutzrecht und dem Wirtschaftsrecht problematisch.[89] *Zweitens* wird angenommen, das harmonisierte Gemeinschaftsrecht könne regionalen Besonderheiten nicht Rechnung tragen. Als ein Beispiel wird die Betriebsübergangsrichtlinie angeführt: Ihre Anwendung auf Betriebsübergänge in den neuen Bundesländern sei wirtschaftlich nicht sinnvoll gewesen, die einheitliche Regelung habe eine regional und zeitlich beschränkte Ausnahme indes nicht zugelassen.[90] Ein weiteres Beispiel sind unterschiedliche Verbraucherpräferenzen, die durch Einheitsregeln ignoriert werden.[91]

---

[85] S. nur EuGH v. 6. 12. 1990 – Rs. C.208/88 *Kommission ./. Dänemark* Slg. 1990, I-4445 Rn. 7–10; *Claßen* Nichtumsetzung von Gemeinschaftsrichtlinien, S. 61 f.; Schwarze-*Biervert* Art. 249 EG Rn. 27.

[86] Die Sorge ist nicht neu; vgl. *Jayme* IPR für Europa, S. 15 mit Fn. 43.

[87] Zum Verhältnis von Gemeinschaftsrecht und strengerem nationalen Recht oben, § 8 (S. 146–170). Ferner z.B. EuGH v. 9. 3. 1978 – Rs. 106/77 *Amministrazione delle Finanze ./. Simmenthal* Slg. 1978, 629 Rn. 17; EuGH v. 30. 5. 1991 – Rs. C-19/90 *Karella und Karellas* Slg. 1991, I-2691 (Hauptversammlungskompetenz für die Kapitalerhöhung auch im Sanierungsfall).

[88] *Behrens* RabelsZ 50 (1986) 19, 28 f.; *Blaurock* JZ 1994, 270, 276; *Kötz* RabelsZ 50 (1986) 1, 10 f.; *ders.* in: Gemeinsames Privatrecht, S. 149, 150; *Magnus* JZ 1990, 1100, 1103 f.; *Mertens* RabelsZ 56 (1992) 219, 221; *Pechstein* in: Europäisches Zivilgesetzbuch, S. 31. In Lückenbereichen ist die Veränderungssperre die Kehrseite der „internen Lücken"; dazu bereits oben, § 4 II 2 (S. 69).

[89] *v. Bar* IPR I, Rn. 179.

[90] *Belling/Collas* NJW 1991, 1919; *Kötz* Gemeinsames Privatrecht, S. 149, 150 f. Vgl. auch EuGH v. 30. 5. 1991 – verb.Rs. C-19 und 20/90 *Karella und Karellas* Slg. 1991, I-2691 Rn. 24–31. Zu der rechtlichen Möglichkeit zur Abweichung von Gemeinschaftsstandards „nach unten" unter Art. 15 EG und ihrem Gebrauch im Zusammenhang mit der deutschen Wiedervereinigung nur *Carl* EuZW 1990, 561–564.

[91] R. *Van den Bergh* in: Greenpaper EU Contract Law (www-Fassung), S. 5 (sub 1.1).

Was zunächst die Sorge vor der Unbeweglichkeit des Gesetzgebers angeht, so dürfte es sich nicht um eine Besonderheit der Rechtsvereinheitlichung handeln. Beispiele für die Unfähigkeit, sogar notwendige Reformen durchzusetzen, finden sich auch auf nationaler Ebene, man denke nur an das Arbeitsgesetzbuch oder das Arbeitskampfrecht in Deutschland oder das Recht des Persönlichkeitsschutzes vor der Presse in England. Die Europäische Gemeinschaft verfügt im übrigen über einen institutionellen Rahmen, der eine kontinuierliche Anpassung des Rechts an sich verändernde Bedürfnisse möglich macht.[92] Gerade die für das Privatrecht wichtigsten Kompetenznormen der Art. 94 f. EG begründen für den Gesetzgeber nicht nur die Ermächtigung, zu Zwecken der „Errichtung" des Gemeinsamen Marktes/Binnenmarktes tätig zu werden, sondern auch zu dessen „Funktionieren".[93] Und jüngere Beispiele gerade aus dem Bereich des Europäischen Privatrechts zeigen, daß der Europäische Gesetzgeber von diesen Möglichkeiten auch Gebrauch zu machen weiß, und zwar sowohl durch die schlichte Änderung des Gemeinschaftsrechts[94] als auch vorsorglich durch Überprüfungsklauseln[95] oder – wie von den Gruppenfreistellungsverordnungen bekannt – durch begrenzte Laufzeiten der Regelungen.[96] Soweit Mängel des Rechtsetzungsverfahrens der Gemeinschaft Ursache für eine Versteinerungsgefahr sind, sollten im übrigen diese behoben werden, nicht aber Abstand genommen von einer ansonsten zu befürwortenden Vereinheitlichung.

Die Gefahr, daß eine Regelung regional nicht „passen" könnte, dürfte im Kernbereich des Vertragsrechts eher gering sein.[97] Erheblich kann sie vor allem dort sein, wo, wie in dem obigen Beispiel der Betriebsübergangsrichtlinie, das Vertragsrecht auch wirtschafts- und sozialpolitische Ziele verfolgt. Dabei handelt es sich auch durchaus um eine Gefahr

---

[92] Kritisch freilich die Kommission selbst für den Bereich des Verbraucherrechts, Grünbuch zum Verbraucherschutz in der Europäischen Union, KOM(2001), 531 endg., zu 2.2 (S. 5). Ungleich schwieriger noch ist die Anpassung von Konventionsprivatrecht, das sich nicht auf eine solche Organisation verlassen kann. Einer Petrifizierung kann – wie allgemein – im übrigen zu gewissem Grade die Rechtsprechung entgegensteuern; vgl. *Zimmermann* ERPL 1997, 95, 108 f.; dafür sind EuGH und nationale Gerichte gemeinsam berufen (oben, § 4 II 2 und 3 [S. 65–73]).

[93] Zu diesem „ständigen Auftrag" *Schwartz* ZEuP 1994, 559, 568 f.

[94] Vgl. z.B. die Änderung der BÜRL aufgrund der Entscheidung des EuGH v. 14.4.1994 – Rs. C-392/92 *Christel Schmidt* Slg. 1994, I-1311; Vorschlag v. 8.9.1994, KOM(94) 300 endg., ABl. 1994 C 274/8, BE 7; kritisch aber *Dänzer-Vanotti* FS Everling, S. 213 f.; *Everling* RabelsZ 50 (1986) 193, 195 f.; *Franzen* Privatrechtsangleichung, S. 585 f. Ferner die Diskussion um die Einbeziehung von Unternehmensgründern in den Verbraucherschutz im Anschluß an die Entscheidung EuGH v. 14.3.1991 – Rs. C-361/89 *di Pinto* Slg. 1991, I-1189: Staudinger-*Kessal-Wulf* VerbrKrG Einl. Rn. 4. Zur Revisions- und Anpassungsfähigkeit ferner *Remien* ZfRV 1995, 116, 120f.; *Basedow* Leg.Stud. 18 (1998) 121, 129. Problematisch sind freilich die Fälle, in denen nur die Kommission das Initiativrecht hat; *Franzen* Privatrechtsangleichung, S. 585; s.a. *Hummer/Obwexer* EuZW 1997, 295, 303 f.

[95] Z.B. Art. 15 Abs. 4 FARL; für den Bereich der Versicherung auch die Versicherungsausschuß-Richtlinie 91/675/EWG. *Drobnig* Private Law in the European Union, S. 16.

[96] Z.B. Art. 13 GVO Kfz-Vertrieb; Art. 21 GVO Versicherungswirtschaft.

[97] S. aber *Schmidt-Kessel* JZ 1998, 1135, 1136–1138, der auf das Problem hinweist, daß gemeinschaftsrechtliche Regelungen im Bereich des Allgemeinen Teils den grundsätzlichen Vorrang spezieller Regelungen (im Besonderen Teil) und damit auch sachlich gebotene Ausnahmen ausschließen; er schlägt vor, den Geltungsanspruch solcher Regelungen teleologisch zu reduzieren (S. 1138).

der Vereinheitlichung. Indes sollte dieser Gefahr, wenn grundsätzlich die besseren Gründe für eine Vereinheitlichung sprechen, eher durch Öffnungsklauseln Rechnung getragen werden, wie sie Art. 95 Abs. 4–6, 10 und Art. 15 EG ermöglicht,[98] als durch einen Verzicht auf die Vereinheitlichung insgesamt. Allerdings ist nicht zu verkennen, daß solche Öffnungsklauseln nur sehr eingeschränkt zulässig sind und insbesondere Art. 15 EG nur in begrenztem Umfang dazu dienen kann, laxere Standards zu ermöglichen.

### b) *Wettbewerb der Gesetzgeber*

Die Rechtsvereinheitlichung wird darüber hinaus deswegen als Gefahr für die Entwicklungschancen des (Vertrags-) Rechts angesehen, weil sie einen Wettbewerb der Gesetzgeber, der die Rechtsentwicklung andauernd befruchte und wohlfahrtssteigernde Auswirkungen habe, ersticke.[99] Dieser Einwand setzt voraus, daß ein Wettbewerb zwischen den mitgliedstaatlichen (Vertrags-) Gesetzgebern stattfindet (bb) und daß dieser zu einer wünschenswerten Entwicklung des (Vertrags-) Rechts beiträgt, die durch die Rechtsangleichung verhindert würde (cc). Bevor wir diese Fragen untersuchen, ist das Modell des Wettbewerbs zu skizzieren.

#### aa) Zum Modell des Wettbewerbs[100]

Nach diesem Modell stehen die Gesetzgeber in einem „regulatorischen Wettbewerb“, in dem jeder darum bemüht ist, den Teilnehmern des Rechtsverkehrs die besten Regelungen anzubieten. Voraussetzung eines solchen Wettbewerbs innerhalb der Gemeinschaft ist, daß die Mitgliedstaaten die Regelungskompetenz haben[101] und ihre Regelungen wechselseitig anerkennen[102].[103] Der Wettbewerb soll zugleich der Entwicklung der besten Lösungen („Entdeckungsverfahren“) und der Kontrolle der Gesetzgeber („Kontrollverfah-

---

[98] S.o. § 8 (S. 146–170).

[99] S. nur *Grundmann* Schuldvertragsrecht, 1. Teil Rn. 26; auch *ders.* ZGR 2001, 783–832 (zum Gesellschaftsrecht); *Grundmann/Kerber* in: Greenpaper EU Contract Law (www-Fassung), S. 19 f. (sub II 2); *Kirchner* in: Europäisches Vertragsrecht, S. 118 f.; *ders.* in: Greenpaper EU Contract Law (www-Fassung); auch *ders.* in: Europäisches Kaufgewährleistungsrecht, S. 95–111; *Siebert/Koop* Oxf.Rev. Pol.Econ. 9 (1993) 15–30; R. *Van den Bergh* in: Greenpaper EU Contract Law (www-Fassung), S. 8 f. (sub 2), S. 9 f. (sub 3.1) und *passim.*

[100] Für die folgenden Erwägungen ist besonders hervorzuheben, daß die vorliegende Darstellung nicht mehr als eine Skizze der wichtigsten Erwägungen leisten kann. Zumal das ökonomische Schrifttum zum Systemwettbewerb kann hier nur ausschnittweise erörtert werden. Neben den im folgenden zitierten etwa noch die Beiträge in: *Gerken* (Hrsg.) Europa zwischen Ordnungswettbewerb und Harmonisierung (1995); eine Übersicht gibt auch *Leible* Wege, § 9 B IV. S. ferner die Ende November 2002 erschienene Arbeit von *Kieninger* Wettbewerb der Privatrechtsordnungen im Europäischen Binnenmarkt – Studien zur Privatrechtskoordinierung in der Europäischen Union auf den Gebieten des Gesellschafts- und Vertragsrecht, die in den Fußnoten noch berücksichtigt werden konnte.

[101] *Streit* FS Mestmäcker, S. 527

[102] *Streit* FS Mestmäcker, S. 527 f.; s.a. *Reich* CMLR 1992, 861.

[103] Verschiedene „Stufen“ des Wettbewerbs unterscheidet *Kieninger* Wettbewerb der Privatrechtsordnungen, S. 8–24.

ren") dienen.[104] Er ist dabei zumindest nicht notwendig auf eine Rechtsangleichung gerichtet, sondern als andauernder Prozeß angelegt.[105] Um mögliche Funktionsweisen eines solchen Wettbewerbs deutlich zu machen, ist es hilfreich, zwei Beispielsfälle zu betrachten.

Das zentrale Beispiel für einen Wettbewerb der Gesetzgeber ist das US-amerikanische Gesellschaftsrecht.[106] Der rechtliche Rahmen ist dort durch drei Parameter geprägt. Erstens ist es den Gesellschaften auf der Grundlage der dort herrschenden Gründungstheorie möglich, durch die Wahl des Inkorporationsortes (unabhängig vom tatsächlichen Verwaltungssitz) das Recht des Staates zu wählen, das ihren Interessen am besten entspricht. Hinzu kommt zweitens, daß das US-amerikanische Gesellschaftsrecht vornehmlich auf die Interessen der Anteilseigner zugeschnitten ist und andere Interessen (Gläubiger, Arbeitnehmer) eher vernachlässigt. Aufgrund der Wählbarkeit des Gesellschaftsstatuts und dessen einseitiger Interessenausrichtung ist es dem Gesetzgeber möglich, das Gesellschaftsrecht ständig mit Rücksicht auf die Bedürfnisse der Anteilseigner zu verbessern. Ein Interesse an dieser Anpassung hat der Staaten-Gesetzgeber – drittens – deshalb, weil der Staat für die Gründung bzw. Umgründung eine Inkorporationsgebühr und darüber hinaus periodisch auch eine Konzessionssteuer einnimmt.[107]

In ähnlicher Weise soll das Wettbewerbsmodell auch in anderen Bereichen funktionieren. Für das Europäische Recht wird beispielsweise angenommen, Systemwettbewerb könne aufgrund des Herkunftlandprinzips schon „unmittelbar durch den grenzüberschreitenden Handel mit Gütern und Diensten (Produkten) ausgelöst werden". Wenn nämlich das Importland die ausländische Regulierung anerkennt, dann bedeute die Produktwahl *de facto* zugleich eine Entscheidung „über die Regulierung, welche die Produkte in ihrer Beschaffenheit mitprägt".[108] Zum Beispiel kann man an das Lebensmittelrecht denken, das Ausgangspunkt für die Entscheidung im Fall *Cassis de Dijon* darstellt. In diesem Fall war Rewe daran gehindert, französischen Cassis de Dijon nach Deutschland einzuführen, da dieser Likör nicht den gesetzlich vorgeschriebenen Mindestalkoholgehalt hatte. Der EuGH hat bekanntlich entschieden, daß diese Produktanforderung eine unverhältnismäßige Maßnahme gleicher Wirkung darstelle; der nach französischen Produktstandards hergestellte Cassis war daher ohne weitere

---

104 *Streit* FS Mestmäcker, S. 524–526; R. *Van den Bergh* MJ 5 (1998) 129, 134; *Kieninger* Wettbewerb der Privatrechtsordnungen, S. 24–43.

105 *Siebert/Koop* Oxf.Rev.Econ.Pol. 9 (1993) 15, 17, *Streit* FS Mestmäcker, S. 523. Als „zweitbeste Rechtsangleichung", die nicht nur „nach unten", sondern auch „nach oben" tendiere, bezeichnet *Oppermann* Europarecht, Rn. 1216 das Prinzip gegenseitiger Anerkennung nationaler Regelungen.

106 Der nachfolgende Überblick beruht vor allem auf den Darstellungen von *Merkt* RabelsZ 59 (1995) 543–568 (zweifelnd an der Übertragbarkeit auf die Regelungssituation in der EG), und *Grundmann* ZGR 2001, 783, 785–788 (Übertragbarkeit des Modells differenzierend zu beurteilend). Weitere Beispiele bei *Hauschka* ZVglRWiss 87 (1988) 46–57.

107 *Merkt* RabelsZ 59 (1995) 543, 549–554; *Cary* Yale L.J. 83 (1974) 663, 668 f.; *Grundmann* ZGR 2001, 783, 786.

108 *Streit* FS Mestmäcker, S. 523. Ferner *Siebert/Koop* Oxf.Rev.Econ.Pol. 9 (1993) 15, 17 f.; *Kirchner* in: Europäisches Vertragsrecht, S. 103, 115; *Hauschka* ZRP 1988, 136, 139 f. Zurückhaltend beurteilt die Praxis *Everling* FS Steindorff, S. 1172.

Genehmigung auch in Deutschland zum Verkauf zuzulassen.[109] Die Kaufentscheidung für französischen Cassis bedeutet in dieser Situation gewissermaßen eine Entscheidung über die französische Regulierung der Likörherstellung. Kann nach dem Herkunftlandprinzip französischer Johannisbeerlikör mit einem geringeren Alkoholgehalt ungehindert nach Deutschland importiert werden, so kann das den deutschen Gesetzgeber dazu veranlassen, die Regelung über den Mindestalkoholgehalt zu streichen, weil sie praktisch sinnlos wird, wenn importierte Produkte aus anderen Mitgliedstaaten diesem Standard nicht entsprechen müssen, weil durch sie die Produktionsbedingungen für innerstaatliche Hersteller erschwert werden (umgekehrte Diskriminierung) und weil – wie der Rechtsstreit gezeigt hat – die Regelung sachlich unbegründet ist.[110] Wandelt man das Beispiel leicht ab und wählt man eine nationale Produktregulierung, die nicht so banal ist, so zeigt sich die große praktische Bedeutung. Zum Beispiel ist an nicht harmonisierte (oder im Miniumum i.V.m. gegenseitiger Anerkennung im Rest harmonisierte) Sicherheitsvorschriften für Kraftfahrzeuge oder Elektrogeräte zu denken. Hier kann sich ein geringerer Sicherheitsstandard ganz erheblich auf den Preis auswirken und so die Wahl des Käufers auf die klare Alternative eines preiswerten oder eines besonders sicheren Produkts zuspitzen.

bb) Möglichkeit des Wettbewerbs der Vertragsrechtsgesetzgeber

Dem Modell des Regulierungswettbewerbs wird es nicht gerecht, darauf hinzuweisen, daß doch ein vereinheitlichtes Privatrecht vermutlich besser sein werde als die konkurrierenden nationalen Rechte, die ihm als rechtsvergleichend ausgewertete Modelle zugrunde liegen.[111] Schon diese Vermutung läßt sich mit guten Gründen bezweifeln.[112] Vor allem aber ist der Wettbewerb der Gesetzgeber keineswegs nur statisch gemeint, sondern als andauernder, mangels vollkommenen Wissens und wegen der Veränderung der Verhältnisse nie endender Prozeß.[113] Erforderlich ist aber, zu untersuchen, ob das Wettbewerbsmodell überhaupt realistisch ist, insbesondere ob und unter welchen Voraussetzungen ein solcher Wettbewerb zwischen den Vertragsrechtsgesetzgebern der Mitgliedstaaten stattfinden kann.[114]

---

[109] EuGH v. 20.2.1979 – Rs. 120/78 *Rewe ./. Bundesmonopolverwaltung für Branntwein* Slg. 1979, 649.

[110] In dem letztgenannten Aspekt zeigt sich die „Rationalisierungsfunktion" des Europäischen Rechts; dazu *Joerges* ZEuP 1995, 181–201.

[111] So aber *Drobnig* Private Law in the European Union, S. 16; sein Einwand läßt zudem die andauernde Wandlung des Rechts und die unüberwindbare Unvollkommenheit der Erkenntnis über das Recht außer acht.

[112] So z.B. *Hobhouse* LQR 106 (1990) 530, 533.

[113] S.a. *Kieninger* Wettbewerb der Privatrechtsordnungen, S. 38–43 (Angleichungswirkung des Wettbewerbs unwahrscheinlich, i.ü. funktionswidrig). Noch wenig erörtert scheint die Frage, inwieweit eine institutionelle Absicherung eines solchen Wettbewerbs der Gesetzgeber – z.B. zur Vermeidung unlauteren Wettbewerbs oder gegen Kartelle – erforderlich ist.

[114] Generell zweifelnd *Dreher* JZ 1999,106, 108–110; *Hoffmann* FS Reich, S. 295 f.

Voraussetzung für einen Wettbewerb der Gesetzgeber – wie für jeden Wettbewerb – ist, daß die Wettbewerbsbedingungen transparent sind und ein „Markt" besteht.[115] Der Gesetzgeber muß daher erstens (a) die unterschiedlichen nationalen Regelungen sowie (b) die vor- und nachteiligen Auswirkungen der Regelung auf die Interessen, die er schützen will, erkennen können und zweitens ein Interesse an der Verbesserung des nationalen Rechts haben. Beide Voraussetzungen sind im Bereich des Vertragsrechts nicht ohne weiteres erfüllt.[116] Das ist nachfolgend näher zu begründen. Dabei wird das Kollisionsrecht – hier: des EVÜ –, das im Vertragsrecht ebenso wie im Gesellschaftsrecht eine wesentliche Grundlage für einen gesetzgeberischen Wettbewerb darstellt, zugrunde gelegt, und demgemäß zwischen dem Bereich des international zwingenden Vertragsrechts und des international dispositiven Vertragsrechts unterschieden.

(1) International zwingendes Privatrecht, insbesondere Verbrauchervertragsrecht

Nach dem EVÜ herrscht im Internationalen Vertragsrecht ganz überwiegend Rechtswahlfreiheit, international zwingend sind vor allem Schutznormen des Verbraucherrechts und des Arbeitsrechts sowie internationale Eingriffsnormen (Art. 5–7 EVÜ).[117] Exemplarisch ist hier nur das Verbrauchervertragsrecht als international zwingendes Vertragsrecht zu erörtern, da es im Europäischen Vertragsrecht eine zentrale Rolle spielt.

Der Schutz zwingenden Verbrauchervertragsrechts kann dem Verbraucher aber durch eine Rechtswahl nach Maßgabe des Günstigkeitsprinzips nicht entzogen werden, sofern der Vertrag gemäß den in Art. 5 Abs. 2 EVÜ enumerativ aufgelisteten Fällen im Inland angebahnt wurde. Mangels Rechtswahl findet in diesen Fällen das Recht des Staates Anwendung, in dem der Verbraucher seinen gewöhnlichen Aufenthalt hat.[118] Die in Art. 5 Abs. 2 EVÜ aufgezählten Fallgruppen erfassen zwar nicht alle Sachverhalte mit Auslandsberührung, für die praktisch wichtigsten Fälle – in denen der Verbraucher aufgrund seiner „Passivität" besonders schutzwürdig ist – ist jedoch durch diese Vorschrift der nationale Verbraucherschutzstandard auch für ausländische Anbieter festgeschrieben. Anders als in dem gefürchteten *Delaware* Beispiel eröffnet daher insoweit das internationale Privatrecht den Rechtsunterworfenen nicht die Auswahl zwischen verschiedenen nationalen Rechtsordnungen, die die Voraussetzung für einen Wettbewerb der Gesetzgeber ist. Setzt sich das nationale Recht in den zentralen Fällen der grenzüberschreitenden Verbraucherverträge als Mindeststandard (Günstigkeitsprinzip!) durch, so hat der Gesetzgeber keinen Anlaß zu einer Verbesserung des nationalen Rechts.[119]

---

[115] *Smits* MJ 1998, 328, 337; R. *Van den Bergh* in: Greenpaper EU Contract Law (www-Fassung), S. 20 (sub 5).

[116] Für das „allgemeine Zivilrecht" zweifelnd auch *Hirte* Wege, S. 30, indes ohne nähere Erörterung.

[117] S.o. § 6 II (S. 123–131).

[118] S.o. § 6 II 1 (S. 123–126).

[119] S.a. *Kieninger* Wettbewerb der Privatrechtsordnungen, S. 317–332.

Doch können die Grundfreiheiten eine Auswahlmöglichkeit begründen.[120] Nationale Verbraucherschutzstandards finden im grenzüberschreitenden Verkehr dann keine Anwendung, wenn sie mit den Grundfreiheiten unvereinbare Hemmnisse für den grenzüberschreitenden Verkehr darstellen. Daß die Grundfreiheiten eine Schranke für nationale Verbraucherschutzvorschriften darstellen können, zeigt das schon mehrfach angesprochene Beispiel der *Buet* Entscheidung, in der der EuGH angenommen hat, das französische Verbot des Haustürvertriebs von Unterrichtsmaterial stelle einen – freilich gerechtfertigten – Eingriff in die Grundfreiheiten dar.[121] Soweit Verbraucherschutzvorschriften mit den Grundfreiheiten unvereinbar sind, können sie nur den inländischen, nicht auch den ausländischen Anbietern entgegengehalten werden.[122] Dann kann man die Wahl des ausländischen Anbieters auch als eine „Wahl" der ausländischen Regulierung interpretieren, die dann gleichsam exportiert wird. Auf diese Weise entstehen dem inländischen Anbieter relative Nachteile, und das kann der Gesetzgeber mittelfristig auch erkennen. Ob sich freilich die geringere rechtliche Schutzverpflichtung des ausländischen Anbieters auch auf dem Markt als Vorteil erweist, ist durchaus fraglich. Es liegt sogar die Vermutung nicht fern, daß sich der ausländische Anbieter im Einzelfall freiwillig den inländischen Verbraucherschutzstandards unterwerfen wird, wenn er im Inland anbietet. Wenn ein Hemdenverkäufer aus *Jermyn Street* seine Ware in Deutschland anbietet, hat er schon gegen einen allgemeinen Argwohn des deutschen Verbrauchers gegen ausländische (Fernabsatz-) Anbieter anzukämpfen. Deswegen wird er nicht selten bemüht sein, das Vertrauen der Verbraucher dadurch zu gewinnen, daß er ihnen den von daheim vertrauten Schutz anbietet. Wenn sich allerdings die überschießenden nationalen Schutzvorschriften, die ausländischen Anbietern nicht entgegengehalten werden können, (eindeutig) als (erheblicher) Nachteil der inländischen Anbieter darstellen, ist die Annahme nicht unplausibel, daß die inländischen Anbieter ihre Interessen dem nationalen Gesetzgeber deutlich machen und ihn zu einer Rechtsänderung bewegen werden.[123]

Soweit nationale Schutzvorschriften als nicht gerechtfertigte Hindernisse für den grenzüberschreitenden Verkehr nur dem inländischen, nicht aber auch dem ausländischen Anbieter entgegengehalten werden können, kann daher durchaus eine Wettbewerbssituation für die nationalen Gesetzgeber entstehen, da in diesem Fall die Regelungsunterschiede transparent werden können und der nationale Gesetzgeber einen Anreiz zur

---

[120] *Grundmann* RabelsZ 64 (2000) 457, 475 f. *et passim; ders.* Schuldvertragsrecht, 1. Teil Rn. 26. S.a. *Roth* ZEuP 1994, 5, 29 f., der die geringere Kontrollintensität bei Ausfuhrbeschränkungen nach Art. 29 EG damit erklärt, daß der Abbau solcher Beschränkungen dem Wettbewerb überlassen bleiben könnte, würden sich doch die davon benachteiligten nationalen Anbieter selbst dagegen wenden. Bewirkt also etwa eine strenge Verkäuferhaftung des nationalen Rechts eine Verschlechterung der Wettbewerbsposition nationale Anbieter (vgl. EuGH v. 24. 1. 1991 – Rs. C-339/89 *Alsthom Atlantique* Slg. 1991, I-107), so werden sich diese schon durch ihre Lobbies beim nationalen Gesetzgeber für eine Änderung einsetzen.

[121] EuGH v. 16. 5. 1989 – Rs. 382/87 *Buet* Slg. 1989, 1235.

[122] I.e. oben, §§ 5 I und II (S. 84–101), § 8 II (S. 161–168).

[123] *Grundmann* Schuldvertragsrecht, 1. Teil Rn. 26.

Verbesserung des nationalen Rechts zugunsten nationaler Anbieter haben kann. Soweit hingegen nationale Schutzvorschriften sich in den Grenzen halten, die die Grundfreiheiten stecken, sind sie gem. Art. 5 EVÜ international zwingend, wenn nicht das gewählte Recht noch günstiger ist. In diesem Fall fehlt die Rechtswahlmöglichkeit als Voraussetzung des Wettbewerbs.

(2) International dispositives Vertragsrecht

Im allgemeinen Vertragsrecht, also außerhalb zwingender Schutzvorschriften, herrscht die Parteiautonomie. Mit der Rechtswahlfreiheit ist auch die erste Voraussetzung für einen Wettbewerb der Gesetzgeber gegeben. Indessen muß man bezweifeln, daß die nationalen Gesetzgeber hier einen Anreiz haben, ihre nationalen Rechte aufgrund des Rechtswahlverhaltens der Vertragspartner zu verbessern.[124] In Betracht kommen vor allem zwei Anreize: Zum einen könnte der nationale Gesetzgeber danach streben, das nationale Recht für seine Bürger (im Verhältnis zu Ausländern) möglichst günstig zu gestalten. Zum anderen könnte er anstreben, das nationale Recht für den internationalen Geschäftsverkehr in einer Weise attraktiv zu gestalten, daß dadurch das „Geschäft mit dem Recht" – z.B. die Beauftragung von Rechtsanwälten und Schiedsrichtern – ins Inland gezogen wird (und dem Staat etwa Steuereinnahmen bringt).[125]

Ein erkennbarer Anlaß zur Verbesserung des nationalen Rechts im Hinblick auf die Bedürfnisse inländischer Geschäftsleute könnte nur dann entstehen, wenn sich bei der Konkurrenz ausländischer und nationaler Geschäftsleute auf der Grundlage verschiedener anwendbarer Vertragsrechte relative Vorteile eines Vertragsrechts zeigen und diese Vorteile sich systematisch zum Nachteil der Inländer auswirken würden. Das wäre etwa dann der Fall, wenn z.B. die ausländischen Anbieter regelmäßig auf der Grundlage ihres Heimatrechts anbieten würden und deswegen bessere Wettbewerbsbedingungen hätten als die nationalen Anbieter, die regelmäßig auf der Grundlage ihres nationalen Rechts anbieten würden. Ein solches Szenario ist indes ganz unwahrscheinlich, da im internationalen Geschäftsverkehr auch Ausländer öfter eine Wahl des nationalen Rechts werden hinnehmen müssen und da selten eine Vertragsrechtsordnung einseitig nur anbieter- (oder nachfrager-) freundlich ist.

Näher liegt es, in der Attraktivität des Rechts für den internationalen Geschäftsverkehr einen Anreiz für die Verbesserung des Rechts zu sehen. Zum Beispiel kann man den Hinweis englischer Richter Bedenken, das englische (Handels-) Recht genüge aufgrund seiner Formalität und Rechtssicherheit den Bedürfnissen des Geschäftsverkehrs in besonderem Maße und erfreue sich daher besonderer Wertschätzung bei Kaufleuten.[126]

---

[124] Zweifelnd jetzt auch *Kieninger* Wettbewerb der Privatrechtsordnungen, S. 311–314.

[125] Vgl. auch R. *Van den Bergh* in: Greenpaper EU Contract Law (www-Fassung), S. 14 (sub 3.4).

[126] *Goff* J.Contract L. 5 (1992) 1, 2 f. (der freilich nur berichtet, daß englische Gerichte verhältnismäßig häufig mit internationalen Handelssachverhalten befaßt seien und der Handelsverkehr in besonderem Maße nach Rechtssicherheit verlange, indes nicht über die Ursachen für die Entwicklung des englischen Rechts spricht). Mit guten Gründen kritisch gegenüber der angeblichen Beliebtheit des englischen Rechts *Kieninger* Wettbewerb der Privatrechtsordnungen, S. 292 f.

Wenn man annimmt, daß der Geschäftsverkehr eine rationale Auswahl zwischen mehreren in Betracht kommenden (Vertrags-) Rechtsordnungen treffen würde[127] (und weiterhin annimmt, daß diese Wahl auch dazu führen würde, Juristen der Wahlrechtsordnung zu beschäftigen oder dem betreffenden Staat sonst Vorteile zu bringen), so könnte das einen Veränderungsanreiz für die Gesetzgeber darstellen. Indessen muß man schon bezweifeln, daß Kaufleute mehr als ein ordentliches Vorurteil über die Tauglichkeit des einen oder anderen Rechts haben: Ist anerkanntermaßen schon ein Vergleich konkurrierender AGB praktisch nicht möglich, so kann man erst recht nicht erwarten, daß Geschäftsleute eine wirklich informierte Entscheidung über die Wahl des anwendbaren Rechts treffen, – selbst wenn sie rechtlich beraten sind.[128] Im übrigen sind aber Geschäftsleute offenbar nicht in erster Linie an den Vor- und Nachteilen im einzelnen interessiert, sondern daran, ein gut vertrautes und durchsetzbares Recht zu haben.[129] Das wird jedoch, ungeachtet möglicher Mängel, (subjektiv) zumeist das Heimatrecht sein.

Aber nicht nur die Anreizsituation, sondern auch die Gestaltungsaufgaben des Vertragsrechts sprechen gegen die Annahme, daß hier ein Wettbewerb sinnvoll stattfinden könnte. Ein Grund dafür, daß die US-amerikanischen Einzelstaaten das Recht als Mittel zur Anwerbung von Gesellschaften verwenden konnten, liegt, wie gezeigt,[130] darin, daß sich das Gesellschaftsrecht herkömmlich einseitig an den Interessen der Anteilseigner orientiert. Die amerikanischen Staatengesetzgeber konnten das Gesellschaftsrecht daher attraktiv gestalten, indem sie die Regeln zugunsten der Anteilseigner gestalteten.[131] Im Vertragsrecht ist eine solche einseitige Interessenausrichtung schwerlich denkbar, denn erstens bedeutet jede Änderung des Vertragsrechts, daß die Position eines Vertragspartners auf Kosten der des anderen verändert wird; und zweitens muß ein Vertragsrecht, soll es von zwei (gleich starken) Partnern gewählt werden, für beide Teile attraktiv sein. Nimmt man noch einmal das dargestellte – an sich schon wenig wahrscheinliche – Szenario der in- und ausländischen Wettbewerber, die jeweils zu ihrem eigenen Recht

---

[127] In diese Richtung wohl *Smits* MJ 1998, 328, 337–339.

[128] *Basedow* FS Mestmäcker, S. 362; *ders.* in: Unification, S. 50; *Herbel* in: Schuldrecht, Rechtsvergleichung und Rechtsvereinheitlichung, S. 8 f.; *Kieninger* Wettbewerb der Privatrechtsordnungen, S. 286–300; anschaulich *Lando* RabelsZ 56 (1992) 261 f.; *ders.* ERPL 1997, 525, 526; *Lurger* Regulierung und Deregulierung, S. 90; ferner *Mattei* ERPL 1997, 537, 538; auch R. *Van den Bergh* in: Greenpaper EU Contract Law (www-Fassung), S. 16 (sub 3.5), der die Vergleichsschwierigkeiten indes durch entsprechende organisatorische Regeln für überwindbar hält, S. 20–22 (sub 5). In RabelsZ gibt *Lando* mit der Darstellung eines hypothetischen Mandantengesprächs auch ein schönes Beispiel für die – tatsächlich wohl zu erwartende – Irrationalität und damit Fehlerhaftigkeit des Rechtsrats, wenn er ausführt, der inländische Rechtsanwalt werde vor der Wahl des ausländischen Rechts allein schon deshalb warnen, weil es fremd ist. *Collins* Oxf.J.Leg.Stud. 14 (1994) 229, 234 Fn. 12 bemerkt für das *common law:* „We should also note the added risk that the legal advice may turn out to be false when dealing with the subtleties of the common law, as in *Schuler (L) AG* v *Wickman Machine Tool Sales Ltd* [1974] AC 235 (HL)." Beispiele dafür, wie Gerichte ausländisches Recht mißverstehen können bei *Canaris* JZ 1987, 543, 550 f.; *Drobnig* RabelsZ 50 (1986) 610, 625.

[129] Dazu unten, 3 a) aa) (S. 201 f.).

[130] Oben, aa) (S. 188).

[131] *Merkt* RabelsZ 59 (1995) 543, 554 f.; *Grundmann* ZGR 2001, 783, 786, 789 f., 795 f.

anbieten und so die relativen Vorteile ihrer Heimatrechte erfahren, so ist schwerlich vorstellbar, daß der nationale Gesetzgeber die Nachteile der nationalen Anbieter ohne weiteres zum Anlaß nimmt, das Vertragsrecht zu ändern. Denn der Gesetzgeber wird auch erwägen, ob sich nicht aus denselben Regeln, die sich für die nationalen Anbieter nachteilig auswirken, auch entsprechende Vorteile für die nationalen Nachfrager ergeben können.[132] Nur ausnahmsweise wird sich aus dieser Abwägung ein ernsthaftes Änderungsbedürfnis ergeben. Hinzu kommt im übrigen, daß es bei solchen Vor- und Nachteilen im Vertragsrecht regelmäßig um Einzelaspekte einer zusammenhängenden Gesamtregelung gehen dürfte. Wie in jüngerer Zeit die Reform des Schuldrechts in Deutschland vor Augen geführt hat, erfordert die Nachbesserung an einer Stelle zumeist die konsequente Umsetzung der entsprechenden Wertungen auch an anderen Stellen des Vertragsrechts, will man nicht das Gesamtsystem (zer-)stören.

Ein eigentlicher „Wettbewerb", in dem die Gesetzgeber der Mitgliedstaaten um immer bessere rechtliche Lösungen (gar: als die anderen Mitgliedstaaten) eifern würden, ist im Vertragsrecht denn auch nicht zu beobachten.[133] Das zeigt beispielhaft wiederum die Entwicklung der Schuldrechtsreform: Ungeachtet weit zurückreichender Kritik am Leistungsstörungsrecht des BGB und ungeachtet der Gutachten und Vorschläge zur Überarbeitung des Schuldrechts und des Abschlußberichts der Schuldrechtsreformkommission ist eine Reform erst unternommen worden, als die Umsetzungsverpflichtungen dafür einen Anlaß boten.[134] Und auch die bittere Klage des französischen Verkäufers i.S. *Alsthom Atlantique*[135] hat, soweit ersichtlich, den französischen Gesetzgeber nicht erweicht, die Verkäuferhaftung milder zu gestalten.[136] Ein sachlicher Grund dafür mag auch darin liegen, daß das Vertragsrecht, anders als das moderne Gesellschaftsrecht, auf eine außerordentlich lange Tradition zurückblickt, die zudem in Grundzügen eine gemeinsame Tradition der Mitgliedstaaten ist.

---

132 Vgl. auch *Dreher* JZ 1999, 106, 109. Das könnte einer der Gründe für den französischen Gesetzgeber sein, die strenge Verkäuferhaftung auch auf die Entscheidung des EuGH v. 24.1.1991 – Rs. C-339/89 *Alsthom Atlantique* Slg. 1991, I-107 nicht zu ändern. Vgl. auch *Remien* JbJZ 1991, 11, 36 f.

133 *Basedow* FS Mestmäcker, S. 360. Bezeichnend dafür ist der Hinweis, Reformen seien in Deutschland praktisch nicht ohne Anstoß von außen möglich; *Schmidt-Ränsch* Diskussionsbeitrag, wiedergegeben bei Schwartze, in: Europäisches Kaufgewährleistungsrecht, S. 341; *Grundmann* WM 2000, 2269, 2270. Freilich bedeutet der empirische Befund nicht, daß es keinen „potentiellen Wettbewerb" gebe.

134 Sowohl die „Gutachten und Vorschläge" als auch der Abschlußbericht der Reformkommission wurden vorher in der Fachöffentlichkeit nur verhältnismäßig wenig erörtert.

135 EuGH v. 24.1.1991 – Rs. C-339/89 *Alsthom Atlantique* Slg. 1991, I-107.

136 Allerdings beruht die zwingende Haftung des professionellen Verkäufers auf richterlicher Rechtsfortbildung; aber auch in der Rechtsprechung zeichnet sich, soweit erkennbar, kein grundlegender Wandel ab. Das Beispiel wirft, wie nur anbei bemerkt werden kann, die Frage auf, inwieweit das Modell eines Wettbewerbs der Rechtsordnungen die schwerer zu steuernde, aber doch nicht minder prägende Kraft der Rechtsprechung berücksichtigt.

cc) Erforderliche Grenzen

„Ein Wettbewerb der Systeme bei gegenseitiger Anerkennung von Normen ist kein geeigneter Weg, soweit es um die Berücksichtigung schutzwürdiger Belange geht."[137] Wie gezeigt kommt ein Wettbewerb der Vertragsrechtsgesetzgeber vor allem im Bereich zwingender nationaler Schutzvorschriften in Betracht. Gerade in diesem Bereich hingegen ist es offenbar erforderlich, den Wettbewerb der Gesetzgeber Grenzen zu setzen, um einer „Schutzdumpingspirale" (*race to the bottom*) vorzubeugen.[138]

Die Vermeidung eines ungewollten Wettbewerbs im Bereich zwingender Schutzvorschriften muß indes nicht notwendig im Wege der Rechtsangleichung i.e.S. erfolgen. Eine Grenze für den Wettbewerb ist vielmehr schon in der Grundfreiheiten-Rechtsprechung des EuGH angelegt, die das Prinzip der gegenseitigen Anerkennung als Voraussetzung des Wettbewerbs erst begründet. Denn schon nach der grundlegenden Entscheidung im Fall *Cassis de Dijon* nimmt der EuGH diejenigen Regeln von der gegenseitigen Anerkennung aus, die zwingenden nationalen Erfordernissen, insbesondere auch dem Schutz von Verbraucherschutzinteressen dienen.[139] Ergänzend sorgt Art. 5 EVÜ zumindest für die wichtigsten Fälle von im Inland angebahnten Verbrauchergeschäften dafür, daß der nationale Schutzstandard auch im Falle der Rechtswahl erhalten bleibt bzw. mangels Rechtswahl das Recht des Staates anwendbar ist, in dem der Verbraucher seinen gewöhnlichen Aufenthalt hat. Jeweils wird so die Rechtswahl, die Voraussetzung für den Wettbewerb ist, beschränkt.

dd) Zwischenergebnis

Daß die mitgliedstaatlichen Gesetzgeber um das beste Recht wetteifern, ist vor allem für den Bereich des international zwingenden Rechts plausibel zu begründen. In diesem Bereich sorgt Art. 5 EVÜ zusammen mit den primärrechtlichen Vorbehaltsbereichen dafür, daß der Wettbewerb nicht dazu führt, daß sich die Mitgliedstaaten gegenseitig mit zu laxen Schutzstandards unterbieten. Die Rechtsangleichung unterbindet einen solchen Wettbewerb und verhindert so, daß – zum Beispiel – einmal gesetzte Verbraucherschutzstandards auf ihre andauernde Berechtigung und Verhältnismäßigkeit überprüft werden können. In anderen Bereichen des Vertragsrechts hat die Erörterung indes Zweifel begründet, ob überhaupt ein Wettbewerb der Gesetzgeber stattfindet – und seine Erhaltung daher ein taugliches Kriterium in der Debatte um die Rechtsangleichung darstellt.

---

[137] *Immenga* EuZW 1993, 169.

[138] Gegen die Annahme eines *race to the bottom* R. *Van den Bergh* MJ 5 (1998) 129, 136–139; *ders.* in: Greenpaper EU Contract Law (www-Fassung), S. 14 (sub 3.4); *Siebert/Koop* Oxf.Rev.Econ.Pol. 9 (1993) 15, 20, 21; zur Diskussion im US-amerikanischen Gesellschaftsrecht nur *Grundmann* ZGR 2001, 783, 786–788.

[139] Dazu näher oben, § 5 I 2 (S. 92). Ferner *Immenga* EuZW 1993, 169 („Der Angleichungsbedarf wird analog zur Cassis-Rechtsprechung des EuGH danach zu ermitteln sein, ob zwingende Erfordernisse für die Begrenzung von Freiheiten bestehen.").

### *c) Bewahrung von Lösungsvielfalt und Erfahrungsschatz nationaler Rechtsordnungen*

Im Bereich des international dispositiven Vertragsrechts ist die Annahme eines regulatorischen Wettbewerbs, in dem die Gesetzgeber um die beste Regelung konkurrieren, nicht plausibel begründet. Von einem „Wettbewerb" oder besser: einem Lernprozeß[140] kann man aber auch in einem weniger weitgehenden Sinne sprechen, wenn die Gesetzgeber Anregungen für ihre Rechtsetzungsvorhaben (auch) den Vorbildern ausländischer Rechtsordnungen entnehmen.[141] In der Tat wird mit dem Wettbewerbsgedanken gelegentlich (nur) das Ziel angesprochen, einen Erfahrungsschatz und eine Lösungsvielfalt zu bewahren, die dem nationalen oder dem Europäischen Gesetzgeber als Grundlage für die Rechtsetzung dienen und den Rechtsunterworfenen zur kollisionsrechtlichen Auswahl stehen kann.[142] Eine Rechtsangleichung – gerade auch auf dem Gebiet des allgemeinen Vertragsrechts – würde das vorhandene Reservoir von Lösungsmodellen in den Mitgliedstaaten mit einem Schlag ausschöpfen.

Dieses Bedenken ist in der Tat von Gewicht. Es läßt sich ernstlich auch nicht durch den Hinweis entkräften, daß es auf der Welt neben den Rechtsordnungen der Mitgliedstaaten eine Vielzahl weiterer Rechtsordnungen gebe und an Vielfalt daher kein Mangel bestehe.[143] Der zu bewahrende Schatz ist gerade die Vielfalt der Rechtsordnungen *in Europa*, sein Wert liegt darin, daß hier auf der Grundlage relativ homogener Verhältnisse ein Reichtum verschiedener Vertragsrechte auf hohem Niveau besteht. Zwar sollten sich die Rechtsordnungen der Mitgliedstaaten nicht als geschlossener Kreis verstehen und Anregungen aus anderen Rechtskulturen zurückweisen. Auf der anderen Seite kann man aber nicht verkennen, daß weiterführende rechtliche Lösungen für den Gesetzgeber oder auch für Vertragsparteien bei der Rechtswahl in vielen Fällen nur von Rechtsordnungen zu erwarten sind, die eine verwandte kulturelle Tradition haben und

---

[140] Vgl. *Kirchner* in: Europäisches Vertragsrecht, S. 103, 118 f.; R. *Van den Bergh* in: Greenpaper EU Contract Law (www-Fassung), S. 7 f. (sub 2.); *Dreher* JZ 1999, 106, 110.

[141] *Kieninger* Wettbewerb der Privatrechtsordnungen, S. 8–24 und S. 381 unterscheidet verschiedene „Stufen" des Wettbewerbs; neben dem eigentlichen institutionellen Wettbewerb („4. Stufe") nennt sie: die bloße Dezentralität („1. Stufe"), den Ideenwettbwerb („2. Stufe") und die Möglichkeit der Wahl ausländischer Institutionen durch Rechtswahl oder Abwanderung („3. Stufe"). Zur Berücksichtigung von Rechtsvergleichung durch den deutschen Gesetzgeber *Drobnig/Doppfel* RabelsZ 46 (1982) 253–307; *Zimmermann* ERPL 1995, 95, 116 f.

[142] *Kötz* RabelsZ 50 (1986) 1, 12; *Sandrock* EWS 1994, 1, 5; *ders.* JZ 1996, 1, 7; nur in diesem Sinne begründet etwa *Kirchner* in: Europäisches Vertragsrecht, S. 103, 118f., daß zwischen den Vertragsgesetzgebern Wettbewerb herrsche. S.a. *van Gerven* ERPL 1997, 465, 466 unter Hinweis auf Art. 151 Abs. 1 EG. Wenig erörtert ist die nah verwandte Frage, ob die europäischen Rechtsordnungen nicht in ihrer Rolle als Mutterrechtsordnungen für zahlreiche andere Länder eine Verantwortung trifft, ihre Identität zu bewahren; dazu *Weir* ZEuP 1995, 368; *ders.* Tort, S. viii.

[143] *Basedow* FS Mestmäcker, S. 361, sowie *ders.* in: Unification, S. 41, 52. Deren Bedeutung ist freilich nicht zu bestreiten; s. nur *Reimann* Tulane L.Rev. 73 (1999) 1337–1346. Die Erfahrung außereuropäischer Rechtsordnungen hat auch die *Commission on European Contract Law* informiert; *Lando/Beale* European Principles, S. xxv f.

ähnlich entwickelt sind, wie die eigene Rechtsordnung.[144] Auch die Vielzahl von Modellgesetzen und Regelungsvorschlägen, die von internationalen Organisationen (etwa von UNCITRAL und Unidroit)[145] oder aufgrund privater Initiative[146] ausgearbeitet werden, können den Verlust der Regelungsvielfalt nicht wiedergutmachen, denn diese leiden stets den Mangel, daß sie sich (zumindest als Regelungsganzes) in der Praxis noch nicht bewährt haben.[147]

Soweit es darum geht, die Regelungsvielfalt zugunsten der Vertragsparteien zu erhalten, die zwischen verschiedenen Rechten wählen wollen, kann man freilich den oben genannten Vorschlag von *Kirchner* aufgreifen.[148] Danach sollte die Beschränkung der Rechtswahlmöglichkeiten, die mit der Rechtsvereinheitlichung, zumal einer Kodifikation einhergeht, durch die Bereitstellung eines zusätzlichen wählbaren Regimes gleichsam abgemildert werden. Dieser Vorschlag läßt sich auf einfache Weise durchführen, indem man die bestehenden Regelwerke des Vertragsrechts (Unidroit Principles, European Principles, AE-EuVGB) als wählbares Recht zuläßt (soweit man die Wählbarkeit nicht schon *de lege lata* bejaht).[149]

### *d) Systemerhaltung*

Privatrechtsetzung der Gemeinschaft hat unausweichlich Auswirkungen auf Einheit und Ordnung des nationalen Rechtssystems:[150] Durch sie werden neue Prinzipien in das nationale Recht eingeführt oder das bestehende Verhältnis der Prinzipien zu einander neu geordnet. Nicht selten erweisen sich die Regeln des Europäischen Privatrechts als inkompatibel mit dem bestehenden äußeren und inneren System der mitgliedstaatlichen

---

144 Ähnlich *Markesinis* ERPL 1997, 519, 520. Zur Auswahl der Vergleichsrechtssystemen in der Rechtsvergleichung *Drobnig* FS Rheinstein, 225 f. (Typen-Methode); *Reinhardt* FS 600 Jahre Uni Köln, 599, 616 f.; *Röver* Vergleichende Prinzipien, S. 10–14 (Prinzipienmethode); *Zweigert/Kötz* Einführung, § 3 IV (S. 40–42) (Rechtskreismethode); zur deutschen Gerichtspraxis (kritisch) *Drobnig* RabelsZ 50 (1986) 610, 625 f.

145 Dazu *Kronke* JZ 2001, 1149–1157 (übrigens mit dem Vorschlag, die verschiedenen Organisationen, deren Ziel Privatrechtsvereinheitlichung ist, zu einer zusammenzuschließen, da Konkurrenz das Geschäft nicht belebe; S. 1156 sowie 1152; mir zweifelhaft). Zur Anzahl der Angleichungsvorhaben *Kötz* FS Zweigert, S. 481 f. („beklemmende Vielfalt", vor der einem „angst und bange werden" könne).

146 Vgl. die Übersicht über Ausarbeitungen eines Europäischen Vertragsrechts bei *Zimmermann* ZEuP 2000, 391–393. Zum nationalen Recht z.B. *Birk/Konzen/Löwisch/Raiser/Seiter* Gesetz zur Regelung kollektiver Arbeitsbedingungen (1988).

147 Z.B. zur (punktuellen) Heranziehung des UNCITRAL-Modellgesetzes für Überweisungen für die Ausarbeitung der ÜwRL *Hadding* in: Bankrecht 1998, S. 135 f.; *Bøjer* JIBL 6 (1995), 223–228.

148 Oben, I 3 b) (S. 175) mit Fn. 24.

149 Zur Wählbarkeit privater Regelwerke bereits oben, § 6 I a.E. (S. 122). Dem Bedenken vor einer *generellen* Wählbarkeit privater Regelwerke, die ja auch „unseriöse", z.B. einseitig begünstigende Regelwerke zur Auswahl stellen würde, könnte man durch einen (ständig zu ergänzenden) Katalog der wählbaren privaten Regelwerke Rechnung tragen, in den solche Regelwerke nur nach vorheriger Seriositätsprüfung durch den Gesetzgeber aufgenommen würden.

150 Die Reichweite dieser Einwirkungen wird eher unterschätzt; sie wird besonders deutlich in EuGH v. 12. 3. 1996 – Rs. C-441/93 *Pafitis* Slg. 1996, I-1347 Rn. 41 f., 57 (siehe bereits oben, Fn. 80).

Privatrechte.[151] Hinzu kommt, daß die nationalen Gesetzgeber die Regelungen des Europäischen Privatrechts oftmals neben die bereits bestehenden Regelungen stellen mit der Folge, daß es so zu einer Überlagerung mehrerer Rechtsregime kommen kann, die sich teilweise decken, in Einzelaspekten aber signifikant unterscheiden (so z.B. im deutschen Produkthaftungsrecht).[152] Solche Überlagerung ist nicht nur „lästig", jedenfalls dann, wenn sie die Rechtsfindung erheblich erschwert, ist sie auch unter dem Gebot der Rechtssicherheit bedenklich.[153]

Systemerhaltung ist nicht allein Aufgabe der nationalen Gesetzgeber, nach dem Grundsatz der Gemeinschaftstreue ist auch der Europäische Gesetzgeber gehalten, nach Möglichkeit die Kompatibilität seiner Regelungen mit den Rechtssystemen der Mitgliedstaaten zu überwachen.[154] Freilich muß man umgekehrt annehmen, daß es den Mitgliedstaaten obliegt, auf mögliche Bedenken bereits im Gesetzgebungsverfahren hinzuweisen und nicht, wie häufig zu beobachten, erst nachträglich.[155] Liegt die Europäische Regelung vor, so ist Systemerhaltung Aufgabe des nationalen Gesetzgebers. U.U. kann – wie das Beispiel der Kaufgewährleistungsrichtlinie zeigt – eine europäische Regelung auch Anlaß dafür bieten, größere Teile des Vertragsrechts zu überarbeiten. Auch wenn Gemeinschaft und nationaler Gesetzgeber hier optimal zusammenwirken, werden sich indes oftmals Schwierigkeiten ergeben, eine Europäische Regelung in das nationale Rechtssystem einzupassen.

Soweit Systembrüche unvermeidlich sind, kann man daraus freilich ganz gegensätzliche Folgerungen ziehen: Man kann einerseits einen grundsätzlichen Vorrang der Kollisionsrechtsvereinheitlichung und der Rechtsangleichung „von unten" befürworten,[156]

---

[151] *Rittner* DB 1996, 25, 26; *Steindorff* EG-Vertrag und Privatrecht, S. 50–53; 409f.; *Ulmer* JZ 1992, 1, 6f. Vgl. auch *Blaurock* JZ 1994, 270 276; *Collins* Oxf.J.Leg.Stud. 14 (1994) 229, 240 f.; *Ficker* FS Dölle II, S. 35, 46–50; *Herber* in: Rechtsdogmatik und Rechtspolitik, S. 269–289; *Paschke* in: Vielfalt des Rechts – Einheit der Rechtsordnung, S. 156–162; H. *Roth* JZ 1999, 529, 538; *Schwartz* FS Hallstein, S. 511f. *Canaris* in: Umsetzung von zivilrechtlichen Richtlinien, S. 134f. hebt deshalb hervor, daß Richtlinien als das systemschonendere Mittel der Verordnungsform vorzuziehen sein können.

[152] *Kötz* Gemeinsames Privatrecht, S. 149, 152; ferner *Blaurock* JZ 1994, 270, 272; *Bydlinski* Methodenlehre, S. 385; *Rittner* DB 1996, 25 f.; *Schmid* ZfRV 1999, 213–222; *Ulmer* JZ 1992, 1, 6. Zu Recht weist *Bonell* ERPL 1997, 505, 513 darauf hin, daß die Einführung eines auf grenzüberschreitende Verträge beschränkten EuZGB die Unsicherheit noch vergrößern würde.

[153] *Bydlinski* Methodenlehre, S. 385.

[154] Vgl. EuGH v. 28. 1. 1992 – Rs. C-204/90 *Bachmann ./. Belgien* Slg. 1992, I-249 Rn. 28, 35 (Kohärenz des nationalen Steuerrechtssystems). Beispielhaft für die gebotene Rücksicht *Europäisches Parlament* Entschließung vom 6. 5. 1994, ABl. 1994 C 205/562, 563, Erwägungsgrund G, mit dem Hinweis, daß die nationalen Gewährleistungsvorschriften teilweise jahrhundertealte Tradition haben und ein sensibles, in ein Gesamtsystem eingebettetes Regelwerk darstellen. Die Wahrung der Einheit der Rechtsordnung ist, worauf zutreffend *Rittner* JZ 1995, 849, 851 hinweist, vor allem deswegen schwierig, weil sie „für das EG-Recht und für das nationale Recht getrennt, nämlich durch den EuGH einerseits und durch die höchsten nationalen Gerichte andererseits, gewährleistet (wird), also *nicht durch ein einziges Gericht.*" (Hervorhebung im Original).

[155] *Grundmann* JZ 1996, 274, 282f.; auch *Möllers* Die Rolle des Rechts, S. 48f. Erfolgreich praktiziert wurde ein solcher Dialog bekanntlich im Rahmen der AGBRL, deren Regelungen wohl nicht zuletzt aufgrund der von der deutschen Literatur aufgezeigten Bedenken geändert wurden.

[156] *Hay/Lando/Rotunda* Integration through Law I/2, S. 166 f.

andererseits eine umfassende (Privat- oder) Vertragsrechtsvereinheitlichung.[157] Unter dem Gesichtspunkt der Rechtssicherheit und der Rechtsgleichheit wird sich bei einer gewissen Dichte Europäischer Regelungen eine geschlossene Sachrechtsvereinheitlichung nicht vermeiden lassen.[158]

Keine Neuregelung ist kostenlos zu haben. Das gilt in besonderem Maße für eine vollständige Neuregelung in Form eines Europäischen Vertragsgesetzbuchs. Indes ist, wie der Einwand der Systemstörung zeigt, auch die Mindestharmonisierung mit erheblichen Kosten verbunden, da über die durch die Neuregelung verursachten Kosten weitere Kosten durch die in manchen Bereichen offenbar unvermeidbaren Systemdissonanzen entstehen. Auf lange Sicht mag es sich als kostspieliger erweisen, die nationalen Rechtssysteme durch eine Vielzahl von Anbauten zu ergänzen, als ein in sich stimmiges Europäisches Vertragsrecht zu entwerfen. Größere Neuregelungen sollten daher nicht ohne Übergangsregelungen eingeführt werden, die es der Praxis erlauben, sich mit dem neuen Recht vertraut zu machen. Daß auch ein neues Zivilgesetzbuch auf diese Weise schonend eingeführt werden kann, zeigt das Beispiel des niederländische Nieuwe Burgerlijk Wetboek.[159] Im übrigen kann man aber auch den Gesichtspunkt der Systemerhaltung als Aufforderung ansehen, die Rechtsangleichung durch eine gemeineuropäische Rechtswissenschaft eingehend vorzubereiten.

### *e) „Weltoffenheit"*

Zu den Entwicklungschancen des Rechts ist auch seine Offenheit gegenüber „dem Rest der Welt" zu rechnen. Um sie zu erhalten und Europa nicht zu einer „Festung" zu machen, sei zumindest erforderlich, das Europäische Privatrecht mit über-europäischen Einheitsrechten abzustimmen.[160] Für das Europäische Privatrecht solle weniger die Abgrenzung zu anderen Staaten „als die sich entwickelnde gemeinsame Rechtspraxis in Europa" kennzeichnend sein.[161] Interessanterweise hat das Europäische Parlament demgegenüber ein modernes, einheitliches Privatrechtssystem als ein Mittel angesehen, die Verbindungen der Gemeinschaft mit anderen Ländern zu verstärken.[162]

---

[157] *Alpa* ERPL 2000, 321, 331; *Tilmann* FS Oppenhoff, S. 500 f. („Ein einheitliches Gesetzbuch erleichtert nicht nur die praktische Anwendung, sondern macht auch die Prinzipien der Rechtsanwendung deutlich. Es ermutigt den Richter zu sinnvoller Rechtsentwicklung, weil die Folgenproblematik bei einer einheitlichen Regelung besser erkannt werden kann. Für ein zusammenwachsendes Gemeinwesen bedeutet daher eine Kodifikation einen mächtigen qualitativen Sprung.")

[158] *Kropholler* Einheitsrecht, S. 9 f.; *van Gerven* in: Greenpaper EU Contract Law (www-Fassung), Tz. 8; *de Groot* MJ 1997, 1, 3 weist auf die Alternativen hin, privatrechtliche Regelungen auf der Grundlage eines Modells für ein EuZGB zu entwerfen bzw. neu zu fassen; auf diese Weise wird indes nur die systematische Gestaltung des Europäischen Privatrechts sichergestellt, nicht auch die Vereinbarkeit mit dem nationalen Recht.

[159] *Kirchner* in: Europäisches Vertragsrecht, S. 120 f. Zur Auswirkung auf den Rechtsunterricht, vgl. *Hondius* AcP 191 (1991) 378, 392 f.

[160] *Drobnig* ERPL 1997, 490 f.; *Sandrock* JZ 1996, 1, 7 f.; auch *Heiss* ZfRV 1995, 54, 58.

[161] *Kirchner* in: Europäisches Vertragsrecht, S. 103, 113.

[162] *Europäisches Parlament* Beschluß vom 26.5.1989, lit. D, ABl. 1989 C 158/400.

Bejaht man das Erfordernis eines Europäischen Vertragsrechts – sei es in Form von Einzelregelungen oder eines geschlossenen Gesetzbuchs –, so muß man in gewissem Grade auch dessen Autonomie und Abgrenzung gegenüber anderen Vertragsrechtsordnungen befürworten. Das gilt besonders dann, wenn man das Vertragsrecht als einen Bestandteil der „kulturellen Identität" ansieht und annimmt, die Besonderheiten der unterschiedlichen Vertragsrechte seien der Motor eines Wettbewerbs der Gesetzgeber. Selbstverständlich muß ein Europäisches Privatrecht distinktiv europäisch geprägt sein! Und auch seine richterliche Handhabung muß notwendig europäisch sein, auch in dem Sinne, daß ausländische Rechtsordnungen nur als Rechtserkenntnisquellen dienen können, von denen der Richter nur in den vom Europäischen Recht gesetzten Grenzen Gebrauch machen darf. Europäisches Vertragsrecht ist notwendig anders als andere Vertragsrechte und daher auch in gewissen Rahmen notwendig mit diesen unvereinbar. Für die Ausarbeitung sollte hier wie allgemein gelten, daß das Ziel die Ausarbeitung des (vorläufig) „besten" Vertragsrechts sein müßte.[163] Schon aus diesem Grunde kann nicht alles übernommen werden, was das internationales Einheitsrecht (z.B. das CISG)[164] vorsieht. Einer „Rechtspolitik der offenen Tür"[165] steht diese notwendige und wünschenswerte Eigenständigkeit freilich nicht entgegen.[166]

## 3. Bedürfnisse des Rechtsverkehrs: Unternehmer- und Verbraucherinteressen

In der rechtspolitischen Bewertung sind schließlich – nicht zuletzt – die Interessen der Betroffenen zu berücksichtigen. Sie einzuschätzen bereitet freilich nicht unerhebliche Schwierigkeiten, zumal in einer offenen Gesellschaft, die die unterschiedlichsten Interessen der einzelnen (natürlichen und juristischen Personen) hervorbringt. Gerade das: die Vielfalt individueller Präferenzen, die auch regional und kulturell geprägt ist, ist, wie bereits früher erwähnt, selbst ein Gesichtspunkt, der in der rechtspolitischen Diskussion (wohl sogar von Rechts wegen) eine Rolle spielen muß. Das schließt eine – notwendig pauschalierende – Erwägung von Gruppeninteressen nicht aus.

### *a) Unternehmerinteressen*

Ob für Unternehmen ein praktisches Bedürfnis für die Vereinheitlichung des Vertragsrechts besteht, wird ganz unterschiedlich beurteilt. Einen Anhaltspunkt, der dagegen spricht, kann man allerdings schon in der Tatsache finden, daß auch in anderen „regionalen Zusammenschlüsse", vor allem in den Vereinigten Staaten von Amerika, der grenz-

[163] So *Sandrock* JZ 1996, 1, 7 selbst.
[164] Zur Kritik des CISG nur *Bonell* ERPL 1997, 505, 508 f., 514 f.
[165] *Beitzke* ZfRV 1964, 80, 92.
[166] Darüber hinaus heben z.B. *Großfeld/Bilda* ZfRV 33 (1992) 421, 426 die positiven Aspekte einer Kodifikation hervor (Vorbildwirkung für andere Staaten; einheitliche Grundlage für die Rechtsausbildung; „ein Leuchtturm europäischen Geistes").

überschreitende Geschäftsverkehr ohne einheitliches Vertragsrecht gut auskommt.[167] Der Einwand, die Mitgliedstaaten der EG seien anders als die Gliedstaaten der USA nicht durch eine gemeinsame Rechtstradition verbunden, die für eine Homogenität und Kompatibilität der einzelstaatlichen Rechte sorge,[168] hat einiges für sich, er steht indes im Widerspruch zu der Annahme einer gemeinsamen und sogar (wieder) konvergierenden Rechtstradition – oder verstärkt umgekehrt die Bedenken gegen die Rechtsvereinheitlichung, die im Hinblick auf die kulturelle Prägung des Vertragsrechts einerseits und die daraus resultierende mangelnde Einigungsfähigkeit andererseits vorgebracht werden.

aa) Rechtssicherheit

Aus der Sicht der Unternehmen ist an erster Stelle nicht die Vereinheitlichung wichtig, sondern die Rechtssicherheit und die Möglichkeit, vertragliche Rechte durchzusetzen.[169] Ohne Zweifel erfüllen daher das EVÜ und das EuGVÜ/die EuGVO die grundlegenden Bedürfnisse der Unternehmen.[170] Indessen ist nicht zu verkennen, daß die Kollisionsrechtsvereinheitlichung die gewünschte Rechtssicherheit nur mit Einschränkungen herzustellen vermag.[171] Gewisse Unsicherheiten sind mit dem Kollisionsrecht unvermeidlich verbunden. Zum einen können auch unter einem einheitlichen Kollisionsrecht Zweifelsfragen über das anwendbare Recht verbleiben,[172] nicht selten mit der Folge, daß die Gerichte einem „Trend heimwärts" folgen, zumal wenn das ausländische Recht ungewohnte Regeln enthält.[173] Zu den aus dieser Unsicherheit resultierenden Kosten kommen die Kosten, die den Parteien im Prozeß durch die Darlegung[174] und den Nachweis[175] des ausländischen Rechts entstehen. Schließlich mag das Gericht die ausländische Rechtslage verkennen[176] oder, weil es sie nicht feststellen kann, nachrangige Rechts-

---

167 *Grundmann* Schuldvertragsrecht, 1. Teil Rn. 49; *Sandrock* EWS 1994, 1–2, 6.

168 *Drobnig* FS Steindorff, S. 1141, 1146 f.

169 *Hinz* ZEuP 1994, 553, 554. Ferner *Beale* in: Greenpaper EU Contract Law (www-Fassung), S. 3–5; *Goff* J.Contract L. 5 (1992) 1, 3; *Hobhouse* LQR 106 (1990) 530, 532 f.; *Tilmann* FS Oppenhoff, S. 506.

170 Kein weitergehendes Bedürfnis der Unternehmen sieht *Sandrock* EWS 1994, 1, 7. Vgl. noch *Zweigert* FS Hallstein, S. 562 f. Nur als Zwischenschritt sehen die Kollisionsrechtsvereinheitlichung an *Hay/Lando/Rotunda* Integration through Law I/2, S. 256; ebenso *Remien* JZ 1992, 277, 281; *Koch* ERPL 1995, 329–342.

171 In diesem Sinne auch schon *Thibaut* in: Thibaut und Savigny, S. 78 f. (= Über die Nothwendigkeit eines allgemeinen bürgerlichen Rechts für Deutschland, S. 33 f.): „fürchterliches Unwesen der Collision".

172 *Hay/Lando/Rotunda* Integration through Law I/2, S. 172; eingehend *Leible* ZVglRWiss 97 (1998) 286–319; s.a. *Blaurock* FS Stoll, S. 463–480.

173 *Hay/Lando/Rotunda* Integration through Law I/2, S. 164 f.; 173 f.; *Jayme* IPR für Europa, S. 10 f.; *Junker* RabelsZ 55 (1991) 674, 684 f.

174 Ausländisches Recht ist regelmäßig Teil des Parteivortrags; *Hay/Lando/Rotunda* Integration through Law I/2, S. 184; zum deutschen Recht Soergel-*Kegel* vor Art. 3 EGBGB Rn. 172–187 und – zum Europäischen Übereinkommen betreffend Auskünfte über ausländisches Recht – Rn. 203–211.

175 Zur Beweislast *Hay/Lando/Rotunda* Integration through Law I/2, S. 185 f.

176 Zu Fehlern deutscher Gerichte bei der Feststellung ausländischen Rechts (freilich außerhalb von IPR-Zwecken) *Canaris* JZ 1987, 543, 550 (betrifft das österreichische und das italienische Recht); *Drobnig* RabelsZ 50 (1986) 610, 616 (betrifft das französische Recht).

erkenntnisquellen heranziehen,[177] und somit zu vollends unvorhersehbaren Rechtsgrundlagen kommen.

Schwerer als diese mit der Rechtswahl verbundenen Unsicherheiten wiegen jene, die mit den international zwingenden Normen ins Spiel kommen (Art. 5–7 EVÜ). Diese können die Unternehmen nicht durch Rechtswahl vermeiden, so daß sie sich stets darüber informieren müssen.

Welche Bedeutung diese Unsicherheiten und die damit verbundenen Kosten für den grenzüberschreitenden Handel haben, ist umstritten, da rechtstatsächliche Untersuchungen, soweit ersichtlich, fehlen.[178] Indes muß man bezweifeln, daß die aus dem Fehlen eines Europäischen Vertragsgesetzbuchs fließende Rechtsunsicherheit Unternehmen abschrecken könnten, an sich lukrative Auslandsgeschäfte abzuschließen.[179] Jedenfalls für den grenzüberschreitenden Handelsverkehr zwischen Unternehmen steht schon in Form des UN-Kaufrechts ein praktisch ordentlich erprobtes Einheitsrecht zur Verfügung, neben zahlreichen selbstgesetzten Regelwerken des Handels. Und tatsächlich ist von Geschäftsleuten, soweit erkennbar, der Wunsch (gerade) nach einer Vertragsrechtsvereinheitlichung nicht zu hören. Das dürfte auch daher rühren, daß die Sorge vor den mit einer solchen fundamentalen Änderung verbundenen Unsicherheiten erheblich schwerer wiegt als die Last der bestehenden Unsicherheiten. Nur ein mit Sicherheit erheblich besseres Vertragsrecht könnte aus dieser Warte den mit der Angleichung oder Vereinheitlichung verbundenen Aufwand rechtfertigen, und das auch nur dann, wenn die Rechtssicherheit durch lange Übergangsfristen möglichst wenig gefährdet wäre.[180]

bb) Ungehinderter grenzüberschreitender Verkehr

Besonders die international zwingenden Vorschriften,[181] im Vertragsrecht nach Art. 5 EVÜ also vor allem die Verbraucherschutzvorschriften,[182] können sich für Unternehmen als Hindernisse für den grenzüberschreitenden Verkehr erweisen.[183] Haben die Mitglied-

---

[177] *Hay/Lando/Rotunda* Integration through Law I/2, S. 186 f.; Soergel-*Kegel* vor Art. 3 EGBGB Rn. 215.

[178] Vgl. aber zur ökonomischen Bewertung der Unsicherheiten *Schmidtchen* RabelsZ 59 (1996) 56–112.

[179] Das besorgt indes *Basedow* in: Unification, S. 49; s.a. *Tilmann* FS Oppenhoff, S. 506.

[180] Vgl. auch *Hobhouse* LQR 106 (1990) 530, 533 f. (der freilich zweifelt, ob ein einheitliches [Konventions-] Recht, das notwendig das Ergebnis von Kompromissen sein werde, besser sein kann als das bestehende Recht).

[181] Eine Behinderungswirkung auch des international dispositiven Rechts nehmen an *Armbrüster* RabelsZ 60 (1996) 73, 75; *Basedow* FS Mestmäcker, S. 356 ff.; *Magnus* FS Drobnig, S. 63 f., 78; *Roth* ZEuP 1994, 5, 28.

[182] Eine verhältnismäßig geringere Beeinträchtigung für den grenzüberschreitenden Verkehr stellen gegenüber diesen besonderen Schutzvorschriften die allgemeinen Schutzvorschriften (z.B. § 138 BGB) dar, die ebenfalls nach Art. 5 EVÜ international zwingend sind. Weil und soweit es sich dabei um grundlegende Gebote vertraglicher Fairness und Gerechtigkeit handelt, können sich die Unternehmen darauf leichter einstellen.

[183] *Collins* Oxf.J.Leg.Stud. 14 (1994) 229, 230 f.; speziell zu Verbotsgesetzen M.E. *Storme* FS Drobnig, S. 195. Ferner *Grundmann* Schuldvertragsrecht, 1. Teil Rn. 27–30 (zum Harmonisierungskonzept, aber auch rechtspolitisch befürwortend); zur Angleichung des international zwingenden Vertragsrechts als Harmonisierungskonzept der EG unten, § 10 A II 1 c (S. 218 f.).

staaten zum Beispiel ihre nationalen Verbraucherschutzbestimmungen über die Inhaltskontrolle von Allgemeinen Geschäftsbedingungen unterschiedlich ausgestaltet, so bedeutet das für Unternehmen, die ihre Produkte und Dienstleistungen grenzüberschreitend Verbrauchern anbieten, daß sie für jeden Mitgliedstaat ihre AGB unterschiedlich ausgestalten müssen, sofern die Verträge von Art. 5 EVÜ erfaßt werden. Rechtssicherheit und ein ungehinderter grenzüberschreitender Rechtsverkehr werden daher in diesem Bereich erst durch eine Angleichung des international zwingenden Sachrechts erreicht. Der Unternehmer kann dann die international dispositiven Regeln wählen (Art. 3 EVÜ). Auf den Inhalt des international zwingenden Rechts kann er sich aber auch ohne nähere Untersuchung des ausländischen Rechts einstellen, weil dieses angeglichen und ihm daher aus dem nationalen Recht bzw. dem Angleichungsrechtsakt bekannt ist. Vollständig befriedigend ist die Angleichung der international zwingenden Regeln freilich nur dann, wenn dabei nicht nur Mindest-, sondern für den grenzüberschreitenden Verkehr auch Höchststandards gesetzt werden, der Unternehmer also nicht besorgen muß, daß ihm bei Geschäften in den verschiedenen Mitgliedstaaten aufgrund von Art. 5 EVÜ strengere nationale Schutzvorschriften entgegengehalten werden.[184] Müßte er ungeachtet der Rechtsangleichung gewärtigen, im (EG-) Ausland mit strengeren Schutzvorschriften konfrontiert zu werden, so stünde der Unternehmer nur wenig besser als zuvor. Strengere mitgliedstaatliche Schutzstandards, die nur die inländischen Anbieter betreffen, nicht aber auch ausländische Anbieter, stören hingegen vor allem die Inländer, nicht so sehr die Ausländer (Inländerdiskriminierung). Für die ausländischen Anbieter kann sich höchstens ein Informationsbedarf ergeben, insofern sie die überschießenden Schutzstandards ungeachtet ihrer Unanwendbarkeit auf den grenzüberschreitenden Verkehr bei ihrem Angebot berücksichtigen wollen (durch Einhaltung oder anderweitigen Ausgleich), um dadurch Kunden zu gewinnen.

cc) Unverfälschter Wettbewerb

Darüber hinaus kann die Unterschiedlichkeit der Vertragsrechtsordnungen aber auch zu Wettbewerbsverfälschungen (i.w.S.) führen. Regelmäßig wird der ausländische Anbieter (zunächst) auf der Grundlage seines Heimatrechts anbieten. Die Divergenz der unterschiedlichen Vertragsrechtsregeln kann aber dazu führen, daß sein Angebot zu teuer ist, etwa weil nach dem Heimatrecht strengere Haftungsregeln gelten und der Anbieter dies bei seiner Preiskalkulation berücksichtigt hat.[185] Aber selbst wenn der ausländische Anbieter, etwa aufgrund besserer Produktionsbedingungen, billiger anbieten kann als die nationalen Konkurrenten, werden ihm die potentiellen Kunden im Inland nicht selten gerade auch deswegen mit Mißtrauen begegnen, weil sie das anwendbare Recht

[184] *Kommission* Grünbuch Europäisches Vertragsrecht, KOM(2001) 398 endg. Rn. 30; *Drexl* in: Greenpaper EU Contract Law (www-Fassung), S. 12 (sub II 4); *Grundmann* Schuldvertragsrecht, 1. Teil Rn. 105–120; *Taschner* in: Mindestharmonisierung, S. 160, 173 f.; *Troberg* in: Systembildung, S. 450 f. S.a. *Basedow* in: Greenpaper EU Contract Law (www-Fassung), S. 3–7 (sub 2).

[185] *Basedow* FS Mestmäcker, S. 354 f.

nicht kennen.[186] Dem wird der ausländische Anbieter unter Umständen nur dadurch entgegentreten können, daß er auf der Grundlage des im Käuferstaat anwendbaren Rechts anbietet, was aber für ihn höhere Kosten verursacht. Schon angesichts unterschiedlich starker Handelsströme verfängt dagegen der Hinweis nicht, daß sich die unterschiedlichen Kosten nivellieren, wenn die Konkurrenzsituation im Heimatland des ausländischen Anbieters auftritt.

dd) Zwischenergebnis

Die Interessen der Unternehmen an Rechtssicherheit und ungehindertem grenzüberschreitenden Verkehr und gleichen Wettbewerbsbedingungen sprechen daher auch für eine Sachrechtsvereinheitlichung. Da das dispositive Vertragsrecht nur geringere Hindernisse mit sich bringt, ist eine Vereinheitlichung des international zwingenden Vertragsrechts, vor allem also der Verbraucherschutzvorschriften (Art. 5 EVÜ), vordringlich. Im Bereich des international zwingenden Rechts hat die Rechtsangleichung aus Sicht der Unternehmen indes erst dann einen Sinn, wenn sie zur Schaffung eines Freirechts führt, also nicht bloße Mindeststandards schafft, über die die Mitgliedstaaten auch mit Wirkung für den grenzüberschreitenden Verkehr hinausgehen können. Mindeststandards würden nur den davon Geschützten (v.a. Verbrauchern) nützen, nicht aber den Unternehmern, für die sie bloß bedeuten, daß die bestehende Regelungsdivergenz auf ein höheres Niveau transponiert wird.

### *b) Verbraucherinteressen*

Für eine Vielzahl kleiner Geschäfte von Verbrauchern mit ausländischen Unternehmen oder Verbrauchern, vor allem für den Erwerb von Waren und die Inanspruchnahme von Dienstleistungen vor Ort, ist eine Rechtsvereinheitlichung ganz offenkundig nicht erforderlich. Für den „kleinen Grenzverkehr" waren seit jeher nur Zollschranken und Devisenbestimmungen ein Hindernis, nicht aber unterschiedliche Vertragsrechte. Wofür darüber hinaus die Verbraucherinteressen sprechen, ist pauschal schwer zu sagen, hängt das doch sehr von den individuellen Fähigkeiten und dem individuellen Selbstbewußtsein ab.

Wer von Verbrauchern und Verbraucherinteressen spricht, hat meist nur den ängstlichen Menschen vor Augen, der ganz allgemein stärkerer (auch rechtlicher) Versicherung bedarf und diese besonders im Kontakt mit Fremden begehrt. Insbesondere für größere Geschäfte und Distanzgeschäfte kann solche Furcht vor dem Unbekannten ein

---

[186] Zum Nachfragervertrauen als wesentlicher Voraussetzung für den Binnenhandel, aber auch zur geringen Relevanz des Vertragsrechts dafür *Collins* in: Greenpaper EU Contract Law (www-Fassung), S. 3f. Die Problematik berücksichtigt der Vorschlag von *Kirchner* in: Greenpaper EU Contract Law (www-Fassung), dem Rechtsverkehr neben dem regulierten (Verbraucherschutz!) Vertragsrecht noch ein wählbares EuVGB zur Verfügung zu stellen, in dem weitgehend Vertragsfreiheit herrscht: Ein solches ergänzendes Modell, das von der Gemeinschaft eingesetzt wurde, kann auch geeignet sein, das Mißtrauen des Rechtsverkehrs gegenüber dem unbekannten Recht zu beseitigen; kritisch aber unter dem Gesichtspunkt der Senkung von Transaktionskosten *Collins* aaO, S. 8.

erhebliches „Hindernis“ für den grenzüberschreitenden Verkehr darstellen.[187] Selbst dort, wo, wie beim Parallelimport von Autos, eine Händlergarantie eine gleichwertige *Rechts*position herstellt, besteht nicht selten erhebliche Sorge vor dem Unbekannten. Nicht zu übersehen ist indes, daß es unter den Verbrauchern durchaus auch einen anderen Typ gibt, der ganz allgemein von stärkerem Selbstvertrauen geprägt ist und auch mit anderen Kulturen nicht unvertraut. Zumal die Kulturen der anderen Mitgliedstaaten sind ja zahlreichen Menschen aufgrund der hervorragenden Informationsmöglichkeiten, die die Medien und die (auch wirtschaftlich bestehenden) Reisemöglichkeiten bieten, nicht unbekannt. Nicht die Furcht vor dem Fremden, sondern die Neugier auf das Fremde ist oft prägend, und diese Neugier wird offenbar auch durch unterschiedliche Rechtsordnungen nicht wesentlich gedämpft. Nicht selten haben gerade die Verbraucher das, was der Grundsatz der gegenseitigen Anerkennung voraussetzt, nämlich ein grundsätzliches Vertrauen darauf, daß die Rechtsordnungen der anderen Mitgliedstaaten ihre Interessen angemessen schützen. Jedenfalls dieser Typ Verbraucher ruft daher nicht so sehr nach Schutz durch den Gesetzgeber, sondern nach Freiheit, seine Verhältnisse entsprechend den individuellen Präferenzen selbst ordnen zu können.[188]

Einen Mindestschutz des Verbrauchers bewirkt schon das bestehende Kollisionsrecht des EVÜ. Dabei dürfte freilich die Rechtswahl keine große Rolle spielen. Verbraucher interessiert meist mehr das wirtschaftliche Ergebnis eines Vertrags als seine rechtliche Einbettung, zumal um das anwendbare Recht dürften sie sich meist nicht kümmern. Man kann wohl davon ausgehen, daß die Möglichkeit der Rechtswahl meist nicht bekannt ist, der Verbraucher aber von ihr meist auch nicht sinnvoll Gebrauch machen könnte, erstens, weil nur ein *rational fool* eine informierte Entscheidung über die Vorzüge der zur Auswahl stehenden Rechte treffen könnte, und zweitens, weil die Unternehmer sich mit einer Abwahl ihres Heimatrechts in einzelnen Verbraucherverträgen meist nicht einverstanden erklären werden. Im Fall des Warenkaufs im Ausland, aber auch bei vielen ausländischen Dienstleistungen wird daher das ausländische Recht zum Zuge kommen (Art. 4 EVÜ), so daß sich der Verbraucher nur in den enumerativ genannten Fällen der Vertragsanbahnung im Staat des gewöhnlichen Aufenthalts gem. Art. 5 Abs. 2 EVÜ auf die inländischen Schutzvorschriften verlassen kann (Art. 5 Abs. 3 EVÜ). Soweit die inländischen Schutzvorschriften über das europarechtlich vorgeschriebene Minimum hinausgehen und wegen ihrer Beschränkungswirkung dem ausländischen Anbieter nicht entgegengehalten werden können, ergibt sich für den Verbraucher eine zusätzliche Rechtsunsicherheit, müßte er doch, um sich richtig zu informieren, für Inlandsgeschäfte das bundesdeutsche Recht und für Auslandsgeschäfte das u.U. in subtilen Einzelheiten

---

[187] *Bangemann* ZEuP 1994, 377; *Collins* Oxf.J.Leg.Stud. 14 (1994) 229, 231. Daß Verbraucher indes gerade der Mangel eines *Systems* des Dienstleistungsrechts in der fremden Rechtsordnung stören würde, wie wohl *Loos* ERPL 2001, 565, 567 meint, ist wenig plausibel. Richtig ist aber, daß gerade der Verbraucherschutz fordert, daß Schutzregelungen für ähnliche Sachverhalte nur dann unterschiedlich ausgestaltet sind, wenn das wertungsmäßig nachvollziehbar ist; siehe z.B. unten, § 14 II (S. 325–350) zu den Widerrufsrechten.

[188] *Drexl* in: Greenpaper EU Contract Law (www-Fassung), S. 14 f. (sub III).

weniger weitgehende Europäische Verbraucherschutzrecht kennen. Um Sicherheit über seine vertraglichen Rechte zu erlangen und rational zwischen den Angeboten in- und ausländischer Anbieter zu entscheiden, müßte der Verbraucher die unterschiedlichen Schutzregeln, die ihm je zur Verfügung stehen, auch noch vergleichen – wiederum eine Aufgabe, die, wie das Beispiel des Vergleichs der AGB konkurrierender Anbieter zeigt, den Verbraucher überfordert.

Auch unter Berücksichtigung des bestehenden kollisionsrechtlichen Schutzes können daher gute Gründe dafür sprechen, das Sachrecht in gewissem Umfang anzugleichen. Dabei sprechen die Schwierigkeiten eines Vergleichs von Schutzstandards für eine weitgehende Vereinheitlichung nicht nur durch Mindest-, sondern auch durch Höchststandards. Das käme zumal dem „vorsichtigen" Verbraucher zugute. Den Interessen des „selbstbewußten" Verbrauchers würde es indes nicht gerecht, da ihm gemeinschaftsweit einheitliche Standards Dispositionsmöglichkeiten nehmen und aus seiner Sicht nicht selten eine „Zwangsversicherung" darstellen. Einen Ausgleich der verschiedenen Verbraucherinteressen kann man darin finden, daß man die Regeln vereinheitlicht, die erstens für den grenzüberschreitenden Verkehr wichtig und die zweitens zum Schutz zentraler Bedürfnisse des Verbrauchers von erheblicher Bedeutung sind. Neben diesem gemeinschaftsweiten Mindestschutz können dann die Mitgliedstaaten, die ja immerhin die regionalen Verbraucherpräferenzen (und -gewohnheiten) berücksichtigen können, strengere Vorschriften erlassen. Nur wer einseitig die „vorsichtigsten" unter den Verbrauchern schützen will und die Interessen der „selbstbewußteren" demgegenüber hintanstellt, kann sich für eine völlige Vereinheitlichung des Verbraucherschutzes aussprechen.

Zu bedenken ist bei einer Bewertung der Verbraucherinteressen freilich, daß es nicht nur ängstliche und selbstbewußte Typen gibt, sondern eben auch tatsächlich zwar geschäftsfähige, aber einfach strukturierte Menschen, die eines besonderen Schutzes bedürfen. Es gehört zu den wichtigsten Aufgaben auch des Vertragsrechts, diese Menschen zu schützen. Indes dürfte das nicht so sehr Aufgabe allgemeiner Verbraucherschutzstandards sein, sondern Sache von Schutzvorschriften wie des § 138 BGB, die individualisierend Rücksicht auf die Interessen der Betroffenen im einzelnen Fall nehmen. Nicht zuletzt der Schutz der Vertragsfreiheit der „normal"-differenziert strukturierten Verbraucher verbietet es, den Verbraucherschutz am Typ des einfach strukturierten Verbrauchers auszurichten. Im Europäischen Vertragsrecht folgt dasselbe auch aus dem Integrationszweck des Gemeinschaftsrechts.[189] Schon ein nationales allgemeines Verbraucherschutzrecht, zumal aber ein auf *den Binnenmarkt* ausgerichtetes Europäisches Verbraucherschutzrecht sollte daher nicht auf solche individuellen Schutzbedürfnisse im Einzelfall ausgerichtet sein, sondern pauschalierend die Gruppeninteressen „der Verbraucher" als Marktteilnehmer berücksichtigen.

---

[189] Näher unten, § 11 II 1 c (S. 242f.).

## III. Stellungnahme

Der Zweck der vorstehenden Übersicht über die rechtspolitische Diskussion bestand nicht darin, ein bestimmtes Harmonisierungsmodell zu begründen, es sollte lediglich das Panorama der Harmonisierungsgründe skizziert und ihre Tragfähigkeit geprüft werden. Aus dieser Durchsicht kann man indes immerhin einige vorsichtige Folgerungen ziehen. Unüberwindbare Hindernisse für eine weitergehende Angleichung oder Vereinheitlichung der Vertragsrechte haben sich nicht gezeigt, doch sprechen gute Gründe dafür, diese nur vorsichtig und schrittweise zu unternehmen. Für die Rechtsangleichung bieten sich dabei vor allem die besonders störenden Disparitäten im international zwingenden Vertragsrecht an. Auf ihrer Grundlage wird sich ganz zwanglos auch eine gesamteuropäische Rechtskultur ausbilden. Mit dem Vorschlag, neben den so angeglichenen nationalen Kodizes einen Europäischen zu stellen, der den Parteien zur Wahl steht, ist damit nicht unvereinbar.

Nach unserer Durchsicht der Harmonisierungsgründe kann man nicht annehmen, daß einer Rechtsangleichung, auch dem Projekt eines Europäischen Vertragsgesetzbuchs, dauernde Hindernisse entgegenstehen. Vor einer tiefgreifenden Sachrechtsangleichung müßte aber zunächst ein institutioneller Rahmen geschaffen werden, um dieser die erforderliche demokratische Legitimation zu geben (II 1 d, S. 182–184). Und zumal eine weitreichende Sachrechtsangleichung sollte nicht ohne Vorkehrungen erfolgen, die die im Laufe der Zeit erforderlichen Anpassungen ermöglichen (II 2 a, S. 185–187). Der gegenwärtige Stand der Rechtssprache der Gemeinschaft (II 1 b, S. 179f.) und die vielfältigen Abstimmungsfragen, die sich bei einer weitergehenden Sachrechtsvereinheitlichung, zumal einem EuZGB stellen würden (Einigungsfähigkeit, II 1 c, S. 180–182; Systemerhaltung, II 2 d, S. 197–199), machen freilich deutlich, daß eine weiterreichende Vertragsrechtsvereinheitlichung ein Projekt für mehrere Generationen wäre.

Ist aber eine weitreichende Sachrechtsangleichung wünschenswert? Erwägt man „Kosten und Nutzen" der Rechtsangleichung, so fällt auf der Kostenseite vor allem ins Gewicht, daß eine Rechtsangleichung einen – für manche Bereiche plausibel begründeten – Wettbewerb der Gesetzgeber als Entdeckungs- und Kontrollverfahren aufhebt (II 2 b, S. 187–195) und den Erfahrungsschatz preisgibt, der in der Vielfalt der europäischen Zivilrechtsordnungen liegt (II 2 c, S. 196f.). Auf der Nutzenseite sind die Vorteile zu bedenken, die sich für Unternehmen und Verbraucher aus der Rechtsangleichung ergeben (II 3, S. 206–206). Ob die erwarteten Nutzen aber die Kosten aufwiegen, läßt sich kaum mit Sicherheit sagen, sondern kann sich nur in der Praxis erweisen. Schon diese Unsicherheit mahnt zur Vorsicht. Hinzu kommt, daß sich das Rad der Rechtsangleichung nur schwer zurückdrehen läßt: Kulturelle Identität und Rechtsvielfalt sind leicht zu zerstören, aber schwer wiederherzustellen. Nicht nur aus praktischen Erwägungen sollte die Rechtsangleichung daher behutsam vorgehen und zunächst „von unten her" erfolgen.

Ohne weiteres sprechen diese Überlegungen daher nur für eine Vereinheitlichung des Kollisionsrechts, denn diese bedeutet nur einen geringen Eingriff in die nationalen Zivilrechte, läßt die Lösungsvielfalt der nationalen Rechte unberührt und erfüllt aber andererseits die Mindestforderungen der Verkehrsteilnehmer nach Rechtssicherheit.

Eine Sachrechtsvereinheitlichung sollte nur dort erfolgen, wo dringende Bedürfnisse des Rechtsverkehrs dies erfordern. Eine solche bedürfnisorientierte Rechtsangleichung kann dabei durchaus auch punktuell ausfallen und z.B. nur einzelne Branchen betreffen. Sie muß aber offen sein für Anpassungen und Ergänzungen, die sich ergeben, wenn die Wirkungsweise der harmonisierten Regeln in den nationalen Rechtsordnungen erprobt und ihre Stellung im Verhältnis zum System untersucht ist (Versteinerungsgefahr, II 2 a, S. 185–187). Für das Vertragsrecht hat die Untersuchung der Bedürfnisse des Rechtsverkehrs eine Grenze aufgezeigt, die sich für die Bestimmung des Angleichungsbedarfs gut eignet. Dies ist der Bereich der auch international zwingenden Regeln, vor allem also des Verbraucherschutzrechts. Für die Verbraucher ist von entscheidender Bedeutung zu wissen, daß sie die ihnen bekannten Schutzrechte auch gegenüber ausländischen Anbietern genießen. Für die Unternehmen ist von entscheidender Bedeutung, daß auch bei grenzüberschreitenden Verträgen mit Verbrauchern dieselben Schutzregeln gelten, so daß sie ihre Produkte und Vertriebsformen darauf einrichten können. Die Angleichung des international zwingenden Rechts würde daher die wichtigsten Bedürfnisse des Rechtsverkehrs befriedigen; eine Angleichung des international dispositiven Rechts ist demgegenüber nachrangig.

Aus diesen Erwägungen ergeben sich zugleich Vorbehalte gegenüber einer Europäischen Kodifikation des gesamten Vertragsrechts.[190] Nicht nur ist das allgemeine – nichtregulierende –, weithin international dispositive Vertragsrecht ungeachtet nationaler Varianten doch als in allen Mitgliedstaaten gleichwertig zu erachten (oben, II 1, S. 171 f.), so daß schon deshalb kein dringender Angleichungsbedarf besteht. Gegen eine kurz- oder mittelfristige Umsetzung eines solchen Vorhabens sprechen zudem auch verschiedene der oben erörterten Gründe, so die mangelnde Einigungsfähigkeit (II 1 c, S. 180–182), die nicht so sehr darauf beruht, daß Vertragsrecht ein wesentlicher Bestandteil nationaler kultureller Identität wäre (II 1 a, S. 177–179), sondern vor allem darauf, daß die Diskussion über ein Europäisches Vertragsrecht noch ganz am Anfang steht und die Tragfähigkeit der jetzt vorgestellten Einheitsregelungen (bislang v.a. die *European Principles* und der Akademieentwurf) noch eingehender Untersuchung bedarf. Gerade die Verfechter eines Europäischen Vertragsgesetzbuchs sollten zuerst darauf dringen, einen möglichst breiten Konsens über dessen Inhalt herzustellen, um zu verhindern, daß das Projekt noch im Gesetzgebungsverfahren krepiert. Ein verfrühtes Vereinheitlichungsunternehmen könnte so nicht nur der Qualität der Einheitsregeln abträglich sein, sondern auch das Momentum verspielen.

---

[190] So auch die (frühere) rechtspolitischen Haltung der Kommission, vgl. *Schwartz* ZEuP 1994, 559, 576 („… größere, kühne, zukunftsweisende Initiativen sind nicht länger opportun. … Konsolidierung heißt das Gebot."); *Timmermans* ZEuP 1999, 1, 4 („Sind die Berührungen von nationalem Privatrecht und Gemeinschaftsrecht auch teilweise von tiefgreifender Bedeutung, steht die Entwicklung eines europäischen Privatrechts – etwa mittels Harmonisierungsrichtlinien – keineswegs auf der Brüsseler Tagesordnung. Die Kommission, ganz zu schweigen von den Mitgliedstaaten, würden es nicht wagen, derartiges vorzuschlagen."). Neu eröffnet hat die Diskussion jetzt aber das Grünbuch zum Europäischen Vertragsrecht KOM(2001) 398 endg.

Indessen sollte man den Weg zu einer weitergehenden Vertragsrechtsvereinheitlichung nicht versperren. Auch insoweit gilt es, die Entwicklungschancen der Rechtsordnung nicht zu gefährden. Das ist aber auch bei einer zurückhaltenden Angleichungspolitik nicht erforderlich. Im Gegenteil. Die teilweise Angleichung des Vertragsrechts – auch nur des international zwingenden Vertragsrechts – hat sich schon bislang als ein zentrales Mittel für eine Förderung der Rechtsangleichung von unten erwiesen. Denn erst das gemeinsame positive Recht gibt den Juristen der Mitgliedstaaten einen nicht nur „virtuellen" – rechtshistorisch oder rechtsvergleichend kreierten – gemeinsamen Untersuchungsgegenstand.[191] Die gemeinschaftsweite rechtswissenschaftliche Arbeit mit dem angeglichenen Recht ermöglicht die Ausbildung einer gemeinsamen Rechtssprache.[192] Nur an einem gemeinschaftsweit einheitlichen Gegenstand läßt sich erproben, welche der national geprägten Methoden für ein Gemeinschaftsprivatrecht tauglich sind. Dabei schadet es nicht, wenn die Gegenstände des angeglichenen Sachrechts eher Randbereiche des Privatrechts darstellen, denn wie die Diskussion um die AGB-Richtlinie deutlich vor Augen führt, stehen auch Regelungen in Randbereichen in Beziehung zu den grundlegenden Wertungen des Vertragsrechts und eröffnen so den Dialog über das übrige Vertragsrecht. Eine auf diese Weise „schleichende" Konvergenz der Rechtsordnungen ist einer weitgehenden legislatorischen Rechtsvereinheitlichungen auch deswegen vorzuziehen, weil sie die Rechtsunterworfenen und die Rechtsanwender schrittweise an die erforderlichen Veränderungen heranführt. Vor allem im Bereich der Unternehmensgeschäfte können sich in diesem Bereich auch spezifische Handelsbräuche herausbilden, die wiederum für eine spätere Gesetzgebung vorbildlich sein können. Ein sich ausbildendes Europäisches Rechtsbewußtsein und eine graduelle Konvergenz der Rechtsordnung verbessern aber auch im übrigen die Chancen für eine geglückte, sich harmonisch in die nationalen Vertragsrechte einfügenden Vertragsrechtsharmonisierung. Nicht zuletzt werden durch eine schleichende Harmonisierung die Transformationskosten verringert.

Sprechen die vorstehenden Erwägungen dafür, das Vertragsrecht im international zwingenden Bereich – vor allem das Verbraucherschutzrecht – in Form eines Mindeststandards zu vereinheitlichen, so ist damit der Vorschlag des „16. Modells" nicht unvereinbar, nach dem die Gemeinschaft dem Rechtsverkehr als zusätzliche Option ein wählbares Europäisches Vertragsgesetzbuch zur Verfügung stellt. Besonderes bedenkenswert ist der Vorschlag *Kirchners*, wonach ein solches optionale Europäische Vertragsgesetzbuch inhaltlich weitgehend der Vertragsfreiheit Raum geben sollte.[193] Die Unternehmer hätten dann die Möglichkeit, differenzierte Angebote zu machen, und dem Verbraucher die Wahl zu lassen zwischen einem Vertrag auf der Grundlage eines nationalen Vertragsrechts mit (hohem) zwingenden Verbraucherschutz und einem Vertrag auf der Grundlage des privatautonom vereinbarten Schutzes. Ob solche differenzierten Angebote

---

[191] S.a. *Huber* FS Everling, S. 500 f.

[192] Nicht in Abrede zu stellen ist freilich, daß eine „europäische" Rechtssprache vor allem auch aus den gemeinsamen Wurzeln in der römischen Rechtstradition erwachsen kann.

[193] *Kirchner* in: Greenpaper EU Contract Law (www-Fassung).

praktisch sind, braucht der Gesetzgeber nicht zu beantworten, das kann er dem Markt überlassen. Dem Verbraucher kann man diese Wahl zumindest dann zutrauen, wenn er – „klar und verständlich“ – in allgemeiner Form darüber informiert würde, daß er mit der Option für das Angebot nach dem so konzipierten EuVGB den Bereich des zwingenden staatlichen Schutzes verläßt und in das Reich der Selbstbestimmung eintritt.

# § 10 Das Harmonisierungskonzept der Gemeinschaft auf dem Gebiet des Vertragsrechts

Nach der vorangegangenen Übersicht über die Grundlagen des Harmonisierungskonzepts – Grundfreiheiten (§ 5), Internationales Vertragsrecht des EVÜ (§ 6), Gesetzgebungskompetenzen (§ 7) und Sperrwirkung der Rechtsangleichung (§ 8) – sowie über die rechtspolitische Diskussion zur Vertragsrechtsangleichung (§ 9) können wir jetzt den Faden wieder aufgreifen, und das Harmonisierungskonzept der Gemeinschaft im Bereich des Vertragsrechts erörtern. Nachfolgend wird zuerst untersucht, ob dem Europäischen Vertragsrecht ein Harmonisierungskonzept entnommen werden kann (A)). Anschließend ist zu besprechen, welche Folgerungen sich daraus für den Stand (Lücken des äußeren Systems) und die künftigen Aufgaben der Rechtsangleichung ergeben (unten, B)).

## A. Harmonisierungskonzept

### I. Überblick über den Bestand des Europäischen Vertragsrechts

#### 1. Grundsätzliche Bestimmung des „Vertragsrechts“

Bevor wir untersuchen, ob sich der Auswahl der vertragsrechtlichen Regelungen der Gemeinschaft ein Harmonisierungskonzept entnehmen läßt, ist zunächst darzulegen, welche Regelungen zum Bereich des Vertragsrechts zu rechnen sind.[1] Während darüber in den mitgliedstaatlichen Rechtsordnungen zumindest für Kernbereiche Einigkeit besteht,[2] haben verschiedene Autoren die Grenzen für das von der Gemeinschaft gesetzte Vertragsrecht anders gezogen. So bestimmt *Grundmann* das Vertragsrecht *funktional* als die Regelungen, die den rechtlichen Rahmen für Abschluß, Inhalt und Beendigung von Schuldverträgen bestimmen und nach dem Europäischen Vertragsrechtsübereinkommen (EVÜ) als Vertragsrecht anzusehen sind (nachfolgend kurz „Transaktionsrecht“).[3] In

---

[1] Zur Abgrenzung des Europäischen *Privat*rechts bereits oben, § 3 (S. 31–51).

[2] Vgl. nur *Zweigert/Kötz* Rechtsvergleichung, §§ 24–37; *Kötz* Europäisches Vertragsrecht (1996); *Lando/Beale* Principles of European Contract Law (2000). Freilich gibt es Abgrenzungsfragen, z.B. ob die *culpa in contrahendo* und die Schutzwirkung des Vertrags für Dritte dem Vertrags- oder Deliktsrecht zuzuordnen sind; vgl. *v. Bar* Gemeineuropäisches Deliktsrecht I, § 5 I (S. 404–506); *Canaris* 2. FS Larenz, S. 85 f.; *Markesinis* LQR 103 [1987], 355–397. Selbst in verwandten Rechtsordnungen wie der deutschen und der österreichischen wird z.B. die Produkthaftung unterschiedlich – delikts- oder vertragsrechtlich – begründet; vgl. *Kramer* AcP 200 (2000) 365, 392 f.

[3] *Grundmann* Schuldvertragsrecht, 1. Teil Rn. 20; s.a. *ders.* ZHR 163 (1999) 635, 665–667; *ders.* ERPL 2001, 505, 509, 511–515; *ders.* JuS 2001, 946 f. Die so gefundene Auswahl von Regelungen des EG-Vertragsrechts stimmt mit jener der Kommission im Grünbuch, KOM(2001) 398 endg. Anhang I – „Wichtige Regelungen des aquis communautaire im Privatrecht“ (S. 23–51) weithin überein.

ähnlicher Weise rechnet *Kirchner* dem Europäischen Vertragsrecht alle „vertragsrechtlich relevanten Rechtsetzungsakte der Europäischen Gemeinschaft" zu und definiert es als „Restriktion des Handlungsspielraums der privaten Akteure auf der europäischen Ebene ..., die wiederum als Instrument zur Realisierung des Binnenmarktes eingesetzt wird".[4] Andere, wie z.B. *Reich,* behandeln das Vertragsrecht nicht als selbständige Kategorie, sondern als Teil eines Europäischen Verbraucherrechts.[5]

Diese Begriffsbestimmungen und Kategorisierungen rühren daher, daß die Gemeinschaft bis Ende der 1980er Jahre nur selten Vertragsrecht gesetzt hat. Sowohl die Rechtsetzungskompetenzen der Gemeinschaft als auch die organisatorische Gliederung ihrer Organe sind nicht auf die Privatrechtsetzung zugeschnitten, sondern beispielsweise auf Verbraucherschutz, Finanzdienstleistungen und Binnenmarkt. Will man verstehen, nach welchem Plan der Europäische Gesetzgeber auf das Vertragsrecht zugreift, so muß man diesen kompetenziellen und organisatorischen Rahmen mit berücksichtigen. Die genannten Definitionen sind daher schon Teil einer *Antwort* auf die untersuchte Frage nach dem Harmonisierungskonzept.

Als *Gegenstand,* für den nach einem Harmonisierungskonzept geforscht wird, wird das Vertragsrecht hier in dem herkömmlichen Sinne verstanden als die Vorschriften über Vertragsanbahnung, Vertragsabschluß, Vertragsinhalt, Leistungsstörungen und Vertragsbeendigung.[6] Diese äußere Abgrenzung des Vertragsrechts entspricht nicht nur der gemeinsamen Tradition der Mitgliedstaaten,[7] sondern ist darüber hinaus auch sachlich begründet. Denn die äußere Einteilung des Rechts dient vor allem dazu, eine eindeutige Zuordnung von Rechtsfragen zu ermöglichen, Überschneidungen zu vermeiden und wertungsmäßig zusammengehörige Regelungen zusammenzustellen.[8] Das ist aber mit der Zuordnung zum Verbraucherrecht nicht befriedigend möglich. So ist Verbraucherrecht z.B. stets auch Unternehmerrecht, z.T. auch Lebensmittelrecht, Produktsicherheitsrecht oder Steuerrecht. Überschneidungen lassen sich mit dieser Kategorie nicht vermeiden.[9] Im Ansatz entspricht die hier gewählte Begriffsbestimmung hingegen der Definition des Vertragsrechts als Transaktionsrecht auf der Grundlage des EVÜ. Anders

---

[4] *Kirchner* in: Europäisches Vertragsrecht, S. 106, 107.

[5] *Reich* Europäisches Verbraucherrecht, Kap. 6 IV und V; ferner *Howells/Wilhelmsson* EC Consumer Law (1997); *Weatherill* EC Consumer Law and Policy (1997).

[6] Ebenso *Müller-Graff* in: Gemeinsames Privatrecht, S. 28–34 und 84f.; *Schwartz* ZEuP 1994, 559, 561–563 (sowie 563–567 zu Vorschlägen und Plänen); eher implizit auch *Quigley* European Community Contract Law (1997); *Schulze/Zimmermann* Basistexte zum Europäischen Privatrecht (2000). I.E. ebenso *Grundmann* Schuldvertragsrecht (1999).

[7] Siehe die Nachweise oben, Fn. 2.

[8] *Bydlinski* System, S. 1–4, 17–20.

[9] Zur Kritik auch *Bydlinski* System, S. 10–13, 708–711. S.a. *Weatherill* EC Consumer Law, S. vii („Consumer law is notoriously fuzzy-edged.") und die Abgrenzung bei *Howells/Wilhelmsson* EC Consumer Law, S. 1f. Auch *Reich* Europäisches Verbraucherrecht, verkennt freilich den „Querschnittscharakter" des Verbraucherrechts nicht; eine systematische Darstellung hat er von vornherein nicht angestrebt, wie der Untertitel seines Buchs ausweist: „Eine *problemorientierte* Einführung in das europäische Wirtschaftsrecht". Mit der Bezeichnung des Verbraucherrechts als Wirtschaftsrecht macht *Reich* auch die Ambivalenz der Kategorienbildung deutlich.

als nach jener Begriffsbestimmung beschränkt sich indes vor allem die Darstellung des inneren Systems des Europäischen Vertragsrechts im Dritten Teil der Arbeit wesentlich auf jene Vorschriften, deren zentrales Regelungsanliegen das Vertragsrecht selbst ist (näher sogleich 2). Andere Regelungen, wie z.B. die Gruppenfreistellungsverordnungen oder auch arbeitsrechtliche Richtlinien und Verordnungen werden hingegen nur am Rande miterörtert. Ist auch ihrer Zuordnung zum Vertragsrecht im Sinne des EVÜ in der Tat zutreffend, so ist doch nicht zu verkennen, daß ihr Inhalt vornehmlich von besonderen Zwecken und Prinzipien – z.B. Schutz des Marktes, Arbeitnehmerschutz – geprägt ist. Nur soweit die betreffenden Vorschriften Ausdruck allgemeiner Grundsätze des Vertragsrechts sind, werden sie hier miterörtert. Zumal bei dieser Begrenzung des Themenbereichs trifft der gegen die Bestimmung des Vertragsrechts als Transaktionsrecht erhobene Vorwurf nicht zu, sie führe zur Einbeziehung auch von solchen Regelungen, die „nach herkömmlichem Verständnis noch nicht einmal Spurenelemente von Vertragsrecht enthalten".[10] Dieser Einwand ist schon deswegen unbegründet, weil die Begriffsbestimmung maßgeblich an das EVÜ anknüpft und sich dadurch auf vertragsrechtlich zentrale Materien beschränkt. Da, wie gezeigt,[11] das Europäischen Vertragsrechtsübereinkommen Grundlage für die Angleichungstätigkeit der Gemeinschaft sein muß, hat diese Begriffsbestimmung zudem einen spezifisch EG-rechtlichen Zuschnitt.[12]

Diese Abgrenzung des Vertragsrechts bedeutet freilich nicht, daß bei der Untersuchung des *inneren* Systems nicht auch andere Rechtsgebiete mit berücksichtigt werden. Für die Wertungszusammenhänge des Rechts kann es sich als irrelevant erweisen, ob eine Regelung dem Vertragsrecht, dem Deliktsrecht, dem Aufsichtsrecht oder einem anderen Rechtsbereich zugeordnet wird (Einheit der Rechtsordnung).[13]

## 2. Übersicht über die wichtigsten Gemeinschaftsrechtsakte auf dem Gebiet des Vertragsrechts[14]

Zu dem so bestimmten Vertragsrecht gehören zunächst die verschiedenen Regelungen über Verbraucherverträge (in chronologischer Ordnung): die Haustürgeschäfterichtlinie

---

[10] *Basedow* ZEuP 2000, 741, 742.

[11] Oben, § 6 (S. 120).

[12] So mit Recht *Grundmann* Schuldvertragsrecht, 1. Teil Rn. 18 f.

[13] S.o., § 2 I; ebenso – impliziter – auch die Kommission im Grünbuch, KOM(2001) 398 endg. Anhang I – „Wichtige Regelungen des aquis communautaire im Privatrecht" (S. 23–51). Allerdings ist gerade aus systematischer Sicht zu beachten, daß ein Prinzip in verschiedenen Rechtsgebieten ganz unterschiedlich gewichtet werden kann, wie beispielhaft das Verhältnis von Vertragsfreiheit, Privatautonomie und Vertrauensschutz im Schuldrecht einerseits und Sachenrecht andererseits verdeutlicht.

[14] Eine ähnliche Abgrenzung ergibt sich auch aus der Mitteilung der Kommission an den Rat und das Europäische Parlament zum Europäischen Vertragsrecht, Anhang III („Grundzüge des gemeinschaftlichen Besitzstandes und der einschlägigen verbindlichen internationalen Verträge") (S. 59–65), allerdings unter Einbeziehung des CISG (dagegen oben, § 3 I 2 c cc [S. 41 f.]), und aus der Entschließung des Parlaments v. 15. 11. 2001 – A 5-0384/2001 (Ziff. 1).

(HWiRL), die Verbraucherkreditrichtlinie (VerbrKrRL), die Pauschalreiserichtlinie (PRRL),[15] die AGB-Richtlinie (AGBRL), die Timesharingrichtlinie (TSRL), die Fernabsatzrichtlinie (FARL), die Kaufgewährrichtlinie (KGRL) und die Finanzfernabsatzrichtlinie (FFRL). Verbraucherschützende Regeln enthält neben allgemeinen vertragsrechtlichen Vorschriften auch die E-Commerce Richtlinie (EComRL). Zum Vertragsrecht ist aber, ungeachtet einer gewissen Nähe um Arbeitsrecht,[16] auch die Handelsvertreterrichtlinie (HVertrRL) zu rechnen, da sie die erste Regelung eines besonderen Vertragstyps darstellt und zentrale vertragsrechtliche Fragen regelt. Hinzu kommen einige Richtlinien betreffend Bankverträge: Aufgrund ihrer eingehenden Regelung der „Wohlverhaltenspflichten" ist die Wertpapierdienstleistungsrichtlinie (WpDRL) für das Vertragsrecht von Bedeutung. Die Überweisungsrichtlinie (ÜwRL) regelt das zentrale Instrument für grenzüberschreitende Zahlungen. Ein für den grenzüberschreitenden Geschäftsverkehr besonders dringliches Problem behandelt die Zahlungsverzugsrichtlinie (ZVerzRL). Vereinzelte vertragsrechtliche Regelungen, nämlich Informationsvorschriften und ein Widerrufsrecht, enthalten schließlich die Versicherungsrichtlinien (1.–3. SVersRL, LVersRL [früher: 1.–3. LVersRL]) und die Versicherungsvermittlerrichtlinie (VersVermRL). Nur marginale Bedeutung für das *allgemeine* Vertragsrecht haben die Investmentfondsrichtlinie (InvFRL), die den erfaßten Investmentfonds vertragsrechtsrelevante Publizitäts- und Rücknahmepflichten auferlegt, und die Insidergeschäfterichtlinie (InsRL),[17] die bestimmten Personengruppen (Insidern) bestimmte Wertpapiergeschäfte untersagt und zur Ad-hoc-Publizität verpflichtet.[18]

Zum Vertragsrecht gehören darüber hinaus weitere Spezialgebiete, insbesondere das Arbeitsvertragsrecht, das Urhebervertragsrecht, das Recht der vom Kartellverbot freigestellten Verträge, das Vergaberecht u.a.m. Diese Spezialgebiete bleiben in der vorliegenden Arbeit *als solche* unberücksichtigt, nur einzelne Regelungen aus diesen Bereichen, wie z.B. die Betriebsübergangsrichtlinie (BÜRL) und die arbeitsrechtliche Nachweisrichtlinie (NwRL), sind wegen des engen wertungsmäßigen Zusammenhangs mit zu erörtern. Ebenfalls weithin unberücksichtigt bleiben das Kartellverbot sowie

---

15 Die Pauschalreiserichtlinie enthält freilich nicht Verbraucherrecht ieS; zum Verbraucherbegriff näher unten, § 12 A II 1 (S. 253).

16 *Grundmann* Schuldvertragsrecht, § 6 erörtert die Handelsvertreterrichtlinie zusammen mit den arbeitsrechtlichen Gemeinschaftsregeln. *Basedow* ZEuP 2000, 741, 742 hat das kritisiert mit dem Hinweis, Handelsvertreter seien Unternehmen, und zwar durchaus von substantieller Größe. Das trifft freilich zu – und auch *Grundmann* verkennt das natürlich nicht (aaO § 6 Rn. 56 und 3.80 Rn. 3). Die Einordnung *Grundmanns* ist entgegen dieser Kritik aber deswegen gut begründet, weil der Europäische Gesetzgeber das Handelsvertreterrecht als ein dem Arbeitsrecht verwandtes Schutzrecht ausgestaltet hat; diesen Schutzgedanken hat jetzt der EuGH sogar noch in erstaunlicher Weise verstärkt; EuGH v. 9.11.2000 – Rs. C-318/98 *Ingmar ./. Leonard* Slg. 2000, I-9305, und dazu oben, § 6 II 3 (S. 130f.).

17 Als Bestandteil des Vertragsrechts aufgeführt bei *Grundmann* Schuldvertragsrecht, § 7 Rn. 20 sowie 4.21; s.a. *Grundmann* RabelsZ 54 (1990) 283, 310–313. Nicht einbezogen hingegen von *Quigley* European Community Contract Law (1997).

18 Die Umsetzung der Insiderhandelsverbote ins deutsche Recht sieht keine zivilrechtlichen Sanktionen vor; demgegenüber zu Recht kritisch *Grundmann* Schuldvertragsrecht, 4.21 Rn. 34; Ebenroth/Boujong/Joost – Grundmann BankR VI Rn. VI 162; s. noch unten, § 12 B (S. 267–275).

die Gruppenfreistellungsverordnungen und das Vergaberecht. Allerdings sind diese Regelungen Ausdruck fundamentaler Prinzipien des Gemeinschafts(privat)rechts, nämlich seiner privatrechtlichen, marktwirtschaftlichen Verfassung.[19] Indes ist das in den Verordnungen enthaltene Vertragsrecht weitgehend von besonderen wirtschaftsrechtlichen und -politischen Zwecksetzungen bestimmt und daher auch für die Untersuchung des Systems des materiellen Rechts nur von geringer Bedeutung.[20] Und auch das Recht der öffentlichen Aufträge,[21] das, soweit hier von Interesse, vor allem Vertragsabschlußregeln enthält, ist von spezifischen Prinzipien getragen, die für das allgemeine Vertragsrecht nur begrenzt aussagekräftigen sind. In allen zuletzt genannten Bereichen beruht zudem auch die Auswahl der gemeinschaftsrechtlichen Regelungsbereiche („Harmonisierungskonzept“) auf besonderen Gründen.

## II. Zum Harmonisierungskonzept

### 1. Meinungsstand

Die Frage, ob der Vielzahl der Vorschriften des Europäischen Vertragsrechts ein einheitliches Harmonisierungskonzept zugrunde liegt, wird oft angesprochen, zumeist aber (ohne nähere Erörterung) negativ beantwortet. „An dem Teppich des Gemeinschaftsprivatrechts weben viele der Brüsseler Generaldirektionen, ohne ein Muster vor Augen zu haben.“ [22] Die Gemeinschaft regele das Privatrecht nur „pointillistisch“ [23], die Rechtsangleichung erfolge „ohne System und Konzept“ [24]. Die Regelungen glichen einer „Vielzahl von Inseln“[25], es handele sich um eine „zusammenhangslos wirkenden Streuung“ [26].

Diese Einschätzung scheint berechtigt, wenn man sich Erläuterungen über die Vorgehensweise der Gemeinschaft bei der Rechtsangleichung aus dem Kreis der Kommis-

---

[19] Dazu noch unten, § 11 II 1 (S. 239–244).

[20] In dieselbe Richtung *Lurger* Vertragliche Solidarität, S. 99.

[21] Einbezogen hingegen von *Grundmann* Schuldvertragsrecht, § 8 Rn. 7 (der aber davon ausgeht, daß die Auswahl der Regelungsbereiche hier anderen, wenn auch ähnlichen Grundsätzen folgt als im sonstigen Vertragsrecht) und *Quigley* EC Contract Law.

[22] *Basedow/Blaurock/Flessner/Schulze/Zimmermann*, ZEuP 1993, 1, 2; *Blaurock* JZ 1994, 270, 271, 276 („in weiten Bereichen ohne ein übergeordnetes Gesamtkonzept“; „Gesamtkonzeption [tut] not, an der es zur Zeit aber noch fehlt“).

[23] *Kötz* FS Zweigert (1981) 481, 483 und öfter sowie *ders.* RabelsZ 50 (1986) 1, 5. Diese Kritik wurde vielfach aufgegriffen; Nachweise – und kritische Stellungnahme dazu – bei *Grundmann* Schuldvertragsrecht, 1. Teil Rn. 36 mit Fn. 93.

[24] *Junker* NJW 1994, 2527–2528 (zum Europäischen Arbeitsrecht).

[25] *Rittner* JZ 1995, 849, 851; ferner *ders.* DB 1996, 25: „wenig planvolle und befriedigende Rechtsetzungspraxis der EU im Privatrecht (insbesondere durch Richtlinien)“. *Kötz* RabelsZ 50 (1986) 1, 12.

[26] *Müller-Graff* NJW 1993, 13, 19. Die bloß punktuelle Rechtsangleichung verteidigend *Hirte* Wege zu einem europäischen Zivilrecht (1996), S. 23 f.

sion vor Augen führt.[27] Die Kommission sei vor allem darum bemüht gewesen, „[d]iejenigen nationalen Bestimmungen, die am unmittelbarsten und nachhaltigsten die Errichtung des Gemeinsamen Marktes erschweren" anzugleichen.[28] „Wegen [der] begrenzten Zielsetzung [der Rechtsangleichung nach dem EG-Vertrag] wird die Privatrechtsangleichung also auch künftig ‚punktuell' bleiben, keinen ‚systematischen' Charakter erlangen und aus innerstaatlicher Sicht ‚dogmatisch störend und unbefriedigend' bleiben."[29] Indessen liegen auch Versuche vor, die vertragsrechtlichen Regelungen der Gemeinschaft oder zumindest Teile davon als zusammengehöriges Ganzes zu erklären. Anhaltspunkte dafür ergeben sich zum einen aus dem Weißbuch der Kommission von 1985 (a), zum anderen wird die Auswahl der Regelungsbereiche aus dem Verbraucherschutzzweck (b) oder dem Zweck erklärt, ein Recht der Unternehmensgeschäfte zu schaffen (c).

### *a) Weißbuch der Kommission „Die Vollendung des Binnenmarktes"*

Ein Harmonisierungskonzept hatte die Kommission zuletzt mit der bereits oben[30] angesprochenen „Neuen Strategie" vorgelegt, die im Weißbuch zur „Vollendung des Binnenmarktes" dargestellt ist.[31] In dem Weißbuch von 1985 stellt die Kommission eine Reihe von Defiziten des bis dahin verfolgte Harmonisierungskonzepts fest. Sie weist besonders auf die Schwierigkeiten der Einigung auf einheitliche Standards und der Rechtsetzung aufgrund des Einstimmigkeitsprinzips hin, aber auch auf die Gefahr der Überregulierung und die Implementationsschwierigkeiten.[32] Die Angleichung i.e.S. solle sich daher künftig auf die für den Binnenmarkt essentiellen Gegenstände beschränken, im übrigen sollten die Mitgliedstaaten ihre nationalen Regeln gegenseitig anerkennen.[33]

Die Kommission hat mit dieser Neuen Strategie ein Gesamtkonzept vorgestellt und auch für einzelne Gebiete der Rechtsangleichung angedeutet, wie es umgesetzt werden soll. Die Auswirkungen der Neuen Strategie auf das Europäische Vertragsrecht hat die

---

[27] Wohltuend anders als die nachfolgend zitierten, nämlich mit systematischen Erwägungen, *Staudenmayer* in: Rechtsangleichung und nationale Privatrechte, S. 63–77. Auch im Weißbuch, KOM(85) 310 endg., Rn. 61, 64, 68, 64 ist schon für die vorangegangene Zeit von einem Harmonisierungskonzept die Rede.

[28] *von der Groeben* WuW 1964, 1001, 1012 f. Dazu und zu dem Einfluß der im Laufe der Zeit wechselnden Leitung der Rechtsetzungsorgane, der sich ändernden Rechtsgrundlagen, sowie Erweiterung der Gemeinschaft auch *Schwartz* FS von der Groeben, S. 333–368.

[29] *Schwartz* ZEuP 1994, 559, 570. Gegenüber dieser abgeklärt resignierten Haltung noch ehrgeiziger und optimistischer freilich *ders.* FS Hallstein, S. 474 (mit einer sehr anspruchsvollen Definition des Harmonisierungskonzepts), S. 510–512 (mit dem zutreffenden Hinweis, daß ein durchdachtes Harmonisierungskonzept auch die harmonische Umsetzung ins nationale Recht erleichtert) *et passim.*

[30] § 7 III 3 (S. 142f.).

[31] S. schon oben § 7 III 3 (S. 142f.), § 9 I 1 (S. 171f.). Zur Entwicklung *Bruha* ZaöRV 46 (1986) 1, 2, 6–8; *Schwartz* FS von der Groeben, S. 333–368; *ders.* FS Hallstein, S. 474–514.

[32] *Kommission* Weißbuch 1985, Rn. 61, 64. Zu den Mängeln der früheren Rechtsangleichungspolitik auch *Bruha* ZaöRV 46 (1986) 1, 2–6.

[33] *Kommission* Weißbuch 1985, Rn. 63, 65, 77, 102 f. Dazu etwa *Forwood/Clough* ELR 1986, 373, 394 f.

Kommission allerdings nicht näher dargestellt.[34] In der Tat hat die Kommission das Vertragsrecht lange Zeit überhaupt nicht als Ganzes betrachtet. Einen Wandel zeigt jetzt das Grünbuch zum Europäischen Vertragsrecht[35] an, das indes kein neues Harmonisierungskonzept vorstellt, sondern die Frage danach aufwirft.

### *b) Verbraucherschutzrecht*

Ein Teil der vertragsrechtlichen Regeln wird als Bestandteil des Verbraucherschutzrechts der Gemeinschaft verstanden.[36] Die Rechtsangleichung verfolgt demnach primär den Zweck, die „Wahl- und Entscheidungsfreiheit" des Verbrauchers zu stärken. Dadurch, daß gemeinschaftsweit bestimmte Mindeststandards für den Verbraucherschutz gelten, soll das Vertrauen der Verbraucher in den Binnenmarkt gestärkt werden. „Der Verbraucher im Binnenmarkt soll, gleich wo er sich aufhält, umworben wird oder seine wirtschaftlichen Bedürfnisse befriedigt, einen gleichen Mindeststandard an Information und Schutz erfahren; Unternehmen sollen nicht durch Ausweichen in andere Jurisdiktionen diesen Schutz unterlaufen können."[37] Die Rechtsangleichung hat demnach insbesondere den „aktiven" Verbraucher vor Augen, dem im ganzen Gemeinschaftsgebiet dieselben Mindestschutzregeln zu Gebote stehen sollen.[38]

Für das Harmonisierungskonzept des Vertragsrecht bedeutet dieser Ansatz, daß das Vertragsrecht dort angeglichen wird, wo dies dem Verbraucherschutzzweck förderlich sein kann. Das Europäische Vertragsrecht läßt sich daher vom Standpunkt des Vertragsrechts praktisch nicht mehr erklären, sondern muß von dort aus betrachtet als „zusammenhanglose Streuung" erscheinen.

---

[34] Keine Auswirkung auf die Vertragsrechtsangleichung erkennt *Blaurock* JZ 1994, 270, 273 („Das Zivilrecht hingegen wurde bisher nicht in die neue Konzeption [sc. die Neue Strategie] mit einbezogen.").

[35] KOM(2001) 398 endg. und jetzt darauf aufbauend der Aktionsplan Kohärentes Europäisches Vertragsrecht KOM(2003) 68 endg.

[36] So etwa bei *Reich* Europäisches Verbraucherrecht (1996); *Howells/Wilhelmsson* EC Consumer Law (1997); *Weatherill* EC Consumer Law and Policy (1997).

[37] *Reich* Europäisches Verbraucherrecht, Tz. 143; ferner Tz. 142. In dieselbe Richtung auch *Staudenmayer* RIW 1999, 733, 737 f.; *Europäisches Parlament* Entschließung zum Grünbuch v. 6.5.1994, ABl. C 205/562, Erwägungsgründe A–E; vgl. ferner Entschließung des Rates v. 14.4.1975 betreffend ein Erstes Programm der Europäischen Wirtschaftsgemeinschaft für eine Politik zum Schutz und zur Unterrichtung der Verbraucher, ABl. 1975 C 92/1.

[38] Eine weitergehende Vermutung formuliert *Collins* Oxf.J.Leg.Stud. 14 (1994) 229, 236: „The shakiness of the factual assumptions and reasoning behind the EC focus on consumer contracts [sc. in der Präambel der AGBRL] both alerts us to the possibility of an expansion of the province of EC contract law, and leads us to look for more contingent political explanations of the scope of the Directive. Such explanations may take the form that a consumerist movement has percolated into the organs of the EC, particularly the Commission, so that whilst the professed objectives of this regulation are couched in terms of improving the competitiveness of the single market and expanding consumer choice, the real agenda for many participants has been consumer protection as an end in itself."

### c) *Recht der Unternehmensgeschäfte*

Ein weitergehendes, das gesamte Vertragsrecht erfassendes Harmonisierungskonzept hat *Grundmann* vorgelegt. Auf der Grundlage der Grundfreiheiten und des Europäischen Vertragsrechtsübereinkommens sowie mit Rücksicht auf die Binnenmarktrelevanz eines einheitlichen Vertragsrechts für Unternehmen versteht er das Europäische Vertragsrecht als das Recht der Unternehmensgeschäfte.[39]

Ausgangspunkt für diese These ist zum einen die Binnenmarktrelevanz angeglichener vertragsrechtlicher Schutzstandards für die dadurch gebundenen Unternehmen. Wie die Grundfreiheiten auswiesen, die eine Erstreckung der Vertragsfreiheit über die Binnengrenzen bedeuteten, gehe der EG-Vertrag von einer Integration der Märkte durch private Initiative aus. Dabei spielten die Unternehmensaktivitäten im Hinblick auf das Handelsvolumen eine erheblich größere Rolle als die der Verbraucher. Wenn der Gesetzgeber daher vertragsrechtliche Schutzvorschriften auf der Grundlage von Art. 94, 95 EG zum Zweck der Errichtung und des Funktionierens des Binnenmarktes angleiche, so liege schon aus diesem Grunde nahe, den Zweck der Rechtsangleichung mindestens auch darin zu sehen, die grenzüberschreitende Tätigkeit von Unternehmen zu fördern.[40] Sehe man die Harmonisierungsakte auf dem Gebiet des Vertragsrechts daraufhin durch, so zeige sich *erstens,* daß alle Vorschriften des Europäischen Vertragsrechts ein- oder zweiseitige Unternehmensgeschäfte betreffen[41] und, *zweitens,* daß nahezu alle Europäischen Rechtsakte vertragsrechtlichen Inhalts das nach Art. 5–7 EVÜ international zwingende Vertragsrecht betreffen, also das Verbraucherschutzrecht, das Arbeitsrecht sowie wirtschaftsrechtliche Regelungen, die, wie insbesondere das Kartellrecht und das Vergaberecht, von den Mitgliedstaaten als Eingriffsnormen i.S.v. Art. 7 EVÜ ausgestaltet werden können.[42] Das Europäische Vertragsrecht erfasse mittlerweile fast den gesamten Bereich der international zwingenden Regelungen. Diese Fokussierung der Rechtsangleichung auf das international zwingende Recht sei nun aber unschwer damit zu erklären, daß solche Regeln den grenzüberschreitenden Verkehr nicht unerheblich behinderten, die daraus folgende Beschränkung der Grundfreiheiten aber vom EuGH nicht ausgeräumt werden könne, weil (und soweit) sie zum Schutz wichtiger Allgemeininteressen erforder-

---

[39] *Grundmann* Schuldvertragsrecht, 1. Teil; *ders.* in: Systembildung, S. 6 f.; *ders.* ZHR 163 (1999) 635–678 (hier weiter ausgreifend: „Europäisches Handelsrecht"); *ders.* RabelsZ 64 (2000) 457–477; *ders.* ERPL 2001, 505–528; ansatzweise schon *ders.* Bankaufsichtsrecht, S. 16f., 29–32, 43–46, 55f. und *ders.* IPRax 1992, 1, 4f. In eine ähnliche Richtung weist auch *Armbrüster* RabelsZ 60 (1996) 72, 79–89, wenn auch in einer Untersuchung über die Rechtsetzungskompetenz des Europäischen Gesetzgebers im Schuldvertragsrecht; ferner *Kirchner* Europäisches Vertragsrecht, S. 107. Krit. *Leible* EWS 2001, 471, 473 Fn. 31; *ders.* Wege, § 5 D; *Roth* in: Europäisches Kaufgewährleistungsrecht, S. 116 mit Fn. 23; in der Sache auch *Drexl* in: Greenpaper EU Contract Law (www-Fassung), S. 7f. (sub II 2: keine gegenseitige Anerkennung im Vertragsrecht).

[40] *Grundmann* ZHR 163 (1999) 635, 640 f.

[41] *Grundmann* Schuldvertragsrecht, 1. Teil Rn. 15–17; *ders.* FS Rolland, S. 148f.; *ders.* ZHR 163 (1999) 635, 668–673; *ders.* AcP 202 (2002) 40–71.

[42] *Grundmann* Schuldvertragsrecht, 1. Teil Rn. 72 f., 74–80 und 87–90; *ders.* Diskussionsbeitrag, wiedergegeben bei Schwartze, in: Europäisches Kaufgewährleistungsrecht, S. 343 f.

lich sei (Vorbehaltsbereiche).[43] Bereits aus diesem Grund sei es gerechtfertigt, das Europäische Vertragsrecht als Recht der Unternehmensgeschäfte anzusehen, selbst wenn die Rechtsangleichung in Einzelheiten Raum für Divergenzen der nationalen Rechte belasse.[44] Darüber hinaus aber entfalte die Europäische Rechtsangleichung auf diesen Gebieten eine Sperrwirkung dahin, daß strengere nationale Regelungen ausländischen Anbietern nicht entgegengehalten werden dürfen,[45] und bestimme das Europäische Vertragsrecht den gemeinschaftsweit anwendbaren Handlungsrahmen für Unternehmensverträge.

So stellt sich das Europäische Vertragsrecht als ein zentrales Element des Rechts der Unternehmensgeschäfte im Binnenmarkt dar. Soweit das international zwingende Vertragsrecht vereinheitlicht ist, kann es den Unternehmen als Grundlage für ihre gemeinschaftsweite Geschäftstätigkeit dienen. Strengere nationale Standards können ihnen zwar im Inland, nicht aber im EG-Ausland entgegengehalten werden. Das heißt, daß die Unternehmen (soweit die Angleichung reicht) auf der Grundlage ihres Heimatrechts anbieten können. Und selbst wenn sie im grenzüberschreitenden Geschäftsverkehr etwa überschießende nationale Standards vermeiden wollen, müssen sie sich zusätzlich zu der heimatlichen Rechtsordnung nur auf eine weitere Rechtsordnung einstellen, nämlich die Europäische.

## 2. Stellungnahme

### a) *Kritik der vorgestellten Analysen des Harmonisierungskonzepts*

Die vorgestellten Analysen des Harmonisierungskonzepts werfen verschiedene Fragen auf. Die Lehre vom Recht der Unternehmensgeschäfte beruht auf der Annahme, der Gesetzgeber habe nur oder doch ganz überwiegend das international zwingende Recht angeglichen (aa) und die Angleichungsrechtsakte würden eine Sperrwirkung für strengeres nationales Recht entfalten, soweit ausländische Anbieter betroffen sind (bb). Mit der Lehre vom Recht der Unternehmensgeschäfte streitet der Verbraucherschutz-Ansatz darum, ob der Verbraucherschutzzweck nur die inhaltliche Gestaltung (mit-) bestimmt oder auch das relevante Aufgreifkriterium für den Gemeinschaftsgesetzgeber darstellt (cc). Die Neue Strategie schließlich, die die Kommission im Weißbuch 1985 vorgestellt hat, wirft die Frage, inwieweit sich das Konzept der Mindestharmonisierung bei ansonsten gegenseitiger Anerkennung im Vertragsrecht nachweisen läßt (dd).

---

43 *Grundmann* Schuldvertragsrecht, 1. Teil Rn. 25–30; s.a. *Schwartz* ZEuP 1994, 559, 577 („Urteile [des EuGH], die eine Angleichung von Privatrecht erforderlich machen"), der indes ungeachtet dieses konzeptionellen Ansatzpunktes von der „Unvermeidbarkeit fallbezogener oder punktueller, pragmatisch vorgehender Angleichung" spricht (S. 578; auch S. 570).

44 *Grundmann* AcP 202 (2002) 40–71.

45 *Grundmann* Schuldvertragsrecht, 1. Teil Rn. 17, 105–120; *ders.* IPRax 1992, 1, 4; *ders.* Bankaufsichtsrecht, S. 16 f., 43–46, 55 f.

aa) Harmonisierung des international zwingenden Vertragsrechts

Betrachtet man das Europäische Vertragsrecht zunächst auf der Grundlage des Europäischen Vertragsrechtsübereinkommens, so ist festzustellen, daß die Auswahl der Regelungsbereiche in vielen Bereichen mit dem international zwingenden Recht zusammenfällt.[46]

(1) Verbrauchervertragsrecht

Augenfällig ist das vor allem im Bereich des erklärten Verbrauchervertragsrechts, das gemäß Art. 5 Abs. 1 EVÜ nach Maßgabe des Günstigkeitsprinzips international zwingend ist (HtWRL, VerbrKrRL, PRRL,[47] TSRL, AGBRL, FernARL, KGRL). Zweifel könnten sich insoweit nur hinsichtlich der Verbraucherkreditrichtlinie ergeben, da selbständige Verbraucherkredite – *e contrario* Art. 5 Abs. 1 Hs. 2 EVÜ – nicht zwingend angeknüpft werden.[48] Indes gehören zum Anwendungsbereich der Richtlinie gerade auch die von Art. 5 EVÜ erfaßten Abzahlungsgeschäfte.[49]

Auch die Verhaltenspflichten, die die Wertpapierdienstleistungsrichtlinie vorsieht, können zu den Vorschriften gehören, die nach dem Günstigkeitsprinzip des Art. 5 EVÜ zum Zuge kommen.[50] Handelt es sich auch nicht um formelles Verbraucherrecht, so dienen die Verhaltenspflichten doch dem Schutz der schwächeren Vertragspartei.[51] Ihr inhaltlicher Schwerpunkt liegt gerade auf dem Gebiet des Schutzes der nicht beruflich oder gewerblich Tätigen, denn die Intensität der Pflichtenbindung der Wertpapierfirmen nach Art. 11 WpDRL hängt vom Grad der „Professionalität" des Kunden ab.

(2) Ausnahmen

Nicht zwingend anzuknüpfen sind vor allem die Regelungen dreier Angleichungsrechtsakte, die allerdings Verträge mit besonderer Binnenmarktrelevanz betreffen, die Handelsvertreterrichtlinie, die Überweisungsrichtlinie und die Zahlungsverzugsrichtlinie.[52]

Das Handelsvertreterrecht betrifft beruflich tätige Selbständige und wird daher weder von Art. 5 noch Art. 6 EVÜ erfaßt. Es gehört auch nicht zu den Regelungsbereichen, die herkömmlich als Eingriffsnormen i.S.v. Art. 7 EVÜ angesehen wurden.[53] Allerdings hat der EuGH jetzt den Ausgleichsanspruch nach Art. 17 f. HVertrRL als international

---

[46] *Fallon/Francq* FS Siehr, S. 157.

[47] Verbraucher iSv Art. 2 Ziff. 4 PRRL ist freilich nicht nur der privat Handelnde, wie in Art. 5 Abs. 1 EVÜ; zum Verbraucherbegriff noch unten, § 12 A I und II (S. 250–264).

[48] S.o. § 6 II 1 (S. 124).

[49] Art. 1 Abs. 2 lit. c VerbrKrRL. Dazu und zur Frage, ob der kollisionsrechtliche Verbraucherschutz analog Art. 5 EVÜ oder nach Art. 7 EVÜ ergänzt werden kann bereits oben, § 6 II 1 und 3 (S. 125, 128–131).

[50] Vgl. OLG Düsseldorf, RIW 1994, 420 f. m.Anm.v. *Mankowski;* OLG Düsseldorf, RIW 1995, 769, 770. S.a. *Thorn* IPRax 1997, 98, 104.

[51] S.o., § 6 II 1 (S. 123–126).

[52] Auch *Grundmann* ERPL 2001, 505, 516; *ders.* JuS 2001, 946, 948 sieht darin besonders begründete Ausnahmen vom Harmonisierungskonzept.

[53] S.o., § 6 II 3 a.E. (S. 130f.)

zwingend angesehen.[54] Das ist indes eine *Folge* der Rechtsangleichung (und ihrer inhaltlichen Ausgestaltung), nicht aber deren *Grund*. Entscheidend war für die Rechtsangleichung nicht die – somit nicht bestehende – kollisionsrechtliche Behinderung durch international zwingende Normen,[55] sondern vor allem die faktische Behinderungswirkung, die die aufgrund der Rechtswahlfreiheit bestehende Vielfalt der auf Handelsvertreterverträge anwendbaren Rechte für die Beteiligten mit sich bringt: Sowohl die Unternehmen als auch die Handelsvertreter müßten sich im europaweit grenzüberschreitenden Geschäft auf bis zu 15 Rechtsordnungen einstellen.[56] Hinzu kommt, daß sich die Rechtsunterschiede in Einzelfällen wettbewerbsverzerrend auswirken können.[57]

Auch das Recht der (grenzüberschreitenden) Überweisung ist nicht als solches, sondern allenfalls in seiner – vom Gesetzgeber nicht in den Vordergrund gestellten – verbraucherschützenden Wirkung (Schutz des schwächeren Vertragspartners) international zwingend. Anlaß für die Angleichung war zum einen die Feststellung, daß Kosten und Ausführungszeiten der grenzüberschreitenden Überweisung ungeachtet der Zielvorgaben einer Empfehlung der Kommission[58] unbefriedigend blieben und auch nicht durch den Wettbewerbsmechanismus verbessert wurden.[59] Regelungsanlaß war aber auch, daß die Vielzahl der bei grenzüberschreitenden Überweisungen anwendbaren Rechte zur Rechtsunsicherheit im grenzüberschreitenden Verkehr führen.[60] Auch hier beeinträchtigt also zwar nicht das international zwingende nationale Recht den grenzüberschreitenden Verkehr, doch führt die Rechtswahlfreiheit zu Beschränkungswirkungen.

Besonders begründet ist schließlich die Zahlungsverzugrichtlinie, die gerade nur den Geschäftsverkehr betrifft. Sie betrifft ein allgemeines Problem des Handelsverkehrs, die mangelhafte Zahlungsdisziplin, das indes im grenzüberschreitenden Verkehr besonderes Gewicht hat. Die unterschiedlichen Zahlungsbestimmungen, die wettbewerbsverzerrend wirkten, sollten angeglichen werden. Um einer privatautonomen Wiederherstellung unterschiedlicher Zahlungsbestimmungen entgegenzuwirken, hat der Gesetzgeber nicht nur die das dispositive Recht angeglichen, sondern zudem Verzugsvereinbarungen einer Kontrolle unterworfen.

(3) Zwischenergebnis

Damit erweist sich der erste Ausgangspunkt der Lehre vom Recht der Unternehmensgeschäfte als überzeugend. Die ganz überwiegende Zahl der vertragsrechtlichen Regeln im Europäischen Vertragsrecht betrifft das international zwingende Vertragsrecht der Art. 5–7 EVÜ. In dem hier untersuchten Kernbereich des Vertragsrechts läßt sich sogar sagen, daß der Europäische Gesetzgeber die Bereiche des international zwingenden Ver-

---

54 EuGH v. 9.11.2000 – Rs. C-318/98 *Ingmar ./. Leonard* Slg. 2000, I-9305; näher oben, § 6 II 3 a.E. (S. 130f.).

55 *Fock* Handelsvertreter-Richtlinie, S. 28 f.

56 *Grundmann* Schuldvertragsrecht, 3.80 Rn. 5; s.a. BE 2, 3 HVertrRL.

57 *Fock* Handelsvertreter-Richtlinie, S. 31–40.

58 Empfehlung 90/109/EWG der Kommission vom 14.2.1990 zur Transparenz der Bankkonditionen bei grenzüberschreitenden Finanztransaktionen, ABl. 1990 L 67/39.

59 Vgl. BE 8 ÜwRL.

60 *Grundmann* Schuldvertragsrecht, 4.13 Rn. 11.

tragsrechts jedenfalls im binnenmarktrelevanten Bereich im wesentlichen vollständig geregelt hat. Das gilt besonders für das Verbrauchervertragsrecht. Nur vereinzelt haben sich Ausnahmen gezeigt. In dem hier erörterten Kernbereich des Vertragsrechts sind das nur die Überweisungsrichtlinie, die Handelsvertreterrichtlinie und die Zahlungsverzugsrichtlinie. In diesen Bereichen herrscht Rechtswahlfreiheit, doch diente die Rechtsangleichung in den Fällen der Überweisungsrichtlinie und der Handelsvertreterrichtlinie der Ausräumung ganz ähnlicher Hindernisse, wie sie in den anderen Fällen die international zwingenden Vorschriften begründen.

bb) Mindestharmonisierung und strengere nationale Regeln

Betrachtet man zweitens das Verhältnis von Rechtsangleichung und Grundfreiheiten, so stellt sich die Frage, inwieweit die Europäischen Standards des Vertragsrechts strengere nationale Regelungen im grenzüberschreitenden Verkehr zulassen. Für die Lehre vom Recht der Unternehmensgeschäfte ist die Sperrwirkung insoweit von Bedeutung, als erst sie den Unternehmen die Sicherheit gibt, gemeinschaftsweit zum Heimatstandard oder sogar im Auslandsgeschäft zu einem etwa niedrigeren Gemeinschaftsrechtsstandard anbieten zu können.

Die Grundsätze haben wir bereits erörtert: Eine Sperrwirkung der Rechtsangleichung für strengeres nationales Recht kann sich erstens aus der gewählten Rechtsgrundlage (Art. 95 EG) ergeben, zweitens aus den Grundfreiheiten (Erschöpfung des Vorbehaltsbereichs) und drittens aus dem Gebot der effektiven Umsetzung.[61] Der wichtigste Fall ist die aus der Kompetenznorm des Art. 95 EG/Art. 100a EGV abgeleitete Sperrwirkung: Wenn ein Angleichungsrechtsakt auf diese Grundlage gestellt wird, so sind strengere nationale Regeln für den grenzüberschreitenden Verkehr grundsätzlich nur zulässig, soweit das anfänglich durch eine Schutzklausel in der Richtlinie oder nachträglich durch die Kommission gem. Art. 95 Abs. 4–6 EG zugelassen ist. Diese Ausscherklauseln sind abschließend, und zwar auch deswegen, weil sonst das Binnenmarktziel, das der Gesetzgeber verfolgt, nicht erreicht werden könnte. Auf diese Weise ist nun in der überwiegenden Anzahl aller vertragsrechtlichen Angleichungsrechtsakte eine Sperrwirkung für strengere Regeln im grenzüberschreitenden Verkehr begründet.[62]

Nur soweit eine Sperrwirkung nicht schon so begründet ist, kommt es auf die Sperrwirkung der Grundfreiheiten oder des Gebots der effektiven Umsetzung an. Eine Sperrwirkung der Grundfreiheiten ergibt sich im Bereich der Rechtsangleichung dann, wenn strengere nationale Regeln als beschränkungsgleiche Maßnahme die Grundfreiheiten beeinträchtigen und der Angleichungsrechtsakt die Vorbehaltsbereiche (wichtige Allgemeininteressen) erschöpft, und zwar entweder durch eine positive Regelung oder durch die Vorschrift der Anerkennung im Restbereich.[63] Ob das der Fall ist, läßt sich nicht allgemein sagen, sondern bedarf einer Untersuchung im Einzelfall, die nach-

---

[61] I.e. oben, § 8 (S. 146–170).

[62] Auf Art. 95 EG bzw. Art. 100a EGV gestützt wurden etwa: AGBRL, FARL, KGRL, PRRL, ÜwRL, TSRL. Ausnahmen nach Art. 95 Abs. 4–10 EG bzw. Art. 100a Abs. 4, 5 EGV sind nicht zugelassen.

[63] S.o. § 8 II (S. 161–168).

folgend, als ergänzende Erwägung, auch insoweit vorgenommen wird, als sich die Sperrwirkung nach hier vertretener Auffassung bereits aus Art. 95 EG ergeben kann.

(1) Tatbestandliche Beeinträchtigung der Grundfreiheiten – Nochmal: Zur Ausnahme von Vertriebsregeln

Die erste Voraussetzung einer aus den Grundfreiheiten abgeleiteten Sperrwirkung – die tatbestandliche Beeinträchtigung der Grundfreiheiten – ist, wenn man der formelhaften Unterscheidung von Produkt- und Vertriebsmodalitäten folgt,[64] allerdings im Vertragsrecht öfter zweifelhaft, so etwa für die Haustürgeschäfterichtlinie und die Fernabsatzrichtlinie.[65] Folgt man dieser formalen Abgrenzung, so könnte sich insoweit jedenfalls aus den Grundfreiheiten keine Sperrwirkung für strengere nationale Regeln ergeben. Folgt man der auch hier vertretenen Interpretation der *Keck* Entscheidung, so kommt es darauf an, ob die strengeren nationalen Regelungen sich als spezifische Beschränkungen des grenzüberschreitenden Verkehrs darstellen, was auch für Vorschriften des Vertragsrechts zu bejahen sein kann.[66] Gerade für die vertragsrechtlichen Vertriebsregeln der Haustürgeschäfterichtlinie und der Fernabsatzrichtlinie ist danach eine Beschränkung der Grundfreiheiten durch (international zwingende) divergierende nationale Regelungen nicht ausgeschlossen.[67]

(2) Rechtsangleichung und „Anerkennung im Rest"

Der Vorbehaltsbereich – z.B. Schutz der Verbraucher – wäre unproblematisch dann erschöpft, wenn die Regelungen des Europäischen Vertragsrechts neben der Rechtsangleichung auch eine Anerkennung als gleichwertig für einen etwa verbleibenden Restbereich anordnen würden.[68] Eine ausdrückliche Anerkennung als gleichwertig ist in den Angleichungsrechtsakten auf dem Gebiet des Vertragsrechts allerdings in keinem Fall enthalten. Indes nimmt *Grundmann* an, sie ergebe sich zumindest teilweise konkludent daraus. Die Verbindung von Angleichung und Anerkennung im Rest entspreche der von der Kommission 1985 entworfenen Neuen Strategie.[69] Sie sei aber auch durch Art. 95 EG vorgegeben, da die Systematik der Ausscherklauseln und der Binnenmarktzweck der auf Art. 95 EG gestützten Rechtsangleichung dafür sprächen, daß der Gesetzgeber den Plan des Weißbuchs 1985 auch umsetzen wollte. Wenn man nicht, wie hier weitergehend angenommen, das System der Ausscherklauseln und den Binnenmarktzweck schon als Gründe für eine primärrechtlich begründete Sperrwirkung ansieht,[70] so sind diese

---

[64] Zur Unterscheidung oben, § 5 I 2 (S. 89–92). Ihr folgt im Grundsatz auch *Grundmann* Schuldvertragsrecht, 1. Teil Rn. 70, der für den Bereich der Dienstleistungen die Vertragsabschlußregeln als Vertriebsmodalitäten ansieht, die Vertragsinhaltsregeln als Produktmodalitäten.

[65] Siehe z.B. *Günther* CR 1999, 172, 176–178 zur opt-in Lösung des deutschen Rechts als (nach seiner Auffassung zulässige) strengere nationale Regelung gegenüber Art. 10 Abs. 2 FARL.

[66] Oben, § 5 I 2 (S. 90).

[67] Oben, § 5 I 2 (S. 89–92) und II 2 a (S. 94–96). Zum nationalen Verbot des Haustürvertriebs *Roth* FS Großfeld, S. 951 f.

[68] Oben, § 8 II 2 a (S. 163 f.).

[69] *Grundmann* Schuldvertragsrecht, 1. Teil Rn. 25, 112.

[70] So hier, oben, § 8 I (S. 147–161).

Erwägungen in der Tat gewichtige Argumente für die Annahme, daß der Gesetzgeber neben der Rechtsangleichung auf einem hohen Niveau eine gegenseitige Anerkennung im verbleibenden Bereich verfügen wollte. Auch nach dieser Meinung entfaltet daher die Rechtsangleichung in weiten Bereichen des Vertragsrechts eine Sperrwirkung, so daß für Ausnahmen nur im nicht-harmonisierten Bereich oder insoweit Raum bleibt, als der Gesetzgeber das durch spezifische Mindeststandardklauseln zugelassen hat.

Soweit eine Sperrwirkung somit schon durch Art. 95 EG oder – wegen der gesetzgeberischen konkludenten Anordnung der gegenseitigen Anerkennung als gleichwertig – durch die Grundfreiheiten gegeben ist, ist die Frage, ob die Rechtsangleichung die Vorbehaltsbereiche erschöpft, nur noch zu erörtern, um festzustellen, ob die so begründete Sperrwirkung zu Schutzlücken führen kann.

(3) Erschöpfung des Vorbehaltsbereichs durch die einzelnen Rechtsakte

Ob die Angleichungsregeln den Vorbehaltsbereich bereits erschöpfen, ist durch einen Vergleich von Regelungsgehalt der Angleichungsrechtsakte und Vorbehaltsbereich zu ermitteln.[71] Ein gewisses Indiz für die Erschöpfung kann sich dabei daraus ergeben, daß der Gesetzgeber bei der Rechtsangleichung von einem hohen Schutzniveau ausgegangen ist.[72] Ein gegenläufiges Indiz können, soweit es nicht um Binnenmarktrechtsangleichung nach Art. 95 EG geht, die Mindeststandardklauseln ergeben.[73] Erhebliches Gewicht kommt diesen Indizien nicht zu. Die Untersuchung der einzelnen Rechtsakte wird nachfolgend exemplarisch vorgenommen.

Die *Verbraucherkreditrichtlinie* ist in ihrem Regelungsbereich im wesentlichen abschließend, strengere nationale Regeln können daher insoweit ausländischen Anbietern nicht entgegengehalten werden. Allerdings enthält die Richtlinie keine Bedenkzeitregelung (Widerrufsrecht) und keine Regelung zum Schutz vor sittenwidrigen, insbesondere wucherischen Krediten.[74] Was das Widerrufsrecht angeht, so wird man eine Erschöpfung des Vorbehaltsbereichs und die daraus folgende Sperrwirkung indes nicht wohl annehmen können, gibt doch das Europäische Vertragsrecht für Verträge mit vergleichbarer Verlockungswirkung (Timesharing) ein Widerrufsrecht zu und halten auch einige Mitgliedstaaten einen entsprechenden Schutz für erforderlich. Insofern wird denn auch

---

[71] Außer Betracht bleiben dabei die – freilich nicht gering zu schätzenden – Divergenzen, die sich auch im Falle einer Sperrwirkung ergeben, z.B. aus unterschiedlichen dogmatischen Einordnungen (s. nur das Problem der Bindung an vorvertragliche Aussagen, unten, § 15 A II 2 d [S. 368–372]) oder aus unterschiedlichen Rechtstraditionen der Mitgliedstaaten (z.B. unterschiedlichen Grundsätzen über die Auslegung von Rechtsgeschäften und Gesetzen).

[72] Zum Ganzen oben, § 8 I 1 b bb (2) und (3) (S. 156–159).

[73] Art. 8 HWiRL, Art. 15 VerbrKrRL. Zu den generellen Mindeststandardklauseln in Angleichungsrechtsakten auf der Grundlage von Art. 95 EG (Art. 14 FARL, Art. 8 AGBRL, Art. 8 Abs. 2 KGRL; Art. 8 PRRL, Art. 11 TSRL) bereits oben, § 8 I 1 b bb (3) (S. 156–159). In der ÜwRL und der WpDRL werden strengere Vorschriften in den Einzelregelungen zugelassen, Art. 3, 4 ÜwRL; Art. 11 Abs. 1 WpDRL, s. sogleich im Text.

[74] Zu den verbleibenden Lücken *Grundmann* Schuldvertragsrecht, 4.10 Rn. 42–44. S.a. *Blaurock* JZ 1994, 270, 272.

eine Ergänzung der Richtlinie erwogen.[75] Daß nationale Vorschriften zum Schutz vor sittenwidrigen Verträgen von der Richtlinie nicht für den grenzüberschreitenden Verkehr präkludiert werden, ist mit der grundsätzlichen Sperrwirkung freilich gut vereinbar, kann man insoweit doch ohnehin auf eine Gleichwertigkeit der nationalen Regeln vertrauen und kann sich umgekehrt der ausländische Anbieter auch ohne intime Rechtskenntnis auf den Sittenmaßstab, der unmittelbare Appellwirkung hat, einstellen.

Abschließend ist auch die Regelung der *Haustürgeschäfterichtlinie*, soweit es um den Schutz von Verbrauchern vor Überrumpelung in den von der Richtlinie erfaßten Vertragsabschlußsitutationen geht. Das *bestätigt* die *Buet* Entscheidung des EuGH.[76] Dort hatte der EuGH allerdings ein französisches Verbot des Haustürvertriebs von Unterrichtsmaterial für eine unter dem Vorbehaltsbereich gerechtfertigte Maßnahme gleicher Wirkung wie eine mengenmäßige Einfuhrbeschränkung gehalten. Dieser Entscheidung ist zuzustimmen, doch betrifft sie keine gegenüber den Standards der Haustürgeschäfterichtlinie strengere Regelung, sondern die Regelung in einem speziellen Bereich, nämlich den Verkauf von (Fern-) Unterrichtsmaterial.[77] Daß dieser Bereich unabhängig von der gewählten Vertriebsform spezifische Schutzvorschriften zugunsten der Verbraucher rechtfertigt, entspricht der Rechtsüberzeugung verschiedener Mitgliedstaaten und ist nicht zuletzt auch in dem Vorschlag einer Richtlinie über den Schutz von Teilnehmern am Fernunterricht zum Ausdruck gekommen. Da die Haustürgeschäfterichtlinie insoweit eine Regelung nicht treffen soll, eine Rechtsangleichung also noch nicht vorliegt, können sich die Mitgliedstaaten zur Begründung „strengerer" nationaler Regelungen mit (behindernder) Wirkung auch gegenüber ausländischen Anbietern im Rahmen des Erforderlichen auf wichtige Allgemeininteressen (Verbraucherschutz) berufen. In ihrem eigentlichen Schutzbereich – Schutz vor Überrumpelung in den von Art. 1 HtWRL beschriebenen Situationen – erschöpft die Richtlinienregelung aber, wie sich auch aus der *Buet* Entscheidung ergibt, das Allgemeininteresse „Verbraucherschutz". Denn zum Schutz vor dem Überrumpelungsrisiko reicht, wie der EuGH feststellt, „normalerweise" – d.h., wenn sich nicht aus dem besonderen Vertragsgegenstand etwas anderes ergibt – aus, dem Verbraucher ein Widerrufsrecht zuzugeben.[78] Ein vollständiges Verbot des Haustürvertriebs, wie es in Luxemburg besteht,[79] ist daher unverhältnismäßig und kann, soweit es die Grundfreiheiten beeinträchtigt,[80] ausländischen Anbietern nicht entgegengehalten werden.

---

[75] Dazu Staudinger-*Kessal-Wulf* VerbrKrG Einl. Rn. 4 und jetzt der Vorschlag für eine Änderungsrichtlinie v. 11.9.2002 KOM(2002) 443 endg.

[76] EuGH v. 16.5.1989 – Rs. 382/87 *Buet ./. Ministère Public* Slg. 1989, 1235.

[77] S.o., § 8 I 1 b bb (1) (S. 156) und (3) (S. 158).

[78] EuGH v. 16.5.1989 – Rs. 382/87 *Buet ./. Ministère Public* Slg. 1989, 1235 Rn. 12.

[79] Dazu (kritisch) *Klauer* Europäisierung, S. 115.

[80] Der EuGH hatte das in der *Buet* Entscheidung (aaO Rn. 7) bejaht unter Verweis auf EuGH v. 15.12.1982 – Rs. 286/81 *Oosthoek* Slg. 1982, 4575. Ebenso auch GA *Tesauro* aaO Tz. 9 der Schlußanträge, sowie die Stellungnahme der Kommission (vgl. Tz. 8 der Schlußanträge); ebenso wie GA *Tesauro* aaO weist das Gericht damit die Auffassung einiger Mitgliedstaaten (Tz. 8 der Schlußanträge) zurück, die sich auf EuGH v. 31.3.1982 – Rs. 75/81 *Blesgen* Slg. 1982, 1211 berufen hatten. Diese Argumentation trägt nach hier vertretener Auffassung auch nach der *Keck* Entscheidung noch; s.o. § 5 I 2 (S. 90–92) und II 2 a (S. 94–96).

Die zum Schutz der Verbraucher erforderliche *Inhaltskontrolle* von Allgemeinen Geschäftsbedingungen regelt die *AGB-Richtlinie* erschöpfend, so daß insoweit strengere Regeln ausländischen Anbietern nicht unter Berufung auf Gründe des Allgemeinwohls entgegengehalten werden können.[81] Divergenzen können sich hier jedoch für Klauseln ergeben, die auf den divergierenden nationalen Vertragsrechten beruhen.[82] Die AGB-Richtlinie regelt indes den gesamten Bereich der *Einbeziehung von AGB in den Vertrag* nicht.[83] Der Regelung kann auch nicht entnommen werden, daß die divergierenden Einbeziehungsvorschriften der Mitgliedstaaten als gleichwertig anerkannt werden sollten.[84] Die Mitgliedstaaten können daher strengere nationale Vorschriften insbesondere in Form von Einbeziehungsregeln auch mit Wirkung für ausländischen Anbieter erlassen.

Nach der *Wertpapierdienstleistungsrichtlinie* können die Mitgliedstaaten auch strengere Wohlverhaltenspflichten zulassen als in Art. 11 WpDRL vorgesehen. Die Richtlinie enthält zwar keine Mindeststandardklausel, doch wird aus ihren Regelungen (in Art. 17 Abs. 4, 18 Abs. 2 UAbs. 2 WpDRL) deutlich, daß der Gesetzgeber davon ausging, die Mitgliedstaaten könnten strengere Verhaltensregeln vorsehen.[85] Eine zulässige strengere Regeln könnte z.B. in der Vorschrift liegen, dem Kunden bestimmte Warnungen schriftlich zu geben oder den Vertrag schriftlich zu schließen. Da das Europäische Vertragsrecht diesen Schutzmechanismus auch sonst gelegentlich vorsieht,[86] kann man davon ausgehen, daß seine Vorschrift aus zwingenden Gründen des Allgemeininteresses gerechtfertigt wäre.

Die *Überweisungsrichtlinie* läßt gem. Art. 6 Abs. 4 ÜwRL gerade für die zentrale Schutzvorschrift über die Überweisungszeiten „sonstige Rechte des Kunden unberührt".[87] Damit weist die Richtlinie selbst darauf hin, daß „sonstige Rechte" nicht schon in den harmonisierten Bereich fallen, so daß insoweit strengere nationale Regeln auch mit Wirkung für den grenzüberschreitenden Verkehr zulässig bleiben.[88] Strengere Vorschriften können z.B. in einem vollen Schadensersatzanspruch für die Nichterfüllung bestehen.[89]

---

[81] Vgl. *Grundmann* Schuldvertragsrecht, 2.10 Rn. 41–43. Weitergehend *Klauer* ERPL 2000, 187, 202–205: Mißbräuchlichkeitsbestimmung auch für interne Sachverhalte.

[82] Art. 1 Abs. 2 AGBRL; näher unten, § 16 I 2 c (S. 432).

[83] Näher unten, § 16 I 2 a (S. 433f.).

[84] Anderes ließe sich freilich vertreten, wenn nachgewiesen werden könnte, daß der Europäische Gesetzgeber die – gerade im internationalen Vergleich – umstrittene Einbeziehungskontrolle zugunsten der ausschließlich regierenden Inhaltskontrolle aufgeben wollte. Für dieses Modell können gute Gründe sprechen, vor allem, daß die Inhaltskontrolle die entscheidende Wertungsfrage offenlegt, während die Einbeziehungskontrolle deren Verschleierung fördert (näher unten, § 16 I 2 a [S. 433f.]), es ist aber der Richtlinie nicht zu entnehmen.

[85] *Grundmann* Schuldvertragsrecht, 4.20 Rn. 9; Ebenroth/Boujong/Joost-*Grundmann* BankR VI Rn. 177. Zur Vereinbarkeit mit dem Grundsatz *Grundmann* RabelsZ 64 (2000) 457, 474.

[86] Näher unten, § 14 I 2 (S. 317–325).

[87] Zu weiteren Mindestschutzbestimmungen *Grundmann* Schuldvertragsrecht, 4.13 Rn. 12.

[88] A.M. *Grundmann* Schuldvertragsrecht, 4.13 Rn. 13 f., 23, 27.

[89] Zum Schutz durch die Richtlinienregelungen unten, § 17 A IV (S. 520–534).

(4) Zwischenergebnis

Auch das zweite Standbein der Lehre vom Europäischen Vertragsrecht als Recht der Unternehmensgeschäfte läßt sich damit überzeugend begründen. Nach der oben (§ 8 I) näher begründeten Ansicht entfalten die Angleichungsrechtsakte, die auf Art. 95 EG/Art. 100a EGV gestützt wurde, grundsätzlich – wenn auch nicht notwendig in allen Einzelheiten – eine Sperrwirkung für strengeres nationales Recht, soweit es um den grenzüberschreitenden Verkehr geht (oben, vor (1)). Nach anderer Ansicht ergibt sich dasselbe im Wege der Auslegung der entsprechenden Richtlinien, denen schon eine konkludente Anordnung der Anerkennung als gleichwertig zu entnehmen sei (oben (2)). Aber auch nach herkömmlicher Ansicht ergibt sich für weite Bereiche der Vertragsrechtsangleichung eine Sperrwirkung schlicht deshalb, weil die Rechtsangleichung, die zumeist auf hohem Schutzniveau erfolgt, die Vorbehaltsbereiche bereits erschöpft und so den Mitgliedstaaten im harmonisierten Bereich keinen Raum läßt, strengeres Recht für den grenzüberschreitenden Verkehr zu erlassen (soeben, (3)).

Allerdings ist nicht zu leugnen, daß Unternehmen auch aufgrund der Rechtsangleichung beim grenzüberschreitenden Geschäft in vielen Einzelheiten gewärtigen müssen, daß ihnen „strengere" nationale Regeln entgegengehalten werden, so vor allem im nichtharmonisierten Bereich und soweit spezifische Mindeststandardklauseln strengere Regeln zulassen. Begründet die Angleichung des international zwingenden Rechts damit auch kein volles „Freiheitsrecht" für die Unternehmen, grenzüberschreitend zu dem Angleichungsstandard tätig zu werden,[90] so führt sie an dieses Ziel doch ein wesentliches Stück näher heran. Denn die Rechtsangleichung erfaßt, wie die Übersicht[91] und die exemplarische Untersuchung der Sperrwirkung[92] zeigen, zentrale Bereiche des international zwingenden Rechts.

cc) Unternehmensrecht versus Verbraucherschutzrecht?

Geht man von den Rechtsetzungskompetenzen des Europäischen Gesetzgebers aus, so ist auch das Vertragsrecht zuerst das Recht des Gemeinsamen Marktes oder des Binnenmarktes und nicht Unternehmens- oder Verbraucherrecht. Denn die vertragsrechtlichen Rechtsakte werden ganz durchgehend auf die Kompetenznormen der Art. 94f. EG gestützt. Von der Möglichkeit des Art. 153 Abs. 3 lit. b EG, Maßnahmen zur Unterstützung, Ergänzung und Überwachung der Politik der Mitgliedstaaten auf dem Gebiet des Verbraucherrechts zu treffen – und somit originäres Verbraucherrecht zu schaffen – hat der Gesetzgeber im Vertragsrecht bislang keinen Gebrauch gemacht.[93]

Auf dem Gebiet des Vertragsrechts führt die Binnenmarktkompetenz indes ganz selbstverständlich zur Unterscheidung von Unternehmer- und Verbraucherrecht, wenn

---

90 *Roth* in: Europäisches Kaufgewährleistungsrecht, S. 133.

91 Oben, II 2 a) aa) (S. 220–222).

92 Soeben, II 2 a) bb) (S. 222–226).

93 Auch die Kaufgewährrichtlinie bildet keine Ausnahme, denn sie wird auf Art. 95 EG gestützt und nimmt in BE 1 nur auf Art. 153 Abs. 1 und 3 EG Bezug; dieser Bezug ist aufgrund der gewählten Kompetenznorm eindeutig auf Art. 153 Abs. 3 lit. a, der keine eigene Kompetenzgrundlage enthält.

man Art. 5 EVÜ als Datum für die Rechtsangleichung nimmt, denn dort ist sie angelegt.[94] Damit teilt sich das Vertragsrecht in das Recht der zweiseitigen Unternehmensverträge, der Verträge zwischen Unternehmen und Verbrauchern („einseitige Unternehmensverträge") und das Recht der zweiseitigen Verbraucherverträge.[95] Von diesem Ganzen hat der Europäische Gesetzgeber indes einen Bereich völlig ausgespart, nämlich das Recht der zweiseitigen Verbraucherverträge, also der Verträge zwischen zwei privat handelnden Personen (z.B. privater Gebrauchtwagenkauf)[96]. Darin bestätigt sich die Ausrichtung der Angleichungstätigkeit auf den Markt, denn für den Binnenmarkt sind Verträge zwischen Privatleuten von ungleich geringerer Bedeutung als zwei- oder einseitige Unternehmensverträge. Diese Marktausrichtung findet sich auch in der inhaltlichen Ausgestaltung der Verbraucherschutzvorschriften wieder, denn darin werden die Verbraucher als Nachfragegruppe geschützt, die z.B. Informationen benötigt, und nicht als individuelle Vertragspartner, die z.B. Opfer eines wucherischen Vertrags geworden sind.[97] Das Europäische Vertragsrecht ist demnach das Recht der Unternehmer und Verbraucher als Anbieter und Nachfrager im Binnenmarkt.

Eine weitere Folgerung aus dem kollisionsrechtlichen Ausgangspunkt ist, daß Unternehmensinteressen und Verbraucherinteressen korellieren, weil und soweit es aus Sicht beider Gruppen wünschenswert erscheint, (jedenfalls) die international zwingenden Schutzregeln zu vereinheitlichen,[98] für Verbraucher aufgrund ihrer Schutzinteressen, für Unternehmer aufgrund ihres Interesses, einen gemeinschaftsweit möglichst einheitlichen Handlungsrahmen zu haben. Nicht nur wegen der Ausklammerung zweiseitiger Verbraucherverträge, sondern auch wegen dieses übereinstimmenden Angleichungsinteresses ist daher Verbraucherrecht im Europäischen Vertragsrecht stets auch Unternehmensrecht.

Auch die Begründungserwägungen der Angleichungsrechtsakte weisen auf diese doppelte Zuordnung hin. Darin gibt der Gesetzgeber meist gleichberechtigt die Zwecke an, einen Binnenmarkt ohne Wettbewerbsverzerrungen für Unternehmen zu schaffen[99] und Verbraucher zu schützen[100]. Beispielsweise wird die AGB-Richtlinie damit begründet, daß die Verbraucher die Rechtsvorschriften anderer Mitgliedstaaten nicht kennen und dadurch von der Nachfrage im Ausland abgehalten werden könnten.[101] Gleichzeitig dient die Richtlinie aber dazu, „den Verkäufern von Waren und Dienstleistungen … ihre

---

[94] Siehe beispielhaft oben, § 9 II 3 (S. 200–206), aus rechtspolitischer Sicht.

[95] Diese Unterscheidung hat zuerst *Grundmann* Schuldvertragsrecht (1999) für die äußere Einteilung der Regelungen des Europäischen Vertragsrechts fruchtbar gemacht.

[96] Vgl. Art. 1 Abs. 2 lit. c KGRL.

[97] In diese Richtung auch *Bamforth* E.L.Rev. 24 (1999) 410, 414 f.

[98] S.o., § 9 II 3 (S. 200–206).

[99] BE 2, 7 AGBRL; BE 2 HtWRL; BE 2 VerbrKrRL; BE 1 f., 5 KGRL. S.a. BE 2 f. PRRL (betr. nicht Verbraucherschutz ieS).

[100] BE 4–6 AGBRL; BE 3 HtWRL; BE 3 VerbrKrRL; BE 2–5 FARL; BE 3 KGRL. S.a. BE 4 PRRL (betr. nicht Verbraucherschutz ieS).

[101] BE 5 AGBRL.

Verkaufstätigkeit sowohl im eigenen Land als auch im Binnenmarkt" zu erleichtern.[102] Daher ist die Aussagen, daß „die Förderung des Verbraucherschutzes durch seine Vereinheitlichung auf einem Mindeststandard seit jeher das primäre Ziel der Gesetzgebung gewesen (ist)", ebenso berechtigt wie jene, die vertragsrechtlichen Richtlinien seien „seit jeher auch und vor allem damit begründet worden ..., daß sie die Funktionsfähigkeit des Binnenmarktes ... fördern".[103]

Allerdings hat der Gesetzgeber sich von dem kollisionsrechtlichen Ausgangspunkt des Art. 5 EVÜ gelöst, insofern er die dort angelegte Beschränkung des Schutzes auf den passiven Verbraucher teilweise zugunsten eines Schutzes auch des aktiven Verbrauchers aufgegeben hat.[104] Indes ist diese Gewichtsverlagerung eine zwangsläufige Folge, wenn man von der bloßen Kollisionsrechtsvereinheitlichung durch das EVÜ zu einer Sachrechtsangleichung übergeht. Denn weil jede Angleichung von Schutzregeln einen gemeinschaftsweiten Mindeststandard für die Geschützten begründet, kommt dieser Schutz nun auch dem Verbraucher zugute, der als Nachfrager den Binnenmarkt aktiv nutzt. Auch insoweit ist das Vertragsrecht marktbezogen. Stehen beim Schutz des aktiven Verbrauchers auch die Interessen der Unternehmer als Anbieter nicht im Vordergrund, so dient dieser doch als Angleichung der Schutzstandards auch den Unternehmensinteressen.

Die Rechtsangleichung auf dem Gebiet des Vertragsrechts ist daher immer binnenmarktbezogen. Der Verbraucherschutzzweck allein kann die Auswahl der Regelungsbereiche im Vertragsrecht nicht befriedigend erklären, denn zum einen enthält nur ein Teil der vertragsrechtlichen Rechtsakte Verbraucherschutznormen, zum anderen verdeckt seine Hervorhebung, daß die Angleichung von Verbraucherschutzvorschriften eben auch dazu gedacht ist, den Unternehmen einen zumindest näherungsweise vereinheitlichten Handlungsrahmen zu bieten.[105] Umgekehrt leugnet die Theorie des Europäischen Vertragsrechts als Recht der Unternehmensgeschäfte den Verbraucherschutzzweck eines Teils der Vertragsvorschriften nicht, sondern setzt ihn im Gegenteil wegen Art. 5 EVÜ voraus.[106] Daß der Verbraucherschutzzweck der Regelungen damit

---

[102] BE 7 AGBRL.

[103] Beide Zitat von *Roth* in: Europäisches Kaufgewährleistungsrecht, S. 133, der freilich wohl dem Verbraucherschutzzweck ungeachtet der Dominanz des Marktbezugs in den Begründungen der Rechtsakte größeres Gewicht einräumt.

[104] S. z.B. BE 5, 6 AGBRL; BE 8 f. PRRL (nicht Verbraucherschutz ieS). S.a. *Europäisches Parlament* Entschließung zum Grünbuch v. 6.5.1994, ABl. 1994 C 205/562. Anders aber BE 5 2.LVersRL, BE 2 3.LVersRL; *Hübner/Matusche-Beckmann* EuZW 1995, 263, 266.

[105] Hier ist noch einmal auf die führende deutsche Darstellung von *Reich* Verbraucherrecht (1996) hinzuweisen, die diese Ambivalenz schon in dem Untertitel – Eine problemorientierte Einführung in das europäische *Wirtschaftsrecht* – ausdrückt. Auch das Lauterkeitsrecht läßt sich – entgegen den Erwägungen der Kommission im Grünbuch zum Verbraucherschutz, KOM(2002) 531 endg., sinnvoll nicht allein als Verbraucherschutzrecht verstehen; zu Recht kritisch *Henning-Bodewig/Schricker* GRUR 2002, 319 f., 321 f.

[106] *Grundmann* AcP 202 (2002) 40–71.

z.T. eine instrumentelle Rolle zugewiesen bekommt,[107] trifft zwar zu. Indes ist das eine nicht zu beanstandende Folge der Ausrichtung der Rechtsangleichung auf den Binnenmarkt. Im übrigen aber bedeutet das nicht, daß der Verbraucherschutzzweck der Regelungen auf diese Weise verkannt würde:[108] Wenn die Herstellung von Binnenmarktbedingungen für Unternehmen die Angleichung von Verbraucherschutzstandards erforderlich macht, so bleiben diese doch Verbraucherschutzstandards. Gerade umgekehrt muß man besorgen, daß den Regelungszweck verkennt, wer einseitig den Verbraucherschutz hervorhebt, der, zu weit getrieben, bekanntlich Hindernisse für den Binnenmarkt begründen kann.

dd) Mindestharmonisierung und gegenseitige Anerkennung?

Daß der Europäische Gesetzgeber weithin die international zwingenden Regeln für die Rechtsangleichung ausgewählt hat, erklärt sich nicht zuletzt auch aus der größeren Dringlichkeit einer Angleichung auf diesem Gebiet.[109] Es versteht sich, daß der Europäische Gesetzgeber schon angesichts der schieren Vielfalt potentiell angleichungsbedürftiger Regelungen[110] eine Auswahl treffen muß. In dieser Situation entspricht es den Vorgaben des EG-Vertrags, wenn der Gesetzgeber sich zuerst den Bereichen widmet, die potentiell die größte Behinderungswirkung entfalten, also nach einer normativ (durch den EG-Vertrag) bestimmten Dringlichkeit auswählt.[111] Aus diesem Prioritätskriterium sowie aus einer klugen Umsicht erklärt sich auch, daß der Europäische Gesetzgeber nicht systematisch vom Allgemeinen zum Besonderen vorgegangen ist, sondern problemorientiert, und etwa auch die Bedürfnisse einzelner Branchen berücksichtigt hat.[112]

In der vom Kollisionsrecht her verstandenen Rechtsangleichung findet sich zugleich auch eine gewisse Umsetzung der Neuen Strategie, wonach nur Mindeststandards anzugleichen und die Restbereiche gegenseitig anzuerkennen sind. Denn die Auswahl der

---

[107] *Reich* WM 2000, 2019, 2020 („Das Problem scheint mir darin zu liegen, daß Grundmann nicht, wie es m.E dem EG-rechtlichen Ausgangspunkt entsprochen hätte, von der Position des Verbrauchers, sondern der des Unternehmers her denkt und deshalb zu diesen eher künstlichen Einteilungen kommt."); *Roth* in: Europäisches Kaufgewährleistungsrecht, S. 133 f.

[108] *Reich* WM 2000, 2019, 2020 („Das Telos der jeweiligen Regelungen … geht dadurch verloren …").

[109] *Bruha* ZaöRV 46 (1986) 1, 8 spricht von einem Wechsel vom Opportunitätsgrundsatz zum Erforderlichkeitsgrundsatz. Er nimmt freilich an, daß der Erforderlichkeitsgrundsatz bereits aus den Kompetenzschranken der Gemeinschaft (s.o., § 7 [S. 132–145]) folge (S. 12–20); dabei verkennt er indes, daß der Gemeinschaftsgesetzgeber einen Beurteilungsspielraum hat und seine Rechtsetzungstätigkeit nicht schon von der Verhältnismäßigkeit als Kompetenzgrundsatz voll determiniert ist. Innerhalb dieses Beurteilungsspielraums hat sich die Kommission mit der Neuen Strategie für den Erforderlichkeitsgrundsatz ausgesprochen.

[110] Vgl. den Bericht über 30 Jahre Rechtsangleichung von *Schwartz* FS von der Groeben, S. 333–368.

[111] Siehe bereits die Nachweise oben, Fn. 28. Entgegen *Remien* in: Rechtsangleichung und nationale Privatrechte, S. 111 f. (der die Entscheidung *Alsthome Atlantique* nicht erörtert) macht der EG-Vertrag daher durchaus Vorgaben auch für die Privatrechtsangleichung.

[112] Auch die teilweise anzutreffende Beschränkung der Rechtsangleichung auf Branchen ist z.T. bereits im EG-Vertrag angelegt, vgl. z.B. Art. 53 Abs. 1 EG.

Regelungsbereiche, die sich weithin auf das international zwingende Recht beschränkt, kann man als Ausprägung einer „Mindestharmonisierung" verstehen. Soweit die Rechtsangleichung eine Sperrwirkung entfaltet, bedeutet sie die gegenseitige Anerkennung etwa überschießender Standards. So erweist die Lehre vom Recht der Unternehmensgeschäfte die Vertragsrechtsangleichung als konsequente Anwendung der Neuen Strategie von 1985 auf das Vertragsrecht.

### *b) Recht der Unternehmensgeschäfte auf einem hohen Verbraucherschutzniveau*

Hat die Erörterung der vorgeschlagenen Harmonisierungskonzepte auch deren Grenzen aufgezeigt, so ergeben sich daraus doch die wesentlichen Eckpunkte für das Verständnis der Rechtsangleichung auf dem Gebiet des Vertragsrechts.

Der von der zentralen Kompetenznorm des Art. 95 EG vorgegebene Zweck der Rechtsangleichung ist die Errichtung und das Funktionieren des Binnenmarktes, eines Raumes also, in dem die Grundfreiheiten gewährleistet sind und unverfälschter Wettbewerb herrscht.[113] Da aber nach der Rechtsprechung des EuGH dem international dispositiven Vertragsrecht keine Behinderungswirkung zukommt[114] und dieses auch nicht in erheblicher Weise wettbewerbsverfälschend wirkt, ist schon von dem Binnenmarktzweck der Rechtsangleichung vorgegeben, daß vor allem das international zwingende Vertragsrecht anzugleichen ist. International zwingend ist aber vor allem das Verbrauchervertragsrecht;[115] schon rechtliche Gründe sprechen daher für seine Angleichung. Sie koinzidieren mit den Interessen der von dem Verbraucherschutzrecht betroffenen, der Unternehmer und Verbraucher.[116] Für die Unternehmer ist die Angleichung der Schutzvorschriften wünschenswert, weil (und soweit) sie dadurch einen gemeinschaftseinheitlichen Handlungsrahmen erhalten und die Wettbewerbsbedingungen vereinheitlicht werden. Für Verbraucher ist sie wünschenswert, weil sie innerhalb der Gemeinschaft zumindest denselben Mindestschutz genießen.

Der Befund, daß der Europäische Gesetzgeber ganz überwiegend das international zwingende Vertragsrecht angeglichen hat,[117] findet in diesen Erwägungen eine überzeugende inhaltliche Begründung. Schon wegen der Ambivalenz der Verbraucherschutzregeln, die sowohl der Unternehmerseite als auch der Verbraucherseite dienen,[118] empfiehlt sich freilich, die Zuordnung zu der einen oder anderen Seite zu vermeiden.

Ein Hauptpfeiler für das Harmonisierungskonzept der Gemeinschaft ist daher in dem Ziel zu sehen, das international zwingende Vertragsrecht anzugleichen, und zwar um die Verbraucher des Rechtsschutzes zu versichern, vor allem aber um den Unternehmern einen gemeinschaftsweit weithin einheitlichen Handlungsrahmen zur Verfügung zu stel-

---

[113] Oben, § 7 II (S. 135–140).
[114] Oben, § 5 II 2 c (S. 99–101).
[115] Oben, § 6 II (S. 123–131).
[116] Oben, § 9 III 3 (S. 200–206) und III (S. 207–210).
[117] Oben, II 2 a) aa) (S. 220–222).
[118] Oben, II 2 a) cc) (S. 227–230).

len. Dieser trägt indes nicht alleine, denn es hat sich auch gezeigt, daß der Europäische Gesetzgeber auch Rechtsbereiche geregelt hat, die nicht international zwingend sind, vor allem das Handelsvertreterrecht, das Recht der grenzüberschreitenden Überweisungen und das Recht des Zahlungsverzugs im Geschäftsverkehr. Dabei handelt es sich aber um Rechtsgebiete, die besonders große Bedeutung für den grenzüberschreitenden Verkehr haben.[119] Wegen der besonderen Bedeutung des Handelsvertretervertrags für den grenzüberschreitenden Verkehr konnte hier einmal trotz Wahlmöglichkeit die Regelungsvielfalt behindernd wirken. Diese Behinderung, die nicht so sehr in der Strenge einzelner Regelungen als in der Vielfalt lag, konnte der EuGH nicht schon mit der Grundfreiheitenkontrolle ausräumen. Von vornherein nur den grenzüberschreitenden Sachverhalt betrifft die Überweisungsrichtlinie. Für ihren Erlaß war auch ausschlaggebend, daß sich gezeigt hatte, daß der Regelungsmangel einen effektiven Wettbewerb verhindert. Auch insoweit kam eine effektive Abhilfe durch die Grundfreiheitenkontrolle des EuGH nicht in Betracht.[120] Und auch die Zahlungsverzugsrichtlinie betrifft ein Problem, dessen Lösung gerade im grenzüberschreitenden Verkehr von Bedeutung war.

Beide Pfeiler der Vertragsrechtsangleichung bestätigen, daß das Europäische Vertragsrecht ganz vornehmlich ein Recht der Unternehmensgeschäfte darstellt. Soweit – wie ganz überwiegend – die Rechtsangleichung zudem eine Sperrwirkung gegenüber strengeren nationalen Vorschriften entfaltet, bestätigt auch das die Kennzeichnung des Vertragsrechts als Recht der Unternehmensgeschäfte. Mit Rücksicht auf die dadurch bedingte Angleichung (auch) von Verbraucherschutzstandards mag man das Vertragsrecht als Recht der Unternehmensgeschäfte auf einem hohen Verbraucherschutzniveau kennzeichnen.

## B. Lücken des äußeren Systems

### I. Nicht angeglichene international zwingende Vertragsrechtsnormen

Die Lücken des äußeren Systems lassen sich auf der Grundlage dieser Überlegungen zum Harmonisierungskonzept verhältnismäßig klar abgrenzen: Es handelt sich um die noch nicht angeglichenen Vorschriften des international zwingenden Vertragsrechts, also die Regelungen, die sich nach den Art. 5–7 EVÜ auch gegen eine Rechtswahl der Parteien durchsetzen. Darüber hinaus fordert das Harmonisierungskonzept eine weitere Rechtsangleichung nicht generell, sondern nur in Einzelfällen dann, wenn sich erweist, daß die divergierenden Vertragsrechte trotz der Rechtswahlfreiheit erhebliche Hemmnisse für den grenzüberschreitenden Rechtsverkehr begründen.

---

[119] Oben, II 2 a) aa) (2) (S. 220f.).
[120] Oben, § 5 I 1 (S. 86f.).

Sind damit die Lücken des äußeren Systems verhältnismäßig klar beschrieben, so darf das doch nicht dahin mißverstanden werden, daß es sich bei den Lücken um einen abgeschlossenen und gleichsam aufzulistenden Katalog handelte. Soweit das äußere System durch den Schutz bestimmter Personengruppen und (vornehmlich wirtschaftspolitischer) Interessen bestimmt ist (Art. 5–7 EVÜ), liegt schon darin eine gewisse Dynamik begründet. Denn die von der Rechtsgemeinschaft empfundenen Regelungsbedürfnisse können sich, wie deutlich die Entwicklung des Vertragsrechts mit verbraucherschützenden Inhalten zeigt,[121] im Laufe der Zeit aufgrund sich verändernder Wertschätzungen und aufgrund wirtschaftlicher und technischer Entwicklungen verändern. So haben vor allem die modernen Kommunikationsformen eine Regelung des Fernabsatzes und des elektronischen Handels erforderlich gemacht; ebenso ist es nicht auszuschließen, daß das heute verspürte Regelungsbedürfnis einmal wieder entfallen mag, z.B. mit einer Gewöhnung an die noch neuen Medien. Aber auch das Erfordernis zur Angleichung von Rechtsvorschriften in Bereichen, in denen Rechtswahlfreiheit herrscht (HvertrRL, ÜwRL, ZVerzRL) kann sich im Laufe der Zeit ändern und so eine weitere Rechtsangleichung fordern, obwohl technisch keine Beschränkungen der Grundfreiheiten vorliegen mögen.

Betrachtet man den Bestand des Europäischen Vertragsrechts vom Standpunkt der obigen Überlegungen zum Harmonisierungskonzept,[122] so erscheint das äußere System als weitgehend vollständig, da die für den grenzüberschreitenden Verkehr wichtigsten international zwingenden Normen bereits weithin Gegenstand von Angleichungsmaßnahmen sind. Lücken auf dem Gebiet des Verbrauchervertragsrechts dürften vor allem in den Bereichen früher unternommener, jedoch wieder fallen gelassene Harmonisierungsvorhaben liegen.[123] Zu nennen sind vor allem der Fernunterrichtsvertrag,[124] der Unterrichtsvertrag, der Hypothekarkredit,[125] der Bürgschaftsvertrag,[126] der Beherbergungsvertrag und der Kreditkartenvertrag. Wichtiger als die Angleichung dieser Vertragstypen erscheint indes, die bislang vom Europäischen Vertragsrecht oft nur teilweise angeglichenen Bereiche des Vertragsrechts vollständig zu regeln. Einige insoweit bestehenden Lücken wurden beispielsweise bereits oben aufgezeigt:[127] Die Einbeziehungs-

---

[121] *Reich* JZ 1997, 609 f.

[122] Oben, A) II 2 b) (S. 231 f.).

[123] S.a. *Armbrüster* RabelsZ 60 (1996) 72, 87 f., der allerdings weitergehend als hier angenommen auch die Gesetzgebungs*kompetenz* auf die Angleichung zwingenden Vertrags- bzw. Verbraucherschutzrechts beschränken will.

[124] Vgl. Vorschlag einer Richtlinie betreffend den Schutz der Teilnehmer am Fernunterricht vom 8.8. 1977, ABl. 1977 C 208/12; 1980 zurückgezogen; EuGH v. 16.5.1989 – Rs. 382/87 *Buet ./. Ministère Public* Slg. 1989, 1235.

[125] (Geänderter) Vorschlag für eine Richtlinie des Rates über die Niederlassungsfreiheit und den freien Dienstleistungsverkehr auf dem Gebiet des Hypothekarkredits, ABl. 1985 C-42/4; ABl. 1987 C 161/4.

[126] Vorentwurf einer Richtlinie im Bereich des Bürgschaftsrecht; der Entwurf enthielt Regelungen zur Form, zum Kündigungsrecht, zum internationalen Vertragsrecht sowie über den Garantievertrag. Zu den Harmonisierungsbestrebungen noch *Drobnig* FS Bärmann, S. 249–263 (zum Inhalt der Angleichung S. 254–259).

[127] Oben, A) II 2 a) bb (3) (S. 224–226).

regeln für Allgemeine Geschäftsbedingungen und das Widerrufsrecht für Verbraucherkreditverträge.[128]

## II. Wege der Rechtsangleichung: Von Mindeststandards zu Höchststandards?

Bei der Erörterung des Harmonisierungskonzepts hat sich auch gezeigt, daß die bisherige Rechtsangleichung zwar einige Hindernisse ausgeräumt hat, die sich durch international zwingende Vertragsvorschriften für Unternehmensgeschäfte ergeben, daß sie aber bislang nicht so weit reicht, daß die Unternehmen im EG-Ausland zu ihren Heimatbedingungen anbieten könnten (Herkunftslandprinzip). Das liegt, wie gezeigt, daran, daß das Europäische Vertragsrecht die Vorbehaltsbereiche der Grundfreiheiten nicht durchgehend – durch positive Regelung oder „negative“ Anerkennung als gleichwertig – ausschöpft. Die Rechtsangleichung beschränkt sich darauf, die gröberen Hindernisse auszuräumen, beläßt aber die weniger gravierenden. Bedeutet daher die Ausfüllung von Lücken des äußeren Systems, daß das Europäische Vertragsrechts von Mindest- zu Höchststandards zu entwickeln wäre?

An dieser Stelle geht es nur darum aufzuzeigen, wie das Europäische Vertragsrecht folgerichtig weiterentwickelt werden *könnte*. Die Antwort darauf ist rechtlich und auch methodisch – vom Systemdenken her – nicht vollständig determiniert, sondern läßt sich dem bestehenden Recht nur im Wege einer „rahmenhaften“ Ableitung entnehmen. Die Ausfüllung des Rahmens ist der rechtspolitischen Gestaltung überlassen, deren Möglichkeiten auch dann vielfältig bleiben, wenn man eine Systembindung annimmt.

So kann sich der Europäische Gesetzgeber auf einer ersten Stufe schon dagegen entscheiden, das international zwingende Recht vollständig anzugleichen. Das hat jedenfalls insofern einen guten Sinn, als das betreffende Rechtsgebiet (z.B. Beherbergungsvertrag) für den grenzüberschreitenden Verkehr keine wesentliche Rolle spielt. Soweit der Gesetzgeber das international zwingende Vertragsrecht angleicht, um es als Hindernis für die Ausübung der Grundfreiheiten zu beseitigen, erscheint allerdings ratsam, dabei nicht auf halbem Wege stehenzubleiben, sondern den Unternehmen beim grenzüberschreitenden Verkehr einen einheitlichen Handlungsrahmen zur Verfügung zu stellen. Dieses Ziel kann relativ einfach im Wege der Anerkennung als gleichwertig im Restbereich erreicht werden. Stärker eingeengt werden die Mitgliedstaaten, wenn die Gemeinschaft Höchststandards (auch für den Inlandssachverhalt) setzt.[129] Während die Setzung von Höchststandards in die Regelungshoheit der Mitgliedstaaten stärker eingreift, eröffnet die Teilrechtsangleichung mit Anerkennung im Rest einen Wettbewerb

---

[128] Weitere Lücken der einzelnen Angleichungsrechtsakte auf dem Gebiet des Vertragsrechts zeigt *Grundmann* Schuldvertragsrecht, 2. Teil jeweils am Schluß der Einzelkommentierungen auf.

[129] Für Höchststandards z.B. *Drexl* in: Greenpaper EU Contract Law (www-Fassung), S. 14–16 (sub III).

der mitgliedstaatlichen Gesetzgeber,[130] der gerade im Bereich des Verbraucherrechts fruchtbringend sein kann.

## III. Vom Punktuellen zum Systematischen?

Kann man Lücken des äußeren Systems verhältnismäßig klar ausmachen, so scheint es nahe zu liegen, ihre Schließung systematisch zu betreiben. Der oft für seine punktuelle Vorgehensweise gescholtene Europäische Gesetzgeber könnte auf der Grundlage des hier aufgedeckten Harmonisierungskonzepts – das freilich vom Standpunkt des Pandektensystems nach wie vor „pointillistisch" (punktuell) erscheinen muß – nunmehr die aufgezeigten Lücken systematisch schließen. Indes ist zu bezweifeln, daß das notwendig oder ratsam ist.

Die pragmatische Vorgehensweise auf dem Gebiet des Privatrechts nach den Geboten der Dringlichkeit steht, wie bereits oben[131] gezeigt, durchaus mit den Zielen des EG-Vertrags in Einklang. Besteht eine wesentliche Aufgabe der Rechtsangleichung darin, judikativ nicht auszuräumende Beschränkungen der Grundfreiheiten zu beseitigen, so liegt schon darin eine Begründung der Dringlichkeit als Aufgreifkriterium. Die Rechtsangleichung nach praktisch erwiesenen Bedürfnissen begründet darüber hinaus auch eine größere Legitimation für den Gesetzgeber, und zwar sowohl im Sinne einer „politischen" Überzeugungskraft, als auch in einem rechtlichen Sinne, läßt sich doch die Erforderlichkeit der Angleichung (und damit auch die Wahrung des Subisidiaritätsgrundsatzes) leichter dartun, wenn sich die Behinderungswirkung schon einmal erwiesen hat.

Empfiehlt sich daher durchaus eine pragmatische *Vorgehensweise,* bei der (nur) erwiesene Hemmnisse zum Anlaß für weitere Angleichungsrechtsakte auf dem Gebiet des Vertragsrechts genommen werden, so bedeutet das doch nicht, daß der Europäische Gesetzgeber bei der *inhaltlichen Gestaltung* der Angleichungsrechtsakte auf das Systematische verzichten sollte. Inwieweit der gegenwärtige Bestand des Europäischen Vertragsrechts dafür schon Vorgaben bereithält, die in künftigen Rechtsakten folgerichtig weiterentwickelt (oder insgesamt korrigiert) werden können, ist in dem jetzt folgenden Teil der Arbeit zu untersuchen.

---

[130] Unter den genannten Voraussetzungen kann, wie oben (§ 9 II 2 b [S. 187–195]) gezeigt, das Modell des Wettbewerbs der Gesetzgeber durchaus funktionieren.

[131] A) II 2 a) dd) (S. 230f.).

# 3. Teil
# System des materiellen Vertragsrechts

## § 11 Einführung

Ging es im vorhergehenden 2. Teil der Arbeit um die Frage, ob ein Harmonisierungskonzept die Regelungsbereiche des Europäischen Privatrechts als „vollständiges" Ganzes ausweist, so geht es in diesem 3. Teil um die Frage, ob die Regeln des Europäischen Privatrechts einer inneren Ordnung folgen, sich also als widerspruchsfreie und folgerichtige Ausbildung allgemeiner Rechtsprinzipien darstellen. Dabei ist, wie oben näher dargelegt,[1] neben der abstrakten Ebene der allgemeinen Rechtsprinzipien auch die „mittlere Ebene" der Allgemeinen Lehren zu untersuchen, denn erst hier erweist sich die folgerichtige Durchführung leitender Wertungen.

Bei der Darstellung ist zu berücksichtigen, daß das Europäische Privatrecht nur „fragmentarischen Charakter" hat und das Bestehen nationaler Vertragsrechtsordnungen voraussetzt. Die allgemeinen Funktionsbedingungen und Schutzmechanismen des Vertragsrechts muß das Europäische Privatrecht nicht eigens neu begründen, es setzt voraus, daß sie – als im wesentlichen gleichwertig – bestehen.[2] Auch bei der folgenden Untersuchung muß man berücksichtigen, daß es sich bei dem Europäischen Vertragsrecht nicht um ein im pandektistischen Sinne vollständiges Vertragsrechtssystem handelt, sondern um Einwirkungen auf die Vertragsrechtssysteme der Mitgliedstaaten. Dabei wäre allerdings einerseits unbefriedigend, der Untersuchung nur ein bestimmtes nationales Recht zugrunde zu legen, andererseits für den hier unternommenen Überblick über das gesamte Vertragsrecht unpraktikabel, zu jeder Einzelfrage einen detaillierten vergleichenden Überblick über die Vertragsrechtsordnungen der Mitgliedstaaten zu bieten. Statt dessen werden auf den beiden Untersuchungsebenen – der Regelebene und der Prinzipienebene – vereinfachend zwei Hilfsmittel herangezogen.

---

[1] § 2 II 3 (S. 19–25).

[2] *Steindorff* EG-Vertrag und Privatrecht, S. 45; *Zimmermann* ZEuP 1993, 439, 441.

## I. Rechtsvergleichend begründete „Allgemeine Lehren" des Vertragsrechts als Bezugsmodell und Grundlage für den äußeren Rahmen

Auf der Regelebene liegt jetzt mit den *Principles of European Contract Law* eine sehr nützliche Bestandsaufnahme der Rechtsvergleichung in Regelform vor, die für die vorliegende Untersuchung herangezogen werden kann. Ergänzt wird diese Regelsammlung durch verschiedene rechtsvergleichende Einzeluntersuchungen und auch eine Gesamtdarstellung des Europäischen Vertragsrechts in Lehrbuchform.

Diese rechtsvergleichend erarbeiteten Grundsätze dienen in der vorliegenden Untersuchung als ein Bezugsmodell für die Regelebene.[3] Sie ermöglichen es, die ergänzenden bzw. modifizierenden Vorschriften des Europäischen Privatrechts vor dem Hintergrund einer (weithin vollständigen) Regelung vertragsrechtlicher Fragen zu sehen, ohne auf ein nationales Recht zurückzugreifen. Die in den Grundsätzen des europäischen Vertragsrechts vorgestellten Lösungsmodelle können zudem als Anhaltspunkte dafür dienen, welche allgemeinen Grundsätze dem Gesetzgeber bei der Ausarbeitung von Einzelregeln vor Augen gestanden haben können. Umgekehrt ermöglicht diese Vorgehensweise zugleich zu untersuchen, ob die rechtsvergleichend begründeten Grundsätze des europäischen Vertragsrechts, insbesondere die European Principles, ihrer inhaltlichen Ausgestaltung nach zu dem selbstgesetzten Zweck geeignet sind, als Infrastruktur und Grundlage für die Gesetzgebung der Gemeinschaft zu dienen.[4]

Allerdings ist auch an dieser Stelle hervorzuheben, daß diese Darstellungen gemeinsamer Grundsätze des Europäischen Vertragsrechts auf einer „wertenden Rechtsvergleichung" beruhen und daher mitunter nicht unerhebliche Divergenzen der mitgliedstaatlichen Rechte einebnen. Dabei bevorzugen sie teils eines der zugrundeliegenden nationalen Lösungsmodelle, teils ziehen sie sogar Lösungen von Drittstaaten heran oder entwickeln neue, den mitgliedstaatlichen Vertragsrechten bisher fremde Lösungen.[5] Die auf einer wertenden Rechtsvergleichung beruhenden Grundsätze sind daher nicht einfach mit den mitgliedstaatlichen Vertragsrechtsordnungen gleichzusetzen, auf die das Europäische Vertragsrecht einwirkt.

---

[3] Siehe schon oben, § 3 III (S. 44–51).

[4] Zu diesem selbstgesetzten Zweck *Lando/Beale* European Principles, S. xxii, xxiii; *Lando* RabelsZ 56 (1992) 261, 265f. Ebenso *von Bar* in: Greenpaper EU Contract Law (www-Fassung), S. 3, 7f.

[5] S.o. § 3 III (S. 44–51).

## II. Prinzipien des Vertragsrechts und Entwürfe eines Europäischen „Vertragsmodells"

Auf der Prinzipienebene ist die Lage in drei Punkten anders. Zum ersten enthält das Primärrecht zwar nur wenige Regeln des Vertragsrechts, ihm lassen sich indes eine Reihe von Prinzipien entnehmen, die (auch) für das Vertragsrecht Bedeutung haben, Grundlage für das sekundärrechtliche Europäische Privatrecht sind, und darauf einwirken. Von ihnen muß der Europäische Gesetzgeber ausgehen, sie geben einen – freilich nur ganz weiten – Rahmen für seine Rechtsetzungstätigkeit vor. Die primärrechtlichen Prinzipien des Vertragsrechts sind daher auch für die vorliegende Untersuchung vorweg zu erörtern (1). Eine rechtsvergleichende Zusammenschau der Prinzipien mitgliedstaatlicher Vertragsrechte, auf die das Europäische Privatrecht einwirkt, fehlt hingegen. Dieser Mangel wiegt indes nicht so schwer, denn aufgrund ihrer relativen Allgemeinheit sowie aufgrund der Verwandtschaft der Rechtstraditionen der Mitgliedstaaten besteht zwischen den (isoliert betrachteten) Prinzipien der mitgliedstaatlichen Vertragsrechte weitgehende Übereinstimmung. Der Bezugsrahmen der hergebrachten nationalen Vertragsrechtssysteme kann daher auf der Prinzipienebene *pars pro toto* einer vorliegenden Studie über die Prinzipien des österreichischen und deutschen Privatrechts entnommen werden, deren Repräsentativität durch ständigen Seitenblick auf das rechtsvergleichende Schrifttum erwogen wird (2). Drittens schließlich bietet die Prinzipienebene Anlaß dafür, Entwürfe neuer „Vertragsmodelle" zu erörtern, die verschiedene Autoren auf der Grundlage des Europäischen Vertragsrechts vorgestellt haben, und die von dem hergebrachten liberalen Vertragsmodell nicht unerheblich abweichen (3).

Diese drei Ausgangspunkte werden im Rahmen der nachfolgenden Untersuchung des Europäischen Privatrechts (§§ 12–17) sowie in einer abschließenden Gesamtschau (§ 18) immer wieder aufgegriffen. Die Untersuchung der einzelnen Regeln muß erweisen, wie das Europäische Privatrecht den Rahmen ausfüllt, der ihm primärrechtlich vorgegeben ist, in welcher Form das Europäische Privatrecht durch die Verstärkung oder Abschwächung bestehender Prinzipien oder die Einführung neuer Prinzipien auf die mitgliedstaatlichen Vertragsrechte einwirkt, und schließlich, ob seine Regeln sich zu den vorzustellenden neuen Vertragsmodellen zusammenfügen.

### 1. Ausgangspunkt 1: Vertragsrechtsrelevante Prinzipien des Primärrechts

#### a) *Marktverfassung und Sozialverfassung*

Zweck der Europäischen Gemeinschaft ebenso wie Mittel zur Erreichung anderer Gemeinschaftsziele ist die Errichtung eines Gemeinsamen Marktes.[6] Dieser Gemeinsame Markt ist, soweit dies für das Vertragsrecht relevant ist, durch zwei grundlegende

[6] Art. 2 EG. Zum Begriff des Marktes iSd EG-Vertrags *Schmidt-Leithoff* FS Rittner, S. 604–607.

Elemente geprägt, die offene Marktwirtschaft mit freiem, unverfälschten Wettbewerb[7] und die Gewährleistung der Grundfreiheiten,[8] also insbesondere der Warenverkehrsfreiheit, der Dienstleistungsfreiheit und der Freiheit des Zahlungsverkehrs. Die Integration durch den EG-Vertrag beruht damit auf Marktwirtschaft, Wettbewerb und Freiheiten der Marktteilnehmer.[9] Gleichzeitig ist der EG-Vertrag aber auch dem Sozialschutz verpflichtet.[10] Schon die Errichtung des Gemeinsamen Marktes ist nicht nur Selbstzweck, sondern zugleich Mittel zur Förderung auch sozialer Ziele.[11] Die Förderung sozialer Ziele ist zudem der Europäischen Rechtsetzung besonders aufgegeben.[12] Marktverfassung und Sozialverfassung sind daher die grundlegenden primärrechtlichen Vorgaben für das Europäische Privatrecht.[13]

### *b) Privatautonomie und Vertragsfreiheit*

Entsprechend der Marktverfassung und dem Prinzip unverfälschten Wettbewerbs beruht das Europäische Privatrecht schon von Primärrechts wegen auf den Prinzipien der Privatautonomie sowie der Vertragsfreiheit und Vertragsbindung.[14] Privatautonomie, Marktwirtschaft und Wettbewerb bedingen sich gegenseitig.[15] Privatautonomie setzt das Bestehen eines Marktes voraus und führt zum Wettbewerb; der Schutz des Wettbewerbs vor Verfälschungen sichert den Bestand des Marktes und damit der Wahlfreiheit der

---

[7] Art. 3 Abs. 1 lit. g), 4 Abs. 1, 98, 105 Abs. 1 EG. Der für die Gemeinschaft grundlegenden Bedeutung des Marktes und seines Schutzes vor staatlichen Eingriffen und vor Störungen durch Private wird es nicht gerecht, wenn man etwa das Kartellverbot als nur „formalen Verfassungsgrundsatz" ansieht; dazu schon oben, § 3 I 2a aa (S. 33).

[8] Art. 14 Abs. 2 EG.

[9] Immenga/Mestmäcker-*Mestmäcker* Einl. Rn. 22–26; *Grundmann* JZ 2000, 1133, 1136f.; *Kluth* AöR 122 (1997) 573, 578–581.

[10] *Neuner* Privatrecht und Sozialstaat, S. 195–201. Auf die Verbindung von Marktwirtschaft und staatlichen Eingriffen im EG-Vertrag weist *Steindorff* ZHR 164 (2000) 223–273 (bes. 238–266) hin.

[11] Art. 2 EG. EuGH v. 14. 12. 1991 – Gutachten 1/91 *EG-EFTA Abkommen* Slg. 1991, I-6079 Rn. 16–18, Bestimmungen über freier Verkehr und Wettbewerb „keineswegs ein Selbstzweck, sondern nur Mittel zur Verwirklichung dieser Ziele" (sc.: der Ziele der wirtschaftlichen Integration, die in einen Binnenmarkt und in eine Wirtschafts- und Währungsunion mündet), und Rn. 50. Auch *Steindorff* ZHR 164 (2000) 223, 240–243, 245. Einen Primat des Wettbewerbs formuliert hingegen EuGH v. 24. 1. 1991 – Rs. C-339/89 *Alsthom Atlantique* Slg. 1991, I-107 Rn. 8; EuGH v. 29. 9. 1987 – Rs. 126/86 *Gimènez Zaera* Slg. 1986, 3697 Rn. 10.

[12] Insbesondere Art. 95 Abs. 3, 136, 149, 153 EG. *Neuner* Privatrecht und Sozialstaat, S. 198f.

[13] Vgl. *Steindorff* EG-Vertrag und Privatrecht, S. 42–45.

[14] *Calliess* JbJZ 2000, 85, 106–110; *Canaris* FS Lerche, S. 889f.; *Rittner* JZ 1990, 838, 840, 841 (das System des unverfälschten Wettbewerbs „meint ... nichts anderes als die Freiheit von Vertrag und Wettbewerb"); *Schmidt-Leithoff* FS Rittner, S. 606f. Den Grundsatz der Vertragsbindung – *pacta sunt servanda* – bezeichnet EuGH v. 16. 6. 1998 – Rs. C-162/96 *Racke* Slg. 1998, I-3655 Rn. 49 als Essentiale jeder Rechtsordnung.

[15] *Canaris* FS Lerche, S. 890; *Bydlinski* FS Raisch, S. 17; *Larenz/Wolf* Allgemeiner Teil, § 34 Rn. 22; *Rittner* AcP 188 (1988) 101, 107; *ders.* JZ 1990, 838, 839, 841; *Steindorff* EG-Vertrag und Privatrecht, S. 42; *Zöllner* Privatrechtsgesellschaft, 23f.

Interessenten.[16] Das Prinzip „der Selbstgestaltung der Rechtsverhältnisse durch den einzelnen nach seinem Willen“[17] ist der gemeinsame Kern der Grundfreiheiten, die die Möglichkeit privatautonomen Handelns über die nationalen Grenzen der Mitgliedstaaten hinweg erstrecken.[18] Die Privatautonomie wird deshalb auch als die „wahre Grundfreiheit“ bezeichnet.[19]

Die fundamentalen Prinzipien der Privatautonomie und der Vertragsfreiheit sind im deutschen Recht auch grundrechtlich geschützt. Einen entsprechenden Grundrechtsschutz kennt das geschriebene Gemeinschaftsrecht – von der obigen induktiven Herleitung abgesehen – hingegen nicht, und auch der EuGH hat solche Grundrechte in seiner Rechtsprechung bislang, soweit ersichtlich, nicht anerkannt.[20] Indes darf man daraus nicht folgern, daß der Grundsatz der Vertragsfreiheit auf Gemeinschaftsebene weniger fundamental wäre als auf der Ebene des nationalen Rechts. Anlaß, einen grundrechtlich verbürgten Grundsatz der Vertragsfreiheit auf Gemeinschaftsebene zu entwickeln, bestand für den EuGH aus zwei Gründen nicht. Zum einen hat der EuGH bereits früh angenommen, daß die gemeinschaftsrechtlichen Grundrechte hinter jenen der Mitgliedstaaten nicht zurückbleiben.[21] Das bestätigt jetzt Art. 6 Abs. 2 EUV, insoweit die Union danach die Grundrechte achtet, wie sie in der EMRK gewährleistet sind und wie sie sich aus den gemeinsamen Verfassungsüberlieferungen der Mitgliedstaaten als allgemeine Grundsätze des Gemeinschaftsrechts ergeben.[22] Zum anderen aber ist der allgemeine Grundsatz, soweit er auf Gemeinschaftsebene von Bedeutung ist, durch die Grundfreiheiten als spezielle Ausprägungen positiv festgeschrieben, so daß es einer Klärung nicht erst bedurfte.[23] Ganz selbstverständlich geht daher auch das EuG in

---

[16] *Mestmäcker* JZ 1964, 441, 443; auch *ders.* AcP 168 (1968) 235–262; *Canaris* Iustitia distributiva, S. 48; *ders.* AcP 200 (2000) 273, 292–295; s.a. *Styck* FS Reich, S. 279–289.

[17] So die Definition der Privatautonomie von *Flume* Rechtsgeschäft, § 1, 1 (S. 1).

[18] *Müller-Graff* Gemeinschaftsprivatrecht, S. 17; *ders.* in: The common law of Europe and the future of legal education, S. 243f.; *ders.* in: Party Autonomy, S. 133–150; Dauses-*Müller-Graff* A I Rn. 24; *Grundmann* JZ 2000, 1133, 1134f.; auch *ders.* ZHR 163 (1999) 635, 636–641, 650; *Grundmann/Kerber/Weatherill* in: Party Autonomy, S. 16. Daß der EG-Vertrag nicht eine, sondern mehrere Grundfreiheiten vorsieht, hat denn auch eher technische Gründe, *Rittner* JZ 1990, 838, 840f. S.a. oben, § 5 I 1 (S. 84f.).

[19] *Mülbert* ZHR 159 (1995) 2, 8.

[20] S.o., § 3 I 2 a bb (S. 33–35). Schon aufgrund der induktiven Begründung vom primärrechtlichen Grundrechtscharakter der Vertragsfreiheit ausgehend *Canaris* FS Lerche, S. 890; *ders.* AcP 200 (2000) 273, 363f.; *Coester-Waltjen* in: Party Autonomy, S. 42; *Lorenz* Schutz vor dem unerwünschten Vertrag, S. 21f.

[21] EuGH v. 14.5.1974 Rs. 4/73 *Nold ./. Kommission* Slg. 1974, 491 Rn. 13f.; EuGH v. 13.12.1979 Rs. 44/79 *Hauer ./. Rheinland-Pfalz* Slg. 1979, 3727 Rn. 13–16; EuGH v. 11.7.1989 – Rs. 265/87 *Schräder ./. HZA Gronau* Slg. 1989, 2237 Rn. 14.

[22] Zu den Allgemeinen Rechtsgrundsätzen bereits oben, § 3 I 2a bb (S. 33–35). Das Freiheitsgrundrecht des Art. 5 EMRK bezieht sich freilich, wie die Ausgestaltung im einzelnen ausweist, auf die Bewegungsfreiheit und nicht, wie Art. 2 Abs. 1 GG, auf die allgemeine Handlungsfreiheit einschließlich der Privatautonomie.

[23] Eingehend *Müller-Graff* in: Party Autonomy, S. 133–150. Ferner etwa *Schmidt-Leithoff* FS Rittner, S. 606. S.a. oben, § 3 I 2a bb (S. 33–35).

einer Entscheidung zu Art. 81 Abs. 2 EGV davon aus, daß die Vertragsfreiheit der Grundsatz ist – und bleiben muß.[24] Insgesamt dürfte die Einschätzung zutreffen, daß das Gesamtbild der Gewährleistung der Privatautonomie durch das Gemeinschaftsrecht der entsprechenden Gewährleistung des Grundgesetzes entspricht.[25]

Umgekehrt könnte auch die Anerkennung eines Grundrechts der Privatautonomie und der Vertragsfreiheit keine Freiheit von Bindungen bedeuten, die aus Gründen des Gemeinwohls und insbesondere vom Sozialstaatsprinzip her geboten sind. Vielmehr kann die Vertragsfreiheit nach ähnlichen Grundsätzen eingeschränkt werden, wie sie der EuGH für Eigentumsgarantie und Gewerbefreiheit entwickelt hat. Für diese Grundrechte hat das Gericht stets betont, daß es sich nicht um unbeschränkte Gewährleistungen handele, sondern Einschränkungen aus Gründen des Allgemeinwohls nach dem Grundsatz der Verhältnismäßigkeit hinzunehmen seien.[26] Dasselbe muß auch für die Vertragsfreiheit gelten, die hier wie im nationalen Recht einer Sozialbindung unterliegt.[27]

### *c) Selbstverantwortung*

Der primärrechtlichen Rechtsprechung des EuGH sind auch Grundaussagen über das Prinzip der Selbstverantwortung als notwendigem Korrelat von Privatautonomie und Selbstbestimmung zu entnehmen. Sie ergeben sich aus der nach den Grundfreiheiten zulässigen Reichweite des Verbraucherschutzes durch das nationale (Wettbewerbs-) Recht, die im Ausgleich mit dem Binnenmarktziel des Vertrags zu ermitteln ist.[28]

Mit der Verwirklichung des Binnenmarktes eröffnet sich für die Unternehmen ein erweiterter Absatzmarkt und umgekehrt für die Verbraucher eine erweiterte Angebotspalette.[29] Nach dem Herkunftslandprinzip, das der EuGH aus den Grundfreiheiten entwickelt hat, versteht sich, daß das auf diese Weise erweiterte Waren- und Dienstleistungsangebot nicht uniform den bekannten nationalen Standards entspricht. Das Herkunftslandprinzip impliziert daher die Verantwortung (auch) des Verbrauchers, mit

[24] EuG 18.9.1992 – Rs T-24/90 *Automec ./. Kommission* Slg. 1992, II-2223 Rn. 51 („Da die Vertragsfreiheit die Regel bleiben muß …“; – zur mangelnden Befugnis der Kommission für Verletzung von Art. 82 Abs. 1 EG einen Kontrahierungszwang vorzuschreiben).

[25] *Lorenz* Schutz vor dem unerwünschten Vertrag, S. 22; *Calliess* JbJZ 2000, 85, 107 („stärker geschützt“). Zur Vertragsfreiheit *Canaris* FS Lerche, S. 889 (der aber für den Fall unzureichenden gemeinschaftsrechtlichen Schutzes der Vertragsfreiheit die Kontrolle am Maßstab der deutschen Grundrechte fordert).

[26] EuGH v. 15.4.1997 – Rs. C-22/94 *Irish Farmers* Slg. 1997, I-1809 Rn. 27; EuGH v. 11.7.1989 – Rs. 265/87 *Schräder ./. HZA Gronau* Slg. 1989, 2237 Rn. 15; EuGH v. 13.12.1979 – Rs. 44/79 *Hauer ./. Land Rheinland-Pfalz* Slg. 1979, 3727 Rn. 17 f., 32.

[27] Vgl. *Coester-Waltjen* in: Party Autonomy, S. 42f. Zur Sozialpflichtigkeit der Privatautonomie grundlegend *Canaris* Iustitia distributiva, S. 119f., 127; s.a. *dens.* Grundrechte und Privatrecht, S. 60.

[28] Vgl. EuGH v. 16.1.1992 – Rs. C-373/90 *Ermittlungsverfahren gegen X* Slg. 1992, I-131 („Nissan“) Rn. 12 sowie GA *Tesauro* ebd. SchlA Tz. 5.

[29] Zum Einfluß des Binnenmarktes auf die Entwicklung der Verbrauchergewohnheiten EuGH v. 12.3.1998 – Rs. 178/84 *Kommission ./. Deutschland* Slg. 1987, 1227 Rn. 32 („Reinheitsgebot“).

einem erweiterten Angebot divergierender Produktstandards umzugehen.[30] Entspricht diese Veränderung des Angebots auch dem Primärrecht, so anerkennt dieses doch, daß sich daraus Schutzbedürfnisse für Verbraucher ergeben können. Das ist Ausdruck der Sozialverfassung der Gemeinschaft. Den Ausgleich zwischen Integrationsziel (Marktverfassung) und Schutzgeboten (Sozialverfassung) hat der EuGH mit Hilfe des Verhältnismäßigkeitsprinzips verwirklicht, bei dessen Anwendung er den gebotenen Verbraucherschutz auch mit Rücksicht auf die Integrationsziele bestimmt hat. In der Tat lassen sich Vor- und Nachteile, Chancen und Risiken des Binnenmarktes auch für den Verbraucher nicht isoliert betrachten. Die Chancen des Binnenmarktes bringen daher für den Verbraucher auch eine gesteigerte Verantwortung mit sich, sich über Angebote sorgfältig zu informieren.[31] Das gilt, wie hervorzuheben ist, nicht nur für den „aktiven Verbraucher", der sich aus dem vertrauten heimischen Umfeld entfernt und eigeninitiativ von den Möglichkeiten des Binnenmarktes Gebrauch macht, sondern auch für den „passiven Verbraucher", der infolge des Binnenmarktes mit einem sich verändernden heimischen Umfeld konfrontiert ist.[32]

Grundsätzlich stellt nach der Rechtsprechung des EuGH die Information ein Mittel zum Schutz von Verbrauchern dar, das gegenüber einem Verbot der Ware oder Dienstleistung oder der Vorschrift von Produktstandards unter dem Gesichtspunkt der Verhältnismäßigkeit vorzugswürdig ist.[33] So wird dem Verbraucher grundsätzlich die Entscheidung über konkurrierende Produkte überlassen. Der Verbraucher erhält die Möglichkeit, selbst zu bestimmen, welchen Produktstandard er wählt.[34] Verbunden damit ist – selbstverständlich – auch die Last, sich zu informieren, auszuwählen und selbst die Verantwortung für die eigene Entscheidung zu tragen. Da die Bereitstellung von Information stets nur die *Möglichkeit* des Informationserfolgs eröffnet, es aber dem Begünstigten überläßt, selbst zu entscheiden, ob er von dieser Möglichkeit Gebrauch macht, ist der Vorrang der Information Ausdruck für das Prinzip der Selbstverantwortung, das als Korrelat mit dem Prinzip der Selbstbestimmung einhergeht.

---

30 *Leisner* EuZW 1991, 498, 499–502; *Müller-Graff* Gemeinschaftsprivatrecht, S. 19 („Aufmerksamkeitsobliegenheit des Verbrauchers").

31 Vgl. EuGH v. 13.1.2000 – Rs. C-220/98 *Estée Lauder* Slg. 2000, I-117 Rn. 27; EuGH v. 16.7.1998 Rs. C-210/96 *Gut Springenheide und Tusky* Slg. 1998, I-4657 Rn. 31. S.a. EuGH v. 7.3.1990 – Rs. C-362/88, *GB-INNO* Slg. 1990, I-683 Tz. 13–19.

32 Grundlegend EuGH v. 20.2.1979 – Rs. 120/78 *Rewe ./. Monopolverwaltung* Slg. 1979, 649 Rn. 13 („Cassis de Dijon"); EuGH v. 10.11.1982 – Rs. 261/81 *Rau* Slg. 1982, 3961 Rn. 17 („Würfelförmige Margarine"); EuGH v. 9.12.1981 – Rs. 193/80 *Kommission ./. Italien* Slg. 1981, 3019 Rn. 27 („Weinessig"); *Leisner* EuZW 1991, 498, 499–502.

33 *Fleischer* ZEuP 2000, 783; *Grundmann* Schuldvertragsrecht, 1. Teil Rn. 63; *Usher* in: Party Autonomy, S. 157f. Ansatzweise kommt das bereits in Art. 153 Abs. 1 EG zum Ausdruck; *Staudenmayer* in: Rechtsangleichung und nationale Privatrechte, S. 75.

34 Vgl. EuGH v. 9.12.1981 – Rs. 193/80 *Kommission ./. Italien* Slg. 1981, 3019 Rn. 27 („Weinessig"); EuGH v. 12.3.1998 – Rs. 178/84 *Kommission ./. Deutschland* Slg. 1987, 1227 Rn. 35f. („Reinheitsgebot"); EuGH v. 7.3.1990 – Rs. C-362/88 *GB-INNO-BM* Slg. 1990, 667 Rn. 17f.; *Leisner* EuZW 1991, 498, 502f.

### d) *Vertragsgerechtigkeit*

Wie sich aus Art. 2 EGV ergibt, versteht auch der EG-Vertrag Markt, Wettbewerb und Vertrag nicht allein als Ziele, sondern auch als Mittel zur Verwirklichung von gemeinschaftlichen Zielen[35] und auch Gerechtigkeitsgeboten.[36] Ansatzweise kann man daher dem Primärrecht das Gebot der Vertragsgerechtigkeit als Unterprinzip der Vertragsfreiheit entnehmen, wobei freilich der Bezug zu Markt und Wettbewerb auf eine prozedural ausgestaltete Fassung der Vertragsgerechtigkeit hinweist.[37] Schon das System des unverfälschten Wettbewerbs hat auch einen Bezug zur Vertragsgerechtigkeit, da es die Erhaltung von Markt und Wettbewerb und damit von Wahlmöglichkeiten der Interessenten sicherstellt.[38] Ein weiterer Aspekt der Vertragsgerechtigkeit kommt in dem soeben erörterten primärrechtlichen Informationsmodell zum Ausdruck. Ist für den Schutz des Verbrauchers grundsätzlich die Information ausreichend, so kann seine informierte Entscheidung grundsätzlich auch die Vertragsbindung rechtfertigen. Das Informationsmodell beruht damit auf dem Grundgedanken, daß der tragende Grund der Vertragsbindung die freie Willensentschließung ist, ergänzt diesen jedoch zugleich um eine „materiale" Komponente, wonach die Freiheit der Willensentschließung ausreichende Information voraussetzt,[39] – freilich auf dieser Ebene noch ohne Ausdifferenzierung der Regelungen und Ausgleich der potentiell gegenläufigen Interessen der Vertragspartner an Information und Geheimhaltung. Besteht aufgrund der Abschlußumstände die Gefahr, daß die Vertragsentscheidung des Verbrauchers nicht fehlerfrei zustande gekommen ist, so rechtfertigt das primärrechtlich eine Einschränkung der Vertragsbindung, die nach dem Verhältnismäßigkeitsgrundsatz und mit Rücksicht auf die zu verlangende Selbstverantwortung des Betroffenen in der Regel allerdings nur in Form eines Rechts zur Lösung vom Vertrag in Betracht kommt, nicht aber in Form der Nichtigkeit.[40]

---

[35] S.o., a) (S. 239f.).

[36] *Rittner* JZ 1990, 838, 840f., 842; *Dreher* JZ 1999, 105, 106. Zu Vertragsrechtsordnung und Gerechtigkeitspostulaten *Canaris* Iustitia distributiva, S. 44–77 *et passim*.

[37] Vgl. *Canaris* Iustitia distributiva, S. 46–51 zum prozeduralen Grundcharakter der iustitia commutativa und S. 17 zur „starken Affinität" dieser Gerechtigkeitsform zur Marktwirtschaft. Der dem Primärrecht zu entnehmende Gleichheitssatz und der – aus der „Logik des Marktes" abgeleitete – Grundsatz der formalen Gleichheit der Privatrechtssubjekte (dazu *Rittner* JZ 1990, 838, 840) ist denn auch nicht als Gegensatz zur Vertragsgerechtigkeit zu verstehen, sondern als verfahrensmäßige Absicherung der Vertragsgerechtigkeit, von der im Grundsatz auszugehen ist. Allgemein zu einem prozeduralen Verständnis der Privatautonomie *Calliess* JbJZ 2000, 85–110.

[38] *Canaris* Iustitia distributiva, S. 48.

[39] Vgl. *Canaris* Iustitia distributiva, S. 47.

[40] EuGH v. 16. 5. 1989 – Rs. 382/87 *Buet* Slg. 1989, 1235 Rn. 12.

## 2. Ausgangspunkt 2: Die hergebrachten Prinzipien des Vertragsrechts

Zweiter Ausgangspunkt für die nachfolgenden Überlegungen zum Europäischen Vertragsrecht sind die hergebrachten Prinzipien des nationalen Vertragsrechts. Diese sollen hier, wie oben dargelegt, nur aufgelistet werden, ohne Erörterung ihres – national verschiedenen – relativen Gewichts. Stellvertretend werden dabei die von *Bydlinski* für das österreichische und deutsche Vertragsrecht hervorgehobenen Prinzipien vorgestellt.[41] Die Darstellung kann freilich nur ganz holzschnittartig ausfallen und muß Vielfalt und Reichtum unterschiedlicher Nuancen in den mitgliedstaatlichen Vertragsrechtsordnungen unberücksichtigt lassen.[42]

Grundlage für das Vertragsrecht sind die Person und das subjektive Recht. Dabei beruht das Recht der natürlichen Personen auf dem Prinzip der gleichen Rechtsfähigkeit, ergänzt durch die grundsätzlich gleiche, aber im Hinblick auf persönliche Mängel abgestufte Handlungsfähigkeit.[43] Die Anerkennung juristischer Personen beruht auf dem Prinzip der Vereinigungsfreiheit, ihre Ausgestaltung auf dem Prinzip der grundsätzlichen rechtlichen Gleichstellung mit den natürlichen Personen.[44] Personen können subjektive Rechte haben, deren Leitgedanke in der Zuweisung oder Anerkennung individueller Rechtsmacht zur eigenständigen Wahrnehmung liegt.[45]

Die Ausgestaltung des Vertragsrechts beruht vor allem auf dem Prinzip der Selbstbestimmung des einzelnen[46] mit dem Unterprinzip der Ungültigkeit der Erklärung wegen Willensmangels, dem Prinzip der Selbstverantwortung und dem Prinzip des Verkehrsschutzes mit dem Unterprinzip des Vertrauensschutzes.[47] In Verbindung mit dem Prinzip gleicher Freiheit folgt aus der Selbstbestimmung das Prinzip der Selbst-

---

[41] *Bydlinski* System und Prinzipien des Privatrechts (1996). Die Beschränkung auf das österreichische und deutsche Privatrecht ergibt sich aus dem Textzusammenhang, sie wird aaO S. VIII angedeutet. *Bydlinski* äußert allerdings die „Annahme, daß das Zurückgehen auf die Prinzipienebene schon einer einzelnen Rechtsordnung stets zugleich den Zugang zu breit überstaatlich wirksamen oder sogar … universalen normativen Strukturen eröffnet". Im übrigen erörtert er die nachfolgend wiedergegebenen Prinzipien nicht als Prinzipien *des Vertragsrechts,* sondern als Prinzipien des Allgemeinen Teils (Person, Rechtsgeschäft) und des rechtsgeschäftlichen Schuldrechts; hier wird, entsprechend der Anlage der Untersuchung, das Vertragsrecht als äußere Einteilung gewählt.

[42] Siehe ergänzend noch den Überblick über Theorie und Praxis des Vertragsrechts bei *Kötz* Europäisches Vertragsrecht, § 1 (S. 3–22); *Wieacker* in: Industriegesellschaft und Privatrechtsordnung, S. 9–35 (zum „Sozialmodell der klassischen Privatrechtsgesetzbücher"); *ders.* Privatrechtsgeschichte, §§ 25–28; *Kleindieck* in: Binnenmarkt, IPR und Rechtsangleichung, S. 301–303.

[43] *Bydlinski* System, S. 139.

[44] *Bydlinski* System, S. 141 f.

[45] *Bydlinski* System, S. 137.

[46] Zur Privatautonomie als gemeineuropäisches Rechtsprinzip *Calliess* JbJZ 2000, 85, 106–110.

[47] *Bydlinski* unterscheidet. Die Selbstverantwortung sieht er als eines der (drei) übergreifenden Prinzipien des Privatrechts an (S. 99–106). Die Selbstbestimmung (S. 147 f.) und Verkehrsschutz (S. 156) hingegen erörtert er, soweit hier relevant, gesondert für den rechtsgeschäftlichen Bereich (zur Privatautonomie näher S. 148 f.).

bindung durch vertragliche Einigung (Konsensprinzip)[48] und das Prinzip der Relativität vertraglicher Bindung.[49] Nach dem Grundsatz der Vertragsfreiheit können die Rechtsunterworfenen Verträge schließen soweit, mit wem und zu welchen Bedingungen sie wollen.[50] Für die vertraglichen Leistungen gilt das formale Äquivalenzprinzip, nach dem die Angemessenheit des vertraglichen Austauschverhältnisses grundsätzlich durch den Konsens der gleichermaßen freien und rechtsfähigen Parteien gesichert ist, und daher nur bei Störung dieser Prämissen oder Überschreitung äußerster objektiver Grenzen überprüft wird.[51] Als Ausprägung der Selbstverantwortung begründet *Bydlinski* die Verantwortung für das Versprechen (Vertragstreue) sowie für zurechenbar herbeigeführte Willenserklärungstatbestände.[52] In Verbindung mit dem Äquivalenzprinzip folgt aus dem Prinzip der Vertragstreue das Prinzip der Verantwortung für Leistungsstörungen.[53]

Neben diesen (vorwiegend) spezifisch vertragsrechtlichen Prinzipien nennt *Bydlinski* drei Prinzipien, die für das Privatrecht insgesamt gelten, das Prinzip der zweiseitigen Begründung, das „Subsidiaritätsprinzip mit seiner negativen Seite" – nach dem den einzelnen und der staatsfern gesellschaftlichen Ebene ein hinreichender Bestand an Aufgaben und das Vermögen verbleiben muß, sie selbst zu erfüllen – und das bereits erwähnte Prinzip der Selbstverantwortung.[54] Von diesen ist für die vorliegenden Zwecke das Prinzip der zweiseitigen Begründung – das in ähnlicher Form auch als relative Methode der Rechtsfindung begründet wurde –[55] von besonderem Interesse. Im relativ staatsfernen gesellschaftlichen Bereich, in dem die einzelnen sich grundsätzlich auf der Ebene der Gleichordnung begegnen, bedeutet jede Anerkennung eines Anspruchs, daß

[48] *Bydlinski* System, S. 149. Ferner *Kötz* Vertragsrecht, § 2 A (S. 23–26); *Zimmermann* Obligations, S. 559–576 sowie 537–545.

[49] *Bydlinski* System, S. 175. Vgl. auch *Zimmermann* Obligations, S. 34–67.

[50] *Bydlinski* System, S. 175; zum „Prinzip des Kontrahierungszwangs öffentlich ihre Leistungen anbietender Unternehmer zugunsten (ohne zumutbare Ausweichmöglichkeit) darauf Angewiesener" aaO S. 180f. Zum gemeineuropäischen Grundsatz Art. 1:102 EP und *Lando/Beale* European Principles, Art. 1:102 Comment; *Zimmermann* Obligations, S. 255–270.

[51] *Bydlinski* System, S. 156, 158–160.

[52] *Bydlinski* System, S. 164–167. *Bydlinski* nimmt darüber hinaus einen „schuldrechtlichen Grundsatz der Versprechensbindung oder Vertragstreue auf Erfüllung, also gerade im Sinne der Etablierung einer Pflicht zur Erbringung der zugesagten Leistung" an; S. 175; dieser Grundsatz gilt bekanntlich im englischen Recht gerade nicht; siehe nur *Atiyah* Law of Contract, S. 424–431. Zum Grundsatz der Vertragstreue noch *Zimmermann* Obligations, S. 576–582.

[53] *Bydlinski* System, S. 182; *Canaris* Iustitia distributiva, S. 14. Als ein eigenes Prinzip der Leistungsstörungen sieht *Bydlinski* aaO S. 183 das Prinzip der Gefahrbeherrschung (Sphärengedanke) an; *Canaris* Iustitia distributiva, S. 54f. sieht darin einen „zusätzlichen Wertungsgesichtspunkt mit eigenem Sachgehalt"; zur Unterscheidung bereits oben, § 2 II 2 b (S. 15–18).

[54] *Bydlinski* System, S. 92–106; *ders.* FS Raisch, S. 19–23; allgemein zum Subsidiaritätsprinzip der katholischen Soziallehre als Grundlage der vertikalen Gewaltenteilung *Süsterhenn* FS Nawiasky, S. 141–155.

[55] *Denck* Rechtstheorie 12 (1981) 331–361, bes. 345–347, wo *Denck* „Vorsicht gegenüber absoluten Maximen statt parteibezogener Argumentation" als Gebot der Wahrhaftigkeit anmahnt; s.a. *dens.* JuS 1981, 9–14.

dem einen etwas gegeben wird, was einem oder mehreren anderen genommen wird. „Das Zivilrecht kann eben keine Geschenke machen, die nicht doch von jemanden zu bezahlen wären.“[56] Daraus folgt, daß nicht nur zu begründen ist, warum dem einen etwas gegeben, sondern auch, warum es dem anderen genommen wird.[57] Diese Begründung muß im Kern aus den Interessen der Beteiligten erfolgen. Freilich soll dieser Grundsatz nur in der schwachen Fassung gelten, „daß die jeweilige Regelung im Hinblick auf das Verhältnis der unmittelbar von den angeordneten Rechtsfolgen positiv und negativ Betroffenen *noch zureichend* aus den fundamentalen Rechtsprinzipien gerechtfertigt werden kann.“[58] Das schließt die Begründung *auch* mit Rücksicht auf Allgemeininteressen nicht aus, bedeutet aber, daß eine privatrechtliche Regelung für die Betroffenen zumindest als „gerade noch vertretbar“ auch mit Rücksicht auf ihre eigenen Interessen gerechtfertigt werden muß.

## 3. Ein neues Vertragsmodell des Europäischen Privatrechts?

Ohne Zweifel hat das Europäische Vertragsrecht einen erheblichen Einfluß auf die nationalen Vertragsrechtsordnungen. Verändert es das überkommene Verhältnis der regierenden Prinzipien dadurch, daß es ihnen anderes Gewicht beilegt oder neue Prinzipien einführt, so können sich daraus Wandlungen des Vertragsrechts ergeben. Die Einflüsse des Europäischen Vertragsrechts werden von verschiedenen Autoren als so stark angesehen, daß sie ein neues, in manches Aspekten geradezu revolutionär verändertes „Vertragsmodell“ begründen.[59] Zwei dieser Ansätze sind hier vorzustellen. Eine Stellungnahme dazu erfolgt indes nicht hier, sondern nach einer Durchsicht des Europäischen Vertragsrechts am Schluß der Arbeit (§ 18).

---

56 *Medicus* AcP 188 (1988) 489, 508.

57 Dem Grundsatz der relativen oder zweiseitigen Begründung liegt letztlich der Gedanke der ausgleichenden Gerechtigkeit (iustitia distributiva) zugrunde; sieht man ein Charakteristikum der ausgleichenden Gerechtigkeit darin, daß sie „ohne Ansehung der Person“ erfolgt, so kommt schon von daher ein Ausgleich nach dem „Grundsatz der tiefsten Tasche“ nicht in Betracht; vgl. *Canaris* Iustitia distributiva, S. 10f. Das Gegenmodell skizziert *Wilhelmsson* Social Contract Law, S. 35f., wenn er als ein Element „sozialen“ Vertragsrechts im Wohlfahrtsstaat die Orientierung an den Bedürfnissen des einzelnen bezeichnet: „In the same way as the Welfare State aims at protecting the security of the citizens, the protection of the weaker party in contract law focuses on the needs of the individual.“

58 *Bydlinski* System, S. 95 (Hervorhebung im Original).

59 Der mehrdeutige Begriff des Vertragsmodells wird von *Micklitz* ZEuP 1998, 253, 265–267 verwandt. Er bezeichnet damit Unterschiedliches. Bei dem von ihm vorgestellten Vertragsmodell geht es um ein Regelungsmodell für Verträge, das sich von anderen Modellen durch die darin herrschenden Prinzipien bzw. das ihnen beigelegte relative Gewicht unterscheidet. Dabei ist es freilich verwirrend, wenn er sein Vertragsmodell als Ergänzung zur Unterscheidung von diskreten und relationalen Verträgen versteht; diese Unterscheidung liegt auf einer konkreteren Ebene, sie setzt *ein* Vertragsmodell voraus und unterscheidet auf dieser Grundlage verschiedene Arten von Verträgen und ist im übrigen wohl als „abschließende Alternative“ gedacht. In einem anderen Sinne verwendet *Schmidlin* in: Rechtsgeschichte und Privatrechtsdogmatik, S. 187–206 den Begriff des Vertragsmodells.

### a) „Kompetitives Vertragsrecht"

Vor allem die Widerrufsrechte des Europäischen Privatrechts dürften die Grundlage für das von *Micklitz* vorgeschlagene Modell des „kompetitiven Vertragsrechts" sein.[60] Der Begriff des „kompetitiven Vertragsrechts" ist freilich durchaus irreführend. Er wurde schon früher von *Köndgen* verwandt, der damit – dem Wortsinn eher entsprechend – ein auf der Grundlage der (Markt- und) Wettbewerbswirtschaft beruhendes liberales Vertragsrecht bezeichnet.[61] Geradezu im Gegensatz dazu bezeichnet *Micklitz* mit dem „kompetitiven Vertragsrecht" eine Modell, dessen Kerngedanke die Zurückdrängung des Grundsatzes der Vertragsbindung ist:

„Kompetitives Vertragsrecht steht in einem Gegensatz zur Leitidee der klassischen Rechtsgeschäftslehre, zu ‚pacta sunt servanda'. Kompetitives Vertragsrecht ist nicht geleitet von Bindung, sondern von Flexibilität. Es verlängert den Wettbewerb über den Zeitpunkt des Vertragsschlusses hinaus. ... Bestandteile kompetitiven Vertragsrechts sind Vertragsauflösungsrechte, Information und Transparenz, Neuverteilung der Verantwortung und effektive Rechtsdurchsetzung."[62] Die Konsequenzen sieht der Autor ganz deutlich. „Ziel eines europäischen Vertragsrechtsmodells scheint es nicht mehr zu sein, daß ein einmal geschlossener Vertrag auch wirklich Bestand hat. Hat eine Vertragspartei erkannt, daß sich kurzfristig die Möglichkeit ergibt, das Produkt andernorts billiger einzukaufen oder die Dienstleistung günstiger nachzufragen, soll die Möglichkeit bestehen, sich aus dem Vertrag herauszulösen."[63] „Kompetitives Vertragsrecht fördert die Ausbildung einer genuinen Gerechtigkeitslogik. Diese wird durch den Ausstieg aus einem Vertrag und den Umstieg auf einen neuen Vertrag gewährleistet. Eine solche Gerechtigkeitslogik ist nicht mehr nur allokativ, sie ist aber auch nicht notwendigerweise sozial."[64]

### b) „Solidarität" als vertragsrechtliches Grundprinzip

Aufbauend auf anderen Arbeiten[65] hat *Lurger* „Grundlinien einer neuen Vertragsrechtsdogmatik" formuliert, die „die Bahnen der in den meisten Staaten noch recht einflußreichen klassischen liberalen Vertragstheorie, die die Privatautonomie in Form der vom Staat möglichst unbehinderten Verfolgung von Eigeninteressen als *den* dominanten Wert

---

[60] *Micklitz* ZEuP 1998, 253, 265–267. Zur Begründung des Modells führt *Micklitz* allerdings nur aus, daß es sich „in der Dominanz von Transparenz und Information" wiederfinde; indes bezeichnet er „Vertragslösungsrechte" als einen „Bestandteil" des kompetitiven Vertragsrechts; s. sogleich im Text.

[61] *Köndgen* Selbstbindung, S. 121–125 (Hauptmerkmale S. 122) sowie S. 316–318.

[62] Welches Verhältnis kompetitives Vertragsrecht und Vertragsbindung haben, umschreibt *Micklitz* ZEuP 1998, 253, 265 nur: „Kompetitives Vertragsrecht ersetzt nicht den Grundsatz von ‚pacta sunt servanda', zeigt aber, daß ‚pacta sunt servanda' in einem europäisierten Vertragsrecht nicht mehr den Stellenwert hat wie in der nationalen Privatrechtsordnung."

[63] *Micklitz* ZEuP 1998, 253, 265.

[64] *Micklitz* ZEuP 1998, 253, 267.

[65] Insbesondere *Wilhelmsson* Social Contract Law, S. 26–29; *Thibierge-Guelfucci* RTD civ. 1997, 357–385.

des Vertragsrechts etabliert hat, verläßt bzw. evolutiv fortentwickelt".[66] Aufgrund einer Analyse des Europäischen Vertragsrechts[67] kommt sie zu der Annahme, dies sei wesentlich von drei Prinzipien bestimmt, die man unter dem Hauptgrundsatz der „vertraglichen Solidarität" zusammenfassen könne. Es handelt sich um den „Grundsatz der vertraglichen Gleichheit", den „Grundsatz des vertraglichen Gleichgewichts" und den (gleichsam speziellen) „Grundsatz der vertraglichen Solidarität". Nach dem Grundsatz der vertraglichen Gleichheit ist (offenbar) eine gleiche „Macht und/oder Informationslage" Voraussetzung für Vertrag.[68] Der Grundsatz des vertraglichen Gleichgewichts[69] fordert eine inhaltliche Ausgewogenheit des Vertrags. Der (spezielle) Grundsatz der vertraglichen Solidarität bedeutet die Pflicht, loyal nach Treu und Glauben zu handeln, er „beinhaltet ... kurz alle Tätigkeiten, die sich aus der Rücksichtnahme auf und der (solidarischen oder altruistischen) Förderung der Interessen der anderen Partei (emphatie juridique) – teilweise auch unter Hintanstellung der eigenen Interessen – ergeben können".[70]

Eine in Einzelheiten durchdachte Vertragstheorie will *Lurger* damit nicht vorlegen; „Die Nagelprobe eines die Grundsätze vertraglicher Gleichheit, Ausgewogenheit und Solidarität berücksichtigenden allgemeinen Vertragsrechts" liege „sicherlich in der Herstellung eines ausgewogenen Verhältnisses zwischen diesen ‚neuen' sozialen Werten einerseits und dem klassischen Wert der Vertragsfreiheit und dem Funktionieren des Wettbewerbs am Markt andererseits".[71]

---

[66] *Lurger* Vertragliche Solidarität, S. 128; Hervorhebung im Original.

[67] *Lurger* Vertragliche Solidarität, S. 132 bezieht sich freilich nicht nur auf das Europäische Vertragsrecht, sondern auch auf das österreichische und das gemeineuropäische der Lando-Principles. Das Modell der vertraglichen Solidarität beansprucht aber wohl für jede der drei Rechts- bzw. Regelordnungen Geltung.

[68] Diese Grundsätze übernimmt *Lurger* Vertragliche Solidarität, S. 130f., 132 von *Thibierge-Guelfucci* RTD civ. 1997, 357, 377–384.

[69] Es handelt sich um eine Übersetzung des von *Thibierge-Guelfucci* RTD civ. 1997, 357, 379–382 verwandten Begriffs *principe d'équilibre contractuel,* der wohl treffender mit „vertragliche Äquivalenz" übersetzt wird.

[70] *Lurger* Vertragliche Solidarität, S. 131.

[71] *Lurger* Vertragliche Solidarität, S. 137. Differenziert dazu etwa *Wilhelmsson* Social Contract Law, 123–189 und 209–213; im Vergleich mit den „sozialen" Elementen des nordischen Vertragsrechts stellt *Wilhelmsson* Social Contract Law, S. 191–208 geringere Schutzstandards des Europäischen Vertragsrechts fest.

# § 12 Allgemeine und übergreifende Fragen

Bevor wir uns der systematischen Erörterung von Einzelfragen zuwenden, sind vorab vier allgemeine bzw. übergreifende Fragen zu behandeln. Das ist erstens die für das Vertragsrecht grundlegende Unterscheidung von Unternehmer und Verbraucher, also der Begriffe, die zusammen oder für sich den persönlichen Anwendungsbereich der meisten Regelungen bestimmen (A). Zweitens gehört dazu die Frage, inwieweit das Gemeinschaftsrecht Vorgaben für die Rechtsfolgen auch ohne explizite Regelung im Angleichungsrechtsakt macht (B). Drittens soll ein Blick auf die Problematik der Geschäftsfähigkeit geworfen werden, die in einer vereinzelten Regelung angesprochen wird (C). Und schließlich ist vorab „die Sprache des Vertrags" zu erörtern (D).

## A. Unternehmer und Verbraucher

Unternehmer und Verbraucher sind Zentralbegriffe des Europäischen Vertragsrechts. Der Gesetzgeber verwendet sie jetzt im wesentlichen einheitlich.[1] Die Begriffe nehmen Bezug auf die Rolle des Handelnden am Markt und aus diesem Marktbezug der Definition läßt sich auch die ratio der Unterscheidung ableiten (I). Das Europäische Vertragsrecht betrifft ganz durchgehend Verträge, an denen auf der einen Seite ein Unternehmen beteiligt ist, indes ist keineswegs in allen Fällen der andere Teil ein Verbraucher; selbst von den für diese Untersuchung ausgewählten Richtlinien[2] schützt die Hälfte nicht spezifisch Verbraucher. Soweit die Regelungen Verträge zwischen Unternehmen und Verbrauchern betreffen, dient der Verbraucherbegriff dazu, den persönlichen Schutzbereich abzugrenzen. In keinem Fall aber begründet die Verbrauchereigenschaft als solche schon die Schutzbedürftigkeit; die Schutzbedürftigkeit wird nur unter weiteren sachlichen Voraussetzungen angenommen. Nicht immer ist der persönliche Schutzbereich von Vorschriften des Europäischen Vertragsrechts auf Verbraucher beschränkt, verschiedene Regelungen schützen nicht nur Verbraucher, sondern alle Vertragspartner von Unternehmen bei bestimmten Verträgen. Die Abgrenzung des persönlichen Schutzbereichs, die sich auf diese Weise ergibt, überzeugt in den meisten Fällen (II).

Unternehmer und Verbraucher sind zuerst Rechtsbegriffe. Neben diesen Rechtsbegriffen ist aber gerade im Europäischen Vertragsrecht viel von „Leitbildern" des Verbrauchers und des Unternehmers die Rede. Bei diesen Leitbildern, die wir in einem Exkurs erörtern, handelt es sich indes nur um Hilfsmittel für die Praxis, denen kein eigener Erkenntniswert zukommt; für die vorliegende Untersuchung werden sie, wie näher darzulegen ist, nicht verwendet (III).

---

[1] Auch die Rechtsprechung zum Primärrecht läßt eine Abstimmung erkennen; EuGH v. 7. 3. 1990 – Rs. C-362/88 *GB-INNO-BM* Slg. 1990, I-667 Rn. 14–18.

[2] Oben, § 10 A I 2 (S. 215–216). Zieht man, wie z.B. *Grundmannn* Schuldvertragsrecht (1999) oder *Kommission* Grünbuch zum Europäischen Vertragsrecht, KOM(2001) 398 endg. Anh. II (S. 23–51) den Kreis der vertragsrechtlichen Gemeinschaftsvorschriften weiter, so handelt es sich sogar überwiegend *nicht* um Verbraucherschutzrecht.

# I. Unternehmer und Verbraucher als Zentralbegriffe des Europäischen Vertragsrechts

## 1. Unternehmer- und Verbraucherdefinition

Das Europäische Vertragsrecht besteht ganz überwiegend aus Schutzvorschriften, die die als bestehend vorausgesetzten allgemeinen Vorschriften der mitgliedstaatlichen Vertragsrechte für spezifische Sachverhalte ergänzen. Zur Kennzeichnung von Verpflichteten und Berechtigten dieses Schutzes verwendet das Europäische Vertragsrecht zumeist die Begriffe des Gewerbetreibenden/Berufsausübenden/Unternehmers[3] (nachfolgend zusammenfassend: „Unternehmer") einerseits und des Verbrauchers andererseits.

Durchgehend und mit nur geringen Abweichungen[4] werden Unternehmer im Europäischen Privatrecht definiert als natürliche oder juristische Personen, die im Rahmen ihrer beruflichen oder gewerblichen Tätigkeit handeln.[5] Verbraucher werden demgegenüber als natürliche Personen definiert, die bei den betroffenen Verträgen zu einem Zweck

---

[3] Das „gewerbsmäßige Handeln" bzw. die „berufliche oder gewerbliche Tätigkeit" kennzeichnen auch die Verpflichteten der ÜwRL und der WpDRL; die VersRLen verpflichten „Unternehmen".

[4] Zur einheitlichen Auslegung des Verbraucherbegriffs im Europäischen Privatrecht *Faber* ZEuP 1998, 854, 875. In diese Richtung geht auch das Bestreben der Europäischen Rechtsetzungsorgane, vgl. *Staudenmayer* NJW 1999, 2393.

[5] Eine Übersicht gibt die nachfolgende Tabelle:

| **Rechtsakt** | **Artikel** | **Definition** |
|---|---|---|
| AGBRL | Art. 2 lit. c | Gewerbetreibender bedeutet „eine natürliche oder juristische Person, die bei Verträgen, die unter diese Richtlinie fallen, im Rahmen ihrer gewerblichen oder beruflichen Tätigkeit handelt, auch wenn diese dem öffentlich-rechtlichen Bereich zuzurechnen ist" |
| EComRL | Art. 2 lit. b | Dienstanbieter ist „jede natürliche oder juristische Person, die einen Dienst der Informationsgesellschaft anbietet" (‚Dienst': eine Dienstleistung der Informationsgesellschaft, d.h. jede in der Regel gegen Entgelt elektronisch im Fernabsatz und auf individuellen Abruf eines Empfängers erbrachte Dienstleistung"; Art. 2 Ziff. 1 RL 98/34) |
| FARL | Art. 2 Abs. 2 | Lieferer bezeichnet „jede natürliche oder juristische Person, die beim Abschluß von Verträgen im Sinne dieser Richtlinie im Rahmen ihrer gewerblichen oder beruflichen Tätigkeit handelt" |
| HtWRL | Art. 2 Sps. 2 | Gewerbetreibender bedeutet „eine natürliche oder juristische Person, die beim Abschluß des betreffenden Geschäfts im Rahmen ihrer gewerblichen oder beruflichen Tätigkeit handelt, sowie eine Person, die im Namen und für Rechnung eines Gewerbetreibenden handelt" |
| KGRL | Art. 1 Abs. 2 lit. c | als Verkäufer gilt „jede natürliche oder juristische Person, die auf Grund eines Vertrags im Rahmen ihrer beruflichen oder gewerblichen Tätigkeit Verbrauchsgüter verkauft" |

handeln, der nicht ihrer beruflichen oder gewerblichen Tätigkeit zugerechnet werden kann.[6]

---

Fortsetzung

| Rechtsakt | Artikel | Definition |
|---|---|---|
| | Art. 1 Abs. 2 lit. d | als Hersteller gilt „der Hersteller eines Verbrauchsgutes, sein Importeur für das Gebiet der Europäischen Gemeinschaft oder jede andere Person, die sich dadurch, daß sie ihren Namen, ihre Marke oder ein anderes Kennzeichen am Verbrauchsgut anbringt, als Hersteller bezeichnet“ |
| PRRL | Art. 2 Abs. 2<br><br>Art. 2 Abs. 3 | Veranstalter: „die Person, die nicht nur gelegentlich Pauschalreisen organisiert und sie direkt oder über einen Vermittler verkauft oder zum Verkauf anbietet“<br>Vermittler: „die Person, welche die vom Veranstalter zusammengestellte Pauschalreise verkauft oder zum Verkauf anbietet“ |
| TSRL | Art. 2 Sps. 3 | Verkäufer: „jede natürliche oder juristische Person, die im Rahmen ihrer Berufsausübung durch die unter diese Richtlinie fallenden Vertragsabschlüsse das Recht begründet, überträgt oder zu übertragen sich verpflichtet“ |
| VerbrKrRL | Art. 2 Abs. 2 lit. b | Kreditgeber: „eine natürliche oder juristische Person, die in Ausübung ihrer gewerblichen oder beruflichen Tätigkeit einen Kredit gewährt, oder eine Gruppe von solchen Personen“ |
| ZVerzRL | Art. 2 Ziff. 1 Uabs. 3 | Unternehmen: „jede im Rahmen ihrer unabhängigen wirtschaftlichen oder beruflichen Tätigkeit handelnde Organisation, auch wenn die Tätigkeit von einer einzelnen Person ausgeübt wird“ |

[6] Eine Übersicht über die geschützten Personen gibt die nachfolgende Tabelle:

| Rechtsakt | Artikel | Definition |
|---|---|---|
| AGBRL | Art. 2 lit. b | „eine natürliche Person, die bei Verträgen, die unter diese Richtlinie fallen, zu einem Zweck handelt, der nicht ihrer gewerblichen oder beruflichen Tätigkeit zugerechnet werden kann“ |
| EComRL | Art. 2 lit. e | „jede natürliche Person, die zu Zwecken handelt, die nicht zu ihrer gewerblichen, geschäftlichen oder beruflichen Tätigkeit gehören“ |
| EVÜ | Art. 5 Abs. 1 | „eine Person“, die „zu einem Zweck [handelt], der nicht der beruflichen oder gewerblichen Tätigkeit zugerechnet werden kann“ |
| FARL | Art. 2 Abs. 2 | „jede natürliche Person, die beim Abschluß von Verträgen im Sinne dieser Richtlinie zu Zwecken handelt, die nicht ihrer gewerblichen oder beruflichen Tätigkeit zugerechnet werden können“ |
| HtWRL | Art. 2 Sps. 2 | „eine natürliche Person, die bei den von dieser Richtlinie erfaßten Geschäften zu einem Zweck handelt, der nicht ihrer beruflichen oder gewerblichen Tätigkeit zugerechnet werden kann“ |

Allerdings hat der Gesetzgeber den Verbraucher*begriff* nicht immer mit der wünschenswerten Konsequenz verwendet.[7] Nur in einem untechnischen Sinne schützt die Pauschalreiserichtlinie Verbraucher. Als Verbraucher wird darin ohne weitere Qualifizierung die Person bezeichnet, die eine Pauschalreise bucht. Eine Verbraucherschutzregelung ist die Pauschalreiserichtlinie daher nur in einem untechnischen, formalen Sinne. Umgekehrt bezeichnet die Timesharingrichtlinie den Begünstigten nicht als Verbraucher, sondern als Erwerber. Der „Erwerber" ist hier aber ebenso durch seine Rolle gekennzeichnet wie in den anderen Regelungen der Verbraucher, nämlich dadurch, daß er zu einem Zweck handelt, „der als außerhalb (seiner) Berufsausübung liegend betrachtet werden kann". Die Timesharingrichtlinie ist daher in einem technischen oder materialen Sinne dem Verbraucherrecht zuzuordnen. Gesetzgebungstechnisch ist die Begriffswahl in beiden Fällen unglücklich.

## 2. Rollenbezogener Schutz in bestimmten Situationen

Verbraucher und Gewerbetreibende sind damit im Grundsatz rollenbezogen definiert, ebenso wie im nationalen Recht Arbeitnehmer und Mieter. Eine rollenbezogene Schutzbereichsabgrenzung ist auch im deutschen Handelsrecht bekannt, soweit dieses Sonderregeln für Kaufleuten für Geschäfte vorsieht, die zum Betrieb seines Handelsgewerbes

Fortsetzung

| **Rechtsakt** | **Artikel** | **Definition** |
|---|---|---|
| KGRL | Art. 1 Abs. 2 lit. a | „jede natürliche Person, die im Rahmen der unter diese Richtlinie fallenden Verträge zu einem Zweck handelt, der nicht ihrer beruflichen oder gewerblichen Tätigkeit zugerechnet werden kann" |
| PRRL | Art. 2 Abs. 4 | „die Person, welche die Pauschalreise bucht oder zu buchen sich verpflichtet (‚der Hauptkontrahent'), oder jede Person, in deren Namen der Hauptkontrahent sich zur Buchung der Pauschalreise verpflichtet (‚die übrigen Begünstigten'), oder jede Person, der der Hauptkontrahent oder einer der übrigen Begünstigten die Pauschalreise abtritt (‚der Erwerber')" |
| TSRL | Art. 2 | Erwerber „jede natürliche Person, der das im Vertrag vorgesehene Recht übertragen wird oder zu deren Gunsten es begründet wird und die bei den unter diese Richtlinie fallenden Vertragsabschlüssen für einen Zweck handelt, der als außerhalb ihrer Berufsausübung liegend betrachtet werden kann" |
| VerbrKrRL | Art. 1 Abs. 2 lit. a | „eine natürliche Person, die bei den von dieser Richtlinie erfaßten Geschäften zu einem Zweck handelt, der nicht ihrer beruflichen oder gewerblichen Tätigkeit zugerechnet werden kann" |

[7] In dieser – formalen – Hinsicht sind die Regelungen daher zu beanstanden; zu weit, weil nur an der Begriffsebene ansetzend, geht indes die Kritik *Drehers* JZ 1997, 167, 170, da, wie hier darzustellen, jedenfalls im Europäischen Vertragsrecht der Verbraucher begrifflich „faßbar" und daher kein Phantom ist.

gehören (§ 343 HGB). Je nach dem Zweck, zu dem eine Person handelt, kann sie besonderen Schutz genießen bzw. besonderen Pflichten unterliegen oder nicht.

Für natürliche Personen stellt die Unterscheidung von Verbrauchern und Gewerbetreibenden eine erschöpfende Alternative dar, jedes Handeln ist entweder auf einen beruflichen oder gewerblichen Zweck bezogen, dann ist der Handelnde Gewerbetreibender, oder nicht, dann ist der Handelnde Verbraucher.[8] Juristische Personen[9] sind hingegen nie Verbraucher, sie sind aber auch nicht notwendig Gewerbetreibende, da sie neben beruflichen oder gewerblichen Zwecken auch ideelle verfolgen können.

## 3. Das Kriterium der selbständigen Erwerbstätigkeit am Markt und sein Zweck

Anstelle des Begriffs des Gewerbetreibenden wird hier jener des *Unternehmers* verwandt.[10] Zum einen deutet sich auch in der Europäischen Rechtsetzung ein Wandel hin zum Unternehmerbegriff an, den jetzt die Zahlungsverzugsrichtlinie zur Bestimmung des persönlichen Anwendungsbereichs verwendet.[11] Zum anderen aber drückt dieser Begriff das maßgebliche Abgrenzungskriterium besser aus, da mit der beruflichen oder gewerblichen Tätigkeit eine selbständige Erwerbstätigkeit am Markt bezeichnet ist.[12] Neben dem zentralen Merkmal der selbständigen Erwerbstätigkeit spielt die Unterscheidung der sich überschneidenden Bereiche beruflicher und gewerblicher Tätigkeit[13] keine praktische Rolle, denn auch dort, wo ausnahmsweise nur die berufliche oder gewerbliche Tätigkeit genannt ist (Art. 2 Sps. 4 TSRL), soll der gesamte Bereich unternehmerischer Tätigkeit erfaßt werden.[14] Der Unternehmerbegriff ist demnach sehr weit gefaßt, er erfaßt etwa auch Kleinunternehmer sowie freiberuflich Tätige, wie z.B. selbständig tätige Hebammen, Cellolehrerinnen, Krankengymnasten und Logopäden.[15]

---

[8] Vgl. auch *Staudenmayer* NJW 1999, 2393, der die Begriffe als „spiegelbildlich" bezeichnet.

[9] Zur autonomen Auslegung des Begriffs *Kieninger* WM 1998, 2213, 2214; s. jetzt auch Art. 2 Ziff. 1 ZVerzRL.

[10] *Grundmann* ZHR 163 (1999) 635, 644f.

[11] Art. 2 Ziff. 1 UAbs. 3 ZVerzRL.

[12] S.a. *Hopt* AcP 183 (1983) 608, 670f. Nur begriffliche Schwierigkeiten wirft die Handelsvertreterrichtlinie auf, nach deren Art. 1 Abs. 2 HVertrRL der Handelsvertreter als selbständiger Gewerbetreibender (und damit der Sache nach als Unternehmer im Sinne der hier verwandten Bezeichnung) definiert ist, der Unternehmer hingegen nur als der andere Teil.

[13] Nach *Faber* ZEuP 1998, 854, 868–870 und 871–874 ist „gewerblich" die selbständige, auf gewisse Dauer angelegte, planmäßige Tätigkeit am Markt gegen Entgelt, „beruflich" ist die selbständige, auf gewisse Dauer angelegte, nach außen hervortretende, entgeltliche Tätigkeit. S.a. *Preis* ZHR 158 (1994) 567, 586f.

[14] Allgemein für eine einheitliche Auslegung *Faber* ZEuP 1998, 854, 868–870. Zum Begriff des Erwerbers in der TSRL Grabitz/Hilf II-*Martinek* A 13 (TSRL) Art. 1 Rn. 106. Konsequent ist es daher, wenn die Definition des Unternehmers in Art. 2 Ziff. 2 UAbs. 3 ZVerzRL auf die „wirtschaftliche" Tätigkeit abstellt.

[15] Beispiele von U. *Huber* JZ 2000, 957, der die Regelung der Zahlungsverzugsrichtlinie auch wegen des weiten Begriffs des Gewerbetreibenden für unangemessen hält (keine Mahnung!).

Der Wortlaut der Definitionsnormen hat allerdings Anlaß zu Zweifeln gegeben, da die berufliche Tätigkeit nach deutschem Sprachgebrauch nicht nur die freiberufliche, sondern auch die unselbständige Tätigkeit des Arbeitnehmers bedeuten kann. Von einem Gegensatz von Verbraucher und Arbeitnehmer scheint aber insbesondere die AGB-Richtlinie auszugehen, da nach ihrer 10. Begründungserwägung Arbeitsverträge vom Anwendungsbereich der AGB-Richtlinie ausgeschlossen sind.[16] Zu weiteren Zweifeln kann die Vertretungsregelung über das Handeln von Arbeitnehmern für Unternehmer Anlaß geben, denn vereinzelt sind auch „Personen, die im Namen und für Rechnung eines Gewerbetreibenden handeln", also auch Arbeitnehmer, als Gewerbetreibende definiert.[17] Indes spricht schon der Wortlaut der Definitionsnormen gegen die Annahme, mit der „beruflichen Tätigkeit" sei auch die des Arbeitnehmers bezeichnet, da Arbeitnehmer nach dem Sprachgebrauch doch keine Gewerbetreibenden *(trader, commerçant)* sind. Daß die berufliche Tätigkeit neben der gewerblichen zur Definition des Gewerbetreibenden genannt wird, dürfte vor allem der Klarstellung dienen, daß nicht ein enger Begriff des Gewerbes gemeint ist, wie er z.B. der deutschen Gewerbeordnung zugrunde liegt.[18] Auch aus der AGB-Richtlinie ergibt sich nichts anderes, denn die Ausnahme von Arbeitsverträgen bezieht sich nicht auf Verbraucherverträge von Arbeitnehmern, sondern nur auf Arbeitsverträge von Verbrauchern. Arbeitnehmer sind daher, soweit sie nicht im Namen oder für Rechnung des Arbeitgebers handeln, stets Verbraucher, doch genießen sie den Verbraucherschutz der AGB-Richtlinie nicht, soweit es um ihre Arbeitsverträge selbst geht.[19]

Damit erledigt sich auch die Folgefrage der „Zurechnung zur beruflichen Tätigkeit". Sind Arbeitnehmer auch dann nicht Unternehmer, wenn sie (im eigenen Namen, aber) für berufliche Zwecke handeln, genießen sie den Verbraucherschutz auch beim Kauf von Arbeitskleidung, die sie zur Verfügung zu stellen haben. Umgekehrt folgt aus dem Zweck der Unterscheidung von Unternehmer und Verbraucher, daß auch dann, wenn dies (wie meist) nicht ausdrücklich gesagt ist, ein Handeln von Arbeitnehmern im Namen des Unternehmers ebenso zu beurteilen ist wie ein Handeln des Unternehmers selbst. Die Haustürgeschäfterichtlinie ist auch dann nicht anwendbar, wenn nicht „der Unternehmer", sondern ein Arbeitnehmer vom Vertreter Kopierpapier oder 25 Gros Klopapier[20] einkauft.

---

[16] *Heinrichs* NJW 1995, 153, 159.

[17] Art. 2 Sps. 2 HtWRL.

[18] Keine Klärung bringt jetzt allerdings die ZVerzRL, die „Unternehmen" durch die „wirtschaftliche oder berufliche Tätigkeit" kennzeichnet.

[19] Eine andere Frage ist, ob die Ausnahme der Arbeitsverträge vom Schutzbereich der Verbraucherschutzvorschriften in der Sache überzeugt. Für den Schutz der Haustürgeschäfterichtlinie hat das insbesondere *Lorenz* JZ 1997, 277–282 verneint; der deutsche Gesetzgeber ist dem insoweit gefolgt, als er nunmehr u.a. arbeitsrechtliche Aufhebungsverträge unter den Schutz einer Formvorschrift stellt, § 623 BGB n.F. Für die Inhaltskontrolle jetzt anders § 310 Abs. 4 S. 2 BGB.

[20] Vgl. den Fall von LG Hanau, NJW 1979, 721 (Inhaltsirrtum; die dort betroffene Schule verfolgte freilich keine gewerbliche Tätigkeit).

Der Begriff des Gewerbetreibenden erfaßt damit nur die selbständige Tätigkeit am Markt,[21] er entspricht daher jenem des Unternehmers.[22] In diesem Sinne kann man die berufliche oder gewerbliche Tätigkeit auch als eine „professionelle" bezeichnen. Will man den Handlungsbezug, der den Verbraucher kennzeichnet, statt durch die Negation beruflicher oder gewerblicher Tätigkeit positiv beschreiben, so kann man dafür auch den Begriff der „privaten Tätigkeit" wählen.[23]

## 4. Die ratio der Unterscheidung und ihre Überzeugungskraft

Die Abgrenzung des persönlichen Schutzbereichs nach dem rollenbezogenen Verbraucherbegriff beruht zum einen auf der typischerweise höheren Schutzbedürftigkeit des privat Handelnden einerseits und den legitimerweise höheren Verhaltensanforderungen an Unternehmer andererseits.[24] Der Ausschluß von Unternehmen aus dem Schutzbereich ist aber auch damit zu erklären, daß entsprechende Schutzvorschriften zu deren Gunsten mit den Erfordernissen des Handelsverkehrs und dem Grundsatz des freien Wettbewerbs nicht vereinbar erscheinen.

Ganz überwiegend lassen sich die Schutzvorschriften des Europäischen Vertragsrechts als Regelungen verstehen, die dem Schutz der wirtschaftlichen Selbstbestimmung dienen. Damit wird die inhaltliche oder funktionale Seite der Privatautonomie als Rechtsmacht beschrieben, die dem Zweck dient, Ziel und Mittel des wirtschaftlichen Handelns selbst zu bestimmen.[25] Soweit sich das Europäische Vertragsrecht des Verbraucherbegriffs bedient, um den persönlichen Schutzbereich abzugrenzen, beruht dies auf der Erwägung, daß die Selbstbestimmung des privat Handelnden in den betroffenen Situationen typischerweise stärker gefährdet ist, weil er nicht über die Information oder die Kenntnisse und Erfahrungen des professionell Handelnden verfügt.[26] Für diese stärkere Gefährdung kommen vor allem drei Gründe in Betracht. Erstens handeln Privatpersonen oftmals nicht mit derselben Umsicht wie Unternehmer, die typischerweise jeden Vertragsgegenstand sorgsam im Hinblick auf seine Funktion für die Unter-

---

[21] Ebenso EuGH v. 14. 3. 1991 – Rs. C-361/89 *Di Pinto* Slg. 1991, 1189 Tz. 16.

[22] Zum Unternehmerbegriff in der deutschen Rechtssprache jetzt § 14 BGB; ferner Koller/*Roth*/Morck, HGB, Einl. vor § 1 Rn. 10; *K. Schmidt* Handelsrecht, § 4 I 2 (S. 65–68) (Kennzeichnung durch die Merkmale: (1) Selbständigkeit, (2) anbietende und entgeltliche rechtsgeschäftliche Tätigkeit am Markt, (3) Planmäßigkeit und Ausrichtung auf Dauer).

[23] Vgl. EuGH v. 14. 3. 1991 – Rs. C-361/89 *Di Pinto* Slg. 1991, 1189 Tz. 16. Vgl. auch zu Art. 13 EuGVÜ EuGH v. 19. 1. 1993 Rs. C-89/91 *Shearson Lehman Hutton* Slg. 1993, I-139 Rn. 22 („nur … den nicht berufs- oder gewerbebezogen handelnden privaten Endverbraucher"); EuGH v. 3. 7. 1997 – Rs. C-269/95 *Benincasa ./. Dentalkit* Slg. 1997, 3767 Tz. 15–17 („nur die Verträge, die eine Einzelperson zur Deckung ihres Eigenbedarfs beim privaten Verbrauch schließt"; „nur auf den nicht berufs- oder gewerbebezogen handelnden privaten Endverbraucher"; allerdings legt der EuGH den Verbraucherbegriff des Art. 13 EuGVÜ auch deswegen eng aus, weil der Tatbestand eine Ausnahme vom grundsätzlichen Gerichtsstand darstellt).

[24] S. nur *Hopt* AcP 183 (1983) 608, 645–655 und *passim.*

[25] *Drexl* Wirtschaftliche Selbstbestimmung, S. 7; s.a. *Flume* Rechtsgeschäft, § 1, 1 (S. 1).

[26] *Neuner* Sozialstaat, S. 275f.

nehmenstätigkeit erwägen. Anders als Verbraucher lassen sich Unternehmer typischerweise nicht zu unüberlegten Kreditaufnahmen verlocken; wer beruflich oder gewerblich Waren einkauft, bedenkt solche Geschäfte typischerweise im Hinblick auf die Erfordernisse seines Unternehmens.[27] Die unterschiedliche Herangehensweise hat nicht nur psychologische Gründe, sondern beruht zweitens auch darauf, daß Verbraucher typischerweise nicht über dieselbe Routine und Geschäftserfahrung verfügen wie Unternehmer und ihnen für die Ausführung des Geschäfts auch nicht dieselbe Infrastruktur zur Verfügung steht. Zumal größere Unternehmen haben typischerweise spezialisierte Mitarbeiter und die für eine überlegte Entscheidung erforderlichen Einrichtungen. Schließlich hat der Verbraucher als Vertragspartner von Unternehmern drittens in *einzelnen* Fällen ein geringeres wirtschaftliches *Verhandlungs*gewicht als ein Unternehmer:[28] Der Unternehmer kann die Bedingungen für die Führung seines Geschäftskontos oder für die Lieferung von Waren typischerweise besser verhandeln als ein Privatmann.

Allerdings lassen sich für diese empirischen und soziologischen Annahmen zumeist auch Gegenbeispiele benennen.[29] So mag sich ein Gewerbetreibender ebenso wie ein Privatmann dazu verleiten lassen, einen zu großen Geschäftswagen oder einen zu großen Schreibtisch zu kaufen. Ein Klempner hat für den Kauf eines Geschäftswagens dieselbe Routine und Erfahrung wie für den Kauf eines Privatwagens. Für zahlreiche Gegenstände wie etwa den Einkauf von Kopierpapier spielt das Verhandlungsgewicht nur eine verhältnismäßig geringe Rolle; auch hier ist ein geringeres Schutzbedürfnis zumal von kleinen Unternehmen oftmals nicht gegeben. Und umgekehrt bedarf der Rechtsanwalt oder Wirtschaftsprüfer im Einzelfall (sicher keineswegs immer) bei Privatgeschäften keines größeren Schutzes als bei beruflichen.[30] Indes ist die Notwendigkeit einer klaren Grenzziehung nicht zu bestreiten. Für die Grenzziehung bietet sich die Dichotomie von Unternehmern und Verbrauchern im Europäischen Vertragsrecht besonders an, weil sie hinreichend formal ist, um unabhängig von dem nationalen Rechtssystem erkennbar zu sein, andererseits aber hinreichend sachnah ist, um einen sachgerechten Schutz zu ermöglichen.[31]

---

[27] Diese Erfordernisse dürfen selbstverständlich nicht auf ökonomische Zielsetzungen verengt werden. Zwar muß jeder Unternehmer auf die Dauer zumindest auch ökonomische Ziele verfolgen, doch kann er diese zugunsten anderer, z.B. ökologischer oder anderer altruistischer Ziele bis zu einem gewissen Grad zurückstellen.

[28] Als allgemeine Begründung eines Verbraucherschutzes ist das Verhandlungsgewicht indes abzulehnen; *Grundmann* AcP 202 (2002) 40.

[29] Kritisch zur Einteilung in privates und berufliches/gewerbliches Handeln *Medicus* FS Kitagawa, S. 485.

[30] Vgl. LG München I, MDR 1996, 37f.: Abschluß eines Vertrags durch die niedergelassene Ärztin in ihrer Praxis mit dem unbestellten Vertreter als „Haustürgeschäft" (ohne Angabe zum Vertragsgegenstand).

[31] Für die sachlich entsprechende Frage, ob die „strukturelle Ungleichgewichtslage" ein taugliches Aufgreifkriterium für den Grundrechtsschutz im Vertragsrecht weist *Hillgruber* AcP 191 (1991) 68, 85 zu Recht darauf hin, daß diesem pauschalierenden Merkmal auch eine freiheitswahrende Funktion zukommt.

Die Tragfähigkeit der Unterscheidung wird besonders im Vergleich mit dem Abgrenzungskriterium der Eintragung als Kaufmann (so noch § 8 AbzG, § 53 BörsG) oder der Kaufmannseigenschaft deutlich. Jedenfalls mit der Maßgabe der Eintragung ist der Kaufmannsbegriff ein ganz ungeeigneter Anknüpfungspunkt für den Schutz im Transaktionsrecht, da die Eintragung nicht ohne weiteres erkennbar ist. Für das Europäische Vertragsrecht kam er schon mangels einheitlicher Verwendung in den Mitgliedstaaten als Abgrenzungsmerkmal nicht in Betracht.[32] In der aus dem deutschen Recht bekannten Form führt er im übrigen deswegen zu Fehlallokationen des Schutzes, weil die Konzentration auf das Handelsgewerbe eine Abgrenzung bedeutet, die für den Schutz der wirtschaftlichen Selbstbestimmung nicht überzeugt.[33] Die Unterscheidung nach dem Tätigkeitszweck – unternehmerisch oder privat – überzeugt demgegenüber zumindest in einem weiten Kernbereich.[34] Und ob ein Vertragspartner für berufliche oder private Zwecke handelt, ist – anders als die Eintragung in ein Register –[35] auch relativ leicht zu erkennen, zumal es in vielen Bereichen sogar getrennte Vertriebswege für Privat- und Geschäftskunden gibt. Die vor allem bei doppeltem Geschäftszweck (privat/beruflich) auftretenden Abgrenzungsschwierigkeiten[36] wiegen demgegenüber weniger schwer. Die Unterscheidung von Verbraucher und Unternehmer überzeugt auch als Abgrenzung des Schutzbereichs typischerweise durchaus, ungeachtet der genannten Einzelfälle fehlerhafter Schutzgewährung. Unternehmer handeln meist „professionell“, Verbraucher tendenziell eher „unprofessionell“.

Endlich ist es auch aus normativen Erwägungen gerechtfertigt, Unternehmer von besonderen Schutznormen auszunehmen, die Verbrauchern zugegeben werden. Es wird nicht nur angenommen, daß sie „professionell“ handeln können und dies regelmäßig auch tun: das wird von ihnen auch erwartet.[37] Der Grund für solche Verhaltensanforderungen liegt natürlich zum einen in der Annahme, daß sie erfüllt werden können.[38]

---

[32] Vgl. zum deutschen und französischen Handelsrecht *Kort* AcP 193 (1993) 453–480, der freilich trotz unterschiedlicher Ausgangspunkte des deutschen und französischen Kaufmannsbegriffs Konvergenzen feststellt (S. 466f.).

[33] Vgl. *Drexl* Wirtschaftliche Selbstbestimmung, S. 402f. (zum AbzG).

[34] *Hopt* AcP 183 (1983) 608–720 (selbständiges Auftreten am Markt [Definition S. 670–672] als Grundlage für die Berufshaftung); *Canaris* Handelsrecht, § 1 III 2b (S. 13f. Rn. 33–37) (der die §§ 53 BörsG, 29, 38 ZPO u.a. deswegen kritisiert, weil dort anders als bei § 343 HGB keine Unterscheidung nach Zweck des Handelns erfolgt.); *Medicus* JuS 1996, 761, 762 und 767; zur Diskussion um den Kaufmannsbegriff zur Bestimmung der handelsrechtlichen Normadressaten nur *Neuner* ZHR 157 (1993) 243–290 (rügt die willkürliche Abgrenzung).

[35] Auch wenn künftig einmal ein EDV-gestütztes Europäisches Handelsregister zur Verfügung stehen sollte, liegt es nahe, für die Vielzahl der kleineren Geschäfte, für die sich eine Registereinsicht meist nicht lohnt, an der sinnfälligen oder doch leicht zu klärenden Grenzziehung zwischen Unternehmer und Verbraucher festzuhalten.

[36] Dazu kritisch etwa *Remien* ZEuP 1994, 34, 42.

[37] S.a. *Hopt* AcP 183 (1983) 608, 645–655 und *passim; Larenz/Canaris* Schuldrecht II/2, § 84 VI 1a (S. 644) (zur rechtsethischen Legitimation der verschuldensunabhängigen Produkthaftung auch bei abstrakt nicht gefährlichen Produkten; – kritisch in Bezug auf Kleinunternehmer).

[38] Anderes gilt freilich bei der Haftung für ein ausnahmsweise erlaubtes Risiko (Gefährdungshaftung), für die es auf die Verletzung eines Verhaltensmaßstabs (Pflichtverletzung) nicht ankommt.

Soweit es um die im Vertragsrecht relevanten Schutzbestimmungen geht, hängt die Ausnahme von Unternehmern aber auch mit dem System des unverfälschten Wettbewerbs zusammen. Danach ist es Teil der vom Markt honorierten Leistung des Unternehmers, daß dieser Einkauf, Finanzierung und Personal im Hinblick auf die Leistung, die er anbieten möchte, möglichst effizient organisiert. Dem entspricht es, außerhalb grober Fehlentwicklungen, Defizite einzelner Unternehmer nicht dadurch auszugleichen, daß ihren Vertragspartnern Schutzpflichten auferlegt werden. Die typischen Verbraucherschutzinstrumente – Informationspflichten und Widerrufsrechte – wären als Unternehmerschutzrechte mit dem Wettbewerbsmechanismus nur schwer vereinbar. Insbesondere die Erlangung der für den Vertragsabschluß entscheidenden Information ist eine typische unternehmerische Leistung im Wettbewerb. Deswegen kommt es grundsätzlich nicht in Betracht, den Wettbewerbsfaktor Information durch egalisierende Informationspflichten auszuschalten, es sei denn, Fehlentwicklungen oder besondere Umstände würden dies erforderlich machen. Vom System des Wettbewerbs ist es auch verständlich, daß besondere Schutzvorschriften auch zugunsten „kleinerer Unternehmer“[39] und grundsätzlich auch zugunsten von Unternehmensgründern nicht vorgesehen sind. Deren Unternehmenserfolg ist damit ganz dem Markt überlassen und – im äußersten Fall – der Insolvenz. Nicht das Vertragsrecht, sondern das Insolvenzrecht und das Subventionsrecht (bzw. die Subventionspolitik) regeln daher den Schutz und die Förderung „kleinerer Unternehmer“; vom Standpunkt des unverfälschten Wettbewerbs ist das nur folgerichtig.[40]

Einer weiteren Begründung bedarf die Schutzbereichsabgrenzung allerdings für juristische Personen, die nicht zu beruflichen oder gewerblichen Zwecken handeln, denn auch für diese gilt der besondere Schutz des Verbrauchervertragsrechts nicht.[41] Dies kann man nicht damit erklären, daß ihre Einbeziehung in den Schutzbereich dem Wettbewerbssystem widersprechen würde. Eine einfache Begründung dafür, daß die besonderen Verbraucherschutzregeln juristische Personen nicht erfassen, die zu nicht-gewerblichen/-beruflichen Zwecken handeln, kann man darin sehen, daß diese keine erhebliche

[39] Eine fest umrissene Personengruppe soll damit nicht bezeichnet sein, gemeint sind die von den Kritikern des Europäischen Verbraucherschutzes gelegentlich angeführten Unternehmen, die in bestimmten Situationen eines ähnlichen Schutzes bedürfen können wie Verbraucher, z.B. der Fliesenleger beim Kauf eines Firmenwagens. An dieser Stelle nicht zu erörtern ist, daß Erwägungen der Belastungsgerechtigkeit, der Gleichbehandlung und der Verhältnismäßigkeit durchaus einen Schutz von Kleinunternehmen erfordern können, soweit diesen distributive Lasten auferlegt werden; dazu *Canaris* Iustitia distributiva, S. 94–96, 111–115.

[40] Die Kritik von *Medicus* FS Kitagawa, S. 485 überzeugt daher nicht; wer seine Kosten dauerhaft nicht auf die Preise überwälzen (oder von dem steuerpflichtigen Einkommen abziehen) kann, der kann auf dem Markt nicht erfolgreich anbieten. Die „existenzbedrohende Risikohäufung“ ist die Kehrseite der Gewinnchancen des Unternehmers und zu Recht grundsätzlich nicht Gegenstand des Vertragsrechts, sondern des Insolvenzrechts. Übrigens können ja auch nach deutschem Recht Kaufleute – zu denen auch Klempner gehören können – unter erleichterten Voraussetzungen risikohafte Geschäfte abschließen, § 350 HGB.

[41] Kritisch *Faber* ZEuP 1998, 854, 864; *Pfeiffer* in: Rechtsangleichung und nationale Privatrechte, S. 38–40; *Remien* ZEuP 1994, 34, 42.

Relevanz für den Binnenmarkt haben und ihr Schutz daher kein wesentliches Regelungsanliegen der Gemeinschaft ist. Versteht man den Ausschluß von Idealvereinen aus dem Schutzbereich nicht auf diese Weise als Verweisung an die Mitgliedstaaten, so kann man darin eine Verweisung an das Organisationsrecht der juristischen Person sehen. Wer für einen Idealverein handelt, muß in dieser Eigenschaft den strengeren Anforderungen professionellen Handelns genügen; dafür gibt es im Organisationsrecht für wichtigere Geschäfte regelmäßig auch Schutzmechanismen.[42] Zu unerwünscht harschen Ergebnissen wird diese Abgrenzung des persönlichen Schutzbereichs des Verbrauchervertragsrechts schon deswegen nicht führen, weil das Europäische Vertragsrecht nur auf dem nationalen Vertragsrecht aufbaut und daher die allgemein-vertragsrechtlichen Schutzmechanismen der mitgliedstaatlichen Rechtsordnungen vorausgesetzt werden können.

Insgesamt erscheint daher der Verbraucherbegriff ungeachtet der Möglichkeit von Fehlallokationen in Randbereichen durchaus als sinnvolles Kriterium für die Abgrenzung des persönlichen Schutzbereichs. Mit der Zuerkennung besonderen Schutzes im Vertragsrecht folgt der Gesetzgeber nicht nur einem politischen Opportunismus, sondern er trägt nachvollziehbaren und als schwerwiegend bewerteten Mängeln des Vertragsmechanismus Rechnung.[43] Da es sich dabei um bestimmte abgegrenzte Voraussetzungen handelt, greift auch insoweit der „Phantom-Vorwurf" nicht durch.[44]

## II. Verbraucherschutz und Jedermannsschutz

### 1. Der Verbraucherbegriff als personenbezogenes Merkmal zur Abgrenzung des Schutzbereichs

Mit dem Verbraucherbegriff (im technischen Sinne) grenzt der Gesetzgeber den persönlichen Schutzbereich der Regelungen ab. Die Verbrauchereigenschaft einer Person ist damit eine Voraussetzung für die Gewährung von besonderem Schutz. Indes werden Verbraucher *nicht schlechthin* als Vertragspartner (Teilnehmer am rechtsgeschäftlichen

---

[42] So auch *Kapnopoulou* Recht der mißbräuchlichen Klauseln, S. 35; Grabitz/Hilf II-*Martinek* A 13 (TSRL) Art. 2 Rn. 106.

[43] Zu Recht verweist *Singer* Selbstbestimmung und Verkehrsschutz, S. 33–39 für einen Ausgleich zwischen formaler Vertragsfreiheit und materieller Vertragsgerechtigkeit auf eine primär verfahrensrechtliche Lösung, die an den „Primat des Gesetzgebers und [die] Intensität der Paritätsstörung" anknüpft; auch *Singer* geht dabei von einem grundsätzlichen Vorrang der formalen Selbstbestimmungsfreiheit aus (S. 39–43).

[44] Als juristische Form des Phantoms der Oper hatte *Zöllner* AcP 196 (1996) 1, 23 die Disparität bezeichnet, wenn sie ungeachtet ihrer mangelnden Feststellbarkeit als Grund für die Inhaltskontrolle von Verträgen herangezogen wird. Vom „Phantom in den opera des europäischen und deutschen Rechts" spricht auch *Dreher*, JZ 1997, 167–178.

Verkehr) geschützt, sondern nur in einzelnen Hinsichten.[45] Nicht (allein) der „Status“ als Verbraucher oder seine „strukturelle Unterlegenheit“, sondern wesentlich (auch) die spezifischen Defizite in einzelnen Regelungssituationen begründen die Schutzbedürftigkeit. Die Verbrauchereigenschaft ist zwar ein notwendiges Tatbestandsmerkmal für die Gewährung besonderen (Verbraucher-) Schutzes im Vertragsrecht, dafür aber nicht schon hinreichend.[46] Verbraucherschutz ist daher nur ein allgemeiner Rahmen für die betreffenden Regelungen des Europäischen Vertragsrechts, der für spezielle Schutzsituationen näher ausgefüllt wird.

## 2. Andere Abgrenzungen des persönlichen Schutzbereichs

Darüber hinaus ist die Verbrauchereigenschaft auch nicht stets Voraussetzung für die Anwendung von vertragsrechtlichen Schutzvorschriften. Das hat sich bereits für die Pauschalreiserichtlinie gezeigt, in der die geschützten Personen zwar als „Verbraucher“ bezeichnet werden, Verbraucher aber nicht durch ihre Rolle als privat Handelnde gekennzeichnet sind, sondern allein als Empfänger von Pauschalreisedienstleistungen. Neben der Pauschalreiserichtlinie gibt es auch andere Regelungen für einzelne Vertragstypen, die jedermann und nicht nur Verbraucher als Vertragspartner schützen. Hierzu zählen die Handelsvertreterrichtlinie, die Überweisungsrichtlinie, die Wertpapierdienstleistungsrichtlinie und die Versicherungsrichtlinien; darüber hinaus enthält auch die E-Commerce-Richtlinie neben Verbraucherschutzvorschriften Schutzvorschriften zugunsten von jedermann. Auch bei diesen Regelungen ist der Verpflichtete indes ein Unternehmer.

## 3. Zur Sachgerechtigkeit der Abgrenzung des persönlichen Schutzbereichs in den einzelnen Rechtsakten

Betrachtet man die Schutzbereichsabgrenzungen der einzelnen Rechtsakte, so ergibt sich auf der Grundlage dieser Erwägungen zur ratio der Grenzziehung ein recht stimmiges Bild.

---

[45] Zutreffend *Kleindieck* in: Binnenmarkt, IPR und Rechtsangleichung, S. 304–306; *Pfeiffer* in: Rechtsangleichung und nationale Privatrechte, S. 27–30; Grabitz/Hilf II-*Pfeiffer* A 5 (AGBRL) Vorbem. Rn. 25.

[46] Verfehlt ist deshalb die Kritik von *Medicus* FS Kitagawa, S. 484–486 und *Roth* JZ 1999, 529, 531f., denn die – in der Tat grob vereinfachende – Unterscheidung von Verbraucher und Gewerbetreibendem dient nur als *ein Element* für die Begründung von Schutzvorschriften. Der so bestimmte Verbraucher wird nicht generell, sondern nur vor bestimmten, sachlich eng abgegrenzten Gefahren geschützt; vgl. *Grundmann/Kerber/Weatherill* in: Party Autonomy, S. 21f. Zu pauschal auch *Hommelhoff* Verbraucherschutz im System, S. 5, zutreffend aber aaO S. 46f.

### a) *Schutz von Verbrauchern und Unternehmern*

Im Grundsatz überzeugend ist zunächst die Schutzbereichsabgrenzung der Regelungsakte, die nicht nur die (als privat Handelnde definierten) Verbraucher i.e.S. schützen. Das sind die Pauschalreiserichtlinie, die Wertpapierdienstleistungsrichtlinie und die Versicherungsrichtlinien.

Bei Pauschalreiseverträgen handelt es sich um Dienstleistungen, bezüglich derer auch von Unternehmen herkömmlich keine besondere Sachkunde erwartet wird; im übrigen ist es präzise die Dienstleistung der Veranstalter bzw. der Vermittler als Intermediäre, die spezialisierte Sachkunde zusammenzufassen und zu vermitteln.[47] Der Schutz der Wertpapierdienstleistungsrichtlinie beruht nicht auf der groben Zweiteilung in Verbraucher und Gewerbetreibende, die Wohlverhaltensregeln des Art. 11 WpDRL enthalten die gleichsam stufenlose Abstimmung der Beratungspflichten auf den Grad der Professionalität; das erscheint dem besonderen Geschäftsgegenstand angemessen, der außerordentlich große und oftmals unerwartete Risiken bergen kann. Ähnliches gilt für die – freilich eher vereinzelten – Regelungen für (Erst- oder) Direktversicherungsverträge, die alle Versicherungsnehmer schützen; anders als im Bereich der Rückversicherung, wo alle Beteiligten über einen hohen Grad spezialisierter Sachkunde verfügen und daher keines besonderen Schutzes bedürfen, sind im Bereich der Direktversicherung aufgrund der Spezialität der Themengebiete alle Versicherungsnehmer gleichermaßen schutzbedürftig.

### b) *Beschränkung des Schutzes auf privat Handelnde*

Weitgehend überzeugend ist auch die Beschränkung weiterer Schutzvorschriften auf Verbraucher als privat Handelnde. Das gilt zunächst für die Vertriebsregelungen in Haustürgeschäfte- und Fernabsatzrichtlinie. Die besonderen Umstände des Vertragsschlusses mit ihren Überraschungs- und Verlockungselementen einerseits und der Beschränkung der Vergleichsmöglichkeit am Markt andererseits können leicht dazu führen, daß sich eine Privatperson zu einem unüberlegten Vertragsentschluß hinreißen läßt. Hingegen handelt regelmäßig nicht so unüberlegt, wer zu beruflichen oder gewerblichen Zwecken tätig ist, z.B. der von einem Vertreter aufgesuchte Arzt[48] – oder Einkaufsleiter eines Supermarktes. Aus den genannten normativen Erwägungen (soeben I 4 S. 256–260) ist von Unternehmern ungeachtet der Vertriebsumstände auch eine professionelle Besonnenheit zu erwarten.

Entsprechendes gilt für die Verlockungen, die von Kreditangeboten ausgehen. Mag sich auch der privat Handelnde davon zum Vertragsschluß hinreißen lassen, so ist von dem Unternehmer bei der Finanzierung eine kühle Berechnung zu erwarten. Ein Unternehmer muß, will er am Markt bestehen, die Finanzierung solide planen und darf sich nicht von momentanen Verlockungen hinreißen lassen. Auch die Beschränkung der zwingenden Gewährleistungsregeln der Kaufgewährrichtlinie auf Verbraucherkäufe

---

[47] Ebenso die Interessenbewertung von *Neuner* AcP 193 (1993) 1, 18–20, der deshalb für das deutsche Recht eine Informationshaftung des Reisebüros aus culpa in contrahendo begründet.

[48] *Kapnopoulou* Recht der mißbräuchlichen Klauseln, S. 35f.

überzeugt.[49] Denn während privat Handelnde die Gewährleistungsfragen nicht bedenken mögen und eines Schutzes bedürfen können, kann man von einem Unternehmer erwarten, daß er sich um seine Belange selbst kümmert.

Zu Recht vielfach kritisiert ist hingegen die Bestimmung des persönlichen Schutzbereichs der AGB-Richtlinie.[50] Auch Unternehmer können des Schutzes vor nicht im einzelnen ausgehandelten Vertragsklauseln, besonders vor Allgemeinen Geschäftsbedingungen bedürfen, da eine rationale Auswahl zwischen AGB verschiedener Anbieter in effizienter Weise nicht möglich ist und der Markt nicht für die erforderliche Kontrolle sorgen kann. Befriedigend läßt sich die Schutzbereichsabgrenzung daher nur damit erklären, daß sich die Gemeinschaft insoweit auf die mitgliedstaatlichen Regelungen verlassen hat.

Zweifeln kann man auch an der Sachgerechtigkeit der Abgrenzung des persönlichen Schutzbereichs der Timesharingrichtlinie. Geht es bei Timesharingverträgen um sachlich ähnliche Geschäfte wie bei Pauschalreiseverträgen, so spricht dies hier wie dort für die Einbeziehung auch von Unternehmern in den Schutzbereich. Der Erwerb von Teilzeitnutzungsrechten durch Unternehmer kann durchaus auch praktisch relevant sein, z.B. mag ein Unternehmen sie für regelmäßige Seminarveranstaltungen[51] oder auch für seine Mitarbeiter erwerben oder ein Skilehrer mag ein Nutzungsrecht in einem Skigebiet für die Saison erwerben.

Einen Grenzbereich bilden die Unternehmensgrundgeschäfte: Unternehmensgründung und Unternehmensbeendigung. Mit dem Schutz des Unternehmers bei Geschäften betreffend die Unternehmensveräußerung hatte sich der EuGH im Fall *Di Pinto* zu befassen.[52] Dort ging es um die Frage, ob der Vertrag eines Unternehmers, der der Vorbereitung des Unternehmensverkaufs diente (Inserat), in den Anwendungsbereich der Haustürgeschäfterichtlinie fällt.[53] Der EuGH verneint das. Nach der formalen Unterscheidung anhand des Vertragsgegenstands ist die Entscheidung des EuGH, wonach dieser Vertrag nicht der Haustürgeschäfterichtlinie unterfällt (vom nationalen Recht aber einem entsprechenden Schutz unterstellt werden kann) zutreffend. Mit dem Zweck der Regelung ist die Entscheidung vereinbar, weil für solche Geschäfte der Marktmechanismus grundsätzlich angemessen ist. Soweit der Ausschluß aus dem Schutz-

---

[49] Eine andere Frage ist, ob zwingende Vorschriften hier so weitgehend zu befürworten sind; dazu näher unten, § 17 A II 5 (S. 490–494).

[50] *Kapnopoulou* Recht der mißbräuchlichen Klauseln, S. 36f.; *Kretschmar* Richtlinie über mißbräuchliche Klauseln, S. 61; *Joerges* ZEuP 1995, 181, 184; R. *Van den Bergh* in: Leuven-Tagung (www-Fassung), S. 16 (sub 3.5).

[51] Beispiel von *Martinek* ZEuP 1994, 470, 474. Für Unternehmen praktisch wichtiger kann der Timesharingvertrag über andere Gegenstände als Immobilien sein, die die Richtlinie allein erfaßt; dazu nur den Hinweis bei *Martinek* ZEuP 1994, 470, 473.

[52] EuGH v. 14.3.1991 – Rs. C-361/89 *Di Pinto* Slg. 1991, I-1189. Ebenso zu Art. 13 EuGVÜ EuGH v. 7.3.1997 – Rs. C-269/95 *Benincasa ./. Dentalkit* Slg. 1995, I-3767 Tz. 11–19.

[53] In dem zugrunde liegenden Fall ging es um Verträge über Verkaufsinserate in einer Zeitschrift, die Vorlagefrage war indes so weit gefaßt wie im Text dargestellt; EuGH v. 14.3.1991 – Rs. C-361/89 *Di Pinto*, Slg. 1991, I-1189 Tz. 12.

bereich mit der typischerweise gegebenen Geschäftserfahrung des Unternehmers begründet wird, überzeugt die Entscheidung ebenfalls, da von dem Inhaber die gründliche Kenntnis seines Unternehmens und dessen Wertes ebenso zu erwarten ist wie die überlegte Entscheidung über die Veräußerung bzw. die Entscheidung, dafür mit einer Anzeige Angebote einzuholen.

Anders können Verträge zur Unternehmensgründung zu beurteilen sein, z.B. über sog. Existenzgründungsdarlehen. Weil dem Gründer die geschäftliche Erfahrung oftmals noch fehlt, wird insofern aus guten Gründen eine Erweiterung der Verbraucherkreditrichtlinie erwogen.[54] Eine solche Begünstigung von Unternehmensgründern ist nicht primär vom Standpunkt des Markt- und Wettbewerbssystems zu bewerten, sondern von ihrem zentralen Zweck der Wirtschaftsförderung. Die erforderliche zweiseitige Begründung[55] des Schutzes von Unternehmensgründern im Verhältnis zu ihren Vertragspartnern (Kreditinstituten) kann man in der Werbungsaktivität der Kreditinstitute und der Verbindung von Vorteil und Lasten sehen, die mit der Gewährung von Gründungsdarlehen einhergehen.

## III. Zu den „Leitbildern" von Verbraucher und Unternehmer

Verbraucherschutz wird im Europäischen und deutschen Privatrecht zunehmend unter dem Stichwort des „Verbraucherleitbildes" erörtert.[56] Ausgangspunkt war, soweit zu sehen, die Kontrolle des deutschen Wettbewerbsrecht auf seine Vereinbarkeit mit den Grundfreiheiten. Während der Bundesgerichtshof in ständiger Rechtsprechung die Frage der Irreführung von Werbung unter Bezug auf das Leitbild eines flüchtigen Verbrauchers beantwortete, hat der EuGH dem mit Rücksicht auf die Erfordernisse des Binnenmarktes das Leitbild des mündigen Verbrauchers gegenübergestellt. Das Leitbild des flüchtigen Verbrauchers ist empirisch definiert über das Verständnis eines nicht unerheblichen Teils der angesprochenen Verkehrskreise, und nicht unerheblich kann schon ein Anteil von 10–15% sein.[57] Der mündige Verbraucher hingegen ist

---

[54] Dazu Staudinger-*Kessal-Wulf* VerbrKrG Einl. Rn. 4. Nach § 507 BGB kommen auch natürliche Personen, die Existenzgründungsdarlehen von bis zu 50000 Euro aufnehmen, in den besonderen Schutz für Verbraucherkredite; zur ratio BT-Drs. 11/5462 S. 34. S.a. *Pfeiffer* in: Rechtsangleichung und nationale Privatrechte, S. 35–37.

[55] S.o. § 11 II 2 (S. 246f.).

[56] S. z.B. *Höland* FS Reich S. 195–219 (der Entwicklung und Perspektiven der Leitbilder des Europäischen Verbraucherrechts aufzeigt); *Hommelhoff* Verbraucherschutz im System, *passim* (er bezeichnet damit aber wohl mindestens zwei verschiedene Gegenstände, nämlich die normativen Anforderungen an den Verbraucher, die sich aus dem positiven Recht ergeben einerseits, und die rechtspolitischen Anforderungen, die an einen Verbraucher gestellt werden sollen andererseits).

[57] Z.B. BGH, GRUR 1979, 716 (Kontinent-Möbel); BGH, NJW 1988, 711; vgl. aber jetzt BGH, NJW 1996, 3419 (PVC-frei); BGH, NJW 1999, 3491, 3493 (EG-Neuwagen II); BGH, WRP 2000, 517 (Orient-Teppichmuster); zur Kritik nur Baumbach/*Hefermehl* Einl UWG Rn. 647–649; *Emmerich* FS Gernhuber, S. 769–872.

ein „durchschnittlich informierter, aufmerksamer und verständiger Durchschnittsverbraucher".[58]

Das Verbraucherleitbild bedeutet keine empirische Feststellung, es handelt sich um ein normatives Bild, das zwar von den Fähigkeiten des Verbrauchers ausgeht,[59] im übrigen aber rechtliche Anforderungen definiert, die an ihn und sein Verhalten zu stellen sind. Es kommt nicht darauf an, ob der Verbraucher wirklich informiert ist und verständig handelt, das Europäische Recht verlangt das von ihm. Auch dann, wenn das Verbraucherleitbild aufgrund von empirischen Feststellungen formuliert wird, z.B. aufgrund einer Feststellung über das Verhalten von 10% der Verbraucher, handelt es sich um ein normatives Leitbild, denn schon die Definition der Referenzgröße von 10% ist eine normative Festlegung. Da das Verbraucherleitbild nicht nur zugunsten von Verbrauchern wirkt, sondern, z.B. wenn es zum Verbot bestimmter Werbung(sinformation) führt, auch zu ihren Lasten, wäre selbst die Bezugnahme auf den am einfachsten strukturierten (noch geschäftsfähigen) Verbraucher eine normative Festlegung. Normativ ist selbstverständlich auch eine Bestimmung des Verbraucherleitbildes nach ökonomischen Kriterien (Modell des vollständigen Vertrags und REM-Hypothese) oder dem Maßstab von Treu und Glauben.[60]

Ist das Verbraucherleitbild notwendig normativ bestimmt, so erweist es sich zugleich als eine bloß formelhafte Umschreibung der maßgeblichen Wertungen. Der Struktur nach handelt es sich daher um ein Tatbestandsmerkmal, also eine Form der Regel, das in Kurzform den Ausgleich von verschiedenen Prinzipien zusammenfaßt. Daher führt jede nähere Beschreibung des Verbraucherleitbildes oder auch eines Unternehmerleitbildes zu einer Erörterung der dahinter verborgenen Prinzipien. Beispielsweise geht es beim Verbraucherleitbild, das im Recht gegen den unlauteren Wettbewerb zur Bestimmung der irreführenden Werbung herangezogen wird, um den Ausgleich von Selbstbestimmung, Selbstverantwortung und Vertrauens- und Verkehrsschutz. Wegen der Bedeutung der Werbung für den Vertragsschluß handelt es sich, nicht von ungefähr, um ähnliche Prinzipien, die auch dem Recht der Vertragsverhandlungen und des Vertragsschlusses zugrunde liegen.

---

[58] EuGH v. 13.1.2000 – Rs. C-220/98 *Estée Lauder ./. Lancaster* Slg. 2000, I-117 Tz. 27; EuGH v. 28.1.1999 – Rs. C-303/97 *Kessler* Slg. 1999, I-513 Rn. 36; EuGH v. 12.3.1987 – Rs 178/84, *Kommission ./. Deutschland* Slg. 1987, 1227 Tz. 31–36 (Reinheitsgebot); EuGH v. 7.3.1990 – Rs. C-362/88, *GB-INNO* Slg. 1990, I-683 Tz. 13–19; EuGH v. 6.7.1995 – Rs C-470/93, *Verein gegen Unwesen ./. Mars* Slg. 1995, I-1923 Tz. 24; *Streinz/Leible* ebd. 1236–1241; *Emmerich* FS Gernhuber (1993), 857, 869–872; Baumbach/*Hefermehl* Einl UWG Rn. 647–649.

[59] Zutreffend weist *Kind* Grenzen des Verbraucherschutzes durch Information, S. 92–106 darauf hin, daß der Gesetzgeber wegen des mit dem Verbraucherschutz verbundenen Eingriffs in die Vertragsfreiheit unter dem Gesichtspunkt der Verhältnismäßigkeit (Eignung, Erforderlichkeit) in gewissem Umfang gebunden ist, von den tatsächlichen Fähigkeiten des Verbrauchers auszugehen. Allerdings wird man dem Gesetzgeber auch die Befugnis zuerkennen müssen, das Verbraucherverhalten durch seine Rechtsetzung zu formen.

[60] *Drexl* Wirtschaftliche Selbstbestimmung, S. 421–423 (zur REM-Hypothese) und S. 423–430 (zum Maßstab von Treu und Glauben; „Vertragsmodell"); s.a. *Kind* Grenzen des Verbraucherschutzes durch Information, S. 504–537.

Leitbilder wie das des Verbrauchers oder das – freilich seltener erörterte – des Unternehmers haben daher eine Vermittlungs- und Vereinfachungsfunktion. Sie erweisen sich als eine Kurzformel, die gerade durch ihre bildliche Umschreibung einfach zu handhaben ist. Ähnliche Bilder werden auch in anderen Rechtsbereichen herangezogen, bekannt ist etwa der „man on the Clapham omnibus", der im englischen Recht zur Bestimmung des Sorgfaltsmaßstabs herangezogen wird.[61] Richtig erfaßt und gehandhabt kann ein solches Leitbild vor allem für die Praxis als ein wertvolles Hilfsmittel für die folgerichtige Gestaltung des Rechts dienen. Zumal in kritischen Fällen hilft hingegen das „plakative Zitieren von der Rechtsprechung eingeführter Verbraucherattribute" indes nicht weiter, sondern lenkt von den zugrunde liegenden Wertungen ab.[62] Vor allem wenn das Verbraucherleitbild den Blick darauf verstellt, daß die ihm zugrunde liegenden Wertungen an ganz verschiedenen Stellen des Rechtssystems zum Tragen kommen – bei der Beurteilung irreführender Werbung ebenso wie bei der Beurteilung von Familienbürgschaften –, kann es die folgerichtige Ausbildung der Rechtsordnung nicht gewährleisten.[63] Eine Schwierigkeit bei der Handhabung eines solchen Leitbildes ist zudem, daß darin nur ein Teil der maßgeblichen Wertungen zum Ausdruck kommt, nämlich z.B. diejenigen, die sich auf die Verantwortung des Verbrauchers und die Fürsorge für ihn beziehen. Die verschiedenen Regelungen sind hingegen ganz regelmäßig auch von anderen Wertungen mitbestimmt, etwa dem Prinzip der Wettbewerbsfreiheit oder des Vertrauensschutzes des anderen Teils. Will man all diese Wertungen in einem Verbraucherleitbild zusammenführen, so kommt man zwangsläufig für verschiedene Regelungsbereiche zu verschiedenen Verbraucherleitbildern.[64] So kann es etwa gerechtfertigt sein, zu Zwecken eines regen Wettbewerbs beim Irreführungsverbot von einem verständigeren Verbraucher auszugehen als im Recht des Vertragsschlusses, bei dem der einzelne viel intensiver betroffen ist. Andererseits können in das Verbraucherleitbild auch unterschiedliche Wertungen einfließen, je nachdem, um welchen Schutzasepkt es geht, und zwar auch dann, wenn die betreffenden Regeln ähnliche bzw. nah verwandte Rechtsfolgen auslösen. Ein Beispiel dafür bilden Informationspflichten gegenüber Verbrauchern, die im rechtsgeschäftlichen Verkehr wesentlich auf dem Prinzip der wirtschaftlichen Selbstbestimmung beruhen können, im Deliktsrecht hingegen auf dem Prinzip des Rechtsgüterschutzes. Diese unterschiedlichen Prinzipien, die den jeweiligen Verbraucherleitbildern zugrunde liegen, begründen, warum für die Beurteilung der Irreführung das Bild eines mündigen Verbrauchers zugrunde gelegt werden kann (denn dadurch wird gleichzeitig ein Mindestschutz der Verbraucher und die Informationsmöglichkeit durch Werbung gewährleistet), andererseits aber, und durchaus ohne inneren Widerspruch, im Bereich

---

[61] Siehe nur die Glosse von *Zimmermann* ZEuP 1994, 733–735.

[62] *Drexl* Wirtschaftliche Selbstbestimmung, S. 427, der freilich die hier hervorgehoben Unterscheidung von Regel- und Prinzipienebene nicht (explizit) trifft.

[63] Ebenso *Drexl* Wirtschaftliche Selbstbestimmung, S 427, der mit Rücksicht auf das zitierte Beispiel eine „Rechtsprechung voller Wertungswidersprüche" rügt; nicht die mangelnde Folgerichtigkeit der Durchführung, sondern das Verbraucherleitbild des deutschen Rechts selbst kritisiert hingegen *Dreher* JZ 1997, 167, 172–174.

[64] Ähnlich Dauses-*Lecheler* Handbuch, H.V Rn. 35.

der Produkthaftung die Informationspflichten am Maßstab des flüchtigen Verbraucher bestimmt werden können.[65]

Leitbilder sind daher von nur begrenztem Wert, als griffige Kurzformel können sie vor allem in der Praxis hilfreich sein, in Zweifelsfällen drohen sie indes, die entscheidenden Wertungen zu verschleiern. So wie Rechtsbegriffe in Regeln sind auch Leitbilder nur so viel wert, wie man in sie hineinlegt. Die maßgeblichen Wertungen für die Entscheidung sind in jedem Fall dem positiven Recht zu entnehmen, auch dann, wenn man zunächst auf einer mittleren Ebene ein Verbraucherleitbild definiert. Die Leitbilder von Verbraucher und Unternehmer werden daher in der vorliegenden Arbeit nicht verwendet und sind an dieser Stelle nicht näher zu untersuchen.

## B. Effektive Umsetzung von Pflichten mit unbestimmten Sanktionsvorschriften

Nicht selten begnügt sich das Europäische Vertragsrecht damit, Pflichten zu normieren, ohne indes die Rechtsfolgen vollständig zu bestimmen (I). Die Reichweite der Umsetzungsverpflichtung ist dann nach allgemeinen Grundsätzen zu ermitteln (II). Daraus kann sich praktisch nicht selten eine Pflicht ergeben, die gemeinschaftsrechtlich begründeten Pflichten durch Zuerkennung eines privatrechtlichen Individualrechts zu sanktionieren (III).

### I. Unbestimmtheit oder Fehlen von Rechtsfolgenanordnungen

So wie allgemein im Europäischen Richtlinienrecht begegnen auch im Europäischen Privatrecht zahlreiche Normen, die entweder gar keine Rechtsfolgenanordnungen vorsehen oder diese nur ganz unbestimmt enthalten.[66] Das kann zum einen Ausdruck des Subsidiaritätsprinzips sein, zum anderen dem Schutz des nationalen Rechtssystems vor zu weitgehenden Störungen dienen. Allerdings enthalten die Regelungen des Europäischen Vertragsrechts teils ganz definitive Rechtsfolgenanordnungen, z.B. die Zuerkennung eines Widerrufsrechts, die Verlängerung der Widerrufsfrist mangels Belehrung, die „Unverbindlichkeit" mißbräuchlicher Vertragsklauseln, die (zwingenden) Kaufgewährleistungsrechte, den Übergang von Rechten und Pflichten des Arbeitsvertrags auf den Erwerber usf. Für zahlreiche Pflichten fehlt indes eine ausdrückliche Rechtsfolgenanordnung. So sind Sanktionen für die Verletzung von Informationspflichten

---

[65] Die Beispiele stammen wieder von *Drexl* Wirtschaftliche Selbstbestimmung, S. 428f.; entgegen seiner Annahme dürften aber das laxere Verbraucherleitbild des Deliktsrechts nicht auf dem Prinzip der wirtschaftlichen Selbstbestimmung beruhen, sondern auf dem Prinzip der Rechtsgüterschutzes: Die erheblichen Gefahren für den einzelnen rechtfertigen es, die Gebrauchsanleitung für Kindertee „idiotensicher" zu gestalten; mit der wirtschaftlichen Selbstbestimmung hat das nichts zu tun.

[66] Z.B. Art. 10 TSRL: „Die Mitgliedstaaten regeln die Folgen der Nichtbeachtung der Bestimmungen dieser Richtlinie."

ganz regelmäßig nicht angeordnet (z.B. PRRL, FARL); für die Nachweisrichtlinie hat der Gesetzgeber auf eine Regelung sogar ausdrücklich verzichtet (Art. 6 NwRL). Die Richtlinie über irreführende Werbung gibt nur vor, daß die Mitgliedstaaten effektive Rechtsbehelfe vorsehen sollen, die *auch* eine Verbandsklagebefugnis umfassen (Art. 4 WerbRL). Das Transparenzgebot, das in der AGB-Richtlinie an verschiedenen Stellen vorkommt, ist gemeinschaftsrechtlich nur durch die *contra proferentem*-Regel und die bedingte Kontrollfreiheit von Hauptgegenstand und Äquivalenzverhältnis sanktioniert, für den allgemeinen Grundsatz des Art. 5 S. 1 fehlt eine Rechtsfolgenanordnung.[67] Das bekannteste und vor dem EuGH wohl am meisten erörterte Beispiel nicht-spezifizierter Rechtsfolgen ist Art. 6 der Gleichbehandlungsrichtlinie Arbeitsbedingungen (GbAbRL), wonach das nationale Recht jedem Betroffenen das Recht geben soll, wegen Diskriminierung „seine Rechte gerichtlich geltend [zu] machen".

Sieht die Gemeinschaftsregelung in diesen und anderen Fällen eine bestimmte Rechtsfolge auch nicht vor, so ergeben sich doch aus allgemeinen Grundsätzen der Durchsetzung des Gemeinschaftsrechts nähere Konkretisierungen. Nichts anderes als eine Verweisung auf diese allgemeinen Grundsätze ist auch die Vorschrift des Art. 20 EComRL: „Die Mitgliedstaaten legen die Sanktionen fest, die bei Verstößen gegen die einzelstaatlichen Vorschriften zur Umsetzung dieser Richtlinie anzuwenden sind, und treffen alle geeigneten Maßnahmen, um ihre Durchsetzung sicherzustellen. Die Sanktionen müssen wirksam, verhältnismäßig und abschreckend sein."

## II. Allgemeine Grundsätze: Äquivalenz und Effektivität

Die Mitgliedstaaten sind verpflichtet, gemeinschaftsrechtlich begründete Rechte und Pflichten effektiv durchzusetzen. Für die Umsetzung von Richtlinien kann man dieses Erfordernis schon Art. 249 Abs. 3 EG entnehmen,[68] allgemein folgt die Pflicht zur effektiven Durchsetzung des Gemeinschaftsrechts aus Art. 10 EG.[69] Aus der Rechtsprechung des EuGH ergeben sich zwei Grundsätze für die Umsetzung des Gemeinschaftsrechts, die auch die Konkretisierung unbestimmter Rechtsfolgenanordnungen bestimmen.[70] Nach dem Grundsatz der Äquivalenz müssen die Sanktionen für die Verletzung gemeinschaftsrechtlich begründeter Rechte verfahrensmäßig und inhaltlich jenen für die Verletzung von aus dem nationalen Recht abgeleiteten Rechten gleichwertig sein (1). Nach dem Grundsatz der Effektivität müssen die Sanktionen für die Verletzung gemeinschaftsrechtlich begründeter Rechte sicherstellen, daß diese Rechte effektiv durchgesetzt werden (2).

---

[67] S.a. *Beale* in: Good Faith and Fault, S. 247f.

[68] Für die Richtlinienumsetzung EuGH v. 10.4.1984 – Rs. 14/83 *von Colson und Kamann* Slg. 1984, 1891 Rn. 15; *Franzen* Privatrechtsangleichung, S. 296f. m.N. zum Streitstand.

[69] EuGH v. 16.1.1992 – Rs. C-373/90 *Ermittlungsverfahren gegen X* Slg. 1992, I-131 Rn. 7 („Nissan"); EuGH v. 13.11.1990 – Rs. C-106/89 *Marleasing*, Slg. 1990, I-4135 Rn. 8; EuGH v. 10.4.1984 – Rs. 14/83 *von Colson und Kamann* Slg. 1984, 1891 Rn. 26.

[70] *Tridimas* General Principles, S. 279–281.

## 1. Äquivalenz

Die konsequente Fortsetzung einer schonenden Gemeinschaftsrechtsetzung durch nur wenig konkretisierte Rechtsfolgenanordnungen ist der Grundsatz der Äquivalenz. Das Gemeinschaftsrechts respektiert danach grundsätzlich, daß jeder Mitgliedstaat die gemeinschaftsrechtlichen Regelungen systemgerecht in sein innerstaatliches Recht einpaßt.[71] Diese Systemgerechtigkeit wird den Mitgliedstaaten indes nicht nur nachgelassen, sondern von ihnen auch verlangt: Rechtsbehelfe zur Durchsetzung des Gemeinschaftsrechts müssen ebenso stark sein wie solche zur Durchsetzung entsprechenden nationalen Rechts.[72] Da eine Vermutung für die Funktionsfähigkeit der mitgliedstaatlichen Rechtssysteme spricht, genügt das Äquivalenzprinzip im allgemeinen zur effektiven Umsetzung gemeinschaftsrechtlicher Vorgaben. In dem Äquivalenzprinzip kann man daher eine Ausformung der gegenseitigen Anerkennung als gleichwertig sehen, denn mit seiner Hilfe wird nicht eine bestimmte Rechtsfolge vorgeschrieben, sondern nur die nach Maßstäben des nationalen Rechts effektive Sanktionierung.

## 2. Effektivität

So wie auch (sonst) bei der gegenseitigen Anerkennung als gleichwertig kann das Europäische Recht auch hinsichtlich des Umsetzungsspielraums nicht ohne Bestimmung gewisser Grenzen auskommen. Diese Grenzen müssen naturgemäß je nach Rechtsakt unterschiedlich ausfallen, allgemein lassen sie sich durch den Grundsatz der Effektivität beschreiben, der die Mitgliedstaaten verpflichtet, das Gemeinschaftsrecht effektiv umzusetzen. Welche Maßnahmen das im einzelnen erfordert, ergibt sich aus den Zwecken der einzelnen Regelungen.[73] Funktionsweise und Reichweite des Effektivitäts-

---

71 Zur Rücksicht auf das nationale Rechtssystem vgl. EuGH v. 14. 12. 1995 – Rs. C-312/93 *Peterbroeck* Slg. 1995, I-4599 Rn. 12–14.

72 EuGH v. 4. 12. 1997 – Rs. C-253-258/96 *Kampelmann* Slg. 1997, I-6907 Rn. 33; EuGH v. 22. 4. 1997 – Rs. C-180/95 *Draehmpaehl* Slg. 1997, 2195 Rn. 29–42; EuGH v. 21. 9. 1989 – Rs. 68/88 *Kommission ./. Griechenland* Slg. 1989, 2965 Rn. 24; EuGH v. 16. 12. 1976 – Rs. 45/76 *Comet ./. Produktschap* Slg. 1976, 2043 Rn. 12f.; EuGH v. 16. 12. 1976 – Rs. 33/76 *Rewe Zentralfinanz* Slg. 1976, 1989 Rn. 5. Der Grundsatz der Äquivalenz gilt nicht nur für materiellrechtliche, sondern auch für verfahrensrechtliche Regelungen, EuGH v. 15. 5. 1986 – Rs. 222/84 *Johnston* Slg. 1986, 1651 Rn. 18–20; EuGH v. 10. 7. 1997 – Rs. C-261/96 *Palmisani* Slg. 1997, I-4025 Rn. 32f.; EuGH v. 1. 12. 1998 – Rs. C-326/96 *Levez ./. Jennings* Slg. 1998, I-7835 Rn. 41. S.a. EuGH v. 16. 5. 2000 – Rs. C-78/98 *Preston* Slg. 2000, 3201 Rn. 46–63.

73 Zu den formalen Anforderungen der verbindlichen und klaren Umsetzung z.B. EuGH v. 8. 10. 1996 – verb.Rs. 178, 179, 188–190/94 *Dillenkofer* Slg. 1996, I-4845 Rn. 48; EuGH v. 30. 5. 1991 – Rs. C-59/89 *Kommission ./. Deutschland* Slg. 1991, I-2607 Rn. 18. Schwierigkeiten bei der Einpassung in das nationale Recht rechtfertigen Umsetzungsdefizite nicht, EuGH v. 21. 6. 1988 – Rs. 283/86 *Kommission ./. Belgien* Slg. 1988, 3271 Rn. 7; ebensowenig eine kurze Umsetzungsfrist, da ggf. deren Verlängerung zu veranlassen ist, EuGH v. 26. 2. 1976 – Rs. 52/75 *Kommission ./. Italien* Slg. 1976, 277 Rn. 12. Die Einschränkung gemeinschaftsrechtlich begründeter Rechte aus Gründen der Rechtssicherheit ist grundsätzlich zulässig, EuGH v. 16. 5. 2000 – Rs. C-78/98 *Preston* Slg. 2000, 3201 Rn. 34f.

grundsatzes lassen sich am Beispiel des Verbots der Geschlechtsdiskriminierung in der Gleichbehandlungsrichtlinie Arbeitsbedingungen (GbAbRL) illustrieren.

Ausgangspunkt ist Art. 6 GbAbRL, der keine spezifische Sanktion vorschreibt. In jedem Fall aber muß die Sanktion der effektiven Umsetzung des Regelungszwecks genügen. Das heißt, daß sie den Arbeitnehmern effektiven Schutz gewähren und den Arbeitgeber hinreichend vor Verletzungen des Gleichbehandlungsgebots abschrecken muß.[74] Weiterhin müssen die Sanktionen nach den Vorgaben von Art. 6 von dem Betroffenen gerichtlich durchsetzbar sein. Den Mitgliedstaaten steht aber die Wahl offen, z.B. einen Wiedereinstellungsanspruch, einen Schadensersatzanspruch[75] und eine strafrechtliche[76] Sanktion (mit Privatklagemöglichkeit) vorzusehen. Entscheidet sich ein Mitgliedstaat für einen Schadensersatzanspruch des Betroffenen als Sanktion für die Diskriminierung, so muß dieser jedoch so weit gehen, daß eine Erreichung der Regelungszwecke der Diskriminierungsverbote gewährleistet ist. Das bedeutet in jedem Fall, daß der erlittene Schaden vollständig zu ersetzen ist.[77] Dazu reicht die bloße Erstattung der Bewerbungskosten (Portokosten) als Vertrauensschaden nicht aus,[78] und auch eine Beschränkung der Ersatzpflicht auf drei Monatsgehälter oder – im Falle mehrerer Kläger – auf höchstens insgesamt sechs Monatsgehälter ist mit dem Gebot vollständigen Ersatzes unvereinbar.[79] Im Falle der gleichheitswidrigen Entlassung kommt als taugliche Sanktion nur ein Wiedereinstellungsanspruch oder ein Schadensersatzanspruch in Betracht, wobei ein Ersatzanspruch nicht durch eine Obergrenze beschränkt sein darf und auch die Gewährung von Zinsen einschließen muß.[80] – Die vermeintlich offene Rechtsfolgenregelung des Art. 6 GbAbRL macht demnach durchaus sehr detaillierte, wenn auch vornehmlich „negative" Vorgaben.

---

[74] EuGH v. 22.4.1997 – Rs. C-180/95 *Draempaehl* Slg. 1997, 2195 Rn. 24; EuGH v. 9.11.1990 – Rs. C-177/88 *Dekker* Slg. 1990, I-3941 Rn. 23; EuGH v. 10.4.1984 – Rs. 14/83 *von Colson und Kamann* Slg. 1984, 1891 Rn. 23.

[75] EuGH v. 22.4.1997 – Rs. C-180/95 *Draempaehl* Slg. 1997, 2195 Rn. 24; EuGH v. 10.4.1984 – Rs. 14/83 *von Colson und Kamann* Slg. 1984, 1891 Rn. 18.

[76] „Strafrecht" wird hier in einem weiteren Sinne verwandt, der z.B. auch das deutsche Ordnungswidrigkeitenrecht einschließen soll.

[77] EuGH v. 22.4.1997 – Rs. C-180/95 *Draempaehl* Slg. 1997, 2195 Rn. 25; EuGH v. 10.4.1984 – Rs. 14/83 *von Colson und Kamann* Slg. 1984, 1891 Rn. 23.

[78] EuGH v. 10.4.1984 – Rs. 14/83 *von Colson und Kamann* Slg. 1984, 1891 Rn. 23; der EuGH läßt offen, ob der Vertrauensschadensersatz schon den (immaterielle) Schaden nicht voll ausgleicht oder eine weitere Sanktion („nur") zwecks Abschreckung vorzusehen ist.

[79] EuGH v. 22.4.1997 – Rs. C-180/95 *Draempaehl* Slg. 1997, 2195 Rn. 30–36 und 40–42; zulässig ist die Beschränkung auf einen Höchstbetrag nach der Entscheidung aber, wenn der Arbeitgeber nachweist, daß der betroffene Arbeitnehmer auch bei diskriminierungsfreier Auswahl nicht eingestellt worden wäre (Rn. 33–35); das hat der deutsche Gesetzgeber in § 611a Abs. 3 übernommen.

[80] EuGH v. 2.8.1993 – Rs. C-271/91 *Marshall II* Slg. 1993 I-4367 Rn. 25f., 30f.

## III. Erfordernis der Zuerkennung eines Individualrechts?

### 1. Grundsätze

Für die Bestimmung der Umsetzungspflichten im Vertragsrecht ist immer wieder die Frage von Interesse, ob die Mitgliedstaaten gebunden sind, die bestimmten Pflichten durch individualschützende Bestimmungen und ggf. durch Zuerkennung eines (vertragsrechtlichen) Individualrechts (Anspruch, Gestaltungsrecht) des Geschützten gegen den Verpflichteten zu sanktionieren. Muß für die Verletzung der vorvertraglichen Informationspflichten der Fernabsatzrichtlinie ein Schadensersatzanspruch oder besonderes Kündigungsrecht vorgesehen werden oder kommt auch eine lauterkeits- oder strafrechtliche Sanktionierung in Betracht? Muß der arbeitsrechtliche Nachweis eine Beweiswirkung zugunsten des Arbeitnehmers haben? Eine entsprechende Umsetzungspflicht für alle Mitgliedstaaten kann sich nur aus dem Effektivitätsgrundsatz ergeben.

Individualansprüche – auch zwischen Privaten – hat der EuGH nicht selten zur effektiven Durchsetzung des Gemeinschaftsrechts für erforderlich gehalten. Während Art. 141 EG bestimmt, daß die Mitgliedstaaten die Anwendung des Grundsatzes des gleichen Entgelts sicherstellen, liest der EuGH diese Vorschrift seit der grundlegenden Entscheidung *Defrenne II* als Anspruch: Männer und Frauen haben gegen ihren Arbeitgeber Anspruch auf gleiches Entgelt für gleiche oder gleichwertige Arbeit.[81] Der EuGH hat damit nicht nur die unmittelbare Anwendbarkeit von Art. 141 EG anerkannt, sondern – und das ist im vorliegenden Zusammenhang entscheidend – zugleich festgestellt, daß Art. 141 EG einen Anspruch des Arbeitnehmers gegen den Arbeitgeber begründet.[82]

Eine Bindung des nationalen Gesetzgebers, gemeinschaftsrechtlich begründete Pflichten in Form eines Individualrechts gegen einen Privaten umzusetzen, wird man unter drei Voraussetzungen annehmen können.[83] Erstens muß der Verpflichtete hinreichend bestimmt sein, da im Privatrecht die Anerkennung eines Rechts[84] stets die Begründung einer Pflicht für einen anderen bedeutet. Zweitens muß die gemeinschaftsrechtliche Regelung auch den Berechtigten hinreichend klar als individuell Geschützten bestimmen. Und drittens muß die effektive Erfüllung des Regelungszwecks gerade die Anerkennung eines privatrechtlichen Rechts zwingend erfordern.

---

[81] Grundlegend EuGH v. 8.4.1976 – Rs. 43/75 *Defrenne II* Slg. 1976, 455 (wenn auch beschränkt auf Fälle unmittelbarer Diskriminierung); die Folgen für den belasteten Arbeitgeber erörtert der EuGH nur kurz unter dem Gesichtspunkt des Eingriffs in bestehende Verträge, Rn. 38f.

[82] Als weitere Folgerung hat die Rechtsprechung etwa auch einen Anspruch des Hinterbliebenen aus Art. 141 EG anerkannt, soweit das (wie im Falle der Witwerpensionen) zur effektiven Durchsetzung erforderlich ist, EuGH v. 28.9.1994 – Rs. C-200/91 *Coloroll* Slg. 1994, I-4397 Rn. 18f. Zur entsprechenden Problematik unter der Gleichbehandlungsrichtlinie Sozialversicherung (79/7/EWG) EuGH v. 11.7.1991 – Rs. C-87 und 89/90 *Verholen* Slg. 1991, I-3757 Rn. 23–25.

[83] Ähnlich Calliess/Ruffert-*Ruffert* Art. 249 EG Rn. 64–67.

[84] „Recht" wird hier vereinfachend in einem weiten Sinne verwandt und soll z.B. auch die Zuerkennung von Vorteilen wie einer prozessualen Begünstigung durch Beweislastregeln umfassen.

Die erste Voraussetzung ist meist unproblematisch erfüllt. Im Einzelfall kann eine ausdrückliche Bestimmung indes durchaus fehlen, wie z.B. bei der Gleichbehandlungsrichtlinie Arbeitsbedingungen, die nur festsetzt, daß „die Anwendung des Grundsatzes der Gleichbehandlung beinhaltet", daß die Mitgliedstaaten die mit dem Grundsatz unvereinbaren Bestimmungen in Verträgen für nichtig erklären müssen (Art. 3–5) und daß betroffene „Personen" (Arbeitnehmer) ihre Rechte gerichtlich geltend machen können (Art. 6). Unzweifelhaft ist gleichwohl der Arbeitgeber (neben Tarifvertragsparteien) Adressat der Gleichbehandlungspflicht. Zweitens ist auch der Begünstigte oftmals nicht ausdrücklich bezeichnet, beispielsweise in der sehr vagen Bestimmung über die Insolvenzsicherung für Pauschalreisende (Art. 7 PRRL). Ausdrücklich stellt die Vorschrift weder das Erfordernis auf, eine Insolvenzsicherung zu gewährleisten, noch läßt sie einen Anspruch des Verbrauchers für den Fall der Insolvenz erkennen. Da indes der Regelungszweck eindeutig auf den Verbraucher als Begünstigten hinweist, ist die Vorschrift durch einen Individualanspruch des Verbrauchers umzusetzen.[85] Klar ist die individuelle Begünstigung bestimmter Personen, wenn die Richtlinie davon spricht, daß diese „ihre Rechte" gerichtlich geltend machen können.[86] Zweifelhaft kann die individuelle Begünstigung vor allem dann sein, wenn die Schutzvorschriften nicht (nur) dem einzelnen Begünstigten, sondern bestimmten Begünstigten (z.B. Verbrauchern) als Gruppe oder dem Institutionenschutz, z.B. der Integrität des Kapitalmarktes (Art. 11 WpDRL), dienen. Lassen sich nach den ersten beiden Voraussetzungen der Verpflichtete und ein individuell Begünstigter ermitteln, so wird die effiziente Umsetzung der Regelung – drittens – regelmäßig die Zuerkennung eines Individualrechts des Begünstigten gegen den Verpflichteten erfordern. Für den hier erörterten Bereich des Vertragsrechts kann vor allem ein Bezug der Regelung auf den (abgeschlossenen oder angebahnten) Vertrag zwischen Verpflichtetem und Begünstigten für die Zuerkennung eines Individualrechts sprechen, denn dieser Vertragsbezug deutet darauf hin, daß der Gemeinschaftsgesetzgeber sich des Vertragsmechanismus als dezentrales Steuerungsinstrument bedienen wollte. Dieses Steuerungsinstrument beruht aber darauf, daß jeder einzelne seine Interessen selbst wahrnimmt.

Nach diesen Grundsätzen wird die Umsetzung der in vertragsrechtlichen Richtlinien vorgesehenen Pflichten zumeist die Begründung eines privatrechtlichen Rechts für den Begünstigten erfordern. Beispiele verdeutlichen dies.[87]

---

[85] EuGH v. 8.10.1996 – verb.Rs. 178, 179, 188–190/94 *Dillenkofer* Slg. 1996, I-4845 Rn. 31–42; s. ferner EuGH v. 14.5.1998 – Rs. C-364/96 *Verein für Konsumenteninformation ./. Österreichisches Kreditversicherungs AG* Slg. 1998, I-2949; EuGH v. 8.4.1976 – Rs. 43/75 *Defrenne II* Slg. 1976, 455 Rn. 31–37 zu Art. 141 EG. Der Anspruch wegen Insolvenz muß sich regelmäßig gegen den Versicherer richten; für die in Art. 7 PRRL eigentlich angesprochene Nachweispflicht wird man wegen der geringen Effizienz eines Erfüllungsanspruchs von Gemeinschaftsrechts wegen keine Pflicht annehmen können, einen Anspruch des Verbrauchers gegen den Veranstalter und/oder Vermittler vorzusehen; für eine „gewerberechtliche" Sanktion Grabitz/Hilf II-*Tonner* A 12 (PRRL) Art. 7 Rn. 1.

[86] Z.B. Art. 8 NwRL, Art. 6 GbAbRL.

[87] Neben den folgenden auch EuGH v. 11.8.1995 – Rs. C-433/93 *Kommission ./. Deutschland* Slg. 1995, I-2303 Rn. 19 (Umsetzung der Vergaberichtlinien in VOL/A, VOB/A).

## 2. Beispielsfälle

Die Nachweisrichtlinie statuiert eine Nachweispflicht des Arbeitgebers gegenüber den Arbeitnehmern, behandelt aber die Rechtsfolgen nicht. In Art. 6 bestimmt die Richtlinie, daß sie die nationalen Rechtsvorschriften und Praktiken über die Form des Arbeitsvertrags, „die Regelungen für den Nachweis über das Vorhandensein und den Inhalt des Arbeitsvertrags" und „einschlägige Verfahrensregeln" nicht berührt. Nach Art. 8 Abs. 1 müssen die Mitgliedstaaten dem Arbeitnehmer das Recht einräumen, „seine Rechte" wegen Nichterfüllung der Nachweispflicht gerichtlich geltend zu machen. Über den Zweck der Richtlinie läßt sich dem 2. und 11. Erwägungsgrund entnehmen, daß sie wesentlich dazu dient, „das Interesse der Arbeitnehmer an der Aushändigung einer schriftlichen Unterrichtung" bzw. die Arbeitnehmer „besser vor etwaiger Unkenntnis ihrer Rechte" zu schützen.[88] Behandelt die Nachweisrichtlinie auch nur die Pflicht des Arbeitgebers, so ergibt sich aus ihr doch unzweifelhaft, daß der Arbeitnehmer dadurch begünstigt werden soll. Art. 8 NwRL anerkennt zudem, daß die Richtlinie „Rechte" der Arbeitnehmer begründet. Zum effektiven Schutz des Unterrichtungsinteresses ist die Anerkennung eines Individualanspruchs auf Erteilung des Nachweises unerläßlich, denn kollektivrechtliche Ansprüche (z.B. der Gewerkschaft oder des Betriebsrats) oder strafrechtliche Sanktionen erscheinen schon generell zur Durchsetzung der Nachweispflicht nicht gut geeignet, sie sind aber jedenfalls ungeeignet, den einzelnen Arbeitnehmer angemessen zu schützen, dessen Schutz im Zentrum der Richtlinie steht. Auch ohne daß dies ausdrücklich normiert wäre, verpflichtet die Richtlinie daher dazu, dem Arbeitnehmer nach nationalem Recht einen individuellen Nachweisanspruch zuzugeben.

Auch über die Rechtsfolgen des *erteilten* Nachweises verhält sich die Nachweisrichtlinie nicht, abgesehen von der nur negativen Bestimmung des Art. 6. Sie hat der EuGH im Fall *Kampelmann* erörtert. Dort hat er festgestellt, daß der Zweck der Verbesserung des Schutzes vor Unkenntnis der Rechte (Begründungserwägung 2) nicht effektiv erreicht werden könnte, wenn sich der Arbeitnehmer in einem Rechtsstreit mit dem Arbeitgeber nicht auf den erlangten Nachweis berufen und ihn zu Beweiszwecken verwenden könnte. Ungeachtet der klaren Bestimmung, daß die Richtlinie Regelungen über Bestand und Inhalt des Arbeitsvertrags sowie die Verfahrensvorschriften nicht berührt, müßten die nationalen Gerichte daher dem Nachweis „Beweiskraft in dem Sinne beimessen, daß [er] als Nachweis der tatsächlich bestehenden wesentlichen Punkte des Arbeitsvertrags ... angesehen werden kann und demgemäß für [ihn] eine ebenso starke Vermutung der Richtigkeit spricht, wie sie nach innerstaatlichem Recht einem solchen vom Arbeitgeber ausgestellten und dem Arbeitnehmer übermittelten Dokument zukommen würde". Da die Nachweisrichtlinie keine „Beweisregel" begründet, steht dem Arbeitgeber aber der Beweis der Unrichtigkeit offen.[89]

---

[88] Zur Konkretisierung dieser – recht unbefriedigenden – Auskunft über den Regelungszweck unten, § 15 B III (S. 383–390).

[89] EuGH v. 4.12.1997 – Rs. C-253-258/96 *Kampelmann* Slg. 1997, I-6907 Rn. 32–34.

Im Kernbereich des Europäischen Vertragsrechts fehlen Rechtsfolgenregelungen für die Erfüllung bzw. im Falle der Nichterfüllung von Informationspflichten. Informationspflichten treffen durchgehend Privatpersonen[90] – Reiseveranstalter/-vermittler, Fernabsatzanbieter usf. Sie dienen stets zumindest vordringlich dem Individualschutz, wenn auch teils der Schutz des lauteren Geschäftsverkehrs ebenfalls bezweckt ist.[91] Im einzelnen verfolgen die Informationsvorschriften ganz unterschiedliche Zwecke, vor allem die Ermöglichung einer informierten Marktentscheidung, den Schutz vor Irreführung, die Sicherung der (Vertrags-) Zweckerreichung und den Schutz vor spezifischen Gefahren.[92] Die Sanktionen von Informationspflichten müssen diesen verschiedenen Zwecken Rechnung tragen. In jedem Fall aber erscheint erforderlich, den Begünstigten individuelle Sanktionsrechte einzuräumen. Dazu kann in geeigneten Fällen ein Erfüllungsanspruch gehören. Regelmäßig von größerer Bedeutung werden die Sanktionen wegen Nichterfüllung der Pflichten sein. Sie können, wenn durch die Nichterfüllung die Möglichkeit einer rationalen Vertragsentscheidung eingeschränkt wurde, in einem Recht zur Lösung vom Vertrag liegen und ggf. in einem Ersatzanspruch. Gerade bei Informationspflichten zeigen sich indes die Grenzen individueller Ansprüche, da der Informationsschuldner sich oftmals auf die Rechtsunkenntnis des Begünstigten verlassen kann und die Kosten, die einzelne Vertragsauflösungen oder Ersatzansprüche für ihn bedeuten, geringer sein können als die von ihm angenommenen Kosten der Pflichterfüllung. Daher wird hier regelmäßig eine Ergänzung durch wettbewerbsrechtliche Folgen[93] oder durch eine Verbandsklagebefugnis zur effektiven Umsetzung erforderlich sein.

Die Zuerkennung privater Individualrechte ist auch zur Umsetzung der Wohlverhaltenspflichten des Art. 11 WpDRL erforderlich. Die Wohlverhaltenspflichten binden die Wertpapierfirma und dienen dem Schutz der Anleger. Allerdings verfolgt die Richtlinie die „doppelte Zielsetzung des Anlegerschutzes und der Gewährleistung eines reibungslosen Funktionierens der Wertpapiermärkte".[94] Der Schutz des Anlegers ist dabei indes zumindest gleichrangig.[95] Die Ausformung der Pflichten des Art. 11 WpDRL weist zudem darauf hin, daß nicht nur die Anleger als Gruppe, sondern der einzelne Anleger geschützt sein soll, da sie sich auf dessen individuelle Fähigkeiten und Wünsche bezieht („Professionalität der Person", „bestmögliches Interesse der Kunden", Einholung von „Angaben [der Kunden] über ihre finanzielle Lage, ihre Erfahrung mit Wertpapiergeschäften und ihre mit den gewünschten Dienstleitungen verfolgten Ziele"). Eine effektive Durchsetzung dieser Wohlverhaltenspflichten ist wegen dieses Individualbezugs jeden-

---

[90] Nicht gemeint sind damit die (auch) unmittelbar an die Mitgliedstaaten gerichteten Pflichten zur „Verbraucheraufklärung", wie sie z.B. Art. 9 KGRL vorsieht.

[91] Z.B. wenn der Fernabsatzanbieter verpflichtet wird, den kommerziellen Zweck seines Kontakts offenzulegen, Art. 4 Abs. 2 FARL.

[92] Näher unten, § 13 B I (S. 292–307) und § 15 B I (S. 376–379).

[93] Vgl. Baumbach/*Hefermehl* § 1 UWG Rn. 21a–22, 79–83, 695 zur Verletzung der Pflicht zur Widerrufsbelehrung als unlauteres Wettbewerbsverhalten.

[94] BE 42 WpDRL; vgl. ferner BE 32 und 41 WpDRL.

[95] Ebenroth/Boujong/Joost-*Grundmann* BankR VI Rn. 184f., 229. A.M. *Bliesener* Verhaltenspflichten beim Wertpapierhandel, S. 102–113. Vermittelnd Assmann/Schneider-*Koller* vor § 31 Rn. 16–21.

falls nicht ohne Mitwirkung der Anleger möglich. Diese Mitwirkung wird am besten dadurch gewährleistet, daß die Anleger ihre eigenen wirtschaftlichen Interessen gerichtlich geltend machen können, da von ihnen eine altruistische Anzeige bei der Aufsichtsbehörde im Interesse der Integrität des Marktes nicht realistisch erwartet werden kann.

Keine Sanktion durch vertragsrechtliche Individualrechte verlangt hingegen die Richtlinie über irreführende Werbung. Allerdings ist auch hier der Verpflichtete individualisiert. Doch dient sie nicht dem Individualschutz des Verbrauchers, sondern lediglich dem Schutz der Verbraucher als Gruppe; dieser Schutzzweck ist zudem nicht der ausschließliche Zweck der Regelung, sondern lediglich einer neben anderen. Daher sieht die Richtlinie auch nicht vor, daß Verbraucher „ihre Rechte" gerichtlich geltend machen können müßten. Statt dessen schreibt sie lediglich vor, daß die Mitgliedstaaten Verbands- und Konkurrentenklagen vorsehen müßten (i.e. Art. 4 WerbRL); die Mitgliedstaaten haben lediglich die *Möglichkeit*, weitergehende Vorschriften zum Schutz von Verbrauchern vorzusehen (Art. 7 WerbRL; z.B. § 13a UWG).[96] Zur effektiven Kontrolle irreführender Werbung dürften Verbands- und Konkurrentenklagen auch besser geeignet sein als Individualrechte von Verbrauchern, da sie die verbotene Praxis insgesamt angreifen.[97]

## C. Voraussetzungen für die Teilnahme am Geschäftsverkehr: Geschäftsfähigkeit

Regeln über die Geschäftsfähigkeit enthält das europäische Vertragsrecht nicht. Ebenso wie etwa auch die Einheitskaufrechte[98] verweist es insoweit – gelegentlich ausdrücklich[99] – auf die nationalen Vorschriften des anwendbaren Rechts[100]. Die *European Principles* enthalten ebenfalls keine Regeln über Fragen der Geschäftsfähigkeit (Art. 4:101 EP), da es sich um eine Frage des Personenrechts handele.[101] Die Verweisung auf die nationalen Rechtsordnungen ist vor allem deswegen unproblematisch, weil in den europäischen Zivilrechtsordnungen der Grundsatz allgemein anerkannt ist, daß sich vertraglich nur binden kann, wer in der Lage ist, seine Entscheidungen nach vernünftigen Erwägungen zu steuern.[102] Insbesondere liegt die Volljährigkeitsgrenze in fast allen europäischen Ländern bei 18 Jahren.[103] Die Einzelheiten der Geschäftsfähigkeit Minderjähriger oder

---

[96] S. nur *Reich* Verbraucherrecht, Tz. 147a.

[97] Zur rechtspolitischen Würdigung des § 13a UWG zwiespältig Staudinger-*Köhler* § 13a UWG Rn. 2 (geringe praktische Bedeutung, aber gleichwohl wegen des Individualschutzes und seiner abschreckenden Wirkung unentbehrlich).

[98] Art. 4 CISG; Staudinger-*Magnus* Art. 4 CISG Rn. 36. Art. 8 EKG; Soergel-*Lüderitz* Art. 8 EKG Rn. 7.

[99] So in Art. 4 Abs. 2 Hs. 2 FARL; dazu sogleich im Text.

[100] Das ist nach Art. 7, 12 EGBGB das Personalstatut; das EVÜ hat die Geschäftsfähigkeit, von einer Einzelregelung abgesehen, ausgelassen, Art. 1 Abs. 2 lit. a, Art. 11 EVÜ.

[101] *Lando/Beale* Principles, Art. 4:101 Comment (S. 227).

[102] *Kötz* Vertragsrecht, § 6 II (S. 149).

[103] *Kötz* Vertragsrecht, § 6 II (S. 150); im einzelnen verbleiben freilich zahlreiche Unterschiede, *Zweigert/*

geistig Behinderter sind hingegen stark mit nationalen Regelungen über die familiäre und staatliche Fürsorge verbunden, so daß eine Rechtsangleichung aufgrund der Folgefragen schwierig ist. Diese Einzelheiten sind zudem für ein auf den Markt und seine Teilnehmer als Gruppen ausgerichtete Rechtsangleichung weniger wichtig. Der unerkannt Geschäftsunfähige kommt zwar in der Praxis durchaus vor, bleibt aber doch ein Einzelfall ohne große Auswirkungen auf den Markt. Mit dem Harmonisierungskonzept ist daher die Auslassung gut vereinbar.

Nur eine einzige Regelung nimmt auf die Geschäftsfähigkeit ausdrücklich Bezug, nämlich die des Art. 4 Abs. 2 Fernabsatzrichtlinie.[104] Diese Vorschrift stellt das Transparenzgebot für die Information bei Fernabsatzgeschäften auf und qualifiziert es dahin, daß „dabei [sc. bei Informationserteilung] ... insbesondere die Grundsätze ... des Schutzes solcher Personen, die nach den Gesetzen der einzelnen Mitgliedstaaten nicht geschäftsfähig sind (wie z.B. Minderjährige), zu beachten" sind. Was mit dieser Bestimmung gemeint ist, ist allerdings reichlich unklar. Sicher ist, daß die Richtlinie nicht selbst das Recht der Geschäftsfähigkeit regelt, sondern auf die mitgliedstaatlichen Rechte verweist.[105] Wie indessen bei der Erteilung von Informationen die Geschäftsfähigkeit berücksichtigt werden soll, ist nicht ersichtlich. Offenbar geht es nicht darum, Minderjährige vor anstößigen Aussagen zu schützen (Jugendschutz), denn die Richtlinie spricht ausdrücklich von der Geschäftsfähigkeit,[106] also der Fähigkeit, Rechtsgeschäfte wirksam vorzunehmen, insbesondere Verträge zu schließen.[107] Und weil Geschäftsunfähige Verträge wirksam nicht schließen können, kann es auch nicht darum gehen, solche Personen mit Rücksicht auf ihren „Defekt" besonders sorgsam zu informieren.[108] Man kann die Qualifizierung des Transparenzgebots dahin verstehen, daß derjenige, der den Vertrag schließt (etwa bei Geschäftsunfähigen ein Vertreter), auch die Information erhalten muß. Das ergibt sich schon aus dem Zweck der Regelung. Schließlich kann man das Gebot, die Grundsätze des Schutzes der nicht Geschäftsfähigen zu beachten, als einen weiteren Hinweis auf das Wettbewerbsrecht verstehen, wonach z.B. Ansprechen von Kindern und Unterdrucksetzen der Eltern (freilich: zum Schutz der Eltern) sowie die „Verführung" von Kindern unlauter ist.[109]

---

*Kötz* Rechtsvergleichung, § 25 (S. 341–349). S.a. *Kropholler* Einheitsrecht, S. 73 zur Erörterung der Volljährigkeit auf der fünften Konferenz der europäischen Justizminister 1968.

[104] Ebenso jetzt Art. 3 Abs. 2 S. 2 FFRL.

[105] *Reich* EuZW 1997, 581, 584.

[106] Englisch: „with due regard ... to ... the principles governing the protection of those who are unable, pursuant to the legislation of the Member State, to give their consent, such as minors"; französisch: „dans le respect ... des principes qui régissent la protection des personnes frappées d'incapacité juridique selon leur législation nationale, telles que les mineurs".

[107] Vielleicht dachte der Gesetzgeber an Vorschriften zum Schutz von Kindern und Jugendlichen, wie sie jetzt Art. 5 des Vorschlags einer Verordnung über Verkaufsförderung im Binnenmarkt enthält; vgl. Vorschlag für eine Verordnung des Europäischen Parlaments und des Rates über Verkaufsförderung im Binnenmarkt, ABl. 2002 C 75/11, und dazu Mitteilung der Kommission „Verkaufsförderung im Binnenmarkt" v. 15. 1. 2002, KOM(2001) 546 endg./2.

[108] Ebenso *Bodewig* DZWiR 1997, 447, 451.

[109] S. für das deutsche Wettbewerbsrecht Baumbach/*Hefermehl* § 1 UWG Rn. 197–199.

## D. Vertrag und Sprache

Eine allgemeine, mehrere Sachbereiche betreffende Frage ist auch, ob die Vertragsparteien im Umgang miteinander, vor allem im Rahmen von Informations-, Belehrungs- und Aufklärungspflichten sowie der Vertragsgestaltung, frei oder gebunden sind, eine Sprache zu wählen.[110] Vor einer Untersuchung der – vereinzelten – Sprachregelungen des Vertragsrechts sind die primärrechtlichen Vorgaben darzustellen, die sich aus den Grundfreiheiten ergeben. Auf sie weist schon Art. 6 Abs. 4 KGRL hin.

### I. Primärrechtliche Vorgaben

Die Vorschrift, beim Angebot von Waren und Dienstleistungen eine bestimmte Sprache zu verwenden,[111] ist grundsätzlich geeignet, die Grundfreiheiten zu beeinträchtigen. Das gilt auch nach *Keck* jedenfalls dann, wenn sich die Sprachvorschrift auf die Produktgestaltung auswirkt, wie das z.B. der Fall ist, wenn eine Sprache für die Kennzeichnung von Lebensmitteln oder die Gestaltung von Prospekten oder Allgemeinen Geschäftsbedingungen vorgeschrieben wird.[112] Soweit Sprachvorschriften gegen die Grundfreiheiten verstoßen, bedürfen sie der Rechtfertigung, die z.B. darin liegen kann, daß sie zum Schutz von Verbrauchern erforderlich sind.

Die Grenzen von nationalen Sprachvorschriften hat der EuGH zuerst in den *Piageme* Entscheidungen erörtert. In dem zugrunde liegenden Fall ging es um eine belgischen Kennzeichnungsregelung, die auf der Grundlage von Art. 14 der Lebensmittelkennzeichnungsrichtlinie[113] erlassen worden war. Nach Art. 14 der Richtlinie ist der Verkauf von Lebensmitteln zu verbieten, wenn nicht die anzugebenden Einzelheiten in einer dem Verbraucher leicht verständlichen Sprache abgefaßt sind, oder andere Maßnahmen die Information des Verbrauchers sicherstellen. Der EuGH sah in der Vorschrift, die Regionalsprache (Flämisch) zu verwenden, eine nicht gerechtfertigte Maßnahme gleicher Wirkung.[114] Die Frage der Rechtfertigung prüft das Gericht nicht näher. Dem dürfte die

---

110 Nicht mehr als ein Hinweis darauf findet sich in BE 11 der Entschließung des Rats vom 19. 1. 1999 über die Verbraucherdimension der Informationsgesellschaft, ABl. 1999 C 23/1.

111 S. z.B. *Somma* ZEuP 1998, 701–715, zur Sprachgesetzgebung in Frankreich und Italien.

112 EuGH v. 3. 6. 1999 – Rs. C-33/97 *Colim* Slg. 1999, 3175 Rn. 36f. S.a. *Usher* in: Party Autonomy, S. 158 –161. Ohne Auseinandersetzung mit der Grundfreiheitendogmatik a.M. *Somma* ZEuP 1998, 701, 708.

113 Richtlinie 79/112/EWG des Rates vom 18. 12. 1978 zur Angleichung der Rechtsvorschriften der Mitgliedstaaten über die Etikettierung und Aufmachung von für Endverbraucher bestimmten Lebensmitteln sowie Werbung hierfür, ABl. 1979 L 33/1.

114 EuGH v. 18. 6. 1991 – Rs. C-369/89 *Piageme* Slg. 1991, 2971 Rn. 12–16. Dazu *Kommission* ABl. 1993 C 345/3–6. Zur nachfolgenden Änderung der Richtlinie 79/112/EWG der gemeinsame Standpunkt v. 15. 7. 1995 ABl. 1995 C 182/1. Die Tabaketikettierungs-Richtlienie 89/622/EWG (ABl. 1989 L359/1) idF der Änderungs-Richtlinie 92/41/EWG (ABl. 1992 L1558/30) schreibt – weitergehend – einen Warnhinweis in der Amtssprache des Bestimmungslandes vor; kritisch *Dauses* EuZW 1995, 425, 429. Dazu noch die Tabaketikettierungsfälle EuGH v. 22. 6. 1993 – Rs. C-11/92 *Gallaher* Slg. 1993, I-3545 und EuGH v. 22. 6. 1993 – Rs. C-222/91 *Philip Morris* 1993 I-3469.

Annahme zugrunde liegen, daß die Lebensmittelkennzeichnungsrichtlinie den Vorbehaltsbereich des Verbraucher-/Gesundheitsschutzes, der zur Rechtfertigung strengerer nationaler Regelungen in Betracht käme, bereits erschöpft,[115] so daß eine Berufung auf zwingende Gründe des Allgemeininteresses nicht mehr in Betracht kam.[116] In der Folgeentscheidung *Piageme II* vermied der EuGH solche Aussagen zu den Grundfreiheiten und beschränkte sich darauf, die vorgelegte Frage unter Art. 14 Lebensmittelkennzeichnungsrichtlinie zu untersuchen. Nach dieser Entscheidung ist die Vorschrift einer bestimmten Sprache auch dann mit dem Erfordernis der „leicht verständlichen Sprache" unvereinbar, wenn daneben die Verwendung weiterer Sprachen zugelassen wird.[117] Die – eigentlich noch offene – Frage, ob Mitgliedstaaten strengere Regelungen zulassen dürfen, behandelt das Gericht nicht mehr.

Während die Regelung zur Lebensmittelkennzeichnung auch auf Erwägungen des Gesundheitsschutzes beruht, ging es in der Entscheidung *Schott Zwiesel* um eine Regelung, die vor allem dem Schutz der wirtschaftlichen Selbstbestimmung dient. Der EuGH hatte zu entscheiden, ob die gemeinschaftsrechtliche Pflicht, Kristallglas (im Gegensatz zu „Hochbleikristall 30%") in der Sprache des (Letzt-) Vermarktungslandes zu bezeichnen, mit Art. 28 EG vereinbar ist. Die – früher ergangene – *Piageme I* Entscheidung scheint nahezulegen, daß die Vorschrift dieser Sprache eine nicht gerechtfertigte Maßnahme beschränkungsgleicher Wirkung darstellt, der EuGH entschied anders. Da hier eine erhebliche Verwechslungsgefahr mit höherwertigen Produkten (Hochbleikristallglas 30%) bestehe, sei die Kennzeichnung in der Sprache des Vermarktungslandes das erforderliche Mittel zum Schutz des Verbrauchers.[118]

Ähnlich entschied das Gericht auch im Fall *Colim*.[119] Dort war zu beurteilen, ob die Vorschriften des belgischen Verbraucherschutzrechts mit der Warenverkehrsfreiheit vereinbar sind, nach denen Gebrauchsanweisungen und Garantiescheine mindestens in der Sprache oder den Sprachen des Gebietes abzufassen sind, in dem die Erzeugnisse auf den Markt gebracht werden. Wegen der damit verbundenen zusätzlichen Etikettierung und „zusätzlichen Aufmachungskosten" lag in dieser Vorschrift auch nach *Keck* noch eine relevante Behinderung des innergemeinschaftlichen Handels, deshalb war die Regelung auf ihre Verhältnismäßigkeit zu prüfen. Eine solche Sprachvorschrift muß nach

---

[115] Analytisch klar EuGH v. 3.6.1999 – Rs. C-33/97 *Colim* Slg. 1999, 3175 Rn. 33–35.

[116] So auch GA *Tesauro* in EuGH v. 18.6.1991 – Rs. C-369/89 *Piageme* Slg. 1991, 2971 Schlußanträge Tz. 6 a.E. Im Fall der Richtlinie 79/112 folgt das im Grundsatz aus Art. 15, der freilich in Absatz 2 strengeres nationales Recht gerade zum Schutz der Gesundheit und des lauteren Geschäftsverkehrs zuläßt. Zur Fragestellung auch EuGH v. 3.6.1999 – Rs. C-33/97 *Colim* Slg. 1999, 3175 Rn. 34f.; zu den Grundsätzen näher oben, § 8 II (S. 161–168).

[117] EuGH v. 12.10.1995 – Rs. C-85/94 *Piageme II* Slg. 1995, 2955 Tz. 14–20 (dazu krit. – für eine Vorschrift, die jeweilige Landessprache zu verwenden – *Schilling* EuZW 1996, 16); EuGH v. 14.7.1998 – Rs. C-385/96 *Goerres* Slg. 1998, I-4433 Rn. 16–20.

[118] EuGH v. 9.8.1994 – Rs. C-51/93 *Meyhui ./. Schott Zwiesel* Slg. 1994, I-3879 Rn. 16–21; zur Maßgabe des *Letzt*vermarktungslandes Rn. 24f. S.a. EuGH v. 22.6.1982 – Rs. 220/81 *Robertson* Slg. 1982, 2349 Rn. 11–13 (Kennzeichnung von Edelmetallwaren); EuGH 16.12.1980 – Rs. 27/80 *Fietje* Slg. 1980, 3839, Rn. 10–15 (Likeurbesluit: Kennzeichnung als „Likeur" vorgeschrieben).

[119] EuGH v. 3.6.1999 – Rs. C-33/97 *Colim* Slg. 1999, 3175; (wohl) kritisch dazu *Reich* EuZW 1999, 467.

dem Verhältnismäßigkeitsgrundsatz (insbesondere) zwei Erfordernissen genügen. Sie darf erstens den Einsatz anderer tauglicher Informationsmittel (Zeichnungen, Symbole, Piktogramme) nicht ausschließen. Reichen andere Informationsmittel aus, so ist die Vorschrift „sprachlich" zu informieren, nicht erforderlich. Und sie muß sich zweitens auf die nach dem nationalen Recht zwingend vorgeschriebenen Angaben beschränken.[120] Auch dabei geht es um die Erforderlichkeit, indes in etwas anderem Sinne. Ein Mitgliedstaat kann sich nicht darauf berufen, die Sprachvorschrift sei zum Schutz der Verbraucher erforderlich, wenn er selbst die betreffende Information gar nicht vorschreibt, sie also nach Einschätzung des Mitgliedstaats nicht aus Gründen des Verbraucherschutzes erforderlich ist. Das ist eine gewisse Systembindung im Hinblick auf das nationale Rechtssystem, die gemeinschaftsrechtlich vorgeschrieben ist, wie sie in ähnlicher Weise aus dem Äquivalenzgrundsatz der Richtlinienumsetzung folgt.[121]

Die primärrechtlichen Vorgaben erscheinen damit als nicht ganz konsistent. Daß Erwägungen des Gesundheitsschutzes, die den lebensmittelrechtlichen Kennzeichnungsvorschriften (zumindest auch) zugrunde liegen, geringer wiegen als Erwägungen des Schutzes der wirtschaftlichen Selbstbestimmung, paßt nicht zusammen.[122] Die Entscheidung *Piageme II* dürfte indes als ein vorsichtiger Rückzug von der weitgehenden Entscheidung *Piageme I* sein, die schon deswegen nicht überzeugt, weil das Gericht die Frage der Rechtfertigung überhaupt nicht erörtert. Für das Vertragsrecht liegen die Entscheidungen *Schott Zwiesel* und *Colim* wegen ihres mehr auf das Vertragsverhältnis bezogenen Schutzzwecks näher. Danach ist davon auszugehen, daß Sprachvorschriften – jedenfalls wenn sie i.S.v. *Keck* produktbezogen sind – eine beschränkungsgleiche Maßnahme darstellen, die aus besonderen Gründen, gerechtfertigt sein können, namentlich wegen der spezifischen Gefahr einer Irreführung von Verbrauchern oder um die effektive Durchsetzung von Informationsvorschriften zu sichern. Für Unternehmen geht die Kommission indes davon aus, daß diese den Schutz durch eine Sprachvorschrift regelmäßig nicht benötigen, da sie entweder selbst die Fremdsprache ihrer ausländischen Vertragspartner beherrschen oder sich die benötigten Informationen sonst in geeigneter Form von diesen verschaffen können.[123]

---

[120] EuGH v. 3.6.1999 – Rs. C-33/97 *Colim* Slg. 1999, 3175 Rn. 36–42. GA *Cosmas* ebd. SchlA Rn. 59f., hält die Vorschrift der *Gebiets*sprache für unverhältnismäßig, die Kennzeichnung in irgendeiner Amtssprache reiche aus.

[121] Zum Äquivalenzgrundsatz bereits oben, B II 1 (S. 269).

[122] Zur herausragenden Stellung des Integritätsschutzes im Europäischen Vertragsrecht nur Ziff. 1 lit. a Anh AGBRL.

[123] *Kommission* ABl. 1993 C 345/3 Tz. 11f. Diese Kommissionsmitteilung ist zwar durch *Piageme I* veranlaßt und bezieht sich ebenso wie diese Entscheidung primär auf die Lebensmittelkennzeichnungsrichtlinie, im Verhältnis zwischen Unternehmen steht indes der Gesundheitsschutz nicht im Vordergrund: Da der kaufende Unternehmer die Lebensmittel nicht verzehrt, geht es ihm in jedem Fall um wirtschaftliche Interessen, denn auch das Haftungsinteresse (wegen Inanspruchnahme von gesundheitsgeschädigten Verbrauchern) ist für ihn nur ein wirtschaftliches Interesse.

## II. Sprachvorschriften im Europäischen Vertragsrecht

Das allgemeine Vertragsrecht braucht keine Vorschrift über die zu verwendende Sprache, da normalerweise die Vertragsfreiheit ausreichenden Schutz bietet: Beide Teile können auf die Wahl einer bestimmten Sprache für Verhandlungen und Vertragsabschluß bestehen oder vom Vertrag absehen.[124] Deswegen enthält das Europäische Vertragsrecht eine allgemeine Sprachvorschrift so wenig wie die nationalen Vertragsrechte, die *European Principles* oder die *Unidroit Principles.* Soweit indes das Vertragsrecht dazu dient, einen Vertragspartner, z.B. den Verbraucher, den Arbeitnehmer oder den Mieter, durch Information oder Aufklärung zu schützen, muß man auch erwägen, ob die effektive Gewährleistung des Schutzes erforderlich macht, eine bestimmte Sprache zu verwenden.

Solche Sprachvorschriften, die Informationspflichten ergänzen, enthält das Europäische Vertragsrecht vereinzelt.[125] Eine eingehendere Regelung findet sich zum einen in der 3. Lebensversicherungsrichtlinie, zum anderen in der Timesharingrichtlinie (1). Außerdem entnehmen manche dem Transparenzgebot der AGB-Richtlinie sowie Vorschriften über Information und Aufklärung auch Anhaltspunkte für eine Sprachregelung (2).

### 1. Ausdrückliche Regelungen

Die vor Abschluß einer *Lebensversicherung* geschuldeten Informationen[126] sind in einer Amtssprache des Mitgliedstaats zu erteilen, in dem der Versicherungsnehmer gewöhnlichen Aufenthalt bzw. Niederlassung hat (Mitgliedstaat der Verpflichtung)[127]. Sie können in einer anderen Amtssprache abgefaßt werden, vorausgesetzt, daß entweder (1) der Versicherungsnehmer dies wünscht und das Recht des Mitgliedstaats der Verpflichtung es zuläßt oder (2) der Versicherungsnehmer das anwendbare Recht frei wählen kann.[128]

---

124 Ebenso deklaratorisch Art. 2 Abs. 6 UAbs. 2 V1-VersVRL (ABl. 1979 C 190/2), Art. 2 Abs. 5 UAbs. 2 V2-VersVRL (ABl. 1980 C 355/30). S.a. *Martiny* ZEuP 1998, 227, 232 und 248.

125 Eine (ältere) Übersicht über Sprachvorschriften im Sekundärrecht gibt *Kommission* KOM(93) 456 endg. Rn. 11; im Grünbuch zum Europäischen Vertragsrecht KOM(2001) 398 endg. spricht die Kommission lediglich S. 38 und 61 die Informationspflicht des Art. 10 EComRL an. *Fleischer* ZEuP 2000, 772, 792 kritisiert das Fehlen einer Gesamtkonzeption. Auch die European Principles und die Unidroit Principles enthalten insoweit keine Regelung, nur Art. 5:107 EP, Art. 4.7 UP behandeln die Auslegung im Falle divergierender Sprachfassungen von Verträgen. Zu nationalen Sprachregulierungen *Downes/Heiss* ZVglRWiss 98 (1999) 27, 33f.; *Somma* ZEuP 1998, 701–715. Die Idee der Sprachvereinheitlichung wird noch nicht ernsthaft erörtert. Indes soll nach *Reich* EuZW 1997, 581, 584 Englisch *lingua franca* des Internet sein; ähnlich („jedenfalls bei grenzüberschreitenden Verträgen im Internet") Grabitz/Hilf II-*Micklitz* A 3 (FARL) Rn. 60 (mir schon empirisch zweifelhaft; abl. *Rott* ZVglRWiss 98 (1999) 382, 405f.); der Rat hat in seiner Empfehlung 86/665/EWG vom 22.12.1986 über einheitliche Informationen in Hotels (ABl. 1986 L 384/54) schon Ansätze für die Entwicklung einer Symbolsprache vorgelegt.

126 Art. 36.LVersRL.

127 Definition des Mitgliedstaats der Verpflichtung in Art. 1 Abs. 1 lit. g LVersRL.

128 Anhang III Abs. 1 S. 2 und Abs. 2 LVersRL. A. M. *Grundmann* Schuldvertragsrecht, 4.31 Rn. 31 a.E.

Diese Sprachvorschrift ist offenkundig mit dem Kollisionsrecht verknüpft: Im Grundsatz gilt, daß bei objektiver Anknüpfung – an das Recht des gewöhnlichen Aufenthalts bzw. der Niederlassung –[129] auch die Sprache vorgegeben ist,[130] nur bei „freier" (d.h. nicht nur beschränkter)[131] Rechtswahl kann auch die Sprache frei gewählt werden. Die freie Rechtswahl wiederum hat der Versicherungsnehmer nach dem Versicherungskollisionsrecht dann, wenn er sich eigeninitiativ an den ausländischen Versicherer wendet.[132]

In dieser Differenzierung kommen zwei Grundgedanken zum Ausdruck: Erstens folgt die Sprache dem Vertragsstatut; das leuchtet ein, denn soweit dem vom Kollisionsrecht Geschützten der Umgang mit dem fremden Recht zugetraut wird, kann ihm auch (erst recht) der Umgang mit der fremden Sprache zugetraut werden. Zweitens kann man der Regelung den Grundgedanken entnehmen, daß der von der Informationspflicht Geschützte selbst über die anwendbare Sprache entscheiden kann, und zwar entweder durch Wunsch[133] oder dadurch, daß er eigeninitiativ den Kontakt zu dem ausländischen Versicherer herstellt. In beiden Fällen liegt das entscheidende Merkmal in der eigenen Initiative des Versicherungsnehmers, da auch der „Wunsch" (*if the policy holder so requests*) nicht mit der Zustimmung zu dem Vorschlag des Versicherers gleichgesetzt werden kann.[134]

Weitergehend als sonst irgendwo hat der Europäische Gesetzgeber den Schutz des *Timesharing*-Erwerbers durch Informations- und Schriftformvorschriften durch eine Regelung der Sprache ergänzt.[135] Timesharingprospekt und -vertrag sind nach Wahl des Erwerbers in einer der Amtssprachen der Gemeinschaft abzufassen, die Sprachen[136] seines Wohnsitz- oder Nationalitätsmitgliedstaats sind. Unabhängig vom anwendbaren Recht und davon, ob der Erwerber selbst „aktiv" auf den ausländischen Anbieter zugegangen ist, soll sichergestellt sein, daß der Erwerber die Informationen in einer Sprache erhält, die er verstehen kann. Das Wahlrecht (Sprache des Wohnsitzes oder der Nationalität) trägt sogar dem Umstand Rechnung, daß Wohnsitz und Nationalität des Erwerbers auseinanderfallen können. Darüber hinaus hat der Mitgliedstaat, in dem der Erwerber seinen Wohnsitz hat, die Möglichkeit vorzuschreiben, daß der Vertrag auch in

---

129 Art. 32 Abs. 1 S. 1 LVersRL.

130 Ebenso auch im Falle der beschränkten Wahlmöglichkeit nach Art. 32 Abs. 1 S. 2, Abs. 2 LVersRL.

131 Vorige Note.

132 Art. 32 LVersRL. s. noch Art. 28 3.LVersRL, Art. 13 Abs. 1, 14 Abs. 5 2.LVersRL a.F.; näher *Grundmann* Schuldvertragsrecht, 4.31 Rn. 20f. mit Rn. 18f.

133 Dem steht nicht entgegen, daß dieser Teil der Sprachregelung nur eingreift, wenn der Mitgliedstaat der Verpflichtung es zuläßt, denn indem der Gemeinschaftsgesetzgeber den Mitgliedstaaten die Möglichkeit einer laxeren Regelung ohne weiteres eröffnet, bringt er zum Ausdruck, daß sie mit seinen Regelungsabsichten nicht konfligieren.

134 Das bestätigt auch die Gesetzgebungsgeschichte; vgl. *Downes/Heiss* ZVglRWiss 98 (1999) 28, 31f.

135 Daß, worauf *Kappus* EWS 1996, 273, 274 hinweist, die „Abwicklungssprache" (z.B. die bei einer Mitgliederversammlung maßgebliche Sprache) nicht geregelt ist, dürfte an dem beschränkten Regelungsbereich der Richtlinie liegen.

136 Schon um eine einigermaßen sichere Abgrenzung zu ermöglichen, muß man die „Sprache des Mitgliedstaats" als „Amtssprache des Mitgliedstaats" verstehen; Dänisch ist daher keine Sprache Deutschlands; a.M. – weitergehend – Grabitz/Hilf II-*Martinek* A 13 (TSRL) Art. 4 Rn. 132.

einer seiner Gemeinschaftsamtssprachen abgefaßt wird.[137] Damit wird dann auch noch sichergestellt, daß der Erwerber, der die Sprache seiner Nationalität wählt, sich unschwer in seinem Wohnsitzland beraten lassen kann, da er auch mit einer entsprechenden Sprachfassung der Unterlagen ausgestattet ist.[138] Diese Regelung, die dem Schutz des Erwerbers dient, wird auch mit der Effizienzerwägung begründet, daß die Übersetzungskosten so nur einmal beim Veräußerer anfallen und anteilig auf die (prospektiven) Erwerber umgelegt (kollektiviert) werden können.[139]

Eine Sonderregelung trifft schließlich Art. 4 Sps. 3 TSRL. Danach ist dem Erwerber eines Teilzeitwohnrechts eine beglaubigte Übersetzung des Vertrags in einer der Amtssprachen des Belegenheitslandes zu geben. Darin liegt keine unsinnige Vervielfachung der Informationspflichten,[140] sondern eine sinnvolle Ergänzung, da der Erwerber z.B. für behördliche Zwecke den Kaufvertrag in einer Amtssprache des Belegenheitslandes vorlegen muß.[141] Hier geht es also nicht darum, die Verständlichkeit für den Erwerber sicherzustellen, sondern darum, die effektive Durchführung des Vertrags zu gewährleisten.[142]

Die *Kaufgewährrichtlinie,* die *Fernabsatzrichtlinie* und die *E-Commerce-Richtlinie* regeln die Sprache nicht mehr, sondern verweisen die Problematik an die mitgliedstaatlichen Gesetzgeber. Nach Art. 6 Abs. 4 Kaufgewährrichtlinie – der auf dem Vorbild der Sprachregelung der Lebensmittelkennzeichnungsrichtlinie 79/112 EWG beruht –[143] können die Mitgliedstaaten für ihr Gebiet vorschreiben, daß die Garantie in einer oder mehreren Amtssprachen der Gemeinschaft abzufassen ist. Als speziellere Regelung gegenüber der Mindeststandardklausel des Art. 8 Abs. 2 KGRL[144] bestimmt Art. 6 Abs. 4 auch einen Höchststandard. Die Mitgliedstaaten können nur vorschreiben, daß die Garantie in einer oder mehreren Amtssprachen der Gemeinschaft abzufassen ist. Eine Vorschrift wie die des belgischen Rechts, die der *Colim* Entscheidung zugrunde lag, wonach die Regionalsprache zu wählen war, ist unzulässig, wenn die Regionalsprache nicht auch Gemeinschaftsamtssprache ist (z.B. Gälisch, Katalanisch, Sorbisch).

Für den Fernabsatz hatten noch der erste und der zweite Vorschlag vorgesehen, daß die vorvertraglichen Informationen (jetzt Art. 4 FARL) in der Sprache der Vertragsverhandlungen zu geben sind.[145] Diese Regelung ist im Gemeinsamen Standpunkt[146]

---

137 Art. 4 Sps. 2 TSRL; auch hier kommen nur die betreffenden Amtssprachen der Gemeinschaft in Betracht.

138 Anders Grabitz/Hilf II-*Martinek* A 13 (TSRL) Art. 4 Rn. 134 (Rücksicht auf nationale Sprachschutzregelungen).

139 *Downes/Heiss* ZVglRWiss 98 (1999) 27, 38.

140 Zweifelnd *Mäsch* EuZW 1995, 8, 11.

141 *Downes/Heiss* ZVglRWiss 98 (1999) 27, 32f.; Grabitz/Hilf II-*Martinek* A 13 (TSRL) Art. 4 Rn. 135f.

142 Siehe noch unten, § 15 B III (S. 383–390), zu den Nachweispflichten.

143 *Staudenmayer* NJW 1999, 2393, 2396. Diese Genese ist freilich wegen der unterschiedlichen Schutzzwecke (s.o. I, S. 279) erstaunlich.

144 Zu deren Auslegung bereits oben, § 8 I 1 b bb (3) (S. 156–159).

145 Art. 10 Abs. 1 V1-FARL (ABl. 1992 C 156/14), Art. 11 Abs. 2 V2-FARL (ABl. 1993 C 308/18).

146 Art. 4 GS-FARL (ABl. 1995 C 288/1; Entscheidung des EP ABl. 1996 C 17/51).

entfallen und auch in der verabschiedeten Fassung nicht enthalten. Die 8. Begründungserwägung der Fernabsatzrichtlinie verweist die Frage, welche Sprachen bei Vertragsabschlüssen im Fernabsatz zu verwenden sind, in die Zuständigkeit der Mitgliedstaaten.[147]

Auch die E-Commerce-Richtlinie enthält keine Sprachregelung, sie verpflichtet den Diensteanbieter lediglich, dem Nutzer vor Bestellung („klar, verständlich und unzweideutig") mitzuteilen, welche Sprachen für den Vertragsabschluß zur Verfügung stehen.[148] Damit ist, wie die englische und die französische Fassung der Richtlinie deutlich machen, keineswegs gemeint, daß der Diensteanbieter verpflichtet wäre, bestimmte Sprachen zur Verfügung zu stellen, es kommt vielmehr darauf an, welche Sprachen er von sich aus zur Verfügung stellt (*the languages offered for the conclusion of the contract; les langues proposées pour la conclusion du contrat*). Auch auf einer deutschen *Homepage* kann der Diensteanbieter ausschließlich Englisch als Vertragssprache zur Verfügung stellen, wenn er will. Es ist Sache des Nutzers – auch des Verbrauchers – zu entscheiden, ob er sich darauf einläßt, oder nicht.

## 2. Implizite Regelungen?

Auch ohne ausdrückliche Regelung[149] entnehmen manche Autoren den Transparenz- und Informationsvorschriften des Europäischen Vertragsrechts Sprachregelungen. So wird aus dem Transparenzgebot der AGBRL[150] die Pflicht abgeleitet, nicht-ausgehandelte Vertragsbedingungen in einer dem Verbraucher verständlichen Sprache abzufassen,[151] wobei teils auf den Verbraucher des jeweiligen Vertragstyps,[152] teils auf den „europäischen Durchschnittskunden"[153] abgestellt wird. Und aus entsprechenden Erwägungen wird auch der Pflicht zu „klarer und verständlicher Information"[154] und dem

---

[147] Dazu noch *Downes/Heiss* ZVglRWiss 98 (1999) 28, 32, 35 (zum neuen Ansatz der EG), 35–41 (Kritik des neuen Ansatzes).

[148] Art. 10 Abs. 1 lit. d) EComRL. BE 64 EComRL weist noch darauf hin: „Die elektronische Kommunikation stellt für die Mitgliedstaaten ein hervorragendes Instrument zur Bereitstellung von öffentlichen Dienstleistungen in den Bereichen Kultur, Bildung und Sprache dar."

[149] Deswegen kritisch *Heinrichs* NJW 1999, 1596, 1599 Fn. 56.

[150] Art. 4 Abs. 2, 5 S. 1; dazu unten, § 16 I 2 b (S. 435).

[151] *Reich* ZEuP 1994, 381, 392 (der dem Transparenzgebot der AGBRL einen Verständlichkeitsgrundsatz entnimmt; diesen Grundsatz bezieht *ders.* NJW 1995, 1857, 1860 (allerdings im Zusammenhang mit einer von ihm angenommene Aufklärungspflicht; gegen diese unten, § 13 B I 2 b [S. 301 f.]) auch auf die Sprachwahl); wohl auch *Heiss* in: Internationales Verbraucherschutzrecht, S. 93 f.; zurückhaltend aber *Reich* VuR 1995, 1, 5 f. Allgemein zu Sprachvorschriften *Reich* Verbraucherrecht, Tz. 143d f., der (wohl) grundsätzlich die Abfassung in der Muttersprache des Verbrauchers befürwortet.

[152] *Wolf*/Horn/Lindacher, Art. 5 AGBRL Rn. 4.

[153] So allgemein für das Transparenzgebot *Nassall* JZ 1995, 689, 693, der damit freilich keine Erleichterung, sondern eine Verschärfung des Kontrollmaßstabs meint.

[154] Z.B. Art. 4 Abs. 2 FernARL (Informationspflicht); Art. 7 Abs. 3 S. 2 FARL (Unterrichtung über Ersetzungsbefugnis); Art. 3 Abs. 2 PRRL (Prospektangaben). *Reich* EuZW 1997, 581, 584 leitet daraus einen „Verständlichkeitsgrundsatz" ab, der die Wahl einer „am Ort des Verbrauchers typischerweise verstandenen Sprache" vorschreibe.

Schutzzweck der Informationspflichten[155] die Pflicht entnommen, eine dem Informationsgläubiger verständliche Sprache zu wählen. Dasselbe müßte auch für Rechtsbelehrungspflichten gelten.

Bevor man sich daran macht, die Transparenz- und Informationsregelungen als Sprachvorschriften zu verstehen, muß man prüfen, ob der Gesetzgeber die Sprachfrage nicht bewußt offen gelassen und den Mitgliedstaaten überlassen hat. Dafür sprechen in der Tat die besseren Gründe. So hat der Gesetzgeber insbesondere bei Erlaß der AGB-Richtlinie und der Fernabsatzrichtlinie den Auslandsbezug seiner Regelungen ganz klar vor Augen gehabt.[156] Wenn er trotzdem keine Regelung über die zu verwendende Sprache getroffen hat, so kann das bedeuten, daß er die Regelung für überflüssig gehalten hat (etwa weil sie bereits in der Anordnung enthalten sei, „klar und verständlich" zu informieren) oder sie den Mitgliedstaaten überlassen wollte. Für eine Verweisung an die Mitgliedstaaten spricht insbesondere die Entstehungsgeschichte der Fernabsatzrichtlinie, die die im Entwurf noch vorgesehene Vorschrift, vorvertragliche Informationen in der Verhandlungssprache zu geben, nicht übernommen und die Sprachfrage ausdrücklich den Mitgliedstaaten überlassen hat.[157] Und weil die vorvertraglichen Informationen das Herzstück der Informationspflichten der Richtlinie sind, läßt sich auch nicht annehmen, der Gesetzgeber habe nur die Vorschrift weglassen wollen, daß die Informationen gerade in der *Verhandlungs*sprache gegeben werden müssen, ansonsten aber implizite Sprachregelungen beibehalten. Weiterhin spricht auch die Tatsache, daß der Gesetzgeber vereinzelt eine Vertrags- oder Informationssprache vorgeschrieben hat (oben 1, S. 280–283) dagegen, jeder Informationsvorschrift schon ohne ausdrückliche Regelung eine implizite Sprachvorschrift zu entnehmen. Schließlich muß man bedenken, daß die Informationspflichten und das Transparenzgebot nur ganz unzureichende Anhaltspunkte dafür geben, wie die Sprachfrage zu regeln ist, und auch deshalb die Annahme einer impliziten Sprachregelung (welcher?) bedenklich ist. Das zeigt sich schon an den Unsicherheiten der oben referierten Auslegungen: Soll es etwa auf den durchschnittlichen oder denindividuellen Vertragspartner oder Informationsgläubiger ankommen? Soll es – entgegen den Wertungen, die sowohl dem Europäischen Vertragsrechtsübereinkommen (Art. 5 EVÜ) als auch der Regelung der 3. Lebensversicherungsrichtlinie zu entnehmen sind – nicht darauf ankommen, auf wessen Initiative hin der Auslandskontakt zustande gekommen ist?

In der Tat hat auch die Kommission in einer Mitteilung aus dem Jahr 1993 erklärt, sie gehe u.a. aufgrund des Subsidiaritätsgrundsatzes davon aus, daß die Regelung der für Verbraucherinformation anwendbaren Sprache Sache der Mitgliedstaaten sei.[158] Das ist

---

155 *Reich* NJW 1995, 1857 1860; *ders.* Verbraucherrecht, Tz. 143d.

156 S. BE 5, 7 AGBRL; BE 2–4 FARL.

157 S. soeben 1 a.E. (S. 282f.). Ungeachtet dessen leitet *Rott* ZVglRWiss 98 (1999) 382, 405–407 ganz detaillierte Sprach*regeln* aus der Bindung des Lieferers ab, klar und verständlich zu informieren.

158 KOM(93) 456 endg. Rn. 2. *Rechtlich* ist das nicht zu beanstanden, da der Subsidiaritätsgrundsatz zwar Kompetenzen eröffnet und begrenzt, nicht aber zu deren Wahrnehmung verpflichtet; nur rechtspolitisch ist daher die Kritik von *Downes/Heiss* ZVglRWiss 98 (1999) 28, 38–40, eine Regelungs*pflicht* der Gemeinschaft ergibt sich aus dem Subsidiaritätsgrundsatz nicht.

auch sachlich gut begründet, weil das nationale Recht die Sprachfrage durchaus regelt und dabei die betroffenen Interessen nach Sachfragen differenziert gewichtet. So kommen für das Vertragsrecht kollisions- und sachrechtliche Lösungen in Betracht,[159] und im Sachrecht kann man ganz unterschiedliche Regelungen finden, z.B. die Anfechtbarkeit, Widerruflichkeit oder Nichtigkeit des Vertrags (oder der ihm zugrunde liegenden Vertragserklärung), die Verneinung des Zugangs einer Erklärung in unverständlicher Sprache, die Ersatzpflicht des Informationsschuldners usf.[160]

Ist demnach Informations- und Transparenzvorschriften ohne weiteres keine Sprachvorschrift zu entnehmen, sondern die Verweisung dieser Problematik in die Zuständigkeit der Mitgliedstaaten, so bedeutet das doch nicht, daß die Mitgliedstaaten bei der Gestaltung des nationalen Rechts völlig frei wären. Eine Bindung ergibt sich hier wie sonst aus der Pflicht zur effektiven Umsetzung des Gemeinschaftsrechts. Dabei ist nicht zu beanstanden, daß Unterschiede in Einzelheiten bestehen bleiben, denn das Gebot der effektiven Umsetzung gibt nur einen äußersten Handlungsrahmen vor. Wie weit die daraus resultierenden Vorgaben für das nationale Recht reichen, hängt wesentlich vom Zweck der jeweiligen Informations- oder Transparenzpflicht ab, ist aber auch mit Rücksicht auf gegenläufige Wertungen des Gemeinschaftsrechts zu bestimmen. Der Schutzzweck von Informationsvorschriften spricht regelmäßig dafür, daß der Gläubiger die Information in einer ihm individuell verständlichen Sprache erhält.[161] Indes zeigt schon die Erörterung der primärrechtlichen Vorgaben, daß sich aus den Grundfreiheiten gegenläufige Wertungen ergeben können, soweit Sprachvorschriften sich als Hindernisse für den grenzüberschreitenden Verkehr erweisen.[162] So spricht der Schutz des grenzüberschreitenden Waren- und Dienstleistungsverkehrs dafür, die Sprache des Herkunftslandes ausreichen zu lassen. Gerade auch im Hinblick auf Sprachvorschriften kann man der Primärrechtsdogmatik den Grundsatz der Selbstverantwortung des Verbrauchers entnehmen: „Auch bei sprachlichen Regeln über die Verbraucherinformation gilt jetzt

---

[159] Zum Kollisionsrecht etwa *Drobnig* FS Mann, S. 591–615 (zu AGB); *Freitag* IPRax 1999, 142–147; *Jayme* FS Bärmann, S. 512–517 (eigenes Sprachstatut); Reithmann/*Martiny* Internationales Vertragsrecht, Rn. 206f.; *ders.* ZEuP 1998, 227, 247f. (Maßgabe des Vertragsstatuts).

[160] Siehe nur die Diskussion im deutschen Recht neben den in der vorigen Fn. Genannten *Flume* Rechtsgeschäft, § 15 I 5 (S. 249f.); *John* AcP 184 (1984) 385, 398f.; *Schlechtriem* FG Weitnauer (1980), 129, 136–139. Zu undifferenziert daher KOM(93) 456 endg. Rn. 33. Vgl. auch *Rott* ZVglRWiss 98 (1999) 382, 383–398, der allerdings eine Schutzlücke annimmt und es für die „natürliche Aufgabe des Gemeinschaftsrechts" hält, eine Regelung zu treffen.

[161] EuGH v. 3.6.1999 – Rs. C-33/97 *Colim* Slg. 1999, 3175 Rn. 29 („Die Informationen, die die Wirtschaftsteilnehmer dem Käufer, vor allem dem Endverbraucher, geben müssen, sind, sofern sie nicht durch Piktogramme oder andere Zeichen als Worte übermittelt werden können, ohne praktischen Nutzen, wenn sie nicht in einer für ihre Adressaten verständlichen Sprache abgefaßt sind."). Ebenso (aber zu einseitig) *Somma* ZEuP 1998, 701, 708.

[162] Das läßt *Rott* ZVglRWiss 98 (1999) 382, 403–408, weitgehend unberücksichtigt, wenn er z.B. (S. 404) – wohl in Bezug auf die Zumutbarkeit für den Unternehmer – sagt, „Für Erwägungen hinsichtlich der Zumutbarkeit der Verwendung einer anderen als der Marktsprache ist kein Raum.", oder (S. 407) den Aufwand, der dem Lieferer aus der Verwendung mehrerer Vertragssprachen entsteht, zwar erkennt, aber ohne weitere Erwägung für hinnehmbar erklärt.

offenbar das Paradigma vom ‚durchschnittlich informierten, aufmerksamen und verständigen' – und damit wohl auch sprachlich ausreichend kompetenten – ‚Durchschnittsverbraucher'".[163] Und schließlich weisen die Sprachregelung der 3. Lebensversicherungsrichtlinie und die Verbraucherschutzbestimmungen des EVÜ auf die erhöhte Selbstverantwortung desjenigen hin, der sich ins Ausland begibt. Hier ist nicht nur der Geschützte weniger schützenswert, weil er sich „selbst in Gefahr begeben" hat, sondern verdient auch der Verpflichtete Nachsicht, soweit er davon ausgehen kann oder muß, daß die Sprache des Vermarktungslandes dem Schutzgebot genügt.

Nach dem Gebot der effektiven Umsetzung dürfen danach die Mitgliedstaaten nicht zulassen, daß die Verpflichteten Transparenz- oder Informationsvorschriften gezielt durch die Wahl einer unverständlichen Sprache umgehen. Umgekehrt wird man normalerweise die Wahl einer Amtssprache ausreichen lassen, selbst wenn sich der Verpflichtete an eine Sprachminderheit wendet.[164] Zum Schutz der Verpflichteten beschränkt der Gesetzgeber die Sprachvorschriften stets auf die Amtssprachen, und das gilt selbst für die weitreichende Regelung der Timesharingrichtlinie. Weiterhin muß es grundsätzlich ausreichen, wenn eine der Amtssprachen des Vermarktungslandes gewählt wird.[165] Das entspricht der Wertung der speziellen Sprachvorschriften zur Produktkennzeichnung (vgl. oben I, S. 277–279), die selbst dann, wenn sie dem Schutz vor Gesundheitsgefahren oder Irreführung dienen, die Sprache des Vermarktungslandes ausreichen lassen, unabhängig davon, ob diese Sprache dem einzelnen Verbraucher verständlich ist.[166] Die Umsetzungspflicht gebietet daher nicht, die Muttersprache oder eine dem individuellen Vertragspartner geläufige Sprache zu wählen.[167] Es obliegt dem im Inland lebenden Ausländer, sich die erforderlichen Sprachkenntnisse zu verschaffen. Nach dem Selbstverantwortungsgrundsatz, der im Sekundärrecht im Hinblick auf die Sprachenfrage etwa Anhang III. LVersRL und Art. 5 EVÜ zu entnehmen ist, muß es schließlich ausreichen,

---

163 *Reich* EuZW 1999, 467.

164 A.M. *Reich* EuZW 1997, 581, 584.

165 In diese Richtung auch *Rott* ZVglRWiss 98 (1999) 382, 405–407, es sei denn, im Einzelfall wäre die Sprachunkundigkeit erkennbar.

166 Vgl. Kommission, ABl. 1993 C 345/3 Tz. 23; EuGH v. 18.6.1991 – Rs. C-369/89 *Piageme* Slg. 1991, I-2971 Tz. 14 (Verweis auf Sprachregion); Art. 8 Richtlinie 92/27/EWG v. 31.3.1992 über die Etikettierung und die Packungsbeilagen von Humanarzneimitteln, ABl. 1992 L 113/8. Die unterschiedlichen Zwecke der Sprachvorschriften berücksichtigt *Rott* ZVglRWiss 98 (1999) 382, 402f. nicht ausreichend, wenn er die lebensmittelrechtlichen Wertungen ohne weiteres auf das Vertragsrecht übertragen möchte; zudem ist ihm zu widersprechen, wenn er annimmt, das Europäische Vertragsrecht schütze (anders als das Europäische Lebensmittelrecht!) nicht Verbraucher allgemein, sondern den individuellen Verbraucher; eher im Gegenteil geht es doch im Europäischen Vertragsrecht nicht um den Einzelvertrag, sondern um Märkte.

167 Ebenso *Heinrichs* NJW 1996, 2190, 2197. Für den arbeitsrechtlichen Nachweis schon *Riesenhuber* NZA 1999, 798, 799. Für das deutsche Recht in dieselbe Richtung BGHZ 87, 112, 114f., wenn die Verhandlungssprache deutsch ist. Einen entgegengesetzten Grundsatz postuliert aber *Rott* ZVglR-Wiss 98 (1999) 382, 404; auf die Entscheidung EuGH v. 3.6.1999 – Rs. C-33/97 *Colim* Slg. 1999, 3175 beruft sich *Rott* zu Unrecht, denn dort ging es nicht um die Begründung einer Sprachvorschrift aus einer Informations- oder Verständlichkeitspflicht, sondern um die Auslegung einer Sprachvorschrift.

die vom Geschützten gewählte Sprache zu verwenden.[168] Das gilt sogar für die nach der Wertpapierdienstleistung geschuldete Aufklärung und Beratung, denn nach Art. 11 WpDRL kann der Wertpapierkunde durch sein eigenes Verhalten (Angaben über Erfahrung mit Wertpapiergeschäften und die vom Kunden verfolgten Ziele, Art. 11 Sps. 4) Intensität und Umfang der Aufklärung und Beratung wesentlich bestimmen.[169] Wenn die Sprachkenntnisse des deutschen Kunden ausreichen, um der englischen Wertpapierfirma Sprachkenntnisse vorzuspielen, dann braucht diese dem Kunden nicht gegen seinen Willen die Aufklärung und Beratung auf Deutsch zu geben. Lediglich soweit Informationsvorschriften dazu dienen, Leben und Gesundheit zu schützen, kann dieser Schutzzweck möglicherweise weitergehend die Wahl einer individuell verständlichen Sprache gebieten. Im Vertragsrecht kommt eine solche Pflicht indes bislang nicht vor.

Zum Beispiel braucht der holländische Verkäufer in Venlo *von Gemeinschaftsrechts wegen* (effektive Umsetzung)[170] nur holländische AGB bereitzuhalten, und zwar auch dann, wenn seine Kunden überwiegend deutsche Verbraucher sind, die zum Einkauf anreisen.[171] Der Verkäufer kann sich auf die Sprache des Vermarktungslandes beschränken, und der Verbraucher, der sich ins Ausland begibt, muß auch mit der fremden Sprache umgehen.[172]

---

[168] Eine engere Meinung habe ich noch in NZA 1999, 798, 799 vertreten (auch auf Wunsch des Nachweisgläubigers darf die andere Sprache nur gewählt werden, wenn dafür ein sachlicher Grund besteht).

[169] Näher unten, § 13 B I 1 d (S. 299f.), m.N.

[170] Wie an dieser Stelle hier noch einmal hervorzuheben ist, geht es uns hier nur um die Frage, welche gemeinschaftsrechtlichen Vorgaben sich aus der Umsetzungspflicht ergeben. Die Mitgliedstaaten können, soweit das nach der Richtlinienregelung und dem primärrechtlichen Verhältnismäßigkeitsgrundsatz zulässig ist, strengere Schutzvorschriften vorsehen.

[171] A.M. Grabitz/Hilf II-*Pfeiffer* A 5 Art. 5 AGBRL Rn. 20 für den Fall, daß sich der Verkäufer „gezielt an Verbraucher wendet, die ihren gewöhnlichen Aufenthalt im fremdsprachlichen Sprachraum haben". Nach *Wolf*/Horn/Lindacher, Art. 5 AGBRL Rn. 4 soll die Heimatsprache des Verbrauchers vorgeschrieben sein, „wenn der Gewerbetreibende dort [sc. am Wohnsitz oder ständigen Aufenthaltsort des Verbrauchers] den Vertragsschluß unmittelbar vorbereitet oder durchführt"; in diesem Fall dürfte sich indes nach Art. 5 EVÜ der Verbraucherschutz und auch die zu verwendende Sprache ohnehin nach dem gewöhnlichen Aufenthalt richten.

[172] Weitergehend *Reich* NJW 1995, 1857, 1860, der annimmt, die AGBRL sehe eine Aufklärungspflicht „ausdrücklich" vor (dagegen unten, § 13 B I 2 b [S. 301 f.]), und aus dieser Aufklärungspflicht eine „Verständlichkeitsobliegenheit" gegenüber dem erkennbar sprachunkundigen Verbraucher ableitet, deren Verletzung Anfechtungsrechte nach §§ 119, 123 BGB und einen Ersatzanspruch (Vertragsauflösung) aus *culpa in contrahendo* begründe; damit betont *Reich* indes übermäßig den Verbraucherschutzaspekt und läßt die gegenläufigen Wertungen des Gemeinschaftsrechts völlig ausgeblendet.

# § 13 Vorvertragliche Pflichten

Das Europäische Recht hat schon frühzeitig auch vorvertragliche Pflichten der Vertragsparteien vorgeschrieben. Die Mehrzahl davon betrifft die Information über Tatsachen, vereinzelt besteht auch die Pflicht zu treugemäßem Verhalten. Das Bild der so begründeten vorvertraglichen Informationsordnung wäre nicht vollständig, würde man die grundlegenden Vorschriften über die Werbung außer Betracht lassen. Sie gehören zwar nicht zum Vertragsrecht i.e.S., da sie nicht auf den individuellen Vertragsschluß gerichtet sind und den Vertrag – soweit hier zu erörtern – auch nicht unmittelbar betreffen.[1] Wegen ihres wertungsmäßigen Zusammenhangs – den für den Bereich des Verbraucherrechts jetzt auch die *Kommission* im Grünbuch zum Verbraucherschutz hervorhebt –[2] sind sie indes auch für die vertragsrechtlichen Vorschriften i.e.S. von Bedeutung.[3]

## A. Das Verbot irreführender und die Zulässigkeit vergleichender Werbung

Das Europäische Recht gegen irreführende Werbung hat sich in zwei weitgehend parallel verlaufenden und vom EuGH zusammengehaltenen Strängen entwickelt.[4] Zum einen hat der EuGH die Schranken konkretisiert, die sich für die nationalen Lauterkeitsrechte aus den Grundfreiheiten ergeben. Zum anderen hat die Gemeinschaft in verschiedenen sekundärrechtlichen Regelungen Verbote irreführender Werbung begründet, vor allem in der Richtlinie über irreführende und vergleichende Werbung (Werbungsrichtlinie, WerbRL).[5] Beide Entwicklungen hat der EuGH dadurch zusammengehalten, daß er erstens bei seiner Grundfreiheitenrechtsprechung auf die sekundärrechtliche Entwicklung eine gewisse Rücksicht genommen hat,[6] daß er zweitens die sekundärrechtlichen Irreführungsverbote im Lichte der Grundfreiheiten ausgelegt hat[7] und endlich dadurch,

---

1 Zur (zu verneinenden) Frage, ob die Umsetzung der WerbRL die Zuerkennung von Individualansprüchen der Verbraucher verlangt oben, § 12 B (S. 267–275, bes. 275). Zur Bindung an Werbungsaussagen unten, § 15 A II (S. 359–375).

2 *Kommission* Grünbuch zum Verbraucherschutz in der Europäischen Union, KOM(2001) 531 endg.

3 Ebenso *Fleischer* ZEuP 2000, 772, 791; *Heinrichs* NJW 1996, 2190, 2197; *Staudenmayer* RIW 1999, 733, 736; kritisch *Klauer* Europäisierung, S. 132; *Lurger* Vertragliche Solidarität, S. 89 (alle Genannten im Hinblick auf das „Verbraucherleitbild").

4 Übersicht bei *Dauses* RIW 1998, 750–757.

5 Zu nennen ist ferner v.a. Art. 6 Abs. 3 der Richtlinie des Rats 76/768/EWG zur Angleichung der Rechtsvorschriften der Mitgliedstaaten über kosmetische Mittel, ABl. 1976 L 262/169 (KosmetikRL), die der EuGH in den Entscheidungen EuGH v. 2. 2. 1994 – Rs. C-315/92 *Clinique* Slg. 1994, I-317 sowie EuGH v. 13. 1. 2000 – Rs. C-220/98 *Estée Lauder* Slg. 2000, I-117 erörtert hat, sowie die Lebensmittelkennzeichnungsrichtlinie (79/112). Weitere Übersicht bei *Dauses* EuZW 1995, 425, 428f.

6 EuGH v. 7. 3. 1990 – Rs. 362/88 *GB-INNO* Slg. 1990, I-667 Rn. 14–18.

7 EuGH v. 13. 12. 1990 – Rs. 238/89 *Pall ./. Dallhausen* Slg. 1990, I-4827 Rn. 22; EuGH v. 2. 2. 1994 – Rs. C-315/92 *Clinique* Slg. 1994, I-317 Rn. 12, 17f.

daß er drittens auch die verschiedenen sekundärrechtlichen Irreführungsverbote einheitlich ausgelegt hat.[8]

Von grundlegender Bedeutung auch für das Sekundärrecht sind die aus den Grundfreiheiten entwickelten Schranken für Irreführungsverbote der nationalen Lauterkeitsrechte. Können divergierende mitgliedstaatliche Irreführungsverbote grundsätzlich Beschränkungen für den grenzüberschreitenden Verkehr darstellen,[9] so bestimmt sich ihre zulässige Reichweite danach, inwieweit sie aus Gründen des Allgemeinwohls – Lauterkeit des Handelsverkehrs oder Verbraucherschutz – erforderlich sind.[10] Die Erforderlichkeit hat der EuGH mit Rücksicht auf die besondere Bedeutung von Werbung für die Information der Verbraucher und für das Funktionieren des Binnenmarktes eng beschränkt und dabei den Grundsatz der Selbstverantwortung (auch) des Verbrauchers betont.[11] Zum Beispiel ist es danach Sache des Werbungsadressaten, dem Kaufanreiz zu widerstehen, der von befristeten Verkaufsaktionen oder Vorpreisvergleichen ausgeht, vorausgesetzt, daß die Angaben über Befristung und Vorpreis zutreffend, also nicht aufgrund ihrer Unrichtigkeit irreführend sind.[12] Er muß zwischen Verpackungsaufdruck und Verpackungsinhalt (Größe des Aufdrucks „10% mehr“) unterscheiden.[13] Von einem Unternehmer ist zu erwarten, daß er sich nicht von dem Aufdruck eines Zeichens für Warenzeichenregistrierung irreführen läßt, sondern gegebenenfalls selbst im Register nachsieht.[14] Selbst wenn die Angaben des Anbieters für den Abnahmeinteressenten (Werbungsadressaten) potentiell irreführend sein können, wie z.B. die Angabe der Warenzeichenregistrierung „®“, so rechtfertigt dies doch dann keine lauterkeitsrechtliche Sanktion, wenn der Anbieter an der Angabe ein berechtigtes Interesse hat und sie die Vertragsentscheidung des Interessenten vernünftigerweise nicht beeinflußt (vernünftige Kausalität).[15] Die Grenze des Selbstverantwortungsgrundsatzes ist aber erreicht, wenn die Werbung unrichtige Angaben enthält, denn diese können dem Informations-

---

[8] EuGH v. 16.7.1998 – Rs. C-210/96 *Gut Springenheide* Slg. 1998, I-4657 Rn. 29f.; EuGH v. 13.1.2000 – Rs. C-220/98 *Estée Lauder* Slg. 2000, I-117 Rn. 27.

[9] EuGH v. 7.3.1990 – Rs. 362/88 *GB-INNO* Slg. 1990, I-667 Rn. 6–8 (Werbungsverbot als Beschränkung der Warenverkehrsfreiheit des Verbrauchers).

[10] Im Fall EuGH v. 6.11.1984 – Rs. 177/83 *Ringelhan & Rennett* Slg. 1984, 3651 hat das Gericht eine Verhältnismäßigkeitsprüfung vermieden, da ein Verstoß gegen das Diskriminierungsverbot vorliege.

[11] Vgl. *Reich* WRP 1988, 75, 76–78. Ebenso für Art. 6 ProdHRL über die Darbietung des Produkts, die auch in der Werbung erfolgen kann, *Taschner/Frietsch* Art. 6 ProdHRL Rn. 14.

[12] EuGH v. 7.3.1990 – Rs. 362/88 *GB-INNO* Slg. 1990, I-667 Rn. 18f. (ohne nähere Begründung; dazu GA *Lenz* ebd. SchlA Tz. 27); EuGH v. 18.5.1993 – Rs. 126/91 *Yves Rocher* Slg. 1993, I-2361 Rn. 16f. Vgl. jetzt Art. 3a Abs. 2 WerbRL.

[13] EuGH v. 6.7.1995 – Rs. C-470/93 *Mars* Slg. 1995, I-1923 Rn. 24.

[14] GA *Tesauro* in: EuGH v. 13.12.1990 – Rs. 238/89 *Pall ./. Dallhausen* Slg. 1990, I-4827 SchlA Rn. 6. Der EuGH unterstellt aaO die Irreführungsmöglichkeit. Das Erfordernis eines berechtigten Interesses erörtert er nicht, er setzt es indes wohl voraus, da ohne ein nach Europäischem Recht berechtigtes Interesse eine Irreführungsmöglichkeit nicht hinzunehmen sein dürfte. Im Fall *Pall* lag das berechtigte Interesse in der gemeinschaftsweit einheitlichen Produktaufmachung.

[15] EuGH v. 13.12.1990 – Rs. 238/89 *Pall ./. Dallhausen* Slg. 1990, I-4827 Rn. 19; GA *Tesauro* ebd. SchlA Tz. 6.

interesse des Adressaten nicht dienen und daran kann nach dem Lauterkeitsprinzip auch der Werbende kein berechtigtes Interesse haben.

Im Lichte dieser Grundsätze hat der EuGH auch die Werbungsrichtlinie verstanden. Diese verbietet zunächst die irreführende Werbung. Irreführend ist Werbung, die die Adressaten in irgendeiner Weise täuscht oder zu täuschen geeignet ist und dadurch deren wirtschaftliches Verhalten beeinflussen oder Konkurrenten schädigen kann (Art. 2 Ziff. 2 WerbRL). Vergleichende Werbung ist demgegenüber grundsätzlich erlaubt.[16] Die Voraussetzungen, die Art. 3a WerbRL für die Zulässigkeit vergleichender Werbung nennt, dienen lediglich drei Zwecken:[17] Sie sollen sicherstellen, daß nicht der Vergleich irreführt (lit. a–d), daß (Konkurrenz-) Marken nicht beeinträchtigt werden (lit. d–f, h) und daß der Vergleich nicht im Verhältnis zum Konkurrenten unlauter ist (lit. b, e, g). Vergleichende Werbung kann, sofern sie nicht irreführend ist, eine wichtige Informationsfunktion ausüben, dadurch daß sie auch Nachteile von Konkurrenzprodukten aufzeigt, die die Konkurrenten in ihrer Werbung naturgemäß nicht hervorheben.[18]

Grundsätze für die Auslegung der sekundärrechtlichen Irreführungsverbote ergeben sich aus der *Nissan*-Entscheidung des EuGH zur Werbungsrichtlinie. Dort ging es um die Anpreisung parallelimportierer Autos mit der Werbung „Kaufen Sie Ihren Neuwagen billiger“, die zudem einen Hinweis auf die Herstellergarantie enthielt. Eine Irreführung wurde deswegen besorgt, (1) weil der Verkäufer die Autos als neu bezeichnet hatte, obwohl sie schon einmal zugelassen waren, (2) weil der Preisvorteil z.T. auf einer geringeren Grundausstattung beruhte und (3) weil mit der – freilich bestehenden – Herstellergarantie geworben wurde. Die Bezeichnung als neu war nach der vom Gericht selbst vorgenommenen Einschätzung nicht irreführend; wie GA *Tesauro* ausführt, macht die Erstzulassung einen Wagen nicht zum Gebrauchtwagen, sondern zu einem zugelassenen Wagen.[19] Eine Irreführung könne lediglich dann angenommen werden, wenn die Bezeichnung als „neu“ dazu diene, die Tatsache der Vorzulassung zu verschleiern, und diese Tatsache wiederum geeignet wäre, eine erhebliche Anzahl Interessenten vom Kauf abzuschrecken.[20] Auch die Bezeichnung als „billiger“ könne nur dann irreführen, wenn sie dazu führe, daß eine erhebliche Anzahl Kaufinteressenten ihre Kaufentscheidung in Unkenntnis der im Vergleich zum nationalen Angebot geringeren Grundausstattung träfe.[21] Zu dieser vom nationalen Gericht zu beantwortenden Frage hatte

[16] Zur gemeinschaftsrechtlichen Zulassung vergleichender Werbung *Reich* WRP 1988, 75–80; *Meyer* WRP 1991, 765–771; *Schricker* GRUR Int. 1992, 347, 351–354; *v. Gamm* WRP 1992, 143–147; *Tilmann* GRUR Int. 1993, 133–137; *ders.* GRUR 1997, 790–799; *ders.* GRUR 1999, 546–551; *Plassmann* GRUR 1996, 377–382. Einen Überblick aus englischer Sicht gibt *Lawson* BLRev. 1991, 213–215.

[17] Kritisch gegenüber den Beschränkungen der vergleichenden Werbung *Funke* WM 1997, 1472, 1473f.

[18] BE 2, 5 Richtlinie 97/55 des Europäischen Parlaments und des Rates vom 6.10.1997 zur Änderung der Richtlinie 84/450/EWG über irreführende Werbung zwecks Einbeziehung der vergleichenden Werbung (ABl. 1997 L 290/18); *Funke* WM 1997, 1472, 1473.

[19] GA *Tesauro* in: EuGH v. 16.1.1992 – Rs. C-373/90 *Ermittlungsverfahren gegen X* Slg. 1992, I-131 (*Nissan*) SchlA Tz. 7.

[20] EuGH v. 16.1.1992 – Rs. C-373/90 *Ermittlungsverfahren gegen X* Slg. 1992, I-131 (*Nissan*) Rn. 13–15.

[21] EuGH v. 16.1.1992 – Rs. C-373/90 *Ermittlungsverfahren gegen X* Slg. 1992, I-131 (*Nissan*) Rn. 16.

wiederum GA *Tesauro* die vom Verbraucher zu verlangende Pferdevernunft schon vorgezeichnet. Bei einer verhältnismäßig großen wirtschaftlichen Entscheidung wie dem Autokauf sei zumal angesichts der bestehenden Preistransparenz im Autohandel davon auszugehen, daß der Käufer Preise und Leistungen verschiedener Anbieter sorgfältig vergleiche. Damit hat der Generalanwalt nicht nur eine tatsächliche Einschätzung vorgeben, sondern vor allem einen normativen Maßstab. Denn er führt aus, daß hier der Grundsatz zum Tragen komme: „Vigilantibus non dormientibus iura succurrunt."[22] Die Werbung mit der Herstellergarantie schließlich ist schon deswegen zur Irreführung nicht geeignet, da sie der Wahrheit entspricht.[23] Dieselben Grundsätze regieren auch die Auslegung spezieller Irreführungsverbote.[24]

Werbung stellt ein – zumal für den Binnenmarkt – wichtiges Instrument der Information (auch) von Verbrauchern dar, das lediglich zum Schutz von Verbrauchern und Konkurrenten der Überprüfung bedarf. Unter dem Gesichtspunkt der Information versteht sich, daß die vergleichende Werbung als dem Adressaten grundsätzlich hilfreiche Information zulässig ist, während irreführende – isolierte oder vergleichende – Werbung unzulässig ist. Die Werbungsregelung ist indes nicht nur vor dem Hintergrund des Verbraucherschutzes zu verstehen, sondern zugleich vor jenem des unverfälschten Wettbewerbs, der als Grundgedanke dieselben Regelungen begründet. Denn während irreführende Werbung zu einem ungerechtfertigten Wettbewerbsvorteil führen kann, kann die (nicht-irreführende) vergleichende Werbung den Wettbewerb verstärken. Insoweit zeigt sich in den Werbungsregelungen, daß lauterer und unverfälschter Wettbewerb dem Verbraucherschutz nicht nur nicht entgegensteht, sondern sogar dienen kann.[25] Zur Vermeidung von Irreführung sowie zur Wahrung der Lauterkeit des Handelsverkehrs müssen Werbungsangaben wahr sein. Wahre Werbungsaussagen können nur dann als irreführend angesehen werden, wenn sie bei einem erheblichen Anteil der Adressaten Fehlvorstellungen hervorrufen, die für die Kaufentscheidung vernünftigerweise relevant sind.

Das Recht gegen irreführende Werbung beruht ganz wesentlich auf dem Selbstverantwortungsgrundsatz. Werbung ist nur ein Angebot, Information bereitzustellen, die, von einem Absatzinteresse geleitet, einseitig Vorzüge hervorhebt. Ob der Werbungsadressat von diesem Informationsangebot Gebrauch macht, bleibt ihm überlassen. Wenn er es in Betracht zieht, so wird er dabei v.a. dadurch geschützt, daß Werbungsangaben wahr sein müssen, gleichzeitig wird von ihm erwartet, daß er die Information als Werbung mit der gebotenen Zurückhaltung und Wachsamkeit betrachtet. Die Werbungs-

---

[22] GA *Tesauro* in: EuGH v. 16.1.1992 – Rs. C-373/90 *Ermittlungsverfahren gegen X* Slg. 1992, I-131 (*Nissan*) SchlA Tz. 9. *Tesauro* hebt freilich hervor, daß hier lediglich die Irreführung von Werbung zu beurteilen sei, nicht hingegen die Arglist des Verkäufers beim Vertragsschluß. Zur Rechtsparömie *Liebs* Lateinische Rechtsregeln, V 25, s.a. J 179.

[23] Vgl. die Erläuterung zur GVO Kfz-Vertrieb der Kommission v. 12.12.1984 ABl. 1985 C 17/4, Ziff. 2.

[24] EuGH v. 2.2.1994 – Rs. C-315/92 *Clinique* Slg. 1994, I-317 Rn. 21–23; EuGH v. 16.7.1998 – Rs. C-210/96 *Gut Springenheide* Slg. 1998, I-4657 Rn. 31.

[25] BE 2 RL 97/55/EG (die die ursprüngliche Werbungsrichtlinie um die Regelungen über die vergleichende Werbung ergänzt).

information entbindet ihn nicht von der Obliegenheit, zumal bei wichtigeren Entscheidungen Leistungen und Preise verschiedener Anbieter aufgrund weiterer, selbst zusammengestellter Information sorgsam zu vergleichen. Macht er von der Werbungsinformation und/oder sonstigen Informationsquellen keinen Gebrauch, so ist er grundsätzlich nicht schützenswert.

## B. Vorvertragliche Pflichten

## I. Informationspflichten

Die Grenze zwischen Werbungsregelungen und vorvertraglichen Informationsvorschriften ist nicht scharf zu ziehen. Verschiedene Regelungen, wie die Prospektwahrheitspflicht des Art. 3 Abs. 2 Pauschalreiserichtlinie und die Pflicht zur Angabe des effektiven Jahreszinses in Art. 3 Verbraucherkreditrichtlinie, betreffen sowohl die allgemeine, noch nicht auf einen bestimmten Vertragsschluß bezogene Kundeninformation (Prospekt; „Anzeige" oder „Angebot") als auch den individuellen Vertrag.[26] Soweit die Informationsvorschriften zumindest auch einen vertragsrechtlichen Bezug hat, werden sie hier im Rahmen der vorvertraglichen Pflichten erörtert. Unberücksichtigt bleiben die kapitalmarktrechtlichen Informations- und Prospektpflichten.

Auf zwei Formen der Werbungs- und Informationsvorschriften i.w.S. ist im Zusammenhang gesondert einzugehen. Zum einen sanktionieren verschiedene Bestimmungen die Pflicht, wahre Prospektangaben zu machen, dadurch, daß sie die gegeben Angaben zum Vertragsinhalt machen; das ist im Zusammenhang mit Vertragsinhalt und -auslegung zu erörtern.[27] Zum anderen lassen sich die zwingenden Gewährleistungsrechte der Kaufgewährleistungsrichtlinie als mittelbare Informationspflichten verstehen; darauf ist im Zusammenhang mit dem Leistungsstörungsrecht zurückzukommen.[28]

### 1. Erörterung der Regelungen

Geht es im Rahmen der Information durch Werbung nur um die Grenzen, die der eigeninitiativen Informationsbereitstellung durch die Unternehmen zu setzen sind, so werden diese Regelungen durch – nicht minder wichtige – vorvertragliche Informationspflichten der Unternehmen ergänzt. Diese Informationspflichten erweisen sich dabei weithin als eine konsequente Fortführung der Prinzipien, die dem Recht der irreführen-

---

[26] Prospekte und Anzeigen stellen in den europäischen Privatrechten grundsätzliche nicht schon Angebote dar; vgl. *Kötz* Europäisches Vertragsrecht, S. 28. *Grundmann* Schuldvertragsrecht, 4.01 Rn. 14f., 4.02 Rn. 12–15, ordnet sie dem Vertragsrecht zu; anders *ders.* RabelsZ 54 (1990) 283, 310.

[27] Unten, § 15 A II (S. 359–375).

[28] Unten, § 17 A II 5 (S. 490–494).

den Werbung zugrunde liegen. Die Einholung vertragswesentlicher Information ist grundsätzlich Sache des Interessenten. Informationspflichten des Anbieters schreibt das Europäische Recht nur vor, wenn entweder die besondere Absatzform (Fernabsatz) die Eigeninformation des Interessenten behindern kann oder wenn die Transparenz des Marktes nicht schon gewährleistet erscheint (Pauschalreisen, Timesharing, Verbraucherkredit, Überweisung, Versicherung) (a). Ergänzend dienen auch die vorvertraglichen Informationspflichten z.T. dem Schutz vor Irreführung (b). Neben diesen „marktbezogenen" Informationspflichten dienen Informationspflichten vereinzelt auch besonderen Schutzinteressen: der anfänglichen Sicherung der Zweckerreichung (c) und der Aufklärung vor spezifischen Gefahren (d).

### *a) Gewährleistung der Markttransparenz*

Überwiegend dienen Informationspflichten der Ermöglichung einer informierten Marktentscheidung durch die Herstellung oder Gewährleistung von Markttransparenz zugunsten der Nachfrager.[29] Die Information bezieht sich in diesen Fällen auf den wesentlichen Vertragsinhalt, also Preis und Leistung.[30] Durch die Information erhält der Informationsgläubiger die Möglichkeit, das Angebot mit dem konkurrierender Anbieter zu vergleichen. Pflichten zur Information über den Vertragsinhalt sind zum einen dort vorgesehen, wo die Absatzmethode einen Vergleich konkurrierender Angebote leicht verhindert (Fernabsatz). Zum anderen bestehen Informationspflichten dort, wo der Gesetzgeber der Transparenz des Marktes mißtraut. Dabei ist die Sorge der Intransparenz zum einen deshalb begründet, weil aufgrund der Komplexität des Vertrags ein sinnvoller Angebotsvergleich umfassende Information über eine Vielzahl von Gegenständen erfordert (Pauschalreise, Timesharing, Versicherungsvertrag). In zwei Fällen (Verbraucherkredit und Überweisung) hatte sich im Vorfeld der Rechtsetzung erwiesen, daß der Markt die gebotene Transparenz nicht von sich aus gewährleistet.

Beim *Fernabsatz* ist die Kommunikation mit dem Vertragspartner auf die gewählten Medien beschränkt. Waren, die Gegenstand des Vertrags sind, kann der Kunde nicht unmittelbar wahrnehmen, und bei Verträgen über Dienstleistungen droht aufgrund der Kommunikationsdefizite, die im Vergleich zu dem persönlichen Vertragsabschluß bestehen, das Bild, das sich der Kunde macht, zu flüchtig zu sein, um einen Vergleich mit konkurrierenden Produkten zu ermöglichen.[31] Hinzu kommt, daß beim Distanzgeschäft oftmals ein besonderer Kaufanreiz besteht, da die Bestellung bequem ist und gewissermaßen unverbindlich erscheint, weil die Belastung regelmäßig erst später eintritt. Die Kommunikationsdefizite und die Verlockungen können zu einer Marktintransparenz führen, wenn die zu erteilende Information nicht standardisiert ist. Diesen Umständen tragen die vorvertraglichen Informationspflichten des Art. 4 Abs. 1 FARL und des Art. 3

---

[29] *Grundmann* JZ 2000, 1133, 1135–1138; *ders.* ZHR 163 (1999) 635, 665–674; *Fleischer* ZEuP 2000, 772, 784 und, zu den Grundlagen, 774–781.

[30] *Fleischer* ZEuP 2000, 772, 785f.

[31] *Bodewig* DZWiR 1997, 447, 450. S.a. *Köndgen* Selbstbindung, S. 318.

FFRL Rechnung, wonach der Lieferer dem Verbraucher die für die Vertragsentscheidung wesentlichen Informationen zu geben hat.[32]

Aufgrund der Mehrzahl der Leistungen schwer zu vergleichen sind Angebote über *Pauschalreisen*. Die Pauschalreiserichtlinie sieht indes keine (allgemeine) vorvertragliche Informationspflicht (Prospektbegebungspflicht) vor. Nur dann, wenn ein Prospekt begeben wird, muß dieser auch einen bestimmten Mindestinhalt haben (Art. 3 Abs. 2 PRRL). Darin zeigt sich zum einen eine gewisse Zurückhaltung bei der Statuierung von Pflichten, deren Kosten für kleine Anbieter oder einfache Pauschalreisen (nur Beförderung an einen Ort und Unterbringung) belastend sein und sich (in diesen Fällen besonders) auf den Reisepreis erheblich auswirken können. Zum anderen konnte sich der Richtliniengeber darauf verlassen, daß die Mehrzahl der Anbieter gerade in den Fällen, in welchen aufgrund des umfangreicheren Angebots Durchsicht und Vergleich für den Kunden schwer sind, aus Effizienzgründen von sich aus einen Prospekt erstellt und damit den als Mindestprospektangaben installierten Informationspflichten unterfällt. Die Informationspflicht betrifft alle wesentlichen Reiseleistungen und die Zahlungsbedingungen (Art. 3 Abs. 2 PRRL). Darüber hinaus muß der Veranstalter/Vermittler den Reisenden über mögliche Hindernisse für die Reise informieren (Paß-/Visumserfordernisse, gesundheitspolizeiliche Formalitäten, Mindestteilnehmerzahl[33]; s. noch unten c), S. 298f.).

Im Bereich des *Timesharing* droht eine Intransparenz des Marktes v.a. deshalb, weil Teilzeitnutzungsrechte – anders als das Eigentum, das in den Rechtsordnungen der Mitgliedstaaten recht fest umrissene Konturen hat – als Rechtsprodukt je nach Ausgestaltung durch den Verkäufer ganz unterschiedliche Form annehmen kann (Art. 1, 2 sowie BE 1 bis 5 TSRL).[34] Die Timesharingrichtlinie beläßt es bei der grundsätzlichen vertraglichen Gestaltungsfreiheit und schreibt nur vor, daß der Verkäufer den Erwerber eingehend über das angebotene Recht, die Nutzungsbedingungen, den Preis und weitere Kosten informiert (Art. 3 TSRL).[35] Da die vorvertragliche Information alle wesentlichen Leistungs- und Kostenelemente umfaßt, ausgenommen nur die typischerweise individuell zu ergänzenden, wird so eine Standardisierung und Vergleichbarkeit der Angebote hergestellt. Daß der Informationsumfang den Verbraucher überfordern könnte, ist nicht

---

[32] Daß sich die hypothetischen Parteien eines aktuellen oder nach ökonomischem Modell vollständigen Vertrags auf andere Informationsgegenstände einigen würden (in diese Richtung *Schwintowski* in: Party Autonomy, S. 342–345), ist demgegenüber schon eine Aussage, die ohne weitere Angaben über die hypothetischen Parteien schwerlich verifizierbar, im übrigen aber auch nicht plausibel ist.

[33] Zur besonderen Sanktion der Information über die Mindestteilnehmerzahl in Art. 4 Abs. 6 UAbs. 2 lit. i PRRL noch unten, § 17 A III 2f cc (S. 514).

[34] Zu den rechtlichen Ausgestaltungsformen des Timesharing *Martinek* ZEuP 1994, 470, 479–489; Grabitz/Hilf II-*Martinek* A 13 (TSRL) Vorbem. Rn. 11–54; *Kind* Grenzen des Verbraucherschutzes durch Information, S. 107–230. Zum Anwendungsbereich der TSRL, der sämtliche Formen umfaßt, *Martinek* aaO Art. 2 Rn. 88.

[35] Kritisch zum Umfang der geschuldeten Information *Martinek* in: Systembildung, S. 521–530, der u.a. – entsprechend dem Modell des effektiven Jahreszinses in der VerbrKrRL – die Reduzierung der Kosteninformation auf die nach einem vorgegebenen Schlüssel aggregierten Kosten vorschlägt (S. 529).

zu besorgen.[36] Sind auch Grenzen der Verarbeitungskapazität nicht zu verkennen,[37] so beschränkt sich die nach der Richtlinie geschuldete Information doch auf das für die Vertragsentscheidung Wesentliche.[38]

Vorvertragliche Information über die Vertragsbedingungen ist auch bei *Versicherungsverträgen* Voraussetzung für eine informierte Marktentscheidung.[39] Dabei hat die von der dritten Richtliniengeneration bewirkte Deregulierung des Versicherungsmarktes (Abschaffung der vorherigen Genehmigung von Versicherungsbedingungen) und die damit freigesetzte Möglichkeit größerer Produktvielfalt ein erhöhtes Informationsbedürfnis hervorgerufen.[40] Für die Schadensversicherung[41] sieht das europäische Recht allerdings nur die Information über das anwendbare oder vom Versicherer vorgeschlagene Recht, über Beschwerdestellen und ggf. das Land des Sitzes oder der Zweigniederlassung der Versicherung vor.[42] Für den Bereich der Lebensversicherung sind demgegenüber umfangreiche Informationspflichten vorgeschrieben über (1) Bestand und Beendigung, (2) Rechte und Pflichten, (3) Anlageinformationen und (4) das anwendbare Recht und die anwendbaren Steuerregelungen.[43]

Beim *Verbraucherkredit* faßt die Richtlinie die Gesamtkosten, ausgenommen nur besonders aufgezählte Kosten, als zentrale Vertragsbedingung in dem effektiven Jahreszins zusammen (Art. 1a VerbrKrRL). Für einen funktionierenden Markt und eine informierte Entscheidung des Verbrauchers ist die Transparenz des effektiven Jahreszinses entscheidend. Erst durch die Angabe des effektiven Jahreszinses wird die Vergleichbarkeit der konkurrierenden Angebote hergestellt.[44] Über den effektiven Jahreszins muß der Kunde vor Vertragsschluß allerdings nur dann informiert werden, wenn das Institut mit den Kosten wirbt („Anzeige" oder Angebot, Art. 3 VerbrKrRL). Den Kreditinstituten bleibt die Freiheit, ausschließlich mit anderen als Preisbedingungen zu werben, und den

---

[36] Ohne erkennbare Überforderung vergleichen Verbraucher beispielsweise auch die sehr umfangreichen Daten über Ausstattungen von Neuwagen; dazu auch GA *Tesauro* in: EuGH v. 16.1.1992 – Rs. C-373/90 *Ermittlungsverfahren gegen X* Slg. 1992, I-131 (*Nissan*) SchlA Tz. 9.

[37] *Martinek* in: Systembildung, S. 522f.; *Mäsch* EuZW 1995, 7, 11; *Kind* Grenzen des Verbraucherschutzes durch Information, S. 442–503, 504–537 und *passim; Kappus* EWS 1996, 273, 274f.

[38] Mangelnde Transparenz hatten z.B. gerügt *Jäckel-Hutmacher/Tonner* VuR 1994, 9, 11f.

[39] Vgl. BE 52 LVersRL.

[40] Zur Bindung, klare und verständliche Angaben zu machen, und zu den daraus resultierenden Schranken für weitere Pflichtangaben nach nationalem Recht EuGH v. 5.3.2002 – Rs. C-386/00 *Axa Royale Belge ./. Georges Ochoa und Stratégie Finance* Slg. 2002, I-2209.

[41] Zur Terminologie *Grundmann* Schuldvertragsrecht, § 7 Rn. 24f.

[42] Art. 31, 43 Abs. 2 UAbs. 1 und 2 3.SVersRL. Die Begründung lautet – unbefriedigend – nur, daß solche Unterrichtung wünschenswert sei, BE 21 3.SVersRL.

[43] Art. 36 Abs. 1 iVm Anhang II LVersRL. Näher *Grundmann* Schuldvertragsrecht, 4.31 Rn. 32–35. Kritisch gegenüber einem Verbraucherschutz durch Information („information overload") *Matusche-Beckmann* ERPL 1996, 201, 214.

[44] *Grundmann* BKR 2001, 66, 67f.; auch *ders.* Schuldvertragsrecht, 4.10 Rn. 31; *Latham* in: Hörmann, Verbraucherkredit, S. 568, 573; *Steppler* in: Hörmann, Verbraucherkredit, S. 592, 600f. Zur Vorzugswürdigkeit einer prozeduralen Lösung (Transparenzmodell) gegenüber einer materialen (Verbotsmodell) auch *Canaris* AcP 200 (2000) 273, 300–304; *Grundmann* BKR 2001, 66, 68.

Verbrauchern die Freiheit (und Verantwortung), sich bei ihrer Vertragsentscheidung ausschließlich von anderen als Preisbedingungen leiten zu lassen.[45]

Schließlich sind die Banken („Institute“)[46] verpflichtet, „ihren tatsächlichen und möglichen Kunden“ Informationen über die wesentlichen Vertragsbedingungen für *grenzüberschreitende Überweisungen* zu geben, nämlich das Entgelt und die Ausführungszeit. Auch hier soll die Information über die angebotenen Bedingungen dem Kunden eine informierte Auswahl zwischen konkurrierenden Angeboten und die Entscheidung darüber ermöglichen. Deshalb sind die Institute auch dann nicht zur Information verpflichtet, wenn sie zu dem Kunden keine Geschäftsbeziehungen unterhalten wollen; wenn ein Vertrag ohnehin ausgeschlossen ist, braucht der Kunde auch die Überweisungsbedingungen nicht zu erfahren.[47] Anlaß für die Regelung war, daß ungeachtet einer Empfehlung der Kommission[48] Markt und Selbstregulierung nicht zu der gewünschten Transparenz und Effizienz geführt hatte.[49] Mit der vor allem auf Transparenz der Vertragsbedingungen beruhenden Überweisungsrichtlinie verfolgt die Gemeinschaft u.a. auch das Ziel, einen größeren Wettbewerb herzustellen und so die Qualität der angebotenen Dienstleistungen zu verbessern.[50] Insbesondere hat der Gesetzgeber die Kontrolle der Vergütung dem Markt überlassen.[51] Daß die Richtlinie größere Überweisungen von ihrem Schutzbereich ausnimmt, dürfte auch auf der – offenbar begründeten –[52] Annahme beruhen, daß hier ein effektiver und Transparenz begründender Wettbewerb besteht.[53] Das bestätigt zugleich noch einmal den zentralen Regelungszweck der Überweisungsrichtlinie, durch Information ein Marktversagen zu beheben.

### *b) Vermeidung von Irreführung*

Besonderen Schutz vor irreführenden vorvertraglichen Angaben einschließlich bestimmten Werbungsangaben gewähren die Kaufgewährrichtlinie, die Pauschalreiserichtlinie und die Verbraucherkreditrichtlinie. Die *Kaufgewährrichtlinie* schreibt zunächst mittelbar eine Wahrheitspflicht vor. Danach ist der Erklärende – das kann der Hersteller oder der Händler sein – (auch) an die Angaben gebunden, die er in seiner Garantiewerbung macht (Art. 6 Abs. 1 KGRL). Zweck dieser Bestimmung ist – wie es noch in der Fassung des

---

45 Anders jetzt Art. 4 V-VerbrKrÄRL.

46 Art. 2 lit. d ÜwRL.

47 Umgekehrt bedeutet die Begrenzung dieses Ausnahmetatbestands, daß eine Bank, die Geschäftsbeziehungen zu dem Kunden unterhalten will, diesem auch ihre Überweisungsdienste anbieten muß. Überweisungen werden so als eine Leistung installiert, auf die der Kunde einen Anspruch hat, wenn er überhaupt in Geschäftsbeziehungen mit dem Institut steht.

48 Empfehlung 90/109/EWG der Europäischen Kommission vom 14. 2. 1990, ABl 1990 L 67/39 (auch abgedruckt in WM 1990, 905).

49 *Hadding* in: Bankrecht 1998, 126.

50 Vgl. BE 2 ÜwRL.

51 *Stauder* FS Reich, S. 589.

52 Vgl. *Hartmann* WM 1994, 11f.

53 BE 2 und 7 ÜwRL weisen hingegen nur auf größere Schutzbedürftigkeit von Privatpersonen sowie kleinen und mittleren Unternehmen hin.

Gemeinsamen Standpunkt zum Ausdruck kam – vorzubeugen, daß die Garantiewerbung als „reines Werbemittel“ eingesetzt wird, das „sich für den Verbraucher als irreführend erweis[t]“.[54] Die Wahrheitspflicht ergibt sich freilich schon aus dem Irreführungsverbot der Werbungsrichtlinie. Das zentrale Anliegen der kaufrechtlichen Wahrheitspflicht ist daher, den kollektiven Verbraucherschutz des Lauterkeitsrechts um einen individuellen Schutz zu ergänzen.[55] Ergänzt wird die Regelung durch die – gerade vor Vertragsschluß bedeutsame – Pflicht darzulegen, welchen Inhalt die Garantie hat und daß sie gesetzliche Rechte unberührt läßt (Art. 6 Abs. 2 KGRL). Entgegen der im ersten Entwurf[56] vorgeschlagenen Regelung setzt die Richtlinie aber nicht mehr voraus, die Garantie müsse „den Begünstigten in eine vorteilhaftere Lage versetzen als jene, die sich aus der Regelung auf Grund der anwendbaren einzelstaatlichen Bestimmungen ergibt“.[57] Damit wird auch hier die Bedeutung der Selbstverantwortung des Werbungsadressaten unterstrichen, bei dem ein Grundverständnis seiner gesetzlichen Rechte vorausgesetzt wird.[58]

Vor einer Irreführung durch unvollständige Angaben schützen die *Pauschalreiserichtlinie* und die *Verbraucherkreditrichtlinie*. Beide Richtlinien enthalten Vorschriften über vorvertragliche Informationen, die dann eingreifen, wenn der Verpflichtete bestimmte Werbemittel einsetzt. Man kann insoweit von „bedingten Informationspflichten“ sprechen. Wenn der Veranstalter/Vermittler von Pauschalreisen einen Prospekt darüber vergibt, so muß dieser bestimmte Mindestangaben enthalten (Art. 3 Abs. 2 PRRL). Wenn ein Institut Kostenwerbung für Verbraucherkredite verwendet, so muß es darin auch den effektiven Jahreszins angeben (Art. 3 VerbrKrRL). Jeweils liegt den Informationspflichten (auch) der Gedanke zugrunde, daß unvollständige Angaben in ähnlicher Weise irreführen könnte wie falsche.[59] Insoweit wird wiederum die Werbungsrichtlinie in Spezialbereichen konkretisiert.

---

[54] BE 18 GS-KGRL; die werbungskritische Formulierung hat der Gesetzgeber in der verabschiedeten Fassung zu Recht aufgegeben und in BE 21 S. 3 KGRL ersetzt durch: „Solche Garantien stellen zwar rechtmäßige Marketinginstrumente dar, sollten jedoch den Verbraucher nicht irreführen.“

[55] Zu dessen Funktionsweise unten, § 15 A II (S. 359–375).

[56] Entwurf vom 18.6.1996, KOM (95) 520 endg., auch abgedruckt in ZIP 1996, 1845.

[57] Zumindest „auf die eine oder andere Weise“ sollte sich nach dem Vorschlag die Stellung des Verbrauchers gegenüber seiner gesetzlichen Position verbessern. Begründung des Kommissionsvorschlags, KOM (95) 520 endg. (auch abgedruckt in ZIP 1996, 1845, 1952). Die Begründung des Vorschlags vom 18.6.1996 hatte dieses Erfordernis weitergehender Rechte in einen Zusammenhang gestellt mit der Bindung an Werbungsangaben, die ebenfalls in Art. 5 Abs. 1 geregelt war (2. Absatz der Begründung zu Art. 5 Abs. 1: „also“). Als notwendige Voraussetzung für die Haftung sollte der Zusammenhang indessen offenbar nicht angesehen werden.

[58] S.a. *Grundmann* AcP 202 (2002) 40, 54f.

[59] Das Gegenteil ergibt sich auch für die VerbrKrRL nicht daraus, daß Art. 3 die Informationspflicht „unbeschadet“ der Regelungen der WerbRL statuiert. Damit wird lediglich die Komplementarität der Regelung ausgedrückt. Entsprechendes gilt für das Irreführungsverbot und das Transparenzgebot des Art. 3 Abs. 1 und 2 PRRL.

### c) *Erreichung des Vertragszwecks*

In drei Fällen sieht das europäische Vertragsrecht Informationspflichten (auch) vor, um den Adressaten über mögliche Hindernisse für die Zweckerreichung aufzuklären. Nach der *Pauschalreiserichtlinie* schuldet der Veranstalter/Vermittler vorvertraglich nur in ganz eingeschränktem Maße Informationen: Er muß auf Einreisevoraussetzungen hinweisen: die Paß- und Visumserfordernisse, „insbesondere die Fristen für die Erlangung dieser Dokumente", sowie „gesundheitspolizeiliche Formalitäten" (Art. 4 Abs. 1 lit. a PRRL). Weitere Informationen muß der Veranstalter/Vermittler nur dann geben, wenn er – fakultativ – einen Prospekt ausgibt (Art. 3 Abs. 2 PRRL),[60] sie werden daher nicht in einem engeren Sinne zwingend vorgeschrieben. Da die Einreisevoraussetzungen des Urlaubslandes von entscheidender Bedeutung für die Zweckerreichung sind,[61] ist hier der Informationsbedarf des Reisenden besonders groß. Der Veranstalter/Vermittler kann die Information ungleich effizienter bereitstellen, da er sie für eine Vielzahl von Fällen verwendet.

Bei *grenzüberschreitenden Überweisungen* sind die „Institute" verpflichtet, ihren „tatsächlichen und möglichen Kunden" die Bedingungen für die Ausführung grenzüberschreitender Überweisungen schriftlich mitzuteilen. Als einen Hauptzweck der Regelung haben wir bereits oben (a), S. 296) die Gewährleistung von Markttransparenz hervorgehoben. Daneben dient die Information aber auch der Erreichung des Vertragszwecks, ungeachtet der Tatsache, daß es hier nicht um die Information über Tatsachen, sondern über das Leistungsangebot geht. Zu den geschuldet Mindestinformationen gehören u.a. Angaben über die Ausführungszeit, das Entgelt und den Umrechnungskurs (Art. 3 ÜwRL). Auch diese Angaben können für die Erreichung des Vertragszwecks entscheidend sein.[62] Das bestätigt der Regelungsanlaß der Richtlinie, der darin lag, daß grenzüberschreitende Überweisungen (unberechenbar) zu lange dauerten und daß (unberechenbar) Entgelte von dem Überweisungsbetrag abgezogen wurden (BE 2, 8, 9 ÜwRL). Die Unsicherheit über Zeitpunkt und Vollständigkeit des Zahlungseingangs kann aber den Zweck der Überweisung gefährden.[63]

Drittens kann man auch die vorvertraglichen Informationspflichten nach Art. 10 *E-Commerce-Richtlinie* zu den Pflichten rechnen, die der Erreichung des Vertragszwecks dienen. Der Diensteanbeiter muß dem Nutzer danach vor Abgabe seiner „Bestellung"

---

[60] Siehe soeben, a) (S. 294); zur vertraglichen Bindung an Prospektinformationen näher unten, § 15 A II (S. 359–375).

[61] Das besondere Informationsinteresse des Reisenden im Hinblick auf Einreisebestimmungen hatte daher etwa auch der Bundesgerichtshof schon vor Erlaß der die Pauschalreiserichtlinie umsetzenden InfVO anerkannt; BGH, NJW 1985, 1165 (auf Einreisebestimmung sei „bei der Buchung" hinzuweisen; arg.: Erfolgspflicht des Veranstalters); s.a. LG Frankfurt a.M., NJW 1980, 1230f.; LG Frankfurt a.M., NJW-RR 1987, 175f.; *Tempel* NJW 1996, 1625, 1629f.

[62] Illustrativ ist der Fall des AG Düsseldorf, ZIP 1993, 1227. Zu den Regelungsanlässen für die Richtlinie *Hadding* in: Bankrecht 1998, S. 126f.; *Häuser* WM 1999, 1037.

[63] Die Statuierung der Informationspflicht dient indes nicht der Festlegung der Vertragsvereinbarung als Grundlage der Haftung; denn die Haftung ist nur an entweder die „bindende Zusage" (Art. 5) oder die absolute Ausführungsfrist (Art. 6 Abs. 1 UAbs. 2) geknüpft; zum Vertragsschluß noch unten, § 14 IV 1 a (S. 351f.), zum Leistungsstörungsrecht der ÜwRL unten, § 17 A IV (S. 520–534).

einige technische Angaben machen: welche technischen Schritte zum Vertragsschluß führen, ob der Vertragstext gespeichert wird und zugänglich sein wird, mit welchen technischen Mitteln der Nutzer Eingabefehler erkennen und korrigieren kann und welche Sprachen für den Vertragsabschluß zur Verfügung stehen. Der Grund für die Regelung liegt vor allem darin, daß die elektronischen Medien neu und die damit zur Verfügung gestellten Vertragsschlußformen nicht standardisiert und auch nicht so evident sind, wie herkömmliche Abschlussformen („Handschlag"). Die Informationspflicht gilt grundsätzlich für alle Nutzer – also solche, die zu privaten und solche, die zu beruflichen oder gewerblichen Zwecken handeln –, ist aber nur für Verbraucher unabdingbar.

### *d) Aufklärung über „gefährliche" Verpflichtungen*

Zusammen mit den vorvertraglichen Pflichten ist auch bereits die Informationspflicht des Art. 11 Abs. 1 Sps. 4 Wertpapierdienstleistungsrichtlinie zu nennen. Diese Informationspflicht hat gerade vor Abschluß des Wertpapiergeschäfts Bedeutung und die Regelung läßt den Mitgliedstaaten die Möglichkeit, sie je nach dem nationalen Recht als vertragliche Pflicht des Wertpapiergeschäfts oder eines selbständigen Vertrags[64] oder als vorvertragliche Pflicht umzusetzen.

Die Informationspflicht der Wertpapierdienstleistungsrichtlinie dient dem Schutz des Kunden vor besonders „gefährlichen" Verpflichtungen. Die Richtlinie verpflichtet die Wertpapierfirma indes nicht zur Beratung, sondern nur zur Information.[65] Die Information soll den Kunden in die Lage versetzen, eine eigene Entscheidung zu treffen. Allerdings schreibt die Richtlinie – anders als andere Informationsregelungen – die bereitzustellenden Informationen nicht enumerativ vor, sondern verpflichtet die Wertpapierfirma „alle zweckdienlichen Informationen in geeigneter Form mit[zu]teilen" (Art. 11 S. 2 sowie S. 4 Sps. 4, 5 WpDRL). Was zweckdienlich ist, bestimmt sich nach den Interessen des Anlegers – seiner finanziellen Lage, seiner Erfahrung mit Wertpapiergeschäften und den mit dem Geschäft verfolgten Zielen –, die die Wertpapierfirma zu erkunden hat (Art. 11 S. 4 Sps. 4 WpDRL).[66] Ein ähnliches Modell enthält jetzt Art. 12 VersVermRL. Auch die bei Wertpapiergeschäften geschuldete Information ist dem Begünstigten nicht aufzudrängen. Das wäre mit dem für die vorvertragliche Informationsordnung grundlegenden

---

[64] Zum deutschen Recht etwa BGHZ 100, 117, 118f.; BGHZ 123, 126, 128; OLG Köln, ZIP 1997, 1372 (konkludent abgeschlossener Beratungsvertrag); BGH WM 1986, 517, 518; BGH WM 1985, 1520, 1521 (Sachwalterhaftung); anders wenn der Kunde anfänglich bestimmte Weisungen erteilt und keine Beratung wünscht, BGH, WM 1996, 906. *Cahn* ZHR 162 (1998) 1, 33.

[65] Das schließt Beratungspflichten nach nationalem Recht nicht aus; Art. 11 Abs. 1 S. 1 WpDRL („zumindest die Beachtung der ... nachstehenden Grundsätze gewährleisten"). Weitergehend spricht *Grundmann* Schuldvertragsrecht, 4.20 Rn. 19–22 von Aufklärungs- und Beratungspflichten; gemeint sind damit indes wohl wie hier („nur") individualisierte Informationspflichten.

[66] Die schematische Verwendung standardisierter Information z.B. über die Gefahren von Börsentermingeschäften ist daher nach diesem individualisierenden Maßstab nicht ausreichend; zur Schematisierung von Information auch – kritisch – *Grunewald* AcP 190 (1990) 609, 621.

Prinzip der Selbstverantwortung unvereinbar: „dem europäischen Verbraucherrecht (ist) eine Bevormundung der Kunden fremd".[67] Es paßt im übrigen auch nicht mit der Regelung des Art. 11 WpDRL zusammen, wonach der Kunde durch sein Verhalten (Angaben über Erfahrung etc.) selbst die Intensität der Information bestimmt.[68] Reklamiert ein Kunde (in überzeugender Weise) aus Scham über seine Ignoranz große Erfahrungen im Umgang mit Wertpapiergeschäften, so kann die Information entsprechend geringer und/oder technischer ausfallen; die resultierenden Risiken hat der Kunde zu tragen (er hat „das unveräußerliche Recht, sich selbst zum Narren zu machen")[69].

## 2. Grundgedanken

### a) *Gewährleistung von Markttransparenz als Hauptzweck*

Wie schon beim Recht der Werbung zeigt sich auch bei den vorvertraglichen Informationspflichten, daß es grundsätzlich Sache des einzelnen – Unternehmer oder Verbraucher – ist, die für die Vertragsentscheidung relevanten Informationen auszuwählen und einzuholen.[70] Die Grenze der Selbstverantwortung liegt erst dort, wo der Markt hinreichende Transparenz nicht gewährleistet:[71] dort springt das Europäische Vertragsrecht mit Informationspflichten ein. Besonders deutlich zeigt sich dieser Regelungsansatz bei der Verbraucherkreditrichtlinie und der Überweisungsrichtlinie, denn hier war die Intransparenz des Marktes ausdrücklicher Regelungsanlaß. Dasselbe bestätigen auch die Informationspflichten, die im Zuge aufsichtsrechtlicher Deregulierung (Versicherungsrichtlinien) oder der Binnenmarktöffnung (Wertpapierdienstleistung) installiert wurden, um einen Ausgleich für die größere Angebotsvielfalt zu schaffen. Nur vereinzelt begründen hingegen besondere Schutzbedürfnisse einzelner Vertragspartner die Informationspflichten.

Nicht nur der Regelungsanlaß der Marktintransparenz beruht auf dem Prinzip der Selbstverantwortung, dieses liegt auch dem Schutzinstrument der Informationspflichten zugrunde, da die Pflicht zur Bereitstellung von Information stets nur die Möglichkeit des

---

[67] Assmann/Schneider-*Koller* § 31 WpHG Rn. 81.

[68] I.E. ebenso *Bliesener* Verhaltenspflichten beim Wertpapierhandel, S. 312–318; *Cahn* ZHR 162 (1998) 1, 35; Schäfer-*Schäfer* § 31 WpHG Rn. 43–48; Assmann/Schneider-*Koller* § 31 WpHG Rn. 130–138; (aber § 31 II Nr. 2 als Aufsichtsrecht nicht abdingbar, Rn. 81 a, 126); für die Richtlinienregelung auch *Köndgen* ZBB 1996, 361, 364f. (aber kritisch zu § 31 WpHG, S. 365).

[69] *Loss* ZHR 129 (1967) 197, 208.

[70] So deutlich BE 11 FARL: „... Falls Ausnahmen von der Verpflichtung zur Übermittlung von Information gemacht werden [vgl. Art. 3 Abs. 2 FARL], obliegt es dem Verbraucher, nach seiner Wahl bestimmte Angaben wie Identität des Lieferers wesentliche Eigenschaften und Preis der Ware oder Dienstleistung zu verlangen." Ebenso *Grundmann* JZ 2000, 1133, 1135–1138; *ders.* ZHR 163 (1999) 635, 665–674; *Fleischer* ZEuP 2000, 772, 791.

[71] S.o., A) (S. 288–292). Die – bestehende – Preistransparenz des Automarktes war entscheidend für die Beurteilung des Parallelimportwerbung durch GA *Tesauro* in: EuGH v. 16.1.1992 – Rs. C-373/90 *Ermittlungsverfahren gegen X* Slg. 1992, I-131 (*Nissan*) SchlA Tz. 9.

Informationserfolgs eröffnet, dessen Erreichen aber weitgehend davon abhängig macht, daß der Begünstigte von der Information auch Gebrauch macht. Gerade dort, wo die Informationen besonders wichtig sind – bei Wertpapierdienstleistungen – kann der Informationsgläubiger den Umfang der Information entscheidend durch sein eigenes Verhalten mitbestimmen.[72]

Die *European Principles* enthalten keine vergleichbare vorvertraglicher Informationsordnung.[73] In Art. 4:107 wird die Bindung, Informationen nach den Grundsätzen treugemäßen Verhaltens vor Vertragsschluß offenzulegen, lediglich im Zusammenhang mit der arglistigen Täuschung *(fraud)* geregelt. Es geht dabei m.a.W. nicht so sehr um die Beseitigung von Marktstörungen (Intransparenz) als um die Bewertung des Parteiverhaltens im individuellen Fall. Die Informationsvorschriften des Europäischen Vertragsrechts und solche, wie sie Art. 4: 107 EP begründen, sind daher komplementär.

### *b) Keine allgemeine Informations- oder Aufklärungspflicht*

Über diese einzelnen Informationspflichten hinaus wird teilweise auch eine *allgemeine* vorvertragliche Aufklärungspflicht angenommen, die sich aus dem Transparenzgebot der AGB-Richtlinie ergebe. Nach dieser Auffassung sollen z.B. Banken nach dem „Klarheits- und Verständlichkeitsgrundsatz" der Richtlinie bei Abschluß eines Bürgschaftsvertrags zu „einer Art Risikoaufklärung des Bürgen" verpflichtet sein.[74] „Eine solche Aufklärung" sei „dogmatisch durch das Gemeinschaftsrecht zwingend geboten, sollen die Grundsätze der Klarheit und Verständlichkeit eigenständige Bedeutung haben und gemeinschaftskonform in das deutsche Zivilrecht eingeführt werden."[75] Eine allgemeine Aufklärungspflicht dieser Art soll demnach also schon dem Europäischen Recht zu ent-

---

[72] Kritisch *Grunewald* AcP 190 (1990) 509, 616–622, die indes vor allem solche Informationspflichten erörtert, die dem Schutz vor besonderen Gefahren dienen. Für solche ist es in der Tat unbefriedigend, Informations- oder Warnungspflichten aufzustellen, die schematisch ohne Rücksicht auf die individuellen Kenntnisse und Fähigkeiten erfüllt werden können. Diese Gefahr ist bei Art. 11 Sps. 4, 5 WpDRL indes so weit wie möglich eliminiert, vorausgesetzt, daß der Anleger sich den Erkundungen der Wertpapierfirma nicht verschließt.

[73] Zu den – disparaten – nationalen Rechten *van Rossum* MJ 3 (2000) 300–325 (Frankreich, Niederlande, England).

[74] Zum geplanten Schutz von Garanten durch eine Änderungsrichtlinie zur Verbraucherkreditrichtlinie noch unten, Fn. 84; Art. 9 V-VerbrKrÄRL enthält zwar eine Art Fürsorgepflicht des Kreditgebers, indes keine allgemeine Risikoaufklärungspflicht.

[75] *Reich* NJW 1995, 1857, 1860; er sieht das Erfordernis einer „Neuorientierung des Rechtes der Kreditbürgschaft", meint aber gleichzeitig, diese Neuorientierung habe „nichts Systemsprengendes, sondern es wird nur dem aus § 242 BGB fließenden Grundsatz Rechnung getragen, daß bei riskanten Geschäften, die dem Vorteil einer Partei dienen, diese auch entsprechend aufklären muß." Dieser Grundsatz sei im Bereich der Produzenten- und Arzthaftung sowie im Anlegerschutz seit langem anerkannt. Für schuldrechtliche Informationspflichten im deutschen Recht *de lege ferenda* bereits *Reich* NJW 1978, 513, 519. Mit Einschränkungen folgt dem *Heinrichs* NJW 1996, 2190, 2197, der annimmt: „Bei wichtigen Verträgen von großer Tragweite kann sich aber aus dem Transparenzgebot eine Informationspflicht des Unternehmers ergeben." Für eine generalklauselförmige Informationspflicht auch *Lurger* Vertragliche Solidarität, S. 81.

nehmen sein. Dieser Auffassung ist nach dem geltenden Recht nicht begründet, ihr ist aber auch *de lege ferenda* nicht zu folgen.

Gegen sie spricht schon die Tatsache, daß die Mitgliedstaaten die Sachfrage ganz unterschiedlich regeln.[76] Hätte der Gesetzgeber eine Angleichung gewollt, so hätte er das deutlicher gesagt. Der Wortlaut der AGB-Richtlinie bietet nirgends Anhalt für die Annahme einer Aufklärungspflicht. Deshalb ist schon zweifelhaft, ob den Unternehmer eine Pflicht trifft, seine Klauseln auch nur zu erläutern.[77] Erst recht ist der Regelung eine Aufklärungspflicht, die wohl auch zur Warnung vor Risiken verpflichten würde, nicht zu entnehmen. Das folgt vor allem aus dem Schutzinstrument der Richtlinie, den Verbraucher durch Information in die Lage zu versetzen, sich selbst mündig zu entscheiden. Transparenz soll ihm den Zugang zur Information und die Verständnismöglichkeit eröffnen, die Risikoermittlung und -bewertung ist indes Sache des Verbrauchers.[78] Selbst die – im Europäischen Vertragsrecht wohl am weitesten reichende – Aufklärungs- und Beratungspflicht der Wertpapierdienstleistungsrichtlinie, soll ja nur dem Kunden eine informierte eigene Entscheidung ermöglichen und hat nur insofern Beratungscharakter, als die Informationen mit Rücksicht auf den individuellen Kunden geschuldet sind.[79] Gerade in Bezug auf Allgemeine Geschäftsbedingungen kann man freilich die Ansicht vertreten, daß die bloße Information ohne Beratung oft sinnlos ist und jedenfalls ungeeignet, dem Kunden eine informierte Entscheidung zwischen konkurrierenden Klausel-Angeboten (z.B. divergierende AGB verschiedener Anbieter bei sonst gleichen Leistungsprogrammen) zu ermöglichen.[80] Daran könnte indes auch eine Aufklärungspflicht nichts ändern, denn auch von einem Verkäufer läßt sich realistischer Weise nicht erwarten, daß er die AGB seines Unternehmens versteht, geschweige denn mit jenen anderer Anbieter vergleicht (oder gar als schlechter beurteilt).

Schließlich spricht gegen die Annahme einer allgemeinen Informations- oder Aufklärungspflicht, daß das Europäische Vertragsrecht Informationspflichten nur punktuell zur Beseitigung spezifischer Defizite vorsieht. Diese differenzierte Regelung würde durch eine allgemeine Informationspflicht nivelliert.

### c) *Regelungslücken*

Die Einzelregelungen über die Informationspflichten können im Hinblick auf ein vollständiges Vertragsrechtssystem, wie es aus dem nationalen Recht bekannt ist, lückenhaft erscheinen. Betrachtet man die Informationspflichten im Hinblick auf die nach dem Harmonisierungskonzept beschränkten Regelungsbereiche, so ergeben sich nur vereinzelt Regelungslücken.

---

[76] *Legrand* Oxf.J.Leg.Stud. 6 (1986) 322–352; *Zweigert/Kötz* Rechtsvergleichung, § 31 VI (S. 420–425).

[77] Eine andere, ebenfalls umstrittene Frage ist, ob mündliche Erläuterungen intransparente Vorschriften „retten“ können; ablehnend *Nassall* JZ 1995, 689, 692; *Wolf*/Horn/Lindacher, Art. 5 AGBRL Rn. 4; differenzierend Grabitz/Hilf II-*Pfeiffer* A 5 (AGBRL) Art. 5 Rn. 16f. und 12.

[78] Ähnlich *Grundmann* Schuldvertragsrecht, 2.10 Rn. 33.

[79] *Grundmann* Schuldvertragsrecht, 2.10 Rn. 33; *Fleischer* ZEuP 2000, 772, 790.

[80] S. noch unten, § 16 I 5 (S. 452–454).

Gegen Informationspflichten beim *Haustürgeschäft* über Leistung und Preis läßt sich nicht schon einwenden, daß dort der Vertragsgegenstand vor Augen stehe, denn keineswegs ist die Regelung auf den Verkauf von Bürsten oder die Dienstleistung des Scherenschleifens beschränkt, sie findet etwa auch auf kompliziertere (Versicherungs- oder Partnervermittlung, Vermögensberatung) oder umfangreichere Dienstleistungen (Fassadenrenovierung) Anwendung. Indes würde dem Verbraucher die (mündliche oder schriftliche) *vorvertragliche* Information über Preis und Leistung in der typischen Überrumpelungssituation nichts nützen, fehlt doch die Bedenk- und Vergleichsmöglichkeit vor Vertragsschluß gerade. Eine sinnvolle Ergänzung der Widerrufsrechts könnte allerdings eine „bei Vertragsschluß" zu erfüllende Informationspflicht über den Vertragsgegenstand darstellen, sofern dieser nicht sofort geliefert wird. Das gilt jedenfalls dann, wenn man dem Widerrufsrecht auch den Zweck beimißt, eine im Hinblick auf den Markt informierte Entscheidung zu treffen. Dann dient die Widerrufsfrist auch dazu, dem Verbraucher einen Vergleich der erworbenen mit konkurrierenden Leistungen zu ermöglichen. Informationen über Preis und Leistung würde dem Verbraucher dafür die erforderliche Grundlage verschaffen.[81]

Bei *Verbraucherkrediten* ist zunächst zu bedenken, daß der Europäische Gesetzgeber stärker als traditionell der deutsche darauf vertraut, daß die Marktkräfte für eine rationale Vertragsentscheidung sorgen und deswegen (bislang) schon ein Widerrufsrecht nicht vorsieht.[81a] Wenn eine Pflicht zur vorvertraglichen Information über die wesentliche Vertragsbedingung – den effektiven Jahreszins – nur dann besteht, wenn die Bank mit den Kosten wirbt, so beruht das auf der Annahme, daß erstens die Banken oftmals auf eine Preiswerbung nicht verzichten und daher über den effektiven Jahreszins vor Abschluß informieren werden, zweitens darauf, daß der Verbraucher nicht schützenswert ist, der sich von anderen als Preis- und Leistungsbedingungen (z.B. dem guten Namen oder einem „Band der Sympathie") leiten läßt.[82] Der Gesetzgeber vertraut damit hier stärker als z.B. bei der Überweisungsrichtlinie der eigenverantwortlichen Informationsbeschaffung durch den Verbraucher. Das dürfte aufgrund der unterschiedlichen Sachverhalte gerechtfertigt sein. Denn während man darauf vertrauen kann, daß der Kunde bei Abschluß eines Kreditvertrags nach „Preis" und Bedingungen fragen wird, mag bei grenzüberschreitenden Überweisungen weithin das Vertrauen vorherrschen, daß diese zu ähnlichen Bedingungen ausgeführt werden wie inländische. Deswegen konnte der Gesetzgeber bei der Verbraucherkreditrichtlinie nicht nur in höherem Maße auf die Selbstverantwortung vertrauen, sondern auch darauf, daß die bedingte Informationspflicht des Art. 3 für die Erreichung der Markttransparenz ausreicht.

Ein naheliegender Kandidat für die Rechtsangleichung scheint angesichts der vor allem in Deutschland und dem Vereinigten Königreich in jüngerer Zeit geführten

---

[81] Die Widerrufsfrist berücksichtigt diesen Zweck nicht schon, ihr Beginn wird lediglich bis zur Belehrung hinausgeschoben, nicht bis zum Erhalt der Ware oder Dienstleistung.

[81a] S. aber jetzt Art. 11 V-VerbrKrÄRL.

[82] Zudem ist zu bedenken, daß der effektive Jahreszins dem Verbraucher noch im Vertragsformular vor Augen geführt wird. Dazu unten, § 14 I 2 (S. 317–325). S. aber jetzt Art. 4 V-VerbrKrÄRL.

Diskussion der *Bürgschaftsvertrag* zu sein.[83] Bislang fehlt eine gemeinschaftsrechtliche Regelung;[84] um einen Minimalschutz zu ermöglichen, stellt aber immerhin Art. 9 Abs. 2 lit. c EComRL den Mitgliedstaaten frei, den Abschluß von Bürgschaftsverträgen auf elektronischem Wege zu verbieten. Darüber hinaus sind Bürgschaften als Haustürgeschäfte- und als Verbraucherkreditgleiche Verträge erörtert worden. Nach der Haustürgeschäfterichtlinie ist der EuGH zu dem – unbefriedigenden – Ergebnis gekommen, daß nur Verbraucherbürgschaften für Verbraucherkredite den Schutz der Richtlinie genießen.[85] Die analoge Anwendung der Verbraucherkreditrichtlinie verneint der EuGH, weil Bürgschaftsverträge nicht unter Verbraucherkredite subsumiert werden können und eine analoge Anwendung der Richtlinie aufgrund der unterschiedlichen Regelungssituationen nicht in Betracht kommt.[86] *De lege lata* abzulehnen ist der oben (2b), S. 301f.) bereits erörterte Vorschlag, der AGB-Richtlinie eine allgemeine Aufklärungspflicht zu entnehmen, die etwa auch die Bank verpflichten würde, den Bürgen über die Risiken des Geschäfts aufzuklären.

Das Gefährliche des Bürgschaftsvertrags – von besonderen Vertragsschlußsituationen an der Haustür usf. abgesehen –[87] liegt nicht in den Vertragsbedingungen. Diese sind hinreichend klar. Gefahr droht vor allem daher, daß der Bürge die Bonität des Hauptschuldners überoptimistisch beurteilt oder aber aufgrund einer (insbesondere familiären) Nähebeziehung überhaupt nicht rational erwägt und/oder sich den Umfang der ihm potentiell entstehenden Pflichten nicht vor Augen führt.[88] Mängel der Markttransparenz

---

[83] *Ernst* in: Rechtsgeschichte und Privatrechtsdogmatik, S. 400f.; *Habersack/Giglio* WM 2001, 1100–1106; *Medicus* JuS 1999, 833–839; ferner die rechtsvergleichenden Hinweise bei *van Rossum* MJ 3 (2000) 300, 303, 305, 310 (die u.a. S. 303 auf eine vom *Hoge Raad* angenommene Pflicht der Bank hinweist, den Bürgen über die mit der Bürgschaft verbundenen Risiken aufzuklären).

[84] S. aber jetzt den Vorschlag für eine Richtlinie des Europäischen Parlaments und des Rates zur Harmonisierung der Rechts- und Verwaltungsvorschriften der Mitgliedstaaten über den Verbraucherkredit, KOM(2002) 443 endg., der nun auch „Garanten" (Art. 1 lit. f V-VerbrKrÄRL) einbezieht und darüber hinaus u.a. die Werbungsvorschrift verschärft (Art. 4 V-VerbrKrÄRL), die Aushandelung „an der Haustür" verbietet (Art. 5 V-VerbrKrÄRL), weitergehende Informationspflichten statuiert (Art. 6 V-VerbrKrÄRL), dem Kreditgeber geradezu eine Fürsorgepflicht auferlegt (Art. 9 V-VerbrKrÄRL: „Verantwortungsvolle Kreditvergabe") und ein Widerrufsrecht einführt (Art. 11 V-VerbrKrÄRL).

[85] EuGH v. 17. 3. 1998 – Rs. C-45/96 *Bayerische Hypotheken und Wechselbank ./. Dietzinger* Slg. 1998, I-1199 Rn.17–22; dazu *Bamforth* E.L.Rev. 24 (1999) 410–418; (krit.) *Drexl* JZ 1998, 1046–1051; aufgrund einer Methode des „komparativen Denkens in gemeineuropäischen Prinzipien", zu denen auch das „Prinzip der Mäßigung oder Bescheidung" (?) zähle, rechtfertigt die Entscheidung *Flessner* JZ 2002, 14, 20.

[86] EuGH v. 23. 3. 2000 – Rs. C-208/98 *Berliner Kindl ./. Siepert* Slg. 2000, I-1741 Rn. 17–26; zur Analogie und jedenfalls *de lege ferenda* a.M. *Drexl* JZ 1998, 1046, 1053–1055.

[87] Außer Betracht zu lassen ist auch der Schutz vor Täuschung und Drohung oder sittenwidriger Verschuldung, denn erstens sind das keine bürgschaftsspezifischen Risiken und zweitens ist damit der Grundbestand nationalen Rechts angesprochen, den das Europäische Vertragsrecht typischerweise (als gleichwertig) voraussetzt; vgl. unten, § 14 III (S. 350f.) (Täuschung und Drohung) und § 16 III (S. 462–467) (Sittenwidrigkeit).

[88] Nach deutschem Recht besteht grundsätzlich keine Aufklärungspflicht; Staudinger-*Horn* § 765 Rn. 180–188; *Larenz/Canaris* Schuldrecht II/2, § 60 III 4b (S. 14f.); weitergehend Münchener Kommentar-*Habersack* § 765 Rn. 84–90; das Herabspielen des Risikos kann freilich einen Verstoß gegen

sind daher hier ohne Bedeutung und auch die Zweckerreichung ist kein bürgschaftsspezifisches Problem. Wertungsmäßig kommt daher nur eine Anknüpfung an die Informationspflicht der Wertpapierdienstleistungsrichtlinie in Betracht. Zwar ist der Bürgschaftsvertrag ein ungleich einfacheres Geschäft, so daß die dortigen Regelungszwecke nur mit Einschränkungen auch hier gelten. Die möglichen Belastungen einerseits und die psychologische Disposition des Kunden andererseits sind indes durchaus ähnlich. Für die Ausgestaltung eines Schutzes bietet sich das Modell des Art. 11 WpDRL mit seinen beiden Stufen – Erkundung und Information – und seiner individuellen Ausgestaltung (Rücksicht auf die Professionalität, Erfahrung und finanzielle Lage) an.[89] Indes muß man bezweifeln, ob eine gemeinschaftsrechtliche Regelung nach dem Harmonisierungskonzept geboten ist. Denn auch wenn eine solche Regelung eine Angleichung der Transaktionsparameter für Unternehmen bedeuten würde, fügte sie sich doch aufgrund ihres Einzelfallbezugs nicht in die bestehenden Regelungen ein, bei denen es – auch soweit die Wertpapierdienstleistungsrichtlinie betroffen ist – in erster Linie (überindividuell) um die Herstellung von Markttransparenz geht.[90]

Im Hinblick auf den Zweck, eine informierte Marktentscheidung zu ermöglichen, sind auch die Informationspflichten im Bereich der *Schadensversicherung* unzureichend ausgestaltet. Nach der Richtlinienregelung ist der Versicherungsnehmer vorvertraglich über die Versicherungsbedingungen überhaupt nicht zu informieren. Die geschuldeten Informationen über das anwendbare Recht, Beschwerdeverfahren und den Sitz- bzw. Niederlassungsstaat hingegen sind für die Auswahl zwischen konkurrierenden Produkten von nachgeordnetem Interesse. Der Unterschied zu den bei Lebensversicherungen geschuldeten vorvertraglichen Informationen (Art. 36 i.V.m. Anh. III LVersRL) erscheint sachlich nicht gerechtfertigt[91] und wurde vom deutschen Gesetzgeber denn auch nicht übernommen.[92]

Neben der Information des Versicherungsnehmers kommt freilich als – rechtspolitisch durchaus überzeugendes – Lösungsmodell auch die Einschaltung eines (ggf. auch streng haftenden) Vermittlers in Betracht (Intermediär-Lösung),[93] zumal wenn man Informationspflichten wegen der Gefahr einer Überforderung des Versicherten für zweifelhaft

---

vorvertragliche Pflichten darstellen oder sogar die Sittenwidrigkeit des Vertrags mitbegründen; *Medicus* JuS 1999, 833, 838f.

[89] Die maßgeblichen Kriterien hatte schon *Göpfert* JuS 1993, 655–659 als Elemente eines beweglichen Systems beschrieben. In der Sache ähnlich *Ernst* in: Rechtsgeschichte und Privatrechtsdogmatik, S. 430; *Hommelhoff* Verbraucherschutz im System, S. 24–37; allgemein zur Bestimmung der Voraussetzungen vorvertraglicher Informationspflichten mit Hilfe eines beweglichen Systems *Breidenbach* Die Voraussetzungen von Informationspflichten beim Vertragsschluß (1989); abl. Ebenroth/Boujong/Joost-*Grundmann* BankR I Rn. 119 (für tatbestandlich bestimmte Pflichten auch beim Bürgschaftsvertrag Rn. 143–145). S.a. *Habersack/Giglio* WM 2001, 1100, 1105f.

[90] Vgl. auch *Bamforth* E.L.Rev. 24 (1999) 410, 414f.

[91] Ebenso *Hohlfeld* VersR 1993, 144, 148f.

[92] §§ 10, 10a i.V.m. Anlage D I Nr. 1 VAG unterscheiden für die Informationspflichten nicht zwischen den Sparten der Lebens- und der Schadensversicherung.

[93] Eingehend *Grundmann/Kerber* in: Party Autonomy, S. 264–310; *Matusche-Beckmann* ERPL 1996, 201, 215.

hält.[94] Ansatzweise findet sich dieses Modell in der Versicherungsvermittlerempfehlung vom 18.12.1991,[95] die u.a. dem Zweck verfolgt, angemessene Information und Betreuung des Versicherten sicherzustellen.[96] Die Empfehlung enthält Vorgaben über die erforderliche berufliche Kompetenz und sieht eine Haftpflichtversicherung vor (ohne indes das Haftungsrecht selbst zu regeln).[97] Informations- und Beratungspflichten auferlegt dem Vermittler jetzt Art. 12 Abs. 3 VersVermRL. Im Hinblick auf den Schutz des Versicherten bedarf dieser Regelungsansatz freilich noch der Abstimmung mit den Informationsrechten und dem Widerrufsrecht der Versicherungsrichtlinien. Vor allem das Widerrufsrecht, das Art. 35 LVersRL für Lebensversicherungen vorsieht, verliert im Falle einer Intermediär-Lösung erheblich an Überzeugungskraft. Die bereits bestehenden Informationspflichten würden bei einer Intermediär-Lösung freilich nicht mehr vornehmlich der Kundeninformation dienen, sondern der Information des Vermittlers.

Auch für *sonstige Finanzdienstleistungen* ist eine Informationspflicht nicht schon allgemein vorgeschrieben; einen weiteren Bereich betreffen nur die Informationspflichten für den Fernabsatz von Finanzdienstleistungen nach der jetzt vorliegende Finanzfernabsatzrichtlinie.[98] Ansonsten gibt es nur die dargestellten Informationspflichten bei Versicherungsverträgen und Verträgen über Wertpapierdienstleistungen. Damit sind die wohl wichtigsten Fälle der Finanzdienstleistungen ebenso abgedeckt wie die für den Binnenmarkt wichtigste Absatzform. Gegenüber einer allgemeinen Informationspflicht bei Finanzdienstleistungen dürfte der gewählte Weg der vertrags- bzw. absatzspezifischen Differenzierung auch vorzugswürdig sein.

Informationsvorschriften – auch in Form von Einbeziehungsregeln – fehlen auch bei der *AGB-Richtlinie*. Über die *contra proferentem*-Regel und das Transparenzgebot wird dort vor allem die „Informationswahrheit" geregelt.[99] Anders als die individuellen Fernabsatz-, Kaufgarantie-, Pauschalreise-, Timesharing- oder Kreditbedingungen und die Angaben über Preis und weitere Kosten stellen allgemeine Geschäftsbedingungen in der Regel auch keine Wettbewerbsparameter dar, weil sie schwer zu durchschauen und zu vergleichen und außerdem regelmäßig nicht verhandelbar sind. Im Hinblick auf die von den Informationspflichten verfolgten Zwecke (oben 1, S. 292–300), insbesondere den Zweck der informierten Marktentscheidung, liegt daher ein Regelungsdefizit nicht vor.

---

[94] *Matusche-Beckmann* ERPL 1996, 201, 214.

[95] Empfehlung 92/48/EWG der Kommission vom 18.12.1991 über Versicherungsvermittler, ABl. 1992, L 19/32; und jetzt Vorschlag für eine Richtlinie des Europäischen Parlaments und des Rates über Versicherungsvermittlung, KOM(2000) 511 endg.; *Grundmann/Kerber* in: Party Autonomy, S. 264–310. Zur Empfehlung noch *Grundmann* Schuldvertragsrecht, § 7 Rn. 33f.; *Fricke* VersR 1995, 1134–1137; Dauses-*Hübner* E.IV Rn. 93; *Lorenz* in: Internationales Verbraucherschutzrecht, S. 231–255; *Hohlfeld* VersR 1993, 144, 149f. (für Selbstregulierung der Versicherungswirtschaft, gegen gesetzliche Regelung); *Hübner* EuZW 1997, 193.

[96] BE 3 VersVermE.

[97] Art. 5 Anh. VersVermE.

[98] V. a. Art. 3 FFRL; s.o. 1 a (S. 293f.).

[99] Näher unten, § 16 I 2 b (S. 435).

### d) *Verbraucherschutz und Jedermannsschutz*

Die Zwecke der Informationspflichten erlauben keine strikte Trennung von Verbraucherschutz und Jedermannsschutz. Dienen auch einige der vorvertraglichen Informationspflichten ausschließlich dem Schutz von Verbrauchern (Fernabsatz, Kaufvertrag, Timesharing, Verbraucherkredit), so ist der Schutzbereich anderer zu Recht weiter gezogen (Pauschalreise, grenzüberschreitend Überweisung, Wertpapiergeschäfte).[100] Die Erstreckung des Schutzes auch auf professionell Handelnde ist in den genannten Fällen angebracht, denn für diese Regelungsbereiche stehen dem Gewerbetreibenden im Regelfall nicht eine eigene Infrastruktur oder besondere Mittler zur Verfügung, die die gegebene Informationsdefizite ausgleichen würden. Für Wertpapierdienstleistungen enthält die Informationsvorschrift selbst schon ein dynamisches Element, wonach die Information mit Rücksicht auf die „Professionalität" des Kunden erfolgen muß; das erscheint sachgerecht.[101] Zweifeln könnte man, ob die Schutzbereiche der speziellen Irreführungsverbote (KGRL, VebrKrRL; oben, 1 b), 296f.) als Verbraucherschutzrecht sachgerecht abgegrenzt sind. Indes geht es hier nicht um das Irreführungsverbot an sich, das schon durch die Werbungsrichtlinie als allgemeiner und nicht nur verbraucherschützender Grundsatz feststeht, sondern nur darum, dieses Verbot mit Rücksicht auf bestimmte Regelungssituationen zu konkretisieren (Verbraucherkredit) oder um vertragsrechtliche Rechtsfolgen zu ergänzen (Kaufvertrag).

## II. Weitere vorvertragliche Pflichten

### 1. Pflicht zu lauterem Geschäftsverhalten

Vereinzelt ist die Pflicht zu lauterem Geschäftsverhalten in vertragsrechtlichen Richtlinien näher konkretisiert, indessen ohne daß sich daraus eine allgemeine Pflicht zu lauterem Verhalten gegenüber potentiellen Vertragspartnern ergäbe. Einer solchen Vertragspflicht steht zwar nicht schon entgegen, daß das Wettbewerbsrecht primär auf den Schutz der Konkurrenten gerichtet ist, denn das Wettbewerbsrecht kann, wie die Beispiele des Art. 6 Abs. 1 KGRL[102] und des § 13a UWG zeigen,[103] durchaus auch dem Schutz des einzelnen Vertragspartners dienen.[104] Und gerade im Europäischen

---

[100] Ebenso *Fleischer* ZEuP 2000, 772, 796f. Grundsätzlich jetzt *Grundmann* AcP 202 (2002) 40–71.

[101] Die Kommission erwägt jetzt freilich, die unterschiedlichen Pflichten gegenüber Kleinanlegern und professionellen Anlegern näher zu bestimmen; dazu *Hammes* ZBB 2001, 498, 502f.

[102] Zum Verhältnis dieser Vorschrift zum Wettbewerbsrecht oben, I 1 b) S. 296f.

[103] Zur systematischen Einordnung Baumbach/*Hefermehl* § 13a Rn. 1; *Henning-Bodewig/Schricker* GRUR 2002, 319f.; Staudinger-*Köhler* § 13a UWG Rn. 1; *Lorenz* Schutz vor dem unerwünschten Vertrag, S. 365–367.

[104] *Dürrschmidt* Werbung und Verbrauchergarantien, S. 30–72. Zu den Schutzzwecken des deutschen Wettbewerbsrechts etwa *Baumbach/Hefermehl* Einl. UWG Rn. 40–61.

Privatrecht finden sich verschiedentlich Normen, die auf einer Schnittstelle zwischen Vertragsrecht und Lauterkeitsrecht liegen.[105] Indessen bleiben vorvertragliche Lauterkeitspflichten im Europäischen Privatrecht vereinzelt.

Die Pflicht zu lauterem Verhalten kann man den Informationsvorschriften zum Schutz vor Irreführung entnehmen (oben I 1 b), S. 296f.). Sie kommt auch in den Verpflichtung des Art. 4 Abs. 2 und 3 Fernabsatzrichtlinie zum Ausdruck, wonach bei vorvertraglichen Informationen die Grundsätze der Lauterkeit bei Handelsgeschäften zu beachten sind und zu Beginn eines Telefongesprächs mit dem Verbraucher der kommerzielle Zweck der Gesprächs ausdrücklich offenzulegen ist.

## 2. Die Pflicht zu treugemäßem Verhalten

### a) *Erörterung der Regelungen*

Die Pflicht zu treugemäßem Verhalten sieht das Europäische Vertragsrecht *unmittelbar* nur für Wertpapierdienstleistungen vor. Nach Art. 11 Abs. 1 S. 4 Sps. 1, 2 und 7 WpDRL hat die Wertpapierfirma im „bestmöglichen" Interesse ihres Kunden zu handeln, gemäß Sps. 6 der Vorschrift muß sie dafür sorgen, „daß ihre Kunden nach Recht und Billigkeit behandelt werden". Vorgelagert ist die bereits erwähnte Pflicht, die Erfahrungen, Möglichkeiten und Ziele des Kunden zu erkunden (Sps. 4). Da diese Pflichten der Wertpapierhandelsfirmen – je nach Ausgestaltung im nationalen Recht – bereits vor Abschluß eines Vertrags einsetzen können, bestimmen sie auch schon das Stadium der Vertragsverhandlungen.[106] Ganz entgegen einem „robust liberalen" Vertragsmodell ist die Wertpapierfirma hier verpflichtet, die Interessen des Kunden sogar zu ermitteln und im übrigen zu wahren.[107] Sind die so begründeten Pflichten auch z.T. aus den Besonderheiten des Vertrags (dem „Treuhandcharakter") zu erklären, so zeigen sich darin doch auch Ausprägungen des Grundsatzes von Treu und Glauben.

Eine Treuepflicht könnte man auch in den ausführlichen Regelungen der Handelsvertreterrichtlinie erwarten, da diese bekanntlich das Konzept von Treu und Glauben bereits frühzeitig (1986) in das Europäische Vertragsrecht eingeführt hat und der Handelsvertretervertrag nach deutschem Verständnis eine besondere Treuebeziehung begründet, die auch das vorvertragliche Verhältnis erfaßt.[108] Die speziellen Ausprägungen der

---

[105] Z.B. Art. 4 Abs. 2 FARL; Art. 3 Abs. 2 FFRL.

[106] S. bereits oben, I 1 d) (S. 299f.).

[107] Im vorvertraglichen Bereich kann es sich bei *dieser* Interessenwahrungspflicht noch nicht um treuhandspezifische „Interessenwahrungspflicht stricto sensu" handeln, die *Grundmann* Treuhandvertrag, S. 166 ff. als für die Treuhand typenbildend herausgestellt hat. Denn vor Vertragsschluß ist der Treuhänder noch nicht so weit gebunden, daß seine Interessen stets unberücksichtigt bleiben müßten.

[108] Das gilt freilich dann nicht, wenn man den Grundsatz von Treu und Glauben in der Richtlinie nicht als Grundtatbestand der Nebenpflichten der Parteien ansieht – wofür freilich Wortlaut und Regelungszusammenhang sprechen –, sondern als bloßen Hinweis auf die allgemeine Treuebindung, die den Handelsvertretervertrag kennzeichnet; so wohl *Fock* Handelsvertreter-Richtlinie, S. 120–124.

Treuepflicht, die Art. 3 Abs. 2 HVertrRL für den Handelsvertreter normiert, betreffen indes ausschließlich das Vertragsverhältnis, vorvertragliche Treuepflichten sind dort nicht vorgesehen. Von den speziell genannten Treuepflichten des Unternehmers nach Art. 4 Abs. 2 und 3 HVertrRL könnte allein jene des Abs. 2 lit. b) für das Verhandlungsverhältnis Bedeutung haben, in der es um die Information über den erwartungswidrig geringeren Geschäftsumfang geht. Darüber hinaus könnte eine Pflicht des Unternehmers, den Handelsvertreter vor Vertragsschluß (wahrheitsgemäß) über den zu erwartenden Geschäftsumfang zu informieren,[109] und eine Pflicht des Handelsvertreters, vorvertraglich erlangte Informationen vertraulich zu behandeln,[110] als Ausprägung von Treu und Glauben einige praktische Bedeutung haben. Da Art. 4 Abs. 2 lit. b) einen Vergleich der Entwicklung mit den vertraglich begründeten Erwartungen voraussetzt, erfaßt die Vorschrift indes das Verhandlungsverhältnis gerade nicht. Die Handelsvertreterrichtlinie behandelt die vorvertraglichen Bindungen der Vertragsparteien daher nicht.

Eine weitgehende Treuebindung ergibt sich – mittelbar und nur in Form einer Obliegenheit – auch schon für das Stadium der Vertragsverhandlungen bei der Verwendung nicht im einzelnen ausgehandelter Vertragsklauseln durch Gewerbetreibende gegenüber Verbrauchern. Solche Klauseln sind mißbräuchlich und daher unwirksam, wenn sie den Verbraucher entgegen den Geboten von Treu und Glauben benachteiligen (Art. 3 Abs. 1 AGBRL), für die Beurteilung der Mißbräuchlichkeit können auch die den Vertragsschluß begleitenden Umstände von Bedeutung sein (Art. 4 Abs. 1 AGBRL). Gerade für dieses Stadium ist die Konkretisierung des Grundsatzes von Treu und Glauben von Bedeutung die der 16. Begründungserwägung zu entnehmen ist. Danach kann der Gewerbetreibende dem Gebot von Treu und Glauben dadurch Genüge tun, daß er den berechtigten Interessen des Verbrauchers Rechnung trägt und sich loyal und billig verhält. In dieser Vorschrift, ist ein weit verstandener Grundsatz von Treu und Glauben angelegt, wie er auch dem deutschen Vertragsrecht bekannt ist. Eine vorvertragliche Verhaltenspflicht normiert die AGBRL indes nicht. Soweit sie auf das treugemäße Verhalten bei Vertragsschluß abstellt, liegt darin nur *ein Kriterium* zur Beurteilung der Mißbräuchlichkeit. Bei der ansonsten objektive gefaßten Missbräuchlichkeitsbeurteilung ist freilich unklar, inwieweit Umstände bei Vertragsschluß überhaupt berücksichtigt werden können.[111]

### *b) Grundgedanken*

Die *European Principles* enthalten den Grundsatz von Treu und Glauben als ein allgemeines Prinzip (Art. 1:201), das zudem in verschiedenen Einzelvorschriften besonders ausgeformt ist.[112] Dieses Prinzip beherrscht auch schon das Stadium der Vertrags-

[109] Für das deutsche Recht Ebenroth/Boujong/Joost-G. *Löwisch* § 86a Rn. 21.

[110] Vgl. Art. 2:302 EP; für das deutsche Handelsvertreterrecht Baumbach/*Hopt* § 90 HGB Rn. 1; Ebenroth/Boujong/Joost-G. *Löwisch* § 86 Rn. 2.

[111] S. noch unten, § 16 I 2 a (S. 433 f.) und 3 b cc (S. 451 f.).

[112] Näher unten, § 15 D II 4 (S. 410–412).

verhandlungen (Art. 2: 301 f.).[113] Dem Europäischen Vertragsrecht läßt sich eine allgemeine Pflicht zu redlichem Verhalten in den Vertragsverhandlungen hingegen nicht entnehmen. Der Grund dafür ist nicht nur in der schrittweisen Angleichung zu sehen, sondern auch darin, daß der Grundsatz von Treu und Glauben in den nationalen Rechtsordnungen unterschiedlich stark ausgeprägt ist.[114] Besonders im englischen Recht ist er nicht allgemein anerkannt.[115] Das Europäische Vertragsrecht verweist insoweit auf die nationalen Rechte und gibt keine positiven Standards vor.

## C. Zusammenfassung

Ein ausgefeiltes Recht der vorvertraglichen Rechtsbeziehungen, wie es v.a. in Deutschland im Anschluß die Lehre *Jherings*[116] ausgebildet wurde, kennt das Europäische Vertragsrecht nicht. Regiert dort auch kein strenger Grundsatz Eigenverantwortung – insbesondere für die erforderlichen Informationen – so sind die Rechte und Pflichten doch eng begrenzt.

Die durch die Lauterkeitspflichten des Wettbewerbsrechts und die vorvertraglichen Informationspflichten hergestellte Informationsordnung ist weitgehend auf den Markt bezogen. Danach trifft den einzelnen, auch den Verbraucher, die Obliegenheit, die für seine Vertragsentscheidung entscheidenden Informationen nach eigenen Präferenzen selbst zu bestimmen – vgl. v.a. die nur bedingte Informationspflicht des Art. 3 Verbr-KrRL – und auch einzuholen. Für die von den Anbietern freiwillig gegebene Information ist in erster Linie nur sicherzustellen, daß sie wahr und nicht irreführend ist, wobei auch die „Irreführung" mit Rücksicht auf ein hohes Maß an Selbstverantwortung bestimmt wird. Nur soweit der Markt nicht selbst für Transparenz sorgt, kann unter erleichterten Voraussetzungen eine Irreführung angenommen werden, weil der Werbungsadressat sich nicht selbst informieren konnte. Gerade zum Ausgleich von Marktintransparenz sieht das Europäische Vertragsrecht im übrigen vorvertragliche Informationspflichten vor. Nur einzelne Informationspflichten dienen dem Schutz des Warenkäufers/

---

[113] Vgl. *Lando/Beale* Art. 1:201 Comment A: „Good faith and fair dealing are required in the formation, performance and enforcement of the parties' duties under a contract…".

[114] Eine eingehende rechtsvergleichende Untersuchung anhand von Fallbeispielen nach der „Schlesinger-Methode" findet sich jetzt bei *Zimmermann/Whittaker* (Hrsg.) Good Faith in European Contract Law. Überblick bei *Lando/Beale* Art. 2:301 Note 1 (S. 191 f.); s.a. *Zimmermann* Law of Obligations, S. 672–677.

[115] Siehe nur *Atiyah* Law of Contract, ch. 11, 6 (S. 212–213); *Beatson* ZEuP 1998, 964 („This will pose a puzzle for a system which, as Lord Ackner's judgement in *Walford v Miles* shows, considers parties to a contractual negotiation to be in an adversarial relationship in which they are entitled to pursue their own interests so long as they avoid making misrepresentations."); *Beatson/Friedmann* in: Good Faith and Fault in English Contract Law, 14-17 (keine allgemeine Theorie, doch einzelne Lösungen); *Teubner* 61 (1998) MLR 11–33; *Weatherill* ERPL 1995, 307, 322–327.

[116] *v. Jhering* JherJb 4 (1861) 1–112.

Dienstleistungsempfängers vor besonderen Gefahren (Zweckerreichung, gefährliche Verpflichtung).

Darüber hinaus gibt es keine allgemeine vorvertraglichen Treuepflicht. Nur in einem Einzelfall (WpDRL) besteht eine generalklauselförmige Pflicht, den Kunden „recht und billig" zu behandeln. Selbst für die Rechtsbeziehungen der Parteien des Handelsvertretervertrags, die zum einen von weitreichenden Treuepflichten geprägt sind und die der Europäische Gesetzgeber zum anderen intensiv geregelt hat, fehlt eine Pflicht zu vorvertraglicher Treue.

# § 14 Vertragsabschluß und Vertragsbindung

Grundlage für die Vertragsbindung ist für eine auf dem Grundsatz der Selbstbestimmung aufbauende Rechtsordnung die Einigung der Vertragspartner, die im Regelfall auch formlos erfolgen kann (I). Die Vertragsbindung steht indes nach Europäischem Vertragsrecht in verschiedenen Fällen unter dem Vorbehalt eines rechtzeitigen Widerrufs eines Teils (II). Vorschriften über eine von Irrtum, Täuschung und Drohung freie Vertragsentscheidung enthält das Europäische Vertragsrecht hingegen nicht (III); die Freiheit der Partnerwahl wird im hier erörterten „allgemeinen" Vertragsrecht – im Gegensatz v.a. zum Kernbereich des Wirtschaftsrechts (Kartellrecht, öffentliches Auftragsrecht) nur in eng umgrenzten Fällen eingeschränkt (IV).

## I. Begründung der Vertragsbindung

### 1. Einigung und Selbstbestimmung

#### a) *Bindung durch Einigung*

Das Europäische Vertragsrecht behandelt den Vertragsschluß als solchen nicht. Nicht weiterführend ist insbesondere die vereinzelte Vertragsdefinition in der Pauschalreiserichtlinie.[1] Aus verschiedenen Einzelregelungen ergibt sich aber, daß das Europäische Vertragsrecht die Einigung der Parteien als den maßgeblichen Grund für die Bindung ansieht.[2] So können sich die Kaufvertragsparteien – wenn das nationale Recht dies vorsieht – beim Verkauf gebrauchter Waren auf eine kürzere Haftungsdauer „einigen" (*agree, convenir*).[3] Vom Einigungsgrundsatz geht auch die Bestimmung der Fernabsatzrichtlinie aus, nach der Schweigen auf die Lieferung unbestellter Waren oder die Erbringung unbestellter Dienstleistungen keine Zustimmung darstellt.[4] Der (Fernabsatz-)Ver-

---

[1] Nach Art. 2 Ziff. 5 PRRL ist Vertrag „die Vereinbarung, die den Verbraucher an den Veranstalter und/oder Vermittler bindet". Zu einer autonom-gemeinschaftsrechtlichen Definition des Vertrags iSd AGBRL *Whittaker* LQR 116 (2000) 95–120.

[2] Zum Einigungsgrundsatz rechtsvergleichend *Kötz* Vertragsrecht, § 2 A (S. 23–26); *Schlesinger* Formation of Contract I, S. 175f.; *Stathopoulos* AcP 194 (1994) 543, 545–554; *Zimmermann* Law of Obligations, S. 559–576; Art. 2:101 Abs. 1 lit. b) EP; Art. 2.1 UP mit Anm. 2 und Illustrationsbeispiel (Vertragsdurchführung); zu seiner Geschichte *Schmidlin* in: Rechtsgeschichte und Privatrechtsdogmatik, S. 187–206. Vgl. auch die Ausführungen von *Wolf*/Horn/Lindacher, Art. 1 ABGRL Rn. 25, der den Vertrag i.S. der AGBRL definiert als „eine rechtlich verbindliche Willenseinigung zwischen Rechtssubjekten". Für das CISG Staudinger-*Magnus* Vorbem zu Artt. 14ff. CISG Rn. 5. Zum deutschen Recht *Leenen* AcP 188 (1988) 381, 399–404; *Flume* Rechtsgeschäft, § 35 II 1 (S. 650f. zur „Kreuzofferte").

[3] Art. 7 Abs. 1 UAbs. 2 KGRL.

[4] Art. 9 Sps. 2 FARL; Art. 9 Abs. 2 FFRL.

trag bedarf demnach der Zustimmung beider Teile. Und Schweigen stellt jedenfalls in der beschriebenen Situation keine Zustimmung dar.[5]

Der Fernabsatz-Lieferer hat nur dann eine – vom nationalen Recht zugelassene – Ersetzungsbefugnis,[6] wenn sich die Parteien darauf geeinigt haben.[7] Diese Einigung nimmt die Richtlinie zum einen dann an, wenn die Ersetzungsbefugnis „in dem Vertrag vorgesehen wurde", zum anderen, wenn „diese Möglichkeit vor Vertragsschluß vorgesehen wurde". Auch das „Vorsehen vor Vertragsschluß" darf man dabei nicht als bloß gelegentlichen Hinweis des Lieferers verstehen, schon gar nicht wenn der Verbraucher dem widersprochen hat. Auch hier muß es sich zumindest um Lieferbedingungen handeln, auf die sich der Verbraucher eingelassen hat.[8] Das Einverständnis des Verbrauchers sucht die Fernabsatzrichtlinie durch die Pflicht abzusichern, den Verbraucher besonders auf die Ersetzungsbefugnis hinzuweisen hat.[9] Der Regelung liegt die – rechtstatsächlich wohl zutreffende – Annahme zugrunde, daß sich der Verbraucher dem Einbeziehungswunsch des Lieferers nicht widersetzen kann, außer durch Abstandnahme von diesem Vertrag. Daher soll der Verbraucher zumindest die Möglichkeit haben, von der Ersetzungsbefugnis vor Vertragsschluß Kenntnis zu nehmen.[10]

Eine Ausnahme vom Einigungsgrundsatz stellt schließlich auch die Regelung des Art. 5 Abs. 1 TSRL nicht dar, nach dessen Sps. 2 und 3 sich die Widerrufsfrist verlängert, wenn der der Schriftform unterliegende Vertrag bestimmte Angaben nicht enthält. Denn das bedeutet nicht, daß die fraglichen Bedingungen auch ohne Einigung Vertragsbestandteil würden, sondern nur, daß sie auch bei Verletzung der Schriftform (aber unter der Voraussetzung der Einigung) Vertragsbestandteil sein können, es handelt sich also um eine Rechtsfolgenregelung für das Schriftformgebot.

Nur ausnahmsweise sah der (Erste) Vorschlag für eine Richtlinie über den Fernabsatz von Finanzdienstleistungen (V1-FFRL) bei Geschäften über Finanzdienstleistungen mit schwankendem Preis vor, daß der Verbraucher, der sich nach einer Bedenkzeit für den

---

[5] Dieser Grundsatz ist in allen europäischen Rechtsordnungen anerkannt; *Kötz* Vertragsrecht, § 2 A II 2 (S. 41–45); er wird auch von den Einheitsregeln übernommen: Art. 2.204 Abs. 2, 2.207 Abs. 2 EP sowie *Lando/Beale* Principles, Art. 2:204, Note 1 (S. 170); Art. 2.6 Abs. 1 S. 2 UP. Für das deutsche Recht *Larenz/Wolf* Allgemeiner Teil, § 28 Rn. 47–59.

[6] Eine Ersetzungsbefugnis ist das Recht des Schuldners, sich durch eine andere als die vereinbarte Leistung von der Schuld zu befreien. Um eine Befugnis handelt es sich in dem Sinne, daß der Schuldner die Ersetzung vornehmen kann, dazu aber gegenüber dem Gläubiger nicht verpflichtet ist; der Gläubiger hat keinen Anspruch auf Leistung der „anderen Leistung". Zum Ganzen *Larenz* Schuldrecht I, § 11 IIIa (S. 160f.). Diese – wesentlichen – Charakteristika sind auch im Fall von Art. 7 Abs. 3 PRRL gegeben. Mit der Bezeichnung als Ersetzungsbefugnis ist freilich nicht gemeint, daß sämtliche der nach deutscher Dogmatik damit verbundenen Regeln hier anwendbar wären.

[7] Art. 7 Abs. 3 S. 1 FARL.

[8] Der Vorschlag des Vermittlungsausschlusses, die Ersetzungsbefugnis solle nicht durch AGB vereinbart werden können, hat sich nicht durchgesetzt; Grabitz/Hilf II-*Micklitz* A 3 (FARL) Rn. 112.

[9] Art. 7 Abs. 3 S. 2 FARL.

[10] Ebenso Grabitz/Hilf II-*Micklitz* A 3 (FARL) Rn. 112. Ebenso wie bei der Kontrolle vorformulierter Vertragsklauseln liegt auch hier der Rechtsschutz nicht auf der Einbeziehungs-, sondern der Inhaltskontrolle: Für den Fall der Ausübung einer solchen Ersetzungsbefugnis sieht Art. 7 Abs. 3 S. 3 FARL vor, daß der Verbraucher die Kosten der Rücksendung nach Widerruf nicht zu tragen verpflichtet ist.

Vertrag entscheidet, den konkreten Vertragspreis noch „ausdrücklich billigen" muß.[11] Ohne diese Billigung sollte der Vertrag insbesondere nicht zum Tageskurs zustande kommen, da der für die Belastung des Verbrauchers entscheidende Preis so erheblich schwanken kann, daß eine Zustimmung zum Tagespreis nicht schon zu vermuten war. Eine Tagespreisklausel war danach unzulässig.[12] In der verabschiedeten Fassung ist der Gesetzgeber davon wieder abgegangen; die Richtlinie sieht jetzt nur Informationspflichten vor.[13] Ganz allgemein bleibt es daher bei dem Grundsatz, daß die Einigung im Europäischen Recht so wenig wie im deutschen als Aushandeln – oder auch nur Billigung – jeder Einzelbedingung oder dahin zu verstehen ist, daß beide Vertragspartner auf den Vertragsinhalt Einfluß haben müßten.[14] Im Gegenteil geht die AGB-Richtlinie davon aus, daß nicht im einzelnen ausgehandelte Bedingungen, auf die der Verbraucher keinen Einfluß nehmen konnte, Vertragsbestandteil werden können (dann aber freilich der Inhaltskontrolle unterliegen).[15]

Ganz durchgehend sucht das Europäische Vertragsrecht aber sicherzustellen, daß der andere Teil die Vertragsbedingungen jedenfalls *zur Kenntnis nehmen* und so ungeachtet mangelnder Einflußmöglichkeit jedenfalls bewußt „hinnehmen" kann.[16] Die grundsätzliche Bedeutung der Kenntnisnahmemöglichkeit im Europäischen Vertragsrecht unterstreicht Anh. 1 lit. i AGBRL, wonach nicht-ausgehandelte Klauseln mißbilligt werden können, die „darauf abzielen oder zur Folge haben, daß die Zustimmung des Verbrauchers zu Klauseln unwiderlegbar festgestellt wird, von denen er vor Vertragsabschluß nicht tatsächlich Kenntnis nehmen konnte". Die Möglichkeit zur inhaltlichen Kenntnisnahme wird dabei durch das Transparenzgebot sichergestellt, das allgemein für nicht-ausgehandelte Bedingungen besteht[17] und teilweise auch in speziellen Vorschriften vorgesehen ist[18]. Für den elektronischen Geschäftsverkehr müssen die Vertragsbestimmungen und die Allgemeinen Geschäftsbedingungen dem Nutzer zudem so zur Verfügung gestellt werden, daß er sie speichern und reproduzieren kann. Entscheidet sich der Verwendungsgegner dann – mit oder ohne aktuelle Kenntnis von dessen Inhalt – für den Vertrag, so genügt das dem Einigungserfordernis. Die Regelungen beruhen auf einem durchaus formal verstandenen Prinzip der Selbstbestimmung und machen einmal mehr die fundamentale Bedeutung deutlich, die dem Prinzip der Selbstverantwortung (auch) im Europäischen Vertragsrecht zukommt. Formal ist die Selbstbestimmung hier deswegen, weil es auf die aktuelle Zustimmung des Verbrauchers nicht ankommt. Das Euro-

---

[11] Art. 3 Abs. 3 V1-FFRL.

[12] Tagespreisklauseln verbietet die AGBRL nicht allgemein, sie enthält nur in Anh. lit. l eine Regelung über ein Preisfestsetzungs- oder -erhöhungsrecht des Verwenders.

[13] Art. 3 Abs. 1 Nr. 2b und c FFRL; weniger detailliert noch Art. 3 Abs. 1 lit. f V2-FFRL.

[14] Dazu für das deutsche Recht *Canaris* FS Steindorff, 519, 548; *ders.* FS Zöllner, 1055, 1056; *ders.* Iustitia distributiva, S. 49f.; *Medicus* JuS 1996, 761, 764; *Zöllner* Privatrechtsgesellschaft, S. 43f.; *ders.* AcP 196 (1996) 1, 26, 31.

[15] Art. 3 Abs. 2 UAbs. 1 AGBRL.

[16] Art. 4 Abs. 1 FARL; Art. 3 ÜwRL; Art. 3, 5 FFRL.

[17] Art. 4 Abs. 2, 5 Abs. 1 AGBRL; dazu näher unten, § 16 I 2 b (S. 435).

[18] Art. 4 Abs. 2 FARL.

päische Vertragsrecht sucht nur, ihm die materiale Selbstbestimmung (inhaltliche Zustimmung) zu ermöglichen, ob er davon Gebrauch macht, ist seine Sache.

### *b) Besondere Voraussetzungen über die Einbeziehung von Vereinbarungen bei Vorformulierung oder bestimmten Formen des Vertragsschlusses?*

Das deutsche Recht sieht für allgemeine Geschäftsbedingungen eine sogenannte Einbeziehungskontrolle vor, bei der es in der Sache um spezielle Vorschriften über den Vertragsschluß geht. AGB werden nur Bestandteil, wenn (1) der Verwender auf sie hingewiesen hat und (2) der andere Teil die zumutbare Möglichkeit hat, sie zur Kenntnis zu nehmen und (3) mit ihrer Geltung einverstanden ist. Die AGB-Richtlinie regelt die Einbeziehung von nicht-ausgehandelten Klauseln nicht ähnlich umfassend, sie enthält nur einzelne Vorschriften, die einen Bezug zum Vertragsabschluß haben; darauf kommen wir im Zusammenhang mit der Inhaltskontrolle zurück, die das zentrale Anliegen der Regelung ist.[19] An dieser Stelle ist nur auf eine Regelung über die vorvertraglichen Informationspflichten einzugehen.

Für den elektronischen Geschäftsverkehr enthält Art. 10 Abs. 3 EComRL eine Sonderregelung, die einen Bezug zur Einbeziehung haben kann. „Die Vertragsbestimmungen und die allgemeinen Geschäftsbedingungen müssen dem Nutzer so zur Verfügung gestellt werden, daß er sie speichern und reproduzieren kann." Die Richtlinie schreibt die Sanktionen für die Pflichtverletzung nicht vor, so daß sich diese nur aus den Vorgaben der Pflicht zur effektiven Umsetzung ergeben.[20] Gerade im Bereich des elektronischen Handels hat die dezentrale Organisation des Vertragsrechts zur Folge, daß eine effektive Sanktion für Verstöße gegen diese Pflicht nur erreicht werden kann, wenn sich jedenfalls auch der betroffene einzelne auf den Pflichtverstoß berufen kann.[21] Indes bedeutet das nicht, daß die Verletzung dieser Informationspflicht zur Folge haben müßte, daß die betreffenden Bedingungen nicht Vertragsbestandteil werden. Der Umsetzungspflicht dürfte es auch genügen, wenn das nationale Recht an die Pflichtverletzung Beweisnachteile für den Dienstanbieter knüpft. Besondere Voraussetzungen für die Einbeziehung von AGB oder „Vertragsbestimmungen" formuliert die Richtlinie nicht.

### *c) Äußere Form der Einigung: Angebot und Annahme*

Über das Zustandekommen der Einigung durch Angebot und Annahme, das in den nationalen Rechtsordnungen zumeist und auch in den *European Principles* im Vordergrund steht,[22] verhält sich das europäische Recht nicht. Allein den bereits zitierten Vor-

[19] Unten, § 16 I 2 a (S. 433f.).

[20] Zum Grundsatz der effektiven Umsetzung bereits oben, § 12 B (S. 267–275).

[21] Das schließt freilich zusätzliche Sanktionen, z.B. die Kontrolle durch Konkurrenten (Wettbewerbsverstoß) oder Verbraucherverbände nicht aus.

[22] Dazu *Kötz* Vertragsrecht, § 2 A (S. 23ff.); Art. 2: 201–2: 211 EP, Art. 2.1–2.11 UP. Vergleiche zum Beispiel die Darstellungen bei *Atiyah* Law of Contract, ch. 3 (S. 54–88); *Beatson* Law of Contract, ch. 2 (S. 27–73); *Larenz/Wolf* Allgemeiner Teil, § 29. Konsens und Dissens stellt hingegen *Flume* Rechtsgeschäft, §§ 34, 35, in den Vordergrund.

schriften von Art. 9 Sps. 2 FARL, Art. 9 Sps. 2 FFRL ist eine gewisse Anlehnung an dieses Modell zu entnehmen, insoweit dort das Schweigen als Zustimmung (FFRL: „Einwilligung") (Annahme) zu dem durch unbestellte Leistungserbringung angebotenen Vertrag in Betracht gezogen wird. Auch dort ist indessen nur von der „Zustimmung" (also: Konsens) die Rede, der technische Begriff der „Annahme" wird vermieden. Die Anknüpfung an die inhaltlich entscheidende Einigung, losgelöst von der Form, macht die Regelung unabhängig von der Dogmatik des jeweiligen nationalen Rechts. Es kam dem Gesetzgeber darauf an, die Einigung schlechthin zu verneinen, egal ob das Schweigen auf die unbestellte Leistungserbringung hin nach nationalem Recht Angebot oder Annahme oder sonstige Zustimmung darstellt.[23]

Entgegen einer teilweise vertretenen Auffassung enthält auch die Richtlinie über den elektronischen Geschäftsverkehr keine Vorschriften über den Vertragsschluß durch Angebot und Annahme.[24] Die Richtlinie schreibt lediglich vor, daß der Dienstanbieter eine „Bestellung" zu bestätigen hat und daß Bestellung und Empfangsbestätigung als „eingegangen" gelten, wenn sie für den jeweiligen Empfänger abrufbar sind.[25] Daß aber Bestellung und Bestätigung Angebot und Annahme seien, schreibt die Richtlinie nicht vor.[26]

### *d) Bestimmtheit*

Über die für die Verbindlichkeit von Vertragserklärungen erforderliche Bestimmtheit[27] trifft das Europäische Vertragsrecht keine Aussage; das bleibt den mitgliedstaatlichen Rechtsordnungen überlassen. Bei Massengeschäften – Pauschalreise, Verbraucherkredit, Verbraucherkauf – stellt die Bestimmtheit regelmäßig kein Problem dar, da solche Verträge üblicherweise vorformuliert und schriftlich geschlossen werden. Nur für den *Handelsvertretervertrag* ergänzt Art. 6 Abs.1 HVertrRL die unbestimmte Vergütungsvereinbarung dahin, daß die ortsübliche oder, mangels solcher, eine angemessene Vergütung geschuldet sei. In der Annahme, daß Handelsvertreterdienste nur entgeltlich erbracht werden,[28] und unter der Voraussetzung einer Einigung der Parteien im übrigen füllt die Vorschrift die Lücke einer unbestimmten Vergütungsabrede.

---

[23] Auf entsprechenden Erwägungen beruhte auch Art. 3 Abs. 1 V1-FFRL. Danach war der Anbieter für (idR) 14 Tage an „die Vertragsbedingungen" gebunden, die er dem Verbraucher übermittelt. Die vorgeschlagene Richtlinienregelung schreibt indes nicht vor, daß die Übermittlung der Bedingungen schon selbst ein Angebot und die Entscheidung des Verbrauchers für den Vertrag die Annahme darstelle; *Riesenhuber* WM 1999, 1441, 1444.

[24] A.M. wohl *Bender/Sommer* RIW 2000, 260, 263; *Lehmann* EuZW 2000, 517, 519.

[25] Art. 11 Abs. 1 EComRL.

[26] Ebenso *Lehmann* EuZW 2000, 517, 519 (Anpreisung von Ware oder Dienstleistung im Internet könne nach nationalem Recht als *invitatio ad offerendum* oder Angebot behandelt werden).

[27] Übersicht bei *Kötz* Vertragsrecht, § 3 (S. 62–76).

[28] Diese Annahme liegt bekanntlich auch § 354 HGB zugrunde; s. nur Koller/*Roth*/Morck, § 354 HGB Rn. 1.

## 2. Einigung und Form

Der Einigungsgrundsatz bedeutet nicht nur einen Gegensatz zur Fremdbestimmung der Vertragsbedingungen, sondern auch einen Gegensatz zum Formzwang, also Formfreiheit.[29] Das Europäische Privatrecht kennt eine Vielzahl von „Förmlichkeitsvorschriften", also Vorschriften, die eine rechtlich relevante Handlung einer Förmlichkeit unterwerfen.[30] Insbesondere ist nicht selten vorgesehen, daß Informationen oder Belehrungen schriftlich zu erfolgen haben oder vereinbarte Vertragsbedingungen nach Vertragsschluß schriftlich nachgewiesen werden müssen.[31] Formvorschriften, also Vorschriften, die das Zustandekommen eines Rechtsgeschäfts[32] an die Wahrung einer Form knüpfen, sind demgegenüber im Vertragsrecht[33] nur vereinzelt vorgesehen.

### *a) Erörterung der Regelungen*

Das Europäische Vertragsrecht schreibt die Schriftform für den Verbraucherkredit und den Timesharingvertrag sowie für Gerichtsstandsvereinbarungen vor. Handelsvertreterverträge sind grundsätzlich formfrei, lediglich die Vereinbarung eines nachvertraglichen Wettbewerbsverbots unterliegt neben anderen Voraussetzungen der Schriftform. Die Handelsvertreterrichtlinie läßt aber zu, daß die Mitgliedstaaten den Vertrag einer Schriftform unterwerfen.

#### aa) Vorschrift der Schriftform[34]

##### (1) Anwendungsfälle

„Der Schutz des Verbrauchers wird … erhöht, wenn Kreditverträge schriftlich abgefaßt werden und bestimmte Mindestangaben über die Vertragsbedingungen enthalten". Aus diesem recht unbestimmten Grund schreibt Art. 4 VerbrKrRL für *Verbraucherkreditverträge* die Schriftform vor („bedürfen der Schriftform"; *shall be made in writing*; *sont*

---

[29] *Larenz/Wolf* Allgemeiner Teil, § 27 Rn. 4 bezeichnen die Formfreiheit als „natürliche Folge der Privatautonomie".

[30] Nicht ohne Berechtigung werden auch die Widerrufsrechte als Zeichen für ein „Zurückweichen des reinen Konsensualismus zugunsten des Formalisumus beim Vertragsabschluß" angesehen; *Stathopoulos* AcP 194 (1994) 434, 553.

[31] *Heiss* in: Internationales Verbraucherschutzrecht, S. 97–101.

[32] Mit dieser an § 125 S. 1 angelehnten Formulierung soll nicht das europäische Recht in den deutschen Rahmen gepreßt werden. Die Sinnhaftigkeit der Abstraktion des Rechtsgeschäfts ist bekanntlich umstritten (*Zweigert/Kötz*, Rechtsvergleichung, § 5 E (S. 145): „eine Figur allzu weit vorangetriebener Abstraktion"). An dieser Stelle ist die Abstraktion indessen hilfreich, weil sie aus den rechtlich relevanten Handlungen einen besonders definierten Bereich herausnimmt und dabei den Blick noch nicht auf Verträge oder Willenserklärungen beschränkt.

[33] Die arbeitsrechtlichen Nachweispflichten – die freilich die Form*freiheit* des Arbeitsvertrags *bestätigen* – erörtern wir nachfolgend, § 15 B III (S. 383–390), im Zusammenhang mit vertraglichen Pflichten.

[34] Ergänzend zu den nachfolgend erörterten Formvorschriften ist auf die des Art. 8 V-FernURL (ABl. 1977 C 208/12; 1980 zurückgezogen) hinzuweisen.

*établis par écrit*).[35] Die Schriftform dient zum einen dazu, dem Verbraucher bei einem für ihn wirtschaftlich bedeutenden Vertrag vor Augen zu führen, daß und zu welchen Konditionen er sich rechtlich bindet. Daher muß die Vertragsurkunde vor allem die Kosteninformationen und Rückzahlungsbedingungen enthalten.[36] Andere wesentliche Vereinbarungen, die Anhang I beispielhaft aufzählt, „sollen" ebenfalls schriftlich festgehalten werden.

Ebenso „bedarf" der *Timesharingvertrag* „der Schriftform" (Art. 4 Sps. 1). Auch hier soll die Form dem Verbraucher die Ernsthaftigkeit und Tragweite seines Vertragsversprechens vor Augen führen; sie bietet einen Übereilungsschutz, der durch die Einräumung eines Widerrufsrechts[37] noch ergänzt wird. Zu diesem Zweck schreibt auch hier die Richtlinie einen Mindestinhalt des Vertrags vor.

Die Handelsvertreterrichtlinie schreibt für den *Handelsvertretervertrag* die Schriftform nicht vor, schriftlich muß nur die Wettbewerbsbeschränkung vereinbart werden (Art. 20 Abs. 2 lit. a). Auch hier dient das Formerfordernis der Warnung vor einer einschneidenden Verpflichtung, die die Berufsausübung des Handelsvertreters wesentlich einschränkt.

Der Schriftform bedarf grundsätzlich auch die *Gerichtsstandsvereinbarung* mit Auslandsbezug, Art. 23 EuGVO (früher Art. 17 EuGVÜ). Neben der Schriftform kommt indes auch die schriftliche Bestätigung einer mündlichen Vereinbarung in Betracht,[38] ebenso wie die Vereinbarung in einer zwischen den Parteien[39] oder im internationalen Handel übliche Form.[40] Mit einer Prorogationsvereinbarung weichen die Parteien von den gesetzlichen Gerichtsständen ab, die das Übereinkommen zum Schutze der Beteiligten vorsieht. Das Formerfordernis dient daher dazu, den Geschützten vor den nachteiligen Folgen eines ungünstigen Gerichtsstands zu schützen. Diese Folgen sollen jedenfalls nur dann eintreten, wenn das Einverständnis des Geschützten unzweifelhaft vorliegt. Mit Rücksicht auf diesen Schutzzweck hat der EuGH das Schriftformerfordernis „eng" ausgelegt. Eine „Vereinbarung" i.S.v. Art. 23 EuGVÜ setzt nach der Rechtsprechung des Gerichtshofs voraus, daß die Gerichtsstandsklausel „tatsächlich Gegenstand einer Willenseinigung zwischen den Parteien war, die klar und deutlich zum Ausdruck gekommen ist".[41]

---

[35] Kritisch gegenüber der Formvorschrift als Schutzmittel *Großfeld/Lühn* WM 1991, 2013, 2014; *Medicus* JuS 1999, 833f.; *Zöllner* WM 2000, 1, 3.

[36] Art. 4 Abs. 2 VerbrKrRL.

[37] Näher unten, II (S. 325–350).

[38] Art. 23 Abs. 1 lit. a GVVO. Eine mündliche Vereinbarung unter Hinweis auf AGB und die spätere Bestätigung nebst Übersendung der AGB reicht nicht; EuGH v. 14.12.1976 – Rs. 25/76 *Segoura* Slg. 1976, 1851 Rn. 7f.

[39] Art. 23 Abs. 1 lit. b GVVO.

[40] EuGH v. 16.3.1999 – Rs.. C-159/97 *Trasporti Castelletti Spedizioni Internazionali ./. Hugo Trumpy* Slg. 1999, I-1597 m. Anm. v. *Saenger* ZEuP 2000, 666–674; EuGH v. 20.2.1997 – Rs. C-106/95 *MSG ./. Les Gravières* Slg. 1998, I-911.

[41] Grundlegend (zu Art. 17 EuGVÜ) EuGH v. 14.12.1976 – Rs. 24/76 *Colzani ./. Rüwa* Slg. 1976, 1831 Rn. 7; EuGH v. 14.12.1976 – Rs. 25/76 *Segoura* Slg. 1976, 1851 Rn. 6. Seither st.Rspr.: EuGH v. 24.6.1981 – Rs. 150/80 *Elefanten Schuh* Slg. 1981, 1671 Rn. 25; EuGH v. 14.7.1983 – Rs. 201/82 *Gerling* Slg. 1983, 2503 Rn. 13; EuGH v. 11.11.1986 – Rs. 318/85 *Iveco Fiat ./. van Hool* Slg. 1986,

In der Sache bezweckt diese „enge Auslegung“ daher in erster Linie hohe Anforderungen an die Feststellung der Einigung, nicht an die Form selbst.

Keine Form oder Förmlichkeit sieht – entgegen einer gelegentlich vertretenen Auffassung –[42] Art. 4 Abs. 1 *Fernabsatzrichtlinie* vor, wonach „der Verbraucher ... rechtzeitig vor Abschluß eines Vertrags im Fernabsatz über [näher bestimmte] Informationen verfügen [muß]“. Dem Verbraucher wäre kaum damit gedient, wollte man die Vertragsbindung mangels Information verneinen und damit die außervertragliche Abwicklung erforderlich machen. Auch für den Fall, daß der Lieferer die – für die informierte Vertragsentscheidung nicht weniger wichtige – schriftliche Bestätigung über das Widerrufsrecht nicht erteilt, sieht die Richtlinie nicht die Unwirksamkeit des Vertrags, sondern nur eine Verlängerung der Widerrufsfrist vor.[43] Aus entsprechenden Erwägungen kann man auch Art. 4 Abs. 2 lit. b *Pauschalreiserichtlinie* kein Schriftformerfordernis entnehmen:[44] Auch ein mündlicher Pauschalreisevertrag ist nicht schon unwirksam. Die Vorschrift dient vielmehr, wie die 12. Begründungserwägung ausweist,[45] dazu, den Verbraucher förmlich über die Vereinbarung zu informieren (Nachweispflicht).[46] Ausdrücklich keine Formvorschrift enthält für Arbeitsverträge die *Nachweisrichtlinie*.[47] In der verabschiedeten Fassung der *Kaufgewährrichtlinie* klargestellt ist schließlich, daß die für die vertragliche

---

3337 Rn. 5; EuGH v. 19. 6. 1984 – Rs. 71/83 *Tilly Russ* Slg. 1984, 2417 Rn. 14; EuGH v. 11. 7. 1985 – Rs. 221/84 *Berghofer* Slg. 1985, 2699 Rn. 13. Unverändert auch zu Art. 17 EuGVÜ idF des 1. Beitrittsübereinkommens von 1978; EuGH v. 20. 2. 1997 – Rs. C-106/95 *MSG ./. Les Gravières* Slg. 1998, I-911 Rn. 14–21.

42 *Reich* EuZW 1997, 581, 584 („die rechtliche Bindung des Verbrauchers an den Vertrag bzw. seine auf den Vertrag gerichtete Willenserklärung soll also grundsätzlich erst nach Informationsverschaffung bestehen“). Das von *Reich* angeführte systematisch-begriffliche Argument, die FARL verwende hier eine ähnliche Terminologie wie die PRRL in Art. 3 und die 3.LVersRL in Art. 31 iVm Anh II (jetzt Art. 36 iVm Anh III LVersRL), trägt nicht. Denn Art. 3 Abs. 2 PRRL statuiert bekanntlich schon keine Informationspflicht (Prospektpflicht), sondern nur eine Prospektwahrheitspflicht („Wenn ... ein Prospekt zur Verfügung gestellt wird ...“). Und auch Art. 31 3.LVersRL (Art. 36 LVersRL) enthält nur eine Informationspflicht, nicht aber eine Formvorschrift. Übrig bleibt die – für die Auslegung vollends irrelevante – Feststellung, daß in jenen Fällen wie auch beim Versandhandel die Prospektversendung üblich ist.

43 Art. 6 Abs. 1 UAbs. 3 FARL. Die Belehrung ist bereits nach Art. 4 Abs. 1 lit. f rechtzeitig vor Vertragsschluß zu geben und gem. Art. 5 Abs. 1 FARL rechtzeitig während der Erfüllung schriftlich zu bestätigen.

44 *Eckert* ZRP 1991, 454, 455. A.M. *Kommission* Mitteilung an den Rat und das Europäische Parlament zum Europäischen Vertragsrecht, KOM(2001) 398 endg., Anhang III, 1.3 (S. 60); Grabitz/Hilf II-*Tonner* A 12 (PRRL) Art. 4 Rn. 8–13; den mit seiner Auffassung verbundenen einschneidenden Eingriff in die nationalen Vertragsrechte möchte *Tonner* ebenso hinnehmen wie die daraus folgende Schwebesituation für den Reisenden (Was, wenn der Veranstalter/Vermittler die Bestätigung nach telefonischer Buchung nicht schickt?). Zur Umsetzung durch die „Reisebestätigung“ in § 3 InfVO zutr. Palandt-*Sprau* Anh. zu §§ 651a–l, § 3 InfVO Rn. 1.

45 BE 12 PRRL: „Der Verbraucher muß eine Abschrift der für die Pauschalreise geltenden Vertragsbedingungen erhalten. *Zu diesem Zweck* sollte vorgeschrieben werden, daß alle Vertragsbedingungen schriftlich oder in einer anderen dem Verbraucher verständlichen und zugänglichen Form festgehalten und im in Abschrift ausgehändigt werden.“.

46 Näher unten, § 15 B III (S. 383–390).

47 Art. 6 Sps. 1 NwRL; unten § 15 B III (S. 383–390).

Garantie vorgeschriebene Schriftlichkeit keine Formvorschrift i.S. einer Voraussetzung für die Wirksamkeit der Garantie ist.[48]

(2) Formwahrung und Sanktion der Mißachtung

Die Schriftform erfordert, daß die Vereinbarung schriftlich niedergelegt wird und von den Parteien unterzeichnet. Das entspricht der Regelung des BGB (§ 126) wie der Rechte der meisten anderen europäischen Staaten.[49] Vor allem aber ist das Unterschriftserfordernis auch vom Schutzzweck der Regelung (Übereilungsschutz, Warnfunktion) geboten.

Im deutschen Recht ist im Grundsatz unumstritten, daß der gesamte Inhalt einschließlich der Nebenabreden eines formbedürftigen Vertrags der Form bedarf.[50] Für das europäische Vertragsrecht muß man unterscheiden. Die Formvorschrift erfaßt dort zunächst „den Vertrag" und ggf. näher bezeichnete Teile der Abreden oder Informationen. Die Formverletzung hat aber teilweise unterschiedliche Folgen, je nachdem ob die Hauptabrede oder „Nebenangaben" nicht beurkundet wurden.

Die Sanktionen für die Formmißachtung sind für die einzelnen Formvorschriften unterschiedlich geregelt. Die Wettbewerbsbeschränkung des Handelsvertreters ist „nur gültig", wenn neben anderen Voraussetzungen die Form beachtet wurde. Die Timesharingrichtlinie und die Verbraucherkreditrichtlinie schreiben die Folgen der Formwidrigkeit nicht im einzelnen vor.[51] Nach dem Gebot der Äquivalenz muß der Formverstoß ebenso sanktioniert sein wie die Verletzung nationaler Formvorschriften, nach dem Gebot der Effektivität darf die nationale Rechtsfolgenbestimmung die Berufung auf gemeinschaftsrechtlich begründeten Rechte nicht übermäßig erschweren oder unmöglich machen.[52] Die nationalen Sanktionen für die Formmißachtung divergieren nicht unerheblich, sie reichen von Beweisregeln[53] über die Bestimmung mangelnder Durchsetzbarkeit (*unenforceable*)[54] bis zur Anordnung der Nichtigkeit.[55] Angesichts der Tatsache, daß der Richtliniengeber bei sparsamer Verwendung von Formvorschriften für

---

[48] Art. 6 Abs. 3 KGRL. Undeutlich noch in dem Vorschlag KOM(95) 520 endg. (auch abgedruckt in ZIP 1996, 1845); dazu kritisch *Medicus* ZIP 1996, 1925, 1929; *Micklitz* EuZW 1997, 229, 234f.

[49] *Kötz* Europäisches Vertragsrecht, § 5 C (S. 124).

[50] *Larenz/Wolf* Allgemeiner Teil, § 27 Rn. 17; Palandt-*Heinrichs* § 125 Rn. 7.

[51] Art. 14 VerbrKrRL, Art. 10 TSRL. S.a. *Kötz* Vertragsrecht, § 5 D III (S. 139) (zur Sanktion von Informations-/Belehrungspflichten): „bizarres Potpourri".

[52] Oben, § 12 B (S. 267–275).

[53] Art. 1341 Code civil; Art. 2721 Codice civile; zum französischen Recht *Ferid/Sonnenberger* Das Französische Zivilrecht 1/1, § 2 D (Rn. 1 F 501–552).; ferner *Kötz* Europäisches Vertragsrecht, § 5 D I (S. 127–130), der auch auf die zahlreichen Ausnahmen vom Ausschluß des Zeugenbeweises hinweist, insbesondere den *commencement de preuve par écrit*. Die „Beweisform" sieht jetzt auch für Verträge mit einem Geschäftswert über 5000 Euro Art. 36 AE-EuVGB vor; dazu *Sonnenberger* RIW 2001, 409, 412.

[54] Section 4 der Statute of Frauds. Die Formmißachtung beim Grundstückskauf hat freilich nach dem Law of Property (Miscellaneous Provisions) Act 1989 die Nichtigkeit des Geschäfts zur Folge; dazu *Atiyah* Law of Contract, S. 164. Zum Formverstoß bei Verbraucherkrediten Art. 127 Consumer Credit Act 1974; dazu *Treitel* The Law of Contract, S. 163f.

[55] *Kötz* Europäisches Vertragsrecht, § 5 D (S. 126–139).

einzelne Verträge vorschreibt, sie „bedürften der Schriftform“,[56] muß man davon ausgehen, daß eine stärkere Sanktion als ein bloßer beweisrechtlicher Nachteil gemeint ist.[57] Die Sanktion muß *sicherstellen*, daß eine formlose Vereinbarung grundsätzlich – und das heißt unabhängig von tatsächlichen Fragen wie etwa einem *commencement de preuve par écrit*[58] – gegen den geschützten Vertragspartner nicht gerichtlich durchgesetzt werden kann. Die ausnahmsweise Erhaltung formwidriger Verträge aus Gründen der Einzelfallgerechtigkeit[59] bleibt nach mitgliedstaatlichem Recht zulässig, da sie als Ausnahme im Einzelfall einer effektiven Umsetzung nicht widerspricht.[60]

Diese Sanktion muß allerdings nicht jeden Formverstoß erfassen. Wie Art. 5 Abs. 1 Sps. 2 Timesharingrichtlinie zeigt, geht die Richtlinie davon aus, daß ein schriftlich geschlossener Vertrag auch dann wirksam ist, wenn die im Anhang aufgelisteten Angaben darin nicht vollständig enthalten sind; dieser Fehler hat lediglich eine Verlängerung der Widerrufsfrist zur Folge. Entsprechendes ist dann anzunehmen, wenn der Verbraucherkreditvertrag entgegen Art. 4 Abs. 3 VerbrKrRL nicht alle im Anhang genannten Angaben enthält. Das deutet schon der Wortlaut an, da es sich nur um eine „Soll“-Bindung handelt. Es erscheint aber auch aus Gründen der Rechtssicherheit geboten, weil sonst der Bestand des Vertrags schon bei kleineren Fehlern gefährdet wäre. Nur bei grundsätzlicher Mißachtung des Formgebots ist die Nichtigkeitsfolge schon gemeinschaftsrechtlich vorgegeben.

Wie verhält sich dazu die geltungserhaltende Reduktion des durchgeführten Verbraucherkreditvertrags nach § 494 Abs. 2 und 3 BGB? Daß die Vorschrift von der Grundregel der §§ 125, 139 BGB abweicht,[61] ist aus den Besonderheiten des Darlehensvertrags begründet und daher mit dem Äquivalenzgebot vereinbar.[62] Daß die Vorschrift den Vertrag nicht insgesamt vernichtet, sondern zu für den Verbraucher günstigen Bedingungen erhält, trägt dem Bestandsinteresse des Verbrauchers einerseits und dem Prinzip gegen ungerechtfertigte Bereicherung andererseits Rechnung und ist daher mit dem Effektivitätsgebot vereinbar.

---

[56] Freilich ist der Wortlaut oft wenig aufschlußreich; das zeigt beispielhaft Art. 6 Abs. 2 des Vorschlags der Kaufgewährrichtlinie vom 18.6.1996 (KOM [95] 520 endg.; auch abgedruckt in ZIP 1996, 1845 ff.), der formulierte, die Garantie bedürfe der Schriftform, in der Begründung aber auswies, daß dieses „Formerfordernis“ nicht Wirksamkeitsvoraussetzung sei. In Art. 6 Abs. 3 KGRL ist die verfehlte Formulierung korrigiert; s.a. oben, Fn. 48.

[57] A.M. *Grundmann* Schuldvertragsrecht, 4.10 Rn. 30.

[58] Vgl. die Nachweise oben, Fn. 53.

[59] Rechtsvergleichende Übersicht bei *Kötz* Europäisches Vertragsrecht, § 5 E (S. 140–147).

[60] Vgl. EuGH v. 12.5.1998 – Rs. C-367/96 *Kefalas* Slg. 1998, I-2843 (zum nationalen Rechtsmißbrauchsverbot); s. noch unten, § 15 D III (S. 412–414).

[61] Staudinger-*Kessal-Wulf* (1997), § 6 VerbrKrG Rn. 4; Münchener Kommentar-*Ulmer* § 6 VerbrKrG Rn. 13 f.

[62] Anders wäre aber zu urteilen, wenn für Darlehensverträge allgemein ein Schriftformgebot bestünde, dessen Folgen nach §§ 125, 139 bestimmt wären.

bb) Zulassung der Schriftform[63]

Die Handelsvertreterrichtlinie geht vom Grundsatz der Formfreiheit aus.[64] Sie schreibt für den Handelsvertretervertrag keine Form vor, sondern läßt lediglich zu, daß die Mitgliedstaaten ein Schriftformgebot erlassen (Art. 13 Abs. 2 HVertrRL). Das nationale Recht kann indessen nur die Wahrung der Schriftform zur Gültigkeitsvoraussetzung der Vertretungsvereinbarung machen, strengere Formerfordernisse kann es nicht vorsehen. Darüber hinaus hat der EuGH angenommen, die Wirksamkeit des Vertrags dürfe auch nicht von einer Registereintragung abhängig gemacht werden.[65] Auch nach europäischem Recht ist die Registereintragung zwar nicht als Formvorschrift i.e.S. zu verstehen, sondern als sonstige Wirksamkeitsvoraussetzung (Förmlichkeitsvorschrift).[66] Aus der Vorschrift des Art. 13 Abs. 2 HVertrRL ergibt sich aber, daß das nationale Recht die Wirksamkeit des Handelsvertretervertrags allein von der Wahrung einer Form, nämlich der Schriftform, abhängig machen darf, nicht auch von weiteren Voraussetzungen.[67]

Eine Registerpflicht können die Mitgliedstaaten daher durchaus vorsehen, der Europäische Gesetzgeber hatte ihre Einführung selbst erwogen.[68] Nur darf die Eintragung nicht Voraussetzung für den Provisionsanspruch des Handelsvertreters sein. Diese Vorgaben könnten auch bei der Umsetzung der Versicherungsvermittlerempfehlung (VersVermE)[69] sowie der jetzt vorliegenden Versicherungsvermittlerrichtlinie eine Rolle spielen.[70] Danach werden Versicherungsvermittler in ihrem Mitgliedstaat in ein Register eingetragen und dürfen nur eingetragene Personen die Tätigkeit eines Versicherungsvermittlers aufnehmen oder ausüben.[71] Das Eintragungserfordernis dient einerseits dem Institutionenschutz – die Verläßlichkeit und Vertrauenswürdigkeit des Berufsstands zu sichern –, andererseits dem Schutz der Versicherten vor unseriösen Vermittlern. Das

---

[63] Hier wird nur der Sonderfall erörtert, daß die Form einmal ausdrücklich zugelassen ist; nationale Formvorschriften können (für den nationalen Sachverhalt) auch durch Mindestschutzklauseln zugelassen sein, so z.B. Art. 8 PRRL, Art. 8 HtWRL, Art. 14 FARL. Die NachweisRL läßt nationale Formvorschriften ausdrücklich unberührt, Art. 6 NwRL.

[64] EuGH v. 30.4.1998 – Rs. C-215/97 *Bellone* Slg. 1998, I-2191 Rn. 14.

[65] EuGH v. 30.4.1998 – Rs. C-215/97 *Bellone* Slg. 1998, I-2191 Rn. 14f.; EuGH v. 13.7.2000 – Rs. C-456/98 *Centrosteel* Slg. 2000, I-6007 Rn. 14.

[66] Dahin ist wohl auch EuGH v. 30.4.1998 – Rs. C-215/97 *Bellone* Slg. 1998, I-2191 Rn. 14, zu verstehen; a.M. *Lange* JZ 1998, 1113. Zum Formverständnis des BGB *Flume* Rechtsgeschäft, § 15 I 4 (S. 248f.): Als Form wird nur die Form des Rechtsgeschäfts verstanden, nicht dazu rechnen weitere Momente wie etwa die Übergabe (§ 929 S. 1 BGB) oder die Registereintragung (§ 873 BGB).

[67] EuGH v. 30.4.1998 – Rs. C-215/97 *Bellone* Slg. 1998, I-2191 Rn. 14f.; EuGH v. 13.7.2000 – Rs. C-456/98 *Centrosteel* Slg. 2000, I-6007 Rn. 14. Kritisch *Fock* ZEuP 2000, 106, 114, der die Begründung des EuGH als unzutreffend rügt; tatsächlich ist die im Text erläuterte Anknüpfung an den Grundsatz der Formfreiheit verkürzt.

[68] Vgl. EuGH v. 30.4.1998 – Rs. C-215/97 *Bellone* Slg. 1998, I-2191 Rn. 16.

[69] Empfehlung 92/48/EWG der Kommission vom 18.12.1991 über Versicherungsvermittler (ABl. 1992 L 19/32).

[70] Richtlinie 2002/92/EG des Europäischen Parlaments und des Rates über Versicherungsvermittlung, ABl. 2003 L 9/3.

[71] Art. 5 Abs. 1 Anh. VersVermE; Art. 3, 4 VersVermRL.

Schutzinteresse des Versicherungsvermittlers im Verhältnis zum Unternehmer (Versicherung) dürfte indes nicht geringer sein als das des Handelsvertreters.[72] Daher dürfte auch hier die Verletzung der Registerpflicht nicht rechtfertigen, den Provisionsanspruch entfallen zu lassen, es sei denn, man würde den Schutz der Versicherten vor unseriösen Vermittlern für überragend halten.[73]

cc) Elektronische Form und elektronischer Geschäftsverkehr insbesondere

Keine eigenen Formvorschriften ergeben sich aus der Richtlinie über gemeinschaftliche Rahmenbedingungen für elektronische Signaturen (Signaturrichtlinie, SignRL) und der E-Commerce-Richtlinie.

Nach der E-Commerce-Richtlinie soll der Vertragsschluß auf elektronischem Wege zugelassen und nicht behindert werden.[74] Verträge müssen danach auf elektronischem Wege grundsätzlich ebenso formfrei geschlossen werden können wie sonst. Um die Erfüllung von Unterschriftserfordernissen geht es hingegen in der Signaturrichtlinie. Danach sollen elektronischen Signaturen unter bestimmten Voraussetzungen der („handschriftlichen") Unterschrift gleichgestellt sein.[75]

### *b) Grundgedanken*

Im Grundsatz können Verträge formfrei geschlossen werden. Das gilt, wie die nur punktuelle Vorschrift der Schriftform zeigt, nicht nur für zweiseitige Unternehmensgeschäfte.[76] Die Rechtslage in den Mitgliedstaaten divergiert zwar, insofern insbesondere in Frankreich und Italien die Schriftform ab einem bestimmten Vertragswert vorgeschrieben ist;[77] – eine Regelung die jetzt auch Art. 36 AE-VGB für Verträge mit einem Geschäftswert über 5000 Euro übernimmt.[78] Die so abhängig vom Vertragswert vorgeschriebene Form wird in ihrer Erfüllung freilich praktisch erheblich erleichtert, so daß „von dem eindrucksvollen Grundsatz in der Praxis wenig übrig (bleibt)".[79] Die Formfreiheit erweist sich daher auch rechtsvergleichend als gemeinsamer Nenner der Mit-

---

72 Versicherungsvermittler sind keine Handelsvertreter i.S. der Richtlinie, da sich ihre Tätigkeit nicht auf den An- und Verkauf von Waren bezieht; Art. 1 Abs. 2 HVertrRL.

73 Die Sanktionen für die Verletzung der Registerpflicht überläßt Art. 8 VersVermRL den Mitgliedstaaten („angemessene Sanktionen"), die dann nach allgemeinen Grundsätzen gebunden sind; vgl. § 12 B (S. 267–275).

74 Art. 9 Abs. 1 EComRL; Vorbehaltsbereiche nach Abs. 2.

75 Art. 5 Abs. 1 lit. a SignRL; nach lit. b sollen sie außerdem vor Gericht als Beweismittel zugelassen werden.

76 EuGH v. 30.4.1998 – Rs. C-215/97, *Bellone* Slg. 1998, I-2191 Rn. 14.

77 S.o., Fn. 53.

78 S.o., Fn. 53.

79 *Kötz* Europäisches Vertragsrecht, § 5 D I (S. 127–130); *Zweigert/Kötz* Rechtsvergleichung, § 27 II (S. 363–365).

gliedstaaten[80] und ist als Grundsatz auch in den Einheitsregeln des Vertragsrechts enthalten.[81]

Ob die Formvorschrift in den betroffenen Fällen ein effektives Schutzinstrument ist, ist umstritten.[82] Kreditverträge und Timesharingverträge werden ohnehin schriftlich abgeschlossen, zum einen, weil der professionell Handelnde Teil seine Allgemeinen Geschäftsbedingungen durchsetzen möchte, zum anderen, weil er einen Beweis für die Vereinbarung haben möchte, um sie leichter gerichtlich durchsetzen zu können. Der Schwerpunkt der Formvorschrift liegt daher nicht darauf, überhaupt eine Form vorzuschreiben, sondern zu bestimmen, welche Einzelheiten der Vereinbarung in die Vertragsurkunde aufgenommen werden müssen, um sie dem Verbraucher bei Vertragsschluß gleichsam warnend vor Augen zu führen. Das zeigt sich z.B. in dem Erfordernis, den den effektiven Jahreszins und den Zins- und Tilgungsplan in dem Vertrag anzugeben. Diese Angaben müßte der Darlehensgeber nicht schon zu seinen Zwecken in den Vertragstext aufnehmen; und sie müßten – als Angaben, die sich aus anderen Vereinbarungen ableiten lasen – nicht schon wegen der Vollständigkeit in der Vertragsurkunde enthalten sein.

Ungeachtet bestehender Zweifel dürfte das Schriftformgebot als Schutzvorschrift seinen guten Sinn haben. Zu Recht wird der Schutz vor Übereilung als „eine der ureigensten Funktionen von Formvorschriften“[83] angesehen. Ihre Zweckmäßigkeit zeigt sich nicht zuletzt an dem offenbar internationalen Mißverständnis, eine mündliche Abrede sei nicht verbindlich („Ich habe noch nichts unterschrieben.“).[84] Obwohl zahlreiche europäische Regelungen (auch) dem Schutz des Verbrauchers vor gefährlichen Vertragsabschlüssen dienen, bedient sich der Gesetzgeber nur selten des Instruments eines Formzwanges. Den Übereilungsschutz sucht er überwiegend durch das mildere Mittel vorvertraglicher Information oder das gegenüber der Schriftform flexiblere Mittel des Widerrufsrechts zu erreichen.[85] Das Interesse v.a. des Verbrauchers, die vereinbarten Bedingungen zu Informationszwecken schriftlich zu haben, befriedigen spezifische

---

[80] *Kötz* Europäisches Vertragsrecht, § 5 A (S. 118–121), freilich mit der einschränkenden Feststellung, daß v.a. der Verbraucherschutz die Bedeutung von Formvorschriften wiederbelebt habe und diese im übrigen jenseits von Geschäften des täglichen Lebens von Unternehmern freiwillig gewählt werde [dazu noch sogleich im Text]. Die erstere Feststellung trifft für das Europäische Vertragsrecht freilich nicht zu. Zum englischen Recht *Atiyah* Introduction, ch. 8 (S. 163–167); die Rechtslage ist freilich durch die *consideration doctrine* komplizierter, *Beatson* Law of Contract, ch. 3 (S. 74–124); zum französischen Recht *Ferid/Sonnenberger* Das Französische Zivilrecht, § 2 D (zum Grundsatz Rn. 1 F 501).

[81] Art. 2:101 Abs. 2 EP; dazu *Lando/Beale* Art. 2:101 Comment F und Note 4; Art. 1.2 UP, dazu *Unidroit* Principles, Art. 1.2 Comment 1, S. 8. Die Beweisform sieht aber Art. 36 AE-EuVGB vor; dazu *Sonnenberger* RIW 2001, 409, 412f.

[82] S. bereits oben, Fn. 35. Übersicht bei *Häsemeyer* JuS 1980, 1–9; *Heiss* in: Internationales Verbraucherschutzrecht S. 95–97.

[83] *Lorenz* Schutz vor dem unerwünschten Vertrag, S. 173.

[84] *Atiyah* Law of Contract, Kap. 8 (S. 163).

[85] Dazu noch unten, II 3 (S. 346) mit Fn. 213.

Nachweisvorschriften.[86] Daß der Europäische Gesetzgeber nur die Schriftform und nicht auch andere Formen – notarielle Beurkundung und Beglaubigung, beweisrechtliche Formvorschriften – verwendet, dürfte daran liegen, daß allein die Schriftform von der mitgliedstaatlichen rechtlichen Infrastrukturen (insbesondere unterschiedliche Notariate) unabhängig ist.

Die Auswahl der Verträge bzw. Abreden, für die die Form vorgeschrieben, ist unter dem Gesichtspunkt des Gewichts der übernommenen Verpflichtung überzeugend. Denn die Schriftform wurde für diejenigen der vom europäischen Vertragsrecht geregelten Verträge vorgeschrieben, die besonders einschneidende Verpflichtungen für den geschützten Vertragspartner begründen können. Zur Warnung vor den besonderen Gefahren von Wertpapierdienstleistungen dürften Informations- und Beratungspflichten (Art. 11 WpDRL) besser geeignet sein als Formvorschriften. Bedenkt man, daß der Arbeitsvertrag nach europäischem Vertragsrecht formfrei geschlossen werden kann,[87] so ist es schlüssig, auch den Handelsvertretervertrag formfrei zuzulassen.

## II. Widerrufsrechte

### 1. Übersicht

Kommt grundsätzlich die Vertragsbindung durch Einigung zustande, so bestimmt das europäische Recht von diesem Grundsatz verschiedene Ausnahmen, wonach die Vertragsbindung noch unter dem Vorbehalt steht, daß nicht ein Widerruf erklärt wird. Widerrufsrechte sieht das europäische Recht zum einen für zwei Gruppen von Vertriebsformen vor („Haustürgeschäfte" und Fernabsatzgeschäfte). Zum anderen haben Erwerber eines Teilzeitnutzungsrechts und Versicherte beim Abschluß einer Lebensversicherung ein Widerrufsrecht.

#### *a) Haustürgeschäfte*

Die *Haustürgeschäfterichtlinie* gibt dem Verbraucher ein Widerrufsrecht bei – hier verkürzt sogenannten – Haustürgeschäften i.S.v. Art. 1 Abs. 1 HWiRL. Dabei handelt es sich um Warenkauf- und Dienstleistungsverträge,[88] die auf Initiative des Gewerbe-

[86] Unten § 15 B III (S. 383–390).

[87] Anderes ergibt sich auch nicht aus der NwRL, die lediglich zu einem Nachweis der *vereinbarten* Bedingungen verpflichtet; zu Nachweispflichten näher unten, § 15 B III (S. 383–390).

[88] Zur Anwendbarkeit auf Timesharingverträge (vgl. Art. 3 Abs. 2 HtWRL) EuGH v. 22.4.1999 – Rs. C-423/97 *Travel Vac ./. Sanchis* Slg. 1999, I-2216 Rn. 22-26. Zur Anwendbarkeit der Richtlinie auf Realkredite EuGH v. 13.12.2001 C-481/99 *Heininger ./. Bayerische Hypotheken- und Wechselbank* Slg. 2001, I-9945 Rn. 31–45; zust. *Hoffmann,* ZIP 2002, 145–152; abl. noch BGH, WM 2000, 26, 28 (Vorlagebeschluß); *Habersack* WM 2000, 981–992; zur Anwendbarkeit auf den Genossenschaftsbeitritt abl. *Krohn/Schäfer* WM 2000, 112, 122f.

treibenden[89] mit einem Verbraucher in dessen Privatwohnung oder an dessen Arbeitsplatz oder die während eines vom Gewerbetreibenden organisierten Ausflugs geschlossen[90] werden.[91] Da diese Geschäfte auf Initiative des Gewerbetreibenden[92] und unter Umständen zustande kommen, in denen der Verbraucher nicht mit einem Vertragsangebot rechnet („Überraschungsmoment"), hat der Verbraucher in der Regel nicht ausreichend Gelegenheit, sich auf den Vertragsabschluß vorzubereiten, und auch keine Möglichkeit, konkurrierende Angebote zu vergleichen.[93] Das Widerrufsrecht gibt ihm die Möglichkeit, nach einer Bedenkzeit (Widerrufsfrist) noch einmal über das Geschäft zu entscheiden.

Der Grund für die Zuerkennung des Widerrufsrechts liegt nicht darin, daß Waren und Dienstleistungen „an der Haustür" angeboten werden, sondern darin, daß dies in einer Weise geschieht, die den Kunden überrumpeln kann. Dementsprechend ist die Richtlinie dann nicht anwendbar, wenn der Vertrag „an der Haustür" geschlossen wird, der Verbraucher aber deshalb nicht überrumpelt wird (werden kann), weil er selbst diese Vertragsschlußsituation herbeigeführt hat.[94]

### *b) Fernabsatzgeschäfte*

Der Verbraucher kann ferner den „Vertragsabschluß im Fernabsatz" widerrufen.[95] Gemeint sind damit Warenkauf- und Dienstleistungsverträge, die „im Rahmen eines für den Fernabsatz organisierten Vertriebs- bzw. Dienstleistungssystems des Lieferers geschlossen (werden), wobei dieser für den Vertrag bis zu dessen Abschluß einschließlich des Vertragsabschlusses selbst ausschließlich eine oder mehrere Fernkommunikationstechniken verwendet".[96]

Verträge über Finanzdienstleistungen sind vom Anwendungsbereich der Fernabsatzrichtlinie ausdrücklich ausgenommen, sie behandelt nun Richtlinie über den Fernabsatz von Finanzdienstleistungen an Verbraucher (FFRL). Die noch im 1. Vorschlag (V1-FFRL)

---

89 Vgl. die Ausnahmeregelung in Art. 1 Abs. 1 Sps. 2 Ziff. ii) Hs. 2 HtWRL.

90 EuGH v. 22.4.1999 – Rs. C-423/97 *Travel Vac ./. Sanchis* Slg. 1999, I-2216 Rn. 33–38.

91 Art. 1 Abs. 1 bis 4 HtWRL. Zum Anwendungsbereich i.e. *Grundmann* Schuldvertragsrecht, 2.01 Rn. 8–13.

92 BE 4 HtWRL.

93 BE 4 HtWRL. Die Widerrufsfrist ist freilich für die Wiederherstellung der Vergleichsmöglichkeit zu kurz; s. noch unten, 2 c) bb) (S. 335f.).

94 Art. 1 Abs. 1 Sps. 2 Ziff. ii HtWRL. Ebenso für das HtWG *Lorenz* Schutz vor dem unerwünschten Vertrag, S. 165f.

95 Art. 6 Abs. 1 S. 1 FARL.

96 Art. 2 Ziff. 1 FARL; Art. 2 lit. a) FFRL. Näher *Grundmann* Schuldvertragsrecht, 2.02 Rn. 9–14; *Reich* EuZW 1997, 581, 583. *Grundmann* bemerkt, daß die Beschränkung des Anwendungsbereich durch das Erfordernis eines „organisierten Fernabsatzsystems" mit dem Zweck nicht zusammenpaßt, einen Ausgleich für die fehlende Inspektionsmöglichkeit zu schaffen. *Reich* stellt aus diesem Grund darauf ab, ob der Verbraucher (wohl: vernünftigerweise) den Eindruck haben durfte, es handele sich um ein solches System. Diese Ansicht überzeugt nicht. Sie findet in dem unzweideutigen Wortlaut keinen Anhalt und verkennt, daß die Richtlinie nicht einseitig Verbraucher schützt, sondern einen Ausgleich zwischen den Interessen der Verbraucher und der (Klein-) Unternehmer bezweckt. Eine andere Frage ist, ob die mitgliedstaatlichen Umsetzungsregelungen weiter gehen dürfen.

vorgesehene Bedenkzeit von 14 Tagen ab Erhalt der Vertragsbedingungen[97] ist im Geänderten Vorschlag entfallen und auch in der verabschiedeten Richtlinie nicht enthalten. Ebenso wie beim „einfachen" Fernabsatzgeschäft sieht aber auch die Finanzfernabsatzrichtlinie vor, daß der Verbraucher den Vertrag widerrufen kann. Die Widerrufsfrist beträgt hier nach näherer Bestimmung der Mitgliedstaaten 14 und für Lebensversicherungsverträge 30 Tage.[98] Das besondere Widerrufsrecht wegen „unlauteren Verleitens zum Vertragsschluß während der Bedenkzeit" ist mit der Bedenkzeit entfallen.[99]

Das Widerrufsrecht nach der Fernabsatzrichtlinie soll nach einem vagen Hinweis vor „aggressiven Verkaufsmethoden" schützen.[100] Spezifischer wird es in der Präambel damit begründet, daß „der Verbraucher in der Praxis keine Möglichkeit [hat], vor Abschluß des Vertrags das Erzeugnis zu sehen oder die Eigenschaften der Dienstleistung im einzelnen zur Kenntnis zu nehmen".[101] Wie sich aus der Regelung selbst ergibt, die Schutz auch bei Distanzverträgen über Dienstleistungen gewährt, soll das Widerrufsrecht dem Umstand Rechnung tragen, daß der Verbraucher beim Fernabsatz leichter zum Vertragsschluß verlockt wird und deshalb eine rationale Vertragsentscheidung aufgrund eines Vergleichs verschiedener Angebote nicht trifft.[102] Die anderen in den Begründungserwägungen genannten Regelungszwecke können nur je einen Teil der von der Richtlinie erfaßten Fälle erklären. So kann man den geschulten Telefonvertrieb[103] als eine aggressive Verkaufsmethode ansehen, die den Verbraucher in ähnlicher Weise überrumpelt wie der Haustürvertrieb. Eine Überrumpelungssituation kann auch beim TV- oder (wohl weniger) beim Internet-Shopping entstehen,[104] wenngleich man dies nicht als „aggressiv" bezeichnen mag und der Verbraucher sich den „Vertragsverhandlungen" hier durch Knopfdruck unschwer entziehen kann. Nicht die vom Anbieter ausgenutzte aggressive Vertriebsform, sondern nur die mangelnde „physische" Vergleichsmöglichkeit ist hingegen beim Katalog- oder Internet-Warenkauf der tragende Grund für das Widerrufsrecht. Das Verkäuferverhalten kann in diesen Fällen hingegen das Widerrufsrecht nicht begründen, denn der Fernabsatz nutzt – soweit die Vertriebstechnik nicht gerade verwendet wird, um den Verbraucher irrezuführen – nicht einseitig dem Gewerbetreibenden, der sie anbietet, sondern auch dem Verbraucher, der von dem Angebot Gebrauch macht.[105] Auch die eingeschränkte Vergleichsmöglichkeit kann end-

---

97 Art. 3 V1-FFRL; „warming-up period".

98 I.e. Art. 6 Abs. 1 FFRL.

99 Art. 4 Abs. 2 V2-FFRL sah einen Schadensersatzanspruch wegen unlauteren Verleitens zum Vertragsschluß vor; Art. 4 Abs. 2 V1-FFRL hatte den Schadensersatzanspruch noch den Mitgliedstaaten überlassen (Widerrufsrecht „unbeschadet des Rechts auf Entschädigung zur Wiedergutmachung des erlittenen Schadens").

100 BE 5 FARL.

101 BE 14 FARL.

102 Vgl. auch *Heinrichs* FS Medicus, S. 188f.

103 Nach Art. 10 Abs. 2 FARL ist der Telefonvertrieb mangels offenkundiger Ablehnung des Verbrauchers zulässig (opt-out); etwas eingeschränkt auch Art. 10 Abs. 2 FFRL.

104 Dazu *Köhler* NJW 1998, 185f.

105 Ähnlich zum deutschen Recht *Medicus* Gutachten und Vorschläge, S. 526.

lich nicht der tragende Grund für das Widerrufsrecht bei Distanzgeschäften über Dienstleistungen sein, denn Pauschalreise- und Verbraucherkreditangebote aus dem Katalog oder Internet lassen sich genauso gut vergleichen wie solche aus dem Reisebüro oder der Bankfiliale[106] – und der Gesetzgeber hat das durchaus auch bemerkt.[107] Tatsächlich kann das Internet die Marktübersicht sogar erheblich vereinfachen, und auch die Beratung ist im einen wie im anderen Fall gleichermaßen zu haben, nur erfolgt sie beim Distanzgeschäft per Telefon, Post oder E-Mail. Daß bei solchen Fernabsatzgeschäften anders als beim Abschluß im Geschäftslokal ein Widerrufsrecht zugegeben wird, läßt sich daher nur mit der unterschiedlichen psychologischen Situation erklären. Beim Vertragsabschluß zu Hause[108] am Telefon oder Computer oder per Bestellkarte fehlt die „alarmierende Förmlichkeit", die darin liegt, in das Geschäft zu gehen und Geld auszugeben. In diesen Fällen ist die „geschäftliche Atmosphäre" nicht sichergestellt, die in dem als Normalfall des Vertragsrechts angenommenen persönlichen Abschluß unter Anwesenden herrscht. Das Widerrufsrecht trägt damit den Verlockungen Rechnung, die von einem Distanzgeschäft ausgehen. So erklärt sich auch, daß das Widerrufsrecht ergänzend zu der vorvertraglichen Information[109] zugegeben wird.

Dieselben Erwägungen sind auch für das Widerrufsrecht nach der Finanzfernabsatzrichtlinie entscheidend. Auch hier kann man den tragenden Grund nicht in einem Fehlverhalten des Anbieters sehen.[110] Die Besonderheiten, insbesondere die Komplexität des Vertragsgegenstandes[111] begründen zwar einige Sonderregelungen gegenüber der Fernabsatzrichtlinie (v.a. längere Widerrufsfristen), können jedoch nicht als der tragende Grund der Regelung angesehen werden, da ein Widerrufsrecht für den vor Ort abgeschlossenen Finanzdienstleistungsvertrag gerade fehlt. Der Zweck des Widerrufsrechts ist auch hier, dem Verbraucher ein Überdenken des Vertrags zu ermöglichen, den er unter „verlockenden" Umständen geschlossen hat. Indes kann man bezweifeln, ob sich dieses allgemeine Widerrufsrecht für im Fernabsatz geschlossene Finanzdienstleistungen, das allein mit einer nur sehr pauschal angeführten Verlockungswirkung begründet ist, bruchlos in ein Vertragsrechtssystem einfügt, das dem Selbstverantwortungsgrund-

---

[106] Kritisch daher H. *Roth* JZ 2000, 1013, 1013f. („rechtspolitisch schwach motiviert, weil sich sein Gerechtigkeitsgehalt kaum erschließen läßt", der zudem aaO S. 1015 darauf hinweist, daß die „Überzeugungskraft des ... Sonderprivatrechts [für Verträge zwischen Unternehmern und Verbrauchern] davon ab[hängt], mit welcher Intensität dem Unternehmer Bedenken aus dem Vertrag zugerechnet werden können"); dazu noch unten, 3 (S. 343–348).

[107] Das zeigt sich daran, daß er den Beginn der Widerrufsfrist für Warenkäufe und Dienstleistungsverträge unterschiedlich geregelt hat, Art. 6 Abs. 1 UAbs. 2 FARL; näher unten, 2 c) bb (S. 335–337).

[108] Da das Widerrufsrecht der FARL ausschließlich den als zu privaten Zwecken handelnd definierten Verbrauchern zugute kommen, ist der Vertragsabschluß zu Hause der Regelfall.

[109] Art. 4 Abs. 1 FARL.

[110] Das galt auch für das Widerrufsrecht nach Art. 4 V1-FFRL. Hier ließe sich zwar daran denken, daß der Anbieter dadurch ein Risiko gesetzt habe, daß er dem Verbraucher die vorvertragliche Bedenkzeit (Art. 3 V1-FFRL) nicht gegeben habe; Art. 4 Abs. 1 ging indessen gerade davon aus, daß der Vertrag „auf Ersuchen des Verbrauchers" geschlossen wurde, bevor ihm die Vertragsbedingungen vorlagen.

[111] Vgl. *Larenz/Wolf* Allgemeiner Teil, § 39 Rn. 18 (zum Versicherungsvertrag).

satz sonst breiten Raum gibt. Zudem ist hier – wie allgemein bei Widerrufsrechten, die ja eine Zwangsversicherung bedeuten – zu bedenken, daß die daraus resultierenden Kosten letztlich von der Gesamtheit aller Verbraucher zu tragen sind.

### *c) Timesharingverträge*

Ein Widerrufsrecht[112] („Rücktrittsrecht") steht dem Verbraucher beim Erwerb eines *Teilzeitnutzungsrechts* zu.[113] Dessen Zweck ist ein Übereilungsschutz[114] des Verbrauchers bei einem als besonders gewichtig angesehenen Vertrag über einen Gegenstand, der als nicht-standardisiertes, oft komplexes Rechtsprodukt schwer zu überschauen ist.[115] Der Erwerber soll die Möglichkeit haben, „die sich aus geschlossenen Verträgen ergebenden Verpflichtungen und die damit zusammenhängenden Rechte besser zu beurteilen".[116]

Übereilungsschutz durch ein Widerrufsrecht ist für den deutschen Juristen zumal angesichts der Nähe des Timesharing zum Immobilienerwerb[117] ungewohnt, sieht er doch den Schutz vor „unüberlegten, übereilten Vertragsschlüssen hinsichtlich als besonders riskant eingeschätzter Verträge" als „eine der ureigensten Funktionen von Formvorschriften und Aufklärungspflichten" an.[118] Zieht man diese Alternative in Betracht, so wird der Grund für die Wahl eines Widerrufsrechts ganz deutlich: Mit der Wahl des Widerrufsrechts hat sich der Europäische Gesetzgeber für einen Schutzmechanismus entschieden, der sich u.a. dadurch auszeichnet, daß er verhältnismäßig einfach, formlos und kostengünstig ist und dabei den Unternehmen und Verbrauchern europaweit einen einheitlichen Schutzstandard zusichern kann, der bei unterschiedlich strukturierten Notariaten in Europa[119] durch ein Beurkundungserfordernis nicht in gleicher Weise gesichert wäre. Zudem paßt das Widerrufsrecht als prozeduraler Rechtsbehelf, der

---

[112] Nach *Grundmann* Schuldvertragsrecht, 4.02 Rn. 17f., handelt es sich um verschiedene Widerrufsrechte, ein reguläres und ein außerordentliches. Diese Unterscheidung stützt *Grundmann* auf die Fristen- und Kostentragungsregeln des Art. 5 Abs. 2. Der „Widerrufsgrund" (angesichts des tatbestandslosen Widerrufsrechts besser: der Schutzzweck) ist jedoch stets derselbe, die unterschiedlichen Folgen sind lediglich im Hinblick darauf begründet, daß der Verkäufer seine Informationspflicht nicht erfüllt hat.

[113] Art. 5 TSRL.

[114] Der durch das Widerrufsrecht bewirkte Übereilungsschutz ergänzt das Schriftformerfordernis des Art. 4 Sps. 1 der Richtlinie (dazu bereits oben, I 2, S. 317–325).

[115] *Mäsch* EuZW 1995, 8, 12; *Martinek* ZEuP 1994, 470, 476f. S.a. zum TzWrG *Martinek* NJW 1997, 1393, 1996; BT-Drs. 13/4185, S. 12.

[116] BE 11 TSRL.

[117] Zu den rechtlichen Gestaltungsformen Grabitz/Hilf II-*Martinek* A 13 (TSRL) Vorbem. Rn. 11–54; *ders.* ZEuP 1994, 470, 479–489; *ders.* Moderne Vertragstypen III, § 27 II (S. 265–281). Das Timesharing wird freilich auch als „Miete zweiter Klasse" bezeichnet (vgl. *Martinek* ZEuP 1994, 470, 477); darin kommt die Begrenzung des erworbenen Rechts zum Ausdruck, die gerade wegen des vermeintlichen Eigentumserwerbs die Gleichstellung rechtfertigt.

[118] *Lorenz* Schutz vor dem unerwünschten Vertrag, S. 173; die Annahme einer gleichsam „natürlichen" Zuordnung erscheint freilich doch überhöht.

[119] Insbesondere bedeutet die Beurkundungspflicht nicht in allen Ländern, daß die Parteien auch beraten werden, wie dies in Deutschland § 17 BeurkG vorsieht.

dem Geschützten Selbstbestimmung und Selbstverantwortung weithin beläßt, mit dem übrigen Vertragsrecht gut zusammen. Unter diesen Umständen und im Hinblick darauf, daß der Gesetzgeber für den Timesharingvertrag gerade nur die Schriftform vorgeschrieben hat,[120] ist die Zuerkennung eines Widerrufsrechts nicht ein Minus gegenüber der notariellen Beurkundung, sondern ein aliud.[121] Daher wäre es auch nicht zulässig gewesen, die Widerrufsregelung durch die Vorschrift einer notariellen Form umzusetzen.[122] Allerdings kann man bezweifeln, ob das Widerrufsrecht einen ebenso wirksamen Übereilungsschutz leistet wie die notarielle Beurkundung und (vor allem) Beratung; Zweifel an der „Richtigkeit" der Vertragsentscheidung werden sich meist erst nach einiger Zeit einstellen, nicht schon innerhalb von zehn Tagen.

Neben dem erheblichen, eine bedachte Entscheidung erfordernden Gewicht der Erwerbsentscheidung wird der Schutz des Verbrauchers beim Timesharingvertrag auch vor „aggressiven Vertriebsmethoden"[123] und vor einer Art Überrumpelung für geboten erachtet.[124] Überrumpelt wird der Verbraucher nicht selten dadurch, daß sich der Verkäufer die Urlaubsstimmung zunutze macht, um den so „enthemmten" Verbraucher zum Abschluß zu bewegen.[125] Vor diesen Gefahren soll die Richtlinie indessen – ihrer Regelung und ihren Begründungserwägungen zufolge – nicht oder doch nur reflexartig schützen. Besonders die Überrumpelung im Urlaub kann die Richtlinie aufgrund der im Grundfall nur kurzen, 10-tägigen Widerrufsfrist sinnvoll auch nicht ausgleichen.[126] In

---

[120] Oben, I 2 a) aa) (S. 317–321).

[121] Nach hier vertretener Auffassung kann man mit Rücksicht auf die gewählte Kompetenzgrundlage (Art. 100a EGV) aus Art. 11 TSRL ohnehin nicht auf die Zulässigkeit strengerer Regeln für den *grenzüberschreitenden* Verkehr schließen; s.o., § 8 I (S. 147–161).

[122] Erörtert wird die Frage auch für den Widerruf von „Haustürgeschäften", da § 312 Abs. 2 Ziff. 3 BGB das Widerrufsrecht ausschließt, wenn die Willenserklärung von einem Notar beurkundet worden ist. Unter Art. 1 HtWRL stellt sich die Problematik indes nicht erst, da diese erfordert, daß der Vertrag „an der Haustür" (bzw. in den gleichgestellten Situationen) *geschlossen* wurde, während § 312 Abs. 1 BGB nur erfordert, daß der Verbraucher „an der Haustür" zum Vertrag *bestimmt* wurde; *Habersack* ZIP 2001, 353, 354f. Allerdings liegt § 312 Abs. 2 Ziff. 3 BGB dieselbe Wertung zugrunde, die hier erörtert wird, nämlich daß die notarielle Beurkundung (nach deutschem Recht) dem Verbraucher mehr Schutz zugibt als ein Widerrufsrecht; wohl auch Staudinger-*Werner* § 1 HtWG Rn. 148–150 (der freilich Rn. 147 eine Verletzung der Umsetzungspflicht feststellt); richtlinienkonform reduziert Münchener Kommentar-*Ulmer* § 1 HtWG Rn. 49, § 1 Abs. 2 Ziff. 3 HtWG auf die Immobiliengeschäfte des Art. 3 Abs. 2 lit. b HtWRL. In der Gesetzesbegründung, BT-Drs. 10/2876, S. 12, wird die Ausnahme damit erklärt, daß die notarielle Beurkundung dem überrumpelnden Besuch nachfolge und damit der Überrumpelungseffekt entfalle. Vgl. auch *Grundmann* Schuldvertragsrecht, 4.10 Rn. 27, der die Ausnahmebereiche der VerbrKrRL teils damit erklärt, daß dort die Beratung durch einen Notar gewährleistet sei.

[123] *Jäckel-Hutmacher/Tonner* VuR 1994, 9, 10f.; *Kind* Grenzen des Verbraucherschutzes durch Information, S. 230–238; *Mäsch* EuZW 1995, 8, 9f.; *Martinek* ZEuP 1994, 470, 478f.; *ders.* NJW 1997, 1393. Zu den Vertriebsmethoden, siehe z.B. EuGH v. 22.4.1999 – Rs. C-423/97 *Travel Vac ./. Sanchis* Slg. 1999, I-2216 Rn. 31.

[124] *Staudenmayer* in: Rechtsangleichung und nationale Privatrechte, S. 72 (Fremdinitiative, spezielle Marketingtechniken).

[125] *Martinek* NJW 1997, 1393, 1397.

[126] Zu Recht kritisch *Kappus* EWS 1996, 273, 275; *Martinek* NJW 1997, 1393, 1397.

gewissem Umfang kann insoweit die Haustürgeschäfterichtlinie für den gebotenen Schutz sorgen.[127]

### d) *Lebensversicherung*

Ursprünglich auf die „im freien Dienstleistungsverkehr abgeschlossenen Lebensversicherungen" beschränkt,[128] von der 3. Lebensversicherungsrichtlinie auf alle Lebensversicherungen ausgeweitet, gewährt Art. 35 LVersRL ein „Rücktrittsrecht" von 14 bis 30 Tagen ab dem Zeitpunkt, zu dem dem Versicherungsnehmer der Vertragsschluß bestätigt worden ist. Über die ratio dieses Rücktrittsrechts geben die Begründungserwägungen keine Auskunft.[129] Anders als sonst kommt das Widerrufsrecht hier jedermann zu, nicht nur Verbrauchern, doch können die Mitgliedstaaten Versicherungsnehmer von dem Schutz ausnehmen, die „aufgrund [ihres] Status oder wegen der Umstände, unter denen der Vertrag geschlossen wird, dieses besonderen Schutzes nicht [bedürfen]". Ferner kann das Widerrufsrecht nach nationalem Recht bei Verträgen mit einer Laufzeit von höchstens sechs Monaten entfallen.[130]

Diesen Ausnahmemöglichkeiten zufolge liegt der tragende Grund für das Widerrufsrecht in der Komplexität der Leistung und – vor allem – der Dauer der Verpflichtung.[131] Daß das Widerrufsrecht entfallen kann, wenn ein Schutz nach Status des Versicherungsnehmers nicht erforderlich ist, dürfte die generelle Ausnahme von Unternehmern oder juristischen Personen nicht rechtfertigen, sondern nur Rücksicht auf besondere Sachkunde zulassen, denn sonst würde der grundsätzlich gewährte Jedermannsschutz revidiert. Ebenso kann die Möglichkeit, den Schutz mit Rücksicht auf die besonderen Abschlußumstände entfallen zu lassen, eine pauschale Beschränkung des Widerrufsrechts auf besondere Vertriebsformen nicht rechtfertigen.

## 2. Widerrufsvoraussetzungen, Ausübung, Rechtsfolgen

Widerrufsrechte sieht das Europäische Vertragsrecht in unterschiedlichen Situationen, jedoch stets zu demselben Zweck vor, die wirtschaftliche Selbstbestimmung des Verbrauchers zu schützen. Die Ausgestaltung im einzelnen divergiert freilich nicht unerheblich. Soweit die Unterschiede nicht von dem Zweck des Widerrufsrechts und den Umständen des Vertrags oder Vertragsschlusses her geboten sind, kann dies zu einer Verunsicherung des Geschützten führen, die dem Zweck der Widerrufsrechte zuwider-

---

127 EuGH v. 22. 4. 1999 – Rs. C-423/97 *Travel Vac ./. Sanchis* Slg. 1999, I-2216.

128 BE 45 LVersRL.

129 BE 45 LVersRL läßt nur wissen, daß dem Versicherungsnehmer die Möglichkeit zum Rücktritt zu geben ist.

130 Art. 35 Abs. 2 LVersRL.

131 (U.a.) Mit der Dauer der Verpflichtung begründet BE 52 LVersRL das Informationsbedürfnis der Versicherungsnehmer.

läuft. Nachfolgend werden die mit dem Widerrufsrecht zusammenhängenden Fragen im Querschnitt erörtert: (a) Tatbestandslosikgeit, (b) Begründungsfreiheit und Form, (c) Widerrufsfrist und (d) Rechtsfolgen des Widerrufs. Soweit sich dabei sachlich nicht begründete Divergenzen ergeben, wird auch erörtert, wie diese *de lege ferenda* zu beheben sind.

### *a) Tatbestandslosigkeit*

Gemeinsames Merkmal aller Widerrufstatbestände ist, daß ihre Ausübung an keine (positiven) Voraussetzungen geknüpft ist, sie sind „tatbestandslos". Insbesondere kommt es – anders als bei Anfechtungs- und Kündigungsrechten regelmäßig – nicht auf einen aktuellen Fehler in der Willensbildung oder ein dem anderen Teil vorwerfbares, für die (fehlerhafte) Vertragsentscheidung kausales Verhalten an. Auch das Widerrufsrecht der HtWRL knüpft nur an eine typisierte Fehlerquelle an, die Überrumpelungssituation, fordert aber keine aktuelle und für den Vertragsschluß kausale Überrumpelung.[132]

### *b) Begründungsfreiheit und Form des Widerrufs*

Mit der grundsätzlichen Tatbestandslosigkeit des Widerrufsrechts geht einher, daß es ohne Angabe von Gründen ausgeübt werden kann. Das sehen die Widerrufstatbestände z.T. ausdrücklich vor,[133] gilt aber auch sonst. Ist der Widerruf in den geregelten Fällen ohne weitere Voraussetzungen zulässig, so kann er auch nicht von einem Begründungserfordernis abhängig gemacht werden.[134]

Die *Form* des Widerrufs überlassen die verschiedenen Regelungen den Mitgliedstaaten. Nach der Haustürgeschäfterichtlinie hat der Verbraucher den Widerruf „entsprechend dem Verfahren und unter Beachtung der Bedingungen, die im einzelstaatlichen Recht festgelegt sind" anzuzeigen.[135] Ein Schriftformerfordernis ergibt sich auch nicht aus der Vorschrift, daß die rechtzeitige „Absendung" zur Fristwahrung ausreicht, denn sie betrifft nur den Fall, *daß* der Widerruf schriftlich erklärt wurde, sagt aber nicht, daß er schriftlich erklärt werden muß.[136] Auch nach der Lebensversicherungsrichtlinie sind die „übrigen rechtlichen Wirkungen des Rücktritts und die dafür erforderlichen Voraussetzungen" Sache des anwendbaren Rechts.[137] Und *e silencio* ergibt sich eine entsprechende Verweisung aus Art. 6 FARL. Für die Timesharingrichtlinie hatte aller-

---

[132] Dazu jetzt EuGH v. 22.4.1999 – Rs. C-423/97 *Travel Vac ./. Sanchis* Slg. 1999, I-2216 Rn. 42–44.

[133] Art. 6 Abs. 1 FARL; Art. 6 Abs. 1 UAbs. 1 S. 1 FFRL; Art. 5 Abs. 1 Sps. 1 TSRL.

[134] Auch für ein tatbestandsloses Recht kann man freilich vorschreiben, der Ausübende möchte seine Beweggründe mitteilen. Das sah – in der weichen Form einer Soll-Bestimmung – z.B. § 564a BGB a.F. für die ordentliche Kündigung der Wohnraummiete vor.

[135] Art. 5 Abs. 1 HtWRL. Das Parlament hatte in seiner Stellungnahme (ABl. 1977 C 241/27) die Form des eingeschriebenen Briefes vorgeschlagen.

[136] Art. 5 Abs. 1 S. 2 HtWRL; EuGH v. 22.4.1999 – Rs. C-423/97 *Travel Vac ./. Sanchis* Slg. 1999, I-2216 Rn. 49–52.

[137] Art. 35 Abs. 1 UAbs. 3 LVersRL.

dings der Erste Entwurf[138] noch den Widerruf durch eingeschriebenen Brief vorgesehen, der Gesetzgeber hat das Erfordernis indes schließlich nicht übernommen. Auch hier ergibt sich aus der Bezugnahme auf die „Absendung" in der Regelung über die Fristwahrung nur, daß ein schriftlicher Widerruf zulässig ist, nicht aber, daß er von der Richtlinie vorgeschrieben wäre oder vom nationalen Recht vorgeschrieben werden müßte.[139] Und auch die Vorschrift, den Widerruf so mitzuteilen, „daß dies entsprechend den nationalen Rechtsvorschriften nachgewiesen werden kann",[140] begründet für sich noch keine Formvorschrift, sondern überläßt die Formfrage den mitgliedstaatlichen Gesetzgebern, deren Spielraum durch das Erfordernis der Nachweisbarkeit nach nationalem Recht speziell eingeschränkt ist.

Ist die Form des Widerrufs den Mitgliedstaaten überlassen, so sind diese freilich nicht völlig frei, sondern durch das Gebot der effektiven Umsetzung (Äquivalenz und Effektivität) sowie spezielle Vorgaben (Erfordernis der Nachweisbarkeit in der Timesharingrichtlinie) gebunden.[141] Der Effektivitätsgrundsatz bedeutet hier, daß der Widerruf nicht übermäßig erschwert werden darf. Das spricht für die Formlosigkeit des Widerrufs. Allerdings könnte man annehmen, eine Formvorschrift diene auch dem Schutz des Widerrufsberechtigten, da sie ihm vielleicht den Nachweis des Widerrufs erleichtere.[142] Indes würde das den Widerspruchsberechtigten unverhältnismäßig einengen, da er die Wahl zwischen mehreren nachweisbaren Kommunikationsformen – die nach dem Selbstverantwortungsgrundsatz ihm zusteht – nicht treffen könnte. Die Formfreiheit hingegen überläßt es ihm auch, einen besonders sicher nachweisbaren Weg (Einschreiben mit Rückschein) zu wählen.[143] Aus dem Äquivalenzgrundsatz folgt, daß der Widerruf in ähnlicher Weise wie vergleichbare nationale Rechte ausgeübt werden können muß. Im deutschen Recht sind das Anfechtungsrecht der §§ 119, 123 BGB sowie Kündigungs- und Rücktrittsrechte dem Widerrufsrecht ähnlich. Sie unterscheiden sich von diesem nur dadurch, daß sie (ausgenommen ordentliche Kündigung und vereinbarter Rücktritt) eines Grundes bedürfen, also an strengere Voraussetzungen geknüpft sind. Da diese Rechte formlos ausgeübt werden können, muß nach dem Äquivalenzgrundsatz dasselbe auch (sogar *a maiore*) für die gemeinschaftsrechtlich begründeten Widerrufsrechte gelten. Für das deutsche Recht ergibt sich auch unter dem Gesichtspunkt der Nachweisbarkeit nichts anderes: Da auch die Ausübung vergleichbarer Rechtsbehelfe wie Anfechtung und Kündigung unabhängig von der Schriftlichkeit nachgewiesen werden kann, darf für den Widerruf nichts anderes gelten. Das für die Widerrufsrechte vorgesehene Text-

---

[138] ABl. 1992 C 222/8

[139] Art. 5 Abs. 2 S. 2 TSRL; s.o., Fn. 136.

[140] Art. 5 Abs. 2 S. 1 TSRL.

[141] Oben, § 12 B (S. 267–275).

[142] Darin könnte man den Zweck von Art. 5 Abs. 2 TSRL sehen, wenn dort verlangt wird, daß der Widerruf so mitzuteilen ist, daß dies entsprechend den nationalen Rechtsvorschriften nachgewiesen werden kann.

[143] Ebenso die Kommission in ihrer Stellungnahme im Fall EuGH v. 22.4.1999 – Rs. C-423/97 *Travel Vac ./. Sanchis* Slg. 1999, I-2216, vgl. die Zusammenfassung ebd. Rn. 48; in dieselbe Richtung weist auch die Entscheidung selbst, aaO Rn. 50.

formerfordernis des § 355 Abs. 1 S. 2 BGB (§ 361a Abs. 1 S. 2 BGB a.F.) ist daher richtlinienwidrig.[144] Daran ändert auch die zugelassene Alternative des Widerrufs durch Warenrücksendung nichts, denn richtigerweise kann der Widerruf auch mündlich erklärt werden.

Für die Form des Widerrufs bestehen daher nur rahmenhafte Vorgaben, die mitgliedstaatlichen Umsetzungsvorschriften können je nach den nationalen Vergleichsregelungen, die für die Äquivalenzprüfung heranzuziehen sind, divergieren. Die grundsätzlich zu befürwortende Rücksicht auf die nationalen Rechtssysteme ist an dieser Stelle freilich unglücklich. Ist der Widerruf nach deutschem Recht formfrei möglich, so kann er nach dem Recht eines anderen Mitgliedstaats einer auch für vergleichbare Fälle des nationalen Rechts vorgeschriebenen Form unterworfen werden, vorausgesetzt nur, daß das Formerfordernis die Rechtsausübung nicht übermäßig behindert. Die daher zu besorgende Regelungsdisparität belastet zum einen den Widerrufsberechtigten, der jedenfalls für Geschäfte, die dem Recht eines anderen Mitgliedstaats unterliegen (Anbahnung auf andere Weise als in Art. 5 Abs. 2 EVÜ beschrieben), strengere Formvorschriften besorgen muß. Sie belasten aber auch den Widerrufsgegner, der auf diese Weise nicht den gewünschten gemeinschaftsweit einheitlichen Handlungsrahmen erhält. Vorzugswürdig wäre, schon gemeinschaftsrechtlich die Formfreiheit vorzuschreiben,[145] denn sie ist auch mit dem Schutzzweck der Widerrufsrechte besser vereinbar.[146] Die daraus etwa folgenden Beweisschwierigkeiten sind durch freiwillige Formwahl vermeidbare und können daher nach dem Selbstverantwortungsgrundsatz dem Widerrufsberechtigten zugemutet werden.

### c) *Widerrufsfrist*

#### aa) Länge der Frist

Die Widerrufsfristen fallen – entsprechend den unterschiedlichen Schutzzwecken einerseits und den unterschiedlichen Vertragsgegenständen andererseits – unterschiedlich aus.[147] Bei Haustürgeschäften beträgt sie mindestens sieben Tage, bei (einfachen) Fernabsatzgeschäften sieben Werktage, bei Timesharingverträgen 10 Tage,[148] bei Lebens-

---

[144] A.M. für die TSRL Grabitz/Hilf II-*Martinek* A 13 (TSRL) Rn. 177, für die HtWrRL Grabitz/Hilf II-*Micklitz* A 2 (HtWrRL) Rn. 77. Die Gemeinschaftsrechtswidrigkeit betrifft unmittelbar nur die Anwendung der Vorschrift auf gemeinschaftsrechtlich begründete Widerrufsrechte; da aber der Gesetzgeber die gemeinschaftsrechtliche Regelung ebenso auch auf ähnliche Fälle des deutschen Rechts anwenden wollte (Widerruf nach VerbrKrG), ist die Formvorschrift auch insoweit als nichtig anzusehen.

[145] Ebenso *Basedow* Leg.Stud. 18 (1998) 121, 133f., 143, der die Formfreiheit aber wohl schon *de lege lata* annimmt und sich zur Begründung auf Art. 1:303 Abs. 1 EP und 1.9 Abs. 1 UP beruft; gegen diese Begründung oben, § 3 III 2 b (S. 49f.).

[146] EuGH v. 22.4.1999 – Rs. C-423/97 *Travel Vac ./. Sanchis* Slg. 1999, I-2216 Rn. 48, 50.

[147] *Grundmann* Schuldvertragsrecht, 1. Teil Rn. 64; *Riesenhuber* WM 1999, 1441, 1446. Die unterschiedlichen Fristen entbehren daher durchaus nicht einer gewissen Folgerichtigkeit; a.M. *Staudenmayer* in: Rechtsangleichung und nationale Privatrechte, S. 72.

[148] Art. 5 Abs. 1 Sps. 1 TSRL. Zur Entwicklung im Gesetzgebungsverfahren und kritisch zur Wirksamkeit dieses Schutzmechanismus *Martinek* NJW 1997, 1393, 1397; *ders.* in: Systembildung, S. 527f.

versicherungsverträgen 14 bis 30 Tage nach Wahl der Mitgliedstaaten.[149] Beim Fernabsatz von Finanzdienstleistungen beträgt die Widerrufsfrist im Normalfall 14 Tage, bei Fernvertrieb von Lebensversicherungen 30 Tage.[150]

Die Vielfalt reduziert sich sogleich, wenn man nach Gewicht des Vertragsgegenstandes zwei Gruppen bildet, die grob schon *de lege lata* auszumachen sind und *de lege ferenda* noch feiner abgestimmt werden könnten.[151] Für die einfacheren Geschäfte, die von der Haustürgeschäfterichtlinie und der Fernabsatzrichtlinie erfaßt werden, sollte eine Frist von sieben Tagen grundsätzlich ausreichen. Auf Werktage abzustellen, wie nach der Fernabsatzrichtlinie, überzeugt nicht, da Verbraucher als privat Handelnde über ihre Vertragsentscheidungen gerade auch an Sonn- und Feiertagen nachdenken und gerade bei den von der Richtlinie erfassten Geschäften auch keine professionelle Beratung erforderlich ist, die nur an Werktagen zu erlangen wäre. Für besonders bedeutsame Geschäfte empfiehlt sich eine längere Frist.[152] Daß man Finanzdienstleistungsverträge beim Fernabsatzvertrieb dazu rechnet, überzeugt im Grundsatz.[153]

Diese Erwägungen, die, wie jede Fristbestimmung, eines dezisionistischen Elements nicht entbehren, bestätigen die Länge der Widerrufsfristen als im Grundsatz überzeugend, wenn auch in Einzelwertungen abstimmungsbedürftig. Da eine meßbare wertungsmäßige Gleichheit der Bedeutung der Geschäfte oder der Beeinträchtigung der Selbstbestimmung nicht möglich ist, spricht viel dafür, aus Gründen der Rechtssicherheit – die hier besonders dem Verbraucher dient – nur wenige Kategorien zu wählen.

bb) Beginn des Fristlaufs

Unterschiedlich ist der Fristbeginn geregelt. Bei Haustürgeschäften beginnt die Frist ab Belehrung, die Belehrung ist im Grundfall bei Vertragsschluß auszuhändigen. Das überzeugt, wenn die Frist allein dazu dient, den infolge Überrumpelung abgeschlossenen Vertrag zu überdenken. Hingegen ist der Fristbeginn ungeeignet zu dem Zweck, dem

---

[149] Art. 35 Abs. 1 LVersRL.

[150] Art. 6 Abs. 1 UAbs. 1 FFRL. Der Erste Richtlinienvorschlag sah grundsätzlich eine Frist von 14 Tagen vor, bei bedeutsamen Vertragsgegenständen (Hypothekendarlehen, Lebensversicherungen und Individualpensionsgeschäfte) von 30 Tagen, Art. 4 Abs. 1 UAbs. 2 V1-FFRL, die Abstimmung mit Art. 35 LVersRL nahm Art. 15 V1-FFRL vor durch Festschreibung der dortigen Widerrufsfrist auf 30 Tage. Der Zweite Vorschlag sah eine Frist von nach Wahl der Mitgliedstaaten 14 bis 30 Tagen, Art. 4 Abs. 1 V2-FFRL vor, ergänzt durch das Herkunftslandsprinzip.

[151] S.a. *Europäisches Parlament* Erklärung zu Art. 6 Abs. 1 FARL, abgedruckt bei *Schulze/Zimmermann* Basistexte zum Europäischen Privatrecht, I.25 a.E. (S. 123).

[152] Daß auch der Kommission eine Unterscheidung nach der Bedeutung des Vertragsgegenstands vorschwebt, kann man der Begründung des Geänderten Vorschlags für eine Richtlinie über den Fernabsatz von Finanzdienstleistungen entnehmen. Zu der in diesem Vorschlag noch vorgesehenen variablen Frist von 14 bis 30 Tagen heißt es in den Erläuterungen zu Art. 4 V2-FFRL, die mitgliedstaatlichen Gesetzgeber könnten beispielsweise bei Verträgen über hohe Beträge oder mit langen Laufzeiten eine längere Frist vorsehen; KOM(1999) 385 endg., Begründung, 2. zu Artikel 4 (S. 7).

[153] Auch die nochmals verlängerten Fristen für bestimmte Geschäfte wie Hypothekardarlehen, Lebensversicherungen und Individualpensionen, die noch Art. 4 Abs. 1 UAbs. 2 V1-FFRL vorsah, war unter diesem Gesichtspunkt einleuchtend.

Verbraucher die Vergleichsmöglichkeit wiederzueröffnen, die ihm die Absatzform nimmt.[154] Da die Widerrufsfrist sieben Tage nach Belehrung endet und damit vom Erhalt – oder auch nur einer Beschreibung – der Ware oder einer Beschreibung der Dienstleistung unabhängig ist,[155] eröffnet sie dem Verbraucher nicht in allen Fällen die Möglichkeit, das abgeschlossene Geschäft mit konkurrierenden Angeboten zu vergleichen.[156] Die Widerrufsfrist ist daher von der HtWRL in erster Linie als nach Wegfall der Überrumpelungssituation nachgeholte Bedenkzeit konzipiert und nicht als Frist zur Nachholung eines Angebotsvergleichs.[157] Allerdings kann der Verbraucher auch ohne die für einen sinnvollen Angebotsvergleich eigentlich erforderliche Leistungsbeschreibung den an der Haustür geschlossenen Vertrag mit anderen Angeboten vergleichen, vor allem im Hinblick auf die Preise; das ermöglicht ihm immerhin, schon den Verdacht eines überhöhten Preises zum Anlaß für den Widerruf zu nehmen und sich damit so zu stellen, als hätte er es eben noch nicht unternommen, eine informierte Entscheidung über den Vertragsgegenstand zu treffen. Gerade das bestätigt indes, daß es beim Widerruf nach der Haustürgeschäfterichtlinie vor allem um den Schutz vor Überrumpelung geht.

Soweit das Widerrufsrecht dazu dient, nach Vertragsschluß eine anfänglich eingeschränkte Vergleichsmöglichkeit zu eröffnen (Fernabsatz) oder einen bedeutsamen Vertragsabschluß zu überdenken (Timesharing, Lebensversicherung), sollte die Widerrufsfrist erst dann beginnen, wenn dem Berechtigten die Ware oder eine vergleichstaugliche Beschreibung der Dienstleistung zur Verfügung stehen.[158] Dem entspricht die Regelung der Fernabsatzrichtlinie und grundsätzlich auch jene der Timesharingrichtlinie.[159] Bei der Fernabsatzrichtlinie hat der Gesetzgeber zudem berücksichtigt, daß die Vergleichsmöglichkeit beim Warenkauf erst dann hergestellt ist, wenn der Verbraucher

---

154 BE 4 HtWRL.

155 Nach Art. 4 Abs. 1 FARL erhält der Verbraucher bereits vor Vertragsschluß eine Leistungsbeschreibung.

156 Dagegen kann man einwenden, daß auch beim Geschäft im Ladenlokal die Ware nicht selten erst bestellt werden muß: auch in diesem Fall ist der Käufer u.U. gebunden, obwohl er keine vergleichstaugliche Leistungsbeschreibung hat. Die Widerrufsmöglichkeit stelle ihn daher so wie im „Normalfall" der im Laden bestellten Ware: er kann ohne Überrumpelung über ein nur eingeschränkt vergleichbares Angebot entscheiden. Indes kann man den Fall der Bestellung im Laden erstens schon nicht als Normalfall ansehen. Zweitens hat der Verkäufer im Laden in diesen Fällen meistens doch ein Muster oder bestellt er die Ware für den Kunden unverbindlich: dann hat der Kaufinteressent die Möglichkeit zum Warenvergleich.

157 Ähnlich liegen die Dinge beim Widerruf wegen unlauteren Verleitens zum Vertragsschluß vor Ablauf der Bedenkzeit, den noch Art. 4 Abs. 1 V1-FFRL vorsah; die 14tägige Widerrufsfrist konnte auch hier mit dem Vertragsabschluß beginnen, da damit die unlautere Verleitung wegfiel.

158 Auf aktuelle Kenntnisnahme sollte es nach dem Grundsatz der Selbstverantwortung nicht ankommen; vgl. zu Art. 4 Abs. 1 V1-FFRL *Riesenhuber* WM 1999, 1441, 1447 f.

159 Art. 6 Abs. 1 UAbs. 2 FARL; Art. 6 Abs. 1 UAbs. 2 FFRL; Art. 5 Abs. 1 Sps. 2 und 3 TSRL. Für das Widerrufsrecht des Art. 35 LVersRL reicht die Bestätigung des Vertragsschlusses; die wesentlichen Vertragsbedingungen erhält der Versicherungsnehmer gem. Art. 36 Abs. 1 LVersRL schon vor Vertragsschluß; konsequent wäre es auch hier, den Fristlauf an die Bestätigung der wesentlichen Vertragsbedingungen zu binden.

die Ware erhalten hat, beim Dienstleistungsvertrag hingegen bereits dann, wenn der Verbraucher den Vertrag abgeschlossen und eine Leistungsbeschreibung erhalten hat.[160]

Nicht ganz durchdacht ist die Regelung der Fernabsatzrichtlinie allerdings für den Fall des Widerrufs, nachdem der Lieferer von einer nach mitgliedstaatlichem Recht zulässigen und von den Parteien vereinbarten Ersetzungsbefugnis Gebrauch gemacht hat.[161] Die Regelung des Art. 7 Abs. 3 S. 3 FARL beruht auf der Annahme, daß der Verbraucher auch in diesem Fall ein Widerrufsrecht hat, wenn sie bestimmt, daß er dann die Kosten der Rücksendung nicht zu tragen braucht.[162] Die Widerrufsfrist von sieben Tagen beginnt im Fall des Warenkaufs auch erst mit dem Wareneingang. Beim Dienstleistungsvertrag beginnt sie indes schon mit der vertraglichen Information nach Art. 5 Abs. 1 FARL, so daß die Frist bereits abgelaufen sein mag, wenn der Lieferer den Verbraucher von der Ersatzdienstleistung informiert. In diesem Fall muß man annehmen, daß die Widerrufsfrist erst mit Information über die Ersatzleistung beginnt; das läßt sich ohne Überdehnung des Wortlauts mit systematischen Erwägungen noch den Vorschriften der Art. 5 Abs. 1 i.V.m. Art. 4 Abs. 1 lit. b FARL entnehmen. Ebenso wird man auch im Hinblick auf die Dreimonatsfrist des Art. 6 Abs. 1 UAbs. 3 entscheiden müssen. Sie kann für Dienstleistungsverträge deshalb bereits mit dem Vertragsschluß zu laufen beginnen, weil der Lieferer den Verbraucher bereits vorvertraglich über Preis und Leistung informiert hat (Art. 4 Abs. 1); was ihm für den Beginn der regulären Bedenkzeit (Widerrufsfrist) fehlt, ist vor allem die Belehrung über das Widerrufsrecht. Da die Leistung sich aufgrund der Ausübung der Ersetzungsbefugnis erheblich ändert, muß auch die Dreimonatsfrist dann neu zu laufen beginnen.[163]

#### cc) Fristlauf und Belehrung

Beginn oder Länge der Widerrufsfrist ist bei Haustürgeschäften, Fernabsatzgeschäften und Timesharingverträgen zusätzlich davon abhängig, daß der Begünstigte über das

---

160 Art. 6 Abs. 2 FARL; s.a. *Grundmann* Schuldvertragsrecht, 1. Teil Rn. 64. Mit dieser Erwägung nicht unvereinbar ist der andere Grund für den unterschiedlichen Fristbeginn, daß nämlich der Dienstleistungsvertrag nach „Lieferung" bereits erbracht ist und dann aus diesem Grund nicht mehr widerruflich sein soll, der Beginn der Widerrufsfrist daher an ein vor der Erbringung liegendes Ereignis anknüpfen muß.

161 Art. 7 Abs. 3 FARL; dazu noch unten, § 15 C I 1 (S. 393).

162 Daß sich die Regelung so nur auf den Warenkauf bezieht, liegt daran, daß dem Verbraucher nach Art. 6 Abs. 2 S. 2 FARL im Falle des Widerrufs nur die Kosten der Rücksendung auferlegt werden können; entsprechende Kosten entstehen bei Dienstleistungen nicht, so daß es weder einer Regelung in Art. 6 Abs. 2 noch einer Ausnahme davon in Art. 7 Abs. 3 bedurfte. Da der Gesetzgeber die Schutzinteressen des Verbrauchers beim Warenkauf und beim Dienstleistungsvertrag als prinzipiell gleichwertig bewertet hat, kann man daher nicht annehmen, daß er nur für den Warenkauf davon ausgegangen wäre, daß der Verbraucher nach Ersetzungsbefugnis noch ein Widerrufsrecht hat, nicht hingegen für den Dienstleistungsvertrag.

163 I.E. wohl ebenso *Reich* EuZW 1997, 581, 586; ihm folgend Grabitz/Hilf II-*Micklitz* A 3 (FARL) Rn. 113.

Widerrufsrecht belehrt wurde.[164] Eine verwandte Regelung enthält die Lebensversicherunsgrichtlinie: Der Versicherungsnehmer ist über die Modalitäten der Ausübung des Widerrufsrechts (Rücktrittsrechts) zu informieren[165] und die Widerrufsfrist beginnt erst mit Information, daß der Vertrag geschlossen ist.[166] Nach der Haustürgeschäfterichtlinie beginnt die Frist erst mit Belehrung, nach der Fernabsatzrichtlinie und der Timesharingrichtlinie wird die reguläre Frist durch eine längere ersetzt, die der Widerrufsgegner durch Nachholung der Belehrung verkürzen kann.[167] Für unterschiedliche Regelungen ist in diesem technischen Bereich kein Sachgrund erkennbar, so daß eine Vereinheitlichung wünschenswert wäre. Dabei sollte die unterlassene Belehrung zu einer Verlängerung der Widerrufsfrist führen, denn das Widerrufsrecht stellt immer noch die Ausnahme dar, über die der Berechtigte belehrt werden muß, wenn er davon effektiv Gebrauch machen können soll.[168] Der Verzögerung des Fristbeginns ist dabei die Ersetzung durch eine längere Frist auch eingedenk der Mißbrauchsmöglichkeit des Widerrufsgegners[169] vorzuziehen. Dem Widerrufsgegner sollte in allen Fällen der Anreiz gelassen werden, die Frist wieder auf die Normallänge zu reduzieren, indem er die Belehrung nachholt.

dd) Fristwahrung durch Absendung des Widerrufs

Für die Fristwahrung reicht bei Haustürgeschäften, Finanzfernabsatzgeschäften und dem Timesharingverträgen die rechtzeitige Absendung des Widerrufs, nicht aber bei „einfachen" Fernabsatzgeschäften[170] und Lebensversicherungsverträgen.[171] Der Grund für eine solche Regelung liegt zum einen darin, daß dem Verbraucher die Widerrufsfrist voll zugegeben werden soll, unabhängig von dem Sitz des Widerrufsadressaten und den Postlaufzeiten.[172] Zweitens bedeutet sie, daß der Widerrufsadressat das Verzögerungs-

---

[164] Art. 5 Abs. 1 S. 1 HtWRL (nach Art. 4 Abs. 3 der Richtlinie sollen die Mitgliedstaaten [weitere] geeignete Maßnahmen zum Schutz des Verbrauchers vorsehen für den Fall, daß die Belehrung nicht erfolgt); Art. 6 Abs. 1 UAbs. 3 FARL; Art. 5 Abs. 1 Sps. 2, 3 TSRL. Die HtWRL streng genommen und eine absolute Fristbegrenzung von einem Jahr nicht zugelassen hat EuGH v. 13. 12. 2001 C-481/99 *Heininger ./. Bayerische Hypotheken- und Wechselbank* Slg. 2001, I-9945 Rn. 44–48.

[165] Art. 36 Abs. 1 iVm Ziff. a.13 Anh. III 3.LVersRL.

[166] Art. 55 Abs. 1 LVersRL.

[167] Art. 5 Abs. 1 HtWRL; Art. 6 Abs. 1 UAbs. 3 und 4 FARL; Art. 5 Abs. 2 TSRL.

[168] Gleichwohl nicht zu beanstanden ist, daß Art. 3 Abs. 1 Nr. 3 lit. a FFRL den Anbieter verpflichtet, auch über das ausnahmsweise *Nicht*bestehen des Widerrufsrechts zu informieren, denn die Ausnahmefälle kann der Verbraucher möglicherweise nicht schon nach der ihnen zugrunde liegenden ratio selbst erschließen.

[169] Dieser kann die längere Frist von vornherein einkalkulieren und auf die Rechtsunkenntnis des Begünstigten vertrauen; *Kappus* EWS 1996, 273, 274.

[170] Für Finanzdienstleistungen verwiesen noch Art. 4 Abs. 5 V1-FFRL, Art. 4 Abs. 5 V2-FFRL auf das auf den Vertrag anzuwendende Recht; gemeint war damit wohl ein Umsetzungsspielraum der Mitgliedstaaten.

[171] Art. 5 Abs. 1 S. 2 HtWRL; Art. 6 Abs. 6 S. 2 FFRL; Art. 5 Abs. 2 S. 2 TSRL. Für Finanzfernabsatzgeschäfte – *e silencio* – noch anders Art. 4 Abs. 3 V1-FFRL (der in Art. 4 Abs. 3 V2-FFRL übernommen wurde); dazu *Riesenhuber* WM 1999, 1441, 1447f.

[172] Vgl. für das deutsche Umsetzungsgesetz BT-Drs. 13/4185, S. 12.

risiko trägt. Sachliche Gründe, (ausgerechnet) Fernabsatzgeschäfte und Lebensversicherungsverträge anders zu behandeln, liegen nicht vor, so daß diese Regelungen ergänzt werden sollten.

### d) *Rechtsfolgen*

Soll der Widerruf dem Begünstigten eine ungestörte zweite Entscheidung ermöglichen, so muß seine Ausübung grundsätzlich zur Folge haben, daß der Begünstigte so gestellt wird, wie er ohne den Abschluß stände. Dem steht das Interesse des Widerrufsgegners gegenüber, eine Vergütung für erbrachte Leistungen und ggf. Ersatz für Untergang oder Verschlechterung zu erhalten. Der Ausgleich dieser gegenläufigen Interessen erfolgt in den Regelungen des Europäischen Vertragsrechts auch danach, ob der Widerruf typischerweise auf einem mißbilligten Verhalten des Widerrufsgegners beruht (Überrumpelung) und ihm so zuzurechnen ist oder nicht.

#### aa) Wegfall der vertraglichen Leistungspflichten, Begründung von Rückgewährpflichten

Mit dem Widerruf entfallen die *vertraglichen Leistungspflichten,* ausgetauschte Leistungen sind zurückzugewähren.[173] Beim finanzierten Geschäft schlägt der Rücktritt auch auf den Kreditvertrag durch, wenn dieser mit demselben Vertragspartner oder mit einem von ihm beauftragten Dritten geschlossen wurde.[174] Die Haustürgeschäfterichtlinie regelt diesen Fall nicht eigens, weil auch ein „an der Haustür" abgeschlossener Finanzierungsvertrag – Erbringung einer Dienstleistung – widerruflich wäre.[175] Gibt man ein Widerrufsrecht zu, dann ist es nur konsequent, die zügige Auskehrung zu erstattender Zahlungen vorzuschreiben,[176] da der Widerrufsgegner kein berechtigtes Interesse an einer Verzögerung hat; eine solche Regelung fehlt indes.[177] Dem Zweck, die Sorge um die Rückerstat-

---

173 Art. 4 Abs. 2; Art. 6 Abs. 2 FARL. Einzelne Geschäfte, bei denen die Rückabwicklung unzumutbar ist, sind von den Widerrufsrechten für Fernabsatzgeschäfte ausgenommen, Art. 6 Abs. 3 FARL, Art. 6 Abs. 2 FFRL. Die Timesharingrichtlinie verbietet Anzahlungen vor Ablauf der Widerrufsfrist, um Rückabwicklungen und das darin möglicherweise liegende (psychologische) Widerrufshemmnis zu vermeiden, Art. 6 TSRL; Grabitz/Hilf II-*Martinek* A 13 (TSRL) Art. 6 Rn. 194–196; *Mäsch* EuZW 1995, 8, 13; ebenso jetzt Art. 7 FFRL. Von den Verpflichtungen aus Lebensversicherungsverträgen befreit der Widerruf nur für die Zukunft, Art. 35 Abs. 1 UAbs. 2 LVersRL.

174 Art. 6 Abs. 4 FARL, Art. 7 TSRL. S.a. Art. 6 Abs. 7 UAbs. 2 FFRL für verbundene Geschäfte.

175 Für Finanzdienstleistungen gilt hingegen die Fernabsatzrichtlinie ausdrücklich nicht (Art. 3 Abs. 1 Sps. 1), so daß hier eine Regelung erforderlich war.

176 Das sehen in anderen Zusammenhängen vor z.B. Art. 4 Abs. 6 UAbs. 1 lit. b PRRL und Art. 7 Abs. 2 FARL.

177 Freilich bereitet die Umsetzung dieser Pflicht Schwierigkeiten. Dazu wird man ein scharfes Recht des Zahlungsverzugs vorsehen müssen, vielleicht auch Fälligkeitszinsen; da die Einzelforderungen indes meist verhältnismäßig gering sein werden, taugt das allein noch nicht. Man wird daher ergänzend eine wettbewerbsrechtliche Bewehrung vorschreiben müssen, die freilich ihrerseits die Schwierigkeit hat, daß sie nur bei systematischem Verstoß wird eingreifen können.

tung als Widerrufshindernis auszuschließen,[178] entspricht es, auch Abzüge wegen Gegenansprüchen nicht zuzulassen.[179]

bb) Keine Vertragsstrafe

Ausdrücklich bestimmt nur Art. 6 Abs. 1 FARL, daß der Widerruf keine „Strafzahlung" zur Folge haben darf;[180] eine entsprechende Regelung enthält Art. 6 Abs. 1 FFRL („Vertragsstrafe"). Dasselbe gilt aber auch für die übrigen Widerrufsrechte, denn sie bezwecken gerade, eine Bindung des Verbrauchers vor Ablauf der Widerrufsfrist zu vermeiden. Das schließt zwar nicht aus, dem Widerrufenden in gewissem Umfang Vergütungspflichten für empfangene Leistungen, wegen der Kosten des Vertrags oder der Rückabwicklung[181] oder wegen Untergangs oder Verschlechterung empfangener Leistungen aufzuerlegen (dazu nachfolgend, cc–ff). Eine Vertragsstrafevereinbarung würde aber dem Widerrufsrecht als tatbestandslosem Reurecht glatt zuwiderlaufen, da sie das Sollensgebot, über dessen Bestand der Begünstigte während der Widerrufsfrist noch disponieren können soll, auch für den Fall des Widerrufs als bestehend voraussetzt, und durch die Privatsanktion die Entscheidungsfreiheit einengt, die das Widerrufsrecht gerade erhalten soll. Daher muß auch hier gelten: „Erklärt das Gesetz das Versprechen einer Leistung für unwirksam, so ist auch die für den Fall der Nichterfüllung des Versprechens getroffene Vereinbarung einer Strafe unwirksam" (§ 344 Hs. 1 BGB).[182]

cc) Leistungen, die ihrer Natur nach nicht zurückgewährt werden können

Nicht durchgehend geregelt ist die Rückabwicklung von *Leistungen, die ihrer Natur nach nicht zurückgewährt werden können*. Die Fernabsatzrichtlinie schließt für einige – regelmäßig leichter überschaubare – Verträge, deren Rückabwicklung problematisch wäre, schon ein Widerrufsrecht ganz aus.[183] Darin ist eine abschließende Regelung der Frage zu sehen, da Art. 6 Abs. 2 S. 2 FARL bestimmt, daß die einzigen Kosten (*charges, frais*), die dem Verbraucher auferlegt werden können, die unmittelbaren Rücksendungskosten sind; eine Vergütung von nicht zurückgewährbaren Leistungen kommt daneben nicht in Betracht.[184] Eine ausdrückliche Regelung fehlt auch bei der Timesharingrichtlinie, hier indes wohl deshalb, weil der Verbraucher vor Ablauf der Widerrufsfrist regelmäßig keine Leistungen in Anspruch nimmt, im übrigen aber der Verkäufer bei vorheriger Leistung auf eigenes Risiko handelt. Daß die Konvaleszenzzeit hier mangels ordnungsgemäßer

---

178 Vgl. *Martinek* NJW 1997, 1393, 1397; *Mäsch* EuZW 1995, 8, 13 (zum Anzahlungsverbot der TSRL bzw. des Umsetzungsgesetzes).

179 Das bestimmt – neben der Kostentragung – auch Art. 6 Abs. 2 S. 1 FARL.

180 Art. 6 Abs. 2 FARL unterstreicht das mit der Vorschrift, der Lieferer habe dem Verbraucher sein Geld „kostenlos" zu erstatten und dürfe dem Verbraucher nur die Kosten der Rücksendung der Ware auferlegen.

181 Siehe nur Art. 6 Abs. 2 FARL.

182 Staudinger-*Rieble* (2001) § 344 Rn. 1 und 6.

183 Art. 6 Abs. 3 und auch Art. 3 Abs. 2 FARL.

184 Ebenso *Heinrichs* FS Medicus, S. 194.

Information drei Monate und zehn Tage dauern kann,[185] braucht nicht zu stören, denn deren Länge kann ja der Verkäufer durch obliegenheitsgemäße Information des Erwerbers auf zehn Tage verkürzen. Für die Lebensversicherung schließlich befreit der Widerruf nur für die Zukunft.[186] Bei im Fernabsatz geschlossenen Finanzdienstleistungsverträgen wird der Verbraucher nicht durch eine Beschränkung der Erstattungspflicht, sondern dadurch geschützt, daß erbrachte Leistungen nur zu vergüten sind, soweit die Vergütungspflicht auch der Höhe nach mitgeteilt worden war.[187]

Die Haustürgeschäfterichtlinie regelt die Frage nicht selbst, sondern verweist auf das nationale Recht.[188] Der Vergleich mit der Regelung der Fernabsatzrichtlinie legt indes nahe, eine Vergütungspflicht des Verbrauchers allenfalls höchst eingeschränkt zuzulassen. Denn anders als beim Fernabsatzgeschäft ist der Widerruf beim Haustürgeschäft vor allem dem Gegner zuzurechnen. Und daß der Verbraucher hier besonders geschützt werden sollte ergibt sich auch daraus, daß das Widerrufsrecht dem Verbraucher nach der Haustürgeschäfterichtlinie ausnahmslos zugegeben wird, z.B. auch für entsiegelte Software.[189]

Insgesamt bedarf diese Sachfrage einer geordneten Überarbeitung. Dabei überzeugt es wertungsmäßig, den Verbraucher weitergehend zu schützen, wenn ihm der Widerruf, wie beim Haustürgeschäft, nicht zuzurechnen ist. Indes sollte man auch hier die Inanspruchnahme der Leistung nach Wegfall der Überrumpelungssituation als Disposition über das Widerrufsrecht ansehen können, denn dann ist dem Verbraucher die standhafte Selbstbehauptung durchaus zuzumuten. Das Widerrufsrecht soll ihm zwar in gewisser Weise auch die Vergleichsmöglichkeit am Markt wieder eröffnen, die ihm durch die Überrumpelung versperrt wurde.[190] Ein Recht, die erworbene Leistung nun auch noch risikofrei ausprobieren zu können, ist ihm nach dem Schutzzweck der Regelung indes nicht einzuräumen. In den übrigen Fällen sind grundsätzlich höhere Anforderungen an die Selbstverantwortung des Widerrufsberechtigten gerechtfertigt, weil (und soweit) er – anders als z.B. im Fall unerbetener Warenzusendung – ohne einen mißbilligten Einfluß des anderen Teils den Vertragsschluß selbst mit herbeigeführt hat. Eine Vergütungspflicht für in Anspruch genommene Leistungen, die nicht zurückgewährt werden können, kann ihm daher grundsätzlich zugemutet werden. Dem Schutzzweck der Widerrufsrechte kann man durch das – gegenüber einer Freistellung von der Vergütungspflicht mildere – Mittel einer Informationspflicht des anderen Teils Rechnung tragen, wie sie der Vorschlag der Finanzfernabsatzrichtlinie vorsieht. Danach ist dem Widerrufsberechtigten die Höhe der im Widerrufsfall zu leistenden Vergütung genau oder, ist das nicht möglich, schätzungsweise mitzuteilen.

---

[185] Art. 5 Abs. 1 Sps. 3 TSRL.
[186] Art. 35 Abs. 1 UAbs. 2 LVersRL.
[187] Art. 7 Abs. 3 FFRL (Art. 5 V1-FFRL, Art. 5 Abs. 2 V2-FFRL).
[188] Art. 7 HtWRL.
[189] Anders Art. 6 Abs. 3 Sps. 4 FARL.
[190] Siehe aber oben, c) bb (S. 335–337).

dd) Kosten des Vertrags

Wer im Fall des Widerrufs die *Kosten des Vertrags* trägt, ist unterschiedlich geregelt. Die Haustürgeschäfterichtlinie überläßt die Regelung dem nationalen Recht.[191] Die Fernabsatzrichtlinie bestimmt, daß dem Verbraucher nur die unmittelbaren Kosten der Warenrücksendung auferlegt werden dürfen und sagt nichts über die schon durch den Vertragsschluß entstandenen Kosten;[192] Ähnliches bestimmt die Finanzfernabsatzrichtlinie.[193] Die Timesharingrichtlinie regelt die Kostentragung (Vertragsabschluß, Rücktritt, notwendige vorvertragliche Kosten) differenziert nach den verschiedenen Widerrufssituationen; für den Regelfall des Widerrufs binnen zehn Tagen nach ordnungsgemäßer Information und Belehrung ist der Erwerber auch zur Erstattung der Kosten verpflichtet, die „aufgrund des Vertragsabschlusses" entstanden sind.[194]

Auch hier bietet sich die Unterscheidung nach Zurechenbarkeit des Widerrufs an, also eine Unterscheidung zwischen dem Widerruf wegen Überrumpelung einerseits und in sonstigen Fällen andererseits. Dem Überrumpelten sind etwaige Vertragskosten nicht zuzuschreiben. In den übrigen Fällen aber kann entsprechend der Wertung der Timesharingrichtlinie von dem Widerrufsberechtigten erwartet werden, daß er die Vertragskosten trägt.

ee) Kosten der Rückabwicklung

Beim Warenkauf sind ferner die Kosten der ersten Sendung und der *Rücksendung* zu regeln. Folgt man der Unterscheidung je nach Zurechenbarkeit, so bietet diese sich auch hier an. Kosten der Hin- und Rücksendung wären danach bei Haustürgeschäften vom Verkäufer, bei Fernabsatzgeschäften vom Käufer zu tragen. Die Haustürgeschäfterichtlinie überläßt die Frage nationalem Recht. Nach Art. 6 Abs. 2 S. 2 FARL geht der Schutz des Verbrauchers indes weiter als dies unter dem Gesichtspunkt der Zurechenbarkeit geboten wäre: hier dürfen dem Verbraucher nur die „unmittelbaren Kosten der Rücksendung" auferlegt werden.[195] Das Kriterium der Zurechenbarkeit findet sich indes in einer Sonderregelung der Fernabsatzrichtlinie über die Rücksendungskosten. Wenn die Parteien die vom mitgliedstaatlichen Recht vorgesehene Ersetzungsbefugnis wegen Nichtverfügbarkeit vereinbart haben und der Lieferer davon Gebrauch macht, dann gehen die Rücksendungskosten zu seinen Lasten (Art. 7 Abs. 3 FARL). Das überzeugt, weil der Verbraucher hier nicht das Bestellte erhält, sondern etwas anderes, wenn auch „qualitätsmäßig und preislich gleichwertiges", und insofern einen *sachlichen Grund* für

---

191 Art. 7 HtWRL.

192 Art. 6 Abs. 2 FARL.

193 Art. 7 Abs. 1 FFRL; vorangegangen: Art. 4 Abs. 5 V1-FFRL, Art. 4 Abs. 5 V2-FFRL.

194 Art. 5 Abs. 3, 4 TSRL. Hervorzuheben ist die Pflicht des Verkäufers, die zu erstattenden Kosten im Vertrag zu nennen (Art. 5 Abs. 3 S. 2 TSRL); gemeint ist offenbar, daß ohne diesen Hinweis eine Erstattung nicht in Betracht kommt; so ausdrücklich für die Vergütung empfangener Leistungen Art. 7 Abs. 3 FFRL.

195 Diese Lösung schließt selbstverständlich eine noch günstigere Parteivereinbarung nicht aus, sie überläßt diese Frage nur Wettbewerb und Vertrag in einem Punkt, wo die Selbstverantwortung des Widerrufsberechtigten getrost wiederbelebt werden kann.

den Widerruf haben kann und nicht nur aus „Vertragsreue" widerrufen mag. Daß der Gesetzgeber die Kausalität der Ersetzung für den Widerruf unterstellt, ist aus Gründen der Beweisbarkeit zu begrüßen und mit Rücksicht darauf sachlich begründet, daß der Lieferer den Vorteil aus der Ersetzungsbefugnis zieht.

ff) Ersatz wegen Verschlechterung und Untergangs

Eine *Ersatzpflicht wegen Verschlechterung* und Untergang erhaltener Waren und wegen vor Widerruf empfangener Dienstleistungen kommt beim Timesharing und der Lebensversicherung nicht in Betracht, für an der Haustür oder im Fernabsatz geschlossene Verträge ist ihre Regelung dem nationalen Recht überlassen. Für Haustürgeschäfte ist diese Verweisung ausdrücklich vorgesehen.[196] Für Fernabsatzgeschäfte stiftet allerdings die Vorschrift Verwirrung, dem Verbraucher dürften nur die unmittelbaren Kosten für die Rücksendung auferlegt werden. Darin haben wir auch einen Ausschluß von Ansprüchen auf Vergütung von Leistungen gesehen, die ihrer Natur nach nicht zurückgewährt werden können.[197] Der Grund dafür lag indes darin, daß die Richtlinie *jene Frage* erkennbar regeln wollte, nämlich durch Ausschluß des Widerrufsrechts für Fälle, in denen die Rückabwicklung typischerweise schwierig ist (Art. 6 Abs. 3 FARL). Dasselbe ist für die hier erörterte Sachfrage nicht zu erkennen: Folgen von Verschlechterung und Untergang erhaltener Waren regelt die Fernabsatzrichtlinie nicht. Für das nationale Recht geben Haustürgeschäfterichtlinie und Fernabsatzrichtlinie durch die Vorschriften über die beschränkte Kostentragungspflicht in anderen Fällen (Vertragskosten, Kosten der Rückabwicklung) nur die Richtung vor, daß die Ersatzpflicht kein übermäßiges Widerrufshindernis darstellen darf.

## 3. Grundgedanken

Die Widerrufsrechte dienen dem Schutz des Berechtigten vor einem „unerwünschten Vertrag".[198] Anders als bei Anfechtungsrechten wegen einer Beeinträchtigung der Willensbildung durch Irrtum, Täuschung und Drohung geht es dabei nicht um den Schutz der formal verstandenen Privatautonomie, denn die Widerrufsrechte haben gerade dann Bedeutung, wenn der Verbraucher seine Vertragsentscheidung bereut, obwohl er sie aufgrund (formal) fehlerfreien Willens geschlossen hat. Die Widerrufsrechte dienen dem Schutz einer material verstandenen Privatautonomie, die auch durch den Begriff der wirtschaftlichen Selbstbestimmung gekennzeichnet wird.[199] Die wirtschaftliche Selbstbestimmung ist das tragende Prinzip, das allen Widerrufsrechten zugrunde liegt.

---

[196] Art. 7 HtWRL.
[197] Oben, cc) (S. 340 f.).
[198] Begriff von *Medicus* Gutachten und Vorschläge, S. 519–535.
[199] *Drexl* Wirtschaftliche Selbstbestimmung, S. 7.

Die wirtschaftliche Selbstbestimmung wird allerdings nur in besonderen Situationen bzw. aus besonderen Gründen durch Widerrufsrechte geschützt, nämlich wenn die Vertragsentscheidung aufgrund der Vertriebsform oder der Komplexität des Vertragsgegenstands leicht uninformiert sein kann. Gemeinsam ist allen Fällen, daß der Marktmechanismus, der im Normalfall die Möglichkeit einer informierten Entscheidung ausreichend gewährleistet, nicht funktioniert. Daher kann man die Widerrufsrechte als Marktwiederherstellung im Gegensatz zur Marktkorrektur ansehen.[200]

Dem Zweck der Stärkung der wirtschaftlichen *Selbst*bestimmung entspricht das Schutzinstrument des Widerrufsrechts. Denn dadurch wird nicht die Selbstbestimmung durch eine Fremdbestimmung ersetzt – etwa im Sinne einer „Sozialautonomie" –,[201] sondern dem einzelnen eine zweite Entscheidung ermöglicht. Selbstbestimmung kann insoweit nur durch eine prozedurale Lösung gesichert werden, die die Vertragsentscheidung bei dem einzelnen beläßt. Das material verstandene Prinzip der wirtschaftlichen Selbstbestimmung steht daher dem Prinzip der Selbstverantwortung nicht entgegen, sondern drängt dieses nur etwas zurück – an die Stelle der Verantwortung für die erste Entscheidung tritt grundsätzlich die Verantwortung für die zweite, die zudem gleichsam unter umgekehrten Vorzeichen steht, da die Vermeidung der Vertragsbindung die Aktivität des Verbrauchers erforderlich macht. Deutlich wird dies besonders im Bereich des Versicherungsrechts, wo die Europäischen Richtlinien das Modell der ex-ante Genehmigung von Versicherungsbedingungen durch die Aufsichtsbehörde aufgegeben haben zugunsten einer grundsätzlich vertragsrechtlichen Regelungen – mit den drei Grundpfeilern der vorvertraglichen Information, des Widerrufsrechts und der Klauselkontrolle –, ergänzt durch eine aufsichtsrechtliche Mißbrauchskontrolle.[202]

Durch die Widerrufsrechte wird dem Prinzip der (materialen) wirtschaftlichen Selbstbestimmung im Verhältnis zu anderen Prinzipien verhältnismäßig großer Raum gegeben, es setzt sich gegenüber der Vertragsfreiheit sowie der Wettbewerbsfreiheit der Vertragsparteien durch. Da der Schutz der wirtschaftlichen Selbstbestimmung durch Widerrufsrechte pauschal zugegeben wird, verbleibt auch dem selbstbewußten Vertragspartner insoweit kein Raum zur Ausübung seiner Vertragsfreiheit. Als zwingende Bestimmungen lassen die Widerrufsrechte dem einzelnen Verbraucher nicht die Möglichkeit, vertraglich (insbesondere gegen Preisnachlaß) auf das Widerrufsrecht zu verzichten,[203] was z.B. beim Nachkauf einer bekannten Ware von Bedeutung sein

---

[200] *Grundmann* ZHR 163 (1999) 635, 665–667 und 673f.

[201] Eingeführt hat den Begriff des Sozialautonomie soweit ersichtlich Eike *Schmidt* JZ 1980, 153–161; *Wilhelmsson* Social Contract Law, S. 188 knüpft daran im Zusammenhang mit den Widerrufsrechten an zur Illustration des „reflexiven" Vertragsrechts: „One may only speak about genuine reflexive orientation when the boundaries of self-regulation required by market rationality have been broken by creating new, for example, collective means of influence."

[202] Dazu nur *Grundmann* Schuldvertragsrecht, 4.30 Rn. 36 und 4.31 Rn. 26; *Matusche-Beckmann* ERPL 1996, 201, 209, 214–216; *Roth* NJW 1993, 3028, 3031.

[203] *Fuchs* AcP 196 (1996) 313–194, der die Disponibilität von Widerrufsrechten untersucht, erörtert keine Widerrufsrechte des Europäischen Vertragsrechts.

kann;[204] in der Sache bedeutet das Widerrufsrecht so eine von allen Kunden zu tragenden „Zwangsversicherung“[205] und einen Schutz des Begünstigten vor sich selbst.[206] Umgekehrt schließen die zwingenden Widerrufsrechte in ihrem Anwendungsbereich[207] die Einräumung des Widerrufsrechts als Wettbewerbsfaktor aus.[208]

Vertragsfreiheit ist die Freiheit, sich zu binden, der Grundsatz der Vertragsbindung (*pacta sunt servanda*) ist daher mit der Vertragsfreiheit untrennbar verbunden. Widerrufsrechte schränken daher auch die Vertragsfreiheit des Berechtigten ein, sich zu binden. Anders als im Falle von Anfechtungsrechten wegen Täuschung und Drohung ist diese Einschränkung auch nicht (vollständig) durch den Schutz der wirtschaftlichen Selbstbestimmung oder ein Fehlverhalten des anderen Teils gerechtfertigt. Ein Fehlverhalten setzte einzig das Widerrufsrecht wegen unlauteren Verleitens zum Vertragsschluß voraus, das der Erste Entwurf der Finanzfernabsatzrichtlinie vorsah,[209] schon das Widerrufsrecht der Haustürgeschäfterichtlinie knüpft hingegen nur an eine vorausgesetzte, nicht aber eine aktuelle Überrumpelung an. Und der Schutz der wirtschaftlichen Selbstbestimmung liegt den Widerrufsrechten insoweit nicht zugrunde, als sie auch demjenigen zugute kommen, der aktuell nicht schutzbedürftig ist, wie z.B. der Verbraucher, der in standhafter Selbstbehauptung einen Vertrag an der Haustür abschließt, weil er den Gegenstand „wirklich“ haben möchte[210] und nicht etwa aufgrund Überrumpelung erwirbt, oder der routinierte Internetkäufer, der zu Hause genauso geschäftssicher handelt wie im Ladenlokal. Dient das Widerrufsrecht auch bestimmten Schutzzwecken, kann der Begünstigte es doch unabhängig davon ausüben, ob er den Schutz benötigt. Das Widerrufsrecht *ist* ein Reurecht – nämlich das Recht, aufgrund

---

[204] Zweifelhaft ist freilich, ob der Markt Raum für differenzierte Angebote ließe; das ist teilweise zu beobachten (Unterscheidung zwischen *done deal* und *open deal* bei Flugbuchung), indes nicht eben häufig. Die Kritik ist davon freilich unabhängig, weil (Vertrags-) Freiheit schon als Möglichkeit ein Wert ist und nicht nur, wenn davon auch Gebrauch gemacht wird.

[205] *Eidenmüller* JZ 1999, 53, 54. Etwas größeren Raum hatte der Vertragsfreiheit noch die HtWRL gelassen, insofern sie Verträge aufgrund von Katalogbestellungen von ihrem Schutzbereich ausnahm, wenn sie dem Verbraucher (u.a.) ein siebentägiges Warenrückgaberecht einräumten; Art. 3 Abs. 2 lit. b) iii) HtWRL.

[206] Zur Einschränkung der Vertragsfreiheit zum Schutz der Selbstbestimmung des Berechtigten nach deutschem Verfassungsrecht *Singer* JZ 1995, 1133–1141.

[207] Wichtige Ausnahmen sehen insbesondere Art. 3 und 6 Abs. 3 FARL vor. Letzterer bestimmt einleitend, daß der Verbraucher das Widerrufsrecht bei bestimmten Vertragsgegenständen nicht ausüben kann, „sofern die Parteien nichts anderes vereinbart haben“.

[208] Für Wettbewerb als ausreichendes Schutzinstrument beim Fernabsatz *Schäfer* in: Systembildung, S. 567; R. *Van den Bergh* in: Greenpaper EU Contract Law (www-Fassung), S. 20 (sub 4).

[209] Art. 4 Abs. 3 V1-FFRL.

[210] Der Ausdruck („wirklich“) zeigt, wie problematisch das Konzept ist; selbst die Bestimmung, wann eine Entscheidung „truly informed“ getroffen wurde (*Wilhelmsson* Social Contract Law, S. 189) ist außerordentlich problematisch, ganz abgesehen davon, daß sie das von der Privatautonomie umfaßte Recht auf eine uninformierte Entscheidung (Einkauf beim erstbesten Laden aus erwünschter Bequemlichkeit) außer Betracht läßt.

einer nachträglichen Willensänderung vom Vertrag Abstand zu nehmen –[211] und damit ein Eingriff in die Vertragsbindung.

Indessen ist die mit den Widerrufsrechten bewirkte Einschränkung von Vertragsfreiheit und Vertragsbindung nicht überzubewerten. Was zunächst den Grundsatz der Vertragsfreiheit angeht, muß man bedenken, daß die Widerrufsrechte weithin anerkannten Schutzbedürfnisse entsprechen – oder doch jedenfalls einer nicht zu beanstandenden gesetzgeberischen Bewertung der Schutzbedürfnisse.[212] Anerkennt man aber ein Schutzbedürfnis, so ist nur das gewählte Schutzinstrument zu überprüfen. Hier empfehlen sich Widerrufsrechte als prozedurale, die Selbstbestimmung weithin erhaltende Lösung sehr, besonders im Vergleich mit Vorschriften über die Inhaltsgestaltung (z.B. von Timesharingverträgen, Versicherungsverträgen), Verbotsgesetzen oder Formvorschriften.[213]

Soweit die Eingriffe in Vertragsfreiheit und -bindung auf einer Typisierung bzw. Pauschalierung beruhen, ist zu bedenken, daß eine andere Lösung weithin unpraktikabel wäre oder sogar praktisch zu denselben Ergebnissen führen würde. Ein Reurecht würde vermieden, wenn man die zugrundeliegenden Schutzzwecke in den Tatbestand einfließen ließe und – konsequent – auch die Kausalität des die Willensentschließung potentiell beeinträchtigenden Umstands (z.B. Überrumpelung, Distanz) für die Vertragsentscheidung verlangen würde. Das hatte *Medicus* bei seinen Vorschlägen für die Überarbeitung des Schuldrechts berücksichtigt, wonach die Überrumpelung der Widerrufsgrund war, dieser aber in bestimmten Fällen (Haustürgeschäfte) vermutet werden sollte.[214] Eine solche Vermutung wäre indes entweder praktisch kaum zu widerlegen oder sie würde dem Widerrufsgegner einen rechtspolitisch unerwünschten Anreiz zur streitigen Auseinandersetzung bieten. Die Kausalität der Verlockung für den Abschluß des Distanzvertrags[215] könnte kaum nachgewiesen oder widerlegt werden. Schon ganz allgemein sprechen daher gute Gründe gegen das – in der Sache freilich gut begründete – Kausalitätserfordernis. Für das Widerrufsrecht beim Timesharing- und Lebensversicherungsvertrag im besonderen ist von vornherein ein Reurecht gewollt. Hier ist die Tatbestandslosigkeit zweckgerecht, ebenso wie es im deutschen Recht zweckgerecht ist, dem Immobilienverkäufer/-käufer oder dem Schenker/Beschenkten das Recht zur Abstandnahme vom Vertrag zu geben, bis dieser beurkundet oder vollzogen ist. Die Einschränkung der Vertragsbindung ist aber auch verhältnismäßig gering, denn sie betrifft stets nur einen kurzen Zeitraum und ist außerdem mit einer Umkehrung der Aktionslast verbunden, da der Begünstigte handeln muß, wenn er die Bindung vermeiden will.

---

211 *Fuchs* AcP 196 (1996) 313, 338f.; *Lorenz* Schutz vor dem unerwünschten Vertrag, S. 3.

212 Für die FARL *Heinrichs* FS Medicus, S. 189.

213 Vgl. *Grundmann/Kerber/Weatherill* in: Party Autonomy, S. 30; *Canaris* Iustitia Distributiva, S. 47; *ders.* AcP 200 (2000) 273, 345.

214 *Medicus* Gutachten und Vorschläge, S. 531, 534; ähnlich der Vorschlag von *Schwintowski* in: Party Autonomy, S. 346.

215 Ebenso nach deutschem Recht für den Verbraucherkredit.

Die Widerrufsrechte negieren daher den Grundsatz der Vertragsbindung nicht, sondern bestätigen ihn im Gegenteil.[216] Denn Widerrufsrechte sind nur für sachlich begründete und begrenzte Ausnahmebereiche vorgesehen. Diese betreffen zwar mit dem Fernabsatz einen für die aktive Teilnahme des Verbrauchers (und Versicherungsnehmers) am grenzüberschreitenden Verkehr zentralen Bereich. Für die (zumindest: noch) weit überwiegende Zahl der Verbrauchergeschäfte und für zweiseitigen Unternehmensgeschäfte und zweiseitige Verbrauchergeschäfte gilt die Vertragsbindung indes ohne Einschränkung.[217] Eben dieser Ausnahmecharakter des Widerrufsrechts ist ja auch der Grund dafür, daß der Widerrufsberechtigte über sein Recht zu belehren ist.

Eine zweiseitige Begründung für die mit dem Widerruf verbundenen Lasten[218] ist unproblematisch dort gegeben, wo das Widerrufsrecht einen Ausgleich für aggressive Vertriebsmethoden darstellt, wie vor allem bei den Haustürgeschäften.[219] Aber auch sonst kann man das Widerrufsrecht noch aus der Rechtsbeziehung der Parteien heraus begründen, wenn auch nicht in der strengen Form einer Zurechnung.[220] Denn auch beim Fernabsatz sowie bei Verträgen über Teilzeitnutzungsrechte und Lebensversicherungen wird das Widerrufsrecht dem Verbraucher nicht einfach aufgrund seines Status eingeräumt, sondern aufgrund einer besonderen Verlockung in der Abschlußsituation bzw. aufgrund der besonderen Bedeutung des Vertrags. Für den Widerrufsgegner sind die damit verbundenen Lasten im übrigen wegen ihrer Berechenbarkeit ungleich leichter zu tragen als etwa bei Anfechtungsrechten wegen Irrtums. Denn anders als bei der Irrtumsanfechtung ist beim Widerruf ein Ausgleich mit dem Vertrauensinteresse des anderen Teils oder mit dem Verkehrsschutzinteresse nicht erforderlich. Ist der Vertrag aufgrund der verwandten Vertriebsform (Haustürgeschäft, Fernabsatz) oder als Vertragstyp (Timesharing, Lebensversicherung) stets widerruflich, so kann ein schutzwürdiges Vertrauen des Gewerbetreibenden von vornherein nicht entstehen. Und auch Verkehrsschutzinteressen Dritter bestehen grundsätzlich nicht. Sie könnten in den Fällen eine

---

[216] *Lorenz* Schutz vor dem unerwünschten Vertrag, S. 161 Fn. 364, fürchtet, die Anerkennung des Widerrufsrechts bei Fernabsatzgeschäften führe – folgerichtig – dazu, für jeden Verbrauchervertrag ein Widerrufsrecht zuzugeben. Das beruht indes auf der unzutreffenden Annahme, die Fernabsatzrichtlinie begründe das Widerrufsrecht „allein mit dem Bedürfnis nach Beurteilung der Ware nach deren Erhalt".

[217] Ebenso wohl *Wilhelmsson* Social Contract Law, S. 189, der ergänzt: „A radical market-rational strategy of social contract law in the EC, transcending the boundaries of traditional contract law, would imply the creation of a more general principle of cancellation, protecting a right of the weaker party to make truly informed decisions."

[218] Diese Last ist vor allem dann erheblich, wenn der Widerrufsgegner die Gefahr von Untergang oder Verschlechterung der Ware trägt; dazu *Medicus* Gutachten und Vorschläge, S. 531; *Schäfer* in: Systembildung, S. 567. Zu den Lasten zählt aber z.B. auch das vom Widerrufsgegner zu tragende Übermittlungsrisiko, da die rechtzeitige Absendung zur Fristwahrung ausreicht.

[219] Dazu – für das HtWG – näher *Lorenz* Schutz vor dem unerwünschten Vertrag, S. 163–166 (wie bei Gefährdungshaftung Zurechnung nach dem „Risikoprinzip"); *Medicus* Gutachten, 526f.

[220] Eingehend zu den Zurechnungsgründen für den Schutz vor dem unerwünschten Vertrag *Lorenz* Schutz vor dem unerwünschten Vertrag, S. 161 mit Fn. 364 (FARL), S. 198f. (VerbrKrG) und öfter, der an die von *Canaris* Vertrauenshaftung, S. 467–490, unterschiedenen Zurechnungsgründe anknüpft.

Rolle spielen, wo der Widerruf auf einen Finanzierungsvertrag durchschlägt. Diesen „Durchgriff" sehen die Richtlinien indes gerade nur dort vor, wo der Widerrufsgegner oder ein mit ihm verbundener Dritter Kredit gewährt. Selbständige Kreditverträge bleiben im Verantwortungsbereich des Verbrauchers.

## 4. Lücken[221]

Zustimmen kann man der grundsätzlichen[222] Beschränkung des persönlichen Schutzbereichs der Widerrufsrechte auf die als privat (nicht beruflich/gewerblich) Handelnde definierten Verbraucher.[223] Dahinter steht die Wertung, daß von beruflich oder gewerblich Tätige eine „professionelle" Organisation und ein Selbstschutz erwartet werden darf, die Überrumpelung oder Fehlentscheidungen ausschließen.[224] Wer als Rechtsanwalt oder als Malermeister seinen Bürobedarf „an der Haustür" kauft, von dem wird Wachsamkeit erwartet. Im übrigen wird er an der „Haustür" zu seinen Geschäftsräumen schon nicht überrumpelt, denn in seinen Geschäftsräumen muß man sich geschäftlicher Kontakte versehen. Beruflich oder gewerblich Tätigen ist auch zuzutrauen, daß sie beim Distanzgeschäft selbst eine etwa gewünschte Zeit zur Prüfung der noch unbekannten Ware vereinbaren. Daß hier der Marktmechanismus nicht funktionieren würde, ist nicht zu erkennen, im Gegenteil.

Wesentliche Schutzlücken lassen sich auf dieser Grundlage nicht feststellen. Wie gezeigt, dienen die Widerrufsrechte im Europäischen Vertragsrecht dem Schutz der Privatautonomie in „unregelmäßigen" Abschlußumständen und bei besonderen Geschäften. Mit den „Haustürgeschäften" und den Fernabsatzgeschäften sind die „gefährlichen" Abschlußsituationen weitgehend erfaßt. Ergänzungen kämen vor allem hinsichtlich einzelner, als besonders gewichtig bewerteter Vertragstypen in Betracht.

Besonders bedeutsam könnten zunächst *Bankgeschäfte* sein. Allerdings kann nicht schon der Finanzfernabsatzrichtlinie entnommen werden, daß diese Geschäfte pauschal als besonders gewichtig anzusehen und konsequent dem privat handelnden Kunden daher ein Widerrufsrecht einzuräumen sei; denn, wie gezeigt, ist der Regelungsgrund in den Verlockungen des Fernabsatzes, nicht aber in den Besonderheiten von Finanzdienstleistungen zu sehen.[225] Entbehrlich ist der starke Schutz durch ein Widerrufsrecht bei

---

[221] Außer Betracht bleibt das Arbeitsrecht; für ein Widerrufsrecht bei arbeitsrechtlichen Aufhebungsverträgen *Lorenz* JZ 1997, 277, 277–279; dagegen freilich die h.M., BAG, NJW 1994, 1021–1023; NJW 1996, 2593f.; vgl. Erfurter Kommentar-*Müller-Glöge* § 620 BGB Rn. 194–201; Staudinger-*Werner* § 1 HWiG Rn. 81.

[222] Ausnahme: Lebensversicherung.

[223] Art. 2 Sps. 2 HtWRL, Art. 2 Ziff. 2 FARL, Art. 2 lit. d) FFRL, Art. 2 Sps. 4 TSRL. Grundsätzlich zustimmend zum Ausschluß von Gewerbetreibenden *Medicus* Gutachten und Vorschläge, S. 526, 533 („stärkerer Widerstand zuzumuten"); *Stathopoulos* AcP 194 (1994) 545, 554.

[224] Siehe oben, § 12 A II 3 (S. 261–264).

[225] Oben, II 1 b) (S. 328f.). Die Besonderheiten des Vertragsgegenstandes rechtfertigen nur Sonderregelungen (z.B. längere Widerrufsfristen) gegenüber dem Distanzvertrieb von „einfachen" Dienstleistungen und Waren.

Überweisungsverträgen; das bestätigt die gesetzgeberische Wertung der Überweisungsrichtlinie, die sich (insoweit) auf Transparenzvorschriften beschränkt.

Zu erwägen wäre, ein Widerrufsrecht auch für *Verbraucherkredite* einzuführen.[226] In dem später durch das Verbraucherkreditgesetz (jetzt § 495 BGB) abgelösten Abzahlungsgesetz war bekanntlich bereits seit 1974 ein Widerrufsrecht vorgesehen.[227] Allerdings wird dem Widerrufsrecht hier (auch von Verbraucherzentralen) keine große praktische Bedeutung beigemessen[228] und seine rechtspolitische Begründung bezweifelt.[229] Für eine Beurteilung muß man die unterschiedlichen „Gefahren" des Verbraucherkreditvertrags auseinanderhalten. Zum einen kann sich der Verbraucher über die mit dem Kredit verbundenen Belastungen täuschen. Dagegen scheint eine vorvertragliche Aufklärung, wie sie die Information über die als effektiven Jahreszins aggregierten Kosten bewirkt, das geeignete Mittel zu sein; daß der Verbraucher es sich innerhalb einer notwendig kurzen Widerrufsfrist, in der die ersten Raten meist noch nicht angefallen sind, deswegen anders überlegen würde, ist hingegen unwahrscheinlich.[230] Auch das relative „Gewicht" des Kreditvertrags erscheint im Vergleich mit der Bedeutung eines Lebensversicherungsvertrags nicht gleichermaßen groß. Ein Widerrufsrecht kann man aber wegen der von dem Verbraucherkredit ausgehenden Verlockung für angebracht halten, die zumindest ebenso wie die Fernabsatztechnik eine irrationale Entscheidung veranlassen kann.[231] Und da die Gefahr hier anders als bei Effektengeschäften nicht so sehr von der Undurchsichtigkeit des Vertrags als von der Verlockung ausgeht, Geld zum Erwerb eines ersehnten Gegenstandes leihen zu können, würden insoweit auch Informationspflichten nach dem Modell der Wertpapierdienstleistungsrichtlinie nichts nützen. Indes ist zu beachten, daß die Last des Widerrufsrechts damit den Kreditgeber trifft, obwohl die Verlockung zumindest gleichermaßen von dem Anbieter der vom Verbraucher letztlich erstrebten Leistung ausgeht. Fügt sich ein Widerrufsrecht für Verbraucherkreditverträge daher in die bestehenden Regelungen durchaus ein, so erscheint sein Fehlen doch aufgrund der unterschiedlichen Abwägungsaspekte nicht schon als wertungsmäßige Lücke.[232] Auch für Verträge über *Wertpapierdienstleistungen* ist bislang

---

[226] Zu den Gründen für ein Widerrufsrecht Begr. RegE VerbrKrG, BT-Drs. 11/5462, S. 21 („wirtschaftliche Bedeutung und Tragweite sowie die Schwierigkeit der Vertragsmaterie"); *Fuchs* AcP 196 (1996) 313, 333 (wirtschaftliche Bedeutung; Komplexität). Ein Widerrufsrecht sieht jetzt der Vorschlag für eine Richtlinie des Europäischen Parlaments und des Rates zur Harmonisierung der Rechts- und Verwaltungsvorschriften der Mitgliedstaaten über den Verbraucherkredit, KOM(2002) 443 endg., vor; Art. 11 V-VerbrKrÄRL.

[227] Näher *Lorenz* Schutz vor dem unerwünschten Vertrag, S. 171–178.

[228] *Reifner* in: Verbraucherkredit und Verbraucherinsolvenz, S. 632f.

[229] Kritisch gegenüber dem Widerrufsrecht nach § 7 VerbrKrG etwa *Lorenz* Schutz vor dem unerwünschten Vertrag, S. 200–202 (Ineffizienz, Über- und Untermaß des Schutzes); *Larenz/Wolf* Allgemeiner Teil, § 39 Rn. 20.

[230] *Medicus* Gutachten und Vorschlage, S. 524f. für das AbzG.

[231] *Canaris* AcP 200 (2000) 273, 350.

[232] Ebenso *Grundmann* Schuldvertragsrecht, 4.10 Rn. 36.

ein Widerrufsrecht nicht vorgesehen, statt dessen stellt die WpDRL weitreichende und auf den Einzelfall abgestimmte Aufklärungs- und Beratungspflichten auf, die (beim „vor-Ort-Geschäft") einen ausreichenden Schutz verbürgen sollen. Auch wenn man Wertpapiergeschäfte ihrer Bedeutung nach mit Lebensversicherungsverträgen gleichsetzen mag, ist eine Lücke nicht zu beanstanden, da Information hier effektiveren Schutz verspricht. Zudem wäre ein Widerrufsrecht bei Wertpapierdienstleistungen praktisch problematisch, weil der Wert des Vertragsgegenstands kursabhängig ist und daher die Abwicklung schwierig wäre.[233]

Neben Bankgeschäften kann sich auch bei Verträgen über *Fernunterricht* und verwandte Gegenstände ein besonderes Schutzbedürfnis ergeben, dem durch ein Widerrufsrecht Rechnung getragen werden kann. Ein Widerrufsrecht kann hier sowohl wegen der Bedeutung des Geschäfts als auch wegen der besonderen Verlockungen geboten sein, die von dem Vertragsgegenstand ausgehen.[234] Auch der 1980 zurückgezogene Vorschlag einer Fernunterrichtsschutzrichtlinie[235] enthielt in Art. 10 ein Widerrufsrecht und in Art. 11 ein außerordentliches Kündigungsrecht.[236] Die Kombination von Widerrufs- und Kündigungsrecht hatte einen guten Sinn: Während das Widerrufsrecht Ausgleich für die Verlockung ist, liegt in dem Kündigungsrecht ein Ausgleich dafür, daß die Qualität und Tauglichkeit des Unterrichts erst nach einiger Zeit sinnvoll beurteilt werden kann.[237]

## III. Willensmängel – Irrtum, Täuschung und Drohung

Das europäische Vertragsrecht enthält keine Regeln über die Anfechtung wegen Irrtums, Täuschung oder Drohung, zu Recht, denn erstens besteht insoweit – ungeachtet zahlreicher Unterschiede im einzelnen – ein als gleichwertig zu erachtender gemeinsamer europäischer Nenner.[238] Und zweitens geht es auch hier um die Regelung von konkret-individuellen Einzelfällen, die als solche keine (Binnen-) Marktrelevanz haben und daher auch nach dem Harmonisierungskonzept im Vertragsrecht nicht zum Regelungsprogramm der Gemeinschaft gehören.

---

233 Auch für Fernabsatzgeschäfte schließt daher Art. 6 Abs. 2 lit. a FFRL das Widerrufsrecht bei Verträgen über Wertpapiere aus.

234 EuGH v. 16. 5. 1989 – Rs. 382/87 *Buet ./. Ministère Public* Slg. 1989, 1235 Rn. 12.

235 ABl. 1977 C 208/12.

236 Dem Schutz vor dem unerwünschten Vertrag entsprach der in Art. 10 Abs. 1 V-FernURL vorgesehene Fristbeginn mit Erhalt des ersten Unterrichtsmaterials (zu den vom Schutzzweck gebotenen Fristregelungen *Medicus* Gutachten und Vorschläge, S. 523f.; *ders.* Schuldrecht I, Rn. 573). Unter dem Gesichtspunkt eines umfassenden Schutzes der Schüler war zudem die Ergänzung durch das Kündigungsrecht ein sinnvoller Ausgleich zwischen einem nachträglichen Lösungsinteresse des Schülers und dem Bestandsinteresse des Veranstalters; eine längere Widerrufsfrist wäre demgegenüber wegen der ex-tunc Wirkung des Widerrufs mit zunehmender Unterrichtsdauer um so bedenklicher.

237 Vgl. *Medicus* Gutachten und Vorschläge, S. 523f.

238 *Kötz* Vertragsrecht, §§ 10, 11 (S. 260–325). Ferner Art. 4:103–4:108 EP.

Mit dem Recht der Willenmängel verwandt ist allein das Widerrufsrecht wegen unlauteren Verleitens, das noch Art. 4 Abs. 2 V1-FFRL vorsah, das aber in der verabschiedeten Richtlinie (FFRL) nicht mehr enthalten ist.[239] Ausgehend von dem Bedenkzeit-Mechanismus, den der erste Vorschlag installierte, sollte dieser Tatbestand sicherstellen, daß der Verbraucher die Bedenkzeit auch nutzen kann. Deshalb verlängerte er die Überlegungsfrist über den Vertragsschluß hinaus, wenn der Anbieter den Verbraucher in „unlauterer" Weise zum Vertragsschluß verleitet. „Unlauterkeit" definierte der Vorschlag nicht positiv, er gab aber vor, daß die „Übermittlung objektiver Angaben … über den Preis der Finanzdienstleistung, wenn diese Schwankungen am Markt unterliegen", nicht als unlauteres Verhalten gelte.[240] Die Vorschrift stand so in einer gewissen Nähe zu der Anfechtung wegen Täuschung. Indes liegt unlauteres Verhalten deutlich unterhalb der Grenze zu Täuschung und Drohung.[241] In der Sache handelte es sich daher eher um eine spezielle Ausprägung des Umgehungsverbots. Der Grund für die ausdrückliche Regelung – ungeachtet der „gemeineuropäischen" Wurzel des Umgehungsverbots im römischen Recht und seiner Begründung aus dem Verbotszweck –[242] lag daher wohl darin, daß der Gesetzgeber die einheitliche Auslegung sicherstellen wollte.

## IV. Einschränkungen der Abschlußfreiheit

### 1. Übersicht

#### a) *Abschlußzwang*[243]

Eine Einschränkung der Abschlußfreiheit[244] enthält Art. 5 *Überweisungsrichtlinie*. Danach ist ein Institut verpflichtet, auf Ersuchen eines Kunden bindende Zusagen über die

[239] Entfallen in V2-FFRL.

[240] Art. 4 Abs. 2 UAbs. 2 V1-FFRL; im wesentlichen unverändert Art. 4 Abs. 2 UAbs. 2 V2-FFRL, der freilich kein Widerrufsrecht mehr vorsah, sondern einen Schadensersatzanspruch; der Geänderte Vorschlag stellte sprachlich auch klar, daß nicht die Finanzdienstleistung, sondern der Preis Schwankungen unterliegen muß; in der verabschiedeten Richtlinie ist eine entsprechende Regelung nicht mehr enthalten.

[241] *Riesenhuber* WM 1999, 1441, 1445.

[242] *Flume* Rechtsgeschäft, § 17 5 (S. 350f.).

[243] Neben den im folgenden erörterten Tatbeständen etwa noch Art. 12 Richtlinie 93/83/EWG des Rates v. 27.9.1993 zur Koordinierung bestimmter urheber- und leistungsschutzrechtlicher Vorschriften betreffend Satellitenrundfunk und Kabelweiterverbreitung, ABl. 1993 L 248/15.

[244] Man kann die Koppelungsvorschrift des Art. 5 ÜwRL freilich ebenso als Einschränkung der Inhaltsfreiheit auffassen, da sie den Inhalt des Bankvertrags bestimmt: Die Bank ist gebunden, für ihren Kunden auch EG-Überweisungen ausführen. In der Tat spricht das Effektivitätsgebot dafür, die Kündigung des bestehenden Bankvertrags *wegen invitatio ad offerendum* für grenzüberschreitende Überweisung auszuschließen.

Bedingungen einer grenzüberschreitenden Überweisung zu machen, „es sei denn, es wünscht keine Geschäftsbeziehungen zu dem betreffenden Kunden aufzunehmen". Schließt das Institut eine Geschäftsbeziehung zu dem Kunden nicht aus, so ist es gebunden, ihm auch für die Einzelüberweisung ein verbindliches Angebot zu machen.[245] Der Zweck dieser Regelung liegt darin, einen funktionierenden und transparenten Wettbewerb im Bereich der grenzüberschreitenden Überweisungen zu etablieren. Dafür ist es erforderlich, daß der Kunde verbindliche und dadurch vergleichbare Angebote über die Bedingungen für ein solches Geschäft einholen kann.

Keine Einschränkung der Vertragsfreiheit sollte Art. 3 Abs. 1 des Ersten Vorschlags einer Fernabsatzrichtlinie für Finanzdienstleistungen bedeuten. Nach dieser Vorschrift übermittelt der Anbieter dem Verbraucher vor Vertragsschluß Vertragsbedingungen, an die er für die Dauer einer Bedenkzeit gebunden ist. Eine Pflicht, Angebote zu machen, sollte damit aber nicht statuiert werden.[246] Im Geänderten Vorschlag ist die Vorschrift entfallen.

Nur zu erwähnen ist hier der kartellrechtliche Kontrahierungszwang, der sich gemeinschaftsrechtlich aus Art. 82 Abs. 2 lit. c EG ergeben[247] und in Verbindung mit dem nationalen Recht auch zur Bewehrung des Kartellverbots des Art. 81 Abs. 1 und 2 EG vorgesehen sein kann.[248] Das entspricht den aus dem nationalen Recht anerkannten Grundsätzen; hier wird auch von dem „Prinzip des Kontrahierungszwangs öffentlich ihre Leistungen anbietender Unternehmen zugunsten (ohne zumutbare Ausweichmöglichkeit) darauf Angewiesener" gesprochen.[249] Auch im Zusammenhang mit dem Kartellrecht hat das Europäische Gericht Erster Instanz aber den Grundsatz der Vertragsfreiheit (Abschlußfreiheit) hervorgehoben. Unter anderem mit Rücksicht auf dieses grundlegende – von dem Gericht freilich nicht näher begründete – Prinzip des Gemeinschaftsrechts hat es Art. 3 der Verordnung Nr. 17 dahin ausgelegt, daß die Kommission danach nicht den Abschluß eines bestimmten Vertrags anordnen dürfe.[250]

---

[245] *Grundmann* Schuldvertragsrecht, 4.13 Rn. 22; U. H. *Schneider* EuZW 1997, 589, 591.

[246] *Riesenhuber* WM 1999, 1441, 1445.

[247] Immenga/Mestmäcker-*Möschel* Art. 86 EGV Rn. 224–231. EuGH v. 2. 3. 1983 – *GVL ./. Kommission* Slg. 1983, 483 LS 5 (s.a. Rn. 52–54).

[248] Immenga/Mestmäcker-K. *Schmidt* Art. 85 Abs. 2 EGV Rn. 86. Vgl. BGH, NJW 1980, 1224, 1225 – BMW-Importe; BGH, NJW 1988, 2175, 2177 – Cartier-Uhren.

[249] *Bydlinski* System, S. 180f.; *Larenz/Wolf* Allgemeiner Teil, § 34 Rn. 30–36; ablehnend gegenüber dem allgemeinen Grundsatz Jauernig-*Jauernig* Vor § 145 Rn. 10. Ähnlich für das englische Recht; *Beatson* in: Good Faith and Fault in Contract Law, S. 279f.

[250] EuG 18. 9. 1992 – Rs T-24/90 *Automec ./. Kommission* Slg. 1992, II-2223 Rn. 51; das Gericht hebt aber Rn. 50 die Befugnis nationaler Gerichte hervor, Unternehmen nach nationalem Recht zum Vertragsschluß zu verurteilen. Zu den der Kommission nach Art. 3 VO Nr. 17 zu Gebote stehenden Maßnahmen zur Abstellung von Zuwiderhandlungen gegen Art. 81f. EG näher Immenga/Mestmäcker-*Ritter* Art. 3 VO 17 Rn. 41–44 (Abstellen grundsätzlich durch Unterlassen, nicht durch positive Verpflichtung, Rn. 43).

### b) *Beschränkungen der Partnerwahl*

#### aa) Diskriminierungsverbote

Im Grundsatz gilt auch im europäischen Privatrecht, daß jeder sich seinen Vertragspartner frei wählen kann. Dieser Grundsatz wird aber vor allem durch Diskriminierungsverbote einerseits eingeschränkt, andererseits erweitert.

Primärrechtliche Diskriminierungsverbote erweitern die Vertragsfreiheit der Parteien, indem sie gesetzliche Beschränkungen der freien Partnerwahl aufheben. Sie eröffnen so die Möglichkeit, Waren und Dienstleistungen unabhängig von der mitgliedstaatlichen Nationalität anzubieten oder nachzufragen. So sind beispielsweise Touristen in ihrer Auswahl von Fremdenführern nicht darauf beschränkt, Ortsansässige zu engagieren.[251]

Als Privatrechtssätze beschränken Diskriminierungsverbote die freie Partnerwahl. Wir haben bereits gesehen, daß insbesondere die primärrechtliche Vorschrift des Art. 141 EG auch Privatrechtswirkung entfaltet.[252] Da die Vorschrift indes nur die Entgeltgleichheit betrifft, hat sie für die Freiheit der Partnerwahl allenfalls mittelbare Bedeutung. Das allgemeine Verbot der Nationalitätsdiskriminierung des Art. 12 EG hingegen wirkt grundsätzlich nicht zwischen Privaten.[253] Im Sekundärrecht gibt neben den arbeitsrechtlichen Diskriminierungsverboten,[254] namentlich dem Verbot der Geschlechtsdiskriminierung –[255] jetzt vor allem einen weitreichenden Schutz vor Differenzierung nach Rasse oder ethnischer Herkunft.[256]

Als Privatrechtssätze sind Diskriminierungsverbote zuerst als Beschränkung der Partnerwahl des Gebundenen anzusehen. Indes darf man nicht übersehen, daß sie für die Begünstigten in gewisser Weise die Freiheit der Partnerwahl erst begründen, indem sie ausgrenzende Differenzierungsgründe ausschließen und so eine Chancengleichheit zwischen der benachteiligten und der bevorzugten Gruppe – z.B. zwischen Frauen und Männern – herstellt. Freilich begründet dieser Ausschluß einzelner möglicher Ablehnungsgründe weder die einseitige Freiheit, einen Partner unabhängig von dessen Willen auszuwählen, noch den Anspruch, nun unabhängig von sachlichen Kriterien ausgewählt zu werden. Von einer Erweiterung der Freiheit kann man gleichwohl sprechen, da die

---

[251] EuGH v. 26.2.1991 – Rs. C-154/89 *Kommission ./. Frankreich* Slg. I-659; EuGH v. 26.2.1991 – Rs. C-180/89 *Kommission ./. Italien* Slg. I-709; EuGH v. 26.2.1991 – Rs. C-198/89 *Kommission ./. Griechenland* Slg. I-727. Weitere Beispiele bei *Müller-Graff* in: Party Autonomy, S. 141f.

[252] Oben, § 5 III 2 b (S. 106–108).

[253] Oben, § 5 III 2 c (S. 109f.).

[254] S. insbes. Richtlinie 2000/78/EG des Rates vom 27. November 2000 zur Festlegung eines allgemeinen Rahmens für die Verwirklichung der Gleichbehandlung in Beschäftigung und Beruf, ABl. 2000 L 303/16.

[255] Dazu etwa EuGH v. 21.5.1985 – Rs. 248/83 *Kommission ./. Deutschland* Slg. 1985, 1459; EuGH v. 8.11.1990 – Rs. C-177/88 *Dekker* Slg. 1990, I-3941; EuGH v. 16.7.1992 – Rs. C-63 und 64/91 *Jackson und Creswell* Slg. 1992, I-4737; EuGH v. 13.7.1995 – Rs. C-116/94 *Jennifer Meyers* Slg. 1995, I-2131. Dazu etwa *Barnard* EC Employment Law, S. 238–252; *Blanpain/Schmidt/Schweibert* Europäisches Arbeitsrecht, Tz. 371 (S. 269). Kritisch (zu § 611 a BGB) *Zöllner* Privatrechtsgesellschaft, S. 18f.

[256] Richtlinie 2000/43/EG des Rates vom 29. Juni 2000 zur Anwendung des Gleichbehandlungsgrundsatzes ohne Unterschied der Rasse oder der ethnischen Herkunft, ABl. 2000 L 180/22.

Chancen, die einen wesentlichen Aspekt der Freiheit ausmachen, erweitert werden.[257] Ist der Schutz vor Diskriminierungen dem Prinzip der Privatautonomie auch einerseits gegenläufig, so ist er doch andererseits schon Ausfluß einer material verstandenen Privatautonomie selbst.[258]

bb) Vergaberecht

Nur obiter ist die Einschränkung der freien Partnerwahl durch das Vergaberecht zu erwähnen, das öffentliche Auftraggeber darauf beschränkt, Anbieter nur nach festgelegten Eignungskriterien auszuschließen[259] und unter den Angeboten nach bestimmten Zuschlagskriterien – niedrigster Preis oder wirtschaftlich günstigstes Angebot – auszuwählen.[260] Nach dem Plan der Darstellung sind die einzelnen Vorschriften des Europäischen Vergaberechts hier nicht weiter zu erörtern. Indes darf man die prinzipielle Bedeutung, die dem Vergaberecht auch für das Vertragsrecht zukommt, nicht gering schätzen. Denn das Vergaberecht dient ebenso wie das Subventions-, das Kartell- und das Wettbewerbsrecht auch der Erhaltung eines auf dem Prinzip des unverfälschten Wettbewerbs beruhenden Marktes, soweit es dazu dient, den Mißbrauch einer marktbeherrschenden Stellung (vgl. Art. 82 EG) zu verhindern.

## 2. Grundgedanken

Im Grundsatz herrscht im Europäischen Vertragsrecht Abschlußfreiheit. Die Abschlußfreiheit wird nur aus eng umgrenzten sozial-, intergrations- oder wirtschaftspolitischen Gründen eingeschränkt.

Ausgehend von dem Gebot des gleichen Entgelts in Art. 141 EG hat sich das allgemeine Verbot der Geschlechtsdiskriminierung als einer der tragenden Grundsätze des Europäischen Rechts entwickelt.[261] Daß auf diese Weise Elemente distributiver Gerechtigkeit in das Vertragsrecht einfließen, die einzelne (Arbeitgeber) belasten, ist, wie eindringlich *Canaris* hervorgehoben hat, in einer privatrechtlich verfaßten Wirtschaftsordnung zumindest in Teilbereichen – insbesondere im Bereich des Arbeitsrechts – ganz unvermeidlich. Es zeigt sich darin die bereits früher angesprochene[262] Sozialpflichtigkeit der Privatautonomie.[263] Das sozialstaatlich begründete Diskriminierungsverbot begründet also im Verein mit der Marktverfassung die Einschränkung der Vertragsfreiheit. In diesem Sinne ist daher die Beschränkung der Abschlußfreiheit dem Prinzip der Vertragsfreiheit schon immanent.

---

257 Vgl. noch *Canaris* Iustitia distributiva, S. 72–74 und 86–91.

258 Eingehend jetzt *Neuner* JZ 2003, 57–66.

259 Art. 20–25 VergLRL, Art. 24–29 VergBRL, Art. 30–33 VergSRL, Art. 29–35 VergDRL.

260 Art. 26f. VergLRL, Art. 30–32 VergBRL, Art. 34–37 VergSRL, Art. 35f. VergDRL.

261 Für Art. 141 EG betont der EuGH das in ständiger Rechtsprechung; s. nur EuGH v. 8.4.1976 – Rs. 43/75 *Defrenne II* Slg. 1976, 455 Rn. 12.

262 Oben, § 11 II 1 b (S. 240–242).

263 *Canaris* Iustitia distributiva, S. 119f., 127; auch *ders.* Grundrechte und Privatrecht, S. 60f.

Ähnlich verhält es sich aber auch bei den übrigen Beschränkungen. So dient die gewisse Einschränkung der Abschlußfreiheit, die die Überweisungsrichtlinie begründet, der Wahrung bzw. Herstellung des Wettbewerbs. Das Vergaberecht soll Wettbewerbsverzerrungen durch den Staat als öffentlichen Auftraggeber verhindern und einen gemeinschaftsweiten Markt für öffentliche Aufträge erschließen. Gerade im Europäischen Recht ist die Verbindung zwischen Vertragsfreiheit als Bestandteil einer privatrechtliche verfaßten Wirtschaftsordnung und wirtschaftspolitischen Zielen freilich geradezu selbstverständlich, denn das ist eine wesentliche Grundlage schon der römischen Verträge: Die Nutzung der Vertragsfreiheit als Mittel der Integration. Schon die den Grundfreiheiten – die freilich nach hier vertretener Auffassung Private nicht unmittelbar binden –[264] zu entnehmenden Diskriminierungsverbote dienen daher gerade auch dazu, allen Marktteilnehmern gleichen Zugang zum Gemeinschaftsmarkt zu gewährleisten.

---

[264] Oben, § 5 III.

# § 15 Vertragsinhalt

## A. Vertragsauslegung und Bindung an vorvertragliche Angaben

### I. Vertragsauslegung

Allgemeine Regeln über die Auslegung von Verträgen und Erklärungen, wie sie z.B. die Art. 5:101–5:107 EP, Art. 4.1–4.8 UP enthalten, finden sich im Europäischen Vertragsrecht nicht. Aus einzelnen Vorschriften lassen sich indes einige Grundlinien für die Auslegung von Verträgen ableiten.[1]

#### 1. Einzelne Auslegungsregeln

##### a) *Auslegung nach dem von den Parteien verfolgten Zweck*

Die Vertragsgemäßheit von Verbrauchsgütern wird „vermutet", wenn sie „sich für einen bestimmten vom Verbraucher angestrebten Zweck eignen, den der Verbraucher dem Verkäufer bei Vertragsschluß zur Kenntnis gebracht hat und dem der Verkäufer zugestimmt hat".[2] Diese Vorschrift, die einer spezielleren Vereinbarung nachgeht und insofern dispositiv ist, kann man als gesetzliche Auslegungsregel verstehen. Eine Vereinbarung ist ihr zufolge nach dem von einer Partei verfolgten Zweck auszulegen, wenn die andere Partei dieser Zwecksetzung zugestimmt hat.[3] *A maiore* muß gelten, daß der von beiden Parteien einvernehmlich verfolgte Zweck für die Auslegung heranzuziehen ist; das bestimmt als Grundregel Art. 5:101 Abs. 1 EP.

##### b) *Auslegung mit Rücksicht auf berechtigte Erwartungen*

Verschiedene Vorschriften bestimmen, daß vorvertragliche Angaben des beruflich oder gewerblich Tätigen Vertragsbestandteil werden.[4] Auch hier kann man die Grundlage der Regelung in einer Auslegungsregel finden, wonach die Vereinbarung mit Rücksicht auf die „berechtigten Erwartungen" des Adressaten vorvertraglicher Information auszulegen ist.[5] Darin liegt eine Tendenz zugunsten der „Erklärungstheorie", die den Erfordernissen des Verkehrsschutzes stärker Rechnung trägt.[6]

---

[1] Gesondert erörtert wird der Grundsatz von Treu und Glauben; nachfolgend, D (S. 398–414).

[2] Art. 2 Abs. 2 lit. b KGRL.

[3] Näher unten, § 17 A II 3 a (S. 479–483).

[4] Art. 2 Abs. 2 lit. d, Art. 6 Abs. 1 KGRL, Art. 3 Abs. 2 UAbs. 2 PRRL, Art. 3 Abs. 2 UAbs. 1 TSRL; näher sogleich, II (S. 359–375).

[5] Näher sogleich, II (S. 359–375) und dort 2 d) (S. 368–372) zur dogmatischen Einordnung.

[6] Ebenso das „gemeineuropäische" Vertragsrecht, *Kötz* Vertragsrecht, § 7 II und III (S. 164–173); 5:101 EP und *Lando/Beale* Principles, S. 291 Note 4.

### *c) Auslegung mit Rücksicht auf den Vertrag als Ganzes*

Bereits die Rücksicht auf vorvertragliche Information (soeben b) weist auf eine weitere Regel hin, die Auslegung mit Rücksicht auf den Vertrag als Ganzes einschließlich der den Vertragsabschluß begleitenden Umstände. Nach der AGB-Richtlinie ist die Mißbräuchlichkeit einer nicht-ausgehandelten Klausel „unter Berücksichtigung der Art der Güter oder Dienstleistungen, die Gegenstand des Vertrages sind, aller den Vertragsabschluß begleitenden Umstände sowie aller anderen Klauseln desselben Vertrages oder eines anderen Vertrages, von dem die Klausel abhängt, zum Zeitpunkt des Vertragsabschlusses" zu beurteilen.[7] Als allgemeinen Grundsatz schreiben das die European Principles vor: „*Terms are to be interpreted in the light of the whole contract in which they appear.*"[8]

### *d) Die Unklarheitenregel: In dubio contra proferentem*

Ergeben sich bei der Auslegung nicht-ausgehandelter Vertragsklauseln Zweifel, so regiert die dem Verbraucher günstigste Variante, Art. 5 S. 2 AGBRL. Der Regelung liegt der Gedanke zugrunde, daß derjenige, der sich der Vorteile der Klauselgestaltung bedient, auch deren Lasten tragen muß;[9] ihn trifft für Unklarheiten die Verantwortung.[10] Der Grundsatz, der dem römischen Recht entstammt,[11] ist in den europäischen Rechtsordnungen weithin anerkannt und wird zur Auslegung vorformulierter Vertragsklauseln herangezogen.[12] Auch Art. 5:103 EP und Art. 4.6 UP folgen der *contra proferentem*-Regel, indes nicht beschränkt auf Verträge zwischen Unternehmern und Verbraucher und mit der „weicheren" Rechtsfolgenanordnung, die Interpretation sei zu *bevorzugen*, die zu Lasten des Vertragsteils geht, der die Bedingung gestellt hat.[13]

Für einseitig vorformulierte individuell ausgehandelte Vereinbarungen gilt die Vorschrift des Art. 5 S. 2 ABGRL nicht, ebensowenig wie Art. 5:103 EP. Sie könnte aber

---

[7] Art. 4 Abs. 1 AGBRL. Zur Bedeutung von Art. 4 AGBRL als Auslegungsregel Grabitz/Hilf II-*Pfeiffer* A 5 (AGBRL) Art. 5 Rn. 43.

[8] Art. 5:105 EP, Art. 4.4 UP.

[9] *Knütel* JR 1981, 221, 224. Mit ökonomischen Erwägungen *(cheapest cost avoider)* begründet *Kötz* Europäisches Vertragsrecht, § 7 IV (S. 175) die Unklarheitenregel.

[10] Die Zurechnung („Verantwortung") betont die deutsche Rechtsprechung gelegentlich; siehe nur BGH WM 1978, 10, 11; aus dem Schrifttum statt vieler *Ulmer*/Brandner/Hensen, § 5 AGBG Rn. 1 mwN.

[11] *Zimmermann* Law of Obligations, S. 639f., zeigt auf, daß die Regel bereits im römischen Recht nicht auf die *stipulatio* beschränkt war und von den Glossatoren zur Auslegungsregel zu Lasten desjenigen verallgemeinert wurde, der den Vertragstext formuliert hat: *interpretatio contra proferentem*. Der Kern der Regel wird bei der *stipulatio* besonders deutlich, da hier der Verkäufer den Vertragstext in formalisierter Form aussprechen muß und so die Bedingungen formuliert.

[12] *Kötz* Vertragsrecht, § 7 IV (S. 174f.); *Lando/Beale* Art. 5:103 Notes. BGHZ 62, 83, 88f.; Grabitz/Hilf II-*Pfeiffer* A 5 (AGBRL) Art. 5 Rn. 45. Einschränkend für das deutsche Recht vor dem AGBG BGH LM Nr. 14 zu § 157 [A] Bl. 2; RGZ 116, 274, 276; RGZ 131, 343, 350; zur eingeschränkten Bedeutung im englischen Recht aber *Collins* Oxf.J.Leg.Stud. 14 (1994) 229, 247f.; *Treitel* Law of Contract, S. 202.

[13] In den Anmerkungen zu Art. 5:103 EP weisen die Herausgeber ausdrücklich darauf hin, daß damit eine Auslegung zugunsten desjenigen, der die Bedingungen gestellt hat, nicht ausgeschlossen ist; *Lando/Beale* Principles, Art. 5:103 Comment a.E.

auch insofern von Bedeutung sein, vor allem in den nicht seltenen Fällen der Nachweispflichten,[14] die einen Vertragspartner binden, dem anderen die Bedingungen der Vereinbarung nachzuweisen. Denn die nachzuweisenden Bedingungen können durchaus auch individuell ausgehandelte Vereinbarungen umfassen, so vor allem im Arbeitsrecht. Ist der Nachweisschuldner auch dazu verpflichtet, die Bedingungen getreu der vorherigen Vereinbarung nachzuweisen, so kann sich doch aus der Niederschrift eine Unklarheit ergeben. Auf diese Unklarheiten kann die *contra proferentem*-Regel indes nicht angewandt werden. Das folgt – formal – schon daraus, daß entsprechende gesetzliche Anordnungen fehlen; insbesondere die Nachweisrichtlinie hat bekanntlich die rechtliche Bedeutung des erteilten Nachweises nahezu völlig offen gelassen.[15] Der Nachweis ist außerdem nur eine Bestätigung der auszulegenden Vereinbarung, nicht aber die Vereinbarung selbst. Vor allem aber paßt der Grundgedanke der *contra proferentem*-Regel, die Verbindung von Last und Vorteil, in diesem Fall nicht, da der Nachweisschuldner beim Nachweis individueller Bedingungen nicht zum eigenen Vorteil handelt, sondern zum Vorteil des Nachweisgläubigers, und bei der Abfassung des Nachweises gerade keinen Spielraum hat.

### *e) Auslegung und Sprache*

Eine gängige Frage bei der Auslegung grenzüberschreitender Verträge ist, welcher von mehreren sprachlichen Fassungen im Fall der Divergenz der Vorrang gebührt. Diese Frage ist durchaus auch im Europäischen Vertragsrecht praktisch. Z.B. verpflichtet die Timesharingrichtlinie den Verkäufer, dem Erwerber von der Vertragsurkunde neben dem Original auch eine beglaubigte Übersetzung in der Sprache des Belegenheitslandes zu geben.[16]

Eine formale Antwort darauf liefert die *contra proferentem* Regel für den Fall, daß es – wie praktisch zumeist – um verschiedene sprachliche Fassungen nicht-ausgehandelter Vereinbarungen geht. Danach gilt die dem Verbraucher günstigste Auslegung. Im übrigen könnte man, mit Art. 5:107 EP, der Originalsprache den Vorzug geben. Das kann indes nur gelten, soweit die Parteien die Vertragssprache frei wählen können, nicht aber, wenn die Sprache zugunsten einer Partei vorgeschrieben oder einer Partei die Sprachwahl überlassen ist.[17] Weil in diesen Fällen die Sprachvorschrift bzw. -wahl selbst eine Schutzfunktion hat, muß die vorgeschriebene bzw. gewählte Sprache regieren.

---

[14] Unten, B III (S. 383–390).

[15] Art. 6 NwRL. Näher oben, § 12 B (S. 273) und unten, B III (S. 383–390).

[16] Art. 4 Sps. 3 TSRL. Die Pflicht zur Übergabe eines Vertragsexemplars in der gewählten Sprache nennt Art. 4 TSRL nicht, sie ergibt sich indes aus dem Zusammenhang; *Reich* Verbraucherrecht, Tz. 143e.

[17] Oben, § 12 D (S. 277–287).

## 2. Keine allgemeinen Auslegungsvorschriften

Diese Auslegungsregeln haben z.T. sehr weite Anwendungsbereiche. Allgemeine Auslegungsvorschriften lassen sich aus den Einzelvorschriften jedoch nicht ableiten. Nur soweit besondere Schutzvorschriften dies gebieten, ist die Vertragsauslegung demnach durch das Europäische Vertragsrecht vorgegeben, im übrigen bleibt es bei den in Einzelheiten divergierenden[18] nationalen Auslegungsregeln, die das Gemeinschaftsrecht als gleichwertig anerkennt.[19] Die Gleichwertigkeit nationaler Auslegungsregeln ergibt sich nicht zuletzt aus Art. 10 Abs. 1 lit. a EVÜ.

Auslegungsregeln bilden so einen der verborgeneren Bereiche der Divergenzen zwischen mitgliedstaatlichen Rechten. Weder Verbraucher noch Unternehmen können sicher sein, daß ihren Vereinbarungen von den Gerichten in allen Mitgliedstaaten dieselbe Bedeutung beigelegt wird. Für den Verbraucher dürften die möglichen Divergenzen indes praktisch nicht von Gewicht sein, denn mit der Unklarheitenregel des Art. 5 S. 2 AGBRL hat das Europäische Recht die für ihn praktisch wichtigste Auslegungsmaxime vereinheitlicht. Ob sich für den verbleibenden Bereich eine Europäische Regelung anbietet, ist zweifelhaft; wichtiger als Rechtssätze dürfte in diesem Bereich Rechtsangleichung „von unten" durch eine Annäherung der Rechtskulturen bleiben.

# II. Bindung an vorvertragliche Angaben

Regelungen über den Vertragsinhalt, sei es in Form dispositiven oder zwingenden Rechts, sind im Europäischen Privatrecht selten.[20] In verschiedenen Richtlinien finden sich jedoch Vorschriften, die vorvertragliche Angaben in Prospekt, Werbung oder „öffentlichen Äußerungen" zum Vertragsbestandteil erklären.

## 1. Übersicht[21]

Nach Art. 3 Abs. 2 UAbs. 2 *Pauschalreiserichtlinie* ist der Veranstalter/Vermittler, der einen Prospekt über die Reise begibt, an die darin enthaltenen Angaben gebunden, es sei denn (1) er hätte die Änderung gemäß einem schon in dem Prospekt enthaltenen Vor-

---

[18] Rechtsvergleichende Übersichten bei *Kötz* Europäisches Vertragsrecht, § 7 (S. 162–188); *Lando/Beale* European Principles, Art. 5:101 Note 1; *Zweigert/Kötz* Rechtsvergleichung, § 30 (S. 395–405).

[19] Grabitz/Hilf II-*Pfeiffer* A 5 (AGBRL) Art. 5 Rn. 42; *Wolf*/Horn/Lindacher Art. 5 AGBRL Rn. 8.

[20] Unten, C (S. 392–397).

[21] Eine 14tägige Bindung an die vorvertragliche Information über die Vertragsbedingungen sah auch Art. 3 Abs. 1 V1-FFRL vor. Sie sollte allerdings nicht für den Preis gelten, wenn dieser „sich nach den Sätzen auf den Finanzmärkten, auf die der Anbieter keinen Einfluß hat, richtet" (Abs. 3); in diesem Fall sind nur die übrigen Bedingungen verbindlich, der Preis wird bei Vertragsabschluß einvernehmlich festgelegt. Die Vorschrift ist indes im Geänderten Vorschlag (KOM(99) 385 endg.) entfallen und auch in der verabschiedeten Richtlinie nicht enthalten.

behalt[22] vor Vertragsschluß mitgeteilt hat oder (2) die Parteien hätten („später") anderes vereinbart.[23]

Eine ähnliche Bindung sieht Art. 3 Abs. 2 *Timesharingrichtlinie* vor, wonach die in einem Timesharingprospekt enthaltenen Angaben Vertragsbestandteil werden. Davon kann nur abgewichen werden, wenn (1) die Parteien dies ausdrücklich vereinbaren oder (2) Umstände dazu Anlaß geben, auf die der Verkäufer keinen Einfluß hat („externe Umstände"). Im zweiten Fall muß die Änderung dem Erwerber vor Vertragsschluß mitgeteilt und in dem Vertrag ausdrücklich darauf hingewiesen werden.

Eine Bindung an Werbungsangaben sieht auch Art. 6 Abs. 1 *Kaufgewährrichtlinie* vor, wonach die Garantie den Erklärenden u.a. „gemäß den in ... der einschlägigen Werbung angegebenen Bedingungen binden" muß. Da „der Erklärende" gebunden wird, kann die Bindung nicht nur den Verkäufer treffen, sondern auch den Hersteller oder Zwischenhändler, der Garantieerklärungen abgibt. Die Garantie kann aufgrund einer besonderen Abrede – z.B. im Kaufvertrag oder im „Garantieschein" des Herstellers – oder auch allein aufgrund der Werbung zustande kommen, letzteres z.B., wenn der Hersteller in der Werbung Garantieangaben macht („Garantiewerbung").[24] Eine Garantievereinbarung ist im Lichte der Werbungsaussagen auszulegen. Nach dem weitgefaßten Wortlaut (einschlägige Werbung; *associated advertising; publicité y afférente*) und nach dem Schutzzweck der Vorschrift sind auch für die Auslegung der Händlergarantie die Angaben in der Herstellerwerbung zu berücksichtigen und umgekehrt. Ausnahmen von der Bindung an Werbungsaussagen sieht Art. 6 Kaufgewährrichtlinie nicht vor.[25]

Ferner bestimmt sich die Vertragsmäßigkeit einer Ware auch nach den öffentlichen Äußerungen des Verkäufers, des Herstellers oder des Vertreters des Herstellers über die konkreten Eigenschaften des Gutes (Art. 2 Abs. 2 lit. d KGRL).[26] Nach dieser Vorschrift ist die Ware vertragsgemäß, wenn sie eine Qualität und Leistung aufweist, „die der Verbraucher vernünftigerweise erwarten kann, wenn ... die insbesondere in der Werbung oder auf dem Etikett getätigten öffentlichen Äußerungen des Verkäufers, des Herstellers oder dessen Vertreters über die konkreten Eigenschaften des Gutes in Betracht gezogen werden".[27] Diese Bindung tritt allerdings (gem. Abs. 4) nicht ein, wenn der Verkäufer nachweist, (1) daß er die öffentlichen Äußerungen nicht kannte oder kennen mußte,[28] (2)

---

[22] Im Richtlinientext ist das Vorbehaltserfordernis zwar nur undeutlich ausgedrückt. Dort heißt es, „im Prospekt ist darauf (?) hinzuweisen". Es ist in der Sache aber unumstritten; *Grundmann* Schuldvertragsrecht, 4.01 Rn. 15.

[23] Zur Rechtslage nach früherem deutschen Recht *Lehmann* Vertragsanbahnung durch Werbung, S. 211f.

[24] *Grundmann* Schuldvertragsrecht, 2.12 Rn. 32.

[25] Ebenso *Grundmann* Schuldvertragsrecht, 2.12 Rn. 33; *Dürrschmidt* Werbung und Verbrauchergarantien, S. 117f. Anderes läßt sich insbesondere nicht der Formulierung entnehmen, die Garantie müsse „denjenigen, der sie anbietet" binden. Wenn solchermaßen die Bindung begründet ist, dann ist sie ohne weitere Beschränkung „gemäß den in der einschlägigen Werbung angegebenen Bedingungen" auszulegen.

[26] I.e. unten, § 17 A II 3 aa (S. 479–483).

[27] Im Ansatz ebenso für das deutsche Recht *Medicus* Schuldrecht II, Rn. 47 (zu der weiteren Frage der Eigenschaftszusicherung ebd. Rn. 69).

[28] Ebenso Art. 6:101 Abs. 3 EP; dazu *Lando/Beale* European Principles, Art. 6:101 Comment G (S. 301).

daß sie spätestens bei Abschluß berichtigt wurden oder (3) daß die Angaben die Kaufentscheidung nicht beeinflußt haben.

## 2. Tatbestände und Ausnahmen

Versucht man den verschiedenen Tatbeständen einige Grundlinien zu entnehmen, so ist zwischen den beiden Fällen der Haftung für eigene Angaben (a) und der Haftung für Angaben Dritter (b) zu unterscheiden. Die Rechtsfolgen sind freilich jeweils dieselben (c). Die Regelung weist zahlreichen Inkonsistenzen auf. Diese beruhen vor allem darauf, daß sich der Gesetzgeber nicht für eine von verschiedenen dogmatischen Einordnungsmöglichkeiten entschieden hat (d). Abschließend ist kurz zu erörtern, wie sich die Haftungstatbestände zu den übrigen Informations- und Werbungsregeln verhalten (e).

### *a) Bindung des Vertragspartners an eigene Angaben*

#### aa) Tatbestand

Einzige Voraussetzung für die Begründung der Bindungswirkung ist die vorvertragliche Angabe, die individuell, im Prospekt, in der Werbung oder (sonstigen) öffentlichen Äußerungen erfolgen kann. Eine Unterscheidung nach der Verläßlichkeit dieser Tatbestände – etwa dahin, daß man sich je mehr verlassen dürfe, je individueller die Form der Angaben ist (öffentliche Äußerung – Prospekt – individuelle [Werbungs-] Aussage) – läßt sich nicht begründen. Das zeigt sich insbesondere am Beispiel der Bindung von Hersteller oder Verkäufer an Werbungsaussagen, die der europäische Gesetzgeber unabhängig von der Individualität der Aussage und der Form der Werbung (Werbetafel, Prospektbegebung, individuelle Zusagen) am Vorbild der Prospektbindung der Pauschalreiserichtlinie entwickelt hat. Damit hat der Gesetzgeber angedeutet, daß er dieser Unterscheidung keine wesentliche Bedeutung beimißt. Gerade diese Entstehungsgeschichte macht allerdings deutlich, daß der Gesetzgeber bislang versäumt hat, sich den allgemeinen Grundsatz klar zu machen und diesen konsequent umzusetzen. Wenn nicht nur eine Bindung an Prospektangaben in Betracht kommt, sondern auch an Werbungsaussagen allgemein, so sollte letzteres auch bei der Werbung für Pauschalreisen oder für Timesharingverträge gelten.

Die Bindung erstreckt sich nur auf sachliche Angaben, nicht auf als solche erkennbare Anpreisungen.[29] Das stellen die Einzelregelungen zwar nicht klar, ergibt sich aber aus dem Zusammenhang. In den Fällen der Bindung an Prospektangaben (Pauschalreise, Timesharing) folgt diese Beschränkung daraus, daß die Richtlinien nur bestimmte Sachangaben für den Prospekt vorschreibt. Die Bestimmung der Vertragsmäßigkeit von Verbrauchsgütern mit Rücksicht auf öffentliche Äußerungen ist schon tatbestandlich

[29] *Staudenmayer* NJW 1999, 2393, 2395; *Lehmann* JZ 2000, 280, 284 (zu Art. 2 lit. d) KGRL). Ebenso Art. 6:101 Abs. 2 EP, vgl. *Lando/Beale* Principles, Art. 6:101 Comment D.

auf die vernünftigen Erwartungen des Verbrauchers beschränkt.[30] Insofern kann hier nichts anderes gelten als bei den allgemeinen Anforderungen an Werbung und vorvertragliche Information:[31] Nach dem Prinzip der Selbstverantwortung ist von dem Verbraucher eine gesunde Skepsis zu verlangen.[32]

bb) Befreiung von der Bindung

(1) Andere Vereinbarung

Von den Werbungs- oder Prospektangaben können die Parteien auch *nach* Vertragsschluß stets einvernehmlich abweichen. Für die Änderung von Reiseprospektangaben nach Vertragsschluß ist das ausdrücklich vorgesehen,[33] es gilt aber auch sonst, da der andere Vertragsteil schon durch den Einigungsgrundsatz hinreichend geschützt ist.

Entsprechendes gilt für einvernehmliche Änderungen *vor* Vertragsschluß, vorausgesetzt, daß sie ausdrücklich erfolgen. Ausdrücklich läßt das nur Art. 3 Abs. 2 UAbs. 2, 3 TSRL zu. Für Änderungen im Hinblick auf den Pauschalreiseprospekt gilt das *a maiore,* da der Verbraucher hier keinen weitergehenden Schutz verdient als im Falle der Änderung nach Vertragsschluß. Für die Bindung des Kaufgarantiegebers legt schon die Verweisung auf die Regelung der Pauschalreiserichtlinie in der Begründung zu Art. 6 der KGRL[34] nahe, daß eine einvernehmliche Abweichung von früheren Angaben vor Vertragsschluß möglich ist. Besondere Gründe, dem Verbraucher beim Abschluß von Kaufverträgen einen Schutz vor der konsentierten Abweichung von Werbungsangaben (und damit: vor sich selbst) zuzugeben, der beim Pauschalreisenden nicht für erforderlich gehalten wird, sind nicht ersichtlich. Soweit die „öffentlichen Äußerungen" die Vertragsmäßigkeit der Ware mitbestimmen, folgt der Vorrang einer Individualvereinbarung bereits daraus, daß Art. 2 Abs. 2 lit. d) Kaufgewährrichtlinie lediglich (nachrangig) bestimmt, wann die Güter als *vertrags*gemäß gelten, denn das steht naturgemäß zur Disposition der Parteien. Daher kann die Bindung an Werbungsangaben durch eine Vereinbarung der Parteien vor oder nach Vertragsschluß geändert werden.

In jedem Fall muß aber die einvernehmliche Änderung ausdrücklich und in transparenter Weise erfolgen. Das schreibt das Art. 3 Abs. 2 UAbs. 2, 3 TSRL eigens vor, es ist aber auch in den übrigen Fällen mit Rücksicht auf den Zweck der Bindungsvorschriften, das Vertrauen des Adressaten der vorvertraglichen Bindung zu schützen, geboten.

---

30 Vgl. schon BE 8 S. 5 KGRL. Ebenso *Lehmann* JZ 2000, 280, 284; *Schmidt-Ränsch* ZIP 1998, 849, 851; *Staudenmayer* NJW 1999, 2393, 2394.

31 Dazu oben, § 13 (S. 288–311).

32 In der Sache ebenso *Lehmann* JZ 2000, 280, 283–285 (freilich unter dem Gesichtspunkt des Verbraucherleitbildes).

33 Art. 3 Abs. 2 UAbs. 2 Sps. 2 PRRL.

34 KOM (95) 520 endg., auch abgedruckt in ZIP 1996, 1845, 1852: „Ein vergleichbares Prinzip ist im übrigen bereits auf Gemeinschaftsebene in der Richtlinie 90/314/EWG des Rates vom 13. Juni 1990 über Pauschalreisen festgelegt worden; in dieser Richtlinie heißt es in Art. 3 Abs. 2: ‚Die in dem Prospekt enthaltenen Angaben binden den Veranstalter bzw. den Vermittler …'".

(2) Vorbehalt in den vorvertraglichen Angaben

Eine einseitige Änderung von Reiseprospektangaben ist möglich, wenn sich der Veranstalter/Vermittler dies im Prospekt vorbehalten hat; auf die Änderung ist der Verbraucher vor Vertragsschluß klar hinzuweisen.[35] Für den Timesharingvertrag und die Bindungstatbestände der Kaufgewährrichtlinie fehlt eine Regelung.[36] Doch deutet der Wortlaut des Art. 3 Abs. 2 UAbs. 2 TSRL darauf hin, daß die Ausnahmetatbestände abschließend geregelt werden sollten und daher die Berufung auf eine im Prospekt vorbehaltene Änderung den Verkäufer nicht befreien kann.[37] Für die Kaufgewährrichtlinie hingegen ist anzunehmen, daß der Verkäufer öffentliche Äußerungen schon unabhängig von einem Änderungsvorbehalt berichtigen kann.[38]

Auszugehen ist in allen Fällen von dem Zweck der Regelung, das Vertrauen des Verbrauchers auf bestimmte vorvertragliche Leistungsangaben zu schützen. Da ein Änderungsvorbehalt das Vertrauen des Verbrauchers schon zerstört, sollten vorbehaltene Änderungen in jedem Fall zugelassen werden. Die abweichende Regelung der Timesharingrichtlinie dürfte den Zweck verfolgen zu verhindern, daß der Verkäufer hier nicht zunächst – unter Vorbehalt – viel versprechen soll, um davon nachher, wenn der Verbraucher abschlußwillig ist, stückweise wieder abzuweichen. Eine nachträgliche einseitige Korrektur der Prospektangaben vor Vertragsschluß ist aus diesem Grund nur aufgrund von Umständen zulässig, die der Verkäufer nicht beeinflussen kann. Die Skandalfälle in der Timesharingbranche dürften diese Regelung mitausgelöst haben. Doch handelt es sich nicht um ein branchenspezifisches Problem, so daß eine einheitliche Regelung zu wünschen wäre. Dabei dürfte sich indes die Regelung der Timesharingrichtlinie – die nicht jede vorbehaltene, sondern nur die durch äußere Umstände veranlaßte Änderung zuläßt – nicht als Vorbild anbieten. Vielmehr sollte man, wie dies die übrigen Regeln tun, auf den Markt und die Selbstverantwortung der Betroffenen vertrauen. Den erforderlichen Mindestschutz vor einer systematischen Anlockungspraxis bietet schon das Verbot irreführender Werbung. Im übrigen darf man hier der Selbstverantwortung des Verbrauchers vertrauen, den zahlreiche Vorbehalte ebenso zurückhaltend stimmen werden wie deren Ausübung durch den Verkäufer (vor Vertragsschluß!). Eine dahingehende Tendenz des Gesetzgebers deutet sich mit der jüngsten Regelung in der Kaufgewährrichtlinie an.

Ist die Transparenz sogar dann geboten, wenn der Verbraucher aufgrund seiner Zustimmung zur Änderung davon Kenntnis erlangt (soeben, (1) a.E.), so gilt das erst recht, wenn der an die vorvertraglichen Angaben Gebundene einen Änderungsvorbehalt ausübt. Solche Änderung muß daher ausdrücklich und klar erfolgen.

---

[35] Art. 3 Abs. 2 UAbs. 2 Sps. 1 PRRL.

[36] Für eine Analogie zu Art. 3 Abs. 2 PRRL *Grundmann* Schuldvertragsrecht, 2.12 Rn. 33.

[37] Ebenso wohl Grabitz/Hilf II-*Martinek* A 13 (TSRL), Art. 3 Rn. 120.

[38] Art. 2 Abs. 4 Sps. 2 KGRL.

(3) Mangelnde Kausalität

Soll das Vertrauen des Adressaten vorvertraglicher Angaben geschützt werden, so ist die Bindungswirkung nur dann geboten, wenn die Angaben den Vertragsentschluß überhaupt beeinflußt haben. Dementsprechend verlangt die Vorschrift des § 13a UWG, die demselben Zweck dient,[39] daß der Abnehmer durch die unwahre Werbeangabe „zur Abnahme bestimmt worden“ sein muß.[40] Von den hier erörterten Verpflichtungstatbestände des Europäischen Vertragsrechts erlaubt nur die Regelung über die Bestimmung der Vertragsmäßigkeit beim Verbrauchsgüterkauf die Entlastung des Verkäufers wegen mangelnder Kausalität (Art. 2 Abs. 4 Sps. 3 KGRL).

Die übrigen Vorschriften enthalten *kein* Kausalitätserfordernis und lassen eine Befreiung auch dann nicht zu, wenn ausgeschlossen werden kann, daß die vorvertraglichen Angaben Einfluß auf die Vertragsentscheidung hatten. In den Fällen der Bindung an Prospektangaben käme eine Berufung auf die mangelnde Ursächlichkeit ohnehin nicht in Betracht, und zwar aus tatsächlichen und rechtlichen Gründen. In tatsächlicher Hinsicht kann man davon ausgehen, daß sich die Geschützten in aller Regel auf die Prospektangaben verlassen. In rechtlicher Hinsicht ist zu bedenken, daß es hier um eine Bindung an *eigene* Angaben handelt. Dann aber erscheint es sachgerecht, dem Verpflichteten von vornherein die Entlastung zu versagen, seine Prospektangaben seien wirkungslos geblieben.[41]

(4) Äußere Umstände

Auf äußere, von dem Gebundenen nicht beeinflußbaren Umstände kann sich nach den ausdrücklichen Regelungen nur der Timesharing-Verkäufer berufen.[42] Voraussetzung für die Befreiung ist auch hier die Wahrung der Transparenz (Mitteilung vor Vertragsschluß,[43] ausdrücklicher Hinweis im Vertrag).[44] In diesem Befreiungstatbestand liegt ein Ausgleich dafür, daß für den Timesharing-Verkäufer eine Befreiung durch Berichtigung oder Ausübung eines Vorbehalts *de lege lata* nicht in Betracht kommt (soeben (2)).

Mit diesem Befreiungstatbestand wird zugleich schon ein potentiell allgemeiner Tatbestand der Haftungsbefreiung angesprochen, nämlich die höhere Gewalt. Höhere

---

[39] Staudinger-*Köhler* § 13a UWG Rn. 1f.

[40] Zur Ursächlichkeit Staudinger-*Köhler* § 13a UWG Rn. 38f. Vgl. auch *Medicus* Gutachten und Vorschläge, S. 534 und § 305a Abs. 2 des Vorschlags. Kein eigenes Kausalitätserfordernis enthält Art. 6:101 Abs. 1 EP; dieses mag freilich in dem Tatbestandsmerkmal verborgen sein, daß der Erklärungsempfänger die Aussage „vernünftigerweise in diesem Sinne verstanden hat“.

[41] Zu der so begründeten Beweislastverteilung wegen Aufklärungspflichtverletzung BGHZ 64, 46, 51; BGHZ 61, 118, 121–124; *Larenz* Schuldrecht I, § 24 Ib (S. 373–376); zur „Vermutung beratungsgerechten Verhaltens“ im Anwaltshaftpflichtrecht infolge des Anscheinsbeweises BGHZ 126, 217, 222; 123, 311, 314f.

[42] Art. 3 Abs. 2 UAbs. 2 TSRL.

[43] Teleologisch begründet Grabitz-Hilf II-*Martinek* A 13 (TSRL) Art. 3 Rn. 121, daß die Information eine *angemessene Zeit vor Vertragsschluß* erteilt werden muß.

[44] Art. 3 Abs. 2 UAbs. 3 TSRL.

Gewalt als Schranke der vertraglichen Verpflichtung erörtern wir unten[45] im Zusammenhang mit den Leistungsstörungen.

### *b) Bindung des Vertragspartners an Angaben Dritter*

#### aa) Tatbestand

In verschiedenen Fällen kommt eine Bindung des Vertragspartners durch öffentliche Äußerungen Dritter in Betracht. So kann die Vertragsmäßigkeit, für die der Verkäufer einzustehen hat, auch mit Rücksicht auf die öffentlichen Äußerungen des Herstellers oder seines Vertreters zu bestimmen sein.[46] Auch die Garantieerklärung des Verkäufers kann mit Rücksicht auf die Werbung des Herstellers auszulegen sein.[47] Und schließlich läßt die Pauschalreiserichtlinie dem nationalen Gesetzgeber die Option, den Reisevermittler an die Angaben des vom Veranstalter erstellten Prospekts zu binden.[48] Die Begründung für die Bindung des Vertragspartners an vorvertragliche Angaben Dritter kann man in allen Fällen darin sehen, daß einerseits die Funktionsteilung auf Anbieterseite für den Nachfrager[49] nur schwer durchschaubar ist und (auch daher) für die Frage der Verbindlichkeit von Werbungsangaben keine Bedeutung haben darf,[50] andererseits aber der belastete Vertragspartner von den Äußerungen der bestimmten Dritten profitiert und ihm die Last daher zumutbar ist.[51] Hinzukommt, daß der Verkäufer besser als der Verbraucher in der Lage ist, beim Hersteller als Verantwortlichem Rückgriff zu nehmen, und er zudem einen höheren Anreiz und bessere Möglichkeiten hat, Fehlinformationen in der Werbung aufzudecken.[52] Der Grundgedanke der Bindung ist hier wie in den zuvor erörterten Fällen, daß das besondere Vertrauen des Verbrauchers auf die Angaben des beruflich oder gewerblich handelnden Teils (bzw. seines „Lagers") geschützt und der Vorverlagerung und Entindividualisierung der für den Vertragsentschluß wesentlichen Informationen von der Vertragsverhandlung in die Marketingphase Rechnung getragen werden soll.

#### bb) Befreiung von der Bindung

Die oben[53] genannten Befreiungstatbestände im Falle anderer Vereinbarung und Ausübung eines Vorbehalts greifen auch hier ein. Darüber hinaus sieht die Kaufgewähr-

---

[45] Unten, § 17 B III 2 c (S. 541f.).

[46] Art. 2 Abs. 2 lit. d) KGRL.

[47] Art. 6 Abs. 1 KGRL.

[48] Die Richtlinie gibt nicht vor, wer verpflichtet ist; Art. 3 Abs. 2 UAbs. 2 PRRL.

[49] Geschützt sind nicht nur Verbraucher, da die – vom Gesetzgeber der Kaufgewährrichtlinie als vorbildlich herangezogene ! – Pauschalreiserichtlinie nicht nur Privat-Handelnde schützt.

[50] In diese Richtung auch *Lehmann* JZ 2000, 280, 287f.; *Dickie* JBL 2000, 167, 168.

[51] *Beale/Howells* J.Contract L. 12 (1997) 20, 30; *Dickie* JBL 2000, 167, 168f.; *Lehmann* JZ 2000, 280, 287f., 289, 290; *Reich* NJW 1999, 2397, 2400; *Staudenmayer* NJW 1999, 2393, 2394. Kritisch *Wolf* RIW 1997, 899, 900f.

[52] Für die KGRL *Grundmann* Europäisches Kaufgewährleistungsrecht, S. 299.

[53] Oben, a) bb) (1) und (2) (S. 362f.).

richtlinie aber weitere Befreiungsmöglichkeiten in Bezug auf die Bestimmung der Vertragsmäßigkeit durch öffentliche Äußerungen des Herstellers vor.

(1) Schuldlose Unkenntnis

So wird der Verkäufer von der Bindung frei, wenn er über die öffentlichen Äußerungen des Herstellers schuldlos in Unkenntnis war (Art. 2 Abs. 4 Sps. 1 KGRL).[54] Dabei kommt es nach dem klaren Wortlaut der Regelung allein auf die Kenntnis der *Äußerung* an, nicht auf die Kenntnis von deren *Unrichtigkeit.*[55] Für den umgekehrten Fall, daß der Verkäufer selbst Angaben über konkrete Eigenschaften der Ware macht, leuchtet das ein: Der Verkäufer muß sich eben auch an Angaben über konkrete Eigenschaften (!) „ins Blaue hinein" festhalten lassen. Daß er nach der Richtlinie zudem auch für „Nichtaufklärung ins Blaue hinein" – also eine Unterlassung – einstehen muß, erscheint ungewöhnlich hart. Zu verstehen ist die Regelung vor dem Hintergrund, daß es sich ja nur um einen Ausnahmetatbestand von der im Grundsatz angeordneten Haftung (auch) für Herstellerangaben handelt, diese grundsätzliche Haftungsanordnung aber gerade auch im Hinblick auf die Regreßmöglichkeit des Verkäufers (Art. 4 KGRL) erfolgt.

Eine Befreiungsmöglichkeit wegen schuldloser Unkenntnis des Verkäufers fehlt für den Fall, daß der Verkäufer dadurch an die Äußerungen des Herstellers gebunden wird, daß die von ihm vereinbarte Garantie im Lichte der Herstellerwerbung ausgelegt wird. Einen Grund dafür kann man darin finden, daß eine solche Auslegung der Verkäufergarantie mit Rücksicht auf die Herstellerwerbung praktisch nur dann in Betracht kommt, wenn der Verkäufer die Herstellerwerbung kennen muß; schuldhafte Unkenntnis gibt es *ex praemissione* nicht.

Ebenso kann man das Fehlen eines Ausnahmetatbestands für schuldlose Unkenntnis in der Pauschalreiserichtlinie verstehen. Allerdings kommt auch hier ein Auseinanderfallen von Verpflichtetem und Werbendem (Prospektersteller) in Frage. Nach den üblichen Vertriebsmethoden kommt eine schuldlose Unkenntnis des Vermittlers vom Prospektinhalt (und nur darum geht es dort) indes nicht in Betracht.[56] Daß ein (nach nationalem Recht selbst verpflichteter) Vermittler für einen Kunden eine Reise bucht, ohne den Prospekt zu kennen, den der Veranstalter selbst dem Verbraucher gegeben hat, dürfte kaum praktisch sein.

Mit dem Erfordernis des Kennenmüssens erhält der Bindungstatbestand eine Verschuldenselement, das für den Fall der Bindung an Eigenwerbung nicht vorgesehen ist und jedenfalls zu der dort im Vordergrund stehenden Frage der Vertragsbindung auch nicht ohne weiteres paßt. Dieses Verschuldenselement ist im deutschen Recht bereits aus § 13a Abs. 1 S. 2 UWG bekannt, dort freilich nicht unumstritten, da es nur um ein Rück-

---

[54] Erkundigt sich der Käufer beim Hersteller über Eigenschaften, ohne daß der Verkäufer das wüßte (Beispiel von *Lando/Beale* European Principles, Art. 6:101 Comment F), so liegt schon keine öffentliche Äußerung vor.

[55] Grundmann/Bianca-*Grundmann* Art. 2 Rn. 41.

[56] Vgl. auch *Tonner* BB 1999, 1769, 1771 (wer einen Prospekt begibt, mache sich dessen Inhalt zu eigen).

trittsrecht, nicht aber um eine Schadensersatzhaftung geht.[57] Art. 6.101 Abs. 3 EP sieht ebenfalls eine Befreiung wegen schuldloser Unkenntnis der Drittangaben vor. Im vorliegenden Zusammenhang der Haftung nach Art. 2 KGRL geht die Belastung des Verpflichteten (Verkäufers) hingegen weiter, sie kann, ist die Erfüllung nicht möglich, nach nationalem Recht auch zu Schadensersatzansprüchen führen. Insofern ist das Verschuldenselement durchaus sachgerecht.[58] Folgt man dem, so sollte die fahrlässige Unkenntnis aber in allen Fällen die Bindung an Angaben Dritter ausschließen.

(2) Befreiung durch Berichtigung

Durch eine Berichtigung der Angaben Dritter kann sich nur der Verkäufer im Hinblick auf die die Vertragsmäßigkeit mitbestimmenden Herstellerangaben befreien (Art. 2 Abs. 4 Sps. 2 KGRL). Wiederum fehlen entsprechende Regelungen für die Verkäufergarantie und die (mögliche) Haftung des Reisevermittlers.

Geht man davon aus, daß die Bindung an Angaben Dritter eine Verschuldenshaftung ist, so ist es konsequent, dem Vertragspartner die Möglichkeit einzuräumen, erkannte Fehler in den Drittangaben bis zum Vertragsschluß zu berichtigen. Entsprechendes müßte aber auch gelten, wenn man die Bindung mit einer Auslegung der Vertragserklärungen begründet. Auch der Befreiungstatbestand der Berichtigung sollte daher in allen Fällen der Bindung an Angaben Dritter gelten.[59]

(3) Mangelnde Kausalität

Endlich kann sich der Verkäufer nach Art. 2 Abs. 4 Sps. 3 KGRL von der Bindung an Herstellerangaben durch den Nachweis befreien, daß die Vertragsentscheidung des Verbrauchers von der öffentlichen Äußerung des Herstellers nicht beeinflußt sein konnte.[60] Die älteren Regelungen der Pauschalreiserichtlinie und der Timesharingrichtlinie enthalten keine solche Ausnahme.

Das Kausalitätserfordernis entspricht dem Schutzzweck der Regelung. Anders als im Falle der Eigenwerbung[61] stehen hier auch normative Erwägungen nicht dagegen, dem verpflichteten Vertragspartner die Berufung auf den mangelnden Einfluß auf die Vertragsentscheidung zu versagen. Eine enge Regelung wie die des Art. 2 Abs. 4 Sps. 3 KGRL, wonach der Verkäufer nicht die individuelle Unkenntnis des Käufers einwenden kann, sondern nur darlegen, daß die Kaufentscheidung nicht durch die betreffende Äußerung beeinflußt sein konnte, bietet den Vorteil, die Befreiung nur in engen Grenzen zuzulassen und die fruchtlose Untersuchung der Beweggründe des Verbrauchers ganz zu vermeiden.

---

[57] Kritisch *Medicus* Gutachten und Vorschläge, S. 532.

[58] S. schon *Köndgen* Selbstbindung ohne Vertrag, S. 305. Allerdings ist zu beachten, daß das Europäische Vertragsrecht für den Bereich der Leistungsstörungen vom Verschuldensprinzip weitgehend abgerückt ist; näher unten, § 17 B III 2 a (S. 539). Das schließt es freilich nicht aus, das Verschuldensprinzip für den hier erörterten Fall der Begründung der Vertragspflicht beizubehalten.

[59] Dasselbe dürfte für Art. 6:101 EP gelten, da eine Berichtigung das „vernünftige Verständnis" bestimmt.

[60] Nach Art. 6:101 Abs. 3 (auch iVm. Abs. 2, auf den sich Abs. 3 bezieht) EP ist das irrelevant.

[61] Oben, a) bb) (3) (S. 364) mit Fn. 41.

### c) *Rechtsfolgen*

In allen Fällen werden die vorvertraglichen Angaben zum Vertragsbestandteil. Änderungen, die nicht nach den Vorgaben der Befreiungstatbestände vorgenommen werden, sind unbeachtlich.[62] Die weiteren Folgen gibt das Europäische Recht nur für den Fall vor, daß die Vertragsmäßigkeit der Ware mit Rücksicht auf öffentliche Äußerungen des Herstellers bestimmt wird. Entspricht die Ware nicht der so bestimmten Vertragsmäßigkeit, so hat der Käufer die Gewährleistungsrechte des Art. 3 KGRL. Im übrigen richten sich die (weiteren) Folgen der Bindungswirkung nach nationalem Recht, das so begründete Vertragsinhalte ebenso bewehren muß wie Vertragsinhalte allgemein (Äquivalenzgebot)[63]. Regelmäßig bedeutet das, daß der Begünstigte Erfüllung und/oder Schadensersatz wegen Nichterfüllung verlangen oder vom Vertrag Abstand nehmen kann.[64]

### d) *Dogmatische Einordnung: Angebotsbindung, Vertragsauslegung, Verschuldenshaftung*

In der vorstehenden Erörterung haben wir mehrfach die Frage angesprochen, wie die Bindung des Vertragspartners an die eigenen vorvertraglichen Äußerungen dogmatisch eingeordnet werden kann. Der Mangel dogmatischer Durchbildung der Regelungen ist nicht nur theoretisch unbefriedigend, er führt auch dazu, daß Sachverhalte, die sogar nach der Bewertung des Gesetzgebers wesentlich gleich gelagert sind, rechtlich unterschiedlich behandelt werden: Mit dem – geradezu hilflos wirkenden – Hinweis, daß die Prospektbindung in der Pauschalreiserichtlinie auf einem „ähnlichen Prinzip“ beruhe, begründet der Gesetzgeber die Bindung von Hersteller/Verkäufer an Garantiewerbung, ohne indes daraus Konsequenzen für die Ausgestaltung der Regelung zu ziehen. Auch die Sachfrage der Bindung an vorvertragliche Angaben Dritter ist ganz unterschiedlich ausgestaltet, ohne daß ein durchgehender roter Faden erkennbar wäre.

Allerdings dürfte die Zurückhaltung des Europäischen Gesetzgebers auch auf einer Rücksicht auf die nationalen Rechtsordnungen beruhen. Dadurch, daß der Gesetzgeber nur vorschreibt, daß der Inhalt des Reiseprospekts verbindlich ist, läßt er den Mitgliedstaaten Raum, den Prospekt schon als Angebot zu gestalten, den Prospektinhalt im Wege der Auslegung der Vertragserklärungen zum Vertragsbestandteil zu machen oder als *implied term*[65] in den Vertrag einzubeziehen.[66] Diese an sich zu begrüßende Rücksicht ist indes dann fehl am Platze, wenn sie auf Kosten der Einheit und Ordnung der Regelungen geht, denn schwerer als ungewohnte Regelungen sind inkohärente Regelungen in das nationale Privatrecht einzubeziehen.

---

[62] Ebenso wohl Grabitz/Hilf II-*Tonner* A 12 (PRRL) Art. 3 Rn. 21 a.E. A.M. Grabitz/Hilf II-*Martinek* A 13 (TSRL) Art. 3 Rn. 123.

[63] Näher oben, § 12 B II 1 (S. 267–275).

[64] So für die European Principles *Lando/Beale* European Principles, Art. 6:101 Comments C und E.

[65] Zu *implied terms* im englischen Recht *Schmidt-Kessel* ZVglRWiss 96 (1997) 101–155; *Grobecker* Implied Terms und Treu und Glauben (1999).

[66] Ebenso Grabitz/Hilf II-*Tonner* A 12 (PRRL) Art. 3 Rn. 21f.; Grabitz/Hilf II-*Martinek* A 13 (TSRL) Art. 3 Rn. 119.

aa) Vorvertragliche Informationen als verbindliches Vertragsangebot

Am weitesten würde eine Bindung an die vorvertraglichen Angaben als (unwiderrufliches)[67] Angebot gehen, da sich der Verbraucher in diesem Fall nicht nur auf die vorvertraglichen Angaben verlassen könnten, *wenn* ein Vertrag zustande kommt, sondern den Vertrag auch einseitig durch Annahme zustande bringen könnte. Eine solche Bindung trifft in der Tat den Hersteller, der in seiner Werbung eine Garantie erklärt.[68] Denn weil die Garantiewerbung des Herstellers diesen selbst bindet (und nicht den Verkäufer) muß man davon ausgehen, daß mit Abschluß des Kaufvertrags zwischen Verkäufer und Verbraucher auch der Garantievertrag zwischen Hersteller und Verbraucher zustandekommt.[69] Will man nicht völlig auf eine rechtsgeschäftliche Begründung des Garantievertrags verzichten,[70] so muß man bereits die Garantiewerbung als auf den Abschluß des Kaufvertrags bedingtes Vertragsangebot ansehen, das der Käufer zugleich mit seiner Kaufvertragserklärung annimmt.[71] Da der Garantievertrag so an den Kaufvertrag gekoppelt ist, spricht auch die (begrenzte) Leistungsfähigkeit des Herstellers nicht gegen diese Begründung.[72]

Erörtert wird die Angebotsbindung (im deutschen Recht) auch für den Reise- und Timesharingprospekt.[73] In der Tat stellen die vorgeschriebenen Mindestangaben regelmäßig schon die *essentialia* dar, die Voraussetzung für ein Angebot sind; begrenzt man die Angebotsbindung durch die Kapazitäten des Veranstalters, so steht auch dieser Umstand der Angebotsbindung nicht entgegen. Indes kann man nicht annehmen, daß die Richtlinie eine so weitgehende Vorgabe für das nationale Recht machen wollte.[74]

---

[67] S. noch sogleich, Fn. 75.

[68] Art. 6 Abs. 1 KGRL. Die Kommission überlies es allerdings den nationalen Rechtsordnungen zu bestimmen, ob die Bindung auf einem Vertrag oder einer „einseitigen Zusage" beruht; KOM (95) 520 endg., Kommentierung zu Art. 5, 16; dazu *Micklitz* EuZW 1997, 229, 234 (der darauf hinweist, daß nur bei einer Qualifizierung als Vertrag die AGBRL auf Garantien Anwendung findet).

[69] Vgl. auch *Schnyder/Straub* ZEuP 1996, 8, 24.

[70] So *Reich* NJW 1999, 2397, 2399f. („Bindung privatautonom gleichsam aus sich selbst", ohne daß es auf einen Vertrag ankäme).

[71] Wohl a.M. *Ehmann/Rust* JZ 1999, 853, 863, die Art. 6 Abs. 1 KGRL wegen der positiven Bindung an die Werbungsaussagen eine (vertragsrechtlich wohl nicht zu begründende) Straffunktion beilegen (aber ungeachtet der Systemwidrigkeit von Strafnormen im deutschen Vertragsrecht gleichwohl eine Übernahme für alle Kaufvertragstypen empfehlen).

[72] Zur Begründung der Herstellergarantie nach deutschem Recht BGHZ 104, 84, 85f.; BGHZ 78, 369, 372f. (Garantiekarte als Angebot); BGHZ 75, 75, 77f. (Vertrag zwischen Hersteller und Drittem zugunsten des Endabnehmers).

[73] Für den Reiseprospekt bejahend Münchener Kommentar-*Tonner* § 651a Rn. 33–41 sowie Vor § 1 InfVO Rn. 14f. und § 1 InfVO Rn. 23ff.; *Tonner* (§ 1 InfVO Rn. 23) räumt dem Prospektbegebenden freilich die Möglichkeit ein, die Angebotsbindung durch einen Vorbehalt auszuschließen; damit reduziert sich seine Auffassung auf eine Aufforderung an die Kautelarpraxis; *Tonner* hat diese Meinung allerdings nunmehr – unter Berufung auf die herkömmlichen Argumente gegen die Angebotsbindung, Veranstalterkapazitäten und die Verkehrsauffassung – ausdrücklich aufgegeben; Grabitz/Hilf II-*Tonner* A 12 (PRRL) Art. 3 Rn. 20. Gegen die Qualifizierung als Angebot für die TSRL Grabitz/Hilf-*Martinek* A 13 (TSRL) Art. 3 Rn. 119; auch die h.M. im deutschen Recht, z.B.: *Tempel* NJW 1996, 1625, 1628 (zum Pauschalreiseprospekt); *Martinek* NJW 1997, 1393, 1395 (zum Timesharingprospekt).

[74] Zutreffend jetzt auch Grabitz/Hilf II-*Martinek* A 12 (PRRL) Art. 3 Rn. 21.

Dagegen spricht schon, daß die Frage der Bindungswirkung des Angebots in den Mitgliedstaaten ganz unterschiedlich ausgestaltet ist[75] und namentlich in England im Grundsatz verneint wird.[76] Auch scheint keineswegs konsensfähig, daß der Prospekt schon ein Angebot darstelle.[77] Darüber hinaus gebietet auch der Zweck, das Vertrauen des Verbrauchers zu schützen, nicht, diesem die Möglichkeit zu geben, den Vertrag (vorbehaltlich einer Erschöpfung der Kapazitäten des Anbieters) zu den Prospektbedingungen zustandezubringen. Für diesen Zweck reicht es aus, die Prospektbedingungen dann durchdringen zu lassen, *wenn* ein Vertrag abgeschlossen wird. Schutzlücken entstehen auch im praktischen Ergebnis nicht: Kommt der Vertrag zustande, ohne daß die Vertragsbedingungen (einvernehmlich oder einseitig aufgrund Vorbehalts) geändert würden, so gelten die Prospektbedingungen als vereinbart. Verweigert der Werbende den Vertragsabschluß, weil der Adressat auf den Bedingungen von Werbung oder Prospekt besteht und der Prospekt keinen Änderungsvorbehalt enthält, so ist zwar das vorvertragliche Vertrauen des Kunden enttäuscht, vermieden wird aber der eigentlich verpönte Vertrag zu anderen als den aufgrund von Werbung und Prospekt erwarteten Bedingungen. Der Zweck der Regelung liegt nicht darin, einen Vertrag mit bestimmtem Inhalt zustandezubringen, sondern dafür zu sorgen, daß das die aufgrund der Prospektangaben berechtigten Erwartungen des Verbrauchers nicht enttäuscht werden, wenn der Vertrag zustande kommt.[78] Als unerwünschtes Ergebnis könnte man allein ansehen, daß der Werbende durch falsche Angaben Kunden in die Verhandlungen zieht, die er sonst nicht erreicht hätte. Indessen ist die Abschlußverweigerung für den Fall, daß der Kunde sich nicht mit Abweichungen von den Werbeangaben einverstanden erklärt, sicher keine gute Werbung, so daß der Schutz vor irreführender Werbung insoweit dem Marktmechanis-

---

[75] Überblick bei *Kötz* Vertragsrecht, § 2 B IV 3 (S. 31–35); *Zweigert/Kötz* Rechtsvergleichung, § 26 (S. 350–358); *Lando/Beale* Principles, S. 166–168. Für grundsätzliche Widerruflichkeit aber Art. 2:202 EP.

[76] So ist im englischen Recht ein Angebot grundsätzlich widerruflich; *Atiyah* Law of Contract, S. 76–79; *Beatson* Law of Contract, S. 52–59. Nach Art. 6–219 Abs. 1 NBW ist das Angebot widerruflich, wenn es nicht eine Annahmefrist enthält. Rechtsvergleichender Überblick bei *Kötz* Europäisches Vertragsrecht, § 2 IV 3 (S. 31–35). Die Einheitsregeln sehen jetzt als – freilich durch weitreichende Einschränkungen stark relativierten – Grundsatz die freie Widerruflichkeit vor; Art. 2:202 EP, Art. 2.4 UP; ferner auch Art. 17 AE-EuVGB und dazu *Sonnenberger* RIW 2001, 409, 412.

[77] Art. 2:201 Abs. 1 lit. b) EP; Art. 2.2 UP mit Anm. 2 („A proposal addressed to one or more specific persons is more likely to be intended as an offer than is one made to the public at large.") und Illustration 3; *Kötz* Vertragsrecht, § 2 B I, II (S. 26–28).
Ganz herrschend ist auch für das deutsche Recht die Annahme, daß „die Versendung von Werbematerial wie Preislisten, Katalogen, Prospekten und Mustern" nicht schon als Angebot, sondern als invitatio ad offerendum anzusehen ist; Staudinger-*Bork* (1996) § 145 Rn. 3–9. Die Rechtsprechung hat die Frage nicht abschließend geklärt; in seiner Entscheidung NJW 1984, 1885f. hatte der BGH über ein individuelles freibleibendes Angebot zu entscheiden; in der Erklärung mit der Klausel „freibleibend entsprechend unserer Verfügbarkeit" sah er ein Angebot, daß noch unverzüglich nach der Annahme widerrufen werden könne.

[78] Die Regelung entspricht insofern jener über die Bestimmung der Vertragsmäßigkeit beim Verbraucherkauf, die ebenfalls als Informationsvorschrift verstanden werden kann; näher unten, § 17 A II 5 (S. 490–494).

mus und dem Wettbewerbsrecht überlassen bleiben kann. Das Vertrauen des Werbungsadressaten darauf, daß der Vertrag zu den in der Werbung angegebenen Bedingungen zustande kommen werde, wird nicht geschützt, ist aber schon nach allgemeinen Vertragsgrundsätzen nicht schützenswert, da der Werbende keinem Kontrahierungszwang unterliegt.[79]

#### bb) (Ergänzende) Vertragsauslegung am Maßstab der berechtigten Erwartungen der Parteien

Die Bindung an eigene vorvertragliche Angaben kann man daher im Regelfall – ausgenommen nur der Sonderfall der selbständigen Herstellergarantie durch Werbung – nicht als eine angebotsgleiche Bindung verstehen. Treffender erscheint es, sie als eine an den berechtigten Erwartungen der Parteien orientierte gesetzliche Inhaltsbestimmung anzusehen. Diese Inhaltsbestimmung beruht auf einer generalisierten Auslegung des Vertrags nach den berechtigten Erwartungen der Parteien bzw., wie § 157 BGB das formuliert, nach Treu und Glauben mit Rücksicht auf die Verkehrssitte.

Besonders im Bereich der kaufrechtlichen Bestimmung der Vertragsmäßigkeit entspricht dieses Modell den aus dem nationalen Recht und dem Einheitskaufrecht bekannten Vorbildern.[80] Entsprechendes gilt auch für die übrigen Fälle der Bindung an vorvertragliche Angaben. Auch dort verpflichtet sich der Erklärende nicht schon durch Werbung oder Prospektbegebung zum Vertragsabschluß. Lediglich wenn der Vertrag zustandekommt, tritt die Bindung an die Werbungsangaben ein. Die vorvertraglichen Angaben sind zwar nicht selbst Angebot, sie bestimmen aber, vorbehaltlich der Ausnahmetatbestände, die Auslegung der Vertragserklärungen der Parteien.

Auf dieser Grundlage ist verständlich, daß die Bindung nicht eintritt, soweit die Parteien anderes vereinbaren oder die vorvertraglichen Angaben schon unter Vorbehalt standen. Da es auf die berechtigten Erwartungen der Vertragsparteien ankommt, ist auf dieser Grundlage allerdings zu fordern, daß der Begünstigte die vorvertraglichen Angaben auch zur Kenntnis genommen hat, mögen sie auch für seinen Vertragsentschluß nicht ursächlich gewesen sein. Soweit die untersuchten Regelungen diesen Umstand nicht eigens berücksichtigen, läßt sich das indes als Ausdruck einer gesetzlichen Vermutung verstehen.[81]

#### cc) Verschuldenshaftung für Angaben Dritter?

Schwierigkeiten bereitet die Einordnung der Bindung an Angaben Dritter, da die Bindungswirkung näher nur in Art. 2 Abs. 2 lit. d) und Abs. 4 KGRL geregelt ist. Dort deutet die Befreiung wegen schuldloser Unkenntnis darauf hin, daß es sich nicht um eine rechts-

---

[79] Zum Kontrahierungszwang im Europäischen Vertragsrecht oben, § 14 IV (S. 351–355).

[80] *Roth* in: Rechtsangleichung und nationale Privatrechte, S. 53–56. Zum deutschen Recht Soergel-*Huber* § 459 Rn. 156f.; s.a. *Medicus* Allgemeiner Teil Rn. 359f.; zu den *implied terms* im englischen Recht *Beatson* Law of Contract, S. 125–128; *Treitel* Law of Contract, S. 325–330. Vgl. auch *Micklitz* EuZW 1997, 229, 231. Für das CISG vgl. Schlechtriem-*Schwenzer* Art. 35 Rn. 6f., 12.

[81] Die möglichen Streitpunkte im Falle der Eröffnung des Kausalitätsbeweises zeigt der Meinungsstand zu § 13a UWG; Übersicht bei Staudinger-*Köhler* § 13a UWG Rn. 39.

geschäftliche Bindung, sondern um eine Verschuldenshaftung handelt. Das entspricht der Regelung des Art. 6:101 Abs. 3 EP.

Ob diese Verschuldenshaftung der Sache gerecht wird, ist indes gerade im Fall des Art. 2 Abs. 2, 4 KGRL zweifelhaft, geht es doch bei der Bestimmung der *Vertrags*mäßigkeit um eine Auslegung der Vereinbarung[82] mit Rücksicht auf die Umstände, die der Käufer kannte und deren Kenntnis des anderen Teils er annehmen durfte.[83] Auf diese Merkmale, nicht auf die Schuldhaftigkeit der Unkenntnis (des individuellen Verkäufers) sollte es daher ankommen. Diese Lösung wäre auch für den praktisch häufigen Fall sachgerecht, daß der Käufer annimmt und annehmen darf, die Aussagen des Dritten stammten unmittelbar vom Verkäufer (z.B. weil der Verkäufer in der Händlerwerbung als örtlicher Repräsentant namentlich benannt ist). Hier sind durchaus Fälle denkbar, in denen der Verkäufer (aufgrund eigenmächtigen Verhaltens des Herstellers oder eines Zwischenhändlers) schuldlos in Unkenntnis ist, der Käufer aber doch im Hinblick auf die Aussagen des Dritten annehmen darf, sie stammten vom Verkäufer.[84]

#### *e) Verhältnis zu Informationspflichten und dem Verbot irreführender Werbung*

Bei den vorvertraglichen Angaben, denen eine Bindungswirkung zukommen kann, handelt es sich zum Teil um solche Angaben, bei denen der Gesetzgeber bereits im Rahmen der Informationspflichten einen Schutz vor Irreführung zu erreichen sucht.[85] Hinzu kommt ein umfassender Schutz durch die Richtlinie über irreführende Werbung. Die Regelungen ergänzen sich in der Funktion, dem Verbraucher eine zuverlässige Grundlage für seine vertraglichen Entscheidungen zu geben. Während die hier erörterten Vorschriften über die Bindung an vorvertragliche Angaben die Wahrheitspflicht – für einzeln bestimmte (z.B. Reiseprospekt) oder allgemeine Angaben – bewehren, ergänzt die Richtlinie über irreführende Werbung den Schutz dadurch, daß sie die Wahrheitspflicht durch weitere Sanktionsmechanismen[86] durchzusetzen sucht und irreführende Verlockungselemente der Werbung untersagt. So kann z.B. eine unzutreffende Preisangabe nach Art. 3 Abs. 2 UAbs. 2 PRRL Vertragsbestandteil werden, während nach Art. 4 WerbRL darüber hinaus eine zwar zutreffende, aber irreführend gestaltete Berechnung zu beanstanden sein könnte.

## 3. Grundgedanken der Regelung und Lücken

#### *a) Grundgedanken*

Eine Bindung an die in vorvertragliche Informationen, Prospekt, Werbung oder „öffentliche Äußerungen" enthaltenen Angaben über den Vertragsinhalt ist in den untersuchten

[82] Art. 2 Abs. 1 KGRL „dem Kaufvertrag gemäß".
[83] Siehe soeben, Fn. 80.
[84] Man kann z.B. an eine Briefwerbungssendung des Herstellers denken, in der (ohne Kenntnis des Verkäufers) auch Verkäuferadressen angegeben sind.
[85] Art. 3 PRRL, Art. 3 TSRL; dazu oben § 13 B I 1 b (S. 296f.). Ferner BE 21 KGRL.
[86] Die Wahl steht den Mitgliedstaaten nach Art. 4 WerbRL weitgehend frei.

Fällen deshalb vorgesehen, weil der Adressat auf die Äußerungen in ähnlicher Weise vertraut wie auf die Angaben in einem individuellen Angebot.[87] In den Begründungserwägungen der Richtlinien kommt das allerdings nur darin zum Ausdruck, daß dort von einem Schutz vor Irreführung die Rede ist.[88] Doch zeigt die individualvertragliche Schutzrichtung, auf die schon die Begründungserwägungen hinweisen, ebenso wie die gewählte Sanktion, daß nicht allein die Lauterkeit des Geschäftsverhaltens, sondern vor allem das Vertrauen des Werbungsadressaten auf die Werbungs- oder Prospektangaben geschützt werden soll. Dem anderen Teil hingegen kommt es auf die Individualisierung nicht an, da es sich um ein Massenprodukt handelt, dessen Eigenschaften er unabhängig von dem Einzelfall bestimmt und dementsprechend bekanntgibt.[89] Die Bindungswirkung trägt damit einer Vorverlagerung und Entindivualisierung der Information von den Vertragsverhandlungen in die Marketingphase Rechnung, die sich in diesen Fällen entwickelt hat. Die Bindung des Vertragspartners an seine eigenen vorvertraglichen Angaben kann man als Korrelat zu dem Nutzen ansehen, den er daraus für seinen Absatz zieht.[90]

Für vorvertragliche Angaben haften in jedem Fall nur beruflich oder gewerblich Tätige.[91] Das entspricht dem Umstand, daß den Angaben professioneller Anbieter in höherem Maße Vertrauen entgegengebracht wird als Angaben Privater. Entsprechend grenzt auch Art. 6:101 Abs. 2 und 3 EP den Schuldnerkreis ab.[92] Die Haftung für vorvertragliche Angaben kommt regelmäßig nur Verbrauchern zugute, ausgenommen nur

---

[87] Für die Kaufgewährrichtlinie *Staudenmayer* NJW 1999, 2393, 2394; *ders.* in: Europäisches Kaufgewährleistungsrecht, S. 35. Zur Bedeutung der Werbung für die Vertragsentscheidung *Köndgen* Selbstbindung ohne Vertrag, S. 286–289; *Lehmann* Vertragsanbahnung durch Werbung, S. 74–92 und 248–262; *ders.* NJW 1981, 1233, 1234f.; *ders.* JZ 2000, 280, 287 (je auch unter ökonomischen Gesichtspunkten); *Herrmann* AcP 183 (1983) 248, 250–252; *Jorden/Lehmann* JZ 2001, 952, 955f. Vgl. auch BT-Drs. 10/4741, S. 18; Staudinger-*Köhler* § 13a UWG Rn. 2; *Wolf* RIW 1997, 899, 900 (Verkäufer gestalten und Verbraucher behandeln Werbung wie objektive Information). Für das deutsche Recht schon früh *Reich/Tonner* JuS 1976, 576, 578f.

[88] BE 11 FARL; BE 11 PRRL: „Reiseveranstalter und/oder Reisevermittler müssen verpflichtet sein sicherzustellen, daß die Beschreibung der von ihnen veranstalteten oder angebotenen Pauschalreisen keine irreführenden Angaben enthalten und daß dem Verbraucher in den ihm zur Verfügung gestellten Reiseprospekten klare und genaue Informationen erteilt werden.“; BE 7 TSRL: „Es ist wichtig, irreführende oder unvollständige Angaben bei der Information, die speziell den Verkauf von Teilzeitnutzungsrechten … betrifft, zu unterbinden. Diese Information muß durch ein zusätzliches Schriftstück ergänzt werden, das jedem Interessenten auf Wunsch zur Verfügung gestellt werden muß. Die in dem ergänzenden Schriftstück enthaltenen Informationen müssen Bestandteil des Vertrages … sein.“; BE 18 KGRL: „… Allerdings sind solche Garantien unter Umständen reine Werbemittel, die sich für den Verbraucher als irreführend erweisen. …“

[89] *Erman* AcP 139 (1934) 273, 319 (Verhandlung „mit ‚wen es angeht'“). Vgl. auch *Schnyder/Straub* ZEuP 1996, 8, 48.

[90] S. schon *Erman* AcP 139 (1934) 273, 320.

[91] Das gilt auch für die PRRL, denn Veranstalter ist nur, wer „nicht nur gelegentlich Pauschalreisen organisiert …“ (Art. 2 Ziff. 2); allerdings ist – nach nationaler Umsetzung – theoretisch auch die Haftung eines Gelegenheitsvermittlers denkbar, Art. 2 Ziff. 3 PRRL.

[92] Die Haftung nach Art. 6:101 Abs. 1 EP bezieht sich nur auf *statements* einer Vertragspartei, nicht generell auf *information.*

Pauschalreiseprospektangaben, auf die sich auch gewerblich und beruflich Tätige berufen können.[93] Soweit es in den Vorschriften um eine Haftung für Werbungsangaben geht, könnte man die Abgrenzung des Gläubigerkreises damit erklären, daß von beruflich und gewerblich Tätigen erwartet werden kann, daß sie sich nicht auf Werbung, sondern nur auf die konkreten Vertragsabreden verlassen. Rechtspolitisch kann man an dieser Grenzziehung zweifeln, denn auch Handwerker oder Rechtsanwälte sind Adressaten von z.B. Verkäufer- und Herstellerwerbung (Firmenwagenkauf) und werden sich auf die darin enthaltenen Angaben nicht selten verlassen. Indes ist die Beschränkung des persönlichen Schutzbereichs im Kern durchaus treffend und trägt sie zudem dem Rechtssicherheitsinteresse an einer klaren Abgrenzung Rechnung.[94] Außerdem entspricht sie dem Harmonisierungskonzept – Angleichung des international zwingenden Rechts.[95]

Untersucht man den Bindungstatbestand selbst, so entspricht es der Wertung des Gesetzgebers, vorvertragliche Angaben unabhängig von ihrer Individualität oder Präsentationsform (Werbung – Prospekt – individuelle Angabe) gleichermaßen als verbindlich zu behandeln. Am weitesten geht insoweit die Kaufgewährrichtlinie, die eine Bindung an Werbungsangaben vorsieht. Hält man an dieser Wertung fest, so sollten die übrigen Regelungen entsprechend ergänzt werden.

Der allgemeine Grundsatz, der den Regelungen zugrundeliegt, entspricht damit weithin dem des Art. 6:101 Abs. 2, 3 EP. Danach werden vorvertragliche Informationen, die professionelle Anbieter oder ihre Vorleute in der Werbung oder Vermarktung oder auf sonstige Weise über die Qualität oder Gebrauchstauglichkeit machen, grundsätzlich Vertragsbestandteil. Anders als (im Grundsatz) die Vorschrift des Art. 6:101 Abs. 2 und 3 EP schützen jedoch die hier erörterten Tatbestände des Europäischen Vertragsrechts überwiegend nur Verbraucher. Einen ähnlicher Grundtatbestand scheint in den Niederlanden[96] und in Schweden und Finnland zu gelten;[97] in anderen Rechtsordnungen, beispielsweise in Deutschland[98] oder in England[99], gibt es einen solchen allgemeinen

[93] Art. 2 Ziff. 4 PRRL.

[94] S. oben, § 12 A I und II (S. 251–264).

[95] Oben, § 10 A (S. 211–232).

[96] Art. 7:18 NBW, aber auch beschränkt auf Verbraucherkäufe.

[97] § 18 finnisches und schwedisches Kaufgesetz (abgedruckt bei *Lando/Beale* Principles, S. 302), ebenfalls nur für Verbraucherkaufverträge.

[98] Eine allgemeine Regelung enthält nur § 13a UWG, der ein Rücktrittsrecht begründet. Ansätze für die Bindung an Werbungsangaben finden sich im Kaufrecht; BGHZ 48, 118, 122, BGHZ 87, 302, 305 (Werbeschild „werkstattgeprüft" als Zusicherung); BGHZ 128, 111, 114f. (ABS-Ausstattung als Zusicherung bei einem beim Händler stehenden Neuwagen); BGHZ 132, 55, 57–63 (Kraftstoffverbrauchangabe im Herstellerprospekt als Solleigenschaft, aber nicht Zusicherung); BGHZ 136, 94, 96f. (Mercedes – Kraftstoffverbrauch); s.a. BGH, ZIP 1996, 597, 598 (Volvo – Kraftstoffverbrauch als Zusicherung); BGH, NJW 1981, 2295 („notariell garantierter Festpreis"; österreichische Ferienwohnung); nach *Medicus* AcP 188 (1988) 489, 505 kann Werbung die Geschäftsgrundlage mitbestimmen. *Schmidt-Räntsch* ZIP 1998, 849, 851 sieht im praktischen Ergebnis keine Änderungen des deutschen Rechts durch die KGRL. Zur Rechtsprechung ferner *Lehmann* NJW 1981, 1233, 1238 (der selbst eine allgemeine Werbungshaftung aus culpa in contrahendo vorschlägt); *Herrmann* AcP 183 (1983) 248, 262–268.

[99] Nach hergebrachten Grundsätzen ist auf die (objektiv) nach den Umständen zu ermittelnde Absicht

Grundsatz bislang nicht.[100] Auch wenn man daher auf Europäischer Ebene einen allgemeinen Grundtatbestand über die Einbeziehung vorvertraglicher Informationen nicht formulieren will, bietet es sich an, die Vorschrift des Art. 6:101 EP als Grundlage für die weiteren Überlegungen heranzuziehen. Bevor der Gesetzgeber sich daran macht, weitere Haftungstatbestände zu formulieren, erscheint es angesichts der unbegründeten Disparitäten der bestehenden Regelungen geboten, zunächst hier Ordnung zu schaffen. Dabei mag sich anbieten, die Regelungen in der Kaufgewährrichtlinie, die teils die Unstimmigkeiten der älteren Vorschriften vermeiden, künftig als Modell heranzuziehen.

#### *b) Lücken*

Der sachliche Schutzbereich ist in zwei Hinsichten lückenhaft. Zum einen ist die Bindung an vorvertragliche Angaben für den Bereich des Fernabsatzes nur rudimentär geregelt, obwohl sich der Kunde gerade hier in besonderem Maße auf vorvertragliche Angaben verlassen muß. Die Lücke ist auch nicht damit zu erklären, daß die Fernabsatzrichtlinie ein Widerrufsrecht vorsieht, denn das schützt den Kunden insoweit unzureichend. So mag sich erst nach Ablauf der kurz bemessenen Widerrufsfrist zeigen, ob die (Ware oder)[101] Dienstleistung die vorvertraglich angepriesenen Qualitäten hat. Zum anderen liegen zwar für Mobiliar- und Timesharingkaufverträge Teilregelungen vor, im Bereich der Dienstleistungen enthält das Europäische Vertragsrecht indes nur eine Regelung für die Pauschalreise.

Wie die geregelten Fälle der Bindung an vorvertragliche Angaben zeigen, handelt es sich nach Einschätzung des Europäischen Gesetzgebers nicht um eine absatzspezifische Sachfrage. Ebensowenig aber läßt sich die Frage der Bindung an vorvertragliche Angaben als branchenspezifisch ansehen. Die bislang vor allem im Dienstleistungsbereich fehlende Regelung sollte daher in eine allgemeine Regelung über Dienstleistungsverträge aufgenommen werden. Der Vorschlag für eine Dienstleistungshaftungsrichtlinie enthielt insoweit allerdings noch keinen Ansatzpunkt, obwohl seine „vertragsrechtliche Seite" dazu in ähnlicher Weise Anlaß bieten konnte wie der entsprechende Sachverhalt bei der Kaufgewährleistung. Freilich war gerade die Allgemeinheit des Regelungsvorschlags, der auf die Bedürfnisse einzelner Branchen nicht hinreichend Rücksicht nahm, ein Hauptkritikpunkt.

---

der Parteien abzustellen; *Beatson* Contract, S. 126f.; *Lord Moulton* in *Heilbut, Symons & Co.* v. *Buckleton* [1913] AC 30, 49 H.L.; *Salmon,* L.J., in: *Dick Bentley Productions Ltd.* v. *Harold Smith (Motors) Ltd.* [1965] 2 All E.R. 65, 68 (i.E. ebenso, aber in der Begründung anders *Lord Denning* M.R., ebd. S. 67, der eine Art Exkulpation zuläßt). In den Fällen geht es auch nur um individuelle Angaben des Vertragspartners, nicht aber um Werbungsangaben oder Angaben Dritter; sie betreffen daher nur die Grundregel des Art. 6:101 Abs. 1 EP.

[100] Rechtsvergleichende Übersicht bei *Lando/Beale* Principles, S. 302.

[101] Für „Verbrauchsgüterkäufe" schützt jetzt die KGRL.

# B. Vertragliche Informationspflichten

Eine Vielzahl von Vorschriften des Europäischen Vertragsrechts verpflichten einen Vertragspartner, „Informationen“ festzuhalten und/oder zu geben. Nicht selten ist diese Pflicht zudem mit einem Förmlichkeitserfordernis verbunden. Nachfolgend werden die Informationsvorschriften entsprechend ihren verschiedenen Inhalten geordnet dargestellt: Die Pflicht, den Partner über den Inhalt einer getroffenen Vereinbarung zu informieren wird hier als „Nachweispflicht“ bezeichnet (dazu unten III). Davon unterscheidet sich die Belehrungspflicht, die einen Vertragspartner verpflichtet, den anderen über seine Rechte und Pflichten aufzuklären (unten II). Die Information über „schlichte Tatsachen“ wird hier als die eigentliche Informationspflicht (i.e.S.) verstanden (sogleich I). Weiter als die Informationspflichten geht schließlich die Pflicht zur Aufklärung und Beratung (IV).

Formvorschriften haben wir bereits an anderer Stelle erörtert;[102] sie werden nachfolgend nur behandelt, soweit sie nicht oder nicht ausschließlich eine „Wirksamkeitsvoraussetzung“ für den Vertrag darstellen, sondern (auch) dazu dienen, einen oder beide Vertragspartner über die Bedingungen ihres Vertrags zu informieren.

## I. Informationspflichten (i.e.S.)

### 1. Zwecke der Informationspflichten

Bei den vertraglichen Informationspflichten lassen sich vor allem zwei Gruppen unterscheiden, nämlich Informationen über Tatsachen, die der andere Teil zur erfolgreichen oder störungsfreien Vertragsdurchführung benötigt (a) und Information über die erfolgte Leistungserbringung (b). Andere Informationspflichten (i.w.S.) erweisen sich als Belehrungs- oder Nachweispflichten (c).

#### *a) Information zur Erreichung des Vertragszwecks*

Informationen, die zur erfolgreichen Vertragsdurchführung, also zur Zweckerreichung erforderlich sind, muß der Veranstalter/Vermittler einer *Pauschalreise* dem Verbraucher nach Art. 4 Abs. 1 b) Pauschalreiserichtlinie „rechtzeitig vor Beginn der Reise“ geben. Dazu gehören vor allem die Reisezeiten (Ziff. i), aber auch die Notfalladressen (Ziff. ii). Bei Auslandsreisen Minderjähriger ist darüber zu informieren, wie diese oder ihre Aufsichtspersonen erreichbar sind (Ziff. iii). Schließlich ist der Veranstalter/Vermittler verpflichtet, über die Möglichkeit von gängigen Versicherungen zu informieren (Reiserücktritt; Rückführung wegen Unfall oder Krankheit; Ziff. iv). Die vertraglichen Informationspflichten des Pauschalreisevertrags ergänzen so die in der Richtlinie vorgesehenen

---

[102] Oben § 14 I 2 (S. 317–325).

vorvertraglichen Informationspflichten sehr harmonisch. Vor Vertragsschluß ist der Verbraucher über Tatsachen zu informieren, die der Inanspruchnahme der Reiseleistungen entgegenstehen können (Paß- und Visumserfordernisse, gesundheitspolizeiliche Formalitäten), nach Vertragsschluß ist er über die Einzelheiten zu informieren, die zur geordneten Durchführung der Reise erforderlich sind.[103]

Eine allgemeine Pflicht, über alle wesentlichen Tatsachen der Pauschalreise zu informieren, die teilweise Art. 4 Abs. 2 lit. a) PRRL entnommen wird,[104] bestimmt die Richtlinie indes nicht. Nach dieser Vorschrift muß der Vertrag „mindestens" bestimmte Angaben enthalten und nach lit. b) erhält der Verbraucher eine Abschrift des Vertrags. Indes heißt „mindestens" nicht, daß von Richtlinien wegen alles Wesentliche mitzuteilen wäre, sondern nur das das mitgliedstaatliche Recht weitere Pflichtinhalte des Vertrags vorschreiben kann. Vor allem aber betrifft Absatz 2 nicht die vertragliche Information, sondern den Nachweis über die Vereinbarung.[105] Das ist auch nach der Richtlinie keineswegs eine nur formale Unterscheidung: Absatz 2 verpflichtet dazu, über Rechte und Pflichten zu informieren („Nachweispflicht"),[106] Absatz 1 hingegen dazu, ganz praktische tatsächliche Informationen zu geben, wie z.B. Uhrzeiten und Orte von Zwischenstationen. Veranstalter und/oder Vermittler müssen daher nach der Richtlinie nur die bestimmten, nicht „alle wesentlichen" Informationen geben; doch umfassen die Bestimmungen des Art. 4 Abs. 1 PRRL wohl alles Wesentliche.

Der Unternehmer ist verpflichtet, dem *Handelsvertreter* die erforderlichen Informationen und Unterlagen über die zu Waren des Unternehmens sowie weitere zur Ausführung des Vertrags erforderliche Informationen zu geben.[107] Neben diesen Informationen, die unmittelbar die Durchführung des Vertrags betreffen, ist der Unternehmer verpflichtet, den Handelsvertreter zu unterrichten, wenn der Umfang der Geschäfte erheblich geringer sein wird, als der Vertreter erwarten durfte. Diese letztere Pflicht betrifft nicht mehr die Durchführbarkeit des Vertrags im eigentlichen Sinne, sondern (auch) die wirtschaftlichen Interessen des Handelsvertreters. Sie ist damit auch Ausdruck der Treuebindung der Parteien.[108] Auch der Handelsvertreter ist gebunden, „die erforderlichen, ihm zur Ver-

---

[103] Ebenso Grabitz/Hilf II-*Tonner* A 12 (PRRL) Art. 4 Rn. 4 („technische Angaben zur Durchführung der Reise, die keinen Einfluß auf die Entscheidung des Verbrauchers haben, ob er die Reise überhaupt durchführen will").

[104] So *Grundmann* Schuldvertragsrecht, 4.01 Rn. 18.

[105] Auch der in Art. 4 Abs. 2 lit. a) PRRL in Bezug genommene Anhang der Richtlinie betrifft nur die erforderlichen Vertragsangaben, nicht hingegen sonstige Informationen.

[106] Zu Nachweispflichten näher unten, III (S. 383–390). Die Vertragsbedingungen müssen selbstverständlich nicht alle wesentlichen Informationen enthalten, wie beispielhaft ein Vergleich von Absatz 1 lit. b Ziff. i mit Abs. 2 lit. a iVm Anh. lit. b ergibt: Zu den von Absatz 2 betroffenen Vertragsbedingungen zählen nur „Transportmittel, ihre Merkmale und Klasse; Tag und Zeit sowie Ort der Abreise und Rückkehr", zu den von Absatz 1 betroffenen Informationen gehören hingegen „Uhrzeiten und Orte von Zwischenstationen und Anschlußverbindungen; Angabe des vom Reisenden einzunehmenden Platzes, z.B. Kabine oder Schlafkoje auf einem Schiff oder Schlafwagen- oder Liegeabteil im Zug".

[107] Art. 4 Abs. 2 HVertrRL.

[108] Dazu noch unten, D (S. 398–414).

fügung stehenden Informationen zu übermitteln".[109] Dabei geht es wiederum um die Informationen, die zur ordnungsgemäßen Vertragserfüllung erforderlich sind.

#### *b) Rechenschaft*

Über die Konditionen, zu welchen eine grenzüberschreitende Überweisung[110] ausgeführt wurde, muß das Kreditinstitut den Auftraggeber nach Ausführung unterrichten.[111] Sie hat ihm namentlich die Ausführung zu bestätigen und den Kurs sowie das erhobene Entgelt mitzuteilen. Die Richtlinie sieht damit eine Rechenschaftspflicht des Auftragnehmers vor, wie sie im deutschen Recht den §§ 666, 259 BGB zu entnehmen ist.[112]

#### *c) Weitere Informationspflichten*

Weitere vertragliche Informationspflichten i.w.S. enthalten Art. 5 Fernabsatzrichtlinie und Art. 4 Verbraucherkreditrichtlinie. Dabei geht es indessen primär um den Nachweis von vereinbarten Vertragsbedingungen, bei Art. 5 FARL ferner um die Belehrung über das Widerrufsrecht. Die Vorschriften werden daher nachfolgend in diesen Zusammenhängen erörtert.

### 2. Ausgestaltung: Art und Weise der Information, Sanktionen

Informationen zur Pauschalreise müssen „schriftlich oder in einer anderen geeigneten Form rechtzeitig vor Beginn der Reise" erteilt werden.[113] Über die ausgeführte Überweisung hat das Institut schriftlich, „gegebenenfalls auch auf elektronischem Wege", sowie „klar und leicht verständlich" zu informieren.[114] Sanktionen wegen Nichterfüllung schreiben die Richtlinien nicht vor. Indes liegt wegen des individuellen Bezugs der Informationspflichten in den meisten Fällen nahe, dem Gläubiger einen Anspruch auf Schadensersatz wegen der Nichterfüllung vertraglicher Pflichten zu geben.[115]

### 3. Grundgedanken der Regelung, Lücken

Informationspflichten ergänzen punktuell die vertraglichen Hauptpflichten der Parteien, soweit das nach den spezifischen Bedürfnissen der Vertragsparteien erforderlich ist. Ohne die geschuldeten Informationen kann der Handelsvertreter nicht tätig werden und

---

109 Art. 3 Abs. 2 lit. b HVertrRL.
110 Art. 2 lit. f ÜwRL.
111 Art. 4 ÜwRL.
112 Dazu für das deutsche Recht BGH, WM 1985, 1098, 1099f.; *Canaris* Bankvertragsrecht I, Rn. 342.
113 Art. 4 Abs. 1 lit. b PRRL.
114 Art. 4 UAbs. 1 S. 1 ÜwRL.
115 Zur Konkretisierung unbestimmter Rechtsfolgenanordnung oben, § 12 B (S. 267–275).

wäre der Erfolg der Pauschalreise zumindest gefährdet.[116] Die nach der Überweisungsrichtlinie geschuldete Rechenschaft vervollständigt die Ausführung der Überweisung, da der Auftraggeber nicht selten einen Beleg für den Zahlungserfolg benötigen wird. Sowenig wie eine allgemeine vorvertragliche Informationspflicht gibt es im Europäischen Vertragsrecht eine allgemeine vertragliche Informationspflicht.

Die Regelung der vertraglichen Informationspflichten erscheint wertungsmäßig weitgehend vollständig. Daß nähere Informationen für die Erreichung des Vertragszwecks erforderlich wären, kommt bei den anderen vom Europäischen Gesetzgeber aufgegriffenen Vertragstypen nicht in demselben Maße in Betracht wie beim Pauschalreisevertrag oder Handelsvertretervertrag. Insbesondere spart die Kaufgewährrichtlinie den Bereich der Instruktionspflichten, die bei technischen Geräten aktuell werden können, nahezu völlig aus. Lediglich eine mittelbare Pflicht zur klaren und verständlichen Anleitung enthält die sogenannte Ikea-Klausel des Art. 2 Abs. 5 der Kaufgewährrichtlinie, nach der ein Fehler der Montageanleitung als Vertragswidrigkeit die allgemeinen Gewährleistungsrechte auslöst. Daß die Wohlverhaltenspflichten des Art. 11 WpDRL eine Rechenschaftspflicht nicht nennen, liegt daran, daß sie ganz auf die Definition der Sorgfaltsanforderungen konzentriert sind.[117] Die Rechenschaftspflicht ist hier ohnehin eine zentrale Vertragspflicht, die geradezu mit dem Vertragstyp untrennbar verbunden ist, so daß man davon ausgehen kann, daß die mitgliedstaatlichen Vertragsrechte auch ohne Angleichung als gleichwertig anzusehende Vorschriften enthalten. Da die Rechenschaftspflicht nicht als spezifischer Schwächerenschutz nach Art. 5 EVÜ international zwingend ist, war nach dem Harmonisierungskonzept eine Angleichung nicht geboten.

## II. Belehrungspflichten

### 1. Überblick über die Regelungen

Belehrungspflichten sieht das europäische Recht zunächst dort vor, wo dem anderen Teil ein Widerrufsrecht eingeräumt wird, beim „Haustürgeschäft“,[118] beim Fernabsatzgeschäft,[119] beim Timesharingvertrag[120] und – wenn auch nur indirekt – beim Versiche-

---

[116] Ebenso für § 4 Abs. 1 InfVO *Tempel* NJW 1996, 1625, 1629.

[117] Art. 10 Abs. 1 Sps. 4 WpDRL betrifft nur die Dokumentationspflicht zu Zwecken der aufsichtsrechtlichen Kontrolle.

[118] Art. 4 HtWRL.

[119] Art. 5 Abs. 1 S. 2 Sps. 1 FARL, Art. 3 Abs. 1 Nr. 3a FFRL.

[120] Art. 4 Sps. 1 iVm Anhang lit. l TSRL. Die Belehrungspflicht erscheint hier allerdings nur – undeutlich – als Pflicht, in den Vertrag „Informationen zum Recht auf Rücktritt vom Vertrag“ und die Modalitäten der Ausübung aufzunehmen; deutlicher ist die Umsetzungsregelung in § 5 Abs. 2 S. 2 TzWrG.

rungsvertrag[121]. Die Belehrungspflicht soll den Widerrufsberechtigten erst in die Lage setzen, die Widerrufsmöglichkeit zu bedenken.[122]

Eine Belehrungspflicht sieht ferner Art. 5 Abs. 4 UAbs. 2 Pauschalreiserichtlinie vor. Nach dieser Vorschrift muß im Vertrag „klar und deutlich" auf die Anzeigeobliegenheit hingewiesen werden, die den Verbraucher nach UAbs. 1 der Vorschrift trifft. Die Anzeigeobliegenheit bindet den Verbraucher, „jeden Mangel bei der Erfüllung des Vertrages, den er an Ort und Stelle feststellt, so bald wie möglich schriftlich oder in einer anderen geeigneten Form dem betreffenden Leistungsträger sowie dem Veranstalter und/oder dem Vermittler mit[zu]teilen". Da diese Anzeigepflicht des Verbrauchers doch ganz selbstverständlich ist, spricht der Selbstverantwortungsgrundsatz dagegen, dem Vertragspartner eine Belehrungspflicht aufzubürden. Erklären kann man die Regelung nur vor dem Hintergrund des Leistungsstörungssystems der Richtlinie. Zwar sieht die Richtlinie nicht schon eine Sanktion für die Verletzung der Anzeigeobliegenheit vor; schon nach der Richtlinie steht aber fest, daß die Mitgliedstaaten daran einen Nachteil für den Verbraucher knüpfen müssen.[123] Die Beachtung der Anzeigeobliegenheit ist deshalb für den Verbraucher von erheblicher Bedeutung. Daher kann man die Belehrungspflicht als sachgerecht ansehen.

Schließlich enthält Art. 6 Abs. 2 Sps. 1 KGRL eine Art Belehrungspflicht, wonach „die Garantie darlegen muß", daß der Verbraucher neben den garantierten auch gesetzliche Gewährleistungsrechte hat und diese von der Garantie unberührt bleiben. Vorbild für diese Regelung, die droht, zu einem unsinnigen Formalismus zu führen, war offenbar das englische Recht, das – weitergehend – sogar eine Pflicht des Verkäufers vorsieht, den Verbraucher über seine gesetzlichen Rechte zu belehren.[124] Ihre sachliche Begründung wird darin gesehen, den Verbraucher vor einer Verlockung durch Garantien zu schützen, die nur scheinbar weitere Rechte geben oder den Anschein erwecken, gesetzliche Rechte auszuschließen.[125] Daß hier das Recht gegen irreführende Werbung nicht ausreichen würde, scheint freilich nicht dargetan. Richtiger wäre es, nach dem Selbstverantwortungsgrundsatz vom Verbraucher eine Kenntnis seiner gesetzlichen Rechte zu erwarten.

Um eine Nachweisvorschrift, nicht um eine Belehrungspflicht, handelt es sich bei der Pflicht des Lieferers, den Verbraucher nach Vertragsabschluß über „die Kündigungsbedingungen" (*the conclusion for cancelling the contract; les conditions de résiliation du*

---

121 Art. 36 Abs. 1 iVm Ziff. a.13 Anh. III LVersRL; danach ist nur über die „Modalitäten der Ausübung des Widerrufs und Rücktrittsrechts" zu informieren.

122 BE 6 HtWRL: „Außerdem ist es geboten, geeignete Maßnahmen zu treffen, um sicherzustellen, daß der Verbraucher schriftlich von seiner Überlegungsfrist unterrichtet ist." Keine Erwägungen enthält insoweit die FARL, deren BE 14 das Widerrufsrecht behandelt. Zur Belehrungspflicht als notwendigem Korrelat des Widerrufsrechts *Medicus* Gutachten und Vorschläge, S. 527.

123 Zu der Begründung, die sich im einzelnen aus der Einbettung der Anzeigeobliegenheit in das System der Leistungsstörungsregeln der Richtlinie ergibt, näher unten, § 17 A III 2 e (S. 510–512).

124 Consumer Transactions (Restrictions on Statements) Order 1976, SI 1976/1813. Den Vorschlag, diese Regelung in die Vorschriften über die Garantie aufzunehmen, hatten u.a. *Beale/Howells* J.Contract L. 12 (1997) 21, 38, gemacht. Zur Entwicklung *Grundmann* AcP 202 (2002) 40, 54f.

125 *Beale/Howells* J.Contract L. 12 (1997) 21, 38f.

*contrat*) zu unterrichten, wenn es sich um einen Vertrag von unbestimmter oder mehr als einjähriger Vertragsdauer handelt (Art. 5 Abs. 1 S. 2 Sps. 4 FARL). Zu informieren ist danach ausweislich des Wortlauts – „Bedingungen" – über die vertraglichen Vereinbarung, nicht über das geltende Recht.[126] Das ist auch systematisch schlüssig, da auch sonst grundsätzlich keine Pflicht besteht, über das geltende Recht zu informieren.

## 2. Ausgestaltung: Art und Weise der Belehrung, Sanktionen

Die Belehrung muß dem Verbraucher stets in verkörperter Form gegeben werden, nämlich schriftlich[127] oder – nach der Fernabsatzrichtlinie alternativ – auf einem anderen für ihn verfügbaren dauerhaften Datenträger.[128]

Bei Haustürgeschäft ist die Belehrung dem Verbraucher zu dem Zeitpunkt zu geben, zu dem er sich für den Vertragsschluß entschieden hat. Dieser Zeitpunkt fällt für die zentralen Fallgruppen der Richtlinie (Kaffeefahrt, Abschluß in Wohnung oder am Arbeitsplatz) mit dem Vertragsschluß zusammen; bei dem erbetenen Vertreterbesuch, der in Verhandlungen über andere Gegenstände umschlägt,[129] ist die Belehrung „spätestens bei Vertragsschluß" zu übergeben; macht der Verbraucher in einer Überrumpelungssituation selbst ein – bindendes oder unverbindliches – Angebot,[130] so ist er zum Zeitpunkt der Abgabe zu belehren. Bei Timesharingverträgen ist die Belehrung in den schriftlich abzuschließenden Vertrag aufzunehmen.[131] Bei Fernabsatzgeschäften muß die Belehrung über Widerrufsrecht sowie ggf. die Kündigungsbedingungen „rechtzeitig während der Erfüllung des Vertrags, bei nicht zur Lieferung an Dritte bestimmte Waren spätestens zum Zeitpunkt der Lieferung" erfolgen.[132] Die gewisse Belehrung über das Widerrufsrecht, die die 3. Lebensversicherungsrichtlinie in Form der Pflicht zur Information über die „Modalitäten der Ausübung des Widerrufs und Rücktrittsrechts" vorsieht, ist schon vor Vertragsschluß zu geben. Soll der Widerruf ermöglichen, den Vertrag zu überdenken, so sollte die Belehrung mit dem Vertragsschluß erfolgen. Auf die Bindung des Widerrufsberechtigten abzustellen (z.B. Angebotsbindung) hat den Nachteil, daß er sie bis zur Perfektion des Vertrags u.U. noch nicht so ernst nimmt und daher keinen Anlaß für einen Widerruf sieht. Die vorvertragliche Belehrung widerspricht dem Zweck, die Effektivität des Widerrufsrechts zu sichern, denn der Berechtigte mag sie, wenn es darauf ankommt, schon vergessen haben. Gerade bei Lebensversicherungsverträgen

---

[126] Die Rechtsbelehrung wäre auch angesichts der mangels Rechtswahl erfolgenden objektiven Anknüpfung an das (für verschiedene Kunden unterschiedliche) Recht des gewöhnlichen Aufenthalts des Verbrauchers problematisch.

[127] Art. 4 HtWRL, Art. 5 Abs. 1 UAbs. 1 FARL, Art. 4 Sps. 1 TSRL, Art. 36 Abs. 1 iVm Einleitungsabsatz 1 Anh. III LVersRL.

[128] Art. 5 Abs. 1 S. 1 FARL.

[129] Art. 1 Abs. 2 HtWRL.

[130] Art. 1 Abs. 3 und 4 HtWRL.

[131] Art. 4 Sps. 1 iVm Anh. lit. l TSRL.

[132] Art. 4 Abs. 1 UAbs. 1 FARL.

hätte sich angeboten, die Widerrufsbelehrung in die ohnehin schon vorgeschriebene Vertragsschlußbelehrung[133] aufzunehmen, da sie auch der Auslöser für den Beginn der Widerrufsfrist ist.

Anders als sonst weithin im europäischen Schuldvertragsrecht ist der Sanktionsmechanismus für die Verletzung der Belehrung über das Widerrufsrecht ausdrücklich vorgeschrieben: Der Beginn der Widerrufsfrist wird verzögert oder die Dauer der Frist verlängert, wenn die Belehrung unterbleibt.[134]

Die Folgen einer Verletzung der Belehrungspflicht des Reiseveranstalters/-vermittlers sind nicht ausdrücklich geregelt. Da die Belehrung über die Anzeigeobliegenheit des Reisenden für die Wahrnehmung der eigenen Rechte essentiell ist, muß man davon ausgehen, daß sich der Reiseveranstalter/-vermittler mangels Belehrung nicht auf die Anzeigeobliegenheit des Verbrauchers berufen darf.[135]

## 3. Grundgedanken der Regelung, Lücken

Rechtsbelehrungen sieht das Europäische Vertragsrecht in Einzelfällen aus besonderen Gründen vor. Ganz überwiegend begleiten die Belehrungspflichten das Widerrufsrecht als besonderes Schutzrecht des Verbrauchers in bestimmten Situationen oder bei bestimmten Verträgen. Die Belehrungspflicht ist insoweit eine notwendige Ergänzung des besonderen Schutzrechts, das ohne die Belehrung oftmals leerzulaufen drohte; die Berechtigten werden von dem gesetzlichen Widerrufsrecht, das immer noch die *Ausnahme* darstellt, oftmals nicht wissen.[136] Diese Belehrungspflichten haben keine eigene sachliche Begründung, sondern teilen jene der Widerrufsrechte.

Anders begründet ist die Pflicht zur Belehrung über die Anzeigeobliegenheit des Verbrauchers nach Art. 5 Abs. 4 Pauschalreiserichtlinie. Die Pauschalreiserichtlinie hat ein ausgewogenes, die beiderseitigen Interessen subtil ausgleichendes Leistungsstörungsrecht entworfen.[137] Danach kann der Veranstalter/Vermittler zunächst Abhilfe versuchen.[138] Die Anzeigeobliegenheit des Verbrauchers sichert die Abhilfemöglichkeit erst ab. Und die Pflicht zur Belehrung über die Anzeigeobliegenheit stellt sicher, daß Anzeige keine übermäßig schwere Last für den Verbraucher begründet. Die Belehrungspflicht ist deshalb als Teil des Gesamtsystems der Leistungsstörungen der Richtlinie zu erklären.

Weitgehend ist indes die Belehrungspflicht des Garantiegebers nach der Kaufgewährrichtlinie. Aus Sorge vor einer Irreführung von Verbrauchern hat der Gesetzgeber hier zu einem scharfen Schwert gegriffen – das freilich durch übermäßigen Gebrauch schnell

---

133 Art. 35 Abs. 1 UAbs. 1 LVersRL.

134 Dazu i.e. schon oben, § 14 II 2 ccc (S. 337f.). Nur weitere Sanktionen sind den Mitgliedstaaten nach Art. 4 Abs. 3 HtWRL aufgegeben; zur Umsetzung (kritisch im Hinblick auf den Angleichungserfolg) *Kötz* Vertragsrecht, § 5 D III (S. 139).

135 Ebenso *Grundmann* Schuldvertragsrecht 4.01 Rn. 33. Näher unten, § 17 A III 2 e (S. 510–512).

136 So (ohne nähere Begründung) auch *Medicus* Gutachten und Vorschläge, S. 527.

137 I.e. unten, § 17 A III (S. 500–520).

138 Unten, § 17 A III 2a und 4 (S. 502–505, 518f.).

stumpf wird: Werden dem Verbraucher durch solche Belehrung zwar seine Rechte auch immer wieder vor Augen geführt, so liegt es doch nahe, daß er durch die andauernde Wiederholung auf sie nicht mehr achtet. Die Belehrungspflicht fügt sich hier nicht wohl ein, und auch aus Sachgründen hätte man besser auf sie verzichtet.

Insgesamt sind aber Belehrungspflichten nur punktuelle Ausnahmen, als Grundsatz gilt, daß sich jeder Vertragspartner selbst über das geltende Recht informieren muß.[139] Dieser Grundsatz ergibt sich nicht nur daraus, daß der Gesetzgeber Belehrungspflichten nur vereinzelt statuiert. Er ergibt sich auch aus Vorschriften, die *die Mitgliedstaaten* verpflichten, sich um die „Unterrichtung der Verbraucher" zu kümmern und ggf. Berufsorganisationen aufzufordern, die Verbraucher zu unterrichten.[140] Sein Recht hat man zu kennen. Die Vermittlung von Rechtskenntnissen ist dem Rechtskundeunterricht, der Verbraucheraufklärung durch den Staat oder Verbraucherinteressenorganisationen oder den rechtsberatenden Berufen zu überlassen, grundsätzlich – d.h. wenn nicht ausnahmsweise eine zweiseitige Begründung dafür gegeben ist – indes nicht dem Vertragspartner, der ja zudem insoweit eher Vertragsgegner ist, so daß man von ihm nicht gut eine Rechtsauskunft erwarten kann. Das ist nicht zuletzt Ausdruck der Selbstverantwortung des Berechtigten – und umgekehrt natürlich auch der Vertragsfreiheit des Verpflichteten.

Wesentliche Lücken bei den Belehrungspflichten sind daher nicht festzustellen. In Anlehnung an die Pflicht zur Belehrung über die Anzeigeobliegenheit nach der Pauschalreiserichtlinie könnte man an eine versicherungsvertragliche Pflicht denken, über nachteilige Folgen einer Obliegenheitsverletzung zu belehren; der Vorschlag einer Versicherungsvertragsrichtlinie sah eine Belehrungspflicht indes nicht vor.

## III. Nachweispflichten

Nachweispflichten binden einen Vertragspartner, den anderen nach Vertragsabschluß schriftlich über die getroffene Vereinbarung oder einzelne Punkte derselben zu informieren.[141] Sie dienen, wie näher darzulegen ist, dazu, den Nachweisgläubiger seiner vertraglichen Rechte und Pflichten zu versichern und dadurch möglichen Konflikten vorzubeugen. Sie unterscheiden sich daher in Gegenstand und Zweck von anderen Informationspflichten.

---

139 Zu widersprechen ist daher *Nassall* JZ 1995, 689, 692, wenn er sagt: „An erster Stelle ist hier das Transparenzgebot zu nennen. Alle genannten Richtlinien schreiben nämlich eine Belehrung des Verbrauchers über seine vertraglichen Rechte und Pflichten vor. Das Transparenzgebot gehört daher gemeinschaftsrechtlich zu den Grundprinzipien des Verbraucherschutzes."

140 Art. 16 FARL, Art. 9 KGRL.

141 Für die eingehende Regelung des arbeitsrechtlichen Nachweisanspruchs war das englische Recht wesentliches Vorbild; *Clark/Hall* ILJ 1992, 102 und 109f.; *Deakin* in: Party Autonomy, S. 373.

## 1. Überblick über die Regelung

Eine eingehende Regelung einer Nachweispflicht findet sich in der arbeitsrechtlichen *Nachweisrichtlinie*. Danach ist der Arbeitgeber verpflichtet, den Arbeitnehmer über die wesentlichen Punkte[142] des Arbeitsvertrags oder Arbeitsverhältnisses zwei Monate nach Arbeitsaufnahme schriftlich zu unterrichten.[143] Änderungen sind dem Arbeitnehmer in gleicher Weise binnen Monatsfrist „nachzuweisen". Der Nachweis über gesetzlich oder tariflich bestimmte Rechte und Pflichten kann durch Verweis auf die maßgeblichen Vorschriften erfolgen.[144] Der Nachweisanspruch kann nicht vertraglich oder tarifvertraglich ausgeschlossen werden.[145]

Einen unabdingbaren Anspruch auf schriftlichen Nachweis der Vertragsbedingungen haben auch die Parteien des *Handelsvertretervertrags*.[146] Der Besonderheit, daß der Handelsvertretervertrag ein zweiseitiger Unternehmensvertrag ist, trägt die Regelung dadurch Rechnung, daß sie den Nachweisanspruch beiden Parteien gibt. Auch der Handelsvertreter kann also in Anspruch genommen werden, die Vertragsbedingungen niederzuschreiben – mit allen für den Aussteller nachteiligen materiell- oder verfahrensrechtlichen (beweisrechtlichen) Konsequenzen.

Der Lieferer hat beim *Fernabsatzgeschäft* bereits vor Vertragsschluß die Pflicht, den Verbraucher über seine Identität, seine Leistung, Preis und Kosten sowie die Vertragsabwicklung zu informieren.[147] Diese Information muß zwar der verwandten Form der Fernkommunikationstechnik angepaßt sowie klar und verständlich sein, sie muß aber beim „einfachen" Fernabsatzvertrag nicht für den Verbraucher fixiert werden; anders ist das für den Fernabsatzvertrag über *Finanzdienstleistungen*[148]. Erst nach Vertragsschluß, „rechtzeitig während der Erfüllung", sind dem Verbraucher in verkörperter Form die genannten Bedingungen sowie zusätzlich weitere Angaben zu Garantie- und Servicebedingungen zur Verfügung zu stellen.[149] Der Verbraucher soll dadurch „rechtzeitig schriftlich Informationen (erhalten), die zur korrekten Ausführung des Vertrags erforderlich sind".[150] Wie die Pflicht, den Kundendienst zu benennen und die Garantiebedingungen mitzuteilen, zeigt, geht es bei der „Ausführung" nicht nur um die Erfüllung, sondern auch um eine etwaige Gewährleistung sowie Serviceleistungen. Der Verbraucher, der wegen der Distanz vor der Geltendmachung seiner Rechte zurückschrecken möchte, soll ihrer zumindest vergewissert werden. Der Zweck, dem Nachweisadressaten die Rechtsverfolgung zu erleichtern, ist besonders deutlich, wenn es um die Information über die

---

142 Art. 2 Abs. 2; Art. 4 NwRL.
143 Art. 2 Abs. 1 NwRL.
144 Art. 2 Abs. 3, 3 Abs. 2 NwRL.
145 Vgl. Art. 7 NwRL.
146 Art. 13 HVertrRL.
147 Art. 4 Abs. 1 FARL.
148 Art. 5 Abs. 1 FFRL als Grundregel; ausnahmsweise anders nach Abs. 2.
149 Art. 5 Abs. 1 FARL; ähnlich noch Art. 3a V2-FFRL; jetzt aber Art. 5 FFRL.
150 BE 13 FARL.

Identität und Anschrift des Lieferers geht.[151] Damit soll dem Verbraucher die Rechtsverfolgung durch Klarstellung des Passivlegitimierten und seiner Zustellungsadresse erleichtert und dem Schließfach-Fernabsatz vorgebeugt werden.[152]

Ebenfalls eine Nachweispflicht, nicht eine Formvorschrift,[153] enthält Art. 4 Abs. 2 lit. b) *Pauschalreiserichtlinie*, wonach der Verbraucher eine Abschrift des Vertrags erhält. Der Pauschalreisevertrag soll damit nicht in seinem Bestand von der Beachtung der Schriftform abhängig gemacht werden, sichergestellt werden soll lediglich, daß der Verbraucher einen schriftlichen Nachweis über alle Vertragsbedingungen hat.[154] Auch hier geht es darum, ihm durch Vergewisserung die Durchsetzung seiner Rechte zu erleichtern. Allerdings erfolgt der Nachweis des Veranstalters bzw. Vermittlers nicht durch eine gesonderte Bestätigung, sondern durch „Abschrift des Vertrags".

Für *Verbraucherkredite* schreibt Art. 4 Abs. 1 S. 1 VerbrKrRL tatsächlich die Schriftform vor. Der Vertragsabschluß ist nur „wirksam", also nach Maßgabe des nationalen Rechts durchsetzbar, wenn er schriftlich erfolgt.[155] Die Schriftform zieht praktisch meist nach sich, daß jeder Partner ein Exemplar der Urkunde erhält; zwingend ist das indessen nicht.[156] Art. 4 Abs. 1 S. 2 VerbrKrRL gibt dem Verbraucher daher zusätzlich, einen Anspruch auf Erteilung einer Ausfertigung des Vertrags. Über den Inhalt der Vertragsurkunde treffen Abs. 2 und 3 der Vorschrift nähere Angaben: effektiver Jahreszins, Bedingungen, unter denen der Jahreszins geändert werden kann, Zins- und Tilgungsplan, Kostenaufstellung und – in Form einer Soll-Vorschrift – alle übrigen wesentlichen Bedingungen sind in die Urkunde aufzunehmen. Auch hier handelt es sich um einen Anwendungsfall des Nachweisanspruchs.

„Zur Sicherstellung der Transparenz und einer angemessenen Unterrichtung der Verbraucher" gibt endlich Art. 6 Abs. 3 *Kaufgewährrichtlinie* dem (Verbraucher-) Käufer einen Anspruch auf schriftlichen Nachweis der Garantiebedingungen.[157]

Nur *obiter* ist noch einmal auf die Regelung der Timesharingrichtlinie hinzuweisen. Sie schreibt für den Vertrag schon die Schriftform vor[158] und gibt dem Erwerber außerdem einen Anspruch auf Aushändigung einer beglaubigten Übersetzung in der Sprache

---

[151] Art. 5 Abs. 1 iVm Art. 4 Abs. 1 lit. a FARL.

[152] *Reich* EuZW 1997, 581, 584.

[153] A.M. *Kommission* Mitteilung an den Rat und das Europäische Parlament zum Europäischen Vertragsrecht, KOM(2001) 398 endg., Anhang III, 1.3 (S. 60); Grabitz/Hilf II-*Tonner* A 12 (PRRL) Art. 4 Rn. 8–13. Dazu bereits oben, § 14 I 2a aa (1) a.E. (S. 319).

[154] S. wiederum BE 12 PRRL: „Der Verbraucher muß eine Abschrift der für die Pauschalreise geltenden Vertragsbedingungen erhalten. *Zu diesem Zweck* sollte vorgeschrieben werden, daß alle Vertragsbedingungen schriftlich oder in einer anderen dem Verbraucher verständlichen und zugänglichen Form festgehalten und ihm in Abschrift ausgehändigt werden.".

[155] Oben, § 14 I 2 a aa (1) (S. 317f.).

[156] So reicht nach deutschem Recht (§ 126 BGB) die Erstellung *einer* Urkunde aus; – anders etwa nach Art. 1325 Code civil; dazu nur *Zweigert/Kötz* Rechtsvergleichung, § 27 II (S. 363).

[157] Ausdrücklich ist keine Schriftform gewollt; s. schon Begründung zu Art. 5 Abs. 2 des Vorschlags, KOM(95) 520 endg. (auch abgedruckt in ZIP 1996, 1845, 1852).

[158] Art. 4 Sps. 1 TSRL; dazu oben, § 14 I 2a aa (1) (S. 318).

des Landes, in dem die Immobilie belegen ist[159]. Diese Vorschriften haben wir bereits in anderen Zusammenhängen erörtert, nämlich zusammen mit Formerfordernissen und Sprachvorschriften. Zumal das Schriftformerfordernis dient hier aber *auch* dazu, ein Nachweisinteresse des Erwerbers zu befriedigen. Allerdings ist die Schriftformvorschrift des Art. 4 Sps. 1 der Richtlinie dazu nach dem Wortlaut der Regelung nur wenig geeignet, schreibt sie doch nicht vor, daß der Erwerber auch eine Abschrift des Vertrags erhalten müßte; das dürfte indes gemeint sein.[160]

## 2. Ausgestaltung: Art und Weise des Nachweises, Sanktionen

Der Nachweis ist stets förmlich zu geben, nämlich schriftlich,[161] nach jüngeren Richtlinien teils alternativ „auf einem anderen für ihn [den Nachweisadressaten] verfügbaren dauerhaften Datenträger“[162]. Es handelt sich gleichwohl nicht um eine Schriftform,[163] sondern „materiell [um] eine Informationspflicht“, „eine Art nachträgliche Schriftlichkeit“.[164] Anders als bei einer Schriftform hängt der Bestand des Vertrags nicht von der Wahrung der Form ab,[165] der Nachweis setzt im Gegenteil voraus, daß der Vertrag zustandegekommen ist. Nachweispflichten könnten daher auch durch Formvorschriften nicht richtig umgesetzt werden, denn die Sanktion der Unwirksamkeit des Vertrags bei Mißachtung der Form würde den geschützten Nachweisadressaten nicht helfen und dem Schutzzweck der Regelungen zuwiderlaufen.[166]

Nachweispflichten müssen ohne Aufforderung durch den Gläubiger (spontan) und alsbald nach ihrer Entstehung erfüllt werden.[167] Anders ist das bei dem Nachweis nach der Handelsvertreterrichtlinie und der Kaufgewährrichtlinie. Für die Handelsvertreterrichtlinie kann man diese Ausnahme mit der stärkeren Stellung des Nachweisgläubigers erklären, dem zuzutrauen ist, daß er sein Nachweisinteresse selbst rechtzeitig geltend macht. Als ein gewisser Bruch erscheint es hingegen, daß der Nachweis nach der KGRL nur „auf Wunsch“ und nicht spontan zu liefern ist,[168] zumal die spontane Erfüllung auch

---

[159] Art. 4 Sps. 3 TSRL; dazu oben, § 12 D II 1 (S. 281).

[160] *Riesenhuber* FS Bezzenberger, S. 723.

[161] Art. 3 NwRL, Art. 13 Abs. 1 HVertrRL, Art. 4 Abs. 1 VerbrKrRL Dasselbe gilt schon bislang für Auskunftsansprüche nach dem BGB im Grundsatz; Palandt-*Heinrichs* § 261 Rn. 20.

[162] Art. 5 Abs. 1 FARL, Art. 4 Abs. 2 lit. b) PRRL („oder in einer anderen dem Verbraucher verständlichen und zugänglichen Form“), Art. 6 Abs. 3 KGRL („in einem anderen dauerhaften Medium enthalten ..., das dem Verbraucher zur Verfügung steht und ihm zugänglich ist“.

[163] *Preis* NZA 1997, 10; *Höland* AuR 1996, 87, 92. So aber wohl *Ehmann/Rust* JZ 1999, 853, 863 (die freilich die Regelung des Art. 6 Abs. 5 nicht verkennen).

[164] *Birk* NZA 1996, 281, 283 zur NwRL.

[165] Für Art. 6 Abs. 3 KGRL, siehe Begründung zu Art. 5 Abs. 2 des Vorschlags, KOM(95) 520 endg. (auch abgedruckt in ZIP 1996, 1845, 1852).

[166] *Birk* NZA 1996, 281, 283 zur NwRL. Ebensowenig erfüllt die Sanktion des Rechts zur außerordentlichen Kündigung, die das OLG München, VersR 1957, 97 zu § 85 HGB erwägt, den Schutzzweck.

[167] Art. 4 Abs. 2 lit. b) PRRL; Art. 4 Abs. 1 S. 2 VerbrKrRL, Art. 5 Abs. 1 FARL; zur NwRL *Schwarze* ZfA 1996, 43, 59; näher *Riesenhuber* FS Bezzenberger, S. 727 und 741.

[168] Zur Besonderheit der Garantie aufgrund von Herstellerwerbung, die dem spontanen Nachweis entgegenstehen können, sogleich im Text.

dem weiteren Zweck der Vorschrift dienen würde, den Kunden vor Irreführung durch die Garantie(werbung) zu schützen.[169] Indes ist zu beachten, daß auch die Erklärung in der Werbung allein eine nachzuweisende Garantie darstellen kann. Eine spontane Nachweispflicht wäre jedenfalls in diesem Fall unpraktikabel.

Die Einzelregelungen enthalten teils keine klaren Vorschriften darüber, ob dem Begünstigten ein Erfüllungsanspruch zusteht, doch erfordert die effektive Umsetzung in allen Fällen, zumindest auch einen individuellen Erfüllungsanspruch vorzusehen, ggf. neben anderen Sanktionen.[170] Das sehen die Richtlinien teils ausdrücklich vor,[171] gilt aber auch für die übrigen Anwendungsfälle. Die Nachweisrichtlinie nennt in Art. 2 nur die Pflicht des Arbeitgebers, doch ergibt sich aus Art. 8, daß damit ein individuelles Recht des Arbeitnehmers korrelieren muß.[172] Auch die übrigen Regelungen weisen eine bestimmte Person als individuell Begünstigten aus, wenn auch teilweise durch eine Passiv-Formulierung der Verpflichtete nicht deutlich genannt wird.[173]

Der erteilte Nachweis muß – wie der EuGH für die Nachweisrichtlinie ausgeführt hat – vor Gericht zu Beweiszwecken verwendbar sein und hat „eine ebenso starke Vermutung für die Richtigkeit", wie entsprechende Dokumente nach innerstaatlichem Recht; der Nachweisschuldner kann diese Vermutung aber widerlegen.[174] Der Nachweisschuldner, der den Nachweis erstellt hat, kann sich aber nicht auf die Vollständigkeit oder Richtigkeit des Nachweises berufen,[175] denn weil der Nachweis einseitig dazu dient, den Gläubiger zu begünstigen, kommt es nicht in Betracht, an den Erhalt des Nachweises eine Prüfungs- oder Widerspruchslast zu knüpfen.[176] Weitergehende Sanktionsvorschriften fehlen im übrigen zumeist[177] und sind aus den Grundsätzen der effektiven Umsetzung zu entwickeln.[178]

---

169 Dazu BE 21 KGRL.

170 Zu den Grundsätzen oben, § 12 B III (S. 271–275).

171 Art. 5 KGRL, Art. 13 Abs. 1 HVertrRL.

172 Zur Nachweisrichtlinie und zum englischen Recht *Clark/Hall* ILJ 1992, 102, 108, 116f. (kritisch zur Effektivität individueller Rechte und mit dem Vorschlag einer Bewehrung durch individuelle, kollektive und administrative Sanktionen). Zum deutschen Recht *Riesenhuber* FS Bezzenberger, S. 729f., 732–734.

173 Art. 5 Abs. 1 FARL („der Verbraucher muß ... erhalten"); Art. 4 Abs. 1 S. 2 VerbrKrRL („Verbraucher erhält").

174 So zur Nachweisrichtlinie EuGH v. 4. 12. 1997 – C-253-258/96 *Kampelmann*, Slg. 1997, I-6910, 6923 Rn. 33f.; allgemein *Riesenhuber* FS Bezzenberger, S. 732–734.

175 Zu § 3 InfVO *Tempel* NJW 1996, 1625, 1632.

176 Für den Nachweis nach Art. 13 Abs. 1 HVertrRL *Riesenhuber* FS Bezzenberger, S. 733f.

177 Eine besondere Sanktionsregel enthält Art. 4 Abs. 6 UAbs. 2 Nr. i PRRL. Nach Art. 4 Abs. 2 lit. a iVm Anhang lit. d) PRRL gehört auch der Hinweis zum Vertragsinhalt, daß das Zustandekommen der Reise von einer Mindestteilnehmerzahl abhängt, ebenso wie die Angabe, bis wann der Veranstalter wegen Nichterreichens der Mindestteilnehmerzahl stornieren kann. Enthält der Vertrag diese Angaben und erfolgt die Stornierung innerhalb der angegebenen Frist, so hat der Pauschalreisende keinen Anspruch auf Entschädigung. Umgekehrt muß man annehmen, daß der Ausschluß des Entschädigungsanspruchs bei unzureichenden Angaben im Vertrag nicht eingreift. Siehe noch unten, § 17 A III 2f cc (S. 514).

178 Dazu bereits oben, § 12 B (S. 267–275).

## 3. Grundgedanken der Regelung

Nachweispflichten sollen den Parteien Gewißheit über ihre Rechte und Pflichten verschaffen[179] und ihnen dadurch die Durchsetzung der Rechte erleichtern: Der Empfänger des Nachweises hat etwas in der Hand, worauf er sich berufen kann und das ihm schon vor einer gerichtlichen Auseinandersetzung als „moralische Stütze" dient.[180] Mit Hilfe des Nachweises kann der Nachweisgläubiger jederzeit feststellen, was ihm zusteht und obliegt bzw. seine Vertragsrechte durch einen Anwalt oder ein Gericht prüfen lassen. So wird der Nachweisgläubiger ganz allgemein „besser vor etwaiger Unkenntnis [seiner] Rechte" geschützt[181] und erhält er die für die „korrekte Ausführung des Vertrags erforderlich[en]" Angaben.[182] Durch die schriftliche Niederlegung der Vertragsbedingungen ist sichergestellt, daß die Vertragsbedingungen dem Nachweisgläubiger auch noch lange nach Vertragsschluß zur Verfügung stehen. Der Nachweisgläubiger erhält so (im Falle eines zutreffenden Nachweises) ein (zusätzliches) Beweismittel, das die Durchsetzbarkeit seiner Rechte sichert.[183] Der Nachweisschuldner auf der anderen Seite wird durch die schriftliche Niederlegung der Vertragsbedingungen an seine Pflichten erinnert.[184] Die schriftliche Niederlegung mag ihn auch davor bewahren, allzu blumige Anpreisungen zu machen, der Nachweis „diszipliniert".[185] Zweck des Nachweises ist daher, Streitigkeiten zwischen den Parteien vorzubeugen, sie ihrer Rechte zu versichern und an ihre Pflichten zu erinnern. Nachweispflichten zielen darauf, den Rechtsschutz durch Rechtssicherheit zu erhöhen.[186]

Diesen Schutz durch Nachweis sieht das Europäische Privatrecht aus unterschiedlichen Gründen vor. In einigen Fällen dient der Nachweis vor allem dazu, den auf

---

[179] *Birk* NZA 1996, 282, 283. Die Begründungserwägungen geben über den Sinn und Zweck der Regelung – jenseits der Rechtsangleichung – wenig Aufschluß. Lediglich BE 2 läßt sich entnehmen, daß das materielle Ziel des Nachweises darin liegt, den Arbeitnehmer vor Unkenntnis seiner Rechte zu schützen und „den Arbeitsmarkt transparenter zu gestalten" (?). Kritisch demgegenüber *Preis* NZA 1997, 10, der die Unbestimmtheit des Richtlinietextes („wesentliche Bedingungen") hervorhebt.

[180] *Grundmann* Schuldvertragsrecht, 3.20 Rn. 13 (zur NwRL); *Tempel* NJW 1996, 1625, 1632 (zur Umsetzung der PRRL); *Riesenhuber* FS Bezzenberger, S. 725 f. Die Begründung des deutschen NachweisG spricht von dem Ziel einer größeren „Rechtssicherheit" durch bessere Rechtskenntnis; BT-Drs. 13/668, S. 8.

[181] Vgl. BE 2 S. 2 NwRL, der darin das Ziel einzelstaatlich vorgesehener „Formerfordernisse" sieht. Zweifelhaft erscheint die Annahme, diese „Formerfordernisse" könnten der Transparenz des Arbeitsmarktes dienen. Eine Transparenz für den einzelnen Arbeitnehmer wird dadurch nur begrenzt hergestellt, da er die Information erst nach Vertragsschluß erhält. Kritisch *Preis* NZA 1997, 10.

[182] BE 13 S. 2 FARL.

[183] Zur Bindung an den gegebenen Nachweis *Riesenhuber* FS Bezzenberger, S. 732–734 und oben, § 12 B III 2 (S. 273).

[184] *Grundmann* Europäisches Schuldvertragsrecht (1999), 3.20 Rn. 13, spricht von „eine[r] Art (psychologischer und sozialer) Selbstbindung ..., die zur ohnehin bestehenden rechtlichen Bindung hinzukommt und deren Einhaltung wahrscheinlicher macht".

[185] Auf diese Zielrichtung weist der BE 21 KGRL hin, wonach – offenbar gerade auch durch die Nachweispflicht – sichergestellt werden soll, „daß der Verbraucher nicht irregeführt wird".

[186] Vgl. auch die Begründung zum RegE NachwG, BT-Drs. 13/668, S. 8.

längere Laufzeit angelegten Vertrag auf eine verläßliche Grundlage zu stellen (NwRL, HVertrRL, TSRL, VerbrKrRL), in anderen Fällen dazu, den wesentlich durch Vertragsabreden gestalteten, zumeist komplexen Vertrag durchschaubar zu machen (PRRL, TSRL, VerbrKrRL). Schließlich schafft der Nachweis einen Ausgleich für die durch die gewählte Absatzform erschwerte Rechtsverfolgung (FARL, FFRL).[187]

Die Nachweislast trägt derjenige, der die Vertragsbedingungen typischerweise beherrscht oder sogar stellt.[188] Aufgrund seiner Herrschaft über die Vertragsbedingungen ist dem Verpflichteten der Nachweis unschwer möglich. Der Nachweisgläubiger auf der anderen Seite hat typischerweise die nachzuweisenden Vertragsbedingungen nicht schon ohne weiteres vorliegen. Nur beim Handelsvertretervertrag läßt sich ein solcher einseitig beherrschender Einfluß einerseits und ein einseitiges Informationsbedürfnis andererseits nicht dartun, da sich auf beiden Seiten Unternehmen gegenüberstehen; hier haben daher auch beide Teile einen Nachweisanspruch. Der Nachweisschuldner, der die Vertragsbedingungen beherrscht, hat dadurch das Informationsbedürfnis veranlaßt,[189] der Nachweisgläubiger auf der anderen Seite hat typischerweise keine Möglichkeit, das Informationsbedürfnis auf andere Weise zu befriedigen. Die Last, dem Vertragspartner die „gestellten Bedingungen" nachzuweisen, kann man daher als Korrelat zu dem Nutzen sehen, den der Nachweisschuldner aus seiner Beherrschung der Bedingungen zieht.[190]

Von der Nachweispflicht der Handelsvertreterrichtlinie abgesehen lassen sich die Nachweispflichten demnach auf einen gemeinsamen Zweck zurückführen. Eine allgemeine Nachweispflicht gibt es gleichwohl nur im Bereich des Arbeitsrechts, den die NwRL abdeckt. Eine allgemeine vertragsrechtliche Nachweispflicht gibt es nicht.[191] Insbesondere hat auch die AGB-Richtlinie eine solche nicht für den Gewerbetreibenden vorgesehen, der die Vertragsbedingungen beherrscht, sofern er Vertragsklauseln, insbesondere AGB, einseitig stellt, ohne sie mit dem Verbraucher im einzelnen zu verhandeln. Und auch in den geregelten Fällen der Nachweispflicht sind keineswegs alle, sondern meist nur die wesentlichen oder ausgewählte Vereinbarungen nachzuweisen.

---

[187] In diesen Fällen dient der Nachweis der Vertragsbedingungen allerdings auch dazu, dem Verbraucher eine informierte Entscheidung über den Widerruf des Vertrags zu ermöglichen.

[188] „Gestellt" werden praktisch auch die von der NwRL betroffenen Arbeitsbedingungen; so auch *Schwarze* ZfA 1997, 43, 55. Nicht vom Arbeitgeber gestellt werden freilich gesetzliche und tarifvertragliche Bedingungen; sie braucht der Arbeitgeber aber auch nicht im einzelnen nachzuweisen, es reicht eine Verweisung; Art. 2 Abs. 3 NwRL!

[189] Über das so verursachte Informationsbedürfnis hinaus ist freilich der Arbeitgeber auch zum Nachweis über tarifvertragliche oder gesetzliche Bestimmungen für das Arbeitsverhältnis verpflichtet; indes reicht insoweit eine Verweisung; Art. 2 Abs. 3 NwRL. Die Regelung bestätigt daher den Grundsatz, daß jeder sein Recht kennen muß.

[190] Vgl. auch *Knütel* JR 1981, 221, 224 zur Rechtfertigung der Unklarheitenregel des § 5 AGBG.

[191] *Riesenhuber* FS Bezzenberger, S. 743.

### 4. Lücken

Wohl deshalb, weil sie keine Vorschriften über die Einbeziehung enthält, behandelt die AGBRL auch nicht die Frage, ob und in welcher Form dem Verbraucher Kenntnis von den nicht-ausgehandelten Vertragsklauseln zu geben ist. Angesichts der weitreichenden Regelung von Nachweispflichten, die gerade dann begegnen, wenn – wie bei den nicht-ausgehandelten Klauseln – der Nachweisschuldner (Gewerbetreibende) die Gestaltung der Vereinbarung beherrscht und der Nachweisgläubiger von deren Inhalt schuldlos in Unkenntnis ist (soeben, 3) könnte man daran denken, dem Verbraucher auch einen (spontan zu erfüllenden) Anspruch auf Nachweis von nicht-ausgehandelten Vertragsbedingungen zu geben. Gegen einen allgemeinen Nachweisanspruch in Bezug auf AGB sprechen indes gute Gründe, da nicht-ausgehandelte Bedingungen auch bei zahlreichen Verträgen vorkommen, bei denen ein spontan zu erbringender Nachweis ganz unpraktisch – mündliche Klauseln, Mietvertrag mit dem Parkhaus – und auch unter Schutzgesichtspunkten nicht geboten ist. Für nicht-ausgehandelte (schriftliche oder mündliche) Vertragsbedingungen könnte aber ein „einfacher“ Auskunftsanspruch von Bedeutung sein, der nicht schon spontan, sondern nur nach Geltendmachung im Einzelfall zu erfüllen ist. Ebenso wie Einbeziehungsregeln sieht die AGBRL einen solchen Anspruch bislang nicht vor. Hier bleibt es bei den mitgliedstaatlichen Rechten.

## IV. Aufklärungs- und Beratungspflichten

Ansätze zu einer Beratungspflicht enthält allein Art. 11 Sps. 5 WpDRL, wonach die Wertpapierfirmen „bei den Verhandlungen mit ihren Kunden alle zweckdienlichen Informationen in geeigneter Form mitteilen“. Ist damit auch nur eine Informationspflicht ausgesprochen, so enthält diese doch auch *Elemente* der Beratung, wie sich aus dem Hinweis auf die *zweckdienlichen* Informationen sowie aus der Pflicht ergibt, die Information auf die Professionalität des Kunden abzustimmen.[192] Diese Pflicht, die je nach der nationalen Umsetzung auch schon vor Vertragsschluß von Bedeutung sein kann, wurde bereits im Zusammenhang mit den vorvertraglichen Pflichten erörtert.[193]

---

91 *Cahn* ZHR 162 (1998) 1, 37f.; auch *Bliesener* Verhaltenspflichten beim Wertpapierhandel, S. 310–312. Zurückhaltend Ebenroth/Boujong/Joost-*Grundmann* BankR VI Rn. 222–224; eine Beratungspflicht aus § 31 WpHG ablehnend Assmann/Schneider-*Koller* § 31 Rn. 96; Schäfer-*Schäfer* § 31 WpHG Rn. 64.

92 Oben, § 13 B I 1 d (S. 299f.).

## V. Schlußbetrachtung: Vertragliche Informationsordnung

Die Informationspflichten des Europäischen Vertragsrechts wurden anfänglich als behutsame Form der Rechtsangleichung gepriesen, die sich zudem mit den Grundlagen des hergebrachten liberalen Vertragsrechts gut verträgt. In jüngerer Zeit mehrt sich die Kritik, die vor allem dahin geht, daß Information hohe Kosten für die Unternehmen verursache und für den Verbraucher nicht zu verarbeiten sei. Die Informationspflichten werden daher geradezu als Muster einer fehlgeleiteten Rechtsangleichung zitiert, die „kontraintentionalen Effekte" habe.[194] Besonders die Verbindung von vorvertraglichen und vertraglichen Informationspflichten führe zu einer Verdoppelung der Information.

Indes scheinen sich die Informationspflichten durchaus harmonisch zusammenzufügen. Die vorvertraglichen Informationen dienen, wie gezeigt,[195] überwiegend der Herstellung von Markttransparenz. Daher verpflichten sie den Anbieter, Preis und Leistung näher darzustellen. Ihrem Zweck entsprechend muß diese vorvertragliche Information dabei teilweise bis ins einzelne gehen, da sonst ein Vergleich verschiedener Angebote nicht möglich ist. Die vertraglichen Informationspflichten dienen hingegen dem Schutz von besonderen Interessen bei der Vertragsdurchführung oder ergänzen die Hauptpflichten. Daß sich dabei z.T. Wiederholungen ergeben, hat jedenfalls in den – vom Gesetzgeber zu berücksichtigenden – Fällen einen guten Sinn, wo die vorvertragliche Erkundungsphase dem Vertragsabschluß nicht unwesentlich vorangeht. Der Reisende mag z.B. den Prospekt mit der (vorvertraglichen) Information über Einreise- und Visumsbestimmungen weggelegt haben, nachdem er festgestellt hat, daß die Reise für ihn danach in Betracht kommt; dann ist es durchaus geboten, ihn über die zu beachtenden Formalitäten noch einmal rechtzeitig vor Beginn der Reise zu informieren.[196] Während die Information im Prospekt noch allgemeiner gehalten sein kann, muß sie vor Vertragsschluß spezifiziert werden. So sind z.B. im Prospekt nur „allgemeine Angaben über Paß- und Visumserfordernisse" geschuldet, vor Vertragsschluß hingegen, entsprechend dem unterschiedlichen Zweck der Information, auch Angaben „über die Fristen für die Erlangung dieser Dokumente" zu geben.[197]

Aber auch das Nebeneinander von vorvertraglicher und vertraglicher Informationspflicht einerseits und Nachweispflicht andererseits ist sinnvoll, denn entsprechend ihren unterschiedlichen Zwecken decken sich die Gegenständen der beiden Pflichten höchstens in Teilbereichen. Sind die Angaben im Prospekt nur allgemein gehalten, so

---

194 Besonders eingehend *Martinek* in: Systembildung, S. 518–530.

195 § 13 B I (S. 292–307), bes. sub 2 a (S. 300f.).

196 Die Finanzfernabsatzrichtlinie differenziert jetzt, Art. 5 FFRL. Grundsätzlich sind die Informationen vor Vertragsschluß zu geben, bei einem Vertrag der auf Ersuchen des Verbrauchers auf eine Weise geschlossen wurde, die die Information unmöglich macht, sind die Angaben nachzuliefern. Darüber hinaus hat der Verbraucher einen allgemeinen Vorlageanspruch. Anders noch Art. 3a Abs. 2 V2-FFRL, wonach die vertragliche Information entbehrlich ist, wenn die vorvertragliche Informationspflicht erfüllt wurde.

197 Art. 3 Abs. 2 lit. e PRRL einerseits, Art. 4 Abs. 1 lit. a PRRL andererseits.

enthalten die Angaben im Vertrag – der in der deutschen Umsetzung sog. Reisebestätigung, § 3 Abs. 1 InfVO – genauere Einzelheiten z.B. über Termine und Sonderwünsche, die vor Vertragsschluß zwar zur vorvertraglichen Information entbehrlich, zur Inanspruchnahme der vereinbarten Leistungen aber erforderlich sind.[198] Entsprechendes gilt auch für den Timesharingvertrag: Hier sind vorvertraglich nur bestimmte Informationen zu geben und diese auch nur in Form von „zumindest kurzen, genauen Angaben"; diese Informationen ermöglichen die informierte Vertragsentscheidung. Das gesamte Spektrum der Angaben ist erst mit Vertragsschluß zu geben; diese Informationen ermöglichen eine effektive Rechtsausübung durch den Erwerber.[199]

## C. Vereinzelte Inhaltsbestimmungen

Bestimmungen über das vertragliche Leistungsprogramm enthält das Europäische Vertragsrecht nur selten. Die überwiegende Zahl der Inhaltsbestimmungen betrifft die Bestimmung des Leistungsprogramms im Hinblick auf das Leistungsstörungsrecht, das nicht an dieser Stelle, sondern in einem späteren Kapitel gesondert behandelt wird (§ 17, S. 468). Entsprechend dem oben (§ 10 A I 2, S. 213–215) vorgestellten Programm bleiben auch die Inhaltsbestimmungen außer Betracht, die sich mittelbar aus den Gruppenfreistellungsverordnungen ergeben.

### I. Übersicht über zwingende und dispositive Inhaltsbestimmungen

Eine Mehrzahl von Einzelregelungen über den Vertragsinhalt findet sich verstreut im Europäischen Vertragsrecht. Nachfolgend werden diese in einer losen, der Einteilung der Richtlinien folgenden Ordnung erörtert: Inhaltsbestimmungen finden sich vor allem für Fernabsatzgeschäfte (1), den Pauschalreisevertrag (2), den Verbraucherkreditvertrag (3) und den Vertrag über die grenzüberschreitende Überweisung (4).

---

[198] Art. 3 Abs. 1 PRRL einerseits und Art. 4 Abs. 2 iVm Anhang PRRL andererseits.

[199] Art. 3 Abs. 1 TSRL und Art. 4 TSRL. Fraglos ergänzen sich Informationspflichten (über die Vermittlungstätigkeit einerseits und über die zu Waren des Unternehmens sowie weitere zur Ausführung des Vertrags erforderliche Gegenstände andererseits) und Nachweispflicht der Handelsvertreterrichtlinie; Art. 3 Abs. 2 lit. b), 4 Abs. 2 lit. b, 13 Abs. 1 HVertrRL; hier ist höchstens ein Mangel vorvertraglicher Informationspflichten festzustellen; vgl. oben, § 13 B II 2 a (S. 308f.).

## 1. Ausführungsfrist und Ersetzungsbefugnis für Fernabsatzgeschäfte

Für Fernabsatzgeschäfte bestimmt Art. 7 Abs. 1 FARL eine *dispositive* 30tägige *Ausführungsfrist.* Die weiteren Bestimmungen des Art. 7 FARL über die „Erfüllung des Vertrags" hängen damit nur lose zusammen.

Absatz 2 bestimmt eine Unterrichtungspflicht des Lieferers und ein Rücktrittsrecht des Verbrauchers für den Fall des Unvermögens des Lieferers („Ware oder Dienstleistung nicht verfügbar"); darauf kommen wir bei den Leistungsstörungen kurz zurück (§ 17 A V, S. 535f.). Nach Absatz 3 können die Mitgliedstaaten den Parteien die Möglichkeit eröffnen, für den Fall der „Nichtverfügbarkeit" (Absatz 2) eine *Ersetzungsbefugnis* des Lieferers zu vereinbaren.[200] Für diese Option gibt Absatz 3 Rahmendaten vor über (1) den Inhalt der Ersetzungsbefugnis („qualitätsmäßig und preislich gleichwertige Ware/ Dienstleistung"), (2) die Einbeziehung der Abrede über die Ersetzung in den Vertrag („Der Verbraucher ist von dieser Möglichkeit in klarer und verständlicher Form zu unterrichten.")[201] und (3) die Kosten der Rücksendung im Falle des Widerrufs (trägt der Lieferer). Aus dem Zusammenhang mit Absatz 2, der durch den Wortlaut („Indessen") hergestellt ist, ergibt sich viertens (4), daß Voraussetzung für die Ersetzungsbefugnis sein muß, daß der Lieferer unvermögend ist, den Vertrag innerhalb der 30 Tage-Frist des Absatz 1 zu erfüllen. Der bloße Umstand, daß der Lieferer die ihm verfügbare geschuldete Leistung anderweit besser veräußern kann, begründet die Ersetzungsbefugnis nicht.[202]

## 2. Ersetzungsbefugnis des Reisenden und einseitige Änderung der Vertragsbedingungen beim Pauschalreisevertrag

Ist der Reisende daran gehindert, die Reise anzutreten, so kann er seine *„Buchung" auf einen Dritten übertragen,* der etwaige Teilnahmevoraussetzungen erfüllt (Art. 4 Abs. 3 PRRL). Die Ersetzungsbefugnis des Reisenden kann nicht vertraglich abbedungen werden (Art. 8 PRRL). Die Regelung ist deswegen geboten, weil sie einem häufig auftretenden, von dem Reisenden aber bei Vertragsschluß oft nicht bedachten Regelungsbedürfnis entspricht. Da dem Veranstalter/Vermittler die Person des Reisenden jedenfalls dann egal ist, wenn dieser alle Teilnahmevoraussetzungen erfüllt, ist die Ersetzungsbefugnis interessengerecht. Ein Bonitätsinteresse hat der Veranstalter/Vermittler in vielen Fäl-

---

200 Da die Richtlinie nur eine Regelungsoption der Mitgliedstaaten begründet, handelt es sich nicht eigentlich um einen „gemeinschaftsrechtlichen" oder „gemeinschaftlichen Änderungsvorbehalt"; so aber Grabitz/Hilf II-*Micklitz* A 3 (FARL) Rn. 110.

201 Dazu bereits oben, § 14 I 1 a (S. 313).

202 Das meint wohl auch Grabitz/Hilf II-*Micklitz* A 3 (FARL) Rn. 111, wenn er die Ersetzungsbefugnis von „Lieferschwierigkeiten" abhängig macht (freilich hatte gerade *Micklitz* ZEuP 1998, 253, 265 eine Aufweichung der Vertragsbindung im Europäischen Vertragsrecht konstatiert und wohl auch befürwortet; dazu schon oben, § 11 II 3a [S. 248], und unten, § 18 IV [S. 579f.]). Die Schwierigkeiten, die hier praktisch entstehen können, sind freilich nicht zu unterschätzen; das Gericht wird zu bewerten haben, welche Beschaffungsbemühungen der Lieferer geschuldet hat.

len nicht, weil er typischerweise die Reisenden nicht nach ihrer Zahlungsfähigkeit aussucht. Da die Regelung aber auch Fälle individuell ausgewählter Kunden erfaßt, wird dem Sicherheitsinteresse des Veranstalters/Vermittlers durch die Bestimmung der gesamtschuldnerischen Haftung von Reisendem und Ersatzmann genügt.[203]

Keine gesetzliche Ersetzungsbefugnis bestimmt Art. 4 Abs. 5 PRRL über die *nachträgliche Änderung wesentlicher Vertragsbestandteile* durch den Veranstalter. „Sieht sich der Veranstalter gezwungen, an einem wesentlichen Bestandteil des Vertrages ... eine erhebliche Änderung vorzunehmen", so muß er das dem Reisenden mitteilen, und dieser kann dann Rücktritt oder Vertragsänderung wählen. Die Regelung kann nach nationalem Recht als Fall des (gesetzlichen oder vertraglichen) Leistungsbestimmungsrechts oder der Leistungsstörungen umgesetzt werden.[204] Wenn das nationale Recht ein Leistungsbestimmungsrecht oder die Freiheit der Parteien vorsieht, das zu vereinbaren, so muß Voraussetzung für seine Ausübung sein, daß der Veranstalter aus schwerwiegenden Umständen, die außerhalb seines Verantwortungsbereichs liegen, dazu veranlaßt ist („sieht sich gezwungen").[205]

Den *vereinbarten Preis* dürfen die Parteien – praktisch geht es nur um den Veranstalter –[206] nur wegen einer nachträglichen Änderung bestimmter Kosten *ändern* und auch nur dann, wenn dies im Vertrag ausdrücklich und mit genauen Angaben zur Berechnung des neuen Preises vorgesehen ist. Ab dem 20. Tag vor dem Abreisetermin dürfen Änderungen überhaupt nicht mehr vorgenommen werden.[207] Da auch der Preis ein „Bestandteil des Vertrages" i.S.v. Art. 4 Abs. 5 ist, begründet auch seine Änderung ein Rücktrittsrecht des Reisenden, wenn sie wesentlich ist. Umstritten ist, ob der Veranstalter/Vermittler verpflichtet ist, auch Kostenermäßigungen anteilig an die Reisenden weiterzugeben. Dafür wird ins Feld geführt, daß der Wortlaut von der Preiserhöhung oder -senkung spricht.[208] Indes läßt sich der Richtlinienregelung keine *Pflicht* des Veranstalters/Vermittlers entnehmen, Preissenkungen weiterzugeben. Die Richtlinie sieht ein Preisänderungsrecht überhaupt nicht vor, sondern überläßt seine Vereinbarung den Parteien, denen sie nur die näher bestimmten Grenzen auferlegt. Die Parteien können vereinbaren, daß Preiserhöhungen und/oder Preissenkungen weitergegeben werden können oder weiterzugeben sind, sie können grundsätzlich (vorbehaltlich der Inhaltskontrolle nach der AGBRL)[209] auch vereinbaren, daß nur Preiserhöhungen weiterzugeben sind, nicht auch Preissenkungen.

---

[203] S. noch unten, E I 3 (S. 417–421), unter dem Gesichtspunkt der Vertragswirkungen für Dritte.

[204] Wir behandeln sie daher auch noch unten, § 17 A III (S. 500–520).

[205] Ähnlich Grabitz/Hilf II-*Tonner* A 12 (PRRL) Rn. 39, der allerdings annimmt, Leistungsänderungsvorbehalte seien (von Gesetzes wegen?) grundsätzlich zulässig.

[206] Wer zur Preisänderung berechtigt ist, bestimmt die PRRL hier nicht; dazu und zur Relativität in der PRRL noch unten, § 17 A III 3 (S. 515–517).

[207] Art. 4 Abs. 4 PRRL.

[208] Grabitz/Hilf II-*Tonner* A 12 (PRRL) Rn. 27; s.a. *ders.* EuZW 1990, 409, 410.

[209] Eine nicht-ausgehandelte Klausel, nach der nur Kostenerhöhungen weitergegeben werden können, nicht aber Kostensenkungen weiterzugeben sind, kann ein Mißverhältnis der Rechte und Pflichten begründen; zur Konkretisierung näher unten, § 16 I 3 b bb (S. 442–451), besonders unter (2) (S. 444f.) und (4) (S. 446f.).

## 3. Veränderung des effektiven Jahreszinses, Warenherausgabe und vorzeitige Ablösung beim Verbraucherkredit

Die Parteien eines Verbraucherkreditvertrags können (schriftlich) vereinbaren, daß der effektive *Jahreszins geändert* werden kann. Die Richtlinie schränkt diese Möglichkeit in der Sache nicht ein, schreibt aber vor, daß die Änderungsbefugnis und ihre Voraussetzungen in die Vertragsurkunde aufzunehmen sind.[210]

Dient der Verbraucherkredit der Finanzierung eines Warenkaufs, so ist von den Mitgliedstaaten zu regeln, unter welchen Bedingungen und mit welchen Folgen die *Ware herausverlangt* werden kann.[211] Dabei geht es vor allem darum zu vermeiden, daß der Verbraucher gleichzeitig den Kredit abzahlen muß, die damit finanzierte Ware aber nicht nutzen kann. Die als Regelungsauftrag an die Mitgliedstaaten ausgestaltete Vorschrift ist reichlich undeutlich. Indes ist ihr zum einen zu entnehmen, daß mit der Rücknahme der Sache auch Kauf- und Kreditvertrag entfallen; das ergibt sich daraus, daß „in den Fällen, in denen der Kreditgeber die Ware wieder an sich nimmt, die Abrechnung ... zwischen den Parteien erfolgt“. Zum anderen gibt Art. 7 S. 2 VerbrKrRL vor, daß die Abrechnung so auszugestalten ist, daß die Rücknahme nicht zu einer ungerechtfertigten Bereicherung führt. So wird die für die Nutzungszeit geschuldete Vergütung auf ein angemessenes Nutzungsentgelt[212] und (ggf.) eine Vergütung für den Minderwert beschränkt.

Der Verbraucher kann einen Verbraucherkreditvertrag auch *vorzeitig erfüllen* (Art. 8 VerbrKrRL). In diesem Fall hat er Anspruch auf angemessene Ermäßigung der Gesamtkosten. Die Einzelheiten über die angemessene Ermäßigung bestimmen die Mitgliedstaaten. Dabei ist nach dem Äquivalenzgrundsatz davon auszugehen, daß eine Entschädigung angemessen ist, wenn sie den durch die vorzeitige Lösung ersparten Aufwendungen des Kreditgebers entspricht. Unangemessen ist m.a.W. sowohl, bei nicht nur unerheblicher Ersparnis keine Ermäßigung vorzusehen, als auch, bei Fehlen einer Ersparnis eine Ermäßigung vorzusehen.[213] Da die Richtlinie indes nicht von einer „Minderung“ oder anteiligen Herabsetzung oder einer vollständigen Erstattung spricht, müssen die Mitgliedstaaten keineswegs vorschreiben, daß alle ersparten Aufwendungen auszukehren sind.[214] Im Rahmen der „Angemessenheit“ kann etwa auch berücksichtigt werden, daß die vorzeitige Beendigung in den Verantwortungsbereich des Verbrauchers

---

[210] Art. 4 Abs. 2 lit. b) VerbrKrRL.

[211] Art. 7 VerbrKrRL.

[212] Kritisch *Münstermann* in: Verbraucherkredit und Verbraucherinsolvenz, S. 616.

[213] I.E. ebenso *Grundmann* Schuldvertragsrecht, 4.10 Rn. 37; s.a. – freilich zur Entwurfsfassung der Richtlinie und nur für den ersten Fall – *Reifner* in: Verbraucherkredit und Verbraucherinsolvenz, S. 621, 634.

[214] Anders ist beispielsweise für die Preisanpassung wegen Kostensteigerung nach Art. 4 Abs. 4 lit. a) PRRL zu entscheiden: Die dort ausnahmsweise zugelassene Erhöhung darf ihrem Schutzzweck nach nicht über die anteilige Weitergabe der vom Veranstalter/Vermittler hingenommenen Kostensteigerung hinausgehen.

fällt, dem deswegen Abzüge zugemutet werden können;[215] entsprechende Zurechnungserwägungen finden sich auch in den Regelungen über die Rechtsfolgen des Widerrufs.[216] Dem Schutz des Verbrauchers würde es dienen, wenn ihm der Umfang der Ermäßigung oder doch die anzuwendende Berechnungsmethode offengelegt würde. Eine entsprechende Pflicht, die im europäischen Vertragsrecht sonst gelegentlich begegnet,[217] sieht die Richtlinie nicht vor.[218]

### 4. Ausführungsfrist und Gebührenregelung bei der grenzüberschreitenden Überweisung

Die Ausführungsfrist können die Parteien bei der grenzüberschreitenden Überweisung frei vereinbaren, treffen sie keine Vereinbarung, so ist die Überweisung innerhalb von fünf Tagen nach der Auftragsannahme auszuführen (Art. 6 Abs. 1 UAbs. 1 ÜwRL). Auch die Vergütungspflicht (immer noch sogenannte „Gebühren") können die Parteien einvernehmlich regeln, haben sie aber keine Vereinbarung getroffen, so sind die Gebühren vom Auftraggeber zu tragen (Art. 6 Abs. 1 ÜwRL). Mit beiden Regelungen begegnet der Gesetzgeber spezifischen Mißständen, die die Institute nicht schon von sich aus abgestellt hatten: übermäßig langen Ausführungsfristen und dem Abzug von Gebühren vom Überweisungsbetrag.[219]

## II. Grundgedanken

### 1. Inhaltsbestimmung ist Sache der Parteien und des nationalen Rechts

Die Regelungen über den Vertragsinhalt dienen ganz unterschiedlichen Zwecken, sie sind meist von spezifischen Schutzbedürfnissen im Einzelfall motiviert, öfter komplementieren sie Vorschriften über Leistungsstörungen. Der Regelung läßt sich vor allem die gesetzgeberische Leitlinie entnehmen, seine Regelungsziele *nicht* mit Hilfe von Inhaltsbestimmungen zu verfolgen, sondern durch andere Normen, vor allem Informationspflichten. Dispositive oder zwingende Inhaltsbestimmungen sieht das Europäische

---

215 A.M. – noch in der rechtspolitischen Diskussion – *Reifner* in: Verbraucherkredit und Verbraucherinsolvenz, S. 621, 634.

216 Oben, § 14 II 2 d (S. 339–343).

217 Siehe z.B. Art. 4 Abs. 2 lit. d VerbrKrRL; Art. 3 Abs. 1 Nr. 3 lit. a FFRL.

218 Diese Pflicht kann auch nicht Art. 4 Abs. 2 lit. d VerbrKrRL oder Art. 4 Abs. 3 iVm Anhang I Nr. 1. iv VerbrKrRL entnommen werden.

219 Zum Leistungsstörungsrecht näher unten, § 17 A IV (S. 520–534).

Vertragsrecht nur ausnahmsweise vor.[220] Diese Leitlinie hat zum einen den guten Sinn, zu weitgehende Eingriffe in die mitgliedstaatlichen Rechtsordnungen zu vermeiden, sie ist aber auch prinzipiell begründet. Jedenfalls das Europäische Vertragsrecht gibt den Vertragsinhalt nicht vor, sondern beschränkt sich im wesentlichen darauf, einen Rahmen zu schaffen, der den Parteien die Vereinbarung angemessener Inhalte ermöglicht. (Nur) Soweit die Umstände des Vertragsschlusses dafür Anlaß bieten, zieht es eine (dann punktuelle) Inhaltskontrolle[221] der Inhaltsbestimmung vor.

## 2. Schutz des vereinbarten Austauschverhältnisses

Ein inhaltlicher (nicht nur gesetzgebungstechnischer) Grundsatz, der in verschiedenen Regelungen zum Tragen kommt, ist der Schutz des vereinbarten Austauschverhältnisses. Auch dieser *bestätigt* freilich zuerst, daß Inhaltsbestimmungen Sache der Parteien sind, die Regelungen schützen das *vereinbarte* Austauschverhältnis. Die Parteien können auch einseitige Leistungsbestimmungsrechte oder Ersetzungsbefugnisse vereinbaren.[222] Doch muß diese Möglichkeit (ausdrücklich) im Vertrag vorgesehen werden oder ist der Gläubiger davon „in klarer und verständlicher Form zu unterrichten“.[223] Zum Teil wird die Ersetzungsbefugnis allerdings dahin eingeschränkt, daß die Ersatzleistung nach Qualität und Preis der vereinbarten Leistung entspricht;[224] indes dient auch das nur der Erhaltung der „subjektiven Äquivalenz“. Der hervorragenden Bedeutung des vereinbarten Äquivalenzverhältnisses entspricht es, daß der Gläubiger im Falle einer einseitigen Vertragsänderung durch den Schuldner das Recht hat, vom Vertrag zurückzutreten.[225] Dieser Gesichtspunkt gewinnt als ein Grundgedanke des Europäischen Vertragsrechts auch bei der Konkretisierung des Mißbräuchlichkeitsmaßstabs der AGB-Richtlinie Bedeutung.[226]

---

[220] *Grundmann/Kerber/Weatherill* in: Party Autonomy, S. 28–36; *Grundmann* Schuldvertragsrecht, 2.02 Rn. 23; *Reich* EuZW 1997, 581, 585.

[221] Nachfolgend, § 16 (S. 426–467).

[222] Art. 7 Abs. 3 FARL; 7 Abs. 5 PRRL; eingeschränkt nach Art. 7 Abs. 4 PRRL für den Reisepreis.

[223] Art. 4 Abs. 4 lit. a) PRRL; Art. 7 Abs. 3 S. 2 FARL. Den Verbraucherschutz beim Fernabsatz könnten die Mitgliedstaaten dadurch *erhöhen,* daß sie sich klarer als Art. 7 Abs. 3 S. 1 und 2 FARL zum Grundsatz der Vertragsfreiheit bekennen und verlangen, daß die Parteien die Ersetzungsbefugnis *vereinbart* haben; dazu schon oben, § 14 I 1 a (S. 313).

[224] Art. 7 Abs. 3 S. 1 FARL; s.a. Art. 4 Abs. 6 lit. a) PRRL (Anspruch auf Abschluß eines Vertrags über eine gleich- oder höherwertige Reise nach Rücktritt wegen wesentlicher Änderung der Vertragsbedingungen).

[225] Art. 4 Abs. 5 Sps. 1 PRRL; nach der (freilich undeutlichen) Regelung des Art. 7 Abs. 3 S. 3, Art. 6 FARL hat der Verbraucher ein Widerrufsrecht; s.o. § 14 II 2c bb (S. 337).

[226] Nachfolgend § 16 I 3b bb (4) (S. 447f.).

## D. Treu und Glauben

Der Grundsatz von Treu und Glauben ist eines der zentralen Prinzipien verschiedener mitgliedstaatlicher Rechtsordnungen. Auch im Europäischen Privatrecht kommt ihm eine wesentliche Rolle zu. Zuerst hat der EuGH Treu und Glauben als primärrechtlichen Allgemeinen Rechtsgrundsatz herangezogen (I). Zunehmend findet sich der Grundsatz auch im Sekundärrecht (II). Eine verwandte Frage ist, welche Beschränkungen sich aus der Rechtsangleichung für die Anwendung der mitgliedstaatlichen Grundsätze von Treu und Glauben ergeben (III).

### I. Der „Allgemeine Rechtsgrundsatz" von Treu und Glauben in der Rechtsprechung des EuGH

Auf der Grundlage der gemeinsamen europäischen Rechtstradition hat der EuGH in seiner Rechtsprechung ungeschriebene „allgemeine Rechtsgrundsätze" angewandt, darunter auch solche, die im deutschen Privatrecht als Unterprinzipien von Treu und Glauben verstanden werden.[227] Dabei dürfte der Entwicklung entgegengekommen sein, daß diese Grundsätze aufgrund ihres römischrechtlichen Ursprungs für das Gericht, zumal die kontinentaleuropäischen Richter, von hoher Überzeugungskraft sind.[228] Bei einer Durchsicht der Rechtsprechung ist freilich zu beachten, daß mit dem Begriff Treu und Glauben (*good faith, bonne foi*) in den unterschiedlichen Rechtssprachen teils unterschiedliche Rechts- oder Argumentationsfiguren verbunden werden. So kann eine Frage, die in der deutschen Fassung eines Urteils mit Treu und Glauben bezeichnet wird, in der englischen unter dem Gesichtspunkt der *legitimate expectations* erörtert werden, was im Englischen mit *good faith* bezeichnet wird, kann im Deutschen mit gutgläubig treffender beschrieben sein.[229]

---

[227] *Grundmann* Schuldvertragsrecht, 1. Teil Rn. 182–189; *ders.* FS Buxbaum, S. 213–234. Übersicht zur älteren Rechtsprechung bei *Lecheler* Allgemeine Rechtsgrundsätze, S. 99–104. Zu Allgemeinen Rechtsgrundsätzen als Rechtsquelle oben, § 3 I 2a bb (S. 33–35). Auf der Grundlage des ungeschriebenen Grundsatzes von Treu und Glauben als fundamentalem und konstitutiven Prinzip jeder Rechtsordnung entfaltet *Hatje* Loyalität als Rechtsprinzip, S. 35–43 das Prinzip der Loyalität als Verfassungsprinzip, das EU, EG und Mitgliedstaaten bindet.

[228] Vgl. den Hinweis von *Meyer-Pritzl* ZEuP 1999, 47, 61, daß nach der Erfahrung Josef *Partschs* Argumente aus dem römischen Recht vor internationalen Schiedsgerichten besondere Überzeugungskraft hatten. Zum römischrechtlichen Ursprung zahlreicher von der Rechtsprechung herangezogener Grundsätze *Knütel* Jus 1996, 768–778.

[229] Vgl. *Collins* Oxf.J.Leg.Stud. 14 (1994) 229, 249–251 (zur AGBRL). S.a. die Verwendung des Begriffs der „Lauterkeit" in Art. 4 Abs. 2 FARL im Gegensatz zu Art. 3 Abs. 2 FFRL; dazu noch unten, II 1 d) (S. 405f.), im Text.

## 1. Verwaltungsrechtlicher Grundsatz

Nach der Rechtsprechung des EuGH ist *die Verwaltung* bei ihrem Handeln immer an den Grundsatz von Treu und Glauben gebunden, unabhängig davon, ob sie öffentlich-rechtlich oder privatrechtlich handelt.[230] In der Judikatur des EuGH hat der Grundsatz von Treu und Glauben vor allem dann eine – jedenfalls äußerlich – tragende Rolle gespielt, wenn gemeinschaftsrechtliche Regelungen (noch) fehlten und ein Rückgriff auf die Vorschriften eines Mitgliedstaats nicht in Betracht kam.[231]

So hat das Gericht bei der Ausgestaltung der Regeln über die Rücknahme rechtswidriger Verwaltungsentscheidungen anerkannt, daß das Restitutionsinteresse der Verwaltung (Rechtsstaatsprinzip) mit dem aus Treu und Glauben, insbesondere dem Vertrauensgrundsatz (*venire contra factum proprium*, Verwirkung) abgeleiteten Bestandsinteresse des Adressaten der Entscheidung abzuwägen ist.[232] Den Grundsatz von Treu und Glauben (Vertrauensschutz) haben nicht selten – aber meist erfolglos – auch Kläger gegen die Änderung einer für sie günstigen Verwaltungspraxis oder Rechtslage[233] ins Feld geführt. Als Unterprinzipien von Treu und Glauben hat der EuGH dabei insbesondere das Verbot widersprüchlichen Verhaltens *venire contra factum proprium,*[234] das Rechtsmißbrauchsverbot[235] und die Verwirkung[236] erörtert.

---

[230] EuGH v. 15.7.1960 – verb.Rs. 43, 45 and 48/59 *Von Lachmueller* Slg. 1960, 965, 989; EuGH v. 16.12.1960 – Rs. 44/59 *Fiddelaar* Slg. 1960, 1115, 1139. S.a. EuGH v. 14.12.1976 – Rs. 255/76 *Segoura* Slg. 1976, 1851 Rn. 11 (zum EuGVÜ).

[231] Vgl. z.B. EuGH v. 12.7.1957 – verb.Rs. 7/56 und 3–7/57 *Algera* Slg. 1957, 83, 118f.

[232] EuGH v. 13.7.1962 – verb. Rs 17 und 20/61 *Kloeckner und Hoesch ./. Hohe Behörde*, Slg. 1962, 653, 689; EuGH v. 24.11.1987 – Rs. 223/85 *RSV ./. Kommission* Slg. 1987, 4617 Rn. 17; EuGH v. 13.7.1965 – Rs. 111/63 *Lemmerz ./. Hohe Behörde* Slg. 1965, 893, 913; EuGH v. 20.3.1997 – Rs. C-24/95 *Alcan Deutschland* Slg. 1997, I-1591 Rn. 40–42; EuGH v. 12.5.1998 – Rs. C-366/95 *Steff-Houlberg* Slg. 1998, I-2661 *passim.*

[233] EuGH v. 3.5.1978 – Rs. 112/77 *Töpfer* Slg. 1978, 1019 Rn. 18–20; EuGH v. 31.1.1979 – Rs. 127/78 *Spitta* Slg. 1979, 171 Rn. 18–20; EuGH v. 15.4.1997 – Rs. C-22/94 *Irish Farmers* Slg. 1997, I-1809 Rn. 19; EuGH v. 3.12.1998 – Rs. C-381/97 *Belgcodex* Slg. 1998, I-8153 Rn. 26.

[234] EuGH v. 12.7.1962 – Rs 14/61 *Hoogovens ./. Hohe Behörde*, Slg. 1962, 511, 551 (wo das Gericht einmal dem Antragsteller *venire contra factum proprium* entgegenhält); EuGH v. 13.7.1962 – verb. Rs. 17 und 20/61 *Kloeckner und Hoesch ./. Hohe Behörde*, Slg. 1962, 653, 689 (zur Bindung der Verwaltung an früheres Verhalten); EuGH v. 13.7.1962 – Rs. 19/61, *Mannesmann ./. Hohe Behörde* Slg. 1962, 717, 752 (wie vor); EuGH v. 22.3.1990 – Rs. C-347/87 *Triveneta Zuccheri* Slg. 1990, I-1083 Rn. 14 (Einwand des venire contra factum proprium durch früheres Verhalten der Kommission); EuG v. 25.3.1999 – Rs. T-102/96 *Gencor* Slg. 1999, II-753 Rn. 65. S.a. EuGH v. 8.3.1979 – Rs. 130/78 *Salumificio di Cornuda* Slg. 1979, 867 Rn. 27.

[235] EuGH v. 3.12.1974 – Rs. 33/74 *van Binsbergen* Slg. 1974, 1299 Rn. 13f. (Dienstleistungsfreiheit); EuGH v. 5.10.1994 – Rs. 23/93 *TV 10* Slg. 1994, I-4795 Rn. 21f. (Dienstleistungsfreiheit); EuGH v. 10.1.1985 – Rs. 229/83 *Leclerc ./. Au ble vert* Slg. 1985, 1 Rn. 27 (Warenverkehrsfreiheit); EuGH v. 21.6.1986 – Rs. 39/86 *Lair* Slg. 1988, 3161 Rn. 43 (Arbeitnehmerfreizügigkeit); EuGH v. 3.3.1993 – Rs. C-8/92 *General Milk Products ./. HZA Hamburg-Jonas* Slg. 1993, I-779 Rn. 21 (Gemeinsame Agrapolitik); EuGH v. 2.5.1996 – Rs. C-206/94 *Paletta* Slg. 1996, I-2357 Rn. 24f. (Lohnfortzahlung). Zur Geschichte und (zurückhaltend) Bedeutung des Rechtsmißbrauchsverbots *Gambaro* ERPL 1995,

## 2. Öffentlicher Dienst

Der zweite Hauptbereich für die Heranziehung des Grundsatzes von Treu und Glauben in der Rechtsprechung des EuGH war das Recht des öffentlichen Dienstes, solange dort noch keine näheren Regelungen vorlagen.[237] Aus dem Grundsatz von Treu und Glauben, der das Dienstverhältnis wie jede Verwaltungstätigkeit beherrsche, hat der EuGH dabei bemerkenswert detaillierte Regelungen abgeleitet, beispielsweise die Voraussetzung eines sachlichen Grundes für die Kündigung von Arbeitnehmern und die Pflicht zur Einhaltung einer angemessenen Kündigungsfrist sowie die schadensersatzbewehrte Pflicht des Arbeitgebers, Kündigungen zu begründen.[238] Freilich hat der EuGH damit das Dienstrecht nicht gleichsam „verfassungsrechtlich" zementiert, sondern nur in Ermangelung und vorbehaltlich näherer Ausgestaltung „geregelt". Soweit Dienstvorschriften bestehen bzw. eingeführt werden, ist der Rekurs auf Treu und Glauben versperrt.[239]

## 3. Treu und Glauben im EuGVÜ

In verschiedenen Urteilen hat der EuGH schließlich zur Bedeutung von Treu und Glauben im EuGVÜ Stellung genommen, nämlich für Prorogationsvereinbarungen. Ausdrücklich ist der Grundsatz in der Konvention nicht normiert, doch sah sich der EuGH schon früh veranlaßt, einer möglichen Härte bei der Anwendung des Formerfordernisses durch den Grundsatz von Treu und Glauben vorzubeugen. Zwar genüge dem Schriftformerfordernis des Art. 17 Abs. 1 EuGVÜ a.F. nicht, wenn die Parteien sich zwar auf die Geltung der AGB eines Teils einigen, die die Prorogation enthalten, und diese dem anderen Teil nachträglich übersandt werden, da man aus dem mangelnden Widerspruch nicht auf die Zustimmung zur Gerichtsstandsklausel schließen könne. Anders sei aber zu urteilen, wenn die Parteien in einer laufenden, den AGB unterliegenden Geschäftsverbindung stünden, denn in diesem Fall sei die Berufung auf den Formmangel treuwidrig.[240] Später hat das Gericht auf der Grundlage der neuen Fassung von

---

561–570. Als Untersatz des Grundsatzes von Treu und Glauben bestimmt ausdrücklich § 2 schweiz. ZGB das Rechtsmißbrauchsverbot.

[236] EuGH v. 24.11.1987 – Rs. 223/85 *RSV ./. Kommission* Slg. 1987, 4617 Rn. 17 (längere Nichtgeltendmachung und Vertrauen des anderen Teils); EuGH v. 13.7.1965 – Rs. 111/63 *Lemmerz ./. Hohe Behörde*, Slg. 1965, 893, 913.

[237] *Rogalla* Dienstrecht der Europäischen Gemeinschaften, S. 53–56; Grabitz/Hilf-*Rogalla* Art. 283 Rn. 6–16; *Lindemann* Allgemeine Rechtsgrundsätze und europäischer öffentlicher Dienst, S. 173–179 und *passim*.

[238] EuGH v. 15.7.1960 – verb.Rs. 43, 45 and 48/59 *von Lachmueller* Slg. 1960, 965, 989f.; EuGH v. 16.12.1960 – Rs. 44/59 *Fiddelaar* Slg. 1960, 1115, 1139.

[239] EuGH v. 20.5.1987 – Rs. 432/85 *Theano Souna* Slg. 1987, 2229 Rn. 16f. Als ungeschriebenes Recht von Primärrechtsrang (s.o. § 3 I 2a bb [S. 33–35]) kann der Allgemeine Rechtsgrundsatz aber ggf. zur Überprüfung oder Auslegung des Dienstrechts herangezogen werden; *Rogalla* Dienstrecht der Europäischen Gemeinschaften, S. 56.

[240] EuGH v. 14.12.1976 – Rs. 25/76 *Segoura* Slg. 1976, 1851 Rn. 11.

Art. 17 EuGVÜ zwar weiterhin angenommen, das Schriftformerfordernis diene dazu, das Einverständnis der Parteien sicherzustellen. Doch könne sich ein Vertragspartner nach Treu und Glauben nicht auf den Formmangel berufen, wenn er einer schriftlichen Bestätigung der mündlich vereinbarten Prorogation nicht widersprochen hat.[241] Unter dieser Fassung des Art. 17 hat das Gericht auch die erhöhte Treuebindung in der laufenden Geschäftsverbindung bestätigt. Dem anderen Teil könne die Berufung auf die fehlende Gerichtsstandsvereinbarung unter folgenden Voraussetzungen nach Treu und Glauben versagt sein: „... eine derartige vom Befrachter nicht unterschriebene Gerichtsstandsklausel [kann] auch dann, wenn eine frühere mündliche Vereinbarung über diese Klausel fehlt, Artikel 17 des Übereinkommens noch genügen, wenn [1] das ausgestellte Konossement Teil der laufenden Geschäftsbeziehung zwischen dem Befrachter und dem Verfrachter ist und [2] sich daraus ergibt, daß diese Beziehung in ihrer Gesamtheit den diese Gerichtsstandsklausel enthaltenden Allgemeinen Geschäftsbedingungen des Urhebers der schriftlichen Bestätigung ... unterliegen und [3] die Konossemente auf vorgedruckten Formularen ausgestellt werden, die regelmäßig eine derartige Gerichtsstandsklausel enthalten. Bei dieser Sachlage verstieße es gegen Treu und Glauben, wollte man das Bestehen einer Gerichtsstandsvereinbarung leugnen."[242]

### 4. Zwischenergebnis

Der Grundsatz von Treu und Glauben begegnet als primärrechtlicher Allgemeiner Rechtsgrundsatz an ganz verschiedenen Stellen, im Verwaltungsrecht und im Dienstrecht, der Gerichtshof hat ihn außerdem als Grundsatz des EuGVÜ herangezogen. Überwiegend hat Treu und Glauben hier in seiner Schrankenfunktion Bedeutung, er beschränkt die treuwidrige Rechtsausübung.

## II. Der Grundsatz von Treu und Glauben im Sekundärrecht

### 1. Übersicht

Das Europäische Privatrecht hat den Grundsatz von Treu und Glauben in einzelne Vorschriften explizit aufgenommen. Nach der AGB-Richtlinie ist eine nicht-ausgehandelte Vertragsklausel mißbräuchlich, wenn ihre Regelung ein mit Treu und Glauben unvereinbares Mißverhältnis der Vertragsrechte und -pflichten zu Lasten des Verbrauchers verursacht. Die Handelsvertreterrichtlinie verpflichtet Handelsvertreter und Unternehmer zur Wahrung von Treu und Glauben. Und die Wertpapierdienstleistungs-

---

[241] EuGH v. 11.7.1985 – Rs. 221/84 *Berghofer* Slg. 1985, 2699 Rn. 15.

[242] EuGH v. 19.6.1984 – Rs. 71/83 *Tilly Russ* Slg. 1984, 2417 Rn. 18; Gliederungsziffern hinzugefügt.

richtlinie anerkennt eine Form der Treuepflicht der Wertpapierfirma gegenüber dem Kunden. Auch weitere Einzelregelungen lassen sich schließlich als Ausprägungen des Grundsatzes von Treu und Glauben verstehen.

### *a) AGB-Richtlinie*

Die wohl größte Tragweite verleiht dem Grundsatz von Treu und Glauben die AGBRL, die für alle Typen von Verbraucherverträgen gilt. Nach ihrem Art. 3 Abs. 1 ist eine Vertragsklausel, die die Parteien nicht im einzelnen ausgehandelt haben, „als mißbräuchlich anzusehen, wenn sie entgegen dem Gebot von Treu und Glauben zum Nachteil des Verbrauchers ein erhebliches und ungerechtfertigtes Mißverhältnis der vertraglichen Rechte und Pflichten der Vertragspartner verursacht". Auf die Mißbrauchskontrolle gehen wir unten (§ 16 I, S. 426) im Zusammenhang näher ein, an dieser Stelle wird nur der Grundsatz von Treu und Glauben erörtert, der für die Mißbrauchskontrolle als Bewertungsmaßstab fungiert.

Zur Konkretisierung des Mißbräuchlichkeitsmaßstabs nennt Art. 4 Abs. 1 drei Kriterien, die im Lichte der 16. Begründungserwägung auszulegen sind. Danach ist zunächst die „Art der Güter oder Dienstleistungen, die Gegenstand des Vertrags sind" zu berücksichtigen, also etwa, ob eine bestimmte Klausel den Besonderheiten des Vertragsgegenstands Rechnung trägt oder „ob die Güter oder Dienstleistungen in irgendeiner Weise auf eine Sonderbestellung des Verbrauchers hin verkauft bzw. erbracht wurden" (BE 16 S. 3). Zweitens kommt es auch auf die „den Vertragsschluß begleitenden Umstände" an, nämlich darauf, „ob auf den Verbraucher in irgendeiner Weise eingewirkt wurde, seine Zustimmung zu der Klausel zu geben" (BE 16 S. 3)[243] und, allgemeiner, ob der Verbraucher aufgrund seiner Verhandlungsposition in der Lage war, auf die Klauselgestaltung Einfluß zu nehmen („Kräfteverhältnis"; BE 16 S. 3). Drittens sind schließlich die „anderen Klauseln desselben Vertrags oder eines anderen Vertrages von dem die Klausel abhängt" zu berücksichtigen. Zusammenfassend schließt die 16. Begründungserwägung (Satz 4): „Dem Gebot von Treu und Glauben kann durch den Gewerbetreibenden Genüge getan werden, indem er sich gegenüber der anderen Partei, deren berechtigten Interessen er Rechnung tragen muß, loyal und billig verhält."

Es scheint danach, als würden in den Maßstab von Treu und Glauben – strukturell ähnlich wie aus dem deutschen Recht von § 138 Abs. 2 BGB her vertraut – prozedurale und materielle Aspekte einfließen, denn nach der 16. Begründungserwägung soll es für die Beurteilung der treuwidrigen Benachteiligung nicht nur darauf ankommen, ob die Vereinbarung im Ergebnis den berechtigten Interessen des Verbrauchers Rechnung trägt,

---

[243] Die Begründungserwägung ist durch die Verwendung des Passiv unklar. Nach der englischen Fassung könnte man auch annehmen, es solle darauf ankommen, ob der Verbraucher – etwa in der Ware oder wegen einer anderen Klausel – einen „positiven Anreiz" hatte, der Klausel zuzustimmen (*whether the consumer had an inducement to agree to the term*). Die französische Fassung steht der deutschen näher (*a été encouragé par quelque moyen à donner son accord à la clause*). Daher spricht viel für die hier vertretene Auslegung, wonach es auf einen „unlauteren" Einfluß des Vertragspartners oder seines Lagers ankommen soll.

sondern auch darauf, ob der Verbraucher dazu in der Lage war, seine eigenen Interessen durchzusetzen (Kräfteverhältnis), und ob sein Vertragspartner oder ein ihm zuzurechnender Dritter auf ihn eingewirkt, seine Zustimmung zu der Klausel zu geben.[244] Während diese Erwägungen zum Kräfteverhältnis und zur freien Vertragsentscheidung zur Konkretisierung von Treu und Glauben durchaus herangezogen werden können, ist freilich zweifelhaft, ob ihnen auch für die Beurteilung von nicht-ausgehandelten (!) Vertragsklauseln – die die Richtlinie anders als frühere Vorschläge ja allein betrifft – eine Rolle zukommen kann.[245] Für die Generalklausel von Treu und Glauben dürfte dem Gedanken der Rücksicht und Loyalität, der am Ende der 16. Begründungserwägung angesprochen wird, zentrale Bedeutung zukommen. Hier setzt sich die jetzt schon öfter[246] beobachtete Tendenz zur Abwendung von einer „streng liberalen" Auffassung fort, daß beim Vertrag jeder nur die eigenen Interessen zu wahren habe.

### b) *Handelsvertreterrichtlinie*

Der Handelsvertreter hat sich bei der Ausübung seiner Tätigkeit gegenüber dem Unternehmer nach den Geboten von Treu und Glauben zu verhalten (Art. 3 Abs. 1 HVertrRL), dieselbe Rücksicht schuldet umgekehrt der Unternehmer dem Handelsvertreter (Art. 4 Abs. 1 HVertrRL).

Für beide Seiten steht die Pflicht zu treugemäßem Verhalten als Grundsatz in einem ersten Absatz, in dem jeweils nachfolgenden Absatz werden einzelne Ausprägungen dieses Grundsatzes („insbesondere") aufgeführt. So muß sich der Handelsvertreter „in angemessener Weise für die Vermittlung und gegebenenfalls den Abschluß ... einsetzen", „dem Unternehmer die erforderlichen ... Informationen" geben und „angemessene Weisungen" des Unternehmers befolgen. Der Unternehmer muß „die erforderlichen Unterlagen" und „erforderlichen Informationen" zur Verfügung stellen und den Handelsvertreter „binnen angemessener Frist ... benachrichtigen", wenn er absieht, daß der Umfang der Geschäfte „erheblich geringer sein wird, als der Handelsvertreter normalerweise hätte erwarten können"[247]. Auch von dem Abschluß oder der Ablehnung der vermittelten Geschäfte – also gleichsam den Grunddaten für den Provisionsanspruch – muß er dem Vertreter „binnen angemessener Frist" Kenntnis geben. Diese speziellen Pflichten der Vertragsparteien erscheinen daher überwiegend nicht als Konkretisierungen von Treu und Glauben, sondern geradezu als typenprägende Pflichten des Handelsvertretervertrags: Es ist nicht eine Frage von Treu und Glauben, daß der Handelsvertreter sich in angemessener Weise für Vermittlung und Abschluß des Vertrags einsetzt, sondern seine vertrag-

---

244 Vor allem das prozedurale Element hervorhebend *Beale* in: Good Faith and Fault in Contract, Law, S. 231–261; *Beatson* Law of Contract, S. 292f.; *Collins* Oxf.J.Leg.Stud. 14 (1994) 229, 238.

245 *Remien* ZEuP 1994, 34, 54–56. Zur Beurteilung der Mißbräuchlichkeit näher unten, § 16 I 3 (S. 436–452).

246 V.a. oben, § 13 (S. 288–311).

247 Zur ratio die – auch für das Europäische Recht aufschlußreichen – Erwägungen in BGHZ 26, 161, 165f.; BGHZ 49, 39, 40: Die Aufklärungspflicht soll dem Vertreter die Möglichkeit geben, angesichts veränderter Dispositionen des Unternehmers seine künftigen Verdienstmöglichkeiten zu prüfen und sich über sein weiteres Verhalten zu entscheiden.

liche Hauptpflicht.[248] Und auch die Pflicht zur Befolgung von Weisungen wird als „klassische Pflicht aus treuhänderischen Rechtsverhältnissen" angesehen, die schon aus der Interessenwahrungspflicht folgt.[249] Anderes gilt vor allem für die Pflicht, den Handelsvertreter von absehbaren Veränderungen des Geschäftsumfangs zu unterrichten, die auch im deutschen Recht vor ihrer spezifischen Normierung der „allgemeinen Unterstützungspflicht" entnommen wurde.[250]

Ein Spezifikum der Treuebindung kann man den Einzelpflichten aber dahin entnehmen, daß die Vertragsparteien einander nach Maßgabe eines Verhältnismäßigkeitsprinzips Rücksicht und Hilfe schulden. Denn alle Einzelpflichten nehmen auf die Maßstäbe der Erforderlichkeit und der Angemessenheit (Verhältnismäßigkeit i.e.S.) Bezug. Liegt in der Erforderlichkeit noch ein Element der „Wesensnotwendigkeit", so geht die Angemessenheit einen Schritt weiter in Richtung auf ein materiales Element der Vertragsgerechtigkeit. Ähnlich wie nach der 16. Begründungserwägung der AGBRL ist auch in der Treubindung des Handelsvertreters das Erfordernis der angemessenen Rücksicht auf die Belange des anderen Teils erkennbar, und zwar in der Pflicht des Unternehmers, erforderliche Informationen zu geben und den Handelsvertreter insbesondere binnen angemessener Frist von absehbar geringerem Geschäftsumfang zu unterrichten.[251] Es wird hier von dem Unternehmer erwartet, daß er sich die Sorgen des Handelsvertreters zu eigen macht und sich für die Bewertung zudem in dessen Schuhe stellt, denn es kommt auf die üblichen Erwartungen des Handelsvertreters an.

Aufschlußreich sind schließlich die Informationspflichten der Parteien. So muß der Handelsvertreter „dem Unternehmer die erforderlichen ihm zur Verfügung stehenden Informationen übermitteln"[252] und der Unternehmer dem Handelsvertreter „binnen angemessener Frist von der Annahme oder Ablehnung und der Nichtausführung der vom Handelsvertreter vermittelten Geschäfte Kenntnis geben".[253] Darin kommt eine wechselseitige Rücksicht und auch ein Respekt vor der vertraglichen Vereinbarung zum Ausdruck, über die (und das dispositive Recht) hinaus die Parteien einander grundsätzlich nichts schulden. Gleichsam gesichert ist die Rücksicht hier durch die Elemente des Verhältnismäßigkeitsprinzips, Erforderlichkeit und Angemessenheit.

---

248 Koller/*Roth*/Morck, § 86 HGB Rn. 3; *Fock* Handelsvertreter-Richtlinie, S. 125f.; für das deutsche Recht BGHZ 30, 98, 102 (die „eigentliche Aufgabe").

249 *Grundmann* Schuldvertragsrecht, 3.80 Rn. 11; rechtsvergleichender Überblick bei *Fock* Handelsvertreter-Richtlinie, S. 126f. Im deutschen Recht ergibt sich freilich die Pflicht zur Befolgung von Weisungen nur mittelbar aus § 665 BGB; krit. Koller/*Roth*/Morck, § 86 HGB Rn. 9.

250 BGHZ 26, 161, 167. S.a. *Fock* Handelsvertreter-Richtlinie, S. 134–136 (grundsätzlich keine Einschränkung der wirtschaftlichen Dispositionsfreiheit des Unternehmers).

251 Art. 4 Abs. 2 lit. b HVertrRL.

252 Art. 3 Abs. 2 lit. b HVertrRL.

253 Art. 4 Abs. 3 HVertrRL.

### c) *Wertpapierdienstleistungsrichtlinie*

Elemente einer Bindung an Treu und Glauben kann man auch den Wohlverhaltenspflichten der WpDRL entnehmen. Wertpapierfirmen sind nach Art. 11 Abs. 1 der Richtlinie durch Wohlverhaltenspflichten daran zu binden, „bei der Ausübung ihrer Tätigkeit recht und billig im bestmöglichen Interesse ihrer Kunden … zu handeln", „ihre Tätigkeit mit der gebotenen Sachkenntnis, Sorgfalt und Gewissenhaftigkeit im bestmöglichen Interesse ihrer Kunden auszuüben", „von ihren Kunden Angaben über ihre finanzielle Lage, ihre Erfahrungen mit Wertpapiergeschäften und ihre mit den gewünschten Dienstleistungen verfolgten Ziele [zu] verlangen", „sich um die Vermeidung von Interessenkonflikten [zu] bemühen, und, wenn sich diese nicht vermeiden lassen, dafür [zu] sorgen, daß ihre Kunden nach Recht und Billigkeit behandelt werden" (Art. 11 Abs. 1 S. 4 Sps. 1, 2, 4, 6, 7 WpDRL). Diese Pflichten müssen mit Rücksicht auf die „Professionalität" des Auftraggebers erfüllt werden (Art. 11 Abs. 1 S. 2 WpDRL).

Auch in diesen Pflichten kann man Ausprägungen des Grundsatzes von Treu und Glauben sehen, etwa in der Pflicht, die Erfahrungen, Interessen und Ziele des Partners zu erforschen. Auch hier empfiehlt sich indessen eine Vermengung mit der Treubindung nicht, da die genannten Pflichten weniger als Ausfluß von Treu und Glauben erscheinen, denn als spezifische Bindungen desjenigen, der zwecks Wahrnehmung fremder Interessen (treuhänderisch) und beratend tätig wird. Das gilt zunächst für den Grundsatz *„know your customer"* (Sps. 4), der vor allem ein Charakteristikum dieser Art der Beratungstätigkeit darstellt.[254] Entsprechendes gilt für die Interessenwahrungs- und Sorgfaltspflichten (Sps. 2, 6). Auch die Pflicht, bei unvermeidbaren Interessenkonflikten dafür zu sorgen, daß der Kunde „nach Recht und Billigkeit" behandelt wird, ist als Fortsetzung der Interessenwahrungspflicht anzusehen.[255] Der allgemeine Grundsatz zu treugemäßem Verhalten kommt daher vor allem in der am Anfang des Katalogs normierten Pflicht zum Ausdruck, „recht und billig" zu handeln (Sps. 1).

### d) *Fernabsatzrichtlinie*

Auch die Fernabsatzrichtlinie und die Finanzfernabsatzrichtlinie enthalten Vorschriften von Treu und Glauben, freilich an einer versteckten Stelle und, im Fall der Fernabsatzrichtlinie, in sprachlich verschleierter Form. Nach Art. 4 Abs. 2 FARL sind die vorvertraglichen Informationen, die der Lieferer nach Absatz 1 der Vorschrift schuldet, unter Beachtung „der Grundsätze der Lauterkeit bei Handelsgeschäften" zu erteilen. Während die deutsche Formulierung der Vorschrift auf das Wettbewerbsrecht hindeutet, machen die französische und die englische Fassung deutlich, daß es auch hier um Treu und Glauben gehen kann: *loyaute en matière de transactions commerciales; the principles of good faith in commercial transactions.* Dementsprechend formuliert jetzt auch Art. 3

---

[254] Als solchen hat ihn auch die deutsche Rechtsprechung – Grundsatz der anlegergerechten Beratung – entwickelt; BGHZ 123, 126, 128.

[255] *Grundmann* Schuldvertragsrecht, 4.20 Rn. 24.

Abs. 2 FFRL, daß bei Erteilung der vorvertraglichen Information „die Grundsätze von Treu und Glauben im Geschäftsverkehr … zu wahren" sind.

Freilich lassen die Vorschriften nicht erkennen, welche Bedeutung die Treuepflicht hier haben soll. Loyalität – auf die die französische Formulierung hinweist – in dem Sinne, daß der Lieferer den Kunden nicht im Stich lassen dürfe und „zu ihm halten" müsse, wird üblicherweise erst geschuldet, wenn eine Vertragsbeziehung zustandegekommen ist, nicht aber vorvertraglich. Eher kann man an eine Art Rücksicht oder, sehr weitgehend, Interessenwahrung denken. Rücksicht bei vorvertraglichen Informationspflichten kann z.B. bedeuten, daß der Lieferer den Verbraucher über ihm erkennbare Fehlvorstellungen aufklärt oder erkannte Mißverständnisse des Verbrauchers über die erteilte Information aufklärt.

#### e) *Ausprägungen des Grundsatzes in Einzelregelungen*

Ausprägungen des Treuegrundsatzes finden sich darüber hinaus in Einzelregelungen, auch wenn diese nicht ausdrücklich von Treu und Glauben sprechen. Solche kann man zuerst in den Leistungsstörungsregeln der Pauschalreiserichtlinie finden. Denn diese sind auch von wechselseitiger Rücksicht der Parteien und Elementen der Fürsorge des Veranstalters und/oder Vermittlers für den Verbraucher geprägt. Zweck dieser Regelungen ist es, den Reiseerfolg nach Möglichkeit auch im Falle von Störungen herzustellen. Dazu müssen die Vertragsparteien zusammenwirken.[256]

Als Ausprägung von Treu und Glauben kann man weiterhin die Beschränkung der Kaufgewährleistungsrechte nach dem Verhältnismäßigkeitsgrundsatz ansehen.[257] Und schließlich läßt sich der Ausschluß der Gewährleistung (bzw. Vertragswidrigkeit) wegen Kenntnis oder Kennenmüssen des Nachteils als Ausprägung des Verbots widersprüchlichen Verhaltens erklären.[258]

## 2. Treu und Glauben als gemeinschaftsautonome Generalklausel[259]

Vorfrage für die Konkretisierung von Generalklauseln des Europäischen Privatrechts ist, welcher Regelungsebene diese Aufgabe übertragen ist, der gemeinschaftlichen oder der

[256] I.e. unten, § 17 A III 4 (S. 518f.). Zur Kooperationspflicht als Ausprägung von Treu und Glauben etwa *Unidroit* Art. 1.7 Comment 1 (S. 16), wo die Kooperationspflicht des Art. 5.3 als Ausprägung von Treu und Glauben angesehen wird.

[257] Art. 3 Abs. 3 KGRL; Grundmann/Bianca-*Bianca* KGRL, Art. 3 Rn. 56. Dazu noch unten, § 17 A II 4 a (S. 488f.). Im 1. Entwurf der KaufGRL war dieses Verhältnismäßigkeitsprinzip noch nicht ausdrücklich enthalten, es wurde aber schon für diesen – von zwei englischen Juristen! – dem Grundsatz von Treu und Glauben entnommen, *Beale/Howell* J.Contract L. 12 (1997) 21, 34. Als Ausprägung von Treu und Glauben verstehen auch *Lando/Beale* European Principles, Art. 1:201 (S. 113) das Nachbesserungsrecht des Art. 8:104 EP.

[258] Näher unten, § 17 A II 3 b (S. 484–486).

[259] Für die Mißbrauchsbegriff der AGBRL, der sich der Generalklausel von Treu und Glauben als Bewertungsmaßstab bedient, ist die Frage, ob es sich um eine gemeinschaftsautonome Generalklausel

mitgliedstaatlichen. Für deren Beantwortung stellen die Tatsache, daß eine Generalklausel vorgesehen ist, und der Wortlaut der Regelung wesentliche Indizien dar, entscheidende Bedeutung kommt dem Regelungszweck zu.[260]

Die Festlegung der generalklauselförmigen Rechtspflichten in den genannten Richtlinien (AGBRL, HVertrRL, WpDRL) ist danach schon selbst ein Indiz für eine auf EG-Ebene zu konkretisierende Regelung. Hätte der Gesetzgeber sich insoweit auf die mitgliedstaatlichen Vertragsrechte verlassen wollen, so hätte er auf die Vorschrift von Treu und Glauben vollständig verzichten können. Das hätte um so näher gelegen, als der Gesetzgeber ja den Treuegrundsatz als Schranke der Rechtsausübung im Privatrecht nicht eigens normiert, weil er insoweit der Gleichwertigkeit der nationalen Regelung vertraut.[261] Auch der Wortlaut spricht in allen Fällen für einen gemeinschaftsautonomen Grundsatz, da die Vorschriften von Treu und Glauben nicht etwa nur als Regelungsaufträge an die Mitgliedstaaten formuliert sind, sondern schon die Form einer privatrechtlichen Regelung haben. Denn es heißt ja nicht: „Die Mitgliedstaaten bestimmen die Rechtsbeziehungen der Parteien des Handelsvertretervertrags näher und sehen dabei einen angemessenen Ausgleich der wechselseitigen Rechte und Pflichten vor", sondern „Der Unternehmer/Handelsvertreter hat sich nach den Geboten von Treu und Glauben zu verhalten".

In allen Fällen spricht aber schließlich der Zweck der Rechtsangleichung für die Annahme einer gemeinschaftsautonomen Generalklausel. So ist es das ausdrückliche Ziel der Handelsvertreterrichtlinie, bestehende Unterschiede der mitgliedstaatlichen Rechte zu beseitigen, um – besonders im Interesse des Handelsvertreters – Abschluß und Durchführung von Handelsvertreterverträgen zu erleichtern.[262] Zu den für die Durchführung des Vertrags wesentlichen Bestimmungen hat der Gesetzgeber auch die allgemeine Treuepflicht gerechnet. Deutlich spricht auch die Zwecksetzung der AGB-Richtlinie für die Annahme einer gemeinschaftsautonomen Generalklausel. Denn diese bezweckt „die Aufstellung einheitlicher Rechtsvorschriften" zum Schutz der Verbraucher,[263] deren Scheu vor Verträgen, auf die ausländisches Recht anwendbar ist, auf diese Weise abgebaut werden soll.[264] Und auch den Anbietern von Waren oder Dienstleistungen soll durch die Regelung „ihre Verkaufstätigkeit sowohl im eigenen Land als auch im gesamten Binnenmarkt erleichtert" werden.[265] Stellt schon der Hinweis in der 10. Begründungserwägung der AGB-Richtlinie ein deutliches Anzeichen für die gemeinschaftsautonome Generalklausel dar, so sprechen vollends die weiteren Regelungs-

---

handelt, unten, § 16 I 3 a (S. 437–440), näher zu erörtern. Der Bewertungsmaßstab von Treu und Glauben wird schon hier als gemeinschaftsautonome Generalklausel begründet.

[260] Oben, § 4 II 5 (S. 74–81).

[261] S.a. *Tesauro* EuGH v. 12.5.1998 – Rs. C-367/96 *Kefalas* Slg. 1998, I-2843 SchlA Tz. 21–27. Zu Schranken für nationale Grundsätze von Treu und Glauben, die sich aus der Rechtsangleichung ergeben, unten, III (S. 412–414).

[262] BE 2 HVertrRL. Vgl. auch *Remien* RabelsZ 66 (2002) 503, 524.

[263] BE 10 AGBRL.

[264] BE 5, 6 AGBRL.

[265] BE 7 AGBRL.

zwecke dafür, die sich mit national divergierenden Bestimmungen über die Mißbräuchlichkeit nicht in ähnlicher Weise verwirklichen ließen. Weniger klar ist nur die Regelung der Wertpapierdienstleistungsrichtlinie, deren Wohlverhaltenspflichten der Stabilität und dem reibungslosen Funktionieren des Finanzsystems sowie dem Anlegerschutz dienen.[266] Hätte die Richtlinie indes durch die Wohlverhaltenspflichten – und damit auch die Pflicht zu redlichem Verhalten – keine gemeinschaftseinheitlichen Standards vorgeben wollen, so hätte sie es den Mitgliedstaaten in diesem Bereich ebenso freigestellt, Schutzregeln nach nationalem Recht aufzustellen, wie im übrigen; die Richtlinie unterscheidet aber gerade zwischen angeglichenen Wohlverhaltenspflichten und anderen von den Mitgliedstaaten „aus Gründen des Gemeinwohls erlassenen Rechts- und Verwaltungsvorschriften".[267]

## 3. Ansätze für eine gemeinschaftsautonome Konkretisierung des Grundsatzes

### a) *Einfluß des Allgemeinen Rechtsgrundsatzes von Treu und Glauben*

Vom Standpunkt des Systemdenkens aus ist es selbstverständlich, daß die Aussagen zu einem Teil des Rechtssystems für das Verständnis eines anderen Systemteils von Bedeutung sein können. Die Einheit einer Rechtsordnung weist sich gerade dadurch aus, daß dieselben allgemeinen Prinzipien an ganz verschiedenen Stellen des positiven Rechts zum Tragen kommen. Ausdruck dieser Einheit ist es, wenn der Grundsatz von Treu und Glauben in so verschiedenen Regelungen wie dem Recht der Rückforderung staatlicher Leistungen, dem öffentlichen Dienstrecht, dem Zivilprozeßrecht und dem Vertragsrecht zum Ausdruck kommt. Allerdings ergeben sich aus der Rechtsprechung zum Allgemeinen Grundsatz von Treu und Glauben nur wenige Anhaltspunkte für die Konkretisierung des sekundärrechtlichen Treuegebots. Denn während dort die Schrankenfunktion von Treu und Glauben im Vordergrund steht, geht es hier ganz wesentlich auch um die Ergänzungsfunktion, also die Konkretisierung von vertraglichen Verhaltenspflichten.[268]

### b) *Ansätze für eine Konkretisierung in sekundärrechtlichen Regelungen*

Sieht man die positiven Regelungen des Grundsatzes durch, so ergeben sich daraus einige, wenn auch nur recht allgemeine Konkretisierungen. Angesichts des gegenwärtigen Standes der Vertragsrechtsangleichung versteht sich, daß diese Konkretisierungen nur einen relativ weiten äußeren Rahmen vorgeben. Dieser könnte sich mit zunehmender Rechtsangleichung verengen, wobei freilich umgekehrt eine zunehmende Normierung des Vertragsrechts für die Anwendung des Treuegrundsatzes auch entsprechend weniger Raum lassen würde.[269]

---

[266] BE 41 WpDRL.
[267] BE 41 WpDRL.
[268] Ebenso in Bezug auf die AGB-Richtlinie *Tenreiro* ERPL 1995, 273, 277.
[269] Siehe bereits oben, § 4 II 5 (S. 74–81).

aa) Keine Beschränkung auf Verbraucherschutz

Der Grundsatz von Treu und Glauben dient auch dem Schutz von Verbrauchern oder schwächeren bzw. weniger erfahrenen Vertragspartnern, es handelt sich indes nicht um ein Instrument des Schwächerenschutzes. Schon die erste Normierung des Grundsatzes in der Handelsvertreterrichtlinie betrifft einen zweiseitigen Unternehmensvertrag und verpflichtet auch nicht nur den „stärkeren" Unternehmer zur Wahrung von Treu und Glauben, sondern auch den Handelsvertreter. Ebenso kommt der Schutz der Wertpapierdienstleistungsrichtlinie nicht nur Verbrauchern zu, sondern allen Kunden, freilich mit Rücksicht auf deren „Professionalität".

bb) Treu und Glauben als Rücksichtsgebot

Treu und Glauben verpflichtet zur wechselseitigen Rücksicht. Einzelausprägungen der Rücksicht auf den anderen Teil haben sich in der Pauschalreiserichtlinie gezeigt;[270] wechselseitige Rücksicht erscheint als prägendes Merkmals für das Pflichtenprogramm der Handelsvertreterrichtlinie;[271] der Gedanke der Rücksicht auf die berechtigten Interessen des Vertragspartners liegt der auf das Treuegebot gestützten Rechtsprechung zur Kündigung im öffentlichen Dienst[272] zugrunde. Die Vertragsparteien dürfen insbesondere nicht nur die eigenen Interessen beachten, sondern müssen auch die Interessen des anderen Teils in Rechnung stellen. Allerdings ist diese wechselseitige Rücksicht insofern begrenzt, als auch nach Europäischem Vertragsrecht kein Altruismus geschuldet ist, ein Vertragspartner braucht nicht seine Interessen jenen des anderen Teils unterzuordnen. So ist es Sache des Unternehmers, wie er sein Geschäft führt und seine Vermarktungsstrategie ausrichtet:[273] Art. 4 Abs. 2 lit. b HVertrRL verpflichtet ihn lediglich, den Handelsvertreter zu benachrichtigen, wenn das Geschäft erheblich geringer sein wird als der Vertreter erwarten durfte. Insbesondere ist auch die Entscheidung, ob der Unternehmer ein vermitteltes Geschäft annimmt, seine Sache, nur muß er dem Vertreter davon in angemessener Frist Kenntnis geben. Soweit der Unternehmer gleichwohl gebunden sein soll, vermittelte Geschäfte nicht willkürlich abzulehnen,[274] beruht das auf der Bindung, die im Abschluß des Handelsvertretervertrags selbst liegt (Gesichtspunkt des *venire contra factum proprium*).

---

270 Oben, II 1 e) (S. 406).

271 Merkmal der „Angemessenheit" bzw. Verhältnismäßigkeitsgrundsatz; zum Rücksichtsgebot im deutschen Recht auch BGHZ 26, 161, 164f. Oben, II 1 b) (S. 403f.).

272 EuGH v. 15.7.1960 – verb.Rs. 43, 45 and 48/59 *Von Lachmueller* Slg. 1960, 965, 989.

273 Eingehend zur Richtlinie *Fock* Handelsvertreter-Richtlinie, S. 134–136, der auf die abweichende Entwurfsfassung hinweist; für das mit § 86a HGB den Richtlinienvorgaben angepaßte deutsche Recht ebenso Koller/*Roth*/Morck § 86a Rn. 4.

274 Koller/*Roth*/Morck § 86a Rn. 4. Für das deutsche Recht etwa BGHZ 26, 161, 163–166 (Lieferung unbrauchbaren Tabaks durch den Unternehmer an vom Handelsvertreter geworbene Kunden ist noch keine „sinnlose Mißwirtschaft", die den Vorwurf der Willkür begründen könnte); BGHZ 49, 39, 44.

#### cc) Treu und Glauben als Maßstab für die Inhaltskontrolle

Wie vor allem die AGB-Richtlinie ausweist, begründet Treu und Glauben nicht nur einen Verhaltensmaßstab, sondern auch einen Maßstab zur Beurteilung von Ergebnissen.[275] Kommt danach unabhängig vom Verhalten der Parteien die Sanktion einer Klausel wegen Mißbrauchs in Frage, so liegt dem Gebot von Treu und Glauben eine Form des Äquivalenzprinzips zugrunde, freilich nur in der negativen Form des Ausschlusses besonders nachteiliger Vereinbarungen.[276]

#### dd) Zusammenfassung

Der Grundsatz von Treu und Glauben dient der Beschränkung und Ergänzung vertraglicher Rechte und Pflichten. Die Schrankenfunktion kommt vor allem in der AGB-Richtlinie zum Ausdruck, doch kann der Grundsatz auch beim Handelsvertretervertrag und dem Wertpapierdienstleistungsvertrag von Bedeutung sein. Hier können vor allem das Verbot widersprüchlichen Verhaltens und des Rechtsmißbrauchs von Bedeutung sein. Nach der Ergänzungsfunktion können Handelsvertreterverträge und Wertpapierdienstleistungsverträge um Nebenpflichten aus Treu und Glauben ergänzt werden. Indes dürfte der Grundsatz von Treu und Glauben kaum je so weit tragen, wie vom EuGH insbesondere beim Kündigungsschutz im öffentlichen Dienst der Gemeinschaft angenommen. Die Ergänzungsfunktion darf nicht dazu herangezogen werden, die Rechtsfortbildungsgrenzen des Vertragsrechts zu überschreiten.[277] Und sie muß selbstverständlich das System des gesetzten Rechts berücksichtigen.

## 4. Kein allgemeiner Grundsatz von Treu und Glauben im Europäischen Privatrecht

Die Entwicklung des Europäischen Vertragsrechts tendiert – ausweislich vor allem der AGB-Richtlinie – unverkennbar dahin, „Treu und Glauben" zu einem allgemeinen Grundsatz auszugestalten. Die *European Principles* haben das Prinzip von Treu und Glauben in allgemeiner Form und in Einzelausprägungen aufgenommen[278] und in ähnlicher Weise gehört der Grundsatz etwa auch zu den Unidroit Principles[279], zum Akade-

---

[275] *Collins* Oxford J.Leg.Stud. 14 (1994) 229, 250.

[276] I.e. unten, § 16 I (S. 436–452).

[277] Dazu oben, § 4 II 2 (S. 65–72).

[278] Art. 1:201 formuliert den Grundsatz, Einzelausprägungen enthalten v.a. Art. 1:202 (Kooperationspflicht), Art. 2:301 (Vertragsverhandlung nach Treu und Glauben), Art. 2:302 (Geheimhaltungspflicht), Art. 4:109 („übermäßiger Vorteil oder unangemessene Ausnutzung"), 6:102 (*implied terms*), 8:104 (Nachbesserungsrecht), 9:102 Abs. 2 lit. b und d (Befreiung von der Erfüllungspflicht).

[279] Art. 1.7 UP. (Beispielhafte!) Nachweise für die Einzelausprägungen des Grundsatzes bei *Unidroit* Principles, Art. 1.7 Comment 1 (S. 16f.); „This means that good faith and fair dealing may be considered to be one of the fundamental ideas underlying the Principles."

mientwurf[280] und zum neuen niederländischen Bürgerlichen Gesetzbuch.[281] Indes ist über die Gemeinsamkeit des Grundsatzes die Unterschiedlichkeit der Ausgestaltung in den Mitgliedstaaten nicht zu übersehen. Bereits im französischen Recht, das in Art. 1134 Code Civil[282] eine dem § 242 BGB verwandte Regelung enthält, hat der Grundsatz von Treu und Glauben nicht dasselbe Gewicht wie im BGB.[283] Das englische Recht kennt bekanntlich einen *allgemeinen Grundsatz* von Treu und Glauben überhaupt nicht[284,285] – wenngleich natürlich Einzelausprägungen durchaus auch im englischen Recht bekannt sind.[286] Und der Treuegrundsatz des niederländischen Obligationenrechts ist so weit formuliert (und gibt dem Richter so weitgehende Befugnisse), daß sogar deutsche Beobachter erschrecken können.[287]

Das Europäische Vertragsrecht enthält keinen solchen allgemeinen Grundsatz, sondern nur Einzelregelungen, die zu treugemäßem Verhalten verpflichten oder als Ausprägungen des Grundsatzes verstanden werden können.[288] Insoweit hat der Europäische Gesetzgeber eine Angleichung für geboten erachtet, im übrigen aber verläßt er sich auf die Gleichwertigkeit der nationalen Rechtsordnungen. Ein Mangel, zumal ein Hindernis für den grenzüberschreitenden Verkehr dürfte deshalb kaum zu beklagen sein. Die Ver-

---

[280] Art. 75 Abs. 1 AE-EuVGB; für *clauses implicites* Art 32 Abs. 1 lit. b AE-EuVGB.

[281] Den Grundsatz enthält Art. 6:2 NBW; weiterhin Art. 6:248, 6:233, 6:258 NBW. Dazu einführend etwa *Drobnig* ERPL 1993, 171, 184f.; *Hartkamp* Am.J.Comp.L 40 (1992) 551, 554–557; *van Schilfgaarde* ERPL 1995, 1, 7–9.

[282] Art. 1134 Code Civil: „Les conventions légalement formées tiennent lieu de loi à ceux qui les ont faites. Elles ne peuvent être révoquées que de leur consentement mutuel, ou pour les causes que la loi autorise. Elles doivent être exécutées de bonne foi."

[283] *Hübner/Constantinesco* Einführung in das französische Recht, § 22, 2 (S. 176–179); *Sonnenberger/Autexier* Einführung in das französische Recht, Kap. 84 (S. 127f.).

[284] *Lord Goff* J.Contract L. 5 (1992) 4; *Atiyah* Law of Contract, S. 89f., 212f., 255, 315; *Beatson* Law of Contract, S. 292. S.a. *Collins* Oxf.J.Leg.Stud. 14 (1994) 229, 249 („The criterion of good faith is mysterious and exciting to an English lawyer."). Rechtsvergleichende Einzelfallanalysen nach der „Schlesinger-Methode" jetzt bei *Zimmermann/Whittaker* Good Faith in European Contract Law (2000).

[285] Zur Zurückhaltung des englischen Rechts gegenüber Generalklauseln (für die Praxis relativierend) *Hondius* in: Europäische Rechtsangleichung, S. 394f.

[286] Beispielhaft zeigt sich das im Rahmen der *implied terms;* zum „Test" der *efficacy of contract* nur Chitty-*Guest* Contracts, Rn. 13–005f. (z.B. dürfe der Geschäftsherr den Provisionsanspruch des Vertreters nicht durch einen Vertragsbruch vereiteln, der die Zahlungspflicht des Dritten entfallen läßt; der persönliche Manager einer Popgruppe dürfe das Vertrauen, auf dem die Vertragsbeziehung beruht, nicht stören usf.). Eingehend zu *implied terms Grobecker* Implied terms und Treu und Glauben (1999); *Schmidt-Kessel* ZVglRWiss 96 (1997) 101–155. Die möglichen Vorbehalte englischer Juristen relativierend und zum Teil ausräumend *Kötz* FS Fleming, S. 243–259. Kritisch gegenüber dem Angleichungserfolg aber *Teubner* MLR 61 (1998) 11–32 („legal irritant").

[287] Vgl. *Drobnig* ERPL 1997, 171, 184 unter Bezug auf die Möglichkeit, mit Rücksicht auf Treu und Glauben auch vom Gesetz abzuweichen; *Kötz* FS Fleming, S. 244 („*leading the field*"); ähnlich *Hartkamp* Am.J.Comp.L 40 (1992) 551, 570 (weitgehend im Verhältnis zu anderen Kodifikationen, Mittelweg im Verhältnis zu kodifizierten Systemen einerseits und nicht-kodifizierten Systemen andererseits).

[288] A.M. für einzelne Untersätze von Treu und Glauben offenbar *Basedow* Leg.Stud. 18 (1998) 121, 136f. („*general European principle of estoppel*"); wohl auch *Beale/Howells* J.Contract L. 12 (1997) 21, 34, 36.

wirkung, das Verbot des *venire contra factum proprium*, der Schutz berechtigter Erwartungen usf., all diese Grundsätze konnte der EuGH ja nicht von ungefähr als „Allgemeine Grundsätze" anwenden, sondern nur deshalb, weil über den Grundsatz weithin Einigkeit bestand, es also einer wertenden Auswahl der „besten" oder „gerechtesten" Lösung kaum bedurfte. Unterschiede gibt es sicher in der Ausgestaltung im einzelnen, doch wiegen die nicht so schwer, daß der Gesetzgeber sich zur Angleichung entschlossen hätte.

## III. Anwendung mitgliedstaatlicher Grundsätze von Treu und Glauben auf das angeglichene Privatrecht

Das Europäische Privatrecht schreibt demnach einen allgemeinen Grundsatz von Treu und Glauben nicht vor, wenn ein solcher auch ansatzweise als Allgemeiner Rechtsgrundsatz des Primärrechts erörtert wurde. Daher stellt sich die Frage, inwieweit der Grundsatz von Treu und Glauben als Bestandteil des nationalen Rechts auf das vom Europäischen Privatrecht angeglichene Recht angewandt werden kann. Diese Frage hat der EuGH in der Entscheidung *Kefalas* erörtert.[289] In dem zugrunde liegenden Fall hatten Aktionäre gegen die Wirksamkeit einer Kapitalerhöhung geklagt, die ohne Beteiligung der Hauptversammlung beschlossen worden war (Art. 25 Abs. 1 KapRL). Nach Auffassung des Berufungsgerichts konnte die Rechtsausübung durch die Kläger wegen Verstoßes gegen Treu und Glauben (Rechtsmißbrauch, Art. 281 griechisches ZGB) nichtig sein, da sich die Kläger – vereinfacht gesprochen – dadurch einer wirtschaftlich sinnvollen Rettung der Gesellschaft vor der Insolvenz entgegenstellten. Es ging also um eine Treuepflicht des Aktionärs, wie wir sie in ähnlicher Weise aus der Girmes-Rechtsprechung des Bundesgerichtshofs kennen.[290]

Der EuGH sah die Anwendung des nationalen Rechtsmißbrauchsverbots auf das angeglichene Recht als grundsätzlich zulässig an. Das Rechtsmißbrauchsverbot sei, wie das Gericht mit zahlreichen Belegen nachweist, auch im Europäischen Recht anerkannt. Daher (!) könne die Anwendung eines nationalen Rechtsmißbrauchsverbots nicht als mit dem Gemeinschaftsrecht unvereinbar angesehen werden.[291] Indes dürfe die Anwendung solcher Schranken des nationalen Rechts die effektive und einheitliche Anwendung des

---

289 EuGH v. 12.5.1998 – Rs. C-367/96 *Kefalas* Slg. 1998, I-2843 Rn. 19–28; eingehend *Schmidt-Kessel* JbJZ 2000, 61–83. S.a. EuGH v. 2.5.1996 – Rs. C-206/94 *Paletta II* Slg. 1992, I-2382 Rn. 23–28 (und dazu kritisch *Reichold* ZEuP 1998, 434, 439f.). Ähnlich zum Schutz berechtigter Erwartungen durch das nationale Recht EuGH v. 5.10.1988 – Rs. 210/87 *Padovani* Slg. 1988, 6177 Rn. 22f.; EuGH v. 21.9.1983 – Rs. 205/82 *Deutsches Milchkontor* Slg. 1983, 2633 Rn. 27–33; EuGH v. 5.3.1980 – Rs. 265/78 *Ferwerda* Slg. 1980, 617 Rn. 13–17; EuGH v. 28.6.1977 – Rs. 118/76 *Balkan ./. HZA Berlin-Packhof* Slg. 1977, 1177 Rn. 3–10.

290 BGHZ 129, 136 (Girmes).

291 EuGH v. 12.5.1998 – Rs. C-367/96 *Kefalas* Slg. 1998, I-2843 Rn. 20f.

Gemeinschaftsrechts nicht in Frage stellen und insbesondere den Anwendungsbereich des Gemeinschaftsrechts nicht einschränken. Das sei aber dann der Fall, wenn eine Klage gegen die Kapitalerhöhung deswegen als mißbräuchlich angesehen werde, weil die Erhöhung dazu diene, die wirtschaftliche Situation der Gesellschaft zu verbessern, denn das sei der Zweck jeder Kapitalerhöhung.[292] Positiv gewendet stehe das Gemeinschaftsrecht einem nationalen Rechtsmißbrauchsverbot nicht entgegen, das die zweckwidrige Rechtsausübung zur Erlangung unberechtigter Vorteile verbiete.[293]

Von der Diskussion um die gemeinschaftsautonomen Generalklauseln weitgehend unbemerkt erfolgt hier – mit potentiell gleicher Hebelwirkung – über das Gebot der effektiven Umsetzung[294] eine weitreichende „Europäisierung" des formal nicht angeglichenen nationalen Privatrechts.[295] Ganz selbstverständlich kann auf diese Weise jede Begrenzung der Rechtsausübung des nationalen Rechts in gemeinschaftsrechtliche Schranken verwiesen werden. Auch soweit ein Rechtsangleichungsakt die Schranken der gewährten Rechte nicht selbst bestimmt, kann er doch über das Gebot der effektiven Umsetzung Einfluß auf die Schranken haben, die die mitgliedstaatlichen Rechte vorsehen.[296] Ein prominentes Beispiel dafür haben wir bereits erörtert, die Einschränkung der nationalen Registerpflicht durch die Handelsvertreterrichtlinie.[297] Soweit die Rechtsangleichung – wie im Vertragsrecht regelmäßig – nur Mindeststandards setzt und nicht Höchststandards, wird das Gebot der effektiven Umsetzung indes zumeist nur die „Schrankenfunktion" von Treu und Glauben im nationalen Recht und nicht auch die „Ergänzungsfunktion" betreffen; nur eine Beschränkung der gemeinschaftsrechtlich vorgeschriebenen Rechte durch den nationalen Maßstab von Treu und Glauben kann ja die effektive Umsetzung einschränken, nicht auch ihre Ergänzung.

Unklar und bislang offen ist, ob nationale Beschränkungen gemeinschaftsrechtlichen Rechten auch dann entgegengehalten werden können, wenn sie, anders als im Fall des Rechtsmißbrauchsverbots, gemeinschaftsrechtlich (noch) nicht anerkannt sind; das Gegenteil scheint die Entscheidung anzudeuten, da das Gericht zunächst feststellt, daß das Rechtsmißbrauchsverbot auch gemeinschaftsrechtlich anerkannt sei.[298] Dagegen möchte man einwenden, eine solche (weitere) Einschränkung nationaler Rechtsbehelfe vertrage sich nicht damit, daß die Rechtsausübungsschranken gerade nicht angeglichen sind, sondern vom Gemeinschaftsrecht als mitgliedstaatliches Recht vorausgesetzt werden. Richtig verstanden dürfte die vom EuGH in *Kefalas* angedeutete Einschränkung bedeuten, daß sich der EuGH eine Überprüfung nationaler Beschränkungen von gemein-

---

[292] EuGH v. 12. 5. 1998 – Rs. C-367/96 *Kefalas* Slg. 1998, I-2843 Rn. 22–24 sowie, zu weiteren Schranken eines nationalen Mißbrauchsverbots, Rn. 25–27.

[293] EuGH v. 12. 5. 1998 – Rs. C-367/96 *Kefalas* Slg. 1998, I-2843 Rn. 28.

[294] Oben, § 12 B (S. 267–275).

[295] G. H. *Roth* EWiR 1998, 907, 908.

[296] So zu Recht schon *Grundmann* Schuldvertragsrecht, 1. Teil Rn. 191; *ders.* FS Buxbaum, S. 228 (der auch bereits auf die Bedeutung der primärrechtlichen Allgemeinen Rechtsgrundsätze hinweist); *Schmidt-Kessel* JbJZ 2000, 61, 75–79.

[297] Oben, § 14 I 2 a bb (S. 322f.).

[298] In diese Richtung auch schon *Grundmann* Schuldvertragsrecht, 1. Teil Rn. 191.

schaftsrechtlichen Rechten am Maßstab des Gemeinschaftsrechts vorbehält.[299] Anerkennt schon das Gemeinschaftsrecht eine bestimmte Schranke, so spricht das für ihre grundsätzliche Zulässigkeit, nurmehr die Anwendung auf den Einzelfall bedarf der Prüfung. Wenn umgekehrt das Gemeinschaftsrecht eine bestimmte Schranke nicht schon anerkennt, so erfordert die Feststellung ihrer Verträglichkeit mit dem Gebot der effektiven Umsetzung eine intensivere Prüfung, auf deren erster Stufe die abstrakte Regelung und auf deren zweiter Stufe ihre Anwendung im Einzelfall kontrolliert wird.

## E. Vertrag und Dritte

## I. Einzelregelungen

### 1. Vertrag zugunsten Dritter

Bestimmungen über Verträge zugunsten Dritter waren auf Europäischer Ebene bis vor kurzem schon deswegen problematisch, weil das englische Recht Vertragsrechte Dritter im Grundsatz nicht anerkannte. Der Contracts (Rights of Third Parties) Act 1999 hat den Grundsatz der *privity of contract* jetzt insofern zurückgeschnitten, als drittbegünstigende Verträge nunmehr grundsätzlich zulässig sind.[300] Damit hat der englische Gesetzgeber den Bedürfnissen des Rechtsverkehrs[301] Rechnung getragen, die sich nicht zuletzt darin zeigten, daß die Rechtspraxis immer wieder Möglichkeiten gesucht und gefunden hatte, die Wirkungen der *privity doctrine* zu vermeiden.[302] Nicht zuletzt hat der englische Gesetzgeber aber auch deshalb Anlaß für die Neuregelung gesehen, weil auch die Lando Kommission die Zulässigkeit von Verträgen zugunsten Dritter anerkannt hat (Art. 6:110 EP)[303] und weil auch einzelne Regeln des Europäischen Privatrechts bereits auf eine drittbegünstigende Wirkung von Verträgen (und damit eine Umgehung der *privity rule*) hinauslaufen.[304]

Das Europäische Privatrecht enthält freilich nur vereinzelte Bezugnahmen auf die *Möglichkeit* drittbegünstigender Verträge, ohne deren Zulassung oder Ausgestaltung

---

[299] Ebenso *Ranieri* ZEuP 2001, 165, 171; *Schmidt-Kessel* JbJZ 2000, 61, 75–79. GA *Tesauro* EuGH v. 12. 5. 1998 – Rs. C-367/96 *Kefalas* Slg. 1998, I-2843 SchlA Tz. 21–27.

[300] Dem Gesetz war eine eingehende Untersuchung der *Law Commission* vorausgegangen; Law Com. Rep. 242 (1996), Privity of Contract: Contracts for the Benefit of Third Parties. S.a. *Beatson* Law of Contract, S. 426–429.

[301] *Beatson* Law of Contract, S. 426–429. Aus rechtsvergleichender Sicht *Zweigert/Kötz* Rechtsvergleichung, § 34 (S. 454–467); rechtshistorische und vergleichende Umschau bei *Zimmermann* JZ 1995, 477, 488 (zu Art. 6:110 EP).

[302] Vgl. *Beatson* Law of Contract, S. 416–426 („exceptions and circumventions"); Law Com. Rep. 242 (1996), S. 9–34 Rn. 2.8–2.62.

[303] Die Unidroit Principles enthalten keine Regelung.

[304] Vgl. die Begründung der englischen *Law Commission* Law Com. Rep. 242 (1996), Privity of Contract: Contracts for the Benefit of Third Parties, S. 35, Rn. 2.62 (zum Europäischen Privatrecht) und Rn. 3.8 (zu den Lando Principles).

vorzuschreiben. So definiert es den von den Regelungen geschützten Verbraucher bzw. Erwerber in der Pauschalreiserichtlinie und der Timesharingrichtlinie so, daß darunter auch jede Person fällt, „in deren Namen sich der Hauptkontrahent zur Buchung der Pauschalreise verpflichtet“[305] bzw. „zu deren Gunsten [das vorgesehene Teilzeitwohnrecht] begründet wird“[306]. Um eine Regelung des Vertrags zugunsten Dritter geht es dabei freilich nicht, sondern nur darum, daß der Begünstigte unabhängig von der nationalen Gestaltung (insbesondere in Form der Stellvertretung oder des Vertrags zugunsten Dritter) den Schutz der Regelungen genießt.[307] Entsprechendes gilt für die Überweisungsrichtlinie, die Rückgriffsansprüche des Auftraggeberinstituts gegen zwischengeschaltete Institute unabhängig von der Vertragsbindung vorsieht; solche Ansprüche können auch im Wege des Vertrags zugunsten Dritter begründet werden.[308]

## 2. Mithaftung des Kreditgebers beim verbundenen Geschäft

### *a) Übersicht*

Verschiedene Vorschriften bestimmen eine Mithaftung des Kreditgebers beim verbundenen Geschäft, und zwar einmal wegen Widerrufs des Vertrags durch den „Verbraucher“/Kreditnehmer, zum anderen wegen Leistungsstörungen.

Die Auswirkungen des *Widerrufs* auf den Finanzierungsvertrag sind nicht allgemein, sondern im Zusammenhang mit den einzelnen Widerrufsrechten geregelt. Wir haben die Regelung bereits im Zusammenhang mit Vertragsschluß und Widerruf angesprochen. Beim Widerruf des Fernabsatzgeschäfts entfällt auch der zu seiner (vollständigen oder teilweisen) Finanzierung geschlossene Kreditvertrag, egal ob der Kredit vom Lieferer oder, „aufgrund einer Vereinbarung mit diesem“, von einem Dritten gewährt wurde.[309] Dasselbe bestimmt die Timesharingrichtlinie für den dort vorgesehenen Rücktritt.[310] Die entsprechende Bestimmung im ersten Entwurf einer Finanzfernabsatzrichtlinie[311] ist im zweiten Entwurf entfallen mit der Begründung, daß „die zweckgebundenen Kredite in die Liste der … Ausnahmen aufgenommen wurden“.[312] In der verabschiedeten Fassung ist aber eine allgemeine Regelung über den Widerrufsdurchgriff auf verbundene Geschäfte enthalten.[313] Für den Widerruf von Haustürgeschäften fehlt eine Bestimmung

---

305 Art. 2 Ziff. 4 PRRL.

306 Art. 2 Sps. 4 TSRL.

307 Vgl. auch Grabitz/Hilf II-*Tonner* A 12 (PRRL) Art. 2 Rn. 17 (dessen Hinweise auf das englische Recht allerdings jetzt vielleicht durch den Contracts (Rights of Third Parties) Act 1999 überholt sind).

308 Art. 6 Abs. 1 UAbs. 4, Art. 7 Abs. 2 UAbs. 2 ÜwRL; näher unten, § 17 A IV 2 c aa (S. 531–534).

309 Art. 6 Abs. 4 FARL (Einzelheiten der Auflösung des Kreditvertrags regeln die Mitgliedstaaten); Art. 6 Abs. 7 UAbs. 2 FFRL.

310 Art. 7 TSRL.

311 Art. 4 Abs. 4 V1-FFRL.

312 Begründung des Geänderten Vorschlags zu Art. 4 Abs. 4, KOM(99) 385 endg.

313 Art. 6 Abs. 7 UAbs. 2 FFRL.

über Finanzierungsgeschäfte. Sie war dort entbehrlich, da diese als Haustürgeschäfte ebenfalls widerruflich sind.[314]

Für Verbraucherkredite bestimmt Art. 11 Abs. 1 der Richtlinie, daß die Rechte des Verbrauchers gegen den Warenverkäufer oder Dienstleistenden (nachfolgend wie in der Richtlinie auch „Lieferant" genannt) wegen *Leistungsstörung* nicht wegen des Bestehens des Finanzierungsvertrags beeinträchtigt sein dürfen.[315] Das ist wenig spektakulär und hat nur am Rande mit den Drittwirkungen des Vertrags zu tun. Wichtiger ist die Vorschrift des Absatz 2. Danach kann der Verbraucher die Rechte, die ihm gegen den Verkäufer oder Dienstleister zustehen, unter bestimmten Voraussetzungen auch gegen den Kreditgeber geltend machen. Der praktisch wichtigste Fall dürfte sein, daß der Verbraucher wegen eines Mangels den Preis des Hauptgeschäfts zurückhalten oder ganz oder teilweise nicht zahlen möchte.[316] Voraussetzungen für diese auch sogenannte „subsidiäre Haftung" des Kreditgebers sind, daß (1) jener dem Verbraucher aufgrund einer Abrede mit dem Lieferanten („enge Geschäftsverbindung", wirtschaftliche Einheit)[317] Kredit für den Bezug von Waren oder Dienstleistungen eines anderen gegeben hat, (2) die Leistungen des Lieferanten nicht vertragsgemäß sind, und (3) der Verbraucher seine Rechte gegen den Lieferanten erfolglos geltend gemacht hat.[318] Eingeschränkt ist diese Haftung allerdings dadurch, daß sie nur Platz greift, wenn die Abmachung zwischen Lieferanten und Kreditgeber eine Ausschließlichkeitsklausel enthält, nach der Kredite an den Kunden dieses Lieferanten zum Zweck des Erwerbs von Waren oder der Inanspruchnahme von Dienstleistungen von ihm ausschließlich von dem betreffenden Kreditgeber bereitgestellt werden.[319] Wenn der Verbraucherkreditgeber mithaftet, dann ist er potentiell allen Rechte ausgesetzt, die der Verbraucher gegen den Lieferanten wegen Leistungsstörung hat. Den Mitgliedstaaten ist zwar überlassen zu bestimmen, „wie weit" diese Rechte geltend gemacht werden können. Das wird man indes nicht dahin verstehen dürfen, daß sie den Verbraucher im Verhältnis zum Kreditgeber auf Minderung und Zurückbehaltung beschränken dürften. Vielmehr muß es grundsätzlich bei den Rechten bleiben, die der Verbraucher gegen den Lieferanten hat, nur sind

---

[314] Für Finanzdienstleistungen gilt hingegen die Fernabsatzrichtlinie ausdrücklich nicht (Art. 3 Abs. 1 Sps. 1), so daß hier eine Regelung erforderlich war.

[315] Dazu nur *Grundmann* Schuldvertragsrecht, 4.10 Rn. 38.

[316] *Latham* in: Verbraucherkredit und Verbraucherinsolvenz, S. 587. Siehe z.B. den Fall von EuGH v. 7. 3. 1996 – Rs. C-192/94 *El Corte Inglés* Slg. 1996, I-1281.

[317] Zu anderen Versuchen einer Definition der engen Geschäftsverbindung *Latham* in: Verbraucherkredit und Verbraucherinsolvenz, S. 584-587 (Kommission, Valutierung an den Lieferanten, Anlage auf Dauer).

[318] Die Mitgliedstaaten können nur bestimmen, „unter welchen Bedingungen diese Rechte geltend gemacht werden können". Das ist keine Kompetenz, weitere Voraussetzungen aufzustellen, sondern ermöglicht nur, die von der Richtlinie vorgegebenen Voraussetzungen nach den Besonderheiten des nationalen Rechts auszufüllen. Praktisch wird das nur das Tatbestandselement der „Vorausklage" (Art. 11 Abs. 2 lit. e VerbrKrRL) betreffen; *Grundmann* Schuldvertragsrecht, 4.10 Rn. 41.

[319] Kritisch *Grundmann* Schuldvertragsrecht, 4.10 Rn. 41, der aber darauf hinweist, daß Abreden ohne Ausschließlichkeitsklausel wenig praktisch seien.

bestimmte Beschränkungen aus Zumutbarkeitserwägungen zulässig, z.B. der Ausschluß von Nachbesserung und Ersatzlieferung.

### b) *Grundgedanken*

Die Tatbestände beruhen auf verschiedenen gemeinsamen Grundlagen. Der Gedanke der Zusammengehörigkeit von Nutzen und korrespondierenden Lasten kommt in dem Tatbestandsmerkmal der wirtschaftlichen Einheit (Vereinbarung) von Lieferanten und Kreditgeber zum Ausdruck. Gehört die Widerruflichkeit zu den Lasten, die die Rechtsordnung mit einem bestimmten Vertrag (Timesharing, Verbraucherkredit) oder einem auf eine bestimmte Weise geschlossenen Vertrag (Fernabsatz) verbindet, so ist es nur richtig, daß sie alle an dem Vertrag Beteiligten treffen. Dabei steht allerdings nicht im Vordergrund, daß nur so ein effektiver Schutz des anderen Teils möglich ist. Ginge es um dessen Schutz, so dürfte es nicht auf das Bestehen einer wirtschaftlichen Einheit ankommen, sondern darauf, ob er eine solche vernünftigerweise annehmen kann. Das wird besonders deutlich bei der Regelung der Verbraucherkreditrichtlinie, nach der die wirtschaftliche Einheit eine Ausschließlichkeitsbeziehung voraussetzt.

Das Vorliegen einer wirtschaftlichen Einheit ist es auch, daß den Einbruch in die Relativität und Vertragsfreiheit des Kreditgebers gut verträglich erscheinen läßt. Der Kreditgeber, der mit dem Lieferanten eine *Vereinbarung* trifft, aufgrund der er den Kunden des Lieferanten für Geschäfte mit jenem Kredit gewährt, hat sich den Lieferanten ausgesucht und weiß daher um die Umstände, die den Durchgriff begründen. Der Verbraucherkreditgeber insbesondere ist ohnehin der Primäradressat der Schutzregeln; ihm gegenüber ist der Einbruch in den Relativitätsgrundsatz ebenso begründet wie die übrigen Schutzregeln. Sie stellen einen Ausgleich für den „Defekt" dar, den der Verbraucher aufgrund der Verlockungswirkung des Kredits beim Vertragsschluß leidet.

Inkonsistent erscheint auf den ersten Blick, daß der Verbraucherkreditgeber nur bei Vorliegen einer Ausschließlichkeitsabrede mithaftet, und dann auch nur subsidiär, während die Kreditgeber in den übrigen Fällen immer schon dann haften, wenn der Kredit aufgrund einer („einfachen") Abrede mit dem Lieferanten gewährt wurde. Indes kann man diesen Unterschied als begründet ansehen, weil die Haftung des Verbraucherkreditgebers potentiell sehr viel weiter reicht, ist dieser doch nicht nur der Widerrufswirkung ausgesetzt, sondern allen Rechten des Verbrauchers wegen Leistungsstörung.[320]

## 3. Abtretung und Vertragsübertragung

Eine Reihe von Vorschriften des Europäischen Vertragsrechts behandelt die Vertragsübertragung, zur Abtretung findet sich nur eine vereinzelte Regelung in Art. 9 VerbrKrRL. Danach behält der Verbraucher seine Einreden – der Ausdruck ist nicht technisch

---

[320] Wohl a.M. *Reich* EuZW 1997, 581, 585 (ihm i.e. folgend Grabitz/Hilf II-*Micklitz* A3 (FARL) Rn. 104), der die Regelung des Art. 11 VerbrKrRL für unbestimmt (?) hält und als überholt abtut.

zu verstehen und auch nicht auf Einwendungen beschränkt, sondern umfaßt alle Gegenrechte, z.B. auch die Aufrechnung (*les mêmes exceptions et défenses; any defence*) –[321], wenn der Kreditgeber seine Ansprüche aus dem Kreditvertrag einem Dritten abtritt. Das entspricht wohl *im Grundsatz* dem gemeineuropäischen Standard; die Regeln im einzelnen (z.B. für verschiedene Gegenrechte wie Einreden und Aufrechnung) sind indes sehr unterschiedlich.[322]

Über die Vertragsübertragung auf einen Dritten gibt es mehrere Regelungen, und zwar für den Sonderfall, daß einer der Vertragspartner nicht mitwirkt. Sie ist der zentrale Gegenstand der Betriebsübergangsrichtlinie, und die Pauschalreiserichtlinie sieht die Möglichkeit vor, eine Ersatzperson zu stellen, wenn der Verbraucher verhindert ist.[323] Die AGB-Richtlinie sieht nur einen äußersten Mindestschutz gegen die „Abtretung des Vertrags“ vor.

Für den Arbeitnehmer bedeutet die Vertragsübertragung ohne seine Mitwirkung keinen Eingriff in die Vertragsfreiheit – als Freiheit von der Bindung an einen nicht gewählten Partner und als Bindung des gewählten Partners an den Vertrag –, da der EuGH nach längerem Dialog mit niederländischen und deutschen Gerichten ein Widerspruchsrecht des Arbeitnehmers anerkannt hat.[324] Daß der Arbeitnehmer im Falle des Betriebsübergangs nur zwischen zwei Übeln – einem nicht ausgewählten Vertragspartner und einem Arbeitgeber, der ihn nicht mehr beschäftigen kann – wählen kann, ist unter dem Gesichtspunkt der Vertragsfreiheit nicht zu beanstanden, da der Arbeitnehmer das Risiko der Umstrukturierung aufgrund der unternehmerischen Freiheit des Arbeitgebers insoweit sowieso zu tragen hat. Anders ist das für den Erwerber (und theoretisch auch für den Veräußerer). Der Betriebserwerber ist nicht selten daran interessiert, den Betrieb zumindest ohne die Arbeitnehmer zu übernehmen, die der wirtschaftlichen Fortführung hinderlich sind,[325] in jedem Fall würde er über die Übernahme von Arbeitnehmern lieber frei verhandeln, als sie aufgedrängt zu bekommen, zumal er sich aufgrund des Widerspruchsrechts nicht einmal darauf verlassen kann, die ihm wichtigen Arbeitnehmer „zu erhalten“. Gerechtfertigt ist dieser, dem deutschen Recht schon lange

---

[321] Wohl enger *Grundmann* Schuldvertragsrecht, 4.10 Rn. 38, der nur auf § 404 BGB als entsprechende Vorschrift verweist.

[322] §§ 404–406 BGB; das englische Recht läßt die Abtretung bekanntlich nur zögerlich zu, dazu und zum Einwendungserhalt nur *Beatson* Law of Contract, S. 447–458 und 458–460. Art. 124 Abs. 2 AE-EuVGB; die European Principles enthalten jetzt eingehende Bestimmungen in Kapiteln 11 (Abtretung) und 12 (Schuldnerwechsel und Vertragsübertragung); die Unidroit Principles enthalten keine Regelung über Abtretung oder Vertragsübernahme. Rechtsvergleichende Übersicht bei *Kötz* Vertragsrecht, § 14 (S. 399–432); *Zweigert/Kötz* Rechtsvergleichung, § 33 (S. 438–453).

[323] Art. 4 Abs. 3 PRRL.

[324] EuGH v. 5.5.1988 – verb.Rs. 144 und 145/87 *Berg und Busschers* Slg. 1988, 2559 Tz. 10–13; EuGH v. 10.2.1988 – Rs. 324/86 *Daddy's Dance Hall* Slg. 1988, 739 Rn. 13–17; EuGH v. 16.12.1992 – verb.Rs. C-132, 138, 139/91 *Katsikas* Slg. 1992, I-6577 Rn. 31f.; EuGH v. 7.3.1996 – Rs. C-171 und 172 /94 *Merckx* Slg. 1996, I-1253 Rn. 33–35. Dazu etwa *Ehrich* NZA 1993, 635–638; *Wachter* FS Gitter, S. 1028–1030; *Birk* EuZW 1993, 156, 157–160.

[325] Zur ökonomischen Bewertung der Betriebsübergangsrichtlinie (kritisch) *Schellhaas* in: Systembildung, S. 406–411.

aus dem Mietrecht vertraute,[326] Eingriff in die Vertragsfreiheit des Erwerbers nur aus dem überragenden Bestandsschutzinteresse des Arbeitnehmers (Sozialpflichtigkeit der Vertragsfreiheit).

Die Möglichkeit, einen Vertragspartner auszutauschen, sieht zugunsten des Reisenden auch die Pauschalreiserichtlinie vor. Der darin liegende Eingriff in die Vertragsfreiheit des Veranstalters/Vermittlers wiegt der Sache nach nicht so schwer, da es diesem in aller Regel nicht auf die Person des Reisenden ankommt – Pauschalreiseverträge werden üblicherweise „für wen es angeht" geschlossen. Außerdem kommt eine Vertragsübertragung nur in Betracht, wenn der Erwerber „alle an die Teilnahme geknüpften Bedingungen erfüllt",[327] so daß die Parteien die Übertragungsmöglichkeit durch individuelle Gestaltung des Reisevertrags einschränken können, bis hin zu der Möglichkeit, auch die Person des Reisenden als wesentliche „Bedingung" für die Teilnahme zu vereinbaren.[328] Wie beispielsweise auch bei der Kaufgewährleistung bedient sich hier der Gesetzgeber eines zwingenden Schutzmechanismus, der aber nur eingreift, wenn nicht die Parteivereinbarung das ausschließt.[329] Auch diese Bestimmung kann man daher als eine Informationsregel betrachten, die dazu dient, die Selbstbestimmung des Reisenden („Verbrauchers") abzusichern.

Die Übertragungsmöglichkeit beruht im übrigen auf dem Schutzinteresse des Reisenden, der, wenn er unvorhergesehen nicht selbst an der Reise teilnehmen kann, ihren Wert zumindest durch Übertragung auf einen Dritten realisieren können soll. Darin kann man eine Problematik sehen, die typischerweise einer Versicherungslösung zugeführt wird. In der Tat sind ja Rücktrittsversicherungen ganz üblicherweise erhältlich. Die zwingende Regelung bedeutet so einmal mehr eine „Zwangsversicherung" aller Geschützten, wenn auch nur in einem begrenzten Bereich. Doch ist die Regelung gut verträglich, wenn man bedenkt, daß den Versicherungsnehmer üblicherweise eine Schadensminderungsobliegenheit trifft[330] und die Schadensminderung durch Stellung eines Ersatzreisenden regelmäßig ohne Beeinträchtigung anerkennenswerter Interessen des Veranstalters/Vermittlers möglich ist. Es versteht sich, daß derjenige, in dessen Sphäre das Risiko fällt, auch die durch die Schadensminderung entstehenden „Mehrkosten" zu tragen hat.[331]

---

[326] Zur Geschichte des § 571, mit dem sich das BGB gegen die gemeinrechtliche Tradition entschieden hat, Staudinger-*Sonnenschein* (1997) § 571 Rn. 1–4.

[327] Art. 4 Abs. 3 PRRL.

[328] Der Eingriff in die Vertragsfreiheit wird so freilich nicht beseitigt, sondern nur abgemildert, denn in jedem Fall begründet sie für den Veranstalter/Vermittler die Last, entsprechende Abreden zu treffen. Dem Schutzzweck der Regelung entsprechend muß man hier – anders als bei der Bestimmung der Vertragsmäßigkeit unter der KGRL (s. sogleich im Text und folgende Note) – annehmen, daß die „an die Teilnahme geknüpften Bedingungen" sachlich begründet sein müssen, denn sonst könnte der Veranstalter/Vermittler die zwingende Ersetzungsbefugnis leicht umgehen.

[329] Gemeint sind die Vorschriften der Art. 2 f. KGRL, die zwar die Rechtsbehelfe zwingend vorschreiben, die Vertragsfreiheit aber dadurch erhalten, daß sie den Parteien die Bestimmung der Vertragsmäßigkeit überlassen; näher *Riesenhuber* in: Party Autonomy, S. 351 f.; *Grundmann* AcP 202 (2002) 40, 52 f.; und unten § 17 A II 5 (S. 490–494).

[330] Vgl. nur Art. 7 V2-VersVRL.

[331] Art. 4 Abs. 3 S. 2 PRRL und ebenso Art. 7 Abs. 2 V2-VersVRL.

Kommt es dem anderen Teil auch nicht auf die Person des Vertragspartners an, so kann seine Auswechslung ihn doch insofern belasten, als er die Leistungsfähigkeit des neuen, von ihm nicht ausgewählten Partners nicht kennt. Für den Zahlungsgläubiger geht es hier um das Insolvenzrisiko. Vollkommen unberücksichtigt bleibt nur die Leistungsfähigkeit des Arbeitnehmers beim Betriebsübergang, wo der Erwerber nehmen muß, was er kriegt, und sich von unerwünschten Arbeitnehmern nur unter Berücksichtigung der allgemeinen Kündigungsschutzvorschriften lösen kann. Das ist nicht nur folgerichtig, sondern gerade der Kern der Regelung der Betriebsübergangsrichtlinie. Die „übergehenden" Arbeitnehmer auf der anderen Seite genießen potentiell doppelten Schutz: Das Insolvenzrisiko für nichterfüllte Ansprüche ist bereits allgemein durch eine Garantieeinrichtung gesichert.[332] Für vor Übergang entstandene Ansprüche kann das mitgliedstaatliche Recht eine gesamtschuldnerische Haftung vorsehen.[333] Ist schließlich der Betriebsübergang, wofür eine Wahrscheinlichkeit spricht, wirtschaftlich sinnvoll, so kommt auch das den Arbeitnehmern zugute.[334]

Nicht von solchen überwiegenden Schutzerwägungen geprägt ist demgegenüber die Vertragsübernahmeregelung der Pauschalreiserichtlinie. Den Interessen und Verantwortungsphären der Parteien entsprechend schreibt hier Art. 3 Abs. 3 S. 2 PRRL eine gesamtschuldnerische Haftung von „Übertragendem" und Erwerber für offene Forderungen und die durch die Übertragung entstehenden Mehrkosten vor. Damit wird das Insolvenzrisiko des Veranstalters/Vermittlers nicht erhöht, sondern auf den Übertragenden überwälzt, in dessen Sphäre die nachträgliche Änderung fällt und der den Erwerber ausgesucht hat. Allerdings ließe sich argumentieren, daß das durch die Übertragung erweiterte Insolvenzrisiko dem Veranstalter/Vermittler durchaus zuzumuten sei, da es ihm doch im üblichen Massengeschäft regelmäßig nicht auf die Person des Vertragspartners ankomme. Indes erfaßt die Richtlinie aufgrund der weiten Pauschalreisedefinition auch sehr individuelle Vertragsgestaltungen und wird der Veranstalter/Vermittler auch im Massengeschäft nicht selten eine gewisse Minimalkontrolle vornehmen. Schon deshalb läßt sich das Beharren auf der Bindung des ausgewählten Partners nicht als Ausnutzen einer formalen Rechtsposition geringschätzen. Schließlich legitimiert der Grundsatz der Freiheit der Partnerwahl die Bindung des gewählten Partners als Minimalschutz beim Vertragsübergang ohne Mitwirkung des Veranstalters/Vermittlers.

Nur schwach ausgeprägt ist der Schutz vor nicht-ausgehandelten Klauseln, die eine Vertragsübertragung (Abtretung des Vertrags, *cession du contrat, transferring his rights and obligations under the contract*) ohne Mitwirkung des Verbrauchers vorsehen.[335] Nach Art. 3 Abs. 3 i.V.m. Anhang Ziff. 1 lit. p AGB-Richtlinie ist die Mißbräuchlichkeit nur

---

332 Art. 3, 4 Insolvenzausfallrichtlinie (InsARL).

333 Art. 3 Abs. 1 UAbs. 2 BÜRL.

334 Zu den verschiedenen Kategorien von Betriebsübergängen und ihren Auswirkungen auf die Arbeitnehmer *Schellhaaß* in: Systembildung, S. 407–411.

335 Freilich geht die Richtlinie schon über das frühere deutsche Recht hinaus; dazu *Heinrichs* FS Reich, S. 550f.

indiziert,[336] wenn „die Möglichkeit vorgesehen wird, daß der Vertrag ohne Zustimmung des Verbrauchers vom Gewerbetreibenden abgetreten wird, wenn dies möglicherweise eine Verringerung der Sicherheiten für den Verbraucher bewirkt". Die Regelung trägt daher nur dem Bonitäts- oder Sicherungsinteresse des Verbrauchers Rechnung, nicht aber seinem „prinzipiellen" Interesse am Grundsatz der Vertragsbindung, nach der er den gewählten Partner selbstverständlich auch dann festhalten kann, wenn Bonität und Sicherung durch die Übertragung nicht gefährdet würden.

## II. Negative Vertragsfreiheit und Relativität

Die grundsätzliche Begrenzung von Vertragswirkungen auf die Parteien ist die negative Seite der Vertragsfreiheit: Die Freiheit von vertraglichen Bindungen, denen man nicht zugestimmt hat. Vertragsverhältnisse haben grundsätzlich nur relative Wirkungen zwischen den Parteien. Dieser Relativität des Vertragsverhältnisses entspricht die „relative Methode der Rechtsfindung", also das Erfordernis von zweiseitigen Begründungen, auf das bereits hingewiesen wurde.[337]

Das europäische Privatrecht respektiert die negative Vertragsfreiheit im Grundsatz und beschränkt die Vertragsbeziehungen nach dem Prinzip der Relativität. Gleichsam negativ machen das die dargestellten Eingriffe in den Grundsatz deutlich, die auf gegenläufigen Prinzipien der größeren Schutzbedürftigkeit sowie, bei der Pauschalreiserichtlinie, des mangelnden Interesses des Belasteten beruhen. Positiv wird der Grundsatz der Relativität vor allem durch die Regelungen von Mehrpersonenverhältnissen deutlich, wie sie im Leistungsstörungsrecht vor allem für die Rechtsverhältnisse bei der (grenzüberschreitenden) Überweisung, – in Ansätzen – für die Beziehungen zwischen Vermittler, Veranstalter und Pauschalreisendem[338] sowie für die Lieferkette beim Kauf vorliegen. Leistungsstörungen bei der grenzüberschreitenden *Überweisung* sind grundsätzlich innerhalb der jeweiligen Vertragsbeziehung – zwischen dem Auftraggeber und seiner Bank, den beteiligten Banken oder der Empfängerbank und dem Empfänger – abzuwickeln. Für eine stimmige Gesamtlösung sorgt die Richtlinie dadurch, daß sie die Pflichtenprogramme der Beteiligten entsprechend ausgestaltet.[339]

Entsprechendes ergibt sich aus der Regelung über die *kaufrechtliche Gewährleistung* und ihrer Entstehungsgeschichte. Allerdings ist es wichtig, hier zunächst die Offenheit der Vorschriften für national unterschiedliche Modelle hervorzuheben. Insbesondere ist der Rückgriff beim Kaufrecht nicht näher geregelt, sondern lediglich vorgesehen. Dabei

[336] Zur Bedeutung des Anhangs für die Bestimmung der Mißbräuchlichkeit unten, § 16 I 3 b bb (1) (S. 442–444).

[337] Oben, § 11 II 2 (S. 246f.).

[338] Dazu noch gesondert unten, § 17 A III 3 (S. 515–517).

[339] I.e. unten, § 17 A IV (S. 520–534). Ausnahmen vom Relativitätsgrundsatz sieht die Richtlinie bei den Rückgriffsansprüchen des Auftraggeberinstituts wegen Verzögerung oder Kürzung vor; das Auftraggeberinstitut hat einen unmittelbaren Anspruch gegen das verantwortliche zwischengeschaltete Institut.

kann der Letztverkäufer „den oder die Haftenden innerhalb der Vertragskette in Regreß nehmen", die Bestimmung der Passivlegitimation ist aber Sache des nationalen Rechts.[340] Diese Regelung schließt es daher nicht aus, dem Letztverkäufer auch einen Anspruch gegen Vorleute seines Verkäufers oder sogar den Hersteller zu geben, etwa nach dem französischen Modell der *action directe*[341].

Wichtiger als diese Offenheit für nationale Gestaltung ist für das System des Europäischen Vertragsrechts, daß der Gesetzgeber der Kaufgewährrichtlinie von einer Einschränkung des Relativitätsgrundsatzes durch eine sogenannte „Netzwerkhaftung" abgesehen hat, die früher diskutiert wurde.[342] Danach sollte auch der Hersteller dem Käufer (Verbraucher) für „Mängel" (dann natürlich nach den „berechtigten Erwartungen" objektiv definiert) auf Ersatzlieferung oder Nachbesserung, subsidiär auf Ersatz des unmittelbaren Schadens oder Minderung haften. Diese Haftung sollte freilich – „quasi-subsidiarisch", wie das genannt wurde[343] – nur eintreten, wenn die Inanspruchnahme des Verkäufers unmöglich oder unzumutbar wäre. Unzumutbarkeit sollte etwa dann vorliegen, wenn der Verkäufer „vom Markt verschwunden" oder insolvent geworden ist oder es sich um einen „internationalen Kauf" handelte.[344] Daraus ist nichts geworden. Allerdings trägt die Kaufgewährrichtlinie dem Umstand Rechnung, daß Verkäufer und Hersteller dem Verbraucher als Einheit erscheinen können, indem sie für die Bestimmung der Vertragsmäßigkeit auch Werbungsaussagen des Herstellers mitheranzieht.[345] Dadurch domestiziert sie indes die Problematik, anstatt den Grundsatz der Relativität aufzugeben.

Allerdings wird die verabschiedete Lösung insbesondere deswegen kritisiert, weil sie dem Verbraucher im Insolvenzfall unzureichenden Schutz biete. Die Durchbrechung der Relativität sei jedenfalls nicht zu beanstanden, soweit der Hersteller ohnehin für den Fehler verantwortlich sei. Die Herstellerhaftung zu verneinen bedeute eine Verweigerung

---

340 Art. 4 KGRL; näher unten, § 17 A II 7 (S. 495–497) und – zu Rückgriffsrechten allgemein – § 17 B VI (S. 546).

341 Zur *action directe* nur *Ferid/Sonnenberger* Französisches Zivilrecht 1/1, Rn. 1 C 143 sowie Band 2 Rn. 2 G 651–665; *Zweigert/Kötz* Rechtsvergleichung, § 42 V (S. 682).

342 Dazu *Beale/Howells* J.Contract L. 12 (1997) 21, 36f.; s.a. *Reich* NJW 1999, 2397, 2399. Diese Diskussion ist der – v.a. im Bankrecht geführten – Erörterung der Haftung in Netzverträgen verwandt; sie wurde in Deutschland vorgeschlagen von *Möschel* AcP 186 (1986) 187–236 und *Rohe* Netzverträge (1998), fand aber im bankrechtlichen Schrifttum lange Zeit wenig Zustimmung; *Kümpel* Bankrecht, Rn. 4.173, 4.244; *Schimansky* in: Bankrechtshandbuch, § 49 Rn. 33; *van Gelder* in: Bankrechtshandbuch, § 58 Rn. 182; zurückhaltend auch *Martinek* NJW 2000, 1397; abgewogen würdigend *Oechsler* RabelsZ 65 (2000) 341–350. Vom Standpunkt einer Netzwerktheorie ablehnend *Teubner* ZHR 165 (2001) 551, 557f. („grandiose Fiktion"); in seinem Beitrag zeigt *Teubner* deutlich die – intendierte – systemsprengende Wirkung eines eigenen Rechts der Netzwerke auf. Das ÜwG hat indes die Diskussion neu belebt; vgl. *Schneider* WM 1999, 2189, 2192 und *passim; Grundmann* WM 2000, 2269, 2274. Letztlich geht es auch hier um die grundlegende Problematik der Haftung „zwischen Vertrag und Delikt"; dazu *Canaris* 2. FS Larenz, S. 27–110; *Markesinis* LQR 103 (1987) 354–397; *Picker* AcP 183 (1983) 369–520; *ders.* FS Medicus, S. 397–447; s.a. *Calliess* JbJZ 2000, 85, 99f. Zur Methode auch K. *Schmidt* in: Rechtsdogmatik und Rechtspolitik, S. 24–30 (zur Bedeutung der „Technik der Fiktion").

343 KOM(93) 509 endg., S. 112.

344 KOM(93) 509 endg., S. 110–113. Dazu *Schnyder/Straub* ZEuP 1996, 8, 17f.

345 Oben, A II (S. 359–375) und § 17 A II 3 a aa (S. 481).

des „*access to justice*“.[346] Indes ist die verabschiedete Regelung den weitergehenden Vorschlägen[347] entschieden vorzuziehen. Zunächst überzeugen schon die für die (Vertrags-?) Haftung des Herstellers ins Feld geführten Gründe nicht. Das Insolvenzrisiko trägt am besten derjenige, der sich den Vertragspartner ausgesucht hat, bei Insolvenz des Letztverkäufers also der Verbraucher (der keine Herstellergarantie hat). Insoweit (von Europarechts wegen!) vom Äquivalenzprinzip des Insolvenzrechts (*par conditio creditorum*) abzuweichen und die Verbraucherkäufer im Hinblick auf ihre Gewährleistungsforderungen indirekt zu bevorzugten Gläubigern zu machen, ist im übrigen auch wegen der potentiell weitreichenden Systemstörungen bedenklich, die damit verbunden sein können. Die Schwierigkeiten der grenzüberschreitenden Rechtsverfolgung sollten jedenfalls *normativ* keinen hinreichenden Grund für die Verlagerung der Verantwortung sein, sondern Anlaß, den gerichtlichen Rechtsschutz zu verbessern; – das war ja auch das Anliegen der Harmonisierung. Die Annahme schließlich, der Käufer würde den Hersteller als denjenigen ansehen, gegen den er Ansprüche wegen Vertragsverletzung (nicht etwa wegen Integritätsverletzung!) hat,[348] erscheint schon empirisch zweifelhaft.[349]

Schon die positive Begründung für die Händlerhaftung überzeugt daher nicht. Und es sprechen noch Gründe dagegen. Denn der Grundsatz der Relativität ist keineswegs nur ein „formales Prinzip“, mit dem man leichtfertig umgehen könnte, sondern auch ein Prinzip zum Schutz der Vertragspartner. Als solches kommt es zunächst auch dem Verbraucher zugute, der ausschließlich „seinen“ Letztverkäufer in Anspruch zu nehmen braucht und mehrere Prozesse bzw. einen Prozeß gegen mehrere Beklagte (die sich vielleicht exkulpieren können) und das damit verbundene Kostenrisiko vermeiden kann.[350] So mag zwar der Hersteller für den Fehler verantwortlich sein, doch mag der Fehler auch auf mangelhafter Lagerung durch einen Zwischenmann beruhen: Das muß den Käufer nicht interessieren. Darüber hinaus schützt der Grundsatz aber auch die Ver-

---

346 *Beale/Howells* J.Contract L. 12 (1997) 21, 40f. Auf der Grundlage der Regreßbestimmung des Art. 4 KGRL empfiehlt *Brüggemeier* JZ 2000, 529, 533f. eine Regelung, die dem ursprünglichen Modell der „Netzwerkhaftung“ nahe kommt. Danach soll erstens die Verkäufer vom Hersteller bis zum vorletzten Verkäufer eine „gesetzliche Ausfallgarantie“ treffen, den Käufer von Gewährleistungsansprüchen seines Abnehmers freizuhalten; zweitens sollen die Verbrauchergewährleistungsrechte vom Ersterwerber auf nachfolgende (Vebraucher-) Käufer gesetzlich übergehen; und drittens soll der insolvente Ausfallgarant (nach § 285 BGB?!) verpflichtet sein, dem Nachmann seinen eigenen Anspruch aus der Ausfallgarantie gegen seinen Vormann abzutreten. Die Auswirkungen dieses – wohl vom französischen Recht inspirierten – Modells bezeichnet *Brüggemeier* selbst als immens; indes liegt der „Sprengstoff“ (Eingriff in die Vertragsfreiheit von Unternehmern, die nach BE 9 S. 4 KGRL gerade nicht berührt werden soll!) in dem Ansatz *Brüggemeiers* und nicht in der Richtlinie.

347 Über die Vorschläge des Grünbuchs hinausgehend noch *Schnyder/Straub* ZEuP 1996, 8, 48–51.

348 *Beale/Howells* J.Contract L. 12 (1997) 21, 42.

349 Insofern liegen die Dinge auch ganz anders als bei der Bestimmung der Vertragsmäßigkeit mit Rücksicht auf öffentliche Herstellerangaben: Dort geht es um die Auslegung der Vertragsabrede, die naheliegenderweise auch von Umständen beeinflußt ist, die außerhalb des Verhältnisses der Parteien liegen (bis hin zu Sprachgewohnheiten), während es hier um die Begründung eines Schuldverhältnisses zu einem Dritten, dem Hersteller, geht.

350 S. z.B. zur Überweisungsrichtlinie unten, § 17 A IV 1 (S. 520f.).

tragsbeziehungen der Vorleute vor Störungen, die sich vor allem aufgrund der unterschiedlichen Pflichtenprogramme ergeben können, zumal, wenn der Umfang der Pflichten sich (wie meist) im Preis niedergeschlagen hat. Mißachtet man die Relativität, so ergeben sich z.B. ganz regelmäßig Schwierigkeiten bei der Berechnung der Minderung als *verhältnismäßige* Herabsetzung des Kaufpreises.[351]

Eine Überschreitung der Relativität wurde aber im Rahmen der Vorarbeiten noch in anderer Hinsicht erörtert. Neben dem ersten Verbraucher-Käufer (nachfolgend auch „Erstkäufer") sollte auch jeder nachfolgende Eigentümer der Sache (nachfolgend auch „Zweitkäufer") Gewährleistungsrechte haben (sofern er nur den Erstkauf beweisen kann).[352] Aufgrund der verlängerten Gewährleistungsfristen wäre diese Regelung auch praktisch nicht irrelevant gewesen. In vielen Fällen ist sie freilich nach mitgliedstaatlichem Recht gar nicht erforderlich, so wenn die Gewährleistungsrechte abgetreten werden oder es sich um ein Geschäft für wen es angeht handelt[353]. Ein Modell für den Regelungsvorschlag enthält aber offenbar das holländische Recht.[354] Diese Regelung – von manchen undurchsichtig als „horizontal privity" bezeichnet –[355] wird teilweise für „an uncontroversial but welcome modernisation of sales law"[356] gehalten. Allerdings dürfte eine solche Regelung für die große Mehrzahl der Verbraucherkaufverträge tatsächlich unproblematisch sein. Doch wirft auch diese Verletzung der Relativität – zumal als allgemeingültige zwingende Regelung – Zweifel auf. Mit einem subjektiven, von der Vertragsvereinbarung bestimmten Fehlerbegriff, paßt sie nicht gut zusammen. Was gilt etwa, wenn der Erstkäufer Vereinbarungen, die für die Vertragsmäßigkeit wesentlich sind, nicht an den Zweitkäufer weitergegeben hat? Auf wessen Zwecke kommt es für die Bestimmung der Vertragsmäßigkeit an?[357] In welcher Frist kann der Zweitkäufer die Gewährrechte geltend machen?[358] Kann die Beweislastumkehr für Vertragswidrigkeiten, die in den ersten drei Monaten auftreten,[359] hier noch gelten?[360] Kann der in Anspruch genommene Letztverkäufer/Zwischenhändler/Hersteller sich bei dem für den Mangel verantwortlichen Erstkäufer erholen, und wenn ja, nach welchen Regeln? Eine bequeme Antwort scheint darin zu liegen, den Erstkäufer zu entlassen und den Zweitkäufer auf die Gewährleistungsschuldner des Erstkäufers zu verweisen.[361]

---

[351] Dazu noch unten, § 17 A II 4 c (S. 490) und 7 (S. 496).

[352] Grünbuch KOM(93) 509, S. 113; dazu *Schnyder/Straub* ZEuP 1996, 8, 18.

[353] Dazu BGHZ 114, 74, 80; RGZ 140, 223, 229f.; BGH, WM 1978, 12, 13; OLG Stuttgart, ZIP 1980, 860, 861; *Larenz/Wolf* Allgemeiner Teil, § 46 Rn. 79–86; kritisch *Flume* Allgemeiner Teil, § 44 II (S. 765–775).

[354] *Beale/Howells* J.Contract L. 12 (1997) 21, 40 verweisen – wohl zu Unrecht – auf Art. 7:21 NBW.

[355] *Beale/Howells* J.Contract L. 12 (1997) 21, 40; dem folgend *Reich* NJW 1999, 2397, 2399.

[356] *Beale/Howells* J.Contract L. 12 (1997) 21, 40.

[357] Art. 2 Abs. 2 lit. b KGRL.

[358] Dazu *Schnyder/Straub* ZEuP 1996, 8, 52 (Restgewährleistungsfrist des Erstkäufers).

[359] Jetzt Art. 5 Abs. 3 KGRL.

[360] Bejahend *Schnyder/Straub* ZEuP 1996, 8, 53, ohne Rücksicht darauf, daß der Sphärengedanke, der zur Rechtfertigung der Beweislastumkehr angeführt wird (unten, § 17 A II 3 a bb [S. 483f.]), hier nicht mehr dieselbe Überzeugungskraft hat.

[361] So wohl in der Tat i.E. *Schnyder/Straub* ZEuP 1996, 52f.

Indes dürfte das der Vertragsbeziehung zwischen Erst- und Zweitkäufer ebensowenig gerecht werden wie den Schutzinteressen des Zweitkäufers: Soll der Kommissionsangestellte, der seinen weißen Mercedes daheim in Berlin verkauft, den Käufer wegen Gewährleistungsansprüchen an den Brüsseler Händler verweisen können? Daß der Erstkäufer (als Verbraucher auch nach der Kaufgewährrichtlinie) seine Haftung im Verhältnis zum Zweitkäufer ausschließen kann mit der Folge, daß der Zweitkäufer dann ganz ohne Ansprüche dasteht, ist kein tauglicher Einwand, denn in diesem Fall ist der Zweitkäufer, der ja dem Ausschluß zugestimmt hat (und vermutlich auch weniger bezahlt haben wird), nicht schützenswert. Und daß die Parteien dem Zweitkäufer auch durch Abtretung der Gewährrechte Schutz verschaffen könnten, spricht auch nicht für die „horizontal privity", denn im Falle der Abtretung handelt es sich ja gerade nur um *abgeleitete* Rechte, die Relativität bleibt ungestört.

Schließlich ist darauf hinzuweisen, daß die Produkthaftung des Herstellers, die auch als Rechtfertigung für seine Gewährleistungshaftung angeführt wird, keine andere Wertung begründet. Bei der Produkthaftung geht es nämlich um eine deliktsrechtliche Haftung für Integritätsverletzungen, die auf objektiv bestimmten (!) Fehlern beruhen. Wie allgemein beim Schutz der Integrität ist auch hier die Haftung des Verursachers gegenüber jedermann unproblematisch.

Der Gesetzgeber hat sich daher aus guten Gründen gegen eine Aufweichung des Relativitätsprinzips nach diesen Vorschlägen entschieden – und so den Grundsatz für das Gemeinschaftsrecht bekräftigt.

# § 16 Inhaltskontrolle

Drei Regelungsgruppen betreffen die Inhaltskontrolle von Verträgen. Eine eingehende Regelung enthält die AGB-Richtlinie, nach der nicht im einzelnen ausgehandelte Klauseln in Verbraucherverträgen auf Mißbräuchlichkeit zu prüfen sind (I). Daneben finden sich in einzelnen Richtlinien Spezialtatbestände der Inhaltskontrolle; diese Spezialtatbestände ergänzen besondere Schutzregelungen und sind daher besonders begründet (II). Endlich finden sich vereinzelte Ansätze, nach denen Verträge unwirksam sind, die gegen gesetzliche Verbote oder die guten Sitten verstoßen (III).

## I. Kontrolle nicht-ausgehandelter Vertragsklauseln in Verbraucherverträgen

Die Frage nach dem Verhältnis von formaler Vertragsfreiheit einerseits zur tatsächlichen, materialen Freiheit (wirtschaftliche Selbstbestimmung) und der materialen Vertragsgerechtigkeit andererseits stellt sich im Recht der nicht-ausgehandelten Vertragsklauseln, vor allem der AGB, in besonderer Schärfe.[1] Hier erweist sich die formale Betrachtung der Vereinbarung nach dem Grundsatz *stat pro ratione voluntas*[2] als unbefriedigend und kann der Vertragsmechanismus als Verfahren – Zustimmung beider Teile nach Verhandlung –[3] nicht einmal mehr eine Richtigkeits*chance* verbürgen. Gleichzeitig aber bietet auch bei einfachen, leicht zu durchschauenden Vertragsbedingungen („Für Garderobe übernehme ich keine Haftung!") der Marktmechanismus[4] keine effektive Kontrolle.[5] Für nicht-ausgehandelte Vertragsvereinbarungen schreibt die AGB-

---

1 Rechtsvergleichender Überblick bei *v. Hippel* RabelsZ 41 (1977) 237–280; *Zweigert/Kötz* Rechtsvergleichung, § 24 IV (S. 325–341); *Kretschmar* Richtlinie über mißbräuchliche Klauseln, S. 69–105; BR-Drs. 611/90, S. 12–62.

2 Zum Grundsatz im Privatrecht *Flume* Rechtsgeschäft, § 1, 4 (S. 6), der freilich die Schranken für den Inhalt von AGB aus dem Prinzip der Privatautonomie begründet § 37, 2 (S. 670f.: „Mit diesem Prinzip ist es unvereinbar, daß ein Privater in Selbstbestimmung über einen anderen bestimmt."). Dazu *Singer* Selbstbestimmung und Verkehrsschutz, S. 8f. Zur Parömie selbst aufschlußreich *Liebs* Lateinische Rechtsregeln und Rechtssprichwörter, Nr. S 63 (S. 220).

3 Zu der von *Schmidt-Rimpler* AcP 147 (1941) 130–197 und *ders.* FS Raiser, S. 1–26 begründeten Lehre kürzlich *Canaris* Iustitia Distributiva, S. 48–51 (Richtigkeits*chance*); *ders.* FS Lerche, S. 873, 883f.; kritisch *Singer* Selbstbestimmung und Verkehrsschutz, S. 9–12.

4 Zum Verhältnis von Markt und Vertragsgerechtigkeit *Canaris* Iustitia Distributiva, S. 44–77.

5 *Canaris* AcP 200 (2000) 273, 320–327; *Drexl* Wirtschaftliche Selbstbestimmung, S. 329f., 340f.; *Joerges* ZEuP 1995, 181, 184, 187f.; R. *Van den Bergh* in: Greenpaper EU Contract Law (www-Fassung), S. 16 (sub 3.5). Von anderem Ausgangspunkt auch *Wackerbarth* AcP 200 (2000) 45, 78. Kritisch und differenzierend zum Argument des Marktversagens *Atiyah* Law of Contract, S. 308–312.

Richtlinie[6] daher eine inhaltliche („materiale“) Kontrolle am Maßstab von Treu und Glauben vor.[7]

## 1. Anwendungsbereich[8]

Nach der AGB-Richtlinie sind mißbräuchliche, nicht im einzelnen ausgehandelte Vertragsklauseln[9] – grundsätzlich ausgenommen Vereinbarungen über den Hauptgegenstand des Vertrags –[10] die Gewerbetreibende gegenüber Verbrauchern verwenden,[11] unverbindlich[12].

### *a) Persönlicher und sachlicher Anwendungsbereich*

Der persönliche Schutzbereich der Regelung ist demnach auf Verbraucher beschränkt – natürliche Personen, die zu einem Zweck handeln, der nicht ihrer gewerblichen oder beruflichen Tätigkeit zugerechnet werden kann.[13] Der sachliche Schutzbereich erfaßt nicht im einzelnen ausgehandelte (nachfolgend: auch „nicht-ausgehandelte“) Vertragsklauseln. Wurde eine Klausel im voraus abgefaßt und hatte der Verbraucher deshalb keinen Einfluß auf ihren Inhalt, *gilt*[14] sie als nicht im einzelnen ausgehandelt.[15] Erfaßt sind daher praktisch alle Allgemeinen Geschäftsbedingungen,[16] und zwar auch wenn sie von Dritten formuliert sind.[17] Die Inhaltskontrolle ist indes nicht auf AGB beschränkt,

---

[6] Zur Entstehungsgeschichte *Kretschmar* Richtlinie über mißbräuchliche Klauseln, S. 53–60.

[7] Zur Unterscheidung von fehlender Aushandelung als Aufgreifkriterium und Mißbräuchlichkeit als Kontrollkriterium *Drexl* Wirtschaftliche Selbstbestimmung, S. 346f.; den Eingriff in die formale Vertragsfreiheit rechtfertigen erst beide Elemente zusammen; ferner etwa Grabitz/Hilf II-*Pfeiffer* A 5 (AGBRL) Vorbem. Rn. 22, 25 (zu den Wertungsgrundlagen der Richtlinie); *Wolf* FS Brandner, S. 305.

[8] Wie nachfolgend näher darzulegen, paßt die hier der Anschaulichkeit wegen gewählte Kurzbezeichnung als „AGBRL“ nur eingeschränkt, da die Richtlinie auch andere nicht-ausgehandelte Vertragsklauseln der Inhaltskontrolle unterwirf. Der Schwerpunkt der Richtlinie liegt indes praktisch auf einer AGB-Kontrolle; s.a. *Collins* Oxf.J.Leg.Stud. 14 (1994) 229, 239.

[9] Art. 3 AGBRL.

[10] Art. 4 Abs. 2 AGBRL.

[11] Art. 1 Abs. 1, Art. 2 lit. b, c AGBRL.

[12] Art. 6 Abs. 1 AGBRL.

[13] Siehe bereits oben, § 12 A (S. 250–267).

[14] Eine Definition des Aushandelns, nicht nur eine Vermutung dafür, entnimmt aber *Klaas* FS Brandner, S. 253f., Art. 3 Abs. 2 AGBRL; unklar *Wolf* FS Brandner, S. 301 (formelle Anforderung, die „neben“ den materiellen des Abs. 1 gelte).

[15] Art. 3 Abs. 2 AGBRL. Nach dem insoweit klaren Wortlaut ist Voraussetzung für die unwiderlegliche Vermutung nicht nur die Vorformulierung, sondern auch die Kausalität dessen für den mangelnden Einfluß des Verbrauchers; Grabitz/Hilf II-*Pfeiffer* A 5 (AGBRL) Art. 3 Rn. 20f. („bei wertender Betrachtung relevante Kausalität“); s.a. *Wolf* FS Brandner, S. 304 (zu § 24a AGBG).

[16] Art. 3 Abs. 2 AGBRL: „insbesondere im Rahmen eines Standardvertrags“.

[17] Grabitz/Hilf II-*Pfeiffer* A 5 (AGBRL) Art. 3 Rn. 9f. mwN; a.M. *Klaas* FS Brandner, 254; *Ulmer* EuZW 1993, 334, 342. *Pfeiffer* weist aaO zu Recht darauf hin, daß die Vermutung des Abs. 2 mangels Kausalität nicht eingreift, wenn der Verbraucher die Drittbedingungen eingeführt hat; so auch die Umsetzung in § 310 Abs. 3 Ziff. 1 BGB.

auch für einen Einzelfall formulierte Klauseln[18] und sogar mündliche Abreden[19] können als nicht-ausgehandelte Klauseln der Kontrolle unterfallen. Eine Vertragsvereinbarung ist daher nur dann als im einzelnen ausgehandelt kontrollfrei, wenn der Verbraucher die Möglichkeit hatte, auf ihren Inhalt Einfluß zu nehmen;[20] die bloße Besprechung oder Erläuterung reicht nicht aus.[21]

### *b) Die grundsätzliche Freistellung von Klauseln über den Hauptgegenstand und das Äquivalenzverhältnis*

Die Vereinbarung über den Hauptgegenstand und das Äquivalenzverhältnis unterliegen grundsätzlich nicht der Überprüfung auf Mißbräuchlichkeit[22] (Art. 4 Abs. 2).[23] Anderes gilt nur, wenn diese Klauseln nicht klar und verständlich sind.[24] Diese Regelung hat einen guten Sinn. Den Hauptgegenstand kann sowieso nur der Verbraucher bestimmen, die Vorstellung, daß der Richter ihm sagen würde, was er „wirklich" will, wäre mit dem Grundsatz der Privatautonomie schlechthin unvereinbar. Und das Äquivalenzverhältnis wird vom Markt kontrolliert, der Richter kann und soll kein „Preiskommissar" sein. Auch wenn der Verbraucher – wie in aller Regel – nicht über den Preis verhandelt hat, besteht normalerweise kein Anlaß für eine Inhaltskontrolle. Privatautonomie und Wettbewerbsprinzip sind die fundamentalen Wertungen, die hinter dieser Ausnahme stehen. Nichts anderes ergibt sich aus der Unterausnahme, der Kontrolle von Hauptgegenstand und Äquivalenzverhältnis, wenn Klauseln, die diese Gegenstände betreffen und die die Parteien nicht ausgehandelt haben, intransparent sind. Wenn der Verbraucher nicht erkennen kann, auf welche Leistung bzw. welches Äquivalenzverhältnis er sich einläßt, dann hat er nicht einmal die zu gewährleistende *Chance,*[25] eine informierte Entscheidung

---

[18] BE 11: „Der Verbraucher muß bei mündlichen und bei schriftlichen Verträgen – bei letzteren unabhängig davon, ob die Klausel in einem oder in mehreren Dokumenten enthalten sind – den gleichen Schutz genießen."

[19] BE 11 AGBRL.

[20] Die Einflußmöglichkeit muß sich indes nicht im Ergebnis zeigen; Palandt-*Heinrichs* § 24a AGBG Rn. 9; Grabitz/Hilf II-*Pfeiffer* A 5 (AGBRL) Art. 3 Rn. 25.

[21] Grabitz/Hilf II-*Pfeiffer* A 5 (AGBRL) Art. 3 Rn. 24.

[22] Auch für den Hauptgegenstand bedeutet Art. 4 Abs. 2 allein eine Ausnahme von der Mißbrauchskontrolle, andere Richtlinienregeln wie insbesondere die Auslegung contra proferentem finden gleichwohl Anwendung.

[23] Das entspricht weitgehend dem Regelungsgehalt des § 8 AGBG, hier wird sogar einmal die Europäische Regelung für ihre größere Klarheit gelobt; *Canaris* AcP 200 (2000) 273, 327. Vom Standpunkt des nordischen Rechts kritisch *Wilhelmsson* ERPL 1997, 151, 156 (Richtlinie „may negatively influence" nordisches Vertragsdenken).

[24] Anders noch der Kommissionsvorschlag, KOM(90) 322 endg., ABl. 1990 C 243/2. Kritisch dagegen vor allem von *Canaris* FS Lerche, 873, 887f.; *Brandner/Ulmer* BB 1991, 701–709; *dies.* CMLR 28 (1991) 647–662; *Hommelhoff* AcP 192 (1992) 71, 90–92. *Bundesrat* Beschluß v. 1.3.1991, BR-Drs. 611/90 (Beschluß) Ziff. 2 (S. 1f.: Der Vorschlag berühre „das Grundprinzip der Vertragsfreiheit in seinem Kerngehalt und stellt anerkannte Grundsätze der Gesellschaftsverfassung des europäischen Binnenmarktes in Frage") und Ziff. 5 (S. 2f.).

[25] Nur auf die Chance, sich zu informieren kommt es an, entgegen *Stoffels* JZ 2001, 843, 845, nicht auf die aktuelle „Informiertheit" des Verbrauchers.

zu treffen. Deshalb kann man sich in diesem Fall nicht auf die Kontrolle durch Selbstbestimmung und Markt verlassen. Der Transparenzgrundsatz ist insoweit kein Gegensatz zu Privatautonomie und Wettbewerbsprinzip, sondern Teil dieser Grundsätze.[26]

Geht man von diesen Grundwertungen aus, so lassen sich die Ausnahmebereiche klar abgrenzen. Der – gemeinschaftsautonom zu konkretisierende[27] – Begriff des *Hauptgegenstandes* (*objet principal du contrat, main subject matter*) entspricht der vereinbarten Leistung (Ware oder Dienstleistung) und ihren Merkmalen,[28] vereinfacht: das, was der Verbraucher für sein Geld bekommt.[29] Diesen Bedingungen schenkt der Verbraucher regelmäßig Aufmerksamkeit und deshalb funktioniert hier, Transparenz vorausgesetzt, der Markt.[30] Über sie können ohnehin nur die Parteien bestimmen, wenn man den Grundsatz der Privatautonomie nicht im Kern angreifen will. Für eine Inhaltskontrolle fehlt jeder Maßstab, und sie liefe darauf hinaus, daß der Richter den Parteien sagen würde, was sie wirklich wollen. Auf die privatautonome Gestaltung kann sich die Rechtsordnung hier auch dann verlassen, wenn die Parteien den Gegenstand nicht „ausgehandelt" haben, denn (auch) Verbraucher können die Leistung und ihre Merkmale auch ohne fremde Hilfe erkennen, einschätzen und auswählen, und sie tun das normalerweise auch. Wenn ein Verbraucher vierzehn Tage Halbpension in einem drei Sterne Hotel in Benidorm bucht, so besteht kein Anlaß, daran zu rühren.

Die Unterausnahme für den Fall der Intransparenz spielt praktisch keine große Rolle, soweit die Vertragsklausel nur beschreibend ist („ein roter VW Golf Modell GTI"). Die Klauselkontrolle kann in diesen Fällen zum Beispiel von Bedeutung sein, wenn der Unternehmer sich ein Leistungsbestimmungsrecht oder eine Ersetzungsbefugnis vorbehält, doch gehören solche Bestimmungen ohnehin nicht mehr zu dem „Hauptgegenstand". Wichtiger ist die Kontrolle wegen Intransparenz bei Verträgen über Rechtsprodukte, also Gegenstände, die durch rechtliche Regeln einschließlich der Parteiabrede

---

[26] Das Regel-Ausnahme-Verhältnis wird indes verkehrt, wenn gesagt wird, der „Verzicht auf Inhaltskontrolle von Preis- und Leistungsklauseln" sei ein zu rechtfertigendes „Privileg"; so aber *Reich* VuR 1995, 1, 5.

[27] Grabitz/Hilf II-*Pfeiffer* A 5 (AGBRL), Art. 4 Rn. 26; wohl auch *Kapnopoulou* Recht der mißbräuchlichen Klauseln, S. 103–108; a.M. *Lockett/Egan* Unfair Terms, Rn. 3.16.

[28] Etwas weiter – als *essentialia negotii* – definieren den Hauptgegenstand Grabitz/Hilf II-*Pfeiffer* A 5 (AGBRL) Art. 4 Rn. 27–30; *Wolf*/Horn/Lindacher Art. 4 RL Rn. 16f.; *Kretschmar* Richtlinie über mißbräuchliche Klauseln, S. 201. Die Parteien als Teil des Hauptgegenstands anzusehen, paßt indes schon vom Wortlaut her nicht, ein Bedürfnis dafür ist nicht zu erkennen. Der Preis ist erst beim Äquivalenzverhältnis zu berücksichtigen.

[29] Die Faustformel paßt für die wichtigsten Fälle und macht deutlich, daß es um das Funktionieren des Marktes geht; für unentgeltliche und einseitig verpflichtende Verträge wie Leihe und Bürgschaft, paßt sie freilich nicht.

[30] Ob man, wie *Stoffels* JZ 2001, 843, 848f. vorschlägt, mit Rücksicht auf den Schutzzweck der Kontrollfreiheit des Hauptgegenstandes diesen Ausnahmebereich auch auf weitere Abreden ausdehnen kann, soweit sie z.B. aufgrund von Werbung in den Blickpunkt des Verbraucherinteresses gerückt sind, ist mindestens zweifelhaft. Entscheidend dagegen spricht, daß die formale Beschränkung der Ausnahme auf den Hauptgegenstand auch der Rechtssicherheit dient; sie würde preisgegeben, wenn man eine konkrete Einzelfallprüfung vornehmen würde.

bestimmt sind. Die 19. Begründungserwägung nennt Versicherungsverträge besonders, zu denken ist daneben beispielsweise an Lizenzverträge sowie an „moderne Vertragstypen“ wie Franchising, Leasing- und Timesharingverträge, die den Hauptgegenstand im einzelnen definieren.

Gerade für Versicherungsverträge gab es Zweifel, wie weit hier die Ausnahme für den Hauptgegenstand reicht.[31] Da die Klauselkontrolle der einzige gemeinschaftseinheitliche Kontrollmaßstab ist – nach Abschaffung der aufsichtsrechtlichen Genehmigung[32] und mangels Vereinheitlichung des Versicherungsvertragsrechts – und weil die AGB-Richtlinie unzweideutig davon ausgeht, daß Versicherungsbedingungen der Kontrolle unterliegen, muß man auch insoweit den Hauptgegenstand eng definieren. Da wohl nahezu alle Versicherungsbedingungen irgendwie der Bestimmung des versicherten Risikos dienen oder prämienrelevant sind, taugen jene Kriterien für die Abgrenzung nicht. Freigestellt ist nur der enge Bereich der Leistungsbestimmung, ohne den der Vertrag mangels Bestimmbarkeit unwirksam wäre.[33] Das entspricht dem Ergebnis, das die deutsche Rechtsprechung schon unter § 8 AGBG gefunden hatte.[34]

Von der Kontrolle ausgenommen ist zweitens das *Verhältnis von Preis und Leistung;* es wird vom Markt kontrolliert und nicht vom Richter.[35] Die Auswahl(möglichkeit) am kompetitiv organisierten Markt ersetzt hier die Aushandelung.[36] Anders als bei der soeben erörterten Ausnahme von Vereinbarungen über den Hauptgegenstand geht es hier indes nicht um die Kontrollfreiheit *einzelner Klauseln*, sondern um die Kontrollfreiheit des gesamten Vertrags *unter einem bestimmten Aspekt* – dem Preis-Leistungs-Verhältnis.[37] Mißverständlich ist es daher, wenn Art. 4 Abs. 2 Hs. 2 AGBRL sich auf „Klauseln“ bezieht, denn Klauseln über das Verhältnis von Preis und Leistung oder gar über die Angemessenheit des Preises für die Leistung gibt es wohl praktisch nicht. Sehr wohl gibt es Klauseln über den Preis, z.B. solche, die auf einen Tarif oder Index Bezug

---

31 *Grundmann* Schuldvertragsrecht, 2.10 Rn. 30; *Kieninger* ZEuP 1994, 276, 280f.

32 Art. 29 3.SVersRL; Art. 6 LVersRL.

33 Ebenso die Auslegung des Hoge Raad v. 19.9.1997 Nederlands Jurisprudentie 1998 Nr. 6, auf *Basedow* in: Rechtsangleichung und nationale Privatrechte, S. 285 und *Kieninger* VersR 1998, 1071, 1074 hinweisen. Wohl auch *Beale* in: Good Faith and Fault, S. 240f.

34 Zum deutschen Recht: BGHZ 123, 83, 84 (Wissenschaftlichkeitsklausel); BGH, VersR 1993, 830, 831 = NJW-RR 1993, 1049 (Hausratsversicherung); BGHZ 100, 157, 173f. (Allgemeine Reisebedingungen). Dazu etwa Münchener Kommentar-*Basedow* § 23 Rn. 104, 106; *Kieninger* VersR 1998, 1071, 1072f.; weitergehend *Schünemann* VersR 2000, 144, 147f.

35 Münchener Kommentar-*Basedow* § 8 AGBG Rn. 1; *Stoffels* JZ 2001, 843, 844f.; *Bundesrat* Beschluß v. 1.3.1991, BR-Drs. 611/90 (Beschluß) Ziff. 5 (S. 3).

36 Allerdings läßt sich hier nicht wohl sagen, der Rechtsordnung fehle der Kontrollmaßstab (so aber *Wolf*/Horn/Lindacher Art. 4 Rn. 19). Als Kontrollmaßstab könnte durchaus – wie auch bei § 138 BGB (dazu *Canaris* Iustitia distributiva, S. 52f.) – der Marktpreis herangezogen werden. Die Kontrolle scheitert daran, daß für das Äquivalenzverhältnis im Einzelfall stets die individuellen Präferenzen der Beteiligten ausschlaggebend sind – einschließlich der Präferenz des Verbrauchers, auf einen (weiteren) Preisvergleich zu verzichten – und eine auf dem Prinzip der Privatautonomie beruhende Rechtsordnung eine Bewertung der Präferenzen *ex praemissione* nicht leisten kann.

37 Wie hier wohl *Wolf*/Horn/Lindacher Art. 4 RL Rn. 19. A.M. Grabitz/Hilf II-*Pfeiffer* A 5 (AGBRL) Art. 4 Rn. 31 (nur „Preisklauseln“).

nehmen oder bestimmte Kosten, etwa für Verpackung oder Transport oder den Auslandseinsatz von Kreditkarten, bestimmen und einer Partei zuweisen oder einem Teil ein Bestimmungs- oder Veränderungsrecht zugeben. Gegenstand solcher Klauseln ist aber nicht das Äquivalenzverhältnis, sie haben nur einen Bezug dazu. Einen Bezug auf das Äquivalenzverhältnis haben indes die meisten Vertragsklauseln, sonst würden sie nicht vereinbart. Die Ausnahme des Äquivalenzverhältnisses von der Mißbräuchlichkeitskontrolle bedeutet daher nicht, daß einzelne Klauseln nicht kontrolliert werden könnten, sondern daß bei der Kontrolle von Klauseln das Verhältnis von Preis und Leistung grundsätzlich nicht kontrolliert wird.

Geht man von der Kontrolle des Preis-Leistungs-Verhältnisses durch den Markt aus, so leuchtet ein, daß die Gerichtskontrolle aufleben soll, wenn die Klauseln nicht transparent abgefaßt sind. Der Markt kann das Äquivalenzverhältnis nur sanktionieren, wenn Preis und Leistung transparent sind.[38] Ist der Grundgedanke auch einsichtig, so bereitet die Formulierung in Art. 4 Abs. 2 doch wiederum Schwierigkeiten. Gesagt werden soll dort wohl: Klauseln über das Äquivalenzverhältnis werden nicht kontrolliert, sofern sie transparent sind. Wie gesagt, gibt es schon Klauseln über das Äquivalenzverhältnis nicht. Daher haben wir die Ausnahme dahin verstanden, daß bei der Beurteilung von nicht-ausgehandelten Klauseln jeder Art das Äquivalenzverhältnis unberücksichtigt bleiben soll. Indes kann die Unterausnahme nicht bedeuten, daß die Gerichte das Äquivalenzverhältnis nun sollen kontrollieren dürfen, weil einzelne Klauseln, die einen Bezug zum Äquivalenzverhältnis haben, nicht klar und verständlich abgefaßt sind.[39] Die Unterausnahme ist daher dahin zu verstehen, daß versteckte (intransparente) Preisklauseln als mißbräuchlich und daher nichtig angesehen werden können.[40] Praktisch ist die Bedeutung dieser Unterausnahme allerdings deswegen nicht zu groß, weil die Unklarheitenregelung des Art. 5 S. 2 für schriftliche Klauseln in jedem Fall eingreift, auch dann, wenn eine Klausel das Äquivalenzverhältnis betrifft.

Die Auslegungsschwierigkeiten führt schließlich noch die 19. Begründungserwägung fort. Sie stellt klar, daß der Hauptgegenstand und das Verhältnis von Preis und Leistung bei der Beurteilung „anderer“ Klauseln berücksichtigt werden können.[41] Normative Grundlage dafür ist Art. 4 Abs. 1. Da es keine Klauseln über das Äquivalenzverhältnis gibt, gibt es insoweit auch keine „anderen“ Klauseln. In Einklang mit den aufgezeigten Grundprinzipien der Richtlinie kann man die 19. Begründungserwägung dahin ver-

---

[38] *Börner* JZ 1997, 595, 597 f.; *Kapnopoulou* Recht der mißbräuchlichen Klauseln, S. 135.

[39] So aber wohl Grabitz/Hilf II-*Pfeiffer* A 5 (AGBRL) Art. 4 Rn. 38, freilich mit dem Hinweis, daß es wegen der Unklarheitenregelung des Art. 5 meist nicht so weit kommen wird.

[40] Das ist auch die entscheidende Frage für die Kontrolle von Klauseln über Entgelte beim Auslandseinsatz von Kreditkarten. Teleologisch stützt *Stoffels* JZ 2001, 843, 849 die Kontrollfreiheit damit ab, daß solche Kostenklauseln dem Markt unterliegen und der leitbildliche Verbraucher sie zur Kenntnis nehme; auch das ist, wie der Bezug auf das Verbraucherleitbild ausweist, eine *normative* Aussage, die indes schon durch Art. 4 Abs. 2 AGBRL beantwortet ist: Transparente Preisklauseln wahrzunehmen *obliegt* dem Verbraucher in jedem Fall.

[41] Zweifelnd *Grundmann* Schuldvertragsrecht, 2.10 Rn. 24 a.E. (der dies aus dem Transparenzgebot begründet; vgl. die Verweisung in Fn. 82 auf *Grundmann* Treuhandvertrag, S. 204–207).

stehen, daß der Richter zwar nicht das Äquivalenzverhältnis selbst berücksichtigen darf, wohl aber die Tatsache, daß *die Parteien* bestimmte Klauseln mit Rücksicht auf den Preis vereinbart haben. So kann man etwa eine Haftungsbeschränkung deswegen als gerechtfertigt ansehen, weil der Verbraucher diese Vereinbarung gegenüber einer anderen mit unbeschränkter Haftung für einen höheren Preis bevorzugt hat. Dabei darf das Gericht die Angemessenheit weder der Vereinbarung mit beschränkter noch jener mit unbeschränkter Haftung beurteilen, ebensowenig wie die Angemessenheit des für die Haftungsbeschränkung gewährten Nachlasses. Das Gericht kann bei der Beurteilung der Mißbräuchlichkeit nur berücksichtigen, *daß* der Verbraucher sich für eine von verschiedenen Alternativen entschieden hat.[42]

### *c) Freistellung „bindender Rechtsvorschriften"*

Die Richtlinie, die nur einen Mindeststandard setzt,[43] muß auch darauf Rücksicht nehmen, daß die mitgliedstaatlichen Vertragsrechte nicht unerheblich divergieren. Vertragsklauseln, die auf „bindenden Rechtsvorschriften" – einschließlich dispositivem Vertragsrecht –[44] der *lex causae*[45] beruhen, unterliegen daher nicht der Kontrolle nach der Richtlinie,[46] denn das wäre eine vom Gesetzgeber nicht gewollte mittelbare Vertrags*rechts*kontrolle.[47] Die Klauselkontrolle sollte nicht (unmittelbar) zu einer weitreichenden Vertragsrechtsangleichung führen, die sonst unvermeidlich gewesen wäre. Indes macht die Richtlinie deutlich, daß sie gegenüber solchen Klauseln, die sich ja *ex praemissione* als mißbräuchlich darstellen können, keineswegs indifferent ist. Denn in der 14. Begründungserwägung schreibt der Gesetzgeber den Mitgliedstaaten – wenn auch nur in der Form eines „soft law" – vor, daß sie „dafür sorgen [müssen], daß darin [sc. auch im dispositiven Recht] keine mißbräuchlichen Klauseln enthalten sind, zumal diese Richtlinie auch für die gewerbliche Tätigkeit im öffentlich-rechtlichen Rahmen gilt". In dieser vermittelten Form einer „weichen" Verpflichtung, die „nur" in Verbindung mit dem Grundsatz der Gemeinschaftstreue wirkt, ist also durchaus eine weiterreichende Angleichung auch des dispositiven Vertragsrechts vorgegeben.[48]

---

42 Für eine nur beschränkte Berücksichtigung des Äquivalenzverhältnisses bei der Beurteilung anderer Klauseln auch *Wolf*/Horn/Lindacher Art. 4 Rn. 20. Wie hier wohl auch *Kieninger* ZEuP 1994, 276, 281.

43 Art. 8 AGBRL.

44 BE 13 S. 2 Hs. 2 AGBRL. Wie hier Grabitz/Hilf II-*Pfeiffer* A 5 (AGBRL) Art. 1 Rn. 25 mwN; a.M. *Reich* Verbraucherrecht, Tz. 156g.

45 Grabitz/Hilf II-*Pfeiffer* A 5 (AGBRL) Art. 1 Rn. 26; *Kapnopoulou* Recht der mißbräuchlichen Klauseln, S. 97f.; a.M. *Schmidt-Kessel* WM 1997, 1732, 1739f.

46 Art. 1 Abs. 2 AGBRL.

47 AGB-Kontrolle kann auch, worauf *Stoffels* JZ 2001, 843, 844 hinweist, nach nationalem Recht keine Vertragsrechtskontrolle bedeuten.

48 Diese „weiche Vorschrift" ist keineswegs ganz unverbindlich. So wäre als gemeinschaftstreuwidrig anzusehen, wenn ein Mitgliedstaat eine Regelung des dispositiven Rechts in ihrem Anwendungsbereich erweitert, obwohl der EuGH ihre „Mißbräuchlichkeit" bereits festgestellt hat. Für eine Bindung aus dem Grundsatz der Gemeinschaftstreue auch *Schmidt-Kessel* WM 1997, 1732, 1739; in der Sache auch *Kapnopoulou* Recht der mißbräuchlichen Klauseln, S. 96–100; wohl weitergehend Grabitz/Hilf II-*Pfeiffer* A 5 (AGBRL) Art. 1 Rn. 24 („echte implizite Pflicht der Mitgliedstaaten").

## 2. Einbeziehung, Transparenzgebot und Auslegung

### a) *Einbeziehung*

Die Einbeziehung von nicht-ausgehandelten Vertragsklauseln in die Vereinbarung regelt die Richtlinie nicht.[49] Auch die Vorschrift des Art. 10 Abs. 3 EComRL, wonach „Vertragsbestimmungen und allgemeine Geschäftsbedingungen" dem Nutzer speicher- und reproduzierbar zur Verfügung zu stellen sind, betrifft nicht die Einbeziehung von Vertragsbestimmungen in den Vertrag.[50] Einzelne Vorschriften der AGB-Richtlinie haben aber einen Bezug zur vertraglichen Einbeziehung.

Zunächst erfaßt die Mißbrauchskontrolle nur nicht im einzelnen ausgehandelte Vertragsklauseln. Die Richtlinie setzt daher voraus, daß Klauseln auch dann Vertragsbestandteil werden können, wenn sie nicht im einzelnen ausgehandelt wurden und der Verbraucher auf ihren Inhalt keinen Einfluß nehmen konnte (Art. 3 Abs. 2).[51] Nach dem auch im Europäischen Vertragsrecht herrschenden Einigungsgrundsatz ist aber davon auszugehen, daß nicht-ausgehandelte Klauseln zumindest bei Vertragsschluß einseitig eingeführt worden sein müssen und sich der Verbraucher darauf eingelassen hat.[52] Zweitens hat die Vorschrift des Art. 4 Abs. 1 AGBRL mittelbare Bedeutung für den Vertragsabschluß, insofern danach bei der Mißbräuchlichkeitskontrolle auch „alle den Vertragsabschluß begleitenden Umstände" zu berücksichtigen sind. Die dabei zu berücksichtigenden Umstände können nur Abweichungen von dem vorausgesetzten Normal- oder Idealmodell des Vertragsschlusses sein. Ein Bezug zur Einbeziehung in den Vertrag wird schließlich in dem Transparenzgebot gesehen, das die Richtlinie aufstellt.[53]

Weitergehend schließen manche von Art. 4 Abs. 1 i.V.m. BE 16 S. 3 auf eine gemeinschaftsrechtlich verankerte Einbeziehungskontrolle. Die Berücksichtigung der den Vertragsschluß begleitenden Umstände – Kräfteverhältnis der Verhandlungspositionen, Einwirkung auf den Verbraucher, seine Zustimmung zu geben – beträfen weder die Auslegung noch die Beurteilung der Klauseln. Wenn Art. 3 Abs. 1, 4 Abs. 1 von einer Mißbräuchlichkeitskontrolle sprechen, so sei das als Oberbegriff für die Einbeziehungskontrolle und die unter dem Begriff der Angemessenheit[54] angesprochene Inhaltskontrolle zu verstehen.[55] Das überzeugt nicht. Bedenklich ist schon der Ausgangspunkt,

---

[49] Anders noch Art. 5 Abs. 2 des (zweiten) Geänderten Vorschlags (ABl. 1992 C 73/7), wonach nicht im einzelnen ausgehandelte Klauseln nur dann Vertragsbestandteil sein sollten, wenn der Verbraucher vor Vertragsschluß ausreichend Gelegenheit hatte, die Bedingungen zur Kenntnis zu nehmen.

[50] Dazu schon oben, § 14 I 1 b (S. 315), im Zusammenhang mit dem Vertragsschluß.

[51] Siehe bereits oben, § 14 I 1 a (S. 312–314).

[52] Oben, § 14 I 1 a (S. 312–315).

[53] So z.B. *Remien* ZEuP 1994, 34, 63, nach dem das Transparenzgebot das einzige Instrument der Einbeziehungskontrolle der Richtlinie darstellt.

[54] Art. 4 Abs. 2 AGBRL.

[55] *Drexl* Wirtschaftliche Selbstbestimmung, S. 354f.; *Heinrichs* NJW 1995, 153, 156. Vgl. auch *Willett* ERPL 1997, 223, 234, der im Ergebnis zu ähnlich weitreichenden Folgen kommt.

eine Einbeziehungskontrolle allein auf die Vorschrift des Art. 4 Abs. 1 zu stützen, denn diese Vorschrift dient doch nur der Erläuterung des Art. 3 Abs. 1, der die Inhaltskontrolle einrichtet. Trifft es auch zu, daß die Umstände des Vertragsschlusses für die Inhaltskontrolle wenig hergeben können, so darf man das doch nicht zum Anlaß nehmen, die Bedeutung dieser Erläuterung in Art. 4 Abs. 1 dadurch zu verstärken, daß man sie mit den weiteren Erläuterungen in der 16. Begründungserwägung geradezu gleichsetzt, zumal mit Recht darauf hingewiesen wird, daß die betreffenden Erläuterungen in der Präambel wohl eher ein Überbleibsel aus einem vorangegangenen Entwurf sein dürften.[56] Entscheidend ist, daß sich in Art. 3 – *sedes materiae* der Klauselkontrolle – kein Anhalt für eine Einbeziehungskontrolle findet. Denn die dort angesprochene Mißbräuchlichkeitskontrolle ist ja keineswegs „frei schwebend", sondern als Mißverhältnis von Rechten und Pflichten und damit eindeutig inhaltsbezogen näher konturiert. Der Normtext steht daher ungeachtet der sprachlichen Möglichkeit, Mißbräuchlichkeit als Oberbegriff zu verstehen, der Begründung einer Einbeziehungskontrolle entgegen. Da der Gesetzgeber das Modell des deutschen AGBG mit seiner Unterscheidung von Einbeziehungs- und Inhaltskontrolle durchaus kannte, muß man davon ausgehen, daß er die Einbeziehung nicht-ausgehandelter Klauseln bewußt nicht geregelt hat.

Die zentralen Fragen der Einbeziehung nicht im einzelnen ausgehandelter Vertragsklauseln bleiben daher ungeregelt. Hätte der Richtliniengeber die Einbeziehung von Vertragsklauseln umfassend regeln wollen, so hätte er sich freilich auch nicht auf Spezialvorschriften beschränken können wie sie § 305 Abs. 2 BGB vorsieht. Denn anders als die §§ 305–310 BGB erfaßt die Richtlinie nicht nur Allgemeine Geschäftsbedingungen, sondern auch mündliche Einmalklauseln. Eine umfassende Rechtsangleichung über die Einbeziehung von Klauseln hätte daher zentrale Fragen des „allgemeinen" Rechts des Vertragsschlusses berührt. Statt dessen beläßt es die Richtlinie insoweit bei den nationalen Vorschriften, die wohl Gleichwertigkeit beanspruchen können. Ob man das Fehlen von Einbeziehungsregeln wertungsmäßig als Lücke ansieht,[57] hängt vor allem von dem ihr beigemessenen Schutzzweck ab. Anerkennt man die mit der Verwendung von AGB verfolgten Anliegen grundsätzlich als berechtigt und geht man davon aus, daß die mitgliedstaatlichen Rechte einen Einbeziehungsschutz auf einem Mindestniveau bereitstellen, so liegt das Regelungsinteresse von vornherein nicht so sehr in der Sicherung der vertraglichen Zustimmung des anderen Teils als in der Kontrolle der nicht-ausgehandelten Bedingungen.[58] Die Zurückhaltung gegenüber Einbeziehungsklauseln findet sich übrigens – vereinzelt – auch in Art. 7 Abs. 3 Fernabsatzrichtlinie: Für die Ersetzungsbefugnis, die das mitgliedstaatliche Recht vorsehen kann, wird dort nur rudimentär eine Einbeziehungskontrolle in Form eines Transparenzgebots vorgesehen (S. 2),[59] der Schwerpunkt liegt auf der inhaltlichen Ausgestaltung (S. 3).

---

56 *Remien* ZEuP 1994, 34, 55.

57 So wohl *Remien* ZEuP 1994, 34, 63; *Grundmann* Schuldvertragsrecht, 2.10 Rn. 42.

58 *Kötz* Vertragsrecht, § 8 IV 1 (S. 211ff.) und § 2 (S. 214f.).

59 S. oben, § 15 C I 1 (S. 393).

### b) *Transparenzgebot*

Verschiedenen Einzelregelungen der Richtlinie läßt sich ein „Transparenzgebot" entnehmen.[60] Die Grundgedanken formuliert die 20. Begründungserwägung: „Die Verträge müssen in klarer und verständlicher Sprache abgefaßt sein. Der Verbraucher muß die Möglichkeit haben, von allen Vertragsklauseln Kenntnis zu nehmen. Im Zweifelsfall ist die für den Verbraucher günstigste Auslegung anzuwenden."

Für die praktisch wichtigsten Fälle, schriftliche Klauseln, schreibt Art. 5 S. 1 AGBRL Transparenz vor.[61] Der Zweck der Beschränkung auf schriftliche Klauseln ist unklar. Der Umkehrschluß, mündliche Klauseln dürften unklar sein, ist nach Sinn und Zweck der Richtlinie jedenfalls nicht begründet.[62] Zu bedenken ist freilich, daß der Verbraucher vor mündlichen Klauseln schon durch Beweislastregeln geschützt ist, denn weil es hier nur um Vertragsklauseln gehen kann, die den Verbraucher belasten, muß der Gewerbetreibende, der sich auf die Klausel beruft, die ihm günstigen Abreden beweisen. Für Klauseln, die den Hauptgegenstand betreffen, ergibt sich eine Transparenzobliegenheit (außerdem) aus Art. 4 Abs. 2 der Richtlinie. Will der Gewerbetreibende die Beschreibung des Hauptgegenstands von einer Kontrolle freihalten, muß er sie klar und verständlich abfassen. Für alle Klauseln – auch mündliche und auch solche über den Hauptgegenstand – begründet schließlich die *contra proferentem* Regel des Art. 5 S. 2 die Obliegenheit, Klauseln unzweideutig zu gestalten.[63]

### c) *Auslegung von Vertragsklauseln*

Bei Zweifeln über die Bedeutung einer Klausel gilt die dem Verbraucher günstigste Auslegung, – *in dubio contra proferentem*.[64] Diese Unklarheitenregelung haben wir bereits oben mehrfach angesprochen und im Zusammenhang mit anderen Vorschriften über die Auslegung von Verträgen erörtert.[65]

Als Mittel der *Inhaltskontrolle* vorformulierter Vereinbarungen ist die Regel freilich nicht unumstritten, kann sie doch dazu verwandt werden, Klauseln ihrer Wirksamkeit im Wege der Auslegung zu berauben, anstatt die inhaltlich gegen sie sprechenden Erwä-

---

[60] Das Transparenzgebot dürfte ausschließlich eine Einbeziehungsregel darstellen; *Heinrichs* FS Trinkner, S. 171–173; weitergehend *Reich* Verbraucherrecht, Rn. 156 l („Das Transparenzgebot ist in Art. 5 [AGBRL] umfassend formuliert".); *ders.* VuR 1995, 1, 5f.; *Staudinger* WM 1999, 1546, 1550 („Fundamentalprinzip des gesamten Verbraucherschutzrechts").

[61] Der amtliche Text lautet „Sind alle dem Verbraucher in Verträgen unterbreiteten Klauseln oder einige dieser Klauseln schriftlich niedergelegt, so müssen sie stets klar und verständlich sein." Das kann man wohl übersetzen mit: „Schriftliche Vertragsklauseln müssen klar und verständlich sein."

[62] Ebenso *Heinrichs* FS Trinkner, S. 174f.; *Remien* ZEuP 1994, 34, 63; s.a. *Ulmer* EuZW 1993, 337, 344 mit Fn. 71. Korrektur bei der Umsetzung schlägt vor *Kretschmar* Richtlinie über mißbräuchliche Klauseln, S. 181.

[63] Aus der systematischen Stellung nach der Regelung des S. 1 über schriftliche Klauseln ergibt sich nicht, daß auch S. 2 nur schriftliche Klauseln betreffen sollte. Dagegen spricht der klare Wortlaut, denn der Gesetzgeber hätte in S. 2 unschwer von „einer schriftlichen Klausel" sprechen können.

[64] Art. 5 S. 2 AGBRL.

[65] Oben, § 15 A I 1 d (S. 357f.).

gungen offenzulegen. Die Auslegung *contra proferentem* fördere so die Formulierungskunst der Kautelarjuristen und nicht das Ziel, den Geschäftsverkehr von mißbräuchlichen Klauseln zu reinigen.[66] Indes hat die Auslegungsregel eine gegenüber der Inhaltskontrolle eigene Funktion. Allerdings wird sie nur bei Abreden zum Zuge kommen, die den anderen Teil belasten, da sich der Verwender auf die Unklarheit nicht berufen kann. Doch kann die Auslegung zum Nachteil des Verwenders hier auch Klauseln ausschalten, die (zwar für den Verbraucher belastend, aber) inhaltlich noch nicht zu beanstanden sind. Der Grund dafür liegt nicht in der Regelung, die die Klausel enthält, sondern ist davon unabhängig in der äußeren Form zu sehen. Der Zweck der Auslegungsregel ist daher, die Chance des anderen Teils zu sichern, eine informierte Vertragsentscheidung zu treffen; sie dient m.a.W. dem Schutz der materialen Selbstbestimmung, nicht der materialen Vertragsgerechtigkeit. Die oben dargelegte Kritik an der *contra proferentem* Regel geht insofern fehl. Sie weist aber zu Recht darauf hin, daß die Anwendung der Regel ihrem Tatbestand und Zweck entsprechend auf Zweifelsfälle zu beschränken ist und nicht zweckwidrig zur Vernichtung klarer, aber inhaltlich zu beanstandender Klauseln verwandt werden darf.[67]

Keine Auslegungsregel, sondern eine Bewertungsmaxime enthält Art. 4 Abs. 1 der AGBRL. Danach ist die Mißbräuchlichkeit einer Vertragsklausel „unter der Berücksichtigung der Art der Güter oder Dienstleistungen, die Gegenstand des Vertrages sind, aller den Vertragsabschluß begleitenden Umstände sowie aller anderen Klauseln desselben Vertrages oder eines anderen Vertrages, von dem die Klausel abhängt, ... zu beurteilen". Die Vorschrift betrifft nur die Beurteilung der Mißbräuchlichkeit, sie setzt daher an einem Punkt an, der der Auslegung nachgeordnet ist.[68] Man kann in der Vorschrift allerdings durchaus einen Hinweis auf allgemeine Auslegungsregeln sehen, nämlich auf die Auslegung des Vertrags als zusammenhängendes Ganzes.[69]

## 3. Mißbräuchlichkeitskontrolle

Eine nicht-ausgehandelte Vertragsklausel ist mißbräuchlich, wenn sie entgegen dem Gebot von Treu und Glauben zum Nachteil des Verbrauchers ein erhebliches und ungerechtfertigtes Mißverhältnis der vertraglichen Rechte und Pflichten der Vertrags-

---

[66] Vgl. *Kötz* Vertragsrecht, § 8 IV 2 (S. 215f.) und § 7 IV (S. 174ff.). Solche Bedenken wurden auch im Rahmen der deutschen AGBG-Gesetzgebung geäußert, BT-Drucks. 7/3919, S. 15, 47, 60.

[67] Für die deutsche Praxis *Ulmer*/Brandner/Hensen, § 5 Rn. 2 a.E.: „Hinzu kam als inhaltliches Bedenken, daß die gesetzliche Verankerung der Unklarheitenregel in § 5 die restriktive Auslegung zu Lasten der offenen Inhaltskontrolle überbetonen und damit ein Hauptziel des Gesetzes, Klarheit über absolut oder relativ unzulässige AGB-Klauseln zu schaffen, verfehlen könnte; dieser Gefahr hat die Praxis zu Recht widerstanden."

[68] Zur gebotenen Unterscheidung von Auslegung und Bewertung *Fastrich* Richterliche Inhaltskontrolle, S. 21–24; *Drexl* Wirtschaftliche Selbstbestimmung, S. 350.

[69] So oben, § 15 A I 1 c (S. 357).

partner verursacht. Neben Einzelfragen der Auslegung dieses Tatbestands, ist schon die Frage umstritten, ob es sich um einen gemeinschaftsautonomen Kontrollmaßstab handelt.

### *a) Vorfrage: Gemeinschaftsautonome Generalklausel*

#### aa) Meinungsstand

Verwendet der Europäische Gesetzgeber Generalklauseln, so kann es sich dabei um gemeinschaftsautonome Konzepte oder Verweisungen auf das nationale Recht der Mitgliedstaaten handeln.[70] Ob der Mißbräuchlichkeitsmaßstab des Art. 3 Abs. 1 eine gemeinschaftsautonome Generalklausel darstellt, ist umstritten. Wurde dies längere Zeit ohne nähere Erörterung unterstellt,[71] so mehren sich in jüngerer Zeit die Gegenstimmen.

Nach der Gegenansicht bedeutet der Bewertungsmaßstab von Treu und Glauben, auf den es für die Beurteilung der Missbräuchlichkeit ankommt, eine dem Richtliniencharakter entsprechende, bloß rahmenhafte Vorgabe für die Mitgliedstaaten, nicht aber eine inhaltliche Angleichung des Mißbräuchlichkeitsmaßstabs. Aus Art. 3 Abs. 1, 4 Abs. 1 AGBRL i.V.m. der 16. Begründungserwägung ergebe sich nur, daß eine zweistufige Prüfung vorzunehmen sei, bei der zuerst das Verhältnis der Rechte und Pflichten der Parteien beurteilt wird, sodann mit Rücksicht auf den Einzelfall die beiderseitigen Interessen abgewogen werden. Die zweite Stufe könne naturgemäß nicht gemeinschaftsweit einheitlich erfolgen, da es sich um eine Abwägung mit Rücksicht auf den Einzelfall handele, insofern gebe lediglich Art. 4 Abs. 1 AGBRL einzelne zu berücksichtigende Umstände vor. Aber auch für die erste Stufe schreibe die Richtlinie keinen autonom gemeinschaftsrechtlichen Maßstab vor. Die Beurteilung des Mißverhältnisses erfordere, solle sie nicht in eine unkonturierte Billigkeitsrechtsprechung münden, die Beurteilung am Maßstab der durch das dispositive Gesetzesrecht vorgegebenen Bewertung der Parteiinteressen. Dispositives Vertragsrecht fehle auf Gemeinschaftsebene indes fast durchgehend, und ein Maßstab für die Konkretisierung lasse sich auch sonst weder der Richtlinie oder deren unverbindlichem Klauselanhang noch dem Europäischen Privatrecht oder den ihm zugrundeliegenden Wertungen entnehmen.[72]

---

70 Zum Grundsatz oben, § 4 II 5 (S. 74–81).

71 Ohne nähere Erörterung noch *Damm* JZ 1993, 161, 171–175; *Grundmann* Schuldvertragsrecht, 2.10 Rn. 22; *Kapnopoulou* Recht der mißbräuchlichen Klauseln, S. 113–142; *Kretschmar* Richtlinie über mißbräuchliche Klauseln, S. 216 (aber einschränkend S. 299); *Nassall* WM 1994, 1645, 1648; *ders.* JZ 1995, 689, 690; *Remien* ZEuP 1994, 34, 59f. („Generalklausel, wie sie auch sonst von EuGH und nationalen Gerichten tagtäglich angewandt wird"); *Schmidt-Kessel* WM 1997, 1732, 1737, 1738. Näher jetzt *Klauer* ERPL 2000, 187–210; *Leible* Wege, § 5 E III 2 c ee aaa; *Remien* RabelsZ 66 (2002) 503, 525f.

72 *Franzen* Privatrechtsangleichung, S. 552–574. S.a. *Roth* FS Drobnig, S. 134–153 sowie *Heinrichs* NJW 1996, 2190, 2196; v.a. aufgrund genetischer Erwägungen auch *Wolff* Konkretisierungskompetenz für Generalklauseln, S. 204–209. In dieselbe Richtung wohl auch H. *Roth* JZ 1999, 529, 535f., der aber – konzeptionell unklar – wohl nicht leugnen will, daß der Prüfungsmaßstab gemeinschaftsautonom ist, aber mangels Vergleichsmaßstabs auf EG-Ebene (kein dispositives Vertragsrecht) und aus anderen, teils rechtspolitischen Gründen die *Vorlagepflicht* einschränken möchte; zweifelhaft.

bb) Stellungnahme

Bevor man die Frage untersucht, ob Mißbräuchlichkeit und Treu und Glauben in Art. 3 Abs. 1 gemeinschaftsautonom definiert sind, muß man sich vor Augen führen, in welchem Verhältnis die beiden Begriffe stehen. Wie aus dem deutschen und anderen nationalen Rechten sowie den Lando- und Unidroit-Grundregeln bekannt, kann Treu und Glauben eine allgemeine Generalklausel darstellen, die insbesondere eine Ergänzungs- und eine Kontrollfunktion hat. Treu und Glauben weist sich als allgemeines Rechtsprinzip aus, wenn der Grundsatz, wie beispielsweise im deutschen Recht und in den European Principles, das Recht so weitgehend durchdringt, daß er an ganz verschiedenen Stellen zum Tragen kommt. Im Rahmen der Mißbräuchlichkeitsbeurteilung nach der AGB-Richtlinie hat Treu und Glauben indes nur beschränkte Bedeutung. Eine Klausel ist mißbräuchlich, wenn sie ein erhebliches und ungerechtfertigtes Mißverhältnis der vertraglichen Rechte und Pflichten zum Nachteil des Verbrauchers verursacht und dieses Verhältnis als treuwidrig zu beurteilen ist. Ganz im Vordergrund der Bewertung steht die Frage, ob ein Mißverhältnis der vertraglichen Rechte und Pflichten besteht. Treu und Glauben hat nur die Funktion eines Bewertungsmaßstabs.[73] „Die nach den generell festgelegten Kriterien" – das Mißverhältnis der Rechte und Pflichten – „erfolgende Beurteilung der Mißbräuchlichkeit ... muß durch die Möglichkeit einer globalen Bewertung der Interessenlage der Parteien ergänzt werden. Diese stellt das Gebot von Treu und Glauben dar" (BE 16). Geht es bei der Mißbräuchlichkeitsprüfung von vornherein nur um die Kontrollfunktion von Treu und Glauben, so ist die Bedeutung des Grundsatzes hier noch dazu dadurch beschränkt, daß es ganz entscheidend auf das Mißverhältnis ankommt und nicht auf eine freischwebende Treuwidrigkeitskontrolle.[74] Treu und Glauben hat hier also nur die Funktion eines Bewertungsmaßstabs.

Nach hier vertretener Auffassung ist der Mißbräuchlichkeitsmaßstab des Art. 3 Abs. 1 AGBRL insgesamt gemeinschaftsautonom zu verstehen.[75] Auch der Bewertungsmaßstab von Treu und Glauben ist damit gemeinschaftsautonom auszulegen. Für die Generalklausel von Treu und Glauben haben wir das bereits oben (§ 15 D II 2, S. 406–408) näher begründet.

Für einen gemeinschaftsautonomen Mißbräuchlichkeitstatbestand spricht schon der klare Wortlaut des Art. 3 Abs. 1 AGBRL, der sich gerade nicht darauf beschränkt, auf nationale Bewertungsmaßstäbe zu verweisen. Hätte der Gesetzgeber die Bewertung den Mitgliedstaaten überlassen wollen, so hätte er formulieren können, eine Klausel sei mißbräuchlich, wenn sie den Verbraucher „nach der Beurteilung des mitgliedstaatlichen Rechts" treuwidrig benachteiligt.

---

73 *Kapnopoulou* Recht der mißbräuchlichen Klauseln, S. 113f.

74 *Tenreiro* ERPL 1995, 273, 279 weist darauf hin, daß ein Mißverhältnis kaum je als treugemäß angesehen werden könne.

75 Ebenso *Klauer* ERPL 2000, 187, 199; sie nimmt aber im folgenden (S. 202–205) an, die Richtlinie definiere nicht nur positiv die Mißbräuchlichkeit, sondern auch negativ die Nicht-Mißbräuchlichkeit, die Mitgliedstaaten seien daher auch an freistellende Entscheidungen des EuGH gebunden.

Auch die Rechtsetzungsgeschichte enthält Hinweise, die für einen gemeinschaftsautonomen Bewertungsmaßstab von Treu und Glauben sprechen.[76] So hat der Wirtschafts- und Sozialausschuß (WSA) in seiner Stellungnahme dem EuGH eine zentrale Rolle bei der Entwicklung eines Gemeinschaftskonzepts der Mißbräuchlichkeit im Rahmen von Vorabentscheidungsverfahren beigemessen (2.1.6.) und angeregt, ein zentrales Entscheidungsregister einzurichten, um die einheitliche Auslegung zu fördern (2.1.4.).[77] Und *Tenreiro,* der die Entstehung der Richtlinie als zuständiger Kommissionsbeamter seit 1991 betreut hatte,[78] versteht die Generalklausel von Treu und Glauben als ein gemeinschaftsautonomes Konzept, freilich in etwas eingeschränkter Form: Der Grundsatz von Treu und Glauben sei von den nationalen Gerichten – unter Berücksichtigung der Rechtsprechung anderer Mitgliedstaaten – „in ähnlicher Weise" anzuwenden und gegebenenfalls durch den EuGH zu konkretisieren.[79]

Wichtiger als solche Indizien aus der Entstehungsgeschichte[80] ist der Schutzzweck der Richtlinie. Danach soll zum einen der aktive Verbraucher gemeinschaftsweit einen Mindestschutz genießen und nicht durch die Unkenntnis des fremden Rechts von Angeboten aus anderen Mitgliedstaaten abgeschreckt werden (BE 5). Zum anderen soll den Unternehmen die Absatztätigkeit im gesamten Binnenmarkt erleichtert werden (BE 7). „Durch die Aufstellung einheitlicher (!) Rechtsvorschriften auf dem Gebiet mißbräuchlicher Klauseln kann der Verbraucher besser geschützt werden" (BE 10). Diesen Schutzzielen entspricht es, die Mißbräuchlichkeit von Vertragsklauseln – und demnach auch den Bewertungsmaßstab von Treu und Glauben – gemeinschaftsweit möglichst einheitlich zu verstehen.[81]

Kein durchgreifender Einwand liegt dagegen darin, daß die Richtlinie eine einheitliche Regelung insoweit nicht bewirkt, als sie einerseits Klauseln freistellt, die dem anwendbaren Recht entsprechen und daher auch hinter einem gemeinschaftsautonomen Mißbräuchlichkeitsstandard zurückbleiben können, andererseits aber strengere nationale Schutzvorschriften zuläßt. Was zunächst strengere Schutzregeln angeht, so stehen sie dem *Verbraucher*schutzzweck von vornherein nicht entgegen. Die Ausnahme von Klauseln, die auf bindenden Rechtsvorschriften beruhen auf der anderen Seite, bedeutet nur, daß die Richtlinie *für den Einzelfall zurücktritt,* nicht aber, daß der Prüfungsmaßstab der Richtlinie von den mitgliedstaatlichen Rechten (mit-) bestimmt werden solle. Konkret heißt das, daß eine Klausel wirksam sein kann, wenn das Recht des Mitglied-

---

[76] S.a. *Micklitz* ZEuP 1994, 522, 525, der vor dem Hintergrund der Entwicklung die Wahl einer Generalklausel als bewußte Entscheidung des Gesetzgebers hervorhebt.

[77] *Wirtschafts- und Sozialausschuß* Stellungnahme v. 24.4.1991, ABl. 1991 C 159/34, 35. Zwar hat der WSA keine Mitentscheidungsrechte; Rat und Parlament als entscheidende Organe haben indes, soweit ersichtlich, nicht erkennen lassen, daß sie die Annahme des WSA für unrichtig hielten, oder die Stellungnahme zum Anlaß für eine Klarstellung genommen.

[78] *Tenreiro* ERPL 1995, 273.

[79] *Tenreiro* ERPL 1995, 273, 279f.

[80] Zum (geringen) Gewicht „nicht-autoritativer" Äußerungen im Gesetzgebungsverfahren nur *Grundmann/Riesenhuber* JuS 2001, 529, 530.

[81] Ebenso *Leible* RIW 2001, 422, 426.

staats A anwendbar ist, dem sie entspricht, daß sie aber unter dem Regime des Rechts des Mitgliedstaats B als nach dem Maßstab des Art. 3 Abs. 1 der Richtlinie mißbräuchlich zu beurteilen ist. Daher müssen die Mitgliedstaten auch dafür sorgen, daß (auch) das nationale Recht keine mißbräuchlichen Bestimmungen enthält (BE 14). Damit ist klargestellt, daß die Richtlinie zwar das nationale Recht und die auf ihm beruhenden Klauseln von der Kontrolle ausnimmt, daß es aber ein autonomes Mißbräuchlichkeitsurteil auch insoweit fällt.[82] Enthielte die Richtlinie nicht einen autonomen Maßstab für die Beurteilung der Mißbräuchlichkeit, so könnte sie den Mitgliedstaaten nicht aufgeben, für eine Beseitigung mißbräuchlicher „Klauseln" im nationalen Recht zu sorgen.

Die Generalklausel des Art. 3 Abs. 1 AGB-Richtlinie ist demnach gemeinschaftsautonom auszulegen. Implizit ist davon auch der EuGH in der *Océano*-Entscheidung ausgegangen.[83]

### *b) Mißbräuchlichkeit*

#### aa) Grundkonzept

Auf die Schwierigkeiten, die sich bei der Bewertung stellen, und die Gefahr einer unkonturierten Billigkeitskontrolle hatte bereits die oben zur Vorfrage der gemeinschaftsautonomen Generalklausel referierte Meinung hingewiesen.[84] Die Folgerung, den Mißbräuchlichkeitsmaßstab der Konkretisierung durch die Mitgliedstaaten zu überlassen, ist, wie gezeigt, abzulehnen. Eine andere Meinung zieht aus diesen Schwierigkeiten eine weniger weitreichende Konsequenz, die das Grundkonzept der Klauselkontrolle betrifft. Ausgehend von dem Modell des § 307 Abs. 2 Nr. 1 BGB, wonach die „Mißbräuchlichkeit" in der Abweichung von den Grundgedanken der gesetzlichen Regelung liegt,[85] nimmt diese Auffassung an, der Gesetzgeber habe „nicht [den] Referenzpunkt, die ‚Grundgedanken der gesetzlichen Regelung', ... sondern nur die Marge der Abweichung und ihre zulässige Breite" angleichen wollen. Ob eine Klausel mißbräuchlich ist, soll sich also danach beurteilen, ob sie entgegen dem Gebot von Treu und Glauben von dem auf den Vertrag anwendbaren mitgliedstaatlichen dispositiven Vertragsrecht abweicht. Das anwendbare nationale Recht ist die Meßlatte, die Richtlinienregelung bestimmt die „zulässige Breite" der Abweichung.[86] Die Konsequenz, daß auf diese Weise

---

[82] Ebenso *Kapnopoulou* Recht der mißbräuchlichen Klauseln, S. 97; tendenziell auch *Nassall* WM 1994, 1645, 1651f.

[83] EuGH v. 27.6.2000 – verb.Rs. C-240 bis 244/98 *Océano* Slg. 2000, I-4941 Rn. 22; zustimmend *Freitag* EWiR 2000, 783, 784; vorsichtig auch *Hau* IPRax 2001, 96, 97f. Anderes ergibt sich auch nicht aus EuGH v. 7.5.2002 – Rs. C-478/99 *Kommission ./. Schweden* Slg. 2002, I-4147 Rn. 21, wenn der Gerichtshof dort den nationalen Behörden bei der Entscheidung über die Mißbräuchlichkeit einen Ermessensspielraum zugesteht.

[84] Oben, S. 437 Fn. 72.

[85] Zur Ordnungs- und Leitbildfunktion des dispositiven Rechts, BGHZ 41, 151, 154; BGHZ 54, 106, 109f. (vor AGBG); BGHZ 89, 206, 211; BGHZ 115, 391, 398.

[86] *Grundmann* Schuldvertragsrecht, 2.10 Rn. 11, 22; wohl auch *Heinrichs* NJW 1996, 2190, 2196. Den Grundansatz der „Angleichung der zulässigen Abweichungsmarge", den *Grundmann* Rn. 11 nennt, greift er in der Darstellung des Mißbräuchlichkeitsmaßstabs Rn. 22–27 nicht wieder auf. Mit dem

eine einheitliche Beurteilung mißbräuchlicher Klauseln nicht erreicht wird, nimmt diese Auffassung in Kauf.[87]

Zutreffend ist der Ausgangspunkt, daß die Richtlinie davon ausgeht, daß die mitgliedstaatlichen Vertragsrechte nur in Einzelpunkten angeglichen sind, in vielen Bereichen hingegen nicht unerheblich divergieren. Das zeigt vor allem Art. 1 Abs. 2 der Richtlinie, wonach Vertragsklauseln, die auf „bindenden Rechtsvorschriften" – damit wird auch das dispositive Recht bezeichnet –[88] beruhen, nicht inhaltlich kontrolliert werden. Daher können z.B. Bestimmungen über die Verjährung,[89] Zurückbehaltungsrechte (Konnexität?), Aufrechnungsbefugnisse, Gerichtsstand usf. je nach dem anwendbaren Recht unterschiedlich beurteilt werden.[90] Als Grundkonzept der Mißbrauchskontrolle überzeugt die Auffassung von der Angleichung der „Abweichungsmarge" gleichwohl nicht.

Gegen diese Auslegung spricht schon der Wortlaut der Regelung. Hätte er nur die „Marge der Abweichung" definieren wollen, so hätte der Gesetzgeber, der ja das Modell des § 9 AGBG kannte, formulieren können, eine Klausel sei mißbräuchlich, wenn sie „mit wesentlichen Grundgedanken der gesetzlichen Regelung des anwendbaren Rechts, von der abgewichen wird, nicht zu vereinbaren ist". Daß er das nicht getan hat, dürfte im übrigen auch daran liegen, daß anderen Mitgliedstaaten die Prüfung der Abweichung vom dispositiven Recht keineswegs als der gleichsam natürliche, einzig die Rationalität der Entscheidung verbürgende Maßstab erscheint.[91]

Die Harmonisierung nur der „zulässigen Abweichungsmarge" ist auch mit den bereits oben ins Feld geführten Regelungszwecken unvereinbar, denn die erwünschte Einheitlichkeit der Regelung wäre auf diese Weise nicht erreichbar. Hinzu kommt die praktisch kaum zu bewältigende Schwierigkeit, die „zulässige Abweichungsmarge" zu bestimmen. In einer handhabbaren Formel nach der Art: dispositives Recht minus zehn Prozent, ist das kaum zu leisten, denn dafür sind die erforderlichen Bewertungen zu komplex. Auch ist schwerlich vorstellbar, daß der Gesetzgeber den EuGH vor die Aufgabe stellen wollte, (u.U.) jede einzelne Klausel an zwölf verschiedenen Rechtsordnungen zu messen und je nach dem von deren dispositiven Recht vorgegebenen Maßstab als innerhalb oder außerhalb der zulässigen Marge zu beurteilen; darauf läuft aber die Annahme hinaus, nur die zulässige Abweichungsmarge sei harmonisiert worden. Schließlich spricht gegen diese

---

Harmonisierungskonzept verknüpft *Grundmann* Schuldvertragsrecht, 1. Teil Rn. 43 und 2.10 Rn. 14, den Ansatz der Richtlinie: Die Angleichung der Abweichungsmarge führe dazu, daß sich national verschiedene Standardverträge bilden, die dann von den Gewerbetreibenden im Wege der Rechtswahl gewählt werden können; auf diese Weise bildeten sich „Marken" von Standardverträgen heraus, die dann zu einem Wettbewerb der Rechtsordnungen führen würden.

[87] Vgl. *Grundmann* Schuldvertragsrecht, 2.10 Rn. 14. Ebenso, aber wegen dieser Konsequenz kritisch, *Basedow* FS Mestmäcker, S. 355f.

[88] BE 13 S. 2 Hs. 2 AGBRL.

[89] Vgl. *Nassall* WM 1994, 1645, 1651 mit vergleichenden Hinweisen zum französischen und italienischen Recht.

[90] Insoweit kann auch das Modell der „Marken" (soeben, Fn. 86) funktionieren.

[91] Vgl. die Diskussion des englischen Rechts bei *Beale* in: Good Faith and Fault, S. 236f.

Auslegung auch der in den Begründungserwägungen 13 und 14 enthaltene Hinweis auf die Freistellung von Klauseln, die dem nationalen Recht entsprechen. Ergibt sich aus der 14. Begründungserwägung, daß die Mitgliedstaaten verpflichtet sind, das dispositive Recht von Regelungen zu befreien, die ein Mißverhältnis der vertraglichen Rechte und Pflichten begründen, so heißt das, daß der Mißbrauchsstandard der Richtlinie nicht nur autonom ist, sondern auch „absolut", also nicht je nach dem anwendbaren Recht unterschiedlich.

Der Mißbräuchlichkeitsmaßstab des Art. 3 Abs. 1 ist daher nicht nur insofern autonom, als es sich um einen gemeinschaftsrechtlichen und vom EuGH zu konkretisierenden Standard handelt. Autonom ist der Maßstab auch insofern, als die Mißbräuchlichkeit ohne Rekurs auf das nationale Recht zu bestimmen ist.

#### bb) Konkretisierung des Mißbräuchlichkeitsmaßstabs

Eine nicht-ausgehandelte Vertragsklausel ist mißbräuchlich, „wenn sie entgegen dem Gebot von Treu und Glauben zum Nachteil des Verbrauchers ein erhebliches und ungerechtfertigtes Mißverhältnis der vertraglichen Rechte und Pflichten verursacht".[92] Anhalt für eine gemeinschaftsautonome Konkretisierung dieses Maßstabs bietet zuerst das Tatbestandsmerkmal des Mißverhältnisses von Rechten und Pflichten (2).[93] Zweitens kann man dafür die Angemessenheit im Lichte des Vertragszwecks heranziehen (3). Drittens schließlich bieten die Grundwertungen des Europäischen Vertragsrechts Anhaltspunkte dafür, ob ein als treuwidrig zu beurteilendes Mißverhältnis von Rechten und Pflichten vorliegt (4).[94] Keine eigenständige Bedeutung hat hingegen die Rechtsvergleichung (5). Bevor wir diese Ansätze zur Konkretisierung des Mißbrauchsmaßstabs erörtern, ist zu klären, welche Bedeutung die Klauselliste im Anhang der Richtlinie hat: Ihr kommt eine Indizfunktion zu, und deshalb kann die Klauselliste auch für die weitere Untersuchung fruchtbar gemacht werden.

#### (1) Bedeutung des Klauselkatalogs im Anhang

Der Anhang zur AGB-Richtlinie enthält eine „als Hinweis" dienende und nicht erschöpfende Liste der Klauseln, die für mißbräuchlich erklärt werden können (Art. 3 Abs. 3; nachfolgend vereinfacht auch „Klauselverbote"). Die Klauselliste will „nur Beispiele geben", infolge ihres „Minimalcharakters" kann sie von den Mitgliedstaaten „ergänzt oder restriktiver formuliert" werden. Der Gesetzgeber ist damit hinter der

---

[92] *Kötz* FS Mestmäcker, S. 1042 nennt den Mißbräuchlichkeitsmaßstab eine Klausel mit „kaum greifbarem operationalen Gehalt" und schlägt S. 1042–1046 eine Konkretisierung mit Hilfe des ökonomischen Modells vom vollständigen Vertrag vor; dafür bietet die Richtlinie indes keinen Anhalt und auch dieses Modell befreit nicht von der Notwendigkeit, Wertentscheidungen zu treffen.

[93] *Grundmann* Schuldvertragsrecht, 2.10 Rn. 22–26 und 14; *Lockett/Egan* Unfair Terms, Rn. 3.12.

[94] Zu diesem Ansatz grundlegend *Nassall* JZ 1995, 689, 692–694; gegenüber einzelnen Ausführungen – nicht dem Ansatz an sich – kritisch *Grundmann* Schuldvertragsrecht, 2.10 Rn. 26.

anfänglich vorgeschlagenen Schwarzen Liste und auch hinter dem Modell einer Liste typischer Fälle zurückgeblieben.[95]

Da der Gesetzgeber die Klauselliste selbst nur als „Hinweis“ bezeichnet hat, ist ihre Bedeutung umstritten.[96] Einerseits ist es anscheinend nicht notwendig, die aufgelisteten Klauseln als mißbräuchlich anzusehen, andererseits spricht doch einiges dafür, da sonst kein Grund ersichtlich ist, warum der Gesetzgeber gerade diese wenigen Klauseln überhaupt erwähnt hat. Jedenfalls können die Mitgliedstaaten nicht gehindert sein, die aufgelisteten Klauseln für mißbräuchlich zu erklären.[97] Die Bedeutung der „Klauselverbote“ geht aber noch über diese sehr vagen Rahmenvorgaben hinaus. Denn der Anhang enthält offenbar solche Klauseln, die nach Meinung des Gesetzgebers anrüchig sind. Die 17. Begründungserwägung läßt denn auch nicht zu, daß die Mitgliedstaaten hinter den Vorgaben des Anhangs zurückbleiben, sondern nur, daß sie diese *ergänzen oder restriktiver formulieren*. Die „Hinweise“ im Anhang sind daher – eher im Sinne der englischen und französischen Fassung (*indicative list, liste indicative*) – als Indizien oder als eine Art Soll-Vorschrift zu verstehen: Kommen nicht besondere Umstände hinzu – und diese können nach Art. 4 Abs. 1 insbesondere in den Umständen des Vertragsschlusses oder in anderen Klauseln liegen –, so ist davon auszugehen, daß die aufgelisteten Klauseln mißbräuchlich sind.[98] Mit dem Zweck der Richtlinie, die insbesondere auch dem Rechtssicherheitsinteresse der Verbraucher dient (BE 14) ist diese Auslegung ebenso vereinbar wie mit dem Wortlaut des Art. 3 Abs. 3 und der 17. Begründungserwägung. Daß man so doch in die Nähe einer Liste von Klauseln kommt, die „typischerweise“ als mißbräuchlich anzusehen sind – eine Formulierung, zu der sich der Rat nicht entschließen konnte –, wiegt gegenüber der teleologisch abgestützten Auslegung weniger schwer.

Die erste Entscheidung des EuGH zur AGB-Richtlinie, die freilich der Vorlagefrage nach die Mißbräuchlichkeit gar nicht betraf, läßt erkennen, daß auch das Gericht der Klauselliste eine Indizfunktion beimißt. Am Anfang seiner Prüfung einer Gerichtsstandsklausel steht die Feststellung, daß solche Klauseln geeignet sind, dem Verbraucher die Rechtsverfolgung zu erschweren und damit nach Ziff. 1 lit. q) des Anhangs als

---

[95] Zur Entwicklung *Heinrichs* FS Reich, S. 528–531; *Remien* ZEuP 1994, 36, 60. Kritisch wegen des Verlusts an Rechtssicherheit R. *Van den Bergh* in: Greenpaper EU Contract Law (www-Fassung), S. 16 (sub 3.5).

[96] Vgl. *Remien* ZEuP 1994, 34, 60 m.N. Für Unverbindlichkeit *Eckert* ZIP 1996, 1238, 1241; *Heinrichs* NJW 1996, 2190, 2197; *Damm* JZ 1994, 161, 175; *Wolff* Konkretisierungskompetenz für Generalklauseln, S. 204–209. Unergiebig ist freilich der Hinweis von *Wolf*/Horn/Lindacher Art. 3 RL Rn. 31, Art. 249 EG kenne die Rechtsform des „Hinweises“ nicht, da es sich zweifellos um eine Richtlinie handelt, die den Hinweis enthält.

[97] *Grundmann* Schuldvertragsrecht, 2.10 Rn. 25; *Heinrichs* NJW 1996, 2190, 2197.

[98] In diese Richtung auch *Kapnopoulou* Recht der mißbräuchlichen Klauseln, S. 139f.; *Kretschmar* Richtlinie über mißbräuchliche Klauseln, S. 238f.; *Leible* RIW 2001, 422, 426; Grabitz/Hilf II-*Pfeiffer* A 5 (AGBRL) Art. 3 Rn. 41; 80f.; *Schmidt-Kessel* WM 1997, 1732, 1737; *Wolf*/Horn/Lindacher Art. 3 RL Rn. 32; zurückhaltend *Damm* JZ 1994, 161, 175; *Niebling* WiB 1994, 863, 864; *Schwartze* JZ 2001, 246, 248. Auch die Entscheidung EuGH v. 7. 5. 2002 – Rs. C-478/99 *Kommission ./. Schweden* Slg. 2002, I-4147 Rn. 20f. und die Ausführungen von GA *Geelhoed* ebd. SchlA Tz. 22, 35, weisen in diese Richtung.

mißbräuchlich beurteilt werden können.[99] Den inkriminierten Klauseln des Anhangs kommt also eine Indizfunktion für die Mißbräuchlichkeit zu.

Darüber hinaus können dem Klauselanhang aber auch grundsätzliche Wertungen entnommen werden, die für die Konkretisierung des Mißbräuchlichkeitsmaßstabs herangezogen werden können (näher sogleich, (4), S. 445–449). Das gilt auch dann, wenn der nationale Gesetzgeber die Klauseln des Anhangs nicht in die nationale Umsetzungsregelung übernommen hat.[100] Denn durch seine Umsetzung kann der einzelne Mitgliedstaat nicht über den Begriff der „treuwidrigen Benachteiligung" disponieren.[101]

(2) Das Verhältnis von Rechten und Pflichten

Das neben dem Klauselanhang konkreteste Element für die Beurteilung der Mißbräuchlichkeit ist das „ungerechtfertigte Mißverhältnis der vertraglichen Rechte und Pflichten".[102] Eine treuwidrige Benachteiligung kann demnach zum einen in der einseitigen Zuweisung von Vor- und Nachteilen liegen, zum anderen in der Aufbürdung sachlich nicht begründeter Lasten.

Diese einseitige Lastenverteilung war für den EuGH in seiner ersten Entscheidung zur AGBRL im Fall *Océano* entscheidend. Dort war in einer nicht-ausgehandelten Vertragsklausel der Ort der Niederlassung des Gewerbetreibenden als Gerichtsstand vorgesehen worden. Der EuGH weist darauf hin, daß diese Gerichtsstandsklausel dem Verbraucher die Rechtsverfolgung erschwere, da er einen Prozeß nicht an seinem Wohnsitz führen könne. Spiegelbildlich erleichtere die Klausel dem Gewerbetreibenden die Rechtsverfolgung, da sie ihm ermögliche „sämtliche Rechtsstreitigkeiten, die seine Erwerbstätigkeit betreffen, bei dem Gericht zu bündeln, in dessen Bezirk er seine Niederlassung hat, was sowohl sein Erscheinen organisatorisch erleichtert als auch die damit verbundenen Kosten verringert".[103]

Eine treuwidrige Benachteiligung kann auch dadurch indiziert sein, daß die Zuweisung von Vor- und Nachteilen sachlich nicht begründet ist. Was sachlich begründet ist, kann sich freilich nur aus dem Vertragszweck einerseits[104] oder einer vom Einzelvertrag unabhängigen Beurteilung der vertraglichen Risikoverteilung andererseits ergeben. Soweit – und solange – dem EuGH für die überindividuelle Beurteilung der Risikoverteilung kein vom Gesetzgeber vorgegebener Maßstab (dispositives Recht, sonstige

---

[99] EuGH v. 27. 6. 2000 – verb.Rs. C-240 bis 244/98 *Océano* Slg. 2000, I-4941 Rn. 22.

[100] *Lockett/Egan* Unfair Terms, Rn. 4.2; *Remien* ZEuP 1994, 34, 61. Im Rahmen der Auslegung von § 9 AGBG hält es *Eckert* ZIP 1996, 1238, 1241 für „nicht unbedenklich", die Klauselverbote des Anhangs heranzuziehen; das widerspreche der gesetzgeberischen Entscheidung, den Anhang nicht zu übernehmen und es bei den Klauselverboten der §§ 10, 11 AGBG zu belassen; zweifelnd auch *Nassall* JZ 1995, 689, 691; indes schlagen die Bedenken nicht durch, da der Gesetzgeber *nicht* ausgedrückt hat, die Richtlinie fehlerhaft umsetzen zu wollen.

[101] Umgekehrt ist freilich richtig, daß die nationalen Gesetzgeber den Anhang nicht als gesetzliche Klauselverbote umsetzen müssen; *Heinrichs* FS Reich, S. 533.

[102] Art. 3 Abs. 1 AGBRL.

[103] EuGH v. 27. 6. 2000 – verb.Rs. C-240 bis 244/98 *Océano* Slg. 2000, I-4941 Rn. 22f.

[104] *Wolf*/Horn/Lindacher Art. 3 Rn. 6.

Grundwertungen) zur Verfügung steht, muß er die erforderlichen Mindeststandards anhand des Vertragszwecks entwickeln.

(3) Gefährdung des Vertragszwecks

Eine Klausel benachteiligt den Verbraucher in treuwidriger Weise, wenn sie seinen berechtigten Interessen nicht angemessen Rechnung trägt (BE 16 a.E.), insbesondere dazu führt, daß der Vertragszweck gefährdet wird (vgl. § 307 Abs. 2 Nr. 2 BGB). Die Treuwidrigkeit ergibt sich in diesem Fall schon aus dem Maßstab, den die Parteien selbst mit dem vereinbarten Vertragszweck vorgeben.[105] Dieser Maßstab wird auch unter § 307 BGB herangezogen, soweit ein Vergleichsmaßstab des dispositiven Rechts fehlt, wie z.B. bei kautelarischen Sicherungsmitteln (Sicherungsübereignung).[106] Eine nichtausgehandelte Klausel kann daher insbesondere deswegen unwirksam sein, weil sie Rechte des Verbrauchers ausschließt oder beschränkt, die für den Vertragstyp oder den mit dem Vertrag verfolgten wirtschaftlichen Zweck entscheidend sind.

(4) Unvereinbarkeit mit Grundwertungen des Europäischen Vertragsrechts

Endlich kann sich die treuwidrige Benachteiligung auch daraus ergeben, daß die Klauselregelung mit Grundwertungen des Europäischen Vertragsrechts unvereinbar ist.[107] Zwar enthält das Europäische Vertragsrecht vorläufig nur wenige dispositive Vorschriften,[108] Grundwertungen können sich aber – selbstverständlich – auch aus dem zwingenden Recht ergeben. Anhaltspunkte dafür enthält – auch über die inkriminierten Einzelklauseln hinaus – auch der Klauselanhang.[109] Zunehmend liefern zudem spezielle

---

[105] Diese Prüfung scheitert nicht schon an einer Zirkularität. Jedenfalls wenn das wirtschaftliche Ziel der Vereinbarung zugrundeliegt bzw. vorausgeht, kann es einen von dem Vereinbarung (einschließlich der zu überprüfenden Klausel) unabhängigen Maßstab bilden. Intendieren die Parteien den Abzahlungskauf einer Nähmaschine, wobei die Käuferin den Preis aus ihren Einnahmen aus Näharbeiten bestreiten soll, so vereitelt ein übermäßig scharfes Herausgaberecht des Verkäufers wegen Zahlungsverzugs bei fortlaufender Zahlungsverpflichtung die Erreichung des Vertragszwecks.

[106] Ebenso *Grundmann* Schuldvertragsrecht, 2.10 Rn. 15 (für die „modernen Vertragstypen", für die auch im nationalen Recht der Vergleichsmaßstab des dispositiven Rechts fehle). Dazu etwa BGHZ 124, 370, 374: „Maßgeblich ist, ob die Klauseln des Sicherstellungsvertrages bei einer generalisierenden Betrachtung unter Berücksichtigung der typischen Interessen der Beteiligten eine unangemessene Benachteiligung der Vertragspartner der Beklagten [Bank] ergeben (BGHZ 98, 303, 308)."

[107] In diese Richtung auch *Nassall* JZ 1995, 689, 692–694 (der auf die Prinzipien des europäischen Vertragsrechts abstellt, die Klauselliste im Anhang aber nicht berücksichtigt); *Leible* RIW 2001, 422, 426; *Schmidt-Kessel* WM 1997, 1732, 1738. Beispielhaft BGHZ 124, 370, 374, zur Problematik der Übersicherung: „... weil die Übersicherung einen vernünftigen, die schutzwürdigen Belange beider Vertragspartner angemessen berücksichtigenden Interessenausgleich verhindert und damit dem das bürgerliche Recht beherrschenden *Leitbild der Vertragsparität* (vgl. BVerfG ZIP 1993, 1774, 1780) zuwiderläuft, ohne daß hierfür ein anerkennenswertes Bedürfnis besteht".

[108] Oben, § 15 C (S. 392–397).

[109] So auch *Kommission* Mitteilung an das Europäische Parlament, SEK(92) 1944 endg. – SYN 285 v. 22.10.1992, S. 5: „Dennoch stellt die Liste in der Form, wie sie Teil des gemeinsamen Standpunktes ist, immerhin eine nützliche Orientierungshilfe für Richter, einzelstaatliche Behörden und betroffene Wirtschaftssubjekte dar. Zudem dürfte sie zur Präzisierung der allgemeinen Kriterien in Artikel 3 der Richtlinie beitragen."

Klauselverbote, die auf die AGBRL Bezug nehmen, Anhaltspunkte für die Konkretisierung.[110]

Verschiedene der im Anhang aufgelisteten Klauseln bedeuten, daß sich das von Art. 3 Abs. 1 AGBRL als Grundsatz genannte Mißverhältnis der vertraglichen Rechte und Pflichten aus einer Verletzung des *Verhältnismäßigkeitsgrundsatzes* ergeben kann. Der Verhältnismäßigkeitsgrundsatz besagt hier, daß die vertraglichen Rechte und Pflichten nur so weit gehen sollen, wie das von dem mit ihnen verfolgten Zweck her geboten ist.[111] Die Entschädigung wegen einer Pflichtverletzung des Verbrauchers darf nicht unverhältnismäßig zu dem dadurch verursachten Schaden oder dem damit verfolgten Anreizzweck sein (Ziff. 1 lit. e);[112] der Gewerbetreibende darf den Vertrag nicht ohne schwerwiegende Gründe kündigen (Ziff. 1 lit. g); die Frist zum Widerspruch gegen eine automatische Vertragsverlängerung darf nicht ungebührlich lang sein (Ziff. 1 lit. h). Einen Anwendungsfall dieses „vertragsrechtlichen Verhältnismäßigkeitsgrundsatzes" enthält Art. 4 Abs. 4 PRRL: Ein Recht des Veranstalters/Vermittlers, nachträglich die Preise zu erhöhen, kommt nur aus bestimmten sachlichen Gründen – nämlich nachträglicher Kostensteigerung – in Betracht. In ähnlicher Weise kommt eine Ersetzungsbefugnis des Fernabsatzlieferers nur in Betracht, wenn die Ware oder Dienstleistung nicht verfügbar ist; die Ersatzleistung muß dann „qualitätsmäßig und preislich gleichwertig" sein.[113] Wenn schließlich Ziff. 2 lit. b) des Anhangs und Art. 4 Abs. 2 lit. b) VerbrKrRL davon ausgehen, daß der effektive Jahreszins geändert werden kann, so deshalb, weil hier ein sachlicher Grund in der Veränderlichkeit des Zinssatzes gegeben ist;[114] die Bedingungen, zu denen der Zins geändert werden kann, müssen nach dem Verhältnismäßigkeitsgrundsatz diesem Sachgrund entsprechen und dürfen über das danach Erforderliche nicht hinausgehen.[115]

Ein zweiter wesentlicher Gesichtspunkt ist in vielen Klauseln des Anhangs ein *Gleichgewicht* von Rechten bzw. ein angemessener Ausgleich von Rechten und Pflichten.[116] Ganz formal wird das Gleichgewicht von Rechten und Pflichten öfter so verstanden, daß beide Teile dieselben Rechte und Pflichten haben müssen:[117] der Gewerbetreibende darf nicht einseitig den Verbraucher binden und sich selbst frei halten (Ziff. 1 lit. c); hat der Gewerbetreibende das Recht, Anzahlungen zu behalten, wenn der Verbraucher den

---

110 So jetzt Art. 15 FFRL; s. ferner Art. 15 V-VerbrKrÄRL.

111 S. schon oben, § 15 D II (S. 401–412), für den Grundsatz von Treu und Glauben.

112 Weitergehend sah Art. 12 V-FernURL für Fernunterrichtsverträge noch ein Verbot von Strafklauseln und pauschaliertem Schadensersatz vor. Keine Aussagekraft hat hier das Verbot von Vertragsstrafen für den Fall der Ausübung des Widerrufsrechts (oben, § 14 II 2 d bb [S. 340]); jenes Verbot dient nur der Absicherung des Widerrufsrechts.

113 Art. 7 Abs. 2 und 3 FARL.

114 Ziff. 2 lit. b Anh. AGBRL spricht von „begründeten Fällen".

115 S.a. Art. 3 Abs. 3 KaufGRL, Einschränkung der Käuferrechte wegen Unverhältnismäßigkeit; dazu *Staudenmayer* NJW 1999, 2393, 2395.

116 Dieser Gesichtspunkt spielte unter dem früheren AGBG „kaum eine Rolle"; *Heinrichs* FS Reich, S. 552.

117 *Nassall* JZ 1995, 689, 694 spricht insoweit von dem Prinzip der Gegenseitigkeit.

Vertrag nicht schließt, so muß dem Verbraucher eine entsprechende Entschädigung zustehen, wenn der Gewerbetreibende nicht abschließt (Ziff. 1 lit. d); hat der Gewerbetreibende ein freies Kündigungsrecht, so muß es der Verbraucher auch haben (Ziff. 1 lit. f). In anderen Fällen kann das vertragliche Gleichgewicht aber auch durch Verbraucherrechte hergestellt werden, die mit jenen des Gewerbetreibenden korrespondieren bzw. jene *ausgleichen*: kündigt der Gewerbetreibende „nach freiem Ermessen", so muß der Verbraucher geleistete Zahlungen für noch nicht erbrachte Leistungen zurückfordern können (Ziff. 1 lit. f); hat der Gewerbetreibende das Recht, den Preis zur Zeit der Leistung festzusetzen oder zu erhöhen, so muß der Verbraucher vom Vertrag zurücktreten können, wenn der Preis wesentlich über dem anfänglich vereinbarten liegt (Ziff. 1 lit. l; auch Ziff. 2 lit. b)); kommt der Gewerbetreibende seinen Pflichten nicht nach, so muß der Verbraucher die Möglichkeit haben, auch seine Leistungen vorübergehend oder dauernd nicht zu erfüllen (Ziff. 1 lit. o). Eine Spezialregelung zu dieser Fallgruppe enthält bereits Art. 4 Abs. 4, 5 PRRL, wonach der Reisende vom Vertrag Abstand nehmen kann, wenn der Veranstalter/Vermittler nachträglich den Preis erhöht.[118]

Bei den Klauselverboten des Anhangs geht es drittens auch um den Schutz von *vertragsrechtlichen Grundwertungen*: die Sicherung der vertraglichen Einigung; die Bewahrung des vereinbarten Äquivalenzverhältnisses; der Schutz der Vertragsbindung; und der Schutz des Vertrauens auf die Abrede.[119] Dem Schutz der vertraglichen *Einigung* dient die Inkriminierung von Klauseln, die die Zustimmung zu Vertragsklauseln fingieren, die der Verbraucher nicht einmal zur Kenntnis nehmen konnte. Dieser Residualschutz der vertraglichen Zustimmung des Verbrauchers ist auch sonst ein wesentliches Anliegen im Europäischen Vertragsrecht.[120] So muß eine – nach Wahl der Mitgliedstaaten mögliche – Ersetzungsbefugnis des Fernabsatzlieferers zumindest vor Vertragsschluß „vorgesehen" sein, der Verbraucher ist davon zu unterrichten;[121] ebenso müssen die Bedingungen, zu denen der effektive Jahreszins geändert werden kann, in den Vertrag aufgenommen werden.[122] Im Zusammenhang mit dem Einigungsgrundsatz kann man auch die „Verbote" von Leistungsbestimmungsklauseln sehen (Ziff. 1 lit. l, m). Bedeutet die Kontrolle nicht-ausgehandelter Klauseln eine grundsätzliche Zurückhaltung gegenüber der Abweichung vom Verhandlungsmodell, so ist es folgerichtig, auch einseitigen Leistungsbestimmungsrechten Vorbehalte entgegenzubringen.[123] Dem Schutz des (subjektiven) *Äquivalenzverhältnisses* dient es, wenn der Gewerbetreibende Zahlungen für nicht erbrachte Leistungen im Falle der Kündigung nicht behalten darf (Ziff. 1 lit. f) und wenn der Gewerbetreibende nicht Erfüllung verlangen kann, obwohl er selbst seine Verpflich-

---

118 Näher unten, II 2 und § 17 A III 2f bb S. 513f.

119 Ähnlich Grabitz/Hilf II-*Pfeiffer* A 5 (AGBRL) Art. 3 Rn. 67–74.

120 S.o. § 14 I 1 a (S. 312f.).

121 Art. 7 Abs. 3 S. 1 und 2 FARL; dazu oben, § 15 C I 1 (S. 393).

122 Art. 4 Abs. 2 lit. b VerbrKrRL.

123 S.a. *Collins* Oxf.J.Leg.Stud. 14 (1994) 229, 241.

tungen nicht erfüllt (Ziff. 1 lit. o).[124] Das Äquivalenzverhältnis schützt etwa auch die Regelung des Art. 4 Abs. 7 PRRL, nach der der Veranstalter wegen nicht erbrachter Vertragsleistungen gleichwertigen Ersatz oder Entschädigung zu leisten hat. Auch die bereits im Zusammenhang mit dem Verhältnismäßigkeitsprinzip angesprochenen Bestimmungen über die nachträgliche Preisänderung gehören hierher.[125] Eng mit dem Äquivalenzgedanken verbunden ist die Skepsis des Anhangs gegenüber Klauseln mit Sanktionscharakter. Bereits erwähnt wurde Buchstabe 1e des Anhangs, wonach die klauselmäßige Vereinbarung unverhältnismäßig hoher Entschädigungen mißbräuchlich sein kann. Darunter können übermäßige Schadenspauschalen ebenso fallen wie Vertragsstrafen. Um die *Bindung* an die getroffene Vereinbarung geht es, wenn einseitige Vertragsänderungsbefugnisse des Gewerbetreibenden beargwöhnt werden (Ziff. 1 lit. j). Ebenfalls aus dem Gedanken der Vertragsbindung begründet ist auch die Inkriminierung der Befugnis zur Vertragsübertragung ohne Mitwirkung des Verbrauchers, wenn dadurch dessen Sicherheiten beeinträchtigt werden (lit p). Der Grundsatz der Bindung an den gewählten Partner und des Schutzes vor einer Verschlechterung des vertraglich „eingegangenen" Insolvenzrisikos läßt sich, wie oben (§ 15 E I 3, S. 419f.) erörtert, auch den wenigen diesbezüglichen Regeln im Europäischen Vertragsrecht entnehmen. Schließlich dienen die „Klauselverbote" dem Schutz des *vertraglichen Vertrauens* des Verbrauchers.[126] Deshalb kann der Gewerbetreibende sich nicht klauselweise ein kurzfristiges Kündigungsrecht ausbedingen (Ziff. 1 lit. g); eine Änderungsbefugnis des Gewerbetreibenden setzt auch voraus, daß der sachliche („triftige") Grund dafür im Vertrag aufgeführt wird, so daß sich der Verbraucher darauf einstellen kann.

Eine Grundwertung des Europäischen Privatrechts wird ferner im *Transparenzgebot* gesehen,[127] das – von der Europäischen Rechtsetzung weitgehend unabhängig – auch der Bundesgerichtshof für die AGB-Kontrolle fruchtbar gemacht hat.[128] In der Tat ist die

---

124 Ebenso *Collins* Oxf.J.Leg.Stud. 14 (1994) 229, 241, der darauf hinweist, daß der Klauselanhang ebenso wie der englische Unfair Contract Terms Act sicherstellen wolle, daß der Verbraucher bekommt, was er vereinbart hat.

125 Art. 4 Abs. 4 PRRL, Art. 4 Abs. 2 lit. b) VerbrKrRL. Zum Prinzip der „Stabilität des Preis-Leistungsverhältnisses" als verbraucherrechtlichen Grundsatz des Europäischen Vertragsrechts auch *Nassall* JZ 1995, 689, 693. Der von *Nassall* in diesem Zusammenhang erwähnte Art. 3 Abs. 2 UAbs. 2 iVm Abs. 1 und lit. i des Anhangs TSRL betrifft freilich nicht die Stabilität des vereinbarten Preis-Leistungsverhältnisses, sondern die Verläßlichkeit vorvertraglicher Angaben. Beim Timesharingvertrag ist eine Änderung von Preisen z.B. für Nebenleistungen mit Rücksicht auf die definitionsgemäß lange Laufzeit (Art. 2 Sps. 1) unvermeidlich; in nicht-ausgehandelten Vertragsklauseln ist aber der oben erwähnte Verhältnismäßigkeitsgrundsatz zu wahren, wonach die Preissteigerung dem zugrundeliegenden Sachgrund entsprechen muß.

126 Dieser Schutzansatz dürfte dem englischen Recht entstammen; vgl. *Beatson* Law of Contract, S. 183; *Collins* Oxf.J.Leg.Stud.14 (1994) 229, 241 zum Unfair Contract Terms Act 1977.

127 Unter dem Gesichtspunkt der Inhaltskontrolle zuerst *Nassall* JZ 1995, 689, 692f. Als ein eigenes Kriterium für die Mißbräuchlichkeit sieht das Transparenzgebot an *Reich* VuR 1995, 1, 5.

128 Übersicht bei *Wolf*/Horn/Lindacher § 9 Rn. 143–154; jetzt § 307 Abs. 1 BGB. Für die Richtlinie ähnlich („formelle Mißbräuchlichkeit" iSv Art. 3 AGBRL) *Bueso Guillen* VuR 1994, 309, 311f.; dagegen *Heinrichs* FS Trinkner, S. 171–173.

vorzugsweise Wahl von Informationsregeln ja keine willkürliche Entscheidung, sondern eine folgerichtige Ausgestaltung einer auf Markt und Wettbewerb beruhenden Vertragsordnung. Zu beachten ist indes, daß das Transparenzgebot in ganz verschiedenen Funktionen auftritt. So wird z.B. vom Transparenzgebot gesprochen, wenn es im Bereich der Grundfreiheiten um den Vorrang von Information vor Verboten geht. Ein Beleg für das Transparenzgebot wird in den zahlreichen Informationspflichten des Europäischen Privatrechts gesehen, zumeist indes ohne die damit verfolgten Ziele zu berücksichtigen, die etwa bei vorvertraglichen und vertraglichen Informationspflichten ganz unterschiedlich sein können. Ebenso ist auch bei der Mißbrauchskontrolle zu differenzieren, zumal das Transparenzgebot hier schon durch Einzelvorschriften speziell ausgeformt ist.[129] Sucht man die Bedeutung des Transparenzgebots für die Beurteilung des Mißverhältnisses nach Art. 3 Abs. 2 zu ermitteln, so bietet sich deshalb die Ausbildung von Fallgruppen an. Wegen Verstoßes gegen das Transparenzgebot kann man eine Klausel etwa dann als mißbräuchlich ansehen, wenn sie vertragliche Rechte in einer Weise regelt, daß die zwingenden gesetzlichen Regelungen verschleiert werden und der Verbraucher dadurch an ihrer Wahrnehmung gehindert werden kann.[130] Diese Wertung entspricht nicht nur dem Transparenzgedanken, sie wird auch durch die Vorschrift des Art. 6 Abs. 2 Sps. 1 KGRL[131] sowie die Klauselverbote der Ziff. 1 lit. q abgestützt.

Endlich liegt verschiedenen „Klauselverboten" der *Grundsatz des effektiven Rechtsschutzes* zugrunde. So sollen die Aufrechnungsbefugnis des Verbrauchers – „die Zwangsvollstreckung des kleinen Mannes" – (Ziff. 1 lit. b) und sein Zurückbehaltungsrecht (Ziff. 1 lit. o) nicht unverhältnismäßig eingeschränkt und die Rechtsdurchsetzung vor den staatlichen Gerichten nicht erschwert werden (Ziff. 1 lit. q).[132] In diesem Bereich zeigt sich freilich die Relativität des Mißbräuchlichkeitsbegriffs und seine Abhängigkeit vom nationalen Recht besonders stark, denn welche gesetzlichen Rechte zur Zurückbehaltung oder Aufrechnung der Verbraucher hat und welche Rechtsverfolgungsmöglichkeiten (z.B. Gerichtsstand) ihm offen stehen, hängt von dem weithin nicht-angeglichenen nationalen Recht ab.[133]

---

[129] Oben, 2 b) (S. 435).

[130] So für das deutsche Recht BGHZ 104, 82, 92–94. Aus der Literatur nur *Drexl* Wirtschaftliche Selbstbestimmung, S. 357.

[131] Allerdings haben wir die Belehrungspflicht des Art. 6 Abs. 2 Sps. 1 KGRL oben, § 15 B II 1 und 3 (S. 379–381, 382f.), als systemwidrige Vorschrift angesehen; das spricht dafür, ihre Bedeutung möglichst gering zu halten und sie auch sonst im Vertragsrecht zu isolieren. An dieser Stelle geht es indes nicht um die Statuierung einer Belehrungspflicht, sondern um die Beurteilung von nicht-ausgehandelten Klauseln; in diesem Zusammenhang ist die *Wertung,* die Art. 6 Abs. 2 Sps. 1 KGRL zugrundeliegt, durchaus mit dem inneren System des Europäischen Vertragsrechts vereinbar.

[132] S.a. Art. 15 FFRL, wonach die Abweichung von der aus dem Sphärengedanken begründeten Beweislastverteilung – unabhängig von der Frage der individuellen Aushandelung – als mißbräuchlich anzusehen ist; dazu *Riesenhuber* WM 1999, 1441, 1450.

[133] Zum Beispiel für die Aufrechnung *Zimmermann* FS Medicus, S. 707–739.

(5) Rechtsvergleichend ermittelter Maßstab?

Man könnte schließlich daran denken, die Mißbräuchlichkeit mangels weiterer positivrechtlicher Anhaltspunkte an einem rechtsvergleichend entwickelten Maßstab zu entwickeln. In Betracht käme zum einen eine (wertend-) vergleichende Betrachtung, ob Klauseln der zu überprüfenden Art in den Mitgliedstaaten mißbilligt werden.[134] Zum anderen könnte man daran denken, die Mißbräuchlichkeit am Maßstab des gemeineuropäischen Vertragsrechts – etwa der European Principles oder des Akademieentwurfs für ein Europäisches Vertragsgesetzbuch –[135] zu beurteilen:[136] Bewirkt die Klausel ein Mißverhältnis von Rechten und Pflichten, das, verglichen mit dem Verhältnis, das die Principles oder der Akademieentwurf vorsehen, als treuwidrig anzusehen ist? Beide Ansätze unterliegen Bedenken.

Nach hier vertretener Auffassung stellt die Mißbräuchlichkeit einen gemeinschaftsautonomen Maßstab dar. Wie allgemein, so sprechen auch hier Bedenken dagegen, die Autonomie des Europäischen Privatrechts durch eine wertende Rechtsvergleichung in Frage zu stellen. Der rechtsvergleichende Befund, daß einzelne Länder die Mißbräuchlichkeit *so* beurteilen, kann daher nur die Frage aufwerfen („Inspirationsfunktion"), nicht aber eine Antwort geben. Zu beantworten ist die Frage aus dem positiven Recht selbst. Daß auf die Rechtsfindung auch die nationale „juristische Sozialisation" der EuGH-Richter Einfluß hat, braucht man dabei nicht zu leugnen. Entscheidend ist, daß das Gericht seine wertende Entscheidung schließlich auf das System des Europäischen Vertragsrechts stützt.[137] Hinzu kommt der Einwand, daß die Richtlinie nur eine Mindestharmonisierung bezweckt.[138] Ein mit Hilfe der wertenden Rechtsvergleichung ermittelter Mißbräuchlichkeitsbegriff würde hingegen, wählte man bei dem dabei erforderlichen Bewertungsprozeß den Maßstab der (wie immer bestimmten) „fortschrittlichsten" Lösung, geradezu zu einer Maximumharmonisierung führen.[139]

---

[134] In diese Richtung vorsichtig *Remien* ZEuP 1994, 36, 61f. (Klauselverbot mehrerer Staaten als „starkes Indiz" für die Mißbräuchlichkeit, wenn auch ohne „rechtliche Automatik"); und wohl auch Grabitz/Hilf II-*Pfeiffer* A 5 (AGBRL) Art. 3 Rn. 41 (Rechtsvergleichung aber nur zur Vorbereitung der stets erforderlichen „richtlinieneigenen Wertung"). Ferner auch *Kretschmar* Richtlinie gegen mißbräuchliche Klauseln, S. 299, der den EuGH aus Gründen der Subsidiarität bei der Auslegung der Richtlinie und der Konkretisierung der Generalklausel darauf beschränken möchte, dafür neben dem positiven Gemeinschaftsrecht und den anerkannten Grundsätzen der EuGH Rechtsprechung „nur diejenigen Grundsätze ... [zu beachten], die auch den Rechtsordnungen der Mitgliedstaaten gemeinsam [sind]".

[135] Ansatzweise dafür *Berger* ZEuP 2001, 4, 16f. Als für den – zudem internationalen – *kaufmännischen* Verkehr konzipiert können die Unidroit Principles nur eingeschränkt herangezogen werden, wenn es darum geht, die „Angemessenheit" von Verträgen zwischen Gewerbetreibenden und Verbrauchern zu bestimmen.

[136] Dafür *Schmidt-Kessel* WM 1997, 1732, 1738; *Leible* Wege, § 5 E III 2 c ee aaa (mit Rücksicht auf die Einheitsregeln als *wertende Auswahl* aber nur „mit Vorsicht"); wohl auch *ders.* RIW 2001, 422, 426; ferner *Remien* RabelsZ 66 (2002) 503, 525.

[137] Zur „rechtsvergleichenden Auslegung" allgemein (ablehnend) *Grundmann/Riesenhuber* JuS 2001, 529, 533f.

[138] Dazu allgemein oben, § 8 (S. 146–170).

[139] Ebenso *Grundmann* Schuldvertragsrecht, 2.10 Rn. 26.

Beispielsweise die Lando-Principles als Vergleichsmaßstab heranzuziehen, kommt aber ebensowenig in Betracht. Zu Recht ist darauf hingewiesen worden, daß diese Grundregeln, von einer „willkürlich“ zusammengestellten Gruppe von Rechtsvergleichern erstellt,[140] schon nicht die „Legitimation durch Verfahren“ haben, die dem staatlichen Recht zugrundeliegt.[141] Zudem müßte sich sogleich die Frage stellen, welche der – künftig sicher noch zahlreicheren – Sammlungen von Grundregeln heranzuziehen sind. Den Referenzmaßstab für die Mißbräuchlichkeitsbeurteilung können solche privaten Regelwerke daher nicht bilden.

cc) Einzelfragen

Ausgangspunkt für die Inhaltskontrolle von nicht-ausgehandelten Vertragsklauseln ist die Ermittlung des Sachverhalts. Dazu gehören (1) die Art der Güter oder Dienstleistungen, die Gegenstand des Vertrags sind, (2) alle den Vertragsabschluß begleitenden Umstände sowie (3) alle anderen Klauseln desselben Vertrages oder eines anderen Vertrages, von dem die Klausel abhängt, Art. 4 Abs. 1 AGBRL.[142] Beurteilt man Vertragsklauseln wesentlich auf der Grundlage des Vertragszwecks und dem Verhältnis zu den Rechten, die beide Seiten haben, so versteht sich, daß diese Umstände von erheblichem Gewicht sein können. Beispielsweise ist der Grundsatz der Verhältnismäßigkeit einer Gestaltung von Rechten von dem Vertragsgegenstand abhängig. Preisanpassungsrechte muß man mit Rücksicht auf den Gegenstand beurteilen: Die Veränderlichkeit des Zinsniveaus kann eine Änderung des effektiven Jahreszinses rechtfertigen; doch kann grundsätzlich anderes gelten, wenn der Jahreszins schon mit Rücksicht auf die Laufzeit und die Veränderlichkeit bestimmt wurde. Geht es bei der Mißbräuchlichkeit vor allem um das Verhältnis der Rechte und Pflichten beider Seiten, so müssen diese insgesamt beurteilt werden. Dabei kann, wie schon der Klauselanhang zeigt, die Angemessenheit teilweise eine formale Gleichheit erfordern, vor allem wenn es um die Rechtsverfolgung geht (Waffengleichheit); teilweise ist auch nur ein Korrespondenzverhältnis erforderlich, wie im Beispiel des Anpassungsrechts des einen, dem ein Recht zur Abstandnahme des anderen als angemessener Schutz gegenüberstehen kann.

Zweifelhaft ist, welche Rolle den den Vertragsabschluß begleitenden Umständen zukommt. Diese auf eine konkret-individuelle Kontrolle hinweisenden Faktoren können wohl bei einer Kontrolle im einzelnen ausgehandelter Vertragsbedingungen eine Rolle spielen (so nach § 138 Abs. 2 BGB), bei der Kontrolle nicht-ausgehandelter Bedingungen

---

[140] Vgl. nur die Auswahl und Auswechselung der Kommissionsmitglieder bei *Lando/Beale* European Principles, S. xii f. und xvii–xix.

[141] *Mertens* RabelsZ 56 (1992) 219, 238–240: „Mangels Legitimation durch Verfahren, wie sie der staatlichen Gesetzgebung innewohnt, hat das transnationale Wirtschaftsrecht einen Legitimationsbedarf in dem Sinne, daß der Richter es als eine für seinen Spruch maßgebliche gerechte Ordnung rechtfertigen muß.“ S.a. *Canaris* in: Europäische Vertragsrechtsvereinheitlichung, S. 13 Fn. 27, der darauf hinweist, daß die persönliche Integrität und fachliche Qualifikation der Verfasser von der rechtlichen Autorität der Grundregeln getrennt werden muß.

[142] Für den Kriterienkatalog dürfte u.a. Schedule 2 des englischen Unfair Contract Terms Act 1977 Pate gestanden haben.

ist ihre Bedeutung unklar.[143] Es liegt die Annahme nahe, daß diese Prüfungskriterien aus den früheren Vorschlägen, die auch die Kontrolle ausgehandelter Klauseln betraf, unbesehen übernommen wurde.[144] Vielleicht kann man daran denken, daß u.U. auch einseitige Vertragserwartungen, die zwar dem Vertragspartner bekannt gegeben, aber nicht zum Vertragsinhalt gemacht wurden, den Vertragszweck mitbestimmen und so bei der Beurteilung des „Mißverhältnisses" eine Rolle spielen können.

## 4. Vertragsrechtliche Folge der Mißbräuchlichkeit: Unverbindlichkeit

Mißbräuchliche Klauseln sind „für den Verbraucher unverbindlich". Wie die Mitgliedstaaten diese Unverbindlichkeit herstellen, ist grundsätzlich ihre Sache. In Betracht kommt neben der Unwirksamkeit (§§ 307–309 BGB) etwa auch der Ausschluß der Klagbarkeit.[145] Dem Zweck der AGBRL entsprechend bezieht sich die Unwirksamkeit aber nur auf die mißbräuchliche Klausel. Der Vertrag im übrigen bleibt wirksam, vorausgesetzt nur, daß er ohne die mißbräuchliche Klausel bestehen kann. Die AGBRL will nicht Verträge verbieten, die nicht-ausgehandelte Klauseln enthalten, sondern nur sicherstellen, daß der andere Teil auch ohne Aushandelung nicht unangemessen benachteiligt wird.

## 5. Grundgedanken

Die AGB-Richtlinie nimmt sich den mit nicht-ausgehandelten Vereinbarungen verbundenen Sachfragen für den Teilbereich des einseitigen Unternehmensvertrags bzw. des Verbraucherschutzes an. Anerkennt sie, im Grundsatz dem Konzept einer formalen Vertragsfreiheit folgend, auch nicht-ausgehandelte Vereinbarungen als bindend,[146] so beruht die Inhaltskontrolle nach der Klauselrichtlinie auf dem insoweit tendenziell gegenläufigen Grundsatz der materialen Vertragsfreiheit, knüpft die Regelung doch ganz

---

[143] Nach Section 11 (2) iVm Schedule 2 lit. (a) des englischen Unfair Contract Terms Act 1977, der auch ausgehandelte Klauseln erfaßt, ist u.a. die *strength of the bargaining positions* ebenfalls zu berücksichtigen, von den Gerichten wird sie aber offenbar nur zur Beurteilung ausgehandelter Klauseln herangezogen; vgl. *Beatson* Law of Contract, S. 192f.

[144] *Remien* ZEuP 1994, 34, 55.

[145] *Grundmann* Schuldvertragsrecht, 2.10 Rn. 27; *Wolf*/Horn/Lindacher Art. 6 RL Rn. 4. Der Gesetzgeber hat bewußt den offenen Begriff der „Unwirksamkeit" gewählt, um den unterschiedlichen nationalen Rechtssystemen Freiraum zu lassen; *Tenreiro*/*Karsten* in: Rechtsangleichung und nationale Privatrechte, S. 245. Zur Feststellung der Unwirksamkeit *von Amts wegen* EuGH v. 27. 6. 2000 – Rs. C-240-244/98 *Océano* Slg. 2000, I-4941 Rn. 25–29; dazu *Whittaker* LQR 117 (2001) 215–220; weitergehend *Hau* IPRax 2001, 96, 97.

[146] Oben, § 14 I 1 a (S. 313f.).

zentral an die fehlende „Aushandelung“ an.[147] Die Möglichkeit, sich auf Vereinbarungen einzulassen, die ein anderer ohne Verhandlungsbereitschaft vorschlägt, oder die Vereinbarung bestimmter Bedingungen zur Voraussetzung des Vertragsabschlusses zu machen, ist der Kern der formalen Vertragsfreiheit.[148] Ihr kommt auch in der Rechtspraxis eine anerkannte Rolle zu, etwa zur erforderlichen Gestaltung von atypischen Verträge (Franchising, Leasing) oder um einen Vertragstyp den Bedürfnissen einer bestimmten Branche (Computersoftware) anzupassen: In diesen Fällen ist die Verwendung von nicht-ausgehandelten, regelmäßig vorformulierten Klauseln sinnvoll und kann sie nicht durch ein Aushandeln im Einzelfall ersetzt werden. Für den anderen Teil ist es wirtschaftlich nicht sinnvoll, die nicht verhandelbar „gestellten“ Klauseln zu prüfen oder gar zu vergleichen.[149] Insoweit versagt der Marktmechanismus.[150] Wenn aber, wie bei nicht-ausgehandelten Klauseln häufig der Fall, die beiden Hauptgaranten der Vertragsgerechtigkeit – Aushandelung[151] und Wettbewerb – nicht funktionieren, so ist das Anlaß für eine inhaltliche Überprüfung des Vertrags auf seine Ausgewogenheit.

Wesentlich für das Verständnis der Richtlinienregelung ist aber, daß sie die Vereinbarungen über den Hauptgegenstand und das Preis-Leistungsverhältnis grundsätzlich keiner Inhaltskontrolle unterwirft, es sei denn, diese wären nicht klar und verständlich ausgedrückt. Hier wird besonders deutlich, daß die Richtlinie hinsichtlich des Hauptgegenstands ein Marktversagen nicht schon dann annimmt, wenn dieser nicht „ausgehandelt“ wurde. Auch wenn der Verbraucher mit dem Gewerbetreibenden über den Preis des Staubsaugers nicht gefeilscht hat, besteht grundsätzlich noch kein Grund, der Ausgewogenheit des Vertrags zu mißtrauen. Denn Staubsauger gibt es in jedem Kauf- und Versandhaus, und der Verbraucher kann zwischen den verschiedenen Preis- und Leistungsangeboten in Ruhe auswählen, wenn er will. Selbstverständlich besteht daher auch dann kein Grund, an der „Richtigkeit“ der Entscheidung zu zweifeln, wenn der

---

147 *Drexl* Wirtschaftliche Selbstbestimmung, S. 346f.; *Wilhelmsson* ERPL 1997, 151, 155 (kritisch vor dem Hintergrund des strengeren nordischen Rechts: „strong respect for freedom of contract, as traditionally understood“). Anders als das deutsche AGBG für Verträge mit Nicht-Verbrauchern bezieht sich die AGBRL sogar auf Einmalklauseln; kritisch *Canaris* AcP 200 (2000) 273, 323, der die „Sogwirkung“ des vorformulierten Textes jedenfalls nur für einseitige Unternehmensverträge als tragenden Grund anerkennen möchte. *Wackerbarth* AcP 200 (2000) 45, 78f., begründet die Inhaltskontrolle mit der für Nebenabreden in AGB fehlende Willensbildung; – die Folgerung, daß bei „geringer Datenmenge“ (z.B. nur Gewährleistungsausschluß) die Inhaltskontrolle nicht gerechtfertigt sei (S. 81) ist mit der Richtlinie nicht vereinbar; sie ist in der Sache unbefriedigend, weil die Gefahr für den Klauselgegner nicht nur in der Unverständlichkeit von Klauseln liegt, sondern auch in der Unabschätzbarkeit ihrer praktischen Bedeutung für ihn (z.B. einfach zu verstehender, in den Folgen schwer zu übersehender Haftungsausschluß).

148 S. nur *Canaris* FS Steindorff, S. 541, 548f.; *Medicus* JuS 1996, 761, 764; w.N. oben, § 14 I 1 a (S. 313f.).

149 Gerade in der deutschen Rechtswissenschaft war die Frage umstritten, ob AGB durch Vereinbarung der Parteien Vertragsbestandteil werden. Das war nicht nur auf dem Boden der Normtheorie streitig (zu ihr und den gegen sie sprechenden Gründen *Wolf*/Horn/Lindacher Einl Rn. 12f.). S. noch *Flume* Rechtsgeschäft, § 37, 1 (S. 669f.); *Schapp* Grundfragen der Rechtsgeschäftslehre, S. 78; sowie *Larenz* Allgemeiner Teil, § 29a I b, Fn. 12 (S. 554).

150 *Canaris* AcP 200 (2000) 273, 323f.

151 S.a. *Canaris* AcP 200 (2000) 273, 284 Fn. 29. Weitergehend etwa *Damm* VersR 1999, 129, 138.

Verbraucher sich „uninformiert" dafür entscheidet, im Design-Studio das Modell „Black Magic" zu kaufen; insofern bleibt die Vertragsgerechtigkeit nach dem Modell des formal-liberalen Vertragsdenkens eine vom Rechtssystem inhaltlich nicht definierte Kategorie.[152] Die Gegenposition, die die „berechtigten Erwartungen" des Verbrauchers definieren und im Vertragsrecht schützen möchte, hat der Europäische Gesetzgeber im Laufe des Gesetzgebungsverfahrens aus guten Gründen verworfen.[153] Daß der Hauptgegenstand hingegen dann der Kontrolle unterworfen wird, wenn seine Beschreibung nicht klar und verständlich ist, ist nur folgerichtig, denn in diesem Fall hatte der Verbraucher schon nicht die *Chance* einer informierten Entscheidung.

Die Regelung bedeutet daher zuerst, daß das Europäische Vertragsrecht im Grundsatz einem formalen Verständnis der Vertragsfreiheit folgt, nach dem eine Vereinbarung nicht der Aushandelung bedarf und die Vertragsbedingungen vom Markt kontrolliert werden. Uneingeschränkt bleibt dieser Grundsatz freilich nur für den Hauptgegenstand und das Äquivalenzverhältnis. Daß die Richtlinie insoweit ein Transparenzgebot aufstellt, steht dazu nicht im Widerspruch, denn darin liegt lediglich eine Absicherung des Wettbewerbs, der der Transparenz bedarf, um die Schutzfunktion zu erfüllen, die ihm im Hinblick auf den einzelnen Vertrag zukommt. Andere nicht-ausgehandelte Vertragsklauseln werden auf Mißbräuchlichkeit überprüft, vor allem weil sie der Marktkontrolle nicht unterliegen. Der Mißbräuchlichkeitsmaßstab enthält neben prozeduralen Maßstäben auch inhaltliche und folgt insofern einem materialen Äquivalenzprinzip, nach dem die ausgetauschten Leistungen gleichwertig sein sollen. Das Äquivalenzprinzip regiert indes nicht in seiner positiven, sondern nur in seiner negativen Form. Vertragsklauseln brauchen nicht positiv angemessen zu sein, sondern dürfen nur nicht negativ mißbräuchlich sein.

## II. Spezielle Inhaltskontrolltatbestände[154]

### 1. Kontrolle von Vereinbarungen über den Zahlungsverzug in Verträgen zwischen Unternehmen

Einen besonderen Tatbestand der Inhaltskontrolle enthält die Zahlungsverzugsrichtlinie. Die Regelung erscheint geradezu als Miniatur der Vorschriften der AGB-Richtlinie. Der

---

[152] *Canaris* AcP 200 (2000) 273, 324f.; s.a. *Bundesrat* Beschluß v. 1.3.1991, BR-Drs. 611/90 (Beschluß), Ziff. 5 (S. 3).

[153] *Collins* Oxf.J.Leg.Stud. 14 (1994) 229, 236–238.

[154] Neben den folgenden Tatbeständen kann man auch die kartellrechtlichen Gruppenfreistellungsverordnungen als Inhaltskontrolltatbestände ansehen; so z.B. *Lurger* Vertragliche Solidarität, S. 99 (GVOen „konkretisieren die Klauselkontrolle und verschärfen bisweilen auch den Kontrollmaßstab"). Diese bleiben hier indes plangemäß (oben, § 10 A I 2 [S. 214f.]) außer Betracht, weil diese Inhaltskontrolle spezifischen kartellrechtlichen Zwecken dient, die für die allgemeine Inhaltskontrolle nicht von Bedeutung sind.

Grundsatz ist klar und einfach: Im Geschäftsverkehr (b) kann der Schuldner eine von den dispositiven Vorschriften über den Zahlungsverzug abweichende Vereinbarung, die für den Zahlungsgläubiger grob unbillig ist (c), nicht geltend machen (d). Für das Verständnis des Tatbestands der Inhaltskontrolle ist es erforderlich, zunächst kurz den Regelungszusammenhang und die Begründung für seine Einführung zu erörtern.

### *a) Hintergrund*

Die Inhaltskontrolle von Vereinbarungen über den Zahlungsverzug (nachfolgend auch „Verzugsabreden") ist im Zusammenhang der gemeinschaftsrechtlichen Regelung über den Zahlungsverzug im Handelsverkehr zu sehen. Anlaß für die Regelung war die Feststellung, daß die Zahlungsdisziplin im Geschäftsverkehr mangelhaft ist und unterschiedliche mitgliedstaatliche Regelungen sich als wettbewerbsverzerrend und damit hemmend für den grenzüberschreitenden Verkehr erweisen können. Deshalb hat der Gesetzgeber u.a. Vorgaben für den Zahlungstermin, die Voraussetzungen für den Ersatz von Verzugszinsen und Beitreibungskosten sowie die Höhe der Verzugszinsen gemacht. Diese Bestimmungen hat er indes nicht zwingend vorgeschrieben, sondern den Parteien als Normalmodell zur Disposition gestellt. Die Inhaltskontrolle weist aus, daß er der vertraglichen Disposition indes doch nicht ganz vertraut hat.

Sieht man die Erwägungen in der Präambel auf eine Erklärung für diese besondere Vorsicht hin durch, so finden sich dort zwei Begründungsstränge, die sich aber beide als für die Inhaltskontrolle nicht tragend erweisen. Der erste geht dahin, daß der Zahlungsverzug ein Problem ist, das einheitlich gelöst werden müsse, da unterschiedliche Regeln in den Mitgliedstaaten den Binnenhandel beeinträchtigen.[155] Das alles ist freilich keine Rechtfertigung für die Kontrolle von *Vereinbarungen* über den Zahlungszeitpunkt und die Verzögerungsfolgen, denn den Zahlungsverzug versteht auch der Gesetzgeber als eine Überschreitung der *vereinbarten* Frist. Das Problem des Zahlungsverzugs ist also, daß der Schuldner die Vereinbarung *nicht einhält,* und welche rechtlichen Folgen das hat. In der Tat kann man *insoweit* unschwer einen Regelungsbedarf für die Gemeinschaft erkennen, denn die Annahme ist ohne weiteres plausibel, daß die grenzüberschreitende Geltendmachung von Verzögerungsschäden (und Beitreibungskosten) infolge unterschiedlicher gesetzlicher Regeln übermäßig schwer ist. Doch das alles hat, wie gesagt, mit der Inhaltskontrolle von Verzugsabreden nichts zu tun.

Der zweite Begründungsstrang ist näher daran. Danach verursachen „übermäßig lange Zahlungs*fristen* … große Verwaltungs- und Finanzlasten";[156] „in einigen Mitgliedstaaten weichen die vertraglich vorgesehenen Zahlungsfristen erheblich vom Gemeinschaftsdurchschnitt ab";[157] „die Unterschiede zwischen den Zahlungsbestimmungen und -*praktiken*" (damit sind dem Zusammenhang nach offenbar auch Vereinbarungen über lange Fristen gemeint) „beeinträchtigen das reibungslose Funktionieren des Binnen-

---

155 BE 7, 9, 11 ZVerzRL.
156 BE 7 ZVerzRL.
157 BE 8 ZVerzRL.

marktes";[158] und das schließlich „hat eine beträchtliche Einschränkung des Geschäftsverkehrs zwischen den Mitgliedstaaten zur Folge", denn „es widerspricht Art. 14 des Vertrags, da Unternehmer in der Lage sein sollten, im gesamten Binnenmarkt unter Bedingungen Handel zu treiben, die gewährleisten, daß grenzüberschreitende Geschäfte nicht größere Risiken mit sich bringen als Inlandsverkäufe. Es käme zu Wettbewerbsverzerrungen, wenn es für den Binnen- und den grenzüberschreitenden Handel Regeln gäbe, die sich wesentlich voneinander unterscheiden".[159] Auch dieser Begründungsstrang bietet indes keine schlüssige Rechtfertigung für den Eingriff in die Vertragsfreiheit. Lange Zahlungsfristen können sicher mißlich sein. Und es mag schwer sein, die Vertriebsverwaltung auf unterschiedliche Standards für vertragliche Zahlungsfristen einzustellen. Damit muß man indes leben, wenn man sich nicht im Verhandlungswege dagegen wehren kann. Der Gemeinschaftsgesetzgeber kann nicht mehr tun, als einen einheitlichen dispositiven Standard einzuführen. Wollte man nicht nur unterschiedliche Regeln, sondern auch unterschiedliche Verhaltensweisen als Handelshemmnisse ansehen, so würde man damit von dem fundamentalen Konzept der Integration durch den Markt abweichen.[160] Denn Integration durch den Markt bedeutet, daß die Gemeinschaft sich im wesentlichen darauf beschränkt, einen einheitlichen Rahmen für das Marktgeschehen bereitzustellen, in dieses aber – diesseits von Unlauterkeit und Kartellverstoß – nicht selbst eingreift. Richtig ist daher, daß es zu Wettbewerbsverzerrungen käme, wenn es für den Binnen- und grenzüberschreitenden Handel wesentlich unterschiedliche *Regeln* gäbe. Daß sich aber auf der Basis einheitlicher Regeln (hier: über den Zahlungsverzug) bei den bestehenden unterschiedlichen Gepflogenheiten und kulturellen und regionalen Prägungen ein uniformes Marktverhalten nur schrittweise oder auch gar nicht entwickelt, ist nicht zu beanstanden. Integration durch Markt bedeutet gerade, daß man den Teilnehmern nicht vorschreibt, was sie wollen, sondern ihnen die Möglichkeit gibt, das selbst zu entscheiden und zu vereinbaren. Unterschiedliches Marktverhalten – sei das nun in Form der Vereinbarung unterschiedlicher Zahlungsfristen oder unterschiedlicher Produktqualitäten – bietet daher keinen Interventionsanlaß.

Daher bleibt nur eine dritte, in der Präambel nur angedeutete Erklärung für die gemeinschaftsweit harmonisierte Inhaltskontrolle. Der Gesetzgeber vermutet, daß die in der Praxis beobachteten langen Zahlungsfristen und niedrigen Zinssätze teils gar keinen Vertragsbruch darstellen, sondern vereinbarungsgemäß erfolgen. Das ist nun eigentlich nicht zu beanstanden. Ein rechtlich relevantes Problem entsteht erst dann, wenn ein „Mißbrauch der Vertragsfreiheit zum Nachteil des Gläubigers" vorliegt, weil der Zahlungsschuldner ihm schlechte Zahlungsbedingungen „aufzwingt".[161] Eine Handhabe gegen solchen Mißbrauch soll die Inhaltskontrolle bieten.[162]

---

[158] BE 9 ZVerzRL.

[159] BE 10 ZVerzRL.

[160] Das heißt nicht, daß die tatsächliche Übung des Rechtsverkehrs kein Handelshemmnis darstellen könnte. Zur Rechtspraxis als Verletzung der Grundfreiheiten oben, § 5 I 1 (S. 86f.).

[161] BE 19 ZVerzRL.

[162] S.a. *Schulte-Braucks* NJW 2001, 103f.

### b) *Persönlicher und sachlicher Anwendungsbereich*

So wie die Zahlungsverzugsrichtlinie allgemein erfaßt auch der spezielle Tatbestand der Inhaltskontrolle nur Vereinbarungen „im Geschäftsverkehr", also solche zwischen Unternehmen und zwischen Unternehmen und der öffentlichen Hand. Erfaßt sind nur Zahlungsansprüche aus gegenseitigen Verträgen.[163]

Der Inhaltskontrolle nach der Zahlungsverzugsrichtlinie unterliegen Vereinbarungen, „die nicht im Einklang mit Absatz 1 Buchstaben b) bis d) und Absatz 2" stehen. Das sind Vereinbarungen über den Zahlungstermin (Abs. 1 lit. b), über die Voraussetzungen für den Zinsanspruch (Abs. 1 lit. c), über die Höhe der Verzugszinsen (Abs. 1 lit. d) und über den Ersatz von Beitreibungskosten (Abs. 2) (nachfolgend auch „Verzugsvereinbarungen"). Vereinbaren die Kaufvertragsparteien, daß die Zahlung erst nach dem dispositiven Zeitpunkt des Absatz 1 lit. b fällig ist oder Verzugszinsen 7% betragen sollen, so unterliegt diese Vereinbarung der Inhaltskontrolle. Anders als die Kontrolle nach der AGB-Richtlinie betrifft jene nach der Zahlungsverzugsrichtlinie jede Vereinbarung, also auch die im einzelnen ausgehandelte. Ausgehandelte Vereinbarungen dürften allerdings die Inhaltskontrolle leichter bestehen.

### c) *Tatbestand: Grob nachteilige Verzugsvereinbarung*

Im Rahmen der Inhaltskontrolle ist zu überprüfen, ob Verzugsvereinbarungen für den Zahlungsgläubiger „grob nachteilig" sind. Auch dieser Kontrollmaßstab ist gemeinschaftsautonom auszulegen.[164] Dafür sprechen der Wortlaut ebenso wie die bis zu Beispielsfällen reichenden Erläuterungen in den Begründungserwägungen. Eine gemeinschaftsautonome Auslegung ist aber vor allem wegen des Vereinheitlichungszwecks geboten. Denn wenn der Gesetzgeber sich nicht damit begnügt, das dispositive Zahlungsverzugsrecht anzugleichen, sondern darüber hinaus auch noch die Inhaltskontrolle abweichender Vereinbarungen regelt, so wird deutlich, daß es ihm darauf ankommt, einen einheitlichen Standard zu setzen. Ohne gemeinschaftsautonome Auslegung ließe sich die für den grenzüberschreitenden Handel erforderliche Sicherheit, die der Gesetzgeber gewährleisten wollte, nicht erreichen.

Ob eine Verzugsvereinbarung grob nachteilig ist, bestimmt sich nach „alle(n) Umstände(n) des Falles einschließlich der guten Handelspraxis und der Art der Waren". Eine grobe Nachteiligkeit kommt insbesondere dann in Betracht, wenn die Abweichung vom dispositiven Recht ohne „objektiven Grund" vereinbart wurde. Darin zeigt sich zunächst, daß das Europäische Vertragsrecht hier, wo es eine dispositive Regelung enthält, dieser in ähnlicher Weise Modellcharakter beimißt wie herkömmlich das deutsche Recht gegen mißbräuchliche Allgemeine Geschäftsbedingungen. Das dispositive Recht nimmt in Anspruch, einen gerechten, den Interessen der Parteien grundsätzlich ent-

---

163 Art. 1, Art. 2 Ziff. 1 ZVerzRL.

164 Ebenso (ohne Erörterung) *Schulte-Braucks* NJW 2001, 105, 106. Zu den allgemeinen Kriterien für die gemeinschaftsautonome Auslegung oben, § 4 II 5 (S. 74–81).

sprechenden Ausgleich darzustellen. Zweitens begegnet auch hier die Vorstellung eines vertraglichen Verhältnismäßigkeitsgrundsatzes, nach dem die vereinbarten Rechte und Pflichten nicht willkürlich sein dürfen, sondern dem Vertragszweck entsprechen müssen.[165]

Wann eine Abweichung objektiv gerechtfertigt und daher jedenfalls nicht grob nachteilig ist, erläutern die 18. und 19. Begründungserwägung. Danach trägt die Richtlinie besonderen Vertragstypen Rechnung, die Abweichungen von dem dispositiven Verzugsrecht rechtfertigen. Genannt werden – „insbesondere" – solche Verträge, bei denen die längere Zahlungsfrist gleichsam als Ausgleich für (a) eine Bindung („Beschränkung der Vertragsfreiheit") des anderen Teils oder (b) einen höheren Zinssatz vereinbart wird.[166] Die Abweichung von den Zahlungsfristen des Art. 3 Abs. 1 lit. b ZVerzRL ist m.a.W. insbesondere nicht zu beanstanden, wenn sich der Zahlungsschuldner dafür längerfristig gebunden oder einen höheren Zinssatz versprochen hat.[167] Das sind „objektive Gründe", weil der Zahlungsgläubiger von seinem gesetzlichen Recht für ein Nachgeben des Schuldners in einer anderen Position abrückt. Negativbeispiele sind zum einen die Vereinbarung, die in erster Linie dazu dient, dem Schuldner „zusätzliche Liquidität auf Kosten des Gläubigers zu verschaffen", und zum anderen der Generalunternehmer, der seinen Subunternehmern Zahlungsbedingungen „aufzwingt", die auf der Grundlage der ihm selbst gewährten Bedingungen nicht gerechtfertigt sind.[168] Wenn es dem Schuldner „in erster Linie" darum geht, seine Liquidität zu verbessern, so ist das kein „objektiver Grund", denn Liquidität wollen beide gleichermaßen und das Liquiditätsinteresse des Zahlungsgläubigers will die Richtlinie ja gerade verteidigen. Und der Generalunternehmer hat keinen Grund, bei der Abrechnung noch einen Zinsgewinn mitzunehmen. In der Sache bedeutet das, daß der Zahlungsschuldner seine Marge nicht „verdeckt" über eine Verzugsklausel verbessern kann, sondern offen in den Preis einkalkulieren muß.

Die vom Gemeinschaftsgesetzgeber eröffnete Inhaltskontrolle von Verzugsabreden am Maßstab der „groben Nachteiligkeit", der seinerseits wesentlich von der „objektiven

---

[165] Zu diesem Kriterium als Kontrollmaßstab der AGB-Richtlinie oben, I 3 b) bb) (4) (S. 445–449).

[166] BE 18 ZVerzRL. Die deutsche Übersetzung scheint freilich fehlerhaft, insofern es dort heißt, daß „das Vorhandensein bestimmter Gruppen von Verträgen, für die eine längere Zahlungsfrist in Verbindung mit einer Beschränkung der Vertragsfreiheit oder *ein höherer Zinssatz* gerechtfertigt sein kann". Während es danach so scheint, als solle für bestimmte Verträge ein höherer Zinssatz gerechtfertigt sein, dürfte wohl gemeint sein, daß die längere Zahlungsfrist in Verbindung mit einem höheren Zinssatz gerechtfertigt sei. Die letztere Auslegung, die dem Zweck der Richtlinie wohl allein entspricht, bestätigen andere Sprachfassungen: Auf Englisch heißt das: „the existence of certain categories of contracts where a longer payment period in combination with a restriction of freedom of contract or a higher interest rate can be justified", auf Französisch: „l'existence de certaines catégories de contrats pour lesquels un délai de paiement plus long combiné à une limitation de la liberté contractuelle ou un taux d'intérêt plus élevé peuvent être justifié".

[167] Ein Umkehrschluß, daß längere Zahlungsfristen durch höhere Zinsen ausgeglichen werden *müßten*, ist indes nicht gerechtfertigt (so aber wohl *Hänlein* EuZW 2000, 680, 684); die längere Frist mag der Verkäufer ja z.B. auch deswegen gewährt haben, weil er ein erbetenes Zugeständnis beim Kaufpreis nicht machen wollte oder weil sie auch für ihn steuerlich günstiger ist.

[168] BE 19 ZVerzRL.

Begründung" bestimmt ist, öffnet eine Eingriffsmöglichkeit, die dem Wortlaut der Regelung nach außerordentlich weit geht und deren Grenzen daher nach teleologischen Erwägungen eng gesteckt werden müssen. Die gefährliche Weite des Tatbestands zeigt sich zuerst darin, daß danach auch Abreden über den Zahlungstermin einer Überprüfung unterzogen werden können. Der Zahlungstermin wird in der Wirtschaftspraxis aber ganz unmittelbar für preisrelevant gehalten, wie sich schon an der Vereinbarung von Skonti für frühzeitige Zahlung zeigt. Wenn aber der Zahlungstermin ein Teil der Preisabrede ist, dann birgt die Inhaltskontrolle einer solchen Abrede die Gefahr, daß das Gericht letztlich den Preis selbst oder das Preis-Leistungs-Verhältnis auf seine Angemessenheit überprüfen kann. Die bedenkliche Weite des Tatbestands verdeutlichen ferner die vom Gesetzgeber in den Begründungserwägungen genannten Beispielsfälle. Kern einer Abrede über den Zahlungstermin ist gerade, „dem Schuldner zusätzliche Liquidität ... zu verschaffen" und da er das Geld dem Gläubiger schuldet, gewinnt er diese zusätzliche Liquidität notwendig „auf Kosten des Gläubigers". Und bei einem Angebotsmarkt „zwingt" der Auftraggeber (Generalunternehmer) dem Auftragnehmer (Subunternehmer) in gewisser Weise jede für jenen nachteilige Bedingung auf.

Die erforderliche Begrenzung der Inhaltskontrolle ergibt sich aus den Grundwertungen des Europäischen Vertragsrechts einerseits und dem Zweck der Kontrollvorschrift andererseits. Im Recht der zweiseitigen Unternehmensgeschäfte, das die Zahlungsverzugsrichtlinie allein betrifft, herrscht ganz grundsätzlich Vertragsfreiheit.[169] Anlaß für einen staatlichen Eingriff bietet hier im allgemeinen weder die tatsächliche Stellung der Parteien – etwa ein strukturelles Ungleichgewicht – noch die Art der Vereinbarung – etwa die einseitige Vorformulierung. Anzeichen dafür, daß der Markt in erheblichem Maße nicht funktionieren würde, fehlen. Es wäre daher ganz ungereimt, im Geschäftsverkehr auch Individualvereinbarungen einer Inhaltskontrolle zu unterziehen, wo zugunsten von Verbrauchern eine Inhaltskontrolle nur bei nicht im einzelnen ausgehandelten Vereinbarungen für geboten erachtet wurde. Ist schon aufgrund dieser Erwägungen aus dem inneren System des Europäischen Privatrechts eine ganz restriktive Auslegung der Kontrollvorschrift geboten, so wird das von dem Gesetzeszweck bestätigt. Als tragende Begründung hat sich hier nur die Sorge vor einem *Mißbrauch* der Vertragsfreiheit erwiesen.[170] Ein solcher Mißbrauch ist aber im Geschäftsverkehr, wo man der Eigenverantwortung der Parteien grundsätzlich vertrauen kann, nur höchst ausnahmsweise anzunehmen: gegen seine Annahme spricht eine Vermutung.[171] Verglichen mit der dispositiven Regelung des Art. 3 Abs. 1 lit. b bis d und Abs. 2 ZVerzRL ist jede Verzugsabrede nachteilig. Zu beanstanden ist eine Nachteiligkeit aber nur, wenn sie äußerste Grenzen einer erträglichen Vereinbarung überschreitet. Ein auch noch so schwacher objektiver Grund reicht im allgemeinen aus, um das Verdikt der groben Nachteiligkeit zu vermeiden. Nur wenn umgekehrt überhaupt kein objektiver Grund erkennbar ist, ist das ein Anzeichen („wird

---

[169] S.o., § 11 II 1 b (S. 240–242).

[170] Oben, a) (S. 455f.).

[171] Dementsprechend trifft nach der Fassung der Richtlinie den Zahlungsgläubiger, der die Unwirksamkeit begründen möchte, die Beweislast für die grobe Nachteiligkeit.

unter anderem berücksichtigt") für die grobe Nachteiligkeit. Keinesfalls darf man das Kriterium des objektiven Grundes dahin verstehen, daß der Zahlungsschuldner die Verzugsabrede positiv rechtfertigen oder gar seine Motivation offenlegen müßte, denn das wäre – offenbar intentionswidrig – das Ende der Vertragsfreiheit in diesem Bereich. Und erst recht gilt es, eine Kontrolle des Preis-/Leistungsverhältnisses zu vermeiden: Wenn selbst nicht-ausgehandelte Verträge zwischen Unternehmen und Verbrauchern grundsätzlich nicht auf die Angemessenheit des Äquivalenzverhältnisses überprüft werden,[172] so dürfen die Gerichte erst recht nicht taxieren, ob etwa die Zahlungsfrist im Hinblick auf den vereinbarten Preis angemessen ist.

Richtig verstanden ist die Inhaltskontrolle daher eine eng begrenzte Mißbrauchskontrolle. Sie erscheint so (auch abgesehen davon, daß sie auch Individualvereinbarungen erfaßt) eher als ein Spezialfall der Sittenwidrigkeitskontrolle denn als ein Spezialfall der Klauselkontrolle.

### *d) Rechtsfolgen*

Der Zahlungsschuldner kann grob unbillige Verzugsvereinbarungen nicht geltend machen oder schuldet wegen ihrer Vereinbarung Schadensersatz. Während der Ausschluß der Geltendmachung eine naheliegende Rechtsfolge ist, ist nicht leicht zu verstehen, wie die verpönten Vereinbarungen durch einen Schadensersatzanspruch sanktioniert werden sollen. Nach deutschem Recht könnte man an einen Ersatzanspruch wegen *culpa in contrahendo* denken, der auf Naturalrestitution – (bei Kausalität:) Vertragsauflösung – gerichtet wäre. Weitergehend könnte der Ersatzanspruch auch Folgeschäden erfassen, die dadurch entstehen, daß der Zahlungsgläubiger, der annimmt, durch die verpönte Vereinbarung gebunden zu sein, sonstige Nachteile hat, z.B. weil ihm ein lukratives Geschäft entgeht, für das er keinen Kredit hat. Endlich könnte der Ersatzanspruch auf den Ersatz des Verzögerungsschadens gerichtet sein,[173] – den freilich die Zahlungsverzugsrichtlinie eigentlich ausgespart hatte.

An die Stelle der grob nachteiligen Regelung tritt das dispositive Recht oder eine vom Gericht bestimmte Vereinbarung.[174] Bei der gerichtlichen Ersetzung der Verzugsvereinbarung ist vielleicht an eine Herabsetzung gedacht, wie sie im deutschen Recht aus §§ 315 Abs. 3, 319, 343 BGB bekannt ist. Denkbar wäre etwa, daß die Umstände eine längere Zahlungsfrist rechtfertigen, die vereinbarte Frist aber noch darüber hinaus ging (geltungserhaltende Reduktion).

---

[172] I 1 b) (S. 428–432).

[173] *Schmidt-Kessel* NJW 2001, 97, 101; er will die Höhe des Ersatzanspruchs an den Rechtsfolgen des Art. 3 Abs. 1 und 2 ZVerzRL „orientieren"; damit käme man über den Ersatzanspruch auf einem Umweg im wesentlichen zu demselben Ergebnis wie über den Ausschluß der Geltendmachung.

[174] Die Wahl zwischen beiden Folgen dürfte beim Mitgliedstaat liegen, dessen Recht also etwa nicht gebunden ist, eine gerichtliche Herabsetzung vorzusehen. Wohl a.M. *Zaccaria* EuLF UK 2000, 386, 394 (richterliche Herabsetzung als vorrangiger Rechtsbehelf).

Flankierend haben die Mitgliedstaaten dafür zu sorgen, daß „angemessene und wirksame Mittel“ vorhanden sind, um grob unbilligen Klauseln ein Ende zu setzen.[175] Dazu gehören auch Verbandsklagerechte.[176] Das entspricht fast wörtlich der Regelung in Art. 7 Abs. 1 und 2 AGBRL.

## 2. Die Kontrolle von Preisanpassungsvereinbarungen in Pauschalreiseverträgen

Einen speziellen Kontrolltatbestand enthält auch Art. 4 Abs. 4 der Pauschalreiserichtlinie. Danach sind Preisanpassungsvereinbarungen in Pauschalreiseverträgen – theoretisch auch wenn sie im einzelnen ausgehandelt wurden – grundsätzlich unzulässig. Zulässig sind solche Abreden nur, wenn sie (1) dazu dienen, Änderungen der Kosten (Beförderungskosten, Abgaben wie Flughafengebühren, Wechselkurse) Rechnung zu tragen, (2) der Vertrag die Anpassungsmöglichkeit ausdrücklich vorsieht und (3) genaue Angaben zur Berechnung des neuen Preises enthält und (4) die Anpassung vor dem zwanzigsten Tag vor dem vereinbarten Abreisetermin erfolgt.

Der Sache nach stellt die Vorschrift eine Inhaltskontrolle in Form eines „Verbots ohne Wertungsmöglichkeit“ dar. Eine allgemeine, nicht auf Reiseverträge beschränkte Vorschrift über die Unzulässigkeit von kurzfristigen Preiserhöhungen enthält § 309 Ziff. 1 BGB. Danach ist die Preiserhöhung grundsätzlich unzulässig bei Verträgen über Leistungen, die innerhalb von vier Monaten nach Vertragsschluß erbracht werden sollen.[177] Der spezielle Kontrolltatbestand des Art. 4 Abs. 4 PRRL schränkt die Vertragsparteien weitergehend ein, insofern er Vereinbarungen unabhängig von der Leistungszeit erfaßt. Weniger streng ist die Regelung, insofern sie die Weitergabe bestimmter Kostenänderungen zuläßt.

Die Regelung, die offensichtlich den Reisenden („Verbraucher“ im untechnischen Sinne) schützen soll, begrenzt nicht nur Erhöhungs-, sondern auch Preisherabsetzungsklauseln, die sich zugunsten des Verbrauchers auswirken würden: Auch diese dürfen nur zu den vier genannten Bedingungen vereinbart werden. Was das soll, ist unklar. Jedenfalls aber gibt die Vorschrift nur die Grenzen für vertragliche Gestaltung vor und ist keine zwingende Inhaltsvorschrift. Ohne Anhalt in Wortlaut oder den gesetzgeberischen Äußerungen zum Schutzzweck ist die Ansicht, Veranstalter und/oder Vermittler seien dazu *verpflichtet*, den vereinbarten Preis bei nachträglicher Kostensenkung entsprechend herabzusetzen.[178]

---

175 Art. 3 Abs. 4 ZVerzRL.

176 Art. 3 Abs. 5 ZVerzRL.

177 Ausgenommen sind Leistungen im Rahmen von Dauerschuldverhältnissen.

178 S. oben, § 15 C I 2 (S. 394).

## III. Vereinbarkeit mit dem Gesetz, den guten Sitten und der öffentlichen Ordnung

In jeder Rechtsordnung gibt es Vorschriften, nach welchen ein Vertrag nicht durchsetzbar ist, wenn seine Abrede oder Durchführung gegen das Gesetz oder die guten Sitten verstößt.[179] Dasselbe muß im Grundsatz auch für das europäische Vertragsrecht gelten.[180] Eine allgemeine Regelung enthält das Europäische Vertragsrecht indes nicht – und die Tatsache, daß auch das UN-Kaufrecht (Art. 4 CISG) und die European Principles (bislang)[181] auf eine Regelung verzichtet haben,[182] hat geradezu die Sorge veranlaßt, dieser Regelungsbereich könne sich einer Vereinheitlichung entziehen.[183] Im Europäischen Vertragsrecht finden sich vereinzelte Vorschriften zur Gesetzes- oder Sittenwidrigkeit. Sie zu untersuchen ist besonders deswegen von Interesse, weil sich aus den Tatbeständen der Verbotsgesetze Grundwertungen des Gemeinschaftsrechts ergeben.[184]

Da das Europäische Recht für die Vielzahl der mitgliedstaatlichen Rechtsordnungen gilt, ist es funktional ausgerichtet mit der Folge, daß die Trennung zwischen gesetzlichem Verbot und guten Sitten nicht ebenso scharf zu ziehen ist, wie im nationalen Recht. Sie wird nachfolgend, geprägt von einer deutschen Sichtweise, gleichwohl beibehalten, um die Übersicht zu erleichtern. Auch die Unterscheidung von Primär- und Sekundärrecht ist hier nicht tragend und wird nur zu Zwecken der äußeren Ordnung verwandt.

### 1. Übersicht

#### *a) Die guten Sitten*

##### aa) Primärrecht

Eine Bindung an die guten Sitten, wie sie in §§ 138, 826 BGB enthalten ist, sieht das Europäische Recht nicht vor. Der EuGH hat allerdings in einer Entscheidung über die Rückforderung von Beihilfen aus dem Allgemeinen Rechtsgrundsatz des Rechtsmißbrauchsverbots die Nichtigkeit kollusiver Abreden abgeleitet, die den Zweck haben,

---

179 *Kötz* Vertragsrecht, § 9 I (S. 235); *Zweigert/Kötz* Rechtsvergleichung, § 28 I (S. 374–376).

180 Im Ansatz schon *Müller-Graff* in: The common law of Europe and the future of legal education, S. 243 f.

181 So noch Art. 4:101 EP; der 2002 veröffentlichte Teil III der Principles of European Contract Law enthält nunmehr Regeln über die *illegality* in Kapitel 15.

182 S. aber Art. 3.10 UP und dazu *Kötz* Vertragsrecht, § 8 III 2 (S. 201, Fn. 32) sowie jetzt Art. 30 AE-EuVGB.

183 M.E. *Storme* FS Drobnig, S. 195.

184 Für das deutsche Recht hat *Larenz* Allgemeiner Teil, § 22 III (S. 437 f.), nachgewiesen, daß damit zum einen die herrschende Moral, zum anderen die der Rechtsordnung selbst immanenten Prinzipien gemeint sind; zu letzterem Aspekt näher *ders.* Richtiges Recht, S. 55 *et passim.* Ähnlich *Medicus* Allgemeiner Teil, Rn. 680, der von den guten Sitten als „rechtlich geprägtem Ausschnitt aus der Sittenordnung“ spricht.

den Gläubiger zu schädigen.[185] Für das Privatrecht hat das nicht unmittelbar Bedeutung, doch hat der EuGH gelegentlich angedeutet, daß er Einschränkungen von Harmonisierungsrechtsakten durch allgemeine Regelungen des nationalen Rechts umso eher für berechtigt halte, wenn die nationale Regelung Ausdruck eines Rechtssatzes ist, der zugleich einen Allgemeinen Grundsatz des Primärrechts darstellt.[186]

Auch einen speziellen Maßstab der Sittenwidrigkeit von Wettbewerbsverhalten (§ 1 UWG), definiert das Europäische Recht nicht.[187] Es ist gegenüber dem Maßstab der guten Sitten aber keineswegs völlig neutral, wie die Einwirkung der Grundfreiheiten auf das nationale Wettbewerbsrecht zeigt. Bekanntlich hat der EuGH für die Beurteilung von Wettbewerbshandlungen den schwächeren Maßstab des „mündigen Verbrauchers" angelegt und dadurch die Rechtsprechung des BGH korrigiert, der sich am Leitbild des „flüchtigen Verbrauchers" orientiert hatte.[188] Ergänzt wird diese Rechtsprechung durch die Werbungsrichtlinie – also spezielles Lauterkeitsrecht –, die in dem gleichen Sinne auszulegen ist.[189]

bb) Sekundärrecht

Auch im Sekundärrecht ist ein Verbot sittenwidriger Rechtsgeschäfte nicht vorgesehen. Gibt das europäische Vertragsrecht eine Bindung an die guten Sitten nicht ausdrücklich vor, so kann das bedeuten, daß es diese Frage den nationalen Rechten überlassen hat, oder daß insoweit der Sittenmaßstab als immanente Schranke aus dem Europäischen Recht zu entwickeln ist.[190] Regelmäßig wird man davon ausgehen dürfen, daß der Gesetzgeber es bei den als gleichwertig erachteten Vorschriften über die Sittenwidrigkeit belassen wollte.

Anders muß man dann urteilen, wenn die Berufung auf nationale Unwirksamkeitsgründe die intendierte Einheitlichkeit der Regelung stören würde.[191] Daran kann man etwa im Fall der Handelsvertreterrichtlinie denken. Hier hat der EuGH entschieden, daß die Mitgliedstaaten „[a]ußer der schriftlichen Abfassung des Vertrags … keine weiteren Bedingungen aufstellen" können und deshalb das Wirksamkeitserfordernis einer Registereintragung unzulässig sei.[192] Dann muß man aber annehmen, daß auch sonstige Wirksamkeitsvoraussetzungen europarechtlich bestimmt werden müssen, da es auf die unterschiedliche technische Ausgestaltung als Eintragungs- oder Formerfordernis oder als

---

185 EuGH v. 1.3.1983 – Rs. 250/78 *DEKA ./. EWG* Slg. 1983, 421 Rn. 15–18. Dazu *Storme* FS Drobnig, S. 197.

186 EuGH v. 12.5.1998 – Rs. C-367/96 *Kefalas* Slg. 1998, I-2843 Rn. 20f.; s. schon oben, § 15 D III (S. 412–414).

187 Mit dem (ebenfalls autonom europarechtlich zu bestimmenden) Begriff der „Unlauterkeit" in Art. 4 Abs. 4 V1-FFRL war nicht die Unlauterkeit i.S. des Wettbewerbsrechts gemeint, sondern ein „unfaires" Verhalten im Verhältnis zum Verbraucher.

188 S.o. § 12 A III (S. 264–267).

189 Näher oben, § 13 A (S. 288–292).

190 Vgl. *Grundmann* Schuldvertragsrecht, 1. Teil Rn. 191.

191 S.o. § 15 D III (S. 412–414).

192 EuGH v. 30.4.1998 – Rx. C-215/97 *Bellone* Slg. 1998, I-2191 14; EuGH v. 13.7.2000 – Rs. C- 456/98 *Centrosteel* Slg. 2000, I-6007 14.

Verbotsgesetz- oder Sittenwidrigkeitsschranke nicht ankommen kann. Hier und in entsprechenden Fällen ist der Maßstab der guten Sitten europarechtlich bestimmt. Das führt freilich nur dazu, daß die nationalen Vorschriften europarechtlich überprüft werden, ob die Grenze der guten Sitten nicht zu weit gezogen ist. Das europäische Privatrecht gibt m.a.W. nicht die untere, sondern die obere Grenze der Sittenwidrigkeit vor.

### b) *Verbotsgesetze*

#### aa) Grundfreiheiten und primärrechtliche Diskriminierungsverbote

Selbstverständlich ist, daß die Grundfreiheiten unmittelbar auf nationale Verbotsgesetze einwirken können, umstritten hingegen die Frage, ob die Grundfreiheiten schon selbst privatrechtliche Verbotsgesetze darstellen. Die Lehre von der unmittelbaren Wirkung der Grundfreiheiten sieht die primärrechtlichen Grundfreiheiten nicht nur als an die Mitgliedstaaten gerichtete Beschränkungsverbote und Schutzgebote an, sondern auch als unmittelbar an Private gerichtete Vorschriften. Grundfreiheiten wären folgerichtig als Verbotsgesetze (auch) für privatrechtliche Vereinbarungen anzusehen.[193] Diese Lehre überzeugt, wie oben (§ 5 III, S. 101–118) dargelegt, aus verschiedenen Gründen nicht. Nach hier vertretener Auffassung sind ausschließlich die Mitgliedstaaten Adressaten der Grundfreiheiten, doch trifft sie die Pflicht, die Grundfreiheiten auch im Privatrechtsverkehr zu schützen. Vermittelt über diese Schutzpflichten wirken die Grundfreiheiten auch auf das Privatrecht ein. Im Ergebnis kann sich das wie eine unmittelbare Drittwirkung *auswirken*, im Regelfall kommt eine solche unmittelbare Drittwirkung indes nicht in Betracht, da entweder schon eine Schutzpflicht der Mitgliedstaaten zu verneinen ist oder diesen bei der Erfüllung der Schutzpflichten ein Ermessensspielraum zukommt.[194]

Im Grundsatz gilt daher, daß die Grundfreiheiten keine an Private gerichteten Verbote darstellen. Erst wenn die effektive Gewährleistung der Grundfreiheiten dies erfordert, kann die Schutzpflicht dazu führen, daß auch private Vereinbarungen, die ihnen zuwiderlaufen, nach nationalem Recht als nichtig anzusehen sind. Das hat der EuGH im Ergebnis zu Recht z.B. dann angenommen, wenn die internen Regeln monopolistischer Sportverbände die Grundfreiheiten praktisch entleert haben.[195]

Daraus darf man freilich nicht umgekehrt folgern, daß die Grundfreiheiten nicht Ausdruck zentraler Prinzipien des Europäischen Privatrechts wären. Das Gegenteil wurde bereits in § 11 II 1 (S. 239–244) begründet. Die Lehre von der über die mitgliedstaatlichen Schutzpflichten vermittelten Wirkung der Grundfreiheiten bestätigt die fundamentale Bedeutung der Grundfreiheiten im Privatrecht. Denn sie rührt präzise daher,

---

[193] In diese Richtung weist z.B. die – recht unklare – Formulierung von EuGH v. 23. 3. 1982 – Rs. 102/81 *Nordsee ./. Reederei Mond* Slg. 1982, 1095 Tz. 14: „Wie der Gerichtshof ... hervorgehoben hat, muß das Gemeinschaftsrecht auf dem Hoheitsgebiet aller Mitgliedstaaten in vollem Umfang beachtet werden; den Parteien eines Vertrages steht es daher nicht frei, davon abzuweichen." Dazu bereits oben, § 5 III (S. 101–118).

[194] I.e. oben, § 5 I 1 und III (S. 86f., 105–114).

[195] Näher oben, § 5 III 3 d (S. 111f.).

daß die Rechtsordnung der Gemeinschaft auf den Prinzipien der Privatautonomie und der offenen, wettbewerblichen Marktwirtschaft beruht. Die Grundfreiheiten gegen Private zu wenden hieße aber, sie „gegen sich selbst“ zu richten, da so die Privatautonomie der einzelnen, die die Grundfreiheiten für den grenzüberschreitenden Verkehr gewährleisten will, beschränkt würde.[196]

Für die primärrechtlichen Diskriminierungsverbote gilt Entsprechendes. Auch diese sind nicht an Privatrechtssubjekte gerichtet, sondern an die Mitgliedstaaten, die für deren effektive Durchsetzung zu sorgen haben (Schutzpflicht). Für das spezielle Verbot der Geschlechtsdiskriminierung in Bezug auf das Arbeitsentgelt (Art. 141 EG) hat sich aber erwiesen, daß die Vermittlung über die Schutzwirkung *im Ergebnis* doch zu einer Privatrechtswirkung führt.[197] Das allgemeine Diskriminierungsverbot des Art. 12 EG stellt hingegen nicht schon generell ein Verbotsgesetz dar.[198]

#### bb) Kartellverbot

Prominente Verbotsgesetze sind die Vorschriften des europäischen Kartellrechts.[199] Hier findet sich in Art. 81 Abs. 1, 2 EG – ausnahmsweise – auch einmal ein vollständiges Verbotsgesetz (*lex perfecta*): Artikel 81 verbietet vorbehaltlich einer Freistellung nach Absatz 3 nicht nur Kartellvereinbarungen, sondern ordnet zugleich in seinem Absatz 2 die – „absolute“, anfängliche und *ipos iure* gegebene –[200] Nichtigkeit von verbotenen Vereinbarungen und Beschlüssen an.[201] Allerdings regelt Art. 81 EG nicht alle Rechtsfolgen der Nichtigkeit abschließend, sondern überläßt den Mitgliedstaaten Einzelfragen und Einzelheiten der Regelung.[202] Schon Artikel 82 EG enthält kein vollständiges Verbotsgesetz, sondern verbietet nur den Mißbrauch einer marktbeherrschenden Stellung, ohne selbst – auf europäischer Ebene – die Rechtsfolgen dieses Verbots anzuordnen.[203] Für das deutsche Recht folgt die Nichtigkeit einer Vereinbarung, die gegen das Verbot des Art. 82 EG verstößt, aus § 134 BGB.[204]

---

[196] Näher oben, § 5 III 1 und 2 (S. 101–104).

[197] Oben, § 5 III 3 b (S. 106–108).

[198] Oben, § 5 III 3 c (S. 109 f.).

[199] Die nachfolgende Darstellung kann nur exemplarische Beispielsfälle aufgreifen, eine umfassende Darstellung wird hier nicht unternommen. Siehe z.B. weiter die Diskussion, ob Staatsbürgschaften unzulässige Beihilfen nach Art. 92 f. EG darstellen und nach § 134 nichtig sind *Hopt/Mestmäcker* WM 1996, 753–762 und 801–810; *Habersack* ZHR 159 (1995) 663–685; *Steindorff* EuZW 1997, 7; Palandt-*Heinrichs* § 134 Rn. 2 a.E.

[200] Schwarze-*Brinker* Art. 81 Rn. 62; Immenga/Mestmäcker-K. *Schmidt* Art. 85 Abs. 2 EGV Rn. 38–43.

[201] Des Rückgriffs auf § 134 BGB bedarf es daher zur Begründung der Nichtigkeit nicht; eingehend Immenga/Mestmäcker-K. *Schmidt* Art. 85 Abs. 2 EGV Rn. 19–23; s.a. Münchener Kommentar-*Mayer-Maly* § 134 Rn. 36. Zum Zusammenspiel von Art. 81 Abs. 3 EG mit nationalem Recht *Roth* FS BGH, S. 857 und 858; EuGH v. 18. 12. 1986 – Rs. 10/86 *VAG France* Slg. 1986, 4071 Rn. 14f.

[202] S. nur Immenga/Mestmäcker-K. *Schmidt* Art. 85 Abs. 2 EGV Rn. 2.

[203] Näher Immenga/Mestmäcker-*Möschel* Art. 86 EGV Rn. 26–35; zu den hier nicht erörterten öffentlich-rechtlichen Folgen Rn. 20–25.

[204] Dauses-*Emmerich* H. I, Rn. 252f.; *Geiger* Art. 82 EGV Rn. 13; a.M. Grabitz/Hilf-*Koch* Art. 86 EWGV Rn. 87; Schwarze-*Brinker* Art. 82 EGV Rn. 2 (wie Art. 81 Abs. 1 und 2 unmittelbar und direkt anzuwenden).

cc) Sekundärrecht

Sekundärrecht kann zunächst selbst Vorschriften enthalten, die Verbotsgesetze darstellen (Verordnung) oder als solche umzusetzen sind. Nationale Verbotsvorschriften haben die Mitgliedstaaten z.B. nach den Gleichbehandlungsrichtlinien (Entgelt, Arbeitsbedingungen, betriebliche Altersversorgung) vorzusehen. Auch diese Vorschriften sind freilich als Richtlinien noch *leges imperfectae*: Die Richtlinien erklären verbotswidrige Geschäfte – Kollektiv- und Individualverträge – nicht selbst für nichtig, sie geben den Mitgliedstaaten auf zu bestimmen, daß solche Vereinbarungen nichtig sind oder für nichtig erklärt werden können.[205]

Nationale Verbotsgesetze können ebenso wie nationale „Sittengesetze" der europaprivatrechtlichen Kontrolle unterliegen. Das hat der EuGH in der bereits oben (a) bb), S. 463f.) erörterten *Bellone*-Entscheidung[206] zur Handelsvertreterrichtinie ausgedrückt. Er hat eine gewerberechtliche Norm, die zur Prüfung der Eignung des Handelsvertreters eine Registereintragung bei Aufnahme der Vertretertätigkeit zur Gültigkeitsvoraussetzung der Handelsvertertreterverträge machte,[207] als mit Art. 13 Abs. 2 der Richtlinie unvereinbar angesehen. Das ist zwar deswegen kritisiert worden, weil der Anknüpfungspunkt für die Entscheidung am Grundsatz der Formfreiheit sachlich falsch gewesen sei, denn in der Sache habe nicht eine Formvorschrift, sondern ein gesetzliches Verbot zur Erörterung gestanden.[208] Der EuGH hat indes nur „formal" an einen falschen Obersatz angeknüpft, denn in der Sache hat er deutlich gemacht, daß Art. 13 Abs. 2 HVertrRL über seine wörtliche Aussage hinaus bedeute, daß die Mitgliedstaaten neben dem Schriftformerfordernis „keine weiteren Bedingungen aufstellen" dürfen, die dem Provisionsanspruch des Handelsvertreters entgegenstehen könnten. So verstanden stellt Art. 13 Abs. 2 HVertrRL auch eine Beschränkung nationaler Verbotsgesetze dar.

Tatsächlich kann man der Entscheidung nach dem Schutzzweck der Handelsvertreterrichtlinie beipflichten. Denn mit diesem Schutz ist es unvereinbar, den Provisionsanspruch des Handelsvertreters deshalb scheitern zu lassen, weil er eine Vorschrift zum Schutz von Allgemeininteressen verletzt hat, weil (und soweit) sich diese Verbotswidrigkeit nicht auf den Wert seiner Tätigkeit für den Unternehmer auswirkt. Zweifelhaft ist indes, ob sie sich in der vom EuGH formulierten Allgemeinheit halten läßt, denn die Folgen einer Verbotsverletzung für Rechtsgeschäfte sollte man besser mit Rücksicht auf den Schutzzweck des Verbotsgesetz und das Rechtsgeschäft bestimmen.

Ein anderes Beispiel für die Beschränkung nationaler Verbotsvorschriften durch Sekundärrecht ist die Reduzierung der Rechtsfolgen des Nachtarbeitsverbots in § 8 Abs. 1 MuSchG. Im Fall *Habermann-Beltermann* war die bei Vertragsschluß unerkannt schwangere Klägerin mit unbefristeten Vertrag als Nachtwache in dem Altenheim der Beklagten eingestellt worden. Das vorlegende Arbeitsgericht Regensburg erwog, daß der Arbeitsvertrag unter diesen Umständen nach § 134 BGB wegen Verstoßes gegen das

---

205 Art. 4 GbEgRL Art. 3 Abs. 2 lit. b GbAbRL.

206 EuGH v. 30.4.1998 – Rs. C-215/97 *Bellone* Slg. 1998, I-2191 Rn. 14.

207 Zu diesem Hintergrund *Fock* ZEuP 2000, 110f.

208 *Fock* ZEuP 2000, 106, 110f., 114.

Verbotsgesetz des § 8 Abs. 1 MuSchG nichtig oder doch nach § 119 Abs. 2 BGB wegen Irrtums über eine verkehrswesentliche Eigenschaft anfechtbar (oder schon durch Anfechtung des Arbeitgebers gem. § 142 Abs. 1 BGB nichtig) sein könnte.[209] Der EuGH stellte fest, daß eine solche Nichtigkeitsfolge mit dem Gleichbehandlungsgrundsatz des Art. 2 GbAbRL unvereinbar und auch nicht zum Schutz schwangerer Frauen (Art. 2 Abs. 3 GbAbRL) gerechtfertigt ist.[210]

## 2. Grundgedanken

Die Übersicht zeigt, wie fundamentale Grundsätze des Europäischen Privatrechts als Verbotsgründe wiederkehren, auf denen die Verbotsgesetze beruhen. Vor allem sind das Kartellverbot und das Verbot der Geschlechtsdiskriminierung zu nennen, beides Grundsätze, die sich (für das Diskriminierungsverbot: zumindest teilweise) schon aus dem EG-Vertrag ergeben.

Die Grundfreiheiten setzen sich in umgekehrter Richtung gegen zu strenge nationale Verbotsgesetze durch. Entsprechendes kann sich, wie das Beispiel der Handelsvertreterrichtlinie zeigt, aus Vorschriften des Sekundärrechts ergeben. Eine „unmittelbare Drittwirkung" kommt den Grundfreiheiten nur in besonderen Fällen zu. Das ist zum einen dann der Fall, wenn die Vertragsfreiheit dazu mißbraucht wird, die Grundfreiheiten nicht nur im Einzelfall, sondern in ihrem Kern einzuschränken, zum anderen wenn überragende Prinzipien des Primärrechts, bislang vor allem das Verbot der Entgeltdiskriminierung des Art. 141 EG, sich gegenüber der Privatautonomie durchsetzen.

Die rechtstechnische Ausgestaltung ist indes bislang wenig ausgeprägt. Das Kartellverbot bestimmt zwar die anfängliche Nichtigkeit *ipso iure,* überläßt aber die Ausgestaltung von Einzelfragen dem nationalen Recht.[211] In ähnlicher Weise überlassen auch die Gleichbehandlungsrichtlinien Entgelt/Arbeitsbedingungen die Bestimmung der Rechtsfolgen im einzelnen den Mitgliedstaaten.[212]

---

209 AG Regensburg, EuZW 1993, 552 (nur LS); s.a. BAG, NJW 1989, 929–931.
210 EuGH v. 5. 5. 1994 – Rs. C-421/92 *Habermann-Beltermann ./. AWO* Slg. 1994, I-1657 Tz. 18, 21–25.
211 Oben, 1 b (S. 465).
212 Oben, 1 b aa (S. 464).

# § 17 Leistungsstörungen

Das Leistungsstörungsrecht ist, wie eine Durchsicht der Regelungen zeigt, für Einzelbereiche schon sehr eingehend geregelt. Da die Leistungsstörungsregime störungs- bzw. vertragsspezifisch ausgestaltet sind, werden sie nachfolgend zunächst für sich erörtert (A). Anschließend ist zu erwägen, ob sich aus den Regelungen einige Grundgedanken des Leistungsstörungsrechts entnehmen lassen (B). Der Abschnitt schließt mit einer kurzen Darstellung des Entwurfs einer Dienstleistungshaftungsrichtlinie (C).

## A. Erörterung der Regelungen

## I. Zahlungsverzug im Handelsverkehr

Für den Geschäftsverkehr sieht Art. 3 ZVerzRL Mindeststandards zum Schutz des Zahlungsgläubigers vor. Der Zahlungsschuldner hat grundsätzlich ab Ablauf der Zahlungsfrist Zinsen zu zahlen. Die Zahlungsfrist bestimmt sich nach Vereinbarung, hilfsweise nach den Bestimmungen der Richtlinie. Der gesetzliche Zinssatz ist zusammengesetzt aus einem Bezugszinssatz der EZB und einer dazugerechneten Spanne von sieben Prozentpunkten. Der Gläubiger hat ferner Anspruch auf angemessenen Ausgleich seiner Beitreibungskosten wegen verspäteter Zahlung.

### 1. Anwendungsbereich[1]

Die Richtlinie regelt den Zahlungsverzug nur für den Geschäftsverkehr zwischen Unternehmen oder Unternehmen und öffentlichen Stellen.[2] Das entspricht dem Zweck der Richtlinie, Unternehmen vor dem hohen Aufwand der Schuldbeitreibung und dessen schädigenden Folgen (bis hin zur Insolvenz, BE 7) zu schützen.[3] Verbraucher sind nicht in wirtschaftlich (geschweige denn Binnenmarkt-) relevantem Maße in der Rolle des Zahlungsgläubigers, wenn sie mit Unternehmen Verträge schließen, und zweiseitige Verbraucherverträge sind wohl überwiegend Bargeschäfte. Die schlechte Zahlungsmoral von Verbrauchern im Geschäftsverkehr mit Unternehmen ist freilich nicht minder beklagenswert, doch dürfte sie praktisch massenhafte Auswirkungen v.a. im Mietrecht und beim Automobilkauf haben und führen auch mehrere Verzögerungsfälle regelmäßig nicht zur wirtschaftlichen Bedrängnis des Gläubigers.

Wie auch in anderen Fällen der Regelungen der Rechtsbeziehungen zwischen „Unternehmern" sind auch hier öffentliche Stellen miteinbezogen. Daß die öffentliche Hand

---

[1] S. schon oben, § 16 II 1 a (S. 454–456).

[2] Art. 1 iVm Art. 2 Ziff. 1 ZVerzRL.

[3] Zur Zwecksetzung schon oben, § 16 II 1 a (S. 455–456). Ferner *Schulte-Braucks* NJW 2001, 103f. Zur tatsächlichen Problematik aus der Rechtsprechung z.B. BGH, DB 1956, 110 (vereitelte Investition); BGH, NJW 1983, 758 (entgangener Gewinn aus Aktienspekulation).

nur als Schuldner aus der Richtlinie verpflichtet sein sollte, nicht auch als Gläubiger (Dienstleister) berechtigt,[4] ergibt sich nicht aus dem Wortlaut der Regelung[5]; allerdings dürfte der zweite Fall weniger praktische Bedeutung haben. Die Richtlinie erfaßt daher alle „professionell" Tätigen, im Gegensatz zu den privat Handelnden.

## 2. Verzugstatbestand

Die Richtlinie enthält zwar einen einheitlichen Verzugs*begriff*.[6] Anstelle eines einheitlichen Verzugs*tatbestands*, der Rechtsfolgen auslöst, enthält die Richtlinie indes zwei äußerlich selbständige Ansprüche auf Verzugszinsen[7] und auf Ersatz von Beitreibungskosten[8]. Beide Ansprüche haben indes dieselben drei Voraussetzungen: (a) der Zahlungstermin ist fruchtlos verstrichen, (b) der Gläubiger hat seine Pflichten erfüllt und (c) der Schuldner ist für die Verzögerung verantwortlich. Eine Mahnung ist nicht erforderlich (d).

### *a) Fruchtloses Verstreichen des vereinbarten oder gesetzlichen Zahlungstermins („Zahlungsverzug")*

„Zahlungsverzug" ist die Nichteinhaltung des Zahlungstermins.[9] Den Zahlungstermin bestimmen nach dem Grundsatz der Vertragsfreiheit die Parteien.[10] Eine wichtige Ein-

---

[4] So für den ersten Entwurf *Freitag* EuZW 1998, 559 mit dem genetischen Argument, die vorangegangene Empfehlung der Kommission vom 12.5.1995 (ABl. 1995 Nr. C 144, S. 3) habe sich auch auf die „*Käufe* der Unternehmen oder der öffentlichen Hand" bezogen.

[5] Art. 2 Ziff. 1 ZVerzRL.

[6] Art. 2 Nr. 2 ZVerzRL.

[7] Art. 3 Abs. 1 lit. c ZVerzRL.

[8] Art. 3 Abs. 1 lit. e ZVerzRL. Nach V-ZVerzRL hatte der Gläubiger einen verschuldensunabhängigen Anspruch auf „vollen Ersatz" seines Schadens (kritisch *Gsell* ZIP 1998, 1569, 1575). Davon sollten insbesondere auch die Kosten der Rechtsverfolgung erfaßt sein, die „gegenwärtig von Land zu Land unterschiedlich geregelt" sind: „sonstige Kosten zur Schuldeintreibung wie Verwaltungsauslagen, oder Kosten der gerichtlichen Verfolgung des Anspruchs". Begründung zu Art. 3 V-ZVerzRL (abgedr. in ZIP 1998, 1614, 1618). Zur Ersatzfähigkeit der Rechtsverfolgungskosten nach deutschem Recht statt aller Staudinger-*Löwisch* (2001) § 286 Rn. 38–60. In diesem (Teil-) Bereich enthält die Richtlinie also durchaus die von *Wägenbaur* EuZW 1998, 417, angemahnte Regelung der Anwalts-, Gerichts- und Vollstreckungskosten; daß der materiell-rechtliche Anspruch nach nationalem Recht in einen prozessualen übergehen mag (so im deutschen Recht; Staudinger-*Löwisch* (2001) § 286 Rn. 55), ist vom Standpunkt der Richtlinie irrelevant.

[9] Art. 2 Ziff. 2 ZVerzRL. Begrifflich ist die Regelung uneinheitlich, da Art. 2 Nr. 2 von der Nichteinhaltung der Zahlungsfrist spricht, Art. 3 Abs. 1 lit. a und b hingegen von Zahlungsfrist und Zahlungstermin sprechen.

[10] Art. 3 Abs. 1 lit. a ZVerzRL. Deutlich noch BE 8 ZVerzEmpf.: „Ohne die Vertragsfreiheit bei der Feststellung der Zahlungsfristen in Frage zu stellen, sollte eine größere Transparenz der für die Vertragsparteien geltenden Fristen sowie die Einhaltung der vertragliche vereinbarten Fristen gefördert werden." S.a. U. *Huber* JZ 2000, 957, 959 (Unvereinbarkeit des § 284 Abs. 3 S. 1 BGB idF v. 30.3.2000 mit dieser Vorgabe).

schränkung der Vertragsfreiheit stellt allerdings die besondere Mißbrauchskontrolle von Verzugsvereinbarungen dar.[11] Davon abgesehen macht die Richtlinie nur dispositive Vorgaben über den Fälligkeitszeitpunkt.[12] Der Gläubiger soll den Fälligkeitszeitpunkt auch dann ohne Rekurs auf das anwendbare nationale Recht ermitteln können, wenn die Parteien ihn nicht vertraglich festgelegt haben.[13] Von diesem formalen Harmonisierungsgrund abgesehen, ist die inhaltliche Gestaltung des Fälligkeitszeitpunkts von dem Bestreben geprägt, den Zahlungsgläubiger zu schützen.[14]

Die dispositive Fälligkeitsregelung nennt zunächst einen Grundsatz (Nr. i), der von einer Normalfall-Chronologie ausgeht. Anschließend folgen Sonderregelungen für den Fall, daß diese Chronologie nicht eingehalten wird (Nr. ii und iii). Schließlich bestimmt Nr. iv eine den Grundsatz ergänzende Regelung für den Fall, daß eine Abnahme vorausgesetzt ist.[15]

Für den Normalfall geht die Richtlinie davon aus, daß nach Vertragsschluß zuerst die Lieferung oder Dienstleistung erfolgt und dann die Rechnung gestellt wird. Die Fälligkeit tritt dann grundsätzlich 30 Tage nach Eingang der Rechnung oder einer gleichwertigen Zahlungsaufforderung ein.[16] Da die Rechnung hier ein Verhalten des Schuldners auslösen soll, ist der „Eingang" der richtige Zeitpunkt.[17] Ebenso wie bei den Regeln über den Zugang von Willenserklärungen muß auch hier der maßgebliche Zeitpunkt durch Abgrenzung der jeweiligen Verantwortungsbereiche ermittelt werden. Demnach würde der Zahlungsgläubiger das Transportrisiko und das Risiko tragen, den Zugang nicht beweisen zu können. Um sicher zu gehen, müßte er die Rechnung regelmäßig per Einschreiben versenden. Um dem Gläubiger diese Lasten und dem Zahlungsschuldner den Anreiz zu nehmen, den Zugang einfach zu leugnen,[18] bestimmt die Richtlinie zweitens,

---

[11] Art. 3 Abs. 3–5 ZVerzRL; s.o. § 16 II 1 (S. 454–461).

[12] Art. 3 Abs. 1 lit. b ZVerzRL. Regeln zur Fälligkeit enthalten Art. 10 HVertrRL, Art. 7 FARL, Art. 6 ÜwRL.

[13] Vgl. BE 10 ZVerzRL; deutlicher noch BE 8 ZVerzEmpf.

[14] Vgl. BE 8 ZVerzRL. Zur Ambivalenz jeden Schutzes mit vertragsrechtlichen Mitteln, die stets eine Begünstigung des einen zu Lasten des anderen bedeutet, U. *Huber* JZ 2000, 957, 966 (zum deutschen Verzugsrecht vom 30. 3. 2000).

[15] Der Vorschlag vom 3. 6. 1998 enthielt für diesen Fall noch keine Regelung; dazu *Schmidt-Kessel* JZ 1998, 1135, 1139.

[16] Art. 3 Abs. 1 lit. b i ZVerzRL. Für „bestimmte, in den nationalen Rechtsvorschriften zu definierende Vertragsarten" können die Mitgliedstaaten die Frist auf 60 Tage heraufsetzen, vorausgesetzt, daß sie (1) den Parteien eine Fristüberschreitung untersagen oder (2) bestimmen, daß ab diesem Zeitpunkt erheblich über dem gesetzlichen Zinssatz liegende Zinsen zu zahlen sind; dazu *Schulte-Braucks* NJW 2001, 103, 106; kritisch *Gsell* ZIP 2000, 1861, 1866.

[17] Im ersten Entwurf war noch auf das Rechnungsdatum abgestellt worden. *Freitag* EuZW 1998, 559, 560 hatte den Begriff als unklar gerügt (Datum der Rechnungserstellung, ihrer „Abgabe" oder ihres Zugangs?). Die Bedenken rühren freilich nicht von der Unbestimmtheit des Wortlauts her: Das Rechnungsdatum ist das auf der Rechnung vermerkte Datum der Erstellung der Rechnung. Eigentlich zielte die Kritik darauf, daß die Fälligkeit nach dieser Auslegung von einem Ereignis abhängt, daß für den Schuldner nicht erkennbar ist.

[18] *Schulte-Braucks* NJW 2001, 103, 105. *Gsell* ZIP 2000, 1861, 1865 schlägt vor, die Regelung teleologisch zu reduzieren. Zinsen sollen, wenn der Zahlungsgläubiger unstreitig eine Rechnung gestellt

daß die 30-tägige Frist mit Empfang der Güter oder Dienstleistungen beginnt, wenn der Eingang der Zahlungsaufforderung nicht bewiesen werden kann (er unsicher ist).[19] Geht – drittens – die Zahlungsaufforderung (abweichend von der Normalfall-Chronologie) ein, bevor der Schuldner die vereinbarte Leistung „empfangen" hat, so beginnt die 30-tägige Frist gleichwohl erst mit Empfang der Leistung. In zahlungsschuldnerfreundlicher Weise macht die Regelung damit den Leistungserfolg zur Voraussetzung für den Beginn der gesetzlichen Zahlungsfrist (und damit letztlich des Verzugstatbestands).[20] Dahinter steht wohl der Gedanke, daß der Empfang der Leistung in diesem Fall ein letzter Zahlungsappell ist bzw. umgekehrt die Rechnung noch keine Apellfunktion hat, wenn der Zahlungsschuldner die Leistung noch nicht erhalten hat.

Eine konsequente Fortsetzung des Grundsatzes ist die Sonderregelung für den Fall, daß ein „Abnahme- oder Überprüfungsverfahren" (nachfolgend auch „Abnahme") gesetzlich oder vertraglich vorgesehen ist. Ein Abnahme- oder Überprüfungsverfahren ist eine (formalisierte oder formlose) Prüfung, ob die Güter oder Dienstleistungen der Vereinbarung entsprechen. Entsprechend dem Grundsatz von Nr. i beginnt die Zahlungsfrist mit Eingang der Rechnung oder gleichwertigen Zahlungsaufforderung; – das Erfordernis, daß der Schuldner die Zahlungsaufforderung „erhält" kann, da eine andere Wertung hier nicht gerechtfertigt ist, nicht anders als der „Eingang" nach Nr. i ausgelegt werden und bedeutet also den Zugang. Auch hier geht die Richtlinie davon aus, daß der Zahlungsaufforderung die Appellfunktion fehlt, solange die Abnahme noch nicht erfolgt ist, der Fristlauf beginnt daher frühestens mit der Abnahme.[21] Durch das Abnahmeerfordernis hängt der Fristlauf von der Mitwirkung des Schuldners ab, soweit er (und nicht ein Dritter) die Leistung als vertragsgemäß zu prüfen hat. Entsprechend dem Schutzzweck der Regelung wird man eine Abnahmeverweigerung schon von Gemeinschaftsrechts wegen der Abnahme gleichstellen müssen.[22]

---

hat, nur dann 30 Tage nach Empfang der Güter oder Dienstleistung geschuldet sein, wenn der Zahlungsschuldner nicht nachweisen kann, daß die Rechnung *nach* Empfang der Güter oder Dienstleistungen eingegangen ist. Richtig ist, daß der Gesetzgeber ausweislich der Normalfallchronologie Leistungsempfang und Rechnung als Voraussetzung für die Verzinsung angesehen hat. Der Vorschlag überzeugt gleichwohl nicht, weil nicht klar ist, wann die Verzinsungspflicht beginnen sollte, wenn der Zahlungsschuldner zwar nachweisen kann, daß die Rechnung erst nach der Leistung eingetroffen ist, das Datum aber nicht beweisen kann. *Hänlein* EuZW 2000, 680, 682f. will dem Zahlungsgläubiger (nur!) mit einer Beweiserleichterung helfen und so schon die Unsicherheit über den Rechnungszugang beseitigen; mir zweifelhaft.

[19] Art. 3 Abs. 1 lit. b Nr. ii ZVerzRL. Kritisch *Zaccaria* EuLF (UK) 2000, 386, 391.

[20] Zum Verhältnis von Art. 3 Abs. 1 lit. b Nr. iii und lit. c Nr. i sogleich im Text, unter b) a.E. (S. 472f.) (Cellistin-Beispiel): Die Einrede des nichterfüllten Vertrags kann auch im Fall von lit. b Nr. iii eine Rolle spielen, soweit es um ausstehende Nebenleistungen geht.

[21] Art. 3 Abs. 1 lit. b Nr. iv ZVerzRL.

[22] Ebenso *Schmidt-Kessel* NJW 2001, 97, 98.

### b) *Keine Einrede des nichterfüllten Vertrags*

Die Richtlinie betrifft nur gegenseitige Verträge, und bei diesen sind Leistung und Gegenleistung von vornherein mit einander verbunden. Das entspricht der regelmäßigen Intention der Parteien, da wer gibt, um etwas dafür zu erhalten, eine Verbindung der wechselseitigen Pflichten will.[23] Von diesem Grundsatz der Verbindung von Leistung und Gegenleistung geht die Richtlinie aus, wenn ein Element des Verzugstatbestandes ist, daß der Zahlungsgläubiger seine vertraglichen und gesetzlichen Verpflichtungen erfüllt haben muß.[24] Die Regelung entspricht im Grundsatz der Rechtslage in Deutschland: Ist auch die Verzugsrelevanz von Einreden im einzelnen umstritten,[25] so wirkt doch die Einrede des nichterfüllten Vertrags als anfängliche Verbindung der wechselseitigen Pflichten nach ständiger Rechtsprechung verzugshindernd.[26]

Die Richtlinie nennt die Voraussetzung, daß der Zahlungsgläubiger seine eigenen Verpflichtungen erfüllt haben muß, nur für den Anspruch auf Zinsen ausdrücklich, nicht hingegen für den Anspruch auf Ersatz der Beitreibungskosten. Indes wird man diese Voraussetzung als bare Selbstverständlichkeit und unter dem Gesichtspunkt der Wertungseinheit auch für jenen Tatbestand hinzuzulesen haben, da nicht einzusehen ist, warum der Gläubiger zwar Beitreibungskosten, nicht aber Zinsen verlangen können soll, obwohl beiden gleichermaßen (auch) ein Element des Schadensersatzes innewohnt.[27]

Bereits dem Regelungszusammenhang nach ist nur die Erfüllung von Verpflichtungen, die aus dem Vertrag fließen, Verzugsvoraussetzung. Gegenforderungen aus anderen Schuldverhältnissen, auch wenn sie „nach Treu und Glauben" bei der Geltendmachung des Zahlungsanspruchs zu berücksichtigen sind[28] (z.B. aus einem selbständigen früheren Vertrag oder ungerechtfertigter Bereicherung), hindern den Verzugseintritt hingegen nicht.[29] Das ist mit dem Regelungszweck vereinbar, der von den Parteien gewollten anfänglichen Verbindung der wechselseitigen Ansprüche Rechnung zu tragen. Andererseits verhindert aber nicht nur die Nichterfüllung der synallagmatischen Hauptpflichten den Zahlungsverzug, sondern die Nichterfüllung irgendeiner vertraglich oder gesetzlich begründeten Vertragspflicht.[30] Liefert beispielsweise der Geigenbauer der (freiberuflich

---

[23] *Larenz* Schuldrecht I, § 23 I c (S. 349 f.); kritisch U. *Huber* Leistungsstörungen I, § 12 III 1 b (S. 308 f.).

[24] Art. 3 Abs. 1 lit. c Nr. i ZVerzRL. Die systematische Stellung in lit. c – nach dem vereinbarten Zahlungstermin in lit. a und dem gesetzlichen Zahlungstermin in lit. b – macht deutlich, daß dieses negative Tatbestandsmerkmal auch für den Fall des vereinbarten Zahlungstermins gilt. Unklar *Hänlein* EuZW 2000, 680, 682.

[25] Eingehend U. *Huber* Leistungsstörungen I, §§ 12–13 (S. 300–347).

[26] RGZ 93, 300 f.; RGZ 120, 193, 196 f.; RGZ 126, 280, 285; BGHZ 84, 42, 44; BGHZ 116, 244, 249. Näher U. *Huber* Leistungsstörungen I, § 12 III 1 a (S. 306–308) mit zahlreichen Nw. aus der Rechtsprechung; *Larenz* Schuldrecht I, § 23 I c (S. 349–352).

[27] I.E. ebenso *Gsell* ZIP 2000, 1861, 1867; a.M. *Schmidt-Kessel* NJW 2001, 97, 99.

[28] Zu dieser Definition der Konnexität bei § 273 BGB RGZ 134, 144, 146; RGZ 158, 6, 14; BGHZ 47, 157, 167; BGHZ 115, 99, 103 f. Kritisch *Larenz* Schuldrecht I, § 16 (S. 214 mit Fn. 10).

[29] Ebenso für die Einrede des Zurückbehaltungsrechts nach deutschem Recht (§ 273 BGB) *Larenz* Schuldrecht I, § 23 I c (S. 351).

[30] Ebenso mangels abweichender Abrede nach Art. 9:201 iVm Art. 7:102 Abs. 3, 7:104 [„gleichzeitige" Leistung] EP; Art. 7.1.3. Abs. 1 iVm Art. 6.1.1., 6.1.4 Abs. 1 UP.

tätigen) Cellistin vertragswidrig die Dokumente nicht, die die Herkunft des verkauften Instruments bestätigen, so kommt die Cellistin nicht in Zahlungsverzug. Insofern kommt die Richtlinienregelung dem Zahlungsschuldner weiter entgegen als die des BGB.[31] Bezeichnet man die Voraussetzung, daß der Schuldner seine Verpflichtungen erfüllt hat, als Einrede des nichterfüllten Vertrags, so muß man sich daher bewußt sein, daß diese mit jener des deutschen Rechts nicht identisch ist.[32]

### c) *Verantwortlichkeit des Schuldners*

Näherer Bestimmung bedarf das Erfordernis der „Verantwortlichkeit".[33] Wie bei anderen unbestimmten Rechtsbegriffen ist auch hier zuerst zu klären, ob es sich um einen gemeinschaftsautonom auszulegenden Begriff handelt. Dafür spricht schon, daß das Erfordernis jetzt in den Text aufgenommen wurden, während es im ersten Entwurf[34] noch nicht enthalten war. Hinzu kommt, daß nicht von der „Verantwortlichkeit nach dem anwendbaren Recht" die Rede ist. Das würde – drittens – aber auch nicht dem Zweck der Richtlinie entsprechen, denn die – durch die Abgrenzung der Verantwortungsbereiche mitbestimmten – Zahlungsfristen sollten vereinheitlicht werden, so daß die Risiken der grenzüberschreitenden Geschäfte jenen der Inlandsgeschäfte entsprechen.[35] Dieser Zweck würde aber vereitelt, wenn es je nach Rechtsordnung auf eine unterschiedlich definierte Verantwortlichkeit ankäme. Das Tatbestandsmerkmal der „Verantwortlichkeit" ist daher gemeinschaftsautonom auszulegen.[36]

Für die nähere Bestimmung der Zahlungsrisiken macht die Richtlinie indes keine Vorgaben. Schon der Wortlaut der Regelung („verantwortlich") spricht indes gegen die Annahme, es solle hier auf ein Verschulden i.S. einer subjektiven Vorwerfbarkeit ankommen.[37] Hinzukommt, daß beispielsweise das deutsche Recht, das im Grundsatz

---

[31] Nach h.M. wirkt nur die Einrede des nichterfüllten Vertrags, § 320 BGB, die bei im Gegenseitigkeitsverhältnis stehenden Forderungen eingreift, verzugshindernd, nicht auch die Einrede des Zurückbehaltungsrechts; *Larenz* Schuldrecht I, § 23 Ic (S. 351); Staudinger-*Löwisch* (2001) § 284 Rn. 11–25. Auch nach Art. 58 Abs. 1 S. 1 CISG hat der Käufer nur Zug um Zug gegen Ware bzw. Dokumente zu zahlen; das Zurückbehaltungsrecht des Verkäufers nach Art. 58 Abs. 1 S. 2 CISG soll aber weitergehen, Staudinger-*Magnus* (1999) Art. 58 CISG Rn. 23.

[32] Verkürzend daher U. *Huber* JZ 2000, 957, 958.

[33] Art. 3 Abs. 1 lit. c Nr. ii und lit. e ZVerzRL.

[34] Dazu *Kieninger* WM 1998, 2213, 2214, die freilich meint, der Zahlungsverzug habe nicht geregelt werden sollen. Schon der erste Entwurf betraf indes den Verzug, nur das dieser eben – wie auch in Art. 8:101, 8:108, 9:508 EP, Art. 7.4.1, 7.4.9 UP – objektiv, als Vertragsbruch definiert war.

[35] BE 8, 9, 10 ZVerzRL.

[36] Wie hier wohl *Schulte-Braucks* NJW 2001, 103, 105f. A.M. – indes ohne Erörterung der Frage, ob es sich um einen gemeinschaftsautonomen Begriff handelt – *Gsell* ZIP 2000, 1861, 1866; U. *Huber* JZ 2000, 957, 958 (der ohne „Verantwortlichkeit" ohne weiteres mit „Vertretenmüssen" iSv §§ 285, 276 BGB a.F. gleichsetzt; das Verschuldenserfordernis kann, worauf *Huber* selbst hinweist, ungeachtet § 279 BGB durchaus praktische Bedeutung haben); *Schmidt-Kessel* NJW 2001, 97, 99; *Zaccaria* EuLF (UK) 2000, 386, 392.

[37] Ähnlich *Schulte-Braucks* NJW 2001, 103, 105f., der eine Anlehnung an das CISG vorschlägt; zweifelnd aber *Leible* in: Europäisches Vertragsrecht im Gemeinschaftsrecht, S. 160f.

dem Verschuldensprinzip folgt, eine subjektive Vorwerfbarkeit des Geldmangels zumeist annimmt („Geld muß man haben").[38] Die möglichen Ausnahmen vom grundsätzlichen Vertretenmüssen finanziellen Unvermögens, die ein auf dem Verschuldensprinzip beruhendes Vertragsrecht anerkennen mag,[39] dürften im Geschäftsverkehr praktisch keine Rolle spielen. Schließlich wird das Verschuldenserfordernis jedenfalls im Hinblick auf den Zinsanspruch für unangemessen gehalten, da es dabei nicht nur um einen Schadensausgleich geht, sondern auch um die Abschöpfung von Vorteilen, die dem Gläubiger gebühren.[40]

Inwieweit sich aus den anderen Leistungsstörungsregelungen weitere Hinweise für die Auslegung des Begriffs der Verantwortlichkeit ergeben, ist im Rahmen der abschließenden Untersuchung der Grundgedanken zu erörtern.[41]

### d) *Kein Mahnungserfordernis*

Anders als nach früherem deutschen bürgerlichen Recht[42] setzt der Zahlungsverzug keine Mahnung voraus. Das entspricht dem Standard des UN-Kaufrechts und, soweit es um den Zinsanspruch geht, des deutschen Handelsrechts.[43] Anders als noch im Entwurf ist das in der Richtlinie nur noch für den gesetzlichen Zahlungstermin ausdrücklich bestimmt.[44] Es gilt aber, wie sich aus der abschließenden Regelung der Verzugsvoraussetzungen *e silencio* ergibt, auch für den Fall des vereinbarten Zahlungstermins.[45] Selbst-

---

[38] *Medicus* AcP 188 (1988) 489–510; *ders.* in: Vertragsrechtsvereinheitlichung, S. 185; *Larenz* Schuldrecht I, § 21 I d (S. 317f.) sowie § 23 I b (S. 347). Zur Entwicklung des englischen Rechts, das vom entgegengesetzten Standpunkt ausging, *Hau* ZVglRWiss 98 (1999) 260–283.

[39] Dazu *Medicus* AcP 188 (1988) 489, 501–510.

[40] *Bucher* FS Schmidlin, S. 422: „Im Sonderfall des Verzugs in Geldzahlungen, bei Verzugszinsen, macht das Verschuldenserfordernis aber keinen Sinn: Von der Vorstellung des Schadens und einer diesbezüglichen Ersatzleistung muß man sich trennen, da nicht bloß der Gläubiger einen Nachteil hat, sondern der Schuldner aus der Verfügbarkeit der geschuldeten Geldmittel einen Vorteil zieht."

[41] Unten, B) III 2 a) (S. 539).

[42] Jetzt § 286 BGB; zum Anspruch auf Fälligkeitszinsen im Handelsverkehr sogleich im Text. Zur Verzugsregelung idF des Gesetzes zur Beschleunigung fälliger Zahlungen vom 30. 3. 2000, das für den Zahlungsverzug auf ein Mahnungserfordernis verzichtet, kritisch U. *Huber* JZ 2000, 957, 963; *Gsell* ZIP 2000, 1861–1876. Zum Mahnungserfordernis in anderen Mitgliedstaaten *Schmidt-Kessel* JZ 1998, 1135, 1139.

[43] Art. 78 CISG. *Freitag* EuZW 1998, 559, 561f.; *Schmidt-Kessel* JZ 1998, 1135, 1139; *Schulte-Braucks* NJW 2001, 103, 105. Ebenso auch das englische Recht, *Hau* ZVglRWiss 98 (1999) 260, 270.

[44] Art. 3 Abs. 1 lit. b ZVerzRL. Für den vertraglich vereinbarten Zahlungstermin versteht *Schmidt-Kessel* NJW 2001, 97, 98, Art. 3 Abs. 1 lit. a ZVerzRL als Ausprägung des Grundsatzes *dies interpellat pro homine,* und geht damit davon aus, daß die Richtlinie insoweit auf eine Mahnung (*interpellatio*) nicht verzichtet habe. Mir ist das zweifelhaft, denn erstens vermag diese Lesart nicht zu erklären, warum bei dem vereinbarten Termin von einer Mahnung auszugehen ist, beim gesetzlichen hingegen nicht, und zweitens erfaßt die Regelung in lit. a auch Fälle, bei denen nach § 284 Abs. 2 BGB a.F. zu Recht keine Kalendertagsmahnung angenommen wurde, weil es eben am Appell fehlte („vierzehn Tage nach Lieferung").

[45] A.M. *Hänlein* EUZW 2000, 680, 682 („nur für den Fall daß der Zahlungstermin oder die Zahlungsfrist nicht vereinbart wurde").

verständlich können die Parteien in den Grenzen der Inhaltskontrolle des Absatz 3 über die Verzugsvoraussetzungen disponieren und also auch ein Mahnungserfordernis einführen.

Ginge es bei der Regelung um den Verzug schlechthin, so wäre zu fragen, ob ein Europäisches Privatrecht ernstlich auf das „humane Element“[46] der *interpellatio* verzichten möchte.[47] Der Verzicht auf das Mahnungserfordernis ist indes im Zusammenhang mit dem begrenzten Anwendungsbereich zu sehen.[48] Im kaufmännischen Verkehr wird ja auch im deutschen Recht der Zinsanspruch nicht an eine Mahnung geknüpft, sondern als Fälligkeitszins zugegeben. Weil Kaufleute ihr Geld üblicherweise gewinnbringend verwenden,[49] ist diese Regelung angemessen.

## 3. Rechtsfolgen

Ist der Verzugstatbestand erfüllt, hat der Zahlungsgläubiger Anspruch auf Zahlung von Verzugszinsen und auf Ersatz seiner Beitreibungskosten.

### *a) Verzugszinsen*[50]

Die Höhe der Verzugszinsen bestimmt sich in den Grenzen der Inhaltskontrolle des Art. 3 Abs. 3 nach der Vereinbarung der Parteien.[51] Fehlt eine (wirksame) Vereinbarung, so gibt die Richtlinie einen Zinssatz vor.[52] Er ist definiert als die Summe von Bezugszinssatz und Spanne. Der Bezugszinssatz ist der Hauptrefinanzierungszinssatz der EZB.[53]

---

[46] *Bucher* FS Schmidlin, S. 412–414.

[47] Kritisch gegenüber den Einheitsregeln der EP und UP insoweit *Medicus* in: Vertragsrechtsvereinheitlichung, S. 183–185.

[48] Einen allgemeinen Grundsatz des Gemeinschaftsrechts sieht im Verzicht auf die Mahnung *Leible* Europäisches Vertragsrecht im Gemeinschaftsrecht, S. 158f.

[49] Schlegelberger-*Hefermehl* § 353 Rn. 1.

[50] Übersicht über die Rechtsprechung des EuGH zum Anspruch auf Zinszahlung gibt *Oliver* EuZW 1998, 481; er kritisiert, daß es an einem einheitlichen Konzept für Zinsansprüche, ihre Begründung und Höhe, fehle.

[51] Zur Inhaltskontrolle oben, § 16 II 1 (S. 454–461). Anders noch Begründung zu Art. 3 V-ZVerzRL: „Auch der Grundsatz der Vertragsfreiheit bleibt unangetastet, denn die Partner einer Einzeltransaktion können selbst bestimmen, ob sie einen höheren oder niedrigeren als den in den Mitgliedstaaten geltenden gesetzlichen Zinssatz vereinbaren.“ (abgedr. in ZIP 1998, 1614, 1618).

[52] Die Höhe der Verzugszinsen ist freilich ganz unglücklich unabhängig von ihrer gesetzlichen oder vertraglichen Bestimmung als „gesetzlicher Zinssatz“ legaldefiniert; Art. 3 Abs. 1 lit. d S. 1 ZVerzRL.

[53] Art. 3 Abs. 1 lit. d ZVerzRL (der Zinssatz, „der von der EZB auf ihre jüngste Hauptrefinanzierungsoperation, die vor dem ersten Kalendertag des betreffenden Halbjahres durchgeführt wurde, angewendet wurde“). „Für Mitgliedstaaten, die nicht an der dritten Stufe der Wirtschafts- und Währungsunion teilnehmen, ist der Bezugszinssatz der entsprechende Zinssatz ihrer Zentralbank.“ Art. 3 Abs. 1 lit. d S. 2.

Dieser Zinssatz gilt ab dem ersten Kalendertag des betreffenden Halbjahres für die folgenden sechs Monate.[54] Die Spanne beträgt sieben Prozentpunkte.[55]

Der Bezugszinssatz soll – wie die Begründung für den ersten Entwurf noch deutlich gemacht hat – gewährleisten, daß die Verzugszinsen der „Zinsbewegung auf den europäischen Märkten“[56] entspricht. Die aufgeschlagene Spanne (die jetzt sieben statt im Entwurf acht Prozentpunkte beträgt) dient einerseits der Abschreckung,[57] ist aber andererseits so berechnet, „daß die gesetzlich festgelegten Verzugszinsen der Mitgliedstaaten ein durchschnittliches mittelständisches Unternehmen für die Finanzkosten entschädigt, die den Zinsen für unvorhergesehene Überziehungskredite entsprechen“.[58] Der Präventionszweck soll daher im Rahmen des Zinsanspruchs dadurch verwirklicht werden, daß der Gläubiger vollen Ersatz seiner Finanzierungskosten erhält. Der Zinsanspruch ist als ein pauschalierter Mindestschaden, nicht eine davon unabhängige Sanktion konzipiert.[59] Freilich steht dem Schuldner der Nachweis eines geringeren Schadens nicht offen.[60] Die Begründung weist zudem auf ein bereicherungsrechtliches Element hin, insofern die Zahlungsverzögerung dem Schuldner bei den bisher in den Mitgliedstaaten üblichen niedrigen Verzugszinsen einen Vorteil brachte.[61] Dieser Vorteil gebührt dem Gläubiger, auch wenn er an seinem Vermögensbestand keinen Nachteil erlitten hat.[62]

### *b) Ersatz von Beitreibungskosten*

Der Gläubiger kann außerdem einen „angemessenen Ersatz aller Beitreibungskosten“ verlangen.[63] Sprachlich ist die deutsche Fassung schwer verständlich, da einerseits der Ersatz auf das Angemessene beschränkt ist, andererseits der Ersatz „aller Kosten“ vorgegeben scheint, also scheinbar doch voller, nicht durch die Angemessenheit beschränkter Schadensersatz gemeint ist *(make whole relief)*. Die französische und die englische Textfassung[64] weisen indes unmißverständlich aus, daß es nur um einen „angemessenen Ersatz“ geht, der im Deutschen besser mit „angemessene Entschädigung“

---

[54] Art. 3 Abs. 1 lit. d S. 3 ZVerzRL.
[55] Art. 3 Abs. 1 lit. d S. 1 ZVerzRL.
[56] Begründung zu Art. 3 V-ZVerzRL, abgedr. in ZIP 1998, 1614, 1618.
[57] BE 16 S. 2 ZVerzRL nennt den Präventionsgedanken vornehmlich („auch“) im Hinblick auf die Beitreibungskosten.
[58] Begründung zu Art. 3 V-ZVerzRL, abgedr. in ZIP 1998, 1614, 1618. Dieselben Erwägungen spiegelt auch die Vorschrift über die Anpassung des gesetzlichen Verzugszinssatzes wieder, Art. 3 Abs. 2.
[59] Zur Unterscheidung von Vertragsstrafe und Schadenspauschalierung im deutschen Recht *Larenz* Schuldrecht I, § 24 II c (S. 383).
[60] Ebenso die h.M. zu § 288 BGB seit RGZ 92, 283, 284: „... ein Gegenbeweis, daß der Gläubiger auch bei pünktlicher Leistung keine oder nur geringere Zinsen gezogen hätte, ist dem Schuldner nicht verstattet.“
[61] BE 16 S. 1 ZVerzRL.
[62] Zum entgegengesetzten früheren englischen *Common law Hau* ZVglRWiss 98 (1999) 260–283.
[63] Art. 3 Abs. 1 lit. e ZVerzRL.
[64] *„reasonable compensation from the debtor for all relevant recovery costs incurred“; „un dédommagement raisonnable pour tous les frais de recouvrement encourus“.*

beschrieben wäre, nicht um einen vollen Schadensersatz. Nur soll eben eine Angemessenheit für *alle Posten* der Beitreibungskosten gewährt werden.

Zu den Beitreibungskosten dürften jedenfalls die Kosten der Mahnung – auch der ersten Mahnung –[65], die Kosten eines Drittinkasso durch Einschaltung einer Inkassofirma oder eines Rechtsanwalts sowie die Gerichtskosten zu rechnen sein.[66] Da die Richtlinie *alle* Kosten erfassen möchte, sind dazu aber – anders als im bisherigen deutschen Schadensersatzrecht –[67] auch die Kosten für die aufgewendete Arbeitskraft („Verwaltungskosten") zu rechnen; das entspricht auch dem Präventionszweck der Regelung.[68]

Die Angemessenheit der Ersatzes bestimmt sich nach den Grundsätzen der Transparenz und der Verhältnismäßigkeit zum Schuldbetrag.[69] Das *Transparenzerfordernis* ist in diesem Zusammenhang freilich nicht leicht verständlich. Zu denken ist zunächst an die Transparenz der Entschädigungsberechnung. Wäre man beim Schadensersatz geblieben, so hätte der Schuldner seinen Schaden nachweisen müssen und Transparenz wäre auf diese Weise gewährleistet gewesen.[70] Für eine Entschädigung sollte nichts anderes gelten, da auch sie auf den Ausgleich eines erlittenen Nachteils abstellt. Indes muß man die Regelung wohl dahin verstehen, daß der Gläubiger auch dann eine Entschädigung erhalten können soll, wenn er einen Schaden nicht genau beziffern kann.[71] Das kann etwa bei Ersatz für den „bloßen" Aufwand eigener Arbeitskraft und Zeit eine Rolle spielen. Dann läuft die Bestimmung der Höhe auf eine Schätzung hinaus, für die man in der Tat zum Schutz des Schuldners eine gewisse Transparenz der Ermittlung verlangen kann. Das Erfordernis der *Verhältnismäßigkeit* dürfte eine weitere Beschränkung zum Schutze des Schuldners darstellen und nicht umgekehrt eine Erhöhung des Entschädigungsbetrags über die entstandenen Beitreibungskosten hinaus rechtfertigen.[72] Anderes gebietet auch der Präventionszweck nicht, da die Höhe der Hauptforderung bereits Auswirkungen auf die Zinsen hat. Auch Art. 3 Abs. 1 lit. e S. 3 ZVerzRL läßt den Mitgliedstaaten nur die Möglichkeit, *Höchst*beträge für die Beitreibungskosten vorzusehen, nicht auch Mindestbeträge. Dem Verhältnismäßigkeitsgrundsatz dürfte daher keine eigenständige Rolle bei der Bemessung der *angemessenen* Entschädigung zukommen, da die Angemessenheit die Verhältnismäßigkeit bereits umfaßt. Für eine weitere Beschränkung des ohnehin schon nur angemessenen und nicht vollen Ausgleichs der Beitreibungskosten besteht kein Anlaß.

---

[65] Da die Mahnung nach der Richtlinie keine Verzugsvoraussetzung ist, können auch die Kosten der Erstmahnung als Beitreibungskosten ersatzfähig sein; im Grundsatz anders das bisherige deutsche Verzugsrecht, Staudinger-*Löwisch* (2001) § 286 Rn. 42.

[66] *Hänlein* EuZW 2000, 680, 684.

[67] BGHZ 66, 112, 114; Staudinger-*Löwisch* (2001) § 286 Rn. 38f., 47; Palandt-*Heinrichs* § 286 Rn. 8.

[68] BE 16 S. 2 ZVerzRL.

[69] Art. 3 Abs. 1 lit. 3 S. 2 ZVerzRL.

[70] Siehe nur für den Ersatz von Aufwendungen wegen Verzugs Staudinger-*Löwisch* (2001) § 286 Rn. 14–19.

[71] Wohl a.M. *Zaccaria* EuLF (UK) 2000, 386, 393, der die Bestimmung dem *Schuldner*schutz zuordnet.

[72] Ebenso nach bisherigem deutschen Recht für die Ersatzfähigkeit von Aufwendungen; Staudinger-*Löwisch* (2001) § 286 Rn. 49–53.

## II. Gewährleistung bei Verbraucherkaufverträgen

### 1. Vorbemerkung: Zur Genese und Auslegung der Kaufgewährrichtlinie

Einen Ausschnitt des Kaufgewährleistungsrechts regelt die Kaufgewährrichtlinie. Die Regelung ist von dem Vorbild des Wiener UN-Kaufrechtsübereinkommen – *Convention on the International Sale of Goods* (CISG) – inspiriert,[73] weicht von diesem indes in verschiedener Hinsicht ab[74]. Für die Auslegung der Richtlinie ist es verlockend, die vorliegende Literatur und Rechtsprechung zum Wiener UN-Kaufrecht heranzuziehen. Das wird teils unter Berufung auf die Entstehungsgeschichte,[75] teils unter Hinweis auf die Identität der Regeln und teils unter mehr oder minder offenem Hinweis auf einen weitgehenden Vereinheitlichungswunsch befürwortet.[76] Mit dem Hinweis auf die Modellfunktion des CISG läßt sich die „angleichende Auslegung" indes nicht schon begründen, denn angesichts erkennbarer Regelungsdivergenzen kann man nicht davon ausgehen, daß der Gesetzgeber eine (statische oder dynamische) Verweisung auf das Übereinkommen wollte.[77] Für eine solche Verweisung hätte es eines ausdrücklichen Hinweises bedurft. Selbst soweit der Wortlaut der Regelungen übereinstimmt, rechtfertigt dies keine unbesehene Übernahme von Ergebnissen der Auslegung des CISG, denn damit würde die Richtlinie zu Unrecht aus der Gesamtheit der Regeln des Europäischen Privatrechts herausgelöst.[78] Die Richtlinie ist aus sich selbst heraus und als Teil des Ganzen zu verstehen. Daß die Richtlinie trotz einiger Parallelen anderen Prinzipien folgen muß als das UN-Übereinkommen, wird vollends deutlich, wenn man sich die unterschiedlichen Regelungsbereiche vor Augen führt: Internationaler Handelskauf einerseits und Verbraucherkauf (im Binnenmarkt) andererseits.[79] Das schließt freilich

---

[73] Kritisch gegenüber der Angleichung des *Verbraucher*kaufrechts an das Recht der internationalen Handelskäufe *Junker* DZWiR 1997, 271, 278; befürwortend *Grundmann* AcP 202 (2002) 40–71.

[74] Vgl. nur Art. 2 KGRL und Art. 35 CISG; Art. 5 Abs. 1 und 2 KGRL und Art. 39 CISG. I.e. *Grundmann* AcP 202 (2002) 40, 45–57; *Kruisinga* ERPL 2001, 177–188; *Magnus* in: Europäisches Kaufgewährleistungsrecht, S. 83–91; auch *Beale/Howells* J.Contract L. 12 (1997) 21, 28; *Gsell* ERPL 1999, 151, 154; weitere Beispiele im Text. Zu pauschal *Micklitz* EuZW 1997, 229, 230 (Nähe zu „einer bloßen Adaption des CISG auf ‚Verbraucherniveau'").

[75] *Staudenmayer* NJW 1999, 2393, 2394; s.a. *dens.* ERPL 2000, 547, 550f.

[76] So z.B. *Magnus* FS Siehr, S. 436 (Auslegung des Begriffs der Vertragswidrigkeit). Einen anderen Weg schlägt *Magnus* in: Europäisches Kaufgewährleistugnsrecht, S. 83, 91, vor: der Gesetzgeber solle die Umsetzungsspielräume nutzen, um die Richtlinienregeln dem CISG anzunähern; dem kann man zustimmen. Zutreffend ist es auch, wenn *Magnus* FS Siehr, S. 434f. bei der Auslegung der Richtlinie argumentiert, daß man ohne weiteres nicht annehmen kann, daß der Richtliniengeber die CISG-Regelung aushebeln wollte.

[77] *Grundmann/Riesenhuber* JuS 2001, 529, 530f.

[78] Letztlich geht es um die Frage der Grenzen der Rechtstransplantate; dazu nur *Ewald* U.Pa.L.Rev. 143 (1995) 1889–2249.

[79] Auch aus diesem Grund kommt eine „angleichende Auslegung" von Unidroit Principles und European Principles nicht in Betracht; andeutungsweise auch *Ernst* in: Vertragsrechtsvereinheitlichung, S. 130–132. Auf große Ähnlichkeiten von KGRL und CISG weist indes hin *Grundmann* AcP 202 (2002) 40–71.

nicht aus, der Vorbildregelung *Anregungen* für das Verständnis der Richtlinie zu entnehmen.

## 2. Anwendungsbereich

Die KGRL regelt für Kauf- und Werkverträge[80] über bewegliche Sachen („Verbrauchsgüter")[81] zwischen beruflich oder gewerblich handelnden Verkäufern[82] und Verbrauchern[83] das Gewährleistungsrecht – ohne den Anspruch auf Schadensersatz –[84] sowie den Rückgriff des Verkäufers. Kaufverträge zwischen Gewerbetreibenden, die in diesen Rollen handeln, fallen daher auch dann nicht unter die Richtlinie, wenn „das Kaufgut nicht dem Wiederverkauf oder Erwerbszwecken dient".[85]

## 3. Gewährleistungstatbestand

### a) *Fehlende Vertragsgemäßheit*[86]

#### aa) Bestimmung der Vertragsgemäßheit nach der aktuellen oder hypothetischen Vereinbarung

Zuerst trifft die KGRL – dem Vorbild des CISG[87] folgend –[88] eine Bestimmung der Vertragsgemäßheit, also der Beschaffenheit, die bei Lieferung vorliegen muß.[89] Für das

---

[80] Verträge über die Lieferung herzustellender oder zu erzeugender Verbrauchsgüter, Art. 1 Abs. 4.

[81] Ausgenommen sind (1) bestimmte Gegenstände (Leistungen der Versorgungsunternehmen: Wasser, Gas und Strom, Art. 1 Abs. 2 lit. b Sps. 2 und 3 KGRL) sowie (2) Verträge, die unter besonderen Umständen geschlossen wurden ([a] auf Grund von Zwangsvollstreckungs- und anderen gerichtlichen Maßnahmen Art. 1 Abs. 2 lit. b Sps. 1 KGRL sowie [b], nach Option der Mitgliedstaaten, gebrauchte Sachen, „die in einer öffentlichen Versteigerungen verkauft werden, bei der Verbraucher die Möglichkeit haben, dem Verkauf persönlich beizuwohnen", Art. 1 Abs. 3 KGRL).

[82] Art. 1 Abs. 2 lit. b KGRL.

[83] Verbraucher ist „jede natürliche Person, die im Rahmen der unter diese Richtlinie fallenden Verträge zu einem Zweck handelt, der nicht ihrer beruflichen Tätigkeit zugerechnet werden kann" (Art. 1 Abs. 2 lit. a) KGRL; s.a. oben, § 12 A (S. 250–267).

[84] Begründung KOM(95) 520 endg., S. 7. Kritisch *Schnyder/Straub* ZEuP 1996, 8, 19, 56f.

[85] Wohl a.M. *Micklitz* EuZW 1997, 229, 230; auf *Medicus* ZIP 1996, 1925, 1926 beruft sich *Micklitz* zu Unrecht: *Medicus* unterscheidet klar nach den jeweiligen Rollen und stellt die Frage, wie Fälle der Vermengung von privater und beruflicher Tätigkeit zu behandeln sind.

[86] Nachfolgend werden auch die Begriffe der Mangelfreiheit bzw. der Mangelhaftigkeit verwandt, ohne daß damit sachlich Abweichendes bezeichnet wird.

[87] Art. 35 CISG; dazu statt aller *Schlechtriem* UN-Kaufrecht, Rn. 132ff.

[88] KOM (95) 520 endg., Begründung zu Art 2 (abgedruckt in ZIP 1996, 1845, 1850): „*Absatz 1:* Der Grundsatz der Vertragsmäßigkeit kann als gemeinsame Basis der unterschiedlichen einzelstaatlichen Rechtstraditionen betrachtet werden. Auch im Wiener Übereinkommen von 1980 über (zwischen Gewerbetreibenden geschlossene) Verträge über den internationale Warenkauf ist die Vertragsmäßigkeit als Kriterium verankert." *Staudenmayer* ERPL 2000, 547, 551.

[89] Für Vertragswidrigkeiten, die binnen sechs Monaten nach Lieferung offenbar werden, trifft den Lieferer die Beweislast dafür, daß sie erst nach Lieferung eingetreten sind, also nicht schon anfänglich bestanden; Art. 5 Abs. 3; s. sogleich bb) (S. 483f.).

Verständnis der Vorschrift und ihr Zusammenspiel mit den zwingenden Gewährleistungsrechten ist der Grundsatz der Vertragsfreiheit zentral. Ausgangspunkt für die Bestimmung der Vertragsgemäßheit ist naturgemäß die Vertragsabrede (Art. 2 Abs. 1). Nur soweit eine Abrede fehlt, ist die Vertragsgemäßheit nach den Bestimmungen des Art. 2 Abs. 2 zu ermitteln.[90] Daran mag man „nichts Aufregendes oder Verbraucherschützendes" finden,[91] doch verdient hervorgehoben zu werden, daß die Richtlinie damit im Grundsatz von einem subjektiven, von den Parteien bestimmten „Fehlerbegriff" ausgeht, und nicht einem objektiven, etwa nach den berechtigten Verbrauchererwartungen[92] definierten Maßstab folgt.[93] Das Gewährleistungsrecht schützt die Vertragsvereinbarung, und Verbraucherschutz ist demnach auch insoweit ein Schutz der Selbstbestimmung. Von diesem Grundgedanken ausgehend sind die in Absatz 2 nachfolgenden Kriterien, die mangels ausdrücklicher oder konkludenter Abrede der Parteien angewandt werden, als (ergänzende) Auslegung des Parteiverhaltens mit dem Ziel einer Annäherung an den mutmaßlichen Parteiwillen zu verstehen.[94] Daß der Gesetzgeber selbst den mutmaßlichen *Parteiwillen* bestimmen und nicht sich oder das Gericht als Vertragskommissar installieren wollte, bestätigt die Versicherung in der Präambel, die Kriterien des Absatz 2 bedeuteten „keine Einschränkung der Vertragsfreiheit".[95]

Ohne weitere Vereinbarung bestimmt sich die Vertragsmäßigkeit nach der Verkäuferbeschreibung oder[96] den Eigenschaften einer von ihm begebenen Probe bzw. eines Musters (Art. 2 Abs. 2 lit. a). Hat der Käufer offengelegt, daß er mit der Ware einen bestimmten Zweck verfolgt, und hat der Verkäufer dem „zugestimmt", so bestimmt sich die Vertragsgemäßheit nach diesem Zweck (lit. b). Gegenüber dem Gemeinsamen Standpunkt hat sich diese Regelung in zwei Hinsichten geändert. Erstens hat die verabschiedete Fassung in bedenklicher und auch für das Europäische Vertragsrecht untypischer Weise die Selbstverantwortung des Verbrauchers zurückgeschraubt, der sich auch dann auf den konsentierten Verwendungszweck berufen kann, wenn er Anlaß hatte, an der Kompetenz des Verkäufers zu zweifeln.[97] Im Ergebnis bedeutet das eine scharfe Disziplinierung des Verkäufers. Zweitens kommt es jetzt positiv auf die „Zu-

---

90 Str. Wie hier *Grundmann* in: Europäisches Kaufgewährleistungsrecht, S. 297, 299–301; i.E. wohl auch *Lehmann* JZ 2000, 280, 283.

91 *Medicus* ZIP 1996, 1225, 1226.

92 Tendenziell anders noch Grünbuch, KOM(93) 509, S. 30–39; dazu *Schnyder/Straub* ZEuP 1996, 8, 16 und (zust. Stellungnahme) 45–48. Zu Art. 2 Abs. 2 lit. d KGRL sogleich im Text.

93 Ebenso *Grundmann* AcP 202 (2002) 40, 45f.; *Jorden/Lehmann* JZ 2001, 952, 953; *Repgen* Kein Abschied von der Privatautonomie, S. 64–67; *Schurr* ZfRV 1999, 222, 225.

94 Ebenso *Grundmann* in: Europäisches Kaufgewährleistungsrecht, S. 298f.; *Schlechtriem* in: Zivilrechtswissenschaft und Schuldrechtsreform, S. 214f.; impliziter *Staudenmayer* NJW 1999, 2393, 2394. BE 8 KGRL spricht von „Vermutungen ..., die die meisten normalen Situationen abdecken". Siehe bereits oben, § 15 A I 1 a (S. 356).

95 BE 8 S. 1 KGRL.

96 Im Richtlinientext steht „und", doch scheint es evident, daß Art. 3 Abs. 1 lit. a zwei Fälle regeln sollte, den der Verkäuferbeschreibung und den der Probe-/Musterbegebung; zweifelnd *Schlechtriem* in: Zivilrechtswissenschaft und Schuldrechtsreform, S. 214.

97 *Schlechtriem* in: Zivilrechtswissenschaft und Schuldrechtsreform, S. 215.

stimmung" des Verkäufers an und nicht mehr negativ darauf, daß der Käufer sich nach den Umständen auf die Erklärungen des Verkäufers nicht verlassen hat.[98] Indes dürfte die neue Regelung nicht nur besser zu handhaben sein, weil nicht mehr ein Rückschluß von den Umständen auf die innere Haltung des Käufers erforderlich ist, sie hebt auch die Nähe zur Grundregelung hervor, nach der es entscheidend auf die Vereinbarung der Parteien ankommt.[99] Objektiv gefaßt sind hingegen die Bestimmungen in lit. c und d, wonach es auf die Eignung für die für diese Art Güter gewöhnlichen Zwecke oder die übliche und vom Verbraucher berechtigterweise zu erwartende Qualität und Leistung ankommt. Für die Ermittlung der berechtigten Erwartungen sind die Beschaffenheit des Gutes und die öffentlichen Äußerungen des Verkäufers, des Herstellers oder seines Vertreters[100] – einschließlich Werbeaussagen oder Angaben auf dem Etikett der Ware –[101] in Betracht zu ziehen.[102] Auch diese Kriterien entsprechen aber der Vertragsauslegung „nach Treu und Glauben und mit Rücksicht auf die Verkehrssitte"[103] und bedürfen daher keiner „objektiven" Begründung,[104] denn wenn man nichts Besonderes vereinbart, dann erwartet man normalerweise das Übliche. Die Auslegungskriterien des Absatz 2 sind ggf. kumulativ anwendbar.[105]

Eine Unterscheidung zwischen der einfachen Beschaffenheitsvereinbarung und der zugesicherten Eigenschaft[106] sowie zwischen der Lieferpflicht und der Garantiehaftung für verdeckte Mängel[107] sieht die Kaufgewährleistungsrichtlinie nicht vor; das entspricht

---

[98] Die Entwurfsregelung war – allerdings auch nicht ohne Abweichungen – Art. 35 Abs. 2 lit. b CISG nachgebildet.

[99] Das war nach der Vorschlagsfassung erst durch Auslegung der Vorschrift im Lichte des Grundsatzes der Vertragsfreiheit zu ermitteln; *Staudenmayer* NJW 1999, 2393, 2394; *ders.* in: Europäisches Kaufgewährleistungsrecht, S. 34f. Zur verabschiedeten Fassung wie hier *ders.* ERPL 2000, 547, 551f.

[100] Zum Vertreterbegriff *Jorden/Lehmann* JZ 2001, 952, 954.

[101] Das entspricht weitgehend der Sachmangelbestimmung des bisherigen deutschen Gewährleistungsrechts; *Grundmann* Europäisches Kaufgewährleistungsrecht, S. 299; *Schmidt-Räntsch* ZIP 1998, 849, 851. Zu beachten ist, daß es hier nur um die Bestimmung des Sachmangels geht, der die Gewährleistungsrechte der Nachbesserung, Ersatzlieferung, Minderung oder Wandelung auslösen kann, nicht aber auch einen Anspruch auf Schadensersatz. Siehe auch oben, § 15 A II (S. 359–375).

[102] Für Äußerungen des Herstellers oder seines Vertreters muß der Verkäufer dann nicht einstehen, wenn er nachweist, daß er die betreffende Äußerung nicht kannte und vernünftigerweise auch nicht kennen mußte, daß er die Äußerung spätestens bei Vertragsschluß richtiggestellt hat oder nachweist, daß die Äußerung für die Kaufentscheidung nicht ausschlaggebend war; Art. 2 Abs. 4. Das entspricht der Begründung als ergänzende Vertragsauslegung; s.o. § 15 A II 2 b bb (S. 371).

[103] Zur Auslegung allgemein oben, § 15 A I (S. 356–359) und – zur Bindung an vorvertragliche Angaben einschließlich öffentliche Äußerungen – § 15 B II (S. 359–375).

[104] So aber offenbar *Reich* NJW 1999, 2397, 2400; *Micklitz* ZEuP 1998, 253, 264.

[105] A.M., für Subsidiarität von lit. d des Art. 2 Abs. 2 KGRL *Grundmann* Schuldvertragsrecht, 2.12 Rn. 20 a.E. („nur in atypischen Ausnahmefällen" anwendbar); Grundmann/Bianca-*Grundmann* Art. 2 Rn. 28f. (Auffangtatbestand).

[106] §§ 459, 463 BGB a.F.

[107] Art. 1645 Code Civil; dazu *Ferid/Sonneberger* Das französische Zivilrecht II, Rn. 2 G 591–603.

dem Vorbild der „fortschrittlichsten Rechtsordnungen“[108]. Unklar ist, ob auch die *Quantitätsabweichung* und das aliud Vertragswidrigkeiten i.S. der Richtlinie darstellen.[109] Dagegen spricht, daß Art. 2 KGRL vor allem auf die „Eigenschaften“ und die Zweckeignung abstellt. Und auch in Art. 7:17 Abs. 1, 3 NBW und Art. 35 Abs. 1 CISG, auf die sich die Begründung bezieht,[110] wird die Anwendung des Gewährleistungsrechts auf Fälle der Lieferung anderer Gegenstände und Minderlieferung nicht schon ohne weiteres der Grundbestimmung über die Vertragsmäßigkeit entnommen, sondern eigens festgelegt.[111] Für die Einbeziehung zumindest der Minderlieferung und auch der nicht schon evidenten Fehllieferung spricht indes der Zweck, den der Gesetzgeber mit dem „neuen, gemeinsamen Konzept der Vertragsmäßigkeit der Güter“ verfolgt, nämlich eine Vereinfachung und die Vermeidung einer Abgrenzung, die sachlich nicht begründet erscheint, aber in der Gerichtspraxis zu erheblicher Rechtsunsicherheit führt.[112] Dieser Zweck spricht nicht nur gegen die Unterscheidung von einfachen Beschaffenheitsvereinbarungen und zugesicherten Eigenschaften, sondern auch gegen die von Fehler, Minderlieferung und – nicht gerade evidentem[113] – aliud.[114]

Ob auch Rechtsmängel eine Vertragswidrigkeit i.S.v. Art. 2 Abs. 1 KGRL darstellen, ist umstritten.[115] Dagegen spricht, daß sich die Vermutungsregeln des Absatz 2 durchgehend auf Sacheigenschaften beziehen. Und auch der Vergleich mit der Regelung des UN-Kaufrechts spricht gegen diese Annahme, da das Übereinkommen Rechtsmängel in Art. 41–43 CISG eingehend geregelt hat.[116] Ungeachtet des weiten Begriffs der Vertragswidrigkeit, der auch Rechtsmängel umfassen könnte, und ungeachtet des Regelungsziels, Abgrenzungsschwierigkeiten zu vermeiden, sprechen daher die besseren Gründe gegen die Annahme, die Regelung solle sich auch auf Rechtsmängel erstrecken. Da der Gesetzgeber, dem die mitgliedstaatlichen Regelungen und das Modell des CISG vor Augen standen, wußte, daß Rechtsmängel oft besonders geregelt sind, und daher auch gesehen hat, daß die Rechtsmängelhaftung nach der Auffassung der nationalen Gesetz-

---

108 KOM(95) 520 endg. III, Begründung zu Art. 2 Abs. 1 = ZIP 1996, 1845, 1850. Z.B. Art. 7:17 NBW, Art. 35 CISG, § 435 BGB-KE (dazu Abschlußbericht, S. 199f., 201f.). Im neuen BGB entfällt die Unterscheidung im Grundsatz (§ 434), doch kann eine Eigenschaftszusicherung („Garantie“) das für den Ersatzanspruch erforderliche „Vertretenmüssen“ begründen, § 276 Abs. 1 S. 1 BGB.

109 Ohne Erörterung bejahend *Staudenmayer* in: Europäisches Kaufgewährleistungsrecht, S. 34; verneinend *Schlechtriem* in: Zivilrechtswissenschaft und Schuldrechtsreform, S. 213.

110 Soeben, Fn. 108.

111 Gegen die „angleichende Auslegung“ der Richtlinie anhand des CISG bereits oben, 1 (S. 478f.). Im vorliegenden Fall steht dieser schon der abweichende Wortlaut entgegen, das Vorbild des CISG *begründet* also Auslegungszweifel geradezu erst.

112 KOM(95) 520 endg. III, Begründung zu Art. 2 Abs. 1 = ZIP 1996, 1845, 1850.

113 Auch evidente Fehllieferungen sollen unter Art. 35 CISG fallen; Staudinger-*Magnus* (1999) Art. 35 Rn. 9 mwN.

114 Ebenso *Grundmann* Europäisches Kaufgewährleistungsrecht, S. 300f.; *Ehmann/Rust* JZ 1999, 853, 856; *Jorden/Lehmann* JZ 2001, 952 und 957. S.a. Abschlußbericht der Kommission zur Überarbeitung des Schuldrechts, S. 199f. und 201f.

115 Bejahend *Grundmann* Europäisches Kaufgewährleistungsrecht, S. 301; verneinend etwa *Brüggemeier* JZ 2000, 529, 530.

116 S. nur Schlechtriem-*Schwenzer* Art. 35 CISG Rn. 5.

geber und des Konventionsgebers besondere Regelungen erfordern, kann man ohne konkreten Anhaltspunkt nicht davon ausgehen, daß er insoweit eine undifferenzierte Gesamtregelung schaffen wollte.

bb) Maßgeblicher Zeitpunkt und Beweislast

Die Waren müssen zum Zeitpunkt der Lieferung vertragsgemäß sein.[117] Tritt eine Vertragswidrigkeit innerhalb von sechs Monaten nach Lieferung zutage, so wird vermutet, daß sie schon bei Lieferung bestand, der Verkäufer kann das Gegenteil beweisen. Wenn die Vermutung nach der „Art des Gutes oder der Art der Vertragswidrigkeit" nicht paßt, ist sie unanwendbar.[118]

Vom zuständigen Referent der Kommission als „zweifellos einer der großen Fortschritte der Richtlinie" gerühmt,[119] wird die Vermutungsregelung von anderen als „Billigkeitsentscheidung" gegeißelt, die dem Motto folge „die arme alte Frau hat immer recht".[120] Tatsächlich liegt ihre Begründung nicht auf der Hand. Daß sie empirisch gerechtfertigt sei,[121] läßt sich sinnvollerweise nicht ohne empirische Untersuchungen sagen. Allerdings hätte diese Grundlage den Vorteil, daß sie zugleich einen (wenn auch nur vagen) Anhaltspunkt für die Unanwendbarkeit der Beweislast wegen Art des Gutes oder Art der Vertragswidrigkeit bieten würde: Die Beweislastregel könnte teleologisch reduziert werden, wenn sie *empirisch* nicht paßt. Indes ist das offenbar nicht gemeint, denn auch wenn die Ware erfahrungsgemäß nicht innerhalb von sechs Monaten kaputt geht, wie etwa eine Computertastatur,[122] findet die Vermutung Anwendung. Und auch der Gesichtspunkt der Verantwortungssphären hilft nicht weiter, denn die Tastatur mag wegen eines Produktionsfehlers vor Ablauf von sechs Monaten nicht mehr funktionieren (Sphäre des Herstellers, die man dem Verkäufer zurechnen kann) oder wegen unsachgemäßer Handhabung des Verbrauchers (Sphäre des Verbrauchers). Ihre Rechtfertigung findet die Vermutungsregelung daher in einer Abgrenzung der Sphären im Hinblick auf die *Aufklärbarkeit,* da der Verkäufer aufgrund eigener Sachkenntnis oder aufgrund seiner Verbindung zum Hersteller jedenfalls näher daran ist, den Mangel aufzuklären.[123]

Damit handelt es sich zwar nicht um eine vom Verbraucherschutzgedanken genährte Billigkeitsentscheidung, sondern durchaus um eine sachlich begründete Sphärenabgren-

---

117 Art. 3 Abs. 1 KGRL.

118 Art. 5 Abs. 2 KGRL. Dem bisherigen deutschen Recht ist die Problematik nicht unbekannt; s. nur Staudinger-*Honsell* (1995) § 459 Rn. 64: „Nicht selten zeigt sich ein Mangel jedoch erst bei der Benutzung der Sache während eines gewissen Zeitraums. Das gilt insbesondere für technische Geräte; hier sollte man mit der Annahme, daß eine Schadensanlage bereits im Zeitpunkt der Übergabe vorhanden war, nicht zurückhaltend sein."

119 *Staudenmayer* NJW 1999, 2393, 2396.

120 *Ehmann/Rust* JZ 1999, 853, 857. Krit. auch *Gsell* ERPL 1999, 151, 167 f. („wenig salomonisch").

121 *Gsell* ERPL 1999, 151, 168.

122 Die Art der Vertragswidrigkeit schließt hier wie wohl allgemein bei Elektrogeräten die Vermutung nicht aus.

123 KOM(95) 520 endg. III, Begründung zu Art. 3 Abs. 3 = ZIP 1996, 1845, 1851; *Grundmann* in: Europäisches Kaufgewährleistungsrecht, S. 302; *Staudenmayer* NJW 1999, 2393, 2396. Kritisch *Gsell* ERPL 1999, 151, 168; S. *Wolf* RIW 1997, 899, 902.

zung, doch eröffnet die Vermutungsregelung so in gewissem Maße dem Mißbrauch die Tür (Fälle nicht offensichtlich unsachgemäßer Handhabung). Im Ergebnis hat das zur Folge, daß in den – wohl zahlreichen – Fällen, in denen sich die Aufklärung für den Verkäufer nicht lohnt, letztlich die Gesamtheit der Verbraucher die Kosten der Gewährleistung tragen, da der Verkäufer diese Kosten in den Kaufpreis einberechnen wird.[124] Nur mit dieser Einschränkung ist das Lob eines „großen Fortschritts" für den Verbraucherschutz gerechtfertigt.

### *b) Ausschluß der Gewährleistung durch Kenntnis/Kennenmüssen oder Ursächlichkeit von vom Käufer gelieferten Stoffen*

Der Käufer kann sich nicht auf eine Vertragswidrigkeit berufen, die er bei Vertragsschluß kannte oder kennen mußte oder die auf einem von ihm gelieferten Stoff beruht.[125] Die Vorschrift ist am besten mit dem Verbot des widersprüchlichen Verhaltens[126] sowie – für Ursächlichkeit des vom Käufer gelieferten Stoffs – dem Sphärengedanken zu erklären.

Für das Verständnis der Vorschrift sind zunächst die Fälle abzuschichten, in denen der Verkäufer den Käufer auf einen Nachteil hinweist, den dieser hinnimmt, oder in denen zumindest beide Parteien den Nachteil erkennbar erkennen. Diese Fälle bedürfen keiner Regelung, da hier schon die Auslegung der Vereinbarung die Vertragswidrigkeit ausschließt.[127] Sodann ist es hilfreich von *dem* Unterfall der Kenntnis auszugehen, der nicht nur zuerst genannt ist, sondern auch die tragenden Erwägungen am besten verdeutlicht. Das ist der Fall, in dem ausschließlich der Käufer den Nachteil erkennt, denn darauf allein stellt die Vorschrift ab.[128] Hier läßt sich die Schranke der Rechtsausübung nicht schon als Vereinbarung oder äquivalentes Verhalten erklären, da der Verkäufer insofern keinen vertraglich relevanten Willen bildet und solcher auch seinem Verhalten nicht schon nach der Verkehrssitte entnommen werden kann. Und auch der Schutz eines (ausgeübten) Verkäufervertrauens kann den Gewährleistungsausschluß nicht erklären. Tragend ist vielmehr die Mißbilligung des Käuferverhaltens, das zu seinem Vorverhalten

---

[124] Ähnlich kritisch *Repgen* Kein Abschied von der Privatautonomie, S. 61–63.

[125] Art. 2 Abs. 3 KGRL. Der redaktionell verunglückte Wortlaut – die Vertragswidrigkeit, die keine ist – beruht auf einem äußerst weiten Verständnis von der Vertragsvereinbarung. In der Entwurfsbegründung heißt es, dazu, „streng genommen [liegt] keine Vertragswidrigkeit vor, weil der Verbraucher die Sache in dem Zustand, in dem sie sich befindet, angenommen hat und die Sache damit sehr wohl ‚vertragsgemäß' ist"; KOM(95) 520 endg. Begründung zu Art. 3 Abs. 1 = ZIP 1996, 1845, 1850f.; das paßt höchstens für den Fall der Mangelkenntnis und den Fall der Mangelursächlichkeit des vom Käufer gelieferten Stoffs; s. sogleich im Text.

[126] Zu § 460 BGB a.F. (§ 442 Abs. 1 BGB) etwa Staudinger-*Honsell* (1995) § 460 Rn. 1; eine Vielzahl von Regelungzwecken zieht BGH, NJW 1989, 2050 heran. Kritisch *Köhler* JZ 1989, 761, 762 (dazu auch nachfolgend im Text).

[127] Vgl. Soergel-*Huber* § 460 Rn. 3; *Köhler* JZ 1989, 761, 762 (Vorrang der Vertragsauslegung) zu § 460 BGB a.F. (heute § 442 Abs. 1 BGB).

[128] Das ist keineswegs ganz ausgeschlossen, zu denken ist an Fälle, in denen der Käufer den Nachteil erkennt, ohne daß er ihn vernünftigerweise erkennen müßte.

in Widerspruch steht.[129] Zwar trifft es zu, daß der Käufer aus vielen Gründen trotz Kenntnis des Nachteils nicht gesprochen haben mag, sogar deshalb, weil er auf den Ausgleich durch Gewährleistungsrechte vertraut hat.[130] Indes erwartet die Rechtsordnung von ihm, daß er bereits an dieser Stelle spricht.[131] Mit dieser Begründung steht nicht im Widerspruch, daß die Regel zugleich der Prozeßökonomie dienen kann.[132]

Geht man von diesem Grundfall aus, so ergeben sich für den Fall des Kennenmüssens zwei Erwägungen. Zum einen hat auch hier das Verbot widersprüchlichen Verhaltens eigenes Gewicht.[133] Wertungsmäßig steht das Kennenmüssen der positiven Kenntnis gleich, da es sich auf Fälle beschränkt, in denen der Käufer „vernünftigerweise" nicht in Unkenntnis sein konnte, somit auf einen relativ eng begrenzten Bereich (Evidenz);[134] – auch unter der Richtlinienregelung ist es nicht Sache des Selbstbedienungskäufers, das Haltbarkeitsdatum des Joghurts zu überprüfen. Steht das Kennenmüssen der Kenntnis gleich, so ist das Käuferverhalten auch hier als widersprüchlich zu bewerten. Daß dieser Widerspruch dem Käufer nicht bewußt geworden ist, ändert nichts, weil ja diese Unwissenheit *ex praemissione* vorwerfbar ist. Zum zweiten aber handelt es sich um eine Beweiserleichterung, die erforderlich ist, wenn man den Grundsatz („Gewährleistungsausschluß bei Kenntnis") effektiv durchsetzen will, da der Ausschluß sonst nur eingriffe, wenn sich der Verbraucher verplappert.[135]

Schließlich greift der Gewährleistungsausschluß auch dann ein, wenn der Mangel auf vom Käufer gelieferten Stoffen beruht, ohne daß dieser deren Fehlerhaftigkeit oder mangelnde Eignung erkennen mußte. Auch in diesem Fall kann das Verbot widersprüchlichen Verhaltens einen tragenden Grundpfeiler für die Regelung darstellen, selbst wenn wiederum ein Vorwurf an den Käufer auch insoweit nicht zu machen sein mag, als er den Fehler oder die mangelnde Eignung des Stoffs nicht kennen mußte. Hinzu kommt hier der Sphärengedanke, denn wenn sich nicht schon aus dem Vertrag eine andere

---

129 Auf Vorsatz oder Arglist kommt es für das Verbot des *venire contra factum proprium* nicht an; s. nur *Wieacker* Präzisierung des § 242 BGB, S. 28. Den Ausschluß nach Art. 35 Abs. 3 CISG findet Staudinger-*Magnus* (1999) Art. 35 CISG Rn. 51 allgemeiner in dem Grundsatz von Treu und Glauben begründet.

130 *Köhler* JZ 1989, 761, 762.

131 Einen Gewährleistungsausschluß wegen anfänglicher Kenntnis sieht auch Art. 35 Abs. 3 CISG vor; dazu Schlechtriem-*Schwenzer* Art. 35 CISG Rn. 34–39; Staudinger-*Magnus* (1999) Art. 35 Rn. 46–52. Keinen generellen Ausschluß kennt das englische Recht; Chitty-*Guest/Harris* Contracts II, Rn. 43–414f.

132 Darin sieht *Köhler* JZ 1989, 761, 762f. den tragenden Grund für § 460 S. 1 BGB a.F. (§ 442 Abs. 1 S. 1 BGB).

133 Der teilweise angeführte Gedanke des *caveat emptor* – „Augen auf, Kauf ist Kauf" usf. – (Jauernig-*Teichmann* § 460 Rn. 1 spricht von „verkehrswidrigem Verhalten") bezeichnet dasselbe vom Standpunkt der Obliegenheit aus.

134 Den Käufer trifft keine Untersuchungsobliegenheit, *Staudenmayer* NJW 1999, 2393, 2394; *ders.* in: Europäisches Kaufgewährleistungsrecht, S. 35f.; *Reich* NJW 1999, 2397, 2402; erfaßt werden sollen sogar nur die Fälle, in denen der Käufer „gar nicht anders konnte, als die Vertragswidrigkeit wahrzunehmen", *Staudenmayer* aaO; a.M. *Ehmann/Rust* JZ 1999, 853, 857 (auch einfache Fahrlässigkeit). Ebenso für Art. 35 Abs. 3 CISG Schlechtriem-*Schwenzer* Art. 35 Rn. 34f.

135 Ebenso für § 460 S. 2 BGB a.F. (§ 442 Abs. 1 S. 2 BGB) Soergel-*Huber* § 460 Rn. 3; für Art. 35 Abs. 3 CISG Schlechtriem-*Schwenzer* Art. 35 Rn. 34.

Risikoverteilung ergibt, so ist doch der Verbraucher, der den Stoff zur Verfügung stellt, näher daran, die Verantwortung für deren Fehlerhaftigkeit oder mangelnde Eignung zu tragen.[136] Allerdings kann dieser Ausschlußtatbestand wegen mangelnder Eignung des Stoffs dann nicht eingreifen, wenn sich aus der von den Parteien vereinbarten Risikoverteilung etwas anderes ergibt, also beispielsweise der Werkunternehmer dem Verbraucher gesagt hat, er solle gerade diesen Stoff besorgen. In der Regelung ist das zwar nicht ausdrücklich vorgesehen, doch ergibt es sich aus dem Grundsatz der Vertragsfreiheit.

Beruhen die Ausschlußtatbestände demnach vor allem auf dem Verbot widersprüchlichen Verhaltens, so schließen Kenntnis und Kennenmüssen dann die Berufung auf die Vertragswidrigkeit nicht aus, wenn der Käufer bei Vertragsschluß (auch nur einseitig) Mangelbeseitigung verlangt hat, und erst recht dann nicht, wenn die Parteien die Fehlerfreiheit im Hinblick auf die fragliche Qualität spezifisch vereinbart haben.[137] Anders als § 442 Abs. 1 S. 2 BGB schließt aber Art. 2 Abs. 3 seinem Wortlaut nach die Gewährleistung auch dann aus, wenn der Käufer einen Nachteil vorwerfbar verkennt, den der Verkäufer arglistig verschwiegen hat. Dieses Ergebnis wird bei Art. 35 Abs. 3 CISG dadurch vermieden, daß gemäß Art. 7 CISG der Grundsatz von Treu und Glauben als Grenze der Rechtsausübung herangezogen wird.[138] Im Gemeinschaftsprivatrecht gibt es indes einen allgemeinen Grundsatz von Treu und Glauben nicht,[139] es überläßt diese Fragen den nationalen Rechtsordnungen.[140] Da die Kaufgewährrichtlinie die Mindeststandards zum Schutz von Verbrauchern vorschreiben wollte, ist davon auszugehen, daß das Schweigen in Art. 2 Abs. 3 insoweit beredt ist und die Frage dem mitgliedstaatlichen Recht überlassen bleiben sollte.[141]

### c) *Fristen*

Voraussetzung für die Verkäuferhaftung ist, daß sich der Mangel innerhalb einer materiellen Ausschlußfrist[142] von zwei Jahren zeigt (auch sog. Mängelauftretensfrist).[143] Eine

---

[136] S.a. zu § 645 Abs. 1 BGB BGHZ 83, 197, 203 („Besteller steht näher", auch wenn ihn kein Verschulden trifft). Allgemein zum Sphärengedanken „als Gesichtspunkt für die Verteilung der Preisgefahr beim Werkvertrag" *Erman* JZ 1965, 657–661, 660; Soergel-*Teichmann* § 645 Rn. 2 (aber nicht verallgemeinerungsfähig); offen gelassen von BGHZ 60, 14, 19 (aber auch: Besteller steht näher). Als für die AGB-Kontrolle maßgeblichen Grundgedanken der gesetzlichen Regelung erkennt § 645 S. 1 BGB BGH, WM 1985, 57, 58.

[137] A.M. *Ehmann/Rust* JZ 1999, 853, 857. Für Art. 35 CISG wie hier Schlechtriem-*Schwenzer* Art. 35 Rn. 36; nach Art. 35 Abs. 3 CISG gilt der Ausschluß wegen Kenntnis freilich von vornherein nur für die nach Abs. 2 der Vorschrift anhand von Vermutungstatbeständen bestimmte Vertragsmäßigkeit, nicht für die Bestimmung anhand der Parteiabrede gem. Abs. 1.

[138] Schlechtriem-*Schwenzer* Art. 35 CISG Rn. 37.

[139] Oben, § 15 D II 4 (S. 410–412).

[140] Näher § 15 D III (S. 412–414).

[141] *Ehmann/Rust* JZ 1999, 853, 857, die deshalb für die Beibehaltung der zulässigerweise strengeren Regelung des § 460 S. 2 BGB a.F. (§ 442 Abs. 1 S. 2 BGB) plädieren.

[142] *Beale/Howells* J.Contract L. 12 (1997) 21, 32.

[143] Art. 5 Abs. 1 S. 1 KGRL, *Schmidt-Räntsch* ZIP 1998, 849, 852: „Mängelauftretensfrist". Zu deren Kompromißcharakter *Beale/Howells* J.Contract L. 12 (1997) 21, 31 f.

Verjährungsfrist können die Mitgliedstaaten darüber hinaus vorsehen, doch darf diese die Mängelauftretensfrist nicht unterschreiten.[144] Unter dem Gesichtspunkt des Mindeststandards bedeutet das freilich, daß die Mitgliedstaaten im Ergebnis nur eine Verjährung von zwei Jahren vorzusehen brauchen, da dann die Mängelauftretensfrist neben der gleich langen Verjährungsfrist keine eigene Bedeutung erlangen kann.[145]

Darüber hinaus kann das mitgliedstaatliche Recht die Gewährleistungsrechte von einer rechtzeitigen Rüge innerhalb von zwei Monaten nach Feststellung der Vertragswidrigkeit abhängig machen.[146] Die Rügefrist beginnt mit der Feststellung der Vertragswidrigkeit durch den Verbraucher. Die Beweislast für den Zeitpunkt der Feststellung trifft sowohl nach dem Wortlaut der Regelung[147] als auch nach Sphärengesichtspunkten den Verbraucher, denn zu dieser Frage kann der Verkäufer schlechterdings nichts vortragen.[148] In der Praxis dürfte die Rügefrist daher (jedenfalls für den leitbildlichen durchschnittlich gewieften Verbraucher) keine ernstliche Beschränkung der Gewährleistungsrechte bedeuten, kann er sich doch auch wegen offensichtlicher nachträglicher[149] Mängel schlicht darauf berufen, er habe sie bislang nicht entdeckt, da er die Sache eingelagert habe.[150] Die Rügefrist von zwei Monaten dürfte nicht zu kurz bemessen sein. Daß Verbraucher vielerorts an das Rügeerfordernis nicht gewöhnt sein werden, hat der Gesetzgeber bedacht, insofern er eine Pflicht der Mitgliedstaaten zur Verbraucheraufklärung vorgeschrieben hat.[151] Geht man davon aus, daß sich diese Kenntnis von der Rügeobliegenheit durchsetzt, so dürfte die Regelung insgesamt einen gut vertretbaren Ausgleich der betroffenen Interessen enthalten.[152]

---

[144] Art. 5 Abs. 1 S. 2 KGRL. Die praktisch wichtige Frage der Unterbrechung bzw. Hemmung der Verjährung ist nicht geregelt; das kann besonders für den Fall der Verhandlung mit dem Verkäufer mißlich sein, doch nimmt die zweijährige Verjährungsfrist der Problematik die Schärfe; kritisch *Gsell* ERPL 1999, 151, 164–167.

[145] Von daher ist die Regelung des Art. 5 Abs. 1 S. 1 sinnlos und hätte genausogut entfallen können; so zu Recht *Gsell* ERPL 1999, 151, 157–160, die den Regelungsgehalt daher so formuliert: „Die Rechte nach Art. 3 Abs. 2 dürfen nach einzelstaatlichem Recht nicht vor Ablauf von zwei Jahren ab Lieferung erlöschen oder verjähren. Art. 5 Abs. 2 bleibt unberührt."

[146] Art. 5 Abs. 2 KGRL.

[147] *Gsell* ERPL 1999, 151, 163.

[148] Eine andere Beweislastverteilung liefe daher darauf hinaus, daß den Verbraucher zumindest eine sekundäre Darlegungslast träfe: Er müßte die Umstände der Mangelfeststellung darlegen; dazu für das deutsche Prozessrecht nur *Rosenberg/Schwab/Gottwald* Zivilprozeßrecht, § 117 VI 1 (S. 679).

[149] Sonst greift Art. 2 Abs. 3 KGRL ein.

[150] Dieses betrügerische Prozeßverhalten dürfte *de facto* nicht fernliegen; davon geht *Gsell* ERPL 1999, 151, 163 aus. Für die – im Text nachfolgende – Bewertung der Rügeobliegenheit ist indes von einem rechtstreuen Verhalten auszugehen.

[151] Art. 9 KGRL; s.o. § 15 B II 3 (S. 383). Im äußersten Fall, daß ein Mitgliedstaat weder selbst Aufklärungsschritte unternommen noch private Organisationen aufgerufen hat, kommt hier durchaus auch eine Staatshaftung in Betracht.

[152] Ebenso *Grundmann* Europäisches Kaufgewährleistungsrecht, S. 308f. (mwN); *Gsell* ERPL 1999, 151, 164; *Ehmann/Rust* JZ 1999, 853, 862; s.a. (zur Schuldrechtsreform) *Stürner* FS Brandner, S. 643. Kritisch *Beale/Howells* J.Contract L. 12 (1997) 21, 32f.; *Junker* DZWiR 1997, 271, 278, 279f.; *Medicus* ZIP 1996, 1925, 1928 (für Beschränkung auf Evidenzfälle).

## 4. Rechtsfolgen: Gewährleistungsrechte

### a) *Stufenfolge der Rechtsbehelfe*

Der Verkäufer haftet dem Verbraucher für jede Vertragswidrigkeit, die bei der Lieferung des Gutes besteht (Art. 3 Abs. 1). Der Verbraucher kann nach seiner Wahl[153] die (Wieder-)Herstellung des vertragsgemäßen Zustands durch Nachbesserung oder Ersatzlieferung verlangen oder, wenn diese Ansprüche nicht gegeben sind oder nicht befriedigt werden, Minderung oder Vertragsauflösung. Die vier Rechtsbehelfe stehen allerdings nicht im Belieben des Käufers, sondern in einer zweifachen Stufenfolge:[154] Zuerst ist der Käufer darauf beschränkt, eine Form der „Wiederherstellung des vertragsgemäßen Zustands" zu verlangen,[155] und auch in der Auswahl zwischen Nachbesserung und Ersatzlieferung ist er nicht völlig frei: Selbstverständlich kann er nur das verlangen, was möglich ist; darüber hinaus darf aber die „Wiederherstellung" nicht unverhältnismäßig sein, und zwar sowohl hinsichtlich des jeweiligen Rechtsbehelfs an sich als auch hinsichtlich des gewählten Rechtsbehelfs im Verhältnis zu dem alternativen Rechtsbehelf;[156] hier zeigt sich eine Ausprägung des Grundsatzes von Treu und Glauben.[157] Ist die Nachbesserung vergleichsweise aufwendig und dem Verbraucher auch eine Ersatzlieferung zuzumuten, dann ist er auf diesen Rechtsbehelf beschränkt. Die „Wiederherstellung" muß in angemessener Zeit und ohne erhebliche Unannehmlichkeiten erfolgen.[158] Nur wenn sowohl Nachbesserung als auch Ersatzlieferung unmöglich oder unverhältnismäßig sind oder wenn sie nicht in angemessener Zeit oder Art und Weise durchgeführt wurden,[159] kann der Verbraucher Minderung oder Vertragsauflösung wählen. Anders als namentlich das CISG[160] hat die KGRL die Vertragsauflösung aber nicht als höchst nachrangig ausgestaltet: Die Wahl zwischen Minderung und Vertrags-

---

[153] Gegen das Käuferwahlrecht *Medicus* ZIP 1996, 1925, 1927; *Junker* DZWiR 1997, 271, 279. Ein Wahlrecht des Verkäufers hatte die Schuldrechtskommission in § 438 BGB-KE vorgeschlagen; Abschlußbericht, S. 212.

[154] Kritisch zu dieser – verglichen mit dem BGB – Beschränkung der Rechtsbehelfswahlfreiheit etwa *Schäfer/Pfeiffer* ZIP 1999, 1829, 1835; positiv hingegen *Grundmann* in: Europäisches Kaufgewährleistungsrecht, S. 304f. Freilich hat schon die bisherige Rechtslage in Deutschland im Ergebnis Ähnliches bedeutet, da ein Nachbesserungsrecht in AGB gegenüber Wandelung und Minderung vorrangig ausgestaltet sein konnte, § 11 Nr. 10a AGBG; zum Gewährleistungsrecht „neben dem BGB" nur *Larenz* Schuldrecht II/1, § 43a II (S. 137–139); *Medicus* ZIP 1996, 1925, 1927.

[155] Art. 3 Abs. 3 KGRL.

[156] Näher bestimmt in Art. 3 Abs. 3 UAbs. 2 KGRL.

[157] S.o. § 15 D II 1e (S. 406); vgl. auch – im Zusammenhang mit der Inhaltskontrolle – § 16 I 3 b bb (4) (S. 446).

[158] Art. 3 Abs. 3 UAbs. 3 KGRL.

[159] Art. 3 Abs. 5 KGRL.

[160] Art. 49 CISG: Beschränkung auf den Fall der „wesentlichen Vertragsverletzung" bzw., bei Nichtlieferung, des fruchtlosen Nachfristablaufs; Einschränkung des Aufhebungsrechts nach Abs. 2. Das CISG folgt „dem Prinzip, daß Vertragsaufhebung grundsätzlich nur bei Vertragsverletzungen möglich sein soll, die so schwerwiegend sind, daß dadurch das für den vertragsbrüchigen Teil erkennbare Interesse des Vertragsgläubigers am Vertrag entfallen ist." *Schlechtriem* UN-Kaufrecht, Rn. 188; Staudinger-*Magnus* (1999) Art. 49 CISG Rn. 4; BGHZ 132, 290, 298f.

auflösung steht dem Verbraucher grundsätzlich frei[161] mit der Einschränkung nur, daß die Vertragsauflösung bei geringfügigen Vertragswidrigkeiten ausgeschlossen ist.[162] Anders als das CISG geht die KGRL von regelmäßig kleineren Geschäften von Verbrauchern aus,[163] denen es nicht zuzumuten wäre, die Auflösung noch weitergehend nachrangig zu gestalten.[164]

### *b) Variation und Kumulation von Rechtsbehelfen*

Die Rechtsbehelfe sind grundsätzlich als Alternativen ausgestaltet. Nachbesserung und Ersatzlieferung stellen die Vertragsmäßigkeit wieder her und lassen grundsätzlich keinen Raum für andere Rechtsbehelfe, wenn sie erfolgreich sind. Ersatzlieferung und Nachbesserung sind der Natur nach alternativ. Die Vertragsaufhebung schließt Nachbesserung und Ersatzlieferung selbstverständlich aus. Denkbar ist aber, daß die Nachbesserung fehlschlägt und der Käufer dann eine Ersatzlieferung möchte; das sieht die Richtlinie zwar nicht ausdrücklich vor, ein solcher Wechsel zu einem anderen Rechtsbehelf ist aber nach dem Zweck der Regelung anzuerkennen.[165] Die Möglichkeit, nach Fehlschlagen von Nachbesserung oder Ersatzlieferung auf Vertragsaufhebung umzusteigen, ist schon dem Wortlaut der Richtlinie hinreichend deutlich zu entnehmen, denn in diesen Fällen hat der Verkäufer „nicht innerhalb angemessener Frist Abhilfe geschaffen".[166] Problematischer ist die Kumulation von Minderung und anderen Rechtsbehelfen. Vertragsaufhebung und Minderung schließen einander wiederum aus, denn der Verbraucher kann nicht gleichzeitig vom Vertrag Abstand nehmen und sein Äquivalenzverhältnis erhalten. Als konsistent könnte man die Kumulation von Vertragsaufhebung und Schadensersatz ansehen,[167] doch regelt die Richtlinie den Schadensersatzanspruch gerade nicht. Nicht ganz klar ist, ob der Verbraucher neben Ersatzlieferung und Nachbesserung noch Minderung verlangen kann. Die Richtlinie läßt die Minderung neben der Abhilfe (als Nachbesserung oder Ersatzlieferung) zu, wenn der Verkäufer diese Abhilfe „nicht ohne erhebliche Unannehmlichkeiten für den Verbraucher" geschaffen hat. Da aber die (nicht voll erfolgreiche) Abhilfe dazu führt, daß die Ware (weiterhin) vertragswidrig ist (Bsp.: Reparatur des schadhaften Autos behebt zwar die Verkehrs-

---

[161] Kritisch *Ehmann/Rust* JZ 1999, 853, 859.

[162] Art. 3 Abs. 6 KGRL.

[163] Das CISG schließt zwar Private (Verbraucher) von seinem Anwendungsbereich nicht aus, es geht aber, wie Art. 2 lit. a zeigt, von „gewerblich" handelnden Partnern aus; ebenso *Schlechtriem* UN-Kaufrecht, Rn. 12 mit Fn. 5.

[164] Kritisch *Beale/Howells* J.Contract L. 12 (1997) 21, 35.

[165] Ebenso Grundmann/Bianca-*Bianca* Art. 3 Rn. 73–76.

[166] Art. 3 Abs. 5 Sps. 2 KGRL.

[167] Art. 8:102 EP, Art. 7.3.5., 7.4.1 UP; dazu *Schlechtriem* in: Vertragsrechtsvereinheitlichung, S. 172. Zum Verhältnis von Schadenersatz im neuen deutschen Schuldrecht § 325 BGB; anders noch § 463 BGB a.F. („statt der Wandelung oder der Minderung Schadensersatz wegen Nichterfüllung"), doch wurde das im Ergebnis durch die Anerkennung des sog. „großen Schadensersatzanspruchs" abgemildert; dazu *Larenz* Schuldrecht II/1, § 41 II (S. 60f.).

unsicherheit, läßt aber einen Minderwert zurück), kommt auch in diesem Fall eine zusätzliche Minderung in Betracht.

### c) *Minderung insbesondere*

Die Minderung ist die Herabsetzung des Kaufpreises entsprechend der Vertragswidrigkeit, so daß das Äquivalenzverhältnis erhalten bleibt. Das entspricht dem aus dem nationalen Recht bekannten Minderungsanspruch.[168] Die Richtlinie faßt den Minderungsanspruch indes in einer Hinsicht weiter, denn eine Minderung kommt auch dann in Betracht, wenn die Abhilfe – Ersatzlieferung oder Nachbesserung – die Vertragswidrigkeit zwar vollständig beseitigt hat, indes für den Käufer „nicht ohne erhebliche Unannehmlichkeiten" erfolgt ist.[169] Damit wird in die Beurteilung des Äquivalenzverhältnisses nicht nur das Käuferinteresse an der (vertragsgemäßen) Ware einbezogen,[170] sondern auch sein Interesse daran, diese „ohne erhebliche Unannehmlichkeiten" zu erhalten. Demzufolge schützt der Minderungsanspruch Käuferinteressen, die auch von einem Ersatzanspruch – jedenfalls nach deutschem Recht – herkömmlich nicht (effektiv) geschützt werden, denn Unannehmlichkeiten werden oft nur immaterielle Schäden darstellen (z.B. Reparaturlärm, Lösungsmittelgeruch, vertane Freizeit) und im übrigen meist nicht zu beziffern sein werden.

Der Minderungsanspruch entpuppt sich so als ein verdeckter Schadensersatzanspruch, der zudem auch immaterielle Schäden erfaßt und im übrigen eine Schadensschätzung durch das Gericht eröffnet.[171]

## 5. Unabdingbarkeit

Ein Thema, das in der Diskussion der Richtlinie eine zentrale Rolle eingenommen hat, ist die Unabdingbarkeit der Gewährleistungsrechte und Fristen.[172] Dieses Thema verdient auch hier eine gesonderte Erörterung.

---

168 S. nur BGH, NJW 1990, 2682, 2683; Staudinger-*Honsell* (1995) § 472 Rn. 4. Die Berechnung hat jetzt § 441 Abs. 3 BGB gegenüber § 472 BGB a.F. geändert.

169 In Art. 50 CISG findet sich dafür kein Vorbild.

170 So nach § 441 Abs. 3 BGB.

171 Im Rahmen von § 441 Abs. 3 S. 2 BGB läßt sich dem durch die dort eröffnete Schätzungsmöglichkeit Rechnung tragen.

172 S. z.B. *Canaris* AcP 200 (2000) 273, 362–364; *Junker* DZWiR 1997, 271, 278f.; *Martinek* in: Systembildung, S. 537–541; *Repgen,* Kein Abschied von der Privatautonomie (2001); *Schäfer* in: Systembildung, S. 564–566; R. *Van den Bergh* in: Greenpaper EU Contract Law (www-Fassung) S. 17 (sub 3.5).

### *a) Unabdingbarkeit der Gewährleistungsrechte*

Die Parteien können die *Gewährleistungsrechte* weder im Kaufvertrag noch durch gesonderte Abrede einschränken oder abbedingen.[173] Lediglich nachdem eine Vertragswidrigkeit aufgetreten ist und der Käufer den Verkäufer davon unterrichtet hat,[174] können die Parteien sich über die Gewährleistungsrechte einigen. Hier liegt eine scharfe und vielfach kritisierte Abweichung von dem formalen Prinzip der Vertragsfreiheit und kommt der Zweck des Verbraucherschutzes zum Tragen. Zum Verständnis dieser Regelung ist wichtig, sie in dem Rahmen der beiden Dispositionsmöglichkeiten zu sehen, zwischen denen sie steht. Die erste Dispositionsmöglichkeit ist die Bestimmung der Vertragsmäßigkeit, die ohne Einschränkung den Parteien anheimgestellt ist. Bei der Bestimmung der Vertragsgemäßheit im Wege der Auslegung oder nach den ergänzenden Auslegungskriterien des Art. 2 Abs. 2 ist etwa auch Raum dafür, zu berücksichtigen, daß es sich um Gebrauchtwaren handelt.[175] Hier fällt manches düstere Szenario einer Rückkehr in die vorbürgerliche Gesellschaft, in der die Stellung des einzelnen vom Stand *(status)* bestimmt ist,[176] in sich zusammen, denn die zwingend ausgestalteten *Gewährleistungsrechte* kommen ja nur zum Tragen, wenn der Verkäufer überhaupt haftet, und das hängt in erster Linie von der (dispositiven) Vereinbarung über die Ware ab. Schon diese erste Dispositionsmöglichkeit dient auch dem Schutz der materialen Selbstbestimmung, wenn man die durch die Unabdingbarkeit bewirkte Verlagerung des Gewichts auf die Warenbeschreibung als Informationsregelung versteht. Darauf läuft die Unabdingbarkeit in der Tat hinaus, denn angesichts zwingender Gewährleistung wird der Verkäufer bemüht sein, alle potentiell nachteiligen Eigenschaften anfänglich offenzulegen, so daß sie entweder in die Vereinbarung eingehen oder der Käufer jedenfalls infolge anfänglicher Kenntnis von der Geltendmachung der Gewährleistungsrechte ausgeschlossen ist.[177]

---

173 Das entspricht der Lösung des englischen Rechts, das in Verbraucherverträgen traditionell eine Einschränkung der Haftung für eine Abweichung von der Soll-Beschaffenheit nicht zuläßt; jetzt Sections 6 (2) und 7 (2) Unfair Contract Terms Act 1977; früher schon im Supply of Goods (Implied Terms) Act 1973; dazu *Beale* in: Good Faith and Fault, S. 234; *Beatson* Law of Contract, S. 187f.

174 Die unglückliche substantivische Formulierung („vor dessen [des Verkäufers] Unterrichtung") läßt nicht erkennen, daß der Käufer den Verkäufer unterrichten muß, doch entspricht das nicht nur dem vom Gesetzgeber vermutlich für selbstverständlich gehaltenen Normalfall, sondern auch dem Schutzzweck, da es sonst allein auf die Unterrichtung des zur Gewährleistung verpflichteten Verkäufers ankäme und der Käufer nicht mit der offenbar gewollten Informiertheit über seine Rechte disponiert.

175 Vgl. für die Auslegung des objektiven Standards der *satisfactory quality* des Art. 14 des Englischen Sale of Goods Act 1979 idF des Sale of Goods Act 1994 *Beatson* Law of Contract, S. 153 (der berücksichtigt, ob es sich um gebrauchte oder auch besonders billige Waren handelt).

176 Das wäre eine Umkehrung der von *Sir Henry Maine* Ancient Law, S. 182 beschriebenen historischen Entwicklung („... we may say that the movement of the progressive societies has hitherto been a movement from Status to Contract"), die für die Zeit nach der Französischen Revolution *Böhm* ORDO 17 (1966) 75–151 in ähnlicher Weise gekennzeichnet hat.

177 Näher *Riesenhuber* in: Party Autonomy, S. 350–357; ähnlich *Repgen* Kein Abschied von der Privatautonomie, S. 88–93. Zum Verständnis von Gewährleistungsregeln als Informationsregeln *Hedley* J.B.L. 2001, 114–125; *van Rossum* MJ 3 (2000) 300, 304, 309.

Die zweite Dispositionsmöglichkeit liegt darin, daß die Parteien nach Auftreten der Vertragswidrigkeit und Unterrichtung des Verkäufers davon durchaus über die Art und Weise der Gewährleistung disponieren können.[178] Auch diese Regelung läßt sich als Schutz der materialen Selbstbestimmung verstehen, denn unterm Strich bedeutet Art. 7 Abs. 1 KGRL, daß der Käufer in besonderer Weise *informiert* über seine zunächst gesetzlich festgelegten Gewährleistungsrechte verfügen soll, nämlich in Kenntnis der Vertragswidrigkeit.[179] In der Tat ist es ja für den Verbraucher – der eben nicht professionell handelt und die Dinge, bei denen die Gewährleistungsrechte des Art. 3 praktisch eine große Rolle spielen (Couchgarnitur, Autokauf), vielleicht nur selten oder gar nur einmal im Leben kauft – regelmäßig im vorhinein nur schwer absehbar, was es praktisch bedeutet, die Gewährleistung etwa auf ein Nachbesserungsrecht zu beschränken. Die Tragweite solcher Disposition kann er in vielen Fällen erst erkennen, wenn die Vertragswidrigkeit aufgetreten ist.[180] Unter diesem Gesichtspunkt schwer zu verstehen ist allerdings, warum die Richtlinie auf die Unterrichtung *des Verkäufers* und nicht die Mangelkenntnis des geschützten Käufers abstellt, doch kann man darin eine Regelung sehen, die einen angemessenen Ausgleich der Interessen beider Seiten bezweckt. Praktisch dürfte eine vertragliche Disposition über die Gewährleistungsrechte ohnehin meist erst nach Unterrichtung des Verkäufers in Betracht kommen.

Die Bestimmung der Unabdingbarkeit erweist sich so als weniger spektakulär. Die Betonung liegt nicht auf diesem Zwang, sondern zuerst auf der Freiheit von Verkäufer und Verbraucher, sich über die Leistung zu einigen. Hier hat der Gesetzgeber zu Recht der Versuchung widerstanden, dem Verbraucher vorzuschreiben, was er will, und statt dessen dem Prinzip der Vertragsfreiheit den Vorzug gegeben. Daß er umgekehrt die Disposition über Gewährleistungsrechte zum Schutz des Verbrauchers einschränkt, hat, wie gezeigt, gute Gründe und sollte im übrigen schon deshalb nicht dazu veranlassen, der Vertragsfreiheit das Sterbeglöckchen zu läuten, weil ein Blick auf das englische Recht zeigt, daß die Vertragsfreiheit mit zwingenden Gewährleistungsrechten durchaus vereinbar ist.[181] In das System des Europäischen Vertragsrechts fügt sich der mit der Unabdingbarkeit verfolgte Schutz der materialen Selbstbestimmung zwanglos ein.

---

178 Art. 7 Abs. 1 KGRL.

179 Dazu schon *Riesenhuber* in: Party Autonomy, S. 357f. Derselbe Gedanke liegt etwa auch Art. 21 Ziff. 1 EuGVO (Art. 17 Abs. 5 EuGVÜ) zugrunde; *Kropholler* Europäisches Zivilprozeßrecht, Art. 17 Rn. 87.

180 Es ließe sich daher sogar sagen, daß die Vorschrift des Art. 7 Abs. 1 UAbs. 1 KGRL im Lichte sonstiger Vorschriften zum Schutz der materialen Selbstbestimmung des Verbrauchers und auch im Vergleich mit Art. 6 Abs. 2 Sps. 1 KGRL nicht weit genug gehe, denn für eine informierte Entscheidung müßte der Verbraucher auch Kenntnis von den bestehenden Rechte haben. Diesen Schutz hat der Europäische Gesetzgeber indes zu Recht den nationalen Vertragsrechten einerseits und anderen „geeigneten Maßnahmen" der Mitgliedstaaten (Art. 9 KGRL), also etwa Rechtskundeunterricht in Schulen, andererseits überlassen; s. schon oben, § 15 B II 3 (S. 383).

181 S.o. Fn. 173.

### b) *Unabdingbarkeit der Fristen*

Neben den Gewährleistungsrechten sind auch die Gewährleistungsfristen zwingend ausgestaltet, nur für Gebrauchtwaren kann das mitgliedstaatliche Recht eine vertragliche Abkürzung auf höchstens ein Jahr zulassen. Die zwingende Vorschrift einer Mindestfrist ist die notwendige Konsequenz aus der Vorschrift zwingender Gewährleistungsrechte. Allerdings stellt sich im Hinblick auf die mit einem Jahr verhältnismäßig lange Mindestfrist für Gebrauchtwaren mit besonderer Schärfe die Frage, ob in diesem Bereich die zwingende Gewährleistung angemessen ist. Wer gebraucht kauft, will weniger Geld ausgeben und ist dafür bereit, Risiken in Kauf zu nehmen, sei es, weil er sie selbst tragen kann (Eigenreparatur, bessere Risikeneinschätzung als der Verkäufer) oder schlicht nicht mehr ausgeben kann.[182] Die Vorstellung von zwingender Gewährleistung beim Trödler ist fremd, sie scheint geradezu das Grundkonzept der Branche in Frage zu stellen. Für den Gebrauchtwarenkauf müssen sich daher die Schranken der Gewährleistungsrechte besonders bewähren, die sich aus der vertragsmäßigen Bestimmung und der Mangelkenntnis bzw. unvernünftigen Unkenntnis ergeben.[183]

### c) *Würdigung*

Die Unabdingbarkeit der Gewährleistungsrechte und der verhältnismäßig langen Fristen ist im Lichte der Dispositionsmöglichkeiten der Parteien zu sehen. Sie erweist sich so als ein Mittel zum Schutz der materialen Selbstbestimmung des Verbrauchers, der informiert über den Kaufvertrag entscheiden soll. Dazu trägt die Unabdingbarkeit deswegen bei, weil sie den Verkäufer dazu veranlaßt, zur Reduzierung des Gewährleistungsrisikos vor Vertragsschluß über Nachteile der Ware zu informieren, um so entweder die Vertragsmäßigkeit „zu drücken" oder zumindest den Käufer bösgläubig zu machen (Art. 2 Abs. 3).

Finden sich damit gute Gründe für die Unabdingbarkeit, so sind doch deren Nachteile nicht zu übersehen. Kommt es maßgeblich auf die durch Auslegung der Vereinbarung zu ermittelnde Vertragswidrigkeit an, so steigt damit das Prozeßrisiko, da Auslegungsfragen stets zu großer Unsicherheit führen. „Dem Verbraucher", der das Prozeßrisiko schlechter abschätzen kann und das Kostenrisiko mehr scheut als der professionell handelnde Verkäufer, kommt das nicht zugute. Bei den so verursachten Kosten handelt es sich auch nicht nur um vorübergehende Kosten der Rechtsangleichung infolge der „Abwertung des öffentlichen Guts Rechtsprechung",[184] sondern, da die Abrede im einzelnen Fall entscheidend ist, um dauernd entstehende Kosten.[185]

---

[182] *Gsell* ERPL 1999, 151, 169.

[183] *Medicus* ZIP 1996, 1925, 1930.

[184] Vgl. oben, § 9 II 1 c (S. 181).

[185] Zu bezweifeln ist allerdings, daß diese Regelung im Vergleich mit dem früheren deutschen Recht und seiner Unterscheidung zwischen einfachen Mängeln und zugesicherten Eigenschaften eine Verschlechterung bedeutet; *Riesenhuber* in: Party Autonomy, S. 368f.

Schließlich bedeutet die zwingende Ausgestaltung – einmal mehr – eine Zwangsversicherung des Verbrauchers,[186] der auch nicht gegen Preisnachlaß auf die Gewährleistungsrechte oder die lange Frist verzichten kann. Ist ein solcher Handel mit Gewährleistungsrechten auch nicht in allen Branchen denkbar, so hätte man dem Markt diese Möglichkeit doch belassen können. Eine solche Lösung wäre freilich der Schwierigkeit begegnet, daß die Angemessenheit des Preisnachlasses als Hauptleistung nicht gut kontrollierbar ist, doch hätte insofern ein Transparenzgebot ausgereicht,[187] verbunden mit einer effektiven Umgehungskontrolle zum Ausschluß von „Scheinnachlässen". Dem Schutz der materialen Selbstbestimmung hätte auch für die Beschränkung von Gewährleistungsrechten eine Klauselkontrolle effektiv Rechnung tragen können, bei der geprüft wird, ob der Verkäufer ein sachlich begründetes Interesse z.B. an der Beschränkung auf Nachbesserung hat.[188]

## 6. Vertragliche Garantie

Neben der Gewährleistung regelt die Richtlinie die „Garantie". Garantie ist eine vom Verkäufer oder Hersteller gegenüber dem Verbraucher übernommene Verpflichtung, Abhilfe zu schaffen, wenn die Ware nicht die Eigenschaften hat, die in dem Garantieschein oder in der Werbung angegeben werden.[189] Garantiebedingungen, die in der Werbung und der Garantieerklärung enthalten sind, binden den Verpflichteten. Diese Bindung erstreckt sich sowohl auf die garantierten Eigenschaften als auch auf die zugesicherten Rechte („Abhilfen"). Die vertragliche Garantie kommt durch ausdrückliche Vereinbarung („Garantie kraft Vereinbarung") oder auch durch bloße Garantiewerbung („Garantie kraft Werbung") zustande.[190] Weitergehende Regelungen, die für das Leistungsstörungsrecht von Bedeutung wären, enthält die Richtlinie nicht.

---

186 Im Bereich des Gebrauchtwagenkaufs wird eine Gewährleistungsversicherung bislang optional angeboten; vgl. *Ehmann/Rust* JZ 1999, 853, 860 mit Fn. 62; *Martinek* in: Systembildung, S. 537; *Schäfer* in: Systembildung, S. 565.

187 Diesem Modell folgt auch Art. 4 Abs. 5 S. 1 Sps. 2 PRRL für den Fall der nachträglichen Änderung der Reisebedingungen.

188 Ähnlich *Canaris* AcP 200 (2000) 273, 362 (der freilich die Richtlinienregelung nur holzschnittartig nachzeichnet und im übrigen für primärrechts- und grundgesetzwidrig hält). S. noch sogleich, 8 (S. 497–500), zur der anfänglich geplanten Verbindung von Kaufrecht und Klauselkontrolle. Art. 8:109 EP, Art. 7.1.6 UP sehen eine Einzelfallprüfung am Maßstab von Treu und Glauben vor.

189 Art. 1 Abs. 2 lit. e KGRL.

190 Art. 6 Abs. 1 KGRL. Zur vertragsrechtlichen Begründung der Garantien bereits oben, § 15 A II 2d aa (S. 369–371).

## 7. Rückgriff des Letztverkäufers

Reichlich unklar ist der Regreß geregelt.[191] Art. 4 läßt vier Tatbestandsmerkmale erkennen, die die Richtlinie teilweise regelt und teilweise nur als Hinweis für die Regelungsbefugnis der Mitgliedstaaten erwähnt. Regreßvoraussetzungen sind, (1) daß der Letztverkäufer wegen einer Vertragswidrigkeit in Anspruch genommen wurde[192] und (2) die haftungsauslösende Vertragswidrigkeit auf einem Handeln oder Unterlassen des Herstellers oder einer Zwischenperson beruht. Die (3) Passivlegitimation und (4) „das entsprechende Vorgehen und die Modalitäten" sind Sache der Mitgliedstaaten.

Die erste Voraussetzung, Inanspruchnahme des Letztverkäufers, ist eine „sachlogische" Voraussetzung für einen Rückgriff,[193] schwieriger ist die zweite. Von Richtlinien wegen ist hier nur die Veranlassung durch Hersteller oder Vorleute vorgeschrieben. Schon nach dem Wortlaut der Regelung ist aber eine Veranlassung durch den Haftenden nicht erforderlich.[194] Auch wenn der Zwischenhändler, den das nationale Recht als Haftenden bestimmt, mit der Vertragswidrigkeit nichts zu tun hat, z.B., weil der Hersteller die Sachen auf sein Geheiß „durchgeliefert" hat und der Zwischenhändler auch keine für die Vertragswidrigkeit relevanten „öffentlichen Äußerungen" gemacht hat (Art. 2 Abs. 2 lit. d), soll der Regreß gegeben sein, wenn nur Hersteller oder eine andere Vorperson die Vertragswidrigkeit verursacht hat. Daß die Bestimmung der Passivlegitimation den Mitgliedstaaten überlassen wird, trägt dem französischen Recht Rechnung, wonach eine *action directe* gegen den Hersteller in Betracht kommt.[195]

Umstritten ist, ob sich aus der Richtlinien noch weitere Tatbestandsmerkmale für den Regreß ergeben oder alles weitere den Mitgliedstaaten überlassen ist. Im Wege der teleologischen Auslegung ist Art. 4 KGRL beispielsweise entnommen worden, daß das nationale Recht verpflichtet sei, bestimmte Inkongruenzen zwischen der Haftung des Letztverkäufers gegenüber dem Endabnehmer einerseits und der Haftung der Vorleute gegenüber dem Letztverkäufer andererseits zu vermeiden. So sei zwar mit den Richtlinienvorgaben vereinbar, daß der Letztverkäufer dem Verbraucher haftet, obwohl er keinen Rückgriff gegen Vorleute nehmen kann, weil er erkennbare Mängel nicht rechtzeitig gerügt hat. Bei unerkennbaren Mängeln gebiete die Richtlinie hingegen einen Gleichlauf der Verjährungsfristen. Und ebenso gebiete der Zweck der Regreßregelung, daß der Regreßschuldner gegenüber dem Letztverkäufer die Beweislast in derselben Weise trägt wie der Letztverkäufer gegenüber dem Verbraucher (Art. 2 Abs. 4, 5 Abs. 3 KGRL).[196]

---

191 Kritisch wegen der geringen Regelungsdichte R. *Van den Bergh* in: Greenpaper EU Contract Law (www-Fassung), S. 13 (sub 3.3).

192 Zutreffend *Magnus* FS Siehr, S. 438: bloße Möglichkeit der Inanspruchnahme reicht nicht.

193 Dazu auch *Jud* ZfRV 2001, 201, 208f.

194 A.M. *Jud* ZfRV 2001, 201, 207; *Magnus* FS Siehr, S. 438.

195 Dazu nur *Zweigert/Kötz* Rechtsvergleichung, § 42 V (S. 682). S.a. oben, § 15 E II (S. 421–425) zu Vertragswirkungen für Dritte.

196 *Magnus* FS Siehr, S. 434–437. S.a. den Umsetzungsvorschlag von *Brüggemeier* JZ 2000, 529, 533f. (und dazu oben, § 15 E II (S. 421–425).

Richtig ist, daß BE 9 S. 3 KGRL in starken Worten den Grundsatz formuliert: Der Verkäufer „muß“ eine der Vorpersonen in Regreß nehmen können. Indes hat der Gesetzgeber den Grundsatz noch im selben Satz doppelt eingeschränkt. Der Regreß steht nur „nach Maßgabe des innerstaatlichen Rechts“ und nur dann offen, wenn der Verkäufer auf dieses Recht nicht verzichtet hat.[197] Tatsächlich spricht ja auch Art. 4 KGRL nur davon, daß der Letztverkäufer einen der Vorleute in Anspruch nehmen „kann“. Wichtiger als die Regreßmöglichkeit ist daher der Grundsatz der Vertragsfreiheit, der im Europäischen Vertragsrecht zumal bei zweiseitigen Unternehmensgeschäften unumstritten regiert und von der Begründungserwägung in Satz 4 eigens hervorgehoben wird. Haftungsinkongruenzen zwischen den einzelnen Vertragsbeziehungen hat der Gesetzgeber daher bewußt in Kauf genommen. Der Vertragsfreiheit ist insoweit das Prinzip der Relativität immanent. Dieses bedeutet gerade, daß auch Verträge, die in einer „wirtschaftlichen Kette“ stehen, nicht abgestimmt zu sein brauchen. Das kann auch wirtschaftlich einen guten Sinn haben,[198] zum Beispiel wenn ein (Zwischen- oder Letzt-) Verkäufer eine Charge „Billigcomputer“ kauft und beim Weiterverkauf einkalkuliert, daß jeder zweite reklamiert wird.[199] Die Bedeutung des Relativitätsgrundsatzes zeigt sich aber auch bei der Minderung als verhältnismäßiger Herabsetzung des Kaufpreises: Da die Kaufpreise regelmäßig divergieren, kommt hier eine formale Kongruenz nicht in Betracht. Endlich muß man bedenken, daß die Vorstellung einer Haftungskongruenz ohnehin spätestens bei der Verjährung schwerlich durchzusetzen ist. Selbst wenn der Letztverkäufer und seine Vorleute alle derselben Verjährungsfrist unterliegen, so beginnen die Fristen doch zu unterschiedlichen Zeitpunkten zu laufen (besonders wenn der Letztverkäufer die Ware vorrätig hält) und ist deshalb eine Inkongruenz fast unvermeidlich.[200] Daß der

---

[197] Daß in der verabschiedeten Fassung – anders als noch im Gemeinsamen Standpunkt (Art. 3a S. 1 a.E.) – der Vorrang der Vertragsfreiheit nicht mehr im Richtlinientext erwähnt ist, sondern nur in der Begründungserwägung, bedeutet keine Abschwächung, sondern im Gegenteil, daß der Gesetzgeber den Grundsatz als *selbstverständlich* nicht eigens erwähnt hat.

[198] Das wird freilich oft bestritten; der (rechtliche oder tatsächliche) Ausschluß des Rückgriffs bedeute, daß „die kleinen Einzelhandelsgeschäfte, die als Letztverkäufer stets von den Hunden gebissen werden, aufgrund solcher Rechtsgestaltung durch die großen Kaufhäuser vom Markt gefegt werden“; besonderes Inkongruenzen bei der Verjährung führten „nicht selten zu größeren Unbilligkeiten“, die „Verschärfung der Gewährleistungshaftung des Letzverkäufers vermehrt die Möglichkeit solch unbilliger Alleinhaftung“, wenn die Vorleute ihr nicht unterliegen; *Ehmann/Rust* JZ 1999, 853, 862. In der Tat wäre es lohnend, die ökonomischen Auswirkungen der Haftungsdivergenzen einmal zu untersuchen (werden *dadurch* kleine Einzelhandelsgeschäfte vom Markt gefegt?), um festzustellen, ob der Markt darauf nicht angemessen reagieren kann. Die Remedur ist freilich einstweilen Sache der mitgliedstaatlichen Rechte, denn die Richtlinie verbietet ja die Verbesserung der Regreßmöglichkeiten nicht.

[199] Da die Richtlinie den Ausschluß des Rückgriffs ausdrücklich nicht verbietet (BE 9 S. 3) und der Ausschluß wie im Beispiel auch sachlich begründet sein kann, läßt sich auch gegen die formularmäßige Abrede kein pauschales Unwerturteil fällen; so aber (für das deutsche Recht) *von Westphalen* DB 1999, 2553, 2554f.; rechtspolitisch argumentierend auch *Ehmann/Rust* JZ 1999, 853, 863; wie hier im Grundsatz *Magnus* FS Siehr, S. 432f.

[200] Weitgehend – aber doch nicht vollständig – vermeidet *Brüggemeier* JZ 2000, 529, 534 Inkongruenzen mit seinem Modell der „Ausfallgarantie“. Wenn diese allerdings nicht wie nach altem BGB der

Richtliniengeber einen formalen Gleichlauf der Verjährungsfristen für alle Verkäufer wollte, läßt sich deshalb nicht annehmen.[201]

Das mitgliedstaatliche Recht muß daher einen Regreßanspruch für den Fall vorsehen, daß der Letztverkäufer für eine Vertragswidrigkeit einzustehen hat, die vom Hersteller oder einem der Vorleute veranlaßt ist. Die Mitgliedstaaten regeln, wer haftet und nach welchen Modalitäten. Der Grundsatz der effektiven Umsetzung gebietet, daß dieser Anspruch nicht nur der Form nach bestehen darf, sondern auch im Regelfall eine gewisse Durchsetzungswahrscheinlichkeit haben muß. Er steht aber dem vertraglichen Ausschluß des Rückgriffs nicht entgegen, denn die Richtlinie will den Grundsatz der Vertragsfreiheit ausdrücklich nicht antasten. Daher sind auch Inkongruenzen zwischen den Haftungsregimen der verschiedenen Vertragspartner von Europarechts wegen nicht zu beanstanden, da die Richtlinie mit der Vertragsfreiheit auch die Relativität des Vertragsverhältnisses respektiert. Das bedeutet nicht, daß Mitgliedstaaten gehindert wären, eine weitgehende Haftungskongruenz einzuführen, ggf. auch dadurch, daß Hersteller und Vorleute *strenger* haften als der Letztverkäufer. Nur vorgeschrieben ist das nach der Richtlinie eben nicht.

## 8. Verhältnis der Kaufgewährrichtlinie zur AGB-Richtlinie und zur Produkthaftungsrichtlinie

Die zwingenden Gewährleistungsrechte des Art. 3 haben eine lange und verschlungene Geschichte. Zuerst begegnen sie in lit. c Ziff. 1 des Anhangs zum ersten Vorschlag der AGBRL.[202] Im zweiten, geänderten Vorschlag sind sie in Art. 6 enthalten.[203] Danach sollte eine Klausel in einem Kaufvertrag mißbräuchlich sein, wenn sie die Kaufgewährleistungsrechte des Verbrauchers auf Wandelung, Ersatzlieferung, Nachbesserung oder Minderung (in dieser Reihenfolge und ohne Hierarchie) beschränkt. Das war freilich schon gesetzgebungstechnisch ganz mißlich, denn dieses Klauselverbot setzte ja voraus, daß der Verbraucher die genannten Gewährleistungsrechte hat, und das war nicht in allen Mitgliedstaaten der Fall. Der Vorschlag lief also darauf hinaus, das Kaufgewährleistungsrecht der Mitgliedstaaten gleichsam mittelbar anzugleichen – und das durch eine Regelung im Richtlinienanhang.[204] Inhaltlich war dieser Vorschlag noch stärker als die spätere Richtlinie an das englische Vorbild des Unfair Contract Terms Act 1977

dreißigjährigen Verjährung unterliegt, sondern der zweijährigen, so entstehen auch hier bald Haftungsinkongruenzen.

201 Zutreffend hat daher *Schmidt-Räntsch* ZIP 1998, 849, 850 nur einen „Harmonisierungsdruck" für den Handelskauf angenommen, nicht aber eine Vorschrift.

202 Vorschlag für eine Richtlinie des Rates über mißbräuchliche Klauseln in Verbraucherverträgen, ABl. 1990 C 243/2.

203 Geänderter Vorschlag für eine Richtlinie des Rates über mißbräuchliche Klauseln in Verbraucherverträgen, ABl. 1992 C 73/7.

204 Zu Recht kritisch auch BR-Drs. Beschluß v. 1.3.1991, S. 2.

angelehnt, der vor allem Haftungsausschlußklauseln für unwirksam erklärt.[205] Bekanntlich sah dieser Vorschlag auch noch die später aufgegebene Kontrolle auch von Individualvereinbarungen vor.[206] Im Ergebnis bedeutete daher auch schon der erste Vorschlag die Unabdingbarkeit von Kaufgewährleistungsrechten des Verbrauchers, da der Verkäufer davon auch nicht durch Individualvereinbarung hätte abweichen können. Nach dem Wortlaut des ersten Vorschlags wäre auch eine nachträgliche Einigung über die Gewährleistungsrechte nicht möglich gewesen. Der zweite Vorschlag, der die Gewährleistungsrechte ebenfalls vereinheitlichte,[207] ist insofern nicht klar, da er den Gewährleistungsausschluß in nicht-ausgehandelten Klauseln stets für unwirksam erklärte,[208] für im einzelnen ausgehandelte Klauseln aber darauf abstellte, ob sie die Vertragsdurchführung für den Verbraucher übermäßig erschwerten.[209]

Die Verbindung zwischen Kaufgewährleistungsrechten und Klauselkontrolle ist in der verabschiedeten Fassung der AGBRL von 1993 aufgehoben, das Gewährleistungsrecht kam erst mit der KGRL von 1999. Die in den ersten Vorschlägen der AGBRL für notwendig erachtete Harmonisierung der Vertragsrechte wurde in der verabschiedeten Fassung schließlich aufgegeben, und die KGRL hat die Verbindung nicht wieder hergestellt, sondern Einschränkungen der Gewährleistungsrechte zu Lasten des Verbrauchers (vor „Unterrichtung" des Verkäufers über die Vertragswidrigkeit) ganz ausgeschlossen. Den Grund dafür kann man, wie gezeigt,[210] in einem Schutz der materialen Selbstbestimmung des Verbrauchers sehen. Die in dem zweiten Vorschlag ABGRL vorgesehene Lösung wäre differenzierter ausgefallen,[211] dadurch aber auch weniger vorhersehbar. Die zwingende Vorschrift der Kaufgewährleistungsrechte schützt den Verbraucher sehr weitgehend, freilich mit entsprechenden Lasten für den Verkäufer. Angesichts der sehr differenzierten Bedürfnisse in der Praxis wäre es vorzugswürdig gewesen, den Gewährleistungsausschluß auch in nicht-ausgehandelten Klauseln anfänglich zuzulassen, sofern er berechtigten Interessen des Verkäufers dient (z.B. Beschränkung auf Ersatzlieferung bei technischen Geräten), und die nachträgliche Änderung von Gewährleistungsrechten durch Vereinbarung stets zuzulassen.[212]

Einen Bereich hat die KGRL völlig ausgespart, den Schadensersatz wegen Vertragsverletzung.[213] In einem zentralen Ausschnitt wird der Ersatzanspruch (auch) des Käufers

---

[205] Vgl. die Nachweise oben, Fn. 173.

[206] Art. 2 Ziff. 1 V1-AGBRL.

[207] Art. 6 V2-AGBRL.

[208] Art. 3 Abs. 3 iVm Ziff. 1 b Anh V2-AGBRL.

[209] Art. 4 Abs. 1 Sps. 1 V2-AGBRL.

[210] Oben, 5 a) (S. 491 f.).

[211] Nicht-ausgehandelter Gewährleistungsausschluß ist stets, ausgehandelter je nach Gewicht der Belastung für den Verbraucher unzulässig, die vertragliche Einigung nach Feststellung der Vertragswidrigkeit wohl zulässig.

[212] Diese Prüfung der sachlichen Begründung würde sich mit den Maßstäben der AGBRL durchaus vertragen; s.o. § 16 I 4 (S. 445–449, 451 f.) b bb (4) und cc (Prüfung am Maßstab der Verhältnismäßigkeit und der „Waffengleichheit").

[213] Der Grund liegt offenbar in den Schwierigkeiten der Harmonisierung, nicht darin, daß die Angleichung für entbehrlich gehalten worden wäre; *Hondius* ZEuP 1997, 130, 136.

allerdings schon durch die Produkthaftungsrichtlinie geregelt, nach der der Hersteller[214] einer beweglichen Sache (Produkt)[215] für den Personen- und Sachschaden[216] haftet, der durch einen Fehler[217] des Produkts verursacht wird. Daß die Produkthaftungsrichtlinie Schäden am sonstigen Vermögen des Verbrauchers nicht schützt, dürfte praktisch weniger erheblich sein, da solche Schäden primär bei beruflich oder gewerblich Tätigen vorkommen und für den Verbrauchsgüterkauf keine zentrale Rolle spielen dürften. Soweit nach der Richtlinie nur ein Produktfehler, nicht aber jede Vertragswidrigkeit die Haftung auslöst, dürften damit die wichtigsten Ursachen für Integritätsverletzungen erfaßt sein. Durch die objektive Bestimmung des Fehlers[218] ist aber ein Ersatz für Eigentumsverletzungen etwa für den Fall ausgeschlossen, daß die (als Produkt fehlerfreie) Ware entgegen der „Zustimmung" des Verkäufers[219] für die bezweckte Verwendung[220] so ungeeignet ist, daß Eigentum des Käufers beschädigt wird (z.B. Zubehörteil beschädigt Karosserie). Auch für den Verbraucherkauf kann der Schadensersatzanspruch wichtige Funktionen haben, für die weder die KGRL noch die ProdHRL eine Harmonisierung vorsehen, z.B. wenn der Verbraucher Ersatz für entgangene Gebrauchsvorteile (etwa bis zur Nachbesserung) oder für die Ersatzvornahme der Nachbesserung verlangt.

Eine (äußere) tatbestandliche Nähe zwischen den Regelungen der Kaufgewährleistungsrichtlinie und der Produkthaftungsrichtlinie besteht bei der „objektiven" Fehlerbestimmung, für die Art. 2 Abs. 2 lit. d KGRL u.a. auf die nach den öffentlichen Äußerungen berechtigten Erwartungen des Verbrauchers abstellt, Art. 6 Abs. 1 lit. a ProdHRL auf die Darbietung des Produkts.[221] Beide Vorschriften betreffen insbesondere auch Werbungsaussagen.[222] Und dadurch, daß Art. 2 Abs. 2 lit. d KGRL für die Ermittlung der Vertragsmäßigkeit hilfsweise auf objektive Faktoren als Indiz für den Parteiwillen abstellt, unterscheidet sich die Vorschrift auch insofern nicht von dem Deliktsmaßstab. Indes ist bei der teleologischen Auslegung zu beachten, daß es um jeweils unterschiedliche Interessen des „Geschädigten" geht. Während bei Art. 6 ProdHRL die Darbietung im Hinblick auf sein Integritätsinteresse zu untersuchen ist, geht es bei Art. 2 KGRL um das Leistungsinteresse des Verbrauchers. Daß ein Produkt keine Sicherheitsmängel habe, ist eine berechtigte Grunderwartung, so daß seine „Darbietung" (u.a.) in der Werbung auch ohne zu hohe Anforderungen Sicherheitserwartungen

---

[214] Art. 3, 5 ProdHRL.

[215] Art. 2 ProdHRL.

[216] Art. 9 ProdHRL.

[217] Art. 6 ProdHRL.

[218] Staudinger-*Oechsler* (1998) § 3 ProdHG Rn. 11, 15; auch Rn. 22–24 (Relevanz von Sonderhorizonten) und Rn. 85–89 (Relevanz des Preises); der Sonderhorizont des Käufers (Rn. 22) soll die Sicherheitserwartungen nur *einschränken.*

[219] Art. 2 Abs. 2 lit. b) KGRL.

[220] Die bezweckte Verwendung weiche von dem Gebrauch des Produkts ab, mit dem billigerweise gerechnet werden muß (sonst Art. 6 Abs. 1 lit. b ProdHRL).

[221] Dazu *Taschner/Frietsch* Art. 6 Rn. 13f.; Staudinger-*Oechsler* (1998) § 3 ProdHG Rn. 42–55.

[222] Für die KGRL oben, II 3 a) aa) (S. 481) und § 15 A II (S. 359–375); für die ProdHRL *Taschner/Frietsch* Art. 6 Rn. 14; Staudinger-*Oechsler* (1998) § 3 ProdHG Rn. 44f.

begründen kann. Berechtigte Erwartungen an die Qualität oder Leistung einer Ware bedürfen dagegen vergleichsweise spezifischerer Werbungsangaben. Daß ein „Spoiler" bei darbietungsgemäßer Verwendung die Sicherheit des Autos nicht gefährdet, kann der Käufer ohne weiteres erwarten, daß sein Auto dadurch schneller oder besser fährt indes nur bei konkreten Angaben. Die Schwelle für haftungsbegründende Angaben ist daher dem Zweck der Vorschriften entsprechend unterschiedlich bestimmt.

## III. Störungen des Pauschalreisevertrags

### 1. Übersicht und Gang der Darstellung

Die Pauschalreiserichtlinie enthält eine eingehende Regelung der Leistungsstörungen. Diese ist indes, will man sich nicht mit einer isolierten Betrachtung aller Einzelvorschriften begnügen, schier undurchdringlich. Das beruht auf zwei Gründen. Erstens hat der Gesetzgeber das Verhältnis von Veranstalter und Vermittler nicht bestimmt, sondern weithin den Mitgliedstaaten zur Regelung überlassen.[223] Zweitens hat der Gesetzgeber verschiedene Anspruchsziele mehrfach geregelt. Infolgedessen ist schon die Übersicht schwer, sie wird daher nachfolgend zunächst in groben Zügen tabellarisch gegeben:

| **Vorschrift** | **Anspruchsgegner** | **Tatbestand**[224] | **Rechtsfolge** |
|---|---|---|---|
| Art. 4 Abs. 5 | Veranstalter oder Vermittler | erhebliche Änderung eines wesentlichen Bestandteils | Rücktritt |
| Art. 4 Abs. 6 UAbs. 1 lit. a) | Veranstalter und/oder Vermittler | (I) Rücktritt des Verbrauchers oder<br>(II) (1) Stornierung des Veranstalters<br>(2) nicht vom Verbraucher verschuldet | Leistung einer gleich- oder höherwertigen Pauschalreise |
| Art. 4 Abs. 6 UAbs. 1 lit. b) | N.N. | (I) Rücktritt des Verbrauchers oder<br>(II) (1) Stornierung des Veranstalters<br>(2) nicht vom Verbraucher verschuldet | Erstattung aller gezahlten Beträge |

---

223 Auch Art. 5 Abs. 1 PRRL läßt nur den Rückgriff *gegen andere Dienstleistungsträger* unberührt. Eine Darstellung der Richtlinie muß wegen der Unbestimmtheit des Verpflichteten (Veranstalter und/oder Vermittler) immer wieder den unpersönlichen Passiv verwenden.

224 Römische Ziffern in Klammern bezeichnen alternative Tatbestände, arabische Ziffern in Klammern bezeichnen Tatbestandsvoraussetzungen, die kumulativ vorliegen müssen.

Fortsetzung

| **Vorschrift** | **Anspruchsgegner** | **Tatbestand**[224] | **Rechtsfolge** |
|---|---|---|---|
| Art. 4 Abs. 6 UAbs. 2 | Veranstalter oder Vermittler | (I) Rücktritt des Verbrauchers oder<br>(II) (1) Stornierung des Veranstalters<br>(2) kein Ausschluß | Entschädigung (Schadensersatz) |
| Art. 4 Abs. 7 UAbs. 1 | Veranstalter | (absehbare) Nichterfüllung eines erheblichen Teils der vereinbarten Leitungen nach Abreise | angemessene andere Vorkehrungen und Entschädigung (Minderung) |
| Art. 4 Abs. 7 UAbs. 2 | Veranstalter | (1) (absehbare) Nichterfüllung eines erheblichen Teils der vereinbarten Leistungen nach Abreise<br>(2) Vorkehrungen nicht möglich oder inakzeptabel | gleichwertige Beförderungsmöglichkeit zum Ausgangs- oder einem anderen Ort und Entschädigung (Schadensersatz) |
| Art. 5 Abs. 1 | Vertragspartner | nicht-ordnungsgemäße Erfüllung der vertraglichen Verpflichtung | Haftung für ordnungsgemäße Erfüllung auch dritter Leistungsträger |
| Art. 5 Abs. 2 UAbs. 1, 3, 4 | Veranstalter und/oder Vermittler | (1) Nicht-/ Schlechterfüllung<br>(2) Schaden<br>(3) kein Ausschluß | Entschädigung (Schadensersatz) |
| Art. 5 Abs. 2 UAbs. 2 | Vertragspartner | (I) unvorhersehbare oder nicht abwendbare Versäumnisse, die einem Dritten zuzurechnen sind<br>(II) höhere Gewalt | Bemühung, Hilfe zu leisten |
| Art. 6 | Veranstalter und/oder Vermittler | Beanstandungen | Bemühung um geeignete Lösungen |

Nicht die Vertragsbeziehung oder die Vertragsrechte standen im Zentrum der Erwägungen des Gesetzgebers, sondern die Rechte des Verbrauchers.[225] Die Richtlinie bestimmt daher einen Mindestschutz[226] für Verbraucher, der nicht über die Pflichtenstellung des Vertragspartners, sondern über die Rechte und Ansprüche des Verbrauchers bestimmt ist, wobei der Anspruchsgegner zumeist der Vertragspartner oder ein „Dritter“

[225] S.a. *Tonner* EWS 2000, 473, 474 (vertragsrechtliche Vorschriften „in rechtssystematisch nicht sehr überzeugender Weise aufgelistet“).

[226] Art. 8 PRRL.

sein kann, die Mitgliedstaaten aber frei sind, jedenfalls auch die Passivlegitimation des Vertragspartners vorzuschreiben.

Diese Besonderheit der Regelungstechnik macht es erforderlich, für die Darstellung von dem bisherigen Muster abzuweichen. Entsprechend dieser Gesetzgebungstechnik werden zunächst (sogleich 2) die Verbraucherrechte wegen „Störungen" ohne Rücksicht darauf dargestellt, ob sie sich gegen den Vertragspartner oder einen Dritten richten. Keineswegs alle Rechte des Verbrauchers sind schon von Europarechts wegen Rechte des Verbrauchers gegen seinen Vertragspartner. Und da die Richtlinie nicht vorgibt, daß die Rechte gegen den Dritten, der nicht Vertragspartner ist, vertraglich begründet sein müssen, sind auch in diesem Sinne nicht alle Rechte des Verbrauchers Vertragsrechte.[227] Auf die Problematik der Relativität ist daher anschließend (nachfolgend 3) zurückzukommen.

## 2. Rechte des Verbrauchers wegen Leistungsstörungen

### a) *Erfüllungsanspruch und Verwandtes*

Zu beginnen ist mit dem Erfüllungsanspruch, da dieser andere Rechtsbehelfe ausschließen kann. Der Erfüllungsanspruch begegnet in unterschiedlicher Form in vier Einzelvorschriften. Seine Ausgestaltung und Prominenz läßt erkennen, daß der Gesetzgeber bei der Regelung vor allem den Erholungsurlaub von Privatpersonen vor Augen hatte und diesen möglichst sichern wollte. Daß der Gesetzgeber den Erfüllungsanspruch ausschließen wollte, soweit er andere Rechtsbehelfe zuspricht,[228] ist schon deswegen nicht anzunehmen, weil der Erfüllungsanspruch dem Verbraucher wohl schon an sich, jedenfalls aber als zusätzlicher Rechtsbehelf eine bessere Rechtsstellung verschafft.[229]

Im Zusammenhang mit dem Erfüllungsanspruch steht zunächst – *erstens* – der Anspruch auf eine Ersatzreise für den Fall der Vertragsbeendigung vor Abreise durch Rücktritt des Verbrauchers oder Stornierung des *Veranstalters*.[230] Der Rücktritt des Verbrauchers kommt in Betracht, wenn der Veranstalter – aufgrund Änderungsvorbehalts oder in Verletzung des Vertrags – nachträglich wesentliche Vertragsbedingungen erheblich ändert. Stornierung des Vertrags durch den Veranstalter ist sowohl die vorbehaltene als auch vertragswidrige Kündigung vor Abreise, ausgenommen nur die Stornierung wegen Alleinverschuldens des Verbrauchers. In diesen Fällen hat der Verbraucher Anspruch auf Teilnahme an einer gleich- oder höherwertigen Reise, wenn der *Veranstalter und/oder Vermittler* in der Lage ist, ihm eine solche anzubieten. Problematisch ist freilich die Unbestimmtheit des Tatbestands („in der Lage"). Warum die Regelung nur die *Veranstalter*stornierung erfaßt, ist nicht klar, da eine „Stornierung" auch dann in Betracht kommt, wenn der Vermittler nach nationalem Recht alleiniger Vertragspartner ist und z.B. infolge Überbuchung einige Verträge nicht erfüllen kann. Dieser Fall recht-

---

[227] A.M. impliziter *Tonner* EuZW 1990, 409 („2. Vertragsrecht").

[228] Eine Einschränkung des Erfüllungsanspruchs entnimmt *Grundmann* Schuldvertragsrecht, 4.01 Rn. 23, Art. 4 Abs. 5 und 6 PRRL.

[229] Art. 8 PRRL.

[230] Art. 4 Abs. 6 PRRL.

fertigt keine andere Beurteilung. Daß der Vertragspartner auch dann dem Ersatzreiseanspruch ausgesetzt ist, wenn er vom stornierenden Veranstalter verschieden ist, entspricht hingegen der Regelung des Art. 5 Abs. 1 PRRL, wonach der Vertragspartner auch dann für die ordnungsgemäße Erfüllung haftet, wenn er die Leistungen nicht selbst, sondern durch Dritte erbringt.

In allgemeiner Form ist der Erfüllungsanspruch – *zweitens* – in Art. 6 der Richtlinie enthalten, wonach sich *Veranstalter und/oder Vermittler* oder deren etwa vorhandener örtlicher Vertreter bei Beanstandungen „nach Kräften um geeignete Lösungen (bemühen)". Beanstandung ist die Geltendmachung des Erfüllungsanspruchs aufgrund einer vorliegenden oder zu besorgenden Nicht- oder Schlechterfüllung. Daß der Verpflichtete sich nur „nach Kräften bemühen" muß, scheint die Einschränkung der Leistungspflicht nach dem Grundsatz *ultra posse nemo obligatur* zu bedeuten. Indes wäre es ganz unverständlich, daß der Gesetzgeber ausgerechnet in diesem Einzelfall die Grenze der Bindung statuieren würde, die er sonst den mitgliedstaatlichen Gesetzgebern überläßt.[231] Im Gegenteil ist der Vorschrift zu entnehmen, daß der Schuldner sich auch dann nach Kräften „um geeignete Lösungen" bemühen muß, wenn er die vereinbarte Leistung absehbar nicht erbringen kann. Die Formulierung bedeutet, daß der Schuldner das Mögliche Unternehmen muß, selbst wenn das Vereinbarte unmöglich ist, sie stellt keine Einschränkung seiner Pflichten dar, sondern eine Erweiterung.

Eine Fortsetzung des Erfüllungsanspruchs (Nachbesserung, Ersatzleistung) ist *drittens* die Verpflichtung des *Veranstalters*, im Falle einer Störung der vereinbarten Leistung „angemessene andere Vorkehrungen" zu treffen, damit die Reise weiter durchgeführt werden kann.[232] Auch hier zeigt sich der Vorrang der (Ersatz-) Erfüllung vor anderen Rechtsbehelfen. Der Hinweis auf „angemessene" andere Vorkehrungen ist schon sprachlich dahin zu verstehen, daß die Vorkehrungen im Hinblick auf das vereinbarte Leistungsprogramm angemessen sind: Der klimatisierte Luxusreisebus kann nicht durch eine Beförderung im Abteil dritter Klasse ersetzt werden. Einen Zumutbarkeitseinwand des Veranstalters begründet die Vorschrift nicht.[233] Auch der nachfolgende UAbs. 2 stellt allein darauf ab, ob die Ersatzlösung für den Verbraucher akzeptabel ist, nicht auch, ob sie dem Veranstalter zumutbar ist.[234]

In Zusammenhang mit dem Erfüllungsanspruch steht *viertens* der Hilfeleistungsanspruch des Art. 5 Abs. 2 UAbs. 2 PRRL, den der Verbraucher gegen seinen *Vertrags-*

---

[231] *Grundmann* Schuldvertragsrecht, 4.01 Rn. 28 mit Fn. 81 entnimmt freilich auch Art. 4 Abs. 5 und Abs. 6 UAbs. 1 den Grundsatz, daß die Erfüllungspflicht durch das Unvermögen des Schuldners begrenzt sei (ohne Hinweis auf Art. 6); dagegen sogleich im Text (zu Art. 4 Abs. 7 UAbs. 1) und unten, 4 (S. 518f.).

[232] Art. 4 Abs. 7 UAbs. 2 PRRL.

[233] A.M. *Grundmann* Schuldvertragsrecht, 4.01 Rn. 28 a.E., freilich ohne Hinweis auf die Rechtsfolgen: Soll die Unzumutbarkeit nur den Anspruch auf andere Vorkehrungen entfallen lassen oder auch den Rücktransportanspruch (UAbs. 2) oder den Ersatzanspruch (Art. 5 Abs. 2)?

[234] Die allgemeinen Zumutbarkeitsschranken des mitgliedstaatlichen Zivilrechts bleiben in den von der Umsetzungspflicht gesetzten Grenzen (§ 12 B [S. 267–275]) anwendbar; vgl. oben, § 15 D III (S. 412–414).

*partner* hat, wenn die Erfüllung durch unvorhersehbare oder unabwendbare Versäumnisse Dritter oder höhere Gewalt gestört ist.[235] In diesen Fällen ist eine Erfüllung der vereinbarten Leistung ausgeschlossen und hat der Reisende keinen Anspruch auf Schadensersatz. Dementsprechend ist freilich auch die Hilfeleistungspflicht begrenzt: Da der Vertragspartner in den genannten Fällen keinen Schadensersatz schuldet, kann er auch nicht verpflichtet sein, erhebliche Aufwendungen auf sich zu nehmen, um dem Reisenden zu helfen.[236] Hilfeleistung bedeutet daher primär die Erteilung von Ratschlägen, im übrigen nur die Pflicht, im Rahmen des Zumutbaren gegen Aufwendungsersatz tätig zu werden.

Daß der Erfüllungsanspruch gleichsam in veränderter Form eines Hilfeleistungsanspruchs erhalten bleibt, kann man gleichwohl als Ausdruck für eine besondere Pflichtenbindung ansehen, die der Reisevertrag dem Vertragspartner auferlegt. Insoweit kann man von einer Fürsorgepflicht des Vertragspartners sprechen. Beim Pauschalreisevertrag erwirbt der Verbraucher eine Mehrzahl von Reiseleistungen aus einer Hand und verläßt sich darauf, daß der Vertragspartner (besonders im Ausland) um alles Erforderliche gekümmert hat. Besonders im Ausland ist der Reisende oft auf Hilfe angewiesen, da er Sprache, Recht und Gepflogenheiten des Gastlandes nicht kennt. Dem trägt die Fortsetzung der Erfüllungspflicht in der Hilfeleistungspflicht Rechnung. Die Fürsorgepflicht ist dabei von den vereinbarten Reiseleistungen einerseits und dem Ausmaß ihrer Störung andererseits abhängig, so daß sie für einen Verbraucher, der „Rundumbetreuung" gebucht hat, anders ausfallen kann als für einen anderen, der nur Reise und Unterkunft gebucht hat.[237] Daß der Anspruch auf Hilfeleistung nur für Fälle vorgesehen ist, in denen der Veranstalter und/oder Vermittler die Störung nicht zu vertreten hat, obwohl man einen entsprechenden Anspruch erst recht dann erwarten würde, wenn er die Störung zu vertreten hat, kann man damit erklären, daß der Veranstalter/Vermittler in letzterem Fall schon zum Zweck der Schadensminderung Hilfe leisten wird.[238] Daß die Hilfeleistungspflicht nicht eingreift, wenn die Störung dem Verbraucher zuzurechnen ist (Gefängnisaufenthalt wegen Rauschgiftschmuggels), kann zwar u.U. hart sein, leuchtet aber ein.

Ist der Hilfeleistungsanspruch gegen den Vertragspartner als eine Fortsetzung des Erfüllungsanspruchs anzusehen, so kann auch seine Verletzung eine Leistungsstörung darstellen, für die der Veranstalter und/oder Vermittler einstehen muß.[239]

---

[235] Wohl a.M. *Grundmann* Schuldvertragsrecht, 4.01 Rn. 29, der in der Unterstützungspflicht einen Anwendungsfall der von ihm sog. „Erfüllungshaftung" nach Art. 5 Abs. 1 sieht („zumindest in manchen Aspekten auch").

[236] Grabitz/Hilf II-*Tonner* A 12 (PRRL) Art. 5 Rn. 7.

[237] Art. 5 Abs. 2 UAbs. 2. Gemeint ist damit die akute Hilfe bei Schwierigkeiten und Not, wie z.B. die Vermittlung ärztlicher, polizeilicher oder behördlicher Hilfe; nicht hingegen schuldet der Vertragspartner die Unterstützung bei der prozessualen Durchsetzung von Ansprüchen gegen Dritte; *Meyer/Kubis* TranspR 1991, 411, 415.

[238] Die Erklärung bleibt freilich unbefriedigend, denn Schadensminderung ist nur eine *Obliegenheit.*

[239] Ebenso Grabitz/Hilf II-*Tonner* A 12 (PRRL) Art. 6 Rn. 8.

In allen vier Fällen kann es sein, daß der (fortgesetzte) Erfüllungsanspruch die Störung nicht vollständig behebt. Soweit der Schuldner nur „Bemühen“ schuldet, geht die Richtlinie davon aus, daß ein Restschaden regelmäßig zurückbleiben kann. Dann stellt sich die Frage, ob der Verbraucher neben den genannten Ansprüchen auch Schadensersatz verlangen kann.[240] Ausdrücklich ist das nur für den Fall angeordnet, daß der Verbraucher die Ersatzreise in Anspruch nimmt.[241] Aber auch in den übrigen Fällen ist die Kumulation von Rechtsbehelfen nicht ausdrücklich oder sachlogisch ausgeschlossen.

### *b) Minderung*

Einen Minderungsanspruch sieht Art. 4 Abs. 7 UAbs. 1 PRRL für den Fall der Störung *nach Abreise* vor. Wird ein erheblicher Teil der Leistungen nicht erbracht, die Reise aber auf andere als die vereinbarte Weise durchgeführt, so hat der Verbraucher gegen den *Veranstalter* (unabhängig von seiner Stellung zum Vertrag) einen Anspruch auf eine „Entschädigung, deren Höhe dem Unterschied zwischen dem Preis der vorgesehenen und der erbrachten Dienstleistungen entspricht“, also auf Minderung.[242] Daß der Minderungsanspruch in jedem Fall gegen den Veranstalter gerichtet ist, führt, wenn dieser nicht Vertragspartner des Verbrauchers ist und der Anspruch daher die Relativität des Schuldverhältnisses übersteigt, freilich zu der Schwierigkeit, den Minderungsbetrag zu bestimmen, denn der Preis der Dienstleistung kann ja für den Veranstalter ein anderer sein als für den Vermittler, der Vertragspartner des Verbrauchers ist. Nach dem Schutzzweck der Vorschrift ist indes davon auszugehen, daß es auf den Preis ankommt, den der Verbraucher mit seinem Vertragspartner vereinbart hat. Leistet der Veranstalter (der nicht Vertragspartner ist) mehr als er müßte (weil der Vermittler die betreffende Leistung billig eingekauft und viel teurer verkauft hat), so kann er sich nach nationalem Recht gegebenenfalls beim Vermittler (Vertragspartner des Verbrauchers) erholen.

Die Minderung wegen Störungen *vor Abreise* ist nicht geregelt, für diesen Fall sieht Art. 4 Abs. 5 lediglich vor, daß der *Veranstalter* den Verbraucher von erheblichen Änderungen eines wesentlichen Vertragsbestandteils zu unterrichten und ihm „insbesondere“ die Möglichkeit zu geben hat, Rücktritt oder Vertragsänderung zu wählen. Der Grund dafür ist nicht schon darin zu sehen, daß der Reisende ja bei Durchführung trotz Störung auf die soeben beschriebene Regelung wegen Störung nach Abreise zurückgreifen könnte: Das muß ihm folgerichtig versperrt sein, wenn er einer Vertragsänderung zugestimmt hat. Man könnte annehmen, daß der Gesetzgeber sicherstellen wollte, daß die Parteien vor Abreise absehbare Störungen einvernehmlich regeln und sich auch über eine etwaige Minderung einigen: Der Reisende solle nicht sehenden Auges die Minderleistung in Anspruch nehmen und nachher liquidieren können. Dann müßte man die

---

[240] Da hier nur die Verbraucherrechte untersucht werden und der Anspruchsgegner nicht notwendig der Vertragspartner ist, können sich Abhilfeanspruch und Ersatzanspruch gegen verschiedene Verpflichtete richten.

[241] Art. 4 Abs. 6 UAbs. 1 lit. a, UAbs. 2 PRRL.

[242] Vgl. *Eckert* ZRP 1991, 454, 457; *Meyer/Kubis* TranspR 1991, 411, 414.

Regelung aber wohl folgerichtig für abschließend halten und annehmen, daß das mitgliedstaatliche Recht für diesen Fall keinen Minderungsanspruch vorsehen dürfte. Das aber wäre doch ganz unangemessen, denn dann würde der Reisende nur durch das Wettbewerbsrecht (Werberichtlinie) davor geschützt, daß ihn der Veranstalter/Vermittler den Reisenden mit blumigen Anpreisungen in einen Vertrag lockt und davon dann nachher schrittweise abrückt. Die besseren Gründe sprechen daher für die Annahme, der Gesetzgeber habe die Rechtsfolgen für den Fall der Änderung wesentlicher Vertragsbedingungen durch den Veranstalter vor Abreise nicht abschließend geregelt. Die Mitgliedstaaten können zugunsten des Verbrauchers strengere Regeln vorsehen, insbesondere auch ein Minderungsrecht bei Festhalten am Vertrag. Auch wenn sich der Veranstalter vor Abreise „gezwungen sieht", erhebliche Änderungen wesentlicher Vertragsbestandteile „vorzunehmen", müssen die Mitgliedstaaten dem Reisenden die Möglichkeit geben können, das vereinbarte Austauschverhältnis zu erhalten.

### *c) Schadensersatz*

Wird der Vertrag nicht oder schlecht erfüllt,[243] so hat der Verbraucher nach Art. 5 Abs. 2 PRRL Anspruch auf Schadensersatz („Haftung für Schäden") gegen den *Veranstalter und/oder Vermittler*. Der Anspruch ist ausgeschlossen, wenn die Nichterfüllung (1) allein[244] dem Verbraucher oder (2) allein[245] einem Dritten[246] zuzurechnen ist oder (3) auf höherer Gewalt beruht. Ungeachtet der irreführenden Formulierung[247] handelt es sich dabei nicht um eine Verschuldenshaftung,[248] denn auf eine subjektive Zurechenbarkeit, die mit dem Verschuldensbegriff (herkömmlich) verbunden wird (Vorsatz oder Fahr-

---

243 Nachfolgend wird der Begriff der Nichterfüllung als Oberbegriff verwandt, der auch die Schlechterfüllung umfaßt.

244 Ein bloßes Mitverschulden des Verbrauchers reicht nicht aus; man kann nicht annehmen, daß der Gesetzgeber zur Lehre von der Culpakompensation zurückkehren wollte. Wie hier *Grundmann* Schuldvertragsrecht, 4.01 Rn. 30. Ebenso entscheidet nach „allgemeinen Grundsätzen" auch der EuGH; EuGH v. 27.3.1990 – Rs. 308/87 *Grifoni*, Slg. 1990, I-1221 Rn. 15–18.

245 Die Nichterfüllung ist nicht *allein* dem Dritten zuzurechnen, wenn sie für den Veranstalter und/oder Vermittler vorhersehbar oder abwendbar war; Art. 5 Abs. 2 Sps. 2 PRRL.

246 Dritter ist ein an der Bewirkung der vereinbarten Leistung nicht Beteiligter; Art. 5 Abs. 2 Sps. 2 PRRL.

247 „... es sei denn, daß die Nichterfüllung ... weder auf ein Verschulden des Veranstalters und/oder Vermittlers noch auf ein Verschulden eines anderen Dienstleistungsträgers zurückzuführen ist, weil ...".

248 Zutr. *Tonner* EWS 2000, 473, 474. A.M. *Abeltshauser* EWS 1991, 97, 99; *Eckert* ZRP 1991, 454, 457; *Grundmann* Schuldvertragsrecht, 4.01 Rn. 28; *Tonner* EuZW 1990, 409, 410; unklar Grabitz-Hilf II-*Tonner* A 12 (PRRL) Art. 5 Rn. 7f. („verschuldensunabhängige Haftung ... erlaubt ... den Einwand fehlenden Verschuldens"). Auch deren Auffassung, daß bei Art. 5 Abs. 2 „Verschulden eines Leistungsträgers dem Veranstalter zugerechnet wird" (*Grundmann* aaO Rn. 30; ähnlich *Tonner* aaO) überzeugt nicht, da die Zurechnungsregel des Absatz 1 nur für den Vertragspartner gilt und die Mitgliedstaaten nach Abs. 2 frei sind, den vom Vertragspartner verschiedenen „Veranstalter und/oder Vermittler" zu binden. Die Umsetzung in § 651f Abs. 1 iVm § 276 BGB ist daher unzureichend und durch richtlinienkonforme Auslegung zu korrigieren; ebenso Münchener Kommentar-*Tonner* § 651f Rn. 23a.

lässigkeit),[249] kommt es nicht an,[250] und das von der Richtlinie sogenannte Verschulden ist nur in den drei genannten Fällen ausgeschlossen. Weil aber das sogenannte Verschulden nur durch drei Gründe ausgeschlossen ist, diese drei Gründe jedoch nicht alle Fälle erfassen, in denen die subjektive Zurechnung zum Verpflichteten fehlt, handelt es sich nicht um eine Verschuldenshaftung. Ausgeschlossen ist der Ersatzanspruch nur, wenn die Nichterfüllung („Versäumnisse") (1) dem Verbraucher zuzurechnen ist, (2) sie auf unvorhersehbarem[251] und unabwendbarem Drittverhalten oder (3) höherer Gewalt beruht. Der Ersatzanspruch des Art. 5 Abs. 2 kann von den Mitgliedstaaten in bestimmten Grenzen eingeschränkt werden,[252] er ist aber für die Parteien unabdingbar.[253]

Einen Schadensersatzanspruch gegen den *Veranstalter oder Vermittler* hat der Verbraucher, wenn er wegen erheblicher Änderung wesentlicher Bedingungen vor der Abreise vom Vertrag zurücktritt oder der Veranstalter den Vertrag („gleich aus welchem Grund, ausgenommen Verschulden des Verbrauchers")[254] vor Abreise storniert, Art. 4 Abs. 6 UAbs. 2 PRRL.[255] Im Falle der Stornierung ist der Ersatzanspruch ausgeschlossen, wenn (1) eine vertraglich vereinbarte Mindestteilnehmerzahl nicht erreicht ist oder (2) ein Fall höherer Gewalt vorliegt; auch dies ist also ein Fall der Garantiehaftung. Das Verhältnis zu der allgemeinen Ersatzpflicht des Art. 5 Abs. 2 ist nicht klar.[256] Nicht überzeugend ist die Annahme, der Gesetzgeber habe in Art. 4 Abs. 6 einen Spezialtatbestand schaffen wollen, der durch die engere Definition der höheren Gewalt qualifiziert ist.[257] Ebensowenig plausibel ist die Annahme, es handele sich um eine Klarstellung, daß die

---

[249] *Larenz* Schuldrecht I, § 20 I (S. 276–279); *ders.* Richtiges Recht, S. 103–106 (dort auch zum Vergleich mit dem Garantieprinzip des angelsächsischen Rechts).

[250] Freilich hat auch die „höheren Gewalt" einen Bezug zur Vorwerfbarkeit, *Larenz* Schuldrecht I, § 23 I b (S. 347). Indes schließt höhere Gewalt die Ersatzhaftung nur negativ aus, subjektive Vorwerfbarkeit ist nicht umgekehrt positive Voraussetzung für die Haftung.

[251] Sehr weitgehend nimmt Grabitz/Hilf II-*Tonner* A 12 (PRRL) Art. 5 Rn. 10 eine Erkundigungsobliegenheit des Veranstalters („Pflicht, sich nach möglicherweise entstehenden Lärmquellen zu erkundigen") an.

[252] Art. 5 Abs. 2 UAbs.3 und 4 PRRL. Dazu nur Grabitz/Hilf II-*Tonner* A 12 (PRRL) Art. 5 Rn. 22–32 und 33–39.

[253] Art. 5 Abs. 3 PRRL.

[254] Auch im Fall des veranlaßten Rücktritts (Art. 4 Abs. 5) kommt ein Schadensersatzanspruch des Verbrauchers nicht in Betracht, wenn ein Verschulden des Verbrauchers Grund für die Änderung der Vertragsbedingungen nach Abs. 5 war; *Grundmann* Schuldvertragsrecht, 4.01 Rn. 25; das ergibt sich hier aber schon aus dem Tatbestand des Art. 4 Abs. 5 PRRL, der nur die eigeninitiative Änderung durch den Veranstalter betrifft, nicht die vom Verbraucher veranlaßte.

[255] Der Ersatzanspruch ist nicht etwa den Mitgliedstaaten überlassen; „gegebenenfalls" in S. 1 der Vorschrift bezieht sich auf das Vorliegen eines Schadens, nicht auf die Einräumung des Ersatzanspruchs durch die Mitgliedstaaten.

[256] *Grundmann* Schuldvertragsrecht, 4.01 Rn. 30 (Art. 5 Abs. 2 als Grundtatbestand, Art. 4 Abs. 6 UAbs. 2 als Spezialregel); *Meyer/Kubis* TranspR 1991, 411, 414 (Art. 4 Abs. 6 UAbs. 2 als Spezialtatbestand für veranlaßten Rücktritt und Stornierung).

[257] Weitergehend als in Art. 4 Abs. 6 UAbs. 2 Ziff. i ist die Haftung nach Art. 5 Abs. 2 UAbs. 1 Sps. 3 auch ausgeschlossen, wenn die Nichterfüllung „auf ein Ereignis zurückzuführen ist, das der Veranstalter und/oder der Vermittler bzw. der Leistungsträger trotz aller gebotenen Sorgfalt nicht vorhersehen oder abwenden konnte".

vertragswidrige Stornierung oder der durch vertragswidrige Änderung der Bedingungen veranlaßte Rücktritt Fälle der Nichterfüllung darstellen. Und schließlich leuchtet auch nicht ein, daß der Gesetzgeber für diese Fälle die mitgliedstaatliche Wahl des Anspruchsgegners (Veranstalter und/oder Vermittler) auf die Alternative von Veranstalter *oder* Vermittler beschränken wollte. Die wesentliche Bestimmung der Vorschrift dürfte darin zu sehen sein, daß der Veranstalter sich im Vertrag nur dann eine Stornierung – mit den Schadensersatzanspruch ausschließender Wirkung – vorbehalten kann, wenn für die Reise eine Mindestteilnehmerzahl erforderlich ist. Ansonsten löst jede Stornierung den Ersatzanspruch aus, „gleich aus welchem Grund" sie erfolgt, ausgenommen nur „Verschulden des Verbrauchers" und höhere Gewalt. Der Sache nach bedeutet die Vorschrift daher eine ergänzende Regelung über Mindestteilnehmerzahl-Klauseln in Pauschalreiseverträgen.[258]

Die tatbestandliche Reichweite des Ersatzanspruchs des Art. 4 Abs. 6 UAbs. 2 PRRL ist umstritten. Nach einer Auffassung soll sie neben den Fällen der Stornierung und des veranlaßten Rücktritts alle Fälle der nachträglichen erheblichen Änderung wesentlicher Vertragsbedingungen (Absatz 5) erfassen.[259] Der Ersatzanspruch wäre demnach auch gegeben, wenn der Reisende sich auf eine vom Veranstalter „vorgenommene" Änderung eingelassen hat („eine Zusatzklausel zum Vertrag akzeptiert hat"). Dagegen spricht indes schon die unzweideutige systematische Stellung des Ersatzanspruchs in Absatz 6, der gerade nicht alle Fälle des Absatz 5 betrifft. Aber auch in der Sache besteht kein Anlaß, dem Verbraucher auch im Fall der konsentierten Änderung einen Ersatzanspruch zuzugeben. Allerdings kann es sein, daß er infolge dieser Änderung für das anfänglich vereinbarte Entgelt weniger Leistung erhält oder er für die anfänglich vereinbarte Leistung mehr zahlen muß oder er aufgrund der Änderung sonstige Nachteile hat (längere Anfahrt zum Flughafen, schlechtere Verbindung). Indes ergäbe der Ersatzanspruch gerade hier keinen Sinn, denn entweder der Verbraucher akzeptiert die Bedingungen nicht und wählt Ersatzreise oder Rücktritt und Schadensersatz; oder er akzeptiert die Bedingungen (sei es zähneknirschend oder mit entsprechender Preisanpassung) und hat deswegen keinen Schaden. Schadensersatz zu verlangen ist ja gerade das Gegenteil von einer Akzeptanz der Änderung. Unbefriedigend ist daher nicht die Beschränkung der Ersatzregelung in Art. 4 Abs. 6 UAbs. 2 PRRL auf die Fälle des UAbs. 1, sondern allenfalls die Beschränkung der Rechtsbehelfe des Verbrauchers im Fall nachträglicher Änderung der Vertragsbedingungen; – insoweit können indes die Mitgliedstaaten strengere Regeln vorsehen.[260]

Eine dritte Vorschrift, die einen Bezug zum Anspruch auf Schadensersatz hat, enthält Art. 5 Abs. 1 PRRL. Sie ist unten gesondert zu erörtern.[261]

---

[258] Näher unten, f) cc) (S. 514).

[259] *Meyer/Kubis* TranspR 1991, 411, 414 (auch bei Wahl der Ersatzreise liege Nichterfüllung vor); *Abeltshauser* EWS 1991, 97, 99.

[260] Ebenso *Grundmann* Schuldvertragsrecht, 4.01 Rn. 25.

[261] Nachfolgend f) aa) (S. 512f.).

### d) *Vertragsaufhebung*

Als vierter Rechtsbehelf kommt die Vertragsaufhebung in Betracht. Die Richtlinie sieht sie in zwei Fällen vor. Vor der Abreise hat der Verbraucher ein Recht zum „Rücktritt" vom Vertrag, wenn der Veranstalter wesentliche Reisebedingungen nachträglich erheblich ändert.[262] Dann ist der Vertrag rückabzuwickeln, erbrachte Zahlungen sind dem Verbraucher „schnellstmöglich" (unverzüglich) zu erstatten.[263] Anspruch auf Schadensersatz hat der Verbraucher neben dem Rücktrittsrecht.[264]

Nach der Abreise kann der Verbraucher Vertragsaufhebung wählen, wenn ein erheblicher Teil der Leistung (absehbar) nicht erbracht (werden) wird und entweder (1) der *Veranstalter* keine angemessenen anderen Vorkehrungen trifft oder (2) der Verbraucher die angebotenen Vorkehrungen aus triftigen Gründen nicht akzeptieren kann.[265] In diesem Fall hat die Vertragsaufhebung („Vertragsbeendigung") naturgemäß weitere Folgen für den Veranstalter. Er hat den Verbraucher zumindest auf eine der verabredeten Beförderung gleichwertige Weise an den Ausgangsort oder einen anderen mit dem Verbraucher vereinbarten Ort zurückzubringen. Auch hier kann der Verbraucher daneben Schadensersatz verlangen. Ungeachtet der Mindestschutzklausel können die Mitgliedstaaten die Vertragsaufhebung aber nicht zugunsten des Verbrauchers unter erleichterten Voraussetzungen zulassen. Denn die Abhilfemöglichkeit dient nicht einseitig dem Erfüllungsinteresse des Verbrauchers, sondern auch dem Erfüllungsinteresse des Veranstalters. Würde man etwa von dem Erfordernis eines „triftigen Grundes" absehen, so würde der von der Richtlinie erzielte Interessenausgleich gestört.

Für den Fall der Vertragsaufhebung wegen Störung nach Abreise ist nicht klar, ob der Verbraucher daneben auch einen Schadensersatzanspruch[266] hat. Das ist indes zu bejahen. Dafür spricht schon, daß die Kumulation nicht ausdrücklich ausgeschlossen ist. Und auch daß der Verbraucher in diesem Fall gegen den *Veranstalter* einen Anspruch auf Minderung hat,[267] bedeutet nicht, daß er nicht nach Art. 5 Abs. 2 der Richtlinie einen weitergehenden Schaden von *Veranstalter und/oder Vermittler* verlangen können soll.

---

[262] Die vom Verbraucher „verschuldete" Vertragsänderung regelt die Vorschrift nicht; s. schon oben, Fn. 254.

[263] Art. 4 Abs. 6 UAbs. 1 lit. a PRRL.

[264] Für eine Beschränkung auf Rücktritt oder Vertragsänderung aber wohl *Grundmann* Schuldvertragsrecht, 4.01 Rn. 28 a.E; der Hinweis auf Art. 4 Abs. 7 UAbs. 1 überzeugt nicht, da dieser Vorschrift schon kein Unzumutbarkeitseinwand zu entnehmen ist; s.o. a) (S. 503).

[265] Art. 4 Abs. 7 PRRL. A.A. *Tonner* EuZW 1990, 409, 410, der den Rücktransportanspruch „auf alle Fälle" zugeben möchte.

[266] Nach Art. 5 Abs. 2 PRRL.

[267] Art. 4 Abs. 7 UAbs. 2 PRRL.

Ein „allgemeines“ Rücktrittsrecht des Verbrauchers[268], das auch ohne Grund (Leistungsstörung) ausgeübt werden könnte, sieht die Richtlinie nicht vor;[269] zu Recht! Warum sollte man den Reisenden („Verbraucher“) aus seiner Vertragsbindung entlassen? Zumal angesichts der grundsätzlichen Berechtigung des Verbrauchers, eine Ersatzperson zu stellen, wenn er verhindert ist,[270] besteht dafür kein Anlaß. Das Folgeproblem, daß der andere Teil sich wegen Vertragsaufsage des Verbrauchers eine möglicherweise unangemessen hohe sog. Stornogebühr versprechen läßt, ist, wie manche kritisieren,[271] in der Tat von der Richtlinie nicht behandelt. Die gemeinschaftsprivatrechtliche Regelung ist deswegen indes jedenfalls seit Erlaß der AGB-Richtlinie nicht mehr lückenhaft. Denn Ziff. 1 lit. e Anhang AGBRL verpönt nicht-ausgehandelte Klauseln (und allein darum geht es praktisch), die den Verbraucher im Fall der Vertragsverletzung zur Zahlung einer unangemessen hohen Entschädigung verpflichten.

### *e) Anzeigeobliegenheit des Verbrauchers*

Den Verbraucher trifft in allen Fällen der Leistungsstörungen nach Reisebeginn die Obliegenheit, dem betreffenden *Leistungsträger* und dem *Veranstalter und/oder Vermittler* einen Mangel des Vertrages so bald wie möglich schriftlich oder in anderer geeigneter Form mitzuteilen.[272] Auf diese Anzeigeobliegenheit ist der Verbraucher im Vertrag klar und deutlich hinzuweisen.[273]

Der Anzeigeobliegenheit liegt die Erwägung zugrunde, daß der andere Teil von einem Mangel Kenntnis haben muß, wenn er Abhilfe schaffen soll.[274] Abhilfe ist aber – als Teil oder Fortsetzung der Erfüllungspflicht –[275] nach dem System der Richtlinie der primäre Rechtsbehelf des Verbrauchers. Dieser Zweck der Anzeigeobliegenheit begründet zwei Folgerungen. Erstens greift die Anzeigeobliegenheit dann nicht ein, wenn der Verpflichtete

---

268 Wir erörtern hier nur das Recht zur Vertragsaufhebung (Rücktrittsrecht) des *Verbrauchers* wegen Leistungsstörung und lassen das Aufhebungsrecht des Veranstalters/Vermittlers/Vertragspartners unberücksichtigt. Dazu nur: Zu sagen, daß „der Reiseveranstalter grundsätzlich stets zurücktreten (kann)“ (Grabitz/Hilf II-*Tonner* A 12 (PRRL) Art. 4 Rn. 45) ist wohl doch irreführend: Der grundlose Rücktritt des Veranstalters (Vermittlers, Vertragspartners) ist ein Vertragsbruch; das bestätigt die Regelung des Art. 4 Abs. 6 UAbs. 2 PRRL, die nur zwei Rücktrittsgründe anerkennt.

269 Grabitz/Hilf II-*Tonner* A 12 (PRRL) Art. 4 Rn. 55.

270 Art. 4 Abs. 3 PRRL; dazu oben, § 15 E I 3 (S. 417–421).

271 Grabitz/Hilf II-*Tonner* A 12 (PRRL) Art. 4 Rn. 56 f.

272 Art. 5 Abs. 4 PRRL. Kritisch gegenüber der Obliegenheit, den Mangel auch dem *Leistungsträger* anzuzeigen Grabitz/Hilf II-*Tonner* A 12 (PRRL) Art. 5 Rn. 40. Eine Obliegenheit, einen Mangel auch noch nach Abschluß der Reise anzuzeigen, sieht die Richtlinie nicht vor. Eine entsprechende Vorschrift, wie sie z.B. § 651g Abs. 1 S. 1 BGB enthält, ist mit der Richtlinie unvereinbar; entgegen *Tonner* aaO Rn. 44, kann man der Richtlinie nicht entnehmen, daß sie „den Verbraucher nicht vom doppelten Anzeigeerfordernis befreien wollte“.

273 Art. 5 Abs. 4 PRRL; zur Belehrungspflicht schon oben, § 15 B II (S. 379–383).

274 Vgl. für § 651f iVm § 651d Abs. 2 BGB BGHZ 92, 177, 179–183; kritisch Münchener Kommentar-*Tonner* § 651f Rn. 16f. mwN.

275 Oben, a) (S. 503f.).

schon Kenntnis hat, denn dann wäre die Anzeige sinnlos.[276] Entsprechendes muß auch gelten, wenn der Verpflichtete von dem Mangel schlechterdings nicht in Unkenntnis sein kann (Evidenz, keine Überwachungspflicht). Zweitens folgt aus dem Rechtsbehelfssystem der Richtlinie, daß die Verletzung der Anzeigeobliegenheit schon von Richtlinien wegen nicht sanktionslos sein kann. Da die Richtlinie die Abhilfe als vorrangigen Rechtsbehelf ausgestaltet, der naturgemäß andere Rechtsbehelfe ausschließt, soweit die Abhilfe erfolgt, müssen andere Rechtsbehelfe ausgeschlossen sein, soweit der Verbraucher sich damit wegen Mängeln erholen will, die auch im Wege der Abhilfe hätten beseitigt werden können, und er die Abhilfe durch Unterlassen der Anzeige vereitelt hat. Da die Verletzung der Anzeigeobliegenheit somit einschneidende Folgen für den Verbraucher haben kann, kann weiterhin auch die Pflicht des Vertragspartners, auf die Anzeigeobliegenheit hinzuweisen, ihrerseits nicht sanktionslos sein. Jedenfalls soweit die Anzeigeobliegenheit nicht schon ohne Hinweis erwartet werden kann, hat die Verletzung der vertraglichen Belehrungspflicht daher zur Folge, daß sich der Verpflichtete nicht auf die unterlassene Anzeige berufen kann.[277] Problematisch ist freilich, daß die Verletzung der vertraglichen Belehrungspflicht damit nicht nur für den säumigen Vertragspartner (z.B. Vermittler), sondern u.U. auch für einen davon verschiedenen verpflichteten Dritten (im Bsp.: Veranstalter) Sanktionswirkung haben kann. Das ist auch nicht mit dem Zurechnungsgrundsatz des Art. 5 Abs. 1 zu erklären, da dieser die „Gegenrichtung" betrifft, nämlich die Zurechnung der Säumnis eines Leistungsträgers zum Vertragspartner.

Umstritten ist, ob das nationale Recht unter Berufung auf die Zulassung strengerer Vorschriften zum Schutz des Verbrauchers (Art. 8) auf die Anzeigeobliegenheit verzichten oder sie – z.B. durch Verzicht auf die Schriftform – abmildern kann. Dafür spricht, daß die Herabsetzung von Pflichten des Verbrauchers seine Rechtsposition zu Lasten des anderen Teils verbessert, also im konkreten Fall dessen Haftung „strenger macht".[278] Dagegen ist indes einzuwenden, daß der Verzicht auf die Rügeobliegenheit schon sprachlich keine „strengere Vorschrift zum Schutz des Verbrauchers" darstellt. Außerdem wäre es perplex, den Mitgliedstaaten einerseits aufzugeben, die Rügeobliegenheit effektiv umzusetzen, sie aber zugleich dazu zu ermächtigen, darauf zu verzichten. Entscheidend ist, daß die Rügeobliegenheit ein wesentliches Element des Leistungsstörungsregimes der Richtlinie ist. Das zentrale Anliegen der Richtlinie ist, die Durchführung des

---

[276] Nach dem Schutzzweck der Regelung kommt es nicht darauf an, ob der Verbraucher wußte, daß der Veranstalter und/oder Vermittler Kenntnis hatte. Darauf abzustellen, wenn feststeht, daß der Veranstalter und/oder Vermittler Kenntnis hatte, wäre ein reiner Formalismus. Für das deutsche Recht ähnlich (beschränkt auf „zweifelsfreie Kenntnis" oder „offensichtliche Mängel") Palandt-*Sprau* § 651d Rn. 4.

[277] S. schon oben, § 15 B II 1 (S. 380) und 2 (S. 382). Ebenso *Grundmann* Schuldvertragsrecht 4.01 Rn. 33 (Anzeigeobliegenheit entfällt mangels Hinweises stets); und, für das deutsche Recht, *Tempel* NJW 1996, 1625, 1632 („mangels Verschuldens des Reisenden"); Palandt-*Sprau* § 651 d Rn. 4 a.E.

[278] *Eckert* ZRP 1991, 454, 457 sowie – für die vergleichbare Pflicht nach Art. 4 Abs. 5 S. 2 PRRL – S. 456; implizit auch Grabitz/Hilf II-*Tonner* A 12 (PRRL) Art. 5 Rn. 43 und – im Hinblick auf die Form – Rn. 45f.

Urlaubs möglichst weitgehend zu ermöglichen. Daher – und somit im wohlverstandenen Interesse des Reisenden – ist die Mängelanzeige unabdingbar.[279] Die Anzeigeobliegenheit entfallen zu lassen, würde das Leistungsstörungssystem der Richtlinie empfindlich stören. Die Mitgliedstaaten können daher unter Art. 8 PRRL zwar weitere Pflichten und Obliegenheiten von Veranstalter, Vermittler und Dienstleistungsträgern vorsehen, sie können indes die (wenigen) Pflichten und Obliegenheiten des Verbrauchers nicht einschränken.[280]

#### *f) Verhältnis zu anderen Vorschriften*

##### aa) Zurechnung der Verantwortlichkeit von eingeschalteten Leistungsträgern, Art. 5 Abs. 1 PRRL

Der Veranstalter und/oder Vermittler, der *Vertragspartner* ist, übernimmt gegenüber dem Verbraucher die „Haftung für die ordnungsgemäße Erfüllung der vertraglichen Verpflichtungen unabhängig davon ..., ob er selbst oder andere Dienstleistungsträger diese Verpflichtungen zu erfüllen haben".[281] Welche Bedeutung diese Vorschrift der auch sogenannten Erfüllungshaftung[282] hat, ist umstritten. Der Hauptgrund für die Unsicherheit dürfte in der Verwendung des vagen Begriffs der Haftung (*liable, responsable*) liegen, der in der deutschen Rechtssprache am besten als Unterworfensein unter die Zwangsvollstreckung bestimmt (und so von dem der Schuld abgegrenzt) wird,[283] daneben aber auch in zahlreichen anderen Bedeutungen vorkommt.[284] Versteht man die „Haftung für die Erfüllung" als das Einstehenmüssen für den Fall der Nichterfüllung, so könnte diese Haftung doch nur Ansprüche auf Erfüllung (i.w.S. wie oben a), S. 502–505), Schadensersatz oder Minderung und/oder das Recht zur Vertragsaufhebung begründen; diese Ansprüche hat die Richtlinie indes speziell geregelt und besonderen Voraussetzungen unterworfen.

Unzweifelhaft ist der Vorschrift zweierlei zu entnehmen. Erstens haftet der Vertragspartner für die ordnungsgemäße Erfüllung. *Wie* der Vertragspartner haftet und welche einzelnen *Rechtsbehelfe* der Verbraucher gegenüber dem Vertragspartner zustehen, ist freilich insoweit offen, als die näheren Bestimmungen nur die Bindung von Veranstalter und/oder Vermittler (die nicht notwendig Vertragspartner sind!) bestimmen. Und zweitens erstreckt sich seine Verantwortungssphäre auch auf die Leistungen anderer

---

[279] Zur Interessenlage zutreffend BGHZ 92, 177, 181f. Man kann daher auch sagen, daß die Anzeigeobliegenheit auf dem Prinzip des überwiegenden Interesses beruht, da sie für den Veranstalter (zur Vermeidung von Ersatzansprüchen) wichtig ist, für den Reisenden aber nur eine geringe Last bedeutet; auch dazu BGHZ 92, 177, 182.

[280] I.E. wohl ebenso *Grundmann* Schuldvertragsrecht, 4.01 Rn. 33.

[281] Art. 5 Abs. 1 PRRL.

[282] *Grundmann* Schuldvertragsrecht, 4.01 Rn. 28.

[283] So z.B. *Medicus* Schuldrecht I, Rn. 19.

[284] Z.B. als Bezeichnung für Schuld, Schadensersatzschuld, Erzwingbarkeit, Verantwortlichkeit, Einstehenmüssen für Folgen eigenen oder fremden Verhaltens („Haftpflichtrecht", § 276 Abs. 2 BGB), Einstehenmüssen für Sach- und Rechtsmängel (§§ 459, 437 BGB) oder andere Ausfälle uam. Übersicht bei *Gernhuber* Schuldverhältnis, § 4 I 2 (S. 64f.); Staudinger-*J. Schmidt* Einl vor §§ 241ff Rn. 175.

Dienstleistungsträger, die in die Erfüllung eingeschaltet sind.[285] Darüber hinaus kann man in Art. 5 Abs. 1 bereits einen Hinweis auf die Garantiehaftung sehen, die Art. 5 Abs. 2 und Art. 4 Abs. 6 UAbs. 2 der Richtlinie begründen und – insbesondere hinsichtlich der Grenzen – näher ausgestalten.[286]

Mehr wird man der Vorschrift indes nicht entnehmen können. Auch der Grundsatz der verschuldensunabhängigen Garantiehaftung ist darin nicht enthalten, da sonst die differenziertere Regelung der Art. 5 Abs. 2 und 4 Abs. 6 UAbs. 2 der Richtlinie ausgehebelt würde, die ihrerseits eine verschuldensunabhängige Haftung begründet.[287] Art. 5 Abs. 1 PRRL ist daher auf die beiden genannten Aussagen – Haftung des Vertragspartners und Bestimmung seiner Verantwortungssphäre – beschränkt.

Wenn man bedenkt man, daß sich die Einstandspflicht des Veranstalters und/oder Vermittlers für die von Leistungsträgern verursachte Nichterfüllung auch aus Art. 5 Abs. 2 UAbs. 1 Sps. 2 PRRL ergibt,[288] so stellt sich die Frage, welche Funktion der Regelung in Absatz 1 zukommt. Sie liegt darin, die Bestimmung der Verantwortungssphäre des Vertragspartners zwingend festzuschreiben.[289] Damit wird den sogenannten Vermittlerklauseln ein Riegel vorgeschoben. Die Alternative zu dieser zwingenden Regelung hätte in einer Inhaltskontrolle gelegen. Zum Schutz der informierten Entscheidung hätte eine Informationspflicht ausgereicht, die ähnlich wie bei der Kaufgewährleistung dadurch hätte begründet werden können, daß die Haftung des Vertragspartners nur im Falle abweichender Vereinbarung ausgeschlossen wäre (Primat der Vertragsvereinbarung).[290] Daß der Gesetzgeber hier gleichwohl einen Schutz des Verbrauchers vor sich selbst im Wege einer „Zwangsversicherung" vorgesehen hat, dürfte seinen Grund darin habe, daß Verbraucher (selbst professionell Handelnde) geneigt sein könnten, die mit der Vermittlungsvereinbarung verbundenen Risiken zu unterschätzen.

#### bb) Die Preisänderung nach Art. 4 Abs. 4 PRRL

Mit den Leistungsstörungsregeln hängt die Vorschrift des Art. 4 Abs. 4 PRRL über die nachträgliche Änderung des vereinbarten Preises zusammen. Preisänderungen sind

---

285 Man kann insofern von einer Haftung für Erfüllungsgehilfen sprechen; *Grundmann* Schuldvertragsrecht, 4.01 Rn. 28; wenn man, wie hier, annimmt, daß die Haftung des Veranstalters/Vermittlers nach Art. 5 Abs. 2 PRRL eine Garantiehaftung darstellt, darf man dabei allerdings die Erfüllungsgehilfenhaftung nicht wie in § 278 BGB als Haftung für „Gehilfenverschulden" verstehen. Da Art. 5 Abs. 1 die Haftung des Vertragspartners betrifft und sich über das Verschulden nicht verhält, ist es mißverständlich, wenn gesagt wird, der Reiseveranstalter hafte „für eigenes Verschulden und für das Verschulden seiner Leistungsträger" (so *Tonner* EuZW 1990, 409, 410).

286 Ähnlich *Grundmann* Schuldvertragsrecht, 4.01 Rn. 28, der zudem in Art. 5 Abs. 1 PRRL einen eigenen Tatbestand der Erfüllungshaftung sieht.

287 Vgl. auch BE 18 PRRL, wonach Veranstalter und/oder Vermittler „ferner" die Haftung für Schäden übernehmen, wenn nicht einer der Ausschlußgründe vorliegt. Auch der Rückgriffsvorbehalt bedeutet nicht, daß Art. 5 Abs. 1 PRRL einen Schadensersatzanspruch begründen wollte, da ein Rückgriff z.B. auch in Betracht kommt, wenn der Vertragspartner Minderung gewährt oder durch die vorzeitige Abreise des Verbrauchers seinerseits einen Schaden erleidet.

288 S. noch unten, 3 a) (S. 515f.).

289 Art. 5 Abs. 3 PRRL.

290 Zum Schutzmechanismus der Kaufgewährleistungsrichtlinie oben, II 3 a) und 5 (S. 479–484, 490–494).

danach nur dann zulässig, wenn (1) das im Vertrag ausdrücklich vorbehalten wurde, (2) der Vertrag genaue Angaben zur Berechnung des neuen Preises enthält und (3) die Änderung infolge einer nachträglichen Änderungen bestimmter Kosten erforderlich wird. Ab dem zwanzigsten Tag vor Abreise ist eine Änderung ausgeschlossen.[291]

Diese Regelung ist kein Fall der Geschäftsgrundlage, da die Änderung gerade nur dann in Betracht kommt, wenn sie vorhergesehen (und deswegen im Vertrag vereinbart) und das Risiko dem Verbraucher zugewiesen wurde. Und da nach der Vorschrift die Preisänderung eine Vertragsabrede voraussetzt, handelt es sich auch nicht um ein gesetzliches Preisänderungsrecht.[292] Vielmehr ist Art. 4 Abs. 4 als eine Vorschrift über die Inhaltskontrolle von Pauschalreiseverträgen zu verstehen, spezifischer als eine Einschränkung von vertraglichen Leistungsbestimmungsrechten. Sie enthält zuerst ein spezielles Transparenzgebot für Preisänderungsklauseln („ausdrücklich").[293] Und zweitens beschränkt die Regelung Preisänderungsklauseln inhaltlich.

Die nachträgliche Preisänderung ist ein Anwendungsfall der nachträglichen Vertragsänderung, die allgemein Art. 4 Abs. 5 der Richtlinie regelt. Absatz 5 stellt klar, daß der Preis stets ein wesentlicher Bestandteil des Vertrags ist und seine erhebliche Änderung daher das Rücktrittsrecht begründen kann. Das gilt nicht nur für den – vom Wortlaut des Absatz 5 ebenfalls erfaßten – Fall der vertragswidrigen nachträglichen Preisänderung, sondern auch für den Fall der vorbehaltenen Preisänderung des Absatz 4.

cc) Die Mindestteilnehmerzahlregelung

In ähnlicher Weise ist auch die Vorschrift des Art. 4 Abs. 6 UAbs. 2 Ziff. i der Richtlinie, die die Mindestteilnehmerzahl betrifft, ein Fremdkörper im Leistungsstörungsrecht. Die eigentliche Funktion dieser Vorschrift kann man *nicht* darin sehen, einen Rechtfertigungs- oder Entschuldigungstatbestand zu begründen, denn wenn der Vertrag ein Stornierungsrecht bei Nichterreichen einer Mindestteilnehmerzahl vorsieht und diese Vereinbarung nicht verboten ist, sondern einem von der Richtlinie anerkannten Interesse des Veranstalters oder Vermittlers Rechnung trägt,[294] dann kann die Ausübung des Stornierungsrechts selbstverständlich keinen Fall der Leistungsstörungen darstellen und also selbstverständlich keine Ersatzansprüche auslösen.

Der eigentliche Zweck der Regelung liegt daher nicht darin, die Haftungsbefreiung für diesen Fall vorzuschreiben. Im Gegenteil dient sie dazu, eine gemeinschaftsrechtliche Sanktionsvorgabe für die Verletzung der vereinbarten *Stornierungsfrist* zu bestimmen. Unternimmt die Richtlinie auch nicht den (wohl vergeblichen) Versuch, diesem Fall der Vertragsverletzung mit einem Erfüllungsanspruch beizukommen, so gibt sie dafür doch das scharfe Schwert des Schadensersatzanspruchs vor.

---

[291] S.o. § 15 C I 2 (S. 393f.).

[292] Daß die Vorschrift eine Preisänderungs*pflicht* begründen würde, die den Vertragspartner verpflichten würden, Kostensenkungen an den Verbraucher weiterzugeben (so ohne Begründung *Tonner* EuZW 1990, 409, 410; offengelassen von *Grundmann* aaO), findet in der Vorschrift schlechthin kein Grundlage.

[293] *Grundmann* Schuldvertragsrecht, 4.01 Rn. 22.

[294] Vgl. Art. 3 Abs. 2 lit. g, Art. 4 Abs. 2 iVm Anh. lit. d PRRL.

## 3. Vertragsrechte und Relativität

Von den Rechten des Verbrauchers her betrachtet ist die Regelung relativ klar, ihre Beurteilung unter vertragsrechtlichen Gesichtspunkten ist indes schwierig, da der Gesetzgeber den Vertragspartner nicht festlegt und in seiner Regelung nur vereinzelt den Vertragspartner bindet, sonst aber nur den Veranstalter und/oder Vermittler. Deshalb ist für eine Untersuchung zum Vertragsrecht eine erneute Durchsicht der Regelung im Hinblick auf die Frage der Vertragsbindung und der Relativität des Schuldverhältnisses erforderlich.

### *a) Schadensersatzanspruch gegen den Vertragspartner*

Zu beginnen ist mit der Zentralnorm des Art. 5 PRRL, die in Abs. 1 (Zurechnung von Leistungsträgern) und Abs. 2 UAbs. 2 (Abhilfe) die Vertragsrechte des Verbrauchers betrifft, in Abs. 2 UAbs. 1 (Schadensersatz) hingegen nur „den Veranstalter und/oder Vermittler" zu binden scheint. Da für die Zurechnung und den Abhilfeanspruch der Vertragspartner eigens als Anspruchsgegner genannt ist, deutet der Wortlaut der Schadensersatzvorschrift darauf hin, daß den Mitgliedstaaten die Bestimmung des Schuldners insoweit (Abs. 2 UAbs. 1) freigestellt ist.[295] Das hätte indes die ganz unbefriedigende Folge, daß die Zurechnungsvorschrift ins Leere laufen könnte, da sie nur für den Vertragspartner gilt. Wenn aber der Abhilfeanspruch des Abs. 2 UAbs. 1 der einzige Rechtsbehelf ist, den die Mitgliedstaaten als Anspruch gegen den Vertragspartner ausgestalten müssen, kommt der Zurechnungsvorschrift bei einer so beschränkten Umsetzung keine Bedeutung zu: Denn weil der Abhilfeanspruch gerade nur bei einer Leistungsstörung eingreift, die der Veranstalter und/oder Vermittler nicht „verschuldet" hat, käme es für ihn auf die Zurechnung tatbestandlich nie an.

Eine schlüssige Konzeption der Vorschrift ergibt sich, wenn man den Schadensersatzanspruch des Art. 5 Abs. 2 UAbs. 1 als gegen den Vertragspartner gerichtet versteht. Der Wortlaut steht dieser Auslegung nicht schon entgegen, da er zwar Veranstalter und/oder Vermittler nennt, aber den Vertragspartner nicht ausschließt. Dafür, daß der Gesetzgeber den Vertragspartner bezeichnen wollte, spricht die „äußere" Stellung des Abs. 2 UAbs. 2 zwischen zwei Vorschriften über die Bindung des Vertragspartners. In dieselbe Richtung weist auch die Tatsache, daß der Ersatz für „Nichterfüllung des Vertrags" geschuldet ist. Die Rechte und Pflichten des Art. 4 haben zwar ebenfalls mit der Erfüllung des Vertrags zu tun, beziehen sich aber überwiegend nicht ausdrücklich darauf, sondern unabhängig von der Parteienstellung auf näher bezeichnete Sachverhalte wie die Änderung der Bedingungen, die Stornierung oder die Nichterbringung von Leistungen. Sieht man dic Vorschrift des Art. 5 Abs. 2 PRRL als Regelung über den vertraglichen Schadensersatz an, so hat auch der äußere Zusammenhang mit der Zurechnungsregel des Art. 5 Abs. 1 und dem Abhilfeanspruch des Art. 5 Abs. 2 UAbs. 2, die das Pflichtenprogramm des Vertragspartners betreffen, einen erkennbaren inneren

[295] Ebenso BE 18 S. 2 PRRL.

Grund. Jene Vorschriften ergänzen den objektiven Tatbestand des Ersatzanspruchs.[296] Folgt man dieser Interpretation, so ist schließlich auch eine gewisse äußere Systematik der Richtlinie erkennbar: Art. 4 Abs. 4 bis 7 betrifft Verbraucherrechte ohne Rücksicht auf den Vertrag, Art. 5 hingegen die Vertragsrechte des Verbrauchers.

### *b) Verbraucherrechte des Art. 4 Abs. 4 bis 7 PRRL und Vertragsrechte*

Unter dem Gesichtspunkt der Relativität des Schuldverhältnisses sind daher nur die Vorschriften des Art. 4 der Richtlinie näher zu untersuchen, da die dort vorgesehenen Rechte nach Wahl der Mitgliedstaaten als Vertragsrechte oder Rechte gegen Dritte umgesetzt werden können.

Unproblematisch ist zunächst die Regelung über die nachträgliche Änderung von Bedingungen (Art. 4 Abs. 5), die nur die Änderung durch den Veranstalter betrifft. Änderungen der Bedingungen wird praktisch nur der Veranstalter veranlassen, nicht der Vermittler. Ist der Veranstalter nicht Vertragspartner des Verbrauchers, so wirkt sich die Bedingungsänderung nur aus, wenn der Vermittler sie als Vertragspartner an den Verbraucher weitergibt. Davon geht die Richtlinie als Regelfall aus und erlegt die Anzeigepflicht unmittelbar dem Veranstalter auf.

Problematischer ist die Beschränkung der Regelung des Art. 4 Abs. 6 UAbs. 1 – Ersatzreise oder Rückzahlung bei Stornierung – auf die Veranstalterstornierung, denn hier ist durchaus der Fall lebensnah, daß der Vermittler (der nach Wahl des Mitgliedstaats selbst Vertragspartner sei) aus Versehen mehr Buchungen akzeptiert, als er erfüllen kann, und deshalb storniert. Da allerdings dieser Fall nicht vom Ersatzanspruch des UAbs. 2 erfaßt ist, jedoch unter den Ersatzanspruch des Art. 5 Abs. 2 PRRL subsumiert werden kann, wirkt sich die Beschränkung auf die Veranstalterstornierung nur dahin aus, daß der Verbraucher im Falle der Vermittlerstornierung keinen Ersatzreiseanspruch hat. Art. 4 Abs. 6 UAbs. 2 sieht für den Fall der Veranstalterstornierung vor, daß der Ersatzanspruch gegen den Veranstalter oder Vermittler gegeben sein muß. Der etwa erforderliche Innenausgleich zwischen Veranstalter und Vermittler ist Sache des nationalen Rechts.

Auch nach Art. 4 Abs. 7 steht der Veranstalter ohne Rücksicht auf seine Stellung zum Vertrag für Nichtleistung ein (er trifft angemessene andere Vorkehrungen und zahlt ggf. Entschädigung oder sorgt für Rückreise). Das scheint deswegen nahezuliegen, weil der Veranstalter „näher daran" ist, auch wenn der Vermittler Vertragspartner ist. Für Abhilfe und ggf. anderen Rücktransport kann der Veranstalter daher regelmäßig besser sorgen. Doch ist in diesem Fall, wie bereits gezeigt,[297] der Anspruch auf Minderung problematisch, da die Minderung eine verhältnismäßige Herabsetzung des notwendig relativen Vertragspreises bedeutet.

---

[296] Die Bezeichnung als Haftung für Erfüllungsgehilfen, die nach § 278 BGB ein Ergänzung des subjektiven Tatbestands (Verschulden) bezeichnet, ist daher unglücklich; s.o. Fn. 285.

[297] Oben, 2 b) (S. 505f.).

### c) *Adressat von Erklärungen des Verbrauchers*

Der Verbraucher kann seine Erklärung (Unterrichtung), von welcher „Möglichkeit" er im Fall nachträglicher erheblicher Änderung wesentlicher Vertragsbestandteile Gebrauch macht – Rücktritt oder Vertragsänderung oder weitere nach nationalem Recht offene Alternativen –, nach seiner Wahl an den Veranstalter oder den Vermittler richten.[298] Ebenso kann er auch einen Reisemangel wahlweise dem Veranstalter und/oder dem Vermittler anzeigen.[299] Die in diesen Vorschriften eröffnete Wahl des Erklärungsadressaten ist – anders als in den übrigen Vorschriften – allerdings nicht als Wahlmöglichkeit der Mitgliedstaaten bei der Umsetzung zu verstehen, sondern als eine Wahlmöglichkeit des Verbrauchers. Der Verbraucher kann oftmals seinen Vertragspartner nicht von Dritten unterscheiden, die die vereinbarten Leistungen erbringen. Die beiden betroffenen Regelungssituationen verdeutlichen das. Art. 4 Abs. 5 behandelt nur die nachträgliche Änderung von Bedingungen durch den Veranstalter, und zwar auch für den Fall, daß nach nationalem Recht der Vermittler Vertragspartner ist. Dann erhält der Verbraucher vielleicht vom Veranstalter Post, obwohl der Vermittler sein Vertragspartner ist. Ebenso kann der Verbraucher „an Ort und Stelle" von einem Repräsentanten des Veranstalters begrüßt werden, obwohl sein Vertragspartner (nach nationalem Recht) der Vermittler ist. Da der Verbraucher den Pauschalreisevertrag und „den anderen Teil" als Einheit wahrnimmt, kann ihm die Aufgabenteilung von Veranstalter und Vermittler als „künstlich" erscheinen und er mag sie auch nicht leicht durchschauen. Deswegen soll es ihm nicht zum Nachteil gereichen, wenn er den einen für den anderen anspricht. Die Last der internen Kommunikation trifft Veranstalter und Vermittler im übrigen aus dem sachlichen Grund, daß sie aus der Aufgabenteilung Nutzen ziehen und daher auch die damit verbundenen Lasten tragen können. Das gilt erst recht in den hier erörterten Regelungssituationen (Erklärung über die Rechtsbehelfswahl, Anzeigepflicht), denn in beiden Fällen handelt es sich nur um Obliegenheiten des Verbrauchers, die ihn im Fall einer nachträglichen Störung des Vertrags treffen.

---

[298] Art. 4 Abs. 5 UAbs. 2 PRRL; s.o., 2 a) (S. 502f.). Die Regelung läßt Verschiedenes offen. (1) Ob die „Unterrichtung" eine Gestaltungserklärung ist, ist Sache des nationalen Rechts. (2) Für die Richtlinie geht es nur um die Unterrichtung des anderen Teils, nicht z.B. um die Rücktrittserklärung. Indes wird man die an Veranstalter oder Vermittler gerichtete Unterrichtung über den Rücktritt zugleich als wirksame Rücktrittserklärung anzusehen haben, denn der Zweck der Regelung verbietet es, dem Verbraucher neben der Unterrichtung noch eine Rücktrittserklärung zuzumuten. Gibt die Richtlinie auch den Rücktrittsgegner (wohl zumeist: der Vertragspartner) nicht vor, so enthält sie doch mittelbar auch eine Regelung über den Adressaten der Rücktrittserklärung bzw. die Empfangsbefugnis.

[299] Art. 5 Abs. 4 UAbs. 1 PRRL.

## 4. Fürsorgepflicht und Nachrang der Vertragsauflösung als Grundgedanken der Regelung

Verschiedene Regelungen gehen davon aus, daß einzelne Leistungsstörungen geradezu Normalfälle darstellen. Art. 5 behandelt in Absatz 5 den Fall, daß sich der Veranstalter „gezwungen" sieht, den Vertrag in wesentlicher Hinsicht erheblich zu ändern, Absatz 6 spricht nicht von der – vertragsrechtlich doch gegebenen – vertragswidrigen Erfüllungsverweigerung,[300] sondern beschönigend von der Stornierung, Absatz 7 spricht nicht von er Nichterfüllung, sondern neutral davon, daß ein Teil der Leistungen nicht erbracht wird oder der Veranstalter feststelle, er werde dazu nicht in der Lage sein. Und auch die Rechtsfolgenseite ist z.T. „weich" geregelt. Bei erheblicher Änderung wesentlicher Bestandteile ist eine der „Möglichkeiten" des Verbrauchers, die Änderung zu akzeptieren;[301] die Parteien sind verpflichtet, sich darüber zu verständigen. Die Stornierung und der veranlaßte Rücktritt geben dem Verbraucher einen Anspruch auf Teilnahme an einer anderen Reise.[302] Bei Störungen nach Abreise trifft der Veranstalter vor allem Vorkehrungen, daß die Reise im übrigen durchgeführt werden kann.[303] Auch bei Störungen durch Dritte oder durch höhere Gewalt muß sich der Veranstalter/Vermittler darum bemühen, dem Verbraucher bei Schwierigkeiten Hilfe zu leisten.[304] Schließlich soll sich der Veranstalter und/oder Vermittler „nach Kräften um geeignete Lösungen (bemühen)".[305]

Mit diesen Regelungen trägt die Richtlinie zum einen praktisch häufigen Störungssachverhalten Rechnung. Ziel der Vorschriften ist es, den Vertrag so weit wie möglich durchzuführen bzw. eine fehlgeschlagene Leistung durch ein Äquivalent zu ersetzen. Dem liegen zwei Erwägungen zugrunde. Zum einen zeigt sich in dem Element der „Fürsorge"[306] die weitgehende Pflichtenstellung des Vertragspartners. Die Richtlinie trägt insofern dem Umstand Rechnung, daß Verbraucher beim Pauschalreisevertrag besonders weitgehend darauf vertrauen, daß der Vertragspartner alles für eine erfolgreiche Reise Erforderlich tun und etwaige Hindernisse ausräumen wird.[307] Zum anderen bezweckt die Regelung den Schutz des Erholungsurlaubs von Privatleuten. Deswegen ergänzt sie die herkömmlichen Gewährleistungsrechte. Der Anspruch auf Erfüllung wäre in den betroffenen Situationen praktisch sinnlos, der Anspruch auf Schadensersatz nützt dem Verbraucher nur begrenzt und kann den Urlaub, der unwiederholbar ist, nicht

---

300 Freilich auch deswegen, weil der Veranstalter nicht notwendig der Vertragspartner ist.
301 Art. 4 Abs. 5 Sps. 2 PRRL.
302 Art. 4 Abs. 6 UAbs. 1 lit. a PRRL.
303 Art. 4 Abs. 7 UAbs. 1.
304 Art. 5 Abs. 2 UAbs. 2 PRRL.
305 Art. 6 PRRL; dazu schon oben, 2 a) (S. 503).
306 S.o., 2 a) (S. 504).
307 Vgl. die Beschreibung der Interessenlage bei BGH, NJW 1985, 1165. S.a. BGHZ 85, 50, 58f.

voll ersetzen. Entsprechend diesen Schutzerwägungen ist die Vertragsauflösung insofern nachrangig ausgestaltet, als zunächst Abhilfeansprüche gegeben sind.[308]

Die Regelung bedeutet indes nicht, daß eine Vertragswidrigkeit hinzunehmen wäre oder die Verantwortlichkeit des Vertragspartners eingeschränkt werden sollte.[309] Im Gegenteil zeigt die Garantiehaftung, daß die Richtlinie die besonderen Rechtsbehelfe, die der Gesetzgeber zum Schutz des Verbrauchers vorgesehen hat, die hergebrachten Leistungsstörungsrechte ergänzen und nicht ersetzen. Mit der Fürsorgepflicht korrespondiert demnach keine Aufweichung der Pflichten des Vertragspartners. Gleichwohl ist die Regelung (in ihrer Form als Mindestregelung) auch von Elementen der Rücksichtnahme auf die Belange des Vertragspartners geprägt. Dazu kann man schon die Anzeigeobliegenheit des Art. 5 Abs. 4 rechnen, die Teil des auf ein Zusammenwirken der Beteiligten angelegten Rechtsbehelfssystems der Richtlinie ist.[310] Ausdruck einer Rücksichtspflicht des Verbrauchers sind ferner die Einschränkungen der Verbraucherrechte nach dem Verhältnismäßigkeitsgrundsatz.[311]

Dem Reisevertrag kommt in diesem Sinne – in ähnlicher Weise wie den sogenannten Relationalverträgen –[312] ein Platz „zwischen Austauschvertrag und Organisation“ zu, wenn er auch nicht auf eine dauerhafte Verbindung angelegt ist. Die Regelung setzt voraus, daß nicht selten Änderungen des Vertragsprogramms erforderlich und die versprochenen Leistungen gestört werden können. In solchen Fällen werden die Parteien nicht sogleich getrennt und auf den Markt verwiesen, um sich einen neuen Partner zu suchen. Vielmehr ist in der Regelung angelegt, daß die Parteien auf einander zugehen und miteinander verhandeln: Dann können sie z.B. den Vertrag nachträglich erforderlich werdenden Änderungen anpassen (Art. 4 Abs. 5); sie können sich, wenn Vorkehrungen zur Abhilfe von Störungen nach Abreise nicht getroffen oder akzeptiert werden können, darauf verständigen, daß der Rücktransport zu einem anderen Ort als dem Ausgangspunkt erfolgen soll (Art. 4 Abs. 2 UAbs. 2); auch bei Schuldlosigkeit ist der Vertragspartner verpflichtet, dem Verbraucher Hilfe zu leisten (Art. 5 Abs. 2 UAbs. 2).

## 5. Rückgriff des Vertragspartners

Den Vertragspartner trifft nach Art. 5 PRRL eine verschuldensunabhängige Haftung gegenüber dem Verbraucher für sämtliche Pflichten, die aus dem Reisevertrag entstehen. Diese Haftung greift insbesondere auch dann ein, wenn nicht der Vertragspartner, sondern ein anderer Dienstleistungsträger die Pflicht zu erfüllen hat. Zweck der Haftungs-

---

[308] Die Erfüllungsansprüche sind freilich nicht durchgehend als Ansprüche gegen den Vertragspartner gestaltet.

[309] Das ergibt sich auch daraus, daß hier der Haftungsausschluß wegen höherer Gewalt gerade nicht vorgesehen ist, es also grundsätzlich bei der vertraglichen Risikoverteilung bleibt.

[310] Vgl. oben, 2 e) (S. 510–512).

[311] Art. 4 Abs. 5 UAbs. 1, Abs. 7 PRRL.

[312] Dazu die schöne Darstellung und abgewogene Würdigung von Staudinger-*Martinek* § 675 Rn. A 155–175.

kanalisierung auf den Vertragspartner ist es, dem Verbraucher die Rechtsverfolgung dadurch zu erleichtern, daß ihm *ein* Verpflichteter gegeben wird. Damit soll aber die vertragliche Risikoverteilung zwischen dem Vertragspartner des Verbrauchers und den anderen Dienstleistungsträgern nicht verändert werden. Daher läßt Art. 5 Abs. 1 PRRL den Rückgriff gegen die anderen Dienstleistungsträger unberührt. Da der Rückgriff nur „unberührt" bleibt, richten sich Tatbestand und Rechtsfolgen – anders als nach Art. 4 KGRL –[313] ausschließlich nach nationalem Recht. Die Regelung enthält nur einen Hinweis auf die vom nationalen Recht herzustellende Einheit der vertragsrechtlichen Verbindungen und Risikozuteilungen.

## IV. Grenzüberschreitende Überweisung

### 1. Einführung

Auch an der (grenzüberschreitenden) Überweisung sind in aller Regel mehrere Personen beteiligt. Das sind zunächst die Partner des Überweisungsvertrags, der Auftraggeber und sein Institut.[314] Das Institut des Auftraggebers führt die „grenzüberschreitende Überweisung"[315] indes praktisch oftmals nicht selbst, sondern meist durch „zwischengeschaltete Institute"[316] aus, die das Geld weiterleiten bis zum Institut des Begünstigten.[317] Zu diesen beiden Rechtsverhältnissen – Girovertrag des Auftraggebers mit der Bank und Auftrag zwischen Bank und anderen Instituten – kommt das Vertragsverhältnis des Begünstigten zu seiner Bank hinzu. Und schließlich besteht viertens zwischen dem Auftraggeber und dem Begünstigten ein Rechtsverhältnis (Valutaverhältnis), das ein nur „abstraktes" Ausführungsverhältnis sein kann (Drittleistung oder Leistung an einen Dritten), zumeist aber ein Schuldverhältnis sein wird. Die Überweisungsrichtlinie behandelt nur die ersten drei Beziehungen, die den Geldtransfer betreffen und regelt für diese auch das Leistungsstörungsrecht.

Mit der eingehenden Regelung von Ansprüchen von Auftraggeber und Begünstigtem und der Institute untereinander verfolgt der Gesetzgeber zwei zentrale Anliegen.[318]

---

313 Dazu oben, II 7 (S. 495–497).

314 Zu den Definitionen der Institute Art. 2 lit. a–d ÜwRL. Nachfolgend wird vereinfachend auch von „Bank" gesprochen.

315 Art. 2 lit. f ÜwRL.

316 Art. 2 lit. 3 ÜwRL.

317 Zu den Vertragsbeziehungen in der Überweisungskette, vgl. Art. 8 Abs. 1 UAbs. 4 ÜwRL, der von einer Kette von „Anweisungen" ausgeht; *Schneider* FS Everling, S. 1299f. Zum deutschen Recht nur *Grundmann* WM 2000, 2269–2284; *Schneider* WM 1999, 2189, 2192–2194 („Ansätze zu einem ‚Sonderrecht der Kettenverträge'"; „Ansätze für ein Netzmodell"); und aus dem älteren Schrifttum *Canaris* Bankvertragsrecht I Rn. 387; *Einsele* AcP 199 (1999) 145, 172–174; anders die Lehre vom Netzvertrag, *Möschel* AcP 186 (1986) 187–236; *Rohe* Netzverträge (1998).

318 Vgl. zum folgenden auch *Einsele* AcP 199 (1999) 145, 146–172.

Zunächst soll der Auftraggeber nur mit seinem Institut zu tun haben. Deswegen ist die Überweisung als eine Erfolgspflicht ausgestaltet, bei der das Institut nicht schon mit der sorgfältigen Auswahl der zwischengeschalteten Institute alles Erforderliche getan hat. Im Grundsatz muß sein Institut dem Auftraggeber für jede Nichterfüllung einstehen. Desweiteren sollen die Ansprüche folgerichtig bis zum letztlich Verantwortlichen durchgeführt werden. Daher regelt die Richtlinie nicht nur die Ansprüche von Auftraggeber und Begünstigten gegen die Institute, sondern eingehend auch die Rückgriffsansprüche. Diese sind daher als spiegelbildliche Fortsetzung der „Hauptansprüche" ausgestaltet. Mehr als andere Regelungen erscheint diejenige der Überweisungsrichtlinie daher als kohärentes Ganzes – ein weitgehend vollständiges Subsystem des Leistungsstörungsrechts für diesen Vertrag.

## 2. Leistungsstörungsansprüche der Beteiligten

### *a) Ansprüche des Auftraggebers*

Für den Fall der Nichterfüllung hat der Auftraggeber alternativ Anspruch auf Entschädigung wegen Verzögerung (bb) oder das Recht zur Kündigung, verbunden mit einem Erstattungsanspruch (cc). Ziehen das Auftraggeberinstitut oder die zwischengeschalteten Institute unberechtigt Kosten ab, hat der Auftraggeber einen Nacherfüllungsanspruch.

#### aa) Erfüllungsanspruch

Am Kopf der Leistungsstörungsbestimmungen der Überweisungsrichtlinie steht die Pflicht des Instituts, die Überweisung innerhalb der mit seinem Auftraggeber vereinbarten Frist auszuführen.[319] Ein allgemeiner (Nach-) Erfüllungsanspruch wird damit indes (auf gemeinschaftsrechtlicher Ebene) nicht geregelt, ihn vorzusehen bleibt den Mitgliedstaaten überlassen. Die Bestimmung dient nur der Klarstellung, welche Regelungssituation in diesem Absatz angesprochen ist und daß die Frist das Leistungsprogramm des Instituts des Auftraggebers mitbestimmt.[320]

Lediglich für einen Teilbereich gibt die Richtlinie einen (Nach-) Erfüllungsanspruch zu, und zwar für den Fall, daß ein Institut auftragswidrig einen Abzug vom Überweisungsbetrag vorgenommen hat (Verletzung des Grundsatzes der betragsgenauen Gutschrift).[321] Dieser Anspruch steht nach dem klaren Wortlaut der Vorschrift („auf Ersuchen des Auftraggebers") dem Auftraggeber zu, der alternativ Erstattung auf sein eigenes Konto

---

[319] Art. 6 Abs. 1 UAbs. 1 ÜwRL.

[320] So wird die Vorschrift abgegrenzt von der des Art. 6 Abs. 2 ÜwRL, die weitgehend parallel formuliert ist.

[321] Art. 7 Abs. 2 UAbs. 1 ÜwRL. Zum Grundsatz U.H. *Schneider* EuZW 1997, 589, 592. Der deutsche Gesetzgeber hat die Regelung durch § 676b Abs. 2 BGB als Schadensersatzanspruch umgesetzt Ebenroth/Boujong/Joost-*Grundmann* BankR Rn. II 58.

verlangen kann.[322] Das Wahlrecht hat deswegen einen guten Sinn, weil der Auftraggeber zwischenzeitlich das Interesse an der Erfüllung verloren haben mag, z.B. weil der Begünstigte vom Vertrag zurückgetreten ist oder wegen des Restbetrags die Aufrechnung mit einer Gegenforderung erklärt hat. Der Erfüllungsanspruch ist unabhängig davon gegeben, ob das Institut des Auftraggebers selbst oder ein zwischengeschaltetes Institut einen Abzug vorgenommen hat. Das Institut des Auftraggebers übernimmt demnach die Garantie für den Überweisungserfolg. Daß der Begünstigte Abzüge, die sein Institut vornimmt, mit diesem ausmachen soll, liegt wegen des zwischen diesen bestehenden Kontovertrags nahe, ist indes problematisch, weil der Begünstigte anders als der Auftraggeber die Überweisungs*kostenvereinbarung* nicht selbst getroffen hat und *insoweit* keine Vertragsbindung mit dem Institut hat.[323] Ohne Mitwirkung des Auftraggebers kann er daher den Nachzahlungsanspruch gegen sein Institut nicht geltend machen.

Der Nacherfüllungsanspruch nach Art. 7 Abs. 2 UAbs. 1 ÜwRL wegen auftragswidrigen Abzugs ist seinem Wortlaut und dem Regelungszweck[324] nach nur wegen unberechtigten Abzugs von Kosten gerechtfertigt, nicht auch wegen sonstiger Abzüge, z.B. der versehentlichen Weiterleitung von nur einem Zehntel des Überweisungsbetrags. Ein allgemeiner Erfüllungsanspruch läßt sich auch aus Art. 7 Abs. 2 ÜwRL nicht begründen.

bb) Entschädigung wegen Verzögerung

Führen die Institute die Überweisung nicht innerhalb der vereinbarten oder – mangels Vereinbarung – gesetzlichen Frist aus, hat der Auftraggeber gegen seine Bank einen verschuldensunabhängigen[325] Entschädigungsanspruch,[326] es sei denn,[327] es läge ein Ausschlußtatbestand vor. Ausgeschlossen ist der Entschädigungsanspruch *erstens*, wenn die Verzögerung allein vom Auftraggeber zu verantworten ist.[328] Ein Fall der Verantwortung des Auftraggebers ist die fehlerhafte oder unvollständige Anweisung, denn wenn diese sogar den Erstattungsanspruch ausschließt,[329] muß sie den Entschädigungsanspruch erst recht ausschließen.[330] Freilich ist damit der Verantwortungsbereich des Auftraggebers sehr weit gezogen, da sich die Bank auch auf die – für sie regelmäßig

---

322 Nach *Grundmann* Schuldvertragsrecht, 4.13 Rn. 24 handelt es sich um einen Anspruch des Begünstigten, der den Anspruch im Wege gesetzlichen Übergangs von dem Auftraggeber erwirbt.

323 S. noch unten, b) aa) (S. 529f.).

324 Vgl. BE 2 sowie zur Problematik unberechtigter Kostenabzüge *Hadding* Bankrecht 1998, S. 125–127.

325 *Stauder* FS Reich, S. 593f., der aber die dogmatisch zu trennenden Ansprüche auf Entschädigung und auf Erstattung des Überweisungsbetrags zusammen erörtert.

326 Art. 6 Abs. 1 UAbs. 2, 3 ÜwRL. Der Anspruch schließt sonstige Rechte nicht aus, Art. 6 Abs. 4 ÜwRL.

327 Die Beweislast trifft in allen Fällen die Institute, Art. 6 Abs. 3, 9 ÜwRL; das dürfte mit dem Sphärengedanken zu erklären sein; zwar handelt es sich gerade nicht um ihr eigenes Fehlverhalten, aufgrund ihrer Kompetenz und Abwicklungsherrschaft können sie die Fehlerquelle ungleich besser aufklären.

328 Art. 6 Abs. 3 ÜwRL.

329 Art. 8 Abs. 3 UAbs. 1 ÜwRL. S.a. nachfolgend, cc) (S. 525f.).

330 Ebenso *Grundmann* Schuldvertragsrecht, 4.13 Rn. 25.

erkennbare – Unvollständigkeit berufen kann. *Zweitens* ist der Entschädigungsanspruch wegen höherer Gewalt ausgeschlossen, die hier ebenso definiert ist wie in der Pauschalreiserichtlinie.[331]

Die nach der Richtlinie geschuldete Entschädigung besteht ausschließlich in der Zahlung von Zinsen für die Zeit zwischen Ablauf der Ausführungsfrist und dem Gutschriftdatum. Die Zinsen sind „unter Anwendung des Referenzzinssatzes" zu berechnen und der Referenzzinssatz ist als ein Zinssatz definiert, der einer Entschädigung entspricht. Seine nähere Bestimmung obliegt dem Mitgliedstaat, in dem sich das Schuldnerinstitut befindet.[332] Unter Wertungsgesichtspunkten ist eine andere Berechnung als beim Zinsanspruch nach der Zahlungsverzugsrichtlinie nicht gerechtfertigt. Gründe, die hier anders als dort gegen eine gemeinschaftsrechtliche Vorgabe der Berechnungsweise sprechen, sind nicht zu erkennen. Dogmatisch hat der Zinsanspruch zwei Seiten, je nachdem, welcher der Parteien des Valutaverhältnisses (Auftraggeber oder Begünstigtem/Drittem)[333] der Überweisungsbetrag gebührt. Stand seine Nutzung im Verhältnis zum Auftraggeber dem Begünstigten zu, so handelt es sich beim dem Entschädigungsanspruch des Auftraggebers um eine Form der Drittschadensliquidation,[334] die erst durch die – vom Grundverhältnis abhängige und von der Richtlinie nicht geregelte – Auskehrung an den Begünstigten vervollständigt wird. Gebühren die Zinsen im Valutaverhältnis dem Auftraggeber, so ist die Zahlung der Entschädigung nur billig, es handelt sich um einen Bereicherungsausgleich, der zugleich sicherstellt, daß das – letztlich verantwortliche –[335] fehlerhaft handelnde Institut nicht noch aus dem Fehler Vorteile zieht. Weitere Rechte des Kunden, z.B. die Erstattung von Folgeschäden (z.B. Verlust eines Skontovorteils), bleiben unberührt.[336]

Wie beim Erfüllungsanspruch ist auch hier nicht klar, ob der Entschädigungsanspruch eingreift, wenn ein Teil des Überweisungsbetrags – z.B. neun Zehntel („Kommafehler") – dem Begünstigten nicht fristgerecht gutgeschrieben wurde. Das ist hier zu bejahen, denn den Entschädigungsanspruch gibt die Richtlinie ganz grundsätzlich zu, und es gibt keinen sachlichen Grund, warum die Institute bei einer Teilverzögerung besser stehen sollten als bei der Verzögerung der gesamten Überweisung.

cc) Vertragsaufhebung wegen Nichterfüllung („Nichtabwicklung") und Erstattungsanspruch

Wenn das Auftraggeberinstitut den Überweisungsauftrag angenommen hat und die überwiesenen Beträge dem Konto des Begünstigteninstituts nicht gutgeschrieben werden, hat der Auftraggeber – unbeschadet sonstiger Ansprüche – einen Anspruch auf

---

331 Art. 9 ÜwRL. Kritisch gegenüber der Haftungsbefreiung wegen höherer Gewalt *Stauder* FS Reich, S. 594f.

332 Art. 2 lit. k ÜwRL.

333 Zu den möglichen Rechtsverhältnissen oben, 1 (S. 520f.).

334 *Schneider* EuZW 1997, 589, 591.

335 Art. 6 Abs. 1 UAbs. 4 ÜwRL.

336 Art. 6 Abs. 4 ÜwRL. Insoweit geht die Richtlinie über das UNCITRAL Modellgesetz hinaus; *Einsele* AcP 198 (1999) 145, 172 und 170 f.

Erstattung des Überweisungsbetrags bis zur Höhe von 12500 Euro zuzüglich Zinsen und Entgelte.[337] Der Tatbestand ist relativ einfach, aber unglücklich gefaßt. Sein Verhältnis zum Anspruch auf Entschädigung wegen Verzögerung ist zu klären. Der Anspruch ist verschuldensunabhängig und die Ausschlußgründe sind hier ähnlich wie in den anderen Fällen geregelt; das bedeutet, daß auch dieser Anspruch als Garantiehaftung ausgestaltet ist. Bei den Rechtsfolgen verdienen Anspruchsinhalt und betragsmäßige Begrenzung nähere Betrachtung. Wie eine Erörterung dieser Einzelheiten bestätigt, geht es bei dem Tatbestand des Artikel 8 um die Rückabwicklung des Vertrags nach Vertragsaufhebung wegen Nichterfüllung. Die nähere Einordnung ist indes wegen der Beschränkung des Erstattungsanspruchs auf 12500 Euro schwierig. Darauf kommen wir am Ende zurück.

Der Tatbestand ist ganz unglücklich gefaßt. Der Auftraggeber hat gegen sein Institut Anspruch auf Erstattung, wenn dieses die Überweisung angenommen hat, der Überweisungsbetrag aber dem Konto des Begünstigteninstituts nicht gutgeschrieben wurde.[338] Damit wird das ganz Unsinnige angeordnet, daß der Erstattungsanspruch unabhängig von der vereinbarten oder gesetzlichen Ausführungsfrist entsteht. Tatsächlich bestimmt erst eine spätere Regelung, daß der Anspruch nicht vor Ablauf der vereinbarten oder gesetzlichen Ausführungsfrist „geltend gemacht werden (darf)".[339]

Da die Verzögerung ein notwendiges Zwischenstadium zur Nichtabwicklung ist,[340] muß das Verhältnis der beiden Tatbestände zu einander bestimmt werden. Entschädigung und Erstattung sind alternative Rechtsbehelfe, die einander gegenseitig ausschließen, denn der Erstattungsanspruch bedeutet die Rückabwicklung des Vertrags und gibt dem Auftraggeber einen über den Entschädigungsanspruch hinausgehenden Anspruch auf Zinsen.[341] Da nach dem Zweck der Ansprüche – oder sogar einmal nach ihrem „Wesen" – eine Bereicherung des Auftraggebers nicht gewollt ist, hat eine Kumulation von Erstattungs- und Entschädigungsanspruch keinen Sinn. Das bedeutet freilich nicht, daß die Richtlinie Rücktritt und Schadensersatz als alternative Rechtsbehelfe konzipieren würden, denn der Entschädigungsanspruch ist auf Zinszahlung als Mindestschaden beschränkt und schließt weitere Ansprüche nicht aus.[342] Die Regelung soll dem Auftraggeber die Kumulation des Erstattungsanspruchs mit einem Anspruch auf Schadensersatz nach nationalem Recht nicht versperren, wenn z.B. dem Auftraggeber ein Hauptvertrag durch die Lappen gegangen ist, der die fristgerechte Zahlung zur Bedingung hatte.[343]

---

337 Art. 8 Abs. 1 UAbs. 1–3, Abs. 2, 3 ÜwRL.

338 Art. 8 Abs. 1 UAbs. 1 ÜwRL.

339 Art. 8 Abs. 1 UAbs. 3 ÜwRL.

340 Der schlecht formulierte Tatbestand des Art. 8 Abs. 1 ÜwRL läßt das freilich nicht erkennen; dort ist nur vorausgesetzt, daß „die überwiesenen Beträge nicht dem Konto des Instituts des Begünstigten gutgeschrieben" werden, gemeint ist aber offenbar: „nicht vereinbarungsgemäß".

341 Vgl. auch *Lando/Beale* European Principles, Art. 8:102 Comment B („It is a truism that a party cannot at the same time pursue two or more remedies which are incompatible with each other. Thus it cannot at the same time claim specific performance of the contract and terminate it.").

342 Art. 6 Abs. 4 ÜwRL.

343 A.M. *Grundmann* Schuldvertragsrecht, 4.13 Rn. 13f.

Der Gesetzgeber hat die Grenze zwischen Entschädigung wegen Verzögerung und Erstattung wegen Nichtausführung in erster Linie nicht durch eine Nachfrist bestimmt,[344] sondern durch die *Wahl des Auftraggebers*, der bei verzögerter Ausführung zwischen Entschädigung und Erstattung wählen kann.[345] Damit wird der Vertrag nicht leichtfertig zur Disposition des Auftraggebers gestellt; der Grund, ihm das Wahlrecht zu geben, liegt darin, daß die Richtlinie ihrem Regelungsanlaß entsprechend davon ausgeht, daß es dem Auftraggeber stets auf die Einhaltung der Frist ankommt, Zeit ist hier definitionsgemäß *of the essence*. Allerdings ist der Erstattungsanspruch erst vierzehn Bankgeschäftstage nach Geltendmachung fällig (wenn auch vorher erfüllbar).[346] Weist das Institut des Auftraggebers nach, daß der Überweisungsbetrag innerhalb dieser Frist noch (vollständig) eingegangen ist, so entfällt der Erstattungsanspruch.[347] Der Auftraggeber hat dann wieder den Entschädigungsanspruch wegen Verzögerung. Man kann den Grund für die auflösende Bedingung des Anspruchs verstehen, stimmig ist die Regelung indes nicht. Dem Gesetzgeber erschien es einfacher, es bei der Überweisung zu belassen, wenn sie innerhalb der Rekonvaleszenzfrist noch erfolgt ist; dem Auftraggeber bleibt dann schließlich die Möglichkeit, seinen Verzögerungsschaden zu liquidieren. Den Interessen des Auftraggebers wird das aber schon dann nicht gerecht, wenn der Grund für die Überweisung gescheitert ist, z.B. der Begünstigte (= Verkäufer) wegen Zahlungsverzugs vom Kaufvertrag zurückgetreten ist. Die Rekonvaleszenzfrist erschwert ihm zudem die Disposition, z.B. über die Frage, ob er nochmal überweisen soll. Unstimmig ist die Regelung, wenn dem Auftraggeber mit der einen Hand die Entscheidungsbefugnis über die Vertragsaufhebung gegeben wird, die ihm die andere Hand mit der Rekonvaleszenzfrist wieder nimmt. Unstimmig ist außerdem, einerseits ein sofortiges Vertragsaufhebungsrecht zuzugeben, andererseits aber eine vierzehntägige Rekonvaleszenzfrist vorzusehen – die noch dazu erst mit Geltendmachung des Erstattungsanspruchs beginnt. Dem Richtlinienzweck hätte es wohl besser entsprochen, ein Wahlrecht des Auftraggebers vorzusehen und den Interessen der Institute durch eine kurz bemessene (5-tägige) Nachfrist Rechnung zu tragen.

Der Erstattungsanspruch setzt kein Verschulden voraus,[348] ausgeschlossen ist er wegen höherer Gewalt[349] und sonst nur, wenn ein zwischengeschaltetes Institut, das der Begünstigte[350] oder der Auftraggeber[351] bestimmt haben, die Überweisung nicht ausgeführt hat oder der Auftraggeber eine fehlerhafte oder unvollständige Anweisung erteilt hat,[352] also in Fällen, die dem Verantwortungsbereich des Auftraggebers zuzurechnen

---

344 Vgl. § 323 BGB, § 326 BGB a.F.

345 Der Fristablauf ist Tatbestandsmerkmal des Entschädigungsanspruchs (Art. 6 Abs. 1 UAbs. 2) und, negativ gefaßt („nicht vor Ablauf der Frist“), des Erstattungsanspruchs.

346 Kritisch *Schneider* FS Everling, S. 1313.

347 Art. 8 Abs. 1 UAbs. 2 Hs. 2 ÜwRL.

348 *Stauder* FS Reich, S. 593f.

349 Art. 9 ÜwRL.

350 Art. 8 Abs. 2 ÜwRL.

351 Art. 8 Abs. 3 UAbs. 1 Fall 2 ÜwRL.

352 Art. 8 Abs. 3 UAbs. 1 Fall 1 ÜwRL.

sind. Die Auswahlsorgfalt des Auftraggeberinstituts befreit nicht und auch nicht die Ausführungssorgfalt der zwischengeschalteten Institute. Das Auftraggeberinstitut trifft m.a.W. eine Garantiehaftung.[353]

Der Auftraggeber hat Anspruch auf Erstattung des Überweisungsbetrags bis zur Höhe von 12500 Euro – das ist ein Viertel des höchsten Überweisungsbetrags, den die Richtlinie betrifft[354] – sowie Zinsen und Entgelte („Gebühren")[355].[356] Der Zinsanspruch ist hier – wie im Fall der Verzögerung – zum Zwecke der Entschädigung zu berechnen.[357] Anders als im Fall der Entschädigung wegen Verzögerung hat der Auftraggeber aber Anspruch auf Zinsen für die Zeit von der Auftragserteilung[358] bis zur Erstattung. Der Grund für die betragsmäßige Begrenzung des Erstattungsanspruchs ist, daß er auf eine Ausfallhaftung hinauslaufen kann,[359] denn die Erstattungspflicht trifft das Auftraggeberinstitut auch dann, wenn der Überweisungsbetrag verloren gegangen ist (v.a. Insolvenz) und es sich deshalb vielleicht nicht erholen kann[360]. Bemerkenswert – und für das Verständnis der Regelung von Bedeutung – ist, daß der tragende Grund für die Anspruchsbegrenzung, nämlich die Begrenzung des Risikos einer Ausfallhaftung, sich auf den Tatbestand nicht ausgewirkt hat, denn das Auftraggeberinstitut hat nicht nur eine Einrede der Ausfallhaftung, der Erstattungsanspruch ist in jedem Fall der Höhe nach begrenzt. In ihrer Ausgestaltung ist die Haftungsbegrenzung fragwürdig, da sie nicht auf einen Anteil (ein Viertel) des Überweisungsbetrags lautet, sondern auf einen absoluten Betrag; wer sicher gehen will, der macht mehrere Überweisungen zu je höchstens 12500 Euro.

Gerade diese Überlegung lenkt das Augenmerk auf die Frage der dogmatischen Einordnung. Enthält die Überweisungsvergütung eine Versicherungsprämie und handelt es sich damit bei dem Erstattungsanspruch um einen Anspruch aus einer Art (Zwangs-) Versicherung? Der Sache nach geht es bei dem „Erstattungsanspruch" um die Vertrags-

---

[353] Das entspricht der Regelung des UNCITRAL-Modellgesetzes; vgl. U.H. *Schneider* EuZW 1997, 589, 592; *ders.* FS Everling, S. 1312–1314; *Bøjer* JIBL 6 (1995) 223–228. Schief ist es, wenn die Einstandspflicht des Auftraggeberinstituts damit begründet wird, die nachgeschalteten Institute seien seine *Erfüllungsgehilfen,* so *Stauder* FS Reich, S. 592; auf ein Verschulden (§ 278 S. 1 BGB) kommt es gerade nicht an.

[354] Art. 1 ÜwRL.

[355] Die Erstattung der Vergütung ist entgegen *Schneider* FS Everling, S. 1313 bei Annahme einer Erfolgspflicht des Auftraggeberinstituts nicht wertungswidersprüchlich.

[356] Kritisch *Stauder* FS Reich, S. 595f. („nicht nachzuvollziehen"; „dogmatisch verfehlt und entbehrt einer rationale Rechtfertigung").

[357] Art. 2 lit. k ÜwRL.

[358] Die Maßgabe der Auftragserteilung beruht wohl auf der pauschalierenden Annahme, mit Auftragserteilung werde der Auftraggeber dem Institut normalerweise auch den Überweisungsbetrag zur Verfügung stellen bzw. dafür Kredit in Anspruch nehmen; ob diese Annahme zutreffend ist, kann man bezweifeln; der Form nach ebensogut, aber in der Sache treffender hätte der Gesetzgeber auf den Zeitpunkt der Belastung des Auftraggeberkontos oder der Einzahlung des Betrags abstellen können.

[359] BE 11 ÜwRL. Wieso die Erstattungspflicht nur mangels Begrenzung eine Ausfallhaftung begründen können soll, ist nicht verständlich; ob es eine Ausfallhaftung darstellt oder nicht, hängt davon ab, ob sich das verpflichtete Institut erholen kann oder nicht.

[360] Zum Rückgriff des Auftraggeberinstituts unten, c) aa) (3) (S. 533f.); das Auftraggeberinstitut trägt nur dann eine Ausfallhaftung, wenn das *nächste* Institut notleidend geworden ist.

aufhebung wegen Nichterfüllung und den daraus resultierenden Restitutionsanspruch des Auftraggebers. Wenn das Auftraggeberinstitut die Überweisung angenommen hat, der Überweisungsbetrag dann aber dem Begünstigten nicht vereinbarungsgemäß gutgeschrieben wird, so ist das eine Nichterfüllung. Diese Nichterfüllung ist auch vom Auftraggeberinstitut zu verantworten, und zwar auch dann, wenn die Nichtausführung auf der Insolvenz eines zwischengeschalteten Instituts beruht; nach dem Konzept der Garantiehaftung, das in der Richtlinie angelegt ist, haftet das Auftraggeberinstitut dem Auftraggeber für die von ihm ausgesuchten zwischengeschalteten Institute, wenn die Nichtausführung nicht schon vom Auftraggeber zu verantworten ist oder auf höherer Gewalt beruht.[361] Auch der Anspruchsinhalt entspricht der Einordnung als Fall der Restitution, denn der Auftraggeber soll – von der betragsmäßigen Begrenzung abgesehen – so gestellt werden, als hätte er den Auftrag nicht erteilt; das zeigt sich insbesondere bei der Berechnung der Zinsen und darin, daß er auch die geleistete Vergütung erstattet bekommt.

Indes wollte der Richtliniengeber weder die Vertragsaufhebung wegen Nichterfüllung noch die Rückabwicklung nach Vertragsaufhebung insgesamt regeln, sondern nur als deren Kernbestand die Garantiehaftung i.H.v. 12500 Euro vorschreiben. Diese Garantiehaftung besteht nur „unbeschadet sonstiger Forderungen“. Daß es aber „sonstige Forderungen“ geben kann, ja in den meisten Fällen schlechterdings geben muß, ergibt sich schon daraus, daß die Begrenzung auch dann eingreift, wenn das Auftraggeberinstitut den Betrag nach der Kündigung zurückerlangt hat. Eine Bereicherung des Auftraggeberinstituts ist sicher nicht gewollt. Davon, daß es im Fall der Vertragsaufhebung wegen Nichterfüllung einen vollständigen Erstattungsanspruch des Auftraggebers grundsätzlich geben muß, geht die Richtlinie selbst aus, wenn sie dem Auftraggeber selbst für den Fall einen unbeschränkten Erstattungsanspruch zugibt, daß die Überweisung aufgrund eines seinem Verantwortungsbereich zuzurechnenden Fehlers nicht ausgeführt wird.[362]

Der Erstattungsanspruch regelt damit nur *einen Fall* der Rückabwicklung nach Vertragsaufhebung. Das nationale Recht kann weitere Aufhebungsgründe vorsehen und kann den allgemeinen Erstattungsanspruch nach Vertragsaufhebung strengeren Voraussetzungen – z.B. einem Verschuldenserfordernis oder einem Entreicherungseinwand – unterwerfen oder sie gegen andere Schuldner (ein zwischengeschaltetes Institut) richten.[363]

---

361 Wenn man diese Haftung des Auftraggeberinstituts mit „der Sphärentheorie“ rechtfertigt, so kann es freilich nicht um eine Abgrenzung nach *Einflußsphären* gehen (so aber *Stauder* FS Reich, S. 591f.), sondern nur um eine Abgrenzung nach normativ bestimmten *Verantwortungssphären*.

362 Art. 8 Abs. 3 UAbs. 2 ÜwRL; dazu sogleich, dd) (S. 528f.).

363 Für das deutsche Recht nur Ebenroth/Boujong/Joost-*Grundmann* BankR Rn. II 69; Palandt-*Sprau* § 676c Rn. 2.

dd) Bemühens- und Erstattungsanspruch bei vom Auftraggeber oder Begünstigten veranlaßtem Scheitern der Überweisung

Scheitert die Überweisung, weil der Auftraggeber fehlerhafte Anweisungen gegeben hat oder weil ein vom Auftraggeber bestimmtes zwischengeschaltetes Institut sie nicht ausführt,[364] so sind Kündigungsrecht und Erstattungsanspruch des Art. 8 Abs. 1 nicht gegeben. Für diesen Fall trifft aber das Institut des Auftraggebers und die zwischengeschalteten Institute die Pflicht, sich „im Rahmen des Möglichen um die Erstattung des Überweisungsbetrags zu *bemühen*".[365] Sowohl der Pflichtinhalt („bemühen") als auch die Tatsache, daß der Auftraggeber weder als Anspruchsinhaber noch als Begünstigter dieser Bemühungen ausdrücklich genannt ist, könnten dafür sprechen, in der Vorschrift nicht schon einen *Anspruch* des Auftraggebers zu sehen. Indes ist das Bemühen etwa auch nach Art. 6 der Pauschalreiserichtlinie geschuldet[366] und die Bemühenspflicht durchaus justiziabel, da sich schon die in Frage kommenden Bemühungen spezifizieren, jedenfalls aber die unternommenen Bemühungen als ausreichend oder nicht qualifizieren lassen. Das Bemühen ist eine vertraglich geschuldete Pflicht, die nicht unter Rückgriff auf den Treuegedanken begründet zu werden braucht, sondern sich aus der überragenden Einsicht der Institute in und ihrer Kontrolle über die Überweisungsabwicklung erklärt. Man kann darin hier – wie auch bei der Pauschalreiserichtlinie – eine Fortsetzung des Erfüllungsanspruchs sehen.

Der Anspruchsgegner ist von der Richtlinie nicht ausdrücklich bestimmt, sie verpflichtet das Auftraggeberinstitut ebenso wie die zwischengeschalteten Institute, sich zu bemühen. Indes ist davon auszugehen, daß die Richtlinie den Relativitätsgrundsatz nicht ohne ausdrückliche Anordnung durchbrechen wollte. Der Bemühensanspruch des Auftraggebers besteht daher nur gegen sein Institut, mit dem er vertraglich verbunden ist. Ein Anspruch gegen die zwischengeschalteten Ansprüche wäre auch deswegen unpraktisch, weil der Auftraggeber ihn nur nach Ermittlung dieser Institute durch sein Institut geltend machen könnte. Das formale Prinzip der Relativität dient so zugleich dem Schutz des Auftraggebers, der sich insofern eben auch nur an seinen Vertragspartner zu wenden braucht.

Einen *Erstattungsanspruch* gegen sein Institut hat der Auftraggeber, wenn dieses den Betrag wieder eingezogen hat.[367] Auch diesen Anspruch kann man als vertragsrechtlich qualifizieren, da er mit dem Überweisungsauftrag in engem Zusammenhang steht und eine Konsequenz der vertraglichen Bemühenspflicht ist. In seiner Ausgestaltung ist er indes von dem Erstattungsanspruch wegen Nichtabwicklung wesentlich verschieden. Der Anspruch umfaßt lediglich den Überweisungsbetrag, soweit das Institut ihn wieder eingezogen hat, nicht auch die geleistete Vergütung oder Zinsen, und das Institut kann

---

[364] Hat ein vom Begünstigten bestimmtes zwischengeschaltetes Institut die Überweisung nicht ausgeführt, so steht ausschließlich diesem der Erstattungsanspruch zu, Art. 8 Abs. 2 ÜwRL; dazu unten, b) cc) (S. 530f.).

[365] Art. 8 Abs. 3 UAbs. 1 ÜwRL.

[366] Oben, III 2a) und 4 (S. 503, 518f.).

[367] Art. 8 Abs. 3 UAbs. 2 ÜwRL.

die angefallenen Gebühren von dem Betrag abziehen.[368] Von seinem Inhalt her könnte man den Anspruch daher als Bereicherungsanspruch qualifizieren, da die übliche Vergütung typischerweise dem Aufwand entspricht und so das Institut entreichert. Indes handelt es sich sowohl bei der Bemühenspflicht als auch bei dem Erstattungsanspruch nach der Konzeption um Ansprüche, die aus dem Vertragsverhältnis fließen und gerade nur innerhalb der Vertragsbeziehung zugegeben werden: vertragliche Nebenleistungspflichten.

Bemühen mag aufwendig sein. Kann das Institut seine Aufwendungen ersetzt verlangen? Dagegen spricht nicht, daß die Richtlinie das Institut verpflichtet „im Rahmen des Möglichen" tätig zu werden, denn erstens betrifft diese Qualifizierung nur den Umfang der Bemühenspflicht und nicht die Kostentragung und zweitens ist damit sprachlich eine Beschränkung der Bemühenspflicht gemeint, keine Erweiterung. In ähnlicher Weise wie auch bei der Pauschalreiserichtlinie[369] ist davon auszugehen, daß der Gläubiger zwar Bemühung verlangen kann, die Kosten dafür aber zu tragen hat. Das bestätigt auch die Regelung über den Erstattungsanspruch, die das Institut nur verpflichtet, den erstatteten Betrag abzüglich angefallener „Gebühren" auszukehren.

### b) *Ansprüche des Begünstigten*

Die Ansprüche des Begünstigten sind komplementär und weithin parallel zu jenen des Auftraggebers ausgestaltet. Komplementär sind die Ansprüche in dem Sinne, daß sie dort anfangen, wo die Ansprüche des Auftraggebers aufhören. Bei Verzögerung der Überweisung oder unberechtigten Kostenabzug durch das Begünstigteninstitut hat nicht der Auftraggeber gegen das Auftraggeberinstitut, sondern der Begünstigte gegen sein Institut einen Entschädigungs- oder Nacherfüllungsanspruch. Die Erstattung wegen Nichtabwicklung kommt ohnehin nur in Betracht, wenn das Geld bei einem *zwischengeschalteten Institut* hängen geblieben ist. Einen Erstattungsanspruch wegen Nichtabwicklung hat der Begünstigte nur dann, wenn gerade das von ihm bestimmte zwischengeschaltete Institut die Überweisung nicht ausgeführt hat.

#### aa) Erfüllungsanspruch

Einen allgemeinen Erfüllungsanspruch gibt es auch hier nicht. Die Bestimmung, daß sein Institut dem Begünstigten den Überweisungsbetrag innerhalb der mit ihm vereinbarten Frist zu Verfügung stellen muß,[370] ist auch hier nur als Einleitung und Grundlage für den Entschädigungsanspruch anzusehen.

Ein Korrelat zu dem Nacherfüllungsanspruch des Auftraggebers wegen auftragswidrigen Kostenabzugs[371] stellt der Anspruch des Begünstigten gegen sein Institut auf Gutschrift der von diesem unberechtigt abgezogene Kosten dar. Das Institut des

---

[368] Art. 8 Abs. 3 UAbs. 2 ÜwRL.
[369] Art. 5 Abs. 2 UAbs. 2 PRRL; s.o. III 2a) a.E. (S. 503f.).
[370] Art. 6 Abs. 2 UAbs. 1 ÜwRL.
[371] Oben, a) aa) (S. 521f.).

Begünstigten verletzt mit dem unberechtigten Abzug zugleich seine Pflicht gegenüber seinem Vorinstitut und seine Vertragspflicht gegenüber dem Begünstigten. Für den Fall auftragswidriger Kostenabzüge vom Institut des Begünstigten gibt die Richtlinie ausschließlich dem Begünstigten, also nicht dem Auftraggeber, einen Anspruch gegen sein Institut. Das ist insofern sinnvoll, als hier die „engere" Verbindung besteht und ein Rücklauf der Kosten im Regelfall keine effiziente Lösung darstellt. Da der Anspruch indes von der vom Auftraggeber gewählten Kostenregelung abhängt,[372] kann der Begünstigte seinen Anspruch nicht ohne Mitwirkung des Auftraggebers geltend machen. Keine Schwierigkeit entsteht freilich durch die möglicherweise lange Kette zwischengeschalteter Institute, da das Auftraggeberinstitut die Kostenregelung für alle Institute vorgibt und daher Abweichungen, die dem Begünstigten entgegengehalten werden könnten, unterwegs nicht vorkommen können.

bb) Entschädigung wegen Verzögerung

Einen Anspruch auf Entschädigung wegen Verzögerung hat der Begünstigte gegen sein Institut, wenn *dieses* den Überweisungsbetrag nicht innerhalb der vereinbarten oder gesetzlichen Gutschriftfrist vereinbart hat.[373] Die gesetzliche Gutschriftfrist ist das Ende des Bankgeschäftstags, der der Gutschrift auf dem Institutskonto folgt. Die gesetzlichen Bestimmungen der Ausführungsfrist und der Gutschriftfrist sind daher taggenau lückenlos: Der Auftraggeber kann eine Entschädigung für eine verzögerte Gutschrift auf dem Konto des Begünstigteninstituts und der Begünstigte eine Entschädigung für eine verzögerte Gutschrift auf seinem Konto verlangen. Die Entschädigung besteht auch hier in einem Zinsanspruch, dessen Höhe sich nach dem Referenzzinssatz berechnet. Dementsprechend unterliegt auch der Entschädigungsanspruch des Begünstigten denselben Ausschlüssen – Verantwortung des Auftraggebers, des Begünstigten oder höhere Gewalt.[374] Sonstige Rechte des Begünstigten bleiben unberührt,[375] auch er kann z.B. nach nationalem Recht einen weitergehenden Schadensersatzanspruch haben.

cc) Erstattung wegen Nichtausführung durch ein vom Begünstigten bestimmtes Institut

Einen Anspruch auf Erstattung wegen Nichtabwicklung hat ausnahmsweise nicht der Auftraggeber, sondern der Begünstigte, wenn ein von *ihm* bestimmtes zwischengeschaltetes Institut die Überweisung nicht ausführt.[376] Daß auch dieser Anspruch auf den Höchstbetrag von 12500 Euro begrenzt ist, leuchtet freilich nicht ein, kommt doch der Anspruch nur dann in Betracht, wenn (allein) das bestimmte Institut (das Geld zwar erhalten, aber) die Überweisung nicht ausgeführt hat. Dann aber stellt der Erstattungsanspruch nur die Herausgabe einer ungerechtfertigten Bereicherung dar, aber keine

[372] Art. 7 Abs. 1 UAbs. 1 ÜwRL.
[373] Art. 6 Abs. 2 UAbs. 2 ÜwRL.
[374] Art. 6 Abs. 3, Art. 9 ÜwRL.
[375] Art. 6 Abs. 4 ÜwRL.
[376] Art. 8 Abs. 2 ÜwRL.

Ausfallhaftung,[377] so daß es eines Schutzes des Instituts nicht bedarf. Indes kann man über den eindeutigen Wortlaut insoweit nicht hinweggehen; die Regelung kann jedoch durch eine günstigere nationale Vorschrift korrigiert werden.[378] Daß der Begünstigte – anders als der Auftraggeber bei seinem Erstattungsanspruch wegen Nichtabwicklung – die vom Auftraggeber geleistete Vergütung nicht herausverlangen kann, überzeugt, da dieser Anspruch allenfalls dem Auftraggeber zustehen könnten und die Auskehrung des Überweisungsbetrags an den Begünstigten einer Ausführung der Überweisung immerhin im Ergebnis nahekommt (sieht man von dem Pferdefuß der summenmäßigen Begrenzung ab). Nicht überzeugend ist aber, daß weder der Auftraggeber noch der Begünstigte für die – in diesem Fall *ex praemissione* entstandene – Verzögerung einen Anspruch auf Entschädigung hat. Die Entschädigungsansprüche wegen Verzögerung sind ausgeschlossen, weil die Verzögerung in den Verantwortungsbereich (des Auftraggebers und) des Begünstigten fällt.[379] Der Zinsanspruch des Auftraggebers wegen Nichtabwicklung ist nicht gegeben, da der Anspruch des Begünstigten gegen das von ihm bestimmte Institut jenen Anspruch ersetzt („abweichend von Absatz 1"), dieser Anspruch aber auch der Sache nach nicht paßt, da er auf Rückabwicklung gerichtet ist und daher mit dem Anspruch des Begünstigten gegen das Institut nicht harmoniert, der eine Fortsetzung der Ausführung der Überweisung darstellt.

### c) *Ansprüche der Institute*

#### aa) Ansprüche des Instituts des Auftraggebers gegen zwischengeschaltete Institute

Das Institut des Auftraggebers trägt gegenüber dem Auftraggeber die Last einer strengen Garantiehaftung, die nur wegen Verantwortlichkeit des Auftraggebers oder höherer Gewalt ausgeschlossen ist. Bei Verzögerung, Nichtausführung oder unberechtigtem Kostenabzug haftet grundsätzlich das Auftraggeberinstitut dem Auftraggeber. Anders ist es nur, wenn das *Begünstigteninstitut* den Fehler zu vertreten hat, dann erfolgt der Ausgleich zwischen diesem und dem Begünstigten. Die Regelung dient dem Schutz des Auftraggebers, soweit er – wie regelmäßig – den Weg der Überweisung nicht kennt oder bestimmt und auch nicht einsehen kann und nur sein Institut als Ansprechpartner und Vertragspartner hat. Dieser Schutzzweck wird besonders darin deutlich, daß der Auftraggeber keinen Anspruch auf Entschädigung wegen Verzögerung hat, soweit die Verzögerung oder Nichtabwicklung von ihm zu vertreten ist. Der Schutzzweck gebietet indes nicht, daß das Institut des Auftraggebers auch auf dem „Schaden" (Entschädigung, Kostenersatz, Erstattung) sitzenbleibt, soweit es den Auftraggeber befriedigt hat. Im Gegenteil bezweckt die Richtlinie eine Internalisierung der Kosten bei dem Verant-

---

377 Zum Schutzzweck der Höchstgrenze BE 11 ÜwRL.

378 Zwar läßt die Richtlinie nicht allgemein günstigere nationale Vorschriften zu, doch gibt Art. 8 Abs. 1 UAbs. 1, auf den sich die Vorschrift des Abs. 2 bezieht, den Erstattungsanspruch nur „unbeschadet etwaiger sonstiger Forderungen" zu. Die Möglichkeit, sonstige Forderungen unbeschadet zu lassen, gilt auch im Rahmen von Abs. 2, denn dessen Vorschrift bedeutet nur die Auswechselung von Anspruchsinhaber und -gegner und läßt die Regelungen von Abs. 1 im übrigen unberührt.

379 Art. 7 Abs. 3 ÜwRL.

wortlichen.[380] Deswegen hat das Auftraggeberinstitut seinerseits Ansprüche gegen die zwischengeschalteten Institute.

Bei den Ansprüchen des Auftraggeberinstituts gegen die zwischengeschalteten Institute wird es sich praktisch[381] meist um einen *Regreß,* also den Rückgriff wegen eigener Inanspruchnahme handeln.[382] Indes handelt es sich nicht *nur* um Rückgriffsansprüche, denn erstens sind die Ansprüche des Auftraggeberinstituts davon unabhängig, ob es selbst vom Auftraggeber in Anspruch genommen wurde und daraufhin geleistet hat; und zweitens sind seine Ansprüche von der Richtlinie nicht durchgehend auf einen vollen Ausgleich seiner Haftung gegenüber dem Auftraggeber gerichtet[383].

Die (mit den vorgenannten Qualifikationen hier sogenannten) Rückgriffsansprüche des Auftraggeberinstituts entsprechen weithin seinen Pflichten gegenüber dem Auftraggeber. Der Gesetzgeber hat, m.a.W., die „Innenhaftung" zwischen den Instituten entsprechend der „Außenhaftung" des Auftraggeberinstituts gegenüber dem Auftraggeber ausgestaltet. Dabei hat er aus Gründen einer effizienten Abwicklung in zwei der drei Fälle den Relativitätsgrundsatz durchbrochen: Seine Aufwendungen wegen Verzögerung und wegen unberechtigten Kostenabzugs kann das Auftraggeberinstitut unmittelbar von dem (den) verantwortlichen Institut(en) ersetzt verlangen („Sprungregreß" statt „Kettenregreß")[384]. Da aber der Regelung die Annahme zugrunde liegt, daß nur zwischen den einzelnen Instituten in der Kette Anweisungsverhältnisse bestehen,[385] können sich die Ansprüche gegen Institute richten, mit denen das Auftraggeberinstitut nicht vertraglich verbunden ist. Das ist vertragsrechtlich schwer zu begründen,[386] indes wohl sinnvoll, weil die Pflichten der Institute insoweit von Richtlinien wegen identisch sind und daher eine *cascade de recours* keinen Sinn ergeben würde. Daß der Durchgriff auf das „verantwortliche" Institut nicht in Betracht kommt, wenn der Überweisungsbetrag „verloren gegangen" ist, liegt in der Natur der Sache; hier erfolgt die Abwicklung entlang der Kette bis zum ausgefallenen Institut.

Jetzt erörtern wir die einzelnen Ansprüche in derselben Reihenfolge wie zuvor die Ansprüche des Auftraggebers gegen sein Institut.

(1) Erstattung oder Nachleistung unberechtigter Abzüge

Hat ein zwischengeschaltetes Institut unberechtigt[387] Kosten von dem Überweisungsbetrag abgezogen, so kann das Auftraggeberinstitut, das dem Auftraggeber dafür nach

---

[380] *Grundmann* WM 2000, 2269, 2272.

[381] Wenn es nicht selbst in Anspruch genommen wurde, wird das Auftraggeberinstitut oft keine Kenntnis von dem Fehler haben, daher kann es kaum je spontan tätig werden.

[382] Von Rückgriffsansprüchen spricht z.B. *Kümpel* Bankrecht, Rn. 4.167.

[383] So besonders beim „Rückgriff" wegen Nacherfüllung infolge unberechtigten Kostenabzugs, der nur auf Erstattung der abgezogenen Kosten geht, nicht aber auch auf Ersatz der Nacherfüllungskosten; Art. 7 Abs. 2 UAbs. 2 ÜwRL; sogleich (1).

[384] *Grundmann* WM 2000, 2269, 2282.

[385] Vgl. Art. 8 Abs. 1 UAbs. 4 ÜwRL.

[386] *Schneider* WM 1999, 2189, 2192 sieht in der Umsetzungsregelung daher „Ansätze für ein Netzmodell" des Überweisungsrechts.

[387] Entgegen Art. 7 Abs. 1 UAbs. 1 ÜwRL.

außen haftet,[388] von dem betreffende Institut verlangen, daß dieses den Abzugsbetrag erstattet oder an den Begünstigten nachleistet.[389] Das Auftraggeberinstitut hat damit in der Sache einen Aufwendungsersatzanspruch wegen Ersatzvornahme[390] oder einen Erfüllungsanspruch, freilich ohne notwendig selbst Vertragspartner des zwischengeschalteten Instituts zu sein.

(2) Entschädigung wegen Verzögerung

Ist ein zwischengeschaltetes Institut für die Verzögerung der Überweisung verantwortlich, so kann das Auftraggeberinstitut von diesem unter denselben Voraussetzungen und in demselben Umfang eine Entschädigung beanspruchen, wie der Auftraggeber von ihm. Der Anspruch ist daher ausgeschlossen, wenn einer der Kunden (Auftraggeber oder Begünstigter)[391] die Verzögerung zu verantworten hat oder höhere Gewalt vorliegt.[392] Und von Richtlinien wegen entspricht der Umfang des Regresses auch (nur) dem Umfang der Primärhaftung, weitere Ansprüche des Auftraggeberinstituts, z.B. zusätzliche Kosten, die durch den Regreß entstehen, können nach dem anwendbaren nationalem Recht ersatzfähig sein.[393]

(3) Erstattung wegen Nichtabwicklung

Im Ansatz ähnlich wie die vorgenannten Ansprüche ist auch jener auf Erstattung wegen Nichtabwicklung ausgestaltet. Auch hier wird die Außenhaftung schlicht nach innen weitergeführt. Der Anspruch richtet sich indes nur gegen das nächste Institut. Ist die Überweisung nicht vereinbarungsgemäß abgewickelt worden, so hat das Auftraggeberinstitut Anspruch gegen das nächste zwischengeschaltete Institut auf Erstattung des Überweisungsbetrags nebst Vergütung und Zinsen.[394] Die Anspruchsbegrenzung auf 12500 Euro ist hier nicht eigens genannt, folgt aber daraus, daß das zwischengeschaltete Institut nur „ebenso“ verpflichtet ist wie das Auftraggeberinstitut.

Ebenso wie das Auftraggeberinstitut hat auch jedes nachfolgende Institut gegen das ihm nachfolgende Institut einen Erstattungsanspruch. Anders als bei den Ansprüchen wegen unberechtigten Kostenabzugs und wegen Verzögerung erfolgt hier also die „Kaskade der Rückgriffe“, und zwar aus zwei Gründen. Erstens hat der Erstattungsanspruch besonders in dem Fall Bedeutung, daß ein Institut ausgefallen ist; auf dieses unmittelbar zuzugreifen, hat naturgemäß keinen Sinn. Zweitens liegt eine Rechtfertigung für das gliedweise Vorgehen entlang der Kette darin, daß jedes Institut das nachfolgende aus-

388 Art. 7 Abs. 2 UAbs. 1 ÜwRL; oben, a) aa) (S. 521f.).

389 Art. 7 Abs. 2 UAbs. 2 ÜwRL.

390 Ähnlich § 634 Nr. 2 BGB (§ 633 Abs. 3 BGB a.F.).

391 Art. 2 Abs. j ÜwRL.

392 Der Tatbestand der höheren Gewalt in Art. 9 ÜwRL ist im übrigen ein allgemeiner Ausschlußtatbestand für „die Institute“.

393 Art. 6 Abs. 4 ÜwRL.

394 Art. 8 Abs. 1 UAbs. 4 S. 1 ÜwRL.

gesucht hat und dieses Vorgehen also bis zu dem für die Auswahl verantwortlichen (vorletzten) Institut führt.[395]

Der Erstattungsanspruch des Auftraggeberinstituts besteht ebensowenig wie jener des Auftraggebers, wenn ein vom Auftraggeber oder Begünstigten bestimmtes Institut die Überweisung nicht ausgeführt hat oder wenn der Auftraggeber eine fehlerhafte oder unvollständige Anweisung erteilt hat.[396] Der Erstattungsanspruch des Auftraggeberinstituts (und ebenso der zwischengeschalteten Institute) gegen das nachfolgende zwischengeschaltete Institut entfällt außerdem dann, wenn dieses selbst eine fehlerhafte oder unvollständige Anweisung gegeben hat. Dann setzt sich der Erstattungsanspruch nur noch in einer Bemühenspflicht fort: das zwischengeschaltete Institut hat sich um die Erstattung zu bemühen.[397]

(4) Bemühenspflicht

Schließlich findet auch die Bemühenspflicht des Auftraggeberinstituts ihre – zu ihrer Durchsetzung notwendige – Fortsetzung in einer Bemühenspflicht der zwischengeschalteten Institute.[398] Hier ist die Richtlinie in mißlicher Weise offen, da sie nur die Pflicht bestimmt, nicht aber einen Anspruch und seinen Inhaber. Da die Richtlinienregelung auf der Annahme beruht, daß die grenzüberschreitende Überweisung sich aus einer Kette einzelner „Anweisungen" zusammensetzt und da sie weiterhin die Relativität der Vertragsbeziehungen im Grundsatz nicht in Frage stellt, wird man davon ausgehen dürfen, daß jedes Institut gegen sein nachfolgendes Institut einen Bemühensanspruch hat.[399] Das Auftraggeberinstitut hat daher gegen das von ihm ausgewählte nächste Institut Anspruch auf Bemühung um die Erstattung des Überweisungsbetrags.

bb) Ansprüche der zwischengeschalteten Institute

Der Erstattungsanspruch (soeben aa) (3)) und der Bemühensanspruch (soeben aa) (4)) stehen auch den zwischengeschalteten Instituten gegen die ihnen nachgeschalteten Institute zu. Das ist ein notwendiger Bestandteil der als vollständig gedachte Regelung. Nicht geregelt ist allein der Innenausgleich zwischen mehreren zwischengeschalteten Instituten, der eine Rolle spielen kann, wenn zwei oder mehrere Institute die Ausführung verzögert haben. Die Regelung ist dem nationalen Recht überlassen, wohl in dem begründeten Vertrauen, das die mitgliedstaatlichen Regelungen über den Gesamtschuldnerausgleich als gleichwertig angesehen werden können, so daß insofern eine Annexregelung entbehrlich ist.

---

[395] *Grundmann* Schuldvertragsrecht, 4.13 Rn. 25.

[396] Art. 8 Abs. 2, 3 ÜwRL; s.o. a) cc) (S. 525f.).

[397] Art. 8 Abs. 1 UAbs. 4 S. 2 ÜwRL.

[398] Art. 8 Abs. 3 UAbs. 1 ÜwRL.

[399] Siehe schon oben, a) dd) (S. 528f.).

## V. Nichterfüllung beim Fernabsatz

Nur am Rande berührt die Fernabsatzrichtlinie das Leistungsstörungsrecht mit einer Regelung über das Unvermögen des Lieferers oder Unmöglichkeit der Lieferung. Kann der Lieferer nicht erfüllen, so hat der Verbraucher grundsätzlich Anspruch auf zügige Erstattung geleisteter Zahlungen. Ähnlich wie für den Fall des veranlaßten Rücktritts oder der Stornierung des Pauschalreisevertrags[400] möchte der Gesetzgeber mit der Regelung sicherstellen, daß der Verbraucher im Fall der Nichterfüllung zumindest angezahltes Geld kurzfristig zurückerhält.

Erfüllt der Lieferer den Vertrag nicht, „weil die bestellte Ware oder Dienstleistung nicht verfügbar ist", so hat er den Verbraucher davon zu unterrichten. Nach dem Schutzzweck der Regelung muß man annehmen, daß die Informationspflicht entsteht, sobald der Lieferer weiß, daß er den Lieferungsanspruch nicht innerhalb der vereinbarten oder gesetzlichen Frist erfüllen kann.[401] Der Verbraucher hat dann grundsätzlich ein Recht auf Vertragsaufhebung und daraus folgend einen Anspruch auf Erstattung der geleisteten Zahlungen. Von diesem Grundsatz abweichend können die Mitgliedstaaten die Vereinbarung einer Ersetzungsbefugnis des Lieferers zulassen.[402] Vertragsaufhebung und Rückabwicklung kann der Verbraucher grundsätzlich *wählen,* die Folgen müssen von Gemeinschaftsrechts wegen grundsätzlich nicht *ipso iure* eintreten.[403] Denn die Richtlinie schreibt nur vor, daß der Verbraucher die *Möglichkeit* haben muß, Erstattung zu verlangen. Man schützt den Verbraucher nicht wohl dadurch, daß man ihm eine Möglichkeit zur Selbstbestimmung – und vielleicht zur Auswahl zwischen mehreren nach nationalem Recht zur Verfügung stehenden Rechten – nimmt. Umgekehrt verlangt die Geltendmachung des Erstattungsanspruchs dem Verbraucher nichts Unzumutbares ab. Endlich wäre es ja ganz sinnlos, den Anspruch von Gesetzes wegen entstehen zu lassen, wenn der Verbraucher nach nationalem Recht alternativ eine Ersatzlieferung oder Schadensersatz wegen Nichterfüllung wählen und so den Erstattungsanspruch wieder zu Fall bringen kann. Nur wenn der Verbraucher nach nationalem Recht keine andere Wahl hat, als Erstattung zu verlangen, wird man annehmen müssen, daß diese Rechtsfolge schon eintritt, wenn der Lieferer sein Unvermögen absieht.

Der Erstattungsanspruch ist „möglichst bald, in jedem Fall jedoch binnen 30 Tagen" zu erfüllen.[404] Diese Frist für die Erstattung beginnt zu laufen, wenn der Erstattungsanspruch entsteht, also grundsätzlich mit der Geltendmachung durch den Verbraucher, ggf. – wenn der Anspruch *ipso iure* entsteht – schon früher. Damit hat der Lieferer reich-

---

400 Oben, III 2 d) (S. 509f.).

401 Dieses subjektive Element bringt freilich Beweisschwierigkeiten mit sich; praktisch wird die Informationspflicht erst mit Ablauf der Lieferfrist entstehen. Dagegen hilft es auch nicht, darauf abzustellen, ob der Lieferer mit seinem Unvermögen rechnet; so Grabitz/Hilf II-*Micklitz* A 3 (FARL) Rn. 109.

402 Art. 7 Abs. 3 FARL; dazu oben § 15 C I 1 (S. 393).

403 A.M. *Reich* EuZW 1997, 581, 585f. und ihm folgend Grabitz/Hilf II-*Micklitz* A 3 (FARL) Rn. 109.

404 Art. 7 Abs. 2 FARL; ebenso für die Rückabwicklung nach Widerruf Art. 6 Abs. 2 FARL, Art. 7 Abs. 4 FFRL. Art. 4 Abs. 6 lit. b PRRL schreibt nur die „schnellstmögliche Erstattung" vor.

lich Zeit für die Erstattung, wenn man bedenkt, daß die grenzüberschreitende Überweisung in Europa nur fünf Bankgeschäftstage dauern darf. Da es um eine Störung aus der Sphäre des Lieferers geht, sollte man diesen ruhig härter anfassen. Eine Verzinsungspflicht wird bei den verhältnismäßig kurzen Laufzeiten (aber immerhin: bis zu 60 Tage) meist nicht ins Gewicht fallen, doch wäre ein Anspruch auf Erstattung der Überweisungskosten angemessen gewesen; ihn können die Mitgliedstaaten für interne Sachverhalte[405] vorsehen.[406] Da die Fernabsatzrichtlinie eine Frist für die Erstattung fest bestimmt, erfordert eine effektive Umsetzung, daß der Fristablauf die Verzugsfolgen des nationalen Rechts auslöst.[407]

## B. Die Entscheidungen zu Grundfragen des Leistungsstörungsrechts

### I. Erfüllungsanspruch

Im deutschen Recht ist auch der Erfüllungsanspruch ein zentraler Rechtsbehelf wegen Leistungsstörung: Leistet der Schuldner nicht, kann der Gläubiger die Erfüllung klageweise durchsetzen. Erst in der Zwangsvollstreckung findet die Durchsetzung ihre Grenzen, nämlich vor allem darin, daß höchstpersönliche Leistungen nicht erzwungen werden können.[408] Das entspricht der kontinentaleuropäischen Tradition, von der die des *Common law* abweicht, wenn auch die Ergebnisse in vielen Fällen ähnlich sein können.[409] In den Einheitsregeln des Vertragsrechts ist der Anspruch auf Erfüllung von anderen als Geldleistungsansprüchen (*non-monetary obligations*) hingegen begrenzt,[410] und das UN-Kaufrecht folgt bekanntlich in Art. 28 einem schon von Ernst *Rabel* vorgeschlagenen Kompromiß.[411] Das Europäische Vertragsrecht sieht den Erfüllungsanspruch nur rudimentär vor. Als Erfüllung kann man die kaufrechtlichen Ansprüche auf Nachbesserung und Ersatzlieferung ansehen.[412] Mit dem Erfüllungsanspruch sind ferner einzelne Ansprüche verwandt, die der Pauschalreisende wegen Leistungsstörung

---

405 Oben, § 8 I (S. 147–161).

406 Art. 14 FARL;

407 *Grundmann* Schuldvertragsrecht, 2.02 Rn. 22 mit Rn. 20.

408 §§ 887f. ZPO.

409 Vergleichende Übersicht bei *Stathopoulos* AcP 194 (1994) 545, 554–562. Auch das englische Recht anerkennt einen Erfüllungsanspruch bei Geldschulden sowie sonst nach *equity.*

410 Art. 9: 101f. EP, 7.2.1–7.2.4 UP. Kritisch *Medicus* in: Vertragsrechtsvereinheitlichung, S. 190f.

411 *Rabel* RabelsZ 9 (1935) 1, 69; auch insoweit kritisch *Medicus* in: Vertragsrechtsvereinheitlichung, S. 190.

412 S.o. A II 4 a (S. 488f.). Vgl. Art. 9:102 EP („Erfüllung …, einschließlich der Abhilfe für mangelhafte Leistung"); Art. 7.2.3 UP („Erfüllung umfaßt … Nachbesserung, Ersatzleistung oder andere Abhilfe bei mangelhafter Erfüllung"); zu § 480 BGB a.F., s. nur BGH, NJW 1967, 33; *Larenz* Schuldrecht II/1 § 41 III (S. 77f.); Staudinger-*Honsell* (1995) § 480 Rn. 7.

hat.[413] Und auch den Nachleistungsanspruch des Auftraggebers bei der gekürzten Überweisung kann man als Erfüllungsanspruch ansehen. Einen allgemeinen Grundsatz, daß das Europäische Vertragsrecht dem kontinentalen Modell folgend einen Erfüllungsanspruch zuerkennen würde, kann man darin nicht sehen. Das Europäische Vertragsrecht bleibt insoweit unentschieden und für eine Einpassung in die nationalen Rechte offen.

## II. Einheitstatbestand der Vertragsverletzung?

Eine weitere Grundfrage des Leistungsstörungsrechts ist, ob das Gesetz einheitliche Voraussetzungen für alle Arten von Leistungsstörungen vorsieht oder zwischen verschiedenen Ursachen und Formen der Leistungsstörungen unterscheidet.[414] Gegenüber dem differenzierenden Modell des BGB von 1900 hat sich im UN-Kaufrecht und den Einheitsregeln des Vertragsrechts eine Einheitslösung angelsächsischer Prägung durchgesetzt.[415]

Dem Europäischen Vertragsrecht kann man keine klare Aussage entnehmen, soweit seine Vorschriften von vornherein nur eine bestimmte Form der Leistungsstörung in den Blick nehmen, wie vor allem beim Zahlungsverzug. Soweit die Regelungen weiter gehen, bleibt das Europäische Vertragsrecht weithin unentschieden und damit offen für verschiedene Umsetzungen. Teilweise zeigt sich die Neigung, dem Einheitsmodell zu folgen. Ausdrücklich hat der Europäische Gesetzgeber bei der Kaufgewährrichtlinie an den Einheitstatbestand des Wiener UN-Kaufrechts angeknüpft und eine Gewährleistung wegen Vertragswidrigkeit geschaffen (freilich ohne den Schadensersatzanspruch zu regeln).[416] In ähnlicher Weise findet sich in der Pauschalreiserichtlinie ein Grundtatbestand der „Nichterfüllung oder mangelhaften Erfüllung" (nur Ersatzanspruch). Doch sieht gerade die Pauschalreiserichtlinie eine Vielzahl von Verbraucherrechten für im einzelnen bestimmte Störungssituationen vor. Die Verzögerungstatbestände der Zahlungsverzugsrichtlinie und der Überweisungsrichtlinie sind mit einem Einheitstatbestand insofern vereinbar, als sie kein Mahnungserfordernis kennen und damit auf das zentrale Charakteristikum des Verzugs im deutschen Recht verzichten.[417] Umgekehrt kann man darin

---

[413] Oben, A III 2 a (S. 502–505).

[414] S. nur *Medicus* in: Vertragsrechtsvereinheitlichung, S. 180–185. Rechtsvergleichender Überblick bei *Zweigert/Kötz* Rechtsvergleichung, § 36 (S. 484–515).

[415] Befürwortend *Zweigert/Kötz* Rechtsvergleichung, § 36 VI (S. 511f.). Kritisch *Bucher* FS Schmidlin, S. 430f.: „Wie schlechte Münze im Verkehr die bessere verdrängt, besteht auch hier die Gefahr, daß das Konzept der ‚wesentlichen Vertragsverletzung' (Art. 25 WKR), oder der ‚inexecution essentielle' (Art. 7.3.1 Unidroit, und ganz ähnlich Art. 4.301 Lando-Principles) in seiner übermäßigen Vereinfachung (welche insbesondere nicht unterscheidet zwischen zeitlicher Verzögerung entsprechend der traditionellen *mora* und sachlichen Leistungsmängeln) Schaden stiftet als Einladung zu pauschalierend-primitivisierender Betrachtungsweise."

[416] Oben, A II 1 (S. 478) und 3 a aa (S. 479–483), mit Fn. 88.

[417] Vgl. *Medicus* in: Vertragsrechtsvereinheitlichung, S. 183 f.

indes keinen schlüssigen Anhaltspunkt dafür sehen, daß das Europäische Privatrecht sich für ein Einheitsmodell entschieden hätte, wird doch (zumindest) der Zinsanspruch wegen Zahlungsverzugs im Handelsverkehr nicht notwendig erst nach Mahnung zugegeben.

## III. Grundsatz der verschuldensunabhängigen Schadensersatzhaftung?

Von der Grundentscheidung über Einheitstatbestand oder tatbestandliche Differenzierung ist die weitere Frage zu unterscheiden, ob insbesondere die Ersatzhaftung für Leistungsstörungen an ein Verschuldenserfordernis geknüpft wird oder nicht. Allerdings ist das Verschulden oder Vertretenmüssen besonders dazu geeignet, tatbestandliche Differenzierungen vorzunehmen und hat insofern eine gewisse Affinität zu dieser Lösungsvariante.

In den hier erörterten Leistungsstörungsregelungen ist eine Tendenz erkennbar, dem Gläubiger einen verschuldensunabhängigen Anspruch auf Schadensersatz wegen Nichterfüllung/Vertragsverletzung zuzuerkennen,[418] doch ist dieser Anspruch kaum je mit letzter Konsequenz durchgeführt. Zum einen gewähren die Richtlinien in den meisten Fällen keinen Anspruch auf vollen Schadensersatz. Zum anderen sind die Tatbestandsvoraussetzungen unterschiedlich ausgestaltet.

### 1. Rechtsfolgen: Schadensersatz und Entschädigung

Anspruch auf vollen Schadensersatz gewährt nur die Pauschalreiserichtlinie.[419] Die übrigen Ersatzansprüche – zumeist nur als „Entschädigungsansprüche" bezeichnet – betreffen nur einzelne Schadensposten. Der Zahlungsgläubiger bzw. Überweisungsempfänger kann zwar die Zinsen (ersterer auch die Beitreibungskosten) ersetzt verlangen. Entgeht ihm wegen der Zahlungsverzögerung hingegen ein lukratives Geschäft (für das er keinen Kredit hat), so hat er von Europarechts wegen keinen Anspruch auf Schadensersatz. Die Kaufgewährrichtlinie hat den Ersatzanspruch von vornherein ausgespart und auch die sie in gewisser Hinsicht flankierende Produkthaftungsrichtlinie schützt nicht alle Käuferinteressen.[420]

---

418 Wenn hier von einer verschuldensunabhängigen Haftung die Rede ist, so bedeutet das, daß die Haftung nicht positiv an das Verschulden des Schuldners geknüpft ist. Das heißt aber nicht, daß die Haftung in Einzelfällen, in denen den Schuldner kein Verschulden trifft (wie insbesondere bei höherer Gewalt) die Haftung ausgeschlossen ist.

419 Art. 5 Abs. 2 PRRL; dazu oben, A III 2 c und 3 a (S. 506–508, 515f.).

420 Oben, A II 8 (S. 497–500).

Schon von der Rechtsfolgenseite her ist also eine Garantiehaftung für Nichterfüllung nur mit der Einschränkung gegeben, daß der volle Schadensausgleich zumeist nicht gewährt wird.

## 2. Tatbestandsvoraussetzungen

Auf der Tatbestandsseite setzen die Ersatzansprüche eine Nichterfüllung voraus, statuieren daneben aber noch weitere Voraussetzungen.

### *a) „Verantwortlichkeit" vs. Verschulden des Schuldners*

Auf ein Verschulden des Schuldners kommt es nach keinem der Ersatz- bzw. Entschädigungstatbestände an.[421] Das Europäische Vertragsrecht folgt insoweit ebenso wie die Einheitsregeln dem *Prinzip der strikten Haftung* für Vertragsverletzung.[422] Lediglich nach der Zahlungsverzugsrichtlinie setzen die Ansprüche auf Verzugszinsen und Beitreibungskostenersatz die „Verantwortlichkeit" des Schuldners voraus.[423] Doch weist schon der Wortlaut der Regelung darauf hin, daß hier keine subjektive Vorwerfbarkeit i.S.v. Verschulden gemeint ist. Und die übrigen Schadensersatztatbestände, die ebenfalls verschuldensunabhängig sind, bekräftigen diese Wortauslegung. Da es sich bei allen Regelungen um Mindestschutzvorschriften zugunsten des Gläubigers handelt, können die Mitgliedstaaten auch für interne Sachverhalte ein Verschuldenserfordernis nicht vorsehen.

Erkennt man in der strikten Haftung für Vertragsverletzungen einen Grundsatz des Europäischen Privatrechts, so ergibt sich daraus ein weiterer Grund, das Erfordernis der „Verantwortlichkeit" des Zahlungsschuldners für die Zahlungsverzögerung (Art. 3 Abs. 1 lit. c Nr. ii ZVerzRL) als Voraussetzung für den Zins- und Beitreibungskostenersatzanspruch des Gläubigers nicht i.S. einer subjektiven Vorwerfbarkeit zu verstehen. Dieses systematische Argument ist hier deswegen von besonderem Gewicht, weil auch die Überweisungsrichtlinie, die einen wertungsmäßig ganz ähnlich gelagerten Sachverhalt betrifft,[424] ebenfalls unabhängig vom Verschulden des Schuldners (Institut) einen Zinsanspruch zugibt.

---

[421] Das Prinzip der strikten Haftung sieht *Basedow* Leg.Stud. 18 (1998) 121, 137, 142f. als ein Grundprinzip des Europäischen Privatrechts an. Er begründet dies freilich nur auf der Grundlage der Deliktshaftung der Gemeinschaft, der Haftung nach der Produkthaftungsrichtlinie und der Verordnung über die Haftung von Luftfahrtunternehmen bei Unfällen (VO (EG) Nr. 2027/97 des Rates vom 9.10.1997, ABl. 1997 L 285/1) sowie der Haftung für Geschlechtsdiskriminierung.

[422] Art. 8:101 Abs. 1, 8:108 EP, Art. 7.4.1, 7.1.7 UP; ferner auch das CISG. Zu den Einheitsregeln kritisch *Medicus* in: Vertragsrechtsvereinheitlichung, S. 187f.; für eine vertragliche Garantiehaftung *Zweigert/Kötz* Rechtsvergleichung, § 36 VI (S. 512f.). S. noch *Larenz* Richtiges Recht, S. 103–106.

[423] Art. 3 Abs. 1 lit. c Nr. ii ZVerzRL; dazu oben, A I 2 c (S. 473f.).

[424] Dem stehen die unterschiedlichen Anwendungsbereiche der Richtlinien insoweit nicht entgegen, im Gegenteil muß das, was auch Verbrauchern gewährt wird (ÜwRL), hier einmal erst recht Unternehmen gegeben werden (ZVerzRL), die ihr Geld üblicherweise gewinnbringend einsetzen.

### b) *Verantwortlichkeit und Mitverantwortlichkeit des Gläubigers*

Ausgeschlossen ist die Ersatzhaftung, wenn der Gläubiger die Nichterfüllung zu verantworten hat: Beim Pauschalreisevertrag greift der Ausschluß ein, wenn die „Versäumnisse bei der Erfüllung des Vertrags dem Verbraucher zuzurechnen sind“,[425] bei der grenzüberschreitenden Überweisung, wenn die Verantwortung für die eingetretene Verzögerung beim Auftraggeber liegt.[426] Ein verwandter Regelungsgedanke kommt darin zum Ausdruck, daß die Kaufgewährleistung (die freilich keinen Ersatzanspruch gibt) ausgeschlossen ist, wenn die Vertragswidrigkeit auf einem vom Käufer zur Verfügung gestellten Stoff beruht.[427] Daß die Zahlungsverzugsrichtlinie insoweit keine Regelung enthält, dürfte seinen Grund eher darin finden, daß hier eine Verantwortlichkeit des Gläubigers selten sein mag. Da der Ausschluß wegen Verantwortlichkeit des Gläubigers eine starke rechtsethische Begründung hat und in den übrigen Richtlinien durchgehend vorkommt, muß man davon ausgehen, daß die Mitgliedstaaten auch den Entschädigungsanspruch wegen Zahlungsverzugs so begrenzen dürfen (z.B. Verzögerung, weil Gläubiger falsche Kontonummer gegeben hat). Auch Art. 8:101 Abs. 3 EP und Art. 7.1.2 UP anerkennen den Haftungsausschluß wegen Verursachung durch den Gläubiger.[428]

Die Voraussetzungen des Ausschlußtatbestands sind freilich unterschiedlich formuliert. In allen Fällen muß das Gläubigerverhalten zumindest ursächlich gewesen sein. Daneben spielen aber auch Zurechnungserwägungen eine Rolle („Verantwortung“, „zuzurechnen“).[429] Die damit von Rechtsprechung und Lehre zu konkretisierende Zurechnung sollte einheitlichen Grundsätzen folgen, wenn auch der jeweilige Vertragstyp einerseits und die Risikozuweisung in der jeweiligen Vertragsabrede andererseits eine starre Handhabung ausschließen. Der Haftungsausschluß kann indes nicht davon abhängig gemacht werden, daß den Gläubiger ein Verschulden trifft. Denn erstens würde das nicht mit der verschuldensunabhängigen Haftung des Schuldners zusammenpassen, und zweitens muß man insoweit dem Wortlaut der Regelungen Rechnung tragen, der auf die individuelle Vorwerfbarkeit gerade nicht abstellt.

Die Ausschlußtatbestände stellen nicht klar, ob sie sich nur auf Fälle der Alleinverantwortlichkeit des Gläubigers beziehen oder auch solche bloßer Mitverantwortlichkeit erfassen. Indes ist in allen Fällen davon auszugehen, daß die bloße Mitverantwortlichkeit nicht schon zu einem Haftungsausschluß, sondern lediglich zu einer Haftungsminderung führen kann. Denn ein Ausschluß des Ersatzanspruchs wegen bloßen Mitverschul-

---

[425] Art. 5 Abs. 2 Sps. 1 PRRL; vgl. oben, A III 2 c (S. 506f.).

[426] Art. 6 Abs. 3 ÜwRL; dazu oben, A IV 2 a bb (S. 522f.).

[427] Art. 3 Abs. 3 Alt. 2 KGRL; dazu noch differenzierend oben, A II 3 b (S. 484–486).

[428] Ebenso Art. 80 CISG. Rechtsvergleichender Abriß bei *Lando/Beale* European Principles, Art 8:101 Note 3 (S. 362).

[429] Unklar ist der Wortlaut von Art. 9:504 EP und Art. 7.1.2 UP (kritisch deshalb *Koziol* in: Vertragsrechtsvereinheitlichung, S. 203f.), doch machen die Erläuterungen deutlich, daß es auch hier auf eine Zurechnung ankommt, nicht nur auf Verursachung; vgl. *Lando/Beale* European Principles, Art. 8:101 Illustration 4, S. 360f.; Unidroit, Principles, Art. 7.1.2 Anm. 2 (S. 158).

dens wäre ein Rückschritt zu dem kruden System der Culpakompensation,[430] das in den meisten Mitgliedstaaten überwunden ist.[431] Auch die einheitlichen Regeln des Vertragsrechts folgen einer Abwägungslösung und haben die Abwägung sowohl in den Ausschlußtatbestand als auch in die Vorschriften über die Erstattungsfähigkeit von Schäden hereingenommen.[432]

### c) *Höhere Gewalt*

Soweit ein Rechtsregime die Ersatzhaftung für Vertragsverletzung als Garantiehaftung ausgestaltet und es also auf ein Verschulden des Schuldners nicht ankommt, stellt regelmäßig immerhin höhere Gewalt einen Ausschlußgrund dar.[433] So hat nach Art. 79 CISG der Schuldner für die Nichterfüllung seiner Pflichten nicht einzustehen, wenn er beweist, daß sie „[1] auf einem außerhalb [seines] Einflußbereichs liegenden Hinderungsgrund beruht und [2] daß von [ihm] vernünftigerweise nicht erwartet werden konnte, [a] den Hinderungsgrund bei Vertragsabschluß in Betracht zu ziehen oder [b] den Hinderungsgrund oder seine Folgen zu vermeiden oder zu überwinden".[434] Diesem Modell folgen die European Principles und die Unidroit Principles.[435]

Höhere Gewalt anerkennen die Pauschalreiserichtlinie und die Überweisungsrichtlinie als Haftungsausschlußgrund. Die Richtlinien definieren höhere Gewalt einheitlich als „[1] ungewöhnliche und unvorhersehbare Ereignisse, [2] auf die derjenige, der sich auf höhere Gewalt beruft, keinen Einfluß hat und [3] deren Folgen trotz Anwendung der gebotenen Sorgfalt nicht hätten vermieden werden können".[436] Keine Regelung enthält die Zahlungsverzugsrichtlinie, doch kann man annehmen, daß der Schuldner im Fall höherer Gewalt für die Verzögerung nicht „verantwortlich" ist. Denn wertungsmäßig ist

---

430 Zum deutschen Recht vor dem BGB *Wendt* JherJb 31 (1892) 137ff.

431 *Lando/Beale* Notes zu Art. 9:504 und 9:505 (S. 447f.). Das englische Recht unterscheidet zwischen der *duty to mitigate* (Schadensminderungsobliegenheit) und der *contributory negligence* (Mitverschulden bei der Schadensentstehung); während die erstere zur anteiligen Herabsetzung des Ersatzanspruchs führt, ist die Rechtslage für die letztere konfus; das *common law* gibt im Fall des Mitverschuldens nur alles oder nichts zu; s. 1 (1) Law Reform (Contributory Negligence) Act 1945 bestimmt eine anteilige Herabsetzung, gilt aber im Grundsatz nur für Deliktsansprüche; näher *Treitel* Law of Contract, S. 910–919. Zum römischen (Delikts-) Recht *Zimmermann* Law of Obligations, S. 1010–1013.

432 Art. 8:101 Abs. 3 EP; die Mitverursachungsregel des Art. 9:504 EP ist nach *Lando/Beale* European Principles, Art. 9:504 Comment B, S. 444 ein Anwendungsfall der Grundregel des Art. 8:101 Abs. 3, Art. 9:505 EP eine ergänzende Regel für die Schadensminderung. Ebenso Art. 7.1.2, 7.4.7, 7.4.8 UP. Ebenso *Koziol* in: Vertragsrechtsvereinheitlichung, S. 203f. (der allerdings den mehrdeutigen Wortlaut kritisiert; auf die Abwägung deutet indes die Formulierung „to the extent").

433 Rechtsvergleichender Überblick bei *Lando/Beale* European Principles, Art. 8:108 Note 1 (S. 383). Das englische Recht kennt keinen allgemeinen Haftungsausschluß wegen höherer Gewalt; indes scheint die Kautelarpraxis diese Lücke oft durch entsprechende Vereinbarungen zu schließen; s. nur *Atiayh* Law of Contract, S. 243f.

434 Art. 79 Abs. 1 CISG; Gliederung hinzugefügt.

435 Art. 8:108 EP; vgl. *Lando/Beale* European Principles, Art. 8:108 Note 1, S. 383; Art. 7.1.7 UP.

436 Art. 4 Abs. 6 UAbs. 2 Nr. ii, Art. 5 Abs. 2 Sps. 3 PRRL, Art. 9 ÜwRL; Gliederung hinzugefügt.

dieser Fall nicht anders zu behandeln als jener der Überweisungsverzögerung, wenn man nicht sogar annehmen muß, daß der Geldschuldner im Handelsverkehr, für den der Geldtransfer ja nicht zum Kerngeschäft gehört, weniger streng gebunden sein soll als die Institute bei der grenzüberschreitenden Überweisung. Der Zahlungsgläubiger umgekehrt bedarf hier keines stärkeren Schutzes als etwa der Pauschalreisende. Unterschiede können sich freilich bei der Anwendung ergeben, da für die verschiedenen Schuldner Unterschiedliches vorhersehbar oder vermeidbar ist.

### *d) Verantwortlichkeit für Dritte und Verantwortlichkeit Dritter*

Haftet der Schuldner ohne Rücksicht auf sein Verschulden für eine Nichterfüllung, so bedarf es der Statuierung einer Einstandspflicht für Gehilfen nach Art der Haftung für Erfüllungsgehilfe in § 278 BGB nicht. Eine Bestimmung über die Gehilfenhaftung kann lediglich für Abgrenzung des Verantwortungsbereichs des Schuldners von Bedeutung sein: Entweder dadurch, daß auch die von Dritten zu erbringenden Leistungen zum Leistungsprogramm des Schuldners gerechnet werden; oder dadurch, daß ihm Kenntnis sowie Abhilfe- und Vermeidungsmöglichkeit von Gehilfen im Rahmen der Entlastung wegen höherer Gewalt zugerechnet werden.

Deswegen überrascht es nicht, daß die Richtlinien keine Gehilfenhaftung vorsehen. Lediglich die Pauschalreiserichtlinie stellt klar, daß die Haftung des Vertragspartners für die Erfüllung seiner vertraglichen Pflichten unabhängig davon eintritt, ob er selbst oder andere Dienstleistungsträger diese zu erfüllen haben.[437] Nur Kehrseite dieser Regelung ist der Haftungsausschluß für den Fall, daß die Versäumnisse einem Dritten zuzurechnen sind, „der an der Bewirkung der vertraglich vereinbarten Leistungen nicht beteiligt ist" (Baulärm, Streik). Beide Regelungen haben daher eher klarstellenden Charakter – sie bedeuten die Abgrenzung der Verantwortungsbereiche –, da schon aus der Garantiehaftung des Vertragspartners dasselbe folgen würde.[438] Aus diesen Gründen ist eine Regelung über die Gehilfenhaftung auch in der Überweisungsrichtlinie entbehrlich, denn auch hier trifft den Schuldner die Garantie für einen Erfolg, so daß er grundsätzlich auch dann einzustehen hat, wenn weder ihn noch eines der zwischengeschalteten Institute ein Verschulden trifft.

Allerdings treffen beide Richtlinien (PRRL, ÜwRL) keine ausdrückliche Regelung darüber, ob sich die Vorhersehbarkeit und Vermeidbarkeit ausschließlich nach den Möglichkeiten des Schuldners oder auch nach jenen Dritter beurteilt, die der Schuldner eingeschaltet hat.[439] Da der Schuldner den Erfolg schuldet, ist er so zu stellen, als hätte er alle zu seinem Pflichtenprogramm gehörenden Leistungshandlungen selbst vorgenommen. Vorhersehbarkeit und Vermeidbarkeit für eingeschaltete Personen fällt daher auch ihm zur Last. Sachlich ist das deshalb gerechtfertigt, weil der Schuldner mit den Vorteilen aus der Zuziehung Dritter auch die entsprechenden Nachteile zu tragen hat.

---

[437] Art. 5 Abs. 2 Sps. 2 PRRL; dazu oben, A III 2 f aa (S. 512f.).

[438] S. schon oben, A III 2 f aa (S. 512f.) mit Fn. 285.

[439] Letzteres sieht Art. 79 Abs. 2 CISG vor.

## IV. Recht zur Vertragsaufhebung

### 1. Beschränkung des Aufhebungsrechts auf Fälle wesentlicher Störung?

Eine gewisse Nähe zu den Regelungen des UN-Kaufrechts und den einheitlichen Vertragsregeln findet sich auch in den Vorschriften über das Recht zur Vertragsaufhebung.[440] Charakteristisch sowohl für das CISG als auch für die European Principles und Unidroit Principles ist die Einschränkung des Rechts zur Vertragsaufhebung, insbesondere auf Fälle wesentlicher Vertragsverletzung.[441] Diese Tatbestandsvoraussetzung findet sich im Europäischen Privatrecht nicht, doch ist das jedenfalls auch damit zu erklären, daß die vorliegenden Regelungen entweder hinsichtlich des Anwendungsbereichs oder hinsichtlich des Vertragsgegenstands Sonderfälle betreffen.[442]

Eine gewisse Subsidiarität der Vertragsaufhebung findet sich in der Kaufgewährrichtlinie. Indes ist hier die Wesentlichkeit der Vertragsverletzung nicht Voraussetzung für die Vertragsaufhebung, nur die Geringfügigkeit schließt – negativ – die Vertragsaufhebung aus. Insofern trägt die Richtlinie dem Umstand Rechnung, daß die Regelung Verbraucherkaufverträge betrifft und die Beschränkung des Aufhebungsrechts wegen Vertragswidrigkeit daher eine unzumutbare Belastung des Verbrauchers darstellen kann.[443] Zweitens ist die Nachrangigkeit der Vertragsaufhebung im Vergleich mit der Regelungssituation des CISG, das internationale Handelskäufe betrifft, auch nicht aus Gründen des Verkäuferschutzes gerechtfertigt.[444]

---

440 Zu EP und UP *Schlechtriem* in: Vertragsrechtsvereinheitlichung, S. 159–177.

441 Art. 49 CISG, Art. 9:301 Abs. 1 EP, Art. 7.3.1 Abs. 2 UP. Im BGB a.F. war das Wesentlichkeitskriterium als Grundsatz nicht enthalten, v.a. Wandlung war wegen Sachmangels ohne weiteres möglich, §§ 459, 462 BGB a.F., wenn auch nach der Kautelarpraxis unüblich (vgl. § 476a BGB a.F.); indes war es der Sache nach in Einzelregelungen enthalten, so für die Teilunmöglichkeit in § 325 Abs. 1 S. 2 BGB a.F., für den Verzug durch das Nachfristverfahren, §§ 286 Abs. 2, 326 Abs. 1 S. 3 BGB a.F.; Rücktritt wegen pVV war beschränkt auf objektiv schwere Verletzungen, BGHZ 11, 80, 84; 59, 104, 105; NJW 1982, 1145, 1146; endlich konnten die Unterscheidung von Haupt- und Nebenpflichten und das Verschuldenserfordernis eine ähnliche Funktion haben wie das Wesentlichkeitskriterium (nicht unähnlich der – freilich verschwimmenden – Unterscheidung von *condition* und *warranty* im englischen Recht). Jetzt ist die Wandelung nachrangig ausgestaltet, § 440 BGB; das Nachfristerfordernis ist in §§ 281, 323 BGB fortgeführt, unmittelbar auf Zumutbarkeit stellt § 324 BGB ab. Zum Ganzen *Flessner* ZEuP 1997, 255, 266–274; *Schlechtriem* FS Müller-Freienfels, S. 525–545; *ders.* in: Vertragsrechtsvereinheitlichung, S. 163–165 (zu den Einheitsregeln der EP und UP).

442 Zu den Interessen der Parteien im Fall der Aufhebung wegen Nichterfüllung *Flessner* ZEuP 1997, 255, 264–266; *Flessner* bewertet freilich das Bestandsinteresse des säumigen Schuldners unangemessen hoch und berücksichtigt nicht ausreichend, daß *er* es ist, der den Vertrag eben nicht erfüllt hat. Daher ist es entgegen *Flessner* (S. 266) keineswegs ohne weiteres unangemessen, den Vertrag auch bei für den Schuldner negativer Preisentwicklung oder angesichts anfänglicher vertragstreuer Leistungsvorbereitung des Schuldners zur Disposition des Gläubigers zu stellen.

443 Für den Verbraucher bedeutet das freilich im Vergleich mit der Regelung des (wenn auch nicht notwendig der Praxis unter dem) BGB eine Verschlechterung seiner Rechtsposition.

444 S.a. *Schlechtriem* in: Vertragsrechtsvereinheitlichung, S. 162f., der auf die Notwendigkeit von Sonderregeln zugunsten von Verbrauchern hinweist.

Die Pauschalreiserichtlinie unterscheidet danach, ob es sich um eine Vertragsverletzung vor oder nach Abreise handelt. Vor Abreise gibt die *erhebliche* Änderung *wesentlicher* Bedingungen dem Verbraucher ein Kündigungsrecht.[445] Diese Regelung kommt insbesondere in ihrer beschränkenden Wirkung dem Wesentlichkeitserfordernis nahe. Bei Störungen nach Abreise ist das Aufhebungsrecht stärker eingeschränkt,[446] allerdings im Einklang mit den mutmaßlichen („wohlverstandenen") Interessen des Verbrauchers. Denn dessen Interesse geht dann dahin, den Reiseerfolg möglichst zu erhalten. Hier liegt daher das Gewicht auf der Abhilfe. Das Äquivalenzinteresse des Verbrauchers ist durch den Minderungsanspruch[447] und ggf. einen Ersatzanspruch[448] gesichert.

Keine Beschränkung des Kündigungsrechts enthält formal betrachtet die Überweisungsrichtlinie. Nach ihrer Regelung hat der Auftraggeber ein Kündigungsrecht, wenn die Überweisung nicht vertragsgemäß ausgeführt wird.[449] Indes wird die Kündigung unwirksam, wenn die Überweisung binnen vierzehn Tagen nach ihrer Geltendmachung doch noch erfolgt. In der Sache bedeutet das eine Nachfristregelung, die auch das deutsche BGB (§ 323) und das UN-Kaufrecht zur (Art. 49) Feststellung der Wesentlichkeit verwenden. Die (formale) Grundregelung, wonach der Auftraggeber wegen Nichterfüllung sogleich kündigen kann, erklärt sich aus der Annahme der Richtlinie, daß die Ausführungszeit bei der grenzüberschreitenden Überweisung stets eine wesentliche Vereinbarung ist; die Richtlinie bezweckt ja gerade die Herabsetzung der Ausführungszeiten.[450]

## 2. Verschuldensunabhängigkeit?

In den Einheitsregeln und im UN-Kaufrecht ist die Vertragsaufhebung wegen Leistungsstörung unabhängig vom Verschulden des Aufhebungsgegners zulässig.[451] Anders ist es traditionell im deutschen Recht des BGB von 1900[452] nach den allgemeinen Regeln über den Verzug[453] und – in gewisser Weise – auch über die Unmöglichkeit[454], wenn auch die Wandelung wegen Sachmangels stets verschuldensunabhängig ist.[455] Auch in den unter-

---

445 Art. 4 Abs. 5 PRRL; dazu oben, A III 2 d (S. 509).

446 Art. 4 Abs. 7 PRRL; dazu oben, A III 2 d (S. 509).

447 Art. 4 Abs. 7 PRRL; dazu oben, A III 2 b (S. 505f.).

448 Art. 5 Abs. 2 PRRL; dazu oben, A III 2 c (S. 506–508).

449 Art. 8 Abs. 1 UAbs. 1–3 ÜwRL; näher oben, A IV 2 a cc (S. 523–527).

450 Oben, A IV 2 a cc (S. 525).

451 Art. 9:301 EP, Art. 7.3.1 UP, Art. 49, 64 CISG. Dazu *Schlechtriem* in: Vertragsrechtsvereinheitlichung, S. 166f.; s.a. *ders.* UN-Kaufrecht, Rn. 188–200; rechtsvergleichend *Flessner* ZEuP 1997, 255, 296–302; *Stathopoulos* AcP 194 (1994) 543, 562–569.

452 Aber jetzt § 323 BGB.

453 Kritisch *Bucher* FS Schmidlin, S. 421–426 (zur Auflösung wegen Verzugs).

454 Nach altem Recht §§ 325 Abs. 1 S. 1 BGB a.F. einerseits, aber §§ 323 Abs. 1, 306 BGB a.F. andererseits. Jetzt §§ 323f. BGB.

455 Zu weiteren Fällen verschuldensunabhängig zulässigen Rücktritts im deutschen (und griechischen) Recht sowie zum englischen und französischen Recht *Stathopoulos* AcP 194 (1994) 543, 562–569.

suchten Fällen ist das Aufhebungsrecht nicht von einem Verschulden abhängig. Anderes gilt auch nicht, soweit die Überweisungsrichtlinie die Institute im Fall von höherer Gewalt von ihren sich aus der Richtlinie ergebenden Verpflichtungen befreit,[456] denn diese Befreiung betrifft nicht das Auflösungsrecht, sondern nur die Erstattungspflicht. Das entspricht der Lösung der Einheitsregeln, die die Vertragsaufhebung auch im Fall der entschuldigten Nichterfüllung zulassen.[457]

## V. Kumulation von Rechtsbehelfen

Verschiedene Rechtsbehelfe wegen Leistungsstörungen können alternativ oder kumulativ zur Verfügung stehen. Die Frage stellt sich vor allem für das Verhältnis von Schadensersatz und Rücktritt. Die Einheitsregeln lassen hier eine Kumulation ausdrücklich zu.[458] In den hier untersuchten Leistungsstörungsregimen stellt sich die Frage zumeist nicht, da ein Schadensersatzanspruch nicht oder nur rudimentär vorgesehen ist. Anders ist das nur bei der Pauschalreiserichtlinie. Sie läßt im Fall der Kündigung durch den Verbraucher wegen erheblicher Änderung wesentlicher Vertragsbestandteile vor Reiseantritt einen Ersatzanspruch ausdrücklich zu.[459] Im übrigen spricht sie die Frage nicht ausdrücklich an, doch ist insoweit dem Schweigen zu entnehmen, daß der Verbraucher auch bei Vertragsaufhebung wegen Störung nach Abreise einen Ersatzanspruch gegen seinen Vertragspartner haben kann.[460]

Ebenfalls nur nach der Pauschalreiserichtlinie kommt die Kumulation von Abhilfe oder Minderung und Ersatz eines weitergehenden Schadens in Betracht. Die Kaufgewährrichtlinie hat den Anspruch auf Schadensersatz nicht geregelt; die Kumulation von Abhilfe (Nachbesserung, Ersatzlieferung) und *Minderung* sieht sie aber vor.[461]

Allgemeine Folgerungen lassen sich aus diesen Einzelvorschriften nicht ziehen. Allenfalls kann man sagen, daß sich hier vorsichtig eine Tendenz andeutet, die Kumulation zuzulassen.

---

456 Art. 9 PRRL.

457 Art. 8:101 Abs. 2 EP, Art. 7.1.7 Abs. 4 UP; dazu *Schlechtriem* in: Vertragsrechtsvereinheitlichung, S. 172.

458 Art. 8:102 EP, Art. 7.3.5, 7.4.1 UP.

459 Art. 4 Abs. 6 UAbs. 1 lit. b, UAbs. 2 PRRL; dazu oben, A III 2 d (S. 509).

460 Oben, A III 2 d (S. 509).

461 Oben, A II 4 b (S. 489 f.).

## VI. Rückgriff des Haftenden und Relativität des Vertrags

Für eine vollständige Regelung des Leistungsstörungsrechts spielt dann, wenn die Ursache für die Leistungsstörung bei einem der Vorleute liegen kann, der Rückgriff eine zentrale Rolle. Das ist bei Kaufverträgen, Pauschalreiseverträgen und Überweisungsverträgen typischerweise häufig der Fall, deshalb enthalten die entsprechenden Richtlinien durchgehend Vorschriften über den Regreß.[462] Die Intensität der Regelung ist indes ganz unterschiedlich. Nur die Überweisungsrichtlinie hat den Rückgriff näher ausgestaltet,[463] die Kaufgewährrichtlinie regelt ihn ansatzweise[464] und die Pauschalreiserichtlinie[465] erwähnt das Rückgriffsrecht nur und überläßt seine Ausgestaltung den Mitgliedstaaten. Einheitliche Grundsätze sind den Vorschriften nicht zu entnehmen. Ob und inwieweit ein Rückgriff zuzugeben ist, hängt freilich auch wesentlich von den Vertragsbeziehungen zwischen dem primär Haftenden und seinen Vorleuten ab, so daß auch aus diesem Grund einheitliche Regelungen problematisch sind und potentiell weitreichende Eingriffe in die nationalen Rechtssysteme bedeuten.

# C. Ausblick: Dienstleistungshaftung

## I. Die Regelung des Richtlinienvorschlags

Unter den Gewährleistungs- und Haftungsvorschriften des europäischen Vertragsrechts werfen diejenigen des – inzwischen zurückgenommenen –[466] Vorschlags für eine Dienstleistungshaftungsrichtlinie (V-DHRL) wohl die meisten Fragen auf. So verfolgt die Richtlinie ein Verbraucherschutzziel,[467] ist aber ihr Anwendungsbereich nicht auf Verbraucher beschränkt; – erst bei der Bestimmung des zu ersetzenden Schadens erfolgt eine (teilweise) Beschränkung auf Schäden, die der Geschädigte als Verbraucher erleidet. Unklar ist auch, ob es sich um eine deliktisch oder vertragliche Haftungsregelung handelt. Nicht nur aufgrund der Rücknahme des Vorschlags, sondern wohl aus guten sachlichen Gründen kommt dem Richtlinienvorschlag daher nicht der anfänglich prognostizierte „Grundsatzcharakter … für das gesamte Schuldrecht in Europa“[468] zu. Da indes ein auf der Grundlage des Vorschlags aufbauender erneuter Vorschlag zu erwarten (oder zu besorgen) ist, wird nachfolgend untersucht, inwieweit sich die Regelungen

---

[462] S. ferner Art. 5 ProdHRL, wonach der Gesamtschuldnerausgleich nach nationalem Recht unberührt bleibt.

[463] Oben, A IV 2 c aa (S. 531–534).

[464] Art. 4 KGRL; dazu oben, A II 7 (S. 495–497).

[465] Art. 5 Abs. 1 PRRL; dazu oben, A III 5 (S. 519f.).

[466] KOM(94) 260 endg. v. 23. 6. 1994.

[467] BE 1 V-DHRL.

[468] Z.B. *Hirte* Berufshaftung, S. 223; *Heinemann* ZIP 1991, 1193, 1194; ähnlich *Frietsch* DB 1992, 929.

des V-DHRL mit den Grundgedanken bestehender Leistungsstörungsvorschriften vertragen.[469]

## 1. Anwendungsbereich

Anders als die meisten Richtlinien definiert der V-DHRL den Anwendungsbereich nicht eigens, er ergibt sich nur aus den Sachregeln. Der Richtlinienvorschlag betrifft die Haftung von unabhängig tätigen gewerblichen oder öffentlichen Dienstleistern[470] gegenüber jedermann für Integritätsverletzungen[471] und unmittelbaren Folgeschäden[472], wobei Körperschäden stets, Sachschäden nur ersatzfähig sind, soweit sie Konsumgüter (für den privaten Ge- oder Verbrauch bestimmte Sachen) betreffen. Eine Haftung für „reine Vermögensschäden", wie sie im deutschen Recht für die Vertragshaftung kennzeichnend ist, sieht der V-DHRL nicht vor, und auch der Ersatz für immaterielle Schäden ist dem nationalen Recht vorbehalten. Der persönliche Anwendungsbereich ist also auf der Seite des Verpflichteten auf professionell handelnde Dienstleister beschränkt. Berechtigte der Regelung sind indes nicht nur Verbraucher, sondern ist grundsätzlich jedermann. Auch der Geschäftsmann, dem der Ober den Anzug beim Geschäftsessen bekleckert, hat Anspruch auf Ersatz der Reinigungskosten, ebenso wie der Architekt, der von dem unzureichend abgesicherten Baugerüst stürzt, Ersatz für die Heilungskosten verlangen kann.

Dienstleistung ist jede gewerbliche oder öffentliche Leistung, die nicht unmittelbar auf die Herstellung von Gütern oder der Übertragung von dinglichen Rechten oder Urheberrechten gerichtet ist.[473] Dienstleistung sind daher nicht nur Dienste i.S.v. § 611 BGB, darunter fällt auch die Herstellung eines Werkes i.S.v. § 631 BGB.[474] Indes ist zu beachten, daß die Regelung nur eine Dienstleistung, nicht aber einen Dienstleistungsvertrag voraussetzt[475] und sie Ersatzansprüche jedermann gewährt und nicht nur dem Vertragspartner. Erfaßt sind also beispielsweise die (freie) Cello-Lehrerin, die mit ihrem Bogen den Schüler verletzt; der Taxifahrer, der Handschuh und Hand des Passagiers in

---

[469] Zu dahingehenden Bestrebungen auf privater Grundlage – auch zur Tilburg Working Group on Services – etwa *Loos* ERPL 2001, 565–574.

[470] Art. 2 Abs. 1, Art. 3 Abs. 1 V-DHRL.

[471] Art. 1 Abs. 1 V-DHRL.

[472] Art. 4 lit. c V-DHRL.

[473] Art. 2 Abs. 1 V-DHRL. Die mangelnde Differenzierung nach Branchen oder Berufen war ein Hauptkritikpunkt an der Regelung; s. nur *Baumgärtel* JZ 1992, 321, 324; *Hommelhoff* Verbraucherschutz im System, S. 9; *Bundesrat* Beschluß v. 26.4.1991, BR-Drs. 63/91, Ziff. 8 (S. 5).

[474] *Frietsch* DB 1992, 929, 932; *Grundmann* Schuldvertragsrecht, 2.13 Rn. 8; *Locher* FS Gernhuber, 291 f. Die Zusammenfassung entspricht der Tradition des romanischen Rechtskreises, die, anknüpfend an die gemeinsame Wurzel in der *locatio conductio*, nicht streng zwischen Dienst- und Werkvertrag unterscheidet; für das französische Recht *Ferid/Sonnenberger* Das Französische Zivilrecht 2, Rn. 2 K 101.

[475] Auch Fälle wie die Rettung Verunglückter, die wir der GoA zuordnen würden, fallen darunter; *Deutsch* ZRP 1990, 454, 455.

der Tür verletzt; die Sozialstation, deren Mitarbeiter[476] die alte Dame beim Ausführen im Rollstuhl verletzt;[477] der Frisör, der den Kunden ins Ohr schneidet; die Werkstatt, die den Wagen des Kunden beschädigt; der Tierarzt, der den Hund bei der Operation verletzt; das Krankenhaus, dessen Arzt den Tupfer einnäht; das Hotel, dessen Personal die Wildlederschuhe des Gastes blank poliert; der Transportunternehmer, der auf dem Weg einen Unfall mit einem anderen Auto verschuldet; das Bauunternehmen, dessen Kranführer eine Ladung Kies auf Passanten und Autos herabrieseln läßt; der Maler, der das falsche Haus anmalt. Der Begriff der Dienstleistung erfaßt freilich auch andere Fälle, die einen stärkeren grenzüberschreitenden Bezug haben, z.B. Finanzdienstleistungen oder Beratungsleistungen von Rechtsanwälte, Steuerberatern und Wirtschaftsprüfern; indes ist insoweit eine Integritätsverletzung des Kunden selten, und reine Vermögensschäden sind, wie gesagt, gerade nicht erfaßt.[478]

Die Regelung deckt daher Bereiche ab, die nach nationalem Recht dem Vertragsrecht und dem Deliktsrecht zuzuordnen sind.[479] Fällt ein Dachziegel vom Dach, so hat sowohl der Hauseigentümer (Vertragspartner) eine Ersatzanspruch wegen der resultierenden Undichtigkeit des Dachs[480] als auch der Passant wegen der Kopfverletzung.

Die Ausnahme von Leistungen, die auf die Herstellung von „Gütern" gerichtet sind, markiert die Abgrenzung zum Anwendungsbereich der Produkthaftungsrichtlinie.[481] Die Ausnahme der Übertragung von dinglichen Rechten bedeutet die Abgrenzung zum Sachkauf, der jetzt teilweise von der Kaufgewährrichtlinie geregelt ist. Ausgenommen von der Regelung sind die Bereiche der polizeilichen Dienste (i.w.S.) und der Pauschalreise-Dienstleistungen und Dienstleistungen im Zusammenhang mit Abfällen[482] sowie durch internationale Übereinkommen geregelte Schäden[483].

## 2. Haftungstatbestand und Beweislast

Anspruchsinhaber ist jedermann, der durch eine Dienstleistung an Körper, Gesundheit oder Eigentum geschädigt wird, nicht nur der Vertragspartner. Der Geschädigte (jedermann) hat Anspruch auf Ersatz von Personen und Sachschäden, die der Dienstleistende

[476] Die Einstandspflicht für Gehilfen ergibt sich (undeutlich) aus Art. 3 Abs. 1 und 2 V-DHRL; s. noch sogleich 2.

[477] Beispiel von *Frietsch* DB 1992, 929, 933.

[478] *Heinemann* ZIP 1991, 1193f. Kritisch deswegen *Deutsch* ZRP 1990, 454, 455; *Grundmann* Schuldvertragsrecht, 2.13 Rn. 7; *Bundesrat* Beschluß v. 26.4.1991, BR-Drs. 63/93 (Beschluß), Ziff. 8 (S. 5).

[479] *Grundmann* Schuldvertragsrecht, 2.13 Rn. 7; *Heinemann* ZIP 1991, 1193, 1196f.; *Hirte* Berufshaftung, S. 227f.

[480] Ob der Vorschlag einen Schadensersatzanspruch wegen Schlechterfüllung zugibt, ist freilich nicht ganz klar, da Art. 1 Abs. 1 V-DHRL von „Schäden … an … Sachen, einschließlich solcher, die Gegenstand der Dienstleistung sind" spricht. Sonst wäre für das Beispiel im Text an Mangelfolgeschäden zu denken (Regenschaden im Haus).

[481] Art. 1, 2 ProdHRL. *Frietsch* DB 1992, 929.

[482] Art. 2 Abs. 2 V-DHRL.

[483] Art. 2 Abs. 3 V-DHRL. Z.B. CMR; *Heinemann* ZIP 1991, 1193.

bei Erbringung schuldhaft verursacht hat.[484] Schutzobjekte sind Körper und Gesundheit sowie bewegliche und unbewegliche Sachen einschließlich der Sachen, die Gegenstand der Dienstleistung sind.[485]

Der Ersatzanspruch setzt zunächst eine objektive Pflichtverletzung voraus. Die Richtlinie erwähnt das zwar nicht besonders, doch ist die objektive Pflichtverletzung Voraussetzung für die nach der Richtlinie erforderliche subjektive Pflichtverletzung (Verschulden).[486] Verletzt der Dienstleistende in Ausübung seiner Tätigkeit Körper, Gesundheit oder Eigentum, so wird ihm indes regelmäßig eine objektive Pflichtverletzung vorzuwerfen sein, da man üblicherweise die Integrität von jedermann zu achten hat.

Das zweitens vorausgesetzte Verschulden ist die Verletzung der Sorgfalt. In jedem Fall hat der Dienstleistende sich so zu verhalten, das sein Verhalten „unter normalen und vorhersehbaren Bedingungen die Sicherheit gewährleistet, die berechtigterweise erwartet werden kann".[487] Dazu erhellt die 7. Begründungserwägung, das Verschulden sei „an der berechtigten Erwartung zu messen, daß die Dienstleistung weder die körperliche Unversehrtheit von Personen noch die Unversehrtheit beweglicher oder unbeweglicher Sachen einschließlich derjenigen, die Gegenstand der Dienstleistung sind, beeinträchtigt".[488] Kein Anhaltspunkt für ein Verschulden ist allein die Tatsache, daß es zur Zeit oder nach Erbringung der Dienstleistung eine bessere Dienstleistung gab.[489] Insgesamt bedeutet die Regelung einen vor allem objektiv bestimmten Verschuldensbegriff, bei dem es nicht so sehr auf die subjektive Vorwerfbarkeit ankommt. Für Verschulden von Hilfspersonen – bezeichnet als Vertreter oder andere rechtlich abhängige Vermittler – hat der Dienstleistende unabhängig von seinem eigenen Verschulden einzustehen; er wird so behandelt, als hätte er selbst die Dienstleistung ausgeführt.[490]

Ersatzfähig sind unmittelbare Körper- und Gesundheitsschäden, unmittelbare Schäden an Sachen, die dem privaten Gebrauch dienen oder dazu bestimmt sind, sowie finanzielle Schäden, die aus solchen Schäden folgen.[491] Anders als bei der Produkthaftung ist hier auch der Schaden an der Sache, die selbst Gegenstand der Dienstleistung war, ersatzfähig.[492]

Mitverschulden des Geschädigten oder einer Person, „für die er haftet", kann die Haftung ganz oder teilweise entfallen lassen.[493] Mitverschulden des Schadens durch

---

484 Art. 1 Abs. 1 V-DHRL.

485 Art. 1 Abs. 1 V-DHRL; s.a. *Heinemann* ZIP 1991, 1193, 1196f.

486 Ebenso *Heinemann* ZIP 1991, 1193, 1197; *Baumgärtel* JZ 1992, 321. Der Verschuldensbegriff ähnelt damit dem der *faute* im französischen Deliktsrecht; dazu *Ferid/Sonnenberger* Das Französische Zivilrecht 2, Rn. 2 O 113–157.

487 Die ist nach Art. 1 Abs. 3 V-DHRL „bei der Beurteilung des Verschuldens zu berücksichtigen".

488 Kein Anhaltspunkt enthält die Richtlinie für die Annahme *Hirtes* Berufshaftung, S. 225, es komme auf die berechtigten Erwartungen „des Verbrauchers" an.

489 Art. 1 Abs. 4 V-DHRL; enger Art. 6 Abs. 2 ProdHRL.

490 Art. 3 Abs. 2 V-DHRL.

491 Art. 4 V-DHRL.

492 Art. 1 Abs. 1 V-DHRL. Kritisch *Geisendörfer* VersR 1991, 1317.

493 Art. 6 Abs. 2 V-DHRL.

einen Dritten entlastet den Schädiger indes nicht.[494] Mehrere Schädiger haften gesamtschuldnerisch, können aber nach nationale Recht untereinander Ausgleich verlangen.[495] Die Ansprüche verjähren drei Jahre nach Kenntnis oder Kennenmüssen der Ersatzpflicht[496], im Falle der Planung und Errichtung eines Gebäudes nach zehn Jahren,[497] sie „erlöschen" aber spätestens nach fünf Jahre seit Erbringung der Dienstleistung, im Falle der Planung und Errichtung eines Gebäudes nach 20 Jahren, wenn der Geschädigte nicht vorher ein (schieds-) gerichtliches oder behördliches Verfahren anstrengt.[498]

Der Geschädigte muß den Schaden und die Kausalität der Dienstleistung dafür nachweisen,[499] der Dienstleister die fehlende objektive und subjektive Pflichtverletzung[500]. Es handelt sich also um eine verschuldensabhängige Haftung mit Beweislastumkehr. Allerdings wird weithin angenommen, daß der Entlastungsbeweis praktisch schwerlich möglich sein werde, so daß es sich der Sache nach um eine verschuldensunabhängige Haftung handele, die umso schwerer wiege als der Dienstleister auch das Fehlen einer objektiven Pflichtwidrigkeit nachzuweisen hat.[501]

Die Haftungsregeln sind zwingend.[502] Abweichungen sind auch für bestimmte Leistungsarten – z.B. „Risikodienstleistungen", wie die Rettung Schwerverletzter – oder unentgeltliche Verträge nicht vorgesehen.[503] Allerdings sind nach der Klauselrichtlinie vertragliche Beschränkungen der gesetzlichen Haftung für Tötung und Körperverletzung (in nicht-ausgehandelten Klauseln) ohnehin unzulässig.[504]

## II. Stellungnahme

Für eine Untersuchung zum Vertragsrecht ist die erste Frage, ob der Richtlinienvorschlag überhaupt dem Vertragsrecht zuzuordnen ist. Das ist nicht eindeutig der Fall,

---

[494] Art. 6 Abs. 1 V-DHRL.

[495] Art. 8 Abs. 1 V-DHRL.

[496] Genauer: Kenntnis von Schaden, Dienst und Person des Dienstleistenden.

[497] Art. 10 Abs. 1 V-DHRL.

[498] Art. 9 V-DHRL.

[499] Art. 5 V-DHRL.

[500] Art. 1 Abs. 2 V-DHRL; *Heinemann* ZIP 1991, 1193, 1194, 1197.

[501] *Frietsch* DB 1992, 929, 933; *Baumgärtel* JZ 1992, 321, 322; *Deutsch* ZRP 1990, 454; *Geisendörfer* VersR 1991, 1317; *Heinemann* ZIP 1991, 1193, 1194 und 1197f. (zwar nicht Abschied, aber Abkehr); *Hommelhoff* Verbraucherschutz im System, S. 10. Allgemein kritisiert *Baumgärtel* JZ 1992, 321, 324 die unzureichende Differenzierung der Beweislastregeln je nach betroffener Dienstleistung. Die Reichweite der Beweislastumkehr ist für *Hommelhoff* Verbraucherschutz im System, S. 10 Grund für die Annahme, der Regelungsentwurf sei „mit den Grundsätzen einer freien, wenn auch sozialen Marktwirtschaft schwerlich zu vereinbaren", da sie die Eigenverantwortung des Verbrauchers zu weitgehend zurückdränge.

[502] Art. 7 V-DHRL. Kritisch *Geisendörfer* VersR 1991, 1317, 1318; *Bundesrat* Beschluß v. 26.4.1991, BR-Drs. 63/93 (Beschluß) Ziff. 20 (S. 14).

[503] *Frietsch* DB 1992, 929, 932f. mit Fallbeispielen.

[504] Anhang Ziff. 1 lit. a AGBRL.

die Regelung nimmt eine Zwitterstellung mit vertrags- und deliktsrechtlichen Elementen ein.[505] Der Richtlinienvorschlag unterscheidet sich insofern auch von der Produkthaftungsregelung, denn jene gewährt keinen Ersatzanspruch für die Beschädigung der Sache selbst. Er schafft somit – jedenfalls von deutscher Warte aus betrachtet – ein neues Haftungsregime. Ob das gelungen ist, muß man bezweifeln.[506] Denn Verschulden bedeutet – gerade dann, wenn man auf die berechtigten Erwartungen abstellt – ganz Unterschiedliches, je nachdem, ob es um das Verhältnis zu dem Vertragspartner oder einem Dritten geht.[507]

Von der Produkthaftung, die einem weithin unumstrittenen Schutzbedürfnis Rechnung getragen hat,[508] unterscheidet sich der Richtlinienvorschlag auch insofern, als deren Schutzzweck nicht klar ist. Eher als praktische Anwendungsfälle scheint der Wunsch den Vorschlag ausgelöst zu haben, eine formal geschlossene Gesamtregelung mit der Produkthaftung zu schaffen. Man hat wohl an eine „Produkthaftung für Dienstleistungsprodukte" gedacht und ist dabei ohne weiteres davon ausgegangen, daß eine Gesellschaft dessen auf dem Weg zur Dienstleistungsgesellschaft bedarf.[509] Aufgrund der Unterschiede zwischen Produkten und Dienstleistungen ist diese Analogie indes zweifelhaft.[510]

Anders als die Produkthaftung[511] und die hier erörterten Leistungsstörungstatbestände installiert der Vorschlag einer Dienstleistungshaftungsrichtlinie eine Verschuldenshaftung, freilich mit einer praktisch schwer zu entkräftenden Beweislastumkehr.[512] Bedenkt man die große Reichweite der Richtlinie und die Schwierigkeit, sie einem der Haftungsregime – Vertrag oder Delikt – zuzuordnen, so ist man schon aus Vorsicht gegenüber den möglicherweise weitreichenden Implikationen der Regelung dazu geneigt, der darin liegenden Beschränkung zuzustimmen. Indes ist es wenig aufrichtig, eine Gefährdungshaftung hinter einer Beweislastregel zu verschleiern. Wenn man eine strikte

---

505 Werden auch Vertrags- und Deliktsrecht in verschiedenen Rechtssystemen unterschiedlich abgegrenzt (s. nur *Canaris* 2. FS Larenz, S. 85f., der insofern von Relativität spricht), so unterscheidet doch auch die Rechtsvergleichung die Bereiche des Vertrags- und des Deliktsrechts; s. nur *Zweigert/Kötz* Rechtsvergleichung, §§ 24–34 und §§ 40–43.

506 Kritisch *Bundesrat* Beschluß v. 26.4.1991, BR-Drs. 63/93 (Beschluß) Ziff. 8 (S. 5). Befürwortend aber *Hirte* Berufshaftung, S. 228.

507 Ebenfalls kritisch deshalb *Heinemann* ZIP 1991, 1193, 1199.

508 S. nur *Zweigert/Kötz* Rechtsvergleichung, § 42 V (S. 676–684).

509 Kritisch auch *Deutsch* ZRP 1990, 454, 455; *Geisendörfer* VersR 1991, 1317; *Heinemann* ZIP 1991, 1193: „Die Produkthaftung war als eigenständiger Problembereich bereits Jahrzehnte alt, als sich die EG-Kommission mit der Harmonisierung der nationalen Regelungen zu beschäftigen begann. Die Dienstleistungshaftung wird europäisch geboren; auf nationaler Ebene ist sie als einheitlicher Komplex unbekannt."

510 Kritisch auch *Bundesrat* Beschluß v. 26.4.1991, BR-Drs. 63/91 (Beschluß) Ziff. 7 (S. 4); Ziff. 9 (S. 6f.).

511 Ob die ProdHRL eine Gefährdungs- oder eine Verschuldenshaftung vorsieht, ist bekanntlich umstritten; s. nur *Larenz/Canaris* Schuldrecht II/2, § 84 VI 1a, b (S. 643–646); *Kötz* FS Lorenz, S. 117–121.

512 Aufgrund der Beweislast wird in der Regelung eine „Abkehr vom Verschuldensgrundsatz" gesehen; *Heinemann* ZIP 1991, 1193, 1194; *Frietsch* DB 1992, 929, 933. Kritisch auch *Bundesrat* Beschluß v. 26.4.1991, BR-Drs. 63/93 (Beschluß) Ziff. 11 (S. 7f.).

Haftung für vorzugswürdig hält, sollte man sie offen statuieren, zumal die Verschuldensvermutung einen erheblichen Anreiz für eine streitige Auseinandersetzung darstellen kann.

Nicht so sehr die Tatsache, daß die Regelung ganz verschiedene Branchen betreffen kann,[513] als vielmehr jene, daß sie sich nicht zwischen Vertrag und Delikt entscheidet, erscheint als der zentrale Mangel des Vorschlags.[514]

---

513 Dazu kritisch *Grundmann* Schuldvertragsrecht, 2.13 Rn. 4 und 5; *Geisendörfer* VersR 1991, 1317, 1318; *Baumgärtel* JZ 1992, 321–325 (zur Beweislast). Eine allgemeine, nicht branchen-spezifische Regelung befürwortet indes aufgrund eines *„functional approach"* *Loos* ERPL 2001, 565, 568 *et passim* (s. z.B. S. 571: strukturelle Gleichheit von Arzt- und Frisördienstleistungen), er will die allgemeinen Grundsätze aber letztlich wohl doch branchenspezifisch ausfüllen (S. 573).

514 Ähnlich *Heinemann* ZIP 1991, 1993, 1203. S.a. *Frietsch* DB 1992, 929, 934, der aufzeigt, wie der Ersatzanspruch nach der DHRL vertragliche Gewährleistungsregime durcheinanderbringt.

# § 18 Prinzipien des Europäischen Vertragsrechts

## I. Vorbemerkungen

Mit der Erörterung in §§ 11 bis 17 ist die Durchsicht des Europäischen Vertragsrechts abgeschlossen. Es haben sich darin manche Unstimmigkeiten in Einzelpunkten gezeigt, die zumeist von der „punktuellen" Rechtsetzungstechnik herrühren, welche sich an einzelnen wirtschaftlichen oder sozialen Fragen orientiert und nicht an Sachfragen des Vertragsrechts. Es haben sich aber auch einige Grundgedanken und Prinzipien gezeigt, die die Vielzahl der Einzelregelungen zusammenhalten. Nunmehr ist abschließend der Versuch zu unternehmen, diese Grundgedanken noch einmal hervorzuheben. Bevor wir damit beginnen, ist auf eine Eingrenzung der Aufgabe hinzuweisen und eine Vorbemerkung zu machen.

Einschränkend ist zunächst zu sagen, daß es im folgenden nicht darum gehen kann, eine vollständige Liste aller Prinzipien des Primärrechts zu geben. Eine solche Prinzipienliste wäre ebenso schwer zu erstellen wie sinnlos[1]. Isoliert betrachtet sind Prinzipien wenig aussagekräftig, wirken sie doch erst durch ihre wechselseitige Verstärkung und Begrenzung. Statt dessen soll exemplarisch für einige zentrale Fragen gezeigt werden, welche Prinzipien regieren und welches Gewicht einzelnen Prinzipien im Europäischen Vertragsrecht zukommt. Dementsprechend kann es nach den vorigen Erörterungen zum materiellen Vertragsrecht nicht darum gehen, alle Einzelheiten noch einmal aus anderer Perspektive zu beleuchten. Vielmehr können wir uns zum Beleg für die nachfolgenden Ausführungen immer wieder auf die Darstellung des materiellen Rechts in §§ 12 bis 17 der Arbeit beziehen.

Die folgende Darstellung erfolgt vor dem Hintergrund der eingangs (§ 11) dargestellten Prinzipien des Primärrechts und der mitgliedstaatlichen Privatrechte. Das Primärrecht macht, wie wir gesehen haben, einige sehr allgemeine Vorgaben für das Vertragsrecht, es ist aber – insofern der nationalen Verfassung nicht unähnlich –[2] ausfüllungsfähig und ausfüllungsbedürftig. Die Prinzipien der mitgliedstaatlichen Vertragsrechte haben wir eingangs nur grob skizziert. Das dabei gezeichnete Bild eines liberalen Vertragsrechts dient auch in der nachfolgenden Erörterung als Hintergrund für die Erörterung der Prinzipien des Europäischen Vertragsrechts und als Kontrast.

Dabei wird sich – nach der Darstellung des materiellen Rechts in §§ 12 bis 17 der Arbeit nicht überraschend – zeigen, daß das Europäische Vertragsrecht eine „Materialisierung" der hergebrachten Prinzipien des liberalen Vertragsrechts bedeutet,[3] – eine

---

[1] *Alexy* Recht, Vernunft, Diskurs, S. 206f.

[2] Vgl. zur entsprechenden Frage im nationalen Verfassungsrecht nur *Canaris* AcP 200 (2000) 273, 299f.

[3] Zum Begriff der Materialisierung nur *Canaris* AcP 200 (2000) 273, 276–292; *Drexl* Wirtschaftliche Selbstbestimmung, 7, 208f., 266–270; *Habermas* Faktizität und Geltung, S. 472–493 (mit im einzelnen unterschiedlichen Bewertungen der Entwicklung im deutschen Vertragsrecht). Beispielhaft für Tendenzen zur „Materialisierung der Privatautonomie" im deutschen Privatrecht *Hommelhoff* Verbraucherschutz im System, S. 24–30; *Wieacker* in: Industriegesellschaft und Privatrechtsordnung,

Entwicklung freilich, die ihren Ausgangspunkt zumeist in den mitgliedstaatlichen Vertragsrechten hatte. Mit dem Begriff der Materialisierung wird im Privatrecht ein Prozeß bezeichnet, in dem ehedem als gegeben vorausgesetzte und daher nur „formal" betrachtete Umstände nunmehr auf ihr tatsächliches Vorliegen hin überprüft und insoweit „material" betrachtet werden. Daß beispielsweise einzelne frei sind, einen Vertrag zu schließen, daß der so „frei" vereinbarte Vertrag eine „Richtigkeitsgewähr" für sich hat, wird nicht mehr vorausgesetzt, sondern im Hinblick auf (vor allem) wirtschaftliche und soziale Gebebenheiten in Frage gestellt. Und soweit sich die frühere Voraussetzung als „tatsächlich" oder „faktisch" nicht zutreffend erweist, wird das nun im Vertragsrecht berücksichtigt. Erweist sich, daß der Kunde, der vom Verkäufer an der Haustür überrumpelt wird, typischerweise zwar frei von Irrtum, Täuschung und Drohung entscheidet, daß man seine Vertragsentscheidung indes doch nicht als „tatsächliche" Betätigung seiner Selbstbestimmung ansehen kann, so trägt das Recht dem durch die Einräumung eines Widerrufsrechts Rechnung. Die so beschriebene „Materialisierungstendenz" ist nun nicht neu. Die eigentlich interessante Frage ist, wie weit eine solche Materialisierung reicht: Geht sie so weit, daß das hergebrachte liberale Vertragsmodell als überholt anzusehen ist und an seine Stelle ein neues Vertragsmodell tritt? Oder handelt es sich nur um einzelne, sachlich begründete und begrenzte Modifikationen und Ergänzungen des hergebrachten Modells?[4] Während man im ersten Fall von einer „Umwälzung" des Vertragsrechts sprechen kann, kann man den zweiten als bloße „Wandlung" kennzeichnen. Die Grenzlinie zwischen Umwälzung und Wandlung ist freilich nicht ganz scharf zu ziehen. Drei Kriterien lassen sich indes benennen. Erstens spricht für eine bloße Wandlung, wenn das herkömmliche System nur in einzelnen Hinsichten aus sachlichen Gründen verändert wird. Zweitens spricht für eine bloße Wandlung, wenn diese sachlich begründeten Änderungen nach dem Grundsatz der Verhältnismäßigkeit nur so weit gehen, wie das aus dem sachlichen Grund veranlaßt ist. Und drittens – und mit dem zweiten Kriterium zusammenhängend – spricht für eine bloße Wandlung, wenn der Gesetzgeber dabei Mittel wählt, die mit dem liberalen Vertragsrechtsmodell kompatibel sind und sich in dieses harmonisch einfügen. Umgekehrt spricht für die Annahme einer Umwälzung des Vertragsrechtssystems, wenn der Gesetzgeber die hergebrachten Prinzipien des Vertragsrechts nicht aus Sachgründen und nur verhältnismäßig einschränkt oder modifiziert, sondern sie in ihrem Kern mißachtet und bei seiner Gestaltung keine Rücksicht darauf nimmt, ob sich die Änderung nach Form und Inhalt mit dem liberalen Vertragsrechtssystem verträgt.

Ist damit der Themenbereich für die nachfolgenden Erörterungen abgegrenzt, so ist nun zweitens eine Vorbemerkung in der Sache selbst zu machen, die einen Aspekt der Problematik betrifft, der im folgenden wiederholt von Bedeutung ist. Die Gemeinschaft

S. 23–26; BVerfGE 89, 214, 232 („Hat einer der Vertragsteile ein so starkes Übergewicht, daß er den Vertragsinhalt *faktisch* einseitig bestimmen kann, bewirkt dies für den anderen Vertragsteil Fremdbestimmung." Hervorhebung nur hier.); BAG AP Nr. 65 zu Art. 9 GG Arbeitskampf Bl. 8f.

[4] Vgl. auch *Hesselink* in: Greenpaper EU Contract Law (www-Fassung) zu den „politics of European contract law".

hat es bislang nicht unternommen, ein auch nur annähernd vollständiges Vertragsrecht zu schaffen, sondern wirkt statt dessen in Einzelpunkten auf die mitgliedstaatlichen Vertragsrechte ein und modifiziert sie.[5] Das muß man auch bei einer Erörterung der Prinzipien des Vertragsrechts berücksichtigen. So ist das Europäische Vertragsrecht ganz überwiegend zwingendes Recht, das schon durch diese Ausgestaltung als zwingend den Grundsatz der Vertragsfreiheit einschränkt. Vorvertragliche Informationspflichten schränken die Vertragsfreiheit ebenso ein wie Widerrufsrechte beim Vertragsschluß, zwingende Vorschriften über den Vertragsinhalt, die Inhaltskontrolle oder das Leistungsstörungsrecht u.s.f. Ferner ist das Europäische Vertragsrecht überwiegend „Schutzrecht“ für einen Vertragspartner, meist Verbraucherschutzrecht, und als solches nimmt es schon der Form nach den Grundsatz der Selbstverantwortung für die geschützte Gruppe zurück und schränkt den Grundsatz der formalen Rechtsgleichheit ein. Da der Gesetzgeber aber von vornherein kein vollständiges Vertragsrecht schaffen wollte, muß man bei einer Erörterung der Grundsätze auch bedenken, was der Europäische Gesetzgeber als bestehendes Vertragsrecht der Mitgliedstaaten vorausgesetzt hat und teilweise – v.a. im Anwendungsbereich der Grundfreiheiten – von Primärrechts wegen auch voraussetzen mußte.[6] Wer nicht mitbedenkt, was der Europäische Gesetzgeber als bestehend vorausgesetzt hat, kommt zwangsläufig zu einer Verschiebung der Gewichte, die den einzelnen Prinzipien zukommt, und läuft so Gefahr, ein verzerrtes Bild zu zeichnen.

## II. Prinzipien des Europäischen Vertragsrechts

### 1. Formale Rechtsgleichheit

Ein grundlegendes Prinzip des Vertragsrechts – wie des Privatrechts allgemein – ist das der formalen Rechtsgleichheit aller Privatrechtssubjekte.[7] Formale Rechtsgleichheit bedeutet, daß für alle Verkehrsteilnehmer dasselbe Recht gilt. Grundsätzlich genießen einzelne oder Personengruppen keine besonderen Vorrechte. Das Prinzip ist ethisch darin begründet, daß jeder die Anerkennung als selbstbestimmte Person ohne Rücksicht auf seinen Status beanspruchen kann. Formale Rechtsgleichheit ist aber auch ein notwendiges Korrelat zu den Prinzipien der Rechtssicherheit und der Handlungsfreiheit.[8]

Durch Sonderregeln für einzelne Gruppen wird der Grundsatz der formalen Rechtsgleichheit eingeschränkt. Im Europäischen Privatrecht gibt es eine Vielzahl solcher Sonderregeln, die nur Verbraucher oder Unternehmer berechtigten oder verpflichten. Nicht selten ist deshalb gerügt worden, das Europäische Verbraucherrecht stelle eine

---

[5] Siehe schon oben, § 4 I 2b (S. 55–58), § 10 (S. 211–235).

[6] S.o. § 11 II 1 (S. 239–244).

[7] Zu ihm *Bydlinski* System, S. 139f. (gleiche Rechtsfähigkeit); *Rittner* JZ 1990, 838, 840 (mit primärrechtlicher Begründung); *Zöllner* Privatrechtsgesellschaft, S. 23f.; ferner *Atiyah* Law of Contract, S. 246f.; *Neuner* Privatrecht und Sozialstaat, S. 277.

[8] *Neuner* Privatrecht und Sozialstaat, S. 277.

Rückentwicklung vom Vertragsmodell – und insoweit vom Modell der Privatrechtsgesellschaft –[9] dar, da danach nicht der Vertrag das wesentliche sei, sondern der „Stand" des einzelnen. In erkennbarer Anlehnung an ein Ständemodell hat man beispielsweise in Bezug auf die Kaufgewährrichtlinie von dem „zum Verbraucher geadelten Käufer" gesprochen.[10]

Dazu muß man zuerst bemerken, daß der Grundsatz der formalen Rechtsgleichheit für den Binnenmarkt in vielen Fällen erst durch das Gemeinschaftsrecht *hergestellt* wird, nämlich soweit die Grundfreiheiten staatliche Behinderungen abbauen, die die mitgliedstaatlichen Rechtsordnungen Anbietern oder Nachfragern aus anderen Mitgliedstaaten entgegenstellen. So sind z.B. nationale Vorschriften unwirksam, wonach Touristenführungen nur von Ortsansässigen angeboten werden dürfen.[11] In *dieser Form* sind Diskriminierungsverbote auch unter dem Gesichtspunkt der Vertragsfreiheit unbedenklich, da sie nicht die Partnerwahl des einzelnen einschränken, sondern seine Wahlmöglichkeit *erweitern,* indem sie Angebot und Nachfrage ermöglichen: Dem Gesetzgeber, nicht dem Privatrechtssubjekt wird die sachlich nicht begründete Differenzierung verboten.

Will man die prinzipielle Bedeutung von Einschränkungen des Grundsatzes der formalen Rechtsgleichheit im Sekundärrecht ermessen, so muß man untersuchen, in welchen Bereichen und aus welchen Anlässen bestimmten Gruppen besondere Rechte zuerkannt oder Pflichten aufgebürdet werden. Eine Negierung des Grundsatzes der formalen Rechtsgleichheit kann man in solchen Regeln nur dann finden, wenn sie ihn im Kern mißachten. Das ist aber nicht der Fall, soweit ein Eingriff zur Behebung „konkretentscheidungsbezogener Defizite" vorgenommen wird,[12] also sachlich begründet und begrenzt ist. Insoweit hat die Untersuchung aber ergeben, daß die Verbraucherschutzbestimmungen des Europäischen Vertragsrechts durchgehend der Behebung bestimmter einzelner Defizite dient.[13] Sie begründen kein „allgemeines Verbraucherschutzrecht", sondern schützen den Verbraucher in einzelnen Situationen.[14] Hier liegt geradezu eine Stärke der sonst oft zu kritisierenden punktuellen Rechtsetzungstätigkeit: daß sie sich an regelmäßig empirisch erwiesenen Einzelproblemen orientiert. In manchen Fällen erscheint allerdings die Abgrenzung der Regelungsbereiche durchaus als kritikwürdig, so etwa bei den zentralen Regelungen der AGB-Richtlinie und der Kaufgewährrichtlinie (wenn auch nicht in allen Einzelheiten). Die Grundgedanken dieser Regelungen gelten für zweiseitige Unternehmensverträge weithin in gleichem Maße wie für Verträge zwischen Unternehmen und Verbrauchern. Die Beschränkung der persönlichen Anwendungsbereiche dieser Richtlinien bedeutet aber keine Entscheidung gegen die formale

[9] Zur Rechtsentwicklung „from status to contract" *Sir Henry Maine* Ancient Law, S. 182. Auf ähnlichen Erwägungen beruht die Charakterisierung unserer Gesellschaftsordnung als Privatrechtsgesellschaft bei *Böhm* ORDO 17 (1966) 75–151.

[10] *Medicus* ZIP 1996, 1925. S.a. *Roth* JZ 1999, 529, 533.

[11] S.o. § 14 IV 1 b aa (S. 353f.).

[12] *Neuner* Privatrecht und Sozialstaat, S. 274f., 276f.

[13] Oben, § 12 A II 3 (S. 261–264), sowie die Untersuchung von Einzelfragen in den §§ 13–17.

[14] S.o., § 12 A I 2 (S. 253f.).

Gleichheit aller Verkehrsteilnehmer, sondern ist zumindest wesentlich auch auf die beschränkten Rechtsetzungskompetenzen der Gemeinschaft zurückzuführen. Während der Gesetzgeber eine Kompetenz zur Angleichung des Verbraucher-Vertragsrechts in diesen Fällen hatte, wäre eine Angleichung des allgemeinen Vertragsrechts (Inhaltskontrolle, Kaufrecht) im Hinblick auf die begrenzten Einzelermächtigungen der Gemeinschaft zumindest zweifelhaft gewesen.

Für die nachfolgende Erörterung ist in diesem Zusammenhang eine Frage wieder aufzugreifen, nämlich, inwieweit die Darstellung – jetzt: von Prinzipien – eines Europäischen Vertragsrechts möglich ist, wenn dieses doch weithin aus Sonderregeln für Verbraucher oder Unternehmer besteht. In der vorangegangenen Untersuchung haben wir diese Beschränkung des persönlichen Anwendungsbereichs zwar nicht mißachtet, wir haben sie aber nur zweitrangig berücksichtigt und die Erörterung von Sachfragen des Vertragsrechts statt dessen in den Vordergrund gerückt. Das beruht auf der Annahme, daß auch Sonderregeln für bestimmte Gruppen einen allgemeinen Kern enthalten oder zumindest darauf hinweisen können. Diese Annahme wird auch für die folgende Erörterung der Prinzipien des Europäischen Vertragsrechts zugrundegelegt.

## 2. Vertragsfreiheit und Materialisierung: Der Schutz der informierten Vertragsentscheidung

Der zentrale Grundsatz des Vertragsrechts ist der Grundsatz der Vertragsfreiheit. Allerdings beschränkt das Europäische Vertragsrecht die Vertragsfreiheit bzw. ihre Unterprinzipien; es handelt sich ja ganz überwiegend um zwingendes Recht, das definitionsgemäß eine Einschränkung der Vertragsfreiheit ist. Wir haben bereites oben (I) angedeutet, daß man aus der zwingenden Ausgestaltung des Europäischen Vertragsrechts nicht schon ohne weiteres schließen darf, daß der Grundsatz der Vertragsfreiheit vom Europäischen Gesetzgeber geringgeschätzt würde. Daß das nicht der Fall ist, ergibt sich zunächst aus dem Harmonisierungskonzept, das gerade darin besteht, primär das (auch international) zwingende Recht anzugleichen, um dadurch den grenzüberschreitenden Verkehr für Unternehmen und für Verbraucher zu erleichtern.[15] Die Tatsache, daß das Europäische Vertragsrecht aus zwingenden Regeln besteht, ist der *Inhalt* des Harmonisierungskonzepts, sie kann daher als solche nichts über die Bedeutung der Vertragsfreiheit im Europäischen Vertragsrecht sagen.[16] Die zentrale Bedeutung des Grundsatzes der Vertragsfreiheit ergibt sich umgekehrt daraus, daß dieser Grundsatz schon dem Primärrecht zugrundeliegt, vor allem den Grundfreiheiten.[17] Daher ist es auch nicht verwunderlich, daß der Gesetzgeber ganz selbstverständlich von Vertragsfreiheit als Grundsatz ausgeht.[18]

---

[15] Oben, § 10 A II (S. 215–232).

[16] Ähnlich schon *Grundmann* Schuldvertragsrecht, 1. Teil Rn. 43; s.a. *ders.* JZ 2000, 1133–1143.

[17] § 11 II 1 b (S. 240–242).

[18] BE 9 KGRL; BE 18, 19 ZVerzRL; BE 8 ZVerzEmpf.

Vertragsfreiheit ist die Freiheit, rechtsgeschäftlich durch Einigung mit anderen selbst zu bestimmen, was man möchte. Nach formalem Verständnis zeigt sich die Selbstbestimmung in der Zustimmung der Parteien zum Vertrag, vorausgesetzt nur, daß die Zustimmung nicht auf gravierenden Mängeln beruht, weil der Erklärende einem Defekt (Geschäftsunfähigkeit) oder einem Willensmangel (Irrtum, Täuschung, Drohung) unterliegt. Nach einem materialen Verständnis setzt die Ausübung der Selbstbestimmung mehr voraus. Um von Selbstbestimmung und Vertragsfreiheit sinnvoll Gebrauch zu machen, muß danach der einzelne die Möglichkeit haben, „wirklich" selbst zu bestimmen.[19] Hier ist allerdings die Grenze zwischen einer Wandlung und einer Umwälzung des Systems leicht überschritten. Denn Selbstbestimmung und Vertragsfreiheit würde es im Kern widersprechen, ja aufheben, wenn die Rechtsordnung dem einzelnen nun sagen wollte, was er „wirklich" will. Eine Wandlung des Grundsatzes der Vertragsfreiheit ist es nur, wenn man die Möglichkeiten des einzelnen verbessert, *selbst* überlegt zu entscheiden. Gerade das ist das Ziel der überwiegenden Zahl der Vorschriften des Europäischen Vertragsrechts im Bereich der vorvertraglichen Pflichten und der Regelungen über den Vertragsabschluß.[20]

Im Bereich der vorvertraglichen Pflichten haben wir zunächst die Vorschriften über die Werbung erörtert. Hier hat sich gezeigt, daß der Europäische Gesetzgeber Werbung möglichst weitgehend nutzen will, um die Adressaten zu informieren. Besser als nationale Gesetzgeber hat der Europäische – und hat auch der EuGH – erkannt, daß die spontane Information durch die Anbieter im Wege der Werbung im Grundsatz durchaus positiv beurteilt werden kann, vorausgesetzt nur, daß sie wahr ist und frei von Irreführung. Insbesondere kann auch die vergleichende Werbung dazu dienen, eine informierte Entscheidung des Adressaten zu ermöglichen.[21] Für einzelne Regelungsbereiche hat der Gesetzgeber diese Regulierung der spontanen Information durch Werbung dadurch ergänzt, daß er den Anbietern Informationspflichten auferlegt. Auch hier hat sich gezeigt, daß es vor allem darum geht, eine informierte Vertragsentscheidung des Informationsgläubigers zu ermöglichen. Wie sich die Informationsgläubiger dann entscheiden, ist ihre Sache. Das Europäische Vertragsrecht will ihnen lediglich die Möglichkeit eröffnen, bei der Vertragsentscheidung auf wahre, nicht-irreführende Information durch Werbung und bestimmte vorgeschriebene Information zurückzugreifen.[22] Die inhaltliche Einmischung des Gesetzgebers betrifft daher nicht die Vertragsentscheidung

---

[19] Vgl. beispielhaft die Formulierung von BVerfGE 89, 214, 232.

[20] Eingehend *Grundmann/Kerber/Weatherill* in: Party Autonomy, S. 19–36 *et passim.* Ferner *Hommelhoff* Verbraucherschutz im System, S. 45f.; *Reich* Europäisches Verbraucherrecht, Tz. 143 („Alle Regelungsansätze stellen den Schutz von Verbraucherinformation und Wahlfreiheit in den Vordergrund, während zwingend-sozialschutzorientierte Regeln die Ausnahme sind und letztlich den Mitgliedstaaten im Rahmen des allgemeinen Gemeinschaftsrechts, insbesondere der Verhältnismäßigkeit, vorbehalten bleiben."); *Repgen* Kein Abschied von der Privatautonomie, S. 98–102 *et passim;* auch *Staudenmayer* RIW 1999, 733, 737.

[21] § 13 A (S. 288–292).

[22] § 13 B (S. 292–311).

selbst, sondern lediglich die Auswahl der Information, die dem Geschützten von Rechts wegen mindestens zugänglich sein soll.

Bereits an dieser Stelle ist auf einen zweiten wesentlichen Grundsatz des Europäischen Vertragsrechts hinzuweisen, der in der Untersuchung der Einzelregelungen geradezu andauernd begegnet ist, den Grundsatz der Selbstverantwortung, der ein notwendiges Pendant zur Selbstbestimmung darstellt.[23] Auch insoweit ist freilich nicht zu verkennen, daß dieser Grundsatz im Europäischen Vertragsrecht zurückgedrängt wird. Schon darin, daß der Gesetzgeber fürsorglich bestimmte Informationen bereitstellt, zeigt sich eine Zurücknahme der Selbstverantwortung. Indes erfolgt diese Zurücknahme nur in engen Grenzen. Schon der Schutz durch *bloße Information* bedeutet, daß dem einzelnen grundsätzlich die Verantwortung für seine Vertragsentscheidung verbleibt. Ja, nicht nur für die Vertragsentscheidung, sondern schon für die Entscheidung, wie er mit der Information umgeht, fällt in den Verantwortungsbereich des Informationsgläubigers, denn er kann die Information nach Belieben nutzen oder mißachten.[24] Besonders deutlich wird das bei den vorvertraglichen Informationen, die nach der Verbraucherkreditrichtlinie geschuldet sind, denn hier kann der Anbieter auf die Angabe des effektiven Jahreszinses verzichten, wenn er keine Preiswerbung macht: Es ist Sache des Verbrauchers zu entscheiden, ob er bei der Wahl des Vertragspartners auf die nach der Richtlinie als wesentlich hervorgehobenen Kriterien (Kosten, aggregiert im effektiver Jahreszins) achtet oder sich nach anderen Kriterien (z.B. Image) entscheidet.[25] Nach der Regelung der Wertpapierdienstleistungsrichtlinie kann der Verbraucher schon den Umfang der Information steuern, nämlich indem er seine Professionalität darstellt.[26]

Dieselben Grundgedanken – Materialisierung der Vertragsfreiheit einerseits und Selbstverantwortung andererseits – setzen sich in den Regelungen über den Vertragsschluß fort, freilich mit anderen Mitteln. Die Abschlußfreiheit wird im Sekundärrecht praktisch nicht eingeschränkt; es gibt grundsätzlich keinen Kontrahierungszwang.[27] Nur selten bedient sich der Gesetzgeber der Formvorschrift, auch im Verbraucherrecht bleibt es grundsätzlich bei der Formfreiheit.[28] Statt dessen steht der Vertragsabschluß in verschiedenen Fällen unter dem Vorbehalt eines Widerrufs. Beim Timesharingvertrag ist das Widerrufsrecht ein äquivalent zur Formvorschrift; gute Gründe sprechen für die Annahme, daß der Gesetzgeber das Widerrufsrecht gewählt hat, weil es auf Gemeinschaftsebene wesentlich leichter durchzusetzen ist als insbesondere die Vorschrift notarieller Beurkundung.[29] Sonst wird das Widerrufsrecht vor allem zugegeben, wenn

---

[23] S. schon oben, § 11 II 1 c (S. 242f.) und 2 (S. 245); ferner *Zöllner* Privatrechtsgesellschaft, S. 25, sowie sogleich, 3 (S. 560f.).

[24] *Staudenmayer* in: Rechtsangleichung und nationale Privatrechte, S. 75; *ders.* RIW 1999, 733, 737.

[25] Oben, § 13 B I (S. 292–307). Vgl. noch die Kritik an der Rechtsprechung zu „wucherähnlichen Konsumentenkrediten" von *Canaris* AcP 200 (2000) 273, 300–304, der sich für ein Transparenzmodell und gegen die an dem Gedanken der „materialen Äquivalenz" orientierte Rechtsprechung ausspricht.

[26] Oben, § 13 B I 1 d (S. 299f.).

[27] Oben, § 14 IV (S. 351–355).

[28] § 14 I 2 (S. 317–325).

[29] § 14 II 1 c (S. 329f.).

der Begünstigte durch die Umstände des Vertragsschlusses auf besondere Weise zum Abschluß verlockt sein kann und deswegen die besondere Gefahr einer uninformierten Vertragsentscheidung besteht.[30] Auch Widerrufsrechte erleichtern den Begünstigten in gewissem Maße um die Verantwortung für seine Vertragsentscheidung. Indes ist auch hier zu beachten, daß die Rücknahme der Selbstverantwortung verhältnismäßig eng begrenzt ist, denn an die Stelle der Verantwortung für die erste Entscheidung tritt die Verantwortung für die zweite. Und um den Vertrag noch abzuwenden, reicht nicht die bloße Untätigkeit, sondern ist ein Tätigwerden erforderlich. Soweit Widerrufsrechte ein Funktionsäquivalent zu Formvorschriften darstellen, zeigt sich hier sogar ein Vorzug des Europäischen Vertragsrechts gegenüber nationalen Vertragsrechten, die sich zu demselben Schutzzweck der Formvorschrift bedienen. In beiden Fällen ist es den kundigen Parteien möglich, einen wirksamen Vertrag zustandezubringen, unter Geltung von Widerrufsrechten freilich nur mit der Einschränkung, daß sie eine Schwebezeit hinnehmen müssen. Während aber der Formverstoß automatisch zur Nichtigkeit oder Undurchsetzbarkeit des Vertrags führt, ohne daß der Geschützte darauf noch Einfluß nehmen könnte, überträgt ihm das Widerrufsrecht die Möglichkeit und die Last einer „zweiten Entscheidung" und damit einer Nach-Betätigung der Selbstbestimmung.

## 3. Selbstverantwortung

Auf das Prinzip der Selbstverantwortung haben wir soeben (2) schon hingewiesen. In einer Rechtsordnung, die auf dem Prinzip der Selbstbestimmung beruht, muß auch das Prinzip der Selbstverantwortung gelten.[31] Der Grundsatz der Selbstverantwortung, der bereits im Primärrecht[32] und auch im Internationalen Vertragsrecht (geringerer Schutz des „aktiven" Verbrauchers)[33] von wesentlichem Gewicht ist, hat diese Bedeutung auch im Europäischen Vertragsrecht des Sekundärrechts.

Die Bedeutung der Selbstverantwortung zeigt sich, wie bereits angesprochen,[34] zunächst überall dort, wo der Gesetzgeber den einzelnen durch verläßliche – d.h. wahre, nicht irreführende und unter den Umständen des Geschäfts oder seines Abschlusses „vollständige" – Information schützt. Denn Information eröffnet immer nur eine *Möglichkeit,* die der Begünstigte *wahrnehmen kann.*[35] Von wesentlicher Bedeutung ist der Grundsatz auch für die Regeln über die Sprache des Vertrags.[36] Ein gutes Beispiel für das Zusammenwirken der Prinzipien der (materialen) wirtschaftlichen Selbstbestimmung

---

[30] § 14 II 1 und 3 (S. 325–331, 343–348).

[31] S. nur *Bork* Allgemeiner Teil, Rn. 99, 106, der das Prinzip der Selbstverantwortung schon in die Definition der Privatautonomie einbezieht.

[32] Oben, § 11 II 1 c (S. 242); vgl. auch zu den Grundfreiheiten § 5 (S. 84–119).

[33] Oben, § 6 II 1 (S. 123–126).

[34] Soeben 2 (S. 559f.).

[35] *Hopt* AcP 183 (1983) 608, 651f. („Herstellung tendenziell gleicher *Chancen* am Markt" [Hervorhebung hinzugefügt]; „potentielle Waffengleichheit am Markt").

[36] Oben, § 12 D (S. 277–287).

und der Selbstverantwortung, das hier noch einmal aufgegriffen werden soll, sind die Belehrungspflichten.

Daß ein Vertragspartner verpflichtet ist, den anderen über seine Rechte zu belehren, ist für ein liberales Vertragsrecht ganz ungewöhnlich. Die eigenen Rechte zu kennen und zu wahren, ist grundsätzlich eigene Angelegenheit. So kommt etwa – trotz verbreiteter Unkenntnis darüber – niemand auf den Gedanken, es müsse der Verkäufer den Käufer über die Gewährleistung informieren oder darüber, daß auch mündliche Abreden verbindlich sind. Grundkenntnisse über die eigenen Rechte zu vermitteln mag man als Sache des Betroffenen, des Staates (Rechtskundeunterricht) oder der Gesellschaft (Unternehmens- oder Verbraucherverbände) ansehen. Auf diesem Standpunkt steht auch der Europäische Gesetzgeber. So hat er in mehreren Rechtsakten die Mitgliedstaaten aufgefordert, die Verbraucher über das (neue) Recht zu informieren.[37] Sich kundig zu machen bleibt aber stets Sache des einzelnen. Nur aus besonderen Gründen der jeweiligen (angebahnten) Vertragsbeziehung durchbricht das Europäische Vertragsrecht diese Abgrenzung der Verantwortungsbereiche. So dienen die Pflichten zur Belehrung über das Widerrufsrecht dazu, dieses Recht effektiv auszugestalten. Sonst begegnen Belehrungspflichten nur ganz punktuell.[38]

## 4. Vertragsbindung *(pacta sunt servanda)* und Widerrufsrechte

Ganz selbstverständlich geht auch das Europäische Vertragsrecht von dem Grundsatz der Vertragsbindung aus, dem Prinzip also, daß sich kein Partner grundlos einseitig vom Vertrag lossagen kann.[39] Vertragsfreiheit, ja Vertrag gibt es nicht ohne die Bindung,[40] Vertragsfreiheit ist die Freiheit, sich rechtsgeschäftlich zu binden, Vertrag ist konsentierte Bindung.[41] Gerade der Bindungsgrundsatz begründet ganz wesentlich den rechtsethischen Gehalt der Vertragsfreiheit, denn es ist die *Bindungs*möglichkeit, also die Fähigkeit „für sich selbst über den gegebenen Augenblick hinaus zu bürgen",[42] die die Anerkennung des Handelnden als ethische Person ausmacht.[43] Einfach veranschaulicht (und in den Termini einer anderen Zeit): Ein Mann ein Wort! Endlich hat der Bindungsgrundsatz eine zentrale Funktion in der marktwirtschaftlichen Ordnung, denn erst die

---

37 Art. 16 FARL mit BE 19; Art. 9 KGRL. S.a. Art. 2 Abs. 2 ZVerzEmpf v. 12.5.1995 (ABl. 1995 L 127/19).

38 Oben, § 15 B II (S. 379–383).

39 *Flume* Rechtsgeschäft, § 33, 4 (S. 605). Eingehend *Lorenz* Schutz vor dem unerwünschten Vertrag, §§ 1 und 2 (S. 15–43). S.a. Art. 1.3 UP.

40 EuGH v. 16.6.1998 – Rs. C-162/96 *Racke* Slg. 1998, I-3655 Rn. 49 (der Grundsatz pacta sunt servanda stelle einen tragenden Grundsatz jeder Rechtsordnung dar).

41 Siehe nur *Lorenz* Schutz vor dem unerwünschten Vertrag, S. 32–37; H. *Roth* JZ 1999, 529, 534; aus der Rechtsprechung deutlich BVerfGE 89, 214, 232 (Bürgschaftsbeschluß); BVerfGE 81, 242, 254 (Handelsvertreterbeschluß).

42 N. *Hartmann* Ethik, S. 464–466.

43 *Larenz* Allgemeiner Teil, § 2 II (S. 41); *ders.* Richtiges Recht, S. 57f.

Bindung begründet die Verläßlichkeit (Verkehrssicherheit), die die Disposition auf dem Markt ermöglicht.[44] Und da der Markt wesentlich davon lebt, daß die Akteure Informationsvorteile nutzen,[45] kann man die Vertragsbindung grundsätzlich auch nicht ohne weiteres deshalb in Frage stellen, weil der eine Teil nachträglich erfährt, daß das Geschäft weniger günstig war als zuerst angenommen.

Der Grundsatz *pacta sunt servanda* galt indessen zu keiner Zeit ohne Ausnahme.[46] Schon das römische Recht gab den Vertragspartnern Rücktritts- und Kündigungsrechte zu.[47] Das Recht zur Kündigung von Dauerschuldverhältnissen aus wichtigem Grund wird im deutschen Zivilrecht als unverzichtbar angesehen.[48] Und gerade im deutschen Zivilrecht hat die Vertragsbindung durch die Lehre von der Geschäftsgrundlage infolge der Wirtschaftskrise nach dem ersten Weltkrieg eine Einschränkung erfahren,[49] die vom Standpunkt anderer Rechtsordnungen aus geradezu unverständlich erscheinen kann.[50]

Wer also das Vertragsrecht nicht demontieren will, der muß den Bindungsgrundsatz *als Grundsatz* anerkennen. Auch der Verbraucherschutz fordert nichts anderes – im Gegenteil: Der Schutz der Vertragsbindung ist ein wesentlicher Bestandteil des Verbraucherschutzes, denn gerade Verbraucher müssen sich auf die Verbindlichkeit ihrer Absprachen – z.B. über die Bedingungen des Pauschalreisevertrags oder des Fernabsatzvertrags – verlassen können.[51]

Allerdings zeigt sich auch hier eine Materialisierungstendenz, da gerade das Europäische Vertragsrecht eine Lockerung des Bindungsgrundsatzes durch Widerrufsrechte vorsieht, und zwar für Haustür- und Fernabsatzgeschäfte sowie für Timesharing- und Versicherungsverträge.[52] Diese Lockerung des Bindungsgrundsatzes kann man auch nicht schönreden, im Gegenteil, sie ist ernst zu nehmen, sind doch die Widerrufsrechte wegen ihrer „Tatbestandslosigkeit" als Reurechte ausgestaltet, die der Begünstigte aus gutem oder schlechtem oder ohne Grund ausüben kann. Jedenfalls das Widerrufsrecht

---

44 Aus rechtsökonomischer Sicht *Grundmann* ZHR 163 (1999) 635, 549f. S.a. *Lorenz*, Schutz vor dem unerwünschten Vertrag, S. 198 mit Fn. 576.

45 *Atiyah* Law of Contract, S. 246f.

46 *Zimmermann* Obligations, S. 576–582. Zur historischen Entwicklung *Lorenz* Schutz vor dem unerwünschten Vertrag, S. 29–32. Vergleichend *Stathopoulos* AcP 194 (1994) 543–571.

47 *Zimmermann* Obligations, S. 578; zu den Lösungsrechten des deutschen Vertragsrechts – im Hinblick auf den unerwünschten Vertrag – *Medicus* in: Gutachten und Vorschläge, S. 519–543; *ders.* JuS 1988, 1–8; *Lorenz* Schutz vor dem unerwünschten Vertrag, *passim.*

48 S. nur Jauernig-*Vollkommer* § 242 Rn. 98. S.a. *Neuner* Privatrecht und Sozialstaat, S. 264f. zum Schutz vor überlanger Bindung.

49 S. nur *Wieacker* Präzisierung des § 242 BGB, S. 36–44; *Zimmermann* Obligations, S. 579–582.

50 *Zweigert/Kötz* Rechtsvergleichung, § 37 (S. 516–537). Bekanntlich lehnt insbesondere die französische Zivilrechtsprechung die Aufweichung der vertraglichen Bindung wegen nachträglicher Veränderungen ganz grundsätzlich ab; *Zweigert/Kötz* aaO § 37 III (S. 525–528).

51 S. z.B. Art. 4 Abs. 4 PRRL und dazu Grabitz/Hilf II-*Tonner* A 12 (PRRL) Rn. 22; sowie Art. 7 Abs. 3 FARL. S.o. § 15 C II 2 (S. 397) auch § 17 A II 3a aa (S. 479–483).

52 Ein öfter anzutreffendes Mißverständnis ist es indes, daß auch das Widerrufsrecht nach § 495 BGB auf europarechtlicher Vorgabe beruhe; so etwa *Hommelhoff* Verbraucherschutz im System, S. 45; dazu oben, § 14 II 4 (S. 349).

nach der Fernabsatzrichtlinie dient gerade dazu, dem Begünstigten ein nochmaliges Überdenken des Vertrags und die Einholung von konkurrierenden Angeboten zu ermöglichen. Hinzu kommt, daß das Widerrufsrecht bei Fernabsatzgeschäften einen erheblichen Teil der grenzüberschreitenden Geschäfte betrifft und daher auch in der Sache keine bloße Randerscheinung ist;[53] da sowohl „an der Haustüre" als auch im Fernabsatz geschlossene Verträge widerruflich sind, hat man nicht ganz zu Unrecht gesagt, in Europa könnten Verbraucher nur noch im Ladenlokal Verträge schließen.

Ungeachtet dieser Erwägungen erweist sich, daß der Gesetzgeber durch die Einräumung von Widerrufsrechten nicht den Grundsatz der Vertragsbindung preisgeben wollte.[54] Zunächst ist auch hier zu wiederholen, daß die Widerrufsrechte zwar innerhalb des isoliert betrachteten Europäischen Vertragsrechts erheblichen Raum einnehmen, daß sich aber dieser Befund sogleich ändert, wenn man das Europäische Vertragsrecht als Ergänzung der mitgliedstaatlichen Vertragsrechte sieht. Dann erweist sich die Lockerung der Vertragsbindung durch Widerrufsrechte schon nach der Zahl der betroffenen Verträge im Verhältnis zu der Gesamtzahl aller (auch nur: Verbraucher-) Verträge als Ausnahmeerscheinung. Wichtiger ist, daß die Widerrufsrechte auch nach ihrem sachlichen Anwendungsbereich den Bindungsgrundsatz nicht als solchen in Frage stellen oder im Kern negieren. Denn es hat sich gezeigt, daß das Europäische Vertragsrecht Widerrufsrechte nur in sachlich begründeten und begrenzten Ausnahmefällen zugibt[55] und nicht ein allgemeines Reurecht[56] begründet. Endlich ist das Widerrufsrecht auch nicht als solches oder als Schutzmechanismus mit dem liberalen Vertragsrechtsmodell unvereinbar, im Gegenteil. Zunächst bedeutet das Widerrufsrecht als prozedurale Lösung einen „milderen" Eingriff in die Vertragsfreiheit als eine inhaltlichen Beschränkung.[57] Hinzu kommt, daß das Widerrufsrecht dazu dient, Selbstbestimmung des Begünstigten zu verstärken, ihm die Bestimmung aber nicht abnimmt, und ihn auch nicht völlig um die Verantwortung dafür entläßt, sondern im Gegenteil die „Zweitentscheidungslast" bei dem Begünstigten liegt, der etwas tun muß, um den Vertrag noch zu vermeiden.[58] So verändert das Widerrufsrecht zwar die Gewichte der regierenden Prinzipien, es revidiert sie aber nicht grundlegend.

---

[53] Vgl. auch – für das VerbrKrG, das anders als die VerbrKrRL ein Widerrufsrecht vorsieht – *Lorenz* Schutz vor dem unerwünschten Vertrag, S. 174 mit Fn. 433 und S. 198 mit Fn. 576. *Hommelhoff* Verbraucherschutz im System, S. 11 besorgt die Regelung können „den Vertragswiderruf zum Volkssport werden lassen".

[54] Oben, § 14 II 3 (S. 343–348). Offenbar a.M. H. *Roth* JZ 1999, 529, 533f. (S. 533 sub 2c: „Bruch mit der Privatautonomie"; S. 534 sub 4).

[55] Oben, § 14 II 1 und 3 (S. 325–331, 343–348).

[56] Ein allgemeines Reurecht wäre in der Tat eine glatte Negierung der Vertragsbindung – und droht auch wirtschaftlich unabsehbare Konsequenzen zu haben; zutr. *Canaris* AcP 200 (2000) 273, 344f. Abzulehnen daher der Vorschlag von *Staudenmayer* RIW 1999, 733, 737.

[57] *Canaris* AcP 200 (2000) 273, 345; *Grundmann* JZ 2000, 1133, 1339–1142 und *passim; Grundmann/Kerber/Weatherill* in: Party Autonomy, S. 30. S. noch sogleich, 5 (S. 564–569).

[58] S. soeben, 2, 3 (S. 557–560, 560f.).

## 5. Inhaltsfreiheit, Vertragsgerechtigkeit und Inhaltskontrolle

Ein Aspekt der Vertragsfreiheit ist die Freiheit, den Inhalt eines Vertrags selbst zu bestimmen, die Inhaltsfreiheit. Im deutschen BGB zeigt sie sich darin, daß der Vertragsinhalt vorbehaltlich der Gesetzes- und Sittenwidrigkeit grundsätzlich frei vereinbart werden kann und das Gesetz – vor allem in seiner ursprünglichen Konzeption – überwiegend subsidiäre Regelungen in Form dispositiver Vorschriften trifft.[59] Die dispositiven Vorschriften greifen nur ein, wenn die Parteien nichts anderes vereinbart haben; die darin enthaltenen Regeln sollen den Interessen redlicher Parteien, die die aktuellen Parteien vermutlich verfolgen, Rechnung tragen, und bedeuten auch wegen dieser Ausrichtung am mutmaßlichen Parteiwillen den geringstmöglichen Eingriff in die Vertragsfreiheit.[60] Allerdings hat schon der deutsche Gesetzgeber, ebenso wie Gesetzgeber anderer Mitgliedstaaten, für Verträge, bei denen die Funktionsvoraussetzungen des Vertrags nicht gewährleistet sind oder die der Befriedigung existentieller Bedürfnisse eines Vertragspartners dienen (Mietvertrag und Arbeitsvertrag) und bei Verträgen, die besonders „gefährlich" erschienen (Abzahlungsgeschäfte, Reiseverträge), zu einem erheblichen Teil zwingende Inhaltsvorschriften für Verträge erlassen.

Mit der Inhaltsfreiheit ist eine Präferenz für die Bestimmung der Vertragsgerechtigkeit nach dem Grundsatz der formellen bzw. subjektiven Äquivalenz im Gegensatz zur materialen bzw. objektiven Äquivalenz[61] verbunden.[62] In seiner strengen Form bedeutet dieser Grundsatz, daß der von den Parteien bestimmte Austausch deswegen „gerecht" oder „richtig" ist, weil die Parteien ihn gewollt haben.[63] Diese *Selbstbestimmung* ist ja ein Kern der Privatautonomie bzw. der Vertragsfreiheit. Hinzu kommt, daß es dem Staat an Maßstäben für die Beurteilung des Austauschverhältnisses weithin fehlt. Allerdings gilt dieser Grundsatz nicht voraussetzungslos und nicht uneingeschränkt. Seit alters setzt er voraus, daß die Parteien die erforderliche Reife für die Selbstbestimmung haben (Geschäftsfähigkeit) und ihre Willensbildung nicht gestört ist (Irrtum, Täuschung, Drohung). Darüber hinaus sieht man aber Bestehen und Funktionsfähigkeit des

---

[59] *Larenz* Allgemeiner Teil, § 1 V (S. 31–33); *Larenz/Wolf* Allgemeiner Teil, § 3 Rn. 109–120; *Zöllner* Privatrechtsgesellschaft, S. 19. Die European Principles formulieren den Grundsatz in Art. 1:102 Abs. 1 eigens, Abs. 2 der Vorschrift weist darauf hin, daß auch die EP grundsätzlich dispositive Regeln enthalten.

[60] Zum Eingriff in die Vertragsfreiheit durch dispositives Recht *Canaris* AcP 184 (1984) 201, 213–215; *Medicus* AcP 192 (1992) 35, 47; *Neuner* Privatrecht und Sozialstaat, S. 227f.

[61] *Kötz* Vertragsrecht, § 8 III (S. 198–209); *Zimmermann* Obligations, S. 268–270, 577 (und S. 255–268 zur Entwicklung). Vgl. für das deutsche Recht (mit im einzelnen unterschiedlicher Bewertung) *Canaris* AcP 200 (2000) 273, 282–289; *Flume* Rechtsgeschäft, § 1, 6a (S. 7f.); *Larenz* Schuldrecht I, § 15 I (S. 203); *ders.* Richtiges Recht, S. 65–79; *Larenz/Wolf* Allgemeiner Teil, § 2 Rn. 22–24; *Schapp* Grundfragen der Rechtsgeschäftslehre, S. 58–65.

[62] Zur grundsätzlichen Entscheidung des BGB gegen ein materiales Äquivalenzprinzip nur *Wieacker* Zur rechtstheoretischen Präzisierung des § 242 BGB, S. 38.

[63] Genau genommen muß man noch weitergehend sagen, daß der Grundsatz der Privatautonomie bedeutet, daß sich die Frage der „Gerechtigkeit" des Austauschs nicht erst stellt; *Flume* Rechtsgeschäft, § 1, 6a (S. 8).

Marktes als eine weitere Funktionsvoraussetzung dafür an, der vertraglichen Selbstbestimmung zu vertrauen; deswegen sind inhaltliche Vorgaben vorgesehen, soweit der Markt versagt, insbesondere bei Monopolanbietern.[64] Und endlich enthält das Recht in Form von zwingenden Bestimmungen – besonders den Maßstäben der Inhaltskontrolle[65] und, im deutschen Recht, der Geschäftsgrundlage[66] – sowie von dispositiven Bestimmungen[67] Vorgaben über einen gerechten Austausch und damit objektive Maßstäbe. Unter diesen Voraussetzungen und mit diesen Einschränkungen geht man davon aus, daß ein Vertragsmechanismus eine – freilich nur begrenzte – Richtigkeitsgewähr biete oder doch eine Richtigkeitschance eröffne, weil die Parteien den mit dem Vertrag für sie verbundenen Nachteilen zugestimmt haben.[68]

Wie ist das im Europäischen Vertragsrecht? Auch insoweit muß man zunächst wiederholen, daß schon das Primärrecht von der Vertragsfreiheit ausgeht und zwingende Inhaltsvorschriften, die den grenzüberschreitenden Verkehr unverhältnismäßig beeinträchtigen, für unwirksam erklärt. Was das Vertragsrecht im Sekundärrecht angeht, so finden sich dort allerdings eine ganze Reihe zwingender Vorschriften – auch über den Vertragsinhalt; das hängt mit dem Harmonisierungskonzept zusammen.[69] Auch das Sekundärrecht geht aber vom Grundsatz der Inhaltsfreiheit aus, nicht zuletzt auch zum Schutz des Verbrauchers. Wie vor allem das Beispiel der Kaufgewährleistung zeigt dient die Vertragsfreiheit (Inhaltsfreiheit) auch dem Verbraucherschutz. Zu Recht hat daher der Gesetzgeber der Kaufgewährrichtlinie den Grundsatz der Inhaltsfreiheit an die Spitze des Gewährleistungsrechts gestellt: Der Verkäufer ist verpflichtet, dem Verbraucher dem Kaufvertrag gemäße Güter zu liefern.[70]

Der grundsätzliche Respekt des Europäischen Gesetzgebers vor der Inhaltsfreiheit wird deutlich, wenn man sich vor Augen führt, daß das Europäische Vertragsrecht zwar zwingendes Recht ist, ganz überwiegend indes keine Inhaltsvorschriften, sondern vor allem Informationsvorschriften und komplementäre Bestimmungen zur Stärkung der (materialen) wirtschaftlichen Selbstbestimmung enthält.[71]

---

[64] *Bydlinski* System, S. 159. Kritisch *Zöllner* AcP 196 (1996) 1, 29f.

[65] *Larenz* Schuldrecht I, § 15 I (S. 203).

[66] Zur Wiederbelebung des materialen/objektiven Äquivalenzprinzips durch Rechtsprechung und Lehre von der Geschäftsgrundlage *Wieacker* Zur rechtstheoretischen Präzisierung des § 242 BGB, S. 36–44; *Bydlinski* System, S. 156f. mit Fn. 165.

[67] Umstritten ist, welches Prinzip dem dispositiven Vertragsrecht zugrundeliegt. Nach einer Meinung handelt es sich primär um die gesetzliche Typisierung des mutmaßlichen Parteiwillens (*Canaris* AcP 200 (2000) 273, 285), nach einer anderen beruht das dispositive Vertragsrecht auf dem Äquivalenzprinzip (*Schapp* Grundfragen der Rechtsgeschäftslehre, S. 58–65; tendenziell auch *Larenz/Wolf* Allgemeiner Teil, § 2 Rn. 24, § 33 Rn. 19).

[68] Grundlegend für die Lehre von der Richtigkeitsgewähr *Schmidt-Rimpler* AcP 147 (1941) 130–197, besonders S. 149–159; zum Meinungsstand, insbesondere zu der Beschränkung auf eine Richtigkeits*chance* *Canaris* FS Lerche, S. 883f.; *ders.* Iustitia distributiva, S. 48–51; *Singer* Selbstbestimmung und Verkehrsschutz, S. 8–44.

[69] S.o. I a.E. (S. 554f.)

[70] S.o., § 17 A II 3 a aa (S. 479–483).

[71] *Grundmann* ZHR 163 (1999) 635, 675f.; s.a. *Grundmann/Kerber* in: Greenpaper EU Contract Law

Ein erheblicher Teil der Vorschriften betrifft von vornherein nicht so sehr den Vertragsinhalt, sondern die Vertragsverhandlungen: Hier werden vorvertragliche Pflichten, überwiegend Informationspflichten statuiert.[72] Um Information, nicht inhaltliche Gestaltung, geht es aber auch bei den Vertragsschlußregeln ganz zentral.[73] Neben Einzelheiten bestimmt das Europäische Vertragsrecht hier vor allem Widerrufsrechte, die eine „informierte Zweitentscheidung" in Fällen einer – nach pauschaler Betrachtung – defizitären Erstentscheidung für den Vertrag ermöglichen sollen. Nach Vertragsschlußvorschriften kommt man zu Regelungen über die Vertragsauslegung und über die Bindung an vorvertragliche Angaben.[74] Auch die Vertragsauslegung enthält freilich normative Maßstäbe, vor allem die *contra stipulatorem*-Regel. Indes geht es dabei primär darum zu bestimmen, was die Parteien gewollt haben. Die Bindung an vorvertragliche Angaben bestimmt den Inhalt des Vertrags mit, sie ist aber nicht im strengen Sinne heteronome Inhaltsbestimmung, da die Parteien (der Verpflichtete) die Bindung und damit die Inhaltsbestimmung vermeiden können. Und auch diese Regeln lassen sich überwiegend als Bestimmungen über die Auslegung mit Rücksicht auf den Parteiwillen erklären.[75] Schließlich geht es aber auch hier um Informationsvorschriften, bedeuten diese Regelungen doch nichts anderes als eine Sanktion der vorvertraglichen Informationspflichten zu dem Zweck, das Vertrauen des Informationsadressaten auf die gegebenen Angaben zu schützen. Sieht man schließlich von den vertraglichen Informationspflichten ab,[76] so beschränken sich die Inhaltsbestimmungen auf eine Handvoll Leistungsbestimmungen,[77] die vereinzelte Vorschrift von Treu und Glauben,[78] einzelne Vorschriften über Vertragswirkungen für Dritte[79] und – als großen Bereich – das Leistungsstörungsrecht.[80] Die Leistungsstörungsvorschriften regeln aber ganz überwiegend nicht den Vertragsinhalt, sondern die Erhaltung des vereinbarten Austauschverhältnisses oder Abstandnahme vom Vertrag im Fall der Nichterfüllung.

Seine Schutzzwecke versucht der Gesetzgeber in erster Linie mit Hilfe von Informationsvorschriften durchzusetzen, die den Geschützten in Stand setzen, selbst eine Entscheidung über den Vertragsinhalt zu treffen.[81] Besonders deutlich ist das etwa bei der Fernabsatzrichtlinie oder der Timesharingrichtlinie, die sicherstellen, daß der Geschützte alle für die Entscheidung über den Vertragsinhalt nötigen Informationen erhält und – durch ein Widerrufsrecht – Zeit, diese zu bedenken. Entscheidet er sich dann für den Vertrag,

---

(www-Fassung) sowie *Grundmann* NJW 2002, 393–396 für ein auf der Stufenfolge von dispositivem Recht, zwingenden Informationsvorschriften und zwingenden Inhaltsvorschriften aufbauendes „Europäisches System der Vertragsrechte".

[72] Oben, § 13 B (S. 292–311).

[73] Oben, § 14 (S. 312–355).

[74] Oben, § 15 A (S. 356–376).

[75] Oben, § 15 A II 2 d bb (S. 371 f.).

[76] Oben, § 15 B (S. 376–392).

[77] Oben, § 15 C (S. 392–398).

[78] Oben, § 15 D (S. 398–414).

[79] Oben, § 15 E (S. 414–425).

[80] Oben, § 17 (S. 468–552).

[81] *Martinek* in: Systembildung, S. 518–521; *Reich* Verbraucherrecht, Tz. 143 a.

so braucht man grundsätzlich den Inhalt nicht mehr zu kontrollieren. Überzeugend ist auch, daß die Leistungstörungsregeln einen, wenn nicht sogar den wesentlichen Teil der zwingenden Inhaltsvorschriften ausmachen. Den dahinterstehenden Gedanken verdeutlicht besonders klar die Regelung der Kaufgewährleistungsrichtlinie. Danach können die Parteien zwar – bis zur Unterrichtung des Verkäufers über einen Mangel – nicht über die Gewährleistungsrechte disponieren, sie können aber die Vertragsmäßigkeit durch ihre Abrede bestimmen und so den Gewährleistungsfall vermeiden. Damit bewirkt die Regelung aber erstens, daß der Verbraucher im Hinblick auf die Ware und ihre Beschaffenheit informiert über den Kaufvertrag entscheiden kann, da er sich entweder auf die normale Beschaffenheit verlassen oder auf eine Minderbeschaffenheit (bewußt) einlassen kann. Und sie bewirkt zweitens, daß der Verbraucher im Gewährleistungsfall informiert – mit der Möglichkeit, die Bedeutung abzuschätzen – über die ihm zustehenden Rechte disponiert.[82] Damit ist aber ein grundsätzliches Problem angesprochen: Daß vor allem der nicht-professionell Handelnde regelmäßig zwar absehen kann, was eine Vereinbarung über die Beschaffenheit der Ware oder Dienstleistung bedeutet, daß er aber nicht zuverlässig abschätzen kann, was für praktische Konsequenzen eine Disposition über das Leistungsstörungsrecht hat. Daher hat es einen guten Sinn, gerade für die Leistungsstörungen zwingende (oder, wie im Falle der Kaufgewährleistung, zeitweise zwingende) Vorschriften vorzusehen.

Endlich ist darauf hinzuweisen, daß der Gesetzgeber in jüngeren Richtlinien auch dispositives Recht gesetzt hat. Das haben wir bereits für den Bereich der Kaufgewährleistung gesehen; die Bestimmung der „Vertragsmäßigkeit" ist Sache der Parteien.[83] Ein weiteres Beispiel ist die Überweisungsrichtlinie. Mit ihr hat die Gemeinschaft auf die Säumnis der Institute reagiert, eine Höchstdauer für grenzüberschreitende Überweisungen von vier Tagen zu erreichen. Die nun erlassene Richtlinie schreibt diese Höchstdauer indessen keineswegs vor, sie überläßt ihre Erreichung dem Spiel des Marktes, den sie zu diesen Zwecken lediglich mittels Informationspflichten transparenter gestaltet.[84]

Bei den vorangegangenen Überlegungen haben wir eine wesentlichen Einschränkung der Inhaltsfreiheit noch ausgespart, nämlich die Inhaltskontrolle.[85] Sie stellt einen gegenüber der zwingenden Regelung milderen Eingriff in die Vertragsfreiheit dar, soweit sie den Parteien einen Spielraum für die privatautonome Regelung beläßt.[86] Auch die Inhaltskontrolle bedarf aber, soll sie nicht ein auf dem Grundsatz der Vertragsfreiheit beruhendes Vertragsrecht umstürzen, der sachlichen Begründung und Begrenzung. Diesen hat der Europäische Gesetzgeber in zwei Merkmalen gefunden, dem Mangel der Aushandelung oder der Störung des Marktmechanismus. Das erste ist schon aus dem Aufgreifkriterium für die Klauselkontrolle ersichtlich. Dafür, daß damit dem Kriterium

---

[82] § 17 A II 5 (S. 490–494).

[83] § 17 A II 3a aa (S. 479–483).

[84] Oben, § 13 B I 1 a (S. 296).

[85] S.o., § 16 (S. 426–467) sowie bereits § 15 D II 3b cc (S. 408–410).

[86] Auch in der Erhaltung eines Vertrags zu gesetzlich oder richterlich modifizierten Bedingungen liegt freilich ein Eingriff in die Vertragsfreiheit; *Zöllner* Privatrechtsgesellschaft, S. 41 („Vertragsoktroi").

der „Aushandelung“ Gewicht beigemessen wird, kann man vor allem zwei Gründe finden. Erstens kann man darin einen Bezug auf die Lehre von der Richtigkeitsgewähr des Vertragsmechanismus sehen, denn diese setzte für die Annahme einer Richtigkeitsgewähr nicht nur die formale Einigung, sondern auch eine Zustimmung zu dem übernommen Nachteil voraus;[87] daran fehlt es bei nicht-ausgehandelten Klauseln typischerweise. Für einen zentralen Bereich der Klauselkontrolle, die Kontrolle von AGB, wird der Gesetzgeber die fehlende Aushandelung auch als Anzeichen für ein Versagen des Marktmechanismus angesehen haben. Denn AGB werden nicht nur regelmäßig unverhandelbar gestellt, sie sind eben auch praktisch schon nicht vergleichbar und werden daher nicht vom Markt kontrolliert. Die zweite Begründung – Marktversagen – kommt deutlich zum Ausdruck, wenn der Gesetzgeber die Hauptleistung und das Äquivalenzverhältnis nur unter der Voraussetzung von der Kontrolle ausnimmt, daß sie nicht intransparent sind. Darin zeigt sich die grundsätzliche Anerkennung der Inhaltsfreiheit ebenso wie das Marktprinzip als ihr notwendiges Korrelat. Im Grundsatz besteht gar kein Anlaß, Hauptleistung und Äquivalenz des Vertrags zu überprüfen: Den Preis kann auch ein Verbraucher normalerweise ebenso erkennen wie die Leistung, die er erhält. Wenn das der Fall ist und er zudem auf einem funktionierenden Markt zwischen mehreren Angeboten wählen kann, wieso sollte man dann seiner Entscheidung mißtrauen?! Dazu besteht – davon geht die AGB-Richtlinie aus – auch dann kein Anlaß, wenn der Verbraucher Preis oder Leistung (bzw. ihr Verhältnis zu einander) nicht ausgehandelt hat; Vertragsfreiheit ist auch die Freiheit, sich mit nicht-verhandelbaren Bedingungen einverstanden zu erklären.[88] Anders ist das aber, wenn der Vertragspartner den Marktmechanismus selbst dadurch stört, daß er Preis oder Äquivalenzverhältnis intransparent gestaltet. Denn nur bei Transparenz von Preis und Leistung ist die Vergleichbarkeit gegeben, die Markt und Wettbewerb voraussetzen.[89]

Damit ist auch dargestellt, wie sich das Europäische Vertragsrecht zur Vertragsgerechtigkeit verhält: Auch hier bleibt es *grundsätzlich* bei einem formellen oder subjektiven Äquivalenzverhältnis, freilich unter der Prämisse, daß der Markt als notwendiges Korrelat funktioniert.[90] Das subjektive Äquivalenzprinzip zeigt sich etwa im subjektiven

---

[87] *Schmidt-Rimpler* AcP 147 (1941) 130, 149–159; *Kötz* FS Mestmäcker, S. 1041. *Canaris* FS Zöllner, S. 1056, kritisiert allerdings zu Recht die Annahme von *Kötz* aaO, das Prinzip der Vertragsfreiheit gebiete die Respektierung des Vertrags nur, wenn jede Partei eine Chance hatte, auf den Vertrag Einfluß zu nehmen; mißverständlich auch *Repgen* Kein Abschied von der Privatautonomie, S. 13 („suum cuique bedeutet im Falle der Vertragsfreiheit gleiche Gestaltungschancen“).

[88] Oben, § 14 I 1 a (S. 313f.) und § 16 I a (S. 433f.). Für das deutsche Recht nachdrücklich *Canaris* FS Steindorff, S. 548 und FS Zöllner, S. 1056 (gegen das „Basarmodell“); *Flume* Rechtsgeschäft, § 33, 6a (S. 609); *Medicus* JuS 1996, 761, 764; *Zöllner* AcP 96 (1996) 1, 26.

[89] Ebenso *Collins* Oxf.J.Leg.Stud. 14 (1994) 229, 238f. S.a. *Grundmann* ZHR 163 (1999) 635, 650; *Reich* Sydney Law Review 14 (1992) 23, 25 („Consumer rights have, it seems, been overridden by consumer choice.“). Für das deutsche Recht *Canaris* AcP 200 (2000) 273, 320–327.

[90] Ähnlich *Collins* Oxf.J.Leg.Stud. 14 (1994) 229, 236–238 und *Reich* Sydney Law Review 14 (1992) 23, 25, wenn sie sagen, der Gesetzgeber habe sich gegen einen Verbraucherschutz in Form von Verbrauchergrundrechten und für einen Schutz durch Wettbewerb entschieden. S.a. oben, § 15 C II 2 (S. 397) und § 16 I 3 b bb (4) (S. 447f.).

Fehlerbegriff der Kaufgewährrichtlinie[91] und, wie soeben erörtert, darin, daß nach der Klauselrichtlinie Preis und Äquivalenzverhältnis grundsätzlich nicht kontrolliert werden. Die Prämisse eines funktionierenden Marktes hat sich schon darin gezeigt, daß Preis und Äquivalenz dann kontrolliert werden können, wenn sie (nicht ausgehandelt und) intransparent ausgestaltet sind. Die grundsätzliche Bedeutung des Marktes (auch) als Flankierung der Vertragsfreiheit klingt, wie wir eingangs gesehen haben, bereits an, wenn das Primärrecht dem Gemeinsamen Markt eine Funktion des Sozialschutzes beimißt.[92] Diesen Gedanken hat der Gesetzgeber verschiedentlich aufgegriffen und konkretisiert, beispielsweise in den Begründungserwägungen zur AGB-Richtlinie. Die Angleichung des Rechts gegen mißbräuchliche Klauseln in Verbraucherverträgen soll auch dazu dienen, den Verkäufern von Waren und Dienstleistungen ihre Verkaufstätigkeit sowohl im eigenen Land als auch im gesamten Binnenmarkt zu erleichtern. „*Damit* wird der Wettbewerb gefördert und den Bürgern der Gemeinschaft in ihrer Eigenschaft eine größere Auswahl zur Verfügung gestellt.“[93]

## 6. Das Relativitätsprinzip und die negative Vertragsfreiheit

Verträge entfalten grundsätzlich nur zwischen den Parteien Wirkung, das ist das Relativitätsprinzip. Der Grund für die Relativität des Schuldverhältnisses liegt in der negativen Seite des Grundsatzes der Vertragsfreiheit, die bedeutet, daß man durch Versprechen Dritter nicht verpflichtet wird. Freilich sieht man es auf dem Kontinent seit dem 19. Jahrhundert weithin als möglich an, *zugunsten* Dritter zu kontrahieren – und auch England ist jetzt einen Schritt in diese Richtung gegangen.

Das Europäische Vertragsrecht beachtet den Relativitätsgrundsatz durchgehend, es schränkt ihn nur in sachlich begründeten Fällen ein. So ist die Mithaftung des Kreditgebers beim verbundenen Geschäft vorgesehen, wenn zwischen ihm und dem Verkäufer eine enge Verbindung (Vereinbarung bzw. Vereinbarung mit Ausschließlichkeitsklausel) vorliegt.[94] Eine Vertragsübertragung auf Dritte ist in der Pauschalreiserichtlinie und der Betriebsübergangsrichtlinie vorgesehen. Jeweils ist die Einschränkung der negativen Vertragsfreiheit sachlich begründet und dem Verpflichteten zuzumuten, weil er aufgrund seiner Vereinbarung mit dem „Hauptvertragspartner“ ebenso steht wie jener (Mithaftung beim Widerruf) oder weil er kein Interesse an der Person des Vertragspartners hat und sein Solvenzinteresse gewahrt ist.[95] Wichtig ist, daß der Gesetzgeber Bestrebungen, den Relativitätsgrundsatz im Leistungsstörungsrecht zu durchbrechen, deutlich zurück-

---

[91] Oben, § 17 A II 3a aa (S. 479–483).

[92] Oben, § 11 II 1 a (S. 239f.).

[93] BE 7 S. 2 AGBRL; Hervorhebung nur hier. Vgl. zur „angemessenen Auswahl“ zwischen verschiedenen Angeboten auch Entschließung des Rats vom 14.4.1975 über ein vorläufiges Programm zum Schutz und zur Unterrichtung der Verbraucher ABl.EG 1975 C 92/1, 6 Rn. 19 Ziff. (vii).

[94] Oben, § 15 E I 2 (S. 415–417).

[95] Näher oben, § 15 E I 3 (S. 417–421).

gewiesen hat. So hat er insbesondere die in den Vorarbeiten zur Kaufgewährrichtlinie erörterte „Netzwerkhaftung" nicht eingeführt, die eine Vertragshaftung des Herstellers gegenüber dem Verbraucher-Letztkäufer (oder sogar Zweitkäufern) begründen sollte.[96] Das kam auch deswegen nicht in Betracht, weil die für die Haftung entscheidende Vertragsmäßigkeit subjektiv bestimmt wird und nicht objektiv nach den „berechtigten Erwartungen" des Verbrauchers. Auf das Prinzip der berechtigten Erwartungen ist noch näher einzugehen.

## 7. Vertragsfreiheit, Treu und Glauben und berechtigte Erwartungen – ein gemeinschaftsrechtliches Vertrauensprinzip?

Gerade im deutschen Recht ist die Komplementierung der Vertragsfreiheit durch einen objektiven Maßstab, nämlich das Prinzip von Treu und Glauben, bekannt. Das Prinzip von Treu und Glauben kann vor allem dazu dienen, die Rechte und Pflichten der Vertragsparteien zu begründen, anzupassen oder zu begrenzen. Entsprechendes gibt es – in unterschiedlichem Maße – auch in anderen Rechtsordnungen.[97] Auch im Europäischen Vertragsrecht haben wir Ansätze für eine Ergänzung der Vertragsfreiheit durch einen objektiven Maßstab gefunden. So wird v.a. das Pflichtenprogramm der Parteien des Handelsvertretervertrags nach Treu und Glauben bestimmt, die Mißbräuchlichkeitsprüfung nach der AGB-Richtlinie wird am Maßstab von Treu und Glauben vorgenommen, und Rücksichtsgebote in weiteren Einzelvorschriften lassen sich als Ausprägungen von Treu und Glauben verstehen.[98] Mit einer Auslegung nach Treu und Glauben und damit verwandten Erwägungen des Vertrauensschutzes kann man darüber hinaus die Vorschriften über die Bindung an vorvertragliche Angaben erklären.[99] Allerdings hat sich nach unserer Durchsicht ein allgemeines Prinzip von Treu und Glauben im Europäischen Vertragsrecht nicht nachweisen lassen.[100]

In der Literatur ist weitergehend ein „Prinzip der legitimen Erwartungen" als „Leitprinzip" des Europäischen Privatrechts – nicht beschränkt auf das Vertragsrecht – postuliert worden, das dem Prinzip von Treu und Glauben zumindest verwandt ist. „Europäisches oder europäisiertes Privatrecht benötigt ein Leitprinzip, das die spezifische Perspektive der Integration durch den Binnenmarkt einfängt und nationales Privatrecht nicht auf eine allokative Gerechtigkeitslogik verkürzt. Dieses Rechtsprinzip findet sich in der Formel von den legitimen Erwartungen. ... Legitime Erwartungen formulieren den Anspruch an einen Interessenausgleich zwischen Parteien eines Vertrages bzw. den Parteien eines gesetzlichen Schuldverhältnisses. ... Das Rechtsprinzip der

---

[96] Oben, § 15 E II (S. 421–425).

[97] Siehe nur *Kötz* Europäisches Vertragsrecht, § 1 III (S. 10–15); auch *Lando/Beale* Principles, Art. 1:201, Notes 1–4.

[98] Oben, § 15 D II 1 (S. 401–406).

[99] Oben, § 15 A II (S. 359–375).

[100] Oben, § 15 D II 4 (S. 410–412).

legitimen Erwartungen ist damit über den Interessenausgleich zwischen den Parteien hinaus offen für die Einbeziehung von sozialstaatlichen Werten. Insoweit handelt es sich nicht um ein bloß bilaterales Konzept, sondern um ein multilaterales, das die Mitgliedstaaten und die Gemeinschaft integriert. Legitime Erwartungen könnten mittelfristig als Leitprinzip eines Gerechtigkeitspostulats im Zivilrecht besser geeignet sein als der nationalstaatlich besetzte Begriff von ‚Treu und Glauben'."[101]

Was das „Prinzip der legitimen Erwartungen" bedeuten soll, ist damit freilich noch ganz unklar.[102] Zum einen mögen seine Verfechter den Schutz des begründeten und ausgeübten Vertrauens des einzelnen vor Augen haben; damit würde es sich aus deutscher Sicht um ein Unterprinzip von Treu und Glauben handeln. Zum anderen mag aber auch gemeint sein, daß Verträge nach dem Maßstab der berechtigten Erwartungen inhaltlich gestaltet werden sollen, wohl i.S. einer materiellen Äquivalenz. Letzteres ist wohl angesprochen, wenn von einem „Gerechtigkeitspostulat des Zivilrechts" die Rede ist, das von dem Prinzip von Treu und Glauben als ein das liberale Vertragsrecht ergänzendes Prinzip abgegrenzt wird. Hier ist man wiederum am Scheideweg zwischen Wandlungen und Umwälzungen des liberalen Vertragsrechts. Aufschluß über die Anerkennung und den möglichen Inhalt eines „Prinzips der legitimen Erwartungen" kann man nur den einzelnen Vorschriften des Europäischen Vertragsrechts entnehmen.

Tatsächlich finden sich im Gemeinschaftsprivatrecht verschiedene Vorschriften, die auf die berechtigten Erwartungen bezug nehmen.[103] Diese betreffen indes ganz überwiegend nicht das Vertragsrecht.[104] Im Gegenteil hat der Gesetzgeber im Vertragsrecht Ansätze für eine Berücksichtigung von „berechtigten Erwartungen" aus guten Gründen verworfen. Auf den Maßstab der berechtigten Erwartungen hatte sich der Gesetzgeber in den Vorarbeiten zur AGB-Richtlinie und zur Kaufgewährrichtlinie bezogen. In beiden Fällen hat er von dem Konzept im Gesetzgebungsverfahren Abstand genommen. In den Vorschlägen für die AGB-Richtlinie hatte der Gesetzgeber Klauseln als mißbräuchlich definiert, die dazu führten, daß die Vertragserfüllung erheblich von dem abweicht, was der Verbraucher zu erwarten berechtigt war.[105] In der verabschiedeten Fassung ist dieser Ansatz nicht mehr enthalten. Hier wird auf das treuwidrige (Treu und Glauben) Mißverhältnis von Rechten und Pflichten der Vertragspartner abgestellt. Auch für das Kaufgewährleistungsrecht war in dem der Richtlinie vorausgehenden Grünbuch ein Bezug auf die berechtigten Erwartungen enthalten. Die Nichtübereinstimmung der Ware mit

---

101 *Micklitz* ZEuP 1998, 253, 263f.; *ders.* FS Reich, S. 245–277.

102 Wegen der Unbestimmtheit kritisch H. *Roth* JZ 1999, 529, 534 (das Konzept eigene sich schon wegen der mit ihm verbundenen Unsicherheiten „nicht als Grundlage einer übergreifenden Prinzipienbildung"). Die Ausführungen werfen weitere Fragen auf, insbesondere was die beanstandete „Verkürzung" auf eine „allokative Gerechtigkeitslogik" bedeutet.

103 Übersicht bei *Roth* in: Rechtsangleichung und nationale Privatrechte, S. 46–52. Zum Prinzip der berechtigten Erwartungen als Allgemeinem Rechtsgrundsatz des Primärrechts oben, § 3 I 2 a bb (S. 34f.) mwN.

104 Auch der Bezug auf „berechtigte Erwartungen" in Art. 1 Abs. 3 DHRL hat nicht speziell mit dem Vertragsrecht zu tun, es geht um die Verschuldensdefinition.

105 Art. 2 Ziff. 1 Sps. 3 V1-AGBRL; Art. 3 Abs. 1 Sps. 2 V2-AGBRL; vgl. *Tenreiro* ERPL 1995, 273, 274.

den berechtigten Erwartungen sollte einen Mangel darstellen.[106] Auch dazu ist es nicht gekommen, verblieben ist allein der Bezug auf die von den öffentlichen Äußerungen (v.a. Werbung und Etikettierung) geweckten vernünftigen Erwartungen, also ein subjektiv-individueller Maßstab, der sich, wie die übrigen „Vermutungen" für die Vertragsmäßigkeit, am besten als eine (standardisierte) Auslegung der Parteierklärungen erklären läßt und so ebenfalls als Ausdruck des subjektiven Fehlerbegriffs erscheint.[107]

In gewissem Sinn werden allerdings bei der Bindung an vorvertragliche Angaben[108] die „berechtigten Erwartungen" des Begünstigten berücksichtigt. Kurz gesagt werden in bestimmten Fällen vorvertragliche Angaben des professionellen Anbieters Vertragsbestandteil, es sei denn, der andere Teil hat oder durfte sich darauf aus besonderen Gründen nicht verlassen. Es geht daher nicht darum, den Vertragsinhalt, insbesondere die vereinbarten Leistungen, nach einem objektiven Maßstab der berechtigten Erwartungen einer Marktseite zu definieren, sondern darum, die Vertragserklärungen der Parteien und den Vertrag selbst mit Rücksicht auf die Umstände auszulegen, die die Parteien redlicherweise berücksichtigen durften bzw. mußten.[109] Definiert wird nicht der Vertragsinhalt, sondern welche vorvertraglichen Umstände – Informationen des professionellen Anbieters – für die Vertragsauslegung zu berücksichtigen sind. Die Vorschriften über die Bindung an vorvertragliche Angaben sind damit ein Bestandteil der Informationsordnung des Europäischen Vertragsrechts,[110] es geht also einmal mehr um den Schutz der wirtschaftlichen Selbstbestimmung. Übrigens dienen die entsprechenden Vorschriften keineswegs einseitig dem Verbraucherschutz im technischen Sinne (Pauschalreiserichtlinie!).

Insgesamt erweist sich, daß der Gesetzgeber zwar durchaus das beim Vertragspartner geweckte Vertrauen berücksichtigt (wie sollte er nicht!). Ein Leitprinzip der berechtigten Erwartungen in dem vorgestellten Sinne wird man aber den ganz vereinzelten Regelungen nicht entnehmen können. Unter diesen Umständen erscheint es auch terminologisch nicht geboten, von dem „nationalstaatlichen besetzten" Begriff Treu und Glauben Abstand zu nehmen, wählt ihn doch der Europäische Vertragsrechtsgesetzgber selbst.

## 8. Ein Transparenzprinzip?

Die Bedeutung von Information, zumal Verbraucherinformation im Europäischen Vertragsrecht ist unübersehbar. Die Kommission hat sie schon in ihren Verbraucherschutzprogrammen hervorgehoben: „Information ist die entscheidende Voraussetzung

---

[106] *Kommission* Grünbuch über Verbrauchsgütergarantien und Kundendienst, KOM(93) 509 endg. v. 15.11.1993, S. 30–39; dazu *Schnyder/Straub* ZEuP 1996, 8, 16, 45–48; *Roth* in: Rechtsangleichung und nationale Privatrechte, S. 50f.

[107] Oben, § 17 A II 3a aa (S. 479–483).

[108] Oben, § 15 A II (S. 359–375).

[109] § 15 A II 2d bb (S. 371).

[110] Zutreffend *Roth* in: Rechtsangleichung und nationale Privatrechte, S. 51f.

dafür, daß der Verbraucher sich die Vorteile des Binnenmarkts zunutze macht."[111] Läßt sich aber für das Europäische Vertragsrecht sinnvoll von einem Transparenzprinzip sprechen?

Ein „Transparenzmodell" findet sich in der Grundfreiheitendogmatik, wenn Informationsvorschriften im Vergleich zu Produktregelungen als die weniger einschneidende Beschränkung der Grundfreiheiten für vorzugswürdig erachtet werden.[112] Von Transparenz ist die Rede, wenn nationale Beschränkungen der Informationsbeschaffung – vergleichende Werbung –, für mit den Grundfreiheiten unvereinbar erklärt werden.[113] Um Transparenz geht es bei den Regelungen des Rechts der irreführenden und der vergleichenden Werbung, bei den Regeln über die vorvertraglichen und vertraglichen Informationspflichten. Auch die Vorschriften über die Inhaltskontrolle[114] und die Leistungsstörungen[115] haben öfter mit Transparenz zu tun. So nimmt es nicht wunder, daß gesagt wird, es gelte „das Transparenzprinzip als ein Fundamentalprinzip des gesamten europäischen Verbraucherschutzrechts, das seinen Niederschlag in einer Vielzahl von Richtlinien gefunden hat."[116]

Wir haben die Rolle von Information und Transparenz auch in der vorstehenden Erörterung des materiellen Vertragsrechts öfter angesprochen. Der Gesetzgeber nutzt Information als Mittel zur Stärkung der wirtschaftlichen Selbstbestimmung (auch, aber nicht nur) des Verbrauchers.[117] Das Mittel des Schutzes durch Information hat sich als mit dem liberalen Vertragsmodell besonders gut vereinbar erwiesen, weil dadurch die Selbstbestimmung nicht durch Fremdbestimmung ersetzt wird und der einzelne selbst für sein Handeln – und die Nutzung der Information – verantwortlich bleibt. Transparenz ist darüber hinaus als eine Voraussetzung des Marktes begegnet. Der Markt kann seine Aufgabe als Korrelat der Vertragsfreiheit nur dann erfüllen, wenn er in dem Sinne transparent ist, daß beispielsweise Preis und Äquivalenzverhältnis nicht verschleiert werden oder die Nachfrager nicht durch irreführende Werbung fehlgeleitet werden.

Unzweifelhaft erfüllen deshalb Information und Transparenz im Europäischen Vertragsrecht wichtige Funktionen. Indes erscheint es unzweckmäßig, von einem Transparenzprinzip zu sprechen. Dagegen würde freilich nicht schon die Tatsache sprechen, daß „Transparenz" als Regelungsgedanke in ganz verschiedenen Zusammenhängen begegnet,[118] denn es ist das Kennzeichen eines allgemeinen Prinzips, das es an verschiedenen Stellen des Rechtssystems zum Tragen kommt. Problematisch ist aber, daß Transparenz

---

[111] Kommission, Verbraucherpolitik – Zweiter dreijähriger Aktionsplan – 1993–1995 – der Binnenmarkt im Dienst der europäischen Verbraucher, KOM(93) 378 endg. S. 19.

[112] EuGH v. 20.2.1979 – Rs. 120/78 *Rewe ./. Bundesmonopolverwaltung* Slg. 1979, 649 (Cassis); EuGH v. 22.6.1982 – Rs. 220/81 *Robertson* Slg. 1982, 2349; EuGH v. 11.7.1984 – Rs. 51/83 *Kommission ./. Italien* Slg. 1984, 2793; EuGH v. 16.5.1989 – Rs. 382/87 *Buet ./. Ministère Public* Slg. 1989, 1235.

[113] EuGH v. 7.3.1990 – Rs. C-362/88 *GB-Inno-BM* Slg. 1990, I-667. Näher oben, § 13 A (S. 288–292).

[114] Oben, § 16 I 2 b (S. 435).

[115] Z.B. oben, § 17 A II 5 a (S. 491f.).

[116] *Staudinger* ZIP 1999, 1546, 1550.

[117] *Weatherill* in: Party Autonomy, S. 176–182.

[118] Vgl. z.B. noch Art. 1 Abs. 2 EU, Art. 207 Abs. 3, 253f., 255 EG.

in den verschiedenen Zusammenhängen ganz Verschiedenes bedeutet.[119] In der Grundfreiheitenrechtsprechung z.B. geht es gar nicht um die Transparenz selbst, sondern um den Grundsatz der Verhältnismäßigkeit beschränkender Mittel zu dem angestrebten Ziel. Information etwa über den Alkoholgehalt ausländischer Likörprodukte ist nur ein milderes Mittel als z.B. ein Importverbot.[120] Bei den – freilich ohnehin nur vereinzelt bestehenden – Belehrungspflichten, die nach einer Auffassung das Transparenzgebot ausmachen,[121] geht es vor allem darum, besondere Schutzrechte effektiv auszugestalten. Bei den Vorschriften über die vorvertragliche Information geht es vor allem um den Schutz der wirtschaftlichen Selbstbestimmung, zum Teil aber auch um die Aufklärung vor besonderen Gefahren. Bei den Nachweisvorschriften geht es um den Schutz der Vertragsrechte und die Vermeidung von Konflikten durch Information. Endlich betrifft auch das „Transparenzgebot", das die Informationspflichten als Pflichten zu „klarer und verständlicher" Information ausgestaltet, nicht das „Ob" der Information, sondern die Art und Weise ihrer Gewährung. Was die Rede vom Transparenzprinzip als sehr homogenes Prinzip auszuweisen scheint, erweist sich bei näherer Durchsicht als bunte Mischung.

Ein weiterer Einwand liegt darin, daß Transparenz nicht unbegrenzt hergestellt werden soll, sondern nur in einzelnen, konkret umrissenen Hinsichten. Ein allgemeines Prinzip, daß z.B. möglichst viel Information zu geben oder möglichst viel Transparenz herzustellen sei, läßt sich daher den Einzelregelungen auch nicht entnehmen,[122] und zwar nicht von ungefähr. In einer marktwirtschaftlichen Ordnung gilt für eine Vielzahl von Vertragstypen gerade im Gegenteil, daß Marktteilnehmer ihre Informationen grundsätzlich für sich behalten dürfen, da der Markt gerade auch von Informationsgefällen lebt und die Beschaffung von Information eine vom Markt honorierte Leistung ist.[123] Daher gibt es aus gutem Grunde nur begrenzte Informationspflichten[124] und ist der Vorschlag

---

[119] S. schon oben, § 16 I 3 b bb (4) (S. 448f.). Vgl. zu den unterschiedlichen Verwendungen des Begriffs z.B. noch *Larenz/Wolf* Allgemeiner Teil, § 42 Rn. 47 („Informationsmodell des Verbraucherschutzes"); *Reich* Verbraucherrecht, Tz. 143a („Informationsparadigma").

[120] Der Einwand liegt nahe, daß doch durch solche Vorschriften auch die Selbstbestimmung und -verantwortung des einzelnen gefördert werde; das ist indes nicht der *Zweck* dieser Rechtsprechung, dieser liegt vielmehr darin, den grenzüberschreitenden Verkehr zu ermöglichen; Selbstbestimung und -verantwortung werden nicht bezweckt, sondern vorausgesetzt.

[121] *Nassall* JZ 1995, 689, 692.

[122] *Fleischer* ZEuP 2000, 772, 797f. Entgegen *Leisner* EuZW 1991, 498, 503 kann man auch der Grundfreiheitenrechtsprechung keineswegs einen Satz entnehmen, „Verbraucherschutz verlangt optimale, ja maximale Information"; die Entscheidung EuGH v. 7.3.1990 – Rs. C-362/88 *GB-Inno-BM* Slg. 1990, I-667, auf die sich *Leisner* bezieht, trägt das nicht. Abzulehnen ist daher auch der Vorschlag einer Generalklausel über Informationspflichten von *Lurger* Vertragliche Solidarität, S. 81.

[123] S. nur *Canaris* Iustitia distributiva, S. 47 („gravierender Interessen- und Prinzipienantagonismus"; „vielen Vertragstypen ... aufgrund ihrer rechtlichen und wirtschaftlichen Funktion ein hohes Maß an legitimer Eigennützigkeit immanent").

[124] *Atiyah* Law of Contract, S. 246–256 (S. 246f. formuliert er die Grundsätze eines „robust individualism" so: „The whole essence of trade and business in a free-enterprise society is that parties compete with each other ‚at arm's length', as lawyers say, that is, on a footing of equality. Each party is entitled to make use of what information he has in order to obtain the best bargain he can get; neither party

einer „allgemeinen Informationspflicht seitens des Vertragspartners des Verbrauchers, die über die essentialia negotii und allgemeinen Grundsätze zu Treu und Glauben hinausgeht,"[125] strikt abzulehnen. Die zentrale Regelungsaufgabe liegt gerade darin, die Trennlinie zwischen marktverträglichen und marktunverträglichen Informationspflichten zu ziehen.[126] Daß das Europäische Vertragsrecht mit diesem Grundsatz brechen wollte, ist nicht zu erkennen. Zum Beispiel schuldet ja der Haustürverkäufer keine Information darüber, was vergleichbare Produkte im Ladenlokal kosten; der Fernabsatzverkäufer muß zwar offenlegen, welche Eigenschaften das von ihm angebotene Produkt kennzeichnen, der Vergleich mit anderen Produkten ist hingegen in die Selbstverantwortung des Verbrauchers gestellt.

Endlich droht die Fokussierung auf Transparenz und Information den Blick auf die zentralen Wertungsgrundlagen zu verstellen, zu deren Umsetzung diese Mittel dienen. Denn Transparenz und Information werden ja nicht um ihrer selbst willen gewährleistet, sondern zu bestimmten Zwecken hergestellt bzw. gegeben. Transparenz und Information dienen im Europäischen Vertragsrecht vor allem dazu, die Selbstbestimmung des einzelnen zu sichern. Soweit der Gesetzgeber sich diese Mittel stärkeren Eingriffen in die Vertragsfreiheit vorzieht, anerkennt er damit den Grundsatz der Vertragsfreiheit.

## 9. Verbraucherschutz als Rechtsprinzip?

Auch Verbraucherschutz bezeichnet man zweckmäßiger Weise nicht als Rechtsprinzip. Allerdings enthält das Europäische Vertragsrecht – nach dem Harmonisierungskonzept verständlich – weithin Vorschriften zum Schutz von Verbrauchern (auch wenn man „Verbraucher" im untechnischen Sinne ausnimmt). Und Art. 153 EG hat Verbraucherschutz als ein Ziel der Gemeinschaft definiert.[127]

Indessen werden Verbraucher nicht als solche geschützt, sondern nur vor spezifischen Gefahren.[128] Ein Prinzip, daß Verbraucher zu schützen sind, läßt sich den Vorschriften daher schon nicht entnehmen. Ein solches Prinzip wäre nicht nur ganz unbestimmt. Es wäre auch mit fundamentalen Prinzipien – formale Rechtsgleichheit, Vertragsfreiheit, Selbstverantwortung, Rechtssicherheit – des Sekundär- wie des Primärrechts unvereinbar, die gerade auch im Interesse und zum Schutz von Verbrauchern bestehen.[129]

---

is under any obligation to assist the other party. In a sense all this is the essence of freedom of contract and free enterprise, and it is doubtful if trade and commerce could operate in the way it does on the basis of any other rule in the ordinary way.").

125 *Staudenmayer* RIW 1999, 733, 737; ähnlich *Hoffmann* FS Reich, S. 305. Weitreichende Informationspflichten kennen freilich das französische und das niederländische Recht; dazu *van Rossum* MJ 3 (2000) 300, 301–306.

126 Vgl. auch *Grundmann* JZ 2000, 1133, 1136–1138.

127 Dazu *Staudenmayer* RIW 1999, 733, 734f.

128 S.o., II 1. Vgl. auch *Schricker* GRUR 1992, 242, 245 und 246.

129 S.o., § 16 I 3 b bb (4) (S. 445–449) (Bestimmung der Mißbräuchlichkeit von nicht-ausgehandelten Klauseln am Maßstab grundlegender vertragsrechtlicher Wertungen).

## III. Formale Prinzipien der Rechtsetzung auf dem Gebiet des Privatrechts

### 1. Das Prinzip der zweiseitigen Begründung

Das Prinzip der zweiseitigen Begründung haben wir bereits eingangs vorgestellt und näher begründet.[130] Die Begründung für die Auferlegung von Pflichten oder die Zuerkennung von Rechten im Verhältnis zwischen Privatrechtssubjekten muß danach zwar nicht vollständig, aber immerhin noch „zureichend" aus dem Verhältnis der unmittelbaren Normadressaten begründet sein. Die Frage, ob dieser Grundsatz beachtet wurde, stellt sich im Europäischen Vertragsrecht, das ganz überwiegend Schutzrecht für eine Gruppe ist, andauernd.

Die Durchsicht des Europäischen Vertragsrechts hat gezeigt, daß sich eine zweiseitige Begründung in den meisten Fällen finden läßt. Insbesondere ist zu wiederholen, daß sich der Gesetzgeber nicht auf einen „sozialen Verbraucherschutz" eingelassen hat, sondern mit seinen Regelungen durchgehend versucht, situationsspezifische Defizite auszugleichen.[131] Beispielhaft seien noch einmal die Widerrufsrechte und die Belehrungspflichten angeführt. Die Widerrufsrechte gibt der Gesetzgeber wegen der mit der gewählten Absatzform verbundenen spezifischen Gefährdung der wirtschaftlichen Selbstbestimmung des anderen Teils bzw. wegen der Bedeutung des Geschäfts zu. Sie sind so aus dem Verhältnis der Parteien begründet, da dem Verpflichteten zwar kein Fehlverhalten vorzuwerfen ist, er aber auf „gefährliche Weise" oder mit „gefährlichen Gegenständen" handelt. Bei den Belehrungspflichten zeigt sich die Berücksichtigung des Grundsatzes der zweiseitigen Begründung gerade in der Zurückhaltung des Gesetzgebers. Belehrungspflichten gibt er den Vertragspartnern nur ausnahmsweise auf, vor allem als Ergänzung von Widerrufsrechten. Weitergehenden Vorschlägen – z.B. dem Vorschlag, weitgehende Belehrungspflichten des Verkäufers vorzusehen –[132] ist der Gesetzgeber zu Recht nicht gefolgt. Im Gegenteil hat er die Pflicht, Verbraucher über neues Recht zu unterrichten, gerade in jüngeren Richtlinien den mitgliedstaatlichen Gesetzgebern auferlegt und sie so aus der Vertragsbeziehung herausgehalten.[133]

Allerdings gibt es auch gegenläufige Tendenzen,[134] z.B. wenn der Gesetzgeber in den Begründungserwägungen zum Vorschlag der Dienstleistungshaftungsrichtlinie sagt: „Der Schutz des Geschädigten beinhaltet, daß der Dienstleistende seine Haftung diesem

[130] § 11 II 2 (S. 246f.).

[131] S. bereits oben, II 1 (S. 555–557).

[132] *Schnyder/Straub* ZEuP 1996, 8, 64f.

[133] Art. 9 KGRL, Art. 16 FARL; s.o., § 15 B II 3 (S. 382f.) sowie in diesem Kapitel II 3 (S. 560f.) mit Fn. 37.

[134] Das besorgt – im Hinblick auf das deutsche Recht – *Schmidt-Salzer* NJW 1994, 1305, 1313, wenn er von einer „zunehmenden Polarisierung und Weltdominanz des Verbraucherschutzes" und der abnehmenden Bereitschaft spricht, „Belange der Industrie, des Handels oder von sonstigen gewerblichen oder beruflichen Bereichen als ‚berechtigt' anzuerkennen".

gegenüber weder begrenzen noch ausschließen kann."[135] Das ist wohl nur als Inhaltsangabe („beinhaltet") gemeint und nicht als Begründung für die Zuerkennung eines Ersatzanspruchs gegen den Dienstleistenden. Als Begründung für die Haftung jedenfalls wäre die Aussage ganz untauglich, da sie nur bedeutet, daß der Gläubiger Ersatz verdient, nicht aber, warum der Schuldner ihn leisten sollte. Den Mangel dieser Begründung verdeutlicht das Beispiel von *Bydlinski,* daß ein kleines hilfloses Kind Schutz und Fürsorge braucht: Das ist sicher richtig, doch bedarf die Zuerkennung eines Schutzanspruchs gegen eine Privatperson eben einer zweiseitigen Begründung.[136]

## 2. Subsidiaritätsprinzip und Verhältnismäßigkeitsprinzip

Nach dem Subsidiaritätsprinzip müssen dem einzelnen und der staatsfern gesellschaftlichen Ebene ein hinreichender Bestand an Aufgaben und das Vermögen verbleiben, sie selbst zu erfüllen.[137] Nach dem Verhältnismäßigkeitsgrundsatz ist – vereinfacht gesagt – bei Eingriffen in die Vertragsfreiheit das mildeste Mittel zu bevorzugen.[138] Beide Grundsätze hängen zusammen, da ein Eingriff in die Vertragsfreiheit stets bedeutet, daß dem einzelnen – dem Geschützten wie dem Verpflichteten – eine zuvor bestehende Kompetenz zur Regelung teilweise entzogen wird.

Das Europäische Vertragsrecht berücksichtigt diese Regelungsprinzipien weitgehend. In der Grundfreiheitenrechtsprechung hat der EuGH den Mitgliedstaaten – und grundsätzlich auch der Gemeinschaft –[139] den Verhältnismäßigkeitsgrundsatz im Rahmen des Verbraucherschutzrechts bereits vorgegeben. Danach ist z.B. ein Widerrufsrecht dem vollständigen Verbot des betreffenden Vertrags vorzuziehen, weil und soweit dadurch der erforderliche Schutz schon gewährleistet ist.[140] Subsidiarität und Verhältnismäßigkeit beherzigt aber auch der Gesetzgeber.[141] Das zeigt sich vor allem in der Bevorzugung prozeduraler Vorschriften gegenüber inhaltlichen Regelungen, z.B. bei der Wahl von

---

[135] BE 15 DHRL.

[136] *Bydlinski* System, S. 94.

[137] Oben, § 11 II 2 (S. 246f.).

[138] S. zum deutschen Recht *Neuner* Privatrecht und Sozialstaat, S. 230–236; *Zöllner* Privatrechtsgesellschaft, S. 45–48.

[139] Zur Bindung der Gemeinschaft an die Grundfreiheiten oben, § 5 I 1 (S. 85f.).

[140] EuGH v. 16.5.1989 – Rs. 382/87 *Buet ./. Ministère Public* Slg. 1989, 1235 Tz. 12 („Insoweit ist darauf hinzuweisen, daß die Werbung an der Haustür den potentiellen Käufer der Gefahr eines unüberlegten Kaufs aussetzt. Um dieser Gefahr zu begegnen, genügt es in der Regel, den Käufern ein Recht zum Rücktritt von einem im Bereich ihrer Wohnung geschlossenen Vertrag zu garantieren.").

[141] Vgl. auch *Immenga* EuZW 1993, 169 („Für diese Harmonisierung [in den Grenzen zwingender Erfordernisse] ist der Grundsatz der Verhältnismäßigkeit zu beachten. Mögliche Abstufungen bei Einschränkungen werden deutlich, wenn man die unterschiedlichen Wirkungsintensitäten vom Widerrufsrecht bis zur Inhaltskontrolle von Verträgen überblickt.")

Informations- und Widerrufsrechten anstelle von Inhaltsregelungen.[142] *Insoweit* kann man treffend von einem Informationsmodell als Ausdruck von Subsidiarität und Verhältnismäßigkeit sprechen. Beispielhaft zeigt sich das, wenn der Gesetzgeber in der Pauschalreiserichtlinie eine Zwangsversicherung nur gegen das Insolvenzrisiko begründet, sich aber sonst mit Informationspflichten begnügt. Es zeigt sich ferner, wenn der Gesetzgeber den Verbraucherkredit- und Pauschalreiseanbietern keine Prospektbegebungs- bzw. Informationspflicht auferlegt, sondern nur für den Fall der Prospektbegebung bzw. Kostenwerbung eine Pflicht zur wahren bzw. vollständigen Information begründet. Allgemein bedeutet der Schutz durch Informationspflichten nur eine Stärkung der wirtschaftlichen Selbstbestimmung und Selbstverantwortung, also keine paternalistische Fürsorge, sondern eine „Hilfe zur Selbsthilfe".

Ein weiteres Beispiel für die Zurückhaltung des Gesetzgebers und sein Bemühen, die einzelnen oder den relativ staatsfernen Bereich zu stärken, sind die bereits öfter genannten Belehrungsvorschriften. So ist in der Fernabsatzrichtlinie und in der Kaufgewährrichtlinie vorgesehen, daß die Mitgliedstaaten falls angebracht auch die Berufsorganisationen auffordern sollen, die Verbraucher über ihre Rechte zu informieren. Durch die dritte Richtliniengeneration im Versicherungsrecht hat der Gesetzgeber die behördliche Kontrolle von Versicherungsbedingungen zurückgenommen und den Verbrauchern überantwortet. Und in diesem Zusammenhang ist schließlich zu erwähnen, daß vor allem die AGB-Richtlinie den Schutz von Verbrauchern auch durch private Verbände vorsieht, denen ein Verbandsklagerecht zuzugeben ist.[143]

Nur in Einzelpunkten hat sich die Frage gestellt, ob die Pauschalierung bei der Gesetzgebung nicht zu Fehlallokationen führt, z.B. wenn der Gesetzgeber das Widerrufsrecht nach der Fernabsatzrichtlinie als unabdingbar und daher auch für den Fall der Nachbestellung eines bekannten Produkts vorschreibt.[144] Auch im Bereich der Kaufgewährleistung kann man bezweifeln, ob der unabdingbaren Regelung nicht eine Regelung im Wege der Klauselkontrolle vorzuziehen gewesen wäre.[145] Indes ist die vom Gesetzgeber vorgenommene Pauschalierung zumindest im Ganzen nicht als fehlerhaft anzusehen, sondern – wie in den Beispielen – aus Gründen des effizienten Schutzes, aber auch der Rechtssicherheit durchaus gut begründet.

---

[142] *Grundmann* ZHR 163 (1999) 635, 675f. („Einschränkung der Privatautonomie ... nur als ultima ratio verstanden"); *ders.* ERPL 2000, 505, 524–527; *Martinek* in: Systembildung, S. 518–520 (freilich im folgenden kritisch gegenüber einem Übermaß an Information); auch *Reich* Verbraucherrecht, Tz. 143a; *Steindorff* ZHR 164 (2000) 223, 249. Allgemein zu einem prozeduralen Verständnis der Privatautonomie *Calliess* JbJZ 2000, 85–110.

[143] Art. 7 Abs. 2, 3 AGBRL. Ferner etwa Art. 11 Abs. 2 FARL.

[144] § 14 II 3 (S. 344f.).

[145] § 17 A II 5 c (S. 493f.).

## IV. Ein „neues Vertragsmodell"?

Abschließend ist jetzt auf die eingangs gestellte Frage[146] zurückzukommen: Liegt dem Europäischen Vertragsrecht ein neues Vertragsmodell zugrunde?

### 1. „Kompetitives Vertragsrecht"

Die von manchen angenommenen Umwälzungen des Vertragsrechts lassen sich nach unserer Durchsicht nicht bestätigen. Das gilt zunächst für das in Einzelheiten fast revolutionäre „kompetitive Vertragsrecht". Was sich hinter dieser Bezeichnung verbirgt, hatten wir bereits oben skizziert und ist hier nur in Erinnerung zu rufen und noch etwas zu vertiefen. Kompetitives Vertragsrecht ist keineswegs – was sprachlich vielleicht naheläge – ein Vertragsrecht, das Markt und Wettbewerb im herkömmlichen Sinne besonders verpflichtet wäre.[147] „Kompetitives Vertragsrecht steht in einem Gegensatz zur Leitidee der klassischen Rechtsgeschäftslehre, zu ‚pacta sunt servanda'. Kompetitives Vertragsrecht ist nicht geleitet von Bindung, sondern von Flexibilität. Es verlängert den Wettbewerb über den Zeitpunkt des Vertragsschlusses hinaus. Kompetitives Vertragsrecht ersetzt nicht den Grundsatz von ‚pacta sunt servanda', zeigt aber, daß ‚pacta sunt servanda' in einem europäisierten Vertragsrecht nicht mehr den Stellenwert hat wie in der nationalen Privatrechtsordnung."[148] „Ziel eines europäischen Vertragsrechtsmodells scheint es nicht mehr zu sein, daß ein einmal geschlossener Vertrag auch wirklich Bestand hat. Hat eine Vertragspartei erkannt, daß sich kurzfristig die Möglichkeit ergibt, das Produkt andernorts billiger einzukaufen oder die Dienstleistung günstiger nachzufragen, soll die Möglichkeit bestehen, sich aus dem Vertrag herauszulösen."[149] Dieses Vertragsmodell wird auch rechtsethisch begründet. „Kompetitives Vertragsrecht fördert die Ausbildung einer genuinen Gerechtigkeitslogik. Diese wird durch den Ausstieg aus einem Vertrag und den Umstieg auf einen neuen Vertrag gewährleistet. Eine solche Gerechtigkeitslogik ist nicht mehr nur allokativ, sie ist aber auch nicht notwendigerweise sozial."[150]

Eine ähnliche, aber in ihrer Reichweite begrenztere Annahme, stützt ein anderer Autor auf die Vorschriften des Art. 8 VerbrKrRL (vorzeitige Darlehensrückzahlung)[151] und des Art. 4 Abs. 3 PRRL (Vertragsübertragung bei Verhinderung)[152], die dem Verbraucher in gewisser Weise eine Lösung vom Vertrag ermöglichen. „Diese Regelungen

---

[146] § 11 II 3 (S. 247–249).

[147] So hatte – wohl treffender – *Köndgen* Selbstbindung, S. 121–125 (Hauptmerkmale S. 122) sowie S. 316–318, den Begriff verwandt.

[148] *Micklitz* ZEuP 1998, 253, 265–267.

[149] *Micklitz* ZEuP 1998, 253, 265.

[150] *Micklitz* ZEuP 1998, 253, 267.

[151] Dazu oben, § 15 C I 3 (S. 395f.).

[152] Dazu oben, § 15 E I 3 (S. 417–421).

deuten darauf hin, daß Vertragsklauseln, welche einen Verbraucher an feste Vertragslaufzeiten binden, gemeinschaftsrechtlich möglicherweise für bestimmte Vertragstypen, insbesondere aus dem Dienstleistungsbereich, unzulässig sind; solche Klauseln halten den Verbraucher ja nicht nur an Verträgen fest, für deren Leistungen er vielleicht im Laufe der Zeit keine Verwendung mehr hat, sondern sie blockieren darüber hinaus den freien Wechsel des Verbrauchers von einem Leistungsanbieter zu einem anderen und tangieren damit auch den freien Waren- und Dienstleistungsverkehr."[153]

Das Fundament, auf dem das „Modell des kompetitiven Vertragsrechts" beruht, ist die Annahme, im Europäischen Vertragsrecht gelte der Grundsatz der Vertragsbindung nicht mehr oder doch nur *wesentlich* eingeschränkt. Diese Annahme trägt indes nicht. Vielmehr hat sich in der obigen Erörterung gezeigt, daß die Vertragsbindung zwar in einzelnen, sachlich begründeten und begrenzten Bereichen eingeschränkt wird, daß der Gesetzgeber sie aber nicht im Kern negiert.[154] Wie sollte er auch: Gerade der von den Verfechtern des kompetitiven Vertragsrechts wohl bezweckte Verbraucherschutz läßt sich ohne Vertragsbindung nicht erzielen. Verbraucher selbst wollen die Vertragsbindung, weil sie sich auf die Vereinbarung verlassen können wollen und weil sie die Einschränkungen der Bindung (und Verläßlichkeit für den anderen Teil) letztlich kollektiv bezahlen müssen. So ist denn auch die „genuine Gerechtigkeitslogik" nicht erkennbar, die ein kompetitives Vertragsrecht fördern soll.[155] Auch daß die Vertragsbindung den grenzüberschreitenden Waren- und Dienstleistungsverkehr behindern würde, ist bislang nicht zu erkennen.[156] Eher muß man im Gegenteil annehmen, eine Einschränkung des Bindungsgrundsatzes, wie sie den Verfechtern eines „kompetitiven Vertragsrechts" vorschwebt, würde eine unverhältnismäßige, nicht aus Gründen des Verbraucherschutzes gerechtfertigte Behinderung darstellen, wenn nicht geradezu die Grundfreiheiten im Kern angreifen, da auch sie die Freiheit bezeichnen, sich zu binden. „Kompetitives Vertragsrecht" ist daher weder eine zutreffende Beschreibung des Europäischen Vertragsrechts – oder auch des gemeineuropäischen Vertragsrechts –[157] noch ein taugliches Modell für seine zukünftige Gestaltung. Auch wenn die Schlagwörter von der „Flexibilität" und der „Verlängerung des Wettbewerbs" ebenso wie die Bezeichnung als „*kompetitives* Vertragsrecht" anderes suggerieren sollen, muß man doch erkennen, daß dieses Modell für eine durch den Wettbewerb geordnete Marktwirtschaft ganz unabsehbare Konsequenzen haben würde[158] und damit wohl prinzipiell unvereinbar wäre.

---

[153] *Nassall* JZ 1995, 689, 694. Der Bezug auf Vertragsklauseln rührt daher, daß *Nassall* es aaO unternimmt, dem Grundsatz von Treu und Glauben einen autonomen, von Prinzipien des europäischen Vertragsrechts geprägten Gehalt zu geben; dazu oben, § 16 I 3b bb (S. 442–451).

[154] Oben, II 4 (S. 561–563).

[155] Kritisch auch H. *Roth* JZ 1999, 529, 534. Hier – wie schon beim „Prinzip der legitimen Erwartungen" – stellt sich die Frage: was ist eine „genuine Gerechtigkeitslogik", wann ist sie „allokativ", wann „sozial", und was ist, wenn sie nicht nur allokativ, aber auch nicht sozial ist?

[156] Dabei darf man nicht übersehen, daß schon nach nationalem Recht „überlange" rechtsgeschäftliche Bindungen der Kontrolle unterliegen; s. nur Jauernig-*Jauernig* § 138 BGB Rn. 12; *Neuner* Privatrecht und Sozialstaat, S. 264.

[157] Zutreffend *Canaris* AcP 200 (2000) 273, 344f.

[158] S. schon oben, II 4 (S. 561–563).

## 2. „Vertragliche Solidarität"

Weniger grundstürzend, sondern als Weiterentwicklung der „klassischen liberalen Vertragsgrundsätze versteht sich die Lehre von der „vertraglichen Solidarität", die auf drei tragenden Prinzipien beruht, dem „Grundsatz der vertraglichen Gleichheit", dem „Grundsatz des vertraglichen Gleichgewichts" und dem (gleichsam speziellen) „Grundsatz der vertraglichen Solidarität".[159] Für die Erörterung dieser Lehre ist noch einmal besonders zu betonen, daß sie (noch) nicht beansprucht, ausgefeilt zu sein, sondern sich im Gegenteil ausdrücklich die Abstimmung der von ihr formulierten „‚neuen' sozialen Werte einerseits und dem klassischen Wert der Vertragsfreiheit und dem Funktionieren des Wettbewerbs am Markt andererseits"[160] vorbehält. Wenn man indes die „Grundsätze der vertraglichen Solidarität" in ihrer vorläufigen Formulierung beim Wort nimmt, so bestätigt die vorliegende Untersuchung die Annahme nicht, daß diese Prinzipien schon dem Europäischen Vertragsrecht zugrundeliegen würden.

Das gilt zunächst für den Grundsatz der vertraglichen Gleichheit. „Der ‚Grundsatz der vertraglichen Gleichheit' ... bezieht sich auf die ungleiche Ausgangsposition der beiden vertragschließenden Parteien, die aus der Verbrauchereigenschaft, einer spezifischen ungleichen Macht- und/oder Informationslage zwischen Kaufleuten oder zwischen Privatleuten, aber auch aus der AGB-Stellung resultieren kann."[161] Er soll wohl bedeuten, daß der Vertrag nach Europäischem Vertragsrecht zu seiner Wirksamkeit oder Kontrollfreiheit voraussetzt, daß die Parteien wesentlich gleiche Ausgangspositionen hatten.[162] Mit anderen Worten würde das Prinzip bedeuten: Wenn die Parteien ungleiche Positionen haben, weil (1) der eine ein Verbraucher ist oder weil sie (2) als Kaufmann einerseits und Verbraucher andererseits (a) ungleiche Macht oder (b) unterschiedliche Informationsstände haben oder weil (3) ein Partner dem anderen die Vertragsbedingungen in Form von AGB stellt, dann schützt das Recht den Benachteiligten. In dieser Allgemeinheit ist an dem Grundsatz etwas Wahres dran, läßt er sich aber ganz überwiegend nicht halten. Keinen Rückhalt findet im Europäische Vertragsrecht der erste Fall, denn dieses schützt Verbraucher nicht als solche, sondern nur bei spezifischen Defiziten.[163] Bei der zweiten Variante geht es in der Sache um die Verbraucherdefinition, sie läuft daher auf eine Rechtfertigung von spezifischen Schutzregeln für Verbraucher hinaus. Verbraucher („Privatleute") sollen danach besonders geschützt werden, weil sie weniger mächtig oder weniger informiert sind als Unternehmer („Kaufleute"). Jedenfalls für die Begründung aus der „ungleichen Machtlage" findet sich im Europäischen Vertragsrecht

---

159 *Lurger* Vertragliche Solidarität, S. 128–139; oben, § 11 II 3 (S. 248f.).

160 *Lurger* Vertragliche Solidarität, S. 137. Differenziert dazu etwa *Wilhelmsson* Social Contract Law, S. 123–189 und 209–213; im Vergleich mit den „sozialen" Elementen des nordischen Vertragsrechts stellt *Wilhelmsson* aaO S. 191–208 geringere Schutzstandards des Europäischen Vertragsrechts fest.

161 *Lurger* Vertragliche Solidarität, S. 130f.

162 Da eine Rechtsfolge nicht einmal der Richtung nach angegeben ist („bezieht sich auf"), ist der Grundsatz freilich wenig klar.

163 Oben, § 12 A I 2 (S. 253f.) und II 1 (S. 260f.).

wohl kein Anhaltspunkt. Diese Begründung wäre auch schon deswegen höchst problematisch, weil nicht ansatzweise erkennbar ist, wie man Macht mißt.[164] Der Lebensmittelkonzern, dem der Laden an der Ecke angehört, dürfte „mächtiger" sein als ich, der Fahrradhändler, der mir am Samstag ein Sonderangebot macht, weil er bis 13.00 noch keinen Umsatz gemacht hat, ist es (nach meinem Selbstverständnis) wohl nicht. Eben wegen dieser Unbestimmtheit droht die Maßgabe der „Machtlage" aber auch, zu einem Verbraucherschutz nach dem Gieskannenprinzip zu führen, den die Gemeinschaft bislang im Vertragsrecht nicht verfolgt. Und endlich kann man zweifeln, ob die ungleiche Macht notwendig zur Fehlerhaftigkeit des Vertrags führt.[165] Es sind aber auch nicht die ungleichen Informationslagen, die im Europäischen Vertragsrecht die Schutzbedürftigkeit des Verbrauchers ausmachen. Allerdings gibt es im Europäischen Vertragsrecht eine Vielzahl von Informationsvorschriften und allerdings können diese ja nur den Sinn haben, einen Informationsbedarf des Berechtigten auszugleichen. Verbraucherschutz und Informationspflichten werden indes aus besonderen Gründen zugegeben und nicht einfach deshalb, weil der eine mehr und der andere weniger weiß. Weil der unterschiedliche Informationsstand aber praktisch bei jedem Vertrag vorkommt, egal, ob Verbraucher beteiligt sind oder nicht, kann er auch nicht dazu dienen, relevante von irrelevanten Ungleichheiten zu scheiden. Allein für den dritten Aspekt des „Prinzips der vertraglichen Gleichheit" kann man eine Verankerung im positiven Gemeinschaftsrecht finden; AGB werden als nicht-ausgehandelte (und in diesem Sinne „gestellte") Vertragsklauseln kontrolliert. Indes ist der Grund für die Inhaltskontrolle nicht die mangelnde Gleichheit der Vertragspartner, sondern das Fehlen der Aushandelung und das Versagen des Wettbewerbsmechanismus.[166]

Mit der Vertragsgerechtigkeit hat der „Grundsatz des vertraglichen Gleichgewichts" zu tun. Dieser „bezieht sich auf die Ausgewogenheit des Vertragsinhalts; er ist auch unabhängig von der Ungleichgewichtslage [nach dem Grundsatz der vertraglichen Gleichheit] zu beachten und erstreckt sich auf anfängliche im Vertragsabschluß angelegte ebenso wie auf nach Vertragsabschluß etwa durch unvorhersehbare Umstände entstandene Ungleichgewichte".[167] Das ist wohl nichts anderes als das Äquivalenzprinzip unter neuem Namen. Auch hier kann man aufgrund der allgemein gehaltenen Formulierung des Grundsatzes nicht sagen, der Grundsatz finde im Europäischen Vertragsrecht keine Stütze. Indes läßt die Formulierung die wesentliche Frage gerade offen, nämlich, ob das Gleichgewicht formal bzw. objektiv oder material bzw. subjektiv bestimmt sein soll. Nach der obigen Durchsicht[168] gilt auch im Europäischen Vertrags-

---

[164] Pointiert *Zöllner* AcP 196 (1996) 1, 35, der seine Erörterungen zusammenfaßt: „Ungleichgewichtigkeit ist, ungeachtet dessen, daß viele Rechtstheoretiker sie – unmittelbar zu Gott – fühlen oder konstatierten zu können glauben, ein weder in seinen Voraussetzungen beschreibbarer noch meßbarer Sachverhalt."

[165] Vgl. *Zöllner* AcP 196 (1996) 1, 15–33. S.a. die abgewogene Stellungnahme zum „Fehlen der Vertragsparität" als maßgeblichem Kriterium bei *Drexl* Wirtschaftliche Selbstbestimmung, S. 208.

[166] S.o. II 5 (S. 567–569).

[167] *Lurger* Vertragliche Solidarität, S. 131.

[168] Oben, II 5 (S. 568f.).

recht der Grundsatz der Inhaltsfreiheit. Was zwischen den Parteien „gerecht" ist, bestimmen diese, ggf. in ihrer wirtschaftlichen Selbstbestimmung durch Information gestärkt, grundsätzlich selbst. Nur aus besonderen Gründen ist eine Inhaltskontrolle angeordnet. Und wie die bei Transparenz grundsätzlich anerkannte Kontrollfreiheit von Preis und Äquivalenzverhältnis verdeutlicht, folgt der Gesetzgeber auch hier prinzipiell einem prozeduralen Vorgehen zum Schutz der Vertragsgerechtigkeit. Für ein materiales Verständnis des „Grundsatzes des vertraglichen Gleichgewichts" (als *Grundsatz*) findet sich im Europäischen Vertragsrecht kein Anhalt.

Der (spezielle) Grundsatz der vertraglichen Solidarität bedeutet die Pflicht, loyal nach Treu und Glauben zu handeln, er „beinhaltet ... kurz alle Tätigkeiten, die sich aus der Rücksichtnahme auf und der (solidarischen oder altruistischen) Förderung der Interessen der anderen Partei (emphatie juridique) – teilweise auch unter Hintanstellung der eigenen Interessen – ergeben können".[169] Man könnte wohl auch von einem Fürsorgeprinzip sprechen. Freilich soll wohl nur der „stärkere" (mächtigere, informiertere) Partner gebunden sein, für den anderen zu sorgen; obwohl das freilich keineswegs selbstverständlich ist, denn auch der „Schwache", etwa der Verbraucher, kann ja Anlaß haben, an die Interessen des anderen zu denken.[170] Das Prinzip der vertraglichen Solidarität ist am ehesten mit dem Grundsatz von Treu und Glauben vergleichbar. Über diesen geht es indes deutlich hinaus. Im deutschen Recht ist ganz unumstritten, daß Treu und Glauben im „normalen" Schuldverhältnis nicht dazu verpflichtet, gleichrangige Interessen des anderen Teils unter Hintanstellung der eigenen Interessen zu fördern.[171] Nur aufgrund der besonderen Stellung der Beteiligten kann für einzelne Vertragstypen anderes gelten, z.B. für den Arbeitsvertrag – hier spricht man deshalb auch von der Fürsorgepflicht des Arbeitgebers –[172], für den Gesellschaftsvertrag[173] und natürlich für den Treuhandvertrag[174]. Soweit das Europäische Vertragsrecht den Grundsatz von Treu und Glauben

---

[169] *Lurger* Vertragliche Solidarität, S. 131. Als verfassungsrechtliches, nicht gemeinschaftsvertragsrechtliches Prinzip, begründet *Hatje* Loyalität als Rechtsprinzip (2001) den Grundsatz der Loyalität.

[170] Beispiele dafür liefern die Nebenpflichten des Arbeitnehmers; dazu nur *Zöllner/Loritz* Arbeitsrecht, § 13 II, III (S. 171–175, 175f.).

[171] Münchener Kommentar-*Roth* § 242 Rn. 204.

[172] Münchener Kommentar-*Roth* § 242 Rn. 204 und – zur systematischen Einordnung der arbeitsrechtlichen Treue- und Fürsorgepflichten als Anwendungsfälle von § 242 BGB – Rn. 151; Staudinger-*Richardi* (1999) § 611 Rn. 381; auf der Grundlage der Lehre vom personenrechtlichen Gemeinschaftsverhältnis in der allgemeinen Formulierung weitergehend noch *Hueck*/Nipperdey Arbeitsrecht I, S. 241f., der aber S. 244 ebenfalls betont, daß der Arbeitnehmer nicht gehindert ist, seine eigenen Interessen mit den gesetzlich zulässigen Mitteln zu fördern. Freilich wird im deutschen Arbeitsrecht zu Recht nur mit Zurückhaltung von einer *Solidarität* zwischen Arbeitgeber und Arbeitnehmer oder unter Arbeitnehmern gesprochen; vgl. BAG AP Nr. 70 zu Art. 9 GG Arbeitskampf; AP Nr. 65 zu Art. 9 GG.

[173] Münchener Kommentar-*Roth* § 242 Rn. 204 und – zur systematischen Einordnung bei § 242 BGB – Rn. 152.

[174] Münchener Kommentar-*Roth* § 242 Rn. 204; *Coing* Die Treuhand kraft privaten Rechtsgeschäfts, S. 137–142. *Grundmann* Treuhand, S. 192–236 und *passim* sieht in der „Interessenwahrungspflicht *stricto sensu*" *das* Kennzeichen der Treuhand.

anerkennt, statuiert es aber ebensowenig eine so weitgehende Solidaritätspflicht, auch hier ist zu erkennen, daß der Schuldner eigene Interessen nicht hintanzustellen braucht.[175] Nur ausnahmsweise haben wir Elemente der Fürsorge im Leistungsstörungsrecht der Pauschalreiserichtlinie gefunden.[176]

## V. Privatrechtsgesellschaft und Sozialstaat

Das Ergebnis der voranstehenden Überlegungen mag man als enttäuschend ansehen, vor allem, wenn man sich von der Europäischen Rechtsangleichung sozialreformerische Impulse erhofft hat. Nach dieser Durchsicht beruht das Europäische Vertragsrecht weitgehend auf dem liberalen Vertragsrechtsmodell, es ergänzt dieses allerdings in Einzelpunkten, vor allem mit dem Ziel, faktisch nicht gewährleistete Bedingungen dieses Modells zu erfüllen („Materialisierung"). Dabei geht der Gesetzgeber nicht nur von dem hergebrachten Vertragsrecht liberalen Zuschnitts aus, es ist auch erkennbar, daß er darin nur verhältnismäßig eingreift und dazu Mittel anwendet, die, wie Informationspflichten und Widerrufsrechte, strukturell mit dem hergebrachten Vertragsrecht gut vereinbar sind. Eine Umwälzung des Vertragsrechts läßt sich nicht bestätigen.

Dadurch fällt es auch schwer, einen zugkräftigen Begriff für das „Vertragsrechtsmodell" zu finden. Da der Gesetzgeber nicht neue Prinzipien einführt, sondern die vorbestehenden Prinzipien nur in Einzelpunkten verstärkt oder abschwächt, sind Begriffe wie „kompetitives Vertragsrecht" oder „Solidarität" eher irreführend. Will man die Entwicklung begrifflich kennzeichnen, so bieten sich dafür am ehesten die Termini an, die in zwei grundlegenden Untersuchungen hervorgehoben wurden: Privatrechtsgesellschaft[177] und Sozialstaat[178].[179] Mit dem Begriff der Privatrechtsgesellschaft wird die fundamen-

---

[175] Oben, § 15 D II 3 b bb (S. 409).

[176] Oben, § 17 A III 4 (S. 518f.).

[177] *Böhm* ORDO 17 (1966) 75–151. Dazu aus dem jüngeren Schrifttum vor allem *Canaris* FS Lerche, S. 873–891; *Zöllner* Privatrechtsgesellschaft im Gesetz- und Richterstaat (1996). Für das Europäische Privatrecht *Grundmann* ZHR 163 (1999) 635, 640f.; *Kluth* AöR 122 (1997) 557, 578–581; *Müller-Graff* in: Party Autonomy, S. 150; *ders.* Die europäische Privatrechtsgesellschaft in der Verfassung der Europäischen Union, in: Müller-Graff/Roth (Hrsg.) Recht und Rechtswissenschaft – Signaturen und Herausforderungen zur Jahrtausendwende (2000), S. 271, 295; und, aus ökonomischer Sicht, *Mayer/Scheinpflug* Privatrechtsgesellschaft (1996).

[178] *Neuner* Privatrecht und Sozialstaat (1999).

[179] Aufgrund einer ähnlichen Analyse, aber für einen anders abgegrenzten Regelungsbereich – das Europäische Handelsrecht – hat *Grundmann* ZHR 163 (1999) 635, 675, in terminologischer Anlehnung an *Wieacker* in: Industriegesellschaft und Privatrechtsordnung, S. 23–26 („Ethik sozialer Verantwortung"), die Umschreibung als „Handelsrecht der sozialen Verantwortung" gewählt; s.a. schon *ders.* Schuldvertragsrecht, 1. Teil Rn. 15; diese Terminologie greift jetzt auch die *Kommission* auf: Grünbuch Europäische Rahmenbedingungen für die soziale Verantwortung der Unternehmen, KOM(2001) 366 endg.. Daß dort mit „sozialer Verantwortung" primär rechtlich nicht geforderte Verhaltensweisen bezeichnet (Rn. 20–26) werden, steht der Begriffswahl *Grundmanns* nicht entgegen, zumal auch die *Kommission* gerade auch das Verhalten gegenüber Verbrauchern, um das es im

tale Bedeutung beschrieben, die dem Privatrecht nach der Überwindung der Ständeordnung in der Rechts- und Gesellschaftsordnung zukommt. Die Stellung des einzelnen ist danach nicht durch seinen „Stand" bestimmt, sondern durch die grundsätzliche Freiheit und Gleichheit aller. Dem einzelnen, nicht dem Staat, kommt die Freiheit und die Verantwortung zu, seine Ziele und auch die zu ihrer Verfolgung geeigneten Mittel selbst zu wählen. Diese Grundsatzentscheidung für die Privatautonomie bedeutet für das Vertragsrecht die Herrschaft von Vertragsfreiheit und Selbstverantwortung. Diese Prinzipien werden ergänzt durch einen wettbewerblich verfaßten und durch das Kartellrecht institutionell geschützten Markt. Dieses Grundmodell liegt auch dem Europäischen Vertragsrecht im Primär- und im Sekundärrecht zugrunde. Die Materialisierungstendenzen, die wir beobachtet haben, bedeuten nach der obigen Durchsicht keine Umwälzung, die es rechtfertigen würde, von einem nur „ideologischen Festhalten" an dem Modell der Privatrechtsgesellschaft zu sprechen.[180] Sie lassen sich treffender damit erklären, daß die Prinzipien der Privatrechtsgesellschaft durch das tendenziell gegenläufige Sozialstaatsprinzip verhältnismäßig eingeschränkt, aber nicht im Kern mißachtet werden.

---

Vertragsrecht meist geht, in den Begriff der „sozialen Verantwortung" mit einbezieht (Rn. 51). Ohne nähere Erläuterung kritisch *Steindorff* ZHR 164 (2000) 223, 258.

180 So aber *Habermas* Faktizität und Geltung, S. 478, unter Hinweis auf eine „Überwältigung" des Privatrechts durch Prinzipien des öffentlichen Rechts.

# Literaturverzeichnis


*Abeltshauser, Thomas E.*, Europäisierung des Reisevertragsrechts, EWS 1991, 97–102

*Adomeit, Klaus,* Diskriminierung – Inflation eines Begriffs, NJW 2002, 1622–1623

*Adomeit, Klaus,* Euro-Geld, Euro-Arbeit, Euro-Recht, NJW 1998, 2021–2023

*Alexy, Robert,* Recht, Vernunft, Diskurs – Studien zur Rechtsphilosophie, Frankfurt 1995

*Alexy, Robert,* Theorie der Grundrechte, 3. Auflage der Taschenbuchausgabe, Frankfurt a.M. 1996

*Alpa, Guido,* European Community Resolutions and the Codification of ‚Private Law', ERPL 2000, 321–333

*Armbrüster, Christian,* Ein Schuldvertragsrecht für Europa? – Bemerkungen zur Privatrechtsangleichung nach „Maastricht" und „Keck", RabelsZ 60 (1996), 72–90

*Assmann, Heinz-Dieter/Schneider, Uwe H.* (Hrsg), Wertpapierhandelsgesetz, 2. Auflage Köln 1999 (zitiert: Assmann/Schneider-Bearbeiter, § Rn.)

*Atiyah, Patrick Selim,* An Introduction to the Law of Contract, 5. Auflage Oxford 1995 (zitiert: Law of Contract)

*Ballerstedt, Kurt,* Über Zivilrechtsdogmatik, in: Kurt Ballerstedt/F. A. Mann/Horst-Heinrich Jakobs/Brigitte Knobbe-Keuk/Eduard Picker/Jan Wilhelm (Hrsg.), Festschrift für Werner Flume, Band I, Köln 1978, S. 257–282

*Bamforth, Nicholas,* The Application of the Human Rights Act 1998 to Public Authorities and Private Bodies, Cambr.L.J. 58 (1999) 159–170

*Bamforth, Nicholas,* The limits of European Union consumer contract law, E.L.Rev. 24 (1999) 410–418

*Bangemann, Martin,* Privatrechtsangleichung in der Europäischen Union, ZEuP 1994, 377–380

Bankrechtshandbuch, s. Schimansky

*Baquero Cruz, Julio,* Free movement and private autonomy, E.L.Rev. 24 (1999), 603–620

*Bar, Christian von,* Gemeineuropäisches Deliktsrecht, Erster Band, Die Kernbereiche des Delitksrechts, seine Angleichung in Europa und seine Einbettung in die Gesamtrechtsordnung, München 1996

*Bar, Christian von,* Internationales Privatrecht – Erster Band: Allgemeine Lehren, München 1987, Zweiter Band: Besonderer Teil, München 1991 (zitiert: IPR I und II)

*Bar, Christian von,* Paving the Way Forward with Principles of European Private Law, in: Centre for a Common Law of Europe/Society of European Contract Law SECOLA (Hrsg.), Communication from the Commission on European Contract Law (Harmonisation, Code, Optional Code), Conference, Leuven, 30th of Nov. and 1st of Dec. 2001, www.secola.org, Ausdruck befindet sich beim Verfasser (zitiert: von Bar, in: Greenpaper EU Contract Law [www-Fassung])

*Bar, Christian von,* Vereinheitlichung und Angleichung von Deliktsrecht in der Europäischen Union, ZfRV 1994, 221–232

*Barents, René,* The Internal Market Unlimited: Some observations on the legal basis of Community legislation, CMLR 1993, 85–109

*Barnard, Catherine,* EC Employment Law, 2. Auflage Oxford 2000

*Basedow, Jürgen* (Hrsg.), Europäisches Privatrecht – Quellen, Band 2, Den Hag/London/Boston 2000

*Basedow, Jürgen,* A Common Contract Law for the Common Market, in: Franco Ferrari (Hrsg.), The Unification of International Commercial Law – Tilburg Lectures, Baden-Baden 1998, 41–58 (mit wenigen Abweichungen auch abgedruckt in CMLR 33 (1996), 1169–1195; zitiert: Basedow in: Unification)

*Basedow, Jürgen,* Anforderungen an eine europäische Zivilrechtsdogmatik, in: Reinhard Zimmermann (Hrsg.), Rechtsgeschichte und Privatrechtsdogmatik, Heidelberg 2000, S. 79–100 (zitiert: Basedow in: Rechtsgeschichte und Privatrechtsdogmatik)

*Basedow, Jürgen,* Besprechung von: Grundmann, Europäisches Schuldvertragsrecht, ZEuP 2000, 741–743

*Basedow, Jürgen,* Codification of Private Law in the European Union: the making of a Hybrid, ERPL 2001, 35–49

*Basedow, Jürgen,* Das BGB im künftigen europäischen Privatrecht: Der hybride Kodex – Systemsuche zwischen nationaler Kodifikation und Rechtsangleichung, AcP 200 (2000), 445–492

*Basedow, Jürgen,* Das Internationale Privatrecht in Zeiten der Globalisierung, in: Gerhard Hohloch/Rainer Frank/Peter Schlechtriem (Hrsg.), Festschrift für Hans Stoll zum 75. Geburtstag, Tübingen 2001, S. 406–416

*Basedow, Jürgen,* Der Bundesgerichtshof, seine Rechtsanwälte und die Verantwortung für das europäische Privatrecht, in: Gerd Pfeiffer/Joachim Kummer/Silke Scheuch (Hrsg.), Festschrift für Brandner, Köln 1996, 651–681

*Basedow, Jürgen,* Der Transportvertrag – Studien zur Privatrechtsangleichung auf regulierten Märkten, Tübingen 1987

*Basedow, Jürgen,* Die Harmonisierung des Kollisionsrechts nach dem Vertrag von Amsterdam, EuZW 1997, 609

*Basedow, Jürgen,* EC Regulations in European Private Law, in: Jürgen Basedow/Isaak Meier/Anton K. Schnyder/Talia Einhorn/Daniel Girsberger (Hrsg.), Private Law in the International Arena – From National Conflict Rules Towards Harmonisation and Unification – Liber Amicorum Kurt Siehr, Den Hag 2000, S. 17–31 (zitiert: Basedow FS Siehr)

*Basedow, Jürgen,* The Case for a European Contract Act – Intervention at the Secola Conference at Leuven, 30 November 2001, in: Centre for a Common Law of Europe/Society of European Contract Law SECOLA (Hrsg.), Communication from the Commission on European Contract Law (Harmonisation, Code, Optional Code), Conference, Leuven, 30th of Nov. and 1st of Dec. 2001, www.secola.org, Ausdruck befindet sich beim Verfasser (zitiert: Basedow in: Greenpaper EU Contract Law [www-Fassung])

*Basedow, Jürgen,* The renascence of uniform law: European contract law and its components, Leg.Stud. 18 (1998), 121–145

*Basedow, Jürgen,* Über Privatrechtsvereinheitlichung und Marktintegration, in: Ulrich Immenga/Wernhard Möschel/Dieter Reuter (Hrsg.), Festschrift für Ernst-Joachim Mestmäcker, Baden-Baden 1996, 347–363

*Basedow, Jürgen,* Wirtschaftskollisionsrecht – Theoretischer Versuch über die ordnungspolitischen Normen des Forumstaates, RabelsZ 52 (1988), 8–40

*Basedow, Jürgen/Blaurock, Uwe/Flessner, Axel/Schulze, Reiner/Zimmermann, Reinhard,* Editorial, ZEuP 1993, 1–3

*Baumbach, Adolf/Hefermehl, Wolfgang,* Wettbewerbsrecht – Gesetz gegen den unlauteren Wettbewerb, Zugabeverordnung, Rabattgesetz und Nebengesetze – Kommentar, 22. Auflage München 2001

*Baumbach, Adolf/Hopt, Klaus J.,* Handelsgesetzbuch – mit GmbH & Co., Handelsklauseln, Bank- und Börsenrecht, Transportrecht (ohne Seerecht), 30. Auflage München 2000

*Baumgärtel, Gottfried,* Die beweisrechtlichen Auswirkungen der vorgeschlagenen EG-Richtlinie zur Dienstleistungshaftung auf die Arzthaftung und das Baurecht, JZ 1992, 321–325

*Beale, Hugh* (Hrsg.), Chitty on Contracts, Bände 1 und 2, 28. Auflage London 1999 (zitiert: Chitty-Bearbeiter Rn.)

*Beale, Hugh,* Continuing Contract Law Harmonisation under the White Paper of 1985 – Partly with Modifications, in: Centre for a Common Law of Europe/Society of European Contract Law SECOLA (Hrsg.), Communication from the Commission on European Contract Law (Harmonisation, Code, Optional Code), Conference, Leuven, 30th of Nov. and 1st of Dec. 2001, www.secola.org, Ausdruck befindet sich beim Verfasser (zitiert: Beale in: Greenpaper EU Contract Law [www-Fassung])

*Beale, Hugh,* Legislative Control of Fairness: The Directive on Unfair Terms in Consumer Contracts, in: Jack Beatson/Daniel Friedmann (Hrsg.), Good Faith and Fault in Contract Law, Oxford 1995, S. 231–261

*Beale, Hugh/Howells, Geraint,* EC Harmonisation of Consumer Sales Law – A Missed Opportunity?, J.Contract L. 12 (1997), 21–46

*Beatson, Jack,* Anson's Law of Contract, 27. Auflage Oxford 1998 (zitiert: Beatson Law of Contract)

*Beatson, Jack,* Has the Common Law a Future? Cambr.L.J. 56 (1997), 291–314

*Beatson, Jack,* Public Law Influences in Contract Law, in: Jack Beatson/Daniel Friedmann, Good Faith and Fault in Contract Law, Oxford 1995, S. 263–288

*Beatson, Jack,* The Incorporation of the EC Directive on Unfair Consumer Contracts into English Law, ZEuP 1998, 957–968

*Beatson, Jack/Friedman, Daniel,* Introduction: From ‚Classical' to Modern Contract Law, in: dies. (Hrsg.), Good Faith and Fault in Contract Law, Oxford 1995, S. 3–21

*Behrens, Peter,* Die Konvergenz der wirtschaftlichen Freiheiten im europäischen Gemeinschaftsrecht, EuR 1992, 145–162

*Behrens, Peter,* Krisensymptome in der Gesellschaftsrechtsangleichung, EuZW 1997, 193

*Behrens, Peter,* Mindestharmonisierung im Binnenmarkt – Stellungnahme –, in: Ulrich Everling/Wulf-Hennig Roth (Hrsg.), Mindestharmonisierung im Europäischen Binnenmarkt, Baden-Baden 1997, S. 33–37 (zitiert: Behrens in: Mindestharmonisierung)

*Beitzke, Günther,* Probleme der Privatrechtsangleichung in der Europäischen Gemeinschaft, ZfRV 1964, 80–93

*Belling, Detlev W./Collas, Martin,* Der Schutz der Arbeitnehmer vor den haftungsrechtlichen Folgen einer Betriebsaufspaltung, NJW 1991, 1919–1927

*Bender, Gunnar/Sommer, Christian,* E-Commerce-Richtlinie: Auswirkungen auf den elektronischen Geschäftsverkehr in Deutschland, RIW 2000, 260–264

*Bengoetxea, Joxerramon,* The Legal Reasoning of the European Court of Justice – Towards a European Jurisprudence, Oxford 1993 (zitiert: Bengoetxea Legal Reasoning)

*Berger, Klaus Peter,* Auf dem Weg zu einem europäischen Gemeinrecht der Methode, ZEuP 2001, 4–29

*Berger, Klaus Peter,* Vom praktischen Nutzen der Rechtsvergleichung – Die „international brauchbare" Auslegung nationalen Rechts, in: Klaus Peter Berger/Werner F. Ebke/Siegfried

Elsing/Bernhard Großfeld/Gunther Kühne (Hrsg.), Festschrift für Otto Sandrock zum 70. Geburtstag, Heidelberg 2000, S. 49–64

*Besse, Dirk,* Die justitielle Zusammenarbeit nach dem Vertrag von Amsterdam und das EuGVÜ, ZEuP 1999, 107–122

*Betlem, Gerrit/Hondius, Ewoud,* European Private Law after the Treaty of Amsterdam, ERPL 2001, 3–20

*Bezzenberger, Tilman,* Ethnische Diskriminierung, Gleichheit und Sittenordnung im bürgerlichen Recht, AcP 196 (1996), 395–434

*Bingham, Joseph W.,* What is Law, (1912) Mich.L.R. 1–25 und 109–121

*Birk, Rolf,* Das Nachweisgesetz zur Umsetzung der Richtlinie 91/533/EWG in das deutsche Recht, NZA 1996, 281–290

*Birk, Rolf,* Der EuGH und das Widerspruchsrecht des Arbeitnehmers beim Betriebsinhaberwechsel nach § 613a BGB, EuZW 1993, 156–160

*Birk, Rolf/Konzen, Horst/Löwisch, Manfred/Raiser, Thomas/Seiter, Hugo,* Gesetz zur Regelung kollektiver Arbeitsbedingungen – Entwurf und Begründung, Tübingen 1988

*Birks, Peter B. H., Negotiorum Gestio* and the Common Law, Current Legal Problems 24 (1971), 110–132

*Birks, Peter B. H.,* The Need for the Institutes in England, SavZ/RA 1991, 708–715

*Birks, Peter B. H.,* An Introduction to the Law of Restitution, (Taschenbuchausgabe mit Überarbeitungen) 1989

*Birks, Peter B. H.,* More Logic and Less Experience: The Difference between Scots Law and English Law, in: David L. Carey Miller/Reinhard Zimmermann, The Civilian Tradition and Scots Law: Aberdeen Quincentenary Essays, Berlin 1997, 167–190 (zitiert: Birks in: Scots Law)

*Bittner, Claudia,* Recht als interpretative Praxis – Zu Ronald Dworkins allgemeiner Theorie des Rechts, Berlin 1988

*Blanpain, Roger/Schmidt, Marlene/Schweibert, Ulrike,* Europäisches Arbeitsrecht, 2. Auflage Baden-Baden 1996

*Blaurock, Uwe,* Europäisches Privatrecht, JZ 1994, 270–276

*Blaurock, Uwe,* Europäisches und deutsches Gesellschaftsrecht – Bilanz und Perspektiven eines Anpassungsprozesses, ZEuP 1998, 460–483

*Blaurock, Uwe,* Vermutungen und Ausweichklausel in Art. 4 EVÜ – ein tauglicher Kompromiß zwischen starren Anknüpfungsregeln und einem *flexible approach?,* in: Gerhard Hohloch/Rainer Frank/Peter Schlechtriem (Hrsg.), Festschrift für Hans Stoll zum 75. Geburtstag, Tübingen 2001, S. 463–480

*Bleckmann, Albert,* Die Rolle der richterlichen Rechtsschöpfung im Europäischen Gemeinschaftsrecht, in: Gerhard Lüke/Georg Ress/Michael R. Will (Hrsg.), Rechtsvergleichung, Europarecht und Staatsintegration, Gedächtnisschrift für Léontin-Jean Constantinesco, Köln/Berlin/Bonn/München 1983, S. 61–81

*Bleckmann, Albert,* Europarecht – Das Recht der Europäischen Gemeinschaft, 6. Auflage Köln/Berlin/Bonn/München 1997

*Bleckmann, Albert,* Probleme der Auslegung europäischer Richtlinien, ZGR 1992, 364–375

*Bleckmann, Albert,* Spielraum der Gesetzesauslegung und Verfassungsrecht, JZ 1995, 685–689

*Bleckmann, Albert,* Zur Funktion des Gewohnheitsrechts im Europäischen Gemeinschaftsrecht, EuR 1981, 101–123

*Bliesener, Dirk H.,* Aufsichtsrechtliche Verhaltenspflichten beim Wertpapierhandel, Berlin/New York 1998 (zitiert: Bliesener Verhaltenspflichten beim Wertpapierhandel)

*Bodewig, Theo,* Die neue europäische Fernabsatzrichtlinie, DZWiR 1997, 447–455

*Boele-Woelki, Katharina,* Unification and Harmonisation of Private International Law in Europe, in: Jürgen Basedow/Isaak Meier/Anton K. Schnyder/Talia Einhorn/Daniel Girsberger (Hrsg.), Private Law in the International Arena – From National Conflict Rules Towards Harmonisation and Unification – Liber Amicorum Kurt Siehr, Den Hag 2000, S. 61–77 (zitiert: Boele-Woelki FS Siehr)

*Bogdandy, Armin von,* Grundrechtsgemeinschaft als Integrationsziel? – Grundrechte und das Wesen der Europäischen Union, JZ 2001, 157–171

*Bogdandy, Armin von/Nettesheim, Martin,* Die Verschmelzung der Europäischen Gemeinschaften in der Europäischen Union, NJW 1995, 2324–2328

*Böhm, Franz,* Privatrechtsgesellschaft und Marktwirtschaft, ORDO 17 (1966), 75–151

*Bøjer, Lotte,* International Credit Transfers: The Proposed EC Directive Compared with the UNCITRAL Model Law, JIBL 6 (1995), 223–228

*Bonell, Michael Joachim,* The need and possibilities of a codified European contract law, ERPL 1997, 505–517

*Boodman, Martin,* The Myth of Harmonisation of Laws, Am.J.Comp.L. 39 (1991), 699–724

*Borchardt, Klaus-Dieter,* Richterrecht durch den Gerichtshof der Europäischen Gemeinschaften, in: Albrecht Randelzhofer/Rupert Scholz/Dieter Wilke, Gedächtnisschrift für Eberhard Grabitz, München 1995, S. 29–43

*Borges, Georg,* Weltweite Geschäfte per Internet und deutscher Verbraucherschutz, ZIP 1999, 565–573

*Bork, Reinhard,* Allgemeiner Teil des Bürgerlichen Gesetzbuchs, Tübingen 2001

*Bork, Reinhard,* Ex-Unternehmer als Verbraucher?, ZIP 1999, 301–304

*Börner, Andreas,* Die „Heilung“ von AGB durch die Berücksichtigung vertragsabschlußbegleitender Umstände nach § 24a Nr. 3 AGBG, JZ 1997, 595–601

*Börner, Bodo,* Die fünfte Freiheit des Gemeinsamen Marktes: der freie Zahlungsverkehr, in: Walter Hallstein/Hans-Jürgen Schlochauer, Zur Integration Europas – Festschrift für Carl Friedrich Ophüls aus Anlaß seines siebzigsten Geburtstags, Karlsruhe 1965

*Boucourechliev, Jeanne/Hommelhoff, Peter,* Vorschläge für eine Europäische Privatgesellschaft – Strukturelemente einer kapitalmarktfernen europäischen Gesellschaftsform nebst Entwurf für eine EPG-Verordnung der Europäischen Gemeinschaft, Köln 1999

*Brandner, Hans Erich/Ulmer, Peter,* EG-Richtlinie über mißbräuchliche Klauseln in Verbraucherverträgen – Kritische Bemerkungen zum Vorschlag der EG-Kommission, BB 1991, 701–709 = The Community Directive on Unfair Terms in Consumer Contracts: Some Critical Remarks on the Proposal Submitted by the EC Commission, CMLR 1991, 647–662

*Breidenbach, Stephan,* Die Voraussetzungen von Informationspflichten beim Vertragsschluß, München 1989

*Brüggemeier, Gert,* Zur Reform des deutschen Kaufrechts – Herausforderungen durch die EG-Verbrauchsgüterkauf-Richtlinie, JZ 2000, 529–538

*Bruha, Thomas,* Rechtsangleichung in der Europäischen Wirtschaftsgemeinschaft – Deregulierung durch „Neue Strategie“?, ZaöRV 46 (1986), 1–33

*Bucher, Eugen, MORA* früher und heute – oder auch: die Verdienste der Römer um ein menschengemäßes, und der Redaktoren des Obligationenrechts um ein neuzeitliches Vertragsrecht, in: Alfred Dufour/Ivo Rens/Rudolf Meyer-Pritzl/Bénédict Winiger (Hrsg.), Pacta, Convention, Contrat – Mélanges en l’honneur du Professeur Bruno Schmidlin, Basel/Frankfurt a.M. 1998, 407–432 (zitiert: Bucher FS Schmidlin)

*Buck, Carsten,* Über die Auslegungsmethoden des Gerichtshofs der Europäischen Gemeinschaft, Frankfurt a.M./Berlin/Bern/New York/Paris/Wien 1998

*Bueso Guillen, Pedro-Jose,* Die Kriterien der Mißbräuchlichkeit in der EG-Richtlinie über mißbräuchliche Klauseln in Verbraucherverträgen, VuR 1994, 309–323

*Büllesbach, Alfred,* Systemtheoretische Ansätze, in: Arthur Kaufmann/Winfried Hassemer (Hrsg.), Einführung in Rechtsphilosophie und Rechtstheorie der Gegenwart, 6. Auflage Heidelberg 1994, S. 371–403

*Bülow, Peter,* Zum internationalen Anwendungsbereich des Verbraucherkreditgesetzes, EuZW 1993, 435–437

*Burgi, Martin,* Mitgliedstaatliche Garantenpflichten statt unmittelbare Drittwirkung der Grundfreiheiten, EWS 1999, 327–332

*Bussani, Mauro/Mattei, Ugo,* The Common Core Approach to European Private Law, Columbia Journal of European Law 3 (1997/98), 339–356

*Bydlinski, Franz,* „Privatrechtsgesellschaft" und Rechtssystem, in: Karsten Schmidt/Eberhard Schwark (Hrsg.), Unternehmen, Recht und Wirtschaftsordnung – Festschrift für Peter Raisch zum 70. Geburtstag, Köln/Berlin/Bonn/München 1995, S. 7–23

*Bydlinski, Franz,* Fundamentale Rechtsgrundsätze – Zur rechtsethischen Verfassung der Sozietät, Wien, New York 1988

*Bydlinski, Franz,* Hauptpositionen zum Richterrecht, JZ 1984, 149–155

*Bydlinski, Franz,* Juristische Methodenlehre und Rechtsbegriff, 2. Auflage Wien, New York 1991

*Bydlinski, Franz,* Kriterien und Sinn der Unterscheidung von Privatrecht und öffentlichem Recht, AcP 194 (1994), 319–351

*Bydlinski, Franz,* System und Prinzipien des Privatrechts, Wien, New York 1996

*Bydlinski, Franz,* Über prinzipiell-systematische Rechtsfindung, Berlin, New York 1995

*Bydlinski, Franz/Krejci, Heinz/Schilcher, Bernd/Steininger, Viktor* (Hrsg.), Das Bewegliche System im geltenden und künftigen Recht, Wien/New York 1986

*Caemmerer, Ernst von,* Europäische Aktiengesellschaft, in: Kurt H. Biedenkopf/Helmut Coing/ Ernst-Joachim Mestmäcker (Hrsg.), Das Unternehmen in der Rechtsordnung – Festgabe für Heinrich Kronstein, Karlsruhe 1967, S. 171–202

*Cahn, Andreas,* Grenzen des Markt- und Anlegerschutzes durch das WpHG, ZHR 162 (1998), 1–50

*Calliess, Christian,* Anmerkung zu EuGH v. 12.11.1996 – Rs. C-84/94 *Vereinigtes Königreich ./. Rat,* 1996, I-5755, EuZW 1996, 757–759

*Calliess, Gralf-Peter,* Die Zukunft der Privatautonomie – Zur neueren Entwicklung eines gemeineuropäischen Rechtsprinzips, in: Brigitta Jud/Thomas Bachner/Raimond Bollenberger/Verena Halbwachs/Susanne Kallss/Franz-Stefan Meissel/Helmut Ofner/Christian Rabl (Hrsg.), Jahrbuch junger Zivilrechtswissenschaftler 2000 – Prinzipien des Privatrechts und Rechtsvereinheitlichung, Stuttgart/München/Hannover/Berlin/Weimar/Dresden 2001, S. 85–110

*Calliess, Christian/Ruffert, Matthias* (Hrsg.), Kommentar des Vertrages über die Europäische Union und des Vertrages zur Gründung der Europäischen Gemeinschaft – EUV/EGV –, Neuwied/Kriftel 1999 (zitiert: Callies/Ruffert-Bearbeiter)

*Canaris, Claus-Wilhelm,* Ansprüche wegen „positiver Vertragsverletzung" und „Schutzwirkung für Dritte" bei nichtigen Verträgen – Zugleich ein Betrag zur Vereinheitlichung der Regeln über die Schutzpflichtverletzung, JZ 1965, 475–482

*Canaris, Claus-Wilhelm,* Das Rangverhältnis der „klassischen" Auslegungskriterien, demonstriert an Standardproblemen aus dem Zivilrecht, in: Volker Beuthien/Maximilian Fuchs/ Herbert Roth/Gottfried Schiemann/Andreas Wacke (Hrsg.) Festschrift für Dieter Medicus, Köln, Berlin, Bonn, München 1999, S. 25–61

*Canaris, Claus-Wilhelm,* Der Bereicherungsausgleich im Dreipersonenverhältnis, in: Gotthard Paulus/Uwe Diederichsen/Claus-Wilhelm Canaris (Hrsg.), Festschrift für Karl Larenz zum 70. Geburtstag, München 1973 (zitiert: Canaris 1. FS Larenz)

*Canaris, Claus-Wilhelm,* Der EuGH als zukünftige privatrechtliche Superrevisionsinstanz? EuZW 1994, 417

*Canaris, Claus-Wilhelm,* Die Bedeutung allgemeiner Auslegungs- und Rechtsfortbildungskriterien im Wechselrecht – Zugleich eine Besprechung der Urteile des BGH vom 26.5.1986 II ZR 260/85 und vom 27.10.1986 II ZR 103/86 –, JZ 1987, 543–553

*Canaris, Claus-Wilhelm,* Die Bedeutung der iustitia distributiva im deutschen Vertragsrecht, München 1997 (zitiert: Canaris Iustitia distributiva)

*Canaris, Claus-Wilhelm,* Die Problematik der Anwendung von § 564b BGB auf die Kündigung gegenüber dem Erben eines Wohnungsmieters gemäß § 569 BGB – ein Kapitel praktizierter Methodenlehre, in: Bernhard Großfeld/Rolf Sack/Thomas M.J. Möllers/Josef Drexl/Andreas Heinemann (Hrsg.), Festschrift für Wolfgang Fikentscher, Tübingen 1998, S. 11–42

*Canaris, Claus-Wilhelm,* Die Stellung der „UNIDROIT Principles" und der „Principles of European Contract Law" im System der Rechtsquellen, in: Jürgen Basedow (Hrsg.), Europäische Vertragsrechtsvereinheitlichung und deutsches Recht, Tübingen 2000, S. 5–31 (zitiert: Canaris in: Vertragsrechtsvereinheitlichung)

*Canaris, Claus-Wilhelm,* Die Vorfälligkeitsentschädigung zwischen Privatautonomie und richterlicher Regulierung – zugleich ein Beitrag zum Verhältnis von Abschlußzwang und Inhaltsfreiheit –, in: Manfred Lieb/Ulrich Noach/Harm Peter Westermann, Festschrift für Zöllner, 1055–1075

*Canaris, Claus-Wilhelm,* Funktion, Struktur und Falsifikation juristischer Theorien, JZ 1993, 377–391

*Canaris, Claus-Wilhelm,* Grundrechte und Privatrecht – eine Zwischenbilanz –, Berlin/New York 1999 (zitiert: Canaris Grundrechte und Privatrecht)

*Canaris, Claus-Wilhelm,* Grundrechte und Privatrecht, AcP 184 (1984), 201–246

*Canaris, Claus-Wilhelm,* Grundrechtswirkungen und Verhältnismäßigkeitsprinzip in der richterlichen Anwendung und Fortbildung des Privatrechts, JuS 1989, 161–172

*Canaris, Claus-Wilhelm,* Handelsrecht, 23. Auflage München 2000

*Canaris, Claus-Wilhelm,* Schutzgesetze – Verkehrspflichten – Schutzpflichten, in: Claus-Wilhelm Canaris/Uwe Diederichsen (Hrsg.), Festschrift für Karl Larenz zum 80. Geburtstag am 23. April 1983, München 1983, S. 27–110 (zitiert: Canaris 2. FS Larenz)

*Canaris, Claus-Wilhelm,* Systemdenken und Systembegriff in der Jurisprudenz – entwickelt am Beispiel des deutschen Privatrechts, 2. Auflage Berlin 1983 (zitiert: Systemdenken)

*Canaris, Claus-Wilhelm,* Systemdenken und Systembegriff in der Jurisprudenz – entwickelt am Beispiel des deutschen Privatrechts, 1. Auflage Berlin 1969 (zitiert: Systemdenken[1])

*Canaris, Claus-Wilhelm,* Theorienrezeption und Theorienstruktur, in: Hans G. Leser/Tamotsu Isomura (Hrsg.), Wege zum japanischen Recht, Festschrift für Zentaro Kitagawa, Berlin 1992, S. 59–94

*Canaris, Claus-Wilhelm,* Verfassungs- und europarechtliche Aspekte der Vertragsfreiheit in der Privatrechtsgesellschaft, in: Peter Badura/Rupert Scholz, Festschrift für Peter Lerche zum 65. Geburtstag, München 1993, S. 873–891

*Canaris, Claus-Wilhelm,* Wandlungen des Schuldvertragsrechts – Tendenzen zu seiner „Materialisierung", AcP 200 (2000), 273–364

*Canaris, Claus-Wilhelm/Zaccaria, Alessio* (Hrsg.), Die Umsetzung von zivilrechtlichen Richtlinien der Europäischen Gemeinschaft in Italien und Deutschland, Berlin 2002 (zitiert Autor in: Umsetzung von zivilrechtlichen Richtlinien)

*Carl, Dieter,* Die Gemeinschaft und die deutsche Einigung, EuZW 1990, 561–564

*Cary, William L.,* Federalism and Corporate Law: Reflections Upon Delaware, 83 (1974) Yale L.J. 663–705

*Charny, David,* Competition among Jurisdictions in Formulating Corporate Law Rules: An American Perspective on the „Race to the Bottom" in the European Communities, 32 (1991) Harv. Int.L.J. 423–456

*Chitty, Joseph,* On Contracts, s. Beale, Hugh (Hrsg.)

*Clark, Jon/Hall, Mark,* The Cinderella Directive? Employee Rights to Information about Conditions Applicable to their Contract or Employment Relationship, ILJ 1992, 102–118

*Claßen, Christiane,* Nichtumsetzung von Gemeinschaftsrichtlinien – Von der unmittelbaren Wirkung bis zum Schadensersatzanspruch, Berlin 1999

*Classen, Claus Dieter,* Auf dem Weg zu einer einheitlichen Dogmatik der EG-Grundfreiheiten, EWS 1995, 98–106

*Classen, Claus Dieter,* Zur Bedeutung von EWG-Richtlinien für Privatpersonen, EuZW 1993, 83–87

*Coester-Waltjen, Dagmar,* Der Eskimo-Mantel aus Spanien – Ist der kollisionsrechtliche Verbraucherschutz zu kurz gestrickt? in: Bernhard Pfister/Michael R. Will (Hrsg.), Festschrift für Werner Lorenz zum siebzigsten Geburtstag, Tübingen 1991, 297–319

*Coing, Helmut,* Bemerkungen zum überkommenen Zivilrechtssystem, in: Ernst von Caemmerer/Arthur Nikisch/Konrad Zweigert (Hrsg.), Vom deutschen zum europäischen Recht, Festschrift für Hans Dölle, Band I – Deutsches Privat- und Zivilprozeßrecht, Rechtsvergleichung, Tübingen 1963, S. 25–40

*Coing, Helmut,* Die Treuhand kraft privaten Rechtsgeschäfts, München 1973

*Coing, Helmut,* Einleitung zum Bürgerlichen Gesetzbuch, in J. von Staudingers Kommentar zum Bürgerlichen Gesetzbuch, 13. Bearbeitung, Berlin 1995

*Coing, Helmut,* Europäisierung der Rechtswissenschaft, NJW 1990, 937–941

*Coing, Helmut,* Gemeines Recht und Gemeinschaftsrecht in Europa, in: Ernst von Caemmerer/Hans-Jürgen Schlochauer/Ernst Steindorff (Hrsg.), Probleme des Europäischen Rechts – Festschrift für Walter Hallstein zu seinem 65. Geburtstag, Frankfurt a.M. 1966, S. 116–126

*Coing, Helmut,* Geschichte und Bedeutung des Systemgedankens in der Rechtswissenschaft, Frankfurter Universitätsreden Heft 17, Frankfurt a.M. 1956, S. 26–41

*Coing, Helmut,* Grundzüge der Rechtsphilosophie, 5. Auflage Berlin/New York 1993

*Coing, Helmut,* System, Geschichte und Interesse der Privatrechtswissenschaft, JZ 1951, 481–485

*Collins, Hugh,* European Private Law and the Cultural Identity of States, ERPL 1995, 353–365

*Collins, Hugh,* Good Faith in European Contract Law, Oxford Journal of Legal Studies 14 (1994), 229–254

*Collins, Hugh,* Transaction Costs and Subsidiarity in European Contract Law, in: Centre for a Common Law of Europe/Society of European Contract Law SECOLA (Hrsg.), Communication from the Commission on European Contract Law (Harmonisation, Code, Optional Code), Conference, Leuven, 30th of Nov. and 1st of Dec. 2001, www.secola.org, Ausdruck befindet sich beim Verfasser (zitiert: Collins in: Greenpaper EU Contract Law [www-Fassung])

*Collins, Lawrence* (Hrsg.), Dicey and Morris on The Conflict of Laws, Bände 1 und 2, 13. Auflage 2000 (zitiert: Dicey & Morris Conflict of Laws)

*Constantinesco, Léontin-Jean,* Das Recht der Europäischen Gemeinschaften I – Das institutionelle Recht, Baden-Baden 1977

*Craig, Paul/de Búrca, Gráinne,* EU Law – Text, Cases, and Materials, 2. Auflage Oxford 1998

*Cross, Rupert/Bell, John/Engle, George,* Statutory Interpretation, 3. Auflage London/Dublin/Edinburgh 1995

*Daig, Hans-Wolfram,* Zu Rechtsvergleichung und Methodenlehre im Europäischen Gemeinschaftsrecht, in: Herbert Bernstein/Ulrich Drobnig/Hein Kötz (Hrsg.), Festschrift für Konrad Zweigert, Tübingen 1981

*Damm, Reinhard,* Europäisches Verbrauchervertragsrecht und AGB-Recht – Zur Umsetzung der EG-Richtlinie über mißbräuchliche Klauseln in Verbraucherverträgen, JZ 1993, 161–178

*Damm, Reinhard,* Privatautonomie und Verbraucherschutz – Legalstruktur und Realstruktur von Autonomiekonzepten, VersR 1999, 129–141

*Dänzer-Vanotti, Wolfgang,* Der Europäische Gerichtshof zwischen Rechtsprechung und Rechtsetzung, in: Ole Due/Marcus Lutter/Jürgen Schwarze (Hrsg.) Festschrift für Ulrich Everling, Band I, Baden-Baden 1995, S. 205–221

*Dänzer-Vanotti, Wolfgang,* Der Gerichtshof der Europäischen Gemeinschaften beschränkt vorläufigen Rechtsschutz – Hat er seine Kompetenzen überschritten?, BB 1991, 1015–1018

*Dänzer-Vanotti, Wolfgang,* Unzulässige Rechtsfortbildung des Europäischen Gerichtshofs, RIW 1992, 733–742

*Dauses, Manfred A.* (Hrsg.), Handbuch des EU-Wirtschaftsrechts, München, Stand Mai 2001 (zitiert: Dauses-Bearbeiter)

*Dauses, Manfred A.,* Die Rechtsprechung des EuGH zum Verbraucherschutz und zur Werbefreiheit im Binnenmarkt, EuZW 1995, 425–431

*Dauses, Manfred A.,* Information der Verbraucher in der Rechtsprechung des EuGH, RIW 1998, 750–757

*David, René,* The International Unification of Private Law, in: ders. (Hrsg.), International Encyclopedia of Comparative Law, Band II: The Legal Systems of the World: Their Comparison and Unification, Kapitel 5, Tübingen/Paris/New York 1971

*de Groot, René,* European Private Law between Utopia and Early Reality, MJ 1997, 1–4

*de Witte, Bruno/Forder, Caroline* (Hrsg.), The common law of Europe and the future of legal education, Deventer 1992

*Deckert, Martina R./Lilienthal, Nicolas O.,* Die Rechtsetzungskompetenzen der EG im Privatrecht, EWS 1999, 121–133

*Deckert, Martina Renate,* Folgenorientierung in der Rechtsanwendung, München 1995

*Denck, Johannes,* Die relative Methode der Rechtsfindung, Rechtstheorie 12 (1981), 331–361

*Denck, Johannes,* Die Relativität im Privatrecht, JuS 1981, 9–14

*Deutsch, Erwin,* Einheitliche Dienstleistungshaftung in Europa, ZRP 1990, 454–455

*Dias, R.W.M.,* Jurisprudence, 5. Auflage London 1985

*Dicey & Morris*, siehe Collins, Lawrence

*Dickie, John,* A step closer to European Sale of Goods Law? – Commission Draft Directive on the Sale of Consumer Goods, [2000] JBL 167–172

*Diederichsen, Uwe,* Topisches und systematisches Denken in der Jurisprudenz, NJW 1966, 697–705

*Dougan, Michael,* Minimum Harmonisation and the Internal Market, CMLR 2000, 853–885

*Downes, Noemi/Heiss, Helmut,* Sprachregulierung im Vertragsrecht: Europa- und internationalprivatrechtliche Aspekte, ZVglRWiss 98 (1999), 28–53

*Drasch, Wolfgang,* Das Herkunftslandprinzip im internationalen Privatrecht – Auswirkungen des europäischen Binnenmarktes auf Vertrags- und Wettbewerbsstatut, Baden-Baden 1997 (zitiert: Herkunftslandprinzip)

*Dreher, Meinrad,* Der Verbraucher – Das Phantom in den opera des europäischen und deutschen Rechts?, JZ 1997, 167–178

*Dreher, Meinrad,* Die Versicherung als Rechtsprodukt – Die Privatversicherung und ihre rechtliche Gestaltung, Tübingen 1991

*Dreher, Meinrad,* Kartellrechtsvielfalt oder Kartellrechtseinheit in Europa? – Harmonisierungsbedarf und Harmonisierungsgrenzen für nationale Kartellrechte, AG 1993, 437–448

*Dreher, Meinrad,* Wettbewerb oder Vereinheitlichung der Rechtsordnungen in Europa?, JZ 1999, 105–112

*Drexl, Josef,* Continuing Contract Law Harmonisation under the White Paper of 1985 – Partly with Modifications, in: Centre for a Common Law of Europe/Society of European Contract Law SECOLA (Hrsg.), Communication from the Commission on European Contract Law (Harmonisation, Code, Optional Code), Conference, Leuven, 30th of Nov. and 1st of Dec. 2001, www.secola.org, Ausdruck befindet sich beim Verfasser (zitiert: Drexl in: Greenpaper EU Contract Law [www-Fassung])

*Drexl, Josef,* Der Bürge als deutscher und europäischer Verbraucher, JZ 1998, 1046–1058

*Drexl, Josef,* Die wirtschaftliche Selbstbestimmung des Verbrauchers – Eine Studie zum Privat- und Wirtschaftsrecht unter Berücksichtigung gemeinschaftsrechtlicher Bezüge, Tübingen 1998 (zitiert: Drexl Wirtschaftliche Selbstbestimmung)

*Drobnig, Ulrich,* Allgemeine Geschäftsbedingungen im internationalen Geschäftsverkehr, in: Werner Flume/Hugo J. Hahn/Gerhard Kegel/Kenneth R. Simmonds (Hrsg.), Festschrift für F. A. Mann zum 70. Geburtstag am 11. August 1977, München 1977, 591–615

*Drobnig, Ulrich,* Das neue niederländische bürgerliche Gesetzbuch aus vergleichender und deutscher Sicht, ERPL 1993, 171–188

*Drobnig, Ulrich,* Die Harmonisierung der persönlichen Sicherungsrechte in der EWG, in: Marcus Lutter/Helmut Kollhosser/Winfried Trusen (Hrsg.), Recht und Wirtschaft in Geschichte und Gegenwart – Festschrift für Johannes Bärmann zum 70. Geburtstag, München 1975, S. 249–263

*Drobnig, Ulrich,* Ein Vertragsrecht für Europa, in: Jürgen F. Baur/Klaus J. Hopt/K. Peter Mailänder (Hrsg.), Festschrift für Steindorff, Berlin, New York 1990, 1140–1154

*Drobnig, Ulrich,* Private Law in the European Union – Forum Internationale No. 22, The Hague 1996

*Drobnig, Ulrich,* Rechtsvergleichung in der deutschen Rechtsprechung, RabelsZ 50 (1986), 610–630

*Drobnig, Ulrich,* Scope and general rules of a European civil code, ERPL 1997, 489–495

*Drobnig, Ulrich/Dopffel, Peter,* Die Nutzung der Rechtsvergleichung durch den deutschen Gesetzgeber, RabelsZ 46 (1982), 253–307

*Dürig, Günter,* Grundrechte und Zivilrechtsprechung, in: Theodor Maunz (Hrsg.), Vom Bonner Grundgesetz zur gesamtdeutschen Verfassung – Festschrift zum 75. Geburtstag von Hans Nawiasky, München 1956, S. 157–190

*Dürrschmidt, Armin,* Werbung und Verbrauchergarantien – Zur Notwendigkeit einer Novellierung des § 13a UWG vor dem Hintergrund der europäischen Rechtsentwicklung, München 1997

*Dworkin, Ronald,* Taking Rights Seriously, Cambridge/Massachusetts 1978

*Ebenroth, Carsten Thomas/Boujong, Karlheinz/Joost, Detlev* (Hrsg.), Handelsgesetzbuch, Kommentar, München 2001 (zitiert: Ebenroth/Boujong/Joost-Bearbeiter § oder Abschnitt und Rn.)

*Eberhartinger, Michael,* Konvergenz und Neustrukturierung der Grundfreiheiten, EWS 1997, 43–52

*Eckert, Hans-Werner,* Das neue Recht der Allgemeinen Geschäftsbedingungen, ZIP 1996, 1238–1241

*Eckert, Hans-Werner,* Die EG-Richtlinie über mißbräuchliche Klauseln in Verbraucherverträgen und ihre Auswirkungen auf das deutsche Recht, WM 1993, 1070–1078

*Eckert, Hans-Werner,* Verbraucherschutz im Reiserecht – Auswirkungen der EG-Richtlinie über Pauschalreisen auf das deutsche Recht, ZRP 1991, 454–458

*Edward, David A.O.,* The Role and Relevance of the Civil Law Tradition in the Work of the European Court of Justice, in: David L. Carey Miller/Reinhard Zimmermann, The Civilian Tradition and Scots Law: Aberdeen Quincentenary Essays, Berlin 1997, 309–320

*Ehlermann, Claus-D.,* The Internal Market following the Single European Act, CMLR 1987, 361–409

*Ehmann, Horst/Rust, Ulrich,* Die Verbrauchsgüterkaufrichtlinie – Umsetzungsvorschläge unter Berücksichtigung des Reformentwurfs der deutschen Schuldrechtskommission, JZ 1999, 853–864

*Ehrich, Christian,* Das Widerspruchsrecht des Arbeitnehmers beim Betriebsübergang (§ 613a BGB) – keine Makulatur, NZA 1993, 635–638

*Ehricke, Ulrich,* Die richtlinienkonforme und die gemeinschaftsrechtskonforme Auslegung nationalen Rechts, RabelsZ 59 (1995), 598–644

*Eidenmüller, Horst,* Effizienz als Rechtsprinzip, 2. Auflage Tübingen 1998

*Eidenmüller, Horst,* Rechtswissenschaft als Realwissenschaft, JZ 1999, 53–61

*Einsele, Dorothee,* Haftung der Kreditinstitute bei nationalen und grenzüberschreitenden Banküberweisungen, AcP 199 (1999), 145–189

*Emiliou, Nicholas,* The Principle of Proportionality in European Law – A Comparative Study, London/The Hague/Boston, 1996

*Emmerich, Volker,* Wettbewerbsbeschränkungen durch die Rechtsprechung, in: Herrmann Lange/Knut Wolfgang Nörr/Harm Peter Westermann (Hrsg.), Festschrift für Joachim Gernhuber zum 70. Geburtstag, Tübingen 1993, S. 857–877

*Engel, Christoph,* Zivilrecht als Fortsetzung des Wirtschaftsrechts mit anderen Mitteln – Rechtspolitische und verfassungsrechtliche Überlegungen am Beispiel des Haftungsrechts, JZ 1995, 213–218

*Engisch, Karl,* Die Einheit der Rechtsordnung, Heidelberg 1935 (unveränderter Nachdruck Darmstadt 1987)

*Engisch, Karl,* Sinn und Tragweite juristischer Systematik, Studium Generale 1957, 173–189

*Epiney, Astrid,* Umgekehrte Diskriminierungen – Zulässigkeit und Grenzen der discrimination à rebours nach europäischem Gemeinschaftsrecht und nationalem Verfassungsrecht Köln/Berlin/Bonn/München 1995

*Epiney, Astrid/Felder, Andreas,* Europäischer Wirtschaftsraum und Europäische Gemeinschaft: Parallelen und Divergenzen in Rechtsordnung und Auslegung, ZVglRWiss 100 (2001), 425–447

*Erman,* s.a. Westermann, Harm Peter

*Erman, Walter,* Beiträge zur Haftung für das Verhalten bei Vertragsverhandlungen, AcP 139 (1934), 273–336

*Erman, Walter,* Der Sphärengedanke als Gesichtspunkt für die Verteilung der Preisgefahr beim Werkvertrag, JZ 1965, 657–661

*Ernst, Wolfgang,* Vom Verbot der Fraueninterzession über die Sittenwidrigkeit von Angehörigenbürgschaften zum Schutz des Verbrauchers als Interzedenten, in: Reinhard Zimmermann

(Hrsg.), Privatrechtsgeschichte und Privatrechtsdogmatik, Heidelberg 1999, S. 395–430 (zitiert: Ernst in: Privatrechtsgeschichte und Privatrechtsdogmatik)

*Everling, Ulrich,* Probleme der Rechtsangleichung zur Verwirklichung des europäischen Binnenmarktes, in: Jürgen F. Baur/Klaus J. Hopt/K. Peter Mailänder (Hrsg.), Festschrift für Steindorff, Berlin, New York 1990, 1155–1173

*Everling, Ulrich,* Rechtsvereinheitlichung durch Richterrecht in der Europäischen Gemeinschaft, RabelsZ 50 (1986), 193–232

*Everling, Ulrich,* Richterlicher Rechtsfortbildung in der Europäischen Gemeinschaft, JZ 2000, 217–227

*Ewald, William Bragg,* Comparative Jurisprudence (I): What was it like to try a Rat?, University of Pennsylvania Law Review 143 (1995), 1889–2149

*Faber, Wolfgang,* Elemente verschiedener Verbraucherbegriffe in EG-Richtlinien, zwischenstaatlichen Übereinkommen und nationalem Zivil- und Kollisionsrecht, ZEuP 1998, 854–892

*Fallon, Marc,* Proposition pour une convention européenne sur la loi applicable aux obligations non contractuelles, ERPL 1999, 45–68

*Fallon, Marc/Francq, Stéphanie,* Towards Internationally Mandatory Directives for Consumer Contracts?, in: Jürgen Basedow/Isaak Meier/Anton K. Schnyder/Talia Einhorn/Daniel Girsberger (Hrsg.), Private Law in the International Arena – From National Conflict Rules Towards Harmonisation and Unification – Liber Amicorum Kurt Siehr, Den Hag 2000, S. 155–178 (zitiert: Fallon/Francq FS Siehr)

*Felix, Dagmar,* Einheit der Rechtsordnung – Zur verfassungsrechtlichen Relevanz einer juristischen Argumentationsfigur, Tübingen 1998

*Fennelly, Nial,* Preserving the Legal Coherence within the New Treaty – The European Court of Justice after the Treaty of Amsterdam, MJ 5 (1998), 185–199

*Ferid, Murad/Sonnenberger, Hans Jürgen,* Das Französische Zivilrecht, Band 1/1, Erster Teil: Allgemeine Lehren des Französischen Zivilrechts: Einführung und Allgemeiner Teil des Zivilrechts, 2. Auflage Heidelberg 1994 (zitiert: Das Französische Zivilrecht 1/1)

*Fernandez Esteban, M. Luisa,* Constitutional Values and Principles in the Community Legal Order, MJ 2 (1995), 129–144

*Ferrari, Franco,* Das Verhältnis zwischen den Unidroit-Grundsätzen und den allgemeinen Grundsätzen internationaler Einheitsprivatrechtskonventionen – Zugleich ein Beitrag zur Lückenfüllung durch staatliche Gerichte, JZ 1998, 9–17

*Fezer, Karl-Heinz,* Anmerkung zu EuGH v. 13. 10. 1993 – Rs. C-93/92 *CMC Motorradcenter,* Slg. 1993, I-5009, JZ 1994, 623–625

*Ficker, Hans G.,* Zur internationalen Gesetzgebung, in: Ernst von Caemmerer/Arthur Nikisch/ Konrad Zweigert (Hrsg.), Vom Deutschen zum Europäischen Recht – Festschrift für Hans Dölle, Band II – Internationales Recht, Kollisionsrecht und Internationales Zivilprozeßrecht, Europäisches Recht, Tübingen 1963, S. 35–63

*Fikentscher, Wolfgang,* Methoden des Rechts in vergleichender Darstellung, Band I–V, Tübingen 1975–1977 (zitiert: Fikentscher Methoden)

*Fischer, Frank O.,* Das „Bewegliche System" als Ausweg aus der „dogmatischen Krise" in der Rechtspraxis, AcP 197 (1997), 589–608

*Fischer, Gerfried,* Anmerkung zu BGH v. 26. 10. 1993 – XI ZR 42/93, BGHZ 123, 380, JZ 1994, 367–370

*Fischer, Gerfried,* Das Kollisionsrecht der Verbraucherverträge jenseits von Art. 5 EVÜ, in: Ulrich Hübner/Werner F. Ebke (Hrsg.), Festschrift für Bernhard Großfeld, Heidelberg 1999, 277–292

*Fleischer, Holger,* Vertragsschlußbezogene Informationspflichten im Gemeinschaftsprivatrecht, ZEuP 2000, 772–798

*Flessner, Axel,* Befreiung vom Vertrag wegen Nichterfüllung, ZEuP 1997, 255–320

*Flessner, Axel,* Juristische Methode und europäisches Privatrecht, JZ 2002, 14–23

*Flohr, Eckhard,* Vorvertragliche Aufklärungspflichten des Franchise-Gebers – Grundsätze und Beispiele aus der Rechtsprechung, WiB 1996, 1137–1142

*Flume, Werner,* Allgemeiner Teil des Bürgerlichen Rechts, Band II, Das Rechtsgeschäft, 4. Auflage Berlin/Heidelberg/New York/London/Paris/Tokyo/Hong Kong/Barcelona/Budapest 1992 (zitiert: Flume Rechtsgeschäft)

*Flume, Werner,* Vom Beruf unserer Zeit für Gesetzgebung – Die Änderung des BGB durch das Fernabsatzgesetz, ZIP 2000, 1427–1430

*Fock, Till Henning,* Die europäische Handelsvertreter-Richtlinie – Kompetenzgrundlage, Systematik, Angleichungserfolg, Baden-Baden 2001

*Fock, Till Henning,* EG-Handelsvertreterrichtlinie und gewerberechtliche Registrierungspflicht, ZEuP 2000, 106–118

*Forsthoff, Ulrich,* Drittwirkung der Grundfreiheiten: Das EuGH-Urteil Angonese, EWS 2000, 389–397

*Forwood, Nicholas/Clough, Mark,* The single European Act and Free Movement – Legal Implications of the Provisions for the Completion of the Internal Market, ELG 1986, 383–408

*Franzen, Martin,* Privatrechtsangleichung durch die Europäische Gemeinschaft, Berlin/New York 1999 (zitiert: Privatrechtsangleichung)

*Freitag, Robert,* Anmerkung zu EuGH v. 27.6.2000 – verb.Rs. C-240-244/98 *Océano,* EWiR 2000, 783–784

*Freitag, Robert,* Der Wettbewerb der Rechtsordnungen im Internationalen Gesellschaftsrecht, EuZW 1999, 267–270

*Freitag, Robert,* Ein Europäisches Verzugsrecht für den Mittelstand? – Zum Vorschlag der Kommission für eine Richtlinie zur Bekämpfung des Zahlungsverzuges im Handelsverkehr, EuZW 1998, 559–562

*Freitag, Robert,* Kurzkommentar zu EuGH v. 9.11.2000 – Rs. C-381/98 *Ingmar Ltd. ./. Eaton Leonard Technologies Ltd.*, EWiR 2000, 1061–1062

*Freitag, Robert,* Sprachenzwang, Sprachrisiko und Formanforderungen im IPR, IPRax 1999, 142–148

*Freitag, Robert/Leible, Stefan,* Das Bestimmungsrecht des Art. 40 Abs. 1 EGBGB im Gefüge der Parteiautonomie im Internationalen Deliktsrecht, ZVglRWiss 99 (2000), 101–142

*Freitag, Robert/Leible, Stefan,* Internationaler Anwendungsbereich der Handelsvertreterrichtlinie – Europäisches Handelsvertreterrecht weltweit?, RIW 2001, 287–295

*Frey, Kaspar,* Wie ändert sich das AGB-Gesetz?, ZIP 1993, 572–580

*Fricke, Martin,* Einige Gedanken über die Berufsfreiheit der Versicherungsvermittler und die Umsetzung der EG-Vermittlerempfehlung vom 18.12.1995 in deutsches Recht, VersR 1995, 1134–1137

*Friedman, Lawrence M./Teubner, Gunther,* Legal Education and Legal Integration: European Hopes and American Experience, in: Mauro Cappelletti/Monica Seccombe/Joseph Weiler (Hrsg.), Integration through Law – Europe and the American Federal Experience, Volume 1 Mthods, Tools and Institutions, Book 3 Forces and Potential for a European Identity, Berlin/New York 1986 (zitiert: Friedman/Teubner in: Integration through Law I/3)

*Frietsch, Edwin A.,* Der europäische Vorschlag einer Haftung für Dienstleistungen, DB 1992, 929–936

*Frowein, Jochen Abraham,* Grenzen der Rechtsfortbildung aus rechtsvergleichender Sicht, in: Hochschullehrer der Juristischen Fakultät der Universität Heidelberg (Hrsg.), Richterliche Rechtsfortbildung – Erscheinungsformen, Auftrag und Grenzen – Festschrift der Juristischen Fakultät zur 600-Jahr-Feier der Ruprecht-Karls-Universität Heidelberg, 1986, 555–565 (zitiert: Frowein FS Uni Heidelberg)

*Fuchs, Andreas,* Die Disponibilität gesetzlicher Widerrufsrechte im Privatrecht – unter besonderer Berücksichtigung der Widerrufsrechte nach §§ 7 VerbrKrG, 168 S. 2 und 103 Abs. 1 S. 2 BGB –, AcP 196 (1996), 313–394

*Funke, Rainer,* Lieber Angleichen als Zersplittern – Zum Richtlinienvorschlag über vergleichende Werbung, WM 1997, 1472–1474

*Gambaro, Antonio,* Abuse of rights in civil law tradition, ERPL 1995, 561–570

*Gamillscheg, Franz,* Ein Gesetz über das internationale Arbeitsrecht, ZfA 1983, 307–373

*Gamm, Otto-Friedrich Freiherr v.,* Vorschlag der EG-Kommission für eine Richtlinie des Rates über vergleichende Werbung und zur Änderung der Richtlinie 84/450/EWG über irreführende Werbung, ABlEG Nr. L 250 v. 19. 9. 1984, S. 17, WRP 1992, 143–147

*Gandolfi, Giuseppe,* Der Vorentwurf eines Europäischen Vertragsgesetzbuchs, ZEuP 2002, 1–4

*Ganten, Ted Oliver,* Die Drittwirkung der Grundfreiheiten – Die EG-Grundfreiheiten als Grenze der Handlungs- und Vertragsfreiheit im Verhältnis zwischen Privaten, Berlin 2000

*Gebauer, Martin,* Grundfragen der Europäisierung des Privatrechts – Eine Untersuchung nationaler Ansätze unter Berücksichtigung des italienischen und deutschen Rechts, Heidelberg 1998

*Geisendörfer, Ulrich,* Offene Fragen des Richtlinienvorschlags der EG-Kommission zur Haftung bei Dienstleistungen, VersR 1991, 1317–1318

*Gerken, Lüder* (Hrsg.), Europa zwischen Ordnungswettbewerb und Harmonisierung – Europäische Ordnungspolitik im Zeichen der Subsidiarität, Berlin/Heidelberg/New York/Barcelona/Budapest/Hong Kong/London/Mailand/Paris/Tokyo 1995

*Gernhuber, Joachim,* Das Schuldverhältnis – Begründung und Änderung, Pflichten und Strukturen, Drittwirkungen, Tübingen 1989

*Geßler, Ernst/Hefermehl, Wolfgang/Hildebrandt, Wolfgang/Schröder, Georg* (Hrsg.), Schlegelberger, HGB, Kommentar, 5. Auflage 1973–1992 (zitiert: Schlegelberger-Bearbeiter, § Rn.)

*Giaro, Tomasz,* Europäische Privatrechtsgeschichte: Werkzeug der Rechtsvereinheitlichung und Produkt der Kategorienvermengung, Ius Commune XXI (1994), 1–43

*Giuliano, Mario/Lagarde, Paul,* Bericht über das Übereinkommen über das auf vertragliche Schuldverhältnisse anzuwendende Recht, ABl.EG 1980 C 282/1-47

*Glaesner, Hans-J.,* Die Einheitliche Europäische Akte, EuR 1986, 119–152

*Goff, Robert,* Opening Address, 5 (1992) J. Contract Law 1–5

*Goff, Robert/Jones, Gareth,* The Law of Restitution, 5. Auflage London 1998

*Göpfert, Burkhard,* „Bewegliche Systeme" zur Bewältigung von Ähnlichkeiten am Beispiel der „Bürgschaftsfälle" des BGH, JuS 1993, 655–659

*Gordley, James,* Common law und civil law: eine überholte Unterscheidung, ZEuP 1993, 498–518

*Götz, Volkmar,* Auf dem Weg zur Rechtseinheit in Europa? – Drei Thesen zur europäischen Rechtsordnung, JZ 1994, 265–269

*Götz, Volkmar,* Europäische Gesetzgebung durch Richtlinien – Zusammenwirken von Gemeinschaft und Staat, NJW 1992, 1849–1856

*Grabitz, Eberhard,* Über die Verfassung des Binnenmarktes, in: Jürgen F. Baur/Klaus J. Hopt/K. Peter Mailänder (Hrsg.), Festschrift für Steindorff, Berlin, New York 1990, S. 1229–1245

*Grabitz, Eberhard/Hilf, Meinhard* (Hrsg.), Das Recht der Europäischen Union, Stand 17. Ergänzungslieferung Oktober 1999 (zitiert: Grabitz/Hilf-Bearbeiter Art. Vertrag Rn.), München 2001

*Grabitz, Eberhard/Hilf, Meinhard* (Hrsg.), Das Recht der Europäischen Union – Maastrichter Fassung, Stand 14. Ergänzungslieferung Januar 2001 (zitiert: Grabitz/Hilf (Maastricht)-Bearbeiter Art. Vertrag Rn.), München 2000

*Grabitz, Eberhard/v. Bogdandy, Armin,* Vom Gemeinsamen Markt zum Binnenmarkt – Statik und Dynamik des Europäischen Marktes, JuS 1990, 170–175

*Grobecker, Wolfgang,* Implied terms und Treu und Glauben – Vertragsergänzug im englischen Recht in rechtsvergleichender Perspektive, Berlin 1999

*Groeben, Hans von der,* Die Aufgaben der Wettbewerbspolitik im Gemeinsamen Markt und in der Atlantischen Partnerschaft, WuW 1964, 1001–1018

*Groeben, Hans von der,* Die Politik der Europäischen Kommission auf dem Gebiet der Rechtsangleichung, NJW 1970, 359–364

*Groeben, Hans von der/Thiesing, Jochen/Ehlermann, Claus-Dieter,* Kommentar zum EWG-Vertrag, 4. Auflage Baden-Baden 1991 (zitiert: GTE$^{4}$-Bearbeiter Art. Rn.)

*Groeben, Hans von der/Thiesing, Jochen/Ehlermann, Claus-Dieter,* Kommentar zum EWG-Vertrag, 5. Auflage, Baden-Baden 1997/98 (zitiert: GTE-Bearbeiter Art. Rn.)

*Großfeld, Bernhard,* Europäisches Gesellschaftsrecht, WM 1992, 2121–2128

*Großfeld, Bernhard/Bilda, Karen,* Europäische Rechtsangleichung, ZfRV 33 (1992), 421–433

*Großfeld, Bernhard/Lühn, Susanne,* Die Bürgschaft junger Bürgen für ihre Eltern, WM 1991, 2013–2019

*Grottke, Sybille,* Die EG-Wertpapierdienstleistungs-Richtlinie, EuZW 1993, 440–442

*Grundmann, Stefan,* Binnenmarktkollisionsrecht – vom klassischen IPR zur Integrationsordnung, RabelsZ 64 (2000), 457–477

*Grundmann, Stefan,* Darlehens- und Kreditrecht nach dem Schuldrechtsmodernisierungsgesetz, BKR 2001, 66–71

*Grundmann, Stefan,* Das Europäische Bankaufsichtsrecht wächst zum System – Wie weit reicht fortan die nationale Rechtsetzungsmacht?, Heidelberg 1990 (zitiert: Bankaufsichtsrecht)

*Grundmann, Stefan,* Das Thema der Systembildung im Europäischen Privatrecht – Gesellschafts-, Arbeits- und Schuldvertragsrecht, in: Stefan Grundmann (Hrsg.), Systembildung und Systemlücken in Kerngebieten des Europäischen Privatrechts – Gesellschafts-, Arbeits- und Schuldvertragsrecht, Tübingen 2000, 1–49 (zitiert: Grundmann in: Systembildung)

*Grundmann, Stefan,* Der Treuhandvertrag – insbesondere die werbende Treuhand, München 1997 (zitiert: Treuhandvertrag)

*Grundmann, Stefan,* Deutsches Anlegerschutzrecht in internationalen Sachverhalten – Vom internationalen Schuld- und Gesellschaftsrecht zum internationalen Marktrecht, RabelsZ 54 (1990), 283–322

*Grundmann, Stefan,* EG-Richtlinie und nationales Privatrecht – Umsetzung und Bedeutung der umgesetzten Richtlinie im nationalen Privatrecht, JZ 1996, 274–287

*Grundmann, Stefan,* Europäisches Handelsrecht – vom Handelsrecht des laissez faire im Kodex des 19. Jahrhunderts zum Handelsrecht der sozialen Verantwortung, ZHR 163 (1999), 635–678

*Grundmann, Stefan,* Europäisches Schuldvertragsrecht – Das europäische Recht der Unternehmensgeschäfte, Berlin/New York 1999 (zitiert: Schuldvertragsrecht; entsprechend den „Benutzungshinweisen" [S. X f.] wird der erste Teil nur nach Rn. zitiert, der zweite Teil entweder nach § und Rn. oder nach den im Dezimalsystem geordneten Kommentarteilen und Rn.)

*Grundmann, Stefan,* Europäisches Schuldvertragsrecht: Standort, Gestalt und Bezüge, JuS 2001, 946–951

*Grundmann, Stefan,* Europäisches Vertragsrechtsübereinkommen, EWG-Vertrag und § 12 AGBG, IPRax 1992, 1–5

*Grundmann, Stefan,* Generalreferat: Internationalisierung und Reform des deutschen Kaufrechts, in: Stefan Grundmann/Dieter Medicus/Walter Rolland (Hrsg.), Europäisches Kaufgewährleistungsrecht – Reform und Internationalisierung des deutschen Schuldrechts, Köln/Berlin/Bonn/München 2000, S. 281–321 (zitiert: Grundmann in: Europäisches Kaufgewährleistungsrecht)

*Grundmann, Stefan,* Grundsatz- und Praxisprobleme des neuen deutschen Überweisungsrechts, WM 2000, 2269–2284

*Grundmann, Stefan,* Harmonisierung, Europäischer Kodex, Europäisches System der Vertragsrechte – Die Perspektiven der Kommissionsmitteilung zum Europäischen Vertragsrecht, NJW 2002, 393–396

*Grundmann, Stefan,* Law merchant als lex lata Communitatis – insbesondere die Unidroit Principles, in: Uwe Diederichsen/Gerfried Fischer/Dieter Medicus/Jörg Pirrung/Thoms Wagenitz, Festschrift für Walter Rolland zum 70. Geburtstag, Köln 1999, S. 145–158

*Grundmann, Stefan,* Lex mercatoria und Rechtsquellenlehre – insbesondere die Einheitlichen Richtlinien und Gebräuche für Dokumentenakkreditive, in: Joachim Jickeli/Herbert Kotzur/Ulrich Noack/Helmut Weber (Hrsg.), Jahrbuch Junger Zivilrechtswissenschaftler 1991 – Europäisches Privatrecht, Unternehmensrecht, Informationspflichten im Zivilrecht – Tübinger Tagung 11.–14. September 1991, Stuttgart/München/Hannover/Berlin/Weimar 1992, S. 43–70

*Grundmann, Stefan,* Nationales Währungsrecht und EG-Kapitalverkehrsfreiheit, EWS 1990, 214–220

*Grundmann, Stefan,* Privatautonomie im Binnenmarkt – Informationsregeln als Instrument, JZ 2000, 1133–1143

*Grundmann, Stefan,* The Structure of European Contract Law, ERPL 2001, 505–528

*Grundmann, Stefan,* Verbraucherrecht, Unternehmensrecht, Privatrecht – warum sind sich UN-Kaufrecht und EU-Kaufrechts-Richtlinie so ähnlich?, AcP 202 (2002), 40–71

*Grundmann, Stefan,* Wettbewerb der Regelgeber im Europäischen Gesellschaftsrecht – jedes Marktsegment hat seine Struktur, ZGR 2001, 783–832

*Grundmann, Stefan/Biance, Massimo C.,* EU-Kaufrechts-Richtlinie – Kommentar, Köln 2002, (zitiert: Grundmann/Bianca-Bearbeiter Art. Rn.)

*Grundmann, Stefan/Kerber, Wolfgang,* European System of Contract Laws – A Map for Combining the Advantages of Centralised and Decentralised Rulemaking – Draft Version of 17th November 2001, in: Centre for a Common Law of Europe/Society of European Contract Law SECOLA (Hrsg.), Communication from the Commission on European Contract Law (Harmonisation, Code, Optional Code), Conference, Leuven, 30th of Nov. and 1st of Dec. 2001, www.secola.org, Ausdruck befindet sich beim Verfasser (zitiert: Grundmann/Kerber in: Greenpaper EU Contract Law [www-Fassung])

*Grundmann, Stefan/Kerber, Wolfgang,* Information Intermediaries and Party Autonomy – The Example of Securities and Insurance Markets, in: Stefan Grundmann/Wolfgang Kerber/Stephen Weatherill (Hrsg.), Party Autonomy and the Role of Information in the Internal Market, Berlin/New York 2001, S. 264–311

*Grundmann, Stefan/Kerber, Wolfgang/Weatherill, Stephen,* Party Autonomy and the Role of Information in the Internal Market – an Overview, in: dieselben (Hrsg.), Party Autonomy and the Role of Information in the Internal Market, Berlin/New York 2001, S. 3–38

*Grundmann, Stefan/Riesenhuber, Karl,* Die Auslegung des Europäischen Privat- und Schuldvertragsrechts, JuS 2001, 529–536

*Grunewald, Barbara,* Aufklärungspflichten ohne Grenzen?, AcP 190 (1990), 609–623

*Grunsky, Wolfgang,* Grundzüge des Zwangsvollstreckungs- und Insolvenzrechts, 5. Auflage Tübingen 1996

*Gsell, Beate,* Der EU-Richtlinienentwurf zur Bekämpfung von Zahlungsverzug im Handelsverkehr, ZIP 1998, 1569–1579

*Gsell, Beate,* Die zeitlichen Grenzen der Gewährleistungsrechte des Verbrauchers nach der EU-Richtlinie zum Verbrauchsgüterkauf, ERPL 1999, 151–171

*Gsell, Beate,* EG-Verzugs-Richtlinie und Reform der Reform des Verzugsrechts in Deutschland, ZIP 2000, 1861–1876

*Gsell, Beate,* Zahlungsverzug im Handelsverkehr: Gemeinsamer Standpunkt des Rates, ZIP 1999, 1281–1284

*Gundel, Jörg,* Die Neuordnung der Rechtsangleichung durch den Vertrag von Amsterdam – Neue Voraussetzungen für den „nationalen Alleingang", JuS 1999, 1171–1177

*Günther, Andreas,* Erwünschte Regelung unerwünschter Werbung? – Zur Auslegung von Artikel 10 der Fernabsatzrichtlinie 97/7/EG, CR 1999, 172–184

*Häberle, Peter,* Gemeineuropäisches Verfassungsrecht, EuGRZ 1991, 261–274

*Häberle, Peter,* Grundrechtsgeltung und Grundrechtsinterpretation im Verfassungsstaat – Zugleich zur Rechtsvergleichung als „fünfter" Auslegungsmethode –, JZ 1989, 913 –919

*Habermas, Jürgen,* Faktizität und Geltung – Beiträge zur Diskurstheorie des Rechts und des demokratischen Rechtsstaats, Frankfurt a.M. 1992

*Habersack, Mathias,* Die Akzessorietät – Strukturprinzip der europäischen Zivilrechte und eines künftigen europäischen Grundpfandrechts, JZ 1997, 857–865

*Habersack, Mathias,* Haustürgeschäfterichtlinie und Realkreditverträge, WM 2000, 981–992

*Habersack, Mathias,* Widerruf notariell beurkundeter Willenserklärungen? – Überlegungen zum Anwendungsbereich von § 1 Abs. 2 Nr. 3 HWiG, ZIP 2001, 353–358

*Habersack, Mathias/Giglio, Francesco,* Sittenwidrigkeit der Bürgschaft wegen krasser finanzieller Überforderung der Bürgen? – Eine rechtsvergleichende und europarechtliche Skizze –, WM 2001, 1100–1106

*Hadding, Walther,* Die EG-Richtlinie über grenzüberschreitende Überweisungen, in: Norbert Horn/Herbert Schimansky (Hrsg.), Bankrecht 1998, Köln 1998, S. 125–137 (zitiert: Hadding in: Bankrecht 1998)

*Hadding, Walther/Schneider, Uwe H.,* Die einheitliche Regelung des internationalen Überweisungsverkehrs durch das UNCITRAL-Modellgesetz, WM 1993, 629–638

*Hallstein, Walter,* Angleichung des Privat- und Prozessrechts in der Europäischen Wirtschaftsgemeinschaft, RabelsZ 28 (1964), 211–231

*Hallstein, Walter,* Die Europäische Gemeinschaft, 5. Auflage Düsseldorf/Wien 1979

*Hammes, Nicole,* Die Vorschläge der Europäischen Kommission zur Überarbeitung der Wertpapierdienstleistungsrichtlinie, ZBB 2001, 498–507

*Hanau, Peter,* EU-Richtlinienentwurf zum Betriebsübergang, ZIP 1994, 1568–1572

*Hänlein, Andreas,* Die Richtlinie 2000/35/EG zur Bekämpfung von Zahlungsverzug im Geschäftsverkehr und ihre Umsetzung in Deutschland, EuZW 2000, 680–685

*Harmathy, Attilla,* Über Fragen der Angleichung des Privatrechts, in: Jürgen Basedow/Klaus J. Hopt/Hein Kötz (Hrsg.), Festschrift für Ulrich Drobnig zum siebzigsten Geburtstag, Tübingen 1998, S. 39–44

*Hartkamp, Arthur S.*, Einführung in das neue Niederländische Schuldrecht – Teil I: Rechtsgeschäfte und Verträge, AcP 191 (1991), 396–410

*Hartkamp, Arthur S.*, Judicial Discretion Under the New Civil Code of the Netherlands, Am.J.Comp.L. 40 (1992), 551–571

*Hartkamp, Arthur S.*, The UNIDROIT Principles for International Commercial Contracts and the Principles of European Contract Law, ERPL 1994, 341–357

*Hartley, Trevor C.*, Civil Jurisdiction and Judgements – The application in England of the Convention on Jurisdiction and the Enforcement of Judgements in Civil and Commercial Matters under the Civil Jurisdiction and Judgements Act 1982, London 1984 (zitiert: Hartley Civil Jurisdiction)

*Hartley, Trevor C.*, The Foundations of European Community Law – An Introduction to the Constitutional and Administrative Law of the European Community, 4. Auflage Oxford 1998 (zitiert: Hartley EC Law)

*Hartmann, Nicolai,* Ethik, 4. Auflage Berlin 1962

*Hartmann, Wendelin,* Einheitlicher grenzüberschreitender Zahlungsverkehr in Deutschland?, WM 1994, 11–12

*Häsemeyer, Ludwig,* Die Bedeutung der Form im Privatrecht, JuS 1980, 1–9

*Hassold, Gerhard,* Strukturen der Gesetzesauslegung, in: Claus-Wilhelm Canaris/Uwe Diederichsen (Hrsg.) Festschrift für Karl Larenz zum 80. Geburtstag, München 1983 (zitiert: Hassold 2. FS Larenz)

*Hatje, Armin,* Loyalität als Rechtsprinzip in der Europäischen Union, Baden-Baden 2001

*Hattenhauer, Hans* (Hrsg), Allgemeines Landrecht für die Preußischen Staaten von 1794 – Mit einer Einführung von Hans Hattenhauer und einer Bibliographie von Günther Bernert, 3. Auflage Neuwied/Kriftel/Berlin 1996

*Hattenhauer, Hans,* Zur Zukunft des Deutschen als Sprache der Rechtswissenschaft, JZ 2000, 545–551

*Hau, Wolfgang,* Richterrecht, Gesetzesrecht, Europarecht – Zur Fortentwicklung des englischen Vertragsrechts am Beispiel des gesetzlichen Zinsanspruchs, ZvglRWiss 98 (1999), 260–283

*Hau, Wolfgang,* Vorgaben des EuGH zur Klausel-Richtlinie – Anmerkung zu EuGH v. 27. 6. 2000 – verb.Rs. C-240-244/98 *Océano,* IPRax 2001, 96–98

*Hauschka, Christoph E.*, Die wettbewerbspolitische Funktion des Rechts in der Konkurrenz von Wirtschaftsordnungen, ZRP 1988, 136–140

*Hauschka, Christoph E.*, Grundprobleme der Privatrechtsfortbildung durch die Europäische Wirtschaftsgemeinschaft, JZ 1990, 521–532

*Hauschka, Christoph E.*, Rechtliche Ausprägungen von Interaktion und Wettbewerb zwischen konkurrierenden Wirtschaftssystemen, ZVglRWiss 87 (1988), 46–57

*Hay, Peter/Lando, Ole/Rotunda, Ronald D.*, Conflict of Laws as a Technique for Legal Integration, in: Mauro Cappelletti/Monica Seccombe/Joseph Weiler (Hrsg.), Integration Through Law – Europe and the American Federal Experience, Volume 1 Methods, Tools and Institutions, Book 2 Political Organs, Integration Techniques and Judicial Process, Berlin/New York 1986, S. 161–258 (zitiert: Hay/Lando/Rotunda Integration through Law I/2)

*Hayder, Roberto,* Neue Wege der europäischen Rechtsangleichung? – Die Auswirkungen der Einheitlichen Europäischen Akte von 1986 –, RabelsZ 53 (1989), 622–698

*Heck, Philipp,* Begriffsbildung und Interessenjurisprudenz, Tübingen 1932

*Hedley, Steve* (Hrsg.), Butterworths Student Statutes – Contract, Tort & Restitution, 2. Auflage London 1999

*Hedley, Steve,* A Critical Introduction to Restitution, London 2001 *erber, Rolf,* Deutsche Zivilrechtskodifikationen und internationale Rechtsvereinheitlichung in: Karsten Schmidt (Hrsg.), Rechtsdogmatik und Rechtspolitik – Hamburger Ringvorlesung, Berlin 1990, S. 269–289

*erberger, Maximilian,* Rangstufen der Rechtsdogmatik im Hinblick auf deren Bedeutung für die Gesetzgebung, in: Okko Behrends/Wolfram Henckel (Hrsg.), Gesetzgebung und Dogmatik – 3. Symposion der Kommission [sc. der Akademie der Wissenschaften in Göttingen] „Die Funktion des Gesetzes in Geschichte und Gegenwart" am 29. und 30. April 1988, Göttingen 1989, S. 67–79

*ergenröder, Curt Wolfgang,* Zivilprozessuale Grundlagen richterlicher Rechtsfortbildung, Tübingen 1995

*errmann, Harald,* Kaufrechtliche Grenzen der Händlerwerbung – zur Haftung aus Selbstbindung, stillschweigender Zusicherung und positiver Forderungsverletzung bei Werbeangaben, AcP 183 (1983), 248–278

*ß, Burkhard,* Die „Europäisierung" des internationalen Zivilprozesses durch den Amsterdamer Vertrag – Chancen und Gefahren, NJW 2000, 23–32

*sselink, Martijn W.,* The Politics of European Contract Law: Who has an Interest in What Kind of Contract Law for Europe?, in: Centre for a Common Law of Europe/Society of European Contract Law SECOLA (Hrsg.), Communication from the Commission on European Contract Law (Harmonisation, Code, Optional Code),Donference, Leuven, 30th of Nov. and 1st of Dec. 2001, www.secola.org, Ausdruck befindet sich beim Verfasser (zitiert: Hesselink in: Greenpaper EU Contract Law [www-Fassung])

*lf, Meinhard,* Einheit der Rechtsordnung: EG-Recht und nationales Recht, in: Karsten Schmidt (Hrsg.), Vielfalt des Rechts – Einheit der Rechtsordnung? – Hamburger Ringvorlesung, Berlin 1994, S. 219–236

*lf, Meinhard/Frahm, Katharina,* Nichtigerklärung der Richtlinie zum Tabakwerbeverbot: Das letzte Wort? – Besprechung des EuGH-Urteils vom 5.10.2000 – Rs. C-376/98, RIW 2000, 951, RIW 2001, 128–133

*llgruber, Christian,* Abschied von der Privatautonomie?, ZRP 1995, 6–9

*llgruber, Christian,* Grenzen der Rechtsfortbildung durch den EuGH – Hat Europarecht Methode?, in: Thomas von Danwitz/Markus Heintzen/Matthias Jestaedt/Stefan Korioth/ Michael Reinhardt (Hrsg.), Auf dem Wege zu einer Europäischen Staatlichkeit – 33. Tagung der Wissenschaftlichen Mitarbeiterinnen und Mitarbeiter der Fachrichtung „Öffentliches Recht" Bonn 1993, Stuttgart/München/Hannover/Berlin/Weimar 1993, S. 31–46 (zitiert: Hillgruber in: Europäische Staatlichkeit)

*lgruber, Christian,* Grundrechtsschutz im Vertragsrecht – zugleich: Anmerkung zu BVerfG NJW 1990, 1469, AcP 191 (1991), 69–86

*lgruber, Christian,* Richterliche Rechtsfortbildung – demokratische und rechtsstaatliche Bedenken gegen eine scheinbare Selbstverständlichkeit, JRP 2001, 281–293

*lgruber, Christian,* Richterliche Rechtsfortbildung als Verfassungsproblem, JZ 1996, 118–125

*tersteininger, Margit,* Binnenmarkt und Diskriminierungsverbot – Unter besonderer Berücksichtigung der Situation nicht-staatlicher Handlungseinheiten, Berlin 1999

*z, Hans Werner,* Das Interesse der Wirtschaft an einer Europäisierung des Privatrechts, ZEuP 1994, 553–558

*pel, Eike von,* Der Schutz des Verbrauchers vor unlauteren Allgemeinen Geschäftsbedingungen n den EG-Staaten – Bestandsaufnahme und Überlegungen zur Rechtsangleichung, RabelsZ 41 (1977), 237–280

*pel, Fritz von,* Zur Gesetzmäßigkeit juristischer Systembildung, Berlin 1930

*Hedley, Steve,* Quality of Goods, Information, and the Death of Contract, JBL 2
*Hefermehl, Wolfgang:* siehe Baumbach
*Hein, Jan von,* Rechtswahlfreiheit im Internationalen Deliktsrecht, RabelsZ 64 (2
*Heinemann, Klaus,* Auf dem Wege zur europäischen Dienstleistungshaftung, ZIP 1
*Heinrichs, Helmut,* Das Gesetz zur Änderung des AGB-Gesetzes – Umsetzung linie über mißbräuchliche Klauseln in Verbraucherverträgen durch den Bun NJW 1996, 2190–2197
*Heinrichs, Helmut,* Das Transparenzgebot und die EG-Richtlinie über mißbräucl in Verbraucherverträgen, in: Friedrich Graf von Westphalen/Otto Sandrock ( diges Recht – Von den Sumerern bis zur Gegenwart – Festschrift für Reinhol 65. Geburtstag, Heidelberg 1995, S. 157–177
*Heinrichs, Helmut,* Das Widerrufsrecht nach der Richtlinien 97/7/EG über de schutz bei Vertragsabschlüssen im Fernabsatz, in: Volker Beuthien/Maximil bert Roth/Gottfried Schiemann/Andreas Wacke (Hrsg.) Festschrift für D Köln/Berlin/Bonn/München 1999, S. 177–197
*Heinrichs, Helmut,* Der Anhang zur EG-Richtlinie über mißbräuchliche Klauseln verträgen (93/13/EWG vom 5.4.1993) und seine Bedeutung für das deutsche wig Krämer/Hans-W. Micklitz/Klaus Tonner (Hrsg.), Law and diffuse inter pean legal order/Recht und diffuse Interessen in der Europäischen Rechtsc amicorum Norbert Reich, Baden-Baden 1997, S. 527–553 (zitiert: Heinrichs
*Heinrichs, Helmut,* Die Entwicklung des Rechts der Allgemeinen Geschäftsl Jahre 1998, NJW 1999, 1596–1611
*Heinrichs, Helmut,* Umsetzung der EG-Richtlinie über mißbräuchliche Klauseln verträgen durch Auslegung – Erweiterung des Anwendungsbereichs der NJW 1995, 153–159
*Heinsius, Theodor,* Anlageberatung durch Kreditinstitute, ZHR 145 (1981), 177
*Heiss, Helmut,* Europäisches Vertragsrecht: in statu nascendi, ZfRV 1995, 54–6
*Heiss, Helmut,* Formvorschriften als Instrument europäischen Verbrauchersch K. Schnyder/Helmut Heiss/Bernhard Rudisch (Hrsg.), Internationales Ve recht, Erfahrungen und Entwicklungen in Deutschland, Liechtenstein, Ö Schweiz – Referate und Diskussionsberichte des Kolloquiums zu Ehren vo Facilides, Tübingen 1995, S. 87–103 (zitiert: Heiss in: Internationales Verbrau
*Helms, Dietmar,* Die Europäische Privatgesellschaft – Rechtliche Strukturen probleme einer supranationalen Gesellschaft des Gemeinschaftsrechts, Kö
*Henckel, Wolfram,* Rechtsdogmatik und Gesetzgebung in der Gegenwart, in: Wolfram Henckel (Hrsg.), Gesetzgebung und Dogmatik – 3. Symposion de der Akademie der Wissenschaften in Göttingen] „Die Funktion des Geset und Gegenwart" am 29. und 30. April 1988, Göttingen 1989, S. 93–105.
*Henkel, Heinrich,* Einführung in die Rechtsphilosophie – Grundlagen des München 1977
*Henning-Bodewig, Frauke/Schricker, Gerhard,* Stellungnahme des Max-Planck ländisches und internationales Patent-, Urheber- und Wettbewerbsrecht zu Verbraucherschutz in der EU KOM(2002), 531 endg., GRUR 2002, 319–3
*Herbel, Peter,* Der internationale Unternehmensjurist – ein vaterlandsloser Ge Schwenzer (Hrsg.), Schuldrecht, Rechtsvergleichung und Rechtsvereinh Schwelle zum 21. Jahrhundert – Symposium aus Anlaß des 65. Gebu Schlechtriem, Tübingen 1999, S. 1–19

*Hirte, Heribert,* Wege zu einem europäischen Zivilrecht, Stuttgart/München/Hannover/Berlin/Weimar/Dresden 1996

*Hobhouse, Sir John S.,* International Conventions and Commercial Law: the Pursuit of Uniformity, LQR 106 (1990), 530–535

*Hoerster, Norbert,* Die rechtsphilosophische Lehre vom Rechtsbegriff, JuS 1987, 181–188

*Höfer, Reinhard,* Der EuGH zum Lohngleichheitsgebot bei den Betriebsrenten (Art. 119 EGV), NJW 1996, 297–299

*Hoffman-Becking, Gerhard,* Normaufbau und Methode – Eine Untersuchung zur Rechtsprechung des Gerichtshofs der Europäischen Gemeinschaften, Tübingen 1973

*Hoffmann, Bernd von,* Inländische Sachnormen mit zwingendem internationalem Anwendungsbereich, IPRax 1989, 261–271

*Hoffmann, Bernd von,* Richtlinien der EG und Internationals Privatrecht, ZfRV 1995, 45–54

*Hoffmann, Dieter,* „Gerechtigkeitsprinzipien" im Europäischen Verbraucherprivatrecht – Fortschreitende Privatrechtskodifikation als Teil des sozialen Europas, in: Ludwig Krämer/Hans-W. Micklitz/Klaus Tonner (Hrsg.), Law and diffuse interests in the European legal order/Recht und diffuse Interessen in der Europäischen Rechtsordnung – Liber amicorum Norbert Reich, Baden-Baden 1997, S. 291–309 (zitiert: Hoffmann FS Reich)

*Hoffmann, Jochen,* Realkredite im Europäischen Verbraucherschutzrecht – Besprechung des EuGH-Urteils vom 13.12.2001, Rechtssache C-481/99 „Heininger", ZIP 2002, 31, ZIP 2002, 145–152

*Hohlfeld, Knut,* Die Zukunft der Versicherungsaufsicht nach Vollendung des Binnenmarktes, VersR 1993, 144–150

*Hohloch, Gerhard,* Kollisionsrecht in der Staatengemeinschaft – Zu den Strukturen eines internationalen Privat- und Verfahrensrechts in der Europäischen Union, in: Gerhard Hohloch/Rainer Frank/Peter Schlechtriem (Hrsg.), Festschrift für Hans Stoll zum 75. Geburtstag, Tübingen 2001, S. 533–551

*Hohmeister, Frank,* Nochmals: Beweislastumkehr durch das Nachweisgesetz? – Zugleich Besprechung von EuGH, 4.12.1997 – Rs. C- 253/96, Kampelmann u.a., BB 1998, 272 –, BB 1998, 587–588

*Höland, Armin,* Das neue Nachweisgesetz – Arbeits- und zivilrechtliche Fragen, ArbuR 1996, 87–94

*Höland, Armin,* Leitbilder des Europäischen Verbraucherrechts, in: Ludwig Krämer/Hans-W. Micklitz/Klaus Tonner (Hrsg.), Law and diffuse interests in the European legal order/Recht und diffuse Interessen in der Europäischen Rechtsordnung – Liber amicorum Norbert Reich, Baden-Baden 1997, S. 195–219 (zitiert: Höland FS Reich)

*Hommelhoff, Peter,* Die „Société fermée européenne" – eine supranationale Gesellschaftsform für kleine und mittlere Unternehmen im Europäischen Binnenmarkt –, WM 1997, 2101–2109

*Hommelhoff, Peter*, Die Auslegung angeglichenen Gesellschaftsrechts – eine Analyse der EuGH-Rechtsprechung –, in: Reiner Schulze (Hrsg.), Auslegung europäischen Privatrechts und angeglichenen Rechts, Baden-Baden 1999 (zitiert: Hommelhoff in: Auslegung europäischen Privatrechts)

*Hommelhoff, Peter*, Verbraucherschutz im System des deutschen und europäischen Privatrechts, Heidelberg 1996 (zitiert: Verbraucherschutz im System)

*Hommelhoff, Peter*, Zivilrecht unter dem Einfluß europäischer Rechtsangleichung, AcP 192 (1992), 71–107

*Hommelhoff, Peter/Helms, Dietmar*, Weiter auf dem Weg zur Europäischen Privatgesellschaft, GmbHR 1999, 53–59

*Hommelhoff, Peter/Riesenhuber, Karl,* Strukturmaßnahmen, insbesondere Verschmelzung und Spaltung im Europäischen und deutschen Gesellschaftsrecht, in: Stefan Grundmann (Hrsg.), Systembildung und Systemlücken in Kerngebieten des Europäischen Privatrechts – Gesellschafts-, Arbeits- und Schuldvertragsrecht, Tübingen 2000, S. 259–282

*Hommelhoff, Peter/Wiedenmann, Kai-Udo*, Allgemeine Geschäftsbedingungen gegenüber Kaufleuten und unausgehandelte Klauseln in Verbraucherverträgen – Grundsätzliches zur Transformation der EG-Klauselrichtlinie ins deutsche Recht, ZIP 1993, 562–572

*Hondius, Ewoud,* Consumer Law and Private Law: Where the Twains shall meet, in: Ludwig Krämer/Hans-W. Micklitz/Klaus Tonner (Hrsg.), Law and diffuse interests in the European legal order/Recht und diffuse Interessen in der Europäischen Rechtsordnung – Liber amicorum Norbert Reich, Baden-Baden 1997, S. 311–337 (zitiert: Hondius FS Reich)

*Hondius, Ewoud,* Das neue Niederländische Zivilgesetzbuch – Allgemeiner Teil, AcP 191 (1991), 378–395

*Hondius, Ewoud,* Finding the Law and Harmonisation of Private Law in Europe, in: Hans Schulte-Nölke/Reiner Schulze (Hrsg.), Europäische Rechtsangleichung und nationale Privatrechte, Baden-Baden 1999, S. 393–403 (zitiert: Hondius in: Rechtsangleichung und nationale Privatrechte)

*Hondius, Ewoud,* Kaufen ohne Risiko: Der europäische Richtlinienentwurf zum Verbraucherkauf und zur Verbrauchergarantie, ZEuP 1997, 130–140

*Hondius, Ewoud,* Towards a European Civil Code: the debate has started, ERPL 1997, 455–464

*Hopt, Klaus J.*, Europäisches und deutsche Übernahmerecht, ZHR 161 (1997), 368–420

*Hopt, Klaus J.*, Harmonisierung im europäischen Gesellschaftsrecht – Status quo, Probleme, Perspektiven – ZGR 1992, 265–295

*Hopt, Klaus J.*, Nichtvertragliche Haftung außerhalb von Schadens- und Bereicherungsausgleich – Zur Theorie und Dogmatik des Berufsrechts und der Berufshaftung, AcP 183 (1983), 608–720

*Hopt, Klaus J.*, s.a. Baumbach

*Horspool, Margot,* European Union Law, 2. Auflage, London/Edinburgh/Dublin 2000

*Howells, Geraint,* European Consumer Law – The Minimal and Maximal Harmonisation Debate, in: Centre for a Common Law of Europe/Society of European Contract Law SECOLA (Hrsg.), Communication from the Commission on European Contract Law (Harmonisation, Code, Optional Code), Conference, Leuven, 30th of Nov. and 1st of Dec. 2001, www.secola.org, Ausdruck befindet sich beim Verfasser (zitiert: Howells in: Greenpaper EU Contract Law [www-Fassung])

*Howells, Geraint/Wilhelmsson, Thomas*, EC Consumer Law, Aldershot/Brookfiled/Singapore/Sydney 1997

*Hruschka, Joachim,* Kann und sollte die Strafrechtswissenschaft systematisch sein?, JZ 1985, 1–10

*Huber, Ulrich,* Das Gesetz zur Beschleunigung fälliger Zahlungen und die europäische Richtlinie zur Bekämpfung von Zahlungsverzug im Geschäftsverkehr, JZ 2000 957–967

*Huber, Ulrich,* Einheitliches Kaufrecht und europäische Privatrechtsvereinheitlichung, in: Ole Due/Marcus Lutter/Jürgen Schwarze (Hrsg.) Festschrift für Ulrich Everling, Band I, Baden-Baden 1995, S. 493–509

*Huber, Ulrich,* Leistungsstörungen Band I: Die allgemeinen Grundlagen – Der Tatbestand des Schuldnerverzugs – Die vom Schuldner zu vertretenden Umstände, Tübingen 1999

*Hübner, Heinz,* Rechtsgeschäftslehre und Verbraucherschutz, in: Jürgen F. Baur/Peter-Christian Müller-Graff/Manfred Zuleeg (Hrsg.), Festschrift für Bodo Börner, Köln/Berlin/Bonn/München 1992, 717–727

*Hübner, Heinz,* Sinn und Möglichkeiten retrospektiver Rechtsvergleichung, in: Hans-Joachim Musielak/Klaus Schurig (Hrsg.), Festschrift für Gerhard Kegel zum 75. Geburtstag, Stuttgart/Berlin/Köln/Mainz 1987, S. 235–252

*Hübner, Ulrich,* Berufsregelung für Versicherungsvermittler in Deutschland?, EuZW 1997, 193

*Hübner, Ulrich/Constantinesco, Vlad,* Einführung in das französische Recht, 4. Auflage München 2001

*Hübner, Ulrich/Matusche-Beckmann, Annemarie,* Auswirkungen des Gemeinschaftsrechts auf das Versicherungsrecht, EuZW 1995, 263–273

*Hueck, Alfred/Nipperdey, Hans-Carl,* Lehrbuch des Arbeitsrechts, Erster Band, 7. Auflage Berlin/Frankfurt 1963

*Hüffer, Jens,* Das Wertpapier-Verkaufsprospektgesetz – Prospektpflicht und Anlegerschutz, Köln/Berlin/Bonn/München 1995

*Hummer/Obwexer,* Vom „Gesetzesstaat zum Richterstaat“ und wieder retour? – Reflexionen über das britische Memorandum über den EuGH vom 23.7.1996 zur Frage der „korrigierenden Kodifikation“ von Richterrecht des EuGH, EuZW 1997, 295–305

*Ibbetson, David J.,* A Historical Introduction to the Law of Obligations, Oxford 1999

*Immenga, Ulrich,* Thesen zur Privatrechtsangleichung, EuZW 1993, 169

*Immenga, Ulrich/Mestmäcker, Ernst-Joachim* (Hrsg.), EG-Wettbewerbsrecht, Kommentar, Bände 1 und 2 München 1997 (zitiert: Immenga/Mestmäcker-Bearbeiter Vorschrift Rn.)

*Ipsen, Hans Peter,* Europäisches Gemeinschaftsrecht, Tübingen 1972

*Ipsen, Hans Peter,* Richtlinien-Ergebnisse, in: Walter Hallstein/Hans-Jürgen Schlochauer (Hrsg.), Zur Integration Europas, Festschrift für Carl Friedrich Ophüls aus Anlaß seines siebzigsten Geburtstages, Karlsruhe 1965, S. 67–84

*Isensee, Josef/Kirchhof, Paul,* Handbuch des Staatsrechts der Bundesrepublik Deutschland, Band III – Handeln des Staates, Heidelberg 1988; Band V – Allgemeine Grundrechtslehren, Heidelberg 1992 (zitiert: Bearbeiter in: Handbuch des Staatsrechts)

*Israël, Jona,* Conflicts of Law and the EC after Amsterdam – A Change for the Worse?, MJ 7 (2000), 81–99

*Jäckel-Hutmacher, Christine/Tonner, Klaus,* Mehr Urlaubsbeweglichkeit durch Timesharing?, VuR 1994, 9–18

*Jaensch, Michael,* Die unmittelbare Drittwirkung der Grundfreiheiten – Untersuchung der Verpflichtung von Privatpersonen durch Art. 30, 48, 52, 49, 73b EGV, Baden-Baden 1997

*Jarass, Hans D.,* Die Widerspruchsfreiheit der Rechtsordnung als verfassungsrechtliche Vorgabe – Zugleich ein Beitrag zum Verhältnis von Sachgesetzgeber und Abgabengesetzgeber, AöR 126 (2001), 588–607

*Jauernig, Othmar,* Bürgerliches Gesetzbuch mit Gesetz zur Regelung des Rechts der Allgemeinen Geschäftsbedingungen, Kommentar, 9. Auflage 1999 (zitiert: Jauernig-Bearbeiter § Rn.)

*Jayme, Erik,* Ein Internationales Privatrecht für Europa – Reden zur Verleihung des Landesforschungspreises Baden-Württemberg 1989. Mit einem Beitrag über Internationales Privatrecht und Europäischer Binnenmarkt – Heidelberg 1991 (zitiert: IPR für Europa)

*Jayme, Erik,* Entwurf eines EU-Übereinkommens über das auf außvertragliche Schuldverhältnisse anwendbare Recht – Tagung der Europäischen Gruppe für Internationales Privatrecht in Luxemburg, IPRax 1999, 298

*Jayme, Erik,* Europäisches Kollisionsrecht: Neue Aufgaben, neue Techniken, in: Peter Hommelhoff/Erik Jayme/Werner Mangold, Europäischer Binnenmarkt, Internationales Privatrecht und Rechtsangleichung, Heidelberg 1995, S. 35–49

*Jayme, Erik,* Inhaltskontrolle von Rechtswahlklauseln in Allgemeinen Geschäftsbedingungen, in: Bernhard Pfister/Michael R. Will (Hrsg.), Festschrift für Werner Lorenz zum siebzigsten Geburtstag, Tübingen 1991, 435–439

*Jayme, Erik,* Sprachrisiko und Internationales Privatrecht beim Bankverkehr mit ausländischen Kunden, Marcus Lutter/Helmut Kollhosser/Winfried Trusen (Hrsg.), Recht und Wirtschaft in Geschichte und Gegenwart – Festschrift für Johannes Bärmann zum 70. Geburtstag, München 1975, S. 509–522

*Jayme, Erik,* Veiga Beirão (1841–1916), Mancini (1817–1888) und das Internationale Privatrecht der Handelsgesetzbücher, in: ders. (Hrsg.), 2. Deutsch-Lusitanische Rechtstage, Baden-Baden 1994, S. 17–26

*Jayme, Erik,* Zum internationalen Geltungswillen der europäischen Regeln über den Handelsvertretervertrag – (zu EuGH , 9.11.2000 – Rs. C-381/98 – Ingmar GB Ltd / Eaton Leaonard Technologies Inc., unten S. 225, Nr. 18), IPRax 2001, 190–191

*Jayme, Erik/Kohler, Christian,* Das Internationale Privat- und Verfahrensrecht der EG auf dem Wege zum Binnenmarkt, IPRax 1990, 353–361

*Jenard, Paul,* Bericht über das Übereinkommen von Brüssel von 1968 über die gerichtliche Zuständigkeit und die Vollstreckung gerichtlicher Entscheidungen in Zivil- und Handelssachen, ABl. 1979 C 59/1-151

*Jentsch, Werner,* Die EG-Wertpapierdienstleistungsrichtlinie, WM 1993, 2189–2195

*Jessurun d'Oliveira, Hans Ulrich,* „Characteristic Obligation" in the Draft EEC Obligation Convention, Am.J.Comp.L 25 (1977), 303–331

*Jessurun d'Oliveira, Hans Ulrich,* Towards a ‚European' Private International Law?, in: de Witte, Bruno/Forder, Caroline (Hrsg.), The common law of Europe and the future of legal education, Deventer 1992, S. 265–283

*Jhering, Rudolf von,* Culpa in contrahendo – oder Schadensersatz bei nichtigen oder nicht zur Perfection gelangten Verträgen, JherJb 4 (1861), 1–112

*Joerges, Christian,* Die Europäisierung des Privatrechts als Rationalisierungsprozeß und als Streit der Disziplinen – Eine Analyse der Richtlinie über mißbräuchliche Klauseln in Verbraucherverträgen, ZEuP 1995, 181–201

*Jorden, Simone/Lehmann, Michael,* Verbrauchsgüterkauf und Schuldrechtsmodernisierung – Zur geplanten Umsetzung der Richtlinie 1999/44/EG im Rahmen eines Gesetzes zur Modernisierung des Schuldrechts, JZ 2001, 952–965

*Jud, Brigitta,* Regreßrecht des Letztverkäufers – Art. 4 der RL 99/44/EG über den Verbrauchsgüterkauf und die Reform in Österreich und in Deutschland, ZfRV 2001, 201–219

*Junker, Abbo,* Arbeits- und Sozialrecht in der Europäischen Union, JZ 1994, 277–286

*Junker, Abbo,* Der EuGH im Arbeitsrecht – Die schwarze Serie geht weiter, NJW 1994, 2527–2528

*Junker, Abbo,* Die „zwingenden Bestimmungen" im neuen internationalen Arbeitsrecht, IPRax 1989, 69–75

*Junker, Abbo,* Die einheitliche europäische Auslegung nach dem EG-Schuldvertragsübereinkommen, RabelsZ 55 (1991), 674–696

*Junker, Abbo,* Die freie Rechtswahl und ihre Grenzen – Zur veränderten Rolle der Parteiautonomie im Schuldvertragsrecht, IPRax 1993, 1–10

*Junker, Abbo,* Empfiehlt es sich, Art. 7 EVÜ zu revidieren oder aufgrund der bisherigen Erfahrungen zu präzisieren?, IPRax 2000, 65–73

*Junker, Abbo,* Rechtsvergleichung als Grundlagenfach, JZ 1994, 921–928

*Junker, Abbo,* Systembildung und Systemlücken im harmonisierten Arbeitsvertragsrecht, NZA 1999, 2–11

*Junker, Abbo,* Vom Bürgerlichen zum kleinbürgerlichen Gesetzbuch – Der Richtlinienvorschlag über den Verbrauchsgüterkauf, DZWiR 1997, 271–281

*Kapnopoulou, Elissavet N.,* Das Recht der mißbräuchlichen Klauseln in der Europäischen Union – Das griechische Verbraucherschutzgesetz als Beitrag zum Europäischen Privatrecht, Tübingen 1997

*Kappus, Andreas,* EU-Time-Sharing-Richtlinie und deutsche Umsetzungsgesetzgebung, EWS 1996, 273–277

*Kapteyn, P.J.G./VerLoren van Themaat, P./Gormley, Laurence W.,* Introduction to the Law of the European Communities – From Maastricht to Amsterdam, 5. Auflage, London/Den Hag/Boston 1998 (zitiert: Kapteyn/VerLoren van Themaat/Gormley European Communities)

*Kaser, Max,* Römisches Privatrecht, 16. Auflage München 1992

*Kaye, Peter,* The New Private International Law of Contract of the European Community – Implementation of the EEC's Contractual Obligations Convention in England and Wales Under the Contracts (Applicable Law) Act 1990, Aldershot/Brookfield USA/Hong Kong/Singapore/Sydney 1993

*Kelsen, Hans,* Reine Rechtslehre, 2. Auflage Wien 1960 (unveränderter Nachdruck Wien 1967)

*Kieninger, Eva-Maria,* Der Richtlinienvorschlag der Europäischen Kommission zur Bekämpfung des Zahlungsverzugs im Handelsverkehr, WM 1998, 2213–2221

*Kieninger, Eva-Maria,* Die Kontrolle von leistungsbeschreibenden Versicherungsbedingungen nach der AGB-Richtlinie – Fortschritt oder Rückschritt?, ZEuP 1994, 277–284

*Kieninger, Eva-Maria,* Inhaltskontrolle der AVB einer Arbeitslosigkeitsversicherung – Zugleich Anmerkung zum Urteil des OLG Hamburg vom 11. 3. 1998 (5 U 211/96) VersR 98, 627 –, VersR 1998, 1071–1076

*Kieninger, Eva-Maria,* Mobiliarsicherheiten im Europäischen Binnenmarkt – Zum Einfluß der Warenverkehrsfreiheit auf das nationale und internationale Sachenrecht der Mitgliedstaaten, Baden-Baden 1996

*Kieninger, Eva-Maria,* Wettbewerb der Privatrechtsordnungen im Europäischen Binnenmarkt – Studien zur Privatrechtskoordinierung in der Europäischen Union auf den Gebieten des Gesellschafts- und Vertragsrechts, Tübingen 2002 (zitiert: Kieninger, Wettbewerb der Privatrechtsordnungen)

*Kieninger, Eva-Maria/Leible, Stefan,* Plädoyer für einen „Europäischen wissenschaftlichen Ausschuß für Privatrecht", EuZW 1999, 37–40

*Kind, Sandra,* Die Grenzen des Verbraucherschutzes durch Information – aufgezeigt am Teilzeitwohnrechtegesetz, Berlin 1998

*Kindler, Peter,* Anmerkung zu EuGH v. 9. 11. 2000 – Rs. C-381/98 *Ingmar Ltd. ./. Eaton Leonard Technologies Ltd.*, BB 2001, 11–13

*Kirchner, Christian,* An Optional European Civil Code (OECC): Initiating a Learning Process (draft version, Nov. 28th 2001) – Short Verion, in: Centre for a Common Law of Europe/Society of European Contract Law SECOLA (Hrsg.), Communication from the Commission on European Contract Law (Harmonisation, Code, Optional Code), Conference, Leuven, 30th of Nov. and 1st of Dec. 2001, www.secola.org, Ausdruck befindet sich beim Verfasser (zitiert: Kirchner in: Greenpaper EU Contract Law [www-Fassung])

*Kirchner, Christian,* Der punktuelle Ansatz als Leitprinzip gemeinschaftsrechtlicher Privatrechtsharmonisierung, in: Stefan Grundmann/Dieter Medicus/Walter Rolland (Hrsg.), Europäisches Kaufgewährleistungsrecht – Reform und Internationalisierung des deutschen Schuldrechts, Köln/Berlin/Bonn/München 2000, S. 95–107 (zitiert: Kirchner in: Europäisches Kaufgewährleistungsrecht)

*Kirchner, Christian,* Europäisches Vertragsrecht, in: Hans-Leo *Weyers* (Hrsg.), Europäisches Vertragsrecht, Baden-Baden 1997, 103–137 (zitiert: Kirchner in: Europäisches Vertragsrecht)

*Kirchner, Christian,* Zur zentralen Rolle der zivilrechtlichen Sanktionen im Recht des Insiderhandels, in: Hans G. Leser/Tamotsu Isomura (Hrsg.), Wege zum japanischen Recht, Festschrift für Zentaro Kitagawa, Berlin 1992, S. 665–682

*Kischel, Uwe,* Systembindung des Gesetzgebers und Gleichheitssatz, AöR 124 (1999), 174–211

*Klaas, Christoph,* Zur EG-Richtlinie über mißbräuchliche Klauseln in Verbraucherverträgen – „Stellen von AGB, insbesondere Inhaltskontrolle notarieller Verbraucherverträge?, in: Gerd Pfeiffer/Joachim Kummer/Silke Scheuch (Hrsg.), Festschrift für Brandner, Köln 1996, S. 247–258

*Klamt, Angelika/Koch, Christian,* Das neue Überweisungsrecht – Regierungsentwurf eines Überweisungsgesetzes zur Umsetzung der Richtlinie 97/5/EG vom 27. 1. 1997 über grenzüberschreitende Überweisungen, DB 1999, 943–948

*Klauer, Irene,* Die Europäisierung des Privatrechts – Der EuGH als Zivilrichter, Baden-Baden 1997 (zitiert: Klauer Europäisierung)

*Klauer, Irene,* General Clauses in European Private Law and ‚Stricter' National Standards: The Unfair Terms Directive, ERPL 2000, 187–210

*Kleindieck, Detlef,* Aspekte gemeinschaftsweiter Privatrechtsangleichung: Ein Sonderprivatrecht für Verbraucher?, in: Peter Hommelhoff/Erik Jayme/Werner Mangold (Hrsg.), Europäischer Binnenmarkt, Internationales Privatrecht und Rechtsangleichung – Beiträge und Diskussionen des Symposiums 1994 in Heidelberg, Heidelberg 1995 (zitiert: Kleindieck in: Binnenmarkt, IPR und Rechtsangleichung)

*Kluth, Winfried,* Die Bindung privater Wirtschaftsteilnehmer an die Grundfreiheiten des EG-Vertrages – Eine Analyse am Beispiel des Bosman-Urteils des EuGH, AöR 122 (1997), 557–582

*Knöfel, Susanne,* EC Legislation on Conflict of Laws: Interactions and Incompatibilities between Conflicts Rules, ICLQ 47 (1998), 439–445

*Knütel, Rolf,* Ius commune und Römisches Recht vor den Gerichten der Europäischen Union, JuS 1996, 768–778

*Knütel, Rolf,* Zur duplex interpretatio von Allgemeinen Geschäftsbedingungen, JR 1981, 221–225

*Koch, Hans-Joachim/Rüßmann, Helmut,* Juristische Begründungslehre – Eine Einführung in Grundprobleme der Rechtswissenschaft, München 1982

*Koch, Harald,* Private International Law: A ‚Soft' Alternative to the Harmonisation of Private Law? ERPL 1995, 329–342

*Koenig, Christian/Haratsch, Andreas,* Europarecht, 3. Auflage Tübingen 2000

*Köhler, Helmut,* Die Rechte des Verbrauchers beim Teleshopping (TV-Shopping, Internet-Shopping), NJW 1998, 185–190

*Köhler, Helmut,* Zur Funktion und Reichweite der gesetzlichen Gewährleistungsausschlüsse, JZ 1989, 761–776

*Kohte, Wolfhard,* Verbraucherschutz im Licht des europäischen Wirtschaftsrechts, EuZW 1990, 150–156

*Kollatz, Udo,* Selbständige Rententräger und das Lohngleichheitsgebot in der „Post-Barber"-Rechtsprechung des EuGH, NJW 1996, 1658–1659

*Koller, Ingo,* Transportrecht – Kommentar zu Spedition, Straßen- und Lufttransport, 4. Auflage München 2000

*Koller, Ingo/Roth, Wulf-Henning/Morck, Winfried,* Handelsgesetzbuch Kommentar, 2. Auflage München 1999

*König, Christian,* Europäische Integration und Systemwettbewerb zwischen mitgliedstaatlichen Rechtsordnungen, EuZW 1998, 513

*Koopmanns, Thijmen,* Towards a New „Ius Commune", in: Bruno de Witte/Caroline Forder (Hrsg.), The common law of Europe and the future of legal education, Deventer 1992, S. 43–51

*Kort, Michael,* Zum Begriff des Kaufmanns im deutschen und französischen Handelsrecht, AcP 193 (1993), 453–480

*Koschacker, Paul,* Europa und das römische Recht, 2. Auflage München 1949

*Kötz, Hein,* A Common Private Law for Europe: Perspectives for the Reform of European Legal Education, in: de Witte, Bruno/Forder, Caroline (Hrsg.), The common law of Europe and the future of legal education, Deventer 1992, S. 31–41

*Kötz, Hein,* Abschied von der Rechtskreislehre?, ZEuP 1998, 493–505

*Kötz, Hein,* Alte und neue Aufgaben der Rechtsvergleichung, JZ 2002, 257–264

*Kötz, Hein,* Alternativen zur legislatorischen Rechtsvereinheitlichung – Einführende Bemerkungen zum gleichnamigen Symposion Hamburg 1991, RabelsZ 56 (1992), 215–218

*Kötz, Hein,* Europäische Juristenausbildung, ZEuP 1993, 268–278

*Kötz, Hein,* Europäisches Vertragsrecht I – Abschluß, Gültigkeit und Inhalt des Vertrages – Die Beteiligung Dritter, Tübingen 1996

*Kötz, Hein,* Freiheit und Zwang im Vertragsrecht, in: Ulrich Immenga/Wernhard Möschel/Dieter Reuter (Hrsg.), Festschrift für Ernst-Joachim Mestmäcker, Baden-Baden 1996, 1037–1047

*Kötz, Hein,* Gemeineuropäisches Zivilrecht, in: Herbert Bernstein/Ulrich Drobnig/Hein Kötz (Hrsg.), Festschrift für Konrad Zweigert, Tübingen 1981, S. 481–500

*Kötz, Hein,* Ist die Produkthaftung eine vom Verschulden unabhängige Haftung?, in: Bernhard Pfister/Michael R. Will (Hrsg.), Festschrift für Werner Lorenz zum siebzigsten Geburtstag, Tübingen 1991, 109–121

*Kötz, Hein,* Precontractual Duties of Disclosure: A Comparative and Economic Perspective, European Journal of Law and Economics 9 (2000), 5–19

*Kötz, Hein,* Rechtsvereinheitlichung – Nutzen, Kosten, Methoden, Ziele, RabelsZ 50 (1986), 1–17

*Kötz, Hein,* Rechtsvergleichung und gemeineuropäisches Privatrecht, in: Peter-Christian Müller-Graff (Hrsg.), Gemeinsames Privatrecht in der Europäischen Gemeinschaft, 2. Auflage Baden-Baden 1999, S. 149–162

*Kötz, Hein,* Rechtsvergleichung und Rechtsdogmatik, in: Karsten Schmidt (Hrsg.), Rechtsdogmatik und Rechtspolitik – Hamburger Ringvorlesung, Berlin 1990, S. 75–89

*Kötz, Hein,* Towards a European Civil Code: The Duty of Good Faith, in: Peter Cane/Jane Stapelton (Hrsg.), The Law of Obligations, Essays in Celebrations of John Fleming, Oxford 1998, 243–259 (zitiert: Kötz FS Fleming)

*Kötz, Hein,* Vertragliche Aufklärungspflichten – Eine rechtsökonomische Studie, in: Jürgen Basedow/Klaus J. Hopt/Hein Kötz (Hrsg.), Festschrift für Ulrich Drobnig zum siebzigsten Geburtstag, Tübingen 1998, 563–577

*Kötz, Hein,* Was erwartet die Rechtsvergleichung von der Rechtsgeschichte?, JZ 1992, 20–22

*Kötz, Hein,* Ziele des Haftungsrechts, in: Jürgen F. Baur/Klaus J. Hopt/K. Peter Mailänder (Hrsg.), Festschrift für Steindorff, Berlin/New York 1990, S. 643–666

*Koziol, Helmut,* Europäische Vertragsrechtsvereinheitlichung und deutsches Schadensrecht, in: Jürgen Basedow (Hrsg.), Europäische Vertragsrechtsvereinheitlichung und deutsches Recht, Tübingen 2000, S. 195–213 (zitiert: Koziol in: Vertragsrechtsvereinheitlichung)

*Kramer, Ernst A.,* Der Einfluß des BGB auf das schweizerische und österreichische Privatrecht, AcP 200 (2000), 365–400

*Krauß, Michael,* Das Gesetz zur Anpassung arbeitsrechtlicher Bestimmungen an das EG-Recht, WiB 1995, 819–822

*Kretschmar, Christian,* Die Richtlinie 93/13 EWG des Rates vom 05.04.1993 über mißbräuchliche Klauseln in Verbraucherverträgen und das deutsche AGB-Gesetz – Europäischer Verbraucherschutz: Umsetzungsaspekte und Auswirkungen auf das deutsche Recht, Frankfurt a.M./Berlin/Bern/New York/Paris/Wien 1998 (zitiert: Kretschmar Richtlinie über mißbräuchliche Klauseln)

*Kreuzer, Karl Friedrich,* Die Europäisierung des internationalen Privatrechts – Vorgaben des Gemeinschaftsrechts, in: Christian-Peter Müller-Graff, Gemeinsames Privatrecht in der Europäischen Gemeinschaft, 2. Auflage Baden-Baden 1999, S. 457–542 (zitiert: Kreuzer in: Gemeinsames Privatrecht)

*Krimphove, Dieter,* Europäisches Arbeitsrecht, München 1996

*Kroeger, Helga Elizabeth,* Der Schutz der „marktschwächeren" Partei im Internationalen Vertragsrecht, Frankfurt a.M. 1984

*Krohn, Angelika/Schäfer, Carsten,* Haustürwiderrufsgesetz und der Beitritt zur Genossenschaft – Vorrang des Verbraucherschutzes gegenüber der Lehre vom fehlerhaften Beitritt? –, WM 2000, 112–123

*Kröll, Stefan,* Bericht über die Diskussion – Zahlungsverkehr, in: Norbert Horn/Herbert Schimansky (Hrsg.), Bankrecht 1998, Köln 1998, S. 149–150

*Kronke, Herbert,* Der Gesetzgeber als Rechtsvergleicher – Aspekte der chinesischen Vertragsrechtsreform, in: Jürgen Basedow/Klaus J. Hopt/Hein Kötz (Hrsg.), Festschrift für Ulrich Drobnig zum siebzigsten Geburtstag, Tübingen 1998, S. 579–591

*Kronke, Herbert,* Ziele – Methoden, Kosten – Nutzen: Perspektiven der Privatrechtsharmonisierung nach 75 Jahren UNIDROIT, JZ 2001, 1149–1157

*Kronstein, Heinrich,* Erfahrungen aus der amerikanischen Rechtsangleichung, in: Ernst von Caemmerer/Hans-Jürgen Schlochauer/Ernst Steindorff (Hrsg.), Probleme des Europäischen Rechts – Festschrift für Walter Hallstein zu seinem 65. Geburtstag, Frankfurt a.M. 1966, S. 275–303

*Kropholler, Jan,* Europäisches Zivilprozeßrecht, Kommentar zu EuGVÜ und Lugano-Übereinkommen, 5. Auflage, Heidelberg 1996

*Kropholler, Jan,* Internationales Einheitsrecht – Allgemeine Lehren, Tübingen 1975

*Kropholler, Jan,* Internationales Privatrecht, 4. Auflage Tübingen 2001 (zitiert: IPR)

*Kruisinga, Sonja A.,* What do consumer and commercial sales law have in common? – A comparison of the EC Directive on consumer sales law and the UN Convention on the contracts for the international sale of goods, ERPL 2001, 177–188

*Kümpel, Siegfried,* Bank- und Kapitalmarktrecht, 2. Auflage 2000 (zitiert: Kümpel Bankrecht, Rn.)

*Kümpel, Siegfried,* Die allgemeinen Verhaltensregeln des Wertpapierhandelsgesetzes, WM 1995, 689–694

*Kutscher, Hans,* Der Grundsatz der Verhältnismäßigkeit im Recht der Europäischen Gemeinschaften, in: Hans Kutscher/Georg Ress/Francis Teitgen/Felix Ermacora/Giovanni Ubertazzi (Hrsg.), Der Grundsatz der Verhältnismäßigkeit in europäischen Rechtsordnungen – Europäische Gemeinschaft, Europäische Menschenrechtskonvention, Bundesrepublik Deutschland,

Frankreich, Italien, Österreich – Deutsche Sektion der Internationalen Juristen-Kommission, Heidelberg 1985, S. 89–97 (zitiert: Kutscher Verhältnismäßigkeit)

*Kutscher, Hans/Ress, Georg/Teitgen, Francis/Ermacora, Felix/Ubertazzi, Giovanni* (Hrsg.), Der Grundsatz der Verhältnismäßigkeit in europäischen Rechtsordnungen – Europäische Gemeinschaft, Europäische Menschenrechtskonvention, Bundesrepublik Deutschland, Frankreich, Italien, Österreich – Deutsche Sektion der Internationalen Juristen-Kommission, Heidelberg 1985 (zitiert: Kutscher/Ress/Teitgen/Ermacora/Ubertazzi Verhältnismäßigkeit)

*Lando Ole,* The Priciples of European Contract Law and the lex mercatoria, in: Jürgen Basedow/Isaak Meier/Anton K. Schnyder/Talia Einhorn/Daniel Girsberger (Hrsg.), Private Law in the International Arena – From National Conflict Rules Towards Hamonization and Unification – Liber Amicorum Kurt Siehr, Den Haag 2000, S. 391–404 (zitiert: Lando FS Siehr)

*Lando, Ole*, Contracts, in: Kurt Lipstein (Hrsg.), International Encyclopedia of Comparative Law, Band III, Private International Law, Kapitel 24, Tübingen/Paris/New York 1976

*Lando, Ole,* Optional or Mandatory Europeanisation of Contract Law, ERPL 2000, 59–69

*Lando, Ole*, Principles of European Contract Law – An Alternative or a Precursor of European Legislation –, RabelsZ 56 (1992), 261–273 (auch veröffentlicht in 40 [1992] Am.J.Comp.L, 573–585)

*Lando, Ole*, The EC Draft Convention on the Law Applicable to Contractual and Non-contractual Obligations – Introduction and Contractual Obligations, RabelsZ 38 (1974), 6–55

*Lando, Ole*, Unfair Contract Clauses and a European Uniform Commercial Code, in: Mauro Cappelletti (Hrsg.), New Perspectives for a Common Law of Europe, Leiden/London/Boston/Brüssel/Stuttgart/Florenz 1978, 267–288 (zitiert: Lando in: New Perspecitves)

*Lando, Ole*, Why codify the European Law of contract?, ERPL 1997, 525–536

*Lando, Ole/Beale, Hugh* (Hrsg.), The Principles of European Contract Law – Parts I and II – Prepared by the Commission on European Contract Law, The Hague/London/Boston 2000 (Einführung sowie Kommentare und Anmerkungen zitiert: als Lando/Beale Principles; Bestimmungen zitiert: als Art. x EP)

*Lane, Robert/Shuibhne, Niamh Nic*, Anmerkung zu EuGH v. 6. 6. 2000 – Rs. C-281/98 *Angonese*, CMLR 2000, 1237–1247

*Lange, Knut Werner,* Anmerkung zu EuGH v. 30.4.1998 – Rs. C-215/97 *Bellone,* Slg. 1998, I-2191, in: JZ 1998, 1113–1114

*Langeheine, Bernd,* Rechtsprobleme bei der Anwendung des Art. 100a Abs. 4 EG-Vertrag, in: Albrecht Randelzhofer/Rupert Scholz/Dieter Wilke (Hrsg.), Gedächtnisschrift für Eberhard Grabitz, München 1995, S. 369–392

*Langenbucher, Katja,* Die Entwicklung und Auslegung von Richterrecht – Eine methodologische Untersuchung zur Rechtsfortbildung im deutschen Zivilrecht, München 1996 (zitiert: Richterrecht)

*Langner, Olaf,* Das Kaufrecht auf dem Prüfstand der Warenverkehrsfreiheit des EG-Vertrages, RabelsZ 65 (2001), 222–244

*Larenz, Karl,* Allgemeiner Teil des deutschen Bürgerlichen Rechts, 7. Auflage München 1989

*Larenz, Karl,* Methodenlehre der Rechtswissenschaft, 6. Auflage Berlin, Heidelberg, New York usw. 1991

*Larenz, Karl,* Schuldrecht I, Allgemeiner Teil, 14. Auflage München 1987

*Larenz, Karl,* Schuldrecht II/1, Besonderer Teil, 13. Auflage München 1986

*Larenz, Karl/Canaris, Claus-Wilhelm,* Lehrbuch des Schuldrechts II/2, 13. Auflage München 1994

*Larenz, Karl/Canaris, Claus-Wilhelm,* Methodenlehre der Rechtswissenschaft (Studienausgabe), 3. Auflage 1995

*Larenz, Karl/Wolf, Manfred,* Allgemeiner Teil des Bürgerlichen Rechts, 8. Auflage München 1997
*Latham, Patrick,* Consumer Credit: An EC-Draftsman's view, in: Günter Hörmann (Hrsg.), Verbraucherkredit und Verbraucherinsolvenz – Perspektiven für die Rechtspolitik aus Europa und USA, unverlegt, ISBN 3-88722-136-2, Bremen 1986, S. 571–591
*Lawson, R. G.,* Comparative Advertising – The Present Position and EEC Proposal, Business Law Review 1991, 213–215
*Lecheler, Helmut,* Der Europäische Gerichtshof und die allgemeinen Rechtsgrundsätze, Berlin 1971 (zitiert: Lecheler Allgemeine Rechtsgrundsätze)
*Leenen, Detlef,* Abschluß, Zustandekommen und Wirksamkeit des Vertrages – zugleich ein Beitrag zur Lehre vom Dissens –, AcP 188 (1988), 381–418
*Legrand, Pierre,* Against a European Civil Code, 60 (1997) MLR 44–63
*Legrand, Pierre,* Counterpoint: Law is also Culture, in: Franco Ferrari (Hrsg.), The Unification of International Commercial Law – Tilburg Lectures, Baden-Baden 1998, 245–255 (zitiert: Legrand, in: Unification)
*Legrand, Pierre,* European Legal Systems are not converging, International and Comparative Law Quaterly 45 (1996), 52–81
*Legrand, Pierre,* Pre-Contractual Disclosure and Information: English and French Law Compared, Oxf.J.Leg.Stud. 6 (1986), 322–352
*Lehmann, Michael,* Die bürgerlichrechtliche Haftung für Werbeangaben – Culpa in contrahendo als Haftungsgrundlage für vertragsanbahnende Erklärungen, NJW 1981, 1233–1242
*Lehmann, Michael,* Electronic Commerce und Verbraucherschutz in Europa, EuZW 2000, 517–521
*Lehmann, Michael,* Informationsverantwortung und Gewährleistung für Werbeangaben beim Verbrauchsgüterkauf, JZ 2000, 280–293
*Lehmann, Michael,* Vertragsanbahnung durch Werbung – Eine juristische und ökonomische Analyse der bürgerlich-rechtlichen Haftung für Werbeangaben gegenüber dem Letztverbraucher, München 1981
*Leible, Stefan,* Anmerkung zu EuGH v. 9. 3. 1999 – Rs C-212/97 (Centros), NZG 1999, 300–302
*Leible, Stefan,* Außenhandel und Rechtssicherheit, ZVglRWiss 97 (1998), 286–319
*Leible, Stefan,* Die Regelung des Leistungsverzugs im gemeinschaftlichen Sekundärrecht, in: Hans Schulte-Nölke/Reiner Schulze/Ludovic Bernardeua (Hrsg.), Europäisches Vertragsrecht im Gemeinschaftsrecht, Bonn 2002, S. 151–167
*Leible, Stefan,* Gerichtsstandsklauseln und EG-Klauselrichtlinie, RIW 2001, 422–431
*Leible, Stefan,* Kfz-Parallelimporte und deutsches Irreführungsverbot – Einige Anmerkungen zu OLG Düsseldorf WRP 1997, 197, WRP 1997, 517–525
*Leible, Stefan,* Kollisionsrechtlicher Verbraucherschutz im EVÜ und in EG-Richtlinien, in: Hans Schulte-Nölke/Reiner Schulze (Hrsg.), Europäische Rechtsangleichung und nationale Privatrechte, Baden-Baden 1999, S. 353–392 (zitiert: Leible in: Rechtsangleichung und nationale Privatrechte)
*Leible, Stefan,* Mitteilung der Kommission zum Europäischen Vertragsrecht – Startschuß für ein Europäisches Vertragsgesetzbuch?, EWS 2001, 471–481
*Leible, Stefan,* Rechtswahlfreiheit und kollisionsrechtlicher Verbraucherschutz, Jahrbuch Junger Zivilrechtswissenschaftler 1995, Stuttgart/München/Hannover/Berlin/Weimar/Dresden 1996, 245–269
*Leible, Stefan,* Wege zu einem europäischen Privatrecht – Anwendungsprobleme und Entwicklungsperspektiven des Gemeinschaftsprivatrechts, Bayreuther Habilitationsschrift 2001 (unveröffentlicht)

*Leible, Stefan/Staudinger, Ansgar,* Art. 65 im System der EG-Kompetenzen, EuLF (D) 2001, 225–235

*Leisner, Walter,* Der mündige Verbraucher in der Rechtsprechung des EuGH – Zur europarechtlichen Zulässigkeit abstrakter Gefährdungstatbestände (§§ 6a, 6b UWG), EuZW 1991, 498–504

*Lengauer, Alina,* Drittwirkung von Grundfreiheiten – Eine Besprechung der Rs C-281/98, Angonese, ZfRV 2001, 57–65

*Lenz, Carl Otto* (Hrsg.), EG-Vertrag, Kommentar zu dem Vertrag zur Gründung der Europäischen Gemeinschaften in der durch den Amsterdamer Vertrag geänderten Fassung, 2. Auflage Köln/Basel/Genf/München/Wien 1999 (zitiert: Lenz-Bearbeiter)

*Lenz, Miriam/Sif Tynes, Dóra/Young, Lorna,* Horizontal What? Back to basics, E.L.Rev. 25 (2000), 509–522

*Liebs, Detlef,* Lateinische Rechtsregeln und Rechtssprichwörter, 6. Auflage, München 1998

*Lindemann, Hans-Heinrich,* Allgemeine Rechtsgrundsätze und europäischer öffentlicher Dienst – Zur Rechtsprechung des Europäischen Gerichtshofs in Personalsachen, Berlin 1986

*Lipstein, Kurt,* Characteristic Performance – A new Concept in the Conflict of Laws in Matters of Contract for the EEC, 3 (1981) Northwestern Journal of International Law & Business, 402–414

*Lipstein, Kurt,* European Legal Education in the Future: Teaching the „Common Law of Europe", in: Bruno de Witte/Caroline Forder (Hrsg.), The common law of Europe and the future of legal education, Deventer 1992, S. 255–263

*Lipstein, Kurt/Brunschvig, Jean S./Jerie, Frederick/Rodman, Karl M.,* The Proper Law of Contract, 12 (1938) St. John's Law Review 242–264

*Llompart, José,* Die Geschichtlichkeit der Rechtsprinzipien, Frankfurt a.M. 1976

*Locher, Horst,* Reformation – oder Deformation des Werkvertragsrechts durch die EG, in: Hermann Lange/Knut Wolfgang Nörr/Harm Peter Westermann (Hrsg.), Festschrift für Joachim Gernhuber, Tübingen 1993, 281–298

*Lockett, Nicholas/ Egan, Manus,* Unfair Terms in Consumer Agreements – The New Rules Explained, Chichester/New York/Brisbane/Toronto/Singapore 1995

*Loos, Marco B. M.,* Towards a European Law of Service Contracts, ERPL 2001, 565–574

*Lord Goff of Chieveley,* siehe Goff

*Lorenz, Bernhard,* Kundenschutz durch Regulierung der Versicherungsvermittlung: Eine ökonomisch-rechtsvergleichende Analyse aktueller europarechtlicher Entwicklungen, in: Anton K. Schnyder/Helmut Heiss/Bernhard Rudisch (Hrsg.), Internationales Verbraucherschutzrecht, Erfahrungen und Entwicklungen in Deutschland, Liechtenstein, Österreich und der Schweiz – Referate und Diskussionsberichte des Kolloquiums zu Ehren von Fritz Reichert-Facilides, Tübingen 1995, S. 231–255 (zitiert: Lorenz in: Internationales Verbraucherschutzrecht)

*Lorenz, Egon,* Die Rechtswahlfreiheit im internationalen Schuldvertragsrecht – Grundsatz und Grenzen, RIW 1987, 569–584

*Lorenz, Stephan,* Arbeitsrechtlicher Aufhebungsvertrag, Haustürwiderrufsgesetz und „undue influence", JZ 1997, 277–282

*Lorenz, Stephan,* Der Schutz vor dem unerwünschten Vertrag, München 1997

*Loss, Louis,* Der Schutz der Kapitalanleger, ZHR 129 (1967), 197–255

*Luig, Klaus,* Macht und Ohnmacht der Methode, NJW 1992, 2536–2539

*Luig, Klaus,* The History of Roman Private Law and the Unification of European Law, ZEuP 1997, 405–427

*Lurger, Brigitta,* Regulierung und Deregulierung im europäischen Privatrecht, Frankfurt a.M. 1997
*Lurger, Brigitta,* Vertragliche Solidarität – Entwicklungschancen für das allgemeine Vertragsrecht in Österreich und in der Europäischen Union, Baden-Baden 1998
*Lutter, Marcus,* Besprechung von Dietmar Helms, Die Europäische Privatgesellschaft, GmbHR 1999, 432–433
*Lutter, Marcus,* Die Auslegung des angeglichenen Rechts, JZ 1992, 593–607
*Lutter, Marcus,* Die Einbindung der nationalen Gesellschaftsrechte in das europäische Recht, in: Johannes Semler/Peter Hommelhoff/Peter Doralt/Jean Nicolas Druey (Hrsg.), Reformbedarf im Aktienrecht, Berlin/New York 1994
*Luttermann, Claus,* Der Sinn für das Europäische Recht, JZ 1998, 880–884
*Luttermann, Claus,* Juristische Übersetzung als Rechtspolitik im Europa der Sprachen – Eine wirtschftsrechtlich-linguistische Betrachtung, EuZW 1998, 151–157
*MacCormick, Neil D./Summers, Robert S.,* Interpreting Statutes – A Comparative Study, Aldershot/Brookfiled/Hong Kong/Singapore/Sydney 1991
*MacCormick, Neil,* Legal Reasoning and Legal Theory, Oxford 1978
*Magnus, Ulrich,* Der Regreßanspruch des Letztverkäufers nach der Richtlinie über den Verbrauchsgüterkauf, in: Jürgen Basedow/Isaak Meier/Anton K. Schnyder/Talia Einhorn/Daniel Girsberger (Hrsg.), Private Law in the International Arena – From National Conflict Rules Towards Harmonisation and Unification – Liber Amicorum Kurt Siehr, Den Hag 2000, S. 429–443 (zitiert: Magnus FS Siehr)
*Magnus, Ulrich,* Der Stand der internationalen Überlegungen: Die Verbrauchsgüterkauf-Richtlinie und das UN-Kaufrecht, in: Stefan Grundmann/Dieter Medicus/Walter Rolland (Hrsg.), Europäisches Kaufgewährleistungsrecht – Reform und Internationalisierung des deutschen Schuldrechts, Köln/Berlin/Bonn/München 2000, S. 79–91
*Magnus, Ulrich,* Die allgemeinen Grundsätze im UN-Kaufrecht, RabelsZ 59 (1995), 469–494
*Magnus, Ulrich,* Die Gestalt eines Europäischen Handelsgesetzbuches, in: Jürgen Basedow/Klaus J. Hopt/Hein Kötz (Hrsg.), Festschrift für Ulrich Drobnig zum siebzigsten Geburtstag, Tübingen 1998, S. 57–80
*Maine, Henry Sumner,* Ancient Law – Its Connection with the Early History of Society and its Relation to Modern Ideas, New Edition der von Frederick Pollock annotierten Ausgabe London 1930
*Mankowski, Peter,* Anmerkung zu OLG Frankfurt v. 30.11.1994 – 13 U 180/93, RIW 1995, 1034–1038
*Mankowski, Peter,* Der Arrestgrund der Auslandsvollstreckung und das europäische Gemeinschaftsrecht, NJW 1995, 306–308
*Mankowski, Peter,* Strukturfragen des Internationalen Verbrauchervertragsrechts, RIW 1993, 453–463
*Mankowski, Peter,* Strukturfragen des Internationalen Verbrauchervertragsrechts – Zugleich Anmerkung zu BGH, 19.3.1997 – VIII ZR 316/96, RIW 1997 S. 875ff., RIW 1998, 287–291
*Mankowski, Peter,* Timesharingverträge und Internationales Vertragsrecht – Anmerkung zu LG Düsseldorf, Urt. v. 12.4.1994 – 10 O 513/93, RIW 1995 S. 415f., RIW 1995, 364–370
*Mansel, Heinz-Peter,* Rechtsvergleichung und europäische Rechtseinheit, JZ 1991, 529–534
*Markesinis, Basil S.,* An Expanding Tort Law – The Price of a rigid Contract Law, 103 [1987] LQR, 354–397
*Markesinis, Basil S.,* Der wachsende Einfluß der Menschenrechte auf das englische Deliktsrecht, in: Gerhard Hohloch/Rainer Frank/Peter Schlechtriem (Hrsg.), Festschrift für Hans Stoll zum 75. Geburtstag, Tübingen 2001, S. 279–297

*Markesinis, Basil S.*, Judicial Style and Judicial Reasoning in England and Germany, Cambridge L.J. 59 (2000), 294–309

*Markesinis, Basil S.*, Learning from Europe and Learning in Europe, in: Basil S. Markesinis (Hrsg.), The Gradual Convergence – Foreign Ideas, Foreign Influences and Englisch Law on the Eve of the 21st Century, Oxford 1994, S. 1–32

*Markesinis, Basil S.*, The German Law of Obligations, Volume II, The Law of Torts: A Comparative Introduction, 3. Auflage Oxford 1997 (zitiert: German Law of Obligations II)

*Markesinis, Basil S.*, Why a code is not the best way to advance the cause of European legal unity, ERPL 1997, 519–524

*Markesinis, Basil*, Privacy, Freedom of Expression, and the Horizontal Effect of the Human Rights Bill: Lessons from Germany, 115 (1999) LQR 47–88

*Martinek, Michael*, Besprechung von Mathias Rohe, Netzverträge – Rechtsprobleme komplexer Vertragsverbindungen, NJW 2000, 1397

*Martinek, Michael*, Das neue Teilzeit-Wohnrechtsegesetz – mißratener Verbraucherschutz bei Time-Sharing-Verträgen, NJW 1997, 1393–1399

*Martinek, Michael*, Das Teilzeiteigentum an Immobilien in der Europäischen Union – Kritik des Timesharing-Richtlinienvorschlags der Europäischen Kommission, ZEuP 1994, 470–492

*Martinek, Michael*, Der Weg des Common Law zur allgemeinen Bereicherungsklage – Ein später Sieg des Pomponius?, RabelsZ 47 (1983), 284–335

*Martinek, Michael*, Moderne Vertragstypen, Band III: Computerverträge, Kreditkartenverträge sowie sonstige moderne Vertragstypen, München 1993

*Martinek, Michael*, Unsystematische Überregulierung und kontraintentionale Effekte im Europäischen Verbraucherschutzrecht oder: Weniger wäre mehr, in: Stefan Grundmann (Hrsg.), Systembildung und Systemlücken in Kerngebieten des Europäischen Privatrechts – Gesellschafts-, Arbeits- und Schuldvertragsrecht, Tübingen 2000, S. 512–557 (zitiert: Martinek, in: Systembildung)

*Martinek, Michael*, Verbraucherschutz im Fernabsatz – Lesehilfe mit Merkpunkten zur neuen EU-Richtlinie, NJW 1998, 207–208

*Martiny, Dieter*, Babylon in Brüssel – Recht und die europäische Sprachenvielfalt, ZEuP 1998, 227–252

*Martiny, Dieter*, Der deutsche Vorbehalt gegen Art. 7 Abs. 1 des EG-Schuldvertragsübereinkommens – seine Folgen für die Anwendung ausländischen zwingenden Rechts, IPRax 1987, 277–280

*Martiny, Dieter*, Europäisches Internationales Vertragsrecht – Ausbau und Konsolidierung, ZEuP 1999, 246–270

*Martiny, Dieter*, Internationales Vertragsrecht im Schatten des Europäischen Gemeinschaftsrechts, ZEuP 2001, 308–336

*Mäsch, Gerald*, Die Time-Sharing-Richtlinie – Licht und Schatten im Europäischen Verbraucherschutzrecht, EuZW 1995, 8–14

*Mäsch, Gerald*, Rechtswahlfreiheit und Verbraucherschutz – Eine Untersuchung zu den Art. 29 I, 27 III und 34 EGBGB, Berlin 1992

*Mattei, Ugo*, A transaction cost approach to the European Code, ERPL 1997, 537–540

*Matthies, Heinrich*, Zur Anerkennung gleichwertiger Regelungen im Binnenmarkt der EG (Art. 100b EWG-Vertrag), in: Jürgen F. Baur/Klaus J. Hopt/K. Peter Mailänder (Hrsg.), Festschrift für Ernst Steindorff zum 70. Geburtstag, Berlin/New York 1990, S. 1287–1301

*Matusche-Beckmann, Annemarie,* Die Entwicklung des europäischen Privatversicherungsrechts, ERPL 1996, 201–220

*Max-Planck-Institut für ausländisches und internationales Privatrecht,* Rechtsvergleichung – Zur neueren Entwicklung des Vertragsrechts in Europa, in: Bundesminister der Justiz (Hrsg.), Gutachten und Vorschläge zur Überarbeitung des Schuldrechts, Band I, S. 1–76

*Mayer, Klaus/Scheinpflug, Jörg,* Privatrechtsgesellschaft und die Europäische Union, Tübingen 1996 (zitiert: Privatrechtsgesellschaft)

*Medicus, Dieter,* „Geld muß man haben" – Unvermögen und Schuldnerverzug bei Geldmangel, AcP 188 (1988), 489–510

*Medicus, Dieter,* Allgemeiner Teil des BGB, 8. Auflage Heidelberg 2002

*Medicus, Dieter,* Bürgerliches Recht – Eine nach Anspruchsgrundlage geordnete Darstellung zur Examensvorbereitung, 18. Auflage 1999

*Medicus, Dieter,* Der Grundsatz der Verhältnismäßigkeit im Privatrecht, AcP 192 (1992), 35–70

*Medicus, Dieter,* Die Lösung von unerwünschten Schuldverträgen, JuS 1988, 1–8

*Medicus, Dieter,* Ein neues Kaufrecht für Verbraucher?, ZIP 1996, 1925–1930

*Medicus, Dieter,* Entwicklungen im Bürgschaftsrecht – Gefahren für die Bürgschaft als Mittel der Kreditsicherung?, JuS 1999, 833–839

*Medicus, Dieter,* Schuldrecht I – Allgemeiner Teil, 12. Auflage München 2000

*Medicus, Dieter,* Schuldrecht II – Besonderer Teil, 8. Auflage München 1997

*Medicus, Dieter,* Schutzbedürfnisse (insbesondere der Verbraucherschutz) und das Privatrecht, JuS 1996, 761–767

*Medicus, Dieter,* Verschulden bei Vertragsverhandlungen – Empfiehlt sich eine Normierung der Lehre vom Verschulden bei Vertragsverhandlungen und eine Neuregelung vorvertraglicher Rechte und Pflichten im BGB? – Können Widerrufsrechte und ähnliche sondergesetzliche Regelungen zum Schutz vor nachteiligen Vertragsbindungen im BGB geregelt werden?, in: Bundesminister für Justiz (Hrsg.), Gutachten und Vorschläge zur Überarbeitung des Schuldrechts, Band I, Köln 1981, S. 479–550 (zitiert: Medicus in: Gutachten und Vorschläge)

*Medicus, Dieter,* Voraussetzungen einer Haftung für Vertragsverletzung, in: Jürgen Basedow (Hrsg.), Europäische Vertragsrechtsvereinheitlichung und deutsches Recht, Tübingen 2000, S. 179–193 (zitiert: Medicus in: Vertragsrechtsvereinheitlichung)

*Medicus, Dieter,* Wer ist ein Verbraucher?, in: Hans G. Leser/Tamotsu Isomura (Hrsg.), Wege zum japanischen Recht, Festschrift für Zentaro Kitagawa, Berlin 1992, S. 471–486

*Meier-Hayoz, Arthur,* Der Richter als Gesetzgeber – Eine Besinnung auf die von den Gerichten befolgten Verfahrensgrundsätze im Bereiche der freien richterlichen Rechtsfindung gemäß Art. 1 Abs. 2 des schweizerischen Zivilgesetzbuches, Zürich 1951

*Merkt, Hanno,* Das Europäische Gesellschaftsrecht und die Idee des „Wettbewerbs der Gesetzgeber", RabelsZ 59 (1995), 543–568

*Merkt, Hanno,* Europäische Rechtsetzung und strengeres autonomes Recht – Zur Auslegung von Gemeinschaftsnormen als Mindeststandards, RabelsZ 61 (1997), 647–684

*Mertens, Hans-Joachim,* Nichtlegislatorische Rechtsvereinheitlichung durch transnationales Wirtschaftsrecht und Rechtsbegriff, RabelsZ 56 (1992), 219–242

*Mestmäcker, Ernst-Joachim,* Das Verhältnis des Rechts der Wettbewerbsbeschränkungen zum Privatrecht, DB 1968, 787–791 und 835–840

*Mestmäcker, Ernst-Joachim,* Über das Verhältnis des Rechts der Wettbewerbsbeschränkungen zum Privatrecht, AcP 168 (1968), 235–262

*Mestmäcker, Ernst-Joachim,* Über die normative Kraft privatrechtlicher Verträge, JZ 1964, 441–446

*Mettenheim, Christoph v.,* Recht und Rationalität, Tübingen 1984

*Meyer, Ernst,* Grundzüge einer systemorientierten Wertungsjurisprudenz, Tübingen 1984 (zitiert: Systemorientiere Wertungsjurisprudenz)

*Meyer, Jochen,* Die gebotene Liberalisierung der vergleichenden Werbung, WRP 1991, 765–771

*Meyer, Justus/Kubis, Sebastian,* Neuorientierung im Pauschalreiserecht, TranspR 1991, 411–420

*Michael, Lothar,* Der allgemeine Gleichheitssatz als Methodennorm komparativer Systeme – Methodenrechtliche Analyse und Fortentwicklung der Theorie der „beweglichen Systeme" (Wilburg), Berlin 1997 (zitiert: Gleichheitssatz als Methodennorm)

*Michaels, Ralf,* Privatautonomie und Privatkodifikation – Zu Anwendbarkeit und Geltung allgemeiner Vertragsrechtsprinzipien, RabelsZ 62 (1998), 580–626

*Michaels, Ralf/Kamann, Hans-Georg,* Europäisches Verbraucherschutzrecht und IPR, JZ 1997, 601–609

*Michalski, Lutz,* Die Berücksichtigung von vertragsabschlußbegleitenden Umständen nach § 24a Nr. 3 AGB-Gesetz, DB 1999, 677–680

*Micklitz, Hans-W.,* AGB-Gesetz und die EG-Richtlinie über mißbräuchliche Vertragsklauseln in Verbraucherverträgen, ZEuP 1993, 522–536

*Micklitz, Hans-W.,* Ein einheitliches Kaufrecht für Verbraucher in der EG?, EuZW 1997, 229–237

*Micklitz, Hans-W.,* Legitime Erwartungen als Gerechtigkeitsprinzip des Europäischen Privatrechts, in: Ludwig Krämer/Hans-W. Micklitz/Klaus Tonner (Hrsg.), Law and diffuse interests in the European legal order/Recht und diffuse Interessen in der Europäischen Rechtsordnung – Liber amicorum Norbert Reich, Baden-Baden 1997, S. 245–277 (zitiert: Micklitz FS Reich)

*Micklitz, Hans-W.,* Perspektiven eines Europäischen Privatrechts – Ius Commune praeter legem?, ZEuP 1998, 253–276

*Micklitz, Hans-W.,* Verbandsklage und die EG-Richtlinie über missbräuchliche Klauseln, ZIP 1990, 937–944

*Micklitz, Hans-W./Reich, Norbert,* Verbraucherschutz im Vertrag über die Europäische Union – Perspektiven für 1993, EuZW 1992, 593–598

*Micklitz, Hans-W./Rott, Peter,* Vergemeinschaftung des EuGVÜ in der Verordnung (EG) Nr. 44/2001, EuZW 2001, 325–334

*Möllers, Thomas M.J.,* Die Rolle des Rechts im Rahmen der europäischen Integration – Zur Notwendigkeit einer europäischen Gesetzgebungs- und Methodenlehre, Tübingen 1999

*Morse, C. G. J.,* The EEC Convention on the Law Applicable to Contractual Obligations, 2 (1982) YbEL 107–171

*Möschel, Wernhard,* Dogmatische Strukturen des bargeldlosen Zahlungsverkehrs, AcP 186 (1986), 187–236

*Mülbert, Peter O.,* Die 1. EG-Richtlinie über den Verbraucherkredit und ihre Umsetzung durch das geplante Verbraucherkreditgesetz, WM 1990, 1357–1358

*Mülbert, Peter O.,* Privatrecht, die EG-Grundfreiheiten und der Binnenmarkt – Zwingendes Privatrecht als Grundfreiheitenbeschränkung im EG-Binnenmarkt, ZHR 159 (1995), 2–33

*Müller-Graff, Peter-Christian,* Basic Freedoms – Extending Party Autonomy across Borders, in: Stefan Grundmann/Wolfgang Kerber/Stephen Weatherill (Hrsg.), Party Autonomy and the Role of Information in the Internal Market, Berlin/New York 2001, S. 133–150

*Müller-Graff, Peter-Christian,* Common Private Law in the European Community, in: de Witte, Bruno/Forder, Caroline (Hrsg.), The common law of Europe and the future of legal education, Deventer 1992, S. 243–254

*Müller-Graff, Peter-Christian,* Die Rechtsangleichung zur Verwirklichung des Binnenmarktes, EuR 1989, 107–151

*Müller-Graff, Peter-Christian,* Privatrecht und Europäisches Gemeinschaftsrecht – Gemeinschaftsprivatrecht, 2. Auflage, Baden-Baden 1991

*Müller-Graff, Peter-Christian,* The Quality of European and National Legislation – German Experiences and Initiatives, EuZW 1998, 325–331

Münchener Kommentar zum Handelsgesetzbuch, Band 7 – Viertes Buch. Handelsgeschäfte – §§ 407–457 Transportrecht, München 1997 (zitiert: MünchKommHGB-Bearbeiter)

*Munday, Roderick,* Sham Marriages and Spousal Compellability, J.Crim.L. 65 (2001), 336–348

*Munday, Roderick,* The Common Lawyer's Philosophy of Legislation, Rechtstheorie 14 (1983), 191–203

*Nassall, Wendt,* Die Anwendung der EU-Richtlinie über mißbräuchliche Klauseln in Verbraucherverträgen – Zugleich ein Beitrag zur Auslegung gemeinschaftsrechtlicher Generalklauseln, JZ 1995, 689–694

*Nassall, Wendt,* Die Auswirkungen der EU-Richtlinie über mißbräuchliche Klauseln in Verbraucherverträgen auf nationale Individualprozesse, WM 1994, 1645–1653

*Nemeth, Kristin/Rudisch, Bernhard,* EuGH 9.11.2000 Rs C-381/98 „Ingmar" – wichtige Klärungen im europäischen IPR, ZfRV 2001, 179–183

*Neuner, Jörg,* Der Reisevermittlungsvertrag, AcP 193 (1993), 1–34

*Neuner, Jörg,* Die Rechtsfindung contra legem, München 1992

*Neuner, Jörg,* Die Vorwirkung von Gesetzen im Privatrecht, in: Johannes Hager/Felix Christoph Hey/Ingo Koller/Katja Langenbucher/Jörg Neuner/Jens Petersen/Reinhard Singer (Hrsg.), Kontinuität und Wandel der Rechtsordnung – Beiträge für Claus-Wilhelm Canaris zum 65. Geburtstag, München 2002, S. 83–112 (zitiert: Neuner in: Kontinuität und Wandel)

*Neuner, Jörg,* Diskriminierungsschutz durch Privatrecht, JZ 2003, 57–66

*Neuner, Jörg,* Handelsrecht – Handelsgesetz – Grundgesetz, ZHR 157 (1993), 243–290

*Neuner, Jörg,* Privatrecht und Sozialstaat, München 1999

*Niebling, Jürgen,* Die EG-Richtlinie über mißbräuchliche Klauseln in Verbraucherverträgen und ihre Bedeutung für die AGB-Regelung in Deutschland, WiB 1994, 863–864

*Niglia, Leone,* The Non-Europeanisation of Private Law, ERPL 2001, 575–599

*Nobbe, Gerd,* Aufklärungs- und Beratungspflichten bei Wertpapieranlagen, in: Norbert Horn/Herbert Schimansky (Hrsg.), Bankrecht 1998, Köln 1998, S. 235–263

*Obergfell, Eva Inés,* On Divison of Competence in the EU – The Tobacco Advertising Prohibition Directive Test Case – Note on the ECJ decision of 5 October 2000, C-376/98 – Federal Republic of Germany v European Parliament and Council of the European Union, EuLF (UK) 2000, 153–160

*Odersky, Walter,* Harmonisierende Auslegung und europäische Rechtskultur, ZEuP 1994, 1–4

*Oechsler, Jürgen,* Besprechung von Rohe, Netzverträge – Rechtsprobleme komplexer Vertragsverbindungen, RabelsZ 65 (2000), 341–350

*Oliver, Peter,* The Right to Interest in Community Law, EuZW 1998, 481

*Oppermann, Thomas,* Europarecht, 2. Auflage München 1999

*Oppermann, Thomas,* Reform der Sprachenregelung?, NJW 2001, 2663–2668

*Ostertun, Dietrich,* Gewohnheitsrecht in der Europäischen Union – Eine Untersuchung der normativen Geltung und der Funktion von Gewohnheitsrecht im Recht der Europäischen Union, Frankfurt a.M./Berlin/Bern/New York/Paris/Wien 1996

*Ott, Andrea,* Die anerkannte Rechtsfortbildung des EuGH als Teil des gemeinschaftsrechtlichen Besitzstandes (acquis communautaire) – Anmerkung zu den EuGH-Urteilen Andersson und

Rechberger vom 15.6.1999 und der EFTA-Rechtssache Sveinbjörnsdóttir vom 10.12.1998, EuZW 2000, 293–298

*Overbeck, A. E./Volken, Paul,* Das Internationale Deliktsrecht im Vorentwurf der EWG, RabelsZ 38 (1974), 56–78

*Paschke, Marian*, Einheit der Wirtschaftsrechtsordnung, in: Karsten Schmidt (Hrsg.), Vielfalt des Rechts – Einheit der Rechtsordnung? – Hamburger Ringvorlesung, Berlin 1994, S. 147–164

*Paschke, Marian/Iliopoulos, Constantin* (Hrsg.), Europäisches Privatrecht – Ein Studienbuch zum Privatrecht der Europäischen Gemeinschaft, Hamburg 1998 (zitiert: Bearbeiter in: Studienbuch EG-Privatrecht)

*Pawlowski, Hans-Martin,* Allgemeiner Teil des BGB – Grundlehren des bürgerlichen Rechts, 6. Auflage Heidelberg 2000

*Pawlowski, Hans-Martin,* Wie kommt es zum Vertrag?, in: Ulrich Hübner/Werner F. Ebke, (Hrsg.) Festschrift für Großfeld, Heidelberg 1999, 829–849

*Pawlowski, Hans-Martin,* Zum sog. Verfolgungsrecht des Gerichtsvollziehers – Eine Kritik der Interessen- und Wertungsjurisprudenz, AcP 175 (1975), 189–221

*Pechstein, Matthias,* Europäisches Zivilgesetzbuch und Rechtsetzungsbefugnisse der EG, in: Dieter Martiny/Norman Witzleb (Hrsg.), Auf dem Wege zu einem Europäischen Zivilgesetzbuch, Berlin/Heidelberg/New York 1999, S. 19–32 (zitiert: Pechstein in: Europäisches Zivilgesetzbuch)

*Penski, Ulrich,* Rechtsgrundsätze und Rechtsregeln – Ihre Unterscheidung und das Problem der Positivität des Rechts, JZ 1989, 105–114

*Pernice, Ingolf,* Kompetenzabgrenzung im Europäischen Verfassungsverbund, JZ 2000, 866–876

*Petschke, Matthias,* Die Warenverkehrsfreiheit in der neuesten Rechtsprechung des EuGH – Anmerkungen zu den Urteilen EuGH, EuZW 1993, 770 – Keck und EuGH, EuZW 1994, 119 – Hünermund, EuZW 1994, 107–111

*Pfeiffer, Thomas,* Der Verbraucherbegriff als zentrales Merkmal im europäischen Privatrecht, in: Hans Schulte-Nölke/Reiner Schulze (Hrsg.), Europäische Rechtsangleichung und nationale Privatrechte, Baden-Baden 1999, S. 21–43 (zitiert: Pfeiffer in: Rechtsangleichung und nationale Privatrechte)

*Phillipson, Gavin,* The Human Rights Act – „Horizontal Effect" and the Common Law: a Bang or a Whimper?, 62 (1999) MLR 824–849

*Picker, Eduard,* Gutachterhaftung – Außervertragliche Einstandspflichten als innergesetzliche Rechtsfortbildung, in: Volker Beuthien/Maximilian Fuchs/Herbert Roth/Gottfried Schiemann/Andreas Wacke (Hrsg.) Festschrift für Dieter Medicus, Köln/Berlin/Bonn/München 1999, S. 397–447

*Picker, Eduard,* Positive Forderungsverletzung und culpa in contrahendo – Zur Problematik der Haftungen „zwischen" Vertrag und Delikt, AcP 183 (1983), 369–520

*Plassmann, Clemens,* Vergleichende Werbung im gemeinsamen Markt – Die geplante EG-Richtlinie über vergleichende Werbung und ihre Auswirkungen auf das deutsche Wettbewerbsrecht, GRUR 1996, 377–382

*Plender, Richard,* The European Contracts Convention – The Rome Convention on the Choice of Law for Contracts, London 1991 (zitiert: Plender European Contracts Convention)

*Preis, Ulrich,* Das Nachweisgesetz – lästige Förmelei oder arbeitsrechtliche Zeitbombe? NZA 1997, 10–17

*Preis, Ulrich,* Der persönliche Anwendungsbereich der Sonderprivatrechte – Zur systematischen Abgrenzung von Bürgerlichem Recht, Verbraucherrecht und Handelsrecht, ZHR 158, 567–613

*Preis, Ulrich,* Prinzipien des Kündigungsrechts bei Arbeitsverhältnissen – Eine Untersuchung zum Recht des materiellen Kündigungsschutzes, insbesondere zur Theorie der Kündigungsgründe, München 1987

*Prime, Terence,* Re-Shaping the English Law of Contract, in: Ulrich Hübner/Werner F. Ebke, (Hrsg.) Festschrift für Großfeld, Heidelberg 1999, 889–900

*Pringsheim, Fritz,* The Inner Relationship between English and Roman Law, Cambridge L.J. 5 (1935), 347–365

*Püls, Joachim,* Parteiautonomie – Die Bedeutung des Parteiwillens und die Entwicklung seiner Schranken bei Schuldverträgen im deutschen Rechtsanwendungsrecht des 19. und 20. Jahrhunderts, Berlin 1995

*Quigley, Conor,* European Community Contract Law – Volume I – The Effect of EC Legislation on contractual rights, obligations and remedies, Volume II – EC Legislation, London/The Hague/Boston, 1997 (zitiert: EC Contract Law)

*Rabe, Hans-Jürgen,* Internationales Anwaltsrecht – Dienstleistung und Niederlassung, NJW 1987, 2185–2193

*Rabel, Ernst,* Der Entwurf eines einheitlichen Kaufgesetzes, RabelsZ 9 (1935), 1

*Radbruch, Gustav,* Der Geist des englischen Rechts, 4. Auflage Göttingen 1958

*Rainieri, Filippo,* Verbot des Rechtsmissbrauchs und Europäisches Gemeinschaftsprivatrecht – Entscheidung des Gerichtshofs der Europäischen Gemeinschaften vom 12. Mai 1998, ZEuP 2001, 165–177

*Raisch, Peter,* Vom Nutzen der überkommenen Auslegungskanones für die praktische Rechtsanwendung, Heidelberg 1988 (zitiert: Raisch Auslegungskanones)

*Raisch, Peter,* Zur Abgrenzung von Gewohnheitsrecht und Richterrecht im Zivil- und Handelsrecht, ZHR 150 (1986), 117–140

*Ranieri, Filippo,* Der europäische Jurist – Rechtshistorisches Forschungsthema und rechtspolitische Aufgabe, Ius Commune XVII (1990), 9–25

*Rauscher, Thomas,* Gran Canaria – Isle of Man – Was kommt danach? EuZW 1996, 650–653

*Raz, Joseph,* The Conept of a Legal System – An Introduction to the Theory of Legal System, Oxford 1970

*Regelsberger, Aloys Ferdinand Friedrich Woldemar,* Ersatzpflicht aus Verträgen für den Schaden, den durch den Vertragsbruch ein Dritter erleidet, JherJb 41 (1900), 251–288

*Regelsberger, Aloys Ferdinand Friedrich Woldemar,* Streifzüge im Gebiet des Zivilrechts, in: Festgabe der Göttinger Juristen-Fakultät für Rudolf von Jhering zum fünfzigjährigen Doktor-Jubiläum, Leipzig 1892, S. 45–78

*Rehbinder, Eckard,* Zur Politisierung des Internationalen Privatrechts, JZ 1973, 151–158

*Reich, Norbert,* Anmerkung zu EuGH v. 3. 6. 1999 – Rs. C-33/97 *Colim ./. Bigg's Continent,* Slg. 1999, 3175, EuZW 1999, 467

*Reich, Norbert,* Anmerkung zu EuGH v. 9. 11. 2000 – Rs. C-381/98 *Ingmar Ltd. ./. Eaton Leonard Technologies Ltd.*, EuZW 2001, 51–52

*Reich, Norbert,* Besprechung von Brigitta Lurger, Regulierung und Deregulierung im europäischen Privatrecht, Frankfurt a.M. 1996, ZeuP 1997, 1175–1177

*Reich, Norbert,* Besprechung von Stefan Grundmann, Europäisches Schuldvertragsrecht, WM 2000, 2019–2020

*Reich, Norbert,* Competition between legal orders: a new paradigm of EC Law?, CMLR 1992, 861–896

*Reich, Norbert,* Das Phantom „Verbraucherrecht" – Erosion oder Evolution des Privatrechts? – Einige Bemerkungen zu Dreher, Der Verbraucher – Das Phantom in den opera des europäischen und deutschen Rechts, JZ 1997, 166, JZ 1997, 609–610

*Reich, Norbert*, Die neue Richtlinie 97/7EG über den Verbraucherschutz bei Vertragsabschlüssen im Fernabsatz, EuZW 1997, 581–589

*Reich, Norbert*, Die Umsetzung der Richtlinie 1999/44/EG in das deutsche Recht, NJW 1999, 2397–2403

*Reich, Norbert*, Europäisches Verbraucherrecht – Eine problemorientierte Einführung in das europäische Wirtschaftsrecht, 3. Auflage Baden-Baden 1996 (zitiert: Reich Verbraucherrecht)

*Reich, Norbert*, Grundgesetz und internationales Vertragsrecht, NJW 1994, 2128–2131

*Reich, Norbert*, Kreditbürgschaft und Transparenz, NJW 1995, 1857–1861

*Reich, Norbert*, Protection of Consumers' Economic Interests by the EC, Sydney Law Review 14 (1992) 23

*Reich, Norbert*, Schuldrechtliche Informationspflichten gegenüber Endverbrauchern, NJW 1978, 513–519

*Reich, Norbert*, Some Critical Comments, in: Centre for a Common Law of Europe/Society of European Contract Law SECOLA (Hrsg.), Communication from the Commission on European Contract Law (Harmonisation, Code, Optional Code), Conference, Leuven 30th of Nov. and 1st of Dec. 2001, www.secola.org, Ausdruck befindet sich beim Verfasser (zitiert: Reich in: Greenpaper EU Contract Law [www-Fassung])

*Reich, Norbert*, Vergleichende Werbung im EG-Recht, WRP 1988, 75–80

*Reich, Norbert*, Zur Theorie des Europäischen Verbraucherrechts, ZEuP 1994, 381–407

*Reich, Norbert*, Zur Umsetzung der EG-Richtlinie über mißbräuchliche Vertragsklauseln in Verbraucherverträgen 93/13/EWG vom 5. 4. 1993 in deutsches Recht – Kritische Bemerkungen zum Referentenentwurf (RefE) des BMJ, VuR 1995, 1–7

*Reich, Norbert/Tonner, Klaus*, Werbung, zugesicherte Eigenschaften und Verbraucherschutz – BGH, NJW 1975, 1693, JuS 1976, 576–581

*Reichert, Bernhard/van Look, Frank*, Handbuch des Vereins- und Verbandsrechts, 6. Auflage Neuwied/Kriftel/Berlin 1995

*Reichert-Facilides, Fritz*, Europäisches Versicherungsvertragsrecht?, in: Jürgen Basedow/Klaus J. Hopt/Hein Kötz (Hrsg.), Festschrift für Ulrich Drobnig zum siebzigsten Geburtstag, Tübingen 1998, S. 119–134

*Reichold, Hermann*, Arbeitsrechtsstandards als „Aufenthaltsmodalitäten" – Personenverkehrsfreiheit zwischen „Bosman"-Urteil und Entsende-Richtlinie, ZEuP 1998, 434–459

*Reifner, Udo*, Die EG-Richtlinie über den Konsumentenkredit – Nachhilfe im Verbraucherschutz für die Bundesrepublik Deutschland, in: Günter Hörmann (Hrsg.), Verbraucherkredit und Verbraucherinsolvenz – Perspektiven für die Rechtspolitik aus Europa und USA, unverlegt, ISBN 3-88722-136-2, Bremen 1986, S. 621

*Reimann, Mathias*, American Private Law and European Legal Unification – Can the United States be a Model?, MJ 3 (1996), 217–234

*Reimann, Mathias*, Amerikanisches Privatrecht und europäische Rechtseinheit – Können die USA als Vorbild dienen?, in Reinhard Zimmermann (Hrsg.), Amerikanische Rechtskultur und europäisches Privatrecht – Impressionen aus der Neuen Welt, Tübingen, 1995, S. 132–155

*Reimann, Mathias*, Towards a European Civil Code: Why Continental Jurists Should Consult Their Transatlantic Colleagues, Tulane L.Rev. 73 (1999), 1337–1346

*Reinhart, Gert*, Rechtsvergleichung und richterliche Rechtsfortbildung auf dem Gebiet des Privatrechts, in: Die Hochschullehrer der Juristischen Fakultät der Universität Heidelberg, Richterliche Rechtsfortbildung – Erscheinungsformen, Auftrag und Grenzen – Festschrift der Juristischen Fakultät zur 600-Jahr-Feier der Ruprecht-Karls-Universität Heidelberg, Heidelberg 1986, S. 599–617 (zitiert: Reinhart FS Uni Heidelberg)

*Reithmann, Christoph/Martiny, Dieter* (Hrsg.), Internationales Vertragsrecht – Das internationale Privatrecht der Schuldverträge, 5. Auflage Köln 1996 (zitiert: Reithmann/Martiny-Bearbeiter Rn.)

*Remien, Oliver,* AGB-Gesetz und Richtlinie über mißbräuchliche Verbrauchervertragsklauseln in ihrem europäischen Umfeld, ZEuP 1994, 34–66

*Remien, Oliver,* Denationalisierung des Privatrechts in der Europäischen Union? – Legislative und gerichtliche Wege, ZfRV 1995, 116–133

*Remien, Oliver,* Die Vorlagepflicht bei Auslegung unbestimmter Rechtsbegriffe, RabelsZ 66 (2002), 503–530

*Remien, Oliver,* Europäisches Zivilgesetzbuch – Einheitsrecht mit nationaler Abänderungsbefugnis?, in: Dieter Martiny/Normann Witzleb (Hrsg.), Auf dem Wege zu einem Europäischen Zivilgesetzbuch, Berlin/Heidelberg/New York 1999, S. 125–139 (zitiert: Remien in: Auf dem Wege zu einem Europäischen Zivilgesetzbuch)

*Remien, Oliver,* Grenzen der gerichtlichen Privatrechtsangleichung mittels der Grundfreiheiten des EG-Vertrags – Bemerkungen zu den Urteilen des EuGH vom 24.11.1993 (Keck und Mithouard) und 15.12.1993 (Hünermund u.a.), JZ 1994, 349–353

*Remien, Oliver,* Illusion und Realität eines europäischen Privatrechts, JZ 1992, 277–284

*Remien, Oliver,* Möglichkeiten und Grenzen eines europäischen Privatrechts, in: Joachim Jickeli/Herbert Kotzur/Ulrich Noack/Helmut Weber (Hrsg.), Jahrbuch Junger Zivilrechtswissenschaftler 1991 – Europäisches Privatrecht, Unternehmensrecht, Informationspflichten im Zivilrecht – Tübinger Tagung 11.–14. September 1991, Stuttgart/München/Hannover/Berlin/Weimar 1992, S. 11–42 (zitiert: Remien JbJZ 1991)

*Remien, Oliver,* Verbraucherrechte oder allgemeines Privatrecht für die Europäische Union?, in: Hans Schulte-Nölke/Reiner Schulze (Hrsg.), Europäische Rechtsangleichung und nationale Privatrechte, Baden-Baden 1999, S. 107–117 (zitiert: Remien in: Rechtsangleichung und nationale Privatrechte)

*Rengeling, Hans-Werner,* Die Entwicklung verwaltungsrechtlicher Grundsätze durch den Gerichtshof der Europäischen Gemeinschaften, EuR 1984, 331–360

*Rengeling, Hans-Werner,* Grundrechtsschutz in der Europäischen Gemeinschaft – Bestandsaufnahme und Analyse der Rechtsprechung des Europäischen Gerichtshofs zum Schutz der Grundrechte als allgemeine Rechtsgrundsätze, München 1993 (zitiert: Rengeling Grundrechtsschutz)

*Repgen, Tilman,* Kein Abschied von der Privatautonomie – Die Funktion des zwingenden Rechts in der Verbrauchsgüterkaufrichtlinie, Paderborn/München/Wien/Zürich 2001

*Richter, Thorsten S./Mitsch, Michael,* Praktische Konsequenzen aus dem neuen Nachweisgesetz, AuA 1996, 7–12

*Riesenhuber, Karl,* Fernabsatz von Finanzdienstleistungen im europäischen Schuldvertragsrecht – Zum Richtlinienvorschlag der Kommission vom 14.10.1998 –, WM 1999, 1441–1451

*Rittner, Fritz,* Das Gemeinschaftsprivatrecht und die europäische Integration, JZ 1995, 849–858

*Rittner, Fritz,* Das Projekt eines Europäischen Privatrechtsgesetzbuches und die wirtschaftliche Praxis, DB 1996, 25–27

*Rittner, Fritz,* Die wirtschaftsrechtliche Ordnung der EG und das Privatrecht, JZ 1990, 838–846

*Rittner, Fritz,* Ein Gesetzbuch für Europa?, in: Ulrich Immenga/Wernhard Möschel/Dieter Reuter (Hrsg.), Festschrift für Ernst-Joachim Mestmäcker, Baden-Baden 1996, S. 449–459

*Rittner, Fritz,* Über das Verhältnis von Vertrag und Wettbewerb, AcP 188 (1988), 101–139

*Rodríguez Iglesias, Gil Carlos,* Gedanken zum Entstehen einer Europäischen Rechtsordnung, NJW 1999, 1–9

*Rogalla, Dieter,* Dienstrecht der Europäischen Gemeinschaften, 2. Auflage Köln/Berlin/Bonn/München 1992

*Rohe, Mathias,* Netzverträge – Rechtsprobleme komplexer Vertragsbindungen, Tübingen 1998

*Röhl, Klaus F.,* Allgemeine Rechtslehre – Ein Lehrbuch, 2. Auflage Köln/Berlin/Bonn/München 2001

*Rosenberg, Leo/Schwab, Karl Heinz/Gottwald, Peter,* Zivilprozeßrecht, 15. Auflage München 1993

*Roth, Günter H.,* Kurzkommentar zu EuGH v. 12. 5. 1998 – Rs. C-367/96 *Kefalas,* Slg. 1998, I-2843, EWiR 1998, 907–908

*Roth, Herbert,* Das Fernabsatzgesetz, JZ 2000, 1013–1019

*Roth, Herbert,* EG-Richtlinien und Bürgerliches Recht, JZ 1999, 529–538

*Roth, Wulf-Henning,* Berechtigte Verbrauchererwartungen im Europäischen Gemeinschaftsrecht, in: Hans Schulte-Nölke/Reiner Schulze (Hrsg.), Europäische Rechtsangleichung und nationale Privatrechte, Baden-Baden 1999, S. 45–62 (zitiert: Roth in: Rechtsangleichung und nationale Privatrechte)

*Roth, Wulf-Henning,* Das Allgemeininteresse im europäischen Internationalen Versicherungsvertragsrecht, VersR 1993, 129–139

*Roth, Wulf-Henning,* Der Einfluß des Europäischen Gemeinschaftsrechts auf das Internationale Privatrecht, RabelsZ 55 (1991), 623–673

*Roth, Wulf-Henning,* Der nationale Transformationsakt: Vom Punktuellen zum Systematischen, in: Stefan Grundmann/Dieter Medicus/Walter Rolland (Hrsg.), Europäisches Kaufgewährleistungsrecht – Reform und Internationalisierung des deutschen Schuldrechts, Köln/Berlin/Bonn/München 2000, S. 113–142 (zitiert: Roth in: Europäisches Kaufgewährleistungsrecht)

*Roth, Wulf-Henning,* Die Schuldrechtsmodernisisierung im Kontext des Europarechts, in: Wolfgang Ernst/Reinhard Zimmermann (Hrsg.), Zivilrechtswissenschaft und Schuldrechtsreform, Tübingen 2001, S. 225–256

*Roth, Wulf-Henning,* Die Vollendung des europäischen Binnenmarktes für Versicherungen, NJW 1993, 3038–3033

*Roth, Wulf-Henning,* Drittwirkung der Grundfreiheiten?, in: Ole Due/Marcus Lutter/Jürgen Schwarze (Hrsg.), Festschrift für Ulrich Everling, Band II, Baden-Baden 1995, S. 1231–1247

*Roth, Wulf-Henning,* Europäisches Recht und nationales Recht, in: Claus-Wilhelm Canaris/Andreas Heldrich/Klaus J. Hopt/Claus Roxin/Karsten Schmidt/Gunter Widmaier (Hrsg.), 50 Jahre Bundesgerichtshof – Festgabe aus der Wissenschaft, Band 2, München 2000, S. 847–888

*Roth, Wulf-Henning,* Freier Warenverkehr nach „Keck", in: Ulrich Hübner/Werner F. Ebke, (Hrsg.) Festschrift für Bernhard Großfeld zum 65. Geburtstag, Heidelberg 1999, 929–957

*Roth, Wulf-Henning,* Generalklauseln im Europäischen Privatrecht – Zur Rollenverteilung zwischen Gerichtshof und Mitgliedstaaten bei ihrer Konkretisierung –, in: Jürgen Basedow/Klaus J. Hopt/Hein Kötz (Hrsg.), Festschrift für Ulrich Drobnig zum siebzigsten Geburtstag, Tübingen 1998, S. 135–153

*Roth, Wulf-Henning,* Zum Verhältnis von Art. 7 Abs. 2 und Art. 5 der Römer Schuldvertragskonvention, in: Anton K. Schnyder/Helmut Heiss/Bernhard Rudisch (Hrsg.), Internationales Verbraucherschutzrecht, Erfahrungen und Entwicklungen in Deutschland, Liechtenstein, Österreich und der Schweiz – Referate und Diskussionsberichte des Kolloquiums zu Ehren von Fritz Reichert-Facilides, Tübingen 1995, S. 35–51 (zitiert: Roth in: Internationales Verbraucherschutzrecht)

*Röthel, Anne,* Grundfreiheiten und private Normgebung – Zur unmittelbaren Drittwirkung der Grundfreiheiten auf Verbandsnormen, EuR 2001, 908–921

*Röthel, Anne,* Verbände und Gemeinschaftsrecht, ZEuP 2002, 58–77

*Rott, Peter,* Informationspflichten in Fernabsatzverträgen als Paradigma für die Sprachenproblematik im Vertragsrecht, ZVglRWiss 98 (1999) 382–409

*Röver, Jan-Hendrik,* Vergleichende Prinzipien dinglicher Sicherheiten – Eine Studie zur Methode der Rechtsvergleichung, München 1999 (zitiert: Vergleichende Prinzipien)

*Rüthers, Bernd,* Demokratischer Rechtsstaat oder oligarchischer Richterstaat?, JZ 2002, 365–371

*Rüthers, Bernd,* Rechtstheorie – Begriff, Geltung und Anwendung des Rechts, München 1999

*Ryffel, Hans,* Grundprobleme der Rechts- und Staatsphilosophie – Philosophische Anthropologie des Politischen, Neuwied/Berlin 1969 (zitiert: Rechtsphilosophie)

*Saenger, Ingo,* Gerichtsstandsvereinbarungen nach EuGVÜ in international handelsgebräuchlicher Form, Anmerkung zu EuGH v. 16. 3. 1999 – *Trasporti Castelletti ./. Trumpy,* Slg. 1999, I-1597, ZEuP 2000, 565–674

*Sandrock, Otto,* Das Privatrecht am Ausgang des 20. Jahrhunderts: Deutschland – Europa – und die Welt, JZ 1996, 1–9

*Sandrock, Otto,* Die Europäischen Gemeinschaften und die Privatrechte ihrer Mitgliedstaaten: Einheit oder Vielfalt?, EWS 1994, 1–8

*Schäfer, Frank A.* (Hrsg.), Wertpapierhandelsgesetz, Börsengesetz, Verkaufsprospektgesetz – Kommentar, Stuttgart/Berlin/Köln 1999 (zitiert: Schäfer-Bearbeiter § Gesetz Rn.)

*Schäfer, Frank A.,* Materielle Aspekte der EG-Richtlinie über Wertpapierdienstleistungen, AG 1993, 389–394

*Schäfer, Hans-Bernd,* Grenzen des Verbraucherschutzes und adverse Effekte des Europäischen Verbraucherrechts, in: Stefan Grundmann (Hrsg.), Systembildung und Systemlücken in Kerngebieten des Europäischen Privatrechts – Gesellschafts-, Arbeits- und Schuldvertragsrecht, Tübingen 2000, 559–568 (zitiert: Schäfer in: Systembildung)

*Schäfer, Peter/Pfeiffer, Karen,* Die EG-Richtlinie über den Verbrauchsgüterkauf – Gesetzgeberische Alternativen und wirtschaftliche Folgen ihrer Umsetzung in deutsches Recht, ZIP 1999, 1829–1837

*Schapp, Jan,* Grundfragen der Rechtsgeschäftslehre, Tübingen 1986

*Schellhaaß, Horst M.,* Das Europäische Arbeitsrecht aus ökonomischer Perspektive, in: Stefan Grundmann (Hrsg.), Systembildung und Systemlücken in Kerngebieten des Europäischen Privatrechts – Gesellschafts-, Arbeits- und Schuldvertragsrecht, Tübingen 2000, 401–419

*Schesinger, Rudolf B.* (Hrsg.), Formation of Contracts – A Study of the Common Core of Legal Systems, Bände I und II New York/London 1968

*Schiefer, Bernd,* Auswirkungen der Rechtsprechung des Europäischen Gerichtshofs auf das nationale Arbeitsrecht, DM 1993, 38–43

*Schiefer, Bernd,* Gesetz zur Anpassung arbeitsrechtlicher Bestimmungen an das EG-Recht – Nachweisgesetz – Änderung des § 17 KSchG (Massenentlassung) – DB 1995, 1910–1914

*Schilling, Theodor*, Anmerkung zu EuGH v. 12. 10. 1995 – Rs. C-85/94 *Piageme II,* Slg. 1995, 2955, EuZW 1996, 16

*Schimansky, Herbert/Bunte, Hermann-Josef/Lwowski, Hans-Jürgen*, Bankrechtshandbuch, 2. Auflage München 2001 (zitiert: Bearbeiter in: Bankrechtshandbuch, § Rn.)

*Schindler, Dierk,* Die Kollision von Grundfreiheiten und Gemeinschaftsgrundrechten – Entwurf eines Kollisionsmodells unter Zusammenführung der Schutzpflichten- und der Drittwirkungslehre, Berlin 2001

*Schlechtriem, Peter* (Hrsg.), Kommentar zum Einheitlichen UN-Kaufrecht – Das Übereinkommen der Vereinten Nationen über Verträge über den internationalen Warenkauf – CISG –, 3. Auflage München 2000 (zitiert: Schlechtriem-Bearbeiter)

*Schlechtriem, Peter,* Abstandnahme vom Vertrag, in: Jürgen Basedow (Hrsg.), Europäische Vertragsrechtsvereinheitlichung und deutsches Recht, Tübingen 2000, S. 159–177 (zitiert: Schlechtriem in: Vertragsrechtsvereinheitlichung)

*Schlechtriem, Peter,* Angleichung der Produktehaftung in der EG – Zur Richtlinie des Rates der Europäischen Gemeinschaften vom 25.7.1985 – VersR 1986, 1033–1043

*Schlechtriem, Peter,* Aufhebung des Vertrags als Rechtsbehelf bei Leistungsstörungen, in: Albrecht Dieckmann/Rainer Frank/Hans Hanisch/Spiros Simitis (Hrsg.), Festschrift für Wolfram Müller-Freienfels, Baden-Baden 1986, S. 525–545

*Schlechtriem, Peter,* Das „Sprachrisiko" – ein neues Problem?, in: Horst Ehmann (Hrsg.), Privatautonomie, Eigentum und Verantwortung – Festgabe für Hermann Weitnauer, Berlin 1980, 129

*Schlechtriem, Peter,* Das geplante Gewährleistungsrecht im Lichte der europäischen Richtlinie zum Verbrauchsgüterkauf, in: Reinhard Zimmermann/Wolfgang Ernst (Hrsg.), Zivilrechtswissenschaft und Schuldrechtsreform, Tübingen 2001, S. 205–224

*Schlechtriem, Peter,* Internationales UN-Kaufrecht – Ein Studien- und Erläuterungsbuch zum Übereinkommen der Vereinten Nationen über Verträge über den internationalen Warenkauf (CISG), Tübingen 1996

*Schlechtriem, Peter,* Restitution und Bereicherungsausgleich in Europa – Eine rechtsvergleichende Darstellung, Band 1, Tübingen 2000

*Schlechtriem, Peter,* Verbraucherkaufverträge – ein neuer Richtlinienentwurf, JZ 1997, 441–446

*Schlegelberger,* siehe Geßler, Ernst u.a.

*Schlosser, Peter F.,* EuGVÜ, Kommentar, München 1996

*Schlosser, Peter,* Sonderanknüpfungen von zwingendem Verbraucherschutzrecht und europäisches Prozeßrecht – Eine Studie unter besonderer Berücksichtigung der deutschen Rechtsprechung zum Differenzeinwand und Börsentermingeschäft, in: Jürgen F. Baur/Klaus J. Hopt/K. Peter Mailänder (Hrsg.), Festschrift für Steindorff, Berlin/New York 1990, 1379–1391

*Schlüchter, Ellen,* Mittlerfunktion der Präjudizien – Eine rechtsvergleichende Studie, Berlin/New York 1986

*Schmelz, Karl-Joachim, Klute, Sabine,* Zum Gesetzentwurf für ein Verbraucherkreditgesetz, ZIP 1989, 1509–1525

*Schmid, Christoph,* Anfänge einer transnationalen Privatrechtswissenschaft in Europa, ZfRV 1999, 213–222

*Schmid, Christoph,* Die gemeinschaftsrechtliche Überlagerung der Tatbestände des Mißbrauchs der Vertretungsmacht und des Insichgeschäfts, AG 1998, 127–133

*Schmid, Christoph,* Legitimitätsbedingungen eines Europäischen Zivilgesetzbuchs, JZ 2001, 674–683 (englische Fassung in MJ 8 (2001), 277–298

*Schmidlin, Bruno,* Die beiden Vertragsmodelle des europäischen Zivilrechts: das naturrechtliche Modell der Versprechensübertragung und das pandektistische Modell der vereinigten Willenserkärungen, in Reinhard Zimmermann (Hrsg.), Rechtsgeschichte und Privatrechtsdogmatik, Heidelberg 1999, S. 187–206

*Schmidlin, Bruno,* Gibt es ein gemeineuropäisches System des Privatrechts – Eine allgemeine Betrachtung „über den Beruf unserer Zeit zu einer europäischen Gesetzgebung und Rechtswissenschaft", in: ders. (Hrsg.) Vers un droit privé européen? – Skizzen zum gemeineuropäischen Privatrecht, Beiheft zur Zeitschrift für Schweizerisches Recht 16, Basel 1994, S. 33–56

*Schmidt, Eike,* Von der Privat- zur Sozialautonomie, Juristenzeitung 1980, 153–161

*Schmidt, Jürgen,* Zur „reasonable person" in einem zukünftigen europäischen Privatrecht, in: Ulrich Hübner/Werner F. Ebke, (Hrsg.) Festschrift für Großfeld, Heidelberg 1999, S. 1017–1030

*Schmidt, Karsten* (Hrsg.), Vielfalt des Rechts – Einheit der Rechtsordnung? – Hamburger Ringvorlesung, Berlin 1994

*Schmidt, Karsten,* Einheit der Rechtsordnung – Realität? Aufgabe? Illusion?, in: ders. (Hrsg.), Vielfalt des Rechts – Einheit der Rechtsordnung? – Hamburger Ringvorlesung, Berlin 1994, S. 9–29

*Schmidt, Karsten,* Zivilistische Rechtsfiguren zwischen Rechtsdogmatik und Rechtspolitik – Exemplarisches zum Programm der Ringvorlesung, in: *ders.* (Hrsg.), Rechtsdogmatik und Rechtspolitik – Hamburger Ringvorlesung, Berlin 1990, S. 9–32

*Schmidt, Marek,* Die vorpositive Bedeutung des Begriffs Recht in Artt. 165 EGV, 136 EAGV und 31 EGKSV, RabelsZ 60 (1996), 616–647

*Schmidt, Marek,* Privatrechtsangleichende EU-Richtlinien und nationale Auslegungsmethoden, RabelsZ 59 (1995), 569–597

*Schmidt-Aßmann, Eberhard,* Das Allgemeine Verwaltungsrecht als Ordnungsidee – Grundlagen und Aufgaben der verwaltungsrechtlichen Systembildung, Berlin/Heidelberg/New York/ Barcelona/Budapest/Hongkong/London/Mailand/Paris/Singapur/Tokio 1998

*Schmidt-Aßmann, Eberhard,* Wissenschaftsrecht im Ordnungsrahmen des öffentlichen Rechts, JZ 1989, 205–211

*Schmidtchen, Dieter,* Territorialität des Rechts, Internationales Privatrecht und die privatautonome Regelung internationaler Sachverhalte – Grundlagen eines interdisziplinären Forschungsprogramms, RabelsZ 59 (1995), 56–112

*Schmidt-Kessel, Martin,* Die Zahlungsverzugsrichtlinie und ihre Umsetzung, NJW 2001, 97–176

*Schmidt-Kessel, Martin,* Euro und AGB – einige Fragen zu Verbrauchergeschäften, WM 1997, 1732–1743

*Schmidt-Kessel, Martin,* Implied Term – auf der Suche nach dem Funktionsäquivalent, ZVglR-Wiss 96 (1997), 101–155

*Schmidt-Kessel, Martin,* Rechtsmißbrauch im Gemeinschaftsrecht – Folgerungen aus den Rechtssachen Kefalas und Diamantis, in: Brigitta Jud/Thomas Bachner/Raimond Bollenberger/Verena Halbwachs/Susanne Kallss/Franz-Stefan Meissel/Helmut Ofner/Christian Rabl (Hrsg.), Jahrbuch junger Zivilrechtswissenschaftler 2000 – Prinzipien des Privatrechts und Rechtsvereinheitlichung, Stuttgart/München/Hannover/Berlin/Weimar/Dresden 2001, S. 61–83

*Schmidt-Kessel, Martin,* Zahlungsverzug im Handelsverkehr – ein neuer Richtlinienentwurf, JZ 1998, 1135–1145

*Schmidt-Leithoff, Christian,* Gedanken über die Privatrechtsordnungen als Grundlage zum EWG-Vertrag, in: Manfred Löwisch/Christian Schmidt-Leithoff/Burkhard Schmiedel, Beiträge zum Handels- und Wirtschaftsrecht – Festschrift für Fritz Rittner zum 70. Geburtstag, S. 596–611

*Schmidt-Ränsch, Jürgen,* Entwurf eines Überweisungsgesetzes, ZIP 1999, 676–680

*Schmidt-Ränsch,* Jürgen, Zum Stand der Kaufrechtsrichtlinie, ZIP 1998, 849–853

*Schmidt-Ränsch, Jürgen,* Zur Umsetzung der Überweisungsrichtlinie, in: Norbert Horn/Herbert Schimansky (Hrsg.), Bankrecht 1998, Köln 1998, S. 139–148

*Schmidt-Salzer, Joachim,* Verbraucherschutz, Produkthaftung, Umwelthaftung, Unternehmensverantwortung, NJW 1994, 1305–1315

*Schmitthoff, Clive M.*, Systemdenken und Fallrecht in der Entwicklung des englischen Privatrechts, JZ 1967, 1–6

*Schmitz, Thomas,* Die EU-Grundrechtscharta aus grundrechtsdogmatischer und grundrechtstheoretischer Sicht, JZ 2001, 833–843

*Schneider, Uwe H.*, Die Angleichung des Rechts der grenzüberschreitenden Überweisungen, EuZW 1997, 589–593

*Schneider, Uwe H.*, Die Geld-zurück-Garantie und die Haftung für Folgeschäden bei fehlerhafter Ausführung von Auslandsüberweisungen – Ein Beitrag zum Einfluß des amerikanischen Rechts auf die europäische Rechtsangleichung, in: Ole Due/Marcus Lutter/Jürgen Schwarze (Hrsg.), Festschrift für Ulrich Everling, Band II, Baden-Baden 1995, S. 1297–1314

*Schneider, Uwe H.*, Europäische und internationale Harmonisierung des Bankvertragsrechts, NJW 1991, 1985–1993

*Schnyder, Anton K./Straub, Ralf Michael,* Das EG-Grünbuch über Verbrauchsgütergarantien und Kundendienst – Erster Schritt zu einem einheitlichen EG-Kaufrecht? ZEuP 1996, 8–74

*Schön, Wolfgang,* Das Bild des Gesellschafters im Europäischen Gesellschaftsrecht, RabelsZ 64 (2000), 1–37

*Schoppmeyer, Heinrich,* Juristische Methode als Lebensaufgabe – Leben, Werk und Wirkungsgeschichte Philipp Hecks, Tübingen 2001

*Schricker, Gerhard,* Urheberrecht zwischen Industrie- und Kulturpolitik, GRUR 1992, 242–247

*Schröder, Jan,* Wissenschaftliche Ordnungsvorstellungen im Privatrecht der frühen Neuzeit, Ius Commune XXIV (1997), 25–39

*Schroeder, Werner,* Das Gemeinschaftsrechtssystem – Eine Untersuchung zu den rechtsdogmatischen, rechtstheoretischen und verfassungsrechtlichen Grundlagen des Systemdenkens im Europäischen Gemeinschaftsrecht, Tübingen 2002

*Schulte-Braucks, Reinhard,* Zahlungsverzug in der Europäischen Union, NJW 2001, 103–108

*Schulte-Nölke, Hans,* Ein Vertragsgesetzbuch für Europa?, JZ 2001, 917–920

*Schulte-Nölke, Hans,* Elf Amtssprachen, ein Recht?, in: Reiner Schulze (Hrsg.), Auslegung europäischen Privatrechts und angeglichenen Rechts, Baden-Baden 1999 (zitiert: Schulte-Nölke in: Auslegung europäischen Privatrechts)

*Schulze, Reiner,* Allgemeine Rechtsgrundsätze und europäisches Privatrecht, ZEuP 1993, 442–474

*Schulze, Reiner,* Vergleichende Gesetzesauslegung und Rechtsangleichung, ZfRV 1997, 183–197

*Schulze, Reiner/Zimmermann, Reinhard* (Hrsg.), Basistexte zum Europäischen Privatrecht – Textsammlung, 2. Auflage Baden-Baden 2002

*Schulze, Reiner/Zimmermann, Reinhard* (Hrsg.), Basistexte zum Europäischen Privatrecht – Textsammlung, Baden-Baden 2000

*Schünemann, Wolfgang B.*, Allgemeine Versicherungsbedingungen – „Leistungsbeschreibungen" oder inhaltskontrollierte Vertragskonditionen?, VersR 2000, 144–148

*Schurig, Klaus*, Europäisches Zivilrecht: Vielfalt oder Einerlei?, in: Ulrich Hübner/Werner F. Ebke, (Hrsg.) Festschrift für Großfeld, Heidelberg 1999, 1089–1111

*Schurr, Francesco A.*, Die neue Richtlinie 99/44/EG über den Verbrauchsgüterkauf und ihre Umsetzung – Chancen und Gefahren für das deutsche Kaufrecht, ZfRV 1999, 222–229

*Schwartz, Ivo E.*, 30 Jahre Rechtsangleichung, in: Ernst-Joachim Mestmäcker/Hans Möller/Hans-Peter Schwarz (Hrsg.), Eine Ordnungspolitik für Europa – Festschrift für Hans von der Groeben zu seinem 80. Geburtstag, Baden-Baden 1987, S. 333–368

*Schwartz, Ivo E.*, Zur Konzeption der Rechtsangleichung in der Euuropäischen Wirtschaftsgemeinschaft, in: Ernst von Caemmerer/Hans-Jürgen Schlochauer/Ernst Steindorff (Hrsg.),

Probleme des Europäischen Rechts – Festschrift für Walter Hallstein zu seinem 65. Geburtstag, Frankfurt a.M. 1966, S. 474–514

*Schwartz, Ivo,* Perspektiven der Angleichung des Privatrechts in der Europäischen Gemeinschaft, ZEuP 1994, 559–584

*Schwartze, Andreas,* Anmerkung zu EuGH v. 27. 6. 2000 – verb.Rs. C-240-244/98 *Océano,* JZ 2001, 246–249

*Schwartze, Andreas,* Diskussionsbericht, in: Stefan Grundmann/Dieter Medicus/Walter Rolland (Hrsg.), Europäisches Kaufgewährleistungsrecht – Reform und Internationalisierung des deutschen Schuldrechts, Köln/Berlin/Bonn/München 2000, S. 335–353 (zitiert:Diskutant Diskussionsbeitrag, wiedergegeben bei Schwartze, in: Europäisches Kaufgewährleistungsrecht

*Schwarze, Jürgen,* (Hrsg.), EU-Kommentar, Baden-Baden 2000 (zitiert: Schwarze-Bearbeiter)

*Schwarze, Jürgen,* Anmerkung zu EuGH v. 9. 12. 1997 – Rs. C-265/95 *Kommission ./. Frankreich,* Slg. 1997, I-6959, EuR 1998, 47–59

*Schwarze, Jürgen,* Die Befugnis zur Abstraktion im europäischen Gemeinschaftsrecht – Eine Untersuchung zur Rechtsprechung des Europäischen Gerichtshofes, Baden-Baden 1976

*Schwarze, Jürgen,* Europäisches Verwaltungsrecht – Entstehung und Entwicklung im Rahmen der Europäischen Gemeinschaft, Bände I und II, Baden-Baden 1988

*Schweer, Carl-Stephan,* Die erste Markenrechts-Richtlinie der Europäischen Gemeinschaft und der Rechtsschutz bekannter Marken, Baden-Baden 1992

*Schweitzer, Michael/Hummer, Waldemar,* Europarecht – Das Recht der Europäischen Union – Das Recht der Europäischen Gemeinschaften (EGKS, EG, EAG) – mit Schwerpunkt EG, 5. Auflage Neuwied/Kriftel/Berlin 1996

*Schwemer, Rolf-Oliver,* Die Bindung des Gemeinschaftsgesetzgebers an die Grundfreiheiten, Frankfurt a.M./Berlin/Bern/New York/Paris/Wien 1995

*Schwintowski, Hans-Peter,* Besprechung von Stefan Grundmann, Europäisches Schuldvertragsrecht, RabelsZ 65 (2001), 300–304

*Schwintowski, Hans-Peter,* Contractual Rules Concerning the Marketing of Goods and Services – Requirements of Form and Content versus Private Autonomy, in: Stefan Grundmann/Wolfgang Kerber/Stephen Weatherill (Hrsg.), Party Autonomy and the Role of Information in the Internal Market, Berlin/New York 2001, S. 331–347

*Schwintowski, Hans-Peter,* Ökonomische Theorie des Rechts, JZ 1998, 581–588

*Sedemund, Joachim/Montag, Frank,* Die Entwicklung des Europäischen Gemeinschaftsrechts, NJW 1995, 1126–1133

*Sedemund, Jochim/Hausmann, Friedrich Ludwig,* Kommentar zum Urteil des EuGH vom 9. 3. 1999 – Rs. C-212/97 (Centros Ltd/Erhvervs- og Selskabsyrelsen, BB 1999, 810–811

*Seidel, Martin,* Mindestharmonisierung im Binnenmarkt – Stellungnahme –, in: Ulrich Everling/Wulf-Henning Roth (Hrsg.), Mindestharmonisierung im Europäischen Binnenmarkt, Baden-Baden 1997, S. 39–50 (zitiert: Seidel in: Mindestharmonisierung)

*Seiler, Hans Hermann,* Rechtsgeschichte und Rechtsdogmatik, in: Karsten Schmidt (Hrsg.), Rechtsdogmatik und Rechtspolitik – Hamburger Ringvorlesung, Berlin 1990, S. 109–123

*Siebert, Horst/Koop, Michael J.,* Institutional Competition versus Centralization: Quo vadis Europe?, Oxford Review of Economic Policy 9 (1993), 15–30

*Siebert, W.* (Hrsg.), Bürgerliches Gesetzbuch mit Einführungsgesetz und Nebengesetzen, Kommentar, 10. Auflage Stuttgart, Berlin, Köln seit 1987 (zitiert: Soergel-Bearbeiter, § Art. Rn.)

*Siehr, Kurt,* Ausländische Eingriffsnormen im inländischen Wirtschaftskollisionsrecht, RabelsZ 52 (1988), 41–103

*Siehr, Kurt,* Wechselwirkungen zwischen Kollisionsrecht und Sachrecht, RabelsZ 37 (1973), 466–484

*Singer, Reinhard,* Selbstbestimmung und Verkehrsschutz im Recht der Willenserklärungen, München 1995 (zitiert: Singer Selbstbestimmung und Verkehrsschutz)

*Singer, Reinhard,* Vertragsfreiheit, Grundrechte und der Schutz des Menschen vor sich selbst, JZ 1995, 1133–1141

*Slot, Piet Jan,* Harmonisation, E.L.Rev. 21 (1996) 378–397

*Smits, Jan,* A European Private Law as a Mixed Legal System – Towards a Ius Commune through the Free Movement of Legal Rules, MJ 5 (1998), 328–340

*Smits, Jan,* A Principled Approach to European Contract Law?, MJ 7 (2000), 221–223

*Sodan, Helge,* Das Prinzip der Widerspruchsfreiheit der Rechtsordnung, JZ 1999, 864–873

*Soergel, Hans Th.,* s. Siebert

*Somma, Allessandro,* Sprachgesetzgebung in Frankreich und Italien: Rechtsnationalismus oder Schutz des Schwächeren?, ZEuP 1998, 701–715

*Sonnenberger, Hans Jürgen,* Der Entwurf eines Europäischen Vertragsgesetzbuchs der Akademie Europäischer Privatrechtswissenschaftler – ein Meilenstein, RIW 2001, 409–416

*Sonnenberger, Hans Jürgen/Autexier, Christian,* Einführung in das französische Recht, 3. Auflage Heidelberg 2000

*Spencer, John Rason,* Motor Cars and the Rule in *Rylands* v. *Fletcher*: A Chapter of Accidents in the History of Law and Motoring, Cambr.L.J. 42 [1983], 65–84

*Stathopoulos, Michael,* Probleme der Vertragsbindung und der Vertragslösung in rechtsvergleichender Betrachtung, AcP 194 (1994), 543–571

*Staudenmayer, Dirk,* Die EG-Richtlinie über den Verbrauchsgüterkauf, NJW 1999, 2393–2397

*Staudenmayer, Dirk,* Die Richtlinien des Verbraucherprivatrechts – Bausteine für ein europäisches Privatrecht?, in: Hans Schulte-Nölke/Reiner Schulze (Hrsg.), Europäische Rechtsangleichung und nationale Privatrechte, Baden-Baden 1999, S. 63–78 (zitiert: Staudenmayer in: Rechtsangleichung und nationale Privatrechte)

*Staudenmayer, Dirk,* EG-Richtlinie 1999/44/EG zur Vereinheitlichung des Kaufgewährleistungsrechts, in: Stefan Grundmann/Dieter Medicus/Walter Rolland (Hrsg.), Europäisches Kaufgewährleistungsrecht – Reform und Internationalisierung des deutschen Schuldrechts, Köln/Berlin/Bonn/München 2000, 27–47

*Staudenmayer, Dirk,* Europäisches Verbraucherschutzrecht nach Amsterdam – Stand und Perspektiven, RIW 1999, 733–738

*Staudenmayer, Dirk,* The Directive on the Sale of Consumer Goods and Associated Guarantees – a Milestone in the European Consumer and Private Law, ERPL 2000, 547–564

*Stauder, Bernd,* Kritische Analyse der Richtlinie vom 27. Januar 1997 über grenzüberschreitende Überweisungen, in: Ludwig Krämer/Hans-W. Micklitz/Klaus Tonner (Hrsg.), Law and diffuse interests in the European legal order/Recht und diffuse Interessen in der Europäischen Rechtsordnung – Liber amicorum Norbert Reich, Baden-Baden 1997, S. 585–601 (zitiert: Stauder FS Reich)

*Staudinger, Ansgar,* Anmerkung zu EuGH v. 27. 6. 2000 – verb.Rs. C-240-244/98 *Océano,* DB 2000, 2058–2060

*Staudinger, Ansgar,* Das Transparenzgebot im AGB-Gesetz: Klar und verständlich? – Zu den Grundsätzen der Richtlinientransformation, WM 1999, 1546–1553

*Stein, Peter,* Logic and Experience in Roman and Common Law, Boston University Law Review 59 (1979), 433–451

*Stein, Peter,* The Quest for a Systematic Civil Law – Maccabaean Lecture in Jurisprudence, Proceedings of the Britisch Academy 90 (1996), 147–164

*Stein, Torsten,* Richterrecht wie anderswo auch? – Der Gerichtshof der Europäischen Gemeinschaften als „Integrationsmotor", in: Die Hochschullehrer der Juristischen Fakultät der Universität Heidelberg (Hrsg.), Richterliche Rechtsfortbildung – Erscheinungsformen, Auftrag und Grenzen – Festschrift der Juristischen Fakultät zur 600-Jahr-Feier der Ruprecht-Karls-Universität Heidelberg, Heidelberg 1986, S. 619–641 (zitiert: Stein FS Uni Heidelberg)

*Stein, Ursula,* Systembildung durch privatautonome Rechtsetzung und ihre Grenzen im Europäischen Binnenmarkt, in: Stefan Grundmann (Hrsg.), Systembildung und Systemlücken in Kerngebieten des Europäischen Privatrechts – Gesellschafts-, Arbeits- und Schuldvertragsrecht, Tübingen 2000, S. 669–689 (zitiert: Stein in: Systembildung)

*Steindorff, Ernst,* Anmerkung zu EuGH, Urteil vom 14.12.1993 – C-262/88 *Moroni/Collo GmbH*, JZ 1994, 724–725

*Steindorff, Ernst,* Anmerkung zu EuGH, Urteil vom 2.8.1993 – C 259, 331 und 332/91 *Allué II*, JZ 1994, 95–98

*Steindorff, Ernst,* Ausbildungsrechte im EG-Recht, NJW 1983, 1231–1233

*Steindorff, Ernst,* Berufssport im Gemeinsamen Markt, RIW/AWD 1975, 253–255

*Steindorff, Ernst,* Die Aufgabenteilung zwischen Europäischem Gerichtshof und deutschen Gerichten – unter besonderer Berücksichtigung von Gesellschaftsrecht und Kapitalmarkt, in: Walther Hadding/Klaus J. Hopt/Herbert Schimansky (Hrsg.), Deutsches und Europäisches Bank- und Börsenrecht – Bankrechtstag 1993, Berlin/New York 1994, S. 135–178

*Steindorff, Ernst,* Drittwirkung der Grundfreiheiten im europäischen Gemeinschaftsrecht, in: Peter Badura/Rupert Scholz (Hrsg.), Wege und Verfahren des Verfassungslebens, Festschrift für Peter Lerche zum 65. Geburtstag, München 1993, S. 575–590

*Steindorff, Ernst,* EG-Richtlinien und Illusionen, in: Ole Due/Marcus Lutter/Jürgen Schwarze (Hrsg.), Festschrift für Ulrich Everling, Band II, Baden-Baden 1995, S. 1445–1467

*Steindorff, Ernst,* EG-Vertrag und Privatrecht, Baden-Baden 1996

*Steindorff, Ernst,* Gesellschaftsrechtliche Richtlinien der EG und strengeres staatliches Recht, EuZW 1990, 251–254

*Steindorff, Ernst,* Markt und hoheitliche Verantwortung in der EG – Vom Werden europäischer Wirtschaftsordnung, ZHR 164 (2000), 223–273

*Steindorff, Ernst,* Nichtigkeitsrisiko bei Staatsbürgschaften, EuZW 1997, 7–13

*Steindorff, Ernst,* Quo vadis Europa? – Freiheiten, Regulierung und soziale Grundrechte nach den erweiterten Zielen der EG-Verfassung, in: Forschungsinstitut für Wirtschaftsverfassung und Wettbewerb e.V. (Hrsg.), Weiterentwicklung der Europäischen Gemeinschaften und der Marktwirtschaft – Referate des XXV. FIW Symposions, Köln/Berlin/Bonn/München 1992, S. 11–86

*Steindorff, Ernst,* Unvollkommener Binnenmarkt, ZHR 158 (1994), 149–169

*Steindorff, Ernst,* Urteilsanmerkung zu EuGH v. 2.8.1993 – Rs. C-259, 331 und 332/91 *Allué II*, JZ 1994, 95–98

*Steiner, J.,* Drawing the Line: Uses and Abuses of Article 30 EEC, CMLR 1992, 749–774

*Steiner, Joseph M.,* Judicial Discretion and the Concept of Law, Cambridge Law Journal 35 (1976) 135–157

*Steiner, Josephine,* Subsidiarity under the Maastricht Treaty, in: David O'Keeffe/Patrick M.

Twomey (Hrsg.), Legal Issues of the Maastricht Treaty, London/New York/Chichester/Brisbane/Toronto/Singapore, 1994, S. 49–64

*Stoffels, Markus,* Schranken der Inhaltskontrolle, JZ 2001, 843–849

*Storme, Matthias E.,* Harmonisation of the law on (substantive) validity of contracts (illegality and immorality), Jürgen Basedow/Klaus J. Hopt/Hein Kötz, Festschrift für Ulrich Drobnig zum siebzigsten Geburtstag, Tübingen 1998, S. 195–207

*Streinz, Rudolf,* Europarecht, 5. Auflage Heidelberg 2001

*Streinz, Rudolf,* Mindestharmonisierung im Binnenmarkt, in: Ulrich Everling/Wulf-Henning Roth (Hrsg.), Mindestharmonisierung im Europäischen Binnenmarkt, Baden-Baden 1997, S. 9–32 (zitiert: Streinz in: Mindestharmonisierung)

*Streinz, Rudolf/Leible, Stefan,* 10% mehr Eiskrem für alle! – Anmerkungen zum Urteil des EuGH vom 6. Juli 1995, ZIP 1995, 1137 – Mars –, ZIP 1995, 1236–1241

*Streinz, Rudolf/Leible, Stefan,* Die unmittelbare Drittwirkung der Grundfreiheiten – Überlegungen aus Anlass von EuGH, EuZW 2000, 468 (in diesem Heft) – Angonese, EuZW 2000, 459–467

*Streit, Manfred E.,* Systemwettbewerb im europäischen Integrationsprozeß, in: Ulrich Immenga/Wernhard Möschel/Dieter Reuter (Hrsg.), Festschrift für Ernst-Joachim Mestmäcker zum siebzigsten Geburtstag, Baden-Baden 1996, S. 521–535

*Stückemann, Wolfgang,* Dokumentationspflichten für den Arbeitgeber – Rechtsklarheit durch das Nachweisgesetz vom 20.7.1995, BB 1995, 1846–1849

*Sturm, Fritz,* Der Entwurf eines Europäischen Vertragsgesetzbuchs, JZ 2001, 1097–1102

*Stürner, Rolf,* Einige Bemerkungen zum Stand der Schuldrechtsreform, in: Gerd Pfeiffer/Joachim Kummer/Silke Scheuch (Hrsg.), Festschrift für Brandner, Köln 1996, S. 635–647

*Styck, Jules,* Patterns of Justice in the European Constitutional Charter: Minimum Harmonisation in the Field of Consumer Law, in: Ludwig Krämer/Hans-W. Micklitz/Klaus Tonner (Hrsg.), Law and diffuse interests in the European legal order/Recht und diffuse Interessen in der Europäischen Rechtsordnung – Liber amicorum Norbert Reich, Baden-Baden 1997, S. 279–289 (zitiert: Styck FS Reich)

*Süsterhenn, Adolf,* Das Subsidiaritätsprinzip als Grundlage der vertikalen Gewaltenteilung, in: Theodor Maunz (Hrsg.), Vom Bonner Grundgesetz zur gesamtdeutschen Verfassung – Festschrift zum 75. Geburtstag von Hans Nawiasky, München 1956, S. 141–155

*Taschner, Hans Claudius,* Mindestharmonisierung im Verbraucherschutzrecht, in: Ulrich Everling/Wulf-Henning Roth (Hrsg.), Mindestharmonisierung im Europäischen Binnenmarkt, Baden-Baden 1997, S. 159–174 (zitiert: Taschner in: Mindestharmonisierung)

*Taschner, Hans Claudius,* Zur Fortentwicklung des in der Europäischen Union angeglichenen Privatrechts durch die Gerichte der Mitgliedstaaten, in: Erwin Deutsch/Ernst Klingmüller/Hans Josef Kullmann (Hrsg.), Festschrift für Erich Steffen zum 65. Geburtstag am 28.5. 1995, Berlin/New York 1995, S. 479–487

*Taschner, Hans Claudius/Frietsch, Edwin,* Produkthaftungsgesetz und EG-Produkthaftungsrichtlinie, 2. Auflage München 1990 (zitiert: Taschner/Frietsch Art. bzw. § Rn.)

*Taupitz, Jochen,* Kaffeefahrten deutscher Urlauber auf Gran Canaria: Deutscher Verbraucherschutz im Urlaubsgepäck?, BB 1990, 642–652

*Taupitz, Jochen,* Privatrechtsvereinheitlichung durch die EG: Sachrechts- oder Kollisionsrechtsvereinheitlichung?, JZ 1993, 533–539

*Tempel, Otto,* Informationspflichten bei Pauschalreisen – Eine Bestandsaufnahme: Arten, Rechtsnatur, Sanktionen – unter Einbeziehung der Reisebüros –, NJW 1996, 1625–1636

*Tenreiro, Mário,* The Community Directive on Unfair Terms and National Legal Systems – The Principle of Good Faith and Remedies for Unfair Terms, ERPL 1995, 273–284

*Tenreiro, Mário/Karsten, Jens,* Unfair Terms in Consumer Contracts: Uncertainties, contradictions and novelties of a Directive, in: Hans Schulte-Nölke/Reiner Schulze, Europäische Rechtsangleichung und nationale Privatrechte, Baden-Baden 1999, S. 223–276 (zitiert: Tenreiro/Karsten in: Rechtsangleichung und nationale Privatrechte)

*Teubner, Gunther,* Das Recht hybrider Netzwerke, ZHR 165 (2001), 550–575

*Teubner, Gunther,* Legal Irritants: Good Faith in British Law or How Unifying Law Ends Up in New Divergences, Modern Law Review 61 (1998) 11–32

*Thibaut, Anton Friedrich Justus,* Ueber die Nothwenidkgeit eines allgemeinen bürgerlichen Rechts für Deutschland, Heidelberg 1814, abgedruckt in: Hans Hattenhauer (Hrsg.), Thibaut und Savigny – Ihre Programmatischen Schriften, München 1973

*Thiebierge-Guelfucci, Catherine,* Libres propos sur la transformation du droit des contrats, Revue Trimestrielle de Droit Civil, 1997, 357–385

*Thorn, Karsten,* Termingeschäfte an Auslandsbörsen und internationale Schiedsgerichtsbarkeit, IPRax 1997, 98–106

*Tilmann, Winfried,* Anwendungsbereich und Bindungswirkung der Richtlinie Vergleichende Werbung, GRUR 1999, 546–551

*Tilmann, Winfried,* Bundesarbeitskreis Christlich-Demokratischer Juristen – Symposium: Kodifikation des wirtschaftsnahen Zivilrechts in der EG, NJW 1991, 3266

*Tilmann, Winfried,* Grenzüberschreitende vergleichende Werbung, GRUR Int. 1993, 133–137

*Tilmann, Winfried,* Richtlinie vergleichende Werbung, GRUR 1997, 790–799

*Tilmann, Winfried,* The legal basis for a European Civil Code, ERPL 1997, 471–473

*Tilmann, Winfried,* Zur Entwicklung eines europäischen Zivilrechts, in: Walter Jagenburg/Georg Maier-Reimer/Thomas Verhoeven (Hrsg.), Festschrift für Walter Oppenhoff zum 80. Geburtstag, München 1985, 495–507

*Tilmann, Winfried,* Zweiter Kodifikationsbeschluß des Europäischen Parlaments, ZEuP 1995, 534–551

*Timmermans, Christiaan W.A.,* Zur Entwicklung des europäischen Zivilrechts, ZEuP 1999, 1–5

*Tonner, Klaus,* 10 Jahre EG-Pauschalreise-Richtlinie – eine Bilanz, EWS 2000, 473–478

*Tonner, Klaus,* Die EG-Richtlinie über Pauschalreisen, EuZW 1990, 409–413

*Tonner, Klaus,* Die Rolle des Verbraucherrechts bei der Entwicklung eines europäischen Zivilrechts, JZ 1996, 533–541

*Tonner, Klaus,* Verbrauchsgüterkauf-Richtlinie und Europäisierung des Zivilrechts, BB 1999, 1769–1774

*Tonner, Klaus/Brieske, Cornelia,* Verbraucherschutz durch gesetzliche Kennzeichnungserfordernisse, BB 1996, 913–920

*Toth, A. G.,* A Legal Analysis of Subisidiarity, in: David O'Keeffe/Patrick M. Twomey (Hrsg.), Legal Issues of the Maastricht Treaty, London/New York/Chchester/Brisbane/Toronto/Singapore, 1994, S. 37–48

*Touffait, Adolphe/Tunc, André,* Pour une motivation plus explicite des décisions de justice notamment de celles de la Cour de Cassation, Rev.trim.dr.civ. 72 (1974), 487–508

*Trachtmann, Joel P.,* International Regulatory Competition, Externalization, and Jurisdiction, 34 (1993) Harv. Int.L.J. 47–104

*Treitel, Guenter,* The Law of Contract, 10. Auflage London 1999

*Tridimas, Takis,* The General Principles of EC Law, Oxford 1999

*Troberg, Peter,* Europäisches Bankaufsichtsrecht: System oder Wildwuchs?, WM 1991, 1745–1748

*Ukrow, Jörg,* Richterliche Rechtsfortbildung durch den EuGH – Dargestellt am Beispiel der Erweiterung des Rechtsschutzes des Marktbürgers im Bereich des vorläufigen Rechtsschutzes und der Staatshaftung, Baden-Baden 1995

*Ullrich, Hanns,* Nationale Geschäftsgeheimnisse und Gemeinsamer Markt, RIW 1990, Beilage 23 zu Heft 12

*Ulmer, Peter,* Vom deutschen zum europäischen Privatrecht?, JZ 1992, 1–8

*Ulmer, Peter,* Zur Anpassung des AGB-Gesetzes an die EG-Richtlinie über mißbräuchliche Klauseln in Verbraucherverträgen, EuZW 1993, 337–347

*Unidroit* – International Institute for the Unification of Private Law (Hrsg.), Principles of International Commercial Contracts, Rom 1994 (die Regelungen werden als Art. UP zitiert, der Text als Unidroit, Principles, S.)

*Usher, John A.,* Disclosure Rules (Information) as a Primary Tool in the Doctrine on Measures Heaving an Equivalent Effect, in: Stefan Grundmann/Wolfgang Kerber/Stephen Weatherill (Hrsg.), Party Autonomy and the Role of Information in the Internal Market, Berlin/New York 2001, S. 151–161

*Usher, John A.,* General Principles of EC Law, London/New York 1998

*Usher, John A.,* Principles Derived from Private Law and the European Court of Justice, ERPL 1997, 109–136

*Van den Bergh, Govaert C.J.J,* Ius Commune, A History with a Future?, in: de Witte, Bruno/Forder, Caroline (Hrsg.), The common law of Europe and the future of legal education, Deventer 1992, S. 593–607

*Van den Bergh, Roger,* Forced Harmonisation of Contract Law in Europe – Not to be continued, in: Centre for a Common Law of Europe/Society of European Contract Law SECOLA (Hrsg.), Communication from the Commission on European Contract Law (Harmonisation, Code, Optional Code), Conference, Leuven, 30th of Nov. and 1st of Dec. 2001, www.secola.org, Ausdruck befindet sich beim Verfasser (zitiert: R. Van den Bergh in: Greenpaper EU Contract Law [www-Fassung])

*Van den Bergh, Roger,* Subsidiarity as an Economic Demarcation Principle and the Emergence of European Private Law, MJ 5 (1998), 129–152

*van Gerven, Walter,* A Common Law for Europe: The Future Meeting the Past?, ERPL 2001, 485–503

*van Gerven, Walter,* Codifying European Private Law, in: Centre for a Common Law in Europe/Society of European Contract Law SECOLA (Hrsg.), Communication from the Commission on European Contract Law (Harmonisation, Code, Optional Code), Conference, Leuven 30th of Nov. and 1st of Dec. 2001, www.secola.org, Ausdruck befindet sich beim Verfasser (zitiert: van Gerven in: Greenpaper EU Contract Law [www-Fassung])

*van Gerven, Walter,* Coherence of Community and national laws. Is there a legal basis for a European Civil Code?, ERPL 1997, 465–469

*van Gerven, Walter,* The Case-law of the European Court of Justice and National Courts as a Contribution to the Europeanisation of Private Law, ERPL 1995, 367–378

*van Rossum, Madeleine,* The Duty of Disclosure: Tendencies in French Law, Dutch Law and English Law – Criterions, Differences and Similarities between the Legal Systems, MJ 3 (2000), 300–325

*van Schilfgaarde, Peter,* System, good faith and equity in the New Dutch Civil Code, ERPL 1997, 1–9

*Vesting, Thomas,* Kein Anfang und kein Ende – Die Systemtheorie des Rechts als Herausforderung für Rechtswissenschaft und Rechtsdogmatik, http://www.jura.uni-augsburg.de/Fakultaet/vesting/index.html, Ausdruck befindet sich beim Verfasser [Langfassung des Beitrags Jura 2001, 299–305]

*Vesting, Thomas,* Kein Anfang und kein Ende – Die Systemtheorie des Rechts als Herausforderung für Rechtswissenschaft und Rechtsdogmatik Jura 2001, 299–305

*Vieweg, Klaus/Röthel, Anne,* Verbandsautonomie und Grundfreiheiten, ZHR 166 (2002), 6–34

*Vogel, Joachim,* Juristische Methodik, Berlin/New York 1998

*von Bar, Christian/Zimmermann, Reinhard,* Grundregeln des Europäischen Vertragsrechts Teile I und II, München 2002

*Wachter, Gustav,* Widerspruchsrecht und privilegierte Kündigung des Arbeitnehmers beim Betriebsübergang – Zur Umsetzung der Richtlinie 77/187/EWG in Österreich, in: Meinhard Heinze/Jochem Schmitt (Hrsg.), Festschrift für Wolfgang Gitter zum 65. Geburtstag am 30. Mai 1995, Wiesbaden 1995, S. 1023–1037

*Wackerbarth, Ulrich,* Unternehmer, Verbraucher und die Rechtfertigung der Inhaltskontrolle vorformulierter Verträge, AcP 200 (2000), 45–90

*Wade, Sir William,* Horizons of Horizontality, 116 (2000) LQR 217–224

*Wade, Sir William,* The United Kingdom's Bill of Rights, in: The University of Cambridge Centre for Public Law (Hrsg.), Constitutional Reform in the United Kingdom: Practice and Principles, Oxford 1998, S. 61–68

*Wägenbauer, Rolf,* Gewährleistung und Garantie – die Verbrauchsgüter-Richtlinie bald verabschiedungsreif, EuZW 1998, 514

*Wägenbaur, Betrand,* Binnenmarkt und Gesundheitsschutz – eine schwierige Kohabitation, EuZW 2000, 549–551

*Wägenbaur, Rolf,* Zahlungsverzug im Handelsverkehr: Rechtsangleichung in Bruchstücken?, EuZW 1998, 417

*Waldenberger, Arthur,* Electronic Commerce: der Richtlinienvorschlag der EG-Kommission, EuZW 1999, 296–303

*Wand, Lothar,* Aufklärungs- und Beratungspflichten im grenzüberschreitenden Zahlungsverkehr, WM 1994, 8–10

*Wank, Rolf,* Die Auslegung von Gesetzen – Eine Einführung, Köln/Berlin/Bonn/München 1997

*Wank, Rolf,* Die juristische Begriffsbildung, München 1985

*Wank, Rolf,* Die Rechtsfortbildung durch den Europäischen Gerichtshof, in: Friedhelm Farthmann (Hrsg.), Arbeitsgesetzgebung und Arbeitsrechtsprechung – Festschrift für Eugen Stahlhacke zum 70. Geburtstag, Neuwied/Kriftel/Berlin 1995, S. 633–655

*Weatherill, Stephen,* After *Keck:* Some thoughts on how to clarify the clarification, CMLR 1996, 885–906

*Weatherill, Stephen,* EC Consumer Law and Policy, London/New York 1997 (zitiert: EC Consumer Law)

*Weatherill, Stephen,* Justifying Limits to Party Autonomy in the Internal Market – EC Legislation in the Field of Consumer Protection, in: Stefan Grundmann/Wolfgang Kerber/Stephen Weatherill (Hrsg.), Party Autonomy and the Role of Information in the Internal Market, Berlin/New York 2001, S. 173–196

*Weatherill, Stephen,* Prospects for the Development of European Private Law through ‚Europeanisation' in the European Court – the Case of the Directive on Unfair Terms in Consumer Contracts, ERPL 1995, 307–328

*Weatherill, Stephen/Beaumont, Paul,* EU Law – The essential guide to the legal workings of the European Community, 3. Auflage London 1999

*Weir, Tony,* A Casebook on Tort, 9. Auflage London 2000 (zitiert: Tort)

*Weir, Tony,* Contracts in Rome and England, Tulane Law Review 66 (1992), 1615–1648
*Weir, Tony,* Die Sprachen des europäischen Rechts – Eine skeptische Betrachtung, ZEuP 1995, 368–374
*Weir, Tony,* Divergent Legal Systems in a Single Member State, ZEuP 1998, 564–585
*Weir, Tony,* Subrogation and Indemnity – a note on *Morris* v. *Ford Motor Co.* [1973] 2 W.L.R. 843 (C.A.), Privatdruck (ohne Jahresangabe)
*Weir, Tony,* The Common Law System, in: René David (Hrsg.), International Encyclopedia of Comparative Law, Band II: The Legal Systems of the World: Their Comparison and Unification, Kapitel 2, Structure and the Division of the Law, Tübingen/Paris/New York 1971
*Westermann, Harm Peter* (Hrsg.), Erman, Bürgerliches Gesetzbuch, Kommentar, 10. Auflage Münster 2000
*Westphalen, Friedrich Graf von,* Die Umsetzung der Verbrauchsgüterkauf-Richtlinie im Blick auf den Regreß zwischen Händler und Hersteller, DB 1999, 2553–2557
*White, Eric L.,* In search of the limits to Article 30 of the EEC Treaty, CMLR 1989, 235–280
*Whittaker, Simon,* Judicial Interventionism and Consumer Contracts, LQR 117 (2001), 215–220
*Whittaker, Simon,* Unfair Contract Terms, Public Services and the Construction of a European Conception of Contract, LQR 116 (2000) 94–120
*Wichard, Johannes Christian,* Die Anwendung der UNIDROIT-Prinzipien für internationale Handelsverträge durch Schiedsgerichte und staatliche Gerichte, RabelsZ 60 (1996), 269–302
*Wieacker, Franz,* Das Sozialmodell der klassischen Privatrechtsgesetzbücher und die Entwicklung der modernen Gesellschaft, in: Franz Wieacker, Industriegesellschaft und Privatrechtsordnung, Frankfurt a.M. 1974, S. 9–35
*Wieacker, Franz,* Gesetz und Richterkunst – Zum Problem der außergesetzlichen Rechtsordnung, Karlsruhe 1958
*Wieacker, Franz,* Privatrechtsgeschichte der Neuzeit, 2. Auflage, Göttingen 1967 (2. unveränderter Nachdruck 1996)
*Wieacker, Franz,* Zur rechtstheoretischen Präzisierung des § 242 BGB, Tübingen, 1956
*Wilburg, Walter,* Die Elemente des Schadensrechts, Marburg 1941
*Wilburg, Walter,* Entwicklung eines beweglichen Systems im bürgerlichen Recht – Rede, gehalten bei der Inauguration als Rector magnificus der Karl-Franzes-Universität in Graz am 22. November 1950, Graz (ohne Jahresangabe)
*Wilburg, Walter,* Zusammenspiel der Kräfte im Aufbau des Schuldrechts, AcP 163 (1964), 346–379
*Wilhelmsson, Thomas,* Social Contract Law and European Integration, Aldershot/Brookfield USA/Singapore/Sydney 1995
*Wilhelmsson, Thomas,* The Implementation of the EC Directive on Unfair Contract Terms in Finland, ERPL 1997, 151–156
*Willett, Chris,* The Directive on Unfair Terms in Consumer Contracts and its implementation in the United Kingdom, ERPL 1997, 223/236
*Wilmowsky, Peter von,* EG-Freiheiten und Vertragsrecht, JZ 1996, 590–596
*Witz, Wolfgang,* Rechtsangleichung oder supranationale Rechtsformen für die Unternehmensverfassung? in: Ingeborg Schwenzer (Hrsg.), Schuldrecht, Rechtsvergleichung und Rechtsvereinheitlichung an der Schwelle zum 21. Jahrhundert – Symposium aus Anlaß des 65. Geburtstages von Peter Schlechtriem, S. 27–48
*Wojewoda, Michal,* Mandatory Rules in Private International Law – With special Reference to the Mandatory System under the Rome Convention on the Law applicable to Contractual Obligations, MJ 7 (2000), 183–213

*Wolf, Manfred,* Die Vorformulierung als Voraussetzung der Inhaltskontrolle, in: Gerd Pfeiffer/Joachim Kummer/Silke Scheuch (Hrsg.), Festschrift für Brandner, Köln 1996, S. 299–309

*Wolf, Manfred,* Störungen des Binnenmarktes durch das Verbraucherkreditgesetz, in: Festschrift für Theodor Heinsius, hrsg. von Friedrich Kübler/Hans-Joachim Mertens/Winfried Werner, Berlin/New York 1991, S. 967–978

*Wolf, Sabine,* Reform des Kaufrechts durch EG-Richtlinie – ein Vorteil für die Wirtschaft? – Die möglichen Auswirkungen einer Richtlinie über den Verbrauchsgüterkauf und -garantien auf das deutsche Kaufrecht und die Wirtschaft, RIW 1997, 899–904

*Wolff, Hans Julius, Bachof, Otto/Stober, Rolf,* Verwaltungsrecht I, 11. Auflage München 1999

*Wolff, Hans Julius,* Der Unterschied zwischen öffentlichem und privatem Recht, AöR 76 (1950/51), 205–217

*Wolff, Inke,* Die Verteilung der Konkretisierungskompetenz für Generalklauseln in privatrechtsgestaltenden Richtlinien, Baden-Baden 2002

*Zaccaria, Alessio,* (EC) Directive 2000/35 on Combating Late Payments in Commercial Transactions, ELF (UK) 2000, 386–395

*Zeno-Zencovich, Vincenzo,* The ‚European Civil Code', European legal traditions and neo-positivism, ERPL 1998, 349–362

*Zimmer, Daniel,* Das Informationsmodell und seine Folgen – Neue Entscheidungen des BGH zum Recht der Börsentermingeschäfte, ZHR 162 (1998), 685–700

*Zimmermann, Reinhard,* „Common law" und „civil law" – Amerika und Europa – Zu diesem Band, in: Reinhard Zimmermann (Hrsg.), Amerikanische Rechtskultur und europäisches Privatrecht – Impressionen aus der Neuen Welt, Tübingen 1995, S. 1–10

*Zimmermann, Reinhard,* Civil Code and Civil Law: The ‚Europeanization' of Private Law within the European Community and the Re-Emergence of a European Legal Science Columbia Journal of European Law 1 (1994/95) 63–105

*Zimmermann, Reinhard,* Codification: history and present significance of an idea – À propos the recodification of private law in the Czech Republic, ERPL 1995, 95–120

*Zimmermann, Reinhard,* Das römisch-holländische Recht und seine Bedeutung für Europa, JZ 1990, 825–838

*Zimmermann, Reinhard,* Das römisch-kanonische ius commune als Grundlage europäischer Rechtseinheit, JZ 1992, 8–20

*Zimmermann, Reinhard,* Der europäische Charakter des englischen Rechts – Historische Verbindungen zwischen civil law und common law, ZEuP 1993, 4–51

*Zimmermann, Reinhard,* Der Hund im Clapham Omnibus – Von verständigen Menschen und Tieren, ZEuP 1994, 733–735

*Zimmermann, Reinhard,* Die „Principles of European Contract Law", Teile I und II, ZEuP 2000, 391–393

*Zimmermann, Reinhard,* Die Aufrechnung – Eine rechtsvergleichende Skizze zum Europäischen Vertragsrecht in: Volker Beuthien/Maximilian Fuchs/Herbert Roth/Gottfried Schiemann/Andreas Wacke (Hrsg.) Festschrift für Dieter Medicus, Köln/Berlin/Bonn/München 1999, S. 706–739

*Zimmermann, Reinhard,* Europäisches Privatrecht und Europa, ZEuP 1993, 439–441

*Zimmermann, Reinhard,* Konturen eines Europäischen Vertragsrechts, JZ 1995, 477–491

*Zimmermann, Reinhard,* Law Reviews – Ein Streifzug durch eine fremde Welt, in Reinhard Zimmermann (Hrsg.), Amerikanische Rechtskultur und europäisches Privatrecht – Impressionen aus der Neuen Welt, Tübingen, 1995, S. 87–131

*Zimmermann, Reinhard,* Savignys Vermächtnis oder: Das heutige römische Recht – Rechtsgeschichte, Rechtsvergleichung und die Begründung einer Europäischen Rechtswissenschaft, Tübingen 1998 (zitiert: *Savignys Vermächtnis*)

*Zimmermann, Reinhard,* Statuta sunt stricte interpretanda? – Statutes and the Common Law: A Continental Perspective, Cambridge Law Journal 56 (1997) 315–328

*Zimmermann, Reinhard,* The Law of Obligations – Roman Foundations of the Civilian Tradition, Cape Town/Wetton/Johannesburg 1990

*Zimmermann, Reinhard,* Unjustified Enrichment: The Modern Civilian Approach, Oxf.J.Leg.Stud. 15 (1995), 403–429

*Zimmermann, Reinhard/Jansen, Nils,* Quieta Movere – Interpretative Change in a Codified System, in: Peter Cane/Jane Stapelton (eds.), The Law of Obligations – Essays in Celebration of John Fleming, Oxford 1998, 285–315

*Zimmermann, Reinhard/Whittaker, Simon* (Hrsg.), Good Faith in European Contract Law – The Common Core of European Private Law, Cambridge 2000

*Zitelmann, Ernst,* Lücken im Recht, Leipzig 1903

*Zöllner, Wolfgang,* Die Privatrechtsgesellschaft im Gesetzes- und Richterstaat, Köln 1996

*Zöllner, Wolfgang,* Regelungsspielräume im Schuldvertragsrecht – Bemerkungen zur Grundrechtsanwendung im Privatrecht und zu den sogenannten Ungleichgewichtslagen, AcP 188 (1988), 1–36

*Zuleeg, Manfred,* Die Auslegung des Europäischen Gemeinschaftsrechts, EuR 1969, 97–108

*Zuleeg, Manfred,* Die Bedeutung des europäischen Gemeinschaftsrechts für das Ausländerrecht, NJW 1987, 2193–2199

*Zuleeg, Manfred,* Die Europäische Gemeinschaft als Rechtsgemeinschaft, NJW 1994, 545–549

*Zuleeg, Manfred,* Die Rolle der rechtsprechenden Gewalt in der europäischen Integration, JZ 1994, 1–8

*Zweigert, Konrad,* Die kritische Wertung in der Rechtsvergleichung, in: Fritz Fabricius (Hrsg.), Law and International Trade – Recht und Internationaler Handel – Festschrift Clive M. Schmitthoff, Frankfurt a.M. 1973, S. 403–420

*Zweigert, Konrad,* Einige Auswirkungen des Gemeinsamen Marktes auf das Internationale Privatrecht der Mitgliedstaaten, in: Ernst von Caemmerer/Hans-Jürgen Schlochauer/Ernst Steindorff (Hrsg.), Probleme des Europäischen Rechts – Festschrift für Walter Hallstein zu seinem 65. Geburtstag, Frankfurt a.M. 1966, S. 555–569

*Zweigert, Konrad,* Grundsatzfragen der Europäischen Rechtsangleichung, ihrer Schöpfung und Sicherung, in: Ernst von Caemmerer/Arthur Nikisch/Konrad Zweigert (Hrsg.), Vom deutschen zum europäischen Recht – Festschrift für Hans Dölle, Band II, Tübingen 1963, S. 401–418

*Zweigert, Konrad/Kötz, Hein,* Einführung in die Rechtsvergleichung, 3. Auflage Tübingen 1996 (zitiert: Zweigert/Kötz Rechtsvergleichung)

# Stichwortregister

**B**



**C**

## H



## I

**J**



**K**

**L**

## Q



## R

## S

## V

W